Gustav Benjamin Schwab, Karl Klüpfel

**Wegweiser durch die Literatur der Deutschen**

Gustav Benjamin Schwab, Karl Klüpfel

**Wegweiser durch die Literatur der Deutschen**

ISBN/EAN: 9783742868381

Hergestellt in Europa, USA, Kanada, Australien, Japan

Cover: Foto ©ninafisch / pixelio.de

Manufactured and distributed by brebook publishing software (www.brebook.com)

Gustav Benjamin Schwab, Karl Klüpfel

**Wegweiser durch die Literatur der Deutschen**

G. Schwabs und K. Klüpfel

# Wegweiser

durch

# die Literatur der Deutschen.

Ein Handbuch für Gebildete.

Vierte Auflage.

Gänzlich umgearbeitet und bis auf die Gegenwart fortgeführt

von

Dr. Karl Klüpfel,
Universitätsbibliothekar in Tübingen.

Leipzig,
Verlag von Julius Klinkhardt.
1870.

Mangelhaftigkeit entbehrte nur dann der Entschuldigung, wenn sich unser Wegweiser als ein bibliographisches Handbuch ankündigte. Was nun unsre Fingerzeige über den Inhalt der aufgeführten Werke betrifft, so erklären wir, daß dieselben durchaus nicht Anspruch auf erschöpfendes Urtheil machen. Wir wollten nur andeuten, was der Leser im Ganzen in jedem einzelnen Buche zu erwarten habe. Daß das Lob über den Tadel die Oberhand erhalten hat, begreift sich aus der Absicht, nur, in irgend einer Hinsicht, Empfehlenswerthes zu bieten. Opponirende Schärfe in Beziehung auf Einzelnes an einem empfohlenen Ganzen, abfertigende Bemerkungen über Manches, endlich auch den unbedenklichen Gebrauch eines bezeichnenden, allgemein bekannten und zusammenfassen Fremdwortes statt deutscher Umschreibung — dieß zusammen wünschen wir gegen den Vorwurf unziemlich genommener Freiheit durch das bei einem solchen Werke unumgängliche Erforderniß der Kürze gerechtfertigt.

Wenn ferner die einzelnen Fächer, was die Zahl und Auswahl der hervorgehobenen Bücher betrifft, eine gewissermaßen ungleiche Behandlungsweise verrathen, so hat der Zweck des Buches selbst eine solche erfordert. So waren z. B. im Gebiete der Theologie, nach Abzug alles streng Wissenschaftlichen, doch außerdem noch manche Werke wegzulassen, welche vermöge ihrer Darstellung dem Laien immerhin zugänglich erschienen, aber um ihrer negativ kritischen Richtung willen dem Ungelehrten mit gutem Gewissen nicht zur Empfehlung vorgelegt werden konnten, da offenbar nur die Fähigkeit, dergleichen wissenschaftlich zu überwinden, zu einer solchen Lektüre berechtigt. Im Rahmen der Philosophie erschien es natürlich, der Anthropologie und der Geschichte der Philosophie vorzugsweise Berücksichtigung angedeihen zu lassen, da nur die Philosophie in ihrer Anwendung auf bestimmte Stoffe, nicht aber das abstrakte Philosophiren der Schule Sache der allgemeinen Bildung ist. Bei der Lehre vom Staat und im Fache der Naturwissenschaften sind mitunter wissenschaftliche Lehr- und Handbücher aufgenommen worden, weil hier der Stoff von allgemeinem Interesse ist, und der Wegweiser durch die Literatur dabei den Praktiker und den Beamten im Auge hatte. Aus ähnlichen Gründen und mit besonderer Rücksicht auf Arbeiter an Gymnasien und Lyceen, die nicht immer Fachgelehrte in jeder speziellen Beziehung sein werden und demnach möglicherweise selbst an ein solches Hülfsbuch zu recurriren nicht verschmähen dürften, ist die Alterthumskunde ausführlicher behandelt worden. Die reichliche Ausstattung der geographischen und historischen Literatur bedarf wohl keiner Rechtfertigung. Bei letzterer ist darauf Bedacht genommen worden, womöglich jedem deutschen Leser eine Geschichte seiner provinziellen Heimath an die Hand zu geben, und wo über das einzelne Land keine besseren und neueren historischen Werke zu nennen waren, da glaubte man sich auch mit minder vollendeter Darstellung und älteren Werken begnügen zu müssen.

Ausländische Literatur wurde nur insoweit aufgenommen, als Werke derselben durch Uebersetzungen in die deutsche eingebürgert betrachtet werden konnten. Es war dabei keineswegs unsre Meinung, die Uebersetzung vor dem Original empfehlen zu wollen; nur mußte, da das Werk sich auf deutsche Literatur beschränken sollte, ein für allemal eine Grenze gezogen werden.

Von der Regel, nur prosaische Werke aufzunehmen, zu deren Annahme die Betrachtung uns bestimmt hat, daß ein gebildeter oder Bildung erstrebender Laie auf die Classiker der deutschen Poesie nicht erst aufmerksam gemacht zu werden braucht, unter den modernen Notabilitäten aber, über deren Classicität erst die Nachwelt das Endurtheil sprechen wird, jeder Leser doch für seine Lektüre dem subjektiven Geschmacke und nicht einem gedruckten Wegweiser, wozu ihm jeder Bücherkatalog gut genug sein kann, folgen wird, ist nur in der Literaturgeschichte da eine Ausnahme gemacht worden, wo die Ausgabe eines literar-historisch wichtigen Dichters oder eine Mustersammlung von Gedichten als Stück der Literaturgeschichte selbst angesehen werden muß. Die anempfohlenen Literaturgeschichten und Beispielsammlungen mögen dann immerhin auch dazu dienen, daß der Leser zugleich überschauende Kenntniß der Dichter und derjenigen ihrer Werke daraus schöpfen kann, die ein Gebildeter lesen wird und muß.

Daß bei der Masse von Romanen mehr als irgendwo gesichtet und ausgewählt werden mußte, versteht sich wohl von selbst, obwohl auch hier am meisten über Aufnahme oder Hinweglassung des Einzelnen gestritten werden könnte.

Allgemeine Regeln darüber, was überhaupt bildend sei, für den Leser aufzustellen, dürfte ein schwieriges Unternehmen sein. Doch darf wohl auf naturwissenschaftliche und historische Lektüre als die angemessenste, leichteste und, wenn wir so sagen dürfen, verdaulichste Nahrung eines nach Erstarkung in Erkenntniß und Erfahrung treibenden Geistes hingewiesen werden. Die Gattungen von Bücher langend, würden wir einem angehenden Leser rathen, am ehesten sich solchen Büchern zuzuwenden, die nicht schon einen fertigen und systematisch abgeschlossenen Stoff darbieten, sondern die für weitere Fragen des Nachdenkens das Feld offen lassen, dabei jedoch ihren Gegenstand mit Bemeisterung des Stoffes und nicht oberflächlich oder blos dilettantisch behandeln. Für den Beginn seiner Studien hätte sich also unser Leser ebenso sehr vor kurzen Abrissen, die blos das Gerippe einer Wissenschaft oder Kunst ohne Fleisch und Blut geben, als vor solchen Schriften, die den belehrenden Stoff nur als Würze der Unterhaltung nebenher laufen lassen, z. B. die Geschichte im Roman behandeln, zu hüten. Beiderlei Arten von Büchern können nur dann die geistige Bildung des Lesers fördern, wenn er einerseits ein lebendiges Gesammtbild von dem, was er sich als Eigenthum seiner Weltanschauung, seines Empfindens und seines Wollens einprägen möchte, andrerseits feste Begriffe von dem, was von ihm gewußt werden soll, erworben hat.

Jedem Leser aber, der so viel Muße oder Erholungszeit vom Berufe vor sich hat, um ein gewisses System des Wissens in sich aufnehmen und verarbeiten zu können, würden wir anrathen — und gerade dazu sollte sich, denken wir, ihm unser Buch bequemen — sich einen seiner früheren Bildungslaufbahn, dem Ideenkreise, von welchem er vermöge seines Geschlechtes, Standes und Berufes am natürlichsten ausgehen und auf welchen er am öftesten zurückgeführt werden wird, angemessenen Leseplan zu entwerfen. Dieser Plan wird für einen Beamten, für einen Geistlichen, für einen Jugendlehrer, für einen Kaufmann, einen Fabrikanten, einen Landwirth, er wird für eine Dame — und hier wieder für eine Frau und für eine Jungfrau — ein zwar in manchem unentbehrlichen Stücke der Bildung zusammentreffender, in vielen Einzelheiten aber wesentlich verschiedener sein müssen. — —

Nehme Jedes den Ariadnefaden, den wir ihm bieten, in die Hand und suche sich selbst den Weg damit durchs Labyrinth unsrer Nationalliteratur.

Stuttgart und Tübingen, November 1845.

G. Schwab. K. Klüpfel.

## Vorwort zur vierten Auflage.

Nachdem der Wegweiser durch die deutsche Literatur, welchen der Unterzeichnete vor 25 Jahren in Gemeinschaft mit Gustav Schwab erstmals herausgegeben hat, durch eine Reihe von sieben Nachträgen, die seit 1853 erschienen sind, auf dem Laufenden zu erhalten gesucht wurde, war es an der Zeit, das Ganze wieder einmal zusammenzufassen. Der Uebergang des Unternehmens an eine andere Verlagshandlung gab überdieß weiteren Anstoß zu einer gründlichen Erneuerung.

Es handelte sich bei der neuen Redaction nicht blos darum, den Inhalt der Nachträge in die ursprüngliche Grundlage einzufügen und das Ergebniß der seit dem letzten Nachtrag erschienenen literarischen Production hinzuzufügen, sondern die ganze Auswahl mußte dem veränderten Stand der Literatur und den jetzigen Bedürfnissen angepaßt werden. Manches war veraltet und durch neue Bearbeitung ersetzt oder übertroffen; es mußte daher ebensowohl Vieles ausgeschieden, als verändert und neu hinzugefügt werden. Ueberhaupt schien es dem Herausgeber Pflicht, seine vieljährigen Erfahrungen im Gebiete der Literatur so gut als möglich für die Vervollkommnung des Werkes zu verwerthen, und er hofft damit dem praktischen Bedürfniß der Leser und Buchhändler einen wesentlichen Dienst geleistet zu haben.

Die Grundsätze der Auswahl, die Gebiete der Literatur welche vertreten sind, die Kreise des Publicums an dessen Adresse die Berathung gerichtet wird, sind dieselben geblieben; in der Eintheilung und Reihenfolge der Fächer dagegen sind einige Veränderungen vorgenommen worden, und es mögen hier über das Einzelne noch ein paar Bemerkungen erlaubt sein.

In der Theologie ist eine Reihe von Bibelausgaben neu hinzugekommen; wir haben dabei keineswegs Vollständigkeit beabsichtigt, und wollten hauptsächlich für den Zweck von Geschenken eine Auswahl hübscher Handausgaben verzeichnen. In confessioneller Beziehung haben wir unsern protestantischen Standpunkt nicht verläugnen wollen; aus diesem Grunde sind von der massenhaften Concilsliteratur im Anhang nur einige Hauptschriften angeführt. Die Geschichte, das Lieblingsfach des Herausgebers, erscheint vielleicht bevorzugt; indessen glaubt er dieß dadurch gerechtfertigt, daß die historischen Studien eben wirklich ein wesentliches Element der allgemeinen Bildung sind. Das Streben nach stofflicher Vollständigkeit veranlaßte ihn bei der neueren Geschichte, da wo es an selbständigen Werken fehlte, auf größere Artikel in Zeitschriften zu verweisen, die solchen Lesern, welche sich über einen bestimmten Stoff näher unterrichten wollen, von Werth sein werden. Als Ergänzung der Geschichte wurde die Biographie betrachtet und ihr deswegen angereiht. Hier haben wo möglich alle Monographieen, die einen Namen an der Spitze tragen, ihre Stelle gefunden; daher werden auch andere Fächer, z. B. Literatur und Kunst, durch diese Rubrik ergänzt. Die Kunde einzelner Länder, welche früher meist bei der Geschichte untergebracht war, wurde jetzt der Geographie zugewiesen; die Reisehandbücher nicht nach Ländern getrennt, sondern als eigene Abtheilung aufgeführt. Die Naturwissenschaften liegen den Studien des Verfassers ferner, er war daher im Falle, sich auf den Rath einiger Freunde zu stützen, und glaubt mit deren Hülfe nichts Wesentliches übergangen zu haben. Die Literatur des classischen Alterthums war in dem ursprünglichen Werk blos durch einige Handbücher und Anthologieen vertreten; bei der neuen Auflage sind nun auch deutsche Uebersetzungen sämmtlicher Classiker aufgenommen worden.

In Betreff der schönen Literatur Deutschlands haben wir uns nach reiflicher Erwägung entschlossen, dem ursprünglichen Plan treu zu bleiben und uns auf die Prosa zu beschränken. Das Urtheil über die noch nicht zu allgemeiner Anerkennung durchgedrungene Poesie schien uns einerseits zu schwierig, andererseits auch nicht nothwendig, und selbst bei den Romanen möchten wir uns gegen den Anspruch auf völlige Consequenz verwahren. Wir haben zunächst das entschieden Gute und Anerkannte aufgenommen, sodann das was uns aus eigener Anschauung und Kenntniß empfehlenswerth schien, stehen aber nicht dafür ein, daß nicht manches eben so Berechtigte uns entgangen ist. Immerhin wird aber der Benützer des Wegweisers auch in Hinsicht auf schöne Literatur nicht ohne Fingerzeige bleiben, da die meisten Schriftsteller, die eine allgemeine Geltung erlangt haben, in den Gesammelten Werken. vertreten sind. Unter diesen haben wir die Volksbibliotheken deutscher Classiker weggelassen, und nur die Einzelausgaben von Schiller, Göthe, Lessing u. s. w. in zweckmäßiger Auswahl aufgenommen; nur wo die Bibliotheken mit einem bestimmten literargeschichtlichen Zweck angelegt sind, haben sie in der Literaturgeschichte ihre Stelle gefunden.

In der Regel ist jedem empfohlenen Buche ein orientirendes Urtheil beigegeben, doch ist in einzelnen Fällen dasselbe weggeblieben, entweder weil es bei bekannten Werken überflüssig schien, oder weil der Herausgeber das betreffende Werk nur im Allgemeinen als nennenswerth, aber nicht näher kannte. Die Reihenfolge der Bücher ist nach dem Stoff und der Zeit geordnet, nur bei den Biographieen und Gesammtausgaben und bei den deutschen Romanen stehen sie in alphabetischer Ordnung, weil sie so am leichtesten aufzufinden sind, und zwar haben bei ersteren die Namen derer entschieden, deren Leben beschrieben wird, bei letzteren die Namen der Verfasser.

Möchten die Dienste, welche diese neue Auflage der Lesewelt leisten wird, nur einigermaßen im Verhältniß stehen zu der unverdrossenen Mühe, die der Herausgeber dem Unternehmen gewidmet hat!

Tübingen, im April 1870.

K. Klüpfel.

# Inhaltsverzeichniß.

| | Seite |
|---|---|
| **Philosophie** . . . . . . . . . . . . | 1— 11 |
| Allgemeines und Geschichte der Philosophie. Psychologie. Religionsphilosophie. Ethik. Aesthetik. Pädagogik. | |
| **Theologie** . . . : . . . . . . . . . | 11— 39 |
| Bibelwerke und Schriftauslegung. Allgemeines. Glaubens- und Sittenlehre. Erbauliches. Kirchengeschichte. | |
| **Staatswissenschaften** . . . . . . . . . | 39— 56 |
| Encyclopädie und Zeitschriften. Rechtswissenschaft. Staatsrecht und Politik. Kirchenrecht. Polizei und Politik. Nationalökonomie. Finanzwesen. Kriegswesen. | |
| **Geschichte** . . . . . . . . . . . . | 56—203 |
| Philosophie und Methode der Geschichte . . . . . | 56— 57 |
| Universalgeschichte . . . . . . . . . | 57— 62 |
| Zeitschriften . . . . . . . . . . . | 62 |
| Verschiedenes . . . . . . . . . . . | 63 |
| Alte Geschichte . . . . . . . . . . | 63— 75 |
| Mittelalter . . . . . . . . . . . | 75— 79 |
| Neuere Geschichte . . . . . . . . . | 79— 87 |
| Deutsche Geschichte . . . . . . . . . | 87—140 |
| Gesammtdarstellungen. Sammelwerke. Cultur- und Verfassungsgeschichte. Monographien. Deutschland seit 1848. Der Norddeutsche Bund. Süddeutschland. Baden. Württemberg. Bayern. | |
| Oesterreich . . . . . . . . . . . | 140—146 |
| Schweiz . . . . . . . . . . . . | 146—149 |
| Niederlande . . . . . . . . . . . | 150—152 |
| England . . . . . . . . . . . . | 152—159 |
| Skandinavien . . . . . . . . . . | 159—160 |
| Frankreich . . . . . . . . . . . | 160—169 |
| Spanien und Portugal . . . . . . . . | 169—172 |
| Italien . . . . . . . . . . . . | 172—179 |
| Griechenland und Türkei . . . . . . . | 179—181 |
| Rußland . . . . . . . . . . . . | 181—188 |
| Asien und der Orient . . . . . . . . | 188—191 |
| Amerika . . . . . . . . . . . . | 191—197 |
| Culturgeschichte . . . . . . . . . . | 197—203 |

**Biographieen** . . . . . . . . . . . . . . 203—270
  Biographische Sammelwerke. Einzelne Biographieen, Briefwechsel und Denkwürdigkeiten.
**Geographie** . . . . . . . . . . . . . . . 271—335
  Allgemeines . . . . . . . . . . . . . . . 271—278
  Statistik . . . . . . . . . . . . . . . . 278—280
  Reisehandbücher . . . . . . . . . . . . . 280—285
  Reisebeschreibungen . . . . . . . . . . . 286—335
    Sammelwerke. Asien. Afrika. Amerika. Australien. Reisen um die Welt. Europa. Spanien und Portugal. Italien. Griechenland und Türkei. Untere Donauländer. Rußland. Skandinavien. Deutschland. Schweiz.
**Naturwissenschaften** . . . . . . . . . . . 335—371
  Allgemeines . . . . . . . . . . . . . . . 335—342
  Astronomie . . . . . . . . . . . . . . . 342—345
  Physik . . . . . . . . . . . . . . . . . 345—348
  Chemie . . . . . . . . . . . . . . . . . 348—350
  Technologie . . . . . . . . . . . . . . . 350—351
  Mineralogie und Geologie . . . . . . . . . 352—355
  Allgemeines über die organische Welt . . . 355—358
  Botanik . . . . . . . . . . . . . . . . . 359—362
  Zoologie . . . . . . . . . . . . . . . . 362—367
  Anthropologie und Physiologie . . . . . . 367—370
  Medicin . . . . . . . . . . . . . . . . . 370—371
**Literaturgeschichte** . . . . . . . . . . . 371—401
  Allgemeines. Altclassische Literatur. Deutsche Literatur. Deutsche Sprache. Englische Literatur. Französische. Italienische. Spanische. Skandinavische. Slavische. Indische. Arabische. Persische.
**Kunst** . . . . . . . . . . . . . . . . . 402—423
  Kunstgeschichte und Allgemeines. Baukunst. Plastik. Malerei. Dramatische Kunst. Musik.
**Romane** . . . . . . . . . . . . . . . . 423—457
  Deutsche Romane. Englische. Französische. Italienische. Spanische. Dänische. Schwedische. Russische.
**Sagen und Märchen** . . . . . . . . . . . 457—458
**Gesammtausgaben** . . . . . . . . . . . . 459—470
**Zeitschriften und Encyclopädieen** . . . . 470—477
**Atlanten und Karten** . . . . . . . . . . 477—499
**Nachtrag** . . . . . . . . . . . . . . . 500—510
**Register** . . . . . . . . . . . . . . . 511—535

# Philosophie.

## Allgemeines und Geschichte der Philosophie.

**Eduard Zeller,** Ueber Bedeutung und Aufgabe der Erkenntnißtheorie. Ein akademischer Vortrag. gr. 8. (29 S.) Heidelberg 1862, Karl Groos. n. 4 Ngr.

    Ein allgemein interessanter Vortrag, mit welchem der Verfasser seine Vorlesungen an der Universität Heidelberg eröffnete und in welchem er sich von dem speculativen Dogmatismus der Hegel'schen Schule lossagte und zu dem von Kant begründeten Kriticismus bekannte, welcher unser Vorstellen und Erkennen als das gemeinschaftliche Product aus den objectiven Eindrücken und der subjectiven Thätigkeit des menschlichen Geistes auffaßt.

**John Stuart Mill,** System der deductiven und inductiven Logik. Eine Darlegung wissenschaftlicher Forschung, insbesondere der Naturforschung. Ins Deutsche übertragen von J. Schiel. 3. deutsche nach der 5. Orig.-Auflage erweiterte Auflage (XXXVIII und 1159 S.) Braunschweig, Vieweg, 1863. 4 Thlr. 24 Ngr.

    Eine treffliche Anleitung zum wissenschaftlichen Denken, ganz geeignet, dem allgemein Gebildeten einen Einblick in die Methode wissenschaftlicher Untersuchung zu gewähren, da der Verf. nicht in den Ausdrücken der Schule sich bewegt. Leider ist die Uebersetzung nicht zu empfehlen, da sie im Einzelnen nachlässig und im Ausdruck oft unklar ist. Wer englisch versteht, wird daher besser thun, das Original zu benutzen, das in 6. Auflage 1862 unter dem Titel: System of logic in zwei Bänden zu London erschienen ist.

**A. Schwegler,** Geschichte der Philosophie im Umriß. 1. Aufl. 1848. 6. Aufl. (VI, 302 S.) Stuttgart 1868. Frankh. 1 Thlr. 6 Ngr.

    Ein sehr beliebtes Buch, das besonders auf Universitäten große Verbreitung gewonnen hat. Es giebt eine klare Uebersicht über den Entwicklungsgang der Philosophie.

**Kuno Fischer,** Geschichte der neueren Philosophie.

  1. Bd. Das classische Zeitalter der Philosophie. 1. 2. Abth. gr. 8. (XXII u. 596 S.) Mannheim 1854, Bassermann. 2 Thlr. 24 Ngr.

  2. Bd. Das Zeitalter der deutschen Aufklärung. A. u. d. T.: G. W. Leibnitz u. seine Schule. gr. 8. (XXVII u. 635 S.) Ebend. 1855. 2 Thlr. 24 Ngr.

  3. u. 4. Bd. Immanuel Kant, Entwicklungsgeschichte u. System der kritischen Philosophie. (XXXII u. 595) (XXI u. 680 S.) Mannheim 1860. 6 Thlr. 21 Ngr.

  5. Bd. 1. Abth. Fichte u. seine Vorgänger. (XL u. 832 S.) Heidelberg, Bassermann 1869. 5 Thlr.

**Kuno Fischer**, Geschichte der neueren Philosophie. 2. völlig umgearbeitete Aufl. gr. 8. I. Th. 1. Abth. (XXVII u. 546 S.) u. Anh. 2. Abth. (XXIV u. 584 S.) II. Th. (XI u. 884 S.) Heidelberg 1863—67. 12 Thlr. 6 Ngr.

Von allen Darstellungen der Geschichte der Philosophie diejenige, welche sich am meisten dazu eignet, auch außerhalb der Schule gelesen zu werden, da der Verf. nicht nur den wissenschaftlichen Gehalt der Systeme, sondern auch ihren Zusammenhang mit den religiösen und politischen Zeitströmungen ins Auge faßt. Die Ausführung ist klar und lebendig, durch überraschende Parallelen anregend, aber bewegt sich mitunter zu sehr auf der Oberfläche. Die zweite Auflage ist sehr bereichert und besonders mit einer einleitenden Uebersicht über die frühere Entwicklung der Philosophie vermehrt. Anhang: Uebersetzung der Hauptschriften Descartes'.

**Joh. Ed. Erdmann**, Grundriß der Geschichte der Philosophie.
    Bd. I. Philosophie des Alterthums u. Mittelalters. gr. 8. (VIII u. 623 S.)
    Bd. II. Philosophie der Neuzeit. gr. 8. (VIII u. 812 S.) Berlin 1866, Hertz. n. 6 Thlr.

Eine Uebersicht des gesammten Stoffes bis in die neueste Zeit, aus der Feder eines alten Hegelianers. Im ersten Theil ist viel Literatur angeführt, was der Verfasser bei der neueren Geschichte wohl mit Recht unterlassen hat. Der zweite Theil ist ungleich bearbeitet, aber reich an treffenden und anregenden Bemerkungen. Ein Hauptverdienst des Buches ist die sehr vollständige Uebersicht der Geschichte der nachhegel'schen Philosophie. Für den größeren Leserkreis wird das Eingehen auf specielle Fragen der Schule öfters nicht recht genießbar sein.

Binnen Kurzem haben wir ein Werk zu erwarten, das den Ansprüchen der allgemeinen Bildung wohl besser genügen wird, als die bisher vorhandenen, nämlich die Geschichte der deutschen Philosophie von Eduard Zeller, welche als Bestandtheil der Geschichte der Wissenschaften in Deutschland in der lit.-artist. Anstalt zu München erscheinen wird.

**Martin Deutinger**, Der gegenwärtige Zustand der deutschen Philosophie. Aus dem handschriftl. Nachlasse des Verstorb. hrsg. von Lor. Kerstner. (IX, 249 S.) München, Lentner 1866. 27 Ngr.

Ein sehr unterrichtender, klarer Abriß der Philosophie der letzten Jahrzehnte.

**Kuno Fischer**, Kant's Leben und die Grundlagen seiner Lehre. Drei Vorträge. gr. 8. (XI, 159 S.) Mannheim 1860, Bassermann. n. 24 Ngr.

Von den drei Vorträgen giebt der erste ein Lebensbild Kant's, der zweite handelt von dem Problem der menschlichen Erkenntniß; der dritte von Raum und Zeit, als den ersten Bedingungen der menschlichen Erkenntniß.

**F. W. J. v. Schelling**, Vorlesungen über die Methode des akademischen Studiums. Tübingen 1800. 3. Aufl. 1803. 8. Aufl. Stuttgart 1830, Cotta. 1⅓ Thlr.

Umrisse seines Systems und dessen Anwendung auf das Gesammtgebiet der Wissenschaft.

**R. Haym**, Hegel und seine Zeit. Vorlesungen über Entstehung und Entwicklung, Wesen und Werth der Hegel'schen Philosophie. gr. 8. (VIII u. 512 S.) Berlin 1857, Gärtner. n. 2⅔ Thlr.

Eine mit Rücksicht auf Hegel's persönliche Entwickelung ausgeführte Geschichte und Kritik seines Systems. Der Verfasser versucht, demselben seine Stelle in der Geschichte der Wissenschaft anzuweisen und darnach seinen bleibenden Werth zu bestimmen. Ein Hauptgesichtspunkt der Beurtheilung ist ihm die politische Seite des Systems, welches er als Stütze der Reaction auffaßt und verurtheilt und dabei den nationalen Standpunkt gegen Hegel in schroffer Weise geltend macht. Den Einfluß der Hegel'schen Philosophie auf die Behandlung der positiven Wissenschaften hat Haym nicht so ins Auge gefaßt, wie es für eine erschöpfende Würdigung Hegel's nöthig gewesen wäre.

## Philosophie.

**K. Rosenkranz**, Apologie Hegels gegen R. Haym. gr. 8. (55 S.) Berlin 1857, Duncker u. Humblot. n. 8 Ngr.

Der Verfasser vertheidigt hier seinen Meister mit Wärme gegen die Beschuldigung bewußter Servilität und politischer Sophistik, und macht es Haym zum Vorwurf, daß er, anstatt Hegels Persönlichkeit und Lehre unbefangen geschichtlich zu würdigen, den Philosophen einseitig vom politischen Standpunkt aus verurtheilt habe.

**Arth. Schopenhauer**, Parerga und Paralipomena. Kleine philosoph. Schriften. 2 Bde. gr. 8. (IX u. 997 S.) Berlin 1851, Hahn. 3 Thlr.

Die Schopenhauer'sche Philosophie, die wir im Ganzen übrigens nicht empfehlen wollen, ist seit dem Tode ihres Urhebers zu größerer Beachtung gelangt, und wer sich überhaupt für den Stand der Philosophie interessirt, muß von derselben Notiz nehmen. Die angeführte Sammlung kleinerer Schriften eignet sich besonders zur Orientirung über ihre Tendenz.

**Jul. Frauenstädt**, Briefe über die Schopenhauer'sche Philosophie. gr. 8. (XXVII u. 345 S.) Leipzig 1854, Brockhaus. n. 2 Thlr.

Eine populäre Darlegung des Schopenhauer'schen Systems von einem seiner Anhänger.

**Fried. Alb. Lange**, Geschichte des Materialismus und Kritik seiner Bedeutung in der Gegenwart. gr. 8. (XVI u. 564 S.) Iserlohn 1866, Bädeker. 2¼ Thlr.

Die beste Arbeit über den Gegenstand, besonders in ihrem geschichtlichen Theil. Der Verf. ist mit den gegenwärtigen Vertretern des Materialismus nicht einverstanden, und sucht sich mit dem Idealismus zu verständigen, seine Darstellung ist im Einzelnen klar und anregend, doch spricht er sich über seinen eigenen Standpunkt nicht deutlich genug aus.

**Melchior Meyr**, Gott und sein Reich. Philosophische Darlegung der freien göttlichen Selbstentwicklung zum allumfassenden Organismus. gr. 8. (XXIX u. 317 S.) Stuttgart 1860, Gebrüder Mäntler. n. 1⅓ Thlr.

Ein Versuch, die Ergebnisse der philosophischen Entwicklung seit Schelling und Hegel in klarer, von Schulterminologie entkleideter Sprache darzulegen und zugleich einen Beitrag zur Versöhnung der Philosophie mit der Theologie zu geben. Ist die Frucht selbständigen Denkens und Ringens und zeigt durch wohltönende Wärme des Ausdrucks, daß es dem Verfasser Herzenssache war, mit der höchsten Aufgabe des Denkens ins Klare zu kommen.

— — **Emilie**. Drei Gespräche über Wahrheit, Güte und Schönheit. 8. (176 S.) München 1863, Bruckmann. ¾ Thlr.

Versuch, den Gehalt der genannten Ideen, frei von der Sprache einer philosophischen Schule, in einer für das größere Publikum ansprechenden und verständlichen Form darzulegen.

**Karl Gutzkow**, Vom Baum der Erkenntniß. Denksprüche. (VII, 230 S.) Stuttgart, Cotta 1868. 1⅙ Thlr.

Eine Sammlung, die lebhaft an die Göthe'schen Sprüche und Aphorismen erinnert. Die Abschnitte sind: Gott, Weltlauf, das innere Herz, Kampf und Bewährung, Bildung, die Zeit, die Stunde, Erziehung, das Geschlecht, der Mensch zum Menschen, Walten und Schaffen des Genius.

**J. G. Kohl**, Am Wege. — Blicke in Gemüth und Welt in Aphorismen. gr. 8. (XI u. 304 S.) Bremen 1866, Müller. 1¾ Thlr.

Diese Aphorismen, die sich auf alle Beziehungen erstrecken, in welchen der Mensch zu seiner Umgebung, zu Natur und Kunst steht, geben eine Art Lebensphilosophie, in der sich der Verfasser als geistreicher, feinfühlender Beobachter bewährt.

**Jul. Frauenstädt**, Blicke in die intellectuelle, physische und moralische Welt nebst Beiträgen zur Lebensphilosophie. (XXII u. 471 S.) Leipzig 1869, Brockhaus. 2 Thlr. 20 Ngr.

Philosophische Aphorismen eines Schülers von Schopenhauer, welcher durch eine klare und elegante Darstellung die Lehren der Philosophie in weitere Kreise zu verbreiten sucht.

## Psychologie.

**Fr. Ed. Beneke**, Lehrbuch der Psychologie als Naturwissenschaft. 3. Aufl. Neu bearb. von J. G. Dreßler. (XX, 324 S.) Berlin 1861. Mittler. 1 Thlr. 18 Ngr.

Ein älteres Werk, zu dem man aber immer gern wieder zurückkehrt, da es eine Fülle interessanter Beobachtungen in lesbarer Darstellung und mit gesundem Urtheil bietet.

**Friedr. Schleiermacher**, Psychologie. Aus seinem handschriftl. Nachlasse u. nachgeschriebenen Vorlesungen herausgegeben von L. George. gr. 8. (XVI u. 559 S.) Berlin 1862, G. Reimer. n. 2 Thlr.

Steht wesentlich auf dem Grunde Schelling'scher Naturphilosophie, deren Theorie aber durch Schl. Umsicht und Feinheit des Denkens, durch seine allgemein menschliche und culturhistorische Theilnahme in ihrer Anwendung sehr gemildert ist. Voll lehrreicher, anregender Erörterungen.

**C. G. Carus**, Symbolik der menschlichen Gestalt ꝛc. 2. vielfach verm. Aufl. Mit 161 Holzschnitten. gr. 8. (XVI u. 403 S.) Leipzig 1858, Brockhaus. n. 2⅔ Thlr.

Der Verf. sucht nachzuweisen, daß alle Theile der menschlichen Gestalt eine mehr oder weniger geistige Bedeutung haben. Das Buch ist reich an Ideen, poetischen Auffassungen, metaphysischen Hypothesen, und hat in dieser zweiten Auflage durch wissenschaftliche Begründung wesentlich gewonnen.

—— Ueber Lebensmagnetismus und über magnetische Wirkungen überhaupt. 8. (X u. 306 S.) Leipzig 1857, Brockhaus. n. 1½ Thlr.

Das zur Sache Gehörige gut gesichtet, klar und ansprechend für das Bedürfniß des Laien zusammengestellt. Aufschlüsse über das Räthsel magnetischer Wirkungen darf man freilich hier nicht suchen.

—— Vergleichende Psychologie oder Geschichte der Seele in der Reihenfolge der Thierwelt. Mit Holzschnitten. gr. 8. (VII u. 316 S.) Wien 1866, Braumüller. n. 2⅓ Thlr.

Giebt einen großen Reichthum von Beobachtungen, geistreiche Vergleichungen, aber keine exacten naturwissenschaftlichen Ergebnisse. Enthält u. A. auch eine polemische Kritik der Darwin'schen Lehre.

**J. E. Erdmann**, Psycholog. Briefe. 8. Leipzig 1852. 4. Aufl. (XX u. 399 S.) 1868. Geibel. 2 Thlr.

Geistreiche, mitunter aber auch spielende Betrachtungen über psychologische Probleme. Auf gebildete Laien, besonders Damen, berechnet.

**J. H. Fichte**, Anthropologie. Die Lehre von der menschlichen Seele. Neubegründet auf naturwissenschaftlichem Wege für Naturforscher, Seelenärzte und wissenschaftlich Gebildete überhaupt. gr. 8. (XXVIII u. 610 S.) Leipzig 1856, 2. Aufl. 1860 (XXXIX, 623 S.) Brockhaus. n. 3 Thlr.

Kündigt sich in der Vorrede als eine naturwissenschaftliche Untersuchung über das menschliche Seelenwesen und als Prolegomena zu jeder künftigen Anthropologie an. An dem Kampf gegen den Materialismus betheiligt sich dieses Werk zwar nicht direct, aber macht durch seine ideelle Auffassung des menschlichen Geisteslebens die entschiedenste Opposition gegen den sensualistischen Standpunkt und erledigt Hauptfragen, die in jenem Streit vorkommen, wenigstens thatsächlich. Die Darstellung, zwar nicht eigentlich populär, aber klar und geeignet, jedem wissenschaftlich Gebildeten verständlich zu werden.

**Imman. Herm. Fichte**, Psychologie. Die Lehre vom bewußten Geiste des Menschen, oder Entwicklungsgeschichte des Bewußtseins, begründet auf Anthropologie u. neuere Erfahrung. I. Th. Die allg. Theorie vom Bewußtsein und die Lehre vom sinnl. Erkennen, vom Gedächtniß und der Phantasie. gr. 8. (LXVIII u. 744 S.) Leipzig 1864, Brockhaus. 4 Thlr.

    Giebt eine sehr reichhaltige Zusammenfassung dessen, was die neuere Wissenschaft für die Psychologie geleistet hat. Etwas zu breit und Manches wiederholend, was bei wissenschaftlichen Lesern vorausgesetzt werden kann, aber eben darum auch für Nichtgelehrte verständlich.

**Herm. Ulrici**, Gott und der Mensch. I. A. u. b. Tit.: Leib und Seele. Grundzüge einer Psychologie des Menschen. gr. 8. (XXIV u. 725 S.) Leipzig 1865, T. O. Weigel. n. 3 Thlr. 24 Ngr.

    Ebenfalls eine fleißige Zusammenstellung des wissenschaftlichen Stoffes, dem obigen Werk ähnlich, doch an Schärfe der Begriffe nachstehend.

**Max Perty**, Die mystischen Erscheinungen der menschlichen Natur. gr. 8. (XVIII u. 770 S.) Leipzig und Heidelberg 1861, C. F. Winter. n. $3^{2}/_{3}$ Thlr.

    Versuch eines philosophisch gebildeten Naturforschers, jene mystischen Erscheinungen wie Vision und Hallucination, den Alp, das Nachtwandeln, Lebensmagnetismus und Schlafwachen, Magie, Hexerei und Hexenprocesse, Tischklopfen, Geistererscheinungen, Wundertheilungen durch Annahme höherer Kräfte, welche sich nicht nach den bisher bekannten Gesetzen richten, zu erklären, wobei er zu interessanten Combinationen und Hypothesen, aber doch zu keiner befriedigenden wissenschaftlichen Erklärung kommt.

——— Das verborgene geistige Leben des Menschen. Leipzig u. Heidelberg 1869, C. F. Winter. (290 S.) 1 Thlr. 12 Ngr.

    Weitere Entwicklung der in obiger Schrift ausgeführten Ideen, zum Theil mit neuem Material.

### Religionsphilosophie und Metaphysik.

**Otto Pfleiderer**, Die Religion, das Wesen und ihre Geschichte auf Grund des gegenwärtigen Standes der philosophischen und historischen Wissenschaften dargestellt. 2 Bde. (XV, 413. 493 S.) Leipzig 1869, Reisland. 4 Thlr.

    Eine recht gute klare Darstellung der Philosophie und Geschichte der Religion vom Standpunkt des ethischen Monotheismus aus. Der erste Band giebt das System der Religionsphilosophie hauptsächlich nach den Arbeiten der nachhegelischen Philosophie, besonders Weiße's und Fichte's, der zweite Band enthält eine auf fleißige Benützung der neueren Forschungen gestützte Geschichte der Religionen.

**Cornel. Wilh. Opzoomer**, Die Religion. Aus dem Holländischen übersetzt von Friedr. Mook. (XI, 302 S.) Elberfeld 1868, Friedrichs.

    Eine verständige Darstellung der Religionsphilosophie auf dem Standpunkt des ethischen Monotheismus.

**Adolf Lasson**, Meister Eckhart der Mystiker. Zur Geschichte der religiösen Speculation in Deutschland. (XX, 354 S.) Berlin 1868, Beck. 2 Thlr.

    Eine geistreiche Schilderung und Geschichte der Vermengung von Religion und Philosophie im Mittelalter.

**J. G. Fichte,** Anweisung zum seligen Leben. 1. Aufl. 1806. 2. Aufl. 8. Berlin 1828, G. Reimer. n. ²/₃ Thlr.

 Dieses Philosophen pantheistisches Religionssystem nach seiner spätern Durchbildung, mit etwas mehr Hinwendung zum Glauben.

—— Bestimmung des Menschen. Leipzig 1800. Neue Aufl. 8. Berlin, 1825. Voß (Barthol.) n. ²/₃ Thlr.

 Die Moral dieses Philosophen in der späteren Gestaltung, wo nicht blos das Setzen des Ich gegen das Nichtich, sondern das Princip der Liebe das Gesetzgebende ist.

**F. Schleiermacher,** über die Religion, Reden an die Gebildeten unter ihren Verächtern. 1. Aufl. 1799. 6. Aufl. gr. 8. Berlin 1859, G. Reimer. n. 1 Thlr. Neue Ausg. f. Bibl. b. dtschn. Nationallit. b. 18. u. 19. Jahrh.

 Von bleibendem Werth als erste durchschlagende Stimme, erhoben von einem Solchen, der alle Blüthen der Zeitbildung in sich vereinigte; glücklicher Versuch, die Religion als unentbehrlichen Bestandtheil im geistigen Leben wieder zur Anerkennung zu bringen. Das Wesen der Religion hat Schl. entschieden gesehen, wenn ihm gleich die Umrisse ihrer Gestalt in dem pantheistischen Dufte verschwimmen. An dem, was er von ihrer Selbstständigkeit sagt, hat auch unsere Zeit noch zu lernen.

—— Monologen. 1. Aufl. 1800. Neue Min.-Ausg. Berlin 1849. G. Reimer. ⁵/₆ Thlr. Herausgeg., erläutert und mit einer Lebensbeschreibung Schleiermacher's versehen von J. H. v. Kirchmann. Berlin 1868, Haymann. 5 Ngr.

 Kräftig-stolze Sprache eines auf den göttlichen Kern seiner Ichheit Zurückgezogenen, gegenüber von denen, welche auf der Oberfläche leben, und von den Mächten, durch welche sie beherrscht werden. Entschieden idealistisch-pantheistisch; von Fichte's Philosophie berauscht.

**F. W. J. Schelling,** Clara oder der Zusammenhang der Natur mit der Geisterwelt. Ein Gespräch. Sep.-Ausg. (IV, 180 S.) Stuttgart, Cotta 1863. 18 Ngr.

 In diesem Gespräch wollte Schelling der kahlen Unsterblichkeitslehre seiner Zeit eine mehr concrete Ansicht von der persönlichen Fortdauer des Menschen nach dem Tode entgegenstellen. Er wendet sich dabei nicht an seine philosophischen Fachgenossen, sondern an die Gebildeten überhaupt, und führt seine eigenthümlichen Ideen in ausgezeichnet schöner Sprache aus.

**Joh. Huber,** Die Idee der Unsterblichkeit. 8. (VII u. 164 S.) München 1864, Lentner. n. ²/₃ Thlr.

 Ein Versuch, die Idee der Unsterblichkeit wissenschaftlich zu rechtfertigen. Der Verf. vertheidigt dieselbe sowohl gegen Idealisten als Materialisten mit philosophischen, aus dem Wesen des Geistes entnommenen Gründen. Die Schrift regt wohlthuend an, aber der Schluß läßt eine Zusammenfassung der Resultate vermissen. Wir vermuthen, daß der Verf., ein Katholik, sich gescheut hat, seine religiösen Anschauungen zu formuliren, um nicht mit der Kirche in Conflict zu kommen.

**J. H. Fichte,** Die Seelenfortdauer und die Weltstellung des Menschen, eine anthropologische Untersuchung und ein Beitrag zur Religionsphilosophie, wie zu einer Philosophie der Geschichte. gr. 8. (L u. 466 S.) Leipzig 1867, Brockhaus. n. 2²/₃ Thlr.

 Der Verfasser verzichtet auf strenge Beweisführung und giebt eine gute Zusammenstellung der psychologischen und moralischen Wahrscheinlichkeitsgründe für die Unsterblichkeit, indem er von der Ansicht ausgeht, daß die Unsterblichkeitsfrage nur im Zusammenhange einer ganzen Weltanschauung gelöst werden könne. In diesem Sinne betrachtet er Natur, Geist und Geschichte, um zu untersuchen, ob die Wirklichkeit der Dinge dem Glauben an eine Seelenfortdauer entspricht, und denselben zur Ergänzung fordert. Mit Wärme der Ueberzeugung geschrieben und für einen größeren Leserkreis geeignet.

**Heinrich Ritter**, Die Unsterblichkeit. 2. umgearb. u. verm. Aufl. 8. (VIII u. 271 S.) Leipzig 1866, Brockhaus. n. 1⅓ Thlr.
Eine geschichtliche Musterung der Theorien über Unsterblichkeit der Seele.

**Gustav Theob. Fechner**, Das Büchlein vom Leben nach dem Tode. 2. Aufl. 8. (VIII u. 85 S.) Leipzig 1866, Voß. ½ Thlr.
Geistreiche Phantasien und Erörterungen der Gründe des Glaubens an Unsterblichkeit.

**Melchior Meyr**, Die Fortdauer nach dem Tode. (IX, 129 S.) Leipzig 1869, Brockhaus. 20 Ngr.
Philosophische Betrachtungen über Glauben und Unglauben an Unsterblichkeit, jedem Gebildeten genießbar und vielfach anregend, ohne sachlich etwas Neues zu bieten. Spricht sich mit Entschiedenheit für die persönliche Fortdauer aus, ohne auf die Gründe des christlichen Glaubens näher einzugehen.

**Ernst Naville**, Das ewige Leben. Sieben Reden. Ins Deutsche übertragen von Friederike Pressel. (VII, 240 S.) Leipzig 1863, Haessel. 1 Thlr.
Ebenfalls eine philosophisch fortschreitende Untersuchung der Gründe des Glaubens an Unsterblichkeit, jedoch mehr im Zusammenhang mit dem Ganzen des christlichen Glaubens, ohne auf speciell theologische Beweisführung einzugehen. Die Form der freien Rede, welche auf die Ueberzeugung der Zuhörer wirken will, würde das Buch der erbaulichen Literatur zuweisen, wenn nicht der Inhalt der Philosophie angehörte. Mit Ernst der Ueberzeugung und einer gut angewandten Belesenheit versteht es der Verfasser in ausgezeichnetem Maße, den zweifelnden, nach Wahrheit ringenden Gedanken zu Hülfe zu kommen.

**Herm. Ulrici**, Gott und die Natur. gr. 8. (XV u. 624 S.) Leipzig 1862, T. O. Weigel. n. 3⅓ Thlr.
Versuch der Nachweisung, daß die moderne Naturwissenschaft weit entfernt, dem Pantheismus, Materialismus und Atheismus in die Hände zu arbeiten, vielmehr in ihren Resultaten und Consequenzen zu der entgegengesetzten theistischen Weltansicht führe. Dieser Beweis ist zwar nur für den ersten Theil der Behauptung geführt, aber dabei giebt das fleißig gearbeitete Buch eine gute Uebersicht über die Ergebnisse und Grundgedanken der jetzigen Naturwissenschaft.

**J. Frohschammer**, Das Christenthum und die moderne Naturwissenschaft. (XX, 547 S.) Wien 1868, Tendler. 3 Thlr.
Versuch eines Philosophen katholischer Confession, die Naturwissenschaft mit der biblischen Dogmatik und der Kirche in Einklang zu bringen. Mit Freimuth und idealistischer Wärme ausgeführt, doch etwas zu breit.

**Friedr. Fabri**, Briefe gegen den Materialismus. 8. (XV u. 215 S.) Stuttgart 1856, Liesching. 1 Thlr.
Eine der besten Schriften gegen die materialistische Richtung; mehr vom philosophischen, als vom naturwissenschaftlichen Standpunkt aus geschrieben. Der Verf. legt die Ausbildung des Materialismus nach den neueren Schriftstellern dar, prüft die dagegen erschienenen Schriften, greift jenes Princip in seiner Wurzel an und bestimmt zuletzt die Grenze zwischen Naturforschung und religiöser Wissenschaft und weist auf eine höhere Weltansicht hin, in welcher die materialistischen Irrthümer völlig verschwinden.

**M. J. Schleiden**, Ueber den Materialismus der neueren deutschen Naturwissenschaft, sein Wesen und seine Geschichte. Zur Verständigung für die Gebildeten. gr. 8. (57 S.) Leipzig 1863, Wilh. Engelmann. 12 Ngr.
Polemik eines geistreichen Naturforschers, der selbst materialistischer Tendenzen beschuldigt wurde, gegen den Materialismus.

M. E. A. **Naumann**, Die Naturwissenschaften und der Materialismus. (XIV, 322 S.) Bonn 1869, Cohen u. Sohn. 1 Thlr. 24 Ngr.
<small>Geistreiche Betrachtungen eines klinischen Veteranen, der aus seinen reichen Erfahrungen die Gründe für das geistige Wesen der Menschennatur zusammenträgt. Nimmt besondere Rücksicht auf Büchner's Kraft und Stoff, um diese Schrift zu widerlegen.</small>

## Ethik.

J. H. **Fichte**, System der Ethik. I. kritischer Theil. Die philosophischen Lehren von Recht, Staat und Sitte in Deutschland, Frankreich und England, von der Mitte des 18. Jahrhunderts bis zur Gegenwart, dargestellt. gr. 8. (XX, 820 S.) Leipzig 1850. 4 Thlr.
<small>Sehr gute Geschichte der praktischen Philosophie. Die Eigenthümlichkeiten eines jeden Standpunktes sind treffend herausgehoben. Behandelt zuerst die deutsche Philosophie, dann die englische, mit besonderer Berücksichtigung Bentham's und die französische, bei welcher auch der Socialismus und Communismus seine Würdigung findet.</small>

— II. 1. Allgemeine ethische Begriffe und die Tugend- und Pflichtenlehre. gr. 8. (XLIV u. 301 S.) Leipzig 1851, Dyk'sche Buchh. n. 1 Thlr. 18 Ngr.

II. 2. Die Lehre von der Rechts-sittlichen und religiösen Gemeinschaft, oder die Gesellschaftswissenschaft. gr. 8. (XXII u. 495 S.) Ebd. 1853. n. 2 Thlr. 12 Ngr.
<small>Abth. I: Enthält die Grundlage der sittlich-religiösen Weltansicht und ein System der allgemeinen ethischen Begriffe. In Abth. II folgt die Anwendung auf die rechtlichen, sittlichen und religiösen Lebensverhältnisse, wobei sich der Verfasser bestrebt, auch in den heterogensten Erscheinungen des Lebens und der Sitte die Immanenz der ethischen Ideen nachzuweisen. Der Organismus des Staatslebens, der humanen Gemeinschaft und des religiösen Lebens werden mit eingehendem Interesse in vermittelnder Richtung besprochen, namentlich wird der selbstständige Werth der Religion mehr anerkannt, als von den Philosophen sonst zu geschehen pflegt. Das ganze Werk ist geeignet, auch außerhalb der Schule gelesen zu werden und anregend zu wirken.</small>

Fr. **Schleiermacher**, Grundriß der philosophischen Ethik. Mit einleitender Vorrede herausgegeben von A. Twesten. gr. 8. Berlin 1841, G. Reimer. n. ²/₃ Thlr.
<small>Die Ergebnisse der sittlichen Weltanschauung Schleiermachers in ihrer Verbindung mit christlichen Ideen, auf ziemlich populäre Weise dargestellt, mit einer auch dem Laien zugänglichen sehr umfassenden Einleitung Twestens, in welcher die Grundzüge von Schleierm. System klar entwickelt werden.</small>

Emil **Feuerlein**, Die philosophische Sittenlehre in ihren Hauptformen. 2 Bde. I. Die Sittenlehre des Alterthums. gr. 8. (XII, 244 S.) Tübingen 1857, Fues. n. 1 Thlr. 2 Ngr.

II. Die Sitten der neueren Culturvölker. gr. 8. (XXXIII, 334 S.) Ebend. 1859. n. 1 Thlr. 12 Ngr.
<small>Ein klar und frisch geschriebenes Buch, das für den Leser, der sich darüber orientiren will, was die Denker aller Zeiten über die sittliche Aufgabe des Menschen gedacht haben, gute Dienste leisten kann. Mehr populär, als streng wissenschaftlich.</small>

Jul. **Frauenstädt**, Das sittliche Leben. Ethische Studien. gr. 8. (XIV u. 504 S.) Leipzig 1866, Brockhaus. n. 2²/₃ Thlr.
<small>Ein Versuch, die Ethik auf der Grundlage der Schopenhauerischen Philosophie aufzu-</small>

bauen, übrigens nicht blos für Anhänger derselben geschrieben, sondern allgemein anregend. Das sittliche Leben wird im Zusammenhang mit dem physischen, socialen, politischen und allgemein geistigen Leben betrachtet.

**Joh. Karl Passavant**, Das Gewissen. Eine Betrachtung. 2. Aufl. hrsg. von Fr. Hoffmann. Lex.=8. (VI u. 52 S.) Frankfurt 1857, Heyder u. Zimmer. n. ½ Thlr.

Diese letzte Schrift eines feinen Beobachters der sittlichen Welt wurde wohl angeregt durch die neuere materialistische Richtung in der Naturwissenschaft. Ohne sich auf Streitfragen einzulassen, bewegt sich der Verfasser in klarer philosophischer Erörterung und hebt das Gewissen als untrügliche Quelle der Wahrheit und Schutz gegen philosophische Verirrungen hervor. Man fühlt sich beim Lesen gleichsam in der höheren, reineren Luft philosophisch=religiöser Befriedigung.

**Mor. Wilh. Drobisch**, Die moralische Statistik u. die menschliche Willensfreiheit. gr. 8. (VII u. 133 S.) Leipzig 1867, Voß. n. 28 Ngr.

Sehr interessante und genaue Untersuchungen, die sowohl für den Statistiker, als für den Philosophen von Werth sind.

**Ralph Waldo Emerson**, Die Führung des Lebens. Gedanken und Studien. Ins Deutsche übertragen von E. S. v. Mühlberg. gr. 16. (IX u. 227 S.) Leipzig 1862, Steinacker. n. ⅚ Thlr.

Geistreiche Betrachtungen über Fatum, Macht, Reichthum, Bildung, Betragen, Würde und Gottesverehrung, Schönheit, Illusionen.

## Aesthetik.

**Fr. Wilh. Jos. Schelling**, Ueber das Verhältniß der bildenden Künste zu der Natur. 4. Landshut 1808, Krüll. ½ Thlr. (Auch in dessen philosophischen Schriften Bd. I.)

Klassische Rede, voll tiefer Einblicke in das Wesen der Kunst.

**F. Th. Vischer**, Aesthetik oder Wissenschaft des Schönen.
    Thl. I. Metaphysik des Schönen. Lex.=8. (VIII, 489 S.) Reutlingen 1846, Mäcken. 2 Thlr. 20 Ngr.
    Thl. II. 1. u. 2. Abth. Die Lehre vom Schönen in einseitiger Existenz oder vom Naturschönen und der Phantasie. (VI, 524 S.) Ebb. 1847—48. 2 Thlr. 20 Ngr.
    Thl. III. Die Kunst überhaupt und ihre Theilung in Künste. (5 Abtheilungen. VI, 1474 S.) Ebb. 1851. 8 Thlr. Complet 14 Thlr. 20 Ngr.

Weit die umfassendste und wissenschaftlich durchgearbeitetste Aesthetik, die wir haben. Der philosophische Standpunkt ist der der Hegel'schen Philosophie, und ihr Princip der Identität des Aeußeren und Inneren, des Wesens und der Erscheinung wird mit großer Consequenz festgehalten, dagegen wird die Bedeutung des Concreten viel tiefer, als es sonst dieser Schule eigen ist, aufgefaßt und anerkannt. Die Methode ist eine streng wissenschaftliche, die in der etwas starren abstracten Fassung der Paragraphen ihren Ausdruck findet, dagegen tritt eine freie Ausführung ergänzend zur Seite, die einen großen Reichthum von künstlerischen Anschauungen, scharfsinnigen und geistvollen Bemerkungen entwickelt und die Anwendung der theoretischen Lehrsätze auf das ganze Gebiet der Naturschönheit und Kunstgeschichte zeigt. Die Musik ist nicht von Vischer selbst, sondern von einem seiner Freunde, K. R. Köstlin, in seinem Sinne bearbeitet. Es wird darin nicht nur die Theorie der Musik begrifflich geordnet und das Technische mit Sorgfalt erörtert, sondern es werden auch die Hauptrichtungen in derselben treffend geschildert und beurtheilt. Die Dichtkunst hat Vischer mit philosophischem Geist, aber zunäh=

menber Freiheit von der Systematik behandelt, und es ist ihm glücklicher als den meisten Philo=
sophen gelungen, das eigentliche Wesen der Poesie aufzuschließen, indem er nicht nur die groß=
artigen Gestaltungen des Drama's und Epos eingehend würdigt, sondern auch die Lyrik in ihren
feinsten Schattirungen verfolgt. Mit treffendem Urtheil wendet er seine Grundsätze auf die
Haupterscheinungen der Literatur an.

**Moritz Carriere**, Aesthetik. Die Ideen des Schönen und ihre Verwirk=
lichung durch Natur, Geist und Kunst. 2 Bde. gr. 8. (XIV, 531. XIII,
634 S.) Leipzig 1859, Brockhaus. n. 6 Thlr.

Verarbeitet die ganze Fülle des ästhetischen Materials, das in den letzten Decennien von
so vielen Seiten aufgethürmt worden, in einer gemeinfaßlichen, angenehm lesbaren Weise und
wird im besten Sinn des Wortes als eine populäre Aesthetik willkommen sein, weil sie lehrreich
ist, ohne zu ermüden, unterhaltend, ohne die Sache aus dem Auge zu verlieren, verständlich,
ohne in Trivialität zu versinken. (Rosenkranz.) Belehrende Diction, die häufig Schlagwörter
und schöne Stellen von Anderen einwebt.

**E. Lemcke**, Populäre Aesthetik. gr. 8. (X u. 598 S.) Leipzig 1865, See=
mann. 2⅔ Thlr.

—— —— 2. Aufl. gr. 8. (X u. 556 S.) Ebd. 1867. 2½ Thlr.

Geht nicht von speculativen Ideen, sondern von der thatsächlichen Erscheinung aus und
verwerthet die Leistungen Vischer's, Carriere's und Semper's zu einer lebendigen anziehenden
Darstellung.

Die zweite Auflage ist theils abgekürzt, theils erweitert, besonders der Abschnitt über Poesie
ausführlicher bearbeitet.

**K. R. Köstlin**, Aesthetik. (XXVII, 1036 S.) Tübingen 1869, Laupp.
5 Thlr.

Die Aufgabe, die sich der Verfasser gestellt hat, ist, die Aesthetik auf eine streng wissen=
schaftliche, aber durch keine Schulphilosophie beengte Anschauung des Lebens, der Natur und
Kunst aufzubauen. Er hat sie mit den Mitteln einer gründlichen philosophischen Bildung und
positiven Wissens gelöst, und vertritt mit diesem Werke die Aesthetik nach dem jetzigen Stand
der Wissenschaft in sehr befriedigender Weise. Eigenthümlich ist dem Verfasser die eingehende
ästhetische Betrachtung der Natur und ihrer Gebilde. Die Darstellung ist allgemein verständlich
und ansprechend.

**Herm. Lotze**, Geschichte der Aesthetik in Deutschland. (VIII, 672 S.)
München 1868, Lit.=art. Anstalt. Siebenter Band der Geschichte der
Wissenschaften in Deutschland. 2 Thlr. 24 Ngr.

Sucht hauptsächlich nachzuweisen, wie die in Deutschland geltenden ästhetischen Theorien
sich aus der Zeitphilosophie und anderen Cultureinflüssen entwickelt haben.

**Ed. Hanslick**, Vom Musikalisch=Schönen. Ein Beitrag zur Revision der
Aesthetik der Tonkunst. gr. 8. (VII u. 104 S.) Leipzig 1854, R. Wei=
gel. ½ Thlr.

Eine treffliche, mit philosophischem Geist geschriebene ästhetische Abhandlung. Der Ver=
fasser bestreitet den gangbaren Satz, daß es Aufgabe der Tonkunst sei, Gefühle darzustellen und
zu erregen, indem er mit feiner Dialektik beweist, daß die Musik als Kunst, wie jede andere
Kunst, nichts anderes darzustellen habe, als die reine Schönheit, und daß bei ihr Inhalt und
Form Eins seien.

## Pädagogik.

**Karl v. Raumer**, Geschichte der Pädagogik vom Wiederaufblühen der klas=
sischen Studien bis auf unsere Zeit. 3. durchges. verm. Aufl. 4 Bde.
Stuttgart 1857, S. G. Liesching. 8 Thlr. 12 Ngr.

I. Das Mittelalter bis zu Montaigne. (XII, 447 S.) 1 Thlr. 27 Ngr.
II. Vom Tode Baco's bis zum Tode Pestalozzi's. (XI, 528 S.) 2 Thlr. 3 Ngr.
III. Unterricht. (XVI, 579 S.) 2 Thlr. 12 Ngr.
VI. Die deutschen Universitäten. (X, 371 S.) 2 Thlr.
  Ein klassisches Werk in diesem Fach, das in dieser neuen Auflage manche Verbesserungen gewonnen hat. Der 4. Band enthält die besonders interessante Geschichte der Universitäten.

**Encyklopädie** des gesammten Erziehungs= und Unterrichtswesens, bearbeitet von einer Anzahl Schulmänner und Pädagogen, herausgegeben unter Mitwirkung von Prof. Palmer und Prof. Wildermuth in Tübingen, von K. A. Schmid, Rector des Gymnasiums in Stuttgart. Bd. I—VII. Lex.=8. Stuttgart u. Gotha 1857—69, R. Besser. Geht bis — Schlendrian. à Heft 12 Ngr., cplt. 26 Thlr. 27 Ngr.
  Dieses Werk ist der erste Versuch, das gesammte Material des pädagogischen Wissens und Strebens zusammenzufassen und zu prüfen. Die Gesichtspunkte, wovon die Behandlung ausgeht, sind: einerseits dem Lehrer und Erzieher eine feste christliche Grundlage an die Hand zu geben und damit das schwankende, rationalistisch=sentimentale Wesen, das sich so oft in der Pädagogik breit macht, zurückzuweisen, andererseits eine gründliche Erkenntniß der bisherigen Erfahrungen und Einrichtungen verschiedener Länder zu verbreiten. Im Verlauf der Zeit hat sich das Unternehmen mehr ausgedehnt und ist zu einem Conversationslexicon für Schulmänner angewachsen, das alle Elemente der Bildung in seinen Kreis zieht. Der Standpunkt ist ein positiv christlicher, aber nicht pietistisch oder confessionell befangener. Besonders werthvoll sind die ausführlichen statistischen Nachrichten über das Unterrichtswesen und die Schulgesetzgebung in den verschiedenen europäischen Staaten.

**Carl Ludw. Roth**, Kleine Schriften pädagogischen und biographischen Inhalts mit e. Anh. latein. Schriftstücke. 2 Bde. (X u. 446 S. IV u. 440 S.) Stuttgart 1857, Steinkopf. n. 2⅔ Thlr.
  Gelegenheitsschriften eines sehr verdienten Schulmannes, der sich durch Schärfe der Beobachtung, reiche Amtserfahrung und christlich=sittlichen Ernst auszeichnete.

—— Gymnasial=Pädagogik. (VIII u. 403 S.) Stuttg. J. F. Steinkopf. n. 1½ Thlr.
  Sehr geschätzte Fachschrift.

**Jul. Bahnsen**, Beiträge zur Charakterologie. 2 Bde. (XIV, 442. 362 S.) Leipzig 1867, Brockhaus. 4 Thlr.
  Untersuchungen über Entstehung und Ausbildung der Charaktere, aus pädagogischen Erfahrungen und für pädagogische Zwecke ausgeführt. Manche interessante Beobachtung, aber zu breit und mehr Fragen anregend als beantwortend.

**K. F. Baron v. Rumohr**, Schule der Höflichkeit für Alt und Jung. 2 Thle. 8. Stuttgart 1834. 35, Cotta. 1¾ Thlr.
  Ein höflicher Schüler der fashionablen Welt.

# Theologie.

## Bibelwerke und Schriftauslegung.

Wir geben im Folgenden nach unserem Geschmack und eigener Einsicht eine kleine Auswahl von werthvollen und hübschen Ausgaben der lutherischen

Bibelübersetzung, und stellen die Originalausgabe voran, die freilich nur als bibliographische Seltenheit vorkommt.

Biblia, das ist die gantze heil. Schrift. Deudsch. Martin Luther. Wittenberg, gedruckt durch Hans Lufft 1534. Folio in 7 Bdn. (Wartburgbibel genannt.)
    Letzte von Luther selbst besorgte Ausgabe: Wittenberg 1545.

Bibel, Neue Ausg. mit 12 Stichen in Kpfr. nach Entwürfen, Zeichnungen und Bildern von neueren deutschen Künstlern. 6. Ster.-Abdr. d. aufs Neue mit d. Ausg. letzter Hand von 1545 verglich. Textes. Lex.-8. (1150 S.) Altona 1867, Händke u. Lehmkuhl. 3 Thlr. 18 Ngr.

**Hausbibel.** Die Bibel oder die ganze heil. Schrift des alten und neuen Testaments. Kl. 4. Stuttgart 1861, Cotta. Jetzt Leipzig, Brockhaus. 3 Thlr. 10 Ngr.

Illustrirte Bibel mit Holzschnitten nach Zeichnungen der ersten Künstler Deutschlands. Gr. 4. Stuttgart 1861, Cotta. Jetzt Leipzig, Brockhaus. 7 Thlr. 15 Ngr.

Das neue Testament nach der deutschen Uebersetzung Luthers. Mit Photographien und Zeichnungen der ersten Künstler Deutschlands. (485 S.) Stuttgart 1860. Jetzt Leipzig, Brockhaus. 4 Thlr. 10 Ngr.
    Ausgezeichnet elegante Ausgabe.

Bibel illustr. v. G. Doré siehe: Kunst.

Prachtbibel ohne Bilder. Die h. Schrift alten u. neuen Testaments nach der Uebersetzung von Dr. Martin Luther. Ausgabe in groß 4. 168 Bogen. In einen Band broschirt. Stuttgart, S. G. Liesching. 6 Thlr.

Das neue Testament und der Psalter. Verdeutscht von Luther. Hochquart. Mit einem Titelbilde nach Raphael; einer Vignette: Nazareth; einem Facsimile aus Luthers erster Bibelübersetzung. Stuttgart 1840, S. G. Liesching. 2½ Thlr.

Der Psalter, verdeutscht von Luther. Prachtausgabe. Mit einer Anleitung zum Psalmengesang von Friedr. Hommel. 4. Stuttgart 1853, S. G. Liesching. 1 Thlr. 20 Ngr.

Das neue Testament, griechisch u. deutsch. (Lutherische Uebersetzung.) Herausgegeben durch die privilegirte Bibelanstalt. Stuttgart 1853, S. G. Liesching. 18 Ngr.

Die Bibel oder die ganze heilige Schrift des alten und neuen Testaments nach der deutschen Uebersetzung Luthers. Stereotypausgabe der preuß. Hauptbibelgesellschaft. Berlin, Decker. 1 Thlr. 5 Ngr.
    Dieselbe in Hochquart mit großer Schrift 3 Thlr.

Die Altarbibel in der ächten deutschen Uebersetzung von Dr. Martin Luther. Prachtausgabe mit 50 Stahlstichen berühmter Meister. Hochquart. Hildburghausen 1860, Bibliogr. Institut. 12½ Thlr.
    Ausgabe mit 6 Stahlstichen 3 Thlr.

Bibel oder die ganze heil. Schrift Alten und Neuen Testaments. Luthers Uebersetzung nach Joh. Friedr. v. Meyer, nochmals aus dem Grundtexte

berichtigt von Rud. Stier. 2. Aufl. (IX, 1380 S.) Bielefeld 1860, Velhagen u. Klasing. 1 Thlr. 10 Ngr.
Feine Ausg. 2 Thlr. 10 Ngr.
<small>Gilt für die beste Revision der lutherischen Bibelübersetzung.</small>

**Das Neue Testament.** Nach dem überlieferten Grundtext übersetzt von Christ. Jos. Bunsen. Separatabdruck aus Bunsen's Bibelwerk. Hsgeg. von Holtzmann. Leipzig 1868, Brockhaus. ½ Thlr.
<small>Diese Uebersetzung ist der Hauptsache nach von Holtzmann nach dem griechischen Text gearbeitet, doch mit stetiger Rücksicht auf die lutherische Uebersetzung, von welcher beibehalten ist, was sprachlich richtig und nicht veraltet war.</small>

**W. M. L. de Wette,** Die Schriften des A. u. N. Testam. neu übersetzt. 1. Aufl. 6 Bde. Heidelberg 1809—14, J. C. B. Mohr. 4. Aufl. 1858. 2 Thlr. 15 Ngr. Velinpap. 3 Thlr. 10 Ngr.
<small>Werthvoll wegen der philologischen Treue.</small>

**Fr. G. Lisco,** Das alte Testament. Mit Erklärungen, Einleitungen ꝛc. 2. Aufl. 4. (XV, 1000 S.) Berlin 1853, G. W. Müller. 4 Thlr.
—— Das neue Testament nach der deutschen Uebersetzung Dr. Martin Luthers. Mit Erklärungen ꝛc. 5. Aufl. 4. Ebd. 1858. n. 2 Thlr.
<small>Kürzere Erklärungen für denkende Bibelleser, mit Rücksicht auf den Zweck der Erbauung.</small>

**Die heil. Schrift** des Alten und Neuen Testaments. Nach M. Luthers Uebersetzung mit Einleitungen und erklärenden Anmerkungen. Hrsgeg. durch weil. Otto v. Gerlach. 6 Bände. Berlin 1867, Schlawitz. 5⅚ Thlr.
    1—4. A. T. 5. Aufl. (LXXII, 1386 S.) 4⅙ Thlr.
    5—6. N. T. 7. Aufl. (XXVI, 815 S.) 1⅔ Thlr.
<small>Ein bewährter Bibelcommentar, vom kirchlich-gläubigen Standpunkt aus. Besonders geeignet zur cursorischen Lectüre der Bibel.</small>

**Joh. Pet. Lange,** Theologisch-homiletisches Bibelwerk.
    *Altes Testament.*
  I. Genesis erklärt von J. P. Lang. (LXXXII, 460 S.) Bielefeld 1864. 2 Thlr.
 III. Deuteronomium von F. W. J. Schrader. (V, 220 S.) 1866. 24 Ngr.
  V. Buch der Richter u. Ruth von P. Cassel. (XX, 242 S.) 1865. 1 Thlr.
 VII. Bücher der Könige von Chr. W. Fr. Bähr. (XX, 495 S.) 1862. 1 Thlr. 26 Ngr.
XII. Sprüche Salomonis von O. Zöckler. (VIII, 220 S.) Bielefeld u. Leipzig 1867. 26 Ngr.
XIII. Das Hohelied und der Prediger Salomonis von O. Zöckler. (VII, 218 S.) 1868. 26 Ngr.
XV. Jeremias u. die Klagelieder von C. W. E. Nägelsbach. (XXXIX, 437 S.) 1868. 1 Thlr. 26 Ngr.
XIX. Obadjah, Jonah, Micha, Nahum, Habakuk, Zephanjah von Kleinert. (XII, 188 S.) 1868. 22 Ngr.
    *Neues Testament.*
  I. Das Evangelium nach Matthäus von J. P. Lange. 3. Aufl. (XXXIV, 166 S.) 1868. 1⅔ Thlr.
 II. Das Evangelium nach Markus von J. P. Lange. 2. Aufl. (XIV, 173 S.) 1 Thlr. 12 Ngr.
III. Das Evangelium nach Lukas von Costerzee. (VIII, 399 S.) 1861. 1 Thlr. 12 Ngr.
IV. Das Evangelium nach Johannes von J. P. Lange. 3. Aufl. (XII, 427 S.) 1868. 18 Ngr.

V. Der Apostel Geschichten erklärt von G. Lechler u. K. Gerock. 2. Aufl. (VIII, 396 S.) 1865. 1 Thlr. 12 Ngr.
VI. Brief Pauli an die Römer von J. P. Lange u. J. R. Fahe. 2. Aufl. (VIII, 289 S.) 1866. 1 Thlr. 2 Ngr.
VII. Die Korintherbriefe von Chr. Fr. Kling. 2. Aufl. (VIII, 417 S.) 1861. 1 Thlr. 12 Ngr.
VIII. Brief Pauli an die Galater von O. Schmoller. (VI, 119 S.) 1862. 14 Ngr.
IX a. Pauli Briefe an die Epheser, Philipper u. Colosser von Schenkel. (218 S.) 1862. 24 Ngr.
IX b. Dieselben von K. Braune. (298 S.) 1867. 28 Ngr.
X. Pauli Briefe an die Thessalonicher von C. A. Auberlen u. Riggenbach. (VI, 111 S.) 1864. 16 Ngr.
XI. Die Pastoralbriefe u. die Briefe an Philemon von J. J. von Oosterzee. 2. Aufl. (VIII, 155 S.) 1861. 16 Ngr.
XII. Der Brief an die Ebräer von C. B. Moll. (171 S.) 1861. 18 Ngr.
XIII. Der Brief des Jakobus von J. P. Lange u. J. J. von Oosterzee. (VI, 117 S.) 1862. 14 Ngr.
XIV. Die Briefe Petri u. der Brief Judä von Fronmüller. 2. Aufl. (124 S.) 1862. 14 Ngr.
XV. Drei Briefe Johannis von K. Braune. (149 S.) 1865. 16 Ngr.

Ein sehr verbreiteter Bibelcommentar von positiv kirchlichem Standpunkt aus, zunächst für Geistliche zum homiletischen Gebrauch bearbeitet.

**Chr. C. Jos. Bunsen, Vollständiges Bibelwerk für die Gemeinde.** Leipzig 1858—1869, Brockhaus.
Abth. I. Die Bibel, Uebersetzung und Erklärung.
  1. Das Gesetz. (CCCXCIV, 384 S.) 1858. 2⅓ Thlr.
  2. Die Propheten. (826 S.) 1859—1861. 2⅔ Thlr.
  3. Die Psalmen. Sprüche. Hiob. Hohelied. Ruth. Klagelieder. Der Prediger. Daniel. Esra. Nehemia. Bücher der Chronik. (X, 888 S.) Herausgeg. von A. Kamphausen. 1868. 3 Thlr. 6 Ngr.
  4. Die Bücher des neuen Bundes. Mit einer Uebersicht über die Ereignisse und Literatur des apostolischen Zeitalters. Hrsg. von H. Jul. Holtzmann. (VII, 669 S.) 1864. 2 Thlr.
Abth. II. Bibelurkunden.
  1. Das Gesetz und die älteren Propheten. (XXII, 642 S.) 1860 u. 61. 2 Thlr.
  3. Die apokryphischen Bücher. Hrsg. von Holtzmann. (VIII, 299 S.) 1869. 1 Thlr. 20 Ngr.
  4. Die Bücher des neuen Bundes. Kritische Erörterungen. Hrsg. von Holtzmann. (IX, 596 S.) 1866. 2 Thlr.
Abth. III. Bibelgeschichte. Das ewige Reich Gottes und das Leben Jesu. Hrsg. von Holtzmann. (XV, 500 S.) 1866. 1⅔ Thlr.

Ein großartiges Unternehmen, bei dem sich der Verfasser die Aufgabe stellte, einem wirklich vorhandenen Bedürfniß der gebildeten Gemeinde zu dienen. Er war durch die lebendigste Begeisterung, sowie durch tief gehende Bildung und umfassende Gelehrsamkeit in ausgezeichneter Weise dazu befähigt, und betrachtete das Werk als Ergebniß der Studien seines ganzen Lebens. Indessen stellten sich doch bei der Ausführung die ihm eigenthümliche philosophische Weltanschauung und gelehrte Liebhabereien der einheitlichen und populären Behandlung der Sache hindernd entgegen. Kritische, rationalistische und mystische Elemente sind in dem Buche beisammen und durch wahre Liebe zum Gegenstand im Geiste des Verf. unter eine Einheit gebracht. Aber dem Bedürfniß der Leser ist damit nicht immer gedient. Schon bei Lebzeiten Bunsen's hatte er sich der Hilfe der Herren Kamphausen und Holtzmann zur Beischaffung des gelehrten Materials bedient, und nach seinem Tode im Jahre 1860 übernahmen seine Söhne Heinrich und Georg die Leitung und Vollendung des Unternehmens in Gemeinschaft mit den beiden genannten Mitarbeitern. Von ihm selbst wurde fast die ganze erste, sowie die dritte Abtheilung besorgt. Zu erwarten ist noch der zweite Band der zweiten Abtheilung, welcher die späteren Pro=

pheten, die Psalmen und die historischen Bücher behandeln soll. Von bleibendem Werth ist jedenfalls die gute Uebersetzung der ganzen Bibel, und der Commentar bietet reiches Material, das vielen Lesern willkommene Dienste leisten kann.

**Friedr. Bleek,** Einleitung in das neue Testament. Herausgeg. von J. F. Bleek. gr. 8. (XIV u. 799 S.) Berlin 1862, G. Reimer. 3½ Thlr. 2. Aufl. (XVI u. 808 S,) 1866.

Zeichnet sich durch eine fließende, gemeinverständliche Darstellung und maßvolle Behandlung des gelehrten Stoffes aus, orientirt überall richtig, wenn auch die Resultate zum Theil zweifelhaft bleiben.

**Ed. Reuß,** Geschichte der heil. Schriften Neuen Testaments. 4. Aufl. gr. 8. (XVI u. 626 S.) Braunschweig 1864, Schwetschke u. Sohn. 3 Thlr.

Gelehrte und umsichtige Arbeit, repräsentirt in allen Hauptfragen den gegenwärtigen Stand der Wissenschaft, enthält eine Menge allgemein interessanter Dinge (Bibelübersetzungsgeschichte u. dgl.)

**Constantin Tischendorf,** Wann wurden unsere Evangelien verfaßt? 1. u. 2. Aufl. 8. (70 S.) Leipzig 1865, Hinrichs Verlag. 12 Ngr.

Versuch, die Echtheit der Evangelien auf Grund der äußern Zeugnisse zu beweisen, dem schon der Name des Verfassers großen Eingang verschafft hat, dem aber mehrfach ein da und dort etwas desultorisches Verfahren vorgeworfen wird. Jedenfalls ist die Arbeit für Nichttheologen lehrreich und anziehend geschrieben.

**Biblisches Wörterbuch** für das christliche Volk. Herausgeg. von Herm. Zeller. Mit einem Vorwort von W. Hoffmann. 2 Bde. (IV, 776. VI, 916 S.) Gotha 1857, Besser. 3 Thlr. 15 Ngr. 2. verb. Aufl 1867. (866. XXIII, 800 S.) 4 Thlr.

Ein sehr brauchbares Hülfsmittel für Bibellektüre. Die Verf. sind größtentheils württemb. Geistliche, die auf positiv christlichem Standpunkt stehen.

**Bibellexicon.** Realwörterbuch zum Handgebrauch für Geistliche und Gemeindeglieder. Hrsg. von D. Schenkel. 1. Bd. A—Dichtkunst. Mit Karten und in den Text gedruckten Abbildungen u. Holzschnitten. (623 S.) Leipzig 1869, Brockhaus.

Dieses von einer Reihe anerkannter Gelehrten neu begonnene Unternehmen sucht mit den Mitteln der neueren Wissenschaft dem Theologen und wissenschaftlich gebildeten Laien die Materialien zur geschichtlichen Verständniß der alten Religionsurkunden an die Hand zu geben. Der theologische Standpunkt ist durch den Herausgeber bezeichnet.

## Allgemeines.

**Real-Encyklopädie** für protestantische Theologie und Kirche. In Verbindung mit vielen protestantischen Theologen und Gelehrten, von J. J. Herzog. XXI Bde. u. 1 Registerband. Stuttgart u. Gotha 1853—68, Besser. à Bd. n. 2⅔ Thlr.

Repräsentirt die heutige protestantische Theologie durch eine Reihe sehr tüchtiger Arbeiten. Der Standpunkt ist der positiv gläubige, aber mit Ausschluß der extremen Richtungen.

**Allgemeine Kirchenzeitung,** zugleich ein Archiv für die neueste Geschichte und Statistik der christl. Kirche ꝛc. Begründet von Ernst Zimmermann, fortgesetzt von Prof. G. V. Lechler, Prälat K. Zimmermann u. Prof. K. Fricke. 1822—1869. à 104 Num. gr. 4. Mit theol. Literaturblatt. Darmstadt, Zernin. à Jahrg. n. 10 Thlr.

16 **Allgemeines.**

Vertritt die gemäßigte kirchliche Richtung und ist Organ der unionistischen Theologie und insbesondere des Gustav-Adolf-Vereins. Sehr reichhaltig an kirchengeschichtlichen und statistischen Materialien. Das beigegebene Literaturblatt bringt ausführliche Berichte über die Erscheinungen der theologischen Literatur.

**Evangelische Kirchenzeitung.** Herausgegeben von E. W. Hengstenberg. 1827 — 1869. à 104 Nummern gr. 4. 2 Bde. jährlich. Berlin, Schlawitz. à Jahrg. n. 4 Thlr.

Organ der streng kirchlichen Richtung, vertritt sie das Princip der Union mit dem Unterschied, daß sie auf Fortbildung zur Conföderation bringt. Strebt weniger nach Vollständigkeit der kirchlichen Nachrichten, weiß aber die bedeutendsten Zeitereignisse und literarischen Erscheinungen geistvoll zu beleuchten, und durch eingehende Berichte über Werke der schönen Literatur, der Naturwissenschaft, Staatswissenschaft ꝛc. den Zusammenhang dieser Gebiete mit dem religiösen Leben anschaulich zu machen. Seit H.'s Tod (Mai 1869) hat Pastor Taufcher die Redaction.

**Protestantische Kirchenzeitung für das evangelische Deutschland.** Redigirt von H. Krause. 1854—1869. 52 Nummern à 1—1½ Bogen. gr. 4. Berlin, G. Reimer. à Jahrg. n. 4 Thlr.

Früher Organ der Schleiermacher'schen Theologie, vertritt diese Zeitschrift jetzt die freiere unionistische Richtung und insbesondere den Protestantenverein. Reich an kurzen kirchlichen u. kulturgeschichtlichen Nachrichten.

**Neue evangelische Kirchenzeitung.** Auf Veranstaltung des deutschen Zweiges des evangelischen Bundes herausgeg. von Prof. Lic. Meßner. 1859— 1869. à 52 Nummern in gr. 4: Berlin, F. Schulze. à Jahrg. n. 4 Thlr.

Organ der evangelischen Allianz. Außer dem genannten Redacteur ist Gen.-Sup. W. Hoffmann der Hauptleiter des Blattes, welches aus dem ganzen Gebiet der evangelischen Christenheit sowohl über kirchliche Ereignisse und Zustände, als über die Haupterscheinungen der theologischen Wissenschaft Nachricht giebt. Steht auf kirchlichem Boden und vertritt die Union, zum Theil mit scharfer Polemik gegen den Confessionalismus. Der werthvollste Theil des Blattes sind wohl die bald kürzeren Mittheilungen, bald ausführlicheren Abhandlungen über die Werke der äußeren und inneren Mission in allen Welttheilen.

**Allgemein kirchliche Zeitschrift.** Ein Organ für die evangelische Geistlichkeit und Gemeinde ꝛc., herausgeg. von Prof. Daniel Schenkel. 1860—1869. à 10 Hefte. gr. 8. Elberfeld, Friderichs. à Jahrg. n. 2 Thlr.

Seit Rothe's Tod ausschließlich Vertreterin der Schenkel'schen Schule. Verficht hauptsächlich das Gemeindeprincip und die Gewinnung der Massen für die Kirche, und hat einen polemischen Charakter, der sich namentlich in den populär gehaltenen Leitartikeln ausspricht. Giebt auch gute Literaturberichte.

**Allgemeine evangelisch-lutherische Kirchenzeitung.** Redig. v. Prof. Luthardt. Leipzig 1869, Dörffling u. Franke. 4 Thlr. Erscheint seit October 1868 jeden Freitag in einem Kleinfoliobogen.

Giebt sehr gehaltvolle geschichtliche und dogmatische Artikel.

**Theodor Parker's sämmtliche Werke.** Deutsch von Joh. Ziethen. 4 Bde. Mit Portrait. 2. (Titel-)Aufl. 8. Leipzig 1857, Voigt und Günther. 5 Thlr.

 Bd. 1. Kritische und vermischte Schriften. (X u. 441 S.)
 = 2. Reden und Predigten. (VII u. 453 S.)
 = 3. Zehn Betrachtungen über Religion und Leben. (331 S.)
 = 4. Ueber Theismus, Atheismus und Kirchenglauben. (431 S.)

Die Eigenthümlichkeit dieses berühmten amerikanischen Theologen ist die fast fanatische

Bekämpfung des Atheismus und des alttestamentlichen Deismus, vom Standpunkt des die Immanenz und Transcendenz vermittelnden Theismus. Er übt durch eine lebendige und etwas derbe Popularität, die hauptsächlich die äußersten Gegensätze ins Auge faßt, große Wirkung.

**Will. Ellery Channing's Werke.** In einer Auswahl aus dem Englischen überf. u. herausgeg. von F. A. Schulze u. Ad. Sydow. 15 Bdchn. 16. Berlin u. Leipzig 1850—55, H. Schulze. 6 Thlr. 17 Ngr.

Vorherrschend religiöser Inhalt, Predigten und Betrachtungen über Lebensverhältnisse und sociale Probleme. Ausgezeichnet durch eine Beredtsamkeit, die den Menschen im Innersten zu erfassen und in die geheimsten Falten des Herzens zu bringen weiß. Ausdruck eines Charakters, in dem sich Ernst und Milde zu schöner Harmonie verbinden, und bei dem jedes Wort aus der Tiefe heiligster Ueberzeugung fließt. Charakteristisch ist die hohe Achtung vor dem göttlichen Keim in der menschlichen Natur, die ihm die sittlichen Anforderungen nicht schwächt, sondern steigert. Seine Sprache ist voll Kraft und edler Einfachheit und sein Stil wird von Vielen als unübertroffen in Amerika angesehen.

## Glaubens= und Sittenlehre.

**C. Ullmann,** Die Sündlosigkeit Jesu. 1. Aufl. 1828. 6. Aufl. neu bearb. gr. 8. Gotha 1855, F. A. Perthes. n. 1 Thlr. 14 Ngr.

Nachweisung des vollendeten sittlichen Urbildes in Christo, in sehr schöner und ansprechender Form, von glücklichster Popularität.

—— Ueber den unterscheidenden Charakter oder das Wesen des Christenthums, mit Beziehung auf neuere Auffassungsweisen und einem Blick auf Gegenwärtiges. Eine Erörterung auch für gebildete Nichttheologen. Hamburg 1846. ⅔ Thlr.

Neue Auflagen unter dem Titel:

—— Das Wesen des Christenthums, mit Bezieh. auf neuere Auffassungsweisen auch f. gebildete Nichttheologen dargestellt. 4. Aufl. gr. 8. Gotha 1854, F. A. Perthes. n. 1 Thlr. 14 Ngr.

Sehr geeignet, den Laien, den die vervielfältigten Angriffe auf das Christenthum irre zu machen drohen, in den Grundlagen seiner religiösen Ueberzeugung zu orientiren und zu befestigen. Indem der Verfasser die Eigenthümlichkeit des Christenthums auseinandersetzt und zeigt, wodurch es sich von anderen Religionen unterscheidet und sich als Religion der Menschheit bewährt, findet er den Abschluß desselben in der Idee der Persönlichkeit. Er erörtert bei dieser Gelegenheit die neueren philosophischen Auffassungen des Christenthums.

**Chr. Ernst Luthardt,** Apologetische Vorträge über die Grundwahrheiten des Christenthums, im Winter 1864 zu Leipzig gehalten. 5. Aufl. gr. 8. (XIII u. 314 S.) Leipzig 1867, Dörffling u. Franke. n. 1½ Thlr.

Die rasche Verbreitung dieses Buches in 5 Auflagen beweist, wie glücklich der Verfasser in dem Bemühen war, die Grundwahrheiten des Christenthums dem modernen Bewußtsein nahe zu legen. In den beigegebenen Anmerkungen findet man die Bausteine, mit welchen er sein Gebäude aufgeführt und dazu die Literatur aller Zeiten benützt hat. Die Wärme der Darstellung verleiht besonders der zweiten Hälfte des Buches eine wahrhaft erbauliche Wirkung.

—— Apologetische Vorträge über die Heilswahrheiten des Christenthums, im Winter 1867 zu Leipzig gehalten. 1. u. 2. Aufl. (VIII u. 253 S.) Leipzig 1867, Dörffling u. Franke. 1 Thlr.

In dieser zweiten Reihe von Vorträgen führt der Verfasser aus dem Vorhof ins Heiligthum der christlichen Lehre ein. Er ist ein gemäßigter Lutheraner und versteht es trefflich, seine Belehrungen mit der Wärme der Ueberzeugung den Herzen nahe zu bringen.

Chr. Ernst **Luthardt**, Die Lehre von den letzten Dingen in Abhandlungen und Schriftauslegungen. gr. 8. (246 S.) Leipzig 1861, Dörffling u. Franke. n. 1 Thlr. 2 Ngr.
  Ebenfalls ein empfehlenswerthes Werk für größere Leserkreise.

Richard **Rothe**, Zur Dogmatik. gr. 8. (VII u. 359 S.) Gotha 1863, F. A. Perthes. n. 1 Thlr. 18 Ngr. 2. Aufl. 1869. 1 Thlr. 14 Ngr.
  Enthält 3 Abhandlungen: über Begriff der evangel. Dogmatik, Offenbarung und heil. Schrift. In edler Sprache an diesen formalen Hauptlehren den Standpunkt des christl. Glaubens wahrend, aber eine Versöhnung mit dem Denken anstrebend.

H. W. J. **Thiersch**, Vorlesungen über Katholicismus und Protestantismus. 1. und 2. Abthl. 2. Aufl. gr. 8. 49¼ B. Erlangen, 1848. 2 Thlr. 20 Ngr.
  Eine geschmackvolle, jedem wissenschaftlich Gebildeten zugängliche Darstellung der Hauptlehren beider Bekenntnisse. Der Verfasser erstrebt dabei Versöhnung der Gegensätze, gelangt aber doch nicht wirklich dazu, da er, wenn er auch hin und wieder Schwächen der lutherischen Lehre anerkennt, doch am Ende viel zu sehr Lutheraner ist, um in irgend einem Hauptpunkt eine wirkliche Annäherung zu erreichen. Nur in der Lehre von der Kirche und Kirchenverfassung, wo sich bereits Spuren des Irvingianismus finden, dem der Verfasser später sich entschieden zugewendet hat, zeigt sich einige Annäherung zum katholischen Lehrbegriff.

Karl **Hase**, Handbuch der protestantischen Polemik gegen die römisch=katholische Kirche. gr. 8. (XXII u. 665 S.) Leipzig 1863, Breitkopf u. Härtel. 2. Aufl. 1865. (XXXVI u. 646 S.) n. 3 Thlr.
  Wieder ein geistreiches Buch, wie der Verf. es in ausgezeichnetem Grade zu schreiben versteht. Es ist eine vergleichende Darstellung der katholischen und protestantischen Lehre, eine Zusammenfassung alles dessen, was sich vom protestantischem Standpunkte aus über die katholische Kirche sagen läßt, und zwar natürlich nicht blos für Gelehrte bestimmt. Einer der besten Abschnitte ist der über die weltliche Macht des Papstes und ihre gegenwärtige Krisis. Die Darstellung ist belebt durch Einflechtung zahlreicher persönlicher Erfahrungen und Anschauungen, die der Verf. in Italien gewonnen hat.

Friedr. **Schleiermacher**, Das Leben Jesu. Vorlesungen an der Universität zu Berlin im Jahre 1832 gehalten. Aus Schleiermachers handschriftlichem Nachlaß und Nachschriften seiner Zuhörer herausgeg. von K. A. Rütenik. gr. 8. (XX u. 512 S.) Berlin 1864, G. Reimer. n. 2 Thlr.
  Dieses Werk tritt uns nach den neueren Bearbeitungen des Gegenstandes etwas fremdartig entgegen, da Schl. seine Aufgabe mehr dogmatisch als historisch behandelt und hauptsächlich die Grundbegriffe seiner Glaubenslehre an dem historischen Christus nachzuweisen sucht. Immerhin ist es interessant kennen zu lernen, wie Schleiermacher die Person Christi aufgefaßt hat, und wenn das Werk auch außerhalb der jetzigen Entwicklung der Wissenschaft steht, so kommen doch in demselben eine Reihe fruchtbarer Gesichtspunkte zur Sprache, welche anregend wirken können. Erwähnt zu werden verdient, daß Strauß die Idee seines Lebens Jesu aus diesen Vorlesungen Schleiermachers schöpfte.

David Friedrich **Strauß**, Das Leben Jesu für das deutsche Volk bearbeitet. gr. 8. (XXVI u. 633 S.) 1. u. 2. Aufl. Leipzig 1864, Brockhaus. n. 3 Thlr.
  Kein eigentlich neues Werk, sondern nur eine neue Bearbeitung des 30 Jahre früher erschienenen für wissenschaftliche Kreise bestimmten Werkes. Das Neue daran ist die Berücksichtigung der seitdem angestellten Untersuchungen über Entstehung und Glaubwürdigkeit der Evangelien, und der Versuch einer positiven Construction der wirklichen Geschichte Jesu. In ersterer

Beziehung entspricht die Ausführung den Fortschritten der Wissenschaft nicht ganz, weil der Verf. die seinem Standpunkt nicht zusagenden Forschungen ignorirt; dem positiven Bild aber thun die von ihm angenommenen Resultate der Evangelienkritik Eintrag, und ein gewisser Mangel an historischer Phantasie läßt es nur zu dürftiger Ausführung kommen. Ein Fortschritt gegen früher erscheint es, daß der religiöse Idealismus Jesu mehr anerkannt ist. Die mythische Deutung der Wunder ist beibehalten, aber auch mit derselben ermüdenden Nergelei an kleinen äußeren Widersprüchen durchgeführt wie früher. Das Ganze ist als Volksbuch verfehlt, und macht durch Mangel an Frische der Darstellung und unnöthige Bitterkeit gegen die Theologen keinen günstigen Eindruck.

**Ernst Renan**, Das Leben Jesu. Vom Verf. autorisirte Ausgabe. gr. 8. (IV u. 383 S.) Leipzig 1864, G. Wigand. 1⅔ Thlr.

Dieses Buch hat bekanntlich in Frankreich und ganz Europa großes Aufsehen gemacht und ist in unzähligen Auflagen und Uebersetzungen verbreitet. Es ist bedeutend als Versuch, die Größe und das Werk Jesu aus den Stufen menschlich religiöser Lebensentwicklung im Zusammenhange der Zeit zu begreifen. Der Verf. hat hierbei überall die wichtigsten Wendepunkte treffend ins Auge gefaßt, sich aber nicht frei von historischer Willkür und phantastischer Construction gehalten und ist zum Theil auf altrationalistischen Standpunkt zurückgefallen. Die Hauptwirkung beruht auf der äußerst glänzenden Schilderung sowohl der umgebenden Natur, als der geschichtlichen und psychologischen Entwicklung und auf einer gewissen romanhaften Sentimentalität. Bei aller Wärme der Empfindung und Begeisterung für die welthistorische Größe seines Helden vermag Renan mit all seiner Kunst der Darstellung doch nicht, einem deutschen Leser den Widerspruch zu verdecken, der darin liegt, daß ein Schwärmer von sittlich zweideutigem Charakter, dessen Werk ganz auf irdischen Berechnungen ruht und endlich scheitert, doch so große, weltüberwindende Wirkungen hervorgebracht haben soll.

—— Die Apostel. Autorisirte deutsche Ausgabe. gr. 8. (VI u. 384 S.) Leipzig 1866, Brockhaus. n. 1 Thlr.

Diese Fortsetzung des berühmten Lebens Jesu behandelt die ältere Zeit des apostolischen Zeitalters, bis zu den großen Missionsreisen des Apostels Paulus, ganz in der bekannten Weise und Mischung von Wissenschaft und Phantasie, Kritik und Romantik. Von wesentlichem Einfluß auf seine historischen Ansichten ist das socialistische Ideal des Verfassers, zu welchem er sich hier bekennt. Von Interesse ist seine Schilderung des religiösen und socialen Zustandes des römischen Reiches zur Zeit der ersten Ausbreitung des Christenthums.

**Daniel Schenkel**, Das Charakterbild Jesu. Ein bibl. Versuch. 1. u. 2. Aufl. gr. 8. (IX u. 405 S.) Wiesbaden 1864, Kreidel. n. 2 Thlr. 12 Ngr.

Ein im Ganzen rationalistisches, mit religiöser Wärme, aber zu viel Rhetorik geschriebenes Buch. Der Verf. legt das Markusevangelium zu Grunde und verwirft das Johannesevangelium, fußt jedoch bei diesem Verfahren nicht auf selbständigen Forschungen. Er ist bemüht, den Wunderglauben entbehrlich und das Göttliche menschlich begreiflich zu machen, und viele Beziehungen auf die Jetztzeit deuten an, wie er durch Kämpfe mit den Strenggläubigen zu extremeren Ansichten getrieben worden ist, als er früher vertreten hat.

**Theob. Keim**, Die menschliche Entwicklung Jesu Christi. Akad. Antrittsrede. gr. 8. (44 S.) Zürich 1861, Orell, Füßli u. Comp. n. ⅓ Thlr.

—— Die geschichtliche Würde Jesu. Eine Charakteristik in 2 Vorträgen mit chronolog. Anhange. gr. 8. (X u. 58 S.) Ebend. 1864. n. 12 Ngr.

Skizzen, welche nach dem Bilde der Geschichte Jesu im ersten Evangelium die Entwicklung und das Werk Jesu auf Grundlage einer menschlichen Persönlichkeit, aber in idealer Höhe zu zeichnen versuchen. Geistreich, rhetorisch.

—— Der geschichtliche Christus. 3 Reden mit Rücksicht auf die neuesten Werke und mit literarischen Beigaben. 2. umgearb. Auflage der Schrif=

ten „Menschliche Entwicklung Jesu" und „Geschichtliche Würde Jesu" gr. 8. (146 S.) Zürich 1865, Orell, Füßli u. Comp. n. ⅚ Thlr.

Der hauptsächliche Zusatz bei dieser neuen Auflage ist eine Rede über die religiöse Bedeutung der Grundthatsachen des Lebens Jesu, mithin eine dogmatische Ergänzung der früheren historischen Betrachtung, welche im Wesentlichen denselben Standpunkt behauptet, in der Darstellung durch die vielen Beziehungen auf andere Ansichten nicht so ganz frisch wie die früheren Reden erscheint.

**Theodor Keim**, Geschichte Jesu von Nazara in ihrer Beziehung mit dem Gesammtleben des Volkes. 1. Bd. Der Rüsttag. gr. 8. (XII u. 646 S.) Zürich 1867, Orell, Füßli u. Comp. n. 3⅓ Thlr.

Ist eine weitere Ausführung der in den zwei oben genannten Schriften niedergelegten Grundgedanken, mit sichtlichem Bestreben ein deutsches Gegenstück zu dem Werk Renans zu geben. Dadurch mag sich auch der Verfasser zu dem geschraubten rhetorischen Stil haben verleiten lassen. Immerhin aber ein bedeutendes Werk. Der zweite Band ist unter der Presse.

**C. Weizsäcker**, Untersuchungen über die evangelische Geschichte, ihre Quellen und den Gang ihrer Entwicklung. gr. 8. (XVI u. 380 S.) Gotha 1864, Besser. 2½ Thlr.

Der Verfasser giebt eine selbständige Untersuchung der kritischen Frage über die Evangelien, indem er die drei ersten auf sehr frühe Quellen zurückführt, und in dem vierten eine Substanz apostolischer Erinnerung nachzuweisen sucht. Auf die so gewonnenen ersten Quellen baut er eine geschichtliche Darstellung des Lebens Jesu, welche in demselben den Charakter einer göttlichen Offenbarung anerkennt, aber diese in das religiöse Leben Jesu setzt und in dessen Handeln und Lehren die geschichtliche Erscheinung und den Entwicklungsgang zu begreifen sucht.

**A. Hausrath**, Der Apostel Paulus. gr. 8. (172 S.) Heidelberg 1865, Bassermann. n. 24 Ngr.

Von freiem kritischen Standpunkte aus, aber in voller Anerkennung der großen Lebenswahrheit des Christenthums und mit Besonnenheit gemeinfaßlich geschriebene Skizze der Person, des Lehrganges und der Bedeutung des Apostels.

**Christoph Johs. Riggenbach**, Vorlesungen über das Leben des Herrn Jesu. gr. 8. (XV u. 724 S.) Basel 1858, Bahnmaier. n. 2½ Thlr.

Auswahl aus einer Reihe von Vorlesungen für ein größeres Publikum. Apologetisch conservativ, erbaulich und gedankenreich.

**J. J. van Oosterzee**, Das Johannesevangelium. 4 Vorträge. Autoris. deutsche Ausg. gr. 8. (IV u. 150 S.) Gütersloh 1867, Bertelsmann. n. ⅔ Thlr.

Begeisterte Apologie des Evangeliums in anziehender gebildeter Sprache.

**Theod. Nöldeke**, Die alttestamentliche Literatur in einer Reihe von Aufsätzen dargestellt. (VIII, 240 S.) Leipzig 1868, Quandt u. Haendel. 1⅓ Thlr.

Neue Bearbeitung einer Reihe von Aufsätzen, welche der Verf., einer der ersten Orientalisten der Gegenwart, für die Grenzboten schrieb. Der Verf. betrachtet die Bücher des A. Testaments als ein rein menschliches Erzeugniß.

**Theod. Zöllmann**, Bibel und Natur in der Harmonie ihrer Offenbarungen. Gekrönte Preisschrift. 2. Aufl. (VIII u. 279 S.) Hamburg 1869, Agentur des rauhen Hauses. 1 Thlr.

Lösung einer vom Brandenburger Kirchentag im Jahre 1863 gestellten Preisaufgabe, und von dem Preisgerichte, bestehend aus Generalsuperintendent Hoffmann in Berlin, dem Prof. der Botanik Alex. Braun daselbst und Prof. Lange in Bonn, als die beste erklärt. Der Verf., ein in den Naturwissenschaften sehr bewanderter Theologe, dermalen evangelischer Prediger an der deutschen Gemeinde in Buenos Ayres, bespricht die Grenzstreitigkeiten zwischen Bibel und Naturwissenschaft, den biblischen Schöpfungsbegriff und die Weltentwicklung, das Alter und die Abstammung des Menschengeschlechts von einem Paar, den Wunderbegriff in einer allen Gebildeten zugänglichen Darstellung, und steht sowohl in den Naturwissenschaften, als im Gebiete der Theologie auf der Höhe der neueren Wissenschaft. Eine sehr empfehlenswerthe Schrift.

**Christian Palmer**, Die Moral des Christenthums. gr. 8. (X u. 458 S.) Stuttgart 1864, Liesching u. Comp. n. 2 Thlr.

Kein bloßes Compendium der christlichen Moral, sondern eine für jeden denkenden Christen geeignete Darstellung der sittlichen Grundsätze des Christenthums, in edler Sprache ohne exegetischen Apparat.

**Ad. v. Harleß**, Das Verhältniß des Christenthums zu Cultur- u. Lebensfragen der Gegenwart. gr. 8. (VII u. 85 S.) Erlangen 1863, Bläsing. n. 12 Ngr.

Separatabdruck von drei Aufsätzen des Verf. in der Erlanger Zeitschrift für Protestantismus und Kirche. I. Christenthum und Dichtkunst. II. Christenthum und Literatur der allgemeinen Bildung. III. Christenthum und Politik. Nicht nur mit sittlichem und christlichem Ernst, sondern auch mit Geist behandelt.

**Gräfin v. Gasparin**, Die christliche Ehe. Für Frauen gebildeter Stände. Nach d. Franz. 12. 17⅓ B. Koblenz 1844. 25 Ngr.

Auszug aus dem französischen Original:

Mad. de **Gasparin**, Le mariage au point de vue chretien. 2e édition. 3 vol. Paris, 1844. 9 francs.

Eine tief eingehende Betrachtung des ehelichen Lebens, auf dem Grunde einer ächt christlichen Lebensansicht. Die Verfasserin spricht als Frau zu den Frauen, sie zeigt das Ideal der christlichen Ehe, und lehrt es selbst in unvollkommenen Gestalten derselben aufsuchen. Mit großer Feinheit zeichnet sie die verschiedenen sittlichen Zustände, wobei freilich das Leben der höheren Stände in Frankreich zunächst berücksichtigt ist, und ist vor Allem bestrebt zu überzeugen, daß nur ein von lebendigem Glauben durchdrungenes Gemüth die Pflichten der Gattin recht erfüllen könne.

**Heinr. W. J. Thiersch**, Ueber christliches Familienleben. 4. Aufl. gr. 16. (VIII u. 190 S.) Frankfurt a. M. 1859, Heyder u. Zimmer. n. ⅔ Thlr.

Wohlthuendes Zeugniß einer christlichen Lebenserfahrung, die sich die sittlichen Ideale bewahrt und ihren Zusammenhang mit dem Ganzen der christlichen Lehre erkannt hat. Giebt die leitenden Grundsätze für Ehe und Erziehung in freier Erörterung. Hat sich entschiedene Anerkennung erworben und ist mit Recht in vielen Familien heimisch geworden.

## Erbauliches.

**Augustinus.** Bekenntnisse, als ein Zeugniß christlichen Glaubens zur Anregung einer tiefern Gottes- und Selbsterkenntniß. Aus dem Lateinischen übersetzt von Georg Rapp. 3. Aufl. 8. Stuttgart 1856, Liesching. n. 24 Ngr.

Glückliche Erneuerung dieser ältesten aller Selbstschilderungen. Der Inhalt ist ein Spiegel der tiefsten Bewegungen eines vom Bewußtsein der Sünde und Bedürfniß der Gnade ergriffenen christlichen Lebens.

Die deutsche **Theologia**, das seltene uralte geistreiche Büchlein, oder: die Christusreligion in ihrer echten reinen Confession, wie dieselbe vor der

Kirchentrennung bestanden. Mit einer Einleitung neu herausgegeben vom Prof. Dr. Troxler. gr. 8. St. Gallen 1837, Scheitlin u. Zollikofer. ⁵/₁₂ Thlr.

Die deutsche **Theologia**. Nach der einzigen bis jetzt bekannten Handschrift herausgegeben von Frz. Pfeiffer. 2. verb. u. mit einer neudeutschen Uebersetzung verm. Aufl. 8. Stuttgart 1854, Liesching. n. 1 Thlr. 6 Ngr.

„Dies edle Büchlein, so arm und ungeschickt es ist in Worten und menschlicher Weisheit, also und vielmehr reichlicher und köstlicher ist es in Kunst und göttlicher Weisheit. Und daß ich nach meinem alten Narren rühme, ist mir nächst der Bibel und St. Augustin nicht vorgekommen ein Buch, daraus ich mehr erlernt habe, was Gott, Christus, Mensch und alle Dinge seien." Martin Luther.

Joh. **Arnd**, Vier Bücher vom wahren Christenthum, nebst dessen Paradiesgärtlein. (Unzählige Ausgaben.) Reutlingen 1864, Kurtz. 1 Thlr. 20 Ngr.

Christ. **Scriver**, Christlicher Seelenschatz in 45 Predigten über die ganze evangelische Glaubens- und Sittenlehre. Aufs Neue vollständig herausgegeben und dem jetzigen Sprachgebrauch gemäß bearbeitet von dem Herausgeber des Thomas von Kempis. gr. 8. Stuttgart 1841, Steinkopf. n. 1 ¾ Thlr. Herausgeg. von Bandermann. Halle 1864, Schmidt. 1 Thlr. 10 Ngr.

Georg Conr. **Rieger**, Predigten über auserlesene Stellen des Evangeliums Matthäi. In 3 Abtheilungen. gr. 8. Stuttgart 1844. 46. 54. Bücherstiftung. n. 1 ½ Thlr.

—— Herzenspostille. Oder: Predigten auf alle Fest-, Sonn- und Feiertags-Evangelien. 2. unveränderte (aber wohlfeilere) Ausgabe. (Mit Bildn.) 4. Bielefeld 1843, Velhagen u. Klasing. 1 ¼ Thlr.

Karl Heinr. **Rieger**, Betrachtungen über das neue Testament zum Wachsthum in der Gnade und Erkenntniß unsers Herrn und Heilandes. 4 Bde. 4. Aufl. gr. 8. Stuttgart 1857, Bücherstiftung. n. 3 Thlr.

Thomas Abbt (vom Verdienst) hielt schon vor 100 Jahren diesen Büchern eine Lobrede, als Erbauungsschriften, die mit einer wahren Salbung, nach dem Sinne der Religion, zum Wohl der bürgerlichen Gesellschaft und zum Heil der Seelen, rührend für das Herz und einleuchtend für den gemeinen Verstand, recht eigentlich für das Publikum geschrieben sind: Morgen- und Abendsegenbücher des deutschen Bürgers. Sein Wunsch, sie durch wohlfeilen Druck allgemein verbreitet zu sehen, ist jetzt in Erfüllung gegangen.

Arnd ist Theosoph, aber voll Klarheit und Verständigkeit; Scriver ist höchst praktisch und spricht viel in historischen Bildern; Rieger, der Vater, ist württembergischer Pietist, aber er ist es voll Phantasie; Rieger, der Sohn, ist nüchterner, aber reich an Pastoralweisheit.

Alle diese Bücher werden auch diejenigen erbauen, die nicht auf demselben dogmatischen Standpunkte stehen.

Gottfr. **Menken's** Schriften. Vollständige Ausgabe in 7 Bänden. gr. 8. Bremen 1857/58, Heyse. n. 6 ½ Thlr.

Erste Gesammtausgabe der Schriften eines durch tiefe, innige Auffassung des Christenthums, besonders von ethischer Seite, ausgezeichneten Bremischen Predigers. Besonders beachtenswerth sind: Bd. I Betrachtungen über das Evangelium Matthäi, Bd. III Blicke in das Leben des Apostels Paulus und der ersten Christengemeinden und Bd. IV Versuch einer Anleitung zum eigenen Unterricht in der Wahrheit der h. Schrift.

Ad. **Monod's** ausgewählte Schriften. Aus d. Franz. 8 Thle. Bielefeld 1860/62, Velhagen u. Klasing.
  1 bis 5. Reden mit biograph. Vorwort. (XXXVI u. 484 S.)
  6. Der Apostel Paulus. Fünf Reden. (131 S.)
  7. Das Weib. Zwei Kanzelvorträge. (129 S.)
  8. Abschiedsworte an seine Freunde und an die Kirche. (VI u. 155 S.) 2 Thlr. 10 Ngr.

Monod war bekanntlich einer der besten neueren Kanzelredner, von christlicher Tiefe und hinreißender Beredtsamkeit, und seine Reden machen auch in der Uebersetzung einen ergreifenden Eindruck. Besonders gehaltvoll ist seine Charakteristik des Apostels Paulus, und die letzten Vorträge, die er von seinem Sterbelager aus an Verwandte und Freunde hielt, die sich um ihn zu versammeln pflegten, sind in ihrer Einfachheit ohne rhetorischen Prunk doppelt eindrucksvoll.

Amalie Wilhelmine **Sieveking**, Unterhaltungen über einzelne Abschnitte der heil. Schrift. 2. Aufl. gr. 8. (XII u. 372 S.) Leipzig 1856, Gustav Mayer. n. 1⅓ Thlr.

Lebensanschauungen der auf dem Felde der inneren Mission rühmlichst bewährten Verfasserin, behufs der Belebung des religiösen Sinnes und der praktischen christlichen Liebe aus Schriftstellen entwickelt, vorzugsweise für jüngere Frauen und Mädchen, an die auch das den Schluß bildende und auch einzeln zu habende **Vermächtnis** gerichtet ist.

Karl **Gerok**, Die Apostelgeschichte in Bibelstunden ausgelegt. 2 Bde. (1. Bd. 496 u. 2. Bd. 444 S.) Stuttgart 1868, S. G. Liesching. 2 Thlr.

Jeder Vortrag bildet ein für sich abgeschlossenes Ganze, in dem ein Hauptgedanke vorangestellt ist. Das Erbauliche und das Belehrende ist in sehr ansprechender Weise verbunden, und eine gewählte schwungvolle Sprache ist dazu geeignet, dem Buche allgemeinen Eingang zu verschaffen.

Chr. K. Jos. **Bunsen**, Versuch eines allgemeinen evangelischen Gesang= u. Gebetbuchs zum Kirchen= und Hausgebrauch. (LXX, 946 S.) Hamburg 1833, Fr. Perthes. 2⅚ Thlr.

Als zweite Auflage ist anzusehen das

**Allgemeine evangelische Gesang= und Gebetbuch zum Kirchen= und Hausgebrauch.** Hamburg 1846, Agentur des Rauhen Hauses. 1½ Thlr.

Ein sehr verdienstliches Werk, das allen späteren Sammlungen von Kirchenliedern und Andachtsbüchern als Anregung und Quelle diente. Ausgestattet mit reichen geschichtlichen Nachweisungen.

Karl **Grüneisen**, Christliches Handbuch in Gebeten u. Liedern. (XIV, 390 S.) 5. Aufl. Stuttgart 1859, Cotta. 20 Ngr.

Ein sehr bewährtes Gebetbuch, für Morgen und Abend in 12 Wochen eingetheilt. Eine Wochenreihe ist vom Herausgeber selbst, die anderen meist von älteren Verfassern wie Habermann, Stark, Arnold, Gerhard u. s. w. Für besondere Fälle, namentlich für Kranke, giebt es eine gute kleine Auswahl.

J. F. **Lobstein**, Tägliche Weckstimmen oder Eine Schriftstelle kurz beleuchtet auf alle Tage im Jahre. 4. Aufl. (XVIII, 547 S.) Basel 1868, Bahnmaier. 24 Ngr.

Ein ausgezeichnetes Erbauungsbuch, das sich jedoch mehr zur Privaterbauung eignet, als für einen größeren gemischten häuslichen Kreis. Die Sprache, welche auch Fremdwörter nicht scheut, setzt allgemeine Bildung voraus, und der etwas exclusive Inhalt christliche Entschiedenheit. Geistreich und anregend, die Prädestinationslehre stark betonend.

Albert **Hauber**, Evangelisches Hausgebetbuch. Gebete zum Morgen- und Abendsegen für alle Tage des Jahres u. s. w. verfaßt oder den Schriften bewährter Männer des Gebets entnommen. 3. Aufl. 4. (VIII, 836 S.) Ulm 1869, Ebner. 2⅓ Thlr.

Zu gemeinschaftlichem Gebrauch geeignet, da das Buch Gebete enthält, die von einem bestimmten Bibelwort ausgehen, und dasselbe in einfacher kräftiger Sprache auf die täglichen Lebensverhältnisse anwenden, wie sie jedem Christen naheliegen. Einförmigkeit ist eben so glücklich vermieden, als der Ausdruck von Stimmungen, die bei Vielen nicht zutreffen. Zu bedauern ist, daß die auf Landleute berechnete Ausstattung, nämlich sehr großer Druck mit vielen zum Theil geschmacklosen Holzschnitten, manchen Gebildeten abstößt und das Buch vertheuert.

Wir haben uns darauf beschränkt, einige neuere Sammlungen für die Hausandacht anzuführen, nicht weil wir die alten von Habermann, Stark, Arnold, Tersteegen, Goßner ꝛc. zurückweisen wollten, sondern weil manches in denselben dem heutigen Geschmack nicht mehr zusagt, und weil das Beste aus ihnen in die angeführten Bücher aufgenommen ist.

---

F. **Schleiermacher**, Predigten. 10 Bde. gr. 8. Berlin, Herbig u. Reimer. 1835—56. 11½ Thlr.

Der Hauptcharakter dieser Predigten liegt nicht im Erbaulichen, sondern in der dialectischen Entwicklung der christlichen Lehre, wie Schl. sie im Verhältniß zur Wissenschaft und zum Leben auffaßt. Für die Glaubenslehre sind die Festpredigten, für die Sittenlehre die Hausstandspredigten von besonderer Wichtigkeit. Letztere sind in ihrem Gebiet wahrhaft epochemachend, und alle tragen durchaus das Gepräge von Schl.'s Individualität. Eigenthümlich ist der feine Sinn, mit welchem er die Sprüche der Schrift herausfühlt, die an das Zeitbewußtsein unmittelbar anklingen, aber auch wohl die Kunst übertreibt, spröderen Aussprüchen auf den Boden seiner eigenen Anschauung herüberzuspielen.

Fr. Wilh. **Krummacher**, Elias der Thisbiter. 1. Aufl. 1828. 5. Ausg. in 1 Bd. gr. 12. Elberfeld 1860, Hassel. 2⅔ Thlr. (Eine Reihe von Predigten.)

Feurige prächtige Tableaur, auf denen die Gestalt des Eiferpropheten in Ueber-Lebensgröße hervortritt. Die Zeichnung oft verwischt durch ungeschichtliche Vermengung des Neutestamentlichen mit dem Alttestamentlichen. Neben Stellen von wohlthuendster Innigkeit, fanatisches Aufbrausen in ungezügelter Rhetorik. Im Totaleindruck schlägt Bewunderung über Erbauung vor.

L. **Hofacker**, Predigten auf alle Sonn-, Fest- und Feiertage. 1. Aufl. 1831. 25. Aufl. Lex.-8. (mit erweitertem Lebensabriß und Portrait des Verf.) Stuttg. 1862, Steinkopf. n. 1½ Thlr.

Die streng kirchliche Lehre mit origineller Popularität, reicher Phantasie und Feuer der Ueberzeugung, nicht ohne pietistischen Beigeschmack, vorgetragen.

W. **Hoffmann**, Ruf zum Herrn. Zeugnisse aus dem Amte in einer fortlaufenden Reihe von Predigten. I. Bd. gr. 8. (245 S.) Berlin 1854, Wiegandt u. Grieben. n. 1 Thlr. 2 Ngr.

(II. Bd. A. u. d. T.) Die letzten Dinge des Menschen, gr. 8. (92 S.) Ebend. 1854. n. ⅚ Thlr.

Predigten von freierer Form und großem rhetorischem Schwung, reich an geistvollen Auffassungen und positivem echt evangelischem Gehalt.

J. Tob. **Beck**, Christliche Reden.
Erste Sammlung. Stuttgart 1836, Belser. 2. Aufl. 1858. (XII u. 856 S.) 1 Thlr. 15 Ngr.

Zweite Sammlung 1842. Basel, Bahnmaier. 2. Aufl. 1867. (404 S.) 26 Ngr.
Dritte Sammlung 1847. Stuttgart, Belser. 2. Aufl. 1869. (XII u. 642 S.) 1 Thlr. 15 Ngr.
Vierte Sammlung 1857. Stuttgart, Belser. (894 S.) 1 Thlr. 20 Ngr.
Fünfte Sammlung 1859. Stuttgart, Belser. (850 S.) 1 Thlr. 20 Ngr.
Sechste Sammlung 1863—69. Stuttgart, Belser. Noch nicht vollendet.

Predigten, welche sich durch Reichthum des Lehrgehalts, durch den Ausdruck tiefster Ueberzeugung und eine auf dem Wort der Schrift ruhende, eigenthümlich durchgebildete Weltansicht auszeichnen. Einfache kräftige Sprache ohne Rhetorik. Die einzelnen Sammlungen bieten die Ergebnisse verschiedener Entwicklungsperioden, so daß zwischen den früheren und späteren Bänden ein merklicher Unterschied besteht. In der dritten Sammlung finden sich mitunter starke Anklänge an den Chiliasmus, in der vierten Opposition gegen den Confessionalismus und das äußere Kirchenthum; auch die politischen Verhältnisse werden im letzten Band oft Veranlassung zur Polemik.

K. Gerok, Predigten auf alle Sonntage, Fest- u. Feiertage des Kirchenjahres. gr. 8. (VIII u. 944 S.) Stuttgart 1856, Oetinger. n. 1 Thlr. 18 Ngr. Neue verb. Aufl. 1. Bd. Evangelienpredigten. 2. Bd. Epistelpredigten. 1860 u. 61. (1664 S.) 3 Thlr. 14 Ngr.

Ein reich begabter Kanzelredner, dem man die ästhetische Bildung anfühlt, den aber seine große Leichtigkeit in überraschenden Wendungen und geistreichen Auffassungen auch hin und wieder zu Spielereien verführt. Der Gehalt durchaus evangelisch, aber in freier, nicht confessionell und dogmatisch beschränkter Weise. Rühmenswerth ist der Freimuth, mit welchem er sittliche Mißstände in hohen und niederen Kreisen bespricht.

K. Friedr. Aug. Kahnis, Predigten. (IV, 220 S.) Leipzig 1866, Dörffling u. Franke. 1 Thlr. 2 Ngr.

Predigten eines Theologen von lutherischer Richtung, ausgezeichnet durch Lehrgehalt und geistreiche Diktion.

Alb. Hauber, Evangelisches Hauspredigtbuch. Predigten über die Evangelien an sämmtlichen Sonn-, Fest- und Feiertagen zum Gebrauch bei der häuslichen Erbauung. 4. Aufl. 4. (608 S.) Ulm, 1869. Ebner. 2 Thlr.

Dem auf dem Titel angegebenen Zweck ganz entsprechend. Kurze Predigten von eigenthümlicher Frische und psychologischer Wahrheit. Biblischer Gehalt, der das wirkliche Leben zu durchdringen strebt. Die Ausstattung hat denselben Fehler, wie das Gebetbuch des Verfassers.

John Caird, Die Religion im gemeinen Leben. Eine Predigt gehalten in Crathie Church am 14. Octbr. 1855. Mit einem Vorwort von Chr. C. J. Bunsen. 4. Aufl. gr. 8. (XX u. 38 S.) Leipzig 1857, Brockhaus. n. 8 Ngr.

Eine von einem schottischen Geistlichen vor der Königin von England gehaltene Predigt, die gedruckt, in England mit Recht die größte Verbreitung erlangte. Wie man nicht nur am Sonntag und in der Kirche, sondern mitten in der Berufsarbeit religiös sein solle und könne; dieses Thema wird darin eben so echt christlich als praktisch treffend erörtert. Die Uebersetzung ist trefflich.

## Kirchenverfassung und Cultus.

K. **Grüneisen,** Das Christenthum als Cultus in seinem geschichtlichen Verlauf. Vortrag im Stuttgarter Museum. (31 S.) Stuttgart 1869, Steinkopf. 18 Ngr.

Eine geschichtliche Uebersicht der Cultusformen mit Hinweisung auf das Bedürfniß einer reicheren Ausstattung des protestantischen Gottesdienstes.

Christ. Carl Josias **Bunsen,** Die Zeichen der Zeit. Briefe an Freunde über die Gewissensfreiheit und das Recht der christlichen Gemeinde. 2 Bdchn. 3. Aufl. 8. (VIII u. 326 S.) Leipzig 1856, Brockhaus. n. 2⅔ Thlr.

Geistreiche Betrachtungen über kirchliche Zeitverhältnisse und religiöse Fragen. Der Verf. verlangt vom Staate, daß er die freie Kirchen= und Sectenbildung gestatte, aber alle die verschiedenen Richtungen in einer höheren Einheit christlichen Glaubens zusammenfasse. Das Buch hat mit Recht Epoche gemacht und ist jedenfalls ein zeitgemäßes Wort gegen die confessionelle Ausschließlichkeit.

Jul. Friedr. **Stahl,** Wider Bunsen. 3. Abdr. 8. (157 S.) Berlin 1856, Bessers Buchh. n. ⅔ Thlr.

Eine Streitschrift voll glänzender Sophistik. St. bezeichnet im Gegensatz zu der Gewissens= freiheit, welche Bunsen fordert, das Christenthum als eine Religion der Intoleranz, und will einen confessionell bestimmten christlichen Staat, der sich ausschließend gegen Sectenbildung verhalte, aber dem Einzelnen volle Denkfreiheit gestatte.

Joh. Jos. Ignaz v. **Döllinger,** Kirche und Kirchen, Pabstthum und Kirchenstaat. Historisch=politische Betrachtungen. 2 Abdr. 8. (XLIV u. 684 S.) München 1862, literar.=artist. Anstalt. n. 1⅓ Thlr.

Döllinger hatte bekanntlich im März 1861 vor einem großen gemischten Publikum Vorträge gehalten, in welchen er die große Ketzerei aussprach, die katholische Kirche könne auch ohne den Kirchenstaat bestehen und man möge sich nur mit dem Gedanken an den Sturz der weltlichen Herrschaft des Pabstthums vertraut machen. Dies erregte großes Aufsehen, man war einerseits freudig überrascht, in dem bisherigen Vorkämpfer des Ultramontanismus eine Autorität gegen den Kirchenstaat gewonnen zu haben, anderseits bestürzt, daß der angesehene Kirchenmann nun auch zu den Feinden der Kirche übergegangen sei. Döllinger fand nöthig, sich vor der Kirche zu rechtfertigen. Dies geschah schon durch seine einem Widerruf sehr ähnliche Erklärung vor der Versammlung der Bischöfe und Kleriker und geschieht nun auch in vorliegendem Buch, in welchem er vermittelst einer Rundschau über die Kirchen und kirchlichen Genossenschaften der Gegenwart zu zeigen sucht, die katholische Kirche sei doch noch die Weltmacht und könne den Kirchenstaat nöthigenfalls auch zeitweilig entbehren. Seine Ketzerei sucht er durch eine sehr ungerechte und ungeschichtliche, oft wahrhaft malitiöse Beurtheilung des Protestantismus gut zu machen. Als Anhang sind jene Vorträge mit abgedruckt. Ein sehr interessantes Buch, das gelesen zu werden verdient.

Daniel **Schenkel,** Die kirchliche Frage und ihre protestantische Lösung im Zusammenhang mit den nationalen Bestrebungen und mit besonderer Beziehung auf die neuen Schriften Döllinger's und Bischof von Ketteler's. gr. 8. (VII, 386 S.) Elberfeld 1862, Friderichs. n. 1⅔ Thlr.

Eine Gegenschrift gegen Döllinger vom Standpunkt der evangelischen Freiheit aus. Der kühnen Behauptung Döllinger's, die Unterdrückung der Volksfreiheit im 16. Jahrh. sei eine Wirkung der Reformation gewesen, wird die Nachweisung entgegengesetzt, daß der despotische Druck in katholischen Landen viel ärger gewesen sei als in protestantischen. Dagegen wird auch das protestantische Kirchenregiment von Unterdrückung politischer Freiheit nicht freigesprochen und dessen größere Schuld anerkannt, indem diese freiheitsfeindliche Tendenz ein Abfall vom

Princip des Protestantismus gewesen sei. Auch das Problem der weltlichen Herrschaft des Pabstthums wird erörtert und gegen Döllinger dahin entschieden, daß allerdings der Kirchenstaat eine nothwendige Ergänzung des Pabstthums sei und der Untergang des Kirchenstaats wirklich das Aufhören der weltlichen Gewalt des Pabstthums und damit eine wesentliche Veränderung des Katholicismus zur Folge haben würde. Schließlich wird der protestantischen Kirche die Aufgabe gestellt durch eine freisinnige Kirchenverfassung sich mit den politischen und nationalen Bestrebungen in Einklang zu setzen.

Friedrich **Fabri**, Kirchenpolitische Fragen der Gegenwart. 3. Ausg. gr. 8. (V u. 192 S.) Gotha 1867, F. A. Perthes. n. $^2/_3$ Thlr.

Die 1. u. 2. Aufl. führten den Titel: Die politische Lage und die Zukunft der evangelischen Kirche in Deutschland. Die Union und die Verfassungsfrage.

Diese Schrift, welche in einem Jahr 3 Auflagen erlebt hat, macht ausführliche Vorschläge zur Neugestaltung der evangelischen Kirche in dem neu geeinigten Deutschland. Die Union soll als kirchenregimentliches Princip aufgegeben, das fürstliche Gesammtepiscopat abgeschafft und dem Landesherren nur gewisse Ehrenrechte belassen werden. Der evangelische Kirchenrath als mit dem Makel der Union behaftet, soll aufgehoben, dagegen Provinzialkirchen von mäßigem Umfang geschaffen werden, mit möglichst freier Verwaltung unter einem Bischof, welcher die ihm überlassenen Befugnisse persönlich auszuüben hätte. Ihm sollte dann ein Consistorium, sowie Provinzial- und Kreissynoden und Presbyterien nach dem Vorbild der rheinisch-westphälischen Kirchenordnung beigegeben werden.

Emil **Friedberg**, Die evangelische und katholische Kirche der neu einverleibten Länder in ihren Beziehungen zur preuß. Landeskirche und zum Staate. gr. 8. (IV u. 104 S.) Halle 1867, Buchh. des Waisenhauses. n. 12 Ngr.

Darstellung der neuen Verhältnisse vom Standpunkte des positiven Rechtes, mit Anempfehlung eines schonenden Verfahrens in der unvermeidlichen Neugestaltung. Der Verf. will Festhaltung der Union, aber dabei freie Stellung der Provinzialkirchen.

## Kirchengeschichte.

Aug. **Neander**, Geschichte der Pflanzung der christlichen Kirche durch die Apostel. 2 Thle. 1. Aufl. 1832. 5. Aufl. gr. 8. (XVIII u. 704 S.) Hamburg (Gotha) 1862, F. A. Perthes. n. 3 Thlr. 10 Ngr.

—— Allgemeine Geschichte der christlichen Religion und Kirche. 1. Aufl. 1825. 4. Aufl. in 2 Bdn. (XII u. 2313 S.) Ebend. 1864. 8 Thlr. 12 Ngr.

Die erste, mit den Mitteln gründlicher Quellenforschung und religiöser Begeisterung geschriebene Geschichte des Christenthums. Besonders werthvoll für die sechs ersten Jahrhunderte, geht aber nur bis zum Basler Concil 1439. Reich an detaillirtem Stoff, die Innerlichkeit des Christenthums unter allen Formen seiner Erscheinung in der Geschichte heraushebend. Ins Breite gehende Darstellung.

Karl **Hase**, Kirchengeschichte. Lehrbuch zunächst für academ. Vorlesungen. 1. Aufl. 1834. 9. verb. Aufl. gr. 8. (XXIV, 734 S.) Leipzig 1867, Breitkopf u. Härtel. 3 Thlr.

Ein bewährtes Handbuch, das durch einen großen Reichthum von thatsächlichem Stoff, Berücksichtigung der geistigen Bewegung und elegante Form sich auszeichnet, auch dadurch ein treffliches Hilfsmittel zum Selbststudium ist, daß es die bezügliche Literatur, einschließlich der Aufsätze in Zeitschriften, angiebt.

—— Neue Propheten. Drei historisch-politische Kirchenbilder. 8. 23$^5/_8$ B.

Leipzig, 1851. 1 Thlr. 20 Ngr. 2. Aufl. 1860—61. (164, 132 u. 174 S.) 2 Thlr. 3 Ngr.

> Drei ursprünglich vor einem gebildeten Publikum gehaltene Vorträge über die Jungfrau von Orleans, Savonarola und die Wiedertäufer in Münster, die alle mit der dem Verfasser eigenthümlichen geistigen Belebung ausgeführt sind. Am gründlichsten und ansprechendsten durchgearbeitet ist die Geschichte der Jungfrau von Orleans. Er faßt diese neueren Erscheinungen auf religiös-politischem Gebiet als eine Art Fortsetzung des alttestamentlichen Prophetenthums auf. Gelehrte Nachweisungen sind in einem Anhang beigegeben.

**Fr. Rud. Hasse,** Kirchengeschichte, herausgegeben von A. Köhler in drei Theilen. gr. 8. (XXVI u. 826 S.) Leipzig 1864, Engelmann. 3¼ Thlr.

> Dieses Lehrbuch der Kirchengeschichte zeichnet sich durch klare und wohldurchdachte Anordnung, große Verständlichkeit und angenehmen Stil aus, ist auch nicht mit Stoff überladen.

**Ferd. Christ. Baur,** Das Christenthum und die christliche Kirche der drei ersten Jahrhunderte. gr. 8. Tübingen 1853, Fues. 3. Aufl. 1863. (XXIV u. 535 S.) 2 Thlr. 18 Ngr.
Bd. 1 der Gesch. d. christl. Kirche.

> Der Verfasser legt in diesem Buche die Ergebnisse seiner früheren dogmengeschichtlichen und historisch-kritischen Forschungen ergänzt und theilweise berichtigt in klarer, auch dem nicht-gelehrten Publikum zugänglicher Darstellung vor und geht mehr, als er sonst zu thun pflegt, auch auf die Lebensverhältnisse ein. Besonders werthvoll in dieser Beziehung sind die Abschnitte über das Verhältniß des Heidenthums zu dem erstarkenden Christenthum, über das sittlich-religiöse Leben der alten Christen nach seinen Licht- und Schattenseiten, und die Schilderung der allmählichen staatlichen Anerkennung des Christenthums.

—— Das Christenthum und die christliche Kirche von Anfang des vierten bis Ende des sechsten Jahrhunderts in den Hauptmomenten ihrer Entwicklung. gr. 8. Tübingen 1859, Fues. 2. Aufl. 1863. (XII u. 326 S.) n. 1 Thlr. 18 Ngr.
Bd. 2 der Gesch. d. christl. Kirche.

> Die Aufgabe, die sich der Verfasser gestellt und mit gewohnter Meisterschaft gelöst hat, ist die geistige Verarbeitung und Durchdringung des gesammten Stoffes, die Zurückführung der äußern Erscheinung auf das innerlich bewegende Princip. Die vier Hauptabschnitte sind: 1) das Verhältniß des Christenthums zum Heidenthum, 2) das Dogma, 3) die Hierarchie, 4) der christliche Cultus und das christlich-sittliche Leben. Die beiden letzteren Abschnitte eignen sich besonders zur Lectüre für Nichttheologen.

—— Die christliche Kirche des Mittelalters in den Hauptmomenten ihrer Entwicklung. Nach des Verfassers Tode herausgegeben von Ferd. Fr. Baur. gr. 8. (XVI u. 558 S.) Tübingen 1861, L. Fr. Fues. n. 2 Thlr. 22 Ngr.
Bd. 3 der Gesch. d. christl. Kirche.

> Dieser Band führt die Geschichte vom siebenten Jahrhundert bis an die Schwelle der Reformation fort. Ein reiches durch die sorgfältigste Forschung gewonnenes Material ist hier in einem mäßigen Band zusammengedrängt, der die Hauptthatsachen und leitenden Ideen der kirchlichen Entwicklung des Mittelalters in großen Zügen darstellt. In formeller Hinsicht das vollendetste Werk des berühmten Theologen, der es druckfertig hinterlassen hat.

—— Kirchengeschichte der neueren Zeit von der Reformation bis zum Ende des 18. Jahrhunderts. Nach des Verf. Tode herausgeg. v. Ferd.

Friedr. Baur. gr. 8. (XX u. 707 S.) Tübingen 1863, Fues. n. 3 Thlr. 12 Ngr.
   Bd. 4 der Gesch. d. christl. Kirche.
   Dieser Band wurde aus den Vorlesungen Baurs hergestellt, um zu den Monographieen über das Mittelalter eine Ergänzung zu geben, und so mit der Kirchengeschichte des 19. Jahrhunderts ein Ganzes zu bilden. Er enthält am wenigsten Eigenthümliches, giebt aber eine gute Uebersicht des bezeichneten Zeitraums.

Ferd. Chrstn Baur, Die Kirchengeschichte des 19. Jahrhunderts. Nach des Verfassers Tod herausgeg. von Eduard Zeller. gr. 8. (XIV u. 577 S.) Tübingen 1862, L. F. Fues. n. 2 Thlr. 24 Ngr.
   Bd. 5. der Gesch. d. christl. Kirche.
Die obigen fünf Bände bilden jetzt ein Ganzes unter dem gemeinsamen Titel: Die Geschichte der christlichen Kirche.
   Dieses Werk besteht aus den Vorlesungen, welche Baur eine Reihe von Jahren, das letztemal im Winter 1859—60 gehalten hat. Da dieselben vollständig ausgearbeitet und in deutlicher Reinschrift vorlagen, so trug der Herausgeber kein Bedenken, sie als Ersatz für eine vom Verfasser selbst für den Druck ausgearbeitete Darstellung der Oeffentlichkeit zu übergeben. Es ist eine Geschichte der Kirche und Theologie vom Standpunkt des Verfassers aus, was wir hier erhalten. Der erste Abschnitt handelt einleitungsweise von den Schicksalen der katholischen Kirche unter Napoleon und der Restauration, von dem Einfluß der neueren Poeten und Philosophen, Schillers, Goethes, Kants, Fichtes, Schellings auf die Theologie; der zweite Abschnitt enthält die Geschichte von 1815—30, zuerst die der katholischen, dann die der protestantischen Kirche, besonders aber der schleiermacherschen Theologie; der dritte Abschnitt führt die Geschichte bis auf die Gegenwart; die Hegelsche, Straußische, sowie des Verfassers eigene Richtung in der Theologie werden hier eingehend und freimüthig besprochen.

—— Die Epochen der kirchlichen Geschichtschreibung. gr. 8. 17⅝ B. Tübingen 1852. 1 Thlr. 6 Sgr.
   Treffende Charakteristik der Hauptwerke der kirchengeschichtlichen Literatur; ist auch belehrend in Beziehung auf Geschichtschreibung im Allgemeinen.

K. R. Hagenbach, Vorlesungen über die ältere Kirchengeschichte.
   Bd. I. auch u. d. Tit.: Die christliche Kirche der ersten drei Jahrhunderte. gr. 8. (XI u. 349 S.) Leipzig 1853, Hirzel. 1½ Thlr.
   Bd. II. auch u. d. T.: Die christliche Kirche vom vierten bis zum sechsten Jahrhundert. gr. 8. (XI u. 398 S.) Ebend. 1855. 1½ Thlr. 2. Aufl. 1863. (XIII u. 396 S.) 1 Thlr. 15 Ngr.
   Eine gefällige, für ein nicht gelehrtes Publikum berechnete Darstellung.

—— Vorlesungen über die Kirchengeschichte des Mittelalters.
1 Theil. Von Gregors des Großen Tod bis auf Innocenz III. oder die christliche Kirche vom 7—12. Jahrhundert. gr. 8. (XI u. 333 S.) Leipzig 1860, Hirzel. 1½ Thlr.
—— 2. Theil. Die christliche Kirche vom 13. bis Ende des 15. Jahrhunderts. gr. 8. (XI u. 363 S.) ebend. 1861. 1½ Thlr.
   Abdruck von Vorlesungen, die der Verf. vor einem gemischten Publikum gehalten hat und worin er den vorgefundenen Stoff übersichtlich zusammenstellt.

—— Vorlesungen über Wesen und Geschichte der Reformation in Deutschland und der Schweiz mit steter Beziehung auf die Richtungen unserer Zeit. 6 Bde. gr. 8. (1. 2. 5. 6. Bd. in 3. Aufl., 3. 4. Bd. in 2. Aufl.) Leipzig 1854—57, Hirzel. 7½ Thlr.

Anfangs Geschichte der Reformation, mit besonderer Berücksichtigung der schweizerischen; in den späteren Bänden mehr Literaturgeschichte, doch immer wieder auf die Entwicklung des Protestantismus zurückkommend; giebt beherzigenswerthe Lehren an der Hand der Geschichte in warmer, mitunter etwas breiter Sprache. Das biographische Element tritt sehr hervor; auch zeichnet das Werk sich durch Eingehen auf die mannichfaltigsten Lebensbeziehungen aus. Für die Betrachtung neuerer Bildungszustände ein Hauptwerk.

Diese drei einander ergänzenden Werke werden in einer Ausgabe vereinigt, welche heftweise zu erscheinen begonnen hat.

**Edm. v. Pressensé**, Geschichte der drei ersten Jahrhunderte der christlichen Kirche. Deutsche Ausgabe von Ed. Fabarius. Leipzig 1862—65, Engelmann.

    Bd. I. II. Das erste Jahrhundert. gr. 8. I. (XVIII u. 319 S.) II. (IV u. 332 S.)

    Bd. III. Der Kampf des Christenthums gegen das Heidenthum. Die Märtyrer u. d. Apologeten. I. gr. 8. (VIII u. 332 S.) à Bd. 1½ Thlr.

    Bd. IV. Der große Kampf des Christenthums gegen das Heidenthum. Die Märtyrer u. Apologeten. (IV u. 340 S.) 1½ Thlr.

Begeisterte und geistreiche apologetische Arbeit eines südfranzösischen Protestanten. Stellt sich der negativen Richtung entgegen und ist mit deutschen Forschungen vertraut, doch fehlt es hier und da an wissenschaftlicher Sicherheit, die Schilderung ist zuweilen etwas verschwommen und unterscheidet die Zeiten nicht scharf genug.

**F. Böhringer**, Die Kirche Christi und ihre Zeugen, oder die Kirchengeschichte in Biographien. I. Bd. 1—4. Abth. (Die drei ersten Jahrh.) u. II. Bd. 1—4. Abth. (Mittelalter.) gr. 8. Zürich 1842—58, Meyer u. Zellers Verl. n. 24 Thlr. 9 Ngr.

    I. Bd. I. Abth. Die Kirchengeschichte der drei ersten Jahrhunderte. 2. völlig umgearb. Aufl. Lex. 8. (XIV u. 1040 S.) Zürich 1860 u. 1864, Meyer u. Zellers Verl. n. 7 Thlr. 12 Ngr.

Ein werthvoller Versuch die Kirchengeschichte auf eine neue Weise zu behandeln. Giebt theilweise das Ergebniß eigener Forschung, und ist nicht bloß auf theologische Leser, sondern auch auf gebildete Laien berechnet.

**Evangelischer Kalender.** Herausgeg. von Piper. A. u. d. T. Evangelisches Jahrbuch (ohne Kalender). Jahrg. 1830—1869. à ⅔ Thlr. Berlin, Wiegandt u. Grieben.

Eine Sammlung von Biographien christlicher Männer und Frauen, aus dem Alterthum und der neueren Zeit, meist von gediegenen Schriftstellern bearbeitet. Ein geschichtliches Erbauungsbuch.

**Lebensbilder aus der christlichen Kirchengeschichte.** 1. Bd. (538 S.) Berlin 1869, Verlag des evang. Büchervereins. 20 Ngr.

Beginnt mit Petrus und Paulus und fährt in chronol. Folge fort bis Savonarola. Zum Theil aus dem Evangelischen Kalender entnommen.

**Paulus Cassel**, Weihnachten, Ursprünge, Bräuche und Aberglauben. Ein Beitrag zur Geschichte der christlichen Kirche und des deutschen Volks. 8. (XX u. 307 S. Anmerkungen I—CXXVI.) Berlin 1862, Rauh. n. 1½ Thlr.

Sucht den eigenthümlich christlichen Charakter der Weihnachtsgebräuche sowie deren Zusammenhang mit dem jüdischen Alterthum nachzuweisen und die neuerlich geltend gemachte

Behauptung, daß Weihnachten nichts anders als die ins Christliche umgesetzte Wintersonnenwende sei, zu widerlegen. Bringt eine Fülle sehr interessanter Notizen über alte Weihnachtsgebräuche und sonstige Festgebräuche und deren Entstehung.

**Georg Weber**, u. **Heinrich Holtzmann**, Geschichte des Volkes Israel und der Entstehung des Christenthums. 2 Bde. gr. 8. Leipzig 1867, W. Engelmann. 4½ Thlr.

 Bd. I. G. Weber. Das Volk Israel in der alttestamentlichen Zeit. (VIII u. 460 S.)

 Bd. II. Heinr. Holtzmann. Judenthum und Christenthum im Zeitalter der apokryphischen und alttestamentlichen Literatur. (X u. 810. S.)

Ein für weitere Leserkreise bestimmtes sehr unterrichtendes Werk, welches dadurch zu Stande gekommen ist, daß ein Historiker und ein Theologe (Schwiegervater und Schwiegersohn) sich verbunden haben, um denjenigen Gebildeten, die ein Bedürfniß haben sich über die Zustände und Verhältnisse vor und nach Entstehung des Christenthums klar zu werden, hierüber Aufschluß zu geben. Die kritischen Fragen sind darin mit Ernst und Besonnenheit erörtert.

**Karl Semisch**, Julian der Abtrünnige. Ein Characterbild. gr. 8. (IV u. 62 S.) Breslau 1862, Gosohorsky. n. ⅓ Thlr.

In Kürze erschöpfende, geistvolle Darstellung.

**Theodor Keim**, Der Uebertritt Constantin's des Großen zum Christenthum. Akademischer Vortrag, geh. am 12. Dec. 1861, nebst geschichtlichem Nachweis. gr. 8. (VIII u. 106 S.) Zürich 1862, Orell, Füßli u. Comp. n. 18 Ngr.

Ein auf eigene Forschungen gestützter populärer Vortrag, welcher die Bedeutung der Constantinischen Schöpfung ins Licht stellt.

**Gustav Oppert**, Der Presbyter Johannes in Sage u. Geschichte. Ein Beitrag zur Völker- u. Kirchenhistorie und zur Heldendichtung des Mittelalters. gr. 8. (V u. 208 S.) Berlin 1864, Springers Verl. n. 2⅓ Thlr.

Die bekannte Sage des zwölften Jahrhunderts von dem mächtigen christlichen Priesterkönig im innern Asien wird in ihren Ursprung zurückverfolgt, was bei dem Zusammenhange derselben mit dem indisch-arabischen Mährchenkreise auch allgemeines kulturhistorisches Interesse hat. Außerdem hat der Verfasser die beglaubigtsten Angaben über Ausbreitung des Christenthums im mittleren und östlichen Asien in jener Zeit einer ebenso scharfsinnigen als gelehrten Prüfung unterzogen und dabei interessante neue Resultate gewonnen.

**Franz Winter**, Die Cistercienser des nordöstlichen Deutschlands bis zum Auftreten der Bettelorden. Ein Beitrag zur Kirchen- u. Kulturgeschichte des Mittelalters. (X 406). Gotha 1868, Perthes. 2 Thlr. 12 Ngr.

Ergebnisse fleißiger Forschung sind hier anziehend und fesselnd dargestellt. Der Stoff ist durch die Beziehungen des Cistzienserordens zur deutschen Cultur von allgemeinem Interesse.

**A. Pichler**, Geschichte der kirchlichen Trennung zwischen dem Orient und Occident. Von den ersten Anfängen bis zur jüngsten Gegenwart. 1 Bd. Byzantin. Kirche. Lex. 8. (XXII. u. 559 S.) 2. Bd., d. russ., hellen. u. die übrigen oriental. Kirchen, mit einem dogmat. Theile. Lex. 8. (XXVI u. 790 S.) München 1864. 65, Rieger. n. 7 Thlr. 16 Ngr.

Dieses auf den Römischen Inder gesetzte Werk giebt ein ziemlich vollständiges Material zur Geschichte seines Gegenstandes, woran sich jedermann orientieren kann, und ist insbesondere in seinem zweiten Theile zur Belehrung über die in die Gegenwart reichenden Verhältnisse der dort besprochenen Kirchen zu empfehlen.

C. **Ullmann**, Reformatoren vor der Reformation. 2 Bde. gr. 8. (XXVIII, 472. XXIV, 744 S.) Hamburg, (Gotha) 1841. 42, Perthes. n. 5²/₃ Thlr.

Lebendiges Gemälde der Zustände und Charaktere der geschilderten Zeit. Das Werk zeigt, wie die dogmatische Ansicht der Reformatoren im Wesentlichen schon bei ihren Vorläufern zu finden ist, aber bei ihrer milderen Persönlichkeit nicht zum Durchbruch gelangen konnte. Durch Anmuth fesselnde Darstellung voll historischer Kunst.

Ferd. **Bender**, Geschichte der Waldenser. Mit dem Bilde von J. Leger und einer Uebersichtskarte. 8. 27³/₄ B. Ulm 1850. 1 Thlr.

Eine auf Benutzung eines sorgfältig gesammelten, bisher zum Theil unbekannten Quellenvorraths gestützte Geschichte, welche die Waldenser bis auf ihre kleinsten Ansiedlungen verfolgt. Darstellung von christlichem Geist und Mitgefühl belebt.

J. J. **Herzog**, Die romanischen Waldenser, ihre vorreformatorischen Zustände und Lehren, ihre Reformation im 16. Jahrh. und die Rückwirkungen derselben, hauptsächlich nach ihren eigenen Schriften dargestellt. gr. 8. (XIV u. 470 S.) Halle 1853, Anton. 2½ Thlr.

Eine sehr gründliche, mit vieler Liebe zum Gegenstande behandelte Arbeit, welche viele neue Ergebnisse, namentlich die erste unverfälschte Geschichte des Petrus Waldus liefert.

L. **Krummel**, Geschichte der böhmischen Reformation im fünfzehnten Jahrhundert. 1866. gr. 8. (XII u. 678 S.) Gotha, F. A. Perthes. n. 3 Thlr.

Diese auf guten Studien beruhende und fließend geschriebene Darstellung kann um so mehr empfohlen werden, als es an einer solchen Bearbeitung der merkwürdigen Erscheinung bisher gefehlt hat.

Ph. **Marheineke**, Geschichte der deutschen Reformation. 2. Aufl. 4 Bde. 8. Berlin 1831—34, Duncker u. Humblot. n. 4 Thlr.

Die Darstellung behält die alterthümliche Form der trefflich behandelten Quellen bei und vermeidet die Reflexion. Die Auffassung der Reformation ist einseitig protestantisch kirchlich und geht auf die politische Seite derselben nicht ein. Galt vor Ranke als die beste Reformationsgeschichte.

—— Die Reformation, ihre Entstehung und Verbreitung in Deutschland. Dem deutschen Volke erzählt. N. A. gr. 16. Brandenburg 1858, Müller. ⅙ Thlr.

Empfehlenswerth.

J. H. **Merle d'Aubigné**, Geschichte der Reformation des 16. Jahrhunderts. A. d. Franz übertragen. 2. verb. Aufl. (I—V 2322 S.) Stuttgart 1861—62, Steinkopf. 4 Thlr. 3½ Ngr.

Eine vom calvinistischen Standpunkt aus mit großer Lebendigkeit und Begeisterung geschriebene Geschichte der deutschen Reformation. Der Verf. hält das Glaubensleben jener Zeit der seinigen als Spiegel vor. Die Uebersetzung ist in dieser zweiten Auflage wesentlich verbessert.

—— Geschichte der Reformation in Europa zu den Zeiten Calvins. Deutsche Ausgabe. 4 Bde. I. (XV u. 472 S.) II. (IV u. 516 S.) III. (IV u. 430 S.) IV. (VIII u. 496 S.) Elberfeld 1863 u. 64, Friedrichs. 6 Thlr.

Eine Fortsetzung der Geschichte der deutschen Reformation. Der leitende Gedanke des Verfassers ist: der Ausgangspunkt der Reformation in dieser Zeit ist Genf und das charakteristische Element der Genfer Reformation die Freiheit, und dies begründet einen wesentlichen Unterschied der calvinischen Reformation von der lutherischen. Jene hat den Völkern mit der Wahrheit auch die Freiheit und dadurch eine unerschöpflich reiche Entwicklung ihres Culturlebens gebracht.

Der erste Band handelt von dem ersten Auftreten der Hugenotten in Genf und dem Treiben der Patrioten daselbst, und dann von den Anfängen der Reformation in Frankreich und von dem Verhältniß der französischen Protestanten zu den deutschen Stimmführern. Der zweite Band giebt eine Geschichte des Kampfes der Stadt Genf gegen die hierarchische Zwingherrschaft des dortigen Bischofs. Die beiden letzten Bände enthalten die Zeit, in welcher Calvin selbst wirkte. Die auf ganz Europa ausgedehnte Fassung der Aufgabe bringt es mit sich, daß es dem Ganzen etwas an innerer Einheit fehlt; es ist mehr eine Kette von einzelnen Bildern, welche der Verf. giebt, in welchen er aber alle Vorzüge seiner rednerischen Darstellung und warmen erbaulichen Betrachtung erkennen läßt.

**G. Pfizer**, Martin Luthers Leben. gr. 8. Stuttgart 1836, Liesching. 2 Thlr.

Mit gründlicher und feiner Benutzung der Quellen entworfenes, wohl organisirtes Bild der Person, des Werkes und der Zeit des Reformators. Der Verfasser, den Ansichten des lutherischen Systems sichtbar nicht zugethan, verfährt in Darstellung desselben mit aller Selbstverläugnung. Treffliches Lesebuch für Jedermann.

**Carl Alfred Hase**, Wormser Lutherbuch zum Feste des Reformationsdenkmals. 8. (VII u. 384 S.) Mainz 1867, Kunze's Nachfolger. 1 Thlr. 6 Ngr.

Eine gute populäre Biographie Luthers, welche auf dessen Beziehungen zu Zeitgenossen und Vorläufern die auf dem Denkmal dargestellt sind, Rücksicht nimmt.

**Luther-Briefe** in Auswahl und Uebersetzung für die Gemeinde herausgeg. von C. A. Hase. 8. (IX u. 420 S.) Leipzig 1867, Breitkopf u. Härtel. 1⅔ Thlr.

Eine geschickte Auswahl des für einen größeren Leserkreis Passenden.

**Das Leben der Altväter der lutherischen Kirche** für christliche Leser insgemein aus den Quellen erzählt. In Verbindung mit Mehreren herausgeg. v. Mor. Meurer.

I. Bd. **M. Meurer**, Luthers Leben. gr. 8. (381 S.) Leipzig u. Dresden 1861, Naumann. n. 1 Thlr. 2 Ngr.

II. Bd. 1. Abth. **M. Meurer**, Melanchthons Leben. Mit Melanchthons Bildniß. gr. 8. (XVI u. 188 S.) n. ¾ Thlr.

II. Bd. 2. Abth. **M. Meurer**, Bugenhagens Leben. — Herm. H. Hasse: J. Jonas' Leben. — D. G. Schmidt: Crucigers Leben. — Mit dem Bildniß v. Bugenhagen u. Jonas. gr. 8. (XV u. 293 S.) n. 1¼ Thlr.

III. Bd. **E. Engelhardt**, G. Spalatins Leben. — E. Jul. Meier, Nicol. v. Amsdorf. — Mor. Meurer, Nicol. Hausmanns Leben. — H. W. Caselmann, Wenzeslaus Link's Leben. gr. 8. (XVI u. 428 S.) Ebendas. 1863. n. 1⅝ Thlr.

Eine empfehlenswerthe Unternehmung für das größere Publikum, daher auf populäre Weise, zum Theil erbaulich behandelt. Lutherischer Standpunkt.

**Leben und ausgewählte Schriften der Väter und Begründer der reformirten Kirche.** Herausgegeben von J. W. Baum, R. Christoffel, K. R. Hagenbach, K. Pestalozzi, C. Schmidt, E. Stähelin, K. Sudhoff. Eingeleitet von K. Hagenbach. Elberfeld, Friderichs.

I. Huldreich Zwingli. Leben u. ausgew. Schriften von R. Christoffel. Mit Z.s Porträt. (XV u. 766 S.) 1857. 2 Thlr.

II. Johann Oekolampad u. Oswald Myconius die Reformatoren

Basels. Leben u. ausgew. Schriften. Von K. R. Hagenbach. 1859. (XII u. 471 S.) 2 Thlr.
III. Capito und Butzer, Straßburgs Reformatoren. Nach ihrem handschriftl. Briefschatze, ihren gedr. Schriften u. anderen gleichzeitigen Quellen dargestellt von J. W. Baum. 1860. (XIX, 611 S.) 2 Thlr.
IV. Johannes Calvin. Leben u. ausgew. Schriften. Von E. Stähelin. 1. u. 2. Hälfte. 1860—63. (XIII, 644. 479 S. u. Portr. in Stahlst.) 4 Thlr. 15 Ngr.
V. Heinrich Bullinger. Leben u. ausgew. Schriften. Nach handschriftl. u. gleichzeit. Quellen von C. Pestalozzi. 1859. (XII, 646 S.) 2 Thlr. 15 Ngr.
VI. Theodor Beza. Leben u. ausgew. Schriften. Von H. Heppe. 1861. (VIII, 384 S.) 2 Thlr.
VII. Peter Martyr Vermigli von C. Schmidt. 1858. (VIII, 296 S.) 1½ Thlr.
VIII. C. Olevianus und J. Ursinus von K. Sudhoff. 1857. (XI, 644 S.) 2 Thlr.
IX. 1 Hälfte: Johannes a Lasco. Von Petr. Bartels. (VI, 72 S.) 10 Ngr. Leo Judä. Von C. Pestalozzi. (III, 106 S.) 15 Ngr. Franziscus Lambert von Avignon. Von W. Hassencamp. (63 S.) 10 Ngr. Wilhelm Farel und Peter Biret. Von C. Schmidt. (71 S.) 10 Ngr. 1860. 1 Thlr.
IX. 2 Hälfte: Joachim Badian. Von Thdr. Pressel. (VI, 104 S.) 15 Ngr. Bertold Haller. Von C. Pestalozzi. (67 S.) 10 Ngr. Ambrosius Blaurer. Von Th. Pressel. (155 S.) 20 Ngr. 1861. 1 Thlr.
X. John Knox, der Reformator Schottlands. Von Fr. Brandes. (VII, 504 S.) 1863. 2 Thlr.

Dieses Sammelwerk ist nun vollendet. Dasselbe ist zunächst nicht für Theologen vom Fach, sondern für kirchlich gebildete Laien geschrieben, giebt aber auch, da sämmtliche Arbeiten auf eigenem Quellenstudium und zum Theil auf Benutzung neuer Quellen beruhen, für die Wissenschaft Ausbeute. Die besten Stücke sind Schmitts Peter Vermigli, Baums Capito und Butzer, Stähelins Calvin und Brandes' John Knox.

Leben und ausgewählte Schriften der Väter und Begründer der lutherischen Kirche. Herausgeg. v. J. Hartmann, Lehnerdt, C. Schmidt, K. F. Th. Schneider, Vogt u. G. Uhlhorn. Eingeleitet von Dr. Nitzsch, Probst in Berlin. Elberfeld, Friderichs.

Davon sind bis jetzt erschienen:

Th. III. C. Schmidt, Phil. Melanchthon. gr. 8. (XXVIII, 723 S.) Elberfeld 1861, Friderichs. 2¼ Thlr.
Th. IV. K. A. T. Vogt, Joh. Bugenhagen. (VI, 442 S.) 1867. 2 Thlr.
Th. VI. Jul. Hartmann, Joh. Brenz. (X, 338 S.) 1862. 1¾ Thlr.
Th. VII. Gerh. Uhlhorn, Urbanus Rhegius. gr. 8. (X, 370 S.) ebend. 1861. 1½ Thlr.

· Ein ähnliches Werk für die lutherische Kirche.

Schmidts Melanchthon, ein gründliches Werk von durchaus objectiver vorurtheilsfreier Haltung. Die erste erschöpfende Darstellung der Lehre und des Lebens von Melanchthon, aber zu wenig subjectiv belebt, etwas farblos und trocken. Hartmann's Brenz ist eine abgekürzte Verarbeitung eines früheren anerkannten Werkes von demselben Verfasser und giebt eine interessante Geschichte der württembergischen Reformation. Uhlhorns Rhegius beruht auf Benützung neuer Quellen und ist ansprechend dargestellt. Vogts Bugenhagen ist mit Sorgfalt bearbeitet und vermöge der kirchengeschichtlichen Bedeutung des Mannes von allgemeinem Interesse.

**Evangelische Volksbibliothek**, herausgeg. v. Garnisonsprediger Klaiber unter Mitwirkung von Palmer, Hoffmann, Krummacher u. Anderen. 5 Bde. Stuttgart 1861—68, C. Conradi. 5 Thlr. 4 Ngr.

I. Bd. Martin Luther. Leben und Auswahl seiner Schriften, von Pfarrer Eberle. — Heinrich Zwingli, von Prof. Sigwart. — Philipp Melanchthon, von Dekan Ledderhose. (XVI, 758 S.)

II. Bd. Johann Brenz, von Dekan Hartmann. — Johann Matthesius, von Ledderhose. — Johann Arnd, von Oberhofprediger Fr. Hoffmann. — Valerius Herberger, von Ledderhose. — Johann Valentin Andreä, von Pfarrer Jul. Hartmann. (IV, 641 S.)

III. Bd. Christian Scriver, von Pfarrer Ergenzinger. — Heinrich Müller, von Pfarrer Wild. — Philipp Jakob Spener, von Diakonus Burk. — August Hermann Francke, von Dekan Merz. (723 S.)

IV. Bd. Gerhard Tersteegen, von Dr. Kerlen. — Nic. Lud. Graf von Zinzendorf, von Divisionsprediger Strauß. — Johann Albrecht Bengel, von Professor Palmer. — Georg Konrad Rieger, von Garnisonsprediger Klaiber. (XV, 1679 S.)

V. Bd. Die geistliche Dichtung von Luther bis Klopstock, ausgewählt und eingeleitet von Diaconus Paul Pressel. (XV, 1023 S.)

Eine gute Auswahl der Schriften derjenigen Kirchenmänner, welche einen entscheidenden Einfluß auf die Entwicklung der evangelischen Kirche gehabt haben, von der Reformationszeit an bis zur Mitte des 18. Jahrhunderts. Jedem derselben ist eine kurze Biographie beigegeben, die aber im Gegensatz zu den Elberfelder Sammlungen und reformirten Theologen nur die Einleitung zu den Werken bilden, welche ebensowohl zur Erbauung als geschichtlichen Belehrung dargeboten werden. Der Leserkreis, für den das Unternehmen bestimmt ist, sind nicht blos Geistliche, sondern auch Gemeindeglieder von einer geförderten religiösen Bildung.

**F. W. Kampschulte**, Johann Calvin. Seine Kirche u. sein Staat in Genf. 1. Bd. (XVI, 493 S.) Leipzig 1869, Duncker u. Humblot. 2 Thlr. 20 Ngr.

Anfang eines Werkes, das sich eine gründliche Revision der gesammten Thätigkeit Calvins zur Aufgabe gemacht hat, und vom Verfasser durch ausgedehnte gründliche Forschungen in Genf und Paris vorbereitet worden ist. Obgleich der Verf. Katholik ist, so behandelt er seinen Gegenstand doch objectiv vom geschichtlichen Standpunkt aus. Das Werk ist auf 3 Bände berechnet.

**J. C. Mörikofer**, Ulrich Zwingli nach den urkundlichen Quellen. I. Bd. gr. 8. (XVI u. 352 S.) Leipzig 1867, Hirzel 1½ Thlr.

Neben den Arbeiten, welche in neuerer Zeit die wissenschaftliche Darstellung von Zwingli's Theologie unternommen haben, hat sich der Verfasser die Lebensgeschichte des Reformators im

Zusammenhange mit der Geschichte seines Vaterlandes zum Gegenstande genommen, und dazu sorgfältige Quellenstudien gemacht, mit welchen er eine warme Auffassung und die aus seinen kirchlichen Lebensbildern bekannte frische Darstellung verbindet.

**Herm. Weingarten,** Die Revolutionskirchen Englands. Ein Beitrag zur inneren Geschichte der englischen Kirche u. der Reformation. (XII, u. 452 S.) Leipzig 1868, Breitkopf u. Härtel. 2½ Thlr.

Ein auf sorgfältigen Studien beruhendes Werk, welches die allmälige Durchbildung der leitenden Gedanken in den verschiedenen der Staatskirche sich entgegensetzenden Gemeinschaften klar hervortreten läßt. Auch in formeller Beziehung ausgezeichnet.

—— Pascal als Apologet des Christenthums. Eine kirchengeschichtl. Studie. gr. 8. (III u. 59 S.) Leipzig 1863, Breitkopf u. Härtel. ⅓ Thlr.

Skizze, den Charakter der pensées nach ihrer ursprünglichen Gestalt und die Entwicklung Pascals beleuchtend, universell und treffend.

**E. L. Th. Henke,** zur neueren Kirchengeschichte. Akad. Reden u. Vorlesungen. gr. 8. (IV u. 379 S.) Marburg 1867, Elwert. 1 Thlr.

Eine Sammlung von Vorträgen, die auf Einzelstudien des Verfassers beruhen und sich durch geistvolle Auffassung des Stoffes auszeichnen.

Inhalt: 1 Konrad von Marburg. 2. Verhältniß Luthers und Melanchthons zu einander. 3. Kasp. Peucer. 4. Nicol. Krell. 5. Universität Marburg im J. 1633. 6. Unionscollegium in Kassel im J. 1661. 7. Spener's pia desideria. 8. Papst Pius VII. 9. Ed. Platner. 10. Rationalismus und Traditionalismus im 19. Jahrhundert.

**A. Tholuck,** Lebenszeugen der lutherischen Kirche aus allen Ständen vor und während der Zeit des dreißigjährigen Krieges. gr. 8. (X, 452 S.) Berlin 1859, Wiegandt u. Grieben. n. 2 Thlr. 12 Ngr.

Der Verfasser hat es keineswegs auf Verherrlichung der lutherischen Orthodoxie abgesehen, aber er zeigt uns in einer Reihe von Lebensskizzen, daß der gute Baum der lutherischen Reformation auch gute Früchte des christlichen Lebens bei aller Orthodoxie hervorzubringen im Stande war.

**Johannes Geffcken,** Johann Winckler u. die hamburgische Kirche in seiner Zeit (1684—1705), nach gleichzeitigen, vornehmlich handschriftlichen Quellen. Mit dem Bildniß, Facsim. u. Wappen Winckers. gr. 8. (XII u. 446 S.) Hamburg 1861, Nolte u. Köhler. n. 2 Thlr.

Aus Vorträgen entstanden, enthält eine der interessantesten Partien aus der Geschichte des Pietismus; hat durch Vielseitigkeit allgemeines kirchengesch. und kulturgesch. Interesse und ist vortrefflich dargestellt.

**J. C. Mörikofer,** Bilder aus dem kirchlichen Leben der Schweiz. gr. 8. (XVI u. 375 S.) Leipzig 1864, Hirzel 1½ Thlr.

Eine an einzelnen Zügen reiche Kirchengeschichte der Schweiz für ein größeres Publikum, in schlichter klarer Form und mit mildem Urtheil dargelegt. Umfaßt die ganze Zeit von Gründung der ersten Genfer Kirche im 5. Jahrh. bis auf die Gegenwart, der Kern des Werkes ist aber die Reformationszeit. Das Bestreben des Verfassers war, die Thatsachen und Personen auszuwählen und mit Liebe auszuführen, welche neben dem religiösen ein allgemein geistiges und psychologisches Interesse darbieten.

**Herm. Freih. v. d. Goltz,** Die reformirte Kirche Genfs im 19. Jahrhundert oder der Individualismus der Erweckung in seinem Verhältniß zum christlichen Staat der Reformation. gr. 8. (VIII u. 488 S.) Basel 1862, Georg. n. 1⅔ Thlr.

Im ersten Buch dieser Schrift giebt der Verfasser eine klare Charakteristik der kirchlichen Eigenthümlichkeit Genfs, von den Anfängen unter Calvin bis zur Erstarrung und Erschlaffung im vorigen Jahrhundert und der methodischen Erweckung im Anfang dieses Jahrhunderts; im zweiten Buch folgt eine Schilderung der kirchlichen Entwicklung der Gegenwart von 1817—1850 und der Ansätze zum kirchlichen Mikrokosmus. Die Darstellung ist anziehend und klar und der Gegenstand für jeden, der sich für kirchliche Entwicklung interessirt, um so anregender als sich lehrreiche Nutzanwendungen zu Gunsten freier Entwicklung des kirchlichen Lebens daraus ziehen lassen.

David Friedr. **Strauß**, Herm. Samuel Reimarus und seine Schutzschrift für die vernünftigen Verehrer Gottes. 8. (XVI u. 288 S.) Leipzig 1862, Brockhaus. n. $1^{2}/_{3}$ Thlr.

 Strauß sieht Reimarus, den Verfasser der Wolfenbüttler Fragmente, als einen Vorläufer seines Lebens Jesu an, zu dessen theologischem Standpunkt er sich auch jetzt noch bekennt. Er giebt nun zunächst eine Biographie und literarische Charakteristik von Reimarus und einen commentirenden Auszug aus der auf dem Titel genannten Schrift, aus der die sog. Wolfenbüttler Fragmente entnommen sind. Strauß hatte eine vollständige Abschrift des in Hamburg befindlichen Originalmanuscripts zur Benützung und wollte sie ursprünglich ganz herausgeben, stand aber davon ab, da er sich überzeugte, daß sie der Anschauung und Ausdrucksweise unserer Zeit vielfach fremd geworden, nur wenige Leser finden würde, und gab statt dessen vorliegenden Auszug, der immer noch zu ausführlich ist.

Aug. **Tholuck**, Geschichte des Rationalismus. 1 Abth.: Geschichte des Pietismus und des ersten Stadiums der Aufklärung. gr. 8. (VI u. 182 S.) Berlin 1865, Wiegandt u. Grieben. n. 28 Ngr.

 Bei dem großen Mangel guter Arbeiten über diese merkwürdige Periode der Kirchen- und Kulturgeschichte der Neuzeit ein dankenswerthes Unternehmen, und durch die Art des Verfassers, die Anekdote und individuelle Charakteristik einzuflechten, für Jedermann anziehend.

Isaac Aug. **Dorner**, Geschichte der protestantischen Theologie, besonders in Deutschland, nach ihrer principiellen Bewegung und im Zusammenhang mit dem religiösen, sittlichen u. intellectuellen Leben betrachtet. gr. 8. (924 S.) München 1866, Literar. artist.-Anstalt. n. $3^{1}/_{3}$ Thlr. (5. Theil der Geschichte der Wissenschaften in Deutschland.)

 Nimmt in dem Unternehmen der Geschichte der Wissenschaften durch Gelehrsamkeit, Geist und edle Darstellung eine hervorragende Stelle ein. Der Stoff ist nicht überall gleichmäßig bearbeitet. Hervorragend ist die schöne Entwicklung der Reformationstheologie. In den späteren Zeiten wird der Verfasser, obwohl im Urtheil milde und weitherzig und einen gemäßigten Standpunkt gläubiger Theologie vertretend, doch den kritischen Richtungen in dieser Wissenschaft nicht immer gerecht und fertigt sie zu kurz ab.

**Historische Briefe** über die seit dem Ende des XVI. Jahrhunderts fortgehenden Verluste und Gefahren des Protestantismus. 8. (XII u. 544 S.) Frankfurt a. M. 1861, Heyder u. Zimmer. n. $1^{1}/_{2}$ Thlr.

 Ein großer Theil dieser Briefe ist ursprünglich in den Gelzer'schen protestantischen Monatsblättern erschienen u. d. Tit.: „historische Briefe an einen Sorglosen."

 Nachweisung, daß der Protestantismus seit dem Ende des 16. Jahrhunderts von dem Jesuitismus, den der Verfasser keineswegs mit dem Katholicismus identificiren will, bedroht war und noch ist und in diesem Kampf manches Terrain verloren hat. Die geschichtlich begründete Polemik des Verfassers gegen die jesuitische Propaganda hat um so größeren Werth, da sie von positiv christlicher Grundlage ausgeht. Der Verfasser verwerthet die Geschichte des Protestantismus zu manchen tief eingreifenden Nutzanwendungen und Warnungen, er weist auf manche gefährliche Irrthümer und Concessionen sorgloser protestantischer Regierungen hin; läßt die von Manchen erstrebte nachgiebige Annäherung an Rom als einen offenbaren Verrath am Protestantismus erkennen, wenn dabei versäumt werde, auf Anerkennung und Achtung der Rechte der Protestanten als solcher zu bestehen, und erinnert daran, daß die Freiheit wissenschaftlicher Forschung die Grundbedingung des Lebens deutscher Wissenschaft sei. Die Darstellung des Verfassers ist bei aller Schärfe klar und ruhig und das Buch ist Allen, die sich um die Interessen protestantischer Bildung kümmern, bringend zu empfehlen.

Der Verfasser des anonym erschienenen Buches ist der 1864 verstorbene Prof. J. W. Löbell in Bonn.

**K. B. Hundeshagen,** Der deutsche Protestantismus, seine Vergangenheit und seine heutigen Lebensfragen in Zusammenhang der gesammten Nationalentwicklung beleuchtet von einem deutschen Theologen gr. 8. 42½ B. (Erste Aufl. Frankfurt a. M. 1847. anonym. 2 Thlr.) Dritte Aufl. 1850. 2 Thlr. 8 Ngr.

Ein treffliches Buch, das sehr richtige Einblicke in die kirchliche nicht nur, sondern auch in die politische Entwicklung Deutschlands gewährt. Sieht den Grund der kirchlichen Zerrüttung darin, daß das geistige Leben der Deutschen durch den Zwang des Polizeistaates einseitig auf die literarische Existenz gedrängt wurde. Trägt das Gepräge einer tüchtigen politischen und religiösen Gesinnung, ist der Ausdruck eines Charakters.

**K. F. A. Kahnis,** Der innere Gang des deutschen Protestantismus seit Mitte des vorigen Jahrhunderts. gr. 8. (VI u. 262 S.) Leipzig 1854. Dörffling u. Franke. n. 1 Thlr. 6 Ngr. 2. Aufl. (XII u. 284 S.) 1860. 1 Thlr. 10 Ngr.

Aus einer Reihe von Artikeln des sächsischen Schulblattes entstanden, giebt die Schrift eine lebendige und mit Geist geschriebene Geschichte des religiösen und geistigen Lebens in Deutschland, die mitunter zur Literaturgeschichte wird. Zugleich ist sie ein historisch=dogmatisches Bekenntniß des damals als strenger Lutheraner bekannten Verfassers. Der jugendlich absprechende Ton ist in der neuen Auflage gemildert.

**Karl Schwarz,** Zur Geschichte der neuesten Theologie. 4. Aufl. 1869. (XII u. 593 S.) Leipzig, Brockhaus. n. 2 Thlr.

Eine sehr gewandte feuilletonartige Uebersicht der theologischen Richtungen in Deutschland seit Strauß Leben Jesu, mit verständigem, objectivem Urtheil und treffender Charakteristik der Führer. Die neue Auflage des im J. 1855 erstmals erschienenen Buches ist größentheils umgearbeitet und bis auf die neueste Zeit in eingehender Weise fortgesetzt. Der Standpunkt ist der des Protestantenvereins.

**Friedrich Nippold,** Handbuch der neuesten Kirchengeschichte seit der Restauration von 1814, Bevorwortet von Rich. Rothe. gr. 8. 2. Aufl. (XL u. 485 S.) Elberfeld 1868, Friderichs. n. 2⅓ Thlr.

Eine gutgeschriebene Uebersicht, die sich namentlich auch für nichttheologische Leser eignet. Der Verf. steht auf dem Standpunkt der sog. Heidelberger Schule. Schleiermacher gilt ihm als der theologische Heros, der die ganze spätere Entwicklung bestimmte. In diesem Sinn faßt N. alle Erscheinungen auf dem Gebiet der praktischen Kirchenlehre und der Wissenschaft, ohne jedoch der bloßen Negation zu huldigen. Dabei eingehende Berücksichtigung der kirchl. Kulturgeschichte. Die Behandlung des Katholicismus lückenhaft.

**Ed. Zeller,** Vorträge und Abhandlungen geschichtlichen Inhalts. gr. 8. (VIII u. 504 S.) Leipzig 1865, Fues. n. 2 Thlr.

Inhalt: 1. Entwicklung des Monotheismus bei den Griechen. 2. Pythagoras. 3. Ehrenrettung der Xantippe. 4. Der platonische Staat in seiner Bedeutung für die Folgezeit. 5. Marc Antonius. 6. Wolffs Vertreibung von Halle. 7. J. G. Fichte als Politiker. 8. Friedr. Schleiermacher. 9. Das Urchristenthum. 10. Die Tübinger historische Schule. 11. Ferd. Christ. Baur. 12. Strauß und Renan.

Nr. 8—12, die den größern Theil des Bandes ausfüllen, gewähren eine sehr gute Uebersicht über die Entwicklung der neueren Theologie, und zugleich giebt der Verfasser die Ergebnisse seiner eignen Forschungen.

**Jul. Wiggers,** Geschichte der evangelischen Mission. 1. Br. u. 2. Bds.

1. u. 2. Abtheil. gr. 8. Hamburg, (Gotha) 1846. F. A. Perthes. 3¾ Thlr.

Nüchterne Behandlung des Gegenstandes von einem bewährten kirchlichen Statistiker. Das Missionswesen in seinem Verhältniß zum kirchlichen Gemeindeleben aufgefaßt. Die einzelnen Missionsanstalten nach den Ländern aufgeführt und ihre Geschichte bis auf die neueste Zeit erzählt.

**Alb. Ostertag**, Uebersichtliche Geschichte der protestantischen Missionen von der Reformation bis zur Gegenwart. (Erweit. Abdruck aus Herzogs Realencyklopädie.) 8. (IV, 169 S.) Gotha 1858, Besser. n. ⅓ Thlr.

Eine recht gute Uebersicht.

— Entstehungsgeschichte der evangelischen Missionsgesellschaft zu Basel. Mit kurzen Lebensumrissen der Väter und Begründer der Gesellschaft. Eine Jubiläumsfestgabe. 8. (VII u. 359 S.) Basel 1865, Bahnmaiers Verl. n. 16 Ngr.

Eine gewiß Vielen willkommene gute Schrift, von einem der Leiter des Missionsinstituts. Besonders anziehend sind die biographischen Mittheilungen, namentlich über den ersten Inspektor der Anstalt, Blumhardt, und das Geschick des Verfassers bewährt sich auch darin, daß er die Zeitereignisse in passender Weise mit seinem Stoff zu verflechten weiß.

**Albert Billroth**, Ein Evangelist in Brasilien. Aus dem Nachlaß des vormaligen Pfarrers der deutsch=evangelischen Gemeinde in Rio de Janeiro, Hermann Billroth. Mit Bildn. H. Billroths u. 1 Karte. gr. 8. (VIII u. 488 S.) Bremen 1867, Müller. 2 Thlr.

Ein für die Geschichte des kirchlichen Lebens in Brasilien, sowie für Landeskunde interessantes Buch, meist aus Briefen eines sehr begabten frühe verstorbenen protestantischen Theologen bestehend, der mehrere Jahre Geistlicher in Rio de Janeiro war und den dortigen schwierigen Verhältnissen seine Gesundheit opferte.

**Eduard Emil Koch**, Geschichte des Kirchenliedes u. Kirchengesanges der christlichen und insbesondere deutschen evangelischen Kirche. 4 Bde. 2. Aufl. gr. 8. Stuttg. 1852—53, Belser. n. 4 Thlr.

I. Haupt=Abth. 1. 2. 3. Die Dichter u. Sänger. 1. Bd. (X u. 511 S.) 1852 n. 27 Ngr. 2. Bd. (X u. 511 S.) 1852 27 Ngr. 3. Bd. (XII u. 494 S.) 1853 n. 27 Ngr. 3. Aufl. in 5 Bdn. 1867 u. 68. 6 Thlr. 9 Ngr.

II. oder 4 Bd. Die Lieder u. Weisen. (VIII u. 847 S.) Ebd. 1853. n. 1 Thlr. 9 Ngr.

Eine sehr brauchbare Zusammenstellung des geschichtlichen, besonders biographischen Stoffes. Die Ausdrucksweise zu sehr auf pietistische Kreise berechnet. Die dritte Auflage wesentlich erweitert und auf neue Untersuchungen gegründet.

# Staatswissenschaften.

## Encyclopädie und Zeitschriften.

**Rob. v. Mohl**, Encyklopädie der Staatswissenschaften. gr. 8. (VIII, 760 S.) Tübingen 1859, Laupp. n. 3⅝ Thlr.

Die beste Orientirung über das bezeichnete Gebiet; Klarheit, sachkundiges ruhiges Urtheil, Muth der Meinung sind die Hauptvorzüge dieser Darlegung.

**Das Staatslexikon.** Encyklopädie der sämmtlichen Staatswissenschaften für alle Stände. In Verbindung mit mehreren der angesehensten Publicisten herausgeg. von K. v. Rotteck u. K. Welcker. 3. Aufl. 14 Bde. Leipzig 1858—1866, Brockhaus. 168 Hefte à 8 Ngr.

Die erste 1834 u. ff. erschienene Auflage dieses Werks war der Ausdruck der politischen Ansichten des alten Liberalismus, als dessen Hauptvertreter die genannten Herausgeber galten. Die Artikel waren vorherrschend räsonnirend gehalten, doch gaben auch manche reiches geschichtliches Material. In den beiden neueren Auflagen sind viele Artikel hinzugekommen, in welchen mehr die historische Richtung vertreten ist, und das Unternehmen hat dadurch wesentlich an Werth gewonnen.

**Deutsches Staatswörterbuch.** In Verbindung mit deutschen Gelehrten herausgegeben von J. C. Bluntschli u. K. Brater. I—XI. Stuttgart 1856—1869, Expedition. 105 Hefte à ½ Thlr. Gesammtpreis 35 Thlr.

Dieses Werk wurde ursprünglich in Opposition gegen das Rotteck-Welcker'sche Staatslexikon unternommen und sollte mehr eine positive Richtung vertreten, ohne jedoch den Ideen der Reaction zu dienen. Die Artikel sind von Männern verschiedenen politischen Bekenntnisses geschrieben, in den letzten Bänden vorwiegend von der nationalliberalen Partei. Die Anlage unterscheidet sich von jenem besonders dadurch, daß die Redaction mehr zusammenfassende Artikel anstrebte. Im Ganzen möchten wir diesem Staatswörterbuch unter allen vorhandenen den Vorzug geben.

**Bluntschli's Staatswörterbuch** in 3 Bänden, auf Grundlage des deutschen Staatswörterbuchs in elf Bdn. Herausg. von Dr. Löning. Zürich 1869, Schultheß. Auf 30 Lieferungen à 5 Bogen zu 8 Ngr. berechnet.

Ein zweckmäßiger Auszug, mit Weglassung oder Ergänzung veralteter Artikel. Für das Bedürfniß weiterer Kreise berechnet. Die Redaction wird von dem Herausgeber selbständig ohne Mitwirkung der früheren Verfasser besorgt. Bis jetzt 2 Hefte.

**Politisches Handbuch.** Staatslexikon für das deutsche Volk. Leipzig 1869, Brockhaus.

Bis jetzt drei Hefte. Ein auf zwei Bände oder 16 Lfgn. à 10 Ngr. berechnetes und für ein größeres Publikum bestimmtes Werk.

**Staats-Gesellschaftslexikon.** In Verbindung mit deutschen Gelehrten und Staatsmännern herausgeg. von Herm. Wagener. 23 Bde. Berlin 1858—68. compl. 76⅔ Thlr.

Weitaus das reichhaltigste unter den Staatswörterbüchern, und eigentlich ein allgemeines Conversationslexikon. Vertritt hauptsächlich die Ansichten der streng conservativen Partei in Preußen, ist aber zum Theil von Literaten anderer Richtung geschrieben. Viele Artikel sind ziemlich fabrikmäßig gearbeitet, andere aber auch recht tüchtig und geben manches, was man sonst nirgends findet.

**Robert v. Mohl,** Die Geschichte u. Literatur der Staatswissenschaften. In Monographien dargestellt. Lex. 8.

    1. Band. (XVI u. 599 S.)
    2. Band. (XII u. 602 S.)
    3. Band. (XV u. 851 S.) Erlangen 1855—58. 11 Thlr. 18 Ngr.

Dieses Werk stellt sich die große Aufgabe, die reiche Literatur der gesammten Staatswissenschaften in einen kritischen Ueberblick zusammenzufassen, und thut dieses mit klarer Darlegung des Hauptinhaltes der einzelnen Schriften, guter Schilderung der Richtungen im Allgemeinen, und einem gesunden verständigen Urtheil. Der frische Ton des Buches macht es mehr als man von einem solchen Sammelwerk erwartet, auch zur Lektüre geeignet. Der Inhalt des ersten Bandes zerfällt außer der Einleitung über den Stand der Staatswissenschaften und ihre Literatur im Allgemeinen in 8 Monographien. 1) Die Staatswissenschaft und die Gesellschaftswissenschaften. 2) Die Encyklopädien und Systeme der Staatswissenschaft. 3) Die Staatsromane. 4) Grundzüge einer Geschichte des philosophischen Staatsrechts. 5) Die Geschichte und Literatur des allgemeinen constitutionellen Staatsrechts. 6) Die neuere Literatur des Völkerrechts. 7) Das schweizerische Staatsrecht. 8) Das Staatsrecht der vereinigten Staaten in Nordamerika.

Der zweite Band enthält 9) Literatur des englischen Staatsrechts. 10) Denkwürdigkeiten, Staatsschriften und Reden der englischen Staatsmänner des 18. und 19. Jahrhunderts. 11) Das positive deutsche Staatsrecht seit der Gründung des Bundes. 12) Zwölf deutsche Staatsgelehrte: Die beiden Moser, Pütter, Schlözer, v. Martens, Klüber, Fr. v. Gentz, K. S. Zachariä, K. L. v. Haller, K. v. Rotteck, Zacke, K. F. Eichhorn. Die Schilderung der englischen Staatsmänner und ihrer Denkwürdigkeiten, sowie die Charakteristiken der zwölf deutschen Staatsgelehrten sind besonders zur Lektüre zu empfehlen.

Der dritte Band enthält 13) Französisches Staatsrecht. 14) Geschichte der politischen Oekonomie. 15) Literatur der Politik. 16) Literatur der Bevölkerungslehre. 17) Macchiavelli-literatur. 18) Jeremias Bentham. 19) Schriften über den Begriff der Statistik. 20) Staatswissenschaftliche Jahresschriften.

**Zeitschrift für die gesammte Staatswissenschaft.** Herausgeg. von den Mitgliedern der staatswissenschaftlichen Fakultät in Tübingen. Tübingen 1844—1869, Laupp. 4 Hefte jährl. à Jahrg. 4²/₃ Thlr.

Eine gehaltvolle wissenschaftliche Zeitschrift, welche auch manche allgemein verständliche und interessante Artikel enthält. ꝛc.

**Jahrbücher für Gesellschafts- u. Staatswissenschaft.** Hrsg. v. J. C. Glaser. Erscheinen seit 1863. Bd. 1—12 jährl. 2 Bde. Berlin. à 3 Thlr.

Eine das ganze öffentliche Leben umfassende Zeitschrift, welche manche gute Artikel bringt und auf dem Boden der Kreuzzeitung und des Wagnerischen Gesellschaftslexikons steht. Die Rubriken sind: Abhandlungen, Recensionen und Anzeigen, und Ueberschau der Zeitereignisse.

## Rechtswissenschaft.

**F. Jul. Stahl,** Die Philosophie des Rechts nach geschichtlicher Ansicht. 3 Bde. 3. Aufl. gr. 8. Heidelberg 1854—56. J. C. B. Mohr. 8½ Thlr.
  I. Geschichte der Rechtsphilosophie. (XXX, 590 S.)
  II. 1. Die allgem. Lehren u. das Privatrecht. (XXXIV, 521 S.)
  II. 2. Rechts- u. Staatslehre auf der Grundlage christlicher Weltanschauung. (XXXIII, 721 S.)

Bedeutendes Werk eines Philosophen und Staatsmannes, welcher in den fünfziger Jahren der Führer der conservativen Partei in Preußen war, und die Ideen an die Hand gab, von denen die Parteidoctrin zehrte. Der Hauptgrundsatz, von welchem seine Rechtsphilosophie ausgeht, ist die Lehre, daß der Staat eine göttliche Institution sei und darum die Obrigkeit göttliche Autorität habe.

**Karl Dav. Aug. Röder,** Grundzüge des Naturrechts u. der Rechtsfilosofie. 2. ganz umgearbeitete Auflage. 2 Abthlgn. gr. 8. I. (XXXIV u. 285 S.) II. (XXII u. 578 S.) Leipzig 1860 u. 63, C. F. Winter. n. 5½ Thlr.

Eine philosophische Betrachtung des gesammten Rechts- u. Staatsgebietes, welche auf das reichliche Detail des wirklichen Lebens mit Ernst und Gründlichkeit eingeht, namentlich die streitigen Gebiete des Staates, der Kirche und Schule mit Besonnenheit bespricht, und philosophische Schärfe in der Begriffsbestimmung mit Einfachheit und Klarheit des Ausdruckes verbindet. Die philosophische Grundlage ist die von Ahrens modificirte Krause'sche Philosophie.

**Ferd. Lasalle,** Das System der erworbenen Rechte. Eine Versöhnung des

positiven Rechts und der Rechtsphilosophie. 2 Thle. gr. 8. (XXIV u. 517 S., VIII u. 608 S.) Leipzig 1861, Brockhaus. n. 5 Thlr.
Ein vom Standpunkt der Philosophie aus unternommener Versuch einer Revision der Rechtswissenschaft. Geistvolle Behandlung der Aufgabe, ein reicher Schatz in positiven Kenntnissen, hinreißende Darstellung und damit große Anregungsfähigkeit sind die Vorzüge dieses Werkes, das nicht nur oberflächlich angesehen, sondern studirt zu werden verdient.

**Wilhelm Arnold**, Cultur und Rechtsleben. gr. 8. (XXVIII u. 439 S.) Berlin 1865, Dümmlers Verlag. n. 2½ Thlr.
Ein geistvolles Werk, welches die Stellung des Rechts im Culturleben der Völker, seinen Zusammenhang mit den übrigen nationalen Lebensäußerungen, insbesondere mit dem wirthschaftlichen und sittlichen Leben als seinen beiden Grundelementen, behandelt, unter steter Hinweisung auf die Entwicklung bei den Culturvölkern des Alterthums und der Neuzeit. Auch für den Laien reich an interessanten Gesichtspunkten und fruchtbaren Gedanken.

Deutsche Rechtssprichwörter, unter Mitwirkung der Professoren J. C. Bluntschli u. K. Maurer gesammelt u. erklärt von Ed. Graf u. Mathias Diether. Lex. 8. (XVI u. 606 S.) Nördlingen 1864, Beck. n. 3⅙ Thlr.
Ein von der historischen Commission in München seit lange vorbereitetes Werk, das nicht nur wissenschaftlichen Werth, sondern auch populäre Geltung beansprucht und interessante Beiträge zur deutschen Sitten- und Rechtsgeschichte giebt. Ein alphabetisches Register erleichtert den Gebrauch.

Eduard Osenbrüggen, Studien zur deutschen und schweizerischen Rechtsgeschichte. (X, 440 S.) Schaffhausen 1868, Hurter. 2 Thlr. 10 Ngr.
Eine Sammlung kleiner interessanter Züge aus dem Rechtsleben, nicht nur für den Rechtshistoriker sondern auch für den Kulturhistoriker werthvoll und in einer Weise dargelegt, welche das Buch auch in nicht fachgelehrte Kreise einzuführen geeignet ist.

Rud. **Jhering**, Geist des röm. Rechts auf den verschiedenen Stufen seiner Entwicklung. 1. Aufl. 3 Bde. Leipzig 1852—1865. 2. Aufl. I. II, 1. 2. (XIV, 236. VIII, 291. XXI, 655 S.) Leipzig 1866—69, Breitkopf u. Härtel. 5½ Thlr.
Geistvolle, auch für Philologen und Historiker sehr interessante Uebersicht der römischen Rechtsgeschichte.

Der neue Pitaval. Eine Sammlung der interessantesten Criminalgeschichten aller Länder aus älterer und neuerer Zeit. Begründet von J. E. Hitzig u. W. Härnig. (W. Alexis.) Fortgesetzt von A. Vollert. 2. Aufl. 24 Theile. Leipzig 1857—61, Brockhaus. à 1 Thlr.
Giebt was der Titel verspricht, sehr interessante Criminalgeschichten, in glücklicher Auswahl und guter Darstellung.

Die interessantesten Criminalgeschichten aller Länder aus älterer und neuerer Zeit. Eine Auswahl für das Volk aus dem neuen Pitaval von Anton Vollert. 4 Bde bis jetzt. 8. (I. IV u. 296 S. II. IX u. 302. VIII, 320. XI, 323 S.) Leipzig 1867 u. 68, Brockhaus. à Bd. ½ Thlr.

## Staatsrecht und Politik.

J. C. **Bluntschli**, Geschichte des allgemeinen Staatsrechts u. der Politik. gr. 8. (XVI u. 668 S.) München 1864, Lit.-artist. Anstalt. n. 2 Thlr. 24 Ngr.
(1. Band der Münchener Geschichte der Wissenschaften.)

Eine für das größere Publikum geschriebene Darstellung der politischen Theorien, die seit Ende des Mittelalters in Deutschland entstanden, sind oder auf dessen politische Anschauungen eingewirkt haben. Mit Geist behandelt.

**Rob. v. Mohl**, Staatsrecht, Völkerrecht u. Politik. Monographien. 3 Bde. (XIV, 778. XII, 691. XV, 724 S.) Tübingen 1860—1869, Laupp. 12²⁄₃ Thlr.

Eine sehr gehaltvolle, lehrreiche und anregende Sammlung von Einzelschriften, in welchen der Verfasser die Ergebnisse seiner politischen Beobachtungen und Erlebnisse niederlegt. Der erste Band enthält drei Abschnitte, deren erster über Recht und Politik der repräsentativen Monarchie, der zweite über Recht und Politik der repräsentativen Demokratie, der dritte über das Völkerrecht handelt. Besonders beachtenswerth sind Nr. 9 Constitutionelle Erfahrungen und Nr. 10 Das Repräsentativsystem, seine Mängel und Heilmittel. Der zweite Band enthält: Politische Aphorismen aus der Zeitgeschichte, in welchen wir Vieles finden, was sich der Verfasser aus seinen Erlebnissen in der Paulskirche abstrahirt hat; scharfe freimüthige Kritik sowohl der politischen Parteien als der Regierungen machen diesen Theil besonders interessant. Es folgen dann Erörterungen über Bureaukratie; Ebenbürtigkeit der Ehen in den regierenden Fürstenfamilien; das Ordenswesen unserer Zeit; das Verhältniß von Staat und Kirche, eine erweiterte Umarbeitung des Comissionsberichts der ersten badischen Kammer im Jahre 1860; allgemeine Abstimmung; die Nationalitätsfrage; Abfassung von Rechtsgesetzen und Begnadigung. Inhalt des dritten Bandes: 1) Erziehungspolitik. 2) Der Staatsdienst. 3) Socialpolitik. 4) Uebereiltes, Unbedachtes und Unfertiges in der Tagespolitik. Der erste Abschnitt enthält eine sehr eingehende Besprechung des Volksunterrichtes und des Universitätswesens, wobei der Verf. eine Reihe von Verbesserungsvorschlägen darlegt; der zweite bespricht die Vorbildung der Staatsdiener und die Prüfungseinrichtungen; der dritte handelt hauptsächlich über die Arbeiterfrage; im vierten tritt eine scharfe Kritik des allgemeinen Stimmrechts als Hauptpunkt hervor. Ein besonderer Vorzug des ganzen Werks ist die klare und frische Darstellung.

**J. v. Radowitz**, Gespräche aus der Gegenwart über Kirche und Staat. 4. Aufl. 8. Stuttgart 1851, Becher. 1½ Thlr.

Die politischen und kirchlichen Interessen werden nach ihren verschiedenen Richtungen mit ruhiger gewandter Dialectik erörtert. Ein Socialist mit speculativer Färbung, ein Fabrikant, ein Bureaukrat, ein lutherischer und ein katholischer Edelmann vertreten ihre Ansicht mit Geist und Geschick. Vorwiegende Hinneigung zu den Ansichten des katholischen Edelmanns.

**Friedr. Jul. Stahl**, Die gegenwärtigen Parteien in Staat u. Kirche. Neun und zwanzig akademische Vorlesungen. gr. 8. (VIII u. 393 S.) Berlin 1863, Hertz. n. 2⅓ Thlr.

Der berühmte Verfasser entwickelt in diesen einst mit großem Beifall gehaltenen Vorlesungen nicht nur das Programm seiner Partei, sondern sucht durch wissenschaftliche Darlegung einen Boden zur Verständigung im Streit der Parteien zu gewinnen. Obgleich dieselben sich auf einen Kampf beziehen, der nun hinter uns liegt, so sind sie doch immer noch von Werth. Die schöne Form der Darstellung erleichtert die Lektüre.

**J. C. Bluntschli**, Allgemeines Staatsrecht. 4. Aufl. 2 Bde. (VIII, 571. VIII, 571 S.) München 1868, Lit.-art. Anstalt. 4 Thlr. 10 Ngr.

Eine recht gute Uebersicht der politischen Grundlehren, mit Beziehung des geschichtlichen Materials. Der geschichtliche Theil des Buches ist besser als die positive Theorie der staatsrechtlichen Probleme. Obgleich wissenschaftliches Lehrbuch, eignet es sich doch auch für Belehrung in weiteren Kreisen.

**Karl Frieb. v. Gerber**, Grundzüge eines Systems des deutschen Staatsrechts. 2. Aufl. (XIII, 254 S.) Leipzig 1869, Tauchnitz. 1½ Thlr.

Eine in formeller Beziehung ausgezeichnete klare Darstellung der Grundsätze, auf welchen unser deutsches Staatsleben beruht. In dieser neuen Auflage sind die Veränderungen, welche das Jahr 1866 gebracht, berücksichtigt, jedoch ohne eingehende Erörterung der norddeutschen Bundesverfassung.

**Herm. Schulze,** Einleitung in das deutsche Staatsrecht mit besonderer Berücksichtigung der Krisis des Jahres 1866 u. der Gründung des norddeutschen Bundes. (XVI, 492 S.) Leipzig 1867, Breitkopf u. Härtel. 2²⁄₃ Thlr.

<small>Giebt einen klaren Ueberblick über die staatsphilosophischen und geschichtlichen Grundlagen des öffentlichen Rechtszustandes in Deutschland. Von besonderem Werth ist die Geschichte der deutschen Verfassung von 1848 an bis auf die Gegenwart, deren neue politische Schöpfung der Verf. mit Entschiedenheit vertritt.</small>

**Ferd. v. Martitz,** Betrachtungen über die Verfassung des norddeutschen Bundes. (IV, 143 S.) Leipzig 1868, Hässel. 20 Ngr.

<small>Eine gute kritische Darstellung, mit vergleichenden Rückblicken auf die Reichsverfassung des Jahres 1849 und die Unionsverfassung von 1850.</small>

**Friedrich Brockhaus,** Das Legitimitätsprincip. (VIII, 330 S.) Leipzig 1868, Brockhaus. 1²⁄₃ Thlr.

<small>Eine vortreffliche Schrift, welche die Unhaltbarkeit der von Talleyrand erfundenen Legitimitätstheorie nachweist und zeigt, daß die sog. legitimen Dynastien für ihre Herrschaft keinen besseren Rechtsgrund haben als eine thatsächliche Grundlage, welche die Ursache bestimmter rechtlicher Wirkungen ist. Die Schrift zeichnet sich durch klare Begriffsentwicklung, eine anziehende Darstellung und erschöpfendes literarisches Material aus und verdient die Beachtung eines größeren Leserkreises.</small>

**J. C. Bluntschli,** Das moderne Völkerrecht der civilisirten Staaten als Rechtsbuch dargestellt. (XIII und 520 S.) Nördlingen 1868, Beck. 3¹⁄₆ Thlr.

<small>Die Grundsätze des modernen Völkerrechts sind hier in Form eines Entwurfs zu einem Gesetzbuch übersichtlich zusammengestellt und können als Zusammenfassung des jetzt faktisch geltenden Völkerrechts sowohl zu wissenschaftlichem als praktischem Gebrauch dienen.</small>

**A. v. Rochau,** Grundsätze der Realpolitik angewendet auf die staatlichen Zustände Deutschlands. gr. 8. (III u. 224 S.) Stuttg. 1853, Göpel. 1¹⁄₂ Thlr.

<small>Die staatlichen Grundkräfte, die Staatsformen, die realen Mächte, die Partheien, das Verhältniß Oesterreichs und Preußens und der Mittelstaaten werden im Sinn eines von den Illusionen abstracter Ideologie geheilten Demokratismus besprochen. Unpartheiische Würdigung der wahlverwandten und entgegengesetzten Richtungen.</small>

—— —— 2. Thl. (III, 224 S.) Heidelberg 1869, Mohr. 1 Thlr.

<small>Höchst anziehend geschriebene Aufsätze über die gegenwärtigen politischen Hauptfragen. Ein wahres Arsenal von Gründen für die Rechtfertigung der neuen Ordnung der Dinge und für die Nothwendigkeit ihrer Weiterbildung.</small>

**J. C. Bluntschli,** Charakter u. Geist der politischen Parteien. (165 S.) Nördlingen 1869, Beck. 27 Ngr.

<small>Keine eigentliche Tendenzschrift, sondern eine mehr theoretische Auseinandersetzung über den Begriff der politischen Partei und die verschiedenen Formen, als Ultramontanismus, Radicalismus, Liberalismus, Conservatismus und Absolutismus mit dem schließlichen Versuch einer psychologischen Erklärung. Die Grundlage der Schrift sind einige Artikel des Verf. im deutschen Staatswörterbuch, die zu diesem Zweck umgearbeitet und in Zusammenhang gebracht worden sind.</small>

## Kirchenrecht.

**Aem. Ludw. Richter,** Lehrbuch des katholischen und evangelischen Kirchenrechts, mit besonderer Rücksicht auf deutsche Zustände. 1. Aufl. 1841.

6. Aufl. Nach d. Tode des Verfassers besorgt von R. W. Dove. (XVIII u. 1030 S.) gr. 8. Leipzig 1867, B. Tauchnitz. n. 3½ Thlr.

Ein wissenschaftliches Lehrbuch, das aber doch hier angeführt werden muß, weil es unstreitig die beste und vollständigste Darstellung des neueren Kirchenrechts ist.

J. **Frohschammer**, Das Recht der eigenen Ueberzeugung. (XV, 237 S.) Leipzig 1869, Reisland. 1 Thlr. 15 Ngr.

Der Verf., ein liberaler Katholik, nimmt hier für die freiere Richtung innerhalb des Katholicismus den Schutz des modernen Staats gegen die Unduldsamkeit der Kirchengewalt in Anspruch und sucht nachzuweisen, daß der Staat die Pflicht habe, das Recht der Gewissensfreiheit nicht nur für das Kirchenregiment und seine Vertreter, sondern auch für den niederen Klerus und das katholische Volk aufrecht zu erhalten. Der Verf. kämpft mit Freimuth und Beredtsamkeit für seine Ueberzeugung und giebt einen beachtenswerthen Beitrag zur Lösung des Problems, wie das Verhältniß von Kirche und Staat grundsätzlich den Einsichten und Rechten der modernen Gesellschaft gemäß zu ordnen sei.

## Polizei und Politik.

Robert v. **Mohl**, Die Polizeiwissenschaft nach den Grundsätzen des Rechtsstaates. 3 Bde. 3. Aufl. (XVI, 608. VIII, 632. XIV, 641 S.) Tübingen 1866, Laupp. 10½ Thlr.

Obgleich ein wissenschaftliches Handbuch, eignet sich dieses Werk vermöge seiner klaren eleganten Darstellung für Jeden, der eine eingehende Belehrung über Fragen der inneren Politik wie Armenwesen, Fürsorge des Staats für geistige und sittliche Bildung seiner Bürger, Schutz des Erwerbes, der Gewerbe, des Handels und Verkehrs u. dgl. wünscht. Der dritte Band handelt von der sog. Präventivjustiz, d. h. dem Schutze der Rechte des Staates und der Rechte des einzelnen Bürgers. Diese dritte Auflage des längst bewährten Werkes ist mit Rücksicht auf neue Verhältnisse und Literatur vielfach umgearbeitet.

Lorenz (früher Ludwig) **Stein**, Die Verwaltungslehre. 7 Bde. Stuttgart 1865—68, Cotta.
- I. Die Lehre von der vollziehenden Gewalt, ihr Recht und ihr Organismus. 1865.
  - 2. umgearb. Aufl. u. d. Titel: Die verfassungsmäßige Verwaltung. Die Regierung und das Regierungsrecht. (XXIV u. 448 S.) 1869. 3 Thlr.
- II. Die Lehre von der inneren Verwaltung. 1. Thl. Das Bevölkerungswesen und sein Verwaltungsrecht. (XVI, 353 S.) 1866. 2 Thlr.
- III. Innere Verwaltung. 2. Thl. Das öffentliche Gesundheitswesen. (X, 133 S.) 1867. 24 Ngr.
- IV. Innere Verwaltung. 3. Thl. Polizeirecht und Pflegschaftswesen. (XVI, 198 S.) 1867. 1 Thlr. 6 Ngr.
- V. Innere Verwaltung. Zweites Gebiet. Das Bildungswesen. 1. Thl. Elementar- u. Berufsbildung. (XXII, 334 S.) 1868. 2 Thlr.
- VI. Innere Verwaltung. Das Bildungswesen. 2 Thle. Die allgemeine Bildung u. die Presse. (X, 150 S.) 1868. 24 Ngr.
- VII. Innere Verwaltung. Drittes Gebiet. Die wirthschaftliche Verwaltung. (XII, 348 S.) 1869. 2 Thlr.

Bis jetzt 12 Thlr. 9 Ngr.

Das Werk eines bedeutenden Staatsgelehrten, welcher sich die Aufgabe stellt, eine Reform der inneren Politik anzubahnen. Vergleichung des englischen, deutschen und französischen Verwaltungssystems. Reich an leitenden Gedanken, aber auch nicht frei von Absonderlichkeiten, Unklarheiten und factischen Irrthümern.

**Georg Waitz,** Grundzüge der Politik nebst einzelnen Ausführungen. gr. 8. (VI u. 247 S.) Kiel 1862, Homann. n. 1½ Thlr.

Ein Abriß der Hauptpunkte, die bei dem Staatsleben in Betracht kommen, mit besonderer Rücksicht auf die geschichtliche Entwicklung der Staaten und die staatlichen Zustände und Bedürfnisse der Gegenwart. Die einzelnen Ausführungen, welche die größere Hälfte des splendid gedruckten Bandes füllen, handeln 1) von der Unterscheidung der Staatsformen. 2) Dem Königthum und dessen verfassungsmäßiger Ordnung. 3) Von dem Wesen des Bundesstaates. 4) Von den Wahlen zur Volksvertretung.

**Franz v. Holtzendorff,** Die Principien der Politik. (XVI, 360 S.) Berlin 1869, Charisius. 1 Thlr. 20 Ngr.

Versuch, die leitenden Gedanken über das Verhältniß der Staaten und die Zwecke der inneren Staatsleitung wissenschaftlich zusammenzufassen. Das Buch ist aus Vorlesungen entstanden, welche der Verfasser an der Berliner Universität seit einer Reihe von Jahren gehalten hat, und handelt besonders von den durch die Ereignisse der Gegenwart angeregten Fragen.

**Franz Lieber,** Ueber bürgerliche Freiheit und Selbstverwaltung. Nach der 2. Aufl. aus dem Englischen übers. von Frz. Mittermaier. gr. 8. (XV u. 477 S.) Heidelberg 1860, J. C. B. Mohr. n. 1½ Thlr.

Lieber, einst ein Schüler Niebuhrs, seit 1833 in Amerika und ein sehr angesehener Lehrer der Staatswissenschaft in Neu-York, giebt hier ein Bild der geschichtlichen Entwicklung des Selfgovernments in England und Amerika und vergleicht diese englisch-amerikanische Freiheit mit der falschen der Franzosen.

**Joh. Stuart Mill,** Ueber die Freiheit. Aus dem Englischen übersetzt von E. Pickford. gr. 8. (XI u. 164 S.) Frankfurt a/M. 1860, Sauerländer's Verl. 1 Thlr.

Geistreiche Erörterungen über den Begriff und die Bedingungen der persönlichen Freiheit und ihrer Beziehung zur politischen Freiheit.

—— Betrachtungen über die Repräsentativverfassungen. Nach der 2. Aufl. d. Orig. aus d. Engl. übers. u. eingeleitet durch F. A. Wille. (XXVIII, 232 S.) Zürich 1862, Meyer u. Zeller. 1 Thlr. 6 Ngr.

Geistreiche Kritik, mit verschiedenen Vorschlägen, die Minoritäten zu ihrem Rechte kommen zu lassen.

**Grundzüge conservativer Politik.** In Briefen conservativer Freunde über conservative Partei u. Politik in Preußen. 2. Aufl. (XVI, 190 S.) Berlin 1868, Kortkampf. 1 Thlr.

Ursprünglich in Glaser's Jahrbüchern veröffentlicht, sind diese an Tagesfragen anknüpfenden Besprechungen politischer Aufgaben das Ergebniß innerer Kämpfe eines ernsten, ins öffentliche Leben gestellten Mannes.

**Rudolf Gneist,** Geschichte und heutige Gestalt der Aemter und des Verwaltungsrechts in England. Zweite völlig umgearb. Auflage des I. Haupttheils des Englischen Verfassungs= u. Verwaltungsrechts. 2 Bde. gr. 8. (I. S. 1—648. II. XV u. S. 649—1374.) Berlin 1866—67, Springer's Verlag. n. 6 Thlr.

Anerkanntermaßen das beste deutsche Werk über englisches Verfassungswesen.

—— Verwaltung, Justiz, Rechtsweg, Staatsverwaltung u. Selbstverwal=

tung, nach englischen und deutschen Verhältnissen. (XII, 608 S.) Berlin 1869, J. Springer. 3 Thlr. 10 Ngr.
   Eine vergleichende Darstellung der englischen und deutschen Verwaltung, mit Kritik und Vorschlägen, was von England auf deutsche Verhältnisse übertragen werden könnte. Das Buch ist ein Programm deutscher Reformen in Beziehung auf Selbstverwaltung.

H. Cox, Die Staatseinrichtungen Englands. Eine gedrängte Darstellung des englischen Verfassungs- und Verwaltungsrechts. Aus dem Englischen übers. u. bearb. von H. A. Kühne. gr. 8. (XVI u. 667 S.) Berlin 1867, Springer's Verlag. n. 3 Thlr.
   Ein gründlich belehrendes Werk, das in kurzer bündiger Darstellung die geschichtliche Entwicklung der englischen Verfassung und ihrer einzelnen Institutionen darlegt. Die Klarheit und Anschaulichkeit, mit der das Werk geschrieben ist, macht es auch für Ausländer brauchbar. Die Uebersetzung ist getreu und geschmackvoll.

Walter Bagehot, Englische Verfassungszustände. Mit einem Vorwort versehen von Franz v. Holtzendorff. (XIV, 350 S.) Berlin 1868, A. Charistus. 1 Thlr. 15 Ngr.
   Geistreiche Betrachtungen von eigenthümlicher Frische und Anschaulichkeit der Darstellung. Für die Kritik der englischen Verfassung wird besonders die Vergleichung mit der nordamerikanischen Union verwerthet.

Alphons Todd, Ueber die parlamentarische Regierung in England, deren Entstehung, Entwicklung und praktische Gestaltung. 2 Bde. Aus dem Engl. übers. von R. Aßmann. I. (XVI, 342 S.) Berlin 1868, Jul. Springer. 2⅔ Thlr.
   Ein durch gute Darstellung, Sachkenntniß und verständiges Urtheil ausgezeichnetes Werk. Der Verf., Bibliothekar des Repräsentantenhauses in Canada, wollte ursprünglich seinen Landsleuten ein Handbuch der parlamentarischen Praxis geben, fand sich aber im Verlauf der Arbeit zur Ausführung eines vollständigen Bildes des englischen Verfassungslebens veranlaßt, um dadurch über die Principien der Selbstverwaltung und die innige Wechselwirkung zwischen Verwaltung und Verfassung gründlich zu belehren. Die Uebersetzung ist sehr gut gelungen.

## Nationalökonomie.

Handwörterbuch der Volkswirthschaftslehre. Unter Mitwirkung von namhaften deutschen Gelehrten und Fachmännern bearb. von H. Rentzsch. Lex.-8. (IV u. 1148 S.) Leipzig 1866, G. Maher. n. 4⅓ Thlr.
   Ein sehr zweckmäßiges Nachschlagebuch, in welchem man über die Hauptfragen der Volkswirthschaft eingehende Belehrung und literarische Nachweisung findet. Außer dem Herausgeber haben Böhmert, Emminghaus, Reitte, Prince-Smith, Ad. Wagner viele Beiträge geliefert.

Adam Smith, Ueber die Quellen des Volkswohlstandes. Neu bearbeitet von C. W. Asher. In 2 Bdn. Lex.-8. (I. XII u. 488 S. II. IV u. 502 S.) Stuttgart 1861, Engelhorn. à 2½ Thlr.
   Ein klassisches Werk über Nationalökonomie, das 1776 erschienen, seitdem vielfach übersetzt und commentirt worden ist. Der neue Uebersetzer hat hin und wieder die bei den Commentatoren sich findenden Anmerkungen berichtigt und solche Partien, bei welchen es von Werth war, bis auf die neueste Zeit statistisch und geschichtlich ergänzt.

Wilhelm Roscher, System der Volkswirthschaft. Ein Hand- und Lesebuch für Geschäftsmänner u. Studirende.

1. Bd. Die Grundlagen der Nationalökonomie. gr. 8. Stuttgart 1854, Cotta. 7. Aufl. 1868. (XIII, 624 S.) n. 2 Thlr. 26 Ngr.

2. Bd. Die Nationalökonomie des Ackerbaues und der verwandten Urproductionen. 5. Aufl. 1867. (VIII, 593 S.) 2 Thlr. 26 Ngr.

Das bedeutendste deutsche Werk in diesem Fache. Der Hauptwerth des Buches beruht auf dem großen Reichthum der mit Sorgfalt ausgewählten geschichtlichen und statistischen Belege, unter den einzelnen Abschnitten sind die über Geld und Preise als besonders gelungen zu bezeichnen. Im Ganzen vermißt man eine scharfe Fassung der Begriffe, auch wird oft aus einzelnen Thatsachen zu viel geschlossen und gar zu schnell ein volkswirthschaftliches Gesetz aufgestellt; dagegen ist das Buch durch seinen Reichthum an Ideen ganz geeignet, dem Geschäftsmann Anregung zu geben und ihn seine Thätigkeit in einem höheren Zusammenhang auffassen zu lehren.

Wilhelm **Roscher**, Ueber Kornhandel u. Theuerungspolitik. Dritte stark verm. u. verb. Aufl. gr. 8. 10⅝ B. Stuttg. 1852. 21 Ngr.

Handelt über Eigenthümlichkeit des Kornhandels und der Kornpreise, Statistik des internationalen Kornverkehrs, untersucht das Wesen der Theuerung, ihre Ursachen, Symptome und Wirkungen und schildert den natürlichen Heilungsproceß, wobei der Nutzen des freien Kornhandels erwiesen und gegen die vielen Vorurtheile vertheidigt wird. Schließlich werden die etwaigen Vorkehrungs- und Milderungsmittel besprochen. Die Darstellung ist auf das Verständniß jedes Gebildeten berechnet. Ein sehr empfehlenswerthes Buch.

—— Kolonien, Kolonialpolitik u. Auswanderung. Zweite verbesserte und stark vermehrte Auflage. 8. (VIII u. 456 S.) Leipzig u. Heidelberg 1856, C. F. Winter. n. 2 Thlr.

Erweiterte Ausführung einer unter dem Titel „Untersuchungen über das Kolonialwesen" im Archiv für politische Oekonomie 1847—48 zuerst erschienenen Abhandlung, und eines in der Deutschen Vierteljahrsschrift von 1848 abgedruckten Aufsatzes: „nationalökonomische Ansichten über deutsche Auswanderung", wozu noch ein neues Capitel über politische Handelsgesellschaften kam. Treffliche Arbeit des bewährten Nationalökonomen.

—— Ansichten der Volkswirthschaft aus dem geschichtlichen Standpunkte. 2. unveränd. Abdr. gr. 8. (VII u. 494 S.) Ebend. 1861, C. W. Winter. n. 2 Thlr. 12 Ngr.

Inhalt: 1) Verhältniß der Nationalökonomie zum klassischen Alterthum. 2) Landwirthschaft der ältesten Deutschen. 3) Ein nationalökon. Hauptprincip der Forstwirthschaft. 4) Industrie im Großen und Kleinen. 5) Volkswirthschaftliche Bedeutung der Maschinenindustrie. 6) Zur Lehre von den Absatzkrisen. 7) Ueber den Luxus.

**Friedrich List.** Das nationale System der politischen Oekonomie. 1. Bd. der internationale Handel, die Handelspolitik und der deutsche Zollverein. Neue Auflage. gr. 8. Stuttgart 1851, Cotta. 2 Thlr.

Gehört einer früheren Periode der Nationalökonomie an, ist aber immer noch beachtenswerth als die Hauptschrift für den Schutzoll, den der Verf. aber nicht unbedingt, sondern nur für gewisse Entwicklungsstufen der Industrie angewendet wissen will.

**John Stuart Mill**, Grundsätze der politischen Oekonomie nebst einigen Anwendungen auf die Gesellschaftswissenschaft. Aus der 5. Auflage des Originals in's Deutsche überf. v. Ad. Soetbeer. 2. deutsche Ausgabe. Lex. 8. (XXIV u. 734 S.) Hamburg 1864, Perthes, Besser u. Mauke. n. 4⅔ Thlr.

Das Werk eines der ersten Nationalökonomen, in dem eine Fülle geschichtlichen Stoffes mit philosophischem Geiste verarbeitet ist. Der Verfasser nimmt Ad. Smith zu seinem Vorbild und strebt so zu schreiben wie Smith in unseren Tagen mit der so viel reicheren Kenntniß des geschichtlichen und statistischen Materials geschrieben haben würde. Die Darstellung hat historische Fülle und eignet sich deßhalb auch für den, der nicht eigentlich Fachmann ist. Die Uebersetzung ist genau und lesbar.

H. C. **Carey**, Die Grundlagen der Socialwissenschaft, deutsch mit Autorisation des Verfassers unter Mitwirkung von Dr. Huberwald herausgeg. von Dr. C. Adler. Mit einem Vorwort von Max Wirth. (In 3 Bdn.) I. Bd. gr. 8. (LVI u. 619 S. mit 1 Steintaf.) II. u. III. Bd. gr. 8. XLVIII u. 1330 S.) München 1863 u. 1864, Fleischmann. Sep.-Cto. à Bd. n. 3⅓ Thlr.

Wichtiges Werk eines berühmten nordamerikanischen Nationalökonomen, welcher eigenthümliche Ideen über den Gang der landwirthschaftlichen und industriellen Cultur entwickelt, indem er den Fortschritt nicht durch die günstigen Verhältnisse, sondern durch den Kampf mit Hindernissen und durch Steigerung der Bedürfnisse bedingt glaubt. Der Verfasser weiß für seine Ansichten die ganze Culturgeschichte auszubeuten und wirkt dadurch ungemein belehrend. Auch über Rententheorie hat er eigenthümliche Gedanken entwickelt.

—— Lehrbuch der Volkswirthschaft und Socialwissenschaft. Vom Verfasser autorisirte und mit Zusätzen ergänzte deutsche Ausgabe von Carl Adler. gr. 8. (XV u. 752 S.) München 1866, Fleischmanns Buchh. n. 2⅔ Thlr.

Ein zweckmäßiger Auszug aus dem dreibändigen Werke: Grundlagen der Socialwissenschaft. Das System Careys ist als genialer Reformversuch der volkswirthschaftlichen Grundsätze allgemein anerkannt, aber wegen Mangel an Zucht und Ordnung der Gedanken, Ignorirens europäischer Geschichte und Statistik und der dadurch bedingten Einseitigkeit nicht so befruchtend für die Wissenschaft und Praxis. Die Hauptideen Careys sind: die Theorie, daß möglichst viele Stoffe in den gesellschaftlichen Organismus eingeführt und dadurch das Leben bereichert werden müsse, die Bildung wirthschaftlicher Mittelpunkte vermittelst der Association, die Polemik gegen Ricardos Grundrententheorie und die Agitation für Schutzzölle zum Behufe der Abschließung eines nordamerikanischen Wirthschaftsgebietes, das von Europa möglichst unabhängig gemacht werden soll.

Hermann **Rösler**, Grundsätze der Volkswirthschaftslehre. Ein Lehrbuch für Studirende und für Gebildete aller Stände. gr. 8. (XIV u. 609 S.) Rostock 1864, Stiller. n. 3 Thlr.

Eine klare lichtvolle Darstellung, mit vorzugsweise gelungenen theoretischen Ausführungen.

Alb. Eberh. Friedr. **Schäffle**, Das gesellschaftliche System der menschlichen Wirthschaft. Ein Lehr- und Handbuch der Nationalökonomie für höhere Unterrichtsanstalten und Gebildete jedes Standes. 2. durchaus neu bearb. Aufl. gr. 8. (XXXI u. 584 S.) Tübingen 1867, Laupp. n. 2⅔ Thlr.

Ein ausgezeichnetes Handbuch, das systematische Anordnung mit sorgfältiger Durcharbeitung einzelner Partieen verbindet und manche neue eigenthümliche Auffassung darbietet; besonders werthvoll die Untersuchungen über Arbeitstheilung und Vereinigung, Kredit, Unternehmergewinn und Consumtion. Von allen neuen Handbüchern am meisten geeignet zum Selbststudium; auch das einzige, welches das Eisenbahnwesen eingehend behandelt.

**Vierteljahrsschrift** für Volkswirthschaft u. Culturgeschichte, herausgeg. von J. Faucher u. O. Michaelis. à Jahrg. 4 Bde. gr. 8. Berlin 1863—69, Herbig. n. 5⅓ Thlr.

Eine gehaltvolle Zeitschrift, welche hauptsächlich die freiere Richtung in der Volkswirthschaft, namentlich die Grundsätze des Freihandels vertritt.

**Jahrbücher für Nationalökonomie und Statistik.** Herausgeg. von Bruno Hildebrand. Jahrgg. 1863—69. je 2 Bde. (à 6 Hefte.) Jena, Mauke. à Bd. 2⅔ Thlr.

Ebenfalls eine geschätzte Zeitschrift, die namentlich gute Beiträge zur Geschichte des Zollvereins enthält.

**C. Fr. Nebenius,** Der deutsche Zollverein, sein System und seine Zukunft. gr. 8. Karlsruhe 1835, Müller. 2 Thlr.

Hauptschrift über die Gründung des deutschen Zollvereins.

**A. Emminghaus,** Entwicklung, Krisis u. Zukunft des deutschen Zollvereins. gr. 8. (IV u. 111 S.) Leipzig 1863, G. Wigand. ½ Thlr.

Guter Ueberblick über die Geschichte des Zollvereins, Nachweisung seiner volkswirthschaftlichen und finanziellen Ergebnisse, Kritik seiner Verfassung und Vorschläge für eine Reform desselben. Der Verf. verlangte damals schon vieles von dem, was durch die jetzige Zollvereinsverfassung erreicht ist, namentlich eine einheitliche Gewalt, die im Stande wäre, auch widerspenstige Vereinsglieder zum Gehorsam zu zwingen.

**Heinr. v. Treitschke,** Die Gesellschaftswissenschaft. Ein kritischer Versuch. gr. 8. (III, 108 S.) Leipzig 1859, Hirzel. n. 16 Ngr.

Der Verfasser prüft den Gedanken einer Gesellschaftswissenschaft, der von Mohl u. A. als Aufgabe einer neuen wissenschaftlichen Disciplin aufgestellt worden ist, und kommt dabei zu dem Ergebniß, daß das, was die Gesellschaftswissenschaft zu leisten hätte, in den Bereich der Politik fällt und daß es daher nicht nöthig sei, ein besonderes Fach dafür aufzuthun. Die Behandlung klar und sicher, von Kenntniß des Lebens und großer Belesenheit unterstützt.

**W. H. Riehl,** Die Naturgeschichte des Volkes als Grundlage einer deutschen Socialpolitik.
    I. Bd. Land u. Leute. 5. Aufl. gr. 8. (XVI u. 365 S.) Stuttgart 1861, Cotta. 1 Thlr. 18 Ngr.
    II. Bd. Die bürgerliche Gesellschaft. 5. Aufl. gr. 8. (X u. 384 S.) Ebend. 1861. 1 Thlr. 18 Ngr.
    III. Bd. Die Familie. 6. Aufl. gr. 8. (XIII u. 286 S.) Ebend. 1861. 1½ Thlr.

Dieses mit vielem Beifall aufgenommene Werk ist ein vom kulturgeschichtlichen Standpunkt aus unternommener Versuch, die Gesellschaftswissenschaft mit neuen Ideen zu befruchten. In „Land und Leute" schildert der Verfasser deutsche Volksstämme, wie sie unter dem Einfluß der Natur des Landes und seiner politischen Schicksale geworden sind. Er will jedoch keine vollständige Ethnographie Deutschlands geben, sondern nur an einigen Proben, den Rheinländern, den Baiern, den Bewohnern des Rhöngebirges und der Insel Rügen zeigen, wie er es meint. In der „bürgerlichen Gesellschaft" schildert er die socialen Gegensätze des Adels, Bürgerthums und Proletariats, um dadurch Beiträge zur Grundlage einer gesunden Politik zu geben. In der „Familie" beleuchtet er einige Seiten des Familienlebens, wie z. B. die Stellung der Frauen im Hause und der Gesellschaft, und weist auf die dem Familienleben günstigere Einfachheit früherer Zeiten zurück. Geistreicher Entwurf eines Hauses, wie es sich als Ausdruck des deutschen Familiengeistes architektonisch gestalten müßte. Die Form, in welcher sich der Verf. ausdrückt, ist die einer geistreichen Conversation, wodurch sowohl seine Tugenden, als seine Mängel bedingt sind. Bei großer Lebendigkeit und Gedankenfülle verfällt er zuweilen ins Breite oder ins Abspringende.

—— Die deutsche Arbeit. gr. 8. (X u. 330 S.) Stuttgart 1861, Cotta. 1 Thlr. 18 Ngr.

Geistreiche Betrachtung einer wesentlichen Seite des Volkslebens. Hauptzweck des Verfassers ist dabei, die sittliche Bedeutung der Arbeit, überhaupt das ideale Element gegenüber der sonst vorherrschenden materiellen Betrachtungsweise hervorzuheben. Mit einseitiger Vorliebe behandelt der Verfasser die geistige Arbeit und den Ackerbau, während er das große Gebiet der Fabrikthätigkeit ganz kurz abmacht und in seiner sittlichen wie nationalökonomischen Bedeutung unterschätzt. Der Verfasser scheut sich politische Resultate zu ziehen und unangenehme Wahrheiten auszusprechen.

**V. A. Huber,** Sociale Fragen. gr. 8. Nordhausen 1863—67, Förstemann's Verl.
    No. I. Das Genossenschaftswesen und die ländlichen Tagelöhner. (36 S.) 1863. n. 4 Ngr.
    „ II. Die nordamerikanische Sclaverei. (74 S.) 1864. ¼ Thlr.
    „ III. Die innere Mission. (120 S.) 1864. n. ½ Thlr.
    „ IV. Die latente Association. (36 S.) 1866. n. ⅙ Thlr.
    „ V. Die Rochdaler Pioniers. Ein Bild aus dem Genossenschaftswesen. (42 S.) 1866. n. 6 Ngr.
    „ VI. Handwerkerbund u. Handwerkernoth. (31 S.) 1867. 3 Ngr.
    1—6. n. 1 Thlr. 5½ Ngr.
    Eine Reihe werthvoller Beiträge zur Geschichte der socialen Reform. Besonders No V. ein interessantes Beispiel, wie viel durch freie Vereinigung geleistet werden kann.

—— —— Zur Reform des Armenwesens. (VIII, 68 S.) Schaffhausen 1867, Hurter. 9 Ngr.

**W. E. v. Ketteler,** (Bischof in Mainz), Die Arbeiterfrage u. das Christenthum. 1—3. Aufl. gr. 8. (III u. 212 S.) Mainz 1864, Kirchheim. ½ Thlr.
    Eine eindringliche Mahnung im Namen der Kirche, die Verhältnisse des Arbeiterstandes zu verbessern durch Gewährung eines entsprechenden Antheils am Arbeitsgewinn. Der Verf. wendet sich an das allgemein christliche Bewußtsein, daß die Arbeiter nicht als Sklaven, sondern als gleichberechtigte Brüder zu betrachten seien, und macht sehr beachtenswerthe praktische Vorschläge.

**H. Schulze-Delitzsch,** Vorschuß- u. Creditvereine als Volksbanken. Praktische Anweisung zu deren Gründung u. Einrichtung. 3. völlig umgearb. Aufl. gr. 8. (VIII u. 260 S. mit 1 Tab.) Leipzig 1862, Keil. 1 Thlr.
    Die Hauptschrift des bekannten Agitators für Hebung des Arbeiterstandes. Klar, überzeugend und praktisch dargelegt, was zu thun sei.

—— Die arbeitenden Klassen u. das Associationswesen in Deutschland als Programm zu einem deutschen Congreß. 2. Aufl. gr. 8. (VIII u. 143 S.) Leipzig 1863, G. Mayer. ½ Thlr.

—— Jahresberichte für 1861 bis 1867. Ueber die auf Selbsthilfe gegründeten deutschen Erwerbs- u. Wirthschaftsgenossenschaften. Im Auftrage des Congresses deutscher Volkswirthe. gr. 8. Leipzig 1862, G. Mayer. à ½ Thlr.
    Diese beiden Schriften enthalten die weitere Darlegung der Grundsätze und der leitenden Gedanken bei seinen Bestrebungen, und Bericht von den bisherigen Erfolgen.

—— Die Gesetzgebung über die privatrechtliche Stellung der Erwerbs- u. Wirthschaftsgenossenschaften. (148 S.) Berlin 1869, Herbig. 1 Thlr.
    Eine sehr werthvolle Zusammenstellung der verschiedenen Gesetzgebungen zur Regelung der Arbeiterverhältnisse.

**Ed. Pfeiffer,** Ueber Genossenschaftswesen. Was ist der Arbeiterstand in

der heutigen Gesellschaft? Und was kann er werden? gr. 8. (IV u. 247 S.) Leipzig 1863, O. Wigand. ¾ Thlr.
> Eine interessante Schrift, welche die Bedeutung der Frage hervorhebt und im Einzelnen nachweist, was durch Genossenschaften in England und Norddeutschland schon geleistet ist und wie viel noch geleistet werden kann.

**Eugen Richter**, Die Consumvereine. Ein Noth- und Hilfsbuch für deren Gründung und Einrichtung. gr. 8. (V u. 185 S.) Berlin 1867. F. Duncker. n. 24 Ngr.

**J. M. Ludlow** u. **Lloyd Jones**, Die arbeitenden Classen Englands in socialer u. politischer Beziehung. Aus dem Englischen von Jul. v. Holtzendorff. (XII, 210 S.) Berlin 1868, Springer. 1¼ Thlr.
> Eine gute Schilderung der jetzigen Verhältnisse.

**Alfred Le Roux**, Das besondere Preisgericht u. die neugeschaffenen Preise für die Pflege der Eintracht in Fabriken u. Ortschaften u. die Sicherung des Wohlstandes, der Sittlichkeit und Intelligenz in den Arbeiterkreisen. Officieller Bericht. Ins Deutsche übertragen von Fr. v. Steinbeis. (XV, 207 S.) Stuttgart 1868, Grüninger. 1 Thlr.
> Sehr dienlich zur Orientirung über die Bestrebungen zur Verbesserung der Arbeiterverhältnisse.

**Michel Chevalier**, Die Weltindustrie in der zweiten Hälfte des neunzehnten Jahrhunderts. Aus dem Franz. von J. E. Horn. (XXVIII, 375 S.) Stuttgart 1869, A. Kröner. 2 Thlr.
> Nationalökonomische Betrachtungen an die Pariser Weltausstellung angeknüpft. Zur Orientirung brauchbar, aber etwas zu phrasenreich, auch ist die Uebersetzung sehr mangelhaft und giebt die technischen Ausdrücke oft ganz unverständlich wieder.

**C. E. v. Malortie**, Der Hofmarschall. Handbuch zur Einrichtung u. Führung eines Hofhaltes. 3. Aufl. 2 Bde. (VIII, 469 S. VI, 562 S.) Hannover 1866. 67. 6 Thlr.
> Feierlich ernste Darstellung einer Hofhaltung bis in die minutiösesten Details, zugleich aber interessant als Beispiel einer Haushaltungskunst, das mancher Privathaushaltung zum Muster dienen könnte.

Die wirthschaftliche Erziehung u. d. Lebensaufgabe der Hausfrau. 2 Bde. 8. 30¾ B. Eleg. carton. Leipzig 1852. 2 Thlr. 15 Ngr.
> Praktische und von einer Hausfrau anziehend geschriebene Anleitung zur Führung einer Haushaltung. Unseres Wissens das einzige Werk dieser Art, welches auf gesunder, sittlicher und nationalökonomischer Grundlage eine genaue systematische Anweisung giebt, wie je nach dem Maße des Einkommens das Hauswesen zweckmäßig eingerichtet werden soll. Die Verfasserin geht von den Verhältnissen aus, wie sie in Holstein vor etwa 20 Jahren bestanden, und es wäre dem Buch um so mehr eine neue Auflage zu wünschen, als dabei auch die süddeutschen Verhältnisse in Rechnung gezogen und die seitdem eingetretene allgemeine Preiserhöhung berücksichtigt werden könnten.

**Henriette Davidis**, Die Hausfrau. Praktische Anleitung zur selbständigen u. sparsamen Führung des Haushalts. 4. Aufl. (XX, 478 S.) Leipzig 1869, Seemann. 1 Thlr. 15 Ngr.
> Ebenfalls eine sehr empfehlenswerthe Beratherin für die Ordnung des häuslichen Lebens. In der Einleitung legt die Verfasserin die Grundsätze einer guten Hauswirthschaft dar, und entwirft ebenso wie das zuletzt genannte Buch den Etat für 4 Stufen des Einkommens, wobei sie jedoch nicht so systematisch zu Werke geht, sondern mehr beispielsweise nach Berathung mit

erprobten Hausfrauen. Die Regeln und Vorschriften für die Einzelheiten des Haushalts sind uns durchweg zweckmäßig erschienen, und das Ganze ist in einem von christlicher Frömmigkeit, Gemüth und Verstand durchdrungenen Sinne gehalten, der wohlthuend anspricht.

**Marie Susanne Kübler** (Frau Scherr), Das Hauswesen nach seinem ganzen Umfange dargestellt in Briefen an eine Freundin. Nebst einem Anhang über deutsche Literatur u. Lektüre für Frauen u. Jungfrauen von Ch. Oeser. 5 Aufl. (XI, 619 S.) Stuttgart 1867, Engelhorn. 1 Thlr. 15 Ngr.

In der Anlage dem vorigen Werk ähnlich, gründet sich dieses auf süddeutsche Verhältnisse und Lebensgewohnheiten. Die Kochrecepte nehmen jedoch einen größeren Raum ein, namentlich ist ein norddeutscher und ein süddeutscher Speisezettel fürs ganze Jahr beigegeben. Die Regeln für das Hauswesen sind ebenfalls praktisch, doch giebt die Verfasserin im Streben nach Vollständigkeit manchmal zu viel. Nach unserem Geschmack ist das Buch zu sehr mit Gedichten und Citaten aller Art überhäuft, welche die Verfasserin in der guten Meinung einmischt, die alltäglichen Geschäfte durch diesen höheren Schmuck zu veredeln.

**Charlotte Späth**, Maria Werner. Die mutterlose Jungfrau in ihrem Leben und ihrer Haushaltung. In 2 Theilen. 4. Aufl. (VIII, 343. 160 S.) Stuttgart 1869, Schober.

Hier erscheint die Haushaltungslehre im Gewand eines unterhaltenden Romans, wodurch der Stoff namentlich jungen Mädchen anziehender gemacht wird. Der zweite wirthschaftliche Theil besteht aus bewährten Recepten. Die Verfasserin versteht es gut, die kleinen Pflichten der Häuslichkeit als aus dem Grunde einer christlichen Sittlichkeit entspringend einzuschärfen.

## Finanzwesen.

**K. F. Nebenius**, Ueber die Herabsetzung der Zinsen der öffentlichen Schulden, mit Rücksicht auf die Zeitverhältnisse und insbesondere auf die Verhandlungen über die Reduction der französischen Staatsschuld. gr. 8. Stuttgart 1837, Cotta. 1 Thlr.

Classisch. Bespricht ein Zeitinteresse, entwickelt aber bei dieser Gelegenheit die wichtigsten Fragen des Finanzwesens.

**W. Bock**, Geschichte der Steuern des britischen Reiches. Ein finanzieller Versuch. (XVI, 642 S. mit 1 Tabelle.) Leipzig 1867, Felix. 4²/₃ Thlr.

Ein sehr wichtiges Stück der englischen Verfassungs- und Verwaltungsgeschichte ist hier im Zusammenhang mit der englischen Gesammtgeschichte von dem Verfasser gründlich bearbeitet.

**Carl Ritter v. Hock**, Die Finanzverwaltung Frankreichs. gr. 8. (XII u. 699 S.) Stuttgart 1857, Cotta. n. 3½ Thlr.

Vortreffliche, klare und gründliche Darstellung des thatsächlichen Zustandes der französischen Finanzverwaltung, mit vielen historischen Rückblicken und häufiger Anwendung der Kritik. Im Anhang eine werthvolle Uebersicht über den Ertrag der einzelnen Zweige des Staatshaushaltes.

—— Die Finanzen und die Finanzgeschichte der Vereinigten Staaten von Amerika. (XVI, 812 S.) Stuttgart 1867, Cotta. 4 Thlr.

Ein wichtiges Werk, das allgemeine Anerkennung gefunden hat, und den Stoff zu einer Bereicherung der Wissenschaft verwerthet. Der Verfasser war ein hochgestellter österreichischer Finanzbeamter, und machte daher manche Nutzanwendungen auf die Verhältnisse seines Vaterlandes.

**Eduard Pfeiffer**, Vergleichende Zusammenstellung der europäischen Staatsausgaben. gr. 8. (IV u. 100 S.) Stuttgart 1865, Kröner. 18 Ngr.

—— Die Staatseinnahmen. Geschichte, Kritik und Statistik derselben.

2 Bde. gr. 8. (I. XXIII u. 552 S. II. XXVI u. 614 S.) Stuttgart 1866, Kröner. n. 5⅓ Thlr.
> Sorgfältige Sammlung und Benutzung der statistischen Daten mit interessanten culturgeschichtlichen Ergebnissen. Freilich ist vieles jetzt veraltet, da durch das Jahr 1866 in diesen Dingen wesentliche Veränderungen herbeigeführt wurden.

**X. Frey,** Münzbuch oder Abbildung der kursirenden Geldsorten, mit genauer Angabe ihres Gehalts in franz. alter u. neuer u. deutscher Bezeichnungsweise ꝛc. 2. Ausg. Fortgesetzt von E. Blaser. gr. 8. (VII u. 823 S.) Bern 1848—56, Blom. n. 5 Thlr. 18 Ngr.

**Friedrich Zeller,** Die Frage der internationalen Münzeinigung u. der Reform des deutschen Münzwesens, mit besonderer Rücksicht auf Süddeutschland. (169 S.) Stuttgart 1869, Hallberger. 1 Thlr. 10 Ngr.
> Eine ganz klare und gründliche Auseinandersetzung der gegenwärtig schwebenden Frage über Münzeinigung und Gold- oder Silberwährung. Unter den vielen Schriften darüber die beste zur Belehrung des Laien.

**Der Uebergang zur Goldwährung.** Eine Sammlung von Preisschriften hrsgeg. von dem bleibenden Ausschuß des deutschen Handelstages. (XIV, 214 S.) Berlin 1868, Stielke u. v. Muyden. 1 Thlr.
> Fünf Abhandlungen von H. Grote in Hannover, G. Millauer in München, H. Weibezahn in Cöln, R. Bach in Sachsen und J. G. Kittermann in Niederbayern.
> Gründliche Erörterung über die im Titel genannte Frage von sachverständigen Männern. Am meisten zur Orientirung für den Laien dienlich ist die zweite Abhandlung von W. Millauer.

**Zur allgemeinen Münzeinheit.** Die internationale Münzconferenz in Paris. Uebersetzung, Einleitung und Bemerkungen von Gschwender. (V, 207 S.) Erlangen 1869, Enke. 1 Thlr. 5 Ngr.
> Protokolle der äußerst wichtigen Verhandlungen.

**Adolph Wagner,** Die russische Papierwährung. Eine volkswirthschaftliche u. finanzpolitische Studie nebst Vorschlägen zur Herstellung der Valuta. (XV, 295 S.) Riga 1868, Kymmel. 2 Thlr.
> Zunächst eine Erörterung der russischen Finanzfrage, aber daran knüpft sich eine allgemeinere Beleuchtung der Ursachen der Papiergeldentwerthung und der Hilfsmittel dagegen. Eine der besten Schriften über den Gegenstand.

## Kriegswesen.

**J. C. Bluntschli,** Das moderne Kriegsrecht der civilisirten Staaten als Rechtsbuch dargestellt. gr. 8. (IV u. 69 S.) Nördlingen 1866, Beck. n. 14 Ngr.
> Versuch die Fortschritte nachzuweisen, welche das neuere Kriegsrecht im Interesse der Humanität gemacht hat.

**Carl v. Clausewitz,** (General), Hinterlassene Werke über Krieg u. Kriegführung. 10 Bde. gr. 8. Berlin 1832—37, F. Dümmler. n. 22⅔ Thlr. 3. Aufl. 1867 u. 68. à Bd. 1⅓ Thlr.
> Klassisches Werk. Die drei ersten Bände sind theoretischen Inhaltes und skizziren in meisterhaften Zügen eine Theorie der Kriegführung oder vielmehr ihrer Gränzen. Die sieben folgenden Bände enthalten die historische Begründung der Ansichten des Verfassers über den Krieg und seine Führung.

Pz. (Carl Ed. Pönitz), Militärische Briefe eines Verstorbenen an seine noch
lebenden Freunde, zur unterhaltenden Belehrung für Eingeweihte u. Laien
im Kriegswesen. Neueste Ausgabe. gr. 8. 3 Bde. (I. XII 451, II. XII
496, III. 489 S.) Stuttg. 1854, Cotta. à n. 1 Thlr. 18 Ngr.
: Diese Briefe sind in der Absicht geschrieben, die Clausewitz'schen Ansichten, die häufig nur
kurz angedeutet sind, weiter auszuführen und allgemeiner verständlich zu machen.

Skizze eines Vortrags über Generalstabswissenschaft von J. v. H(ardegg).
gr. 8. (XXXVI u. 340 S.) Stuttgart 1853—54, Franz Köhler.
n. 1½ Thlr.
: Eine aphoristische Darstellung aller Zweige der sogenannten Generalstabswissenschaft mit
Einflechtung der wichtigsten Bemerkungen über die Literatur derselben. Auch zur Orientirung
für Laien geeignet.

W. Rüstow, Der Krieg u. seine Mittel. Eine allgemein=verständliche
Darstellung der ganzen Kriegskunst in 5 Büchern mit 12 Tafeln. gr. 8.
(734 S.) Leipzig 1856, G. Mayer. n. 3⅓ Thlr.
: Will Nichtmilitärs, die sich für militärische Dinge interessiren, möglich machen, sich ein
Urtheil über kriegerische Begebenheiten zu bilden, und Berichte über dieselben zu verstehen. Der
Verfasser, als einer der tüchtigsten Militärschriftsteller der Gegenwart anerkannt, verbindet mit
gründlicher Kenntniß seines Faches die Gabe anziehender Popularität, und dieses Werk ent=
spricht seinem Zwecke vollkommen.

—— Militärisches Handwörterbuch nach dem Standpunkt der neuesten Li=
teratur. 2 Bde. (526. 483 S.) Zürich 1858. 59, Schultheß. 4 Thlr.
10 Ngr.
Nachtrag dazu für die Jahre 1859—1867. (III, 121 S.) Zürich
1868, Schultheß. 16 Ngr.
: Giebt über alle Fragen der Kriegswissenschaft sachverständige Auskunft und ist nicht nur
für Militärs ein werthvolles Hülfsmittel.

—— Die Feldherrnkunst des 19. Jahrhunderts. Zum Selbststud. u. f. d.
Unterr. an höh. Militärschulen. gr. 8. (795 S. Mit 2 Steintaf.)
Zürich 1858, Schultheß. 3 Thlr. 6 Ngr.
: Eine gute übersichtliche Geschichte der neueren Kriegskunst, sowohl Theorie als kriegerische
Ereignisse umfassend. Zunächst für den Unterricht an höheren Militärschulen und das Selbst=
studium der Offiziere berechnet, aber auch für den Historiker von Werth.

—— Die Militärschule. Allgemeine Einleitung in das Studium der Kriegs=
wissenschaften für Militärs, Staatsmänner u. Lehrer. (VI, 124 S.)
Zürich 1868, Schultheß. ½ Thlr.
: Ein nach den neueren Verhältnissen modificirter Auszug aus dem vorigen.

Vorlesungen über Kriegsgeschichte von J. v. H(ardegg). 3 Thle. Mit Fi=
guren, Holzschnitten u. Plänen. gr. 8. I. (VIII u. 352 S.) 3 Thlr.
II. (VIII, 422 S.) Stuttg. 1852—56, Köhler. 3 Thlr. 10 Ngr.
III. (VIII, 656 S.) Darmstadt 1862, Zernin. 5 Thlr. 10 Ngr.
: Ein Versuch, die gesammte Geschichte der Kriege in Verbindung mit einer umfassenden
Geschichte des Kriegswesens in übersichtlicher gemeinverständlicher Weise darzustellen und durch
dieselbe in die gesammte Kriegswissenschaft einzuführen. Das Buch zeichnet sich ebensosehr
durch gründliche Benutzung und Verarbeitung des geschichtl. Stoffes, als durch klare und ele=
gante Darstellung aus.

Julius v. Hardegg, Anleitung zum Studium der Kriegsgeschichte. 2. we=

sentlich verb. u. verm. Auflage der „Vorlesungen über Kriegsgeschichte." Darmstadt 1868, Zernin. Liefg. 1—9. à ⅚ Thlr.

R. **Werner,** Das Buch von der norddeutschen Flotte. Illustrirt von Wilh. Diez. (463 S.) Bielefeld u. Leipzig 1869. 3 Thlr.

Ein sehr schön ausgestattetes Werk, das die Einrichtungen der norddeutschen Kriegsflotte ausführlich beschreibt.

## Geschichte.
### Philosophie und Methode der Geschichte.

Joh. Gottfr. v. **Herder,** Ideen zur Philosophie der Geschichte der Menschheit. 4 Thle. Riga 1785—92.
 4. Aufl. Mit einer Einleitung von H. Luden. 2 Bde. gr. 8. Leipzig 1841, Hartknoch. 3 Thlr.

Herder faßt die Entwicklung der Weltgeschichte unter dem Gesichtspunkte der Cultur auf, und zeigt aus dem Verhältniß der Natur zum Geist, daß das Menschengeschlecht zu unendlicher Vervollkommnung bestimmt sei, und daß in der wirklichen Geschichte ein stetiger Fortschritt sich herausstelle. Er bleibt freilich mehr in der Einleitung und in der alten Welt stehen, und führt seine Ideen im Mittelalter und der neuern Zeit nur andeutend durch. Darstellung geistreich und erhaben.

G. E. **Lessing,** Erziehung des Menschengeschlechts. 8. Berlin 1780. Neue Ausg. 8. Leipzig 1839, Göschen. ¼ Thlr.

Vereinigt die philosophische Geschichtsbetrachtung mit der religiösen, indem es die göttliche Offenbarung als eine in der Zeit nach dem Maße der immer mehr reif werdenden Vernunft allmälig sich enthüllende darstellt. Die Idee der Vorsehung ist festgehalten.

G. G. **Gervinus,** Grundzüge der Historik. 8. Leipzig 1837, Engelmann. ½ Thlr.

Entwickelt die Principien der Geschichtschreibung und bezeichnet als ihre Hauptaufgabe die Ideen, welche die Begebenheiten begleiten, die ganze Geschichte durchdringen und gestalten, in ihrem Wesen und Wirken nachzuweisen und darzustellen. Eine kleine geistvolle Schrift.

Joh. Gust. **Droysen,** Grundriß der Historik. (VI, 84 S.) Leipzig 1868, Veit u. Comp. 16 Ngr.

Eine geistreiche, philosophisch gehaltene Theorie der Geschichtswissenschaft, wie sie sich dem Verfasser aus der Uebung vieljährigen Unterrichts ergeben hat.

Heinrich v. **Sybel,** Ueber den Stand der neueren deutschen Geschichtschreibung. Rede, gehalt. am 20. Aug. 1856. gr. 8. (16 S.) Marburg 1856, Elwert. 2½ Ngr.

Eine akademische Rede zur Feier des kurfürstlichen Geburtstages, in welcher der Verfasser eine zwar nur kurze, aber sehr gehaltvolle Schilderung der neueren Geschichtschreibung giebt. Besonders treffende Vergleichung Ranke's und Schlosser's.

Jul. **Michelet,** (Uebersetzung.) Einleitung in die allgemeine Geschichte. Aus dem Französischen von J. Gehring. gr. 8. Stuttgart 1834, Hallbergers Verlag. ⅞ Thlr.

Eine kurze sehr geistreiche Skizze der Universalgeschichte, in welcher die Individualitäten der welthistorischen Völker, besonders der neuern Zeit, treffend charakterisirt werden. Die Geschichte ist dem Verfasser nichts anders, als die Erzählung von dem Kampf des Menschen gegen die Natur, des Geistes gegen die Materie, der Freiheit gegen die Nothwendigkeit.

**J. G. Fichte,** Vorlesungen über die Grundzüge des gegenwärtigen Zeitalters. 8. Berlin 1806, G. Reimer. n. 1 Thlr.
    Die Epochen der Geschichte a priori bedujirt. Die Gebrechen seiner Zeit mit dem Ernst und dem Muth eines Propheten bestrafend.

**H. Steffens,** Die gegenwärtige Zeit und wie sie geworden, mit besonderer Rücksicht auf Deutschland. 2 Thle. gr. 8. Berlin 1817, G. Reimer. 4 Thlr.
    Eine Entwicklung der Weltgeschichte seit dem Auftreten der Germanen, besonders für die drei letzten Jahrhunderte von Bedeutung, und als Ausdruck eines philosophisch-verklärten Nationalbewußtseins für die Geschichte Deutschlands nach den Freiheitskriegen von großem Werth. Glänzende Darstellung.

**J. F. C. Campe,** Geschichte u. Unterricht in der Geschichte. gr. 8. (III, 251 S.) Leipzig 1859, Teubner 1⅓ Thlr.
    Ein gewiegter klassisch gebildeter Schulmann spricht sich hier sehr scharf gegen die gewöhnliche Behandlung des Geschichtsunterrichts aus, der vor lauter allgemein menschlichen und culturhistorischen Ideen nicht zur eigentlichen Geschichte komme. Die Schule müsse vielmehr lernen, in der Geschichtsbehandlung das Vaterland vor dem Staate, die freie Persönlichkeit vor allgemeinen Formen, Institutionen und Völkermassen zu betonen und sich erinnern, daß sie sich der Geschichte zu keinem anderen Zwecke zu bedienen hat, als um an der Schilderung menschlicher Größe die Herzen der Jugend heranzubilden.

## Universalgeschichte.

**Joh. v. Müller,** Vierundzwanzig Bücher allgemeiner Geschichte, besonders der europäischen Menschheit. Nach des Verfassers Tod (zum ersten Male) herausgegeben von Johann Georg Müller. 2 Thle. Stuttgart 1810. 4½ Thlr. — Neueste Ausg. in 1 Bde. Lex. 8. Mit Bildniß des Verf. in Stahlst. Stuttgart 1840, Cotta. 2 Thlr.

—— Dasselbe. 4 Bde. gr. 16. (Taschen-Ausg.) Ebendas. 1852. 2 Thlr. (Zuerst in Genf im Jahre 1779 in Vorlesungen vorgetragen.)
    Erste Universalgeschichte, die gründliches Quellenstudium mit künstlerischer Darstellung verbindet. Der Tacitusstil des großen Historikers weniger forcirt, als in seiner Schweizergeschichte.

**K. v. Rotteck,** Allgem. Geschichte vom Anfang der historischen Kenntniß bis auf unsere Tage. 9 Bde. 1. Aufl. 1813—29. Freiburg, Herder. 25. illustr. Volksausgabe. Braunschweig 1868, Westermann. 5 Thlr. 20 Ngr.
    Ein Werk, das, in mehr als hunderttausend Exemplaren in Deutschland verbreitet und ins Englische, Französische, Italienische, Dänische und Polnische übersetzt, großen Einfluß auf die politischen Ansichten der Zeitgenossen geübt hat, und ein wirksames Mittel zur Verbreitung des Liberalismus gewesen ist. Die Ereignisse und Thatsachen werden darin weniger erzählt als beurtheilt, und der Maßstab ist das allgemeine Wohl und die Entwicklung der Humanität. Eroberer und Kriegshelden werden als Feinde des menschlichen Geschlechtes aufgefaßt, und daher politische Größen, wie die deutschen Kaiser, Friedrich der Große u. s. w. sehr ungenügend und ungerecht behandelt. Der Kosmopolitismus ist vorherrschend; nationales Leben und individuelle Entwicklung des Staats und der Kirche kommt zu kurz. Den großen Erfolg verdankt das Werk besonders der schönen, rhetorisch gehobenen Darstellung, für welche sich der Verf. die historischen Arbeiten Schillers zum Muster genommen hatte.

**Heinr. Leo,** Lehrbuch der Universalgeschichte. 6 Bde. gr. 8. 1. Auflage 1839—44. (1—4. Bd. 3. Aufl. 1849—56, 5. 6. Bd. 2. Aufl. 1845—50.) Mit Register. Halle 1845—56, Anton. 19½ Thlr.

Unter den vielen Weltgeschichten der erste Versuch, dieselbe systematisch zu bearbeiten, der wirklich mit einer entschiedenen Weltansicht durchgeführt ist. Die Behandlung keineswegs gleichmäßig; der erste Band enthält eine gedrängte philosophische Bearbeitung der alten Geschichte, der zweite eine etwas aphoristische, aber im Einzelnen die Resultate der neuern Forschungen zusammenstellende Darstellung des Mittelalters, Band 3 bis 6 eine sehr einseitige, aber nichts desto weniger interessante Darstellung der neuern Zeit vom mittelalterlichen Standpunkt aus. Das ganze Werk durch Reichhaltigkeit sowohl an historischem Stoff, als an Ideen ausgezeichnet.

Die neueren Auflagen theilweise umgearbeitet, aber der conservative Standpunkt derselben nur entschiedener und schroffer durchgeführt.

**F. C. Schlosser**, Weltgeschichte für das deutsche Volk. Unter Mitwirkung des Verfassers bearbeitet von G. L. Kriegk. 19 Bde. gr. 8. Frankfurt a. M. 1844—57, Expedition. n. 15²/₃ Thlr.

Alte Geschichte 4 Bände n. 3¹/₃ Thlr.
Mittelalter 4 Bände n. 3¹/₃ Thlr.
Neuere Geschichte 7 Bände n. 5⅚ Thlr.
Geschichte des 18. u. 19. Jahrhunderts. 3 Bände. n. 2¹/₃ Thlr.

Die 8 ersten Bände sind ein von Kriegk bearbeiteter Auszug aus den beiden Werken Schlosser's über die alte Welt und das Mittelalter, mit Ausfüllung der Lücken und Hinzufügung der Abschnitte über Literatur, aus Schlossers Heften entnommen. Die Schlosserische Auffassung ist durchaus beibehalten, theilweise auch sogar seine Ausdrucksweise. Vom 9. bis zum 15. Band ist das Werk von Schlosser selbst geschrieben und von Kriegk revidirt. Vom 16. bis zum 18. tritt ein Auszug Kriegks aus Schlossers Geschichte des 18. Jahrhunderts ein, der bis zum Sturz Napoleons im Jahre 1815 führt. Das Eigenthümliche des Werkes ist die Festhaltung einer sittlichen Weltansicht, welcher der Fortschritt der humanen Bildung als die Hauptsache gilt; dagegen tritt der eigentlich historische Standpunkt, der jede Zeit nach ihrem eignen Maßstab mißt, und das nationale Interesse, das jedem Volk seine eigene Berechtigung gewährt, mehr zurück. Da somit die Geschichte nicht nach Ideen und geistigen Richtungen angeordnet ist, so läßt sich zuweilen ein organisirendes Princip vermissen und die Darstellung macht den Eindruck einer zufälligen Aneinanderreihung von Begebenheiten. Das Buch hat aber andererseits dadurch großen Werth, daß es der Ausdruck einer Persönlichkeit ist, welche die ganze Masse des weltgeschichtlichen Stoffes beherrscht und mit scharfer Auffassung beurtheilt.

Vor den meisten Weltgeschichten, die doch selten den Eindruck mühsamer Compilation verläugnen können, hat es die originale Frische der Erzählung voraus, die freilich auch wieder durch die vorherrschend subjective Auffassung bedingt ist, welche die Begebenheiten mit der Stimmung eines persönlich Betheiligten aufnimmt und erzählt.

**G. Weber**, Lehrbuch der Weltgeschichte mit Rücksicht auf Cultur, Literatur und Religionswesen, und einem Abriß der deutschen Literaturgeschichte als Anhang, für höhere Schulanstalten und zur Selbstbelehrung. 2 Bde. 13. Aufl. (XXIV, 984. XVI, 1098 S.) Leipzig 1868. 4¹/₃ Thlr.

Ein Handbuch von bewährter Brauchbarkeit und großem stofflichen Reichthum. Uebrigens mehr zum Nachschlagen und zur Vorbereitung für den Unterricht, weniger zur unterhaltenden Lektüre.

—— Allgemeine Weltgeschichte mit besonderer Berücksichtigung des Geist- u. Culturlebens der Völker und mit Benützung der neueren geschichtlichen Forschungen für d. gebildeten Stände bearbeitet. Leipzig, 1857—68. Bis jetzt 7 Bde à 2 Thlr. W. Engelmann.

I. (Das orientalische Alterthum.) (XII, 788 S.) 1857.
II. Geschichte des hellenischen Volkes. (X, 890 S.) 1859.
III. Römische Geschichte bis zum Ende d. Republik u. Geschichte der alexandrinisch-hellenischen Welt. (X, 915 S.) 1861.

IV. Geschichte des römischen Kaiserreichs u. der Völkerwanderung. (VIII, 832 S.) 1863.
V, VI u. VII. Geschichte des Mittelalters. (XV, 765 S.) 1864. (VIII, 866 S.) 1866. (X, 918 S.) 1868.

Ein ungemein reichhaltiges Werk, welches den geschichtlichen Stoff mit großer Sorgfalt aus den literarischen Vorarbeiten zusammenfaßt und zweckmäßig ordnet. Die Darstellung ist verständig und fließend, aber nicht so aus einem Gusse wie z. B. die von Rotteck und von Schlosser, denn der Verf. hält sich mehr objectiv und ist somit von seinen Quellen abhängig. Soweit das Werk bis jetzt vorgerückt ist, giebt es den Stoff weitaus am vollständigsten und ist auch insofern zum Nachschlagen sehr brauchbar, als es die betreffende Literatur in ausgedehnter Weise aufführt. Ob der Verf. bei seiner ausführlichen Behandlung des Mittelalters mit 12 Bänden ausreichen wird, wie beabsichtigt war, bezweifeln wir.

K. F. Becker, Weltgeschichte. Achte neu bearbeitete bis auf die Gegenwart fortgeführte Aufl. Herausgeg. von W. A. Schmidt. Mit Fortsetzung von Ed. Arnd. 20 Bde. Bd. 1—4. Alte Geschichte von Gustav Hertzberg, umgearb. gr. 8. (X u. 504. IV u. 418. IV u. 395. IV. u. 280 S.) Bd. 5—8. Mittlere Geschichte von Dr. Nasemann umgearbeitet. (IV u. 320. 296. 292. 332 S.) Bd. 9—13. Neuere Geschichte von W. A. Schmidt. (IV, 380. 466. 440 410. VIII, 399 S.) Bd. 14—20. Neueste Geschichte, selbständig bearbeitet von Ed. Arnd. (539. 608. 384. 538. 636. 352. 272 S.) Berlin 1860—69. Duncker u. Humblot. à Bd. ⅔ Thlr. Complet 13⅓ Thlr.

Diese Weltgeschichte ist durch mehrere Neubearbeituungen hindurchgegangen und hat ihren ursprünglichen Charakter wesentlich verändert. Vom ersten Verfasser zunächst für die Jugend 1801—5 herausgegeben, zeichnete sie sich durch eine ungemein populäre spannende Erzählung aus. Als später die fortgeschrittene Geschichtswissenschaft einen veränderten Inhalt und die neu zugewachsene Zeit Ergänzungen forderte, wurde das Werk unter Leitung von Löbell fortgesetzt, und so sehr sich die Herausgeber bemühten die Art Beckers beizubehalten, wurde es doch verändert und nahm einen mehr wissenschaftlichen Charakter an. Die neue Bearbeitung vollends ist eigentlich ein ganz neues Werk, das die Geschichte in ansprechender, für die Lektüre geeigneter Form nach dem jetzigen Stand der Wissenschaft darbietet. Besonders gelungen erscheint uns die neuere, von dem Herausgeber W. A. Schmidt bearbeitete Abtheilung, am wenigsten anziehend die als Supplement hinzugekommene und bis zum Jahre 1867 fortgeführte neueste Geschichte von E. Arnd, welche zwar eine gute Uebersicht des Stoffes giebt, aber viel zu trocken und eintönig gehalten ist; auch ist dabei zu bedauern, daß die deutsche Geschichte etwas zu kurz gekommen ist. Im Ganzen aber können wir diese Becker'sche Weltgeschichte als die für einen größeren Leserkreis und namentlich die erwachsene Jugend geeignetste empfehlen.

Heinr. Dittmar, Die Geschichte der Welt vor und nach Christus, mit Rücksicht auf die Entwicklung des Lebens in Religion und Politik, Kunst und Wissenschaft, Handel und Industrie der welthistorischen Völker. Für das allgemeine Bedürfniß dargestellt. 6 Bde. Heidelberg 1860—62, C. F. Winter. Bd. I u. II in 4. Aufl. III u. IV in 3. Aufl. V u. VI in 2. Aufl. 10 Thlr. 24 Ngr.

Unter den Bearbeitungen der Weltgeschichte eine der besseren. Der christliche Standpunkt, welcher dem ursprünglichen Plane nach die unterscheidende Eigenthümlichkeit des Werkes sein soll, ist zwar festgehalten, macht sich aber nicht von dem durchgreifenden Einfluß auf die Behandlung des Ganzen und Einzelnen, als man erwarten sollte; doch zeigt er sich in mancher tieferen Auffassung fruchtbar. Die Anordnung und Gruppirung ist zweckmäßig; hin und wieder stören Ungenauigkeiten in Thatsachen und Nachlässigkeiten im Stil. Das Werk geht bis zum J. 1848.

Cäsar Cantù, Allgemeine Weltgeschichte. Nach der 7. Originalausgabe für das katholische Deutschland bearbeitet von J. A. Mor. Brühl. 13 Bde. Geht bis zum Jahr 1830. gr. 8. Schaffhausen 1848—69, Hurter. 31 Thlr. 10 Ngr.

Ein berühmtes, in mehrere neuere Sprachen übersetztes italienisches Werk, welches die Weltgeschichte vom Standpunkt der katholischen Kirche aus darstellt. Die Erzählung ist lebendig, häufig rhetorisch geschmückt und weitschweifiger, als für eine Universalgeschichte zweckmäßig ist, indem sie über der Masse des Details die Uebersicht vernachlässigt. Ist eine Art historischer Encyklopädie, welche fremde Arbeiten oft ohne innere Verbindung und Ueberarbeitung aneinanderreiht. Neuere Forschungen sind dabei zwar vielfach benützt, aber nicht gleichmäßig und nicht mit der Sorgfalt, die wir in Deutschland zu fordern gewohnt sind. Das Werk steht daher in Kritik, Sichtung und Verarbeitung des Stoffes den neueren deutschen Weltgeschichten wie Becker, Schlosser u. A. entschieden nach, ist aber unter den in katholischem Sinne verfaßten die beste. Der deutsche Bearbeiter hätte manches ergänzen können, wenn er seine Aufgabe mit Sorgfalt ausgeführt hätte; statt dessen hat er nur die ultramontane deutsche Geschichtschreibung höchst einseitig ausgebeutet und das Buch dadurch für die Reformationszeit zu einer geschmacklosen Compilation und Parteischrift verschlechtert.

Bd. 1—4 in 2. A. von J. B. Weiß. Bd. 6 von Corn. Will umgearbeitet. 1859—64.

**W. Aßmann**, Handbuch der allgemeinen Geschichte. Für höhere Lehranstalten und zur Selbstbelehrung für Gebildete.
Erster Theil: Geschichte des Alterthums. gr. 8. (XIV u. 390 S.) Braunschweig 1853, Vieweg u. Sohn. n. ⅚ Thlr.
Zweiter Theil: Mittelalter. In 4 Bdn. 1857—64. (I. XXX, 339 S.) (II. XXII, 406 S.) (III. XIX, 390 S.) (IV. XVI. 562 S.)
Vierter Theil: Neue Zeit 1789—1848. (XXII, 380 S.) à Bd. ⅚ Thlr.

Ein selbständig durchdachtes Werk von eigenthümlicher Anlage, aber nur ungleichartig ausgeführt. Ursprünglich wollte der Verf. eine zusammenhängende Uebersicht des Entwicklungsganges der Menschheit geben, und suchte den Fortschritt der menschheitlichen Bildung aus der allmäligen Erweiterung der Völkerverbindung herzuleiten. In diesem Sinn ist die Einleitung und der erste Band geschrieben, und auch der vierte Band ist ähnlich gehalten und verbindet das Concrete gut mit dem Uebersichtlichen. In ganz abweichender Weise ist das Mittelalter bearbeitet, wofür der Verfasser eingehende Quellenstudien gemacht hatte, die er nun im Einzelnen verwerthet, um andern Lehrern Anleitung zu ähnlichen Studien zu geben. Der dritte Theil ist noch zu erwarten.

**Heinrich Rückert**, Lehrbuch der Weltgeschichte in organischer Darstellung. 2 Bde. 8. (XIII u. 600. IV u. 934 S.) Leipzig 1857, T. O. Weigel. n. 6⅔ Thlr.

Versuch, das Gesammt-Material der geschichtlichen Entwicklung der Menschheit unter dem Gesichtspunkt der Culturgeschichte einheitlich zusammenzufassen und nachzuweisen, wie sich der Begriff des höhern menschlichen Daseins durch die Arbeit der Geschichte allseitig entwickelt hat und in welcher Beziehung jede einzelne Seite in der geschichtlichen Thätigkeit der Menschheit zu ihrer principiellen Aufgabe steht. Eine Art Philosophie der Geschichte, obgleich der Verfasser sein Werk nicht so genannt wissen will, um das etwaige Vorurtheil abzuweisen, als ob darin eine à priori'sche Construction der Geschichte und philosophischer Formalismus geboten würde, was diese Arbeit allerdings nicht ist. Sehr anregend als Einleitung in das tiefere Geschichtsstudium und insofern Geschichtslehrern zu empfehlen.

**C. Wernicke**, Geschichte der Welt. Berlin 1860—65, A. Duncker.
1. Geschichte des Alterthums. 3. verb. Aufl. Lex. 8. (VIII, 880 S.) Berlin 1863. n. 2 Thlr.
2. Geschichte des Mittelalters. 3. Aufl. Lex. 8. (VIII, 959 S.) Ebend. 1864. n. 2 Thlr. 10 Ngr.

## Universalgeschichte.

- 3. Geschichte der Neuzeit. 1. Abth. 3. Aufl. Lex. 8. (VIII, 643 S.) Ebend. 1865. n. 1 Thlr. 20 Ngr.
- 4. Geschichte der Neuzeit. 2. Abth. 3. Aufl. (VII, 555 S.) Ebend. 1866. 1 Thlr. 10 Ngr.
- 5. Geschichte der Neuzeit. 3. Abth. 3. Aufl. (VIII, 784 S.) 1866. 1 Thlr. 20 Ngr. Complet 9 Thlr.

Eine der empfehlenswertheren Weltgeschichten für die Jugend, namentlich auch für die weibliche Jugend geeignet und die Culturgeschichte besonders berücksichtigend. Mehr Lesebuch als Lehrbuch.

**Wolfgang Menzel**, Allgemeine Weltgeschichte von Anfang bis jetzt. 12 Bde. 8. Stuttgart 1862—63, Krabbe. 10 Thlr. 24 Ngr.
(1. VIII, 487. 2. VI, 424. 3. VIII, 520. 4. VIII, 496. 5. VIII, 548. 6. VIII, 488. 7. VIII, 458. 8. VIII, 375. 9. VIII, 412. 10. VI, 474. 11. VI, 471. 12. VIII, 471 S.)

Diese Weltgeschichte ist kein Handbuch zum Nachschlagen, auch nicht dazu geeignet, die Grundlagen der geschichtlichen Kenntniß mitzutheilen, wohl aber eine anziehende Lectüre, da ein geistreicher vielbelesener Mann seine Ansichten über den Weltlauf darlegt. Die besten Partien sind immerhin die von dem Verf. schon früher bearbeiteten der deutschen Geschichte und der neuesten Geschichte von der franz. Revolution an.

**W. Wachsmuth**, Geschichte der politischen Parteiungen alter und neuer Zeit.
- I. Bd. Die politischen Parteiungen des Alterthums. gr. 8. (XII u. 424 S.) Braunschweig 1853, Schwetschke u. Sohn. n. 2 Thlr. 8 Ngr.
- II. Bd. Die politischen Parteiungen des Mittelalters. gr. 8. (XII u. 222 S.) Ebend. 1854. n. 2 Thlr. 24 Ngr.
- III. Bd. 1. Abth. Die politischen Parteiungen der neueren Zeit. 1. Abth. bis Mitte des 17. Jahrhunderts. gr. 8. (VII u. 324 S.) Ebend. 1856. 1 Thlr. 18 Ngr. 2. Abth. Geschichte der Parteiungen der neuen Zeit. (343 S.) 1856. 1⅚ Thlr.

Eine Art Weltgeschichte, die aber ihrem Plane nach nur die politisch bewegten Zeiten behandelt. Der Verf. hat dabei keine Tendenzabsichten, sondern sucht die Erfahrungen, welche das Parteiwesen aller Zeiten darbietet, mit Unparteilichkeit zu sammeln, und giebt dadurch dem Politiker viel lehrreiches Material. Bei alledem hat die Anlage des Buchs etwas Willkürliches.

**Wilh. Pütz**, Historische Darstellungen u. Charakteristiken für Schule u. Haus gesammelt u. bearbeitet.
- I. Bd. Die Geschichte des Alterthums. gr. 8. (XI u. 760 S.) Köln 1861, Du Mont-Schauberg. n. 2⅓ Thlr.
- II. Bd. Die Geschichte des Mittelalters. (VIII u. 643 S.) Ebend. 1862. n. 2 Thlr.
- III. Bd. Die Geschichte der neueren Zeit. (VII u. 802 S.) Ebend. 1864. n. 2⅓ Thlr.
- IV. Bd. Die Geschichte der neuesten Zeit, 1816—1866. (X, 546 S.) 1867. 1⅚ Thlr.

Eine gut ausgewählte Sammlung aus unseren besten deutschen Historikern. Ein Theil der Stücke ist von dem Herausgeber bearbeitet und ergänzt, soweit es der Zweck des Zusammen=

hangs und der Einordnung erforderte, hin und wieder auch aus zwei Schriftstellern combinirt. Auswahl und Abänderung durch Rücksicht auf katholische Leser beeinflußt.

**Ernst Moriz Arndt,** Versuch in vergleichender Völkergeschichte. 2. Aufl. gr. 8. Leipzig (Berlin) 1844, Weidmannsche Buchh. 2¼ Thlr.

Geistreiche Charakteristiken der europäischen Völker und Stämme, die von einer unverwüstlichen Jugendfrische zeugen. Darstellung in der bekannten Eigenthümlichkeit des Verfassers; setzt Bekanntschaft mit den Begebenheiten der Geschichte voraus.

**Ed. Eyth,** Ueberblick der Weltgeschichte vom christlichen Standpunkte. 8. (IV u. 250 S.) Heidelberg 1853, K. Winter. n. ⅔ Thlr.

Ein anregendes Schriftchen, das die weltgeschichtlichen Epochen auf eine oft überraschende Weise in Beziehung zum christlichen Princip zu setzen weiß, und zugleich einen guten Ueberblick über die Weltgeschichte gewährt.

**L. F. Romig,** Zeittafeln der allgemeinen Geschichte. 1. Aufl. 1837. 2. Aufl. gr. 4. Stuttgart 1854, Metzler. 1 Thlr. 12 Ngr.

Sehr brauchbare Tabellen, mit besonderer Rücksicht auf Culturgeschichte. Es wäre sehr zu wünschen, daß eine neue Auflage dieses trefflichen Nachschlagebuch bis zur Gegenwart ergänzte, um so mehr als es kein ähnliches giebt, das Kürze und Reichhaltigkeit so gut verbindet.

## Historische Zeitschriften.

**Historisches Taschenbuch.** Mit Beiträgen ꝛc. Herausgegeben von F. L. G. v. Raumer. 10 Jahrgänge. gr. 12. Leipzig 1830—39, Brockhaus. n. 19⅔ Thlr.

—— Neue Folge. 10 Jahrgänge. gr. 12. ebendaselbst 1840—49. n. 23½ Thlr.

—— III. Folge. 1—10. Jahrgang. gr. 12. ebend. 1850—59. à Jahrg. n. 2½ Thlr. Ermäßigter Preis für die 3 ersten Folgen. 25 Thlr.

—— IV. Folge. 1—9. Jahrgang. 1860—68. à Jahrg. 2½ Thlr.

Reich an einzelnen guten Aufsätzen und Bearbeitungen von Seitenpartien der Geschichte, zum Theil von namhaften Historikern, dem Verf., Varnhagen, Leo, Stieglitz d. Aelt., Voigt, Wachsmuth, Barthold u. A. Nicht sowohl für Gelehrte, als für gebildete Geschichtsfreunde zur Lektüre bestimmt.

**Wilh. Ad. Schmidt,** Zeitschrift für Geschichtswissenschaft. Unter Mitwirkung der Herren Böckh, Jakob und Wilh. Grimm, Pertz und Ranke. 1—4. Jahrg. à 12 Hefte gr. 8. 1844—47. 5. Jahrg. 6 Hefte 1848. (Jahrg. 1846 unter dem veränderten Titel: Allgemeine Zeitschrift für Geschichte. gr. 8. 6 Hefte. Berlin (Leipzig) Veit u. Comp. à Jahrg. n. 1 Thlr. (alle 5 Jahrg. zusammen n. 4 Thlr.)

Diese auf das ganze Gebiet der Geschichte sich erstreckende Zeitschrift enthält viele gute Arbeiten, worunter Ausgezeichnetes von Waitz, v. Sybel, Jakob Grimm, Roscher, Arndt, Böckh, Ranke, Pertz, Wurm, Hagen.

**Historische Zeitschrift** herausgeg. von Heinr. v. Sybel. Jahrgang 1859— 69. 2 Bde. in 4 Heften jährl. München, lit.=art. Anstalt. à Jahrg. 7 Thlr.

Eine sehr gut redigirte Zeitschrift. Berücksichtigt vorzugsweise solche Stoffe, welche mit dem Leben der Gegenwart einen noch lebendigen Zusammenhang haben und schließt blos antiquarische Untersuchungen aus, giebt deßhalb Beiträgen aus der neueren und deutschen Geschichten Vorzug. Die Abhandlungen haben nicht blos wissenschaftlichen Werth, sondern sind auch für den Geschichtsfreund anziehend. Jedes Heft bringt einige größere Abhandlungen, kleinere Aufsätze und Literaturberichte.

## Verschiedenes.

Heinrich von **Sybel**, Kleine historische Schriften. gr. 8. (VII u. 551 S.) München 1863, Liter.-artist. Anstalt. n. 2 Thlr. 12 Ngr.
    Inhalt: 1) Politisches u. sociales Verhalten der ersten Christen. 1857.
    2) Die Deutschen bei ihrem Eintritt in die Geschichte. 1863.
    3) Prinz Eugen von Savoyen. 1861.
    4) Katharina II. von Rußland. 1859.
    5) Graf Joseph von Maistre. 1859.
    6) Die Erhebung Europas gegen Napoleon I. 1860.
    7) Ueber den Stand der neueren deutschen Geschichtschreibung. 1856.
    8) Die christlich-germanische Staatslehre. 1851.
    9) Ueber den zweiten Kreuzzug. 1845.
    10) Edmund Burke u. Irland. 1847.
    11) Ueber die Entwicklung der absoluten Monarchie in Preußen. 1863.
—— 2. Aufl. (VI 551 S.) Ebendas. 1869. 3 Thlr. 26 Ngr.
2. Band (473 S.) Ebendas. 1869.
    Inhalt: 1) Aus der Geschichte der Kreuzzüge.
    2) Deutschland und Dänemark im 13. Jahrhundert.
    3) Die Briefe der Königin Marie Antoinette.
    4) Kaiser Leopold II.
    5) Oesterreich u. Preußen im Revolutionskriege.
    6) Preußen u. Rheinland.
    7) Die Gründung der Universität Bonn.
Sehr anziehende historische Lektüre, durch ihre schöne Form auch zum Vorlesen passend.

## Alte Geschichte.

Realencyclopädie der classischen Alterthumswissenschaft in alphabetischer Ordnung. Begründet durch A. Pauly, nach dessen Tode fortgesetzt u. beendigt von Chr. Walz, und W. S. Teuffel. 6 Bde. gr. 8. 685 B. Stuttgart 1841—52. 45 Thlr. 20 Ngr. 2. wesentl. umgearb. Aufl. des 1. Bdes. in 2 Abthlngn. (XII, 2625 S.) A bis Byzinus. 1864—66.
    Eine reiche Fundgrube vielseitigen Wissens, die Jedem, der sich mit Alterthumskunde ernstlich beschäftigt, unentbehrlich ist, und auch dem Dilettanten willkommene Hülfsmittel bietet. Umfaßt alle Zweige dieser Wissenschaft, mit Ausnahme der Grammatik, Kritik und Auslegungskunst. Die Artikel über die einzelnen Gegenstände sind so behandelt, daß der Stand der Forschung dargestellt wird, auch sind die Quellen und die neuere Literatur angeführt, so daß derjenige, welcher weiter forschen will, eine vollständige Uebersicht der zu benutzenden Hülfsmittel gewinnen kann.

Reallexicon des classischen Alterthums für Gymnasien. Im Vereine mit mehreren Schulmännern, herausgeg. von Gymnasialdirector Fr. Lübker. 2. umgearb. Aufl. Mit zahlreichen Abbild. (in eingedr. Holzschnitten.) Lex. 8. (XII u. 1084 S.) Leipzig 1860, Teubner. n. 3½ Thlr.

Ein sehr nützliches Handbuch zum Nachschlagen bei der Lektüre alter Schriftsteller, praktisch eingerichtet und in den Angaben zuverläſſig.

**Max Duncker**, Geschichte des Alterthums. 4 Bde. Berlin, jetzt Leipzig, Duncker u. Humblot, 1852—57.
 I. 3. Aufl. Aegypter u. Semiten. (V, 934 S.) 1863. 4 Thlr.
 II. 3. Aufl. Geschichte der Arier. (XII, 962 S.) 1867. 4½ Thlr.
 III. 2. Aufl. Geschichte d. Griechen. 1. Bd. (VI, 627 S.) 1860. 2⅔ Thlr.
 IV. 2. Aufl. Geschichte der Griechen. 2. Bd. (VII, 907 S.) 1860. 4 Thlr.

 Ein Hauptwerk, das die Ergebnisse der neueren Forschungen in lebendiger geschmackvoller Darstellung zusammenfaßt, und dem gebildeten Laien ein vollständiges Bild von den Verhältnissen, dem Leben und Treiben, der Religion und Geschichte der betr. Völker in alter Zeit giebt. In den 2 Bänden griechischer Geschichte sind die politischen Verhältnisse mit besonderer Sorgfalt behandelt, namentlich sind die Parteikämpfe der Aristokratie und Demokratie, sowie die Verhältnisse der griechischen Staaten zu einander klar geschildert.

**Moritz Busch**, Abriß der Urgeschichte des Orients bis zu den medischen Kriegen. Nach den neuesten Forschungen und vorzüglich nach Lenormants Manuel d'histoire ancienne de l'Orient. 2 Bde. (VIII, 396. VII, 346 S.) Leipzig 1869, A. Abel. 2⅔ Thlr.

 Giebt nicht einen trockenen Abriß, sondern eine lebendige farbenreiche Darstellung, die auf den Gebieten der Kunst- und Culturgeschichte sehr ins Detail eingeht. Die Anlehnung an Lenormant ist durch kritische Erörterungen und Ergänzungen aus neueren Reisewerken und eigenen Beobachtungen des Verfassers motivicirt. Der Zweck des Verfassers, einem größeren gebildeten Publikum die Hauptergebnisse der neueren Forschungen zugänglich zu machen, ist durch das Werk trefflich erreicht.

**Friedr. Spiegel**, Érân, Das Land zwischen dem Indus u. Tigris. Beiträge zur Kenntniß des Landes u. seiner Geschichte. gr. 8. (V u. 384 S.) Berlin 1863, Dümmlers Verl. n. 2 Thlr.

 Größtentheils Aufsätze, welche früher im Ausland veröffentlicht, hier gesammelt und mit Erweiterungen abgedruckt worden sind. Der Verfasser, ein in seinem Fache bedeutender Gelehrter, beschreibt darin die Lage des Landes und dessen Bevölkerung, die frühesten Beziehungen der Eranier zu den Indiern und Semiten, dann die Stammverfassung der Eranier, die Regierung des Darius und die culturgeschichtliche Stellung des alten Eran.

**H. Ewald**, Geschichte des Volkes Israel. 7 Bde. 3. Aufl. Göttingen 1864—68, Dieterich. Complet 19 Thlr. 8 Ngr.
 I. Einleitung in b. Gesch. d. Volkes Israel. (VIII, 607 S.) 2 Thlr. 16 Ngr.
 II. Moses u. die Gottesherrschaft in Israel. (X, 608 S.) 2 Thlr. 16 Ngr.
 III. David u. die Königsherrschaft in Israel. (X, 850 S.) 3 Thlr.
 IV. Esra u. die Heiligherrschaft in Israel. (VIII, 648 S.) 2 Thlr. 24 Ngr.
 V. Christus u. seine Zeit. (XLVIII, 596 S.) 2 Thlr. 16 Ngr.
 VI. Das apostol. Zeitalter bis zur Zerstörung Jerusalems. (XVIII, 813 S.) 3 Thlr. 10 Ngr.
 VII. Die Ausgänge des Volkes Israel und das nachapostol. Zeitalter XXVI, 603 S.) 2 Thlr. 16 Ngr.
 Anhang zum 2. u. 3. Bd.: Alterthümer. (X u. 504 S.) 2 Thlr

Unstreitig das bedeutendste Werk, das wir über die Geschichte des israelitischen Volkes und die alttestamentliche Literatur besitzen. Dasselbe beruht auf einer reichen Kenntniß des orientalischen Alterthums und in vielen Theilen auf neuen selbständigen Forschungen des Verfassers, und ist mit historischer Kunst in einer edlen, gehobenen Sprache geschrieben. Die Auffassung ist großartig, aber oft subjectiv eigenthümlich, mit seiner Ansicht von dem Prophetenthum, das der Verf. nicht als göttliche Offenbarung, sondern als Produkt sittlich-nationaler Begeisterung auffaßt, hat er die Zustimmung der meisten Historiker gewonnen. Der Untergang des Judenthums als einer geschlossenen Nationalität ist mit sittlichem Ernst und tragischer Wirkung zur Darstellung gebracht. In der Zeit Christi und der apostolischen und nachapostolischen Kirche läßt der Verf. einen klaren theologischen Standpunkt vermissen; gläubige Begeisterung und heftige Polemik gegen die kritische Richtung vermischen sich mit Deutungen, die ganz mit der negativen Kritik übereinstimmen.

Ferdinand **Hitzig**, Geschichte des Volkes Israel. Von Anbeginn bis zur Eroberung Masadas im Jahre 72 n. Christus. I. Bis zum Ende der persischen Oberherrschaft. (IV, 320 S.) Leipzig 1869, Hirzel. 1 Thlr. 6 Ngr.

Werk eines der ersten alttestamentlichen Theologen, der die Urkunden des A. Testaments übrigens nur nach den Grundsätzen der für die Profangeschichte geltenden Kritik betrachtet. Giebt eine klare gedrängte Zusammenfassung der bisherigen wissenschaftlichen Resultate.

A. H. L. **Heeren**, Ideen über Politik, Handel u. s. w. der alten Welt. 1. Aufl. 2 Bde. 1793. 4. Aufl. 3 Thle. oder 6 Abthl. gr. 8. Göttingen 1824—26, Vandenhöck u. Ruprecht. 12 Thlr.
    Thl. I. Asiatische Völker. 3 Abthln. Mit Kupfern und 1 Karte. 1824. 5½ Thlr.
    Thl. II. Afrikanische Völker. | 2 Abthln. Mit Kpfr. u. 2 Karten. 1826. 4½ Thlr.
    Thl. III. Griechen. 1 Abthl. Mit 1 Karte. 1826. 2 Thlr.
    (Bildet den 10—15. Bd. von dessen histor. Werken.)

Klassisches Werk, das der Behandlungsweise der alten Geschichte eine neue Richtung gegeben hat.

Fr. Christoph **Schlosser**, Universalhistorische Uebersicht der Geschichte der alten Welt und ihrer Cultur. 3 Thle. oder 9 Abthln. Frankfurt a. M. 1826—34, Varrentrapp (Krebs). 19 Thlr., Schreibpap. 25½ Thlr. Postpap. 38⅛ Thlr.

Ein bedeutendes Werk, das die Geschichte der alten Welt als ein Ganzes in seiner inneren Entwicklung und äußeren historischen Erscheinung darstellt. Die Geschichte des Verfalls unter den römischen Kaisern besonders gelungen. In allen Theilen ist vorzugsweise auf die Literatur und geistige Bildung Rücksicht genommen.

A. **Lionnet**, Palaion. Die alte Welt. Das Privatleben der Alten. In populärem Gewande dargestellt. Mit 15 lithographirten Tafeln, worunter die Plane von Athen u. Rom. gr. 8. (XIII u. 594 S.) Berlin 1853, G. Reimer. 2½ Thlr.

Der Verfasser will es der Jugend möglich machen, sich von der alten Welt eine concrete Vorstellung zu bilden und ihr den Boden nachweisen, auf dem sich die ihr historisch bekannten Persönlichkeiten bewegt haben. Den Erwachsenen aber will er im Alterthum die Stätte vorführen, in welcher die Wurzeln von unendlich Vielem verborgen liegen, was uns noch jetzt erfreut und erhebt. Die Frucht gründlicher Studien in lebendig populärer Darstellung, meist in Gesprächsform verarbeitet. Für höhere Gymnasiasten, gebildete Mädchen, auch Lehrern zu empfehlen.

**Ernst Guhl,** und **Wilh. Koner,** das Leben der Griechen und Römer nach antiken Bildwerken dargestellt. 1. Hälfte. I. Griechen. Mit 317 Holzschnitten. Lex. 8. (XV u. 324 S.) Berlin 1860, Weidmann. n. 2 Thlr. 2. Hälfte. Römer. Mit 211 Holzschnitten. Lex. 8. (VI u. 407 S.) ebend. 1862. u. 2 Thlr. 2. Aufl. des Ganzen hat XVI u. 770 S. 1864. 4 Thlr.

Im Anschluß an die baulichen Alterthümer, deren Ueberreste Guhl beschreibt, sucht der zweite Mitverfasser Koner die Haupterscheinungen des Privatlebens darzustellen. Wir haben in diesem Werke eine gute, mit sorgfältiger Benützung der neueren Forschungen ausgeführte populäre Darstellung der griechischen und römischen Alterthümer, die zu der alten Geschichte eine nützliche Ergänzung bildet und als Lesebuch für die durch Gymnasialunterricht gebildete Jugend sehr empfohlen zu werden verdient.

**K. Fr. Hermann,** Culturgeschichte der Griechen und Römer. Aus dem Nachlasse des Verst. herausgeg. v. K. G. Schmidt. 2 Thle. gr. 8. (IV u. 244. 204 S.) Göttingen 1857—58, Vandenhoeck u. Ruprecht. n. 2⅙ Thlr.

Akademische Vorlesungen, die vom Verfasser kurz vor seinem Tode neu ausgearbeitet wurden und von den Schülern desselben als der Glanzpunkt seiner Lehrthätigkeit bezeichnet werden. Sie geben nicht nur ein lebendiges Gesammtbild des griechischen Nationalgeistes, sondern auch im Einzelnen eine Menge neuer und geistvoller Bemerkungen, halten sich aber von der Versuchung, die geschichtliche Erscheinung von einer vorgefaßten Idee aus zu construiren, nicht ganz frei.

**Hermann Göll,** Kulturbilder aus Hellas und Rom. 3 Bde. gr. 8. (I., VII u. 356. II. III u. 414. III. V u. 361 S.) Leipzig 1863 u. 64, Wiedemann. 4 Thlr. 2. Aufl. 1869. 3 Thlr. 18 Ngr.

Theilweise früher in den Grenzboten veröffentlicht und dort gern gelesen. Geschmackvolle und lebendige, auf gründlicher Sachkenntniß beruhende Schilderungen. Attische und römische Armenpflege, Handwerker und Fabrikanten, Leibeigene und Sklaven, Dichter und Künstler, Kriegsmarine, hellenische Nationalfeste sind die Gegenstände, welche der Verfasser hier behandelt hat.

**Otto Jahn,** Aus der Alterthumswissenschaft. Populäre Aufsätze. Mit 8 Tafeln Abbildgn. u. einigen Holzschnitten. (V, 420 S.) Bonn 1868, Marcus. 2½ Thlr.

Enthält eine Reihe von interessanten Abhandlungen, hauptsächlich aus dem Gebiete der Kunstarchäologie. Die meisten waren schon früher in den Grenzboten und Preuß. Jahrbüchern veröffentlicht. Wir heben daraus folgende hervor: Bedeutung und Stellung der Alterthumsstudien in Deutschland. Eine antike Dorfgeschichte. Die hellenische Kunst. Die Polychromie der alten Sculptur. Der Apoll von Belvedere. Goethes Iphigenia auf Tauris und die antike Tragödie.

**W. Drumann,** Die Arbeiter u. Communisten in Griechenland u. Rom. Nach d. Quellen. gr. 8. (VI, 346 S.) Königsberg 1860, Bornträger. n. 1 Thlr. 22 Ngr.

Eine sehr interessante früher wenig beachtete Seite der Culturgeschichte des Alterthums, bearbeitet von einem bewährten gründlichen Forscher.

**Ernst Curtius,** Griechische Geschichte. 3 Bde. Berlin, Weidmann. I. 3. Aufl. Bis zur Schlacht bei Lade. (V, 639 S.) 1869. 1 Thlr. 20 Ngr.

II. 2. Aufl. Bis zum Ende des peloponnesischen Krieges. (III, 763 S.) 1867. 1⅔ Thlr.
III. Bis zum Ende der Selbständigkeit Griechenlands. (IV, 784 S.) 1867. 1⅔ Thlr.

Ein classisches Werk, das ein ebenbürtiges Seitenstück zu Mommsens römischer Geschichte bildet, und, wie diese, die Verhältnisse und Thatsachen nach modernen Gesichtspunkten auffaßt. Während aber Mommsen als Jurist und Politiker mit derber Rücksichtslosigkeit seinen Stoff behandelt, tritt Curtius als der ästhetisch gebildete Philologe an ihn heran, und wendet sich mit Vorliebe den culturgeschichtlichen Seiten zu. So bilden die Schilderung der Perikleischen Zeit und die Wirksamkeit Plato's Glanzpartien des Buches. Die eigene Anschauung des Landes kommt dem Verf. sehr zu statten. In den neuen Auflagen hat das Werk wesentliche Bereicherung gewonnen, namentlich sind die Ergebnisse der Inschriftenforschung darin verwerthet.

**Ernst Curtius**, Göttinger Festreden. 8. (V u. 254 S.) Berlin 1864, Hertz. 1 Thlr. 12 Ngr.
1) Der Wettkampf. 2) Das Mittleramt der Philologie. 3) Der Weltgang der griechischen Cultur. 4) Wort u. Schrift. 5) Die Bedingungen eines glücklichen Staatslebens. 6) Die Idee der Unsterblichkeit bei den Alten. 7) Das alte u. neue Griechenland. 8) Die Freundschaft im Alterthum. 9) Die Kunst der Hellenen. 10) Zum Andenken Schillers.

Geistvolle auch stylistisch ausgezeichnete Betrachtungen eines unserer ersten Alterthumskenner.

**Georg Grote**, Geschichte Griechenlands. Nach der zweiten Auflage aus dem Englischen übertragen von N. N. W. Meißner. (Je 2 Bde. des Originals enthaltend.) gr. 8. Leipzig 1850—56, Dyck'sche Buchhandlung. 28¾ Thlr.
I. Bd. (XXXVI u. 801 S.) mit 3 Karten geht bis zum Ende des zweiten messenischen Krieges. 1850. 6 Thlr.
II. Bd. (XXIV u. 648 S.) nebst 2 Karten. Geht bis zur Schlacht von Marathon. 1852. 5¼ Thlr.
III. Bd. (XXVIII u. 696 S.) nebst 1 Karte und 6 Plänen. Enthält den Perserkrieg und peloponnesischen Krieg bis zum Frieden des Nikias. 1853. 4¾ Thlr.
IV. Bd. (XXIV u. 732 S.) mit 2 Plänen. Schließt mit einer ausführlichen Geschichte und Charakteristik des Sokrates. 1854. 4¾ Thlr.
V. Bd. (XXXII u. 718 S.) mit 5 Karten u. 3 Plänen. Bis zur Thronbesteigung Philipps von Macedonien. 1855. 5½ Thlr.
VI. Bd. (XXXI u. 816 S.) Bis zum Untergang der griechischen Freiheit. 1856. 5 Thlr.
Ausführl. Namen u. Sachregister (IV u. 100 S.) 1859. 28 Ngr.

Ein umfassendes Werk, das im engl. Original zwölf Bände hat und mit sorgfältiger Benutzung der neueren, namentlich auch deutschen Forschungen, eine ausführliche Erzählung der so inhaltreichen griech. Geschichte giebt. Der Verf., ein Londoner Bankier und einstiges Parlamentsmitglied, faßt die Dinge nicht mit dem Auge eines gelehrten Philologen, sondern mit dem gesunden Blicke eines modernen Staatsbürgers auf. Die Darstellung etwas breit und trocken, erreicht die histor. Kunst eines Macaulay, mit dem man Grote schon zusammengestellt hat, bei weitem nicht. Die Uebersetzung ist etwas schwer und ungelenk, der Preis bei der nicht gerade schönen Ausstattung ziemlich hoch.

**B. G. Niebuhr**, Vorträge über alte Geschichte, an der Universität zu Bonn gehalten. Herausgegeben von M. Niebuhr.

I. Bd. Der Orient bis zur Schlacht von Salamis. Griechenland bis auf Perikles. gr. 8. 29³/₈ B. Berlin 1847. 1 Thlr. 25 Ngr.
II. Bd. Griechenland bis zur Niederlage des Agis bei Megalopolis. gr. 8. 32³/₄ B. ebend. 1848. 2 Thlr. 5 Ngr.
III. Bd. Die makedonischen Reiche. Hellenisirung des Orients. Untergang des alten Griechenlands. Die römische Weltherrschaft. gr. 8. 48½ B. Mit ausführl. Register. ebend. 1851. 3 Thlr 7½ Ngr.

Zwar kein Werk tiefer gründlicher Forschung mit neuen Resultaten, wie desselben Verfassers römische Geschichte, aber ein klarer Ueberblick der Entwicklung des hellenischen Volkes, reich an Ideen und interessanten Gesichtspunkten.

**Friedrich Jacobs**, Hellas. Vorträge über Heimath, Geschichte, Literatur u. Kunst der Hellenen. Aus dem handschriftlichen Nachlaß des Verfassers herausgegeben von E. F. Wüstemann. 8. (XXXII u. 438 S.) Berlin 1852, Friedländer u. Sohn. 1½ Thlr.

Diese Vorträge hielt der als geschmackvoller Philologe bekannte Verfasser einst vor dem Kronprinzen Ludwig von Bayern. Der Inhalt steht daher nicht mehr ganz auf dem Standpunkt der jetzigen Kenntniß, ist aber so zweckmäßig und anziehend dargestellt, daß das Buch auch jetzt noch jungen Leuten zu empfehlen ist.

**K. F. Becker**, Erzählungen aus dem griechischen Alterthum für die Jugend. In neuer Bearbeitung. Mit 8 Holzschnitttafeln. (IV, 472 S.) gr. 16. Leipzig 1868, Dyk. 16 Ngr.

Eine bei der Jugend mit Recht sehr beliebte Arbeit des Verfassers der Weltgeschichte. Die neue Bearbeitung hat den Ton des Originals möglichst beibehalten, und nur den Inhalt nach der neueren Wissenschaft modificirt.

**W. Wägner**, Hellas. Das Land und Volk der alten Griechen ꝛc. 2 Bde. 2. vermehrte und verbesserte Auflage. Mit 8 Tonbildern und 270 in den Text abgedruckten Abbildungen und 1 Karte. gr. 8. (I., X u. 354, II., IV u. 310 S.) Leipzig 1867, Spamer. n. 3 Thlr.

Ein empfehlenswerthes Lesebuch für die Jugend. Mit Holzschnitten überreich ausgestattet.

**Oskar Jäger**, Geschichte der Griechen. Mit 1 Kupferstich. gr. 8. (XII u. 648 S.) Gütersloh 1866, Bertelsmann. n. 2 Thlr.

Eine ungemeine frisch und lebendig geschriebene Darstellung auf Grund fleißigen Quellenstudiums und Benutzung neuerer Forschungen. Besondere Berücksichtigung der Culturgeschichte und scharfe Charakteristrung der hervorragenden Persönlichkeiten.

**H. W. Stoll**, Geschichte der Griechen bis zur Unterwerfung unter Rom. 2 Bde. (IV, 838.) Hannover 1867, Rümpler. 2½ Thlr.

Eine populäre Erzählung für die heranwachsende Jugend, in welcher von den Ergebnissen der Kritik weniger aufgenommen ist, als in der Bearbeitung Jägers.

**Wilhelm Oncken**, Athen und Hellas. Forschungen zur nationalen und politischen Geschichte der alten Griechen. Leipzig 1865, 1866. Engelmann.
Thl. I. Einleitung. Kimon. Ephialtes. gr. 8. (IV u. 294 S.) 2 Thlr.
Thl. II. Perikles. Kleon. Thukydides. gr. 8. (XVI u. 354 S.) 2¼ Thlr.

Eine wissenschaftliche Arbeit, die sich zur Aufgabe macht, Grotes Apologie der athenischen Demokratie einer Nachprüfung zu unterwerfen und im Wesentlichen dessen Ergebnisse bestätigt. Geistvolle Auffassung, sorgfältiges Quellenstudium und anziehende Darstellung zeichnen das Werk aus. Besonders werthvoll sind die Untersuchungen über Thukydides.

## Alte Geschichte.

**Ernst v. Lasaulx**, Des Sokrates Leben, Lehre u. Tod. Nach den Zeugnissen der Alten dargestellt. Lex. 8. (122 S.) München 1858, lit.= artist. Anstalt. n. 22 Ngr.

Geistreiche, für jeden Gebildeten zugängliche Abhandlung eines Gelehrten, welche uns in Sokrates den Typus eines sittlich=religiösen Volkslehrers vorführt. Das Schlußkapitel zieht eine kühne Parallele zwischen Sokrates und Christus, die viele überraschende Aehnlichkeiten aufzeigt, sich aber ausdrücklich dagegen verwahrt, daß die göttliche Natur Christi geläugnet werden sollte, weil hier nur von seiner menschlichen die Rede ist.

**Gust. Fried. Hertzberg**, Alkibiades der Staatsmann u. Feldherr. Nach den Quellen dargestellt. gr. 8. (IX u. 360 S.) Halle 1853, Pfeffer. n. 1⅚ Thlr.

Eine hauptsächlich gelehrte Arbeit, die aber auch einen anderen als den streng philologischen Leserkreis sucht, und sich durch gute Gruppirung des Stoffes, elegante Diction und feine Charakteristik dafür eignet.

**Arnold Schäfer**, Demosthenes u. seine Zeit. 2 Bde. gr. 8. (XVI u. 478. X u. 534 S.) Leipzig 1856, Teubner. n. 5½ Thlr.

Ein treffliches Werk, das mit gediegener Gelehrsamkeit auch besonnenes Urtheil, Sicherheit der Auffassung, Klarheit und Kernhaftigkeit der Darstellung vereinigt. Die von dem Verfasser behandelte Periode der griechischen Geschichte ist eine für das politische Leben Griechenlands entscheidende.

**Joh. Gust. Droysen**, Geschichte Alexanders des Großen. gr. 8. Mit 1 illum. Karte. (Berlin 1833.) Hamb. 1837, (Gotha) F. A. Perthes. (nur neuer Titel.) n. 2 Thlr.

—— Geschichte des Hellenismus. 2 Thle. gr. 8. Hamburg (Gotha) ebend. n. 8 Thlr.

Auch unter dem Titel:

Thl. 1. Geschichte der Nachfolger Alexanders des Großen. 1836. n. 4 Thlr.
„ 2. Geschichte der Bildung des hellenischen Staatensystemes. Mit einem Anhange über die hellenistischen Städtegründungen. 1843. n. 4 Thlr.

Ein nach Forschung, Auffassung und Darstellung ausgezeichnetes Werk.

**G. F. Hertzberg**, Die asiatischen Feldzüge Alexanders des Großen. Nach den Quellen dargestellt. 8. (XII u. 412 S.) Halle 1863, Buchhandl. des Waisenhauses. 1 Thlr.

Theil der Jugendbibliothek des griechischen und deutschen Alterthum von Eckstein. Eine gute populäre Bearbeitung, namentlich für reifere Gymnasialschüler.

—— Die Geschichte Griechenlands unter der Herrschaft der Römer. Nach den Quellen dargestellt. 1. Thl. Von Flaminius bis auf Augustus. gr. 8. (XII u. 540 S.) 2. Thl. Von Augustus bis auf Septimius Severus. (VI, 535 S.) Halle 1866—68, Buchhandlung des Waisenhauses. n. 3 Thlr.

Eine sorgfältige Arbeit, welche ein reiches geschichtliches und statistisches Material enthält. Die Darstellung verräth Nachahmung Mommsens und ist theilweise mit Raisonnement überladen.

**W. A. Becker**, Charikles. Bilder altgriechischer Sitte. Zur genaueren Kenntniß griechischen Privatlebens entworfen. 1. Aufl. 1840. 2. Aufl. von K. F. Hermann. 3 Bände. gr. 8. Leipzig 1854, F. Fleischer. 5½ Thlr.

Eine griechische Alterthumskunde in Form eines Romans. Die nöthigen wissenschaftlichen Nachweisungen sind in einem Anhang beigegeben.

**Aug. Böckh**, Die Staatshaushaltung der Athener. Mit 21 Inschriften u. Beil. 2 Bde. 1 Aufl. 1817 u. 18. 2. Aufl. 3 Bde. (1. Bd. XX, 792. 2. Bd. Beil. m. 7 Taf. 3 Bd. VIII, 764 S.) gr. 8. Berlin 1840—51, G. Reimer. 7 Thlr.
  Eine klassische Untersuchung über das Finanzwesen der Alten.

**G. F. Schömann**, Griechische Alterthümer. 2 Bde. 2 Aufl. I. Das Staatswesen. gr. 8. (XI, 575 S.) II. Die internationalen Verhältnisse u. das Religionswesen. (VI, 567 S.) Berlin 1861—63, Weidmann. n. 2 Thlr. 12 Ngr.
  Eine gediegene populäre Darstellung der griechischen Alterthumskunde, die das griechische Leben im Lichte des homerischen Epos schildert und die politischen Verhältnisse, wie sie sich im Verlaufe der Geschichte entwickelt haben, darstellt. Privatalterthümer und Kriegswesen werden nicht besonders, sondern nur gelegentlich behandelt, soweit es zum Verständniß des politischen und religiösen Lebens erforderlich ist.

**K. Lehrs**, Populäre Aufsätze aus dem Alterthum, vorzugsweise zur Ethik u. Religion der Griechen. gr. 8. (VIII u. 252 S.) Leipzig 1856, Teubner. n. 1 Thlr. 14 Ngr.
  Inhalt: Helena in den Schriftwerken der Griechen. Vorstellung der Griechen über den Neid der Götter. Die Horen. Die Nymphen. Gott, Götter u. Dämonen. Damon u. Tyche. Scenen aus dem gelehrten Leben bei Griechen u. Römern. Ueber Wahrheit u. Dichtung in der griechischen Literaturgeschichte.
  Wahrhaft populäre und wissenschaftlich gehaltvolle Aufsätze.

**A. Baumeister**, Culturbilder aus Griechenlands Religion und Kunst. Populäre Vorträge. Mit 7 lithographirten Abbildungen. gr. 8. (VII u. 232 S.) Mainz 1865, Kunze. 1 Thlr. 12 Ngr.
  Sieben Vorlesungen: 1. Parnaß und Delphi. 2. Die eleusinischen Mysterien. 3. Prometheus in der Mythe und im Drama. 4. und 5. Ursprung und Einrichtung der griechischen Bühne. 6. Das Kunstideal in den griechischen Götterbildern. 7. Die Ausprägung des Ideals in den auf uns gekommenen Kunstschöpfungen der Griechen. Lebendige, rhetorische Darstellung, auf sorgfältige Benutzung der einschlägigen gelehrten Arbeiten gegründet. Der Verfasser kennt Griechenland aus eigener Anschauung.

**L. Preller**, Griechische Mythologie. 2 Bde. 2. Aufl. gr. 8. (I, XII u. 673. II, X u. 546 S.) Berlin 1860, 1861, Weidmann. n. 2⅔ Thlr.
  Eine der trefflichen populären Bearbeitungen aus dem Gebiete der alten Geschichte und Alterthumskunde, welche die Weidmannsche Buchhandlung in Berlin veranstaltet hat. Der auf sorgfältiger Forschung beruhende wissenschaftliche Stoff wird im Zusammenhang mit verwandten Gebieten des griechischen Culturlebens, namentlich der bildenden Kunst und Poesie, in zweckmäßiger Gruppirung und klarer Uebersichtlichkeit vorgeführt.

**E. v. Lasaulx**, Der Untergang des Hellenismus und die Einziehung seiner Tempelgüter durch die christlichen Kaiser ꝛc. Lex. 8. (150 S.) München 1854, lit. Anstalt. n. 26 Ngr.
  Eine sehr interessante Schrift, die einen wichtigen Beitrag zum Verständniß des untergehenden Heidenthums giebt. Warme belebte Darstellung.

**Barthol. Geo. Niebuhr**, Römische Geschichte. Berichtigte Ausg. in 1 Bde. (I. Bd. 5. Aufl., II. Bd. 4. Aufl., III. Bd. 3. Aufl.) gr. 8. Berlin 1853, G. Reimer. n. 6⅓ Thlr.

Hauptwerk, auf eigenthümlicher kritischer Forschung gegründet, und eigenthümliche Resultate bietend, auf das sich alle spätere Arbeiten, entweder was Ergebnisse oder was Material betrifft, stützen.

Barthol. Geo. **Niebuhr**, Römische Geschichte. 4. u. 5. Bd. von dem ersten punischen Kriege bis zum Tode Constantins, nebst einer Einleitung über die Quellen und das Studium der römischen Geschichte, herausgeg. von Leonhard Schmitz aus dem Engl. von G. Zeiß. gr. 8. Jena 1844 u. 45, Frankf. a. M. St. Goar.) n. 2 Thlr.

Niebuhrs Vorlesungen englisch mitgetheilt, und jetzt ins Deutsche zurückübersetzt; sie geben die Resultate ohne die Untersuchung und sind die Fortsetzung des obigen Werkes.

—— Vorträge über die römische Geschichte, an der Universität zu Bonn gehalten. Herausgeg. von M. Isler. 3 Bde. 6 Thlr.

I. Bd. Von der Entstehung Roms bis zum Ausbruch des ersten punischen Kriegs. gr. 8. 38 B. Berlin 1846. 2 Thlr. 15 Ngr.

II. Bd. Vom ersten punischen Krieg bis zu Pompejus erstem Consulat. gr. 8. 26⅛ B. ebend. 1847. 1 Thlr. 20 Ngr.

III. Bd. Von Pompejus erstem Consulat bis zum Untergang des abendländischen Reiches. 29⅝ B. ebend. 1848. 1 Thlr. 25 Ngr.

Ein mehr populärer Ueberblick, welcher das gelehrte Werk des Verfassers über die ältere römische Geschichte wesentlich ergänzt.

Albert **Schwegler**, Römische Geschichte. Tübingen 1853—58, Laupp.

I. Bd. 1. u. 2. Abth. Zeitalter der Könige. gr. 8. (VI u. 539 S.)

II. Bd. Von der Gründung der Republik bis zum Decemvirat. (VIII, 755 S.)

III. Bd. Vom ersten Decemvirat bis zu den licinischen Gesetzen. (XLII, 380 S.) Nach des Verf. Tod herausgeg. von F. F. Baur. 8 Thlr. 24 Ngr.

Eine gründliche Revision der römischen Geschichte, welche, auf Grundlage Niebuhr'scher Kritik fortbauend, letztere mit allen Mitteln der neueren Wissenschaft durchführt und ergänzt, indem sie klar nachweist, warum die Ueberlieferungen der ältern römischen Zeit nicht als Geschichte genommen werden können. Auf die kritische Erörterung läßt Schwegler eine Darstellung des geschichtlichen Ergebnisses oder der an dessen Stelle tretenden Vermuthungen folgen. Die durch des Verfassers frühen Tod unterbrochene Arbeit geht bis zu den licinischen Gesetzen und hat damit die Aufgabe der Kritik für die Periode, welche ihrer am meisten bedarf, größtentheils gelöst. Eine schöne Zugabe zu dem letzten Band ist der Lebensabriß des Verstorbenen mit einer trefflichen Charakteristik, von Professor E. Zeller, einem Jugendfreunde Schwegler's.

Theodor **Mommsen**, Römische Geschichte. Leipzig, Weidmann.

1. Band: Bis zur Schlacht bei Pydna. gr. 8. (VIII u. 644 S.) 1854. 5. Aufl. 2 Abthlgn. (X, 956 S.) 1868. 2 Thlr. 6 Ngr.

2. Band: Bis auf Sullas Tod. gr. 8. (VI u. 439 S.) 1855. 4. Aufl. (VIII, 470 S.) 1865. 1⅕ Thlr.

3. Band: Bis zur Schlacht bei Thapsus. gr. 8. (VI u. 582 S.) 1856 4. Aufl. (VI, 614 S.) 1866. 1½ Thlr.

Ein Werk von glänzender Darstellung, in welchem der Verfasser die Ergebnisse der neuesten wissenschaftlichen Forschungen, fremder wie eigener, zusammengedrängt hat. Eigenthümlich ist die Auffassung vom Gesichtspunkt der modernen politischen und nationalökonomischen Interessen, so daß man oft nicht alte, sondern ganz neue Geschichte zu lesen meint. Meisterhafte Schilderung der innern Verhältnisse und der hervorragenden Persönlichkeiten. Im Wesentlichen

Niebuhr folgend, übt der Verf. die Kritik im weitesten Umfang und verfährt namentlich gegen die Tradition der Königsgeschichte schonungslos, was beim Gebrauch für den Unterricht manche Inconvenienzen hat, besonders, da er sich nicht darauf einläßt, seine von der gewöhnlichen Ueberlieferung abweichende Darstellung durch kritische Nachweisungen zu rechtfertigen.

Die neuen Auflagen haben im Einzelnen manche Verbesserungen und Quellennachweisungen gebracht, die Grundansicht ist dieselbe geblieben. Obgleich das Werk viele kritische Anfechtungen erfahren hat, ist es doch durchgedrungen und ins Englische, Französische und Italienische übersetzt worden.

**Sir George Cornewall Lewis,** Untersuchungen über die Glaubwürdigkeit der altrömischen Geschichte. Deutsche, vom Verfasser vielfach vermehrte und verbesserte, so wie mit einem Nachtrag versehene Ausgabe, besorgt durch Felix Liebrecht (Professor der deutschen Literatur in Lüttich). 2 Bde. gr. 8. (VIII u. 510 S.) (VIII, 496 S.) Hannover 1858, Rümpler. n. $5^{2}/_{3}$ Thlr.

Der Verfasser, bis zu seinem Tode (1863) englischer Minister, untersucht hier die altrömische Geschichte nach den Grundsätzen der neuern historischen Kritik, und nimmt dabei genaue Rücksicht auf die deutschen Arbeiten von Niebuhr und Schwegler, mit denen er in negativer Hinsicht vielfach übereinstimmt, ohne jedoch ihre positiven Annahmen sich anzueignen. Seine besonnenen Untersuchungen stellen nicht nur die Zweifel an der Ueberlieferung, sondern auch die Unsicherheit der Kritik in ein helles Licht. Die Uebersetzung ist wörtlich, und kürzt nur hie und da das Original etwas ab. Im zweiten Band spricht sich der Verfasser über Bröckers Untersuchungen und über Schwegler's römische Geschichte eingehend aus.

**K. W. Nitzsch,** Die Gracchen und ihre nächsten Vorgänger. Vier Bücher römischer Geschichte. gr. 8. 29 B. Berlin 1847. 2 Thlr.

Eines der besten Werke seit Niebuhr über die Geschichte der römischen Republik. Die Lage des römischen Bauernstandes und die reformatorischen Versuche der römischen Staatsmänner treten hier zum ersten Mal in ein helleres Licht.

**Karl Peter,** Geschichte Roms in drei Bänden. 2. Aufl. gr. 8. (I., XXIV u. 551, II., XVI u. 526, III. 1, XXVII u. 364, III. 2, X u. 254 S.) Halle 1865 u. 67, Buchhandlung des Waisenhauses. $5^{1}/_{4}$ Thlr.

Versuch gegenüber von Mommsen die ältere Auffassung der römischen Geschichte theilweise festzuhalten und zu rechtfertigen. Der dritte Band enthält die Kaisergeschichte von Augustus bis zum Tode Aurels, und der Verf. tritt darin der Ansicht entgegen, als ob in der Kaiserzeit die Blüthe des römischen Staats zu erkennen sei. Es ist noch eine weitere Abtheilung zu erwarten. Ein gründliches Werk von wissenschaftl. Werth und hauptsächlich für den Kreis der höheren Schule bestimmt.

**Wilh. Ihne,** Römische Geschichte. 1. Bd. Von der Gründung Roms bis zum ersten punischen Kriege. (VIII, 493 S.) Leipzig 1868, Engelmann. 1 Thlr. $22^{1}/_{2}$ Ngr.

Der Verf. wendet sich mit diesem Buch nicht an die Gelehrten, sondern an das ganze gebildete Publikum und will diesem durch eine lichtvolle populäre Darstellung ein Urtheil über die kritischen Fragen der römischen Geschichte möglich machen. Die Ausführung entspricht dem Zweck, namentlich ist die Charakteristik der Personen und Zustände gelungen.

**Wilh. Wagner,** Rom. Anfang, Fortgang, Ausbreitung und Verfall des Weltreichs der Römer. Bearbeitet für Freunde des klassischen Alterthums, insbesondere die deutsche Jugend. 3 Bde. mit zahlreichen Tonbildern u. Holzschn. nebst mehrern Karten. gr. 8. (1. XII u. 318. 2. VI u. 394. 3. VI u. 420 S.) Leipzig 1861—63, Spamer. à Bd. n. $1^{1}/_{2}$ Thlr.

Eine sehr reichhaltige Darstellung der römischen Geschichte und Alterthümer. Die Erzählung der Begebenheiten und die Beschreibung der Sitten und Gebräuche sind mit lobenswerther

Sorgfalt und Lebendigkeit behandelt, minder gelungen ist die Charakteristik der Persönlichkeiten und Zustände. Die gar zu reichlichen Illustrationen sind nicht immer zweckmäßig; während sie bei Personen, Kunstwerken, Städten am Platze sind, hätten die Schlachtenbilder, Darstellung von Ereignissen u. dgl. füglich wegbleiben können.

**Oscar Jäger**, Geschichte der Römer. Mit 1 Titelbild. gr. 8. (XII u. 591 S.) Gütersloh 1861, Bertelsmann. 1 Thlr. 21 Ngr.

Eine sehr gelungene, für Jünglinge von 14 Jahren an und Erwachsene, die gerade keine gelehrten Vorkenntnisse haben, bestimmte Popularisirung der Werke von Schwegler und Mommsen. Frische lebendige Darstellung und ein richtiges Maß in Aufnahme der neuern Kritik, machen diese Schrift zu einer sehr empfehlenswerthen Lektüre.

—— Die punischen Kriege. Nach den Quellen erzählt. Halle 1869, Buchhandlung des Waisenhauses.

    I. Rom und Carthago. (XII, 135 S.) 10 Ngr.
    II. Der Krieg Hannibals. (VIII, 280 S.) 20 Ngr.
    III. Cato u. seine Zeit. (Für dieses Jahr in Aussicht gestellt.)
Sehr gute ausführliche Erzählung interessanter Episoden aus der römischen Geschichte.

**[Napoleon III.]** Geschichte Julius Cäsars. Bd. 1. Lex. 8. (VIII u. 396 S.) Bd. 2. (VIII u. 544 S.) Wien 1865 u. 1866, Gerold u. Sohn. à Bd. n. 3 Thlr.

    Atlas dazu, 1. u. 2. Lief. 36 Karten. (Fol.) ebendas. 1865. 1866, n. 3 ⅓ Thlr.

Ist als historische Leistung weit unter der Erwartung geblieben; die Darstellung ziemlich trocken, hin und wieder aber mit tendenziösen, politischen Betrachtungen gewürzt.
Der erste Band führt die Geschichte bis zu Cäsars erstem Consulat, der zweite enthält den gallischen Krieg

**Ed. Gibbon**, (Uebersetzung.) Geschichte des Sinkens und endlichen Untergangs des römischen Weltreichs. Deutsche Ausg. in 1 Bde. von Johann Sporschil. Mit Portrait des Verfassers. 2. Ausg. gr. 4. Leipzig 1843, O. Wigand. 6 Thlr.

    Taschenausgabe in 12 Bdn. 3. Ausg. 16. Leipzig, ebendas. 1854. n. 5 Thlr. 18 Ngr.

Ein durch großartige Anlage und ausgezeichnete Darstellung hervorragendes Werk, sehr geeignet, das historische Urtheil zu bilden und Eifer für geschichtliche Studien zu erwecken. Geistvoller Pragmatismus. Stofflich durch neuere Forschungen überholt, formell aber immer noch von großem Werth.

**K. Hoeck**, Römische Geschichte vom Verfall der Republik bis zur Vollendung der Monarchie unter Constantin. Mit vorzüglicher Rücksicht auf Verfassung und Verwaltung des Reichs. Bd. I. 1. 2. 3. Abth. gr. 8. 81 ³/₈ B. Braunschweig u. Göttingen 1841—43. 1850. 6 Thlr. 25 Ngr.

Eine lesbare Darstellung der römischen Kaisergeschichte, die sich bestrebt, neben die Hof- und Adelsgeschichte, die uns von den römischen Schriftstellern überliefert ist, eine Staatsgeschichte zu setzen.

**Ferdinand Gregorovius**, Geschichte des römischen Kaisers Hadrian und seiner Zeit. Lex. 8. (XII u. 282 S.) Königsberg 1851, Bon. 1 ½ Thlr.
Eine interessante Monographie, die sich besonders durch philosophische Auffassung auszeichnet.

**Charles Merivale**, Geschichte der Römer unter dem Kaiserthum. Aus dem Englischen. 1. Band. gr. 8. (XV u. 626 S. mit 3 Karten.) 2. Bd. (XI, 620 S.) Leipzig 1866—1868, Dyk'sche Buchhandlung. n. 3 ½ Thlr.

Anfang eines größeren Werkes, das von 1859—1863 in 7 Bänden in England erschienen ist und die frühere römische Kaisergeschichte in ausführlicher, und soweit das oft dürftige Quellenmaterial es zuläßt, farbenreicher Darstellung so erzählt, daß der in modernen Anschauungen aufgewachsene Leser sich darin zu Hause findet. Apologetische Tendenz zu Gunsten mehrerer Kaiser, wie z. B. des Tiberius und Hadrianus.

**Ad. Stahr, Tiberius.** gr. 8. (VIII u. 332 S.) Berlin 1863, Guttentag. n. 2 Thlr.
Versuch einer Ehrenrettung des seit Tacitus übel berüchtigten Kaisers. Gut geschrieben, aber ohne neue geschichtliche Aufschlüsse. Der Verf. trifft in seiner Auffassung merkwürdig zusammen mit der neuen Kaisergeschichte des Engländers Merivale.

**Theod. Bernhardt,** Geschichte Roms von Valerian bis zu Diocletians Tode (253—313 n. Chr.) 1. Abth. Politische Geschichte. gr. 8. (XIV u. 318 S.) Berlin 1867, Guttentag. n. 1 Thlr. 24 Ngr.
Eine tüchtige Arbeit; die Darstellung zu viel pragmatisirend.

**Jac. Burckhardt,** Die Zeit Constantins des Großen. gr. 8. (VIII u. 512 S.) Basel 1853, Schweighausers Verl. n. 1½ Thlr.
Mit Geist, gründlicher Quellenkenntniß und historischer Kunst geschrieben, gewährt dieses Buch nicht nur eine genußreiche Lektüre, sondern auch einen für die Wissenschaft werthvollen Beitrag zur Kenntniß der justinianischen Zeit und Regierung, besonders ist die Feststellung der obersten Reichsgewalt gut dargelegt, und die Zustände des religiösen und sittlichen Lebens anschaulich geschildert.

**W. A. Schmidt,** Geschichte der Denk= und Glaubensfreiheit im ersten Jahrhundert der Kaiserherrschaft u. des Christenthums. gr. 8. 29 B. Berlin 1847. 2 Thlr. 10 Ngr.
Ein interessantes Buch, das die römische Kaisergeschichte mit beständiger Beziehung auf die Gegenwart betrachtet. Ueberraschende Parallelen und Anspielungen auf preußische Zustände der vierziger Jahre, die mitunter gezwungen erscheinen.

—— Der Aufstand in Constantinopel unter Kaiser Justinian. Mit 1 Plan. gr. 8. (IV u. 92 S.) Zürich 1854, Meyer u. Zeller. n. 14 Ngr.
Ein im Ganzen wenig bekanntes Ereigniß, der sogenannte Nikaaufstand, der im J. 532 Konstantinopel verwüstete, und Justinians Herrschaft befestigte, wird hier mit den Mitteln eines eindringenden Quellenstudiums in lebendiger Darstellung geschildert und mit Beziehung auf neuere Stimmungen und Ansichten der verwirrende Einfluß, den die byzantinische Hoftheologie auf die Politik des oströmischen Reiches übte, anschaulich vor Augen gestellt.

**Carl Schmidt,** Die bürgerliche Gesellschaft in der altrömischen Welt und ihre Umgestaltung durch das Christenthum. Eine von der franz. Akademie der Wissenschaften gekrönte Preisschrift. Aus dem Franz. übers. v. Aug. Victor Richard. gr. 8. (VIII u. 432 S.) Leipzig 1857, Fr. Fleischer. 2 Thlr. 6 Ngr.
Ein sehr tüchtiges Werk, das überraschende Blicke in die socialen Zustände der alten Welt gewährt und mit Geschmack geschrieben ist. Geht aber in seinen Behauptungen über den Einfluß des Christenthums auf Gesetze und Staatseinrichtungen weiter, als sich an der Hand der Quellen beweisen läßt.

**W. A. Becker,** Gallus, oder römische Scenen aus der Zeit Augusts. Zur genauern Kenntniß des römischen Privatlebens. 3 Thle. 3. sehr verm. Aufl. von Prof. Wilh. Rein. Mit 2 lithogr. Tafeln u. 27 Holzschnitten. gr. 8. (XXXIX u. 1030 S.) Leipzig 1863, F. Fleischer. 5½ Thlr.
Eine römische Alterthumskunde in Form eines Romans. Die neue Auflage ist wesentlich bereichert, aber die gelehrten Nachweisungen bilden mehr und mehr die Hauptsache.

Ludw. **Lange**, Römische Alterthümer. 2 Bde. 2. Aufl. (XVI, 755. XII, 682 S.) Berlin 1863—67, Weidmann. 3¹/₆ Thlr.

Eine gründliche und zugleich populäre Darstellung der Staatsalterthümer. Das culturgeschichtliche Element ist nur wenig berücksichtigt.

A. **Wolterstorff**, Bilder aus dem römischen Alterthum. 8. (XI u. 178 S.) Halberstadt 1865, Frantzsche Buchhandlung. ³/₄ Thlr.

Populäre Erzählungen aus der Zeit von der Ermordung Cäsars bis zur Schlacht bei Philippi.

Ludw. **Friedländer**, Darstellungen aus der Sittengeschichte Roms in der Zeit von August bis zum Ausgang der Antonine. 2. verm. Aufl. 2 Bde. gr. 8. (I., XII u. 398 S. II., XII u. 484 S.) Leipzig 1865 u. 1867, Hirzel. 4³/₄ Thlr.

Der Verfasser versucht, die an gleichzeitigen geschichtlichen Darstellungen sehr arme Kaiserzeit durch Sammlung und Ausbeutung der sonstigen Literatur und der Denkmäler zu beleuchten und die vielen zerstreuten Einzelnheiten zu einem Bilde zu vereinigen. Im ersten Bande handelt er von der Stadt Rom, dann vom Hof, seinem Personal und seiner Sitte, von den drei Ständen, vom geselligen Verkehr und zuletzt von den Frauen. Der zweite Band enthält eine ausführliche Beschreibung der Art des Reisens und des Theaterwesens. Das Buch empfiehlt sich durch eine elegante Darstellung.

Wilhelm **Arnold**, Cultur u. Recht der Römer. (XII, 492 S.) Berlin 1868, Dümler. 2 Thlr. 20 Ngr.

Die Entwickelung des römischen Rechtes wird hier im Zusammenhang mit den Fortschritten der Cultur von einem ausgezeichneten Juristen mit Geist geschildert. Er stellt sich die Aufgabe, das römische Recht aus den sittlichen und wirthschaftlichen Zuständen des römischen Volkes zu erklären und damit einen Beitrag zur Lösung der Frage zu geben, was von dem römischen Rechtssysteme einer vergangenen Culturperiode angehöre, und was auch noch für unsere Zeit brauchbar sei.

Wilhelm **Herbst**, Das klassische Alterthum der Gegenwart. Eine geschichtliche Betrachtung. gr. 8. 14½ B. Leipzig 1852. 1 Thlr.

Nachweisung der Wichtigkeit, welche eine gründliche Kenntniß des klassischen Alterthums auch noch für unsere Zeit hat. Vorschläge zu Reformen dieser Studien in der Art, daß der Unterricht mehr mit dem Materiellen in Verbindung gesetzt werden und darauf hingearbeitet werden soll, zu einer Gesammtanschauung des Alterthums zu führen. Entschiedene Bevorzugung des Griechischen vor dem Römischen. Ein gedankenreiches, Jugendlehrern und reiferen Jünglingen sehr zu empfehlendes Buch, das zugleich ein wichtiger Beitrag zur Charakteristik der wissenschaftlichen Zeitrichtungen ist.

## Mittelalter.

H. **Leo**, Lehrbuch der Geschichte des Mittelalters. 2 Thle. gr. 8. Halle 1830, Anton. 3¹/₃ Thlr.

Fällt in die Uebergangsperiode des Verfassers von der freien rationalistischen Richtung zur Anschauungsweise des Mittelalters, dessen phantastische Eigenthümlichkeit hier treffend aufgefaßt ist, und wirklich als eine geistige Totalität mit entschiedener Physiognomie erscheint. Zur Ergänzung dient der zweite Band von Leo's Universalgeschichte, welcher das Mittelalter enthält, und besonders in der dritten Aufl. von 1851 sehr reichhaltig ist.

Eduard v. **Wietersheim**, Geschichte der Völkerwanderung. 4 Bde. (XII, 479 S. u. 2 Karten, XI, 384 S. IX, 536 S. XII, 596 S. mit 2 Karten.) Leipzig 1859—64. T. O. Weigel. 11¹/₃ Thlr.

## Mittelalter.

Gründliche und an Ergebnissen reiche Studien eines ehemaligen sächsischen Ministers. Besonders wichtig für die letzten Zeiten des römischen Reichs.

**Reinhold Pallmann**, Die Geschichte der Völkerwanderung von der Gothenbekehrung bis zum Tode Alarichs, nach den Quellen dargestellt. gr. 8. (XV u. 332 S.) Gotha 1863, F. A. Perthes. n. 1 Thlr. 18 Ngr.

Eine mit Geist und Kenntnissen ausgeführte neue Untersuchung über die Geschichte der Völkerwanderung von 370—440. Darstellung frisch und lebendig, hin und wieder Nachahmung Mommsens verrathend.

—— Die Geschichte der Völkerwanderung nach den Quellen dargestellt. 2. Theil. Der Sturz des weströmischen Reiches durch die deutschen Söldner. gr. 8. (XVI u. 519 S. mit 1 Steindrucktafel.) Weimar 1864, Böhlau. n. 2⅔ Thlr.

Dieser zweite Band ist ebenfalls eine sehr tüchtige Arbeit und übertrifft den ersten an sorgfältiger Darstellung.

**Amedée Thierry**, König Attila u. seine Zeit. Schilderungen u. Sagen a. d. Gesch. des 5. Jahrh. Deutsch von Ed. Burckhardt. (A. u. d. Tit.: hist. Hausbibliothek 37. Bd.) gr. 8. (300 S.) Leipzig 1855, Lorck. n. 1 Thlr.

—— Die Söhne u. Nachfolger Attilas. Schilderungen aus der Geschichte des 6. Jahrh. (a. u. d. Tit.: Hausbibl. 38. Bd.) gr. 8. (VIII u. 206 S.) Ebend. 1855. n. 1 Thlr. 2 Aufl. 1859. 1 Thlr. 10 Ngr.

Werke gründlicher geschichtlicher Forschung und wahrer historischer Kunst, die nicht nur den vorliegenden Stoff lichtvoll darlegen, sondern ein lebendiges Bild jener Zeit geben.

**Paul Roth**, Geschichte des Beneficialwesens von d. ältesten Zeiten bis ins zehnte Jahrh. gr. 8. 31½ B. Erlangen 1850. 2 Thlr. 18 Ngr.

Eine zunächst für den Gelehrten bestimmte Monographie über das Lehenswesen, die aber bei der Wichtigkeit des Gegenstandes Jedem, der die mittelalterliche Geschichte gründlicher zu kennen wünscht, zu empfehlen ist. Versucht nachzuweisen, daß nicht das Vasallenverhältniß, sondern der einfache Unterthanenverband, die Abhängigkeit jedes freien Einwohners von dem gemeinsamen Staatsoberhaupte, die Grundlage des germanischen Staates bildete.

—— Feudalität u. Unterthanenverband. (VIII, 340 S.) Weimar 1863, Böhlau. 2 Thlr.

Nähere Begründung der in der Geschichte des Beneficialwesens dargelegten Ansichten mit Vertheidigung gegen Angriffe und Einwürfe anderer Forscher, namentlich gegen Waitz.

**Aug. Kluckhohn**, Geschichte des Gottesfriedens. gr. 8. (V u. 150 S.) Leipzig 1857, Hahnsche B. ⅔ Thlr.

Eine mit Fleiß und Gründlichkeit ausgearbeitete Schrift; die Sprache klar und nicht ohne Schmuck.

**F. W. Kampschulte**, Zur Geschichte des Mittelalters. Drei Vorträge. 8. (IV u. 79 S.) Bonn 1864, Cohen u. Sohn. 12 Ngr.

1. Charakter und Entwicklung der Kreuzzüge. 2. Kaiserkrönung Karls des Gr. 3. Die westphälische Fehme.

Sorgfältige formelle Behandlung mit lebendiger Auffassung des Gegenstandes.

**Joh. Jos. Ign. Döllinger**, Die Papstfabeln des Mittelalters. Ein Beitrag zur Kirchengeschichte. gr. 8. (VI u. 159 S.) München 1863, Lit.-artist. Anstalt. n. 22 Ngr.

Eine merkwürdige Schrift, welche viele Tendenzlügen in der Geschichte der Päpste enthüllt und die geschichtliche Wahrheit von den erfundenen Zuthaten trennt. Wenn der Verf. dabei oft den Anwälten der römischen Curie entgegentritt, so will er sich doch nicht in Gegensatz zu den Ueberlieferungen der Kirche stellen. Besonders interessant sind die Untersuchungen über die Päpstin Johanna und die sogenannte Schenkung Constantins, welche er mit siegreichen Gründen in das Gebiet der Fabel verweist.

**A. F. Gfrörer**, Pabst Gregorius VII. u. sein Zeitalter, Lex. 8. 7 Bde)
Schaffhausen 1859—61, Hurter. n. 24²⁄₃ Thlr.

    I. Bd. XVI,   670 S.
   II. „   XIX,   672 „
  III. „   XIX,   670 „
  IV. „   XIX,   584 „
   V. „   XL,    939 „
  VI. „   XXXII, 827 „
 VII. „   XXIII, 966 „ u. 3 lith. Karten.

Nach Anlage und Richtung eine Tendenzschrift zur Verherrlichung der päbstlichen Hierarchie, deren Entwicklung und Verdienste der Verfasser in die frühesten Zeiten verfolgt; daher er mehrere Bände braucht, bis er an Gregor kommt. Uebrigens ist das Werk reich an umfassenden Quellenstudien, die der Verfasser nach seiner Art zu kühnen Combinationen und Behauptungen verwendet. Die Darstellung oft gar zu breit und stofflich, aber frisch und lebendig.

**Hermann Reuter**, Geschichte Alexanders III. und der Kirche seiner Zeit.
3 Bde. Leipzig, Teubner.
   I. Bd. 2. völlig neu ausgearbeitete Auflage. (XVI, 588 S.) 1860.
4 Thlr.
  II. Bd. 1860. (695 S.) 3 Thlr. 20 Ngr.
 III. Bd. 1864. (XVIII, 808 S.) 5 Thlr. 10 Ngr. compl. 13 Thlr.

Ein sehr werthvoller Beitrag zur Geschichte des zwölften Jahrhunderts. Verbindet gründliche Quellenforschung mit sorgfältiger Darstellung.

**Fr. Hurter**, Geschichte Papsts Innocenz III. u. seiner Zeitgenossen. 4 Bde.
(1. Bd. 3. Aufl. 2. 3. Bd. 2. Aufl.) gr. 8. Hamb. (Gotha) 1835—
1842, F. A. Perthes. n. 13 Thlr.

Verherrlichung der mittelalterlichen Hierarchie, mit Geist und umfassender Forschung ausgeführt. Erstlingswerk Hurters, der sich dadurch seinen Namen machte.

Georg **Voigt**, Enea Silvio de Piccolomini als Pabst Pius II. und sein
Zeitalter. 3 Bde. (XXX, 450. XII, 377. XX, 724 S.) Berlin 1856
—63, G. Reimer. 6 Thlr. 20 Ngr.

Eine sehr tüchtige Arbeit, welche über die Grenzen einer bloßen Biographie weit hinausgreift und einen reichhaltigen Beitrag zur Geschichte der sinkenden Hierarchie giebt. Die Geschichte des Basler Concils, für welche der Verfasser manche ergänzende Notiz aus Correspondenzen und Gesandtschaftsberichten herbeizog, ist die Hauptpartie im ersten Bande. Im zweiten wird seine Wirksamkeit als Bischof von Siena und seine literarische Thätigkeit, im dritten seine päbstliche Regierung geschildert. Der Verfasser hat eine große Anzahl bisher ungedruckter Materialien, zum Theil von bedeutendem Werth, aus verschiedenen Bibliotheken zusammengebracht und überhaupt den Stoff mit Beharrlichkeit und Sorgfalt gesammelt. Auch die Darstellung ist zu loben. Von einer allzu apologetischen Tendenz in Beziehung auf den Helden hat er sich durchaus frei gehalten.

—— Die Wiederbelebung des classischen Alterthums oder das erste Jahrhundert des Humanismus. gr. 8. (XII, 486 S.) Berlin 1859, G.
Reimer. 2¼ Thlr.

Richtige Auffassung des Gegenstandes und geistvolle Behandlung. Besonders gelungen die Charakteristik Petrarca's. Anziehende Lektüre.

**Fr. Wilken**, Geschichte der Kreuzzüge. Mit Karten und Register. 7 Bde. gr. 8. Leipzig 1808—32, (Frankf. a. M. J. Bär.) u. 10 Thlr.
Hauptwerk über die Kreuzzüge. In den ersten Bänden ausgearbeitete, auf ein größeres Publikum berechnete Darstellung. In den spätern Bänden überwiegt der gelehrte Stoff.

**Heinrich v. Sybel**, Geschichte des ersten Kreuzzuges. gr. 8. Düsseldorf 1841, (Leipzig, F. Fleischer.) 2 Thlr.
Eine gut geschriebene, auf selbständiger Forschung beruhende Geschichte. Erstlingswerk des berühmten Historikers.

**Wilhelm**, Erzbischof von Tyrus. (Uebersetzung.) Geschichte der Kreuzzüge und des Königreichs Jerusalem. Aus dem Lateinischen übersetzt v. E. u. R. Kausler. Mit 1 Kupfertf. 2 Plänen u. 1 Karte. 2. Ausg. gr. 8. Stuttgart 1848, Krabbe. 27 Ngr.
Bericht eines Augenzeugen, der selbst eine Rolle bei den Begebenheiten gespielt hat; auf lebendiger Anschauung beruhend und mit historischer Kunst abgefaßt.

**Ferd. Wilcke**, Geschichte des Ordens der Tempelherren. Nebst Berichten über seine Beziehungen zu den Freimaurern u. den neuen pariser Templern. 2. Aufl. 2 Bde. (IV, 462. 554 S.) Halle 1860, Schwetschke. 4 Thlr. 12 Ngr.
Stellt die Nachrichten über die Tempelherren und besonders die gegen sie erhobenen Beschuldigungen sammt den Vertheidigungen sorgfältig und mit selbständiger Kritik zusammen. Ist das beste Werk über die Tempelherren.

**Zeit- u. Charakterbilder aus dem Mittelalter.** Nach d. Altfranz. bearbeitet von der Uebersetzerin des Vasari. (1. Bd.) 8. (VIII u. 443 S.) Berlin 1853, G. Reimer. 1¼ Thlr.
Lebensgeschichte Ludwig des Heiligen und des Ritters Bayard, als der edelsten Vertreter des französischen Ritterthums. Erstere nach Joinville, Bayard nach dem 1527 erschienenen loyal serviteur bearbeitet.

—— 2. Band: Lübeck als Haupt der Hansa. Franz von Sickingens Leben. Mit einem Vorwort von Johannes Voigt. 8. (X u. 391 S.) Ebend. 1855. 1¼ Thlr.
Hauptsächlich für die reifere Jugend bearbeitet in einer feinen und geistvollen, aber keineswegs rhetorischen Darstellung.

**Camille Paganel**, Geschichte Scanderbegs, oder Türken u. Christen im fünfzehnten Jahrhundert. (Aus dem Franz.) gr. 8. (VI u. 410 S.) Tübingen 1856, Laupp. 1½ Thlr.
Nicht blos eine Monographie des berühmten albanesischen Helden, sondern eine mit rhetorischem Pathos ausgeführte Schilderung der europäischen Politik und der Kämpfe gegen die wachsende Macht des osmanischen Reiches im 15. Jahrhundert. Das stoffliche Interesse und die Darstellung berechtigten zu der Uebersetzung, die fließend ist.

**K. D. Hüllmann**, Städtewesen des Mittelalters. 4 Thle. gr. 8. Bonn, Marcus. 8 Thlr.

   Thl. 1. Kunstfleiß und Handel. 1825. 1⅞ Thlr.
    = 2. Grundverfassung. 1827. 2⅛ Thlr.
    = 3. Gemeinheitsverfassung. 1828. 2½ Thlr.
    = 4. Bürgerleben. 1829. 1½ Thlr.
Hat die Bahn in dieser Materie gebrochen. Sehr reichhaltig, aber zum Theil vom Material abhängig und daher in der Ausführung ungleich. Mangel an chronologischer Ordnung und Entwicklung.

(J. B.) **De la Curne de Sainte Palaye.** (Uebersetzung.) Das Ritterwesen des Mittelalters ꝛc. Deutsch von Klüber. Mit Kupfertafeln. 3 Bde. gr. 8. Nürnberg 1786—91, Eichhorn. 4⅙ Thlr.
Hauptwerk über das Ritterwesen, Fundgrube für historische Romandichter.

Chr. **Engelhardt,** Herrad von Landsperg, Aebtissin zu Hohenburg im Elsaß, im 12. Jahrhundert, und ihr Werk: hortus deliciarum. Ein Beitrag zur Geschichte der Wissenschaften, Literatur, Kunst, Kleidung, Waffen und Sitten des Mittelalters. Mit 12 Kupfertaf. in Fol. gr. 8. Stuttgart 1818, Cotta. n. 3 Thlr., illum. n. 10 Thlr.
Sehr wichtig für mittelalterliche Culturgeschichte.

**Trachten** des christlichen Mittelalters. Nach gleichzeitigen Kunstdenkmalen herausgegeben von J. v. Hefner. Imp. 4. Mit Kupfern, deutsch. und franz. Text. Frankfurt a. M. 1840—54, Keller.

I. Abthl. bis zum 13. Jahrhundert. Lief. 1—16.
II. „ 14. und 15. Jahrhundert. Lief. 1—30.
III. „ 16. Jahrhundert. Lief. 1—24. Zweierlei Ausgaben mit braun gedruckten Abbildungen, à Lief. n. ½ Thlr., und eine gemalte Prachtausgabe, à Lief. n. 4⅔ Thlr. Compl. n. 35 Thlr., color. n. 326⅔ Thlr.

Zur Veranschaulichung des mittelalterlichen Lebens sehr geeignet; mit genauer Beschreibung und sorgfältiger artistischer Ausführung. Theatern sehr zu empfehlen.

## Neuere Geschichte.

Ludw. Tim. v. **Spittler,** Entwurf einer Geschichte der europäischen Staaten. 3. Aufl. Mit einer Fortsetzung bis auf die neuesten Zeiten versehen von G. Sartorius. 2 Bde. gr. 8. Berlin 1823, Mylius. 3⅔ Thlr.
Meisterwerk der neuern Historiographie, das in kurzen Andeutungen die Hauptpunkte glücklich bezeichnet, die Resultate der früheren Erscheinungen gedrängt zusammenfaßt, und für weitere Untersuchungen beachtenswerthe Winke giebt.

A. H. L. **Heeren,** Handbuch der Geschichte des europäischen Staatensystems und seiner Colonien. 2 Bde. gr. 8. 5. verb. Aufl. Göttingen 1830, Vandenhöck u. Ruprecht 3½ Thlr.
(Bd. 8. u. 9. von dess. histor. Werken.)
Klare Uebersicht der politischen Verhältnisse des neuern Europa; mit Angabe der früheren Hauptwerke für die einzelnen Perioden und Staaten.

Leop. **Ranke,** Geschichte der romanischen und germanischen Völker von 1494—1535. 1 Bd. gr. 8. Berlin 1824, G. Reimer. n. 1 Thlr.
Das Erstlingswerk des berühmten Verfassers, erzählt die Geschichte der Kämpfe Maximilians I. u. Karls V. mit Frankreich, in lebendiger aber noch etwas manierirter Darstellung.

—— Fürsten und Völker von Südeuropa im 16. u. 17. Jahrhundert. 1. Bd. gr. 8. 1. Aufl. 1827 u. ff. 3. Aufl. 1857; 2—4. Bd. unter dem Titel: Die römischen Päpste, ihre Kirche und ihr Staat im 16. u. 17. Jahrhundert. 3 Thle. 4. Aufl. gr. 8. Berlin 1854—57, Duncker und Humblot. 8⅔ Thlr.

Durch gründliche Quellenforschung wie durch glänzende Darstellung eines der ausgezeichnetsten Werke unserer Geschichtsliteratur.

Der erste Band enthält interessante frische Lebensbilder von Karl V. und dem osmanischen Reich, Mailand, Philipp II., meist venetianischen Gesandtschaftsberichten entnommen. 2. bis 4. Band zeigt, wie der Regeneration des römischen Katholicismus ein dem Protestantismus analoges neues kräftiges Leben zu Grunde gelegen habe, dann aber auch, daß politische Interessen häufig Hauptmoment der Bewegung waren, wo man früher blos kirchliche Triebfedern voraussetzte.

Leopold **Ranke**, Sämmtliche Werke. Leipzig 1867, Duncker u. Humblot. à Bd. 1½ Thlr.
 I—VI. Bd. Deutsche Geschichte im Zeitalter der Reformation. 4. A.
 VII. Bd. Zur deutschen Geschichte. Vom Religionsfrieden bis zum dreißigjährigen Krieg.
 VIII—XIII. Bd. Französische Geschichte vornehml. im 16. u. 17. Jahrh. 1867—69.
Das Urtheil s. bei den einzelnen Werken.

Friedr. v. **Raumer**, Geschichte Europas seit Ende des 15. Jahrhunderts. 8 Bde. gr. 8. Leipzig 1832—50, Brockhaus. n. 24 Thlr. 13 Ngr. Velinpapier. n. 48⅚ Thlr.
Ausführliche populäre Geschichte der äußern und innern Angelegenheiten Europas vom Jahre 1492—1740, zum Theil auf neuen archivalischen Forschungen beruhend. Das Eigenthümliche der Behandlungsweise besteht in einem Geist der Billigkeit, welcher jede Partei mit ihren besten Gründen vertreten läßt, aber häufig dadurch die Schroffheit der Gegensätze, wie sie in der Wirklichkeit auftreten, verwischt.

—— Briefe aus Paris, zur Erläuterung der Geschichte des 16. und 17. Jahrhunderts. 2 Bde. 12. Leipzig 1831, Brockhaus. n. 4½ Thlr.
Sehr interessante Auszüge aus Gesandtschaftsberichten, die der Verfasser in Paris benützte.

—— Beiträge zur neueren Geschichte aus dem britischen Museum und dem Reichsarchiv. 5 Thle. 12. Leipzig Brockhaus. n. 11⅔ Thlr.
Auch unter dem Titel:
Thl. 1. Die Königinnen Elisabeth und Maria Stuart. Mit dem Bildniß der Letztern. 1836. n. 2½ Thlr.
 = 2. König Friedrich II. und seine Zeit 1740—69. Nach den gesandtschaftlichen Berichten. 1836. n. 2½ Thlr.
 = 3—5. Europa vom Ende des siebenjährigen bis zum Ende des amerikanischen Krieges 1762—83. 3 Bde. 1839. n. 6⅔ Thlr.
Manches Neue und Interessante, meist in der ursprünglichen Form gesandtschaftlicher Berichte. Bildet eine Art Fortsetzung seiner Geschichte von Europa.

Wilh. **Wachsmuth**, Darstellungen aus der Geschichte des Reformations-Zeitalters, mit Zugaben aus der Quellenforschung.. 1 Thl. A. u. b. Tit.: Der deutsche Bauernkrieg zur Zeit der Reformation. Mit 1 Portr. gr. 8. Leipzig 1834, Brockhaus. n. ⅚ Thlr.
Unterhaltende Lektüre; besondere Rücksicht auf den thüringischen Bauernkrieg.

—— Historische Darstellungen aus der Geschichte der neuern Zeit. 3 Thle. gr. 8. Leipzig 1831. 32. Kummer.

Thl. 1. Aus dem Reformationszeitalter. 1¾ Thlr.
= 2. Meistens aus dem 17. Jahrhundert. 1¾ Thlr.
= 3. Aus dem 18. Jahrhundert. 1⅔ Thlr.
Einzelne lebendige Geschichtsbilder.

**Ludwig Häuſſer**, Geschichte des Zeitalters der Reformation. 1517—1648. Hrsg. von W. Oncken. (XXIII, 867 S.) Berlin 1868, Weidmann. 6 Thlr. 3 Sgr.

Vorlesungen, die mit großem Beifall gehalten waren und von dem Herausgeber stenographisch nachgeschrieben wurden. Die glänzende Darstellungsgabe Häuſſers bewährt sich in denselben in ausgezeichnetem Grade; wer die ganze Reformationszeit in einem schnellen Cursus durchwandern will, wird nicht leicht etwas Besseres und Anziehenderes finden. Eignet sich namentlich auch zum Vorlesen im Familienkreise. Wer vorher Ranke gelesen hat, wird zuweilen die Tiefe der Auffassung vermissen.

**Heinr. v. Sybel**, Prinz Eugen von Savoyen. Drei Vorlesungen gehalten zu München im März 1861. 8. (146 S.) München 1861, literar.=artist. Anstalt. n. 12 Ngr.

Ein treffliches Stück populärer Geschichtschreibung, das nicht nur ein lebendiges Bild von dem genannten Helden giebt, sondern auch die damalige Lage Oesterreichs und Europas in ihren Hauptmomenten vergegenwärtigt und interessante Parallelen mit der Gegenwart zieht.

**Leon. Ennen**, Der spanische Erbfolgekrieg und der Churfürst Joseph Clemens von Cöln. Aus gedr. u. handschriftl. Quellen bearbeitet. Nebst einer Zugabe von sehr vielen, meist ungedr. Documenten und Briefen des Churfürsten Clemens, des Kanzlers Freihrn. v. Karg zu Bebenburg, des Erzbischofs Fénélon und verschied. anderer großen und berühmten Männer der damal. Zeit. gr. 8. 33 B. Jena 1851. 2 Thlr. 15 Ngr.

Die antinationale Politik des Churfürsten Joseph Clemens, der mit seinem Bruder Max Emanuel, Kurfürsten von Baiern, auf Seite der Franzosen stand und eifrig bemüht war, das Interesse seines Hauses bei den diplomatischen Verhandlungen geltend zu machen, lernt man aus diesem Buch gründlich kennen, und obgleich der Verfasser gut katholisch gesinnt ist und auch die guten Seiten des geistlichen Fürsten ins Licht zu setzen sich bemüht, so vertheidigt oder vertuscht er seine politischen Fehler doch keineswegs.

**Hermann Abeken**, Der Eintritt der Türkei in die europäische Politik des achtzehnten Jahrhunderts. Mit e. Vorw. v. K. Stüve. Mit Aktenstücken. gr. 8. (XIV u. 256 S.) Berlin 1856, Beſſers Buchh. n. 1⅓ Thlr.

Fragment eines früh verstorbenen talentvollen Historikers, der sich zur Aufgabe stellte, die diplomatischen Beziehungen Oesterreichs, Preußens und Rußlands nach dem siebenjährigen Kriege zu beleuchten, und mit seiner Arbeit bis zum Jahr 1768 gelangt ist. Lichtvolle lebendige Darstellung, welche auf die neueren Verhältnisse überraschende Schlaglichter wirft und namentlich die Bedeutung des Belgrader Friedensschlusses auseinandersetzt.

**Aug. Fr. Gfrörer**, Geschichte des achtzehnten Jahrhunderts. Nach dem Tode des Verfassers herausgegeben von J. B. Weiß, Prof. in Graz.
   1. Thl. Ludwig XIV. Wilhelm der Oranier. Prinz Eugen. Karl XII. Peter der Große. Die Kaiser Leopold I. und Joseph I. 8. (VIII u. 595 S.) Schaffhausen 1862, Hurter. n. 1 Thlr. 22 Ngr.
   2. Thl. Geschichte Europa's von 1715—1740. Die Freidenker. Friedrich Wilhelm I. Die Jugendjahre Friedrichs II. (XIII u. 645 S.) ebend. 1862. n. 2 Thlr.
   3. Thl. Maria Theresia. (VIII u. 724 S.) ebend. n. 2 Thlr. 12 Ngr.

Klüpfel, Literarischer Wegweiser. 6

82    Neuere Geschichte.

Vorlesungen, die der Verfasser in den Jahren 1850—59 mit großem Beifall an der Universität Freiburg gehalten hat. Eine sehr frische Erzählung der Begebenheiten mit lebendiger Auffassung des inneren Zusammenhanges der Dinge und treffender, oft sehr derber, Charakteristik der Personen. In confessioneller Beziehung zeigt sich größere Unbefangenheit als man erwarten sollte, oft bricht sogar das alte protestantische Bewußtsein hervor, der Verfasser schimpft ungenirt über die Einmischung der Jesuiten, nimmt Partei für Wilhelm von Oranien, rügt die theologische Erziehung der österreichischen Erzherzoge und die verrottete Wirthschaft der österreichischen Regierung. Der Herausgeber findet daher nöthig in der Vorrede zum zweiten Bande gegen Angriffe katholischer Blätter sich darüber zu vertheidigen, daß er derartige Stellen unverändert habe abdrucken lassen.

**F. C. Schlosser**, Geschichte des 18. und des 19. Jahrhunderts bis zum Sturz des französischen Kaiserreichs. Mit besonderer Rücksicht auf geistige Bildung. 2. umgearb. Aufl. 1836 u. ff. 4. Aufl. 8 Bde. gr. 8. (XII, 623. IV, 606. IV, 566. IV, 524. XX, 686. XII, 656. VIII, 522. IX, 635.) Heidelberg 1853—60, J. C. B. Mohr. à Bd. n. 2½ Thlr.

Entwickelt mit scharfem pragmatischen Verstand und großer Meisterschaft über seinen Stoff das Werden einer neuen Zeit, die Auflösung mittelalterlicher Zustände und Ueberlieferungen, und das Aufkommen einer neuen Denkart und Literatur. Die letzten Bände über die französische Revolution, wobei Schlosser auch mündliche Nachrichten von Zeitgenossen benutzt hat, geben nicht sowohl eine vollständige Geschichte dieser Zeit, als subjectiv gehaltene Beiträge dazu.

**Joh. Gust. Droysen**, Vorlesungen über die Freiheitskriege. 2 Bde. (IX, 480. V, 728 S.) gr. 8. Kiel 1846, (v. Maack.) 5 Thlr.

Geistvolle glänzende Darstellung der Kämpfe für Erringung freierer Staatsformen. Beginnt mit dem nordamerikanischen Freiheitskrieg.

**Archibald Alison**. (Uebersetzung.) Geschichte Europas seit der ersten französischen Revolution ꝛc. (aus dem Englisch.), deutsch von L. Meyer. 8 Bde. gr. 8. Leipzig 1842—53. J. J. Weber. 12 Thlr.

Eine ausführliche Geschichte der französischen Revolution und der daraus entspringenden Kriege und politischen Umänderungen in Europa. Sie erschien zuerst in Edinburg in den Jahren 1833—1842, erlebte viele Auflagen, Nachdrucke und Uebersetzungen in französische, deutsche, arabische und hindostanische Sprache, zeichnet sich durch lebendige, oft kunstvolle Darstellung aus, und erzählt die Begebenheiten nicht nur ausführlich, sondern stellt auch die verschiedenen Urtheile der öffentlichen Meinung zusammen, um sie gegen einander abzuwägen. Der politische Standpunkt des Verfassers selbst ist ein streng toristischer, der deutsche Uebersetzer hat jedoch die conservativen Schlußurtheile und Nutzanwendungen des Verf. weggelassen und nur das beibehalten, was derselbe zur Vertretung des liberalen Standpunktes beibringt. Die 10. und letzte englische Auflage ist im Jahre 1861 erschienen. Die Fortsetzung des Werkes vom Jahre 1815—52 ist nicht ins Deutsche übersetzt.

**Heinr. v. Sybel**, Geschichte der Revolutionszeit von 1789—1795. 3 Bde. Düsseldorf 1853—60, Buddeus. 3. Aufl. 1865 u. 66. 6 Thlr. I. (XII, 562 S.) II. u. III. (XXX, 960 S.) Ergänzungsheft. A. u. b. T.: Oestreich u. Deutschland im Revolutionskrieg. 1868. (LXXI, 183 S.) 1 Thlr.

Ein anerkannt klassisches Werk, welches die bisherigen Darstellungen der Revolutionszeit durch neue Materialien aus den Pariser und Berliner Archiven ergänzt. Ein besonderes Verdienst des Verfassers ist, daß er zeigt, wie sich die revolutionäre Krisis nicht nur in der Politik der französischen Revolutionsmänner, sondern auch in den Kabinetten der Monarchen abspiegelt, und nachweist, wie die englischen und polnischen Angelegenheiten bestimmend und verwirrend auf den Coalitionskrieg gegen Frankreich eingewirkt haben. Das Werk nimmt durch Scharfblick in politischer Beurtheilung, durch historische Kunst und nationale Gesinnung eine sehr hervorragende Stelle in der teutschen Literatur ein. Das Ergänzungsheft ist zunächst eine Streitschrift, in welcher sich der Verf. gegen die von Hüffer und Anderen erhobene Beschuldigung vertheidigt, daß er die österreichische Politik zu Gunsten Preußens ungerecht beurtheilt habe. Eine Fortsetzung bis zum Jahre 1800 ist in Aussicht gestellt, und ein 4. Band ist gegenwärtig unter der Presse.

**Hermann Hüffer,** Diplomatische Verhandlungen aus der Zeit der französischen Revolution. I. Oesterreich und Preußen gegenüber der französischen Revolution bis zum Abschluß des Friedens von Campo Formio. (VII, 490 S.) Bonn 1868, Marcus. 2½ Thlr.

Der Verfasser wollte in der neuerlich entstandenen Polemik der großdeutschen Geschichtschreiber O. Klopp, Vivenot und Anderer gegen Häusser und Sybel, worin es sich hauptsächlich um die Verschuldung Preußens beim Basler Frieden handelt, eigentlich eine vermittelnde Stellung einnehmen, und hat zu diesem Behuf auch die österreichischen und französischen Archive benutzt, steht aber mehr auf großdeutscher und österreichischer Seite, und der Streit hat durch ihn wieder neue Nahrung gewonnen. Das Streben billig zu urtheilen ist nicht zu verkennen, auch empfiehlt sich die Darstellung durch Ruhe und Klarheit.

—— Die Politik der deutschen Mächte im Revolutionskriege bis zum Abschluß des Friedens von Campo Formio. Zugleich als Erwiderung auf H. v. Sybels Ergänzungsheft zur Geschichte der Revolutionszeit. (VI, 242 S.) Münster 1869, Aschendorff. 1 Thlr. 5 Ngr.

**Karl Hagen,** Geschichte der neuesten Zeit, vom Sturze Napoleon's bis auf unsere Tage. In übersichtl. Darstellung. 2 Bände. (779. XIV, 774.) Braunschweig 1848—51. 4 Thlr. 24 Ngr.

Eine gute einfache Geschichte der Zeit vom Wiener Congreß bis zum Jahre 1840, mit sorgfältiger Benutzung der zu Gebot stehenden literarischen Hülfsmittel und mündlichen Traditionen. Der Verfasser steht auf Seite der Bewegung und des nationalen Fortschritts, ohne radikale Uebertreibung und mit billiger Würdigung der Verhältnisse. Vorzugsweise Berücksichtigung der deutschen Angelegenheiten. Sehr empfehlenswerth.

**Wolfgang Menzel,** Geschichte Europas vom Beginne der französischen Revolution bis zum Wiener Congreß. 2 Bde. 8. (I. XIV u. 474 S. II. VI u. 335 S.) Stuttgart 1853, Krabbe. 2. verb. Aufl. 1866. 2 Thlr. 12 Ngr.

Der schon oft behandelte Gegenstand ist hier ohne den Anspruch neues Material zu geben, aber mit so geistreicher Lebendigkeit dargestellt, daß man das Buch mit wahrem Genuß lesen kann. Der Verf. legt Gewicht darauf, die Dinge nicht in französischem Sinn und vom Standpunkt der Revolution aufzufassen, wobei er nicht nur deutsch, national und politisch conservativ ist, sondern mitunter auch in Schroffheiten verfällt, in der Art Leo's.

—— Die Geschichte der letzten 40 Jahre (1816—1856). 2 Bde. gr. 8. (XV u. 479. VIII u. 486 S.) Stuttgart 1857, Krabbe. 3. Aufl. 1865. 2 Thlr. 12 Ngr.

Eine lebendige, mit Reflexion durchwobene Erzählung der hauptsächlichsten Ereignisse. Die im Ganzen richtige Auffassung doch öfters durch persönliche Zu- und Abneigung bestimmt.

—— Supplementband. Geschichte der neuesten Zeit. 1856—1860. (VIII, 392 S.) Stuttgart 1860, Krabbe. 1 Thlr.

—— Die wichtigsten Weltbegebenheiten vom Anfang des Lombardischen Krieges bis zum Anfang des deutschen Krieges. 1859—1866. Stuttgart 1869, Krabbe. Bis jetzt 6 Lfgn. à 5 Ngr.

**G. G. Gervinus,** Einleitung in die Geschichte des neunzehnten Jahrhunderts. gr. 8. (181 S.) Leipzig 1853, Engelmann. n. 1 Thlr. 4. Aufl. 1864.

Ein ideenreicher Ueberblick der neueren Geschichte, der sich aber in dem Versuch, die geschichtliche Entwicklung als eine gesetzmäßige darzustellen, zu einer Construction der Vergangenheit und Zukunft verirrt, wie sie außer der Befugniß des Historikers liegt. Die Annäherung an die Demokratie, zu deren Gunsten Gervinus diese Construction machte, hat bekanntlich zu einem polizeilichen Verbot des Buches und einer gerichtlichen Anklage des Verfassers Veranlassung gegeben.

—— Geschichte des neunzehnten Jahrhunderts seit den Wiener Verträgen. 8 Bde. Leipzig 1855—66, Engelmann.
I. (X, 618 S.) 2 Thlr.
II. (VI, 782 S.) 3 Thlr.
III. (512 S.) 2 Thlr. 5 Ngr.
IV. (877 S.) 3 Thlr. 25 Ngr.
V. (515 S.) 2 Thlr. 5 Ngr.
VI. (570 S.) 2 Thlr. 10 Ngr.
VII. (VIII, 748 S.) 2 Thlr. 24 Ngr.
VIII. (VII, 884 S.) 3⅗ Thlr.

Ein Werk, das nicht nur durch den Namen des Verf., sondern auch durch seinen Gehalt von anerkannter Bedeutung ist. Dasselbe giebt nicht sowohl Erzählung der Begebenheiten, als eine dem Gang der Ereignisse folgende historisch-politische Betrachtung von einem bestimmt ausgesprochenen nationalen und politischen Standpunkt aus. Der erste Band behandelt die Herstellung der Bourbonen, den Wiener Congreß, die geistigen Grundlagen der Reaction und die Anfänge ihrer Ausführung in Oesterreich, der zweite die Reaction von 1815—20 in Italien, Spanien, Frankreich, Deutschland und Rußland. Im dritten Band werden die Revolutionen der romanischen Staaten in Amerika und dem südlichen Europa mit unverhältnißmäßiger Ausführlichkeit beschrieben. Bd. 4 handelt von der Unterdrückung der Revolutionen in Italien und Spanien, von den Bemühungen Canning's den Sieg der absolutistischen Politik Metternich's durch Unterstützung der Freiheitskämpfe in Südamerika und Griechenland zu kreuzen, und von den englischen Zuständen, und giebt schließlich nach den Materialien des Berliner Archivs eine Geschichte der Congresse von Troppau, Laibach und Verona, aus der manche Berichtigungen und Bestätigungen des bisherigen Wissens hervorgehen. Der 5. und 6. Band ist der Geschichte des griechischen Freiheitskrieges gewidmet. Im Zusammenhang damit wird die orientalische Frage und insbesondere die Beziehung Oesterreichs zu derselben behandelt, und der Verf. nimmt davon Veranlassung die ganze auswärtige Politik Metternichs mit in seine Darstellung hereinzuziehen. Der 7. Band schildert die inneren Zustände der europäischen Staaten in den dreißiger Jahren, und insbesondere die deutschen Verhältnisse. Der erste Hauptabschnitt des achten Bandes: „die geistigen Bewegungen im dritten Jahrzehnt" entspricht den Erwartungen, die man von einem Historiker hegt, welcher die wichtigste Aufgabe des Geschichtsschreibers in die Darstellung der Ideen und geistigen Strömungen setzt, keineswegs. Der Abschnitt über die Wissenschaftspflege in Deutschland ist offenbar ungenügend. Von dem zweiten Hauptabschnitt dieses Bandes: „die Julirevolution und ihre Folgen" ist die Charakteristik Louis Philipps wohl die gelungenste Partie; dagegen die Vergleichung Polignacs mit Bismarck ganz unglücklich. Die Einwirkung der Julirevolution auf Deutschland bleibt hinter der Aufgabe entschieden zurück. Die Huldigung für die Kleinstaaten und die Behauptung, daß die geistige Hegemonie zu allen Zeiten bei ihnen gewesen, erscheint gegenüber von der Wirklichkeit fast lächerlich. Das Anfangs mit so vielem Beifall aufgenommene Werk beginnt die Geduld seiner Freunde, und wie es scheint auch die Arbeitslust des Verf. zu ermüden, und der 8. Band bleibt vielleicht der letzte.

**Adf Schmidt,** Zeitgenössische Geschichten. I. Frankreich von 1815—1830. II. Oesterreich von 1830—1848. gr. 8. (XI, 720 S.) Berlin 1859. Duncker u. Humblot. n. 3⅔ Thlr.

Ein sehr interessantes Werk, welches theilweise auf den gesandtschaftlichen Berichten der schweizerischen Geschäftsträger in Paris und Wien beruht. Besonders wichtig ist die zweite Abtheilung über Oesterreich, welche über Manches neue Aufschlüsse giebt und ein sehr werthvoller Beitrag zur Würdigung Metternichs ist, den der Verfasser beinahe apologetisch behandelt und dem er sogar die Geneigtheit zuschreibt, in constitutionelle Zugeständnisse einzulenken. Gute, durch Gruppirung der Ereignisse, Charakteristik der handelnden Personen, Hervorhebung der Wendepunkte und eingehendes Urtheil gehobene Darstellung.

**Richard Röpell**, Die orientalische Frage in ihrer geschichtlichen Entwicklung 1774—1830. gr. 8. (VII u. 320 S.) Breslau 1854, Trewendt u. Granier. 1½ Thlr.

Eigentlich eine Geschichte der griechischen Revolution im Zusammenhang mit dem Verfall der osmanischen Macht. Eine Hauptpartie des Werkchens ist auch der russisch-türkische Krieg von 1828—29. Uebersichtlich klar und mit politischem Verständniß geschrieben.

**Chr. Fr. Wurm**, Diplomatische Geschichte der orientalischen Frage. gr. 8. (XII u. 520 S.) Leipzig 1858, Brockhaus. n. 2½ Thlr.

Die Beziehungen der europäischen Politik zur Türkei werden hier mit umsichtiger und scharfsichtiger Beachtung der diplomatischen Verhandlungen von der Zeit Peters des Großen bis zum Abschluß der Pariser Verträge im April 1856 verfolgt und gezeigt, daß die Frage damit keineswegs gelöst, sondern nur ihrer Reife näher gebracht sei. Das vorliegende Werk, das einen sehr werthvollen Beitrag zur neueren Geschichte gewährt, ist ein erweiterter Abdruck einiger Artikel in der Brockhaus'schen Gegenwart.

**J. B. M. A. Baron de Bazancourt**, Der Feldzug in der Krim bis zur Einnahme von Sebastopol. Eine aus authentischen Quellen geschöpfte Darstellung des orientalischen Krieges. Aus dem Franz. vollständig übertragen. 2 Bde. gr. 8. (XXXI u. 371. 459 S.) Wien 1856, Hartlebens Verl. n. 3 Thlr.

Eine auf unmittelbarer Anschauung beruhende, aber oft gar zu schwungvolle und durch politische Vorurtheile befangene Darstellung. Die Uebersetzung gut.

**W. Russel**, Aus dem Feldlager in der Krim. Briefe des Timescorrespondenten. Aus dem Engl. von J. Seybt. gr. 8. (XII u. 334 S.) Leipzig 1856, Lorck. n. 1 Thlr.

(Zugl. 1. Band einer „Bibliothek der Gegenwart.")
Eine sehr getreue und malerische Schilderung des Lagerlebens vor Sebastopol. Das englische Original ist vom Uebersetzer in der Art frei bearbeitet, daß die Tagesereignisse von vorübergehendem Interesse weggelassen, dagegen die Erzählung, die im Original nur bis zum Tode Lord Raglans geht, bis zum Ende des Jahres 1855 aus anderen Nachrichten ergänzt ist.

**Friederich Lorentz**, Neueste Geschichte von den Wiener Verträgen bis zum Frieden von Paris (1815—1856). Herausgeg. von Theodor Bernhardt. gr. 8. (XVI u. 492 S.) Berlin 1867, Guttentag. n. 2⅓ Thlr.

Vorlesungen, welche der Verfasser im Winter 1857—1858 in Bonn gehalten hat. Dieselben sind in ruhiger, klarer Darstellung gehalten, und gewähren vermöge des verständigen, nüchternen Urtheils, mit welchem der Verfasser den Gang der Ereignisse und Bestrebungen begleitet, einen trefflichen Ueberblick über den reichen Inhalt des angegebenen Zeitpunktes. Da der Verfasser von 1832—1857 außerhalb Deutschlands lebte (nämlich in Petersburg), so war es ihm möglich, die deutschen Dinge objectiver zu beurtheilen, und dieser Umstand ist wohl seiner Darstellung zu gute gekommen, die freilich auch der nationalen Wärme entbehrt.

**Wilh. Müller**, Geschichte der neuesten Zeit 1816—1866, mit besonderer Berücksichtigung Deutschlands. gr. 8. (XVII u. 362 S.) Stuttgart 1867, Neff. 1 Thlr. 6 Ngr.

Eine frisch und lebendig geschriebene Uebersicht der neuesten Geschichte, welche sich von andern derartigen Darstellungen dadurch unterscheidet, daß sie das geschichtliche Verständniß des Jahres 1866 als Hauptzweck vor Augen hat.

**Ed. Arnd**, Geschichte der Jahre 1860—1867. 1—3. A. 2 Bde. (352 u. 272 S.) Leipzig 1868, Duncker u. Humblot. 2 Thlr.

Zugleich als neueste Fortsetzung der Becker'schen Weltgeschichte ausgegeben. Eine objectiv gehaltene, glatte Darstellung, aber einförmig und trocken. Die deutschen Verhältnisse sind ungenügend behandelt. Der zweite Band ist ganz der außereuropäischen Geschichte gewidmet.

**Die Gegenwart.** Eine encyklopädische Darstellung der neuesten Zeitgeschichte f. alle Stände. 12 Bde. gr. 8. (jeder Bd. circa 750—780 S.) Leipzig 1848—57, Brockhaus. à Bd. 2 Thlr.

Eigentlich eine Ergänzung zum Brockhaus'schen Conversations-Lexikon, welche eine Reihe von Monographien über die Ereignisse, Persönlichkeiten und Interessen der neuesten Zeit giebt. Die Beiträge sind natürlich von verschiedenem Werth, aber viele darunter sehr gut.

**Unsere Zeit.** Jahrbuch zum Conversationslexikon. Bd. I—VIII. Leipzig 1857—64, Brockhaus. à Bd. 2 Thlr. 12 Ngr.

—— **Deutsche Revue der Gegenwart.** Monatsschrift zum Conversationslexikon. Neue Folge. Herausgeg. v. Rud. Gottschall. 1865—69. Jährl. 24 Hefte oder 2 Bde. à 4 Thlr. 24 Ngr.

Eine Fortsetzung der Gegenwart unter verändertem Titel, doch mit dem Unterschied, daß der Inhalt eine größere Mannichfaltigkeit gewährt und außer den eigentlich zeitgeschichtlichen Artikeln eine Reihe von biographischen, literaturgeschichtlichen, naturwissenschaftlichen, technischen Beiträgen umfaßt. Neben den größeren Abhandlungen enthält jedes Heft auch kurze Uebersichten über neuere Erscheinungen im Gebiete der Literatur, Kunst und Technik. Das Unternehmen enthält manche Beiträge zur Zeitgeschichte, welche von bleibendem Werth sind und von Verfassern herrühren, die Gelegenheit hatten, die geschilderten Vorgänge und Verhältnisse in der Nähe zu beobachten, und da sie in der Regel gut geschrieben sind, so dienen sie auch zur unterhaltenden Lektüre.

**Staatengeschichte der neuesten Zeit.** Bd. I—XIV. Leipzig 1858—68, S. Hirzel.

Die besonderen Titel und Urtheile s. bei den einzelnen Ländern.

**G. Schulthess**, Europäischer Geschichtskalender. Jahrgg. I—IX. 1860—68. Nördlingen 1861—69, Beck.
   I. (VII, 262 S.) 1 Thlr.
   II. (VII, 361 S.) 1 Thlr. 18 Ngr.
   III. (IV, 432 S.) 1⅓ Thlr.
   IV. (IV, 440 S.) 1⅓ Thlr.
   V. (434 S.) 1¾ Thlr.
   VI. (449 S.) 1¾ Thlr.
   VII. (572 S.) 2 Thlr. 4 Ngr.
   VIII. (580 S.) 2 Thlr. 4 Ngr.
   IX.

Eine gedrängte, sehr inhaltreiche, gut redigirte Uebersicht der Ereignisse, in der Art des englischen annual register, nur kürzer und ökonomischer eingerichtet. Vervollkommnet sich mit jedem Jahre, und ist sowohl in der chronologischen als in der räsonnirenden Uebersicht eine treffliche Leistung. Für den Historiker und Publicisten unentbehrlich.

Wilh. **Müller**, Politische Geschichte der Gegenwart.
 I. Das Jahr 1867. (XIII, 194 S.) Berlin 1868, Springer. 18 Ngr.
 II. Das Jahr 1868. (XVI, 236 S.) Berlin 1869. 20 Ngr.
 *Eine sehr gute räsonnirende Uebersicht vom national-liberalen Standpunkt aus. Ein ausführliches Inhaltsverzeichniß und eine kalenderförmige Chronik erleichtern die Uebersicht.*

Das **Staatsarchiv**. Sammlung der offiziellen Actenstücke zur Geschichte der Gegenwart. In fortlaufenden monatlichen Heften herausgegeben von L. K. Aegidi und Alfred Klauhold. Jährl. 12 Hefte. Lex. 8. Hamburg 1861—1869, O. Meißner. à Jahrg. 5 Thlr.
 *Ein sehr willkommenes Unternehmen für Alle, welche sich für den Gang der Politik speciell interessiren. Manches wichtige Actenstück, das in der Masse der Journalistik sich verliert oder oft auch gar nicht zu genauer wörtlicher Veröffentlichung gelangt, kommt hier zur Kenntniß der Publicisten und Historiker. Die vortreffliche Redaction sorgt für möglichste Vollständigkeit, zweckmäßige Gruppirung der Actenstücke und diplomatische Genauigkeit des Abdrucks. Das Werk ist für den künftigen Geschichtschreiber unentbehrlich.*

F. W. **Ghillany**, Diplomatisches Handbuch. Sammlung der wichtigsten europäischen Friedensschlüsse, Congreßacten u. s. w. vom westphälischen Frieden bis auf die neueste Zeit. Mit geschichtl. Einleitungen. 3 Thle. gr. 8. (I. XXXI u. 414 S. II. 813 S. III. VI, 440 S.) Nördlingen 1854—68, Beck. n. 7²⁄₃ Thlr.
 *Eine für das Studium der neueren Geschichte sehr empfehlenswerthe Ergänzung der gewöhnlichen Geschichtswerke. Der dritte Band schließt mit den Actenstücken über die Luxemburger Frage.*

—— Europäische Chronik von 1492 bis Ende April 1865. Mit besonderer Berücksichtigung der Friedensverträge ꝛc. 2 Bde. gr. 8. (XCVI u. 638. 775 S.) Leipzig 1865, O. Wigand. n. 7²⁄₃ Thlr.

—— —— 3. Bd. Auch unter dem Titel: Europäische Chronik vom 1. Mai 1865 bis Ende April 1867. gr. 8. (XXXVI u. 631 S.) Ebendas. 1867. n. 3¹⁄₃ Thlr.
 *Giebt eine sehr vollständige Zusammenstellung aller politischen und militärischen Ereignisse, noch in größerer Vollständigkeit und Ausführlichkeit als Schulthess, wogegen die zusammenfassende Uebersicht fehlt.*

## Deutsche Geschichte.

### Gesammtdarstellungen.

Friedr. **Kohlrausch**, Geschichte der Deutschen. 1. Aufl. 1816. 15. Aufl. gr. 8. (XVIII, 768 S.) Hannover 1866, Hahn. 2 Thlr.
 *Aus der gehobenen Stimmung der Freiheitskriege hervorgegangen, hat diese populäre, für die Jugend besonders geeignete Darstellung viel dazu beigetragen, die nationale Gesinnung in den späteren Generationen zu nähren.*

Wolfgang **Menzel**, Geschichte der Deutschen bis auf die neuesten Tage. 1. Aufl. 1824. 4. umgearbeitete Ausg. in 1 Bde. (2 Abthln.) Mit 1 Stahlst. gr. 4. Stuttgart 1843, Cotta. 5 Thlr.

—— 5. Ausg. 5 Bde. (I. VII, 415. II. 395. III. 416. IV. 340. V. 337 S.) 8. ebend. 1855. 56. n. 4 Thlr.

88  Deutsche Geschichte. Gesammtdarstellungen.

Hat die nationale Behandlung der deutschen Geschichte glücklich getroffen, und zeichnet sich aus durch den Versuch, ein Gesammtbild des deutschen Lebens nach allen seinen Beziehungen zu entwerfen. Lebendigkeit des Stils, zweckmäßige Gruppirung des Stoffes und geschickte Einflechtung einzelner Züge geben der Darstellung Anschaulichkeit und Interesse.

**Joh. Christn. Pfister**, Geschichte der Deutschen. 6 Bände und Register. (I. XXII, 538. II. XXI, 672. III. XXII, 669. IV. XXI, 661. V. XXXII, 688. VI. Fortsetzung von Fr. Bülau. XIII, 610 S.) gr. 8. Hamburg (Gotha) 1829—35, F. A. Perthes. n. 18 Thlr.

Bildet den Anfang der Heeren und Uckert'schen Sammlung der Geschichte der europäischen Staaten, und war die erste ausführlichere Darstellung der deutschen Geschichte, welche mit selbstständiger Quellenforschung einen gebildeten Stil verband. Der erste Band ist nun freilich ganz antiquirt, der dritte, der das 14. und 15. Jahrhundert behandelt, enthält die Resultate fleißiger selbständiger Forschungen, die neuere Zeit giebt in verständiger Auffassung ein reiches Material.

**J. G. A. Wirth**, Geschichte der Deutschen. 4 Bde. Constanz 1842—45. 9¹/₁₂ Thlr. 4. Aufl. Fortgesetzt von W. Zimmermann. 4 Bde. (IV, 403. 518. 395. 820 S.) Stuttgart 1865, Weise. 2⅚ Thlr.

Warme patriotische Gesinnung, gründliche, obgleich etwas dilettantische Forschung; einzelne Persönlichkeiten werden oft mit unbilliger Härte beurtheilt. Darstellung von warmer Liebe zum Gegenstande belebt, aber nicht gerade fließend. Die Fortsetzung von Zimmermann behandelt die neuere Geschichte von Auflösung des deutschen Reiches bis 1815 ziemlich ausführlich.

—— Die Geschichte der deutschen Staaten von der Auflösung des Reiches bis auf unsere Tage. Fortgesetzt von W. Zimmermann. 4 Bde. (VIII, 928. VI, 946. XII, 955. 960 S.) Karlsruhe 1847—53. Kunstverlag. 8 Thlr.

Ausführliche Geschichte des Rheinbundes, der napoleonischen Kriege soweit sie Deutschland betreffen, der Freiheitskriege und des Wiener Congresses, wobei die verschiedenen Möglichkeiten, ein deutsches Reich wiederherzustellen, ausführlich besprochen und bestimmte Vorschläge gemacht werden. Ein warmer Patriotismus und eine entschiedene politische Ueberzeugung sprechen wohlthuend an. Der 2. Band schließt mit dem Jahr 1828; die weitere Fortsetzung wurde durch den Tod Wirths im Jahr 1848 unterbrochen, aber von W. Zimmermann wieder aufgenommen, der die Geschichte in demokratischem Sinn bis auf die neueste Zeit ausarbeitete.

**Ed. Duller**, Vaterländ. Geschichte von den ältesten Zeiten bis zur Gegenwart. 5 Bde. (illustr. Ausg.) gr. 8. (1. Bd. VI u. 518. 2. Bd. VI u. 386. 3. Bd. XIX u. 531. 4. Bd. 572. 5. Bd. V u. 409 S.) Frankfurt a. M. 1858, Meidinger, Sohn u. Co. n. 7 Thlr.

Die 2 ersten Bände von Duller sind mit Wärme und Lebendigkeit geschrieben, mitunter gar zu rhetorisch, auch fehlt es sichtlich an der wissenschaftlichen Grundlage. Nach seinem Tode übernahm Karl Hagen die Fortsetzung, und sie ist auch unter dem folgenden besonderen Titel erschienen:

**K. Hagen**, Deutsche Geschichte von Rudolf von Habsburg bis auf die neueste Zeit. (In 3 Bdn.) (III. XIX u. 553. IV. 572. V. 409 S.) Ebend. 1854—58. 5 Thlr. 12 Ngr.

Diese Fortsetzung des Duller'schen Werkes erzählt einfach und lebendig, hält in Urtheil und thatsächlichem Stoffe das rechte Maß und giebt nicht nur die Ergebnisse fremder, sondern auch eigener Forschung. In Auffassung Heinrichs VII., Ludwig des Baiern, Karl IV., der Fehden zwischen den Städten und dem Adel giebt der Verfasser manches Neue, das geeignet ist, die bisherige Darstellung zu berichtigen und zu ergänzen, in der Reformationszeit zeigt er sich ebenfalls als selbständiger Historiker. Der Verf. führte die Erzählung jedoch nur bis zum Tode Friedrichs d. Gr. fort, da er nach dem Werke Häussers die Fortsetzung für überflüssig hielt.

**Adam Pfaff**, Deutsche Geschichte von den ältesten Zeiten bis zur Zeit des dreißigjährigen Krieges. gr. 8. I. Bd. (479 S.) II. (V u. 557 S.) III. (S. 1—641.) IV. (IV, 837 S.) Braunschweig 1853—60, Westermann. n. 8 Thlr. 8 Ngr.

Eine der besten Bearbeitungen der deutschen Geschichte. Bemüht sich, die Resultate der neueren Forschung übersichtlich darzulegen. Gute Auswahl des Stoffes und würdige lebendige Darstellung. Ist nicht nach den ersten Quellen, sondern nach guten neueren Bearbeitungen ausgeführt, was dem Ganzen insofern zu gut gekommen ist, als der Verfasser nicht einzelne Partien bevorzugt, sondern Alles gleichmäßig behandelt und ein harmonisches Ganze gegeben hat.

**H. Leo**, Vorlesungen über die Geschichte des deutschen Volkes u. Reiches. Academ. Vorlesungen. gr. 8. 5 Bde. (XVI u. 607. IX, 1090. VII, 1391. X, 767. XVI, 742 S.) Halle 1854—66, Anton. 25½ Thlr.

Eine ungleich behandelte, an unerwarteten Excursen und Reflexionen reiche Darstellung, welche das Gepräge der Eigenthümlichkeit des Verf. in hohem Grade trägt, aber manche treffliche, anregende Partien bietet, und bei einem eingehenden Studium der deutschen Geschichte nicht unbeachtet bleiben darf. Geht nur bis zum Sturze der Hohenstaufen. Der 5. und 6. Band giebt eine Beschreibung der Territorien des deutschen Reiches im 13. Jahrh.

**Karl August Mayer**, Deutsche Geschichte für das deutsche Volk. 1. Bd. gr. 8. (XVI u. 469 S.) 2. Bd. (XIV, 776 S.) Leipzig 1857—58, O. Mayer. n. 2 Thlr. 20 Ngr.

Unter den kürzeren deutschen Geschichten wohl die empfehlenswertheste. Gute Auswahl des Stoffes, wahre Popularität, patriotische Wärme und sicheres Urtheil sind die hervortretenden Eigenschaften. Die älteren Zeiten nur kurz behandelt, von der Reformation an ausführlicher, doch so, daß nur bei den wichtigeren Partien länger verweilt wird, im 18. Jahrhundert viel Literaturgeschichte, weil diese die Glanzpartie der deutschen Entwickelung ist. Die Geschichte der Freiheitskriege ist ziemlich ausführlich behandelt. Schließt mit dem Regierungsantritt König Wilhelms I. von Preußen.

**Heinrich Rückert**, Deutsche Geschichte. 2. umgearb. Auflage. gr 8. (XVI u. 712 S.) Leipzig 1861, T. O. Weigel. n. 2⅔ Thlr.

Eine neue Auflage des im Sammelwerke „das deutsche Volk" enthaltenen Annalen der deutschen Geschichte. (S. S. 92.) Die Umarbeitung besteht in Verbesserungen im Einzelnen, in einer breiteren Ausführung der neuen und neuesten Geschichte und deren Fortsetzung bis zum Sommer 1859. Das Buch ist auch in dieser neuen Gestalt eine sehr gute übersichtliche Darstellung nach dem dermaligen Stand der Forschung, nur dürften die Hauptpunkte schärfer hervorgehoben sein.

**E. F. Souchay**, Geschichte der deutschen Monarchie von ihrer Erhebung bis zu ihrem Verfall. Bd. I. Geschichte der Karolinger und der Ottonen. gr. 8. (XVI u. 640 S.) Frankfurt a/M. 1861, Sauerländers Verl. n. 2⅔ Thlr.

Bd. II. Geschichte der Salier und Hohenstaufen. ebend. 1861. n. 2⅔ Thlr.

Bd. III. Geschichte des Wahlreiches und der Luxemburger. gr. 8. (XVI u. 696 S.) ebend. 1862. n. 2⅔ Thlr.

Bd. IV. Habsburger bis auf Karl V. gr. 8. (XXIII u. 532 S.) ebend. 1862. n. 2⅔ Thlr.

Eine auf umfassendem Quellenstudium und sorgfältiger Benutzung der neueren Literatur beruhende, mit juristischer Bildung und warmer nationaler Gesinnung geschriebene Geschichte des deutschen Reichs von Karl dem Großen bis zu Karl V., welche sich die Aufgabe stellt, nachzuweisen, daß Deutschland auf dem rechten Wege nationaler Entwicklung gewesen sei, so lange die deutsche Monarchie und das Kaiserthum in Kraft bestanden habe, daß auch mit dem Sturz ter Hohenstaufen nicht Alles verloren gewesen sei, sondern die Monarchie hätte wiederhergestellt werden können, wenn nicht die deutschen Fürsten beharrlich widerstrebt und nicht durch Festhaltung des Wahlrechts und wiederholte Wahlen kleiner unmächtiger Grafen, die immer wieder von vorne anfangen mußten, durch fortgesetzte Schmälerung der Reichsgewalt die Monarchie systematisch untergraben hätten, wozu denn auch noch gekommen sei, daß die Kaiser selbst, wie namentlich Ludwig der Bayer und Karl IV. ihre Aufgabe verkannt und theils aus Mangel an Einsicht, theils aus Mangel an Energie das Richtige zu thun versäumt hätten. Das Werk ist mit frischer Sprache, gesundem billigem Urtheil geschrieben, aber die Darstellung ist etwas zu breit gerathen und versäumt die Hauptpunkte klar und scharf hervorzuheben, auch vermißt man die Kunst fesselnder anschaulicher Erzählung.

**S. Sugenheim**, Geschichte des deutschen Volkes und seiner Cultur, von den ersten Anfängen historischer Kunde bis zur Gegenwart. Bd. 1—3. gr. 8. (I. XXIV u. 559, II. XII u. 702, III. XXIV u. 708 S.) Leipzig 1866—1867, Engelmann. 8 1/12 Thlr.

Das Ganze ist auf 6 Bände berechnet.

Diese neue Bearbeitung der deutschen Geschichte hat den Zweck, dieselbe nach dem gegenwärtigen Stande der Forschung für gebildete Leser zu erzählen. Der Verfasser hat auch wirklich die Literatur mit großem Fleiß und staunenswerther Vollständigkeit benutzt. Die Darstellung ist im Ganzen gut geordnet, klar, fließend, aber hin und wieder nicht ohne Verstöße gegen den guten Geschmack, das Urtheil ist in der Regel besonnen und verständig, nur wo es sich um Hierarchie und Kirche des Mittelalters handelt, zu subjectiv und ungerecht. Der politische Standpunkt ist der nationale, namentlich in der Vorrede bekennt sich der Verfasser sehr entschieden zu der preußischen Politik.

(Bilderwerk.) **Bildnisse der deutschen Könige und Kaiser**, von Karl dem Großen bis Maximilian I. nach Siegeln an Urkunden, nach Münzen, Grabmälern, Denkmälern und Original-Bildnissen gezeichnet von Heinr. Schneider, in Holz geschnitten in der xylographischen Anstalt in München; nebst charakteristischen Lebensbeschreibungen von Friedr. Kohlrausch. 1 Abthl. 1—8. Heft. Lex. 8. Hamburg und Gotha 1844—46. F. A. Perthes. n. 4 Thlr.

Die Bilder, welche bei diesem Werk die Hauptsache ausmachen, sind mit Geschmack ausgeführt und geben oft charakteristische Physiognomien, doch sind sie bei der Abhängigkeit von den Originalen natürlich nicht immer befriedigend. Die Lebensbeschreibungen von Kohlrausch geben ziemlich ausführliche Geschichte und ein klares Bild der Persönlichkeiten.

(Bilderwerk.) **Die deutschen Kaiser.** Nach den Bildern des Kaisersaales im Römer zu Frankfurt a. M., in Kupfer gestochen und in Farben ausgeführt. Mit den Lebensbeschreibungen der Kaiser, von Albert Schott u. K. Hagen. 1—27. Lief. Roy.-Fol. Frankf. a. M. 1844—1854, Keller. n. 61 5/6 Thlr.

Prächtige farbige Bilder. Der Text beschränkt sich auf kurze, gedrängte Charakterbilder, welche trefflich gelungen sind.

**J. F. Mürdter**, Deutsche Kaiserbilder. Für die reifere Jugend entworfen. 8. Stuttgart 1862—1866, J. F. Steinkopf.

    1. Abth. Karl der Gr. bis Heinrich V. (768—1125.) (IV u. 370 S.) 1862. 27 Ngr.

    2. „ Konrad III. bis Maximilian I. (1138—1519.) (349 S.) 1863. 27 Ngr.

    3. „ Karl V. bis Franz II. (1520—1806.) (420 S.) 1866. 27 Ngr.

Eine dem Zweck entsprechende Bearbeitung der deutschen Geschichte, gute Charakteristik der einzelnen Kaiser, von warmer nationaler Gesinnung durchdrungen.

**Deutsche Geschichten.** In der Kinderstube erzählt von der lieben Großmutter. Herausgeg. unter Mitwirk. von Carl Vogel. 2 Bdchn. gr. 8. Leipzig 1863, Spamer. à n. ½ Thlr.

    1. Bd. Von Hermann dem Befreier bis zu den Kreuzzügen. Mit 170 Abbildungen u. 3 Tonbild. (XV u. 136 S.)

    2. Bd. Von den Hohenstaufen=Kaisern bis zu Ende des Mittelalters. Mit 110 Abbild. u. 3 Tonbild. (VI u. 202 S.)

Ein gelungener Versuch, die deutsche Geschichte für Kinder von etwa 8—12 Jahren zu bearbeiten.

——— Für die Kinderstube. 2. Sammlung. Herausgegeben von Frz. Otto. 2 Bdchn. gr. 8. Leipzig 1869, Spamer. à n. 1 Thlr.; geb. à n. 1⅓ Thlr. Inhalt: II. 1. Neuere deutsche Geschichten von der Reformation bis zum goldenen Zeitalter der Dicht= und Tonkunst. Mit 25 Text= Abbildungen, 5 Tonbildern und 1 Titelbilde in Farbendruck (in Holzschn.) XV, 270 S. — II. 2. Neueste deutsche Geschichten aus dem 19. Jahrh. bis zur Gegenwart. Mit üb. 100 Text=Abbildgn. 4 Tonbildern u. 1 Titelbilde in Farbenbr. (in Holzschn.) IX, 364 S.

### Deutsche Geschichte. Sammelwerke.

**Germania.** Die Vergangenheit, Gegenwart und Zukunft der deutschen Nation nach ihrer fortschreit. Entwickelung in Staat und Kirche, Handel und Gewerbe, Kunst und Wissenschaft, Sitte und Volksleben, mit Rück= sicht auf die Natur= u. Culturverhältnisse des Landes. Zur Förderung deutschen Sinnes und deutscher Einheit herausgeg. von einem Verein von Freunden des Volkes und Vaterlandes. Eingeführt durch E. M. Arndt. Bd. 1. (XIV, 708 S.) Bd. 2. (693 S.) Leipzig 1851. 1852. 5 Thlr.

Das Unternehmen war bestimmt zu populärer Verarbeitung der auf Erforschung vater= ländischer Zustände gerichteten Studien. Es sollte darin das Feuer vom J. 1848 erhalten, und gezeigt werden, daß das Ziel einer nationalen Einheit nicht aufgegeben werden dürfe, sondern mit allen gesetzlichen Mitteln erstrebt werden müsse. Die Artikel, in welchen das politische Ele= ment besonders hervortritt, sind: Preußen und Oesterreich in ihrem Verhältniß zu Deutschland, Nord= und Süddeutschland in ihrem Verhältniß zur Einheit Deutschlands, beides von P. A. Pfizer; die deutschen Kaiserdynastieen und ihre Bestrebungen für die Einheit und Erblichkeit des Reichs, von O. Abel; die deutsche Kleinstaaterei und ihre Folgen, von A. L. v. Rochau; Versuche zur Einigung Deutschlands seit Auflösung des Reichs, von K. Biedermann; die Ent= wicklung des parlamentarischen Lebens, von Demselben. Neben diesen finden wir aber auch eine große Anzahl von Beiträgen, welche dem politischen Gesichtspunkt ferner liegen, wie z. B. aus der Landwirthschaft, Geologie und Chemie.

**Das deutsche Volk,** dargestellt in Vergangenheit und Gegenwart zur Be= gründung der Zukunft.

    Bd. I—III. H. Rückert, Annalen der deutschen Geschichte. 3 Bde. 8. 52⅜ B. Leipzig 1850. 2 Thlr. 18 Ngr.

    Bd. IV—VII. F. W. Barthold, Geschichte der deutschen Städte und des deutschen Bürgerthums. 3 Theile. 8. 57¼ B. Leipzig 1850. 1851. 2 Thlr. 24 Ngr.

4. Thl. von 1332—1808. 8. (VI u. 514 S.) Leipzig 1853, T. O. Weigel. 1 Thlr. 21 Ngr.

Bd. VIII—X. Ernst Förster, Geschichte der deutschen Kunst.
Thl. I. Von Einführung des Christenthums bis zu Anfang des 15. Jahrhunderts. Mit 16 Stahlst. 8. 14½ B. Leipzig 1851. 1 Thlr. 24 Ngr.
Thl. II. Vom Anfang des 15. bis Mitte des 16. Jahrh. Mit 16 Stahlstichen. 8. (368 S.) Ebend. 1853. 2 Thlr. 6 Ngr.
Thl. III. Bis Ende des 18. Jahrh. Mit 9 Stahlst. 8. (VIII u. 255 S.) Ebend. 1855. 2 Thlr.

Bd. XI—XIII. F. W. Barthold, Geschichte der deutschen Hansa. 3 Bde. 8. (XXIV u. 1038 S.) Ebend. 1854. 5 Thlr. 24 Ngr.

Bd. XIV—XVI. Ludwig Bechstein, Mythe, Sage, Mähre u. Fabel im Leben u. Bewußtsein des deutschen Volks. 3 Bde. 8. (V u. 797 S.) Ebend. 1854—55. 3¼ Thlr.

Bd. XVII—XVIII. F. W. Barthold, Geschichte der Kriegsverfassung u. des Kriegswesens in Deutschland. 2 Bde. 8. I. (VI u. 250 S.) II. (VII u. 295 S.) Ebend. 1855. 2½ Thlr.

Bd. XIX. Joh. Ed. Heß, Gottfried Heinrich Graf zu Pappenheim. 8. (VIII u. 312 S.) Nebst 1 Plan. Ebend. 1855. 1½ Thlr.

Bd. XX—XXII. Joh. W. Schäfer, Geschichte der deutschen Literatur des achtzehnten Jahrh. in übersichtlichen Umrissen u. biographischen Schilderungen. 8. 1. 2. Bd. (X u. 253 u. 249 S.) Ebend. 1855. à 1½ Thlr.
3. Band. 8. (V u. 243 S.) Leipzig 1857, T. O. Weigel. 1½ Thlr.

Bd. XXIII—XXIV. Ernst Förster, Geschichte der deutschen Kunst, IV. u. V. Bd. (Schluß.) Mit 16 Stahlst. 8. (XXII, 250 u. 581 S.) Leipzig 1861, T. O. Weigel. 4 Thlr.

Das erste Werk dieser Sammlung ist ein gut gelungener Versuch, „die Hauptmomente der ganzen Entwickelungsgeschichte unseres Volkes nach ihren wichtigsten und gehaltreichsten Richtungen hin in ihrem inneren und äußeren Zusammenhange und ihrer stufenweisen Entfaltung schärfer, klarer und eindringlicher darzustellen," als es bisher geschehen ist. Besonders für Solche von Werth, welche die mit großer Feinheit ausgeführten Zusammenfassungen mit der Kenntniß des Einzelnen auszufüllen wissen. Angenehme Darstellung.

Bartholds Städtegeschichte, die dem Faden der Kaisergeschichte folgt, hat nicht das gleiche Verdienst der Uebersichtlichkeit, aber vereinigt einen großen Reichthum von Einzelheiten zu einer sehr belehrenden und lesbaren Geschichte, die auf den gründlichsten Studien beruht. Der 4. Theil schließt dieses Werk ab, löst aber die Aufgabe sehr ungenügend, während gerade für diese Zeit besonders reiches Material vorlag. Seine Geschichte der Hansa ist ungleich bearbeitet und entspricht den Anforderungen an eine populäre Darstellung nicht ganz. Die Geschichte der Kriegsverfassung ist weder gründlich noch populär.

Heß' Leben Pappenheims giebt recht interessante Beiträge zur Geschichte des 30jährigen Kriegs, aber ist formell ungenügend. Försters Geschichte der deutschen Kunst entspricht den Erwartungen, die man von dem anerkannten Kunsthistoriker hegen kann, sie giebt das Bekannte klar und übersichtlich und dazu manches Neue. Schäfers Literaturgeschichte schlägt ganz den rechten Weg ein, um durch Hereinziehen des biographischen Elementes den Stoff zu beleben.

Bechsteins Mythe u. s. w. ist ein ganz oberflächliches Buch, das keinen wissenschaftlichen Werth hat und sein Dasein auch nicht durch eine geistreiche Darstellung rechtfertigt.

**Deutsche Nationalbibliothek.** Volksthümliche Bilder und Erzählungen aus Deutschlands Vergangenheit und Gegenwart. Herausgegeben von Ferd. Schmidt. gr. 8. Berlin 1862, Brigl.
1. Germanien in den ersten Jahrhunderten seines geschichtlichen Lebens von Prof. Georg Weber. (XXXII, 164 S.) 18 Ngr.
2. Die ritterliche Gesellschaft im Zeitalter des Frauenkultus von Jac. Falke. (XXIV, 172 S.) 18 Ngr.
3. Deutschlands trübste Zeit oder der dreißigjährige Krieg in seinen Folgen für das deutsche Kulturleben, von Karl Biedermann. (LXXXVI, 104 S.) 27 Ngr.
4. Blicke in das kunst= und gewerbsreiche Leben der Stadt Nürnberg im 16. Jahrhundert, von Joh. Voigt in Königsberg. (XXIX, 64 S.) 9 Ngr.
5. G. Waitz, Deutsche Kaiser von Karl dem Großen bis auf Maximilian I. (XXVI, 97 S.) 9 Ngr.
6. Kaiser Heinrich IV. Von K. A. Mayer. (XXVIII u. 306 S. u. Portr.) 27 Ngr.
7. Luther. Ein deutsches Heldenleben von Ad. Schottmüller. (XVII, u. 270 S. mit Portr.) 27 Ngr.
8. Aus der Zeit des siebenjährigen Krieges ꝛc. von Jos. Kutzen. (XXIV, 263 S.) Mit 7 Kärtchen u. Portr. 27 Ngr.
9. Die Hansa als deutsche See= und Handelsmacht, von Johannes Falke. (XVI, 190 S.) 18 Ngr.
10. Niedersächsische Geschichten, von Wilh. Wachsmuth. (XXXII, 254 S. mit Portr.) 27 Ngr.
11. Die Völkerschlacht bei Leipzig, von Heinr. Wuttke. (228 S. mit 1 Karte.) ⅔ Thlr.
12. Kaiser Maximilian I., von K. Klüpfel. (202 S.) ⅔ Thlr.

Ein Sammelwerk, das sich zur Aufgabe machte, durch eine Reihe populärer Monographien aus der Feder der besten Geschichtschreiber der Gegenwart, ein Gesammtbild deutschen Lebens und deutscher Geschichte zu gestalten und zugleich das größere Publikum mit den Hauptvertretern der deutschen Geschichtschreibung bekannt zu machen und in die Lektüre ihrer Werke einzuführen. Zu diesem Zweck wurde die Einrichtung getroffen, daß jede Monographie von einem Bilde und Lebensabriß des Verfassers begleitet war, was aber nur bis zu Nr. 10 ausgeführt wurde. Die Behandlungsweise ist natürlich nicht ganz gleichmäßig, bald mehr bald weniger populär, aber alle Stücke sind zur unterhaltenden und belehrenden Lektüre zu empfehlen.

**Geschichtsbilder aus dem deutschen Vaterlande.** Geschichtliche Erzählungen u. Gemälde aus dem Kulturleben unseres Volkes. Herausgeg. von Ferd. Schmidt. 1—3. Bd. 8. Berlin 1863—64, Böttcher. à 21 Ngr. das Bdchn.
1. Bd. Ferd. Schmidt, Burggraf Friedrich von Nürnberg. (VI, 230 S. Mit 4 Steintaf.
2. Bd. Heinr. Wohlthat, Eine Reichsacht unter Kaiser Sigismund. (218 S. Mit 3 Steintaf.)
3. Bd. Ferd. Schmidt, Der Winterkönig. (VIII u. 200 S. Mit 3 Steintaf.)

Hieran reiht sich: **Ferd. Schmidt**, Der 30jährige Krieg. 4 Thle. gr. 16
I. Der Winterkönig. (VIII, 200 S. u. 1 Holzschnttfl.)
II. Wallenstein. Geschichtl. Erzähl. aus der Zeit des 30jähr. Kriegs. (IV u. 214 S. Mit 1 Holzsch.)
III. Gustav Adolf. (VI, 248 S. u. 1 Holzschntaf.)
IV. Bis zum westphäl. Frieden oder die letzte Zeit des 30jähr. Krieges. (VI, 246 S. u. 1 Holzschn.) Ebend. 1864. n. 2 Thlr. 15 Ngr.

Gelungene Versuche, die deutsche Geschichte zu unterhaltenden Lebensbildern zu verarbeiten und die aus geschichtlichen Studien gewonnene Anschauung mit Hilfe der Phantasie ins Einzelne auszuführen. Es sind keine Romane, indem keine ungeschichtlichen Personen und Intriguen zu Hilfe genommen werden, um die Erzählung spannend zu machen.

**O. Fr. Gruppe**, Sagen u. Geschichten d. deutsch. Volkes aus dem Munde seiner Dichter. Mit vielen hier zum ersten Male gedruckten Stücken. 8. (XVI u. 484 S.) Berlin 1854, G. Reimer. 1¹/₃ Thlr.

Eine mit richtigem Geschmack ausgewählte Sammlung poetischer Bearbeitungen von Stoffen aus der deutschen Geschichte. Ein großer Theil ist von dem Herausgeber selbst gedichtet und hier zum erstenmale gedruckt. Es zeichnet sich diese Sammlung vor anderen ähnlichen dadurch aus, daß sie nur wirkliche Dichtungen, nicht blos geschichtliche Erzählungen in Versen enthält.

### Deutsche Geschichte. Cultur- und Verfassungsgeschichte.

**Wilh. Wachsmuth**, Geschichte deutscher Nationalität. Th. I. Gesammtheit der deutschen Nation. gr. 8. (VIII u. 427 S.) Braunschweig 1860. Schwetschke u. Sohn. 1 Thlr. 24 Ngr.
Thl. II. Geschichte der deutschen Volksstämme aus dem Gesichtspunkt der Nationalität. Die Stämme niederdeutscher Zunge und die Hessen. gr. 8. (VIII u. 384 S.) Braunschweig 1860, Schwetschke und Sohn. 1 Thlr. 21 Ngr.
Thl. III. Die mitteldeutschen Stämme. Alemannen und Burgunder. Südostdeutsche Stämme und Pflanzungen. gr. 8. (VIII u. 420 S.) ebend. 1862. 1 Thlr. 24 Ngr.

Mehr Sitten- und Culturgeschichte als Geschichte der Territorial- und Staatenbildung. Das reiche geschichtliche Wissen des Verfassers bewährt sich auch hier, er bringt manchen interessanten Zug zur Charakteristik des deutschen Volks und seiner Stämme bei, aber es fehlt die lebendige Auffassung und Verknüpfung des Mannichfaltigen. In der Aufzählung der literarischen Leistungen der verschiedenen Stämme finden sich manche Ungenauigkeiten und Irrthümer.

**Gust. Freytag**, Bilder aus der deutschen Vergangenheit. 5. Aufl. Leipzig 1867, Hirzel. 9½ Thlr.
I. Aus dem Mittelalter. (VII, 559 S.) 2¼ Thlr.
II. 1. Vom Mittelalter zur Neuzeit 1200—1500. (IV, 464 S.) 1³/₄ Thlr.
II. 2. Aus dem Jahrhundert der Reformation 1500—1600. (384 S.) 1½ Thlr.
III. Aus dem Jahrhundert des großen Krieges 1600—1700. (484 S.) 2 Thlr.
IV. Aus neuer Zeit 1700—1848. (496 S.) 2 Thlr.

Eine Reihe Einzelbilder des öffentlichen und Privatlebens der Deutschen, aus Urkunden, Chroniken, Tagebüchern u. dgl. entnommen, durch anschließende Betrachtungen erläutert und mit geschickten Pinselstrichen belebt und beleuchtet. Die Gelehrsamkeit des Forschers verbindet sich mit der Kunst des Dichters, um lebensvolle und wahrheitstreue Schilderungen hervorzubringen. Unter dem bescheidenen Titel von Bildern aus der Vergangenheit giebt uns der Verf. in der jetzigen Vervollständigung des Werkes eine zusammenhängende Kulturgeschichte des deutschen Volkes, und es möchte nicht leicht ein Buch geeigneter sein zur gemeinsamen Lektüre im Kreis einer gebildeten Familie.

Georg **Waitz**, Deutsche Verfassungsgeschichte. 4 Bde. Kiel 1844—61, Homann. 13 Thlr. 18 Ngr.
    I. Bd. in 2. Aufl. 1865. (XIV, 496 S.)
    II. = (XX, 668 S.)
    III. = (X, 534 S.)
    IV. = (XI, 619 S.)

    Legt die Ergebnisse eigener und fremder Forschungen über die ältere deutsche Verfassungsgeschichte in einfach schöner Sprache vor, und bringt in das unklare Gewirre verschiedener Ansichten ein willkommenes Licht. In den Noten werden die hauptsächlichsten Quellenbelege beigebracht. Geht bis zur Auflösung des karolingischen Reiches.

K. W. **Nitzsch**, Vorarbeiten zur Geschichte der staufischen Periode. I. Bd. Ministerialität und Bürgerthum im 11. u. 12. Jahrhundert. Ein Beitrag zur deutschen Städtegeschichte. gr. 8. (VII, 399 S.) Leipzig 1859, Teubner. n. 2⅔ Thlr.

    Gründliche und scharfsinnige Untersuchungen über die allmäligen und stillen Veränderungen in den socialen und rechtlichen Verhältnissen, die durch Hervorhebung wirthschaftlicher und nationalökonomischer Gesichtspunkte eine neue Beleuchtung erhalten.

Theodor **Mundt**, Geschichte der deutschen Stände nach ihrer gesellschaftlichen Entwicklung u. politischen Vertretung. 8. (XVI u. 505 S.) Berlin 1854 (Leipzig, Voigt u. Günther). n. 2½ Thlr.

    Eine fleißige und klare Zusammenstellung dessen, was neuere deutsche Rechts- und Geschichtsforscher über die Verhältnisse der verschiedenen Stände im alten Deutschland mitgetheilt haben, ohne wesentliche eigene Zuthat. Geschichtsfreunden, die sich über die Grundlagen des älteren deutschen Staatslebens orientiren wollen, mit Recht zu empfehlen.

Wilh. **Arnold**, Verfassungsgeschichte der deutschen Freistädte im Anschluß an die Verfassungsgeschichte der Stadt Worms. 1. Bd. gr. 8. (XXXX u. 444 S.) II. Bd. (512 S.) Gotha 1854, F. u. A. Perthes. n. 2⅔ Thlr.

    Ein Werk der fleißigsten gründlichsten Forschung, das aber nicht alle Punkte mit befriedigender Klarheit erledigt. Zunächst für Gelehrte bearbeitet, aber auch für Andere lesbar.

—— Zur Geschichte des Eigenthums in den deutschen Städten. Mit Urkunden. gr. 8. (XXVII u. 487 S.) Basel 1861, Georg. n. 2⅓ Thlr.

    Ein für die ältere deutsche Rechts- und Culturgeschichte interessantes Werk, zunächst Ergebniß rechtsgeschichtlicher Forschungen, aber theilweise auch zur Lektüre für Geschichtsfreunde geeignet. Die Einleitung schildert den ältesten Zustand in den Städten, die Ueberwindung der Unfreiheit und die Entstehung der frühesten Ablösungsgesetze im 15. und 16. Jahrhundert. Es folgen dann sechs Abschnitte: 1) über die grundbesitzenden Stände der früheren Zeit. 2) Hofrechtlicher Besitz, Hörigkeit u. s. w. 3) Zins und Rente. 4) Rechtliche Natur der Leihe. 5) Wirthschaftliche und politische Seite des Lehens. 6) Uebergang des Lehens zum Eigenthum.

**Wilh. Arnold**, Das Aufkommen des Handwerkerstandes im Mittelalter. gr. 8. (IV u. 52 S.) Basel 1861, Georg. n. 12 Ngr.

Zwei in der Basler Aula vor einem gemischten Publikum gehaltene Vorlesungen, deren erste in einer gedrängten und lichtvollen Uebersicht das Aufkommen des deutschen Handwerkerstandes in den Städten in engen Hörigkeitsverhältnissen, dann das Zerreißen derselben und die Anfänge eines selbständigen städtischen Lebens schildert. Die zweite Vorlesung giebt eine Geschichte der Zünfte und ihres allmäligen Eindringens in die Stadtregierung.

**Georg Ludwig v. Maurer**, Geschichte der Frohnhöfe, Bauernhöfe u. der Hofverfassung in Deutschland. 4 Bde. gr. 8. (1: XII, 540. 2: VIII, 511. 3: XX, 586. 4: VIII, 580 S.) Erlangen 1862—63, Enke. n. 11 Thlr. 18 Ngr.

Werk eines greisen Staatsmannes, welcher mit scharfem geübtem Blick die socialen Verhältnisse des deutschen Mittelalters untersucht und auf Grund umfassender Quellenforschung eine Fülle interessanter Einzelnheiten aus dem Rechts- und Culturleben des deutschen Volks zusammengestellt hat. Eine wahre Fundgrube für Schriftsteller, welche für den historischen Roman oder culturgeschichtliche Zeitschilderungen Züge sammeln und eine richtige Anschauung des Lebens auf Bauernhöfen, Ritterburgen und an Fürstenhöfen gewinnen wollen.

—— Einleitung zur Geschichte der Mark-, Hof-, Dorf- u. Stadtverfassung u. der öffentlichen Gewalt. gr. 8. (XIV u. 338 S.) München 1854, Kaiser. n. 2⅔ Thlr.

Die Verhältnisse des Grundbesitzes und der alten Gemeinden werden als Grundlage eines bedeutenden Theils der späteren Entwicklung deutscher Verfassung angenommen, mit besonderer Rücksicht auf die Beziehungen der Gemeindebildungen zum Staat. Das Ganze trägt vorzugsweise einen politischen und juristischen Charakter.

—— Geschichte der Markenverfassung in Deutschland. gr. 8. (XX u. 495 S.) Erlangen 1856, Enke. n. 2 Thlr. 24 Ngr.

Eine Fortsetzung des vorigen Werkes.
Ergebniß gründlicher Forschung, in einer auch den Geschichtsfreund ansprechenden Darstellung.

**Ed. Vehse**, Geschichte der deutschen Höfe seit der Reformation. Hamburg 1851—58, Hoffmann u. Campe. Preis jeden Bandes 1 Thlr. 7½ Ngr.
    I—VI.  1. Abth. (1—6.)  Preußen.
    VII—XVII.  2. Abth. (1—10.)  Oestreich.
    XVIII—XXII.  3. Abth. (1—5.)  Braunschweig.
    XXIII—XXVII.  4. Abth. (1—5.)  Baiern, Württemberg, Baden u. Hessen.
    XXVIII—XXXIV.  5. Abth. (1—7.)  Sachsen.
    XXXV—XL.  6. Abth. (1—6.)  Kleine deutsche Höfe.
    XLI—XLIII.  6. Abth. (7—9.)  Die Mediatisirten.

Eine für die neuere Geschichte brauchbare Arbeit, indem gerade in dieser Periode die Geschichte der Höfe von großer Bedeutung für die europäischen Verhältnisse ist. Der Verfasser stellt das, was er in geschichtlichen Werken, Memoiren, Touristen und Hoffestschriften gefunden hat, fleißig und nicht ohne Kritik zusammen. Der Stoff ist zwar nicht völlig verarbeitet, aber die Darstellung leicht und fließend. Einen bestimmten politischen Standpunkt nimmt der Verfasser nicht ein, doch ist er gegenüber von fürstlichen Personen weder allzu devot, noch demokratisch rücksichtslos. An Standalgeschichten fehlt es nicht, doch kann man nicht sagen, daß besonders darauf ausgegangen wird. Die Geschichte des östreichischen Hofes ist im Ganzen reichhaltiger und geht mehr auf Politik ein, die der kleineren Höfe von geringerem Gehalte.

**Karl Biedermann**, Deutschland im achtzehnten Jahrhundert.
1. Bd.: Deutschlands politische, materielle u. sociale Zustände. gr. 8. (XX u. 428 S.) Leipzig 1854, Weber. n. 2½ Thlr.
2. Bd.: Geistige, sittliche u. gesellige Zustände. 1. Thl. Bis zur Thronbesteigung Friedrichs d. Großen. (XXIV, 560 S.) 1858. 3 Thlr. 2. Thl. 1. Abth. (X, 226 S.) 1867. 1 Thlr. 10 Ngr.

Eine Art Kulturgeschichte von Deutschland, die mit einem sehr reichen Material das staatliche und öffentliche Leben Deutschlands schildert. Trifft in der Aufgabe mit dem Werke von Perthes über das deutsche Staatsleben vor der Reformation zusammen, geht aber viel mehr ins Einzelne ein. Der zweite Band des Werkes handelt von den socialen Nachwirkungen des 30 jährigen Krieges, von den Sitten der Fürsten und des Adels, den Anfängen eines gebildeten Bürgerstandes, von Leibnitzischer und Wolfischer Philosophie, Pietismus und Aufklärung und dem Beginn einer neuen poetischen Literatur.

**K. Klüpfel**, Die deutschen Einheitsbestrebungen in ihrem geschichtl. Zusammenhang dargestellt. gr. 8. 37 B. Leipzig 1853. 2 Thlr.

Zeigt, in wieweit von Anfang an der deutschen Geschichte an eine nationale Einheit der Deutschen bestanden hat, und mit welchen Hindernissen ihre politische Gestaltung zu kämpfen hatte. Eine gedrängte Darstellung der deutschen Geschichte vom nationalen Standpunkt aus. Der Verf. beabsichtigt eine Fortsetzung, welche die neuere Entwicklung und den Norddeutschen Bund behandeln wird.

**Paul Achaz Pfizer**, Briefwechsel zweier Deutschen. 1 Auflage, 1831. 2. verbesserte und vermehrte Auflage. gr. 8. Stuttgart 1832, Cotta. 1½ Thlr.

Eine epochemachende Schrift, welche zum erstenmal den Gedanken der preußischen Hegemonie entschieden ausgesprochen und näher motivirt hat. Ausdruck der Wehmuth über die Stagnation nach den Freiheitskriegen. Ergebnisse vieljährigen Ringens des Geistes und Gemüthes im Gebiete des inneren Lebens, der Philosophie, schönen Literatur und Politik. Durch Tiefe und Gesinnung ausgezeichnet. Reiner Stil voll sittlichen Adels.

**Rud. v. Raumer**, Vom deutschen Geiste. Drei Bücher geschichtl. Ergebnisse. 2. verm. u. verb. Aufl. gr. 8. 12½ B. Erlangen 1850. 20 Ngr.

Ein Versuch, die Eigenthümlichkeit des deutschen Volksgeistes von den ältesten Zeiten an bis auf die Gegenwart nachzuweisen. Der Unterschied der alten Germanen von den Griechen und Römern, die Rolle, die sie bei Einführung des Christenthums spielten, die Neugestaltung Europas unter dem Einfluß des altgermanischen Geistes, die im geistigen Leben bis auf den heutigen Tag bewährte Einheit der deutschen Nation, werden mit patriotischer Wärme und feinem geschichtlichen Verständniß besprochen.

**Joh. Janssen**, Frankreichs Rheingelüste und deutsch=feindliche Politik in früheren Jahrhunderten. gr. 8. (III u. 72 S.) Frankfurt a/M. 1861, Hermanns Verl. n. ⅓ Thlr.

Der Verfasser schildert frisch und lebendig, mit dem Ausdruck eines warmen Nationalgefühls, die seit dem 10. Jahrhundert schon beginnenden Angriffe der Franzosen auf die Integrität des deutschen Reichs und die Unfähigkeit des letzteren, diese Angriffe gebührend zurückzuweisen, aber er verschweigt die Ursache dieser Schwäche, nämlich die Gebundenheit der deutschen Macht durch die Familien der Reichsoberhäupter, namentlich der habsburgischen Kaiser, und den kirchlichen Zwiespalt, der den Franzosen Gelegenheit zur Einmischung in die deutschen Verhältnisse gab.

**Friedrich Giehne**, Deutsche Zustände u. Interessen. Heft 1. gr. 8. (211 S.) Stuttgart 1864, Cotta. 1 Thlr.

Drei interessante Abhandlungen über den deutschen Nationalcharakter, die teutschen Sprach-grenzen, und Rhein und Donau. Ueberaus reich an Einzelnheiten, aber einseitig in der Gesammtauffassung; in der ersten Abhandlung vermißt man die Berücksichtigung der Freiheitskriege und der nationalpolitischen Bestrebungen der letzten Jahrzehnte; bei der letzten Abhandlung wird mancher Leser durch die Identification der österreichischen Interessen mit den deutschen sich abgestoßen finden.

**Heinrich v. Treitschke**, Historische und politische Aufsätze, vornehmlich zur neuesten deutschen Geschichte. 2. Aufl. 1865. gr. 8. (VII u. 648 S.) 3. Aufl. 1867. Leipzig 1867, Hirzel. n. 2 Thlr.

    Inhalt: 1. Das deutsche Ordensland Preußen. 2. Milton. 3. Fichte und die nationale Idee. 4. Hans v. Gagern. 5. Karl Aug. v. Wangenheim. 6. Ludw. Uhland. 7. Byron und der Radicalismus. 8. F. C. Dahlmann. 9. Bundesstaat und Einheitsstaat. 10. Die Freiheit.

    Eine Reihe trefflicher Essays, die sich besonders durch lebendige Frische und politische Entschiedenheit auszeichnen. An Gagern und v. Wangenheim ist die Geschichte des mittelstaatlichen Liberalismus, an Dahlmann die des Jahres 1848 angeknüpft. Das größte Stück: Bundesstaat und Einheitsstaat erörtert die Frage, ob jene oder diese Form sich für die Neugestaltung Deutschlands eigne, und beantwortet sie für den Einheitsstaat.

**Wolfgang Menzel**, Unsere Grenzen. (IV, 268 S.) Stuttgart 1868, Kroner. 1 Thlr.

    Der Verfasser bespricht hier alle die im Laufe der Zeiten versuchten und vollzogenen Schmälerungen unserer Grenzen und die Vorwände, unter denen sie noch jetzt bedroht werden, sowie die Unterschätzung unserer Nationalität. Ein sehr kräftiges patriotisches Wort, das allgemeine Beachtung verdient.

**Adolph Wagner**, Die Entwicklung des deutschen Staatsgebietes und das Nationalitätsprincip. Preuß. Jahrbücher. (XXI, 290—313. 379—403 S.)

    Treffliche Nachweisungen über das Verhältniß des Nationalitätsprincips und der Stammesunterschiede zur deutschen Staats- und Territorialbildung.

## Monographieen.

**W. Wattenbach**, Deutschlands Geschichtsquellen im Mittelalter bis zur Mitte des 13. Jahrhunderts. Eine von der Königl. Gesellschaft der Wissenschaften zu Göttingen gekrönte Preisschrift. gr. 8. (XVI, 477 S.) Berlin 1858, Hertz. n. 2 Thlr. 24 Ngr. 2. Aufl. 1866. (XIV, 547 S.) 3⅓ Thlr.

    Ein höchst verdienstliches Werk, welches Jedem, der sich mit der Geschichte des deutschen Mittelalters beschäftigen will, unentbehrlich ist.

**Wilh. Giesebrecht**, Geschichte der deutschen Kaiserzeit. 3 Bde. Braunschweig 1863—68, Schwetschke u. Sohn. 1. Aufl. 1855—68. I. II. 3. Aufl. 1863.

    I. Gründung des Kaiserthums. (XXXVI, 884 S.) 3 Thlr. 14 Ngr.
    II. Blüthe des Kaiserthums. (XIV, 691 S.) 3 Thlr.
    III. Das Kaiserthum im Kampf mit dem Pabstthum. (XXIV, 768 S.) 3 Thlr. 8 Ngr.

Ein bedeutendes Werk, hervorgegangen aus der nationalen Begeisterung für das Kaiserreich, von dem uns der Verf. ein umfassendes Gesammtbild in anschaulicher Lebendigkeit darstellt. Er sieht in der älteren Kaiserzeit die Blüthe der deutschen Nation, und versenkt sich daher um so mehr mit Liebe in seine Arbeit, für welche er die sorgfältigsten Quellenstudien gemacht hat, und die er mit historischer Kunst ausführt. Sein religiöser Sinn läßt ihn die Bedeutung der Hierarchie in vollem Maß anerkennen, ohne daß er seinem protestantischen Bewußtsein etwas vergäbe. Weniger glücklich ist er in der Auffassung der politischen Gesichtspunkte, wobei er Schärfe und Consequenz vermissen läßt. Das bisher Erschienene geht bis zu Heinrich V., die zu erwartende Fortsetzung soll das Werk bis zum Sturz der Hohenstaufen fortführen.

Fr. **Lorentz**, Alcuins Leben. Ein Beitrag zur Staats=, Kirchen= u. Kulturgeschichte der karolingischen Zeit. gr. 8. Halle 1829, Knapps Verl. 1⅓ Thlr.

Giebt neben der Biographie Alcuins auch eine gute Schilderung Karls des Großen und seiner Umgebung, und ist immer noch von Werth.

Gust. Ad. Harald **Stenzel**, Geschichte Deutschlands unter den fränkischen Kaisern. 2 Bde. gr. 8. 72 B. Leipzig 1827—28, Karl Tauchnitz. n. 5 Thlr.

Die erste gründliche Quellenforschung über diese Zeit, deren Ergebnisse in patriotischer Gesinnung und kräftiger Sprache dargelegt werden.

Hartwig **Floto**, Kaiser Heinrich der Vierte u. sein Zeitalter. 2 Bde. gr. 8. (VI u. 438. VIII u. 434 S.) Stuttgart 1855 u. 56, Besser. 3 Thlr. 24 Ngr.

Eine gute Monographie, welche auf eigenen Quellenstudien beruht und durch lebendige frische Darstellung sich auszeichnet. Das Räsonnement ist hin und wieder etwas zu subjectiv, und der Kampf Heinrichs mit dem Pabstthum nicht ganz erschöpfend behandelt. Dagegen ist auf Schilderung der Kulturzustände besondere Sorgfalt verwendet.

Eduard **Gervais**, Politische Geschichte Deutschlands unter der Regierung der Kaiser Heinrich V. u. Lothar III. 2 Thle. gr. 8. Leipzig 1841. 42, Brockhaus. 4½ Thlr.

Fleißige, doch nicht erschöpfende Quellenforschung, pragmatisirende Darstellung mit apologetischer Tendenz für Lothar.

Fr. v. **Raumer**, Geschichte der Hohenstaufen und ihrer Zeit. 6 Bände. 1. Aufl. 1824. Leipzig, Brockhaus. 3. Aufl. 6 Bde. gr. 8. Ebend. 1857. 58. n. 6 Thlr.

Ein epochemachendes Werk, das zwar im Einzelnen oft oberflächlich und ungenügend ist, aber im Ganzen immer seinen Werth behalten wird, indem es mit historischer Kunst ein Gemälde jener Zeit entfaltet, das die glänzenden Gestalten des Mittelalters in anmuthiger Beleuchtung hervortreten läßt. Die deutsche Geschichte tritt zu sehr in den Hintergrund, und überhaupt vermißt man nationale und religiöse Parteinahme, sowie ein näheres Eingehen auf die politischen Fragen.

Wilh. **Zimmermann**, Geschichte der Hohenstaufen. Zweite umgearbeitete Auflage. Mit 4 histor. Stahlstichen und Zimmermanns Porträt. gr. 8. (800 S.) Stuttgart 1865, Rieger. 2½ Thlr.

Eine lebendige, farbenreiche und mit Reflexionen durchzogene Darstellung für das große Publikum.

Ferdinand **Schmidt**, Die Hohenstaufen und ihre Zeit. 2 Thle. 8. (570 S. mit 2 Stahlstichen.) Berlin 1865, Böttcher. 1⅓ Thlr.

## Monographieen.

Eine gute ansprechende Volks- und Jugendschrift, in welcher die Hauptpartien der Hohenstaufengeschichte behandelt sind.

**Hans Prutz**, Heinrich der Löwe, Herzog von Baiern und Sachsen. Ein Beitrag zur Geschichte des Zeitalters der Hohenstaufen. gr. 8. (X u. 489 S.) Leipzig 1865, Hirzel. n. 2²/₃ Thlr.

Frucht gründlichen Studiums in ansprechender gefälliger Form.

**Martin Philippson**, Geschichte Heinrichs des Löwen, Herzogs von Baiern und Sachsen und der welfischen und staufischen Politik seiner Zeit. 2 Bde. gr. 8. (I, VII u. 381 S. II, 472 S.) Leipzig 1867 u. 68, Leiner. n. 3 Thlr.

Eine gründliche Untersuchung des Gegenstandes, die manche neue Einblicke gewährt.

**Theod. Toeche**, Kaiser Heinrich VI. gr. 8. (XIV u. 746 S.) Leipzig 1867, Duncker u. Humblot. n. 4 Thlr.

Ein durch wissenschaftlichen Gehalt und durch gute Darstellung ausgezeichnetes Werk. Bildet einen Bestandtheil der von der historischen Commission in München herausgegebenen Jahrbücher der Geschichte des deutschen Reichs, welche den Zweck haben, die Materialien zur Kaisergeschichte in kritischer Sichtung zum Gebrauch für künftige Geschichtschreiber zusammenzustellen. Diese Monographie geht aber über die Vorarbeit hinaus und giebt ein abgerundetes geschichtliches Lebensbild.

**Otto Abel**, König Philipp der Hohenstaufe. Mit ungedruckten Quellen. gr. 8. (XVI u. 408 S.) u. 4 Tabellen. Berlin 1852, Bessers Buchh. n. 2¹/₃ Thlr.

Ergebnisse gründlicher Quellenforschung, in geschmackvoller, auch für einen größeren Leserkreis geeigneten Darstellung.

—— Kaiser Otto IV. und König Friedrich II. (1208—1212). Aus dem Nachlasse (herausgeg. von Wegele). gr. 8. (VIII u. 144 S.) Berlin 1856, Hertz. n. 24 Ngr.

Fragment einer von dem frühverstorbenen talentvollen Verfasser begonnenen Geschichte Friedrichs II. Nach Forschung und Darstellung so tüchtig, daß man es sehr bedauern muß, nur den Anfang zu haben, aber auch so eine für jeden Geschichtsfreund willkommene Gabe.

**Fr. Wilh. Schirrmacher**, Kaiser Friedrich II.
1. Bd. gr. 8. (XVI, 354 S.) Göttingen 1859, Vandenhoeck u. Ruprecht. n. 1⅚ Thlr.
2. = A. u. d. bes. Titel: Kaiser Friedrich II. als Einiger und Mehrer des römisch-deutschen Reiches, Begründer der Monarchia sicula. gr. 8. (X u. 470 S.) Göttingen 1861. n. 2¹/₃ Thlr.
3. = Entscheidungskampf zwischen Papstthum und Kaiserthum. (1230—1241.) gr. 8. (VIII u. 379 S.) Göttingen 1864. n. 2 Thlr.
4. = Entscheidungskampf zwischen Papstthum und Kaiserthum. 2. Abth. Papst Innocenz IV. und Kaiser Friedrich II. gr. 8. (X u. 604 S.) Göttingen 1865. n. 2⅚ Thlr.

Eine auf sorgfältiger Quellenforschung beruhende Arbeit, welche den reichen Stoff kritisch sichtet und chronologisch und sachlich gruppirt. In dem Streit zwischen Kaiserthum und Papstthum stellt sich der Verf. auf Seite des ersteren und bemüht sich, Friedrich II. gegen die Anschuldigungen seiner hierarchischen Gegner und gegen die neueren Geschichtschreiber Höfler und Böhmer zu vertheidigen.

Eduard **Winkelmann**, Geschichte Kaiser Friedrichs II. und seiner Reiche. 1212—1235. gr. 8. (XII u. 528 S.) Berlin 1863, Mittler u. Sohn. 2 Thlr. 24 Ngr.

Nicht eine zusammenhängende Geschichte Kaiser Friedrichs, sondern eine Reihe von 7 einzelnen Abhandlungen, in welchen der Verfasser, der ursprünglich die Ausführung eines größeren Planes beabsichtigt hatte, die Ergebnisse seiner Forschungen niedergelegt hat. Dieselben bestehen in einer Untersuchung über die Verhältnisse zwischen Friedrich und seinem Sohne Heinrich, einer Geschichte der Organisation und Verwaltung des Sicilianischen Reiches und einer vollständigen Darstellung der diplomatischen und kriegerischen Unternehmungen Friedrichs in den Jahren 1212—1235. Es ist eine ausgezeichnete Arbeit, durch welche wir nicht nur neue Aufschlüsse aus den Quellen erhalten, sondern auch ein Gesammtbild des Kaisers gewinnen, das dem von Schirrmacher entworfenen sich nähert, aber demselben einige Schatten hinzufügt.

—— 2. Bd. 1. Abth. (Vom Mainzer Reichstag bis zur zweiten Excommunication des Kaisers.) gr. 8. (IX u. 148 S.) Reval 1865, Kluges Verlag. n. 24 Ngr.

Der Beifall, den obiges Werk gewann, hat den Verf. veranlaßt, seine Arbeit weiter fortzusetzen, und es ist sehr zu wünschen, daß er dieselbe nicht zu lange unterbreche.

Ottokar **Lorenz**, Kaiser Friedrich II. Sybels Historische Zeitschrift XI, 1864. S. 316—373.

—— Deutsche Geschichte im 13. u. 14. Jahrhundert. Wien 1863—67, Braumüller.
  I. Die Zeit des großen Interregnums, mit besonderer Rücksicht auf Oesterreich. gr. 8. (XVI u. 494 S.) 3 Thlr.
  II. 1. Das Aufkommen der habsburgischen Macht. gr. 8. (316 S.) 1⅔ Thlr.
  II. 2. Das Königthum und die reichsständische Opposition. gr. 8. (317—376 S.) n. 2 Thlr.

Eine sehr tüchtige Arbeit, in welcher der Verfasser der hierarchischen Geschichtsauffassung mit Entschiedenheit und Freimuth entgegentritt und auf Grund sorgfältiger Quellenforschung zeigt, wie die alte Form des Kaiserthums in Stücke brach und Deutschland bis zur tiefsten Demüthigung herabgedrückt wurde, während in Südosten ein neues, von Deutschland ganz abgetrenntes Reich entstand. Die Geschichte König Ottokars ist mit besonderer Sorgfalt bearbeitet und gewinnt theilweise eine neue Beleuchtung. Eine gefällige Darstellung empfiehlt das Buch auch für die Lektüre. — Band I und II, 1 auch u. d. Sep. Titel: Gesch. König Ottokars II. (XI, 75⁴) Wien 1866. 3 u. 4 Thlr. 20 Ngr., aber ohne die urkundl. Beilagen.

Heinr. K. Ludf. v. **Sybel**, Ueber die neueren Darstellungen der deutschen Kaiserzeit. Festrede. 4. (24 S.) München 1859, Franz. n. ½ Thlr.

Hauptsächlich Polemik gegen Giesebrechts Auffassung des christlich-romanischen Kaiserthums.

Julius **Ficker**, Das deutsche Kaiserreich in seinen universalen und nationalen Beziehungen. Vorlesungen gehalten im Ferdinandeum zu Innsbruck. gr. 8. (IV u. 183 S.) Innsbruck 1861, Wagner. n. 24 Ngr.

Die eben genannte Festrede Sybels gab dem Verfasser Anstoß zu einer Apologie des deutschen Kaiserthums, das er als eine geschichtlich nothwendige und politisch heilsame Institution und als wahren Ausdruck deutscher Nationalität darzustellen sucht. Die deutsche Herrschaft in Italien vertheidigt er als eine in nationalem Interesse nothwendige Grundlage des Kaiserthums und glaubt, daß das Kaiserthum keineswegs an der Vermischung des weltlichen Elements mit dem geistlichen, an der Vernachlässigung der inneren staatlichen Ausbildung, sondern an dem Conflict zu Grunde gegangen sei, in welchen es durch die Ausdehnung der Herrschaft auf das

## Monographieen.

Königreich Italien mit dem heiligen Stuhl gerathen sei. Das Kaiserthum, wie es zur Zeit Otto I. und Barbarossas bestand, ist ihm die normale Form nationaler Einheit und er sieht auch für die Gegenwart in der Wiederherstellung des Kaiserthums den einzigen Weg zu einem einigen Deutschland.

Heinrich von Sybel, Die deutsche Nation und das Kaiserreich. Eine historisch-politische Abhandlung. 2. Abdr. gr. 8. (XVI u. 126 S.) Düsseldorf 1862, Buddeus' Verl. n. 24 Ngr.

Eine Gegenschrift gegen Ficker, in welcher Sybel zu zeigen sucht, daß das Kaiserthum schon früh über das nationale Bedürfniß hinausgegangen, daß es über den Versuchen eine europäische römisch-germanische Weltherrschaft im Bunde mit der Kirche zu gründen, die Ausbildung eines deutschen Einheitsstaates versäumt, sehr verderbliche Conflicte mit der Kirche hervorgerufen und die nationale Entwicklung verhindert habe, daß namentlich in der Reformationszeit die wiederaufgenommenen Weltherrschaftspläne der Habsburger die nationalen Bestrebungen gehemmt und unterdrückt haben, daß die österreichische Monarchie die wahre Fortsetzung des Kaiserthums in jener verderblichsten Richtung gewesen sei und daß die österreichische Politik die deutschen Interessen immer versäumt und hintangesetzt habe, daß man daher gute Gründe habe, eine Wiederherstellung Deutschlands ohne Oesterreich zu versuchen. Glänzende hinreißende Darstellung.

Julius Ficker, Deutsches Königthum und Kaiserthum. Zur Entgegnung auf die Abhandlung Heinrichs v. Sybel: Die deutsche Nation und das Kaiserreich. gr. 8. (III u. 125 S.) Innsbruck 1862, Wagner. n. 1 Thlr.

Eine an den Gedankengang Sybels sich anschließende Entgegnung, welche das in der früheren Schrift Gesagte weiter ausführt und begründet, übrigens auf die politischen Consequenzen für die Gegenwart nicht näher eingeht.

Karl v. Schlözer, Die Hansa und der deutsche Ritterorden in den Ostseeländern. gr. 8. 12½ B. Berlin 1851. 1 Thlr. 10 Ngr.

Verfall und Untergang der Hansa und des deutschen Ordens in den Ostseeländern. gr. 8. (VIII u. 227 S.) Berlin 1853, Bessers Buchh. n. 1¾ Thlr.

Zwei einander ergänzende Schriften geben eine Geschichte der deutschen Ostseeländer und ihrer Handelsbeziehungen in lebendiger, anziehender Darstellung. Die zweite schließt mit der interessanten Geschichte des Lübecker Bürgermeisters Wullenweber.

Georg Waitz, Lübeck unter Jürgen Wullenweber u. die europäische Politik. 3 Bde. gr. 8. I. II. (XXXVI u. 856 S.) III. (XII u. 586 S. u. 1 Anstelle.) Berlin 1855—56, Weidmannsche Buchh. n. 8⅓ Thlr.

Hervorging ein Excurs von der schleswig-holsteinischen Geschichte aus, bei deren Bearbeitung sich der Stoff dem Verf. aufgedrungen hat. Wullenweber wird hier nicht im Nimbus poetischer Idealisirung, sondern mit sehr nüchterner, ihn vielleicht etwas unterschätzender Weise aufgefaßt. Darstellung nicht ohne historische Kunst, übrigens etwas trocken.

V. Goldschmidt, Die deutsche Hansa. Preußische Jahrbücher IX, 528—567.

Eine sehr gute Uebersicht über die Leistungen der Hansa, welche der Verf. als ergänzendes Seitenstück zum alten deutschen Kaiserthum und als einen Glanzpunkt des deutschen Mittelalters auffaßt.

Arnold Schäfer, Die Hansa und die norddeutsche Marine. (66 S.) Bonn, Ad. Marcus, 1869. 8 Ngr.

Zwei angehende Vorträge, von denen der erste die Geschichte der alten Hansa bis zu ihrer Auflösung gegen Ende des 17. Jahrhunderts erzählt, der zweite die Versuche des großen Kurfürsten von Brandenburg für Gründung einer norddeutschen Seemacht und die Bedeutung des preußisch-amerikanischen Handelsvertrags vom Jahre 1785 für Ausbildung des Seerechts hervorhebt.

**Karl Adf. Menzel**, Neuere Geschichte der Deutschen seit der Reformation. 1. Aufl. 1826—48. 2. Aufl. 6 Bde. Lex.=8. (I. 459. II. 526. III. 510. IV. 592. V. 517. VI. 565 S. u. Register 89 S.) Breslau 1854—55, Graß, Barth u. Comp. 14²/₃ Thlr.

Weitaus die ausführlichste Geschichte des Reformationszeitalters, mit besonderer Berücksichtigung des religiös-kirchlichen Lebens. Der Verf. hatte sich durch sein Streben nach möglichst objectiver Behandlung der confessionellen Fragen den Verdacht einer katholisirenden Tendenz zugezogen, was aber wohl nicht berechtigt war, da nur seine conservative Richtung und seine wahrhaft nationale Gesinnung ihn schmerzlich bedauern ließ, daß Deutschland durch die kirchliche Trennung in zwei Lager geschieden wurde. Gute fließende Darstellung.

**Leop. Ranke**, Deutsche Geschichte im Zeitalter der Reformation. 6 Bde. Berlin 1839—47. 17²/₃ Thlr.

—— —— 4. Aufl. 6 Bde. 8. Berlin 1867—68, Duncker u. Humblot. 9 Thlr. (bildet Rankes sämmtliche Werke I—VI.)

Klassisches Werk, welches uns die Bedeutung der Reformationszeit und das Ineinandergreifen der kirchlichen und politischen Bewegung in hellem Lichte erscheinen läßt. Die meisterhafte Darstellung, über welche Ranke gebietet, zeigt sich in diesem Werke in ihrer größten Vollendung.

—— Vom Religionsfrieden bis zum 30jährigen Krieg. (VI, 303 S.) Leipzig 1868, Duncker u. Humblot. Sämmtliche Werke Bd. VII. 1 Thlr. 15 Ngr.

Enthält eine schon früher in der historisch-politischen Zeitschrift Ranke's veröffentlichte Abhandlung über die Zeiten Ferdinands I. und Maximilians II., und einen ganz neuen Aufsatz: Von der Wahl Rudolfs II. bis zur Wahl Ferdinands II. oder 1575—1619, worin Ranke ein ganz neues Bild der inneren Reichsgeschichte dieser Zeit entfaltet.

**Karl Hagen**, Deutschlands religiöse und literarische Verhältnisse im Zeitalter der Reformation. 3 Bde. gr. 8. Erlangen 1841—44, Palm's Verl. 5¼ Thlr. (2. u. 3. Bd. a. u. d. Tit.: Der Geist der Reformation und seine Gegensätze. 3½ Thlr.)

Während Ranke mehr die oberen Sphären und die weltgeschichtliche Beziehung der Reformation behandelt, lehrt uns Hagen die unteren Sphären kennen und sucht die Geister der Reformationsperiode, welche die Extreme der im Kampf gerathenen Richtungen vertraten, zu erforschen und zu charakterisiren, in ihnen sieht er die eigentlichen ächten Fortsetzer der von ihren Koryphäen verlassenen Reformation. Dieses Werk kehrt eine früher vernachlässigte Seite der Reformation hervor und bildet eine sehr wichtige Ergänzung zu Ranke.

—— Zur politischen Geschichte Deutschlands. A. u. d. T.: Deutschland unter Heinrich III. und Heinrich IV. — Gregor von Heimburg. — Ulrich von Hutten in politischer Beziehung. — Politische Flugschriften aus dem 16. u. 17. Jahrhundert. gr. 8. Stuttgart 1842, Franckh'sche Buchh. 1²/₃ Thlr.

In der ersten Abhandlung wird gezeigt, wie unter Heinrich IV. der Wendepunkt eintrat, welcher die Begründung der Einheit des deutschen Reichs unmöglich machte.

In dem Aufsatz über Ulrich von Hutten lernen wir die Tendenzen dieses Helden und den Zusammenhang der revolutionären Bewegungen des Bauernkriegs mit der Reformation näher kennen.

Die Abhandlung über Flugschriften zeigt, wie unbegründet der Vorwurf sei, als hätten die Anhänger der Reformation den nationalen Standpunkt aufgegeben.

Heinr. Wilh. **Bensen,** Der Bauernkrieg in Ostfranken. gr. 8. Erlangen 1840, Palm's Verl. 2¾ Thlr.
*Eines der besten Werke über diese Bewegung. Die Verhältnisse des Bauernstandes in Franken besonders gut entwickelt. Die im Bauernaufstand zum Ausbruch gekommene politische Bewegung wird auch hier als ein wesentliches Element der Reformationsperiode nachgewiesen.*

W. **Zimmermann,** Geschichte des großen Bauernkriegs nach den Urkunden und Augenzeugen. 1. Auflage 1843. Neue ganz umgearbeitete Auflage. 2 Bde. (XVIII, 518. 610 S.) gr. 8. Stuttgart 1856—57, Riegers Verl. 2 Thlr. 21 Ngr.
*Rednerische Darstellung, viel Reflexion, dabei fleißige Benutzung urkundlicher Materialien. Die vollständigste Geschichte des Bauernkriegs.*

Briefe an Kaiser Karl V., geschrieben von seinem Beichtvater (Cardinal Garcia de Loaysa) in den Jahren 1530—32. In dem span. Reichs-archiv zu Simancas aufgefunden und mitgetheilt von G. Heine. gr. 8. 35⅝ B. Berlin 1848. 3 Thlr.
*Eine wichtige Ergänzung zu Ranke's Auffassung Karls V. Es wird durch diese Mittheilungen außer Zweifel gesetzt, daß Karl V. entschieden auf dem Boden der katholischen Kirche stand und weit entfernt von dem Standpunkt eines über den Parteien stehenden Staatsmannes war. Ein sehr wichtiger Beitrag zur Charakteristik Karls V. ist die Abhandlung von G. Bergenroth: Kaiser Karl V. und seine Mutter Johanna in Sybels historischer Zeitschrift Bd. 20. S. 231.*

Wilh. **Maurenbrecher,** Karl V. und die deutschen Protestanten 1545—1555. Nebst einem Anhang von Aktenstücken aus dem spanischen Staats-archiv von Simancas. gr. 8. (XIV u. 346 u. Anhang 184 S.) Düsseldorf 1865, Buddeus' Verlag. n. 8 Thlr.
*Ein werthvoller Beitrag zur Geschichte der katholischen Gegenreformation, in welchem der Verfasser auf Grund seiner Ausbeute des Archivs zu Simancas Karls V. Stellung zur Reformation und die Wechselbeziehungen zwischen seiner europäischen Politik und dem deutschen Protestantismus erläutert, und höchst interessante Einblicke in den Zusammenhang beider gewährt. Die Darstellung, mitunter durch das Bestreben, Ranke's Eigenthümlichkeiten nachzuahmen, etwas manierirt und schwerfällig.*

William **Stirling,** Das Klosterleben Kaiser Karls V. Aus dem Engl. von B. M. Lindau. gr. 8. (XV u. 319 S.) Dresden 1853, Kuntze. n. 1⅓ Thlr.

—— Das Klosterleben Kaiser Karls V. Aus dem Engl. von A. Kaiser. 8. (XXX u. 335 S.) Leipzig 1853, T. O. Weigel. 1 Thlr.
*Das letzte Lebensjahr Karls V. wird hier nach Berichten von Zeitgenossen und Augenzeugen ausführlich und anschaulich beschrieben.*

Kaiser Karls V. Aufzeichnungen. Zum erstenmal herausgegeben von Baron Kervyn v. Lettenhove. Ins Deutsche übertragen von L. A. Warnkönig. gr. 8. (LVIX u. 176 S.) Leipzig 1862, Brockhaus Sort. n. 1 Thlr.
*Giebt keine neuen Aufschlüsse über die politischen Motive und die Geheimnisse von Karls Politik, sondern nur einfachen Bericht über die Erlebnisse und Thatsachen, mit dem Bemühen, sein Thun aus religiösen Gründen zu rechtfertigen und die Rücksicht auf die Ehre Gottes als Norm derselben darzustellen.*

**W. Maurenbrecher**, Kaiser Maximilian II. und die deutsche Reformation. Sybels Historische Zeitschrift VII, 1862. S. 351—381.

**Ed. Reimann**, Die religiöse Entwicklung Maximilians II. in den Jahren 1554—1564. Sybels Historische Zeitschrift Bd. XV, 1866. S. 1—65.

<small>Diese beiden Abhandlungen geben Aufschluß darüber, wie es gekommen ist, daß Maximilian II. seine Begünstigung des Protestantismus aufgab und der streng katholischen Partei Concessionen machte.</small>

**F. W. Barthold**, Deutschland und die Hugenotten. — Geschichte des Einflusses der Deutschen auf Frankreichs kirchliche und bürgerliche Verhältnisse von der Zeit des Schmalkaldischen Bundes bis zum Gesetze von Nantes. 1531—1598. (In 2 Bänden.) 1. Bd. gr. 8. 33¾ B. Bremen 1848. 2 Thlr. 15 Ngr.

<small>Mehr eine Geschichte der Verbindungen, welche Deutschland mit Frankreich eingegangen hat, und ihres Einflusses auf Deutschland. Unerbittliche Festhaltung des nationalen Standpunktes, auch da wo die Verhältnisse die Verbindung deutscher Fürsten mit Frankreich in einem milderen Lichte erscheinen lassen. Personen und Situationen sind gut gezeichnet, dagegen vermißt man Uebersichtlichkeit und Zusammenhang der Darstellung.</small>

—— Geschichte des großen deutschen Krieges vom Tode Gustav Adolphs ab, mit besonderer Rücksicht auf Frankreich. 2 Bde. Lex. 8. Stuttgart Liesching. 5½ Thlr.

    1. Bd. Bis zur Wahl Ferdinands III. als römischen König. 1842. 2 Thlr.

    2. Bd. Von der Wahl Ferdinands III. bis zum Schlusse des westphäl. Friedens. 1843. 3½ Thlr.

<small>Die nationale Tendenz des Verfassers verirrt sich bis zur Feindseligkeit gegen die Vertreter des Protestantismus und namentlich gegen Gustav Adolph. Mit Fleiß und Scharfsinn werden die Intriguen und Pläne der Franzosen im Zusammenhang entwickelt und gründlicher aus den Quellen nachgewiesen, als dies bis jetzt geschehen war. Der Stil ist kräftig, mitunter manieriert und schwerfällig.</small>

**Ant. Gindely**, Geschichte des dreißigjährigen Krieges. 1. Bd. (XVI, 486 S.) Prag 1869, Tempsky. 2 Thlr. 15 Ngr.

<small>Der Verfasser, der sich bereits durch mehrere werthvolle Arbeiten auf dem Gebiete der böhmischen Geschichte einen Namen gemacht hat, beginnt mit diesem Bande eine neue Geschichte des 30jährigen Krieges, welche das Eingreifen der verschiedenen europ. Staaten in den großen Gang der Ereignisse zur Anschauung bringen soll, und hat zu diesem Behuf die wichtigsten Archive, insbesondere die erst neuerlich zugänglich gewordenen böhmischen und österreichischen durchforscht, und daraus, wie die vorliegende Probe zeigt, manche neue Ausbeute gewonnen. Seine Darstellung ist belebt, zuweilen pikant. Ueber seinen politisch-kirchlichen Standpunkt läßt der Verf. den Leser im Unklaren, indem er sich sowohl gegen die österreichische Regierung und die Jesuiten als auch gegen die böhmischen Protestanten und mährischen Brüder negativ verhält, so daß man zweifeln muß, ob er überhaupt die religiösen Motive des Kriegs gehörig würdige; übrigens verheißt er am Schlusse seines Werkes, sich über die ideelle Grundlage und die treibenden Kräfte des Krieges näher aussprechen zu wollen.</small>

**Aug. Gfrörer**, Gustav Adolph König von Schweden und seine Zeit. 1. Aufl. 1837, 4. Aufl. 1863. (VIII, 818 S.) Stuttgart, Krabbe. 2 Thlr. 21 Ngr.

<small>Eine gute, spannende Geschichte der ersten Periode des dreißigjährigen Kriegs vom kaiserlichen Standpunkt aus. Gustav Adolph ist nicht des Verf. eigentlicher Held, sondern Wallen-</small>

stein, dem er großartige Pläne für die Einigung Deutschlands unter Habsburgischem Scepter zuschreibt. Er sieht seinen Fall als Folge des Siegs der particularistischen und jesuitischen Partei am Wiener Hofe an. Auch Gustav Adolph ist ihm nicht ein Glaubensheld, sondern ein Staatsmann, welcher von politischem Ehrgeiz getrieben, den Protestantismus benützen wollte, um sich zum Herrn von Deutschland zu machen.

**Leopold von Ranke**, Geschichte Wallensteins. (XII, 532 S.) Leipzig 1869. Duncker u. Humblot. 3 Thlr. 20 Ngr.

Steht den früheren Werken des berühmten Verfassers an Glanz der Darstellung keineswegs nach, und eignet sich darum besonders zur Lektüre für gebildete Leser. Ueber die Pläne Wallensteins giebt er, obgleich er manche archivalische Forschungen gemacht hat, keine neuen Aufschlüsse, verwendet aber die in den veröffentlichten Aktenstücken enthaltenen Andeutungen, um Wallenstein auf eine vielleicht zu ideale Höhe zu erheben. Er glaubt nämlich, W. sei ernstlich damit umgegangen, im Kampf gegen Jesuiten und Reichsfürsten ein habsburgisches Friedensreich zu gründen, in welchem auch Raum für protestantische Glaubensfreiheit sein sollte. In Betreff der Schuld W.'s nähert er sich der Auffassung Schillers in seinem Drama.

**G. Droysen**, Gustav Adolf. 1. Bd. (XII, 369 S.) Leipzig 1869, Veit u. Comp. 2 Thlr.

Keine biographische, sondern eine weltgeschichtliche Behandlung der politischen Verhältnisse, in welche G. A. eingegriffen hat. Sehr umfassende Quellenforschung und lebendige geistvolle Darstellung zeichnen das Buch aus. Der Verf. betont sehr die politische Seite.

**Jul. Opel u. Ad. Cohn**, Der dreißigjährige Krieg. Eine Sammlung von historischen Gedichten und Prosadarstellungen. gr. 8. (XIV u. 507 S.) Halle 1862, Buchhandlung des Waisenhauses. n. 2 Thlr.

Eine reiche Sammlung von interessanten Gedichten und Flugschriften aus der Zeit des 30jährigen Krieges, in welchen sich sowohl die Ereignisse als die religiösen, politischen und socialen Anschauungen dieser Zeit abspiegeln. Manches das sich in früheren Sammlungen findet ist hier wiederholt, aber auch vieles Andere erscheint zum erstenmale hier abgedruckt, und ist meistens den Bibliotheken von Berlin, Göttingen und Halle entnommen.

**J. W. v. Archenholz**, Geschichte des siebenjährigen Krieges in Deutschland. 1. Aufl. 1793. Mit dem Lebensabriß des Verf. und einem Register herausg. von Aug. Potthast. 6. Aufl. Berlin 1860. 8. Aufl. 1864. (XVI. 568 S.) Haude u. Spener. 1 Thlr.

Ein früher berühmtes Buch, das für die Geschichte jener Zeit als klassisch galt, und obgleich es im Einzelnen durch neuere Forschungen antiquirt ist, doch immer noch seinen Werth behält und wegen seiner ausgezeichneten Darstellung mit Recht beliebt ist.

**Arn. Schäfer**, Geschichte des siebenjährigen Krieges. 1. Bd. Der Ursprung und die ersten Zeiten des Kriegs bis zur Schlacht bei Leuthen. (XX, 667 S.) Berlin 1867, Herz. 3½ Thlr.

Die erste urkundliche Geschichte des 7jährigen Kriegs, welche die vorhandenen Materialien kritisch sichtet und durch eigene archivalische Forschungen ergänzt. Giebt namentlich über die Frage nach der Initiative authentischen Aufschluß.

**Max Duncker**, Der siebenjährige Krieg. Sybels Historische Zeitschrift Bd. XIX. 1868. S. 105—180.

Giebt eine gute Uebersicht der Ergebnisse der neueren urkundlichen Mittheilungen über die Geschichte des siebenjährigen Kriegs nach dem Werke Schäfers, und insbesondere mit treffender Kritik der „sächsischen Geheimnisse" des Grafen Vitzthum von Eckstädt.

**E. Reimann**, Geschichte des bairischen Erbfolgekrieges. (VII, 237 S.) Berlin 1869, Duncker u. Humblot. 1½ Thlr.

Eine gut geschriebene Darstellung, die hauptsächlich auf der Correspondenz Friedrichs des Großen mit dem Prinzen Heinrich, und auf den von Arneth herausgegebenen Briefwechsel zwischen Maria Theresia und Joseph II. beruht, und den Gegenstand gründlich erledigt.

**Clem. Theob. Perthes**, Das deutsche Staatsleben vor der Revolution ꝛc. gr. 8. Hamburg u. Gotha 1845, F. A. Perthes. n. 2 Thlr.

Die officielle Niederdrückung des nationalen Geistes, die Ausbildung der Souverainetät in kleinen Territorien, und die Herabsetzung des Staats zu einer Privatwirthschaft wird hier trefflich geschildert; dabei wird auch gezeigt, daß die staatsbildenden Kräfte in der deutschen Nation keineswegs abgestorben gewesen seien, aber großer Erschütterung bedurften, um wieder in Thätigkeit gesetzt zu werden. Sehr interessant.

**J. v. Hormayr**, Anemonen aus dem Tagebuch eines alten Pilgersmanns. 4 Bde. gr. 8. 94½ B. u. 9. Tab. Jena 1845 u. 47. 8 Thlr.

Eine sehr reichhaltige Sammlung von geschichtlichen Zügen seit Anfang des vorigen Jahrhunderts. Bunte Mischung von Thatsachen, Anekdoten und Räsonnements, bei denen das Haus Oesterreich nicht geschont wird. Aus dem Buch ist Vieles zu lernen, aber der unruhig hastige Stil macht es unbehaglich zum Lesen.

**Friedrich Kapp**, Der Soldatenhandel deutscher Fürsten nach Amerika. (1775—1783.) gr. 8. (XIX u. 300 S.) Berlin 1864, Franz Duncker. n. 1⅔ Thlr.

Ein sehr interessanter Beitrag zur Geschichte der dynastischen Politik des vorigen Jahrhunderts. Aus den Berichten englischer Agenten und den Tagebüchern deutscher Officiere.

**Ludwig Häusser**, Deutsche Geschichte vom Tode Friedrichs des Großen bis zur Gründung des deutschen Bundes. 3. Aufl. 4 Bde. gr. 8. (1 : XI, 598. 2 : XX, 750. 3 : XI, 578. 4 : X, 711 S.) Berlin 1862—63, Weidmannsche Buchh. n. 6⅔ Thlr.

Das Hauptwerk über die bezeichnete Epoche, welches die erste genaue, ausführliche und kritisch gesichtete Geschichte der für Deutschland so wichtigen Zeit giebt und sehr viel zur Förderung der politischen Bildung beigetragen hat. Die Darstellung ist frisch und gesund, die Thatsachen und Ereignisse sind lebendig und anschaulich erzählt, die beigemischte Reflexion hält gerade das rechte Maß, das Urtheil ist staatsmännisch gebildet und bei aller Entschiedenheit der nationalen Gesinnung durchaus unpartheiisch und billig und die ganze Auffassung hat das sittliche Gepräge, ohne welches eine Geschichte dieser Zeiten nicht den rechten Eindruck machen könnte.

Die Einleitung geht bis in den Anfang des 18. Jahrhunderts zurück und schildert den Gegensatz zwischen Oesterreich und Preußen, sowie den Jammer der kleinen Reichsländer trefflich.

Die dritte Auflage hat außer manchen formellen Verbesserungen durch die Benützung des Berliner Archivs interessanten neuen Zuwachs erhalten, namentlich nähere Nachrichten über die diplomatischen Vorgänge, die den Abschluß des Basler Friedens herbeiführten, und überhaupt neue Aufklärungen über das, was während der napoleonischen Kriege hinter den Coulissen vorging. Insbesondere hat die Geschichte der Freiheitskriege im Einzelnen gewonnen. Eine 4. unveränderte Auflage ist im Erscheinen begriffen zu 6 Thlr. 20 Ngr., wovon der erste Band mit Vorrede von Treitschke ausgegeben ist.

**G. H. Pertz**, Das Leben des Ministers Freiherrn von Stein. 6 Bde. gr. 8. Berlin 1849—51.
   1. Bd. 1787—1807. (XX, 690 S.) m. Portr. Berlin 1849. 2 Thlr. 20 Ngr.
   2. Bd. 1807—1812. (XVI, 758 S.) ebend. 1850. 3 Thlr. 10 Ngr.

3. Bd. 1812—1814. (XX, 727 S.) u. 2 Facs. ebend. 1851. 3 Thlr. 10 Ngr.
4. Bd. 1814—1815. (XX, 756 S.) u. 1 Facs. ebend. 1851. 3 Thlr. 20 Ngr.
5. Bd. (XVI, 865 S.) ebend. 1854. 3 Thlr. 20 Ngr.
6. Bd. 1815—31. (XVI, 1239 S.) ebend. 1855. 6 Thlr. 10 Ngr.

Ist nicht blos eine ausführliche Biographie Steins, sondern eine auf authentische Actenstücke gegründete Geschichte des preußischen Staats und ganz Deutschlands von dem Jahr 1806 bis 1815, besonders für die Zeit der Befreiungskriege. Der Standpunkt des Verfassers, wie der seines Helden ist entschieden deutsch-national, die Darstellung ist einfach und theilt den reichen Stoff ohne viel eigene Zuthat mit.

G. H. **Pertz**, Aus Steins Leben. 2 Bde. (XXVI, 782. XX, 883 S.) Berlin 1856, G. Reimer. 5 Thlr. 10 Ngr.

Ein Auszug aus obigem Werk, der zwar die Briefe Steins, aber nicht seine Denkschriften und andere Aktenstücke enthält.

Sigismund **Stern**, Deutsche Geschichte im Zeitalter der französischen Revolution. (1786—1815.) In Vorlesungen. 8. (XVII u. 434 S.) Leipzig 1865, Brockhaus. n. 1⅔ Thlr.

Wirklich gehaltene Vorlesungen, die den Vorzug der lebendigen Frische des persönlichen Ausdrucks haben, eine gedrängte Uebersicht gewähren und durch umfangreiche Anmerkungen passend ergänzt werden.

Ed. v. **Höpfner**, Der Krieg von 1806 und 1807. Ein Beitrag zur Geschichte der preuß. Armee, nach den Quellen des Kriegs-Archivs bearb.
I. Thl. Der Feldzug von 1806. 2 Bde. gr. 8. 57¾ B. u. 3 Taf., 7 lith. Pläne. Berlin 1850. 2 Thlr. 15 Ngr.
II. Thl. Der Feldzug von 1807. 2 Bde. gr. 8. 45½ B. mit 13 lith. Plänen. ebend. 1851. 2 Thlr. 15 Ngr.

Ein sehr wichtiger Beitrag zur Geschichte der Jahre 1806 und 1807, in welchem die Schwächen des preußischen Heeres und seiner Kriegsführung aufgedeckt werden.

Sir Robert **Adair**, Geschichtliche Denkschrift einer Sendung nach dem Wiener Hof im Jahr 1806. Nebst einer Auswahl aus seinen Depeschen und Beleuchtung der beiden Genz'schen Schriften: „Tagebuch über das was 1806 im preuß. Hauptquartier vor der Schlacht bei Jena vorgefallen"; und „Bemerkungen über die Friedensunterhandlungen v. 1806 zwischen England und Frankreich." Aus dem Engl. Lex.-8. 30 B. Berlin 1846. 2 Thlr. 15 Ngr.

Giebt zwar keine genügende Aufhellung über die damalige österreichische Politik und die Gesinnung der leitenden Staatsmänner, aber immerhin einen wichtigen Beitrag zur Geschichte jener Zeit. Es ergiebt sich daraus, daß Oesterreich nahe daran war, die Franzosen von der Seite anzugreifen, daß England sich alle Mühe gab, den Krieg gegen Frankreich möglichst allgemein zu machen, daß aber unter den Mächten, die sich gegen Frankreich hätten verbinden sollen, der größte Mangel an Uebereinstimmung herrschte.

Joh. Gottl. **Fichte**, Reden an die deutsche Nation. Von neuem herausgeg. u. eingeleitet durch Imman. Herm. Fichte. gr. 8. (XXX, 324 S.) Tübingen 1859, Laupp. 1 Thlr. 3 Ngr. Neue Ausgabe. Tübingen 1869. kl. 8. (XIX, 203 S.)

Diese Reden, im Winter 1807—8 zu Berlin gehalten, waren eine muthige That und übten zündende Wirkung auf die Wiederbelebung des nationalen Bewußtseins. Sie verdienen immer noch beachtet zu werden als der kräftigste Ausdruck vaterländischer Gesinnung.

**Clemens Theod. Perthes**, Politische Zustände und Personen in Deutschland zur Zeit der französischen Herrschaft. gr. 8. (X u. 576 S.) Gotha 1862, F. A. Perthes. n. 3 Thlr.

Dieses Buch entstand dem Verfasser aus Vorarbeiten für eine Geschichte der politischen Parteien in Deutschland. Indem er dem Einfluß der französischen Herrschaft auf dieselben nachforschen wollte, sammelte er Vieles, was ihm gedruckte und ungedruckte Nachrichten, sowie Briefe jener Zeit und mündliche Tradition zuführten, um ein anschauliches Bild örtlicher Zustände und Stimmungen zu gewinnen. Das erste Buch beschäftigt sich hauptsächlich mit dem linken Rheinufer zur Zeit der Fremdherrschaft, und aus Veranlassung der Besetzung von Mainz durch die Franzosen mit der Person J. G. Forsters, über den es manche neue Aufschlüsse giebt. Das zweite Buch schildert die westlichen und südlichen Rheinbundsstaaten, wobei Bayern und seine Umgestaltung durch Montgelas, und Würtemberg unter der Gewaltherrschaft des Königs Friedrich eine Hauptpartie ausmachen. So wenig der Verfasser darauf ausgeht, die guten Seiten der gewaltsamen Veränderungen hervorzuheben, so treten sie doch aus seiner Darstellung überzeugend hervor, man sieht, wie manche Reformen, wie manche Reinigung von altem Unrath, wie manche Förderung politischer Bildung wir jener Zeit zu danken haben. Eine werthvolle Ergänzung zu Häussers Werk.

—— Politische Zustände ꝛc. Zweiter Band. A. u. d. T.: Die deutschen Länder des Hauses Oesterreich von Karl VI. bis Metternich. (XII, 380 S.) Gotha 1869. 1 Thlr. 22 Ngr. Complet 4 Thlr.

Zeigt, wie das Streben nach staatlicher Einheit die deutsch-österreichischen Erbländer immer mehr von Deutschland getrennt hat. Zugleich treffliche Schilderung der Regierungsweise Kaiser Josephs, und der Entstehung einer besonderen Territorialpolitik im Gegensatz zu dem Reiche. Dieser zweite Band wurde nach dem Tode des Verf. von Ant. Springer herausgegeben und ist nur ein Fragment, aber nichts destoweniger sehr werthvoll.

**W. A. Schmidt**, Preußens deutsche Politik. Die Dreifürstenbünde 1785. 1806. 1849. gr. 8. Berlin 1850. Umgearbeitete und bis auf die Gegenwart fortgeführte 3. Aufl. (VIII, 304 S.) Leipzig 1867, Veit u. Comp. 28 Ngr.

Eine politische Tendenzschrift, geschrieben zu der Zeit, als Preußen zwischen Aufgeben und Festhalten der Union schwankte. Der Verfasser wollte durch Darstellung der früheren mißlungenen Unionsversuche zeigen, wie man mit einer zwischen verschiedenen Principien hin und her schwankenden Politik, mit Unschlüssigkeit und rücksichtsvoller Schonung Oesterreichs nicht zum Ziele komme. Dem neuen, ziemlich unveränderten Abdruck der früheren Schrift hat der Verf. eine gedrängte Geschichte der Action von 1866 hinzugefügt, in welcher die Entwicklung der Politik Bismarks und die dadurch herbeigeführte Katastrophe in kräftig treffender Darstellung zusammengefaßt ist.

—— Geschichte der preußisch-deutschen Unionsbestrebungen. Nach authentischen Quellen im diplomatischen Zusammenhange dargestellt. In 2 Abth. gr. 8. 41⅛ B. Berlin 1851. 3 Thlr.

Die urkundlichen Materialien zur Geschichte des Fürstenbundes vom Jahr 1785 und des norddeutschen Reichsbundes vom Jahr 1806 sind hier in diplomatischem Abdruck mitgetheilt und mit erläuternden Bemerkungen begleitet, die einen Faden bilden, an welchem die zahlreichen Actenstücke, Briefe u. dgl. aufgereiht sind. Eine von Schmidt nicht benutzte Ergänzung urkundlichen Materials zur Geschichte des Fürstenbundes bilden die von Karl Gödeke in dem Archiv des historischen Vereins für Niedersachsen, Jahrg. 1847, mitgetheilten hannoverschen Actenstücke. S. auch Waitz in der allgemeinen Monatsschrift für Wissenschaft und Literatur, August 1851.

**Rub. Usinger**, Napoleon, der rheinische und der nordische Bund. (Separat=
abdruck aus den preuß. Jahrbüchern. gr. 8. (75 S.) Berlin 1865,
G. Reimer. n. ⅓ Thlr.

Der Verfasser hat die neuen Aufschlüsse, welche die Correspondenz Napoleons und die Memoiren des sächsischen Ministers Graf Senft gewähren, zu einer neuen Darstellung des Gegenstandes verwerthet und die Geschichte des Rheinbundes und preußischen Nordbundes trefflich beleuchtet.

**Heinr. Beitzke**, Geschichte der deutschen Freiheitskriege in den Jahren 1813
und 1814. 3. Aufl. 3 Bde. gr. 8. (XVI, 604, VIII, 631, VI, 453 S.
mit einer Uebersichtskarte.) Berlin 1864, Duncker u. Humblot. n. 4 Thlr.

Nicht blos Kriegsgeschichte, sondern Darstellung der politischen Ereignisse und der ganzen nationalen Erhebung, aus welcher der Krieg hervorgegangen, mit patriotischer Wärme, aber durchaus nüchtern und verständig von einem preußischen Major a. D. geschrieben, der mehrere Jahrzehnte mit ausdauernder Liebe an diesem Werk gearbeitet hat. Der militärische Theil der Darstellung beruht auf sorgfältiger kritischer Benutzung der vorhandenen kriegswissenschaftlichen Literatur, in manchen Partien hat der Verfasser auch mündliche Berichte von Augenzeugen benutzt und durch zweckmäßige Sichtung des Materials die Ueberlieferung ins Klare gebracht. Vor früheren Geschichten der Befreiungskriege zeichnet sich diese Darstellung durch Unparteilichkeit aus, welche die Schwächen und Fehler der Verbündeten offen eingesteht und aufdeckt und dagegen den militärischen Leistungen Napoleons und seiner Verbündeten alle Gerechtigkeit widerfahren läßt.

**K. v. Raumer**, Erinnerungen aus den Jahren 1813 und 1814. 8. 9¾ B.
Stuttgart 1850. 22½ Ngr.

Ein sehr werthvoller Beitrag zur Geschichte der Freiheitskriege, der durch seine gedrängte Fassung des Stoffes sich vortheilhaft unter der Memoirenliteratur auszeichnet. Das Beste sind die Schilderungen des Blücher'schen Hauptquartiers und des Generals Gneisenau.

**Theodor v. Bernhardi**, Die neuere Literatur der Befreiungskriege 1812—
14 und ihre Ergebnisse. Sybels Historische Zeitschrift II. 1839. S. 269
—326. u. IX, S. 23—71.

**Ferd. Schmidt**, Geschichte der Freiheitskriege. 2. Aufl. gr. 8. (XV u.
240 S.) Berlin 1863, Lobeck. ⅚ Thlr.

Eine der besten populären Schriften zum Jubiläum der Freiheitskriege. Mit warmem Patriotismus und doch nicht phrasenhaft geschrieben. Vorzugsweise für preußische Leser berechnet, übrigens keineswegs in partikularistisch-preußischer Auffassung.

**Rub. Usinger**, Kurze Geschichte des Freiheitskrieges von 1813. Zur rech=
ten Würdigung der wahren Bedeutung dieser Kämpfe. gr. 8. (61 S.)
Coburg 1863. Streit. n. ⅙ Thlr.

Eine sehr gute Volksschrift aus der Feder eines wissenschaftlich gebildeten Historikers; mit Nutzanwendungen auf die Gegenwart, und Hoffnungen, die damals sanguinisch erschienen, nachher aber weit übertroffen wurden.

**Theodor Colshorn**, Die deutschen Freiheitskriege. 8. (IV u. 268 S.)
Hannover 1863, Rümpler. ⅔ Thlr.

Eine Geschichte der wichtigsten Ereignisse und Glanzpunkte der Freiheitskriege, aus einigen wenigen Hauptwerken mit Geschick zusammengestellt und bearbeitet.

**Robert Naumann**, Die Völkerschlacht bei Leipzig. Nebst Nachrichten von
Zeitgenossen u. Augenzeugen über dieselbe. Im Auftrage von dem Ver=
ein zur Feier des 19. October in Leipzig herausgegeben von dessen Vor=
sitzendem. Mit 1 Karte des Schlachtfeldes n. 1 Plan der Stadt Leipzig

von 1813. 8. (VIII u. 437 S.) Leipzig 1863, T. O. Weigel. 1 Thlr. 24 Ngr.
> Der Verfasser hatte die Aufgabe, die Materialien, welche der genannte Verein zur örtlichen Einzelgeschichte der Schlacht gesammelt hatte, zu verarbeiten; er giebt als Einleitung eine übersichtliche allgemeine Geschichte der Schlacht und läßt dann die Einzelberichte, die hauptsächlich von Pfarrern und Schullehrern der Umgegend von Leipzig eingesandt sind, folgen. Wohl die vollständigste Geschichte der einzelnen Vorgänge.

**Fr. Arndt**, Die deutschen Frauen in den Befreiungskriegen. (III, 309 S.) Halle 1867, Buchhandlung des Waisenhauses. 1 Thlr.
> Eine gute populäre Arbeit, die in einzelnen Lebensbildern den Antheil der Frauen am Werk der Befreiungskriege schildert.

**Joh. Voigt**, Geschichte des sogenannten Tugendbundes oder des sittlich-wissenschaftlichen Vereins. Nach den Originalacten. gr. 8. 7⅓ B. Berlin 1850. 18 Ngr.

**Georg Bärsch**, Beiträge zur Geschichte des sogenannten Tugendbundes, mit Berücksichtigung der Schrift des Prof. Joh. Voigt in Königsberg und Widerlegung einiger unrichtigen Angaben in derselben. gr. 8. 5 B. Hamburg 1852. 10 Ngr.
> Diese beiden Schriften bringen die Geschichte des Tugendbundes zum Abschluß. Voigt hat zusammengestellt, was in Akten und Urkunden zu finden war; Bärsch, selbst ein hervorragendes, sehr thätiges Mitglied des Bundes, hat nicht nur manche persönlichen Berichtigungen gegeben, sondern auch die innere Geschichte des Bundes aufgehellt. Es geht daraus hervor, daß der Bund sich auf Preußen beschränkte, daß der König ihn im Widerspruch mit seiner näheren Umgebung hielt, daß aber die politische Wirksamkeit desselben im Ganzen unbedeutend war.

**E. M. Arndt**, Pro populo germanico. 8. (III u. 334 S.) Berlin 1854. G. Reimer. 1¼ Thlr.
> Eine Ermahnungsrede an das deutsche Volk, welche ihm seine Vorzüge und seinen politischen Beruf vorhält und schließlich zur Vergleichung die anderen europäischen Völker und Großstaaten mustert. In dem frischen Tone jugendlicher Begeisterung geschrieben.

—— Schriften für und an seine lieben Deutschen. 4 Thle. 8. (XIV, 522. 498. 654. VII, 404 S.) Berlin 1845—55. Weidmannsche Buchh. n. 5 Thlr.
> Enthält eine Sammlung von Flugschriften, welche der Verf. vom J. 1810 an in deutschen Angelegenheiten schrieb, und die ein wesentliches Element in der Entwicklung des nationalen Geistes in Deutschland bilden.

**H. C. v. Gagern**, Mein Antheil an der Politik. 1—4. Bd. 8. Stuttgart, Cotta. 5⅔ Thlr.
 1. Bd. Unter Napoleons Herrschaft. 1823. 1 Thlr.
 2. Bd. Nach Napoleons Fall. — Der Wiener-Congreß. 1826. 1½ Thlr.
 3. Bd. Der Bundestag. 1830. 1⅙ Thlr.
 4. Bd. In der Einsamkeit. — Die Briefe des Freih. v. Stein an den Freih. v. Gagern von 1815—31. Mit Erläuterungen. 1833. 2 Thlr.
> Memoiren eines Staatsmanns, vom subjectiven Standpunkte aus geschrieben. Die Abhandlung über den Wiener Congreß gilt als eine Hauptquelle für diesen.

—— Der zweite Pariser Frieden. 2 Bde. 8. Leipzig 1845, Brockhaus. n. 3 Thlr. 18 Ngr.

Reichliche Sammlung von Correspondenzen Gagerns mit den betheiligten Diplomaten. Geistreiche Aphorismen und interessante Notizen, aber keine unbefangene Darstellung des Thatbestandes. Apologie Talleyrands.

[Jos. v. **Hormayr,**] Lebensbilder aus dem Befreiungskriege. 3 Abthln. (1. und 2 Abthl. 2. Aufl.) Jena 1844 und 45, (Berlin G. Reimer. n. 7½ Thlr.

Der erste Theil besteht aus einem Briefwechsel berühmter Männer aus dem Befreiungskriege, und ist von unschätzbarem Werth in historischer und politischer Beziehung, indem hier die wichtigsten Aufschlüsse über das Benehmen des Cabinets und Staatsmänner damaliger Zeit gegeben werden. Die zweite Abtheilung besteht aus Urtheilen und Reflexionen des Herausgebers, die häufig das Gepräge großer Bitterkeit tragen. In einer dritten Abtheilung vertheidigt sich der Herausgeber gegen Vorwürfe der Verfälschung und Perfidie durch Nachweisung seiner Quellen, und fügt manche dankenswerthe Berichtigungen hinzu.

Jul. **Königer,** Der Krieg von 1813 und die Verträge von Wien und Paris. Mit 1 Karte. gr. 8. (VIII u. 475 S.) Leipzig 1865, Hirzel. n. 2⅓ Thlr.

Eine treffliche Arbeit, welche ein treues, vollständiges und zusammenhängendes Geschichtsbild des Jahres 1813 für einen größeren Kreis gebildeter Leser giebt und damit eine sehr zweckmäßige Ergänzung der Werke Häussers und Bernhardi's gewährt. Die Begeisterung des Verfassers für die nationalen Ideen verleiht seiner Darstellung eine eigenthümliche Weihe, und sein tragisches Schicksal erhöht noch das Interesse für sein Buch. Er fiel bekanntlich in dem Treffen bei Laufach 1866.

Ludwig Karl **Aegidi,** Aus dem Jahre 1819. Beitrag zur deutschen Geschichte. 2. verm. Auflage. 16. (VI u. 185 S.) Hamburg 1861, Boyes u. Geisler. n. 18 Ngr.

Hauptsächlich eine Geschichte des Karlsbader Congresses, deren Material wahrscheinlich den Papieren des sachsen-weimarischen Gesandten entnommen ist. Außer den Conferenzacten lag dem Verfasser der Bericht eines Bundestagsgesandten an seinen Souverän vor, aus dem erhellt, daß allerdings große Veränderungen für die deutsche Bundesverfassung beabsichtigt waren, daß diese aber an der Uneinigkeit der Bundesglieder scheiterten. Für diese zweite Auflage sind auch die Tagebücher von Gentz zu weiteren Ausführungen benutzt. Der Verfasser giebt mit dieser Schrift nicht nur einen werthvollen Beitrag zur Geschichte der deutschen Diplomatie, sondern erhebt auch eine energische Anklage gegen den schändlichen Verrath, welchen eine in fremdem Interesse arbeitende Politik an der constitutionellen Entwicklung Deutschlands zu üben im Begriffe war.

—— Aus der Vorzeit des Zollvereins. Beitrag zur deutschen Geschichte. 4. (V u. 132 S.) Hamburg 1865, Boyes u. Geisler. n. 1½ Thlr.

Beiträge zur Geschichte der Entstehung des Zollvereins, bestehend aus Mittheilungen von Gesandtschaftsberichten deutscher Diplomaten, aus denen die Stimmung über und gegen die Einigungsversuche ersichtlich ist.

Hermann v. **Festenberg-Packisch,** Geschichte des Zollvereins mit besonderer Berücksichtigung der staatlichen Entwicklung Deutschlands. (457 S.) Leipzig 1869, Brockhaus. 2 Thlr.

Eine gute Uebersicht des Zollvereins bis auf die neuesten Zeiten, meist aus Journalartikeln zusammengestellt.

## Deutschland seit 1848.

Carl von **Kaltenborn,** Geschichte der deutschen Bundesverhältnisse und Einheitsbestrebungen von 1806 bis 1856, unter Berücksichtigung der

Entwickelung der Landesverfassungen. 2 Bde. gr. 8. (XXX u. 528. XVIII u. 437 S.) Berlin 1857. n. 5 Thlr.

Ein mit Fleiß, lebendigem Interesse für den Gegenstand und besonnener Rücksicht auf die bestehenden Verhältnisse ausgearbeitetes Werk. Der politische Standpunkt ist im Ganzen der des Bundestags. Schärfe des Urtheils und politische Entschiedenheit darf man hier nicht suchen.

Jos. v. Radowitz, Deutschland und Friedrich Wilhelm IV. (68 S.) Hamburg 1848, Perthes u. Besser. 3. Aufl. in demselben Jahr. 10 Ngr.

Werthvolle Mittheilungen über die deutschen Reformpläne, welche der König von Preußen vor 1848 gefaßt hatte, und mit Radowitz' Hülfe ausführen wollte.

G. v. Usedom, Polit. Briefe und Charakteristiken aus der deutschen Gegenwart. gr. 8. 17⅞ B. Berlin 1849. 1 Thlr. 10 Ngr.

Sehr feine Betrachtungen über die Ereignisse und Aufgaben des Jahres 1848, von einem preußischen Diplomaten. Günstige Beurtheilung Metternichs.

Joh. Gust. Droysen, Die Verhandlungen des Verfassungsausschusses der deutschen Nationalversammlung. 1. Thl. gr. 8. 28¾ B. Leipzig 1849. 2 Thlr. 7½ Ngr.

Nicht eigentliche Protokolle, aber treue Aufzeichnung des wesentlichen Inhalts der Verhandlungen, aus der man ersehen kann, mit welchem Ernst, welcher umsichtigen Erwägung, welchem Aufwand von Kenntnissen, Geist und Fleiß das schwierige Werk unternommen und durchgeführt worden ist.

C. F. Wurm, Die Diplomatie, das Parlament und der deutsche Bundesstaat. I. December 1848 bis März 1849. gr. 8. 10⅞ B. Braunschweig 1849. 20 Ngr.

Ein leider unvollendet gebliebener Versuch, über den tieferen Zusammenhang und die entfernteren Quellen der in der Nationalversammlung hervorgetretenen Bewegungen Aufschluß zu geben, woraus man sieht, von welchen Schwierigkeiten die Mehrheit gedrängt war.

Heinr. Laube, Das erste deutsche Parlament. 3 Bde. 8. 70 B. Leipzig 1849. 5 Thlr.

Ohne Zweifel die für die größere Lesewelt ansprechendste Geschichte des Parlaments vom Jahr 1848. Die Darstellung ist novellenartig spannend, leicht in der Form, und weiß die theilweise Trockenheit des Stoffes durch treffende Schilderung einzelner Persönlichkeiten, durch Auszüge aus bedeutenden Reden, durch Klubverhandlungen und stürmische Auftritte in der Paulskirche künstlerisch zu überwinden.

Karl Biedermann, Erinnerungen aus der Paulskirche. 8. 24½ B. Leipzig 1849. 1 Thlr. 15 Ngr.

Hauptsächlich Geschichte der Klubs, besonders des Augsburger Hofes und der bundesstaatlichen Partei. Frische Darstellung und scharfe, größtentheils richtige Zeichnung der Persönlichkeiten. Wesentliche Ergänzung von Laube's Geschichte des Parlaments.

R. Haym, Die deutsche Nationalversammlung. 3 Bde. gr. 8. 45⅞ B. Frankf. a. M. u. Berlin 1848. 49. 50. 3 Thlr. 2 Ngr.

Ein ruhiger Rechenschaftsbericht der Centren der Nationalversammlung, der über ihre Absichten und Ansichten authentischen Aufschluß giebt und den schmerzlichen Todeskampf der Frankf. Versammlung äußerst lebendig u. vollkommen wahr schildert. Ein Werk von bleibendem Werth.

Max Duncker, Zur Geschichte der deutschen Reichsversammlung in Frankfurt. gr. 8. 9¾ B. Berlin 1849. 20 Ngr.

Eine übersichtliche, geordnete und völlig durchgearbeitete Geschichte der Reichsversammlung und Apologie der Mehrheit gegen Republikaner und Partikularisten. Würdige freie Sprache und männliches Urtheil über das Scheitern des ganzen Werkes an bösem und schwachem Willen. Eine der besten Schriften über das Parlament.

Jof. v. **Radowitz**, Neue Gespräche aus der Gegenwart über Staat und Kirche. 2. Aufl. 2 Theile in 1 Bd. 8. 31³/₄ B. Erfurt 1851. 2 Thlr.
 Ein sehr interessanter Beitrag zur Geschichte der Jahre 1849 u. 50. Es werden hier über die preuß. Politik, über die Nichtannahme der Kaiserwürde, über die Plane bei Stiftung des Maibündnisses vom J. 1849 und der Union, über das Scheitern derselben authentische und sehr aufrichtige Aufschlüsse gegeben.

—— Reden u. Betrachtungen. (Gesammelte Schriften Bd. 2.) 8. 29 B. Berlin 1852. 1 Thlr. 25 Ngr.
 Eine räsonnirende Geschichte der deutschen Einheitsbestrebungen, besonders vom Jahr 1848 an bis zum Schluß des Erfurter Parlaments. Einen Anhang dazu bilden die in Frankfurt, Berlin und Erfurt gehaltenen Reden.

A. L. v. **Rochau**, und G. **Oelsner Monmerqué**, Das Erfurter Parlament und der Berliner Fürsten-Congreß. Politische Skizzen aus der Gegenwart. 8. 22½ B. Leipzig 1850. 1 Thlr. 22½ Ngr.
 Ein in lebendigen Journalistenton geschriebener Bericht vom bundesstaatlichen Standpunkt aus, mit scharfer Kritik untermischt.

C. v. **Salviati**, Die Verhandlungen des Berliner Congresses im Mai 1850 u. Preußens deutsche Politik seit dem Frühjahr 1849. Berichte, Randglossen u. Aussichten. gr. 8. 7⅛ B. Berlin 1850. 1 Thlr. 15 Ngr.
 Ein Bericht von bundesstaatlicher Seite.

[Max **Duncker**,] Vier Monate auswärtiger Politik. Mit Urkunden. gr. 8. 8¼ B. Berlin 1851. 15 Ngr.
 Eine sehr scharfe Kritik der Manteuffel'schen Politik vom November 1850 bis zum Frühjahr 1851, die zwar gerichtlich verfolgt, aber nicht widerlegt wurde.

[——] Die Dresdner Conferenzen. Mit Urkunden. gr. 8. 6½ B. Berlin 1851. 10 Ngr.
 Ein schonungsloser Bericht von der resultatlos abgelaufenen Ministerconferenz im December 1850 und Januar 1851.

**Wehrenpfennig**, Geschichte der deutschen Politik unter dem Einflusse des italienischen Krieges. gr. 8. (135 S.) Berlin 1860, Weidmann. ½ Thlr.
 Eine Apologie, aber auch eine freimüthige Kritik der preußischen Politik; interessant besonders dadurch, daß dieselbe im Zusammenhang mit den Vorgängen der Jahre 1848 und 1849 beleuchtet wird. Eine der besten politischen Flugschriften über die Krisis des Jahres 1859

Ludwig **Frauer**, Die Reform des Zollvereins und die deutsche Zukunft. Zur Versöhnung von Nord und Süd. gr. 8. (IX u. 152 S.) Braunschweig 1862, Vieweg u. Sohn. n. 16 Ngr.
 Ein zwischen großdeutschen und kleindeutschen Bestrebungen vermittelnder Vorschlag, wie durch ein Zollvereinsparlament und eine demselben entsprechende Centralgewalt, die aus drei Bundesstaaten: Preußen, Baiern und einem dritten, durch Wechsel zwischen den drei übrigen Königreichen zu bestimmenden, Bundesglied gebildet werden müßte, ein Bundesstaat herzustellen wäre, der mit Oesterreich ein freundliches Abkommen treffen könnte. Der Verfasser legt sehr großes Gewicht darauf, daß von dem Zollverein als gegebener Grundlage nationaler Einigung ausgegangen werde, und andererseits, daß Oesterreich als Gesammtstaat, als ein für sich bestehendes Ganze erhalten werde, weshalb er weder ein ganz Oesterreich aufnehmendes Mittelreich, noch eine Losreißung der deutsch-österreichischen Provinzen von der Gesammtmonarchie will. Die Schrift ist das Ergebniß ernsten vieljährigen Nachdenkens und mit Talent geschrieben.

P. A. **Pfizer**, Zur deutschen Verfassungsfrage. 8. (143 S.) Stuttgart 1862, Metzlers Verl. n. 18 Ngr.

Der Verfasser des Briefwechsels zweier Deutschen, welcher den Gedanken deutscher Einheit unter Preußens Führung vor 30 Jahren zuerst entschieden ausgesprochen hat, beleuchtet in dieser Schrift den damaligen Stand der deutschen Frage und macht den Vorschlag zu einer Directorialregierung, als der unter den bestehenden Verhältnissen möglichsten Form, unter Hinweisung auf einen künftigen Sieg demokratischer Einheitsformen.

Heinrich v. **Treitschke**, Der Krieg und die Bundesreform. (Abdruck aus den preußischen Jahrbüchern.) gr. 8. (22 S.) Berlin 1866, G. Reimer. 3 Ngr.

Die erste kecke Stimme für den Krieg und der muthige Ausdruck der Ueberzeugung, daß nur durch den Krieg eine nationale Reform Deutschlands möglich werde.

Heinr. **Blankenburg**, Der deutsche Krieg von 1866. Historisch, politisch u. kriegswissenschaftlich dargestellt. Mit Karten u. Plänen. (VI, 553 S.) Leipzig 1868, Brockhaus. 3 Thlr.

Ein trefflich geschriebenes Werk eines früher dem preußischen Generalstab angehörigen Offiziers a. D. Erschien ursprünglich anonym in dem Brockhaus'schen Jahrbuch „Unsere Zeit" als eine Reihe von Artikeln, die Aufsehen erregten. Der Hauptwerth des Buches beruht auf der historischen Darstellung, auf der Kunst, mit der die Wechselwirkung der militärischen und politischen Action zur Darstellung gebracht ist. Besonders gelungen ist die Vorgeschichte des Krieges und die Schilderung der Lage vom Beginn der Rüstungen bis zum Eintritt der faktischen Entscheidung. Die Erzählung der kriegerischen Ereignisse ist sehr klar und anschaulich, auch mit freimüthiger Kritik verbunden, wird aber in manchen Theilen durch die später erschienenen officiellen Berichte und andere Mittheilungen berichtigt und ergänzt.

Eine Ergänzung dazu bildet eine Reihe Artikel in „Unsere Zeit" von demselben Verfasser über den Norddeutschen Bund und seine Verfassung. U. Z. N. Folge V 1, S. 401—426. 575—606. 741—757. 815—843. V 2, S. 101—139. Im letzten Artikel giebt er die Nachweisung, daß der Norddeutsche Bund jetzt schon ein deutscher Nationalstaat und eine europäische Großmacht sei.

Georg **Hiltl**, Der böhmische Krieg. Nach den besten Quellen, persönlichen Mittheilungen und eigenen Erlebnissen geschildert. Mit Karten und Illustrationen. 1—3. Abth. gr. 8. (448 S. mit Holzschnitttaf. und 3 Karten.) 1—3. Aufl. Bielefeld 1867, Velhagen u. Klasing. n. 3 Thlr.

Mit der Lebendigkeit und Wärme geschrieben, welche die Arbeit zu einem wahren Volksbuche machen, wenn auch die militärischen Einzelheiten hie und da etwas zu wünschen übrig lassen. Die reichlichen Illustrationen sind von wirklichem Kunstwerth.

[A. **Mels**] Von der Elbe bis zur Tauber. Der Feldzug der preußischen Main-Armee im Sommer 1866, vom Berichterstatter des Daheim. 3 Abthlgn. gr. 8. (248 S. mit Holzschnitttaf. u. Karten.) 1—3. Aufl. Bielefeld 1867, Velhagen u. Klasing. n. 2½ Thlr.

Beruht größtentheils auf Berichten betheiligter Militars und giebt authentische Erzählungen von Augenzeugen in sehr lebendiger, anziehender Darstellung.

Der Feldzug von 1866 in Deutschland. Redigirt von der kriegsgeschichtlichen Abtheilung des großen Generalstabes. (VII, 729 S.) Mit vielen Tabellen u. 1 lith. Karte. Berlin 1867—68, Mittler u. Sohn. 5⅓ Thlr.

Ein ganz objectiv gehaltener, einfacher Bericht des thatsächlichen Hergangs, in dem man keine glänzenden Schilderungen, keine politischen Enthüllungen und keine Kritik suchen darf, der aber für die genaue Kenntniß des strategischen und taktischen Verlaufs unentbehrlich ist.

Oesterreichs Kämpfe im Jahre 1866. Nach den Feldacten bearbeitet durch das k. k. Generalstabsbureau für Kriegsgeschichte. Mit Karten u. Schlacht-

planen. I—IV. (212. Beil. 122. 175. Beil. 28. 386. B. 49. 223. B. 46 S.) Wien 1867—69. 13¹/₃ Thlr.
> Giebt viel mehr militärisches Detail als der preußische Generalstabsbericht, ist aber eben darum nicht so klar und übersichtlich. Ueber den hoffnungslosen Zustand der österreichischen Armee schon vor der Schlacht bei Königgrätz giebt der Bericht interessante Aufschlüsse. Auch sind viele politische Reflexionen und Aktenstücke darein verwoben. Die beigegebenen Karten sind sehr gut ausgeführt.

Emil **Knorr**, Der Feldzug des Jahres 1866 in West- und Süddeutschland. Mit Karten und Beilagen. Nach authentischen Quellen bearbeitet. 2 Bde. (408 S. mit Beilagen. LXII u. 248 S. mit 5 lith. Karten.) Hamburg 1867—69, O. Meißner. 3³/₄ Thlr.
> Eine sehr gute Monographie aus der Feder eines Offiziers; viel besser als die offiziellen Berichte von Bayern und dem achten Armeecorps.

Die Schlacht von Königgrätz. Preußische Jahrb. Bd. 22. S. 186—245 u. 655—697. Bd. 23. S. 1—19 u. 135—157.
> Weitaus die beste und vollständigste Darstellung, das Ergebniß aller bisherigen Berichte zusammenfassend.

Rückblicke auf den Krieg 1866. 1. Bd. Von J. N. Wien 1868, Auer. 2 Thlr.
> Eine freimüthige, treffende Kritik der österreichischen Kriegsführung von einem Oesterreicher.

Wolfgang **Menzel**, Der deutsche Krieg im Jahre 1866 in seinen Ursachen, seinem Verlauf und seinen nächsten Folgen. 2 Bde. gr. 8. (I., XIV 432. II., VIII u. 503 S.) Stuttgart 1867, Krabbe. 2 Thlr. 12 Ngr.
> Frische, lebendige Erzählung eines literarischen Veteranen, der sich herzlich freut, die Hoffnungen der Freiheitskriege noch erfüllt zu sehen durch die Politik der preußischen Regierung und den kriegerischen Geist des Volkes in Waffen.

Ludwig Karl **Aegidi**, Woher und Wohin? Ein Versuch, die Geschichte Deutschlands zu verstehen. 1—4. Aufl. Mit Aussprüchen von Friedrich Perthes als Vorwort. gr. 8. Hamburg 1866, Boyes u. Geisler. n. 6 Ngr.
> Ein geistvoller Rückblick auf die deutsche Entwicklung. Abweisung der Romantik des alten deutschen Reiches und Hinweisung auf den neuen deutschen Staat, der in Preußen begonnen hat und als dessen Ziel sich der Verfasser den deutschen Einheitsstaat denkt.

Rudolf **Köpke**, Das Ende der Kleinstaaterei. Ein Kapitel aus Deutschlands neuester Geschichte. gr. 8. (96 S.) Berlin 1866, Mittler u. Sohn. ½ Thlr.
> Politisches Räsonnement, Geschichte der Katastrophe von 1866, und Erörterung der weiteren Aufgabe Preußens.

Hermann **Baumgarten**, Der deutsche Liberalismus. Eine Selbstkritik. Abdruck aus dem 18. Bande der preußischen Jahrbücher. gr. 8. (114 S.) Berlin 1866, G. Reimer. ½ Thlr.
> Einschneidende Nachweisung der Irrthümer, Fehlgriffe und Unterlassungen des deutschen Liberalismus seit 1848 nebst Hinweisung auf die Aufgabe der Gegenwart.

A. L. **Netzscher**, Die Ursachen des deutschen Krieges und seine Folgen. 4. Aufl. gr. 8. (III u. 176 S.) Stuttgart 1867, Kröner. n. ²/₃ Thlr.
> Uebersicht der nationalen Bestrebungen während der Herrschaft des Bundestags, Nachweisung der Unmöglichkeit, auf friedlichem Wege zu einem befriedigenden Ergebniß zu gelangen,

Schilderung der mittelstaatlichen und österreichischen Politik und Erörterung der Lage und der daraus erwachsenden Aufgabe.

**W. Hoffmann,** Deutschland einst und jetzt, im Lichte des Reiches Gottes. (XI, 532 S.) gr. 8. Berlin 1868, Stilke u. v. Muyden. 2½ Thlr.

——  Deutschland und Europa im Lichte der Weltgeschichte. (253 S.) Berlin 1869 ebendas. 1½ Thlr.

Eigentlich eine Geschichte der nationalen Entwicklung Deutschlands von Karl d. Gr. an bis zur Stiftung des Norddeutschen Bundes, und Nachweisung, daß Preußen nach dem Untergang des deutschen Reiches den Beruf zur Führung Deutschlands bekommen habe. Besonders werthvoll ist Kap. 11 für die Würdigung Friedrich Wilhelms IV., dessen Gesinnung und Plane der Verf. näher kennen zu lernen Gelegenheit hatte. Die Katastrophe von 1866, welche er als letzten Befreiungskrieg bezeichnet, wird ausführlich und mit der Sachkenntniß eines Eingeweihten besprochen. Auch handelt er eingehend über den hervorgetretenen Gegensatz zwischen Nord- und Süddeutschland. Nur die 2 letzten Kapitel behandeln die kirchlich-religiösen Ergebnisse und Aufgaben der neuen Zeit.

Das zweite Buch bildet ein ergänzendes Kapitel des ersten, und erörtert das Verhältniß Deutschlands zu den andern Nationen und Staaten Europa's, besonders zu England und Frankreich. Der Hauptgedanke ist, zu zeigen, daß Deutschland zur geistigen Herrschaft über Europa berufen sei.

**Zur Orientirung im neuen Deutschland.** (60 S.) Heidelberg 1868, Mohr. 8 Ngr.

Eine sehr gute Uebersicht des dermaligen Standes, mit Hinweisung auf die Ziele des neuen Deutschlands, dessen Vollendung der Verfasser im Einheitsstaat sieht.

**Georg Herb. Graf zu Münster.** Der norddeutsche Bund und dessen Uebergang zum deutschen Reiche. (VII, 50 S.) Leipzig 1868, Brockhaus. 10 Ngr.

Votum eines hannöverischen Staatsmannes, der sich aufrichtig bemüht hatte, seinem König die Krone zu retten, aber nun mit Ueberzeugung zur neuen Ordnung der Dinge sich stellt und Vorschläge zur Befestigung derselben macht. Er will eine aus dem König von Preußen und einem verantwortlichen Reichsministerium gebildete Regierungsgewalt, eine selbständige Stellung der einzelnen Provinzen für innere Angelegenheiten und Verwendung der Fürsten zu einem Oberhause.

**[H. W. Lud. A. v. Suckow,]** Wo Süddeutschland Schutz für sein Dasein findet. Ein Wort an die Süddeutschen von einem süddeutschen Officier. (91 S.) Stuttgart 1869, Karl Aue. 15 Ngr.

Treffliche Nachweisung eines höheren württemb. Offiziers, daß die Neutralität der süddeutschen Staaten in einem etwaigen Krieg zwischen Frankreich und Preußen das Verderblichste für sie wäre. Durch gute Darstellung, technische Kenntnisse und nationale Gesinnung ausgezeichnet.

**Der deutsche Bund bis zur Epoche von 1830.** Gegenwart Bd. I. 748—779 S.

**Der deutsche Bund von 1830 bis 1848.** Gegenwart Bd. II. 369—403 S.

**Das deutsche Vorparlament.** Gegenwart Bd. III. 682—707 S.

**Der Fünfziger Ausschuß.** Gegenwart Bd. IV. 419—442 S.

**Die deutsche Nationalversammlung.** Gegenwart Bd. V. 168—207. VII. 239—333. IX. 159—209 S.

**Die deutsche Kriegsflotte.** Gegenwart Bd. I. 439—472 S.

**Die deutsche Flotte von ihrer Gründung bis zu ihrer Auflösung.** Gegenwart Bd. X. 111—125 S.

Deutschland seit der Auflösung der Nationalversammlung bis zur Mitte des Jahres 1855, Gegenwart. Bd. XI. 467—529 S.

Die deutsche Politik seit Wiederherstellung des Bundestags bis 1862. Unsere Zeit Br. V. S. 529—562. 633—656. Bd. VII. S. 593—628. Bd. VIII. S. 209—252.

<small>Diese Abhandlungen geben eine gute fortlaufende Geschichte Deutschlands von 1848 bis 1862.</small>

## Der Norddeutsche Bund.
### Preußen.

Gust. Ad. Harald **Stenzel**, Geschichte des preußischen Staates. 1—5. Thl. gr. 8. Hamburg (Gotha) 1830—54, F. A. Perthes. 11 Thlr. 18 Ngr.

<small>Werk eines bedeutenden Historikers, welcher den reichen Stoff nach dem dermaligen Stand der Quellenforschung kritisch gesichtet und in einfacher, freilich etwas trockner Darstellung niedergelegt hat. Geht bis 1763 und ist bis dahin die vollständigste ausführliche Geschichte des preußischen Gesammtstaats.</small>

Ferd. **Schmidt**, Preußens Geschichte in Wort u. Bild. Illustrirt v. Ludwig Burger. Volksausg. Hoch 4. (VIII u. 1360 S.) Mit 1 Karte. Berlin 1863—1864, Lobeck. n. 4 Thlr.

<small>Eine treffliche populäre Darstellung, welche die vorhandenen Materialien fleißig gesammelt und gut verarbeitet giebt, den Stoff zweckmäßig auswählt und namentlich das culturgeschichtliche Element glücklich verwerthet. Die patriotische Wärme, welche das Ganze belebt, ist um so wohlthuender, da es ein deutscher Patriotismus und nicht ein particularistisch preußischer ist, welchen der Verfasser bekennt. Die Bilder sind nicht bloß modemäßige Zugabe, sondern eine künstlerische Zierde, welche Sitten und Persönlichkeiten in kleinen Kunstwerken veranschaulicht.</small>

Fr. **Voigt**, Geschichte des brandenburgisch-preußischen Staates. 2 Thle. 2. verb. Aufl. gr. 8. (I., VIII u. 368 S. II., VI u. 385 S.) Berlin 1867, Dümmlers Verlag. n. 2 Thlr.

<small>Der Verfasser wollte die bedeutenden Ergebnisse, welche das Quellenstudium der preußischen Geschichte in neuerer Zeit zu Tage gefördert hat, zusammenstellen, und so die äußere wie innere Entwicklung des Staates in einfacher Sprache darstellen, und hat diese Aufgabe in sehr befriedigender Weise gelöst. Wir können dieses Handbuch als die beste übersichtliche Darstellung der preußischen Geschichte empfehlen; sie geht in der neuen Auflage bis zur Gründung des Norddeutschen Bundes.</small>

J. G. **Droysen**, Geschichte der preußischen Politik. Leipzig 1855—67, Veit u. Comp. 22⅔ Thlr. Bd. I. u. Bd. II. 1. Abthlg. in 2. Aufl. 1868 u. 69. à 2 Thlr.

I. Thl. Die Gründung. (VIII, 650 S.)
II. Thl. Die territoriale Zeit. In 2 Abth. (VII, 520 u. VI, 644 S.)
III. Thl. Der Staat des großen Kurfürsten. In 3 Abth. (IV, 359. VI, 626. VIII, 858 S.)
IV. Thl. Erste Abth. Friedrich I. (VI, 434 S.)

<small>Ein großartiges Werk, welches sich die Aufgabe stellt, den nationalen Beruf Preußens geschichtlich nachzuweisen. Zu diesem Behuf ist der Verf. auf die Zeiten zurückgegangen, in welchen der Zerfall des deutschen Kaiserthums begann und eine Zahl einzelner Territorialstaaten sich bildete, aus denen eine Macht hervorging, welcher das Streben innewohnte, die verfallende Reichsmacht vollends zu sprengen und sich an deren Stelle zu setzen. Mit der Entwicklungsgeschichte des brandenburgisch-preußischen Staates verbindet aber der Verf. auch eine Schilde-</small>

ring der gesammten europäischen Politik, um die begünstigenden Einflüsse nachzuweisen, welche das Streben des preußischen Staates förderten. Das Werk beruht auf umfassender Quellenforschung und hat einen großen Reichthum von neuen Materialien und Gesichtspunkten, ist aber dadurch etwas unförmlich geworden und übt daher seinen Einfluß mehr in wissenschaftlichen als politischen Kreisen. Die Darstellung ist geistreich und theilweise künstlerisch, aber in anderen Partieen überwiegt die Masse des Stoffes.

**E. v. Cosel,** Geschichte des preußischen Staates u. Volkes unter den Hohenzollern'schen Fürsten. (VIII, 490 S.) 1. Bd. Leipzig 1869, Duncker u. Humblot.

Ein mit patriotischer Begeisterung geschriebenes populäres Werk, das vom Verf. einem preußischen Oberstlieutenant, zunächst für die militärische Jugend bestimmt ist, und überhaupt der gebildeten Lesewelt empfohlen werden kann. Ist auf 5 Bände berechnet, und der vorliegende erste geht bis zum Regierungsantritt Friedrichs d. Gr.

**L. Ranke,** Neun Bücher preußischer Geschichte. 3 Bde. (1. Bd. in 2. Aufl.) gr. 8. 94¾ B. Berlin 1848. 6 Thlr.

Giebt zunächst in der Einleitung eine sehr gute Uebersicht über die Entwicklung der brandenburgisch-preußischen Territorialgewalt, und sodann eine ausgeführte Geschichte Preußens von König Friedrich Wilhelm I. bis zum Ende des 2. schlesischen Kriegs. Man hat der Darstellung nicht ganz mit Unrecht vorgeworfen, daß sie die Schroffheiten Friedrich Wilhelms namentlich in seinem Verhältniß zu seinem Sohne, verwische und mildere, was allerdings in Ranke's Behandlungsweise und seiner Bevorzugung diplomatischer Quellen liegen mag. Dagegen wird keine andere Geschichte dieser Zeit eine so richtige Anschauung von den politischen Verhältnissen gewähren, als dieses Werk. Daß es sich sehr angenehm liest und durch das Gleichgewicht, in welchem das Concrete mit dem Allgemeinen steht, den Eindruck eines geschichtlichen Kunstwerks macht, versteht sich bei Ranke von selbst. §

**F. Eberty,** Geschichte des preußischen Staates. 4 Bde. 8. (I. u. II. XII, 1422 S. III. VII, 421 S. IV. III, 368 S.) Breslau 1867—68, Trewendt. 7 Thlr.

Eine ausführliche, populäre Darstellung der preußischen Geschichte. Liest sich angenehm und ist deshalb auch Lesevereinen als ein Buch zur Unterhaltung zu empfehlen. Geht vom J. 1411 bis 1763, und die beiden letzten Bände behandeln die Geschichte Friedrichs d. Gr. bis zum Ende des 7jährigen Krieges recht anziehend. Noch nicht vollendet.

**J. D. E. Preuß,** Friedrich der Große. Eine Lebensgeschichte. 4 Bde. Text u. 5 Thle. Urkunden. gr. 8. Berlin 1832—34, Nauck'sche Buchh. n. 13½ Thlr., Schreibpap. n. 18 Thlr., Velinpap. n. 21 Thlr.

—— Friedrich der Große als Schriftsteller. gr. 12. Berlin (Leipzig) 1837, Veit u. Comp. n. 26 Ngr.

—— Friedrich d. Gr. mit seinen Verwandten und Freunden. gr. 8. Berlin 1838, Duncker u. Humblot. 2¼ Thlr.

Das Hauptwerk über Friedrich d. Gr., dessen Verfasser alle Materialien mit großer Sorgfalt gesammelt und mit vieler Liebe, doch ohne besonderes Geschick verarbeitet hat.

**Franz (Theob.) Kugler,** Geschichte Friedrichs des Großen. Gezeichnet von Adolph Menzel. Lex. 8. Mit vielen Holzschnitt. Leipzig 1840—42. 6⅔ Thlr. Neue Ausg. ebend. 1856, Mendelssohn. n. 4 Thlr. Volksausgabe 1861. (XIV, 420 S.) 2 Thlr.

Dasselbe Werk ohne die Bilder in Lorck's Hausbibliothek unt. d. Tit.:

—— Geschichte Friedrichs des Großen. 4. Auflage. gr. 8. Leipzig 1856, Lorck. n. 1 Thlr.

Gute populäre Geschichte und treffliche Zeichnungen, die mit großer Lebendigkeit und Treue die Persönlichkeit und Zeit Friedrich des Großen vergegenwärtigen.

**Thomas Carlyle**, Geschichte Friedrichs des Zweiten, Königs von Preußen. Deutsch von J. Neuberg. 6 Bde. gr. 8. (VIII, 656. VIII, 716. XI, 804. VIII, 663. XI, 708 S.) Berlin 1858—69, Decker. 14¼ Thlr.

Ein merkwürdiges, in der bekannten hin- und herspringenden Manier des Verfassers geschriebenes Werk, in welchem nicht nur Vieles, das zur Geschichte Friedrichs des Großen gehört, sondern auch die mannigfaltigsten Studien in deutscher Geschichte in geistreicher Unordnung ausgebreitet sind. Der Verf. ist voll Begeisterung für seinen Helden und hat mit größter Pietät Alles gesammelt, was zu seiner Verherrlichung dienen kann. So formlos die Anlage des Buches auch ist, so gewährt es durch seine lebendige humoristische Schreibart eine pikante Lektüre. Der Uebersetzer wußte sich sehr in die Eigenthümlichkeit des Verf. einzuleben, konnte aber, durch den Tod abgerufen, seine Arbeit nicht vollenden, und an seine Stelle tritt von Mitte des 5. Bandes an Fried. Althaus. Ein 6. Band des Originals, der 1865 erschien, ist noch im Neste.

**J. Kutzen**, Vor hundert Jahren. Zwei Gedenktage deutscher Geschichte. In 2 Abtheilungen. I. Der Tag v. Kollin. II. Der Tag v. Leuthen. Mit 18 Beilagen u. 4 Schlachtplänen. 8. (XII u. 290. IV u. 276 S.) Breslau 1857, Hirt. 2½ Thlr.

Der Verfasser hat sich zwei entscheidende Schlachten des 7jährigen Krieges aus dem an tapferen Waffenthaten so reichen Jahr 1757 ausgewählt zu einem detaillirten geographisch-historischen Bilde. Wenn er daran erinnert, wie viel Deutschland in der Entzweiung habe vollbringen können, so will er nicht den Geist der Zwietracht wecken, sondern auf den Gedanken leiten, was deutsche Kräfte in vereinter Anstrengung ihrer wichtigsten Glieder zu leisten im Stande seien. Ein sehr empfehlenswerthes, in patriotischem Sinne und unterhaltend geschriebenes Werk.

**Ad. Trendelenburg**, Friedrich der Große und sein Staatsminister Freiherr v. Zedlitz 2c. Vortrag gehalten am 27. Jan. 1859 in der Königl. Akad. d. Wissensch. gr. 8. (32 S.) Berlin 1859, Bethge. n. ⅙ Thlr.

Enthält interessante Beiträge zur Geschichte des preußischen Schulwesens unter Friedrich dem Großen.

**K. Biedermann**, Friedrich der Große u. sein Verhältniß zur Entwicklung des deutschen Geisteslebens. gr. 8. (80 S.) Braunschweig 1859, Westermann. u. 12 Ngr.

Sucht die hergebrachte Auffassung zu berichtigen, als ob Friedrich nur ein negatives Verhältniß zu der geistigen Bewegung des deutschen Volkes gehabt hätte und zeigt, daß er auch mehrfach positiv eingewirkt habe.

**Ed. Sauer**, Friedrichs des Großen Gedanken über die fürstliche Gewalt. 8. (31 S.) Berlin 1863, Springer's Verl. 6 Ngr.

Eine gute Zusammenfassung der in Friedrichs Briefwechsel und andern Schriften niedergelegten Ansichten mit Rücksicht auf neuere politische Theorien.

**J. Benedey**, Friedrich der Große und Voltaire. gr. 8. (XX, 223 S.) Leipzig 1859, Hübner. n. 1⅓ Thlr.

Der Verfasser weist mit sittlicher Entrüstung aus dem Briefwechsel Voltaires nach, wie ganz gemein niederträchtig und verrätherisch er sich gegen seinen fürstlichen Freund benommen habe und wie es kein Wunder sei, daß Friedrich nach solchen Erfahrungen ein Menschenverächter geworden sei.

**Kurd von Schlözer**, Friedrich der Große u. Katharina die Zweite. gr. 8. (VII, 278 S.) Berlin 1859, Hertz. n. 1⅔ Thlr.

Ein Büchlein von eleganter Form, das gebildeten Geschichtsfreunden als interessante Lektüre empfohlen zu werden verdient. Der Hauptinhalt ist eine Geschichte der politischen Beziehungen Friedrichs zum russischen Hofe und besonders der Verhandlungen über die erste Theilung Polens. Der Verfasser sucht aus den diplomatischen Correspondenzen nachzuweisen, daß der Plan zur Theilung Polens von Friedrich nicht lange vorher gehegt und mit Vorbedacht und Eifer verfolgt worden, sondern durch eine eigenthümliche Combination der Umstände herbeigeführt, und daß Friedrich durch die Rücksicht auf Preußens Interesse gedrängt worden sei zuzugreifen.

**G. Droysen**, Erinnerungen an Friedrich den Großen. Preußische Jahrbücher 1866 II, 392—429, u. 629—657 S.

**Rud. Köpke**, Die Gründung der Königl. Friedrich=Wilhelms=Universität zu Berlin 2c. gr. 4. (VIII u. 300 S.) Berlin 1860, Dümmlers Verl. n. 2⅔ Thlr.

Aus Veranlassung der 50jährigen Gründungsfeier im Auftrag der Universität nach offiziellen Quellen geschrieben, bringt diese sorgfältig ausgeführte Geschichte der Stiftung der Universität manche bisher minderbekannte Thatsache bei und ist ein interessanter Beitrag zur Geschichte des damaligen Preußens.

**Rulemann Friedr. Eylert**, Charakterzüge und historische Fragmente aus dem Leben des Königs von Preußen, Friedrich Wilhelm III. Gesammelt nach eigenen Beobachtungen und selbstgemachten Erfahrungen. 3 Thle. gr. 8. 3. Aufl. Magdeburg 1843—46, Heinrichshofen. n. 7½ Thlr.

Interessante Mittheilungen eines Hofgeistlichen und königl. Beichtvaters, von liebender Pietät dictirt.

**R. Braeuner**, Geschichte der preußischen Landwehr. Historische Darstellung und Beleuchtung ihrer Vorgeschichte, Errichtung und späteren Organisation. Nach den besten vorhandenen Quellen. gr. 8. (XII u. 564 S.) Berlin 1863, Mittler u. Sohn. 3 Thlr.

Eine gründliche, klar und ohne Vorurtheile geschriebene Darstellung, welche sowohl die Verdienste und Leistungen der Landwehr ins Licht setzt, als auch vor ihrer Ueberschätzung bewahrt.

**K. A. Varnhagen v. Ense**, Tagebücher: [A. d. Nachlaß d. Verf.] 6 Bde. (Herausgegeben von Ludmilla v. Assing.) gr. 8. (IX u. 387. 423. 488. 404. 404. 499 S.) Leipzig 1861 u. 62, Brockhaus. à Bd. n. 3 Thlr. Bd. VII u. VIII. Zürich 1865—67, Meyer u. Zeller. Bd. IX—XI, (471. 498. 448. 480. 480 S.) Hamburg 1868 u. 69, Hoffmann u. Comp. à 3 Thlr.

Bekanntlich haben diese Tagebücher viel Aufsehen erregt, sie sind viel gerühmt, viel verurtheilt worden. Unstreitig aber sind Varnhagens Aufzeichnungen ein höchst werthvoller wichtiger Beitrag zur Zeitgeschichte. Wenn auch vieles leere Tagesgerede aufgeschrieben hat, wenn ihm auch manche einseitige Auffassung, falscher Verdacht, ungerechte Schmähung, leere und falsche Gerüchte zugetragen wurden, wenn er oft auch nicht die nöthige Kritik geübt hat über die Quellen, aus denen ihm seine Nachrichten zugeflossen sind, so hat er doch im Ganzen richtig Buch geführt über Thatsachen und Stimme der öffentlichen Meinung, manche bösartige Bemerkung über Personen ist durch den Erfolg merkwürdig bestätigt worden. Was die viel bestrittene Berechtigung der Herausgeberin zur Veröffentlichung betrifft, so sind wir überzeugt, daß dieselbe ganz im Sinn und Auftrag des Verfassers gehandelt, wir glauben, daß Varnhagen diese Papiere deswegen seiner Nichte vermacht hat, weil er das Zutrauen zu ihr hatte, daß sie dieselben in ihrer ächten Gestalt unbeschnitten und unverkürzt und frühzeitig genug herausgeben würde, damit die betreffenden Personen ihr Urtheil noch bei ihren Lebzeiten zu lesen bekämen. Daß der Geschichtsforscher, der diese zeitgenössischen Aufzeichnungen benutzen will, vorsichtige

Kritik üben muß, versteht sich, es fehlt ihm aber ja auch nicht an anderen Quellen, die ihm das Material zur nöthigen Controle gewähren. Das Werk umfaßt die Jahre 1835 bis 1855, verliert aber in den letzten Bänden bedeutend an Interesse.

**K. A. Varnhagen** v. Ense, Blätter aus der preußischen Geschichte. 5 Bde. (X, 391. 462. 357. 313 S.) Leipzig 1868 u. 69, Brockhaus. 15 Thlr.
   Tagbuchartige Aufzeichnungen aus den Jahren 1819—1831.

**Zeitschrift für preußische Geschichte und Landeskunde** unter Mitwirkung von Droysen, v. Ledebur, Preuß, Ranke und Riedel, herausg. von R. Foß. 1—6. Jahrg. (à 12 Hefte.) gr. 8. Berlin 1864—69, Bath. à Jahrg. n. 4 Thlr.
   Hat 4 Abtheilungen: 1. selbständige Abhandlungen. 2. Kritiken. 3. Bibliographie. 4. Berichte über die Sitzungen wissenschaftlicher Vereine, welche sich mit preußischer Geschichte und Landeskunde beschäftigen.

**Altpreußische Monatsschrift** zur Spiegelung des provinziellen Lebens in Literatur, Kunst, Wissenschaft und Industrie herausgeg. von Rud. Reicke und Ernst Wichert. Bd. I—VI. oder Jahrg. 1864—69. à Jahrg. 8 Hefte in gr. 8. Königsberg 1864—69. (1—3. Jahrg. Leipzig, Hinrichs'sche Buchh. 4. Jahrg. Königsberg, Theile.) à Jahrg. n. 2 Thlr.
   Inhalt: I. Belletristisches und Abhandlungen. II. Kritiken und Referate. III. Mittheilungen und Anhang.

**Preußen vor dem Februarparlament** von 1847. Gegenwart II. 30—89.
**Preußen und der vereinigte Landtag** im Jahre 1847. Gegenwart III. 208—276.
**Berlin in der Bewegung** von 1848. Gegenwart II. 538—597.
**Die Märzrevolution in Preußen.** IV, 266—305.
**Preußen zur Zeit seiner Nationalversammlung.** Gegenwart IV, 576—634.
**Preußen seit 1849 bis Ende 1850.** Gegenwart VII. 468—517.
**Preußen seit Ende 1850 bis Mai 1851.** Gegenwart IX. 528—598.
**Die preußischen Ostseeprovinzen.** Gegenwart I. 100—135.
**Der preußische Heeresorganismus** im Jahre 1850. Gegenwart V. 511—541.
**Preußen seit Abschluß des Staatsgrundgesetzes** bis zur Einsetzung der Regentschaft. „Unsere Zeit" Bd. VI. 337—377. VII. 39—78. 401—460. VIII. S. 81—131.

[Reinh. **Pauli**] Preußen und das Meer. Preuß. Jahrb. I. 433—444. II. 577—594. III. 7—27. IV. 533—542. V. Der deutsche Bund und die deutsche Flotte. Preuß. Jahrb. VI. 146—178. VII. 512—526.
   Sechs Abhandlungen, in welchen die Bemühungen Preußens für Gründung einer deutschen Flotte und die Hindernisse, welche Oesterreich und die Mittelstaaten denselben entgegenstellten, besprochen werden.

[Graf Robert von der **Goltz**,] Ein preußisches Programm in der deutschen Frage. (16 S.) Berlin 1862, Jul. Springer.
   Eine sehr interessante gleichzeitige Flugschrift, deren Inhalt von bleibendem geschichtlichem Werth ist. Sie enthält wichtige Aufschlüsse über die Pläne Preußens in Betreff der deutschen und italienischen Frage und der Politik, welche gegenüber von Oesterreich verfolgt werden sollte. Der Verf. ist der im Sommer 1869 verstorbene preußische Gesandte in Paris.

Friedr. v. **Thielau**, Graf Albert v. **Pourtalès**, Politischer Essay. Lex. 8. (III u. 41 S.) Berlin 1862, Springer's Verl. ½ Thlr.

 Nicht ein Lebensabriß des Grafen Pourtalès, sondern ein Versuch, vermittelst der Darlegung seiner politischen Ideen und Bestrebungen die Aufgabe der preußischen Politik zu erörtern, welche nach des Grafen Ansicht dahin gehen sollte, Preußen und Deutschland zu identificiren, durch liberale Reformen im Innern die Führung zu gewinnen, den Gegensatz gegen Oesterreich nöthigenfalls durch Kampf zu lösen und die Bundesgenossenschaft Frankreichs nicht zu verschmähen, sondern eben durch gemeinschaftliche Lösung der brennenden Fragen der Gefahr des französischen Uebergewichts die Spitze abzubrechen.

Ludwig **Hahn**, Zwei Jahre preußisch-deutscher Politik 1866—67. Sammlung amtlicher Kundgebungen und halbamtlicher Aeußerungen von der schleswig-holsteinischen Krisis bis zur Gründung des Zollparlaments. (XVI, 660 S.) Berlin 1868, Hertz. 2⅓ Thlr.

 Obgleich nur Aktenstücke enthaltend, wird das Buch doch für Manchen sehr interessant sein, der die wichtigen Erklärungen der preußischen Regierung und ihrer Staatsmänner im Wortlaut nachlesen will.

Die Reichstage des norddeutschen Bundes und des deutsch. Zollparlaments. Unsere Zeit N. F. IV, 2. S. 161—177. 241—270. 426—458. 496—531. 685—706. 823—865.

Der norddeutsche Bund u. seine Verfassung. Unsere Zeit N. F. V 1. S. 401—426. 575—606. 741—757. 815—843. V 2. S. 101—139.

 Eine sehr gute Entwicklungsgeschichte des norddeutschen Bundes, als deren Verfasser sich am Schluß der letzten Abtheilung Heinrich Blankenburg bekennt.

## Provinz Preußen.

Johs. **Voigt**, Geschichte Preußens, von den ältesten Zeiten bis zum Untergange der Herrschaft des deutschen Ordens. 9 Bde. gr. 8. Königsberg 1827—39, Gebr. Bornträger. 27½ Thlr.
 Bd. 1. Die Zeit des Heidenthums. Mit 1 Kupfertafel. 1827. 3½ Thlr.
 = 2. Die Zeit von der Ankunft des Ordens bis zum Frieden 1249. Mit 1 Karte. 1827. 3 Thlr.
 = 3. Die Zeit vom Frieden 1249 bis zur Unterwerfung der Preußen 1283. Mit 2 Kupfertafeln. 1828. 3 Thlr.
 = 4. Die Zeit von der Unterwerfung der Preußen 1283 bis zu Dietrichs von Altenburg Tod 1341. Mit 1 Steintaf. 1830. 3 Thlr.
 = 5. Die Zeit vom Hochmeister Ludolf König von Weizau 1342 bis zum Tode des Hochmeisters Konrad v. Wallenrod 1393. Mit Titelkpfr. 1832. 3 Thlr.
 = 6. Die Zeit des Hochmeisters Konrad v. Jungingen von 1393—1407. Verfassung des Ordens und des Landes. 1834. 3 Thlr.
 = 7. Die Zeit vom Hochmeister Ullrich v. Jungingen 1407 bis zum Tode des Hochmeisters Paul v. Rußdorf 1441. Mit 2 Steintaf. 1836. 3 Thlr.

Bd. 8. Die Zeit vom Hochmeister Konrad v. Erlichshausen 1441 bis zum Tode des Hochmeisters Ludwig v. Erlichshausen 1467. 1839. 3 Thlr.

= 9. Die Zeit vom Tode des Hochmeisters Ludwig v. Erlichshausen 1467 bis z. Unterg. d. Herrschaft des Ordens unter dem Hochmeister Albrecht v. Brandenburg 1525. (Nebst Register zu sämmtlichen 9 Bdn.) 1839. 3 Thlr.

**Johs. Voigt**, Handbuch der Geschichte Preußens bis zur Reformation. 3 Bde. gr. 8. Königsberg 1842 u. 43, Gebr. Bornträger. 7 Thlr.

Das erste ist ein gründliches Werk, worin das historische Material kritisch gesichtet ist, die Form aber vom Stofflichen überwogen wird. Das Handbuch ein willkommener Auszug.

Beide Werke beziehen sich bloß auf das ehemalige Herzogthum Preußen und enthalten sehr wichtige Beiträge zur Geschichte des Deutschordens.

**H. v. Treitschke**, Das deutsche Ordensland Preußen. In: „Historische u. politische Aufsätze" S. 1—69.

Eine geistreich geschriebene Uebersicht der älteren Geschichte der Provinz Preußen.

**Georg Voigt**, Hermann von Salza, Hochmeister des deutschen Ritterordens, in seiner weltgeschichtlichen Bedeutung. Ein Vortrag. gr. 8. (27 S.) Königsberg 1856, Koch. n. 6 Ngr.

Eine sehr ansprechende Würdigung des Begründers deutscher und christlicher Kultur in Preußen.

## Brandenburg.

**K. F. Klöden**, Diplomatische Geschichte des Markgrafen Waldemar von Brandenburg, vom Jahre 1295—1323. Unmittelbar nach den Quellen dargestellt. 2 Abtheil. ob. 4 Thle. (wovon die 2 letzten die Geschichte des falschen Waldemar enthalten.) Mit 5 lithog. u. illum. Karten. gr. 8. Berlin 1844 u. 45, (Leipzig, Voigt u. Günther.) n. 5 Thlr.

Eine sehr reichhaltige und auf gründlicher Quellenforschung beruhende Monographie, die auch allgemeines Interesse gewährt durch ausführliche Abschnitte über Sitten und Zustände des Mittelalters im nördlichen Deutschland. Gute Darstellung.

**Johannes Voigt**, Markgraf Albrecht Alcibiades von Brandenburg-Culmbach. 2 Bde. Mit 1 Titelbilde. gr. 8. (I. XVI 361, II. VII 292 S.) Berlin 1852, Decker. n. 4 Thlr.

Ein sehr lehrreiches Bild eines deutschen Fürsten, von dem in jenen Zeiten besonders bewanderten Verfasser, aus gedruckten und vielen ungedruckten Materialen mit Sorgfalt und Kritik, jedoch ohne Anspruch auf historische Kunst, zusamm.ngestellt.

## Schlesien.

**Heinr. Wuttke**, König Friedrichs des Großen Besitzergreifung von Schlesien und die Entwicklung der öffentlichen Verhältnisse in diesem Lande bis zum Jahre 1740. A. u. d. Tit.: Die Entwicklung der öffentlichen Verhältnisse Schlesiens unter den Habsburgern. 2 Thle. gr. 8. Leipzig 1842 u. 43, W. Engelmann. 4¾ Thlr.

Das Werk leistet mehr als der Titel verspricht, indem es eine ziemlich vollständige Geschichte Schlesiens giebt. Besonders wichtig wird es für das 16. und 17. Jahrhundert, indem es die kirchliche Zerfallenheit vor der Reformation und die katholische Reaction nach derselben lebendig schildert und durch actenmäßige Nachweisung belegt. Auch den literarischen Bewegungen ist besondere Aufmerksamkeit gewidmet.

## Sachsen.

**Carl Wilh. Böttiger**, Geschichte des Kurstaates und Königreichs Sachsen. 2 Bde. und Register. gr. 8. Hamb. (Gotha) 1830 u. 31, F. A. Perthes. n. 5 Thlr. 1. Bd. 2. Aufl. bearb. von Th. Flathe. (X, 655 S.) Gotha 1867. 2 Thlr. 16 Ngr.

Eine zwar nicht besonders gründliche, aber das nächste Bedürfniß befriedigende und angenehm lesbare Geschichte Sachsens. Die neue Auflage ist theilweise umgearbeitet und nach den Anforderungen der Wissenschaft verbessert.

**C. Gretschel**, Geschichte des sächsischen Volks u. Staats. Fortgesetzt von Fr. Bülau. 3 Bde. mit 3 Stahlst. (I. 636. II. IV 668. III. VI 720 S.) Leipzig 1841—54, Hinrichssche Buchh. n. 8⅚ Thlr.

(Der 3. Band 1853 erschienen, ist nach Gretschels 1848 erfolgtem Tode von S. 171 oder Jahr 1763 an von Bülau fortgesetzt bis zum Jahr 1831.)

Die ausführlichste und vollständigste Geschichte des jetzigen Königreichs Sachsen, auf fleißigen Quellenforschungen beruhend, doch mit Beschränkung auf die allerdings für Sachsen besonders reiche gedruckte Literatur. Giebt auch manche Beiträge zur Literaturgeschichte. Die neuere Geschichte ist apologetisch für die sächsische Politik.

**Friedr. Wilh. Tittmann**, Geschichte Heinrichs des Erlauchten, Markgrafen zu Meißen und im Osterlande, und Darstellung der Zustände in seinen Landen. 2 Bde. Neue Ausgabe. gr. 8. Leipzig 1845 u. 46, Arnold. n. 1 Thlr.

Ein sehr reichhaltiges und für Culturgeschichte des Mittelalters wichtiges Werk. Die Darstellung der Zustände in der zweiten Hälfte vom 13. Jahrhundert nimmt den ganzen ersten und zwei Drittel des zweiten Bandes ein, so daß die eigentliche Geschichte gleichsam nur einen Anhang bildet.

**Karl v. Weber**, Aus vier Jahrhunderten. Mittheilungen aus dem Hauptstaatsarchive zu Dresden. 2 Bde. gr. 8. (X, 474 S. VI, 478 S.) Leipzig 1857—58, B. Tauchnitz. 4½ Thlr.

Interessante biographische und kulturgeschichtliche Mittheilungen aus dem Dresdener Archiv von Ende des 16. bis Ende des 18. Jahrhunderts.

—— Aus vier Jahrhunderten. Mittheilungen aus dem Hauptstaatsarchive zu Dresden. Neue Folge. 2 Bde. gr. 8. (III u. 394. III. 394 S.) Leipzig 1861, B. Tauchnitz. 3½ Thlr.

Die Hauptstücke in diesen neuen Bänden sind Bd. I. Beiträge zur Geschichte der geheimen Verbindungen in Deutschland. Bd. II. Zur Geschichte des Polenkriegs, Stanislaus Leszynski, der Briefwechsel Friedrichs des Gr. mit dem sächs. Minister Graf v. Manteuffel und das Lebensbild des sächsischen Cavaliers Joh. Christoph v. Nostitz.

**Friedr. Alb. v. Langenn**, Moritz, Herzog u. Churfürst zu Sachsen. 2 Thle. gr. 8. Mit 2 Bildn. Leipzig 1841, Hinrichs Verl. n. 5 Thlr.

Eine Monographie, welche gründliche Studien und Benutzung archivalischer Quellen mit eleganter anziehender Darstellung verbindet. Apologetische Auffassung des Helden.

Ueber Churfürst Moritz ist zu vergleichen: **Maurenbrecher**: „Zur Beurtheilung des Churfürsten Moritz" in Sybels Historischer Zeitschrift Bd. XX. S. 271 ff. u. Bernh. **Kugler** in den preuß. Jahrbüchern Bd. XXIII. S. 635 u. ff.

K. Gust. **Helbig**, Gustav Adolf und die Kurfürsten von Sachsen u. Brandenburg 1630—32. Nach handschriftlichen Quellen d. k. sächs. Haupt-Staats-Archivs dargestellt. gr. 8. (VIII u. 120 S.) Leipzig 1854, Arnold. n. ⅔ Thlr.

Werthvolle Mittheilungen aus dem sächsischen Archiv, nach welchen die sächsische und brandenburgische Politik und besonders Kurfürst Johann Georg von Sachsen und der Feldmarschall Arnim in einem günstigeren Licht erscheinen.

Johannes **Falke**, Die Geschichte des Kurfürsten August von Sachsen in volkswirthschaftlicher Beziehung. (352 S.) gr. 8. Leipzig 1868, S. Hirzel. 2⅔ Thlr.

Der Verf. hat sich durch diese Bearbeitung einer für die Entwicklung Sachsens sehr bedeutungsvollen Zeit ein wahres Verdienst erworben, und bringt über die Verschwendung am sächsischen Hofe und die Mittel, welche angewendet wurden, um die Steuerkraft zu steigern, sehr interessante Nachweisungen.

Emil **Kneschke**, Leipzig seit 100 Jahren. Säkularchronik einer werdenden Großstadt. (499 S.) 8. Leipzig 1867, Selbstverlag des Verfassers.

Arbeit eines geborenen Leipzigers, der mit der Vergangenheit seiner Vaterstadt sehr vertraut ist und viel Interessantes aus der Tradition und aus Urkunden zu erzählen weiß.

Das Königreich Sachsen von Einführung der constitutionellen Regierungsform bis zum Rücktritt des Märzministeriums. Gegenwart V, 571—622.

Sachsen vom Rücktritt des Märzministeriums bis zum Schlusse des Landtags 1850. Gegenwart VI, 613—672.

Einige der gesetzgeberischen Reformen im Königreich Sachsen unter König Johann. Preuß. Jahrbücher XXIII, 283—325. 381—406.

August **Beck**, Ernst der Zweite, Herzog zu Sachsen-Gotha u. Altenburg, als Pfleger und Beschützer der Wissenschaft u. Kunst. Mit 1 Bildniße Facsim. H. E.'s 8. (VIII u. 488 S.) Gotha 1854, J. Perthes. n. 1½ Thlr.

Ein mit patriotischer Pietät ausgeführtes Ehrendenkmal eines um die Pflege wissenschaftlicher und künstlerischer Bestrebungen wirklich verdienten Fürsten. Sorgfältige Nachweisungen dessen, was Herzog Ernst in dieser Beziehung gethan hat.

—— Geschichte der Regenten des gothaischen Landes. (VIII, 535 S.) Gotha 1868, Thienemann. 2 Thlr. 24 Ngr.

Ein gutes Handbuch, das zum erstenmal die Geschichte des Herzogthums vollständig zusammenstellt.

## Mecklenburg und die Ostseeländer.

Ludw. **Giesebrecht**, Wendische Geschichten aus den Jahren 780—1182. 3 Bde. gr. 8. Berlin 1841—43, Gärtner. n. 6 Thlr.

Geschichte der Christianisirung und theilweise der Germanisirung des nordöstlichen Deutschlands. Ein nach Forschung und Darstellung gediegenes Werk.

Otto **Fock**, Rügensch-Pommersche Geschichten aus sieben Jahrhunderten. gr. 8. Leipzig, Veit u. Comp.

    I. Bd. Rügen 1188. Mit 1 Karte des alten Rügen u. 1 Grundriß von Arkona. (X u. 155 S.) 1861. n. 24 Ngr.

   II. „ Stralsund und Greifswald im Zeitalter der Gründung. (II u. 214 S.) 1862. n. 1 Thlr. 6 Ngr.

III. Bd. Die Zeit der deutsch=dänischen Kämpfe im 14. Jahrhundert bis zum Frieden von Stralsund 1370. (XV u. 276 S.) 1865. n. 1 Thlr. 18 Ngr.

IV. „ Innerer Zwist und blutige Fehden. (X u. 262 S.) 1867. n. 1 Thlr. 18 Ngr.

V. „ Reformation und Revolution. (XV u. 464 S.) 1868. 2⅔ Thlr. compl. 7 Thlr. 26 Ngr.

Interessante Studien, aus den Quellen, die manche lesbare Parthieen enthalten.

Otto **Krabbe**, Aus dem kirchlichen und wissenschaftlichen Leben Rostocks. Zur Geschichte Wallensteins u. des dreißigjährigen Kriegs. gr. 8. (XII u. 464 S.) Berlin 1863, Schlawitz. n. 3 Thlr.

Sehr dankenswerthe Beiträge zur norddeutschen Cultur= und Kirchengeschichte. Auch in formeller Beziehung mit Sorgfalt bearbeitet.

Mecklenburg in den Jahren 1848—1851. Gegenwart VI, 340—376.

Mor. **Wiggers**, Der Vernichtungskampf wider die Bauern in Mecklenburg. Zur Gesch. d. Junkerthums in Deutschland u. z. Verständniß seiner Po= litik. gr. 8. (80 S.) Leipzig 1864, Hartknoch. n. ⅓ Thlr.

Der Verfasser, einer der wenigen Vorkämpfer der liberalen Interessen in Mecklenburg, führt hier den geschichtlichen Beweis, daß die Junker seit dem 15. Jahrhundert den Bauern= stand seines ursprünglich freien Grundbesitzes beraubt und freien Bauergüter auf eine sehr kleine Zahl heruntergebracht haben und bis auf die neueste Zeit fortfahren, in dieser Richtung zu arbeiten.

### Schleswig-Holstein.

G. **Waitz**, Schleswig=Holsteins Geschichte in 3 Büchern. Bd. I. u. Bd. II. 1. u. 2. (XXI, 675 S. u. 1 Tab.) gr. 8. 45¾ B. mit 1 Tab. Göt= tingen 1851—54. 6 Thlr.

Der Anfang einer kritisch durchgearbeiteten und mit historischer Kunst ausgeführten Dar= stellung der schleswig=holsteinischen Geschichte, aus welcher der alte Kampf zwischen Deutsch= thum und Dänenthum und die dadurch erzeugten eigenthümlichen politischen Verhältnisse des Landes klar werden. Ist nicht vollendet, sondern geht blos bis zum J. 1660.

—— Kurze schleswig=holsteinische Landesgeschichte. (VII, 203 S.) Kiel 1864, Homann. 1 Thlr.

Ein kurzer Abriß, der bis auf den letzten Krieg geht.

Rudolph **Usinger**, Deutsch=dänische Geschichte 1189—1227. gr. 8. (XVI u. 447 S.) Berlin 1863, Mittler u. Sohn. 2½ Thlr.

Ein durch sorgfältige Forschung, gute Darstellung und nationale Wärme ausgezeichnetes Buch, welches uns die früheren Kämpfe der Nordalbingier gegen die dänische Herrschaft erzählt. Die Hauptpunkte sind: der deutsche Schutz, welchen Heinrich der Löwe diesen Landen gewährt, die Ueberlieferung Schleswigs an den Dänenkönig Waldemar durch Kaiser Friedrich II. und der Sturz der dänischen Herrschaft durch die kleinen Fürsten der deutschen Nachbarlande.

Otto **Fock**, Schleswig=holsteinische Erinnerungen, besonders aus den Jah= ren 1848—1851. gr. 8. (XII u. 363 S.) Leipzig 1863, Veit u. Comp. 1⅔ Thlr.

Gute Schilderung der Begebenheiten mit etwas demokratischer Färbung, die hauptsächlich in schonungsloser Schärfe des Urtheils über die Statthalterschaft hervortritt. Treffende leben= dige Personalschilderung. Die Darstellung mitunter nachlässig.

**Theod. Lüders**, Denkwürdigkeiten zur neuesten Schleswig-Holsteinischen Geschichte.
1. Buch. Die provisor. Regierung und der Krieg des Jahres 1848. 8. 11⅞ B. Stuttgart 1851. 24 Ngr.
2. Buch. Der Waffenstillstand u. die gemeinsame Regierung 8. 7½ B. ebend. 1851. 16 Ngr.
3. Buch. Die Statthalterschaft u. der Krieg im J. 1849. 8. 15⅛ B. ebend. 1851. 1 Thlr.
4. Buch. Die Herzogthümer im J. 1850. (284 S.) 1853. 1 Thlr. 4 Ngr.

<small>Eine gute zusammenfassende Geschichte des schleswig-holsteinischen Kriegs aus der Feder eines ehemaligen schlesw.-holst. Offiziers.</small>

Schleswig-Holstein bis zur Erhebung von 1848. Gegenwart II, 404—428.
Schleswig-Holstein vom Frühjahr 1848 bis zur Ausführung des Waffenstillstands von Malmoe. Gegenwart III, 41—73. V, 294—340—371.
Schleswig-Holstein seit Mitte 1849 bis 1851. Gegenwart VI, 448—505.
Schleswig-Holstein seit dem Berliner Frieden vom 2. Juli 1850 bis September 1858. Unsere Zeit Bd. II, 673—710.
Der Krieg gegen Dänemark im Jahre 1864. Unsere Zeit N. F. I, 161—182. 266—289. 341—375. 431—458. 520—539.

**Theod. Fontane**, Der schleswig-holsteinische Krieg im Jahre 1864. Mit 4 Porträts, 56 eingedr. Abbildgn. u. 9 Karten. Lex. 8. (VII u. 376 S.) Berlin 1866, Decker. 2¾ Thlr.

<small>Lebendige Schilderung der Ereignisse, militairisches Detail so viel als nöthig ist zur Einsicht in die Führung des Krieges, dabei Zeichnung von Land und Leuten und Oertlichkeit, sowie biograph. Skizzen hervorragender Persönlichkeiten.</small>

## Hansestädte.

**Franz Buchenau**, Die freie Hansestadt Bremen u. ihr Gebiet ꝛc. Lex. 8. (XVI u. 276 S.) Bremen 1862, Schünemann's Verl. n. 1⅓ Thlr.

<small>Eine verdienstliche Arbeit, welche ein reiches geschichtliches und statistisches Material gut geordnet enthält. Nur Schade, daß der Verfasser die überseeischen Handels- und Verkehrsverhältnisse fast gar nicht berücksichtigt.</small>

**J. G. Kohl**, Der Raths-Weinkeller zu Bremen. 8. (VII u. 250 S.) Bremen 1866, Kühtmann u. Co. n. 1 Thlr.
<small>Geschichte und ansprechende Schilderung des berühmten vielbesuchten Locals.</small>

—— Das Haus Seefahrt zu Bremen. gr. 8. (VIII u. 270 S. Mit 1 Holzschn.) Bremen 1862, Strack. n. 1½ Thlr.

<small>Haus Seefahrt, eine Invalidenanstalt für Seeleute. Der Verf. erzählt die Geschichte der Genossenschaft, welche diese Anstalt stiftete, von ihrer Gründung im J. 1545 bis auf die Gegenwart und verschafft dadurch manchen kulturgeschichtlich interessanten Einblick in das Treiben des Schiffsvolks.</small>

Die freie Stadt Bremen in ihrer politischen und culturgeschichtlichen Entwicklung. Gegenwart Br. VIII, S. 202—262.

**J. G. Gallois,** Geschichte der Stadt Hamburg. Nach b. Quellen bearb. 3 Bde. gr. 8. (IX u. 2026 S.) Hamburg 1853 u. 56, Tramburgs Erben. n. 7 Thlr.
*Giebt mehr Stoff als irgend ein anderes Werk über hamburgische Geschichte. Derselbe ist mit Sorgfalt gesammelt, aber leider nicht übersichtlich genug verarbeitet. Der dritte Band enthält insbesondere reiches Material zur Handelsgeschichte, aus den besten (ungedruckten) Quellen. Im Politischen ist das Streben nach Unparteilichkeit sichtbar.*
*Besonders wichtig für hamburgische Geschichte sind zwei Denkschriften von Poel und Rist „über die Schicksale Hamburgs und die darauf bezüglichen diplomatischen Verhandlungen im J. 1813," abgedruckt in der Zeitschrift des Ver. f. Hamb. Gesch. neue Folge 1855, Heft 1, bes. verkäufl.*

—— Geschichte der Stadt Hamburg. Mit vielen Illustrationen in Holzschnitt und Stahlstich und Karten. gr. 8. (V u. 764 S.) Hamburg 1867, W. Oncken. n. 2 Thlr.

—— Hamburgs neueste Zeit 1843—1860. Mit 8 lith. Karten. gr. 8. (XVI u. 695 S.) Hamburg 1866, Grüning. n. 2¼ Thlr.
*Eine neue abgekürzte Bearbeitung und Fortsetzung des vorigen, welche sich angenehmer liest. Die Illustrat. sind gering.*

Hamburgs Verfassungskämpfe während der letzten zehn Jahre. Gegenwart IX, 397—471 S.

Hamburg. Historisch topographische und baugeschichtliche Mittheilungen. Den Mitgliedern der XV. Versammlung deutscher Architecten und Ingenieure dargebracht von dem architectonischen Vereine. (VIII, 160 S. mit 8 Holzschnitttafeln u. 2 Karten.) Hamburg 1868, Otto Meißner. 1½ Thlr.
*Eine sehr gut bearbeitete Geschichte der allmähligen Entwicklung Hamburgs und Beschreibung der jetzigen Stadt. Ist reich mit hübschen architectonischen Zeichnungen und Planen ausgestattet und giebt im Text weit mehr als der Titel erwarten läßt.*

**C. W. Pauli,** Lübeckische Zustände zu Anfang des 14. Jahrh. Sechs Vorlesungen, gehalten in den Jahren 1838 bis 1846. Nebst einem Urkundenbuche. gr. 8. 15 B. Lübeck 1847, 1 Thlr. 6 Ngr.
*Sehr interessante Beiträge zur lübeckischen Sitten- und Verfassungsgeschichte.*

Lübeck in seinen neuesten Zuständen. Gegenwart VIII, 605—660.

### Hannover und Braunschweig.

**L. T. v. Spittler,** Geschichte des Churfürstenthums Hannover, seit der Reformation bis zum Ende des 17. Jahrhunderts. 2 Thle. gr. 8. Hannover 1786, (Neue Titel-Ausgabe 1798.) Hahn. 3½ Thlr.
*Ein Werk, in welchem Spittler seinen feinen Pragmatismus mit vielem Erfolge handhabt.*

**Wilh. Havemann,** Geschichte der Lande Braunschweig u. Lüneburg.
  I. Bd. Bis zum Ende des 15. Jahrhunderts. gr. 8. (XXII u. 801 S.) Göttingen 1853, Dietrich. n. 2⅔ Thlr.
  II. Bd. Bis zum westphälischen Frieden. Ausführl. Behandlung der Reformationsgeschichte. gr. 8. (XVI u. 751 S.) Ebend. 1855. n. 3 Thlr.

Eine der besseren deutschen Specialgeschichten, welche das bisher zugängliche Material durch Ausbeute archivarischer Studien ergänzt und den Stoff ansprechend bearbeitet hat. Giebt zur Einleitung eine allgemeine Geschichte des alten Sachsenlandes; von der Uebertragung des Herzogamtes an die Welfen an wird das Werk eine Geschichte der Besitzungen der welfischen Dynastie. Berücksichtigt übrigens auch die Gebiete anderer Dynasten und der Kirche.

**Just. Möser**, Osnabrückische Geschichte mit Urkunden. N. A. 4 Thle. in 3 Bdn. 8. Berlin 1842, Nicolais Verl. n. 2⅓ Thlr.

Galt in früheren Zeiten als Muster einer guten Specialgeschichte. Geht nur bis 1192. Behandelt vorzugsweise die Verfassung und das Recht. Sehr anregend für tiefere Forschung über deutsche Geschichte überhaupt.

**C. Stüve**, Wesen und Verfassung der Landgemeinden und des ländlichen Grundbesitzes in Niedersachsen und Westphalen. Geschichtl. und statist. Untersuchungen mit unmittelb. Bez. auf das Königr. Hannover. gr. 8. 21¼ B. Jena 1851. 1 Thlr.

Eine für Geschichte und Verwaltungskunde sehr lehrreiche Schrift des gelehrten hannöverischen Märzministers. Es wird hier zunächst die historische Entwicklung der Landgemeinden in Hannover geschildert, die Feldordnungen, die Besitzrechte an Grund und Boden bei den verschiedenen Klassen der ländlichen Bevölkerung, insbesondere die Steuerfreiheiten und Rittergüter werden rechtlich beleuchtet, und sodann die Reformpläne auseinandergesetzt und motivirt, welche Stüve als Minister vorbereitete und die längere Zeit nachher noch eine wichtige Lebensfrage für Hannover waren.

—— Geschichte des Hochstifts Osnabrück bis zum Jahre 1508. Aus den Urkunden bearbeitet. gr. 8. (XII u. 484 S.) Jena 1853, Frommann. 2⅓ Thlr.

Ein vortrefflicher Beitrag zur Geschichte des späteren Mittelalters. Schildert in der ziemlich ausführlichen Einleitung die Rechts- und Verfassungsverhältnisse bis zum Jahr 1250 und giebt damit die Resultate 30jähriger Forschungen in den Archiven. Man kann nicht leicht etwas besseres über die Standes-, Eigenthums- und Gerichtsverhältnisse lesen. Mit dem Jahre 1250 beginnt dann die ausführliche Geschichte der osnabrückischen Bischöfe, aus der ein anschauliches Bild von der Auflösung der Lehens- und Entstehung der Territorialverfassung hervorgeht.

**Wilh. Wachsmuth**, Geschichte von Hochstift u. Stadt Hildesheim. gr. 8. (VII u. 266 S.) Hildesheim 1863, Gerstenberg. n. 1 Thlr. 12 Ngr.

Der greise Historiker setzt hier seiner Vaterstadt ein Denkmal der Pietät und giebt ein lebendiges interessantes Bild städtischer Zustände im 16—18. Jahrhundert.

**Onno Klopp**, Geschichte Ostfrieslands bis 1570. 1 Thl. gr. 8. (VII u. 472 S.) Hannover 1854 Rümpler. n. 2 Thlr. 2. Thl. 1571—1751. gr. 8. (VI u. 636 S.) Ebend. 1856. 2½ Thlr.

Zunächst für den Bürger und Bauer des Heimathlandes vom Verfasser bestimmt, aber auch für den wissenschaftlichen Gebrauch von Werth, da das Material größtentheils aus den gleichzeitigen Quellen geschöpft und mit selbständiger Kritik verarbeitet ist. Darstellung klar und ansprechend.

—— —— 3. Thl. Ostfriesland unter preußischer Regierung bis zur Abtretung an Hannover 1744—1815. (471 S.) 1858. 2 Thlr.

Mit diesem dritten Band nimmt der Verf. eine tendenziöse Wendung. Er wollte die Gunst der hannöver'schen Regierung gewinnen, von welcher er wegen früherer demokratischer Ausschreitungen hintangesetzt wurde, und stellt im Widerspruch mit der Wahrheit und mit der öffentlichen Meinung seiner Landsleute die preußische Herrschaft als ein Unglück für Ostfriesland hat, und datirt dessen Aufschwung von seiner Einverleibung in Hannover.

**C. E. v. Malortie**, Der Hannoversche Hof unter dem Kurfürsten Ernst August und der Kurfürstin Sophie. (Mit Kurf. Ernst Augusts Bildniß

und Facsimile.) gr. 8. 15⅜ B. u. 1 Stammtafel. Hannover 1847.
1 Thlr. 15 Ngr.
    Schildert den hannöverschen Hof am Ende des 17. Jahrhunderts, wie er sich zu einem glänzenden Nachbild des Hofes in Versailles ausbildete, nach seiner Verwaltung und seinem Ceremoniell. Die Einleitung behandelt die Geschichte des Hoflebens im Allgemeinen.

**E. F. Rößler**, Die Gründung der Universität Göttingen. Eine Sammlung bisher ungedruckter Entwürfe, Berichte u. Briefe v. G. A. v. Münchhausen, J. L. v. Mosheim, Alb. v. Haller, G. C. Gebauer, J. H. Böhmer u. anderen Zeitgenossen. Zur Geschichte des deutschen wissenschaftlichen Lebens im 18. Jahrhundert. Lex. 8. (XXIV u. 540 S.) Göttingen 1855, Vandenhoeck u. Ruprecht. n. 3⅔ Thlr.
    Enthält neben einer Reihe sehr interessanter Actenstücke eine geschichtliche Einleitung, welche die Gründung der Universität Göttingen erzählt.

**H. Alb. Oppermann**, Zur Geschichte des Königreichs Hannover von 1832 —1860. I. Bd. 1832—1848. gr. 8. (XVI, 395 S.) II. Bd. 1848 —60. (VIII, 450 S. u. IV, 200 S. Beilagen.) Leipzig 1860—1862, O. Wigand. n. 1½ Thlr.
    Hauptsächlich eine Geschichte des constitutionellen Lebens, besonders der ständischen Opposition, deren hervorragendes Mitglied der Verfasser war. Er bescheidet sich nur Materialien geben zu wollen, giebt aber theilweise eine recht gute Verarbeitung derselben. Der erste Band bildet eigentlich nur die Einleitung zu dem zweiten, welcher von der Periode handelt, von welcher der Verfasser als Genosse und Mithandelnder bei den Bestrebungen der nationalen Partei sprechen konnte. Er giebt hauptsächlich Aufklärung darüber, warum das Ministerium Bennigsen-Stüve in den allgemein deutschen Angelegenheiten nicht das Vertrauen genießen konnte, das es in den inneren Angelegenheiten so reichlich und sicher besessen hatte, und wie es kam, daß sich nun eine große Partei gegen dasselbe bildete. Er versäumt aber dabei anzuerkennen, daß das Ministerium in seiner particularistischen Politik keineswegs isolirt stand, sondern die Unterstützung einflußreicher Kreise für sich hatte, während es an einer nationalen Partei ursprünglich überhaupt in Hannover gefehlt hatte. Ein dritter Band steht in nächster Aussicht.

Hannover in seinen öffentlichen Zuständen. Gegenwart Bd. X, 603—665.

Hannovers letzte Tage 1864—1866. Unsere Zeit N. F. III. 1. S. 721 —754.

**Moritz Busch**, Das Uebergangsjahr in Hannover. (VI, 313 S.) Leipzig 1867, Quandt u. Händel. 1½ Thlr.
    Eine gute Schilderung der letzten Zeiten des Welfenregiments und der ersten Zeiten der Annexion. Theilweise unbillige Beurtheilung der hannoverischen Vertrauensmänner.

**Georg Graf zu Münster**, Mein Antheil an den Ereignissen des Jahres 1866 in Hannover. (38 S.) Hannover 1868, Rümpler. ⅓ Thlr.
    Der Verf. zeigt, wie sehr der König von Hannover allen guten Rath getreuer Diener hartnäckig verschmäht und dadurch seinen Sturz verschuldet habe.

Welfische Haustraditionen u. deutsche Nationalinteressen. Vier Episoden aus der neueren deutschen Geschichte. (55 S.) Leipzig 1868, Quandt u. Händel. ¼ Thlr.
    Nachweisung, daß die welfische Politik seit den Zeiten des Mittelalters und insbesondere auf dem Wiener Congreß und im Jahre 1849 antinational gewesen sei, und daß die Dynastie ihr Schicksal um Preußen wohl verdient habe.

Zwei Jahre Hietzinger Politik. (40 S.) Leipzig 1868, Quandt u. Händel. ¼ Thlr.

Das Welfenthum u. seine Vorkämpfer. (70 S.) Potsdam 1868, Ed. Döring. ⅓ Thlr.
:Beides gute Schilderungen Königs Georg und der Umtriebe seiner Anhänger.

Das Herzogthum Braunschweig in seiner neueren politischen und wirthschaftlichen Entwicklung. Gegenwart XII, S. 116—134.

Das Großherzogthum Oldenburg in seinen öffentlichen Verhältnissen. Gegenwart IX, 263—306.

**H. A. Schumacher**, Die Stedinger. Beitrag zur Geschichte der Wesermarschen. Von der Abtheilung des Bremer Künstlervereins für Bremische Geschichte und Alterthümer gekrönte Preisschrift. gr. 8. (XII u. 249 S. mit 2 Karten.) Bremen 1865, Müller. 2 Thlr.
:Eine ausgezeichnete Arbeit, welche auf gründliche Forschung gestützt, die erste kritische Geschichte der Stedingerschen Freiheitskämpfe in lebendiger, nur etwas zu hoch gehaltener Darstellung giebt. Elegante Ausstattung.

## Die Rheinlande.

**Chr. v. Stramberg**, Antiquarius, denkwürdiger und nützlicher rheinischer, welcher die nützlichsten und angenehmsten geographischen, historischen und politischen Merkwürdigkeiten des ganzen Rheinstroms darstellt. gr. 8. Coblenz 1845—69.
1. Abth. 4 Bde. Coblenz, die Stadt.
2. Abth. 9 Bde. Das Rheinufer v. Coblenz bis zur Mündung der Nahe. Der Rheingau.
3. Abth. 14 Bde. Das Rheinufer von Coblenz bis Bonn.
4. Abth. 1. Bd. Die Stadt Cöln. 110 Thlr.
:Nicht sowohl antiquarische Topographie der Rheingegenden, als ein Sammelwerk von biographischen Denkwürdigkeiten, durch die gemeinsame Beziehung zur Oertlichkeit zusammengehalten. Eine wahre Fundgrube für den Historiker, Biographen und Anekdotensammler; giebt namentlich reiche Beiträge zur Kenntniß der Adelsherrschaft in den geistlichen Fürstenthümern, die man, so gut konservativ und adelsfreundlich auch der Verfasser gesinnt ist, doch gar sehr von der Schattenseite kennen lernt. Das Werk trägt durchaus das Gepräge eines literarischen Originals, wozu auch sein schwerfälliger, weitschichtiger und doch humoristischer Stil beiträgt.

**L. Ennen**, Frankreich u. der Niederrhein, oder Geschichte von Stadt und Kurstaat Köln seit dem dreißigjährigen Kriege bis zur französischen Occupation meist aus archivalischen Dokumenten. 2 Bde. gr. 8. (I. XVI u. 519 S. II. 559 S.) Köln u. Neuß 1855—56, Schwann. à Bd. n. 1⅔ Thlr.
:Zeigt an dem Beispiel des Kurstaates Köln, der über ein Jahrhundert mit Frankreich im Bunde gestanden, den Einfluß, den Frankreich auf deutsche Staaten übte. Zahlreiche Actenstücke der pariser Archive sowie die Protokolle der Rathssitzungen der Stadt Köln, welche gegen die französenfreundliche Politik der Kurfürsten Opposition machte, lieferten dem Verfasser die Materialien, die manches Neue enthalten. Lebendige Darstellung, hin und wieder etwas katholische Parteifärbung, doch im Ganzen freimüthig gegenüber der Kirche.
:Der zweite Theil beginnt mit dem Eintritt des Kurfürsten Joseph Clemens in Köln im J. 1691 und geht bis zum Einmarsch der Franzosen in Köln 1794. Weist treffend die Ursachen nach, welche die Auflösung des Reichsverbandes herbeiführten und wie Frankreich immer hauptsächlich darauf hinarbeitete, die deutschen Fürsten über ihr eigenes Interesse zu verblenden. Neben der Geschichte der politischen Entwicklung auch gute Charakteristiken der Kurfürsten und

ihrer Minister. Das Buch ist ein wichtiger Beitrag zur deutschen Specialgeschichte, wirft auf manche minder bekannte Partie ein helleres Licht, überdieß ist es auch eine unterhaltende Lektüre.

**Leonard Ennen**, Geschichte der Stadt Köln, meist aus den Quellen des Kölner Stadtarchivs. 2 Bde. gr. 8. (XII u. 764 S. mit 1 Stadtplan. XVIII, 830 S.) Cöln u. Neuß 1863—65, Schwann. n. 5 Thlr.

Der Verfasser wollte nicht blos ein gelehrtes Werk liefern, sondern auch gebildeten Lesern anziehend und verständlich werden. Die besten Partien des Buches sind diejenigen Abschnitte, welche die inneren Verhältnisse behandeln; Handel und Gewerbe, Maß, Gewicht, Münzen, Kaufmannsgilde, Richerzeche, Zünfte, Gerichte, Regierung und Verwaltung, Cultur, Kunst und Wissenschaft. Minder befriedigend sind die ältesten Zeiten der römischen und fränkischen Herrschaft und die Geschichte der Erzbischöfe behandelt. Der beigelegte Plan veranschaulicht das mittelalterliche Köln bis ins 13. Jahrhundert.

**Ferd. Walter**, Das alte Erzstift und die Reichsstadt Cöln. Entwicklung ihrer Verfassung vom 15. Jahrh. bis zu ihrem Untergang. gr. 8. (XII u. 422 S.) Bonn 1866, Marcus. n. 2⅓ Thlr.

Ein gründliches Werk, das auch übersichtlich angelegt und zur Orientirung geeignet ist.

**Heinrich Pröhle**, Die Fremdherrschaft. Mittheilungen aus der Geschichte des ehemaligen Königreichs Westphalen. Ein Vortrag am 13. Februar 1858 in Berlin gehalten. gr. 8. (30 S.) Leipzig 1858, G. Mayer. n. ⅙ Thlr.

Eine interessante Vorlesung, welche außer den literarischen Quellen auch mündliche Ueberlieferungen benutzt hat, und hauptsächlich den jetzt preußischen Antheil Westphalens berücksichtigt.

**Wilh. Schmitz**, Politische Zustände und Personen in Saarbrücken in den Jahren 1813, 1814 und 1815 bis zur Vereinigung des Saarbrücker Landes mit Preußen den 30. November 1815. gr. 4. (42 S.) Saarbrücken 1865, Möllinger. n. 12 Ngr.

Eine Jubiläumsschrift zur Feier der Vereinigung der Rheinlande mit Preußen. Schilderung der Anstrengungen, welche das Saarland, besonders Bergrath Heinrich Böcking machte, um die beim ersten Pariser Frieden mißlungene Rückkehr des Landes zu Preußen durchzusetzen.

## Hessen.

**Christoph v. Rommel**, Geschichte von Hessen. 10 Thle. gr. 8. Gotha, Cassel u. Göttingen 1820—59. n. 21 11/12 Thlr. (Band I—VIII. F. A. Perthes: Gotha. Band IX. Fischer: Cassel. Band X. Wigand: Göttingen.)

Das Hauptwerk über hessische Geschichte, Ergebniß umfassender urkundlicher Quellenforschung.

**Karl Lynker**, Geschichte der Insurrectionen wider das westphälische Gouvernement. br. 8. (V u. 198 S.) Cassel 1857, Bertram. 2. Aufl. Göttingen 1860, Wigand. n. ⅔ Thlr.

Die erste genaue Geschichte des Dörnbergischen Unternehmens und der damit zusammenhängenden Versuche, die Franzosenherrschaft in Westphalen abzuschütteln. Außerdem unparteiische Schilderung der Jerome'schen Regierung in Westphalen.

**C. W. Wippermann**, Kurhessen seit dem Freiheitskriege geschildert. gr. 8. 33¼ B. Cassel 1850. 2 Thlr.

Eine Geschichte der politischen Kämpfe und Leiden, welche Kurhessen seit der Restauration durchzumachen hatte, von einem gründlichen Kenner und bewährten Vaterlandsfreunde.

H. **Gräfe**, Der Verfassungskampf in Kurhessen nach Entstehung, Fortgang und Ende historisch geschildert. gr. 8. 19¼ B. Leipzig 1851. 1 Thlr. 20 Ngr.

<small>Eine pragmatische Darstellung des kurhessischen Verfassungskampfes im Jahre 1850, von einem Mitglied des Ständeausschusses, das zwar der demokratischen Partei angehörte, aber sich bei dieser Angelegenheit streng auf dem constitutionellen Boden hielt. Ist der ausführlichste Bericht über die Sache.</small>

A. **Pfaff**, Das Trauerspiel in Kurhessen. Ein Beitrag zur Geschichte unserer Tage. 8. 15½ B. Braunschweig 1851. 20 Ngr.

<small>Ebenfalls eine gute Geschichte des hessischen Verfassungskampfes vom constitutionellen Standpunkt aus. Ist unter den Schriften darüber am meisten für ein größeres Publikum geeignet.</small>

Kurhessen seit März 1848. Gegenwart VI, 531—613.

K. **Buchner**, Der Stamm der Hessen in seiner Gegenwart. Lex. 8. Karlsruhe, (Mannheim) 1845, (Bensheimer.) n. ⅔ Thlr.

<small>Eine mit patriotischer Gesinnung in ansprechender Darstellung ausgeführte Schilderung Hessens und seiner Bewohner.</small>

—— Das Großherzogthum Hessen in seiner politischen und socialen Entwicklung vom Herbst 1847 bis zum Herbst 1850. gr. 8. 16½ B. Darmstadt 1850. 1 Thlr.

<small>Eine klare Uebersicht der Begebenheiten und Zustände vom constitutionellen und bundesstaatlichen Standpunkt aus. Verbreitet sich auch auf die nicht unmittelbar politischen Beziehungen des hessischen Volkslebens.</small>

Hessendarmstadt in seiner neuesten politischen Entwicklung. Gegenwart V, 478—511.

Die Mainzer Vorgänge vom Mai 1848. Gegenwart I, 421—438.

Hessendarmstadt in den Jahren 1850—1868. Unsere Zeit N. F. III, 1. S. 1—24. 81—104.

Staatliche und kirchliche Zustände im Großherzogthum Hessen von 1850—1869. Preuß. Jahrbücher. Bd. XXIV. S. 22—43.

## Nassau.

F. W. Th. **Schliephake**, Geschichte von Nassau von den ältesten Zeiten bis auf die Gegenwart ꝛc. I. Bd. gr. 8. (XI u. 486 S. u. 1 Karte.) II. Bd. (VII, 477 S.) III. Bd. 1 Abth. (224 S.) Wiesbaden 1864—68, Kreidel. n. 4 Thlr. 20 Ngr.

<small>Eine tüchtige Arbeit auf Grundlage urkundlicher Quellenforschung. Die Gegenwart ist noch lange nicht erreicht, da der neueste Band erst bis zum Ende des 13. Jahrhunderts geht.</small>

E. F. **Keller**, Geschichte Nassau's von der Reformation bis zur Neuzeit. I. Bd. Geschichte Nassau's von der Reformation bis zum Anfang des dreißigjährigen Krieges. gr. 8. (XXVIII u. 684 S.) Wiesbaden 1864, Limbarth. n. 2 Thlr.

<small>Gute Benutzung ungedruckter Materialien des nassauischen Landesarchivs, umsichtige Anordnung, gedrängte Darstellung und nicht allzu particularistische Auffassung.</small>

—— Die Drangsale des nassauischen Volkes und der angrenzenden Nachbarländer in den Zeiten des dreißigjährigen Krieges, seine Helden,

Staatsmänner und andere berühmte Zeitgenossen ꝛc. gr. 8. (XX u. 480 S.) Gotha 1854, F. u. A. Perthes. n. 2 Thlr.
<small>Giebt aus archivalischen und andern minder zugänglichen Quellen viele interessante Einzelnheiten, mit Sorgfalt behandelt und von verständigem Urtheil begleitet.</small>

Nassau's politische und sociale Zustände. Gegenwart V, 273—294.

### Frankfurt.

Georg Ludw. **Kriegk**, Frankfurter Bürgerzwiste im Mittelalter ꝛc. gr. 8. (XV u. 560 S.) Frankfurt a/M. 1862, Sauerländer's Verl. n. 2⅖ Thlr.
<small>Ein sehr interessanter Beitrag zur inneren Geschichte Frankfurts vom 13—15. Jahrhundert. Die Ergebnisse vieljähriger archivalischer Forschungen sind hier zu einem unterhaltenden Buche verarbeitet.</small>

A. **Kirchner**, Geschichte der Stadt Frankfurt am Main. 2 Thle. 8. Frankfurt, 1807 u. 1810. 1 Thlr. 15 Ngr.
<small>Eine gute ältere Monographie.</small>

Frankfurt Staat u. Stadt. Gegenwart V, 371—415.

Karl **Braun**, Frankfurts Schmerzensschrei u. Verwandtes. (IV. 110 S.) Leipzig 1868, Wigand. ½ Thlr.
<small>Als Erwiderung darauf erschien in der Frankf. Ztg. eine Reihe von Artikeln, die auch besonders abgedruckt wurden u. d. Titel:</small>

Braun u. Consorten contra Frankfurt. (32 S.) Stuttg. 1868, E. Ebner 5 Ngr.

### Süddeutschland.

### Baden.

Jos. **Bader**, Badische Landesgeschichte. Mit 8 Karten. 2. Ausg. gr. 8. Freiburg 1838, Herder. 3 Thlr.
<small>Die einzige brauchbare Gesammtgeschichte Badens, die mit einiger Gründlichkeit eine ansprechende Darstellung verbindet.</small>

—— Badenia, oder das badische Land und Volk, eine Zeitschrift für vaterländische Geschichte und Landeskunde. 3 Bände. Mit vielen artistischen Beilagen. Jahrgänge 1840—42, Lex. 8. Carlsruhe Kunst-Verlag. n. 6 Thlr.

K. F. **Vierordt**, Badische Geschichte bis zum Ende des Mittelalters. (XIII, 510 S.) gr. 8. Tübingen 1865, Laupp. 2⅔ Thlr.
<small>Ein aus dem Nachlaß des Verf. herausgegebenes Fragment einer für einen größeren Leserkreis bestimmten badischen Landesgeschichte. Die Thatsachen sind sorgfältig gesammelt und in einer ansprechenden Form dargelegt. Besonders ist auch die Culturgeschichte berücksichtigt.</small>

—— Geschichte der Reformation im Großherzogthum Baden. Nach großentheils handschriftl. Quellen bearb. gr. 8. 33⅜ B. Karlsruhe 1847. 2 Thlr.
<small>Schildert die Reformation in der Markgraffschaft Baden vom J. 1517 bis zu deren Unterdrückung im J. 1571. Reicher, auf sorgsamer Benutzung gedruckter und handschriftlicher Quellen aus dem Karlsruher Archiv gegründeter Inhalt, zweckmäßig und ansprechend verarbeitet.</small>

**Karl Friedrich Vierordt,** Geschichte der evangelischen Kirche im Großherzogthum Baden. Nach großentheils handschriftl. Quellen bearb. gr. 8. Zweiter Band. (XII u. 597 S.) Von 1571 bis zur jetzigen Zeit. Karlsruhe 1856, Braun. n. 2 Thlr.

<small>Eine sehr gründliche, an kulturgeschichtlichem, ortsgeschichtlichem und biographischem Stoff ungemein reiche Arbeit. Ist zugleich die erste ausführliche Landeskirchengeschichte in Deutschland. Geht bis auf die neueste Zeit.</small>

**Friedrich von Weech,** Baden unter den Großherzogen Karl Friedrich, Karl u. Ludwig (1738—1830.) Acht öffentliche Vorträge. 8. (IV u. 110 S.) Freiburg im Breisgau, 1863, Wagner. n. 14 Ngr.

<small>Gut geschriebene Skizzen, in welchen die Geschichte des politischen Lebens in Baden in seinen provinziellen und allgemein deutschen Beziehungen richtig geschildert und freimüthig besprochen wird.</small>

—— Geschichte der badischen Verfassung. (VII, 202 S.) Karlsruhe 1868, Bielefeld. 1⅓ Thlr.

<small>Eine gute aktenmäßige Darstellung der mit vielen Hindernissen ringenden Entstehung der badischen Verfassung.</small>

**Karl Friedrich Nebenius,** Karl Friedrich Markgraf von Baden. Aus N.s Nachlaß herausgegeben von Fr. v. Weech. (X, 394 S.) Karlsruhe 1869, Chr. Fr. Müller. 1 Thlr. 10 Ngr.

<small>Eine sehr gute ausführliche Geschichte der langjährigen Regierung Karl Friedrichs (1746 —1811). Der Verf. hat das Werk unvollendet hinterlassen und es nur bis zum Jahre 1784 ausgearbeitet, den Rest hat der Herausgeber in einer übersichtlichen Darstellung hinzugefügt.</small>

**Ludwig Häusser,** Geschichte der rheinischen Pfalz nach ihren politischen, kirchlichen und literarischen Verhältnissen. 2 Bde. gr. 8. Heidelb. 1845, J. C. B. Mohr. n. 3⅓ Thlr.

<small>Eine der besten Specialgeschichten, von welcher besonders eine anziehende Darstellung und deutsch-nationale, nicht provinzielle, Gesinnung zu rühmen ist. Die Zeiten vom 30jährigen Krieg an und die Geschichte der Universität Heidelberg sind ausführlich und mit Vorliebe bearbeitet, die ältere Zeit aber bis gegen Ende des 13. Jahrhundert ist nur als Einleitung behandelt.</small>

—— Denkwürdigkeiten zur Geschichte der badischen Revolution. gr. 8. 42⁷⁄₆ B. Heidelberg 1851. 1 Thlr. 26 Ngr.

<small>Eine historisch abgerundete, lebendige Darstellung, die zugleich als die bedeutendste Quellenschrift gelten kann und ein Beispiel giebt, wie man auch Zeitereignisse geschichtlich behandeln kann. Entschiedenheit eines besonnenen politischen Standpunkts gegenüber von Demokraten und Reaktionären. Eine werthvolle Ergänzung aus der Feder desselben Verfassers bilden folgende Aufsätze in Brockhaus' Gegenwart: Baden vor den Ereignissen im J. 1848. Bd. II, p. 321—348; Baden im Frühjahr 1848. Bd. III, p. 443—484; die Revolution in Baden. Bd. III, p. 506—563; der pfälzisch-badische Krieg im Jahre 1849. Bd. V, p. 128—168.</small>

### Würtemberg.

**J. C. Pfister,** Geschichte von Schwaben. 5 Bde. gr. 8. Heilbronn u. Stuttgart 1802—27, (1—4. Bd. Landherr in H. 5. Bd. Oetinger in St.) 6¾ Thlr.

<small>Früher das Hauptwerk über Schwaben, jetzt in den ersten Bänden ganz veraltet, für das 14. u. 15. Jahrhundert aber immer noch von Werth.</small>

**Württemberg.**

Karl **Pfaff**, Fürstenhaus und Land Württemberg nach den Hauptmomenten, von der ältesten bis auf die neueste Zeit geschildert. 2. Aufl. mit einer Geschichtskarte von Württemb. (IV, 172 S.) Stuttgart 1849, Schweizerbart. ½ Thlr.
<small>Eine gute übersichtliche Landesgeschichte.</small>

Christoph Fried. v. **Stälin**, Wirtembergische Geschichte. 3 Thle.
  I. Bd. Schwaben u. Südfranken bis 1080. (VII, 632 S.)
 II. Bd. Hohenstaufenzeit 1080—1268. (IV, 805 S.)
III. Bd. Schluß des Mittelalters. 1269—1496. (XX, 801 S.)
      Stuttgart 1841—56, Cotta. n. 8⅓ Thlr.
<small>Ein mit größter Sorgfalt nach den gleichzeitigen Chroniken und Urkunden ausgearbeitetes Werk. Giebt mehr Geschichte Schwabens und des deutschen Reichs in Schwaben als bloße Geschichte des württembergischen Territoriums, das in dem Zeitraum erst, welchen der dritte Band behandelt, mit einiger Bedeutung in die deutsche Geschichte eintritt. Gilt als ein Muster einer guten Specialgeschichte.</small>

J. C. **Pfister**, Herzog Christoph von Württemberg. 2 Thle. gr. 8. Mit Bildniß u. Facsimile. Tübingen 1819 u. 20, Laupp. 4 Thlr. 1 Ngr.

—— Eberhard im Bart, erster Herzog zu Württemberg ꝛc. Mit Bildniß u. 1 Tab. gr. 8. Tübingen 1822, Laupp. 1⅔ Thlr.
<small>Gute Monographieen über zwei hervorragende Regenten Württembergs.</small>

Ludw. Fr. **Heyd**, Ulrich, Herzog zu Württemberg, ein Beitrag zur Geschichte Württembergs und des deutschen Reichs, im Zeitalter der Reformation. 3 Bde. gr. 8. (Der dritte Band nach des Verfassers Tod vollendet u. herausgegeben von K. Pfaff.) Tübingen 1841—44, Fues. 6 Thlr.
<small>Eine der gründlichsten, ins Einzelne mit Geschmack und allgemeinem Geschichtssinn ausgearbeiteten Monographieen des der Geschichtschreibung zu früh entrissenen Verfassers.</small>

Heinrich **Ulmann**, Fünf Jahre württembergischer Geschichte unter Herzog Ulrich 1515—1519. gr. 8. (VIII u. 224 S.) Leipzig 1867, Hirzel. n. 1⅓ Thlr.
<small>Eine sehr tüchtige Arbeit, welche auf Grund urkundlicher Forschung einen Beitrag zur Geschichte der Reichszustände unter Maximilian I. und eine sehr richtige Charakteristik Herzog Ulrichs von Württemberg giebt.</small>

Bernh. **Kugler**, Christoph Herzog zu Württemberg. 1. Bd. (412 S.) Stuttgart 1869, Ebner. 2 Thlr.
<small>Eine sehr gut geschriebene Geschichte des für Württemberg und seine Zeit bedeutenden Regenten. Besondere Sorgfalt ist der auswärtigen Politik gewidmet.</small>

K. Theob. **Keim**, Schwäbische Reformationsgeschichte bis zum Augsburger Reichstag. Mit vorzügl. Rücksicht auf die Schlußjahre 1528—1531. Zum ersten Male a. d. Quellen dargestellt. gr. 8. (XX u. 308 S.) Tübingen 1855, Fues. 1 Thlr. 3 Ngr.
<small>Ergebniß sehr sorgfältiger Forschung in handschriftlichen Quellen in gedrängter, nur zu sehr auf Ausführung und Reflexion verzichtender Darstellung. Hat für die allgemeine Geschichte Schwabens dadurch besonderes Interesse, daß die Bedeutung der Reichsstädte für das geistige Leben in ein helles Licht gesetzt ist. Die Unbefangenheit der Auffassung, die ein wesentlicher Vorzug des Werkes ist, bewährt sich auch darin, daß der Abfall mehrerer Städte von der evangelischen Wahrheit ebenso wenig verschwiegen wird, als das rechthaberische Wesen und die diplomatischen Künste der Lutheraner.</small>

Ludw. **Bauer**, Schwaben wie es ist und war. 1. Aufl. 1842. 2½ Thlr., neue Ausg. Lex. 8. Stuttgart 1845, Karlsruhe Braun. 1 Thlr.

Aufsätze von verschiedenen Verfassern über einzelne Parthieen der Geschichte und Landeskunde von Schwaben; namentlich von Bauer über die Hohenstaufen; K. Klüpfel über den schwäbischen Bund und die schwäbische Kreisverfassung; Hocheisen über Ulm; Notter über die schwäbischen Dichter; Quenstedt über geognostische Verhältnisse Würtembergs; Reuchlin über Bodenseeschifffahrt.

K. **Klüpfel**, und Max **Eifert**, Geschichte und Beschreibung der Stadt und Universität Tübingen. Abth. I: Geschichte und Beschreibung der Stadt, von M. Eifert. Abth. II: Geschichte und Beschreibung der Universität, von K. Klüpfel. gr. 8. 55¾ B. mit 1 Tab. Tübingen 1849. 3 Thlr. 8 Ngr.

Die Geschichte der Stadt ist von einem gebornen Tübinger mit Liebe und Lebendigkeit geschrieben; die Geschichte der Universität geht mehr, als dieß bei den bisherigen Universitätsgeschichten der Fall ist, auf Sittengeschichte und wissenschaftliches Leben ein.

Graf Willo **Wintzingerode**, Graf Heinrich Levin Wintzingerode ein würtembergischer Staatsmann. 8. (XII u. 131 S.) Gotha 1866, F. A. Perthes. ½ Thlr.

Zunächst eine Apologie des würtembergischen Ministers v. Wintzingerode gegen die Anklagen von Gervinus und Treitschke; zugleich aber auch ein werthvoller Beitrag zur Regierungsgeschichte König Wilhelms I. und dessen Verhalten zum Karlsbader Congreß, und zur bundestäglichen Opposition gegen die Großmächte.

Heinrich v. **Treitschke**, Aus der Blüthezeit mittelstaatlicher Politik. Preuß. Jahrb. XVIII, 305—322.

Ein interessanter Beitrag zur Geschichte der Stellung Würtembergs auf dem Karlsbader Congreß und seiner Opposition gegen die Mehrheit des Bundestages.

Das Königreich Würtemberg bis zum März 1848. Gegenwart IV, 305—339.

Das Märzministerium in Würtemberg. Gegenwart VI, 87—165.

König **Wilhelm** v. Würtemberg. Unsere Zeit N. Folge. I, 401—416. und Dav. Frid. **Strauß**, Kleine Schriften N. F. 1866. St. 3.

Zwei gute Charakteristiken des verstorbenen Königs von Würtemberg, die einander ergänzen.

Ein Jahrzehent würtembergischer Politik. Unsere Zeit V, 1. S. 1—27. 180—207. VI, 254—278.

Rob. **Römer**, Die Verfassung des norddeutschen Bundes und die süddeutsche, insbesondere die würtembergische Freiheit. gr. 8. (XV u. 79 S.) Tübingen 1867, Laupp. n. ½ Thlr.

Nachweisung, daß die Verfassung des norddeutschen Bundes mehr constitutionelle Rechte gewähre als die würtembergische Verfassung, und daß der Prager Frieden kein staatsrechtliches Hinderniß gegen den Eintritt der süddeutschen Staaten in den norddeutschen Bund sei.

Moritz **Mohl**, Mahnruf zur Bewahrung Süddeutschlands vor den äußersten Gefahren. Eine Denkschrift für die süddeutschen Volksvertreter. gr. 8. (VII u. 208 S.) Stuttgart 1867, Schweizerbart. n. 22 Ngr.

Schrift eines fanatischen Gegners der preußischen Politik und des Eintritts der Süddeutschen in den norddeutschen Bund. Der größere Theil der Schrift handelt von der Zollvereins- und Salzsteuerfrage.

## Bayern.

H. **Zschokke**, Bayerische Geschichten. 8 Bde. 3. wohlf. Ausgabe. 16. Aarau 1821, Sauerländers Verl. 2⅔ Thlr.

Die für Lektüre empfehlenswertheste Geschichte von Bayern. Wenn auch das Material oft nicht ganz genügt, so ist es dafür mit meisterhafter Hand verarbeitet.

Jos. v. **Hormayr**, Die goldene Chronik von Hohenschwangau. Mit 13 Kupfern und 5 genealogisch. Tabellen. gr. 4. München 1842, Franz. n. 4⅓ Thlr.

Giebt in Form einer alten Chronik eine Geschichte Bayerns von den ältesten Zeiten bis auf unsere Tage. Ausführlicher vom 14. bis zum 16. Jahrh. Glanzpunkt des Werks: die Regierung Ludwig des Bayern und das Aufblühen der Städte. Verherrlichung des Hauses Wittelsbach.

Aug. **Kluckhohn**, Ludwig der Reiche, Herzog von Bayern. Zur Geschichte Deutschlands im 15. Jahrh. Eine von der hist. Commission bei der kgl. bayr. Akademie d. Wiss. gekrönte Preisschrift. gr. 8. (XVI u. 384 S.) Nördlingen 1865, Beck. n. 1¾ Thlr.

Eine gehaltvolle Monographie, deren Werth nicht blos auf dem reichen Beitrag zur bayrischen Landesgeschichte beruht, sondern hauptsächlich auf ihrer Bedeutung für die deutsche Reichsgeschichte von 1458—1462. Ludwig war einer der mächtigsten deutschen Reichsfürsten jener Zeit und repräsentirte in energischer Weise die aufstrebende Landeshoheit.

Die Arbeit beruht auf umfassender und gründlicher Einzelforschung, die Darstellung ist einfach, aber durch Hereinziehung allgemein deutscher Gesichtspunkte und anschauliche Einzelheiten belebt.

**Tagebuch des Lucas Rem** aus den Jahren 1494—1541. Ein Beitrag zur Handelsgeschichte der Stadt Augsburg. Herausgeg. von B. Greiff, Studienlehrer in Augsburg (XX, 172 S.) auf Kosten des hist. Vereins in Schwaben und Neuburg. Augsburg 1861.

Gewährt in kurzen Aufzeichnungen eines Kaufmanns, der 20 Jahr lang bei dem Hause der Welser diente, ein überraschend vollständiges Lebensbild eines großen Kaufmanns jener Zeit.

Fr. Ant. Wilh. **Schreiber**, Maximilian I. der Katholische, Kurfürst von Bayern u. der dreißigjährige Krieg. (XIV, 961 S.) München 1868, Fleischmann'sche Buchh. 3 Thlr. 10 Ngr.

Der Hauptwerth des Werkes beruht auf den reichen archivalischen Beiträgen zur Geschichte des 30jährigen Kriegs und jener Zeit. Der Standpunkt des Verfassers ist der der katholischen Kirche, welcher er als Geistlicher angehört.

Otto **Franklin**, Albrecht Achilles und die Nürnberger 1449—1453. Ein akademischer Festvortrag mit Anmerkungen. gr. 8. (69 S.) Berlin 1866, Mittler u. Sohn. n. 12 Ngr.

Eine werthvolle Monographie über die Geschichte der Fehde des Nürnberger Burggrafen mit den fränkischen Reichsstädten.

Gustav v. **Lerchenfeld**, Geschichte Bayerns unter Maximilian Joseph I. Mit besonderer Beziehung auf die Entstehung der Verfassungsurkunde. gr. 8. (XII u. 417 S. u. 1 Tabelle.) Berlin 1854, Veit u. Co. n. 2⅓ Thlr.

Werk eines mit den Verhältnissen sehr vertrauten bayrischen Staatsmanns von liberaler Gesinnung, warmem, doch keineswegs particularistisch befangenem Patriotismus. Die Darstellung ist klar und ansprechend. Hin und wieder möchte man ein genaueres Eingehen auf

Einzelne wünschen, so ist z. B. der Minister Montgelas zwar trefflich geschildert, aber die schroffen Einzelnheiten seiner Verwaltung und Politik sind mit Schonung verschwiegen.

**Joh. Nepomuk Sepp**, Ludwig Augustus König von Bayern u. das Zeitalter d. Wiedergeburt d. Künste. (XVIII, 566 S.) Schaffhausen 1869, Hurter. 2 Thlr.

Eine verherrlichende Biographie König Ludwigs von Bayern, besonders Nachweisung seiner Verdienste um die Kunst und ausführliche Beschreibung der durch ihn ins Leben gerufenen Schöpfungen. Weitere Ausführung des in der Allgem. Zeitung erschienenen Nekrologs.

**J. M. Söltl**, Max II. König von Bayern. Ein Bild des Unvergeßlichen. Mit Titelbild (Holzschnitt). gr. 8. (IV u. 204 S.) Augsburg 1865, Schlosser. 27 Ngr.

Eine von Particularpatriotismus getragene Biographie und Charakteristik, die übrigens eine im Ganzen richtige Schilderung des Königs und seiner Regententhätigkeit giebt.

**J. v. Döllinger**, König Maximilian II. und die Wissenschaft. Rede gehalten in der Festsitzung der k. Akademie der Wissenschaften zu München am 30. März 1864. gr. 8, (III u. 48 S.) München 1864, Franz. n. ¼ Thlr.

Nicht nur eine officielle Trauerrede, sondern eine eingehende Würdigung der Verdienste, welche sich König Max durch Anregung zu wissenschaftlichen Unternehmungen, durch großartige Freigebigkeit und durch persönliches Interesse an den gestellten Aufgaben um das wissenschaftliche Leben nicht nur in Bayern, sondern für ganz Deutschland erworben hat.

**Königreich Bayern**, Unter dem Ministerium Abel. Gegenwart Bd. VI, S. 672—734. Unter König Ludwig I. Gegenwart I, S. 183—202. Unter den Uebergangsministerien von 1847—49. Gegenwart Bd. VII, S. 688—758. Bd. X, 29—110.

**Lud. Steub**, Altbayerische Culturbilder. (III, 231 S.) Leipzig 1869, E. Keil. 1 Thlr.

I. Aus dem bayerischen Vormärz. II. Der Judenmord zu Deggendorf. III. Die Wandbilder des bayerischen Nationalmuseums. IV. Epilog.

Nicht nur Culturbilder in Steubs bekannter Art, sondern einschneidende Wahrheiten und treffende Mahnungen. Nr. III. und IV. enthalten auch eine ausgezeichnete Würdigung der beiden letztverstorbenen Könige von Bayern.

### Oesterreich.

**Joh. Graf v. Mailáth**, Geschichte Oesterreichs. 5 Bde. gr. 8. Hamburg (Gotha) 1834—50, F. A. Perthes. n. 12 Thlr.

Dem Verfasser stand das für österreichische Geschichte so wichtige Haus-, Hof- u. Staatsarchiv zu Gebot, aus dem er Manches entnommen haben mag, ohne daß er jedoch über Hauptpunkte neue Aufschlüsse gegeben hätte. Auf die Einzelnheiten der österreichischen Provinzialgeschichte wird nicht eingegangen und an deren Stelle häufig die allgemeine deutsche Reichsgeschichte gesetzt. Auffassung österreichisch und katholisch. Die Darstellung ist fließend, und erzählt die Thatsachen, ohne viel Reflexionen einzumischen.

**Oesterreichische Geschichte für das Volk.** 8. Wien, Prandel u. Ewald.

I. Bd. **M. A. Becker**, Aelteste Geschichte der Länder des österreichischen Kaiserstaates bis zum Sturz des weströmischen Kaiserreichs. (IV u. 236 S.) 1865. 16 Ngr.

II. „ **Jos. u. Hermenegild Jireček**, Entstehen christlicher Reiche im Gebiete des heutigen österreichischen Kaiserstaates vom Jahre 500—1000. (VIII u. 278 S.) 1865. n. 16 Ngr.

Oesterreich.

III. Bd. Heinr. **Zeißberg**, Blüthe nationaler Dynastien (Babenberger — Premysliden — Arpaden) in den österreichischen, böhmischen und ungarischen Ländern von 1000—1276. (VI u. 316 S.) 1866. n. 16 Ngr.
IV. „ Alfons **Huber**, Die Zeit der ersten Habsburger von Albrecht I bis Rudolf IV. (230 S.) 1866. n. 16 Ngr.
V. „ C. **Höfler**, Die Zeit der luxemburg. Kaiser von Karl IV. (Wenzel) bis Sigmund. (V u. 214 S.) 1867. n. 16 Ngr.
VI. „ Frz. **Krones**, Die österreichischen, böhmischen und ungarischen Länder im letzten Jahrhundert vor ihrer dauernden Vereinigung 1437—1526. (V u. 309 S.) 1864. n. 16 Ngr.
XI. „ J. B. **Weiß**, Maria Theresia und der österreichische Erbfolgekrieg 1740—1748. (302 S.) 1863. n. 16 Ngr.
XII. „ Frz. **Ilwof**, Maria Theresia bis zum Schluß des 7jährigen Krieges 1748—63. (260 S.) 1865. n. 16 Ngr.
XV. „ Karl **Werner**, Kaiser Franz vom Antritte seiner Regierung bis nach dem Frieden von Lüneville 1792—1803. (V u. 243 S.) 1866. n. 16 Ngr.
XVI. „ Adam **Wolf**, Kaiser Franz von der Stiftung der österreichischen Kaiserwürde bis zum Ausbruch des russisch-französischen Krieges 1804—1811. (V u. 213 S.) 1866. n. 16 Ngr.

Ein Sammelwerk, dessen einzelne Theile von verschiedenem Werth sind, die meisten sind nicht sonderlich zu rühmen; die besten Stücke sind die von Alfons Huber Bd. IV. und Adam Wolf Bd. XVI. In Bd. XI., XII und XV. macht sich ein befangener österreichischer Particularpatriotismus breit; überhaupt ist das ganze Unternehmen dazu bestimmt, das österreichische Staatsbewußtsein zu beleben.

Ottokar **Lorenz**, Die österreichische Regentenhalle. Biographien. Mit 37 Bildnissen. gr. 16. (III u. 512 S.) Wien 1857, Tendler u. Co. n. 1 2/3 Thlr.

Eine gute Geschichte von Oesterreich von den Babenbergern an bis auf Ferdinand I. Die neueren Kaiser etwas flüchtig behandelt.

Max **Büdinger**, Oesterreichische Geschichte bis zum Ausgange des 13. Jahrhunderts. I. Bd. gr. 8. (VI u. 503 S.) Leipzig 1858, Teubner. n. 2 2/3 Thlr.

Eine gründliche Bearbeitung der ältesten Geschichte von Deutsch-Oesterreich, Böhmen und Ungarn. Der vorliegende Band geht von den Zeiten der Römerherrschaft bis zu Ende des 5. Jahrhunderts.

Ottokar **Lorenz**, Leopold III. und die Schweizer Bünde. Ein Vortrag gehalten im Ständehause am 21. März 1860 ꝛc. gr. 8. (50 S.) Wien 1860, Gerold's Sohn. n. 12 Ngr.

Eine gute übersichtliche Darstellung der Kämpfe des jungen Schweizerbundes gegen Herzog Leopold, dessen Absicht, in der Schweiz ein österreichisches Fürstenthum zu gründen, von dem Verfasser nicht in Abrede gezogen wird.

Fr. **Hurter**, Geschichte Kaiser Ferdinands II. und seiner Aeltern, bis zu dessen Krönung in Frankfurt. Personen-, Haus- und Landesgeschichte. Mit eigenhänd. Briefen Kaiser Ferdinands u. seiner Mutter der Erzherz. Maria. 10 Bde. gr. 8. Schaffhausen 1850—61, Hurter. 12 Thlr. 20 Ngr.

Eine breite Apologie der katholischen Restaurationsbestrebungen in Oesterreich, mit viel Hof- und Personalgeschichte. Hurter schildert hier den mittelmäßig begabten, kirchlich beschränkten Kaiser Ferdinand mit parteiischer Benutzung seiner Quellen als bedeutenden Fürsten und glorreichen Kämpfer für Kirche und Reich. Bei dem reichen archivalischen Material, das dem Verfasser zu Gebote stand, immerhin werthvoll für den Historiker, übrigens trocken und langweilig.

Fr. v. **Hurter**, Friedensbestrebungen Kaiser Ferdinands II. Nebst des apostolischen Nuntius Carl Carafa Bericht über Ferdinands Lebensweise, Familie, Hof, Räthe und Politik. gr. 8. (XII, 280 S.) Wien 1860, Braumüller. n. 1½ Thlr.

Eine Apologie Kaiser Ferdinands II. in Beziehung auf seine Politik im 30jährigen Kriege.

—— Französische Feindseligkeiten gegen das Haus Oesterreich zur Zeit Kaiser Ferdinands II. gr. 8. (VII, 111 S.) Wien 1859, Braumüller. n. ½ Thlr.

Beruht auf wichtigen handschriftlichen Materialien, in welchen gezeigt wird, mit welchen Ränken Richelieu an dem Verderben unseres Vaterlandes arbeitete. Die Abhandlung, zunächst für Journalartikel bearbeitet, ist formell besser als wir es sonst vom Verfasser gewohnt sind, nur machen die unberechtigten Seitenhiebe auf neuere Verhältnisse einen störenden Eindruck. Uebrigens ist die Schrift sehr beachtenswerth.

J. **Söltl**, Kaiser Ferdinand II. und sein Geschichtschreiber Hurter. Sybel Hist. Zeitschrift. IV, S. 366—438. V, S. 1—45.

S. auch Hurter als Historiker v. K. G. **Helbig**. Sybels Zeitschrift IV, S. 174 u. ff.

Ant. **Gindely**, Rudolf II. und seine Zeit. 1600—1612. 2 Bde. (V, 355. V, 362.) Prag 1863—65, Bellmann. 4 Thlr. 20 Ngr.

Ein ausgezeichnetes Werk, das auf umfassende archivalische Untersuchungen gestützt, nicht nur die österreichischen Verhältnisse, sondern auch die gleichzeitige europäische Politik beleuchtet, und gut geschrieben ist.

[Joh. Wilh. **Löbell**] Die Politik des Hauses Oesterreich Deutschland und dem Protestantismus gegenüber. gr. 8. 13¼ B. Göttingen 1852. 1 Thlr.

Eine gute Zusammenstellung der Beeinträchtigung deutscher Interessen durch das Haus Oesterreich und der Bedrückungen, die dasselbe gegen den Protestantismus geübt.

Esaias **Pufendorf**, (schwedischer Gesandter in Wien). Bericht über Kaiser Leopold, seinen Hof und die österreichische Politik 1671—1674. Nach einer Handschrift herausgeg. und erläutert von K. G. Helbig. gr. 8. (99 S.) Leipzig 1861, Teubner. 18 Ngr.

Ein sehr interessanter und lebendiger Bericht, bei dem freilich der österreichische Hof in keinem günstigen Licht erscheint, besonders die deutsche Politik Oesterreichs, „deren Generalintention zur Unterdrückung deutscher Freiheit" mit vielen Beispielen belegt wird. Der Stil des Aktenstücks, das reichlich mit lateinischen und französischen Brocken verziert ist, schwerfällig.

Adam **Wolf**, Fürst Wenzel Lobkowitz. Erster Geh. Rath Kaiser Leopolds I. 1609—1677. Mit Porträt. (460 S.) Wien 1869, Braumüller. 4 Thlr.

Eine werthvolle Monographie.

—— Aus d. Hofleben Maria Theresia's. Nach den Memoiren des Fürsten Jos. Khevenhüller. gr. 8. (XII u. 371 S.) Wien 1858, Gerolds Sohn. 2⅔ Thlr.

Khevenhüller, Oberhofmeister unter Maria Theresia, schrieb mit staunenswerthem Fleiß und großer Vorliebe für Einzelheiten des Hofceremoniells nieder, was sich täglich vom Jahr 1752—1767 im Hofkreise ereignete und fügte sein freimüthiges, aber freilich von einer beschränkten Anschauung zeugendes Urtheil über Persönlichkeiten und Ereignisse bei. Wolf giebt nun daraus Auszüge, denen er Mittheilungen aus anderen Quellen beimischt. Ist sehr unterhaltend geschrieben.

**Adam Wolf,** Oesterreich unter Maria Theresia. Lex. 8. (III u. 594 S.) Wien 1855, Gerolds Sohn. 4 Thlr.

Ein mit großem Fleiß und gutem Verständniß ausgearbeitetes Werk, welches sich besonders die Aufgabe stellt, ein treues Bild der inneren Zustände der Verfassung und Verwaltung, sowie der Uebergänge der Culturzustände aufzurollen. Der österreichische Erbfolgekrieg und der siebenjährige Krieg sind nur in großen Umrissen gezeichnet und die eigentlich militärischen Ereignisse nur in Betreff ihres Einflusses auf die politischen Resultate hervorgehoben. Ausführlicher ist die Theilung Polens und der bayerische Erbfolgekrieg behandelt.

**Alfred v. Arneth,** Maria Theresia's erste Regierungsjahre. 3 Bde. 1740—1748. gr. 8. (L: XVI u. 422. II.: XII u. 578. III.: XI, 497 S.) Wien 1863—65, Braumüller. n. 9 Thlr.

Reiche Mittheilungen aus den Wiener Archiven, vom Verfasser mit Fleiß und Geschick verarbeitet. Ueber die Geschichte der Kriege um Schlesien finden wir gerade keine neuen Aufschlüsse, wohl aber die alten Vorwürfe gegen Friedrich II.

**J. A. Groß-Hoffinger,** Lebens- und Regierungsgeschichte Josephs II. und Gemälde seiner Zeit. 4 Bde. Mit 12 Port. u. 3 Abbild. gr. 8. Stuttg. 1835—37, Riegers Verl. 7⅚ Thlr. 2. wohlf. Ausg. Ebend. 1842. 3 Thlr.

Unterhaltende Mittheilungen, die auch geschichtlichen Werth haben. Zwar etwas veraltet, aber doch die ausführlichste Geschichte Kaiser Josephs enthaltend.

**Herm. Meynert,** Kaiser Joseph II. Ein Beitrag zur Würdigung des Geistes seiner Regierung. (VIII, 208 S.) Wien 1862, Seidl u. Sohn.

Interessante Nachweisungen darüber, wie Kaiser Joseph die Geschäfte zu behandeln pflegte, belegt durch Auszüge aus seinen Erlassen.

**Alfred v. Arneth,** Maria Theresia und Joseph II. Ihre Correspondenz sammt Briefen Josephs an seinen Bruder Leopold. (In 3 Bänden.) I. Bd. 1761—1772. II. Bd. 1772 bis Juli 1778. III. Bd. 1778—1780. gr. 8. (I., XVI u. 402 S. II., 402 S. III. 402 S.) Wien 1867, Gerold's Sohn. à Bd. n. 2⅔ Thlr.

Eine Sammlung, welche die interessantesten Belege für die Charakteristik Josephs und seiner Mutter gewährt. Auch enthalten die Briefe, welche Joseph von seinen Reisen in Frankreich, Italien und Süddeutschland schreibt, eine Fülle von wertvollsten Beobachtungen.

— Joseph II. und Katharina von Rußland. Ihr Briefwechsel. (XXIV, 393 S.) Wien 1869, Braumüller. 3 Thlr. 10 Ngr.

Ebenfalls ein bedeutender Beitrag zur Geschichte der österr. Politik unter Joseph II.

Das Beste über Kaiser Joseph giebt Clem. Th. Perthes in Bd. II. der Politischen Zustände und Personen, s. Deutschland: Monographieen S. 109.

**E. Reimann,** Geschichte des bayrischen Erbfolgekrieges. (VII, 237 S.) Leipzig 1869, Duncker u. Humblot. 1 Thlr. 10 Ngr.

Die genauere Darstellung der von Preußen verhinderten österreichischen Annexionspläne auf Bayern ist erst ermöglicht worden durch Veröffentlichung des Briefwechsels zwischen Kaiser Joseph II. und seiner Mutter. Der Verf. hat die neuen Materialien mit Geschick und Geist benützt, und die Schleichwege der Diplomatie lichtvoll dargestellt.

## Oesterreich.

Anton **Springer**, Geschichte Oesterreichs seit dem Wiener Frieden 1809. (Staatengeschichte der neuesten Zeit. Bd. 6.)
Thl. I. Der Verfall des alten Reichs. gr. 8. (VI u. 597 S.) Leipzig 1863, Hirzel. n. 1 Thlr. 18 Ngr.
Thl. II. Die österreichische Revolution. (IV, 774 S.) 1865. 2 Thlr.

Das Beste, was neuerer Zeit über und gegen Oesterreich geschrieben worden ist. Der Verfasser, ein geborener Oesterreicher und von Haus aus mit österreichischen Zuständen bekannt, übt an der Hand der Geschichte eine scharfe Kritik des österreichischen und insbesondere des metternich'schen Systems. Die Kehrseite der Kriege von 1809 und 1813 ist schonungslos, aber wahrheitsgetreu hervorgehoben. Uebrigens ist das Buch keine Parteischrift, sondern eine mit wissenschaftlichem Ernst durchgeführte gründliche und freimüthige Darlegung der Wirklichkeit, und ein sehr wichtiger Beitrag zum Verständniß der Gegenwart des Kaiserstaats. Auch in formeller Beziehung gehört das Werk zu den besten Erzeugnissen der neueren Geschichtsschreibung.
Der erste Band geht bis an die Schwelle der Revolution, bis zum Jahre 1847.
Der zweite Band, womit das Werk abgeschlossen ist, enthält die Geschichte der Revolutionsperiode 1848—49 und zeigt recht einleuchtend, wie die Rivalität der verschiedenen Nationen und der Mangel an politischer Bildung beinahe aller Schichten der Bevölkerung es zu keinem gedeihlichen Resultate der Bewegung kommen ließen. Die ganze auf genaue locale Ermittlungen gestützte Darstellung macht den Eindruck, daß eine gesunde Wiedergeburt des österreichischen Staates ein Ding der Unmöglichkeit sei

Ludwig **Häusser**, Fürst Metternich. Sybels Historische Zeitschrift III. 1860. S. 265—322.

Graf v. **Hartig**, Genesis der Revolution in Oesterreich im J. 1848. 3. verm. Aufl. gr. 8. 24⅜ B. Leipzig 1850. 1 Thlr. 10 Ngr.

Ein Buch, das vieles Aufsehen gemacht hat, und wirklich zur Aufklärung über die österreichischen Verhältnisse einen wichtigen Beitrag giebt.

Hermann **Meynert**, Geschichte der Ereignisse in der österreichischen Monarchie während der Jahre 1848 u. 1849 in ihren Ursachen u. Folgen. gr. 8. (VI u. 730 S.) Wien 1853, Gerold. n. 3½ Thlr.

Ergebnisse gesunder Beobachtungen eines hellen Kopfes, nur in etwas gar zu breiter Darstellung mitgetheilt.

F. v. **Pillersdorf**, Rückblicke auf die politische Bewegung in Oesterreich in den Jahren 1848 u. 1849. 2. Aufl. gr. 8. 5⅛ B. Wien 1849. 16 Ngr.

Memoiren aus der Wiener Revolutionsgeschichte von einem ergrauten Staatsmann, der nachmärzlicher Minister war, aber sich nicht halten konnte, und hier eine Art Apologie schreibt.

—— Handschriftlicher Nachlaß. gr. 8. (VIII u. 462 S. mit Pillersdorfs Portr.) Wien 1863, Braumüller. n. 2⅔ Thlr.

Giebt über die Thatsachen und Vorgänge der Revolution von 1848 und 49 weniger Aufschluß, als man erwarten dürfte, gewährt aber manchen Einblick in die österreichischen Zustände. Beitrag zur Charakteristik Pillersdorfs, aus dem wir deutlich sehen, daß er bei wohlmeinender Gesinnung doch keineswegs der Mann war, um gründliche Reformen mit Entschiedenheit in Angriff zu nehmen und durchzuführen.

Jos. **Eötvös**, Die Garantien der Macht und Einheit Oesterreichs. 1—4. Aufl. gr. 8. (V, 218 S.) Leipzig 1859, Brockhaus. n. 24 Ngr.

Der Verfasser, einer der intelligentesten ungarischen Liberalen und seit 1867 ungarischer Cultusminister, findet die Garantien der österreichischen Macht und Einheit in der Pflege des ständischen Elements und Wiederherstellung der Provinzialverfassungen.

Karl Ludwig v. **Bruck**, Die Aufgaben Oesterreichs. 8. (X, 99 S.) Leipzig 1860, O. Wigand. n. 16 Ngr.
<small>Wurde noch zu Lebzeiten Brucks als Manuscript gedruckt, aber erst nach seinem Tode in weiteren Kreisen veröffentlicht. Er wollte für Oesterreich eine möglichst enge Verbindung mit Deutschland mittelst eines verbesserten Bundestags; für die inneren Verhältnisse Oesterreichs eine auf den gebildeten Mittelstand, namentlich auf deutsche Bildung gestützte constitutionelle Entwicklung, die zugleich für den Gesammtstaat das Einheitsband abgeben soll.</small>

Oesterreich vom März 1848 bis zur Aufhebung der Märzverfassung von 1849 im J. 1851. Gegenwart V, 676—740. X, 126—175. X, 229—275. 740—764. XI, 302—343.

Die österreichische Monarchie in Bezug auf ihre materiellen Kräfte. Gegenwart XI, 811—886.

Oesterreich in den Jahren 1852—1862. Unsere Zeit. Bd. VIII, S. 1—35. 721—744.

Oesterreich seit den Frieden von Villafranca. Unsere Zeit. N. Folge. I. S. 768—790. 861—878.

Oesterreich seit dem Sturze des Ministeriums Schmerling. Unsere Zeit. N. F. IV. 1, S. 1—26. 161—178. 401—427. 587—612.

Oesterreich seit dem Fall Belcredis. Unsere Zeit. N. F. V. 1, S. 81—106. 277—300. 655—681. 894—919.

Alfons **Huber**, Geschichte der Vereinigung Tirols mit Oesterreich u. die vorbereitenden Ereignisse. Lex. 8. (XI u. 276 S.) Innsbruck 1864, Wagner. n. 1 Thlr. 22 Ngr.
<small>Eine Festschrift, durch die Feier der 500jährigen Vereinigung Tirols mit Oesterreich veranlaßt. Eine fleißige Arbeit von wissenschaftlichem Werth, mit Auszügen aus den zu Grunde liegenden ungedruckten Urkunden ausgestattet, aber zugleich mit Rücksicht auf einen weiteren Leserkreis geschrieben.</small>

Franz **Palacky**, Geschichte von Böhmen, größtentheils aus Urkunden und Handschriften. Bd. I. (XV, 495 S.) Bd. II, 1. (VI, 392 S.) Bd. II, 2. (VI, 410 S.) Bd. III, 1. (VI, 424 S.) Bd. III 2. (VI, 450 S.) Bd. IV, 1. (VIII, 544 S.) Bd. IV, 2. (VIII, 704 S.) Bd. V, 1. (XII, 472 S.) gr. 8. Prag 1839—65, Tempsky. n. 15 Thlr. 4 Ngr.
<small>Das Hauptwerk für böhmische Geschichte, die hier aufs Neue aus den Quellen kritisch herausgearbeitet ist. Die Darstellung ist fließend und lebendig. Stark böhmische Färbung; versucht den Böhmen eine von Deutschland unabhängige Bildung zu vindiciren.</small>

Ludwig **Schlesinger**, Geschichte Böhmens. Herausg. von dem Vereine für Geschichte der Deutschen in Böhmen. (VIII, 657 S.) Prag u. Leipzig 1869, Brockhaus' Commission. 2⅔ Thlr.
<small>Eine populäre Geschichte, welche es sich zur Aufgabe macht, die bisher vernachlässigte Seite der Culturverhältnisse und die Stellung der Deutschen in Böhmen besonders zu berücksichtigen, und in dieser Richtung die Ergebnisse neuer selbständiger Forschung giebt.</small>

O. **Abel**, Die Legende vom heiligen Nepomuk. Eine geschichtl. Abhandl. a. seinem Nachlaß. gr. 8. (IV u. 84 S.) Berlin 1855, Bessers Buchh. n. ½ Thlr.
<small>Der Verfasser weist nach, daß der Cultus des heil. Nepomuk den Böhmen künstlich für Joh. Huß untergeschoben sei, zeigt dabei, wie und aus welchen Elementen die Sage sich bildete, was kirchliche List hinzugethan und wie mit glücklichem Erfolg die Eigenschaften des Huß zur</small>

Ausschmückung Nepomuks mißbraucht wurden. Die Beweisführung schlagend, die Form schön und anziehend, richtige Mischung von heiterer Ironie und strengem Ernst.

Jgn. Aurel. **Fessler**, Geschichte von Ungarn. 2. Aufl. Bd. I. (XX, 500 S.) bearbeitet von Ernst Klein. Mit einem Vorwort von Mich. Horváth. Soll in 20 Lfgn. à 20 Ngr. erscheinen. Leipzig 1868, Brockhaus.

Ganz neue, nach dem jetzigen Stand der Wissenschaft bearbeitete Auflage eines älteren Werks, welches 1815 bis 1825 in 10 Bänden erschien und bisher als das Hauptwerk für ungarische Geschichte galt. Der Bearbeiter ist ein evang. Geistlicher in Siebenbürgen, welcher sich seit vielen Jahren der ungarischen Geschichtsforschung gewidmet hat.

Michael **Horváth**, Fünf und zwanzig Jahre aus der Geschichte Ungarns von 1823—1848. Aus dem Ungarischen übersetzt von Joseph Novelli. 2 Bde. gr. 8. (I., XVII u. 557 S. II., XI u. 631 S.) Leipzig 1867, Brockhaus. n. 5 Thlr.

Der Verf., gegenwärtig ungarischer Justizminister, kennt die öffentlichen Angelegenheiten seines Vaterlandes genau und schildert sie in vorliegendem Werk mit objectiver Unparteilichkeit, nur etwas zu breit.

[Graf **Szechenyi**] Ein Blick auf den anonymen Rückblick, welcher für einen vertrauten Kreis in verhältnißmäßig wenig Exemplaren im Monate October 1857 in Wien erschien. Von einem Ungar. 8. (VI, 514 S.) London 1859. n. 1 Thlr.

Der genannte Rückblick ist eine dem Minister A. Bach zugeschriebene Apologie des von ihm begründeten Centralisirungssystems. An diese Apologie knüpft Graf Szechenyi eine scharfe Kritik der österreichischen Zustände und ein Programm der ungarischen Nationalpartei an. Das Ganze, aus formlosem aphoristischen Räsonnement bestehend, aber als Zeugniß für die ungarischen Stimmungen und Bestrebungen sehr interessant, ist von einem Deutschen F. K. in London herausgegeben.

Ungarn vor der Märzrevolution. Gegenwart V, S. 1—29.

Die ungarische Revolution im Jahre 1848 u. 49. Gegenwart V, 207—272. VI, 376—447. IX, 35—112.

## Schweiz.

Joh. v. **Müller**, Geschichten schweizerischer Eidgenossenschaft. 1—5. Bd. 1. Abth. Neue Auflage. gr. 8. Leipzig (Berlin) 1826, Weidmann'sche Buchh. n. 4 Thlr.

Hauptwerk, wodurch Joh. v. Müller der Schöpfer der Schweizer Historie geworden ist, erstmals erschienen, 1786. Uebrigens hat dasselbe zu Verbreitung und Befestigung der geschichtlich nicht begründeten Annahme beigetragen, daß die alten Helvetier Celten und nicht Germanen gewesen, worauf die politische Folgerung der Unabhängigkeit der Schweiz vom deutschen Reiche gestützt worden ist. Der Stil des Tacitus ist bis ins Erzwungene nachgeahmt.

Rob. **Glutz-Blotzheim**, Geschichte der schweizerischen Eidgenossenschaft vom Tode Waldmanns bis zum ewigen Frieden mit Frankreich. gr. 8. (Auch als Bd. 5. Abth. 2 zu J. v. Müller.) Zürich 1816, Orell, Füßli u. Comp. 2½ Thlr.

Anknüpfend an das obige Werk, mit heller, verständiger Auffassung. Einfachere Darstellung.

J. J. **Hottinger**, Geschichte der Eidgenossen während der Zeiten der Kirchentrennung. 1. u. 2. Abth. gr. 8. (Auch als Bd. 6 und 7. zu Joh. v. Müller.) ebend. 1825—29. 4⅔ Thlr.

Gleichfalls eine Fortsetzung des Müller'schen Werkes, übrigens in unabhängiger Weise.

**L. Bulliemin,** Geschichte der Eidgenossen während des 16., 17. u. 18. Jahrhunderts. Aus dem Franz. 3 Bde. gr. 8. ebend. 1842—45. n. 7 Thlr.
<small>Bildet auch den 8—10. Bd. zu Joh. v. Müller.
Der Verfasser hat mit Monnard Müllers Schweizergeschichte übersetzt, und für sich sodann diese Fortsetzung geliefert. Lebendige, oft etwas rhetorische Darstellung; klingt an die Müllerschen Grundansichten mehr an, als die vorigen.</small>

**K. Monnard,** Geschichte der Eidgenossen während des 18. und der ersten Decennien des 19. Jahrh. (Müller's Schweizergesch. fortges. Bd. 11—14.) Aus dem Franz. 4 Bde. gr. 8. 146³⁄₈ B. Zürich 1847—50. 9 Thlr.
Die zwei letzten Bände sind auch unter dem besonderen Titel: „Geschichte der helvetischen Revolution" erschienen.
<small>Eine wahrhaft schöne, im Einzelnen nach Stoff und Form sorgfältig durchgearbeitete Darstellung. Gleiches Lob verdient die Uebersetzung von J. Schmid in Zürich, der die citirten Quellenstellen noch einmal verglichen hat.</small>

—— Schweizerbilder aus der Geschichte des achtzehnten Jahrhunderts. Deutsche, vom Verfasser besorgte, erweiterte Ausgabe. gr. 8. (VI u. 297 S.) Elberfeld 1855, Friderichs. n. 1⅓ Thlr.
<small>Eine theils abgekürzte, theils ausführlichere, populäre Bearbeitung von des Verfassers Fortsetzung der Geschichte Johannes Müllers. Populäre und patriotisch gehaltene ansprechende Darstellung.</small>

(Joh.) **Heinr. Zschokke,** Des Schweizerlandes Geschichte f. d. Schweizervolk. 1. Aufl. 1822. 8. Aufl. 16. Aarau 1850, Sauerländers Verl. n. 16 Ngr.
<small>Meisterhaft glückliche Popularität. Der historische Gehalt nicht ohne Werth.</small>

**Otto Henne am Rhyn,** Geschichte des Schweizervolks und seiner Kultur von den ältesten Zeiten bis zur Gegenwart. 3 Bde. gr. 8. (I., VIII u. 568 S. II., IV u. 572 S. III., IV u. 609 S.) Leipzig 1865—66, O. Wigand. 8 Thlr.
<small>Die erste ausführliche Darstellung der gesammten Schweizergeschichte, welche bis auf die neueste Zeit geht. Von einem patriotischen Schweizer demokratisch-unitarischer Richtung, mit fleißiger Benutzung der Literatur, für das Bedürfniß des größeren Publikums ansprechend geschrieben.</small>

**Alphons Huber,** Die Waldstädte Uri, Schwyz und Unterwalden bis zur festen Begründung ihrer Eidgenossenschaft. Mit einem Anhang über die geschichtliche Bedeutung des Wilhelm Tell. gr. 8. (VIII u. 128 S.) Innsbruck 1861, Wagner. n. ⅔ Thlr.
<small>Eine gute Orientirung über die neueren Forschungen in Betreff der geschichtlichen Entstehung der Eidgenossenschaft und der daran geknüpften Tellssage. Das Ergebniß ist, daß seit Mitte des 13. Jahrhunderts ein beständiges Schwanken zwischen Reichsfreiheit und habsburgischer Landeshoheit stattgefunden habe, daß aber kein Punkt sich ermitteln lasse, in welchen der Aufstand gegen habsburgische Landvögte und ihre angebliche Versuche die Schweiz vom Reich weg unter Oesterreich zu bringen, sich einreihen ließe. Das Resultat in Betreff der Tellsgeschichte ist ein rein negatives und läßt selbst die Person Tells als ein Product der Sage erscheinen.</small>

**Wilh. Bischer,** Die Sage von der Befreiung der Waldstädte nach ihrer allmählichen Ausbildung untersucht. Nebst einer Beilage: Das älteste Tellenschauspiel. gr. 8. (VII u. 202 S.) Leipzig 1866, Vogel. n. 1 Thlr.
<small>Eine kritische Darstellung der Berichte, welche wir über die Sage von der Befreiung der Waldstädte haben, und Erörterung der Frage, in welcher Beziehung der Kern der Sa</small>

urkundlich beglaubigten Geschichte der Eidgenossenschaft steht. Eine sorgfältige, auch formell ansprechende Arbeit, welche den Freunden der Schweizergeschichte gewiß willkommen sein wird.

A. v. Tillier, Geschichte des eidgenössischen Freistaates Bern, von seinem Ursprung bis zu seinem Untergange im Jahre 1798. Aus den Urquellen, vorzüglich aus den Staatsarchiven dargestellt. 5 Bände. gr. 8. Bern 1838 u. 39, Fischer. 12⅓ Thlr.

—— Geschichte der helvetischen Republik von ihrer Gründung im Frühjahr 1798 bis zu ihrer Auflösung im Frühjahr 1803. Vorzüglich aus dem helvetischen Archiv ꝛc. dargestellt 1—3. Bd. gr. 8. ebend. 1843. n. 5½ Thlr.

    Bd. 1. Von der Gründung der Republik bis zur Staatsumwälzung vom 1. Jan. 1800. n. 1⅝ Thlr.

    „ 2. u. 3. Von der Staatsveränderung vom 1. Jan. 1800 bis zur Auflösung der helvetischen Republik im März 1803. n. 3⅔ Thlr.

—— Geschichte der Eidgenossenschaft während der Zeit des sogeheißenen Fortschritts, von dem Jahre 1830 bis zur Einführung des neuen Bundes 1848. 3 Bde. gr. 8. (XXIX u. 1154 S.) Bern 1854—55, Huber u. Co. à Bd. 1 Thlr. 24 Ngr.

Der Verfasser, der gemäßigten Berner Aristokratie angehörig und mit Personen und Verhältnissen genau bekannt, erzählt die Ereignisse ausführlich mit resignirt billigem Urtheil.

Jakob Baumgartner, Die Schweiz in ihren Kämpfen und Umgestaltungen von 1830—1850. Geschichtlich dargestellt. 4 Bde. gr. 8. (I., XII u. 496 S. II., 470 S. III., IV u. 558 S. IV., 611 S.) Zürich 1853. 54. 65. 66, Schultheß. 6 Thlr. 24 Ngr.

Werk eines schweizerischen Staatsmannes, der einer der Vorkämpfer der schweizerischen Regeneration war, aber kurz vor dem Sonderbundskrieg über der Klosterfrage mit seiner bisherigen Partei zerfiel und sich vom politischen Leben zurückzog. Mit den Verhältnissen genau vertraut, giebt er bis auf den Zeitpunkt seiner Umwandlung ein gerundetes Bild von den inneren Entwicklungen und äußeren Begebenheiten. Von jenem Zeitpunkt an ist seine Anschauung durch die persönliche Verstimmung und die erfahrenen Anfeindungen etwas getrübt und sein Urtheil nicht unparteiisch; doch ist auch für diese Zeit sein Werk eine wichtige Geschichtsquelle.

P. Feddersen, Geschichte der schweizerischen Regeneration von 1830—1848. Nach den besten Quellen bearbeitet. gr. 8. (XII u. 654 S.) Zürich 1866, Verlagsmagazin. 2½ Thlr.

Unstreitig die beste ausführliche Bearbeitung dieser Periode der schweizerischen Geschichte; sorgfältig und wahrheitsgetreu in den Thatsachen, die der Verfasser durch fleißige Sammlung und Benutzung der Literatur und durch seine persönliche Beziehung zu mithandelnden Zeitgenossen ermittelt hat. Dabei einfache und übersichtliche Darstellung. Der Verfasser, ein geborner Schleswig-Holsteiner, aber längst in der Schweiz eingebürgert und Mitglied des großen Raths in Basel, gehört der demokratischen Unionspartei an, von deren Standpunkt aus das Werk geschrieben ist.

Heinrich Escher, Erinnerungen seit mehr als 50 Jahren. 2 Bde. 8. (I., VIII u. 358 S. II., 326 S.) Zürich 1866—67, Schabelitz. n. 2⅚ Thlr.

Selbstbiographie eines betagten Züricher Professors, der früher mehrere höhere Staatsämter im Kanton Zürich bekleidete und Manches zur Geschichte der schweizerischen Regeneration zu erzählen weiß. Er gehört der liberalen Partei an.

E. F. v. **Fischer**, Erinnerung an Niklaus Rudolf von Wattenwyl, weiland Schultheiß der Stadt und Republik Bern, gew. Landamman der Schweiz und General über die eidgenössischen Aufgebote von 1805, 1809 und 1813, mit Rückblick auf einige Denkwürdigkeiten seiner Zeit. gr. 8. (VI u. 608 S.) Bern 1867, Dalpsche Buchh. 3 Thlr. 5 Ngr.

Lebensgeschichte eines charakterfesten Berner Aristokraten von einem gleichgesinnten Standesgenossen nach Briefen, Aktenstücken und persönlicher Erinnerung geschrieben; ein werthvoller Beitrag zur Geschichte der Schweiz von der Mediationsacte bis 1830.

—— Rückblicke eines alten Berners. (IV, 295 S.) Bern 1868, Wyß. 1 Thlr. 16 Ngr.

Versuch einer Apologie des alten Berner Patriciats und seiner Verfassung, sowie Geschichte Berns von Ende des vor. Jahrh. bis 1830.

J. B. **Ulrich**, Der Bürgerkrieg in der Schweiz in seiner Veranlassung und Wirklichkeit, umfassend den Zeitraum von 1830 bis zur Einführung der neuen Landesverfassung von 1848. Historisch-politisch dargestellt. gr. 8. 52⅛ B. Einsiedeln 1850. 2 Thlr. 4 Ngr.

Eine umfassende Darstellung des Sonderbundskrieges und seiner Entstehung; von sonderbündlerischer Seite.

L. **Snell**, Chr. W. **Glück**, und A. **Henne**, Pragmatische Erzählung der kirchlichen Ereignisse in der katholischen Schweiz, von der helvetischen Revolution bis auf die Gegenwart. Mit einer einleitenden Darstellung der kirchlichen Verhältnisse der katholischen Schweiz von den frühesten Zeiten bis zur Helvetik. I. u. II. Bd. 1. u. 2. Abth. gr. 8. 91⅝ B. Mannheim 1850. 51. 7 Thlr.

 I. Bd. Bis zur helvetischen Revolution. Von Chr. Wilh. Glück.
 II. Bd. 1. Abth. Von der helvet. Revol. bis 1830. Von L. Snell.
 II. Bd. 2. Abth. Von 1830 bis auf unsere Tage. Von A. Henne.

Die katholischen Verhältnisse von der antijesuitischen Seite dargestellt. Ein sehr gutes gründliches Werk.

K. **Klüpfel**, Die Lostrennung der Schweiz von Deutschland. Sybels Historische Zeitschrift. Bd. XVI, S. 1—46. 1866.

Hauptsächlich Geschichte des Schweizer- oder Schwabenkriegs vom J. 1499, durch welchen die Lostrennung entschieden wurde.

J. J. **Hottinger**, und Gust. **Schwab**. Die Schweiz in ihren Ritterburgen und Bergschlössern historisch dargestellt von vaterländischen Schriftstellern. Mit einer historischen Einleitung von J. J. Hottinger und herausgeg. von G. Schwab. 3 Bde. Mit 18 Ansichten, Titelkupfer u. 1 Plan. gr. 8. Chur 1828—39, Dalp. n. 6¾ Thlr., Postpap. n. 8⅛ Thlr., Velinpap. n. 12 Thlr.

Vom Herausgeber ist die poetische Ausstattung mit Ueberschriften, Liedern und Romanzen; die Beschreibung der Burgen ist von verschiedenem Werth, einzelne Stücke enthalten werthvolle ortsgeschichtliche Forschungen.

Conradin v. **Moor**, Geschichte von Currätien u. der Republik Graubünden. Lief. 1. u. 2. (184 S.) Cur 1869. 25 Ngr.

Die erste zusammenhängende nach den Quellen bearbeitete Geschichte Graubündens, die wegen ihrer in frühes Alterthum hinaufreichender Cultur von besonderem Interesse ist. Das ganze Werk wird 60—70 Bogen stark werden.

## Elsaß.

**Adam Walth. Strobel,** Vaterländische Geschichte des Elsasses, von den frühesten Zeiten bis auf gegenwärtige Zeit. Fortgesetzt von L. H. Engelhardt bis 1815. 6 Bde. 2. Ausg. gr. 8. Straßb. 1850, Schmidt. 10 Thlr.

Tüchtige Quellenforschung, reiner deutscher Stil, einfache Erzählung ohne Reflexion. Sorgfältig und genau; viel Einzelheiten. Auch kirchliche und wissenschaftliche Gegenstände sind bedacht. Der Verfasser will das Elsaß als deutsche Provinz festhalten.

**Tim. Wilh. Röhrich,** Mittheilungen aus der Geschichte der evangelischen Kirche des Elsasses. 2 Bde. gr. 8. (XXVIII u. 970 S.) Paris u. Straßb. 1855, Treuttel u. Würtz. n. 4½ Thlr.

 I. Mittheilungen aus der Vorgeschichte der Reformation.
 II. Evangelische Zeitbilder u. die Kirche der Väter unter dem Kreuz. [Reformationszeit u. später.]
 III. Evang. Lebensbilder u. die Anfänge der neuen Zeit in der Straßb. Kirche.

Werk eines wackeren Elsässer Geistlichen von deutscher Bildung und Gesinnung, das auch außerhalb theologischer Kreise gelesen zu werden verdient. Besonders beachtenswerth die Geschichte der katholischen Ränke gegen die evangelische Kirche im zweiten Bande, und im dritten Bande die Conflicte der altkirchlichen Praxis mit der einbrechenden rationalist. Aufklärung und den Wirren der franz. Revolution.

**Adolf Schmidt,** Elsaß u. Lothringen. Nachweis wie diese Provinzen dem deutschen Reiche verloren gingen. gr. 8. (84 S.) Leipzig 1859, Veit u. Comp. n. 16 Ngr.

Ohne Anspruch auf neue Quellenforschung zu machen erzählt der Verfasser übersichtlich klar und eindringlich, wie Deutschland von 1552 bis 1755 eine Reihe von Landstrichen an Frankreich verlor. Er leitet dabei das Unheil der deutschen Spaltung, welche diese Verluste möglich machte, aus der Reaction des Ultramontanismus ab, die das auf dem Boden der protestantischen Geistesfreiheit der Einigung zustrebende Deutschland aus seinen natürlichen Entwicklungsbahnen hinausgedrängt habe.

**Elsaß und Lothringen deutsch.** gr. 8. (VIII, 104 S.) Berlin 1860, Springer's Verl. ½ Thlr.

Diese Schrift will Elsaß und Lothringen im Namen des Nationalitätsprincips für Deutschland reclamiren. Zuerst wird die staatliche und geistige Zusammengehörigkeit dieser Länder mit Deutschland bis zur französischen Herrschaft nachgewiesen, hierauf erzählt, wie sie für Deutschland verloren gingen, dann gezeigt, woran beim ersten und zweiten Pariser Frieden deren Wiedererlangung scheiterte, und geltend gemacht, daß deutsche Bildung doch immer noch im Elsaß herrschend sei, daher die Hoffnung auf Wiedergewinnung nicht aufgegeben werden dürfe.

## Niederlande.

**A. G. v. Kampen,** Geschichte der Niederlande. 2 Bände und Register. gr. 8. Hamburg (Gotha) 1831—33, F. A. Perthes. n. 5⅙ Thlr.
 Bd. 1. Von den ältesten Zeiten bis zum Jahr 1609. 2½ Thlr.
 „ 2. Vom Jahre 1609 bis 1815. 2⅔ Thlr.

Abriß der niederländischen Geschichte, für ein größeres Publikum bestimmt und passend. Theil der Heeren und Ukert'schen Sammlung.

Heinr. Leo, Zwölf Bücher niederländischer Geschichten. 2 Thle. gr. 8. Halle, Anton. 8 Thlr.
>Thl. 1. Die ersten 6 Bücher oder die einzelnen niederländ. Landschaften bis zu der Herrschaft des Hauses Burgund. 1832. 4 Thlr.
>Thl. 2. Die letzten 6 Bücher oder die Geschichte der Niederlande vom Beginn der Herrschaft des Hauses Burgund bis 1830. 1835. 4 Thlr.
>>Höchst werthvoll für die mittelalterlichen Zustände der Niederlande, namentlich der Städte und ihrer Parteiungen. Eigenthümlich seine Auffassung des Abfalls der Niederlande, in dem Wilhelm von Oranien als ein politischer Schurke und der Herzog von Alba als berechtigter Rächer der Monarchie erscheint.

Fr. v. Schiller, Geschichte des Abfalls der vereinigten Niederlande. Mit Fortsetzung von Ed. Duller. Von der Ankunft Albas bis zum Waffenstillstand von Antwerpen, 1609. 3 Bde. 16. Köln 1841, Dumont-Schauberg. 1¾ Thlr.
>Schillers bestes historisches Werk, gründlicher als sein dreißigjähriger Krieg. Die Fortsetzung ahmt die Darstellungsweise Schillers mit Glück nach.

John Lothrop Motley, Der Abfall der Niederlande und die Entstehung des holländischen Freistaates. Aus dem Englischen. 3 Bde. (XVI u. 547. IV, 490. III, 510 S.) Dresden 1857—60, Kuntze. n. 6 Thlr.
>Eine treffliche, auf umfassenden Quellenstudien beruhende, belebte, zuweilen rhetorische und mit reichlichen Räsonnement ausgestattete Darstellung, die besonders glänzende Charakter- und Sittenschilderungen hat. Der Held des Verfassers ist Wilhelm von Oranien, und durch diese Vorliebe die ganze Auffassung bestimmt.

Heinrich v. Treitschke, Die Republik der Vereinigten Niederlande, s. Preuß. Jahrbücher Bd. XXIV, S. 43—101. und 191—255.

H. Conscience, Geschichte von Belgien. Aus dem Flämischen von O. L. B. Wolff. 8. 26⅞ B. mit 1 Stahlst. Leipzig 1847. 1 Thlr.
>Mit patriotischer Wärme anziehend erzählt.

Theob. Juste, Geschichte der Gründung der constitutionellen Monarchie in Belgien durch den Nationalcongreß, nach amtl. Quellen. 2 Bde. gr. 8 42⅛ B. Brüssel 1850. 3 Thlr. 10 Ngr.
>Eine gründliche für die Geschichte des constitutionellen Lebens sehr lehrreiche Darstellung der Entstehung von Belgiens mit Recht gepriesener Verfassung.

—— Leopold I. König der Belgier. Nach ungedruckten Quellen geschildert. Deutsch von J. J. Balmer-Rinck. (XXX, 563 S.) Gotha 1869, F. A. Perthes. 4 Thlr.
>Hauptwerk über die neueste Geschichte Belgiens.

S. Brie, Die Gründung des Königreichs Belgien. Preußische Jahrbücher Bd. XVII, 343—364. XVIII, 351—392.

F. v. Wolffers, Flandrisches Album. Stillleben, Genrebilder, Geschichte. Nach dem Leben gezeichnet. 8. 18⅛ B. Leipzig 1849. 1 Thlr. 15 Ngr.
>Sehr anziehende Schilderungen aus des Verfassers Jugendleben, der, in einer kleinen Stadt Flanderns geboren, die Conflicte, die zur belgischen Revolution führten, sich vorbereiten sieht. Dann berichtet er einiges über die Revolution selbst und schildert unter dem Titel: Lehr-

und Wanderjahre die Eindrücke, die er auf Reisen in Frankreich und Deutschland erhalten hat. Ausdruck einer edlen, gemüthvollen Persönlichkeit, voll nationaler und religiöser Gesinnung.

**Das Königreich Belgien in seiner politisch geschichtlichen Entwicklung.** Gegenwart Bd. I, S. 644—668.

**Belgien seit 1848.** Unsere Zeit. Bd. II, S. 305—323. u. 417—436.

## England.

**J. M. Lappenberg,** u. **R. Pauli.** Geschichte von England. 1—5. Bd. (I. XXX, 631. II. XIII, 413. III. XXIX, 911. IV. XXII, 741. V. XXVI, 710 S.) gr. 8. Hamburg (Gotha) 1834—58, F. A. Perthes. n. 15 Thlr. 27 Ngr.

Das beste deutsche Werk über die ältere Geschichte Englands. Die zwei ersten Bände von Lappenberg enthalten werthvolle Untersuchungen über die angelsächsische Zeit und gehen bis in die Mitte des 12. Jahrhunderts. Von da an hat R. Pauli die Arbeit fortgesetzt und sie bis zum Tod Heinrichs VII. im Jahre 1509 weitergeführt. Auch diese 3 Bände beruhen auf gründlichen archivalischen Forschungen und geben vieles Neue, sind aber nicht wie Lappenbergs Arbeit blos für den Gelehrten brauchbar.

**Reinhold Pauli,** König Alfred und seine Stelle in der Geschichte Englands. gr. 8. 21⅜ B. Berlin 1851. 2 Thlr.

Eine ausgezeichnete, zunächst für den Geschichtsforscher interessante, aber durch elegante glänzende Darstellung auch dem Geschichtsfreund zugängliche Arbeit. Hie u. da etwas manierirt.

—— Bilder aus Alt-England. gr. 8. (VII, 395 S.) Gotha 1860, F. A. Perthes. n. 2 Thlr.

Sehr ansprechende Essays, in welchen der Verfasser kulturgeschichtliche Materialien, die ihm bei seinen Forschungen für die englische Geschichte abgefallen sind, mit Geschmack verarbeitet hat. Inhalt: Canterbury, Bekehrung und Heiligendiener. Mönch und Bettelbruder. Das Parlament im 14. Jahrhundert. Englands älteste Beziehungen zu Preußen und Oesterreich. Kaiser Ludwig IV. und König Eduard III. Der Hansische Stahlhof in London. Zwei Dichter: Gower und Chaucer. John Wiclif. König Heinrich V. und Kaiser Sigismund. Die Jungfrau von Orleans. Herzog Humfried von Gloucester. Bruchstück eines Fürstenlebens im funfzehnten Jahrhundert. London im Mittelalter; mit einem Plan von London im 15. Jahrhundert.

—— Simon von Montfort Graf von Leicester der Schöpfer des Hauses der Gemeinen. gr. 8. (XII u. 227 S.) Tübingen 1867, Laupp. n. 1 Thlr. 6 Ngr.

Die erste Monographie über einen Kriegshelden und Staatsmann, der von den torystischen Historikern nur als undankbarer Rebell behandelt, erst neuerlich in seiner politischen Bedeutung erkannt ist. Ein an geschichtlichem und dramatischem Interesse reicher Stoff, vom Verfasser mit Liebe und historischer Kunst bearbeitet. Zugleich Festschrift zu Ranke's Jubiläum.

**J. Lingard,** Geschichte Englands. Uebersetzt von C. A von Salis und C. B. Perly. 14 Bände. gr. 8. Frankfurt a. M. 1827—33, Osterrieth. 24½ Thlr. (15. oder) Registerband. Ebendas. 1833. ⅞ Thlr. Bd. 11—14. auch unter dem Titel: Geschichte von England seit der Hinrichtung Carls I. 4 Bde. 1830—33. Herabgesetzter Preis. 4⅔ Thlr.

Früher Hauptwerk für die Geschichte Englands; von einem Katholiken, und für einen solchen ziemlich unparteiisch. Stil etwas breit, aber fließend und gut zu lesen. Geht nur bis zur englischen Revolution im Jahre 1688.

**Wilh. Maurenbrecher,** England im Reformationszeitalter. Vier Vorträge. gr. 8. (VI u. 138 S.) Düsseldorf 1866, Buddeus Verlag. n. 1 Thlr.

In diesen Vorträgen vor einem größeren Publikum behandelt der Verfasser die Hauptmomente der englischen Reformationsgeschichte: König Heinrich VIII., Edward IV., Maria Tudor und Maria Stuart, Königin Elisabeth. Nimmt für letztere Partei und giebt ein ziemlich ungünstiges Bild von Maria.

**Thom. Keightley,** Geschichte von England. Deutsch bearbeitet von F. K. F. Demmler. Mit einem Vorwort von J. M. Lappenberg. 2 Bde. 2. (Tit.) Ausg. gr. 8. 97⅝ B. Halle 1850. 3 Thlr.

Als Uebersicht der ganzen englischen Geschichte sehr zu empfehlen. Am sorgfältigsten ist darin die Geschichte der Stuarts behandelt, die einen Gegensatz zu der katholisirenden Auffassung Lingards bildet. Die Uebersetzung ist gut.

**Charles Dickens,** Die Geschichte Englands für Jung und Alt. Aus dem Englischen.
   1. Bd. gr. 12. 17⅙ B. Berlin 1852. 27 Ngr.
   2. Bd.: v. König Heinrich III. bis Richard III. 1216—1485. (VII. 214 S.) Ebend. 1853, Duncker u. Humblot. 27 Ngr.
   3. Bd.: v. 1845 bis zur Königin Victoria 1837. gr. 8. (V u. 332 S.) Ebend. 1854. 1 Thlr. 12 Ngr.

Eine zunächst für die Jugend geschriebene Erzählung der englischen Geschichte, bei der man mitunter einseitige Urtheile mit in den Kauf nehmen muß, die man aber doch gerne liest.

**Th. B. Macaulay,** Die Geschichte Englands seit dem Regierungsantritt Jacobs II. Uebersetzt von Fr. Bülau. 5 Bde. gr. 8. Leipzig 1849—61, T. O. Weigel. à Bd. 1 Thlr. 15 Ngr.

—— Aus dem Engl. von H. Paret. 11 Bde. gr. 16. Stuttgart 1850—61, Metzler. 3 Thlr. 12 Ngr.

—— Deutsch von W. Beseler. 12 Bde. gr. 8. Braunschweig 1852—61, Westermann. à Bd. 25 Ngr. Complet 10 Thlr.

Die Vorzüge dieses berühmten Geschichtswerkes sind: verständige pragmatische Auffassung der Thatsachen und Ereignisse, Fülle, Lebendigkeit und Anschaulichkeit der Darstellung, Reichthum der Charakteristik, die von feinster Menschenkenntniß zeugt. Durchgebildetes politisches Urtheil eines Staatsmannes, der seinen bestimmten Standpunkt hat, aber über den Parteien steht, und auf beiden Seiten die politischen Fehler und Tugenden sieht. Der Stoff ist namentlich für uns Deutsche äußerst lehrreich, man sieht an einem Beispiel, unter welchen Bedingungen eine vom Volk ausgehende Reformbewegung gelingen kann. Enthält nicht blos die Geschichte von König Jakob an, sondern eine vollständige, ins Einzelne eingehende Geschichte der englischen Revolution und geht bis zum Tode Wilhelms III. 1702.

Von den vorliegenden Uebersetzungen ist die Bülauische die wörtlich treueste, aber eben darum auch oft mehr englisch als deutsch, was mitunter Unklarheiten und kleine Mißverständnisse herbeiführt. Doch ist sie im Ganzen gut. Die von Beseler und Paret zeigen ein glückliches Eindringen in den Geist des Originals; erstere hat oft einen etwas feierlichen Stil, der von einer gewissen Härte nicht frei ist. Die Paretsche liest sich leicht und angenehm, sie ist die freieste und vertauscht oft den englischen Ausdruck und Gedanken mit einem entsprechenden deutschen. Der letzte Band von Bülau und die zwei letzten von Beseler sind von einem und demselben Uebersetzer, Theob. Stromberg besorgt.

—— Ausgewählte Schriften geschichtlichen u. literarischen Inhalts. Deutsch von Fr. Steger u. Alex. Schmidt. 8 Bde. gr. 8. Braunschweig 1853—54, Westermann. à Bd. ⅚ Thlr.

1. Warren Hastings. Lord Clive. Lord Curleigh. Macchiavelli. 2. Aufl. (XV u. 327 S.)
2. William Temple, Walpoles Briefe, William Pitt, Lord Holland. 2. Aufl. (V u. 331 S.)
3. Spanischer Erbfolgekrieg. Geschichte der Päbste. Joh. Hampden. Revolution von 1688. Kirche u. Staat. 2. Aufl. (V u. 331 S.)
4. Hallam, engl. Verfassungsgeschichte. Southey's Gespräche. Lord Bacon. (V u. 304 S.)
5. Milton. John Bunyan. Lustspieldichter der Restauration. Addison. Samuel Johnson. Emancipation der Juden. (308 S.)
6. Madame d'Arblay. Byrons Leben. Montgomery's Gedichte. — Gedichte. (VII n. 184 S.)
7. u. 8. Macaulay's Parlamentsreden. (XVI u. 620 S.)

Die historischen und literarischen Essays sind wirklich classisch. Sie sind zunächst Berichte über literarische Erscheinungen, die statt der Kritik eine erschöpfende, abgerundete Darstellung des behandelten Gegenstandes geben. Die vorliegende Sammlung dehnt übrigens die Auswahl zu weit aus, indem sie auch die Gedichte aufnimmt, die wenig poetischen Werth haben, und die Parlamentsreden, die doch nur für ein englisches oder englisch-lesendes Publikum in dieser Vollständigkeit Interesse haben. Die Uebersetzung ist gut: sie wird eröffnet durch einen wohl gelungenen biographischen Abriß.

**Th. Bab. Macaulay**, Ausgewählte Schriften geschichtlichen und literarischen Inhalts. N. Folge. 1. 2. Bd. gr. 8. (IV, 546 S.) Braunschweig 1860, Westermann. à Bd. n. ⅚ Thlr.

Schriften, die zwischen den Jahren 1823 und 1854 in Magazinen, Reviews und Encyclopädien erschienen. Bemerkenswerth besonders die Essays über Dante, Petrarca, Dryden, W. Pitt, die Scenen aus athenischen Festgelagen, eine politische Schrift über den Parteigeist und eine über Geschichtschreibung.

**Lord Mahon**, Geschichte von England. Vom Frieden von Utrecht bis zum Frieden von Versailles 1713—1783. Deutsch von Fr. Steger. 8 Bde. Ausg. in gr. 8. Braunschweig 1854—56, Westermann. n. 6⅔ Thlr.

—— Dasselbe. Ausg. in 8. Ebend. 1854—56. n. 6⅔ Thlr.

Lord Mahon (jetzt Graf Stanhope), ein Tory, der nachher zu Peel übertrat, schrieb unter Benützung vieler bisher Anderen nicht zugänglichen Quellen die Geschichte jener Zeit, mehr in whiggistischem als torystischem Sinn mit ruhigem und besonnenem Urtheil. Seine Darstellung schließt sich bei Gibbons und Humes an; sie ist ohne rhetorischen Schmuck von ungetrübter Klarheit. Seine Hauptstärke ist die Auseinandersetzung der politischen Verwicklungen, worin er große Unparteilichkeit übt. Wenn er Macaulay an Schwung der Darstellung und Plastik des Stils nachsteht, so ist er dagegen gründlicher im Einzelnen. Gänzlicher Mangel an literarhistorischen Partien. Die Uebersetzung ist gut.

**Heinrich Thomas Buckle**, Geschichte der Civilisation in England. Uebers. von Arnold Ruge. I. 1. 2. II. Bd. gr. 8. (I. 1, XII. 436. I. 2, VII. 384. II. XVI u. 582 S.) Leipzig 1860. 61, C. F. Winter. n. 8 Thlr.

Eine Reihe von Essays, in welchen der geistreiche, aber an Paradoxen reiche Verfasser versucht, die naturwissenschaftliche Methode auf die Geschichte anzuwenden. Sein Grundgedanke ist, daß der Fortschritt in Wissenschaft, politischer Freiheit und materiellem Wohlstand durch den Erfolg bedingt sei, womit die Gesetze der Naturerscheinungen erforscht werden und die Geister sich losmachen von der Bevormundung durch Kirche und Staat. Von diesem Gesichtspunkt aus betrachtet er im 1. Bande die Geschichte und Literatur des Mittelalters, besonders Englands und Frankreichs, im 2. Bande die Geschichte Spaniens und Schottlands. Das Werk bleibt Fragment, da der Verfasser gestorben ist.

**Leop. Ranke**, Englische Geschichte, vornehmlich im 16. u. 17. Jahrhundert. 7 Bde. gr. 8. (I. XVIII, 610. II. VI, 569. III. IV, 584. IV. VI, 496. V. V, 604. VI. VI, 582. VII. VI, 545 S.) Berlin (Leipzig). 1859—68, Duncker u. Humblot. Compl. 25²/₃ Thlr.

Wieder ein geschichtliches Kunstwerk von größtem Reiz der Darstellung. Treffliche Ueberblicke über das Ganze der englischen Geschichte in ihrem Zusammenhange mit den Weltereignissen, glänzende Einzelschilderungen von Personen und Zuständen machen auch dieses Werk Ranke's zu einer klassischen Arbeit, die man mit Genuß liest. Bei der Schilderung Cromwells möchte man eine wärmere Theilnahme für den Helden wünschen, der freilich in seiner derben demokratischen Eigenthümlichkeit dem Verfasser nicht sympathisch ist. Dagegen zeigt sich bei der Geschichte Wilhelms III. seine historische Kunst in ihrem ganzen Glanze, und die Vergleichung mit Macaulay, dessen Werk hier trefflich ergänzt wird, stellt die besonderen Vorzüge Ranke's ins Licht. Die Geschichtserzählung geht bis zum J. 1747; den 7. Band füllen größtentheils urkundliche Erläuterungen einzelner Partieen und Quellenauszüge.

**F. C. Dahlmann**, Geschichte der englischen Revolution. 1—6. Aufl. 8. Leipzig (Berlin) 1844—53, Weidmann'sche Buchh. n. 1 Thlr.

Ein äußerst angenehm zu lesendes Werk. Der Verfasser bewährt darin vollkommene Herrschaft über seinen Stoff, indem er die englische Revolution aus der Geschichte der Nation sich hervortreiben läßt, und dann die Katastrophe, welche den Mittelpunkt seiner Darstellung bildet, nach ihren wesentlichsten Momenten entwickelt. Mitunter möchte man freilich reichlicheres Eingehen auf Einzelnheiten und Benützung der neueren Forschungen wünschen. Darstellung formell abgerundet, individualisirend und von imponirendem Ernst.

**F. Guizot**, Geschichte der Revolution in England, von der Thronbesteigung Karls I. bis zu seinem Tode. Aus d. Französ. nach der 3. Ausg. 2 Bde. gr. 8. Jena 1844, Luden. n. 2 Thlr.

Ein sehr gründliches inhaltreiches Werk, das mit politischem Verständniß die Anfänge der englischen Revolution entwickelt und darstellt.

Die Uebersetzung ist gut.

—— Geschichte der englischen Revolution bis zum Tode Karls I. Uebers. von Fr. Bülau. Mit dem Portr. Karls I. in Stahl gest. 8. 28½ B. Leipzig 1850. 1 Thlr.

Diese neue Bearbeitung hat als Einleitung die Uebersetzung der neueren Schrift Guizot's: Pourquoi la révolution d'Angleterre a-t-elle réussi? (Paris 1850) mit aufgenommen.

—— Geschichte der englischen Republik bis zum Tode Cromwells. 1649—1658. Mit C's. Portr. gr. 8. Leipzig 1854, Lorck. n. 1 Thlr.

—— —— Deutsch von W. Rogge. gr. 8. (563 S.) Berlin 1854, Bieler u. Co. n. 1 Thlr. 12 Ngr.

—— Geschichte Richard Cromwells und der Wiederherstellung des Königthums in England. Mit Monks Portr. 8. (VI u. 297 S.) Leipzig 1857, Lorck. n. 1 Thlr.

(Historische Hausbibliothek Bd. 40.)

Drei deutsche Ausgaben der Fortsetzung von Guizot's bekannter Geschichte der englischen Revolution. Eines der bedeutendsten Werke über Cromwell. Der Verfasser nimmt dabei vergleichende Rücksicht auf französische Zustände.

J. H. **Merle d'Aubigné,** Der Protector, oder die Republik Englands zur Zeit Cromwells. Aus dem Französ. übertragen von Karl Theod. Pabst. (XXIII, 367 S.) gr. 8. Weimar 1858, Böhlau. 1 Thlr. 15 Ngr.

—— Dasselbe. Aus dem Franz. von Frdr. Merschmann. (XI, 324 S.) gr. 8. Elberfeld (Köln) 1859, Hassel. 24 Ngr.
<small>Eine begeisterte Apologie Cromwells.</small>

William **Penn,** oder die Zustände Englands 1644—1718. Aus d. Englischen frei bearbeitet von Ernst Bunsen. gr. 8. (VIII u. 215 S.) Leipzig 1854, Brockhaus. n. 1⅓ Thlr.
<small>Freie Bearbeitung von Hepworth Dixon, William Penn a historical biography. London 1851, einer anziehenden Biographie, die mit Vorliebe die glänzenden Seiten Penns, namentlich seine Verdienste um Anerkennung der Toleranz und Colonisirung Amerikas hervorhebt, die Schattenseiten des Mannes aber nur ahnen läßt. Angelegentliche Vertheidigung gegen die von Macaulay vorgebrachten Beschuldigungen, welche aber die Frage doch nicht ganz erledigt.</small>

A. Graf **Hamilton,** Memoiren des Grafen Grammont. Der englische Hof unter Karl II. geschildert. In deutscher Uebertragung nebst geschichtlichen Erläuterungen aus englischen Quellen ꝛc. gr. 8. (XVI u. 331 S.) Leipzig 1853, Costenoble. 1⅓ Thlr.

—— T. A. gr. 16. (XVI u. 351 S.) Ebend. 1853. n. 1 Thlr.
<small>Wird vom Verleger als Supplement zu Macaulay's englischer Geschichte ausgegeben, der diese Memoiren, obgleich sie sich streng auf dem Standpunkt der Stuarts halten, sehr schätzt und vielfach benützt. Hamilton war ein treuer Anhänger und Begleiter Karls II. Das Buch ist übrigens kein eigentliches Geschichtswerk, sondern eine Schilderung des englischen Hofs in seiner Sittenverderbniß unter dem fingirten Titel von Memoiren eines Grafen Grammont, der als Typus eines leichtfertigen Hofcavaliers genommen ist.</small>

Archibald **Alison,** Der Herzog von Marlborough und der spanische Erbfolgekrieg. Nach der 2. vollst. umgearb. engl. Originalausgabe. Mit dem gest. Bildniß M.s, nach Kneller. 8. 24¾ B. Leipzig 1852. 1 Thlr.
<small>Werk eines namhaften englischen Geschichtschreibers von stark toryistischer Anschauungsweise. Diese Biographie Marlboroughs giebt ein weit günstigeres Bild von dem berühmten Helden, als die Charakteristik Macaulay's.</small>

Carl v. **Noorden,** Der Rücktritt des Ministeriums Pitt im Jahre 1801. Sybels Historische Zeitschrift IX. 1863. S. 343—386.

Rich. **Wellesley,** Memoiren und Briefwechsel. Mit vielen Briefen und Documenten. Von Rob. Rouiere Pearce. Nach dem Engl. bearb. von Wilh. Schöttlen. 3 Bdchn. 16. 62⅞ B. Stuttg. 1847. 1 Thlr. 18 Ngr.
<small>Ein für die Geschichte Englands und Ostindiens sehr interessantes Werk. Wellesley, der ältere Bruder des Herzogs von Wellington, war nämlich eine Reihe von Jahren Vicekönig in britisch Indien und bewährte sich hier als einer der großartigsten Staatsmänner Englands, und spielte auch nachher als Minister des Auswärtigen während der Napoleonischen Kriege eine bedeutende Rolle.</small>

Lord **Castlereagh,** Denkschriften, Depeschen, Schriftenwechsel und sonstige amtl. diplom. u. vertraul. Mittheilungen. Herausgeg. v. seinem Bruder, Ch. W. Vane, Marquis v. Londonderry. Sachlich gesichtet u. deutsch bearbeitet v. Siegm. Frankenberg. 5 Bdchn. 8. (XL u. 1618 S.) Hamburg 1853/54, Hoffmann u. Campe. 5 Thlr.

Sehr wichtig für die ganze neuere Geschichte, und interessant geschrieben. Das sehr theure Original (112 Thlr.) ist vom Uebersetzer im Auszug gegeben, aber insofern nicht ganz zweckmäßig, als er 2 Bändchen mit den für deutsche Leser minder interessanten irischen Angelegenheiten füllt, dagegen die Expedition nach Kopenhagen, die Verhandlungen mit Gustav Adolf von Schweden, die mit Rußland vor und nach dem Frieden von Tilsit, sowie die Jahre 1812 und 13 gar zu kurz abmacht.

Harriet **Martineau**, Geschichte Englands während des dreißigjährigen Friedens von 1816—1846. Aus dem Engl. übers. v. C. J. Bergius. 4 Bde. 8. (XXXI u. 1300 S.) Berlin 1853—54, Bessers Verl. n. 4 Thlr.

Eine neuere Geschichte Englands, die dort allgemeine Anerkennung fand und sich durch klare eingehende Behandlung der nationalökonomischen Fragen auszeichnet. Uebrigens mehr Geschichte der Parlamentsverhandlungen, als des öffentlichen Lebens in England überhaupt. Die Uebersetzung zwar fließend, aber reich an Verstößen, läßt ungeschickter Weise die Quellenangaben des Originals weg.

Reinhold **Pauli**, Geschichte Englands seit den Friedensschlüssen 1814 und 1815.
    I. Thl. Von der Schlacht bei Waterloo bis zum Tode Georgs IV. gr. 8. (VIII u. 555 S.) Leipzig 1864, Hirzel. n. 1½ Thlr.
    II. Thl. Die Whigperiode von 1830—1841. (XII, 607 S.) 1867. 2 Thlr. Staatengeschichte der neuesten Zeit. Band 8. und 13.

Eine auf genauer Kenntniß der Literatur und der englischen Lebensverhältnisse beruhende, mit Geist geschriebene Darstellung der inneren und äußeren Geschichte Englands. Der Rückblick auf Pitt und sein Ministerium, die Charakteristik Cannings und seiner Politik, die Katholikenemancipation und das Schlußkapitel über Wechselwirkung der materiellen und geistigen Momente sind die hervorragenden Partien im ersten Bande dieses ausgezeichneten Werkes. Der zweite Band giebt uns ein sehr lebendiges Bild der Umwandlung des alten englischen Staatswesens, besonders der Kämpfe für die Wahlreform. Sehr interessant ist auch der Abschnitt über den Orient von 1839—1842. Ein dritter Band ist in Aussicht.

R. **Gneist**, Adel u. Ritterschaft in England. 2. Aufl. gr. 8. (103 S.) Berlin 1853, Dehmigke. n. 14 Ngr.

Eine treffliche Schrift, in welcher gezeigt wird, daß der Kern der mächtigen englischen Aristokratie die Gentry sei. Genaue Kenntniß des englischen Rechts mit selbständigem, politischem Urtheil.

Thomas Erskine **May**, Die Verfassungsgeschichte Englands seit der Thronbesteigung Georgs III. 1760—1860. Aus dem Engl. übers. v. O. G. Oppenheim. 2 Bde. gr. 8. (XIV u. 414. VIII, 544 S.) Leipzig 1862—64, Mendelssohn. n. 4 Thlr.

Enthält eine Geschichte der Prärogative der Krone, ihres Einflusses, ihrer Revenüen, der Zusammensetzung beider Häuser des Parlaments, ihrer Befugnisse und politischen Beziehungen. Im zweiten Bande wird eine Geschichte der Parteien, der Presse, der politischen Agitation, der Kirche, der bürgerlichen und religiösen Freiheit, und eine allg. Betrachtung der Gesetzgebung dieses Zeitabschnittes gegeben. Ein Werk von anerkannter Bedeutung.

C. v. **Noorden**, Zur Literatur und Geschichte des englischen Selfgovernments. Sybel Historische Zeitschrift. Bd. XIII, S. 1—90.

Carl v. Noorden, Die parlamentarische Parteiregierung in England. Sybels Historische Zeitschrift XIV. 1865. S. 45—118.
Treffliche Studien zur englischen Verfassungsgeschichte.

L. Bucher, Der Parlamentarismus wie er ist. 8. (III u. 363 S.) Berlin 1855, Besser's Berl. 1½ Thlr.
Der Hauptinhalt dieses mit Geist geschriebenen Buches ist eine scharfe, übrigens einseitige und theilweise ungerechte Kritik des englischen Verfassungslebens, an die sich politische Vorschläge anschließen, welche darauf hinauslaufen, daß an die Stelle der parlamentarischen Regierung eine Verbindung einzelner Gemeinden und Grafschaften, welche sich selbst regieren, treten sollen, was der Verfasser durch ein ihm eigenthümliches rechtsgeschichtliches System zu begründen sucht.

H. Künzel, Das Leben und die Reden Sir Robert Peels ꝛc. 2 Bde. Mit P.'s Portr. gr. 8. 43⅞ B. Braunschweig 1851. 3 Thlr.
Ein mit Fleiß und Liebe gesammeltes reiches Material, zu einer gelungenen, übrigens zu panegyristisch gehaltenen Schilderung Peels verarbeitet, der als das Ideal eines Staatsmannes dargestellt wird. Der zweite Band enthält Parlamentsreden Peels, deren Eindruck dadurch geschwächt wird, daß sie nicht in gutes Deutsch übertragen sind.

Fr. Guizot, Sir Robert Peel. Nach d. Franz. der revue des deux mondes I. 8. (73 S.) Berlin 1856, Springer. ⅓ Thlr.
Eine treffende Würdigung der Peel'schen Politik.

Charles Grey, Die Jugendjahre des Prinzen Albert v. Sachsen=Coburg=Gotha. Prinzgemahls der Königin v. England. Uebers. v. Jul. Frese. (XXXIV, 340 S.) Gotha 1868, Perthes. 3 Thlr.

Großbritannien seit dem Regierungsantritt der Königin Victoria bis 1848. Gegenwart VI, 165—223.

Großbritannien seit 1848—1852. Gegenwart VIII, 308—342.

Reinh. Pauli, Das altenglische Königthum und die deutsche Gegenwart. Preuß. Jahrb. Bd. XXI, S. 121—130.

—— Cardinal Wolsey u. das Parlament vom Jahre 1523. Sybels Historische Zeitschrift. Bd. XXI, S. 28—64.

—— Wie Kriegsflotten entstehen. Preuß. Jahrb. XIV, 506—523 S.
Entstehungsgeschichte der englischen Flotte im 16. Jahrhundert.

—— Cavaliere u. Rundköpfe. Preußische Jahrbücher Bd. III, 387—418. IV, 1—21. VI, 221—249.

—— Oliver Cromwell. Sybels Historische Zeitschrift. Bd. VIII, S. 289—334.
Eine anziehende Gruppe historischer Bilder aus der englischen Revolution. Schilderungen der Parteien und ihrer Kämpfer.

—— Ein Blick auf die auswärtige Politik George Cannings. Preußische Jahrbücher. Bd. XIII, S. 1—17.

—— Die Anfänge Lord Palmerstons. Pr. Jahrb. Bd. XVI, S. 461—485.

—— Lord Palmerstons Macht u. Popularität. Preuß. Jahrb. Bd. XVI, S. 519—544.

—— Englands auswärtige Politik im Rückblick auf Lord Palmerston. Preuß. Jahrb. Bd. XXIII, S. 135—158.

[B. A. **Huber**,] Skizzen aus Irland. 8. 20³/₄ B. Berlin 1850. 1 Thlr. 15 Ngr.

Auszug aus einem engl. Werk: Mr. u. Mrs. Hall. 3 Foliobände, 1843. Ireland, its scenery, its character etc.
Abth. 1: Erzählungen aus dem Volksleben. Abth. 2: Sitten und Zustände. Abth. 3: Märchen, Sagen und Legenden.
*Ein sehr interessantes Buch, dessen Inhalt Darstellungen aus einem verhältnißmäßig günstigen Moment des irischen Lebens (den dreißiger Jahren) giebt.*

Reinh. **Pauli**, Reise- u. Geschichtsbilder aus Irland. Preuß. Jahrbücher. Bd. VIII, S. 529—548. Bd. X, S. 209—240. 315—335.

## Skandinavien.

Erik Gust. **Geijer**, und J. **Carlson**. Geschichte Schwedens. Aus der schwed. Handschrift d. Verf. übers. v. Swen P. Leffler. 4 Bde. gr. 8. (I. XII, 309. II. 354. III. 428. IV. Fortges. von Carlson: XIV, 733 S.) Hamburg (Gotha) 1832—55, F. A. Perthes. n. 8 Thlr. 4 Ngr.
*Ein klassisches Werk, sowohl hinsichtlich der Forschung als Darstellung. Geht bis zum Reichstag von 1678. Theil von Heeren und Uckert.*

—— —— **Karl XIV. Johann** von Schweden u. Norwegen, geschildert von ——. Aus d. Schwed. übers. v. U. W. Dieterich. Mit Portr. gr. 8. Stockholm 1844, Bonnier. ½ Thlr.
*Eine gute mit Vorliebe entworfene Charakteristik Bernadotte's.*

Gust. Heinr. **Mellin**, Geschichte Schwedens von den ältesten bis auf die gegenwärtigen Zeiten, für gebildete Leser. Nach der 2. verb. u. verm. Aufl. aus b. Schwed. übers. v. A. G. F. Freese. gr. 8. Berlin 1844, Bergemann. 1½ Thlr.
*Kann allen Denjenigen empfohlen werden, die den allgemeinen Verlauf der Geschichte Schwedens mit den sich daran knüpfenden Sagen und Erzählungen über die Königsgeschlechter, die Adelsfamilien, und die übrigen Berühmtheiten, welche dem Vaterlande des Verfassers zur Zierde gereicht oder sich überhaupt ausgezeichnet haben, kennen lernen wollen. Die Schilderung ist einfach und treu, und bei aller Kürze doch eben so klar als anziehend.*

A. **Fryxell**, Lebensgeschichte Karls XII. Königs von Schweden. Nach dem schwed. Original frei übertragen von G. F. v. Jenssen-Tusch u. L. Rohr-banz. 5 Thle. (XLVI, 1656.) Braunschweig 1861, Vieweg u. Sohn. 6 Thlr.
*Werk eines der ersten schwedischen Geschichtschreiber und nicht nur für Schweden, sondern auch überhaupt für die damaligen politischen Verhältnisse Europas werthvoll.*

Ernst Moritz **Arndt**, Reise durch Schweden im Jahre 1804. 4 Thle. 8. Berlin 1804, G. Reimer. n. 2 Thlr.

—— Schwedische Geschichten unter Gustav III., vorzüglich aber unter Gustav IV. Adolph. gr. 8. Leipzig (Berlin) 1839, Weidmann'sche Buchhandlung. 3 Thlr.
*Beide Werke sind für die Kenntniß der schwedischen Zustände von großem Werth. Merkwürdigerweise zeigt sich der volksthümliche Arndt als ein großer Bewunderer des französisch gebildeten Gustav III. Besonders werthvoll ist die Schilderung von d. Tyrannei d. Adelsherrschaft.*

C. F. **Allen**, Geschichte des Königreiches Dänemark. Mit steter Rücksicht auf die innere Entwicklung in Staat und Volk. Gekrönte Preisschrift. Aus d. Dän. übersetzt mit genealog. Tabellen, einem Sach- u. Namenregister vermehrt u. einem Vorwort v. N. Falck. gr. 8. Kiel 1842, 2. Aufl. n. d. 3. Orig.-Ausg. ebend. 1846, v. Maack. à 2 Thlr.
<small>Giebt eine geschichte wohlgeordnete Zusammenstellung der geschichtlichen Forschungen, mit strenger Rücksicht auf innere Nationalgeschichte. An manchen Stellen spricht sich ein starkes dänisch-skandinavisches Nationalgefühl und Feindschaft gegen deutsche Tendenzen aus.</small>

F. Christ. **Dahlmann**, Geschichte von Dänemark. 3 Bde. Mit 1 Karte. gr. 8. Hamburg (Gotha) 1840—43, F. A. Perthes. n. 6½ Thlr.
<small>Sehr wichtig, nicht allein als Geschichte Dänemarks, sondern überhaupt für die Kenntniß des germanisch-skandinavischen Alterthums. Geht besonders auch auf die innern Verhältnisse ein. Eigenthümliche kräftige Darstellung. Reicht bis zur Reformation.</small>

G. F. v. **Jenssen-Tusch**, Die Verschwörung gegen die Königin Karoline Mathilde v. Dänemark geb. Prinzessin von Großbritannien u. die Grafen von Struensee. Nach bisher ungedruckten Originalurkunden u. nach J. A. Flamand in selbständiger Bearbeitung. (IX, 438.) Jena 1864, Costenoble. 2 Thlr. 15 Ngr.
<small>Eine sehr interessante Episode aus der dänischen Geschichte, welche mehrmals auch dramatisch bearbeitet wurde. Die Königin und ihre Günstlinge Brandt und Struensee fielen im Jahre 1772 einer Hofintrigue zum Opfer.</small>

Konrad **Maurer**, Die Bekehrung des norwegischen Stammes zum Christenthum in ihrem geschichtlichen Verlaufe quellenmäßig geschildert. 2 Bde. gr. 8. (XII 660. VIII 732 S.) München 1855—56, Kaiser. n. 7 Thlr. 18 Ngr.
<small>Das Werk eines sehr tüchtigen gründlichen Forschers, das nicht nur für den skandinavischen Norden, sondern auch für England und Deutschland reiche Ausbeute giebt. Die Materialien sind in reichlichen ins Deutsche übersetzten Quellenauszügen beigegeben. Was man vermißt, ist eine zur Orientirung dienliche übersichtliche Skizze.</small>

Norwegen in seinen physischen, socialen und politischen Verhältnissen. Gegenwart XI, 246—301.

### Frankreich.

Ernst Alex. **Schmidt**, Geschichte von Frankreich. 4 Theile und Register. gr. 8. Hamb. (Gotha) 1835—48, F. A. Perthes. n. 12 Thlr. 28 Ngr.
<small>Die vollständigste Gesammtgeschichte Frankreichs, welche den Stoff in einfacher objectiver Darstellung kritisch gesichtet darbietet. Geht bis 1774. Bestandtheil der Heeren und Uckert'schen Sammlung.</small>

W. **Schäffner**, Geschichte der Rechtsverfassung Frankreichs. 4 Bde. gr. 8. Frankfurt a. M. 1845—50.
    I. Bis auf Hugo Capet. gr. 8. (XV, 400 S.) 1845. 1 Thlr. 20 Ngr.
    II. u. III. Bis auf die Revolution. (XIX, 671. XVI, 627 S.) 1849 u. 1850. à 3 Thlr. 15 Ngr.
    IV. Von der Revolution bis auf unsere Zeit. (XVI, 387 S.) 1850. 2 Thlr. 8 Ngr. Compl. 10 Thlr. 28 Ngr.
<small>Eine gute, für einen größeren Leserkreis berechnete Darstellung der französischen Verfassung und Rechtsentwicklung.</small>

**Augustin Thierry**, Erzählungen aus den merowingischen Zeiten mit einleitenden Betrachtungen über die Geschichte Frankreichs. Aus dem Franz. 2 Thle. gr. 8. (509 S.) Elberfeld 1855, Friderichs. n. 2 Thlr.
    Die Einleitung enthält eine Kritik der früheren französischen Geschichtsschreibung und schildert dann das Verfahren der neueren geschichtlichen Schule, zu der Thierry selbst gehört. Die Erzählungen selbst sind im Grunde eine populäre Bearbeitung der fränkischen Geschichte von Gregor von Tours, poetisch ausgeschmückt. Sehr anziehend behandelt.

—— Der dritte Stand, seine Entstehung u. Entwicklung. Gekrönte Preisschrift. Aus dem Franz. (Neue politische Bibliothek No. III) gr. 8. (XII u. 183 S.) Kassel 1854, Balde. ¾ Thlr.
    Eine kurz gedrängte übersichtliche Darstellung der Ergebnisse von Thierry's Forschungen und zugleich eine Uebersicht der nationalen Geschichte Frankreichs von der römisch-gallischen Zeit bis auf Ludwig XIV.

**Joh. Wilh. Löbell**, Gregor von Tours u. seine Zeit, vornehmlich aus seinen Werken geschildert. Ein Beitrag zur Geschichte der Entstehung und ersten Entwicklung romanisch-germanischer Verhältnisse. 2. Aufl. mit Vorwort von Heinrich v. Sybel. (XII, 459 S.) Leipzig 1869. 2 Thlr. 10 Ngr.
    Nicht blos eine Monographie über den alten Bischof von Tours, sondern auch ein sorgfältig ausgeführtes, lebendiges Bild der Rechts- und Culturzustände des fränkischen Reiches in der zweiten Hälfte des sechsten Jahrhunderts. Besonders wichtig für die Geschichte des Lebenswesens. Die erste Auflage erschien schon im Jahre 1839, diese neue wurde vom Verfasser, mit vielen Nachträgen und Verbesserungen bereichert, nahezu druckfertig hinterlassen.

**Anton Springer**, Paris im dreizehnten Jahrhundert. Mit 1 Plan. 8. (IV u. 148 S.) Leipzig 1856, Hirzel. n. 1 Thlr.
    Eine anziehende kulturgeschichtliche Schilderung des alten Paris mit Nachweisungen der Quellen, aus denen geschöpft worden.

(J. v.) **Joinville**, Geschichte König Ludwigs des Heiligen. Aus dem Franz. ins Deutsche übertragen von N. Driesch. gr. 8. (XXXII u. 204 S.) Trier 1853, Linh. ⅚ Thlr.
    Der Verfasser war Seneschall am Hofe Ludwigs und stand in dessen großer Gunst; daher seine Schrift, die übrigens keine Geschichte der Regierung Ludwigs, sondern nur eine Schilderung seiner eigenen Beziehungen zu dem König ist, ihn von der besten Seite auffaßt. Als Einleitung ist eine biographische Skizze Joinvilles mit literarischen Notizen über seine Schrift vorausgeschickt.

**Graf Louis de Carné**, Die Begründer der französischen Staatseinheit. Der Abt Suger, Ludwig der Heilige, Ludwig XI., Heinrich IV., Richelieu, Mazarin. Deutsch von Jul. Seybt. gr. 8. (VIII, 489 S.) Leipzig 1859, Lord. n. 1⅓ Thlr.
    (Lord's Hausbibliothek Bd. 66.)
    Eine Geschichte der französischen Einheitsbestrebungen, welche sehr verschiedene Beurtheilungen erfahren hat. Ein Berichterstatter der Allg. Zeitung Beil. vom 22. October Nr. 296 Jahrg. 1859 spendet dem Verfasser reichliches Lob, rühmt dessen geschmackvolle Weise, welche die Gründer französischer Staatseinheit zu historischen Charakterköpfen ausprägt, um in ihnen wie in Brennpunkten die Erscheinungen einer Epoche aufzufassen und meint bei dem reichen edlen Geiste des Verfassers dürfe man die historischen Blößen nicht so hoch anschlagen. Eine Kritik des lit. Centralblattes 1859 Nr. 39 findet in dem Buche nur planlos zusammengewürfelte Bruchstücke in phrasenhafter, hochtrabender, tendenziöser Darstellung, die es mit der historischen Treue nicht genau nehme und durch den glatten unhistorischen Stil die wissenschaftlichen

Blößen nicht verdeckt. Dem Kundigen werde das Werk nichts Neues bringen, den Unkundigen erbittern oder ihm, wenn er schwach sei, den Kopf verdrehen. Die Wahrheit möchte in der Mitte zwischen beiden Urtheilen liegen.

**Wilhelm Mangold**, Bilder aus Frankreich. Vier kirchengeschichtliche Vorlesungen. (VII, 167 S.) Marburg u. Leipzig 1869, Elwert. 1 Thlr.

Die erste der Vorlesungen handelt von Aufhebung des Tempelherrnordens, die zweite von der Jungfrau von Orleans, die dritte von Pascals Lettres provinciales und der Moral der Jesuiten, die vierte von Jean Calas und Voltaire; alle einst vor einem Kreise gebildeter Herren und Frauen vorgetragen, bieten eine interessante genußreiche Lektüre.

**Leop. Ranke**, Französische Geschichte vornehmlich im sechszehnten und siebzehnten Jahrhundert. 5 Bde. (I. LX 580. II. IV u. 546. III. IV u. 565. IV. IV, 560. V. III, 533 S.) Stuttgart 1852—61, Cotta. à Bd. n. 3 Thlr.

Ein glänzendes Werk historischer Kunst, das in formeller Vollendung die früheren Werke des berühmten Verfassers noch übertrifft. Der Inhalt giebt manche Ausbeute neuer Forschung in französischen Archiven; die Hauptbedeutung des Werkes beruht auf der welthistorischen Auffassung, wodurch es eine wesentliche Ergänzung der deutschen Geschichte Rankes wird. Die Charakteristik oft sehr treffend und das tiefere Verständniß der Personen und Dinge erschließend, hin und wieder aber die schroffen Seiten abschleifend und die sittliche Würdigung abschwächend oder umgehend. Der letzte Band enthält Quellenkritik und Auszüge aus ungedruckten urkundlichen Materialien. Hauptstücke sind: Davilas Geschichte der französischen Bürgerkriege, die Memoiren Richelieus, Briefe der Herzogin Charlotte Elisabeth von Orleans an die Kurfürstin Sophie von Hannover S. 280—442, und eine Untersuchung über die Memoiren des Duc de St. Simon.

**G. de Felice**, Geschichte der Protestanten in Frankreich. Uebersetzt von K. Th. Pabst. gr. 8. (XXII u. 514 S.) Leipzig 1855, F. Fleischer. 2 Thlr.

Eine gute Uebersetzung des im Jahre 1851 in Toulouse erschienenen und von der dortigen protestantischen Gesellschaft zur Verbreitung guter Bücher herausgegebenen Originals. In Gelzers protestantischen Monatsblättern Jun. Heft 1854 S. 61 ist das Werk sehr gerühmt als eines, das deutsches Quellenstudium mit französischem Erzählertalent verbinde.

**Wilhelm Gottlieb Soldan**, Geschichte des Protestantismus in Frankreich bis zum Tode Karls IX. 2 Bde. gr. 8. (XVIII u. 1239 S.) Leipzig 1855, Brockhaus. n. 6 Thlr.

Der Verfasser stellt sich die Aufgabe, die reformatorischen Ideen und Bestrebungen, die das Zeitalter der Reformation auch für Frankreich gebracht, in ihrem Ursprung aufzusuchen und von ihrem ersten Hervortreten an ein halbes Jahrhundert hindurch auf ihrem Gang durch das öffentliche Leben zu begleiten. Außer den gedruckten Quellen hat er auch die handschriftlichen Schätze der kaiserlichen Bibliothek in Paris benützt. Der Stil mitunter etwas schwerfällig und weitschweifig; die Anordnung zweckmäßig und besonders richtige Hervorhebung der politischen Wendepunkte. Manche weitere Ausführung der von Ranke gegebenen Andeutungen.

**Gottlob von Polenz**, Geschichte des französischen Calvinismus bis zur Nationalversammlung im Jahre 1789. 5 Bde. (XVI, 736. XII, 720. XV, 480. XX, 888. XVIII, 456 S.) Gotha 1857—69, Fr. A. Perthes. n. 22 Thlr.

Ein mit Fleiß und Liebe gearbeitetes Werk eines sächsischen Offiziers a. D., der den Calvinismus in seinem ganzen Umfange sowohl nach seiner theologischen als nach seiner kulturgeschichtlichen und politischen Bedeutung schildert. Eine Reihe guter Charakteristiken der handelnden Personen verleihen der Darstellung erhöhtes Interesse. Der fünfte Band führt die Geschichte bis zum Edikt von Nimes 1629. In der Entwicklung der Theorien des Calvinismus ist die Darstellung etwas schwerfällig und entbehrt philosophischer Schärfe und Klarheit.

Herm. **Reuchlin**, Geschichte von Port=Royal. Der Kampf des reformirten und des jesuitischen Katholicismus unter Louis XIII. u. XIV. 2 Bde. gr. 8. Ebendas. 1839—44. n. 8 Thlr.
 Bd. 1. Bis zum Tode der Angelica Arnauld. 1661.
 Bd. 2. Vom Tode der Reformatorin Angelica Arnauld 1661 bis zur Zerstörung des Klosters. 1713.
 Gründliche Darstellung einer höchst interessanten Phase im kirchlichen und politischen Leben Frankreichs, deren genauere Kenntniß besonders geeignet ist, über die kirchlichen Zustände dieses Landes zu einem richtigen Urtheil zu führen.

Wilh. **Krohn**, Die letzten Lebensjahre Ludwigs XIV. Geschichtliche Studie. (XVI, 399 S.) Jena u. Leipzig 1865, Costenoble. 2 Thlr. 15 Ngr.
 Eine sehr interessante Darstellung, in welcher die Memoiren jener Zeit mit großem Geschick verwerthet sind.

Kurd v. **Schlözer**, Choiseul und seine Zeit. breit 8. 9½ B. Berlin 1848. 22½ Ngr.
 Eine geschmackvolle Charakteristik des großen Staatsmannes, der unter Ludwig XV. eine bedeutende Rolle spielte.

Alexis de **Tocqueville**, Das alte Staatswesen u. die Revolution. Deutsch v. Arnold Boscowitz. gr. 8. (XVI u. 339 S.) Leipzig 1857, Mendelssohn. 2 Thlr.
 Beleuchtet auf eine sehr geistreiche Weise mit dem Material gründlicher geschichtlicher Studien die Zeit vor der Revolution, um nachzuweisen, daß keine so plötzliche Veränderung vorging, sondern daß die innere Revolution des Staatswesens schon vorher ihren Anfang genommen hatte.
 Eine sehr beachtenswerthe Ergänzung zu Tocqueville's Werk bildet P. Lanfrey, L'église et les philosophes au dix-huitième siècle. 2e édition. 386 S. Paris 1857. 1 Thlr. 5 Ngr.

Wilh. **Wachsmuth**, Geschichte Frankreichs im Revolutionszeitalter. 4 Bde. gr. 8. Hamburg (Gotha) 1840—44, F. A. Perthes. n. 13⅙ Thlr.
 Eine sehr reichhaltige Zusammenstellung und kritische Verarbeitung der vorhandenen Materialien. Mangel an Uebersichtlichkeit und zweckmäßiger Gruppirung. Bestandtheil der Heeren und Uckert'schen Sammlung.

Bartho. Geo. **Niebuhr**, Geschichte des Zeitalters der Revolution. Vorlesungen an der Universität zu Bonn gehalten im Sommer 1829. 2 Bde. gr. 8. Hamburg 1845, Agent d. r. Hauses. n. 2 Thlr.
 Keine Geschichte, sondern subjective Aeußerungen über den geschichtlichen Inhalt, charakteristische Merkmale und hervorstechende Persönlichkeiten des Zeitalters vor und während der Revolution. Leidenschaftliche Gereiztheit und daher oft Unbilligkeit des Urtheils, neben viel Treffendem und Geistvollem.

F. A. **Mignet**, Geschichte der französischen Revolution von 1789—1814. Nach der 6. vermehrten und verbesserten Originalausgabe v. E. Burckhardt. 2 Bde. Lex. 8. Mit 18 Stahlst. 2 Bildnissen Napoleons und 1 Steindruck. Leipzig 1842, (Frankfurt a. M. J. Bär.) n. 1 Thlr. 22 Ngr.
 Feinsinnige Entwicklung der Revolution als Ergebniß einer innern Nothwendigkeit; lichtvolle Schilderung; übersichtlich.

A. **Thiers**, Geschichte der französischen Revolution. Nach der 5. verm. u. verb. Originalausg. v. Ferd. Philippi. 5 Bde. gr. 8. Mit 36 Abbild. Berlin 1836, Klemann. 9 Thlr.

—— Geschichte der französischen Revolution. 2. Aufl. 6 Bde. gr. 8. Mit Stahlst. Tübingen 1847—49, Oslander. n. 4 Thlr.

—— Geschichte des Consulats und Kaiserreichs. Unter der Leitung von Friedr. Bülau übersetzt. 20 Bde. gr. 8. Mit Stahlst. und Portr. Leipzig 1845—62, Meline. à Bd. ⅚ Thlr.
Atlas hierzu 10 Lieff. 6 Thlr.

Hauptwerke. Mehr vom Standpunkte des Staatsmanns und Intriguenkenners, als dem des Historikers. Aber voll Verstand und Einsicht in die Gegenwart. In Entwicklung der Ursachen mangelhafter. Die Revolutionsgeschichte, welche die demokratische Idee verherrlicht, ist doch mit divinatorischer Schonung der Orleans'schen Familie geschrieben. Ueber die Geschichte des Consulats und Kaiserreichs hat sich das Urtheil dahin festgestellt, daß Thiers die Geschichte als Mittel gebraucht habe, seine politischen Ideen ins Publikum zu bringen und dem französischen Volke wieder Napoleonische Eroberungsgelüste einzuhauchen. Hinreißende, auf Effect berechnete Darstellung. Die Napoleonische Herrschaft wird hier mit advokatenmäßiger Rhetorik vertheidigt, und die Berichtigungen, welche deutsche Memoiren und Geschichtswerke darbieten, werden beharrlich ignorirt. In den späteren Bänden, welche von den deutschen Freiheitskriegen handeln, sucht der Verfasser der deutschen Auffassung mehr gerecht zu werden und zeigt einiges Verständniß der nationalen Bewegung. Das Militärische ist besonders gut dargestellt, namentlich weiß er die Einzelnheiten der militärischen Verwaltung anschaulich zu machen. Dagegen vermißt man eine eingehende Charakterschilderung von den Männern in der Umgebung Napoleons.

**Alph. Lamartine**, Geschichte der Girondisten. Aus d. Franz. 8 Bde. 8. 168 B. Leipzig 1847. 48. 8 Thlr.

—— Drei Monate am Staatsruder. Aus dem Franz. von Roth. 8. 4⅜ B. Leipzig 1848. 7½ Ngr.

—— Geschichte der französischen Revolution von 1848. Aus d. Franz. von Roth. 2 Bde. gr. 16. 23¹/₁₆ B. (Thl. VII u. VIII von Lamartine's neuesten Werken.) Stuttgart 1850. 24 Ngr.
Dasselbe erschien auch als Theil 1—4 von: Historisches Lesekabinet, ausgez. Geschichtswerke in sorgfältigen Uebersetzungen. Herausgeg. von G. Meynert. 4 Thle. 8. 41⅝ B. Leipzig 1850. 1 Thlr. 10 Ngr.

—— Geschichte der Restauration. Aus dem Französ. von Th. Roth. (Neueste Werke Bd. 23, 24 u. 25.) gr. 16. 34¼ B. Stuttg. 1851. 1852. 1 Thlr. 6 Ngr.

Das erste ist ein Werk, an dem der Geschichtsforscher viel auszusetzen hat, und das wirklich die Persönlichkeiten der Revolution, wie z. B. Robespierre, im Licht einer idealen Auffassung darstellt, die schwerlich mit der Wahrheit ganz zusammentreffen möchte, das aber zugleich ein Meisterwerk historischer Kunst und Detailmalerei ist, an dem sich der Dichter bewährt. Das zweite und dritte Werk erzählen mit apologetischem Zweck Ereignisse, bei welchen der Verfasser als Mithandelnder eine bedeutende Rolle spielte. Im letzten Werke sucht der Verfasser seinen früheren legitimistischen Standpunkt mit dem der Revolution und Republik zu vermitteln.

**Thomas Carlyle**, Die französische Revolution. Eine Geschichte aus dem Englischen von P. Feddersen. 3 Thle. (Die Bastille. — Die Constitution. — Die Guillotine.) N. A. gr. 12. Leipzig 1849, Brockhaus. n. 5 Thlr.

Sehr lebendige Darstellung; die Schlaglichter und Schatten mit eigenthümlicher Manier aufgetragen.

**Jof. Droz**, Geschichte der Regierung Ludwigs XVI. in den Jahren, da die französische Revolution verhütet oder geleitet werden konnte. 3 Bde. gr. 8. Jena 1842 u. 43, Luden. $4^{7}/_{8}$ Thlr.

Der Verfasser sucht nachzuweisen, daß die französische Revolution im Interesse des Conservatismus hätte geleitet werden können. Durch religiöse Haltung und aufrichtiges Streben nach Wahrheit ausgezeichnet.

**Fr. Chr. Dahlmann**, Geschichte der französischen Revolution bis auf die Stiftung der Republik. 1. Aufl. mit Mirabeaus Portrait. 8. Leipzig (Berlin) 1847, Weidmann'sche Buchh. $2^{1}/_{4}$ Thlr. 3. Aufl. 1853. (V, 436 S.) 1 Thlr.

Ein aus Vorlesungen entstandenes Buch, das den Zweck hatte, die Nothwendigkeit constitutioneller Reformen in Preußen eindringlich zu predigen, mit Hinweisung auf die drohende Revolution. Stützt sich hauptsächlich auf das Werk von Droz und auf den Briefwechsel Mirabeaus.

**J. W. Zinkeisen**, Der Jakobinerklub. Ein Beitrag zur Geschichte der Parteien und der politischen Sitten im Revolutionszeitalter.
1. Thl. Der Jakobinerklub und das französische Klubwesen bis zur Trennung der Feuillans von den Jakobinern im Juli 1791. gr. 8. (XII, 668 S.) Berlin 1852. 3 Thlr.
2. Thl. Der Jakobinerklub von der Trennung der Feuillans von den Jakobinern bis zur Schließung desselben im Nov. 1794. gr. 8. (XV u. 1020 S.) Berlin 1853, Decker. n. $3^{2}/_{3}$ Thlr.

Eine sehr fleißige, mit ausgedehnter Benützung von selten gewordenen Flugschriften und Journalen sorgfältig ausgeführte Arbeit, die einen lehrreichen Beitrag zur Geschichte und Bedeutung des politischen Vereinswesens giebt.

**Ludwig Häusser**, Geschichte der französischen Revolution 1789—1799. Herausg. von W. Oncken. (XXIV, 607 S.) Berlin 1867, Weidmann. 2 Thlr. $22^{1}/_{2}$ Ngr.

Aus Vorlesungen entstanden, welche der Herausgeber stenographisch nachgeschrieben und aus den Papieren Häussers ergänzt hat. Eine sehr lebendige Darstellung, in welcher die persönliche Redegabe des Verf. mit großer Wirkung auftritt. Wer sich eine übersichtliche Kenntniß des Stoffes aneignen will, kann nichts Zweckmäßigeres lesen.

**C. G. Jacob**, Beiträge zur französischen Geschichte. gr. 8. $24^{1}/_{2}$ B. Leipzig 1846. 1 Thlr. 24 Ngr.

Enthält 4 verschiedene Aufsätze: Ueber die Königin Marie Antoinette; die Frauen in der franzöf. Revolution; die Herzogin von Abrantes; Ermordung der franzöf. Gesandten in Rastatt. Belehrende Unterhaltungslektüre.

**A. v. Arneth**, Maria Theresia und Marie Antoinette. Ihr Briefwechsel. 2. verm. Aufl. Mit Briefen des Abbé Vermond an den Grafen Mercy. gr. 8. (XVI u. 423 S.) Wien 1865, Braumüller. n. $2^{2}/_{3}$ Thlr.

—— Marie Antoinette, Joseph II. und Leopold II. Ihr Briefwechsel. gr. 8. (XII u. 308 S.) Wien 1866, Braumüller. n. 2 Thlr.

Beides authentische Sammlungen echter im Wiener Staatsarchiv aufbewahrter Briefe. Die letztere besonders von hohem Interesse, da sie für den, der die Geschichte kennt, ein erschütterndes Bild von dem unaufhaltsam fortschreitenden Strom der Ereignisse giebt, welcher die unglückliche Königsfamilie durch unsägliche Demüthigungen vom Thron bis zum Schaffot fortriß. Die wenigen Briefe von Kaiser Joseph nach einem Besuch in Paris, der ihn zu dringenden Warnungen veranlaßt, bilden eine bedeutungsvolle Einleitung.

**A. v. Arneth**, Marie Antoinette nach ihren Briefen. Vortrag. 8. (29 S.) Wien 1867, Gerold's Sohn. n. 4 Ngr.

**Briefwechsel** zwischen dem Graf von Mirabeau u. dem Fürsten A. v. Arenberg, Grafen von der Mark, während der Jahre 1789—91, enthaltend die Geschichte der geheimen Verbindung Mirabeau's mit dem französischen Hofe, nebst allen sich darauf beziehenden Aktenstücken. Nach der französ. Ausgabe des Herrn Ad. v. Bacourt deutsch bearbeitet von J. Ph. Städler. 8. 2. Ausg. 3 Bde. (XVI, 1521 S.) Brüssel 1854. 4 Thlr.

Ein Werk, das uns erst in den Stand setzt, Mirabeaus Thätigkeit Schritt für Schritt zu verfolgen und ihn noch größer erscheinen läßt, als in den Kämpfen der Nationalversammlung. Der an Mirabeaus Briefe sich anschließende Briefwechsel zwischen dem Fürsten von Arenberg und dem österreichischen Gesandten Graf Mercy ist ebenfalls bedeutend, da beide vorurtheilsfreie Männer, und in den Gang der Staatsgeschäfte eingeweiht waren.

**Madame Roland**, Memoiren. Mit einer Einleitung über die Frauen der Revolutionszeit. 2 Thle. Auch u. d. Tit.: Bibliothek ausgewählter Memoiren des 18. u. 19. Jahrhunderts. Mit geschichtlichen Einleitungen und Anmerkungen herausgegeben von F. E. Pipitz und G. Fink. gr. 8. Bellevue 1844, (Hamburg Berendsohn.) n. $2/3$ Thlr.

Nicht nur als Beitrag zur Revolutionsgeschichte überhaupt wichtig, sondern namentlich auch durch den ausgezeichneten Geist und Charakter der Verfasserin, durch ihren Einfluß auf die Ereignisse und ihr Schicksal merkwürdig. Edle großartige Einfachheit des Stils und der Auffassung.

**A. de Beauchesne**, Ludwig XVII. Sein Leben, Todeskampf und Tod. Gefangenschaft der königl. Familie im Temple. Für die deutsche Leserwelt bearbeitet von Fried. Coßmann. 2 Bde. 8. (X, 1001 S. Elberfeld 1853, Hassel. n. 2 Thlr.

Hat zunächst den Zweck, das Dunkel hinsichtlich des Dauphin aufzuhellen, giebt zugleich ein treues Bild seiner Eltern, führt die Hauptereignisse der französischen Revolution von 1789 —1795 vor Augen und giebt dabei viele noch unbekannte interessante Einzelnheiten. Sehr lebendige stark rhetorische Darstellung.

**Julius von Wickede**, Memorien eines Legitimisten von 1770—1830. Nach handschriftlichen Tagebüchern ꝛc. aus dem Nachlasse des Marquis Henri Gaston de B. 3 Bde. 12. (XI, 431, 432; VIII, 421.) Potsdam 1858—59, Riegel'sche Buchhdl. n. $4^{1}/_{2}$ Thlr.

Erzählungen eines streng royalistischen Edelmanns aus der Niederbretagne, welcher als Chouanshäuptling, österreichischer, russischer und spanischer Offizier mit großer Ausdauer für die Wiederherstellung der Bourbons kämpfte. Wickede will ihn kurz vor seinem Scheiden als 77jährigen Greis kennen gelernt haben; wahrscheinlich ist aber das Ganze eine Dichtung, die sich ganz unterhaltend lesen läßt, aber keinen geschichtlichen Werth hat.

**Konr. Ott**, Geschichte der letzten Kämpfe Napoleons. Revolution und Restauration. 2 Thle. gr. 8. Leipzig 1843, Brodhaus. $3^{1}/_{2}$ Thlr.

Hauptverdienst dieses Werkes ist, daß es ein lebensvolles Charakterbild der politischen Krise und der Wirksamkeit der innern Parteien giebt. Das politische Ganze nach allen seinen in einander greifenden Motiven hier zum ersten Male entwickelt. Die Kriegsgeschichte nicht im Detail, sondern nur in ihren Hauptzügen gegeben. Eines der besten Werke über die letzte Zeit Napoleons, durch ächt historische Behandlung ausgezeichnet.

Graf v. **Ségur**, Geschichte Napoleons und der großen Armee während des Jahres 1812. Aus dem Französ. von J. v. Theobald. 2 Bde. gr. 8. Stuttgart 1825, Cotta. 4 Thlr.

<small>In glänzender Darstellung schildert der Verfasser den Zug Napoleons nach Rußland, mit freimüthiger Darlegung der menschlichen und militärischen Schwächen des großen Helden.</small>

General **Gourgaud**, Napoleon und die große Armee in Rußland. Zugleich eine kritische Beleuchtung und Berichtigung des Werkes des Grafen von Ségur. 2 Abtheilungen. gr. 8. Stuttgart 1825, Cotta. 2³/₄ Thlr.

<small>Enthusiastischer Bewunderer Napoleons, der seinen Helden theilweise mit Glück vertheidigt.</small>

**Marmont**, Herzog v. Ragusa, Marschall; Denkwürdigkeiten von 1792—1841. Deutsch von E. Burckhardt. Mit Portr. u. Charten. 9 Bde. 8. Halle 1857—58, Heynemann. 9 Thlr.

<small>Ein um so wichtigerer Beitrag zur Geschichte Napoleons, da der Verfasser, ein guter Beobachter, dem Kaiser sowohl in den Tagen seines beginnenden Glückes als der höchsten Macht nahe stand, und obgleich er in hohem Grad sein Vertrauen genoß, doch nie sein Liebling war. Die Denkwürdigkeiten sind nur aus den Erinnerungen seines vortrefflichen Gedächtnisses und den Dokumenten geschöpft, welche sich in seinen Händen befanden. Die Auffassung ist daher eine subjective, aber durchgängig von dem redlichen Streben geleitet, die Wahrheit zu sagen. So viele Reclamationen sich auch gegen Marmont's Berichte erhoben haben, so konnten sie doch den Credit der Zuverlässigkeit im Ganzen nicht erschüttern. Die Darstellung in der Regel einfach und schmucklos, wird in wichtigen Momenten gehobener.</small>

Briefwechsel **Napoleons** mit seinem Bruder Joseph aus den Jahren 1795 bis 1815. Deutsch von G. Fink. Bd. 1 u. 2. gr. 16. (IV u. 997 S.) Stuttgart 1854, Franth. 2 Thlr. 12 Ngr.

<small>Ein Auszug aus den von du Casse in 10 Bänden herausgegebenen Memoiren Joseph Bonapartes, denen nur die Briefe Napoleons und Josephs an ihn entnommen sind. Einer der wichtigsten Beiträge zur Charakteristik Napoleons und seiner Politik.</small>

P. **Lanfrey**, Geschichte Napoleons I. Aus dem Französischen von E. v. Glümer. Eingeleitet von Ad. Stahr. Berlin 1869, A. Sacco, Nachfolger.

<small>Napoleon wird hier als Eroberer und Vergewaltiger der europäischen Freiheit aufgefaßt. Die Einleitung Stahrs zieht eine interessante Parallele mit Fichte, dessen Grundanschauung von dem Wesen und Walten Napoleons der Franzose hier ausgeführt habe. Vom Original sind jetzt 3 Bände à 3½ Frcs. erschienen, deren letzter bis zur Schlacht bei Jena geht. Die Uebersetzung ist auf 14 Liefergn. à ½ Thlr. berechnet.</small>

Ludw. **Stein**, Geschichte der socialen Bewegung in Frankreich von 1789 bis auf unsere Tage. 3. umgearb. Aufl. von: Der Socialismus und Communismus des heutigen Frankreichs. 3 Bde. gr. 8.

   I. Bd. Der Begriff der Gesellschaft und die sociale Geschichte der franz. Revolution bis 1830. 30⅞ B. Leipzig 1850. 2 Thlr. 15 Ngr.

   II. Bd. Die industrielle Gesellschaft. Der Socialismus u. Communismus Frankreichs von 1830—48. 34³/₈ B. ebend. 1850. 2 Thlr. 15 Ngr.

III. Bd. Das Königthum, die Republik und die Souveränität der franz. Gesellschaft seit der Februarrevolution 1848. 28 B. ebend. 1850. 2 Thlr. 15 Ngr.

Philosophische Entwicklung der Idee einer dem Staate gegenüberstehenden bürgerlichen Gesellschaft, wobei die französische Geschichte als Material dient. Ein geistreiches Werk, das wichtige Fragen des socialen Lebens bespricht, und reiche Einblicke in die französische Geschichte eröffnet, im Grundgedanken aber wohl verfehlt sein möchte. Die Umarbeitung macht die Theorie, welche im ersten Werk gegen den geschichtlichen Inhalt zurücktrat, zur Hauptsache.

Louis **Blanc**, Geschichte der zehn Jahre 1830—40. Aus dem Französischen von Gottlob Fink. 5 Thle. Lex. 8. Zürich und Winterth. à Bd. 1½ Thlr. Neue Aufl. 5 Thle. 16. Sondershausen 1852, Neuse. 3⅓ Thlr.
- Thl. 1. Juli-Revolution.
- " 2. Die reactionäre Politik Ludwig Philipps.
- " 3. Weitere Entwicklung der reactionären Politik Ludwig Philipps. Kämpfe der Parteien. Londoner Conferenz und belgischer Feldzug.
- " 4. Die Aufstände in Lyon und Paris. — Aprilproceß. — Fieschi's Attentat und die Septembergesetze. — Zunahme der gouvernementalen Bedeutung des Königs.
- " 5. Reaction und Continentalpolitik gegen die Juli-Revolution. — Neue Organisation der demokratischen Partei ꝛc. — Politische Schlußbetrachtungen.

Ein Werk, das Aufsehen machte. Gehört der modernen socialistisch-communistischen Schule an und faßt die neuere Geschichte Frankreichs vom Standpunkte des Proletariats und der Opposition gegen die Bourgeoisie auf. Darstellung anziehend und auf Effect berechnet, übrigens nicht ohne sittlichen Ernst.

A. L. v. **Rochau**, Geschichte Frankreichs vom Sturze Napoleons bis zur Wiederherstellung des Kaiserthums 1814—1852. 2 Bde. (Staatengeschichte der neuesten Zeit. Bd. 1 u. 2.) (338 u. 332 S.) Leipzig 1858, Hirzel. 1 Thlr. 28 Ngr.

Giebt eine recht gute mit journalistischer Gewandtheit ausgeführte chronologische Darstellung der französischen Geschichte, welche mit ihrer objectiven Treue manche bisher gangbare Parteiansichten und Vorurtheile berichtigt. Zu vermissen ist eine mehr sachliche Gruppirung und eine Charakteristik der bedeutenderen Personen. Ein vieljähriger Aufenthalt in Frankreich setzte den Verf. in Stand, Dinge und Personen in der Nähe zu beobachten.

F. **Guizot**, Ueber die Demokratie in Frankreich. Aus dem Französ. übersetzt. gr. 8. 6 B. Frankf. a. d. O. 1849. 10 Ngr.

Interessante Flugschrift des ehemaligen Ministers, worin er die Ursache der franz. Revolution nachzuweisen sucht und die Aufgabe für die Zukunft andeutet.

M. **Raudot**, Der Verfall Frankreichs, übersetzt von E. van Dalen. gr. 8. 6¼ B. Erfurt 1850. 12 Ngr.

Der Verfasser findet die Hauptursachen von dem Verfall Frankreichs in der Centralisation und in dem Zustand des Ackerbaues, dem es an Intelligenz, Capitalien und Arbeitskräften fehle. Eine auf besonnenes Nachdenken und genaue Kenntniß der französischen Zustände gestützte Erörterung.

M. **Raudot**, Ueber die mögliche Größe Frankreichs. Aus dem Französischen übers. von C. J. Bergius. gr. 8. 12⅛ B. Breslau. 1852. 1 Thlr.

<small>Der Verfasser findet nur in baldigen großen Reformen Rettung vor ferneren Revolutionen. Die Frage ob Republik oder Monarchie ist ihm von untergeordneter Bedeutung.</small>

Eugen **Ténot**, Paris im December 1851. Historische Studie über den Staatsstreich. Deutsch von Arnold Ruge. (VIII, 240 S.) Leipzig u. Heidelberg 1869, C. F. Winter. 1 Thlr.

<small>Eine Schrift aus dem antinapoleonischen Lager. Objectiv sehr lebendige Erzählung der Thatsachen.</small>

Frankreich im Jahrzehend vor der Februar-Revolution. Gegenwart Bd. V, 541—571.

Die franz. Revolution vom Febr. 1848. Gegenwart I, 1—60.

Frankreich und Paris in den Monaten nach der Februarrevolution. Gegenwart V, 29—127.

Der pariser Straßenkampf vom Juni 1848. Gegenwart I, 209-231.

Frankreich vom Juni 1848 bis zum Staatsstreich vom 2. December 1851. Gegenwart IX, 702—771.

Frankreichs Politik gegenüber der deutschen u. italienischen Frage. Unsere Zeit N. F. IV, 1. I. S. 81—114. II. 241—272. III. 481—506. IV. 655—690. V. 829—870.

<small>Eine sehr interessante Zusammenstellung aller Kundgebungen über die auswärtige Politik Frankreichs. Besonders werthvoll für die deutsche Geschichte.</small>

Heinrich v. **Treitschke**, Der Bonapartismus. Preuß. Jahrbücher Bd. XVI, S. 197—252. XX, 357—397. XXI, 40—102. 491—536. XXII, 1—100.

<small>Eine geistreiche Schilderung und Vergleichung der Politik Napoleons I. und III., und der socialen und politischen Zustände in Frankreich.</small>

## Spanien und Portugal.

F. W. **Lembke**, Geschichte von Spanien. 1. Bd. (XVIII, 424 S.) gr. 8. Hamb. (Gotha) 1831, F. A. Perthes. n. 2 Thlr.

Fortgesetzt von:

H. **Schäfer**, Geschichte von Spanien. 2. und 3. Bd. (XIV. 519, XIV, 507 S.) gr. 8. ebendas. 1844—60. n. 5 Thlr.

<small>Ein Theil der Heeren-Ukertschen Sammlung; gute quellenmäßige Behandlung. Der 3. Band reicht bis zum Ende des 13. Jahrhunderts und das Werk wird, da der Fortsetzer nun auch gestorben ist, leider Fragment bleiben.</small>

W. H. **Prescott**, Geschichte der Regierung Ferdinands u. Isabellas von Spanien. Aus dem Englischen übersetzt. 2 Bde. gr. 8. Leipzig 1842, Brockhaus. 6 Thlr.

<small>Inhaltsreich, auf eine Menge Quellenschriften gestützt, die in Deutschland nicht bekannt sind. Ausgezeichnete Darstellung.</small>

**W. H. Prescott**, Geschichte Philipps II. Deutsch von Johannes Scherr. 3 Bde. gr. 8. (XII u. 813 S.) Leipzig 1856, O. Wigand. à Bd. n. 1 Thlr.
<small>Ein durch Sorgfalt der Quellenbenützung wie durch historische Kunst gleich ausgezeichnetes Werk.</small>

**K. J. Hefele**, Der Cardinal Ximenes und die kirchlichen Zustände Spaniens am Ende des 15. u. Anfange des 16. Jahrhunderts. Insbesondere ein Beitrag zur Geschichte und Würdigung der Inquisition. 2. Aufl. gr. 8. Tübingen 1851, Laupp. 2 Thlr. 18 Ngr.
<small>Gründliche historische Arbeit eines Katholiken; zugleich eine vom kirchlichen Standpunkt aus unternommene Vertheidigung der Inquisition.</small>

**Thomas M'Crie**, Geschichte der Ausbreitung und Unterdrückung der Reformation in Spanien im 16. Jahrhundert. Aus dem Engl. übersetzt und mit Anmerkungen begleitet von K. Plieninger. Nebst einer Vorrede von F. C. Baur. (XIV, 439 S.) gr. 8. Stuttgart 1835, (Rieger.) n. 1 Thlr.
<small>Höchst interessante Aufschlüsse, wie tiefe Wurzeln die Reformation selbst in Spanien gefaßt, und wie sie nur durch äußern Druck unter Philipp II. ausgerottet worden. Hier und da vielleicht etwas zu kühne Folgerungen aus den Thatsachen.</small>

**Adolf de Castro**, Geschichte der spanischen Protestanten und deren Verfolgung durch Philipp II. Nach dem Spanischen bearb. von Heinr. Hertz. gr. 8. (VII u. 319 S.) Frankfurt a. M. 1866, Sauerländer. 1½ Thlr.
<small>Giebt viel neues Material zur Geschichte des Protestantismus in Spanien und führt zu theilweise anderen Ergebnissen als das Werk M'Cries.</small>

**Ed. Böhmer**, Franziska Hernandez und Frai Franzisko Ortiz. Anfänge reformatorischer Bewegung in Spanien unter Kaiser Karl V. Aus Orig.-Acten des Inquisitionstribunals zu Toledo dargestellt. Mit 1 Facsimile. gr. 8. (III u. 311 S.) Leipzig 1865. Hässel. n. 2⅔ Thlr.
<small>Interessante Erzählung aus dem eigenthümlichen religiösen Leben Spaniens im 16. Jahrhundert, geschöpft aus den von G. Heine in Spanien erworbenen Manuscripten.</small>

**L. A. Warnkönig**, Don Karlos. Leben, Verhaftung u. Tod dieses Prinzen. Nach den neuesten Biographien u. mit Rücksicht auf frühere Forschungen bearbeitet. Mit 1 Stahlstich u. 1 autogr. Brief D. Karlos. 8. (XI u. 168 S.) Stuttgart 1864, Kröner. 1 Thlr.
<small>Hauptsächlich ein für das größere Publikum bearbeiteter Auszug aus den zwei neuesten Werken über Don Karlos von Mouy, Don Carlos et Philippe II. Paris 1863, und dem belgischen Archivar Gachard, Bruxelles 1863, welche die Forschungen über das Schicksal dieses Prinzen und das Verhältniß zu seinem Vater zum Abschluß bringen.</small>

**Wilh. Maurenbrecher**, Don Carlos. Sybels Historische Zeitschrift XI. 1864. S. 277—316.

**A. Mignet**, Antonio Perez und Philipp II. Denkwürdigkeiten des spanischen Hofes aus dem 16. Jahrh. Uebersetzt von L. Birch. 3 Bdchn. gr. 16. Stuttgart 1845, Hallbergers Verl. 16½ Ngr.
<small>Ergebniß glücklicher Forschung aus neu eröffneten Quellen in sehr ansprechender und fesselnder Darstellung.</small>

A. L. v. **Rochau**, Die Morisko's in Spanien. gr. 8. (III u. 261 S.) Leipzig 1853, Mendelssohn. n. 1⅓ Thlr.
> Eine Geschichte der Araber in Spanien bis zu ihrer Vertreibung in den Jahren 1609—1613. Lebendig erzählt, ohne alle gelehrte Nachweisung, mit warmer Parteinahme für die Morisko's, deren Vertreibung der Verfasser als eine Barbarei auffaßt, die sich schwer an Spanien gerächt habe.

Paul **Viardot**, Studien zur Geschichte der Staatseinrichtungen, der Literatur, des Theaters und der bildenden Künste in Spanien. Aus dem Franz. ins Deutsche übertragen von Th. Hell. 2 Thle. gr. 8. Leipzig 1836, H. Fritzsche. n. ⅔ Thlr.
> Interessante Beiträge zur neuern Geschichte Spaniens, besonders zu der seiner politischen Entwicklung. Die Abschnitte über Literatur und dergleichen sind nur cursorisch. Belebte Darstellung.

Wilh. v. **Rahden**, Aus Spaniens Bürgerkrieg 1833—40. A. u. d. T.: Wanderungen eines alten Soldaten. Bd. 3. Mit 2 Karten. Lex.=8. 27⅛ B. Berlin 1851. 2 Thlr. 7½ Ngr.
> Die erste Hälfte des Buches giebt die Geschichte des spanischen Bürgerkrieges, nach der Schrift des Generals Zaratiegni über das Leben des Guerillasführers Zumalacarregui. In der zweiten Hälfte schildert der Verf. seine eigenen Erlebnisse. Er machte den Krieg als General in der karlistischen Armee mit.

**Spanien** seit dem Sturze Espartero's bis auf die Gegenwart 1843—1853. Nebst einer Uebersicht der politischen Entwicklung Spaniens seit 1808. 8. (IV u. 315 S.) Berlin 1853, Weidmann. 1¼ Thlr.
> Eine auf Zeitungscorrespondenzen beruhende Zusammenstellung der neueren Geschichte Spaniens, nicht von eigentlich historischem Werth, aber zum Zweck einer Uebersicht für Zeitungsleser immerhin brauchbar, da die Darstellung mit Klarheit und lebendiger Wärme abgefaßt ist.

Jul. v. **Minutoli**, (königl. preuß. General-Consul für Spanien und Portugal) Spanien und seine fortschreitende Entwicklung, mit besond. Berücksichtigung des Jahres 1851. Mit 4 lithogr. Beil. Lex.=8. 38⅞ B. Berlin 1852. 4 Thlr. 20 Ngr.
> Giebt eine getreue Schilderung der spanischen Verwaltung und Kulturzustände, wie sie sich seit der Thronbesteigung der Königin Isabella entwickelt haben, und überraschende Aufschlüsse über den Aufschwung, den Spanien in neuerer Zeit genommen hat. Splendide Ausstattung.

Herm. **Baumgarten**, Geschichte Spaniens zur Zeit der französischen Revolution. Mit einer Einleitung über die innere Entwicklung Spaniens im 18. Jahrhundert. gr. 8. (XX u. 586 S.) Berlin 1861, G. Reimer. 2⅔ Thlr.
> Eine sehr gut geschriebene Darstellung einer minder bekannten Episode aus der spanischen Geschichte. Die Einleitung giebt eine kurze Charakteristik der Mißregierung Spaniens unter dem Habsburgischen Hause, dann eine mehr ins Einzelne gehende Geschichte der ersten Bourbonen, insbesondere der Reformbestrebungen Karls III., hierauf von S. 197 an eine Geschichte der verderblichen Reaction unter Karl IV., wofür dem Verfasser in den Berichten des k. preuß. Gesandten in Madrid, des Herrn von Sandoz-Rollin, eines intelligenten Diplomaten aus der Schule Friedrichs des Großen, ein sehr reiches zuverlässiges Material zu Gebote stand. Der Verfasser erzählt nicht nur gut, sondern sucht auch politische Lehren und Nutzanwendungen zu ziehen und zu zeigen, wie das Uebermaß der Reaction den Boden zu den späteren langwierigen Erschütterungen bereitet hat.

H. **Baumgarten**, Geschichte Spaniens vom Ausbruch der französischen Revolution bis auf unsere Tage. Theil I. gr. 8. (XII u. 583 S.) Leipzig 1865, Hirzel. n. 1 Thlr. 18 Ngr. Theil II. (XIV, 618 S.) 1868. 2 Thlr. 8 Ngr.
Bd. 9. u. 14 der europ. Staatengeschichte.

Der Verfasser geht, abweichend von den übrigen Theilen der Staatengeschichte bis auf das Jahr 1788 zurück, da mit der Thronbesteigung Karls IV. für Spanien die neue Zeit beginnt und ohne die Regierung Karls IV. die Erschütterungen der Jahre 1808—1811 und die Ereignisse seit 1814 nicht wohl recht verstanden werden können. Da die innere Geschichte Spaniens in dieser Zeit in der deutschen Literatur beinahe gar nicht vertreten ist, so war der Verf. in der günstigen Lage einem großen Theil seiner Leser Neues sagen zu können, und er hat dies auf so anziehende Weise gethan, daß man sich recht gern in diese fremden Gebiete einführen läßt und den spanischen Angelegenheiten ein lebendiges Interesse abgewinnt. Der zweite Band geht bis zum J. 1825. Ein in jeder Hinsicht ausgezeichnetes Werk.

—— Spanien unter den Habsburgern. Preußische Jahrbücher Bd. III. S. 58—93. 123—153.

—— Das heutige Spanien. Preußische Jahrbücher Bd. XIV. S. 1—28. 135—159.

—— Spanien und die kirchliche Frage. Preuß. Jahrb. Bd. XXIII, S. 675—686.

Heinr. **Schäfer**, Geschichte von Portugal. 5 Bde. (I. XXIV, 487. II. XVII, 667. III. XIV, 420. IV. XII, 690. V. XVIII, 722 S.) gr. 8. Hamburg (Gotha) 1836—54, F. A. Perthes. n. 14 Thlr.
Sehr gutes und gründliches Werk, zugleich die einzige ausführlichere Geschichte dieses Landes. Geht bis 1820. Theil der Heeren und Ukert'schen Sammlung. In Band 3 und 4 nimmt den größten Theil des Raumes die Geschichte des portugiesischen Indiens ein, welche hier zum erstenmal kritisch und übersichtlich zusammengefaßt ist.

W. L. v. **Eschwege**, Portugal. Ein Staats- und Sittengemälde nach 30jährigen Beobachtungen und Erfahrungen. 1. Theil. 8. Hamburg 1837, Hoffmann u. Campe. 1⅔ Thlr.
Der Verfasser, ein scharfer Beobachter, giebt eine getreue, nicht eben günstige Schilderung von den Zuständen in Portugal.

Emil v. **Schelhorn**, Don Pedro V., König von Portugal. Mit einleitenden Capiteln geschichtlichen, geographisch-statistischen und culturhistorischen Inhalts. Nach Quellen der portugiesischen, französischen, deutschen und englischen Literatur bearbeitet. gr. 8. (VIII u. 265 S.) Nürnberg 1866, W. Schmid. n. 1 Thlr. 18 Ngr.
Mit Fleiß und Liebe ausgearbeitete Monographie eines durch königliche und menschliche Tugenden ausgezeichneten deutschen Fürsten, der durch einen frühen Tod seinem Adoptivvaterlande entrissen wurde.

## Italien.

Heinr. **Leo**, Geschichte der italienischen Staaten. (Von 568—1830.) 5 Bde. u. Regist. gr. 8. (I. VIII, 508. II. 390. III. VIII, 592. IV. VIII, 712. V. XIV, 963 S.) Hamb. (Gotha) 1829—32, F. A. Perthes. n. 12⅔ Thlr.

Das bedeutendste Werk des Verfassers, welches seinen Ruf als Historiker begründete. Man findet hier nicht eine gewöhnliche Volks= und Landesgeschichte, sondern ein historisch ent= wickeltes Bild des italienischen Volkscharakters, der nicht nur in der Einleitung mit treffenden Umrissen gezeichnet, sondern in dem reichen Leben der italienischen Städterepubliken des Mittel= alters dargelegt wird. Die neuere Geschichte vom Ende des 15. Jahrh. an, deren Inhalt den mittelalterlichen Neigungen des Verfassers weniger entsprach, ist eine magere Zusammenstellung des Thatsächlichen nach neueren Vorarbeiten.

C. **Hegel**, Geschichte der Städtverfassung in Italien. 2 Bde. gr. 8. 61⅞ B. Leipzig 1847. 5 Thlr.

Nicht nur ein sehr gelehrtes Werk von anerkannter wissenschaftlicher Bedeutung, sondern auch klar und lichtvoll geschrieben. Die Grundansicht des Verfassers ist, daß die Longobarden das römische Element in den italienischen Städten so gut wie vernichtet haben, und die städtische Verfassung nicht aus der römischen Munizipalverfassung hervorgegangen, dagegen durch Ver= mischung beider Nationen eine neue politische Form, die romanische, entstanden sei. Als An= hang des zweiten Bandes giebt er eine vergleichende Verfassungsgeschichte der bedeutendsten deutschen Reichsstädte.

Jacob **Burckhardt**, Die Cultur der Renaissance in Italien. gr. 8. (III u. 576 S.) Basel 1860, Schweighausers Verl. n. 2½ Thlr. 2. Aufl. 1869. (464 S.) 2¼ Thlr.

Nicht Geschichte der Kunst im Zeitalter der sog. Renaissance, sondern Cultur= und Sitten= geschichte jener Zeit. Sehr reich an dem interessantesten Material aus der italienischen Lite= ratur und Kunst, aber nicht so vollkommen verarbeitet, wie man es von dem Verfasser ge= wohnt ist.

Alfred von **Reumont**, Beiträge zur italienischen Geschichte. I—IV. Bd. 8. (XXI u. 1960 S.) Berlin 1853 u. 1855, Decker. 9 Thlr. Bd. V u. VI. (XI, 477. 544 S.) 1857. 4½ Thlr.

Eine Sammlung von Abhandlungen über italienische Adelsgeschlechter und Schriftsteller, theilweise früher in der Allg. Zeitung abgedruckt.

- I. 1) Italienische Diplomaten und diplomatische Verhältnisse. 2) Vittoria Colonna. 3) Ga= lilei und Rom. 4) Agnolo Firenzuola und die italienische Novelle. 5) Die Herzogin von Paliano.
- II. 1) Atalanta Baglioni und die Ihrigen. 2) Francesco Burlamachi. 3) Antonio Foscarini und Paolo Sarpi. 4) Paoli und Corsika. 5) Der Raub florentinischer Kunstschätze durch die Franzosen. 6) Balbo's italienische Geschichte. 7) Die Büste Paolo Reniers. 8) Don Mauro Capellari und Gasparo Salvi. 9) Giacomo Leopardi.
- III. Kardinal Wolsey und der heil. Stuhl. Gaeta im J. 1849. Magliabecchi, Muratori und Leibniz. Die ständische Verfassung des Mittelalters in Savoyen und Piemont. Benve= nuto Cellini's letzte Lebensjahre. Die Herzoge von Urbino.
- IV. Die letzten Zeiten des Johanniterordens. Eleonora Cybò und ihre Angehörigen. Gre= gorio Correr. Bonapartische Erinnerungen in Toscana. Montemartes orvietanische Ge= schichten.
- V. Familiengeschichten. Die poetische Literatur der Italiener im 19. Jahrhundert. Ein ita= lienischer Künstler in Deutschland im dreißigjährigen Kriege.
- VI. Fluchtversuch der Königin von Etrurien. Aus dem Leben italienischer Künstlerinnen. Zur Geschichte der Akademie der Crusca. Der Herzog von Norfolk. Canova und Napo= leon. Aus der Reformationszeit. San Michele zu Florenz und Andr. Barrochio Zeit= genossen. Biographische Skizzen.

Elegante Detailzeichnungen auf dem Gebiete der Sitten=, Familien= und Literaturgeschichte.

Ferd. **Gregorovius**, Geschichte der Stadt Rom im Mittelalter. Vom 5. bis zum 16. Jahrh. 6 Bde. (I. XI, 484. II. XI, 548. III. XII, 548.

IV. 653. V. XII, 658. VI. XIV, 711 S.) Stuttgart 1859—67, Cotta. n. 19 Thlr. 13 Ngr.

Ein Werk, das einen großen Reichthum geschichtlicher Forschungen in geistreicher, etwas manirirter Weise verwerthet. Verbindet mit der Geschichte Roms und des römischen Bisthums eine Geschichte des europäischen Mittelalters, und gewährt eine überaus reiche Ausbeute von topographischen und kunstgeschichtlichen Notizen. Der 6. Band führt die Geschichte bis zum Jahre 1420 fort.

**Alfred v. Reumont**, Geschichte der Stadt Rom. 1. Bd. (Von der Gründung der Stadt bis zum Ende des Weltreichs.) Lex. 8. (XVII u. 876 S.) Mit 2 Plänen. Berlin 1867, Decker. n. 5 Thlr. 2. Bd. (XV, 1269 S.) 1868. 6½ Thlr. 3. Bd. 1. Abth. (IX, 575 S.) 1868. 3 Thlr. 10 Ngr.

Dieses Werk, auf Veranlassung König Maximilians II. von Bayern geschrieben, hat den Zweck, die Entwicklung Roms als der werdenden und gewordenen Weltstadt darzustellen, und mit der Vergegenwärtigung der inneren Zustände auch die Geschichte der Oertlichkeiten zu verbinden, ohne auf eine archäologische Beschreibung sich einzulassen, wie sie die Platner-Bunsensche Stadtbeschreibung oder die Beckersche Topographie geben. Die wesentlichen Ergebnisse der Alterthumsforschung sollten gebildeten Kreisen zugänglich gemacht werden. Der erste Band enthält in drei Büchern die Geschichte Roms von den Zeiten der Könige bis in das 5. Jahrhundert der Kaiserzeit, welche letztere mit unverkennbarer Vorliebe behandelt wird, so daß auch die Politik des Kaiserthums zur Anschauung kommt. Der Stil ist kein glänzender rhetorischer, wie bei Gregorovius, sondern ein einfacherer, der in der Charakteristik einzelner Gestalten, in der Gruppirung, in der Vertheilung von Licht und Schatten seine Wirkung sucht. Bei Behandlung des christlichen Roms ist der Standpunkt des Katholiken stark ausgeprägt. Der zweite Band beschreibt den Höhepunkt des mittelalterlichen Roms während der Herrschaft der deutschen Kaiser, und den Verfall der Kirche im 14. Jahrhundert. Der dritte Band handelt vom 15. Jahrhundert, und besonders eingehend von der Kunst- und Literaturentwicklung der Renaissance. Die zweite Hälfte wird das Zeitalter Leos X. darstellen und damit abschließen.

**Felix Papencordt**, Cola di Rienzi und seine Zeit. Besonders nach ungedruckten Quellen dargestellt. Mit 1 Kpfrt. (CV u. 354 S.) gr. 8. Gotha 1841, F. A. Perthes. n. 2½ Thlr.

Interessante Monographie. Für das politische Leben der Stadt Rom im Mittelalter wichtig. Streben nach künstlerischer Gestaltung.

**Samuel Sugenheim**, Geschichte der Entstehung und Ausbildung des Kirchenstaates. Gekrönte Preisschrift. gr. 8. (VIII u. 439 S.) Leipzig 1854, Brockhaus. n. 2½ Thlr.

Eine sehr fleißige aus dem Studium neuerer italienischer Geschichtswerke entstandene Arbeit, der aber die rechte Belebung abgeht.

**Nicol. Macchiavelli**, Florentinische Geschichten in 8 Büchern. Aus dem Italienischen übersetzt von J. Ziegler. gr. 8. Karlsruhe 1834, Groos. n. ⅚ Thlr.

—— Florentinische Geschichten. Aus d. Italien. übers. von A. Reumont. 2 Thle. gr. 12. Leipzig 1846, Brockhaus. n. ⅔ Thlr.

Eines der vorzüglichsten Erzeugnisse der italienischen Prosa; lebendig, anschaulich, in edlem Stile. Was die politische Gesinnung betrifft, auf Seite des Volks sich stellend, doch keineswegs ganz unabhängig von den Mediceern, von denen der Verfasser ein Jahrgeld bezog. Uebrigens eine der wichtigeren Geschichtsquellen dieser Zeit. Umfaßt die Periode von 1215—1492.

Die zweite Uebersetzung vorzuziehen.

Karl **Siebeking**, Geschichte von Florenz, Studien aus den Lehrjahren eines
unzünftigen Freimeisters. Lex.=8. 12 B., 2 ill. Taf., 1 Karte u. 1 Plan.
Hamburg 1844. 5 Thlr. 20 Ngr.
   Ist als erste Abtheilung der Schriften der Akademie von Ham erschienen.
   Meisterhafte Skizze der florentinischen Geschichte, welche gründliche Forschung und gereif=
tes politisches Urtheil mit trefflicher Darstellung verbindet.

**W. Roscoe**, Leben und Regierung Papst Leos X. Aus dem Engl. von
A. F. G. Glaser. Mit Anmerkungen von H. P. K. Henke. 3 Bde.
(LXIV, 538. IV, 466. VI, 610 S.) gr. 8. Leipzig 1805—8,
W. Vogel. 6¾ Thlr.
   Ein gutes Werk, das mehr leistet, als der Titel aussagt und nicht blos die Geschichte des
Kirchenstaats, sondern die Italiens in dieser Zeit überhaupt behandelt, und werthvolle Auf=
schlüsse über den damaligen kirchlichen, politischen und literarischen Zustand des Landes enthält.

**Th. M'Crie**, (Uebersetzung). Geschichte der Fortschritte und Unterdrückung
der Reformation in Italien im 16. Jahrhundert, nebst einem Abriß der
Reformation in Graubünden. Aus d. Engl. mit Vorr. und Anmerkun=
gen von G. Friedrich. gr. 8. (VI, 392 S.) Leipzig 1829, Hinrichs'
Verl. n. 1 Thlr.
   Eine gute Arbeit, die auf fleißigen Studien beruht und von warmem Interesse für den
Protestantismus belebt ist.

Alfr. v. **Reumont**, Die Carafa von Maddaloni. Neapel unter span.
Herrschaft. 2 Bde. 8. 51¼ B. Berlin 1851. 4 Thlr.
   Nicht blos eine Geschichte der Carafa's, sondern auch anderer bedeutender Adelsgeschlechter
Neapels, an die der Verfasser eine Schilderung der neapolitanischen Zustände unter der spani=
schen Herrschaft anknüpft. Frische lebensvolle Bilder, welche Sitte, Verfassung und Verwal=
tung des Landes in jener Zeit recht anschaulich vergegenwärtigen.

Don Angelo de **Saavedra**, Herzog von Rivas, Der Aufstand in Neapel
1647. Aus dem Französ. übersetzt. gr. 8. 21¾ B. Leipzig 1850.
1 Thlr. 21 Ngr.
   Eine geschmackvolle Darstellung jenes Aufstandes gegen die spanische Herrschaft, der be=
sonders durch seinen Führer Masaniello bekannt ist. Der Verfasser, spanischer Gesandter in
Neapel, behandelt die Sache vom streng conservativen Standpunkt aus, und stützt sich auf
Quellen, die ihm vorzugsweise zugänglich waren.

Pietro **Coletta**, Geschichte des Königreichs Neapel von 1734—1825.
Aus dem Italienischen übertragen von A. Leber. 8 Bde. 2. mit einer
bevorwortenden Kritik F. Ch. Schlossers vermehrte Aufl. (XC, 1668 S.)
8. Grimma (Wurzen) 1848—50, Verl. Compt. 4 Thlr. (4 Bde. im
Original.) Theil der europ. Bibl. der neueren belletristischen Literatur,
Bd. 164—171.
   Der Verfasser, der in den politischen Bewegungen seiner Heimat eine nicht unbedeutende
ehrenhafte Rolle gespielt hat, schrieb, von dort verbannt, sich zum Trost die Geschichte seines
Vaterlands von der Ankunft Karls VIII. im Jahre 1734 bis zum Tode Ferdinands. Eine
sehr freimüthige gesinnungsvolle Geschichte in tacitischem Stil mit vielem politischen und
kriegswissenschaftlichen Räsonnement.

Wilh. **Pepe**, Denkwürdigkeiten über Italien. Mit einer Einleitung: Ueber=
sicht der italien. Memoirenliteratur. 2 Thle. breit gr. 8. 44¾ B.
(Bibliothek ausgewählter Memoiren des 18. u. 19. Jahrh. von Pipitz
und Fink. 5. Bd.) Zürich 1848. 2 Thlr.

Interessante Memoiren, besonders für die Geschichte der neapolitanischen Revolution vom Jahre 1820 und 21, worin General Pepe sich bemüht, seine Landsleute von dem Vorwurf der Feigheit zu reinigen und wenigstens den Eindruck macht, daß er nicht zu den Feigen gehörte.

**Léon Galibert,** Geschichte der Republik Venedig. Für gebildete Freunde der Geschichte deutsch bearb. von Ed. Höpfner. 2 Theile. Von Venedigs Ursprunge bis auf unsere Tage. Lex.=8. 46⁷/₈ B. Leipzig 1848. 4 Thlr.

Das Hauptverdienst G.'s besteht in dem großartigen Ueberblick, den er nicht nur über die Geschichte, sondern auch über die Kulturzustände und das höchst eigenthümliche Leben in Venedig giebt. Die Uebersetzung ist verständig und fließend.

**A. L. Mazzini,** Italien in Beziehung zur modernen Civilisation. gr. 8. 47¼ B. Leipzig 1847. 48. 3 Thlr.

Werk des bekannten italienischen Demokraten, der hier sein Programm der Neugestaltung Italiens darlegte.

**Herm. Reuchlin,** Geschichte Italiens von Gründung der regierenden Dy= nastien bis auf die Gegenwart I, II, 1. 2. (VIII, 343, VIII, 353. 255 S.) Leipzig 1859—60, Hirzel. n. 2 Thlr. 18 Ngr. (Staaten= geschichte der neuesten Zeit Bd. 3 u. 4.)

Der Verfasser, welcher Italien aus eigener Anschauung kennt, und dort die Materialien aus der Literatur und persönlicher Ueberlieferung zuerst gesammelt hat, behandelt seine Auf= gabe mit Liebe zum Gegenstande, unparteiischer Kritik, gesundem Verständniß und mit beson= derer Rücksicht auf die nationalen Bestrebungen, ihre verschiedenen Epochen und Erfolge. Kräftige und mit Schlaglichtern beleuchtende, aber nicht gerade fließende Darstellung. Geht bis zum Jahre 1849. Ein dritter Band ist unter der Presse.

—— Lebensbilder zur Zeitgeschichte. 1. Graf Cäsar Balbo. gr. 8. (V u. 68 S.) Nördlingen 1860, Beck. n. 12 Ngr.

2. Garibaldi und die Alpenjäger. gr. 8. (VI 115 S.) ebend. 1861, n. 16 Ngr.

3. Geschichte Neapels während der letzten siebenzig Jahre dargestellt am Leben der Generale Florestan und Wilhelm Pepe. gr. 8. (IV u. 92 S.) ebend. n. ½ Thlr.

Eine biographische Ergänzung zur neueren Geschichte Italiens mit politischer Tendenz. Balbos Biographie soll den Deutschen ein Bild nationaler Geistesarbeit vor die Seele führen; Garibaldi soll zu freiwilligen Waffenübungen der deutschen Jugend Anregung geben; die nea= politanischen Geschichten sollen die Nothwendigkeit, dem Provincialismus gerecht zu werden und eine Verständigung zu versuchen, darlegen. Alle drei Monographien sind nach italienischen Vorarbeiten geschrieben, jedoch mit selbständiger Verarbeitung des vorgefundenen Materials und Ergänzung aus des Verfassers eigener Kenntniß italienischer Dinge. Frische, lebendige, aber nicht leichtflüssige Darstellung.

**E. Ruth,** Geschichte des italienischen Volks unter der napoleonischen Herr= schaft als Grundlage der neuesten Geschichte Italiens. gr. 8. (VI, 95 S.) Leipzig 1859, G. Mayer. ½ Thlr.

Vorläufer einer neuen Geschichte Italiens aus der Feder eines Verfassers, welcher mehrere Jahre lang in Italien gelebt hat und insbesondere die Literatur des Landes gründlich kennt, von welcher er auch in Beurtheilung des italienischen Volkscharakters ausgeht. Er betrachtet Italien als Opfer der Hierarchie und sieht nur in deren Sturz ein gründliches Heilmittel für Land und Volk.

**Emil Ruth**, Geschichte von Italien vom Jahre 1815—1850. 2 Bde. gr. 8. (I., X u. 494 S. II., IV u. 413 S.) Heidelberg 1867, Bassermann. n. 4 Thlr.

Ein sehr gehaltvolles Werk, das die politische Entwicklung des italienischen Volkes im Zusammenhang mit der Literatur und anderen Elementen des geistigen Lebens darstellt. Der Verfasser legt besonderes Gewicht auf Nachweisung des schädlichen Einflusses, welchen die Hierarchie auf die nationale Entwicklung Italiens ausgeübt hat, wirft aber dabei den Adel, der sich in der That viele Verdienste um die nationale Sache erworben, zu sehr mit dem Klerus zusammen. Die Arbeit beruht auf einer sehr umfassenden Kenntniß der neuen und neuesten italienischen Literatur, der Verfasser hat es aber unterlassen, literarische Nachweisungen zu geben. Die vom Verf. in Aussicht gestellte Fortsetzung ist leider durch seinen Tod (Aug. 1869) vereitelt.

**Erinnerungen eines österreich. Veteranen (Feldzeugmeister v. Schönhals)** aus den italienischen Kriegen der Jahre 1848 u. 1849. 2 Bde. 6. Abdruck. gr. 8. 34⅞ B. Stuttgart 1852. 2 Thlr. 10 Ngr.

Ein klassisches Werk, das in schöner Darstellung die Geschichte der österreichischen Feldzüge gegen die italienische Revolution erzählt. Der Verfasser, auf österreichischem Standpunkte stehend, erkennt keine Berechtigung der Nationalitäten an, aber rügt freimüthig die Mißgriffe, welche die österreichische Herrschaft, besonders durch polizeiliche Bedrückungen gemacht hat. Das Ergebniß des von österreichischer Seite so sehr gerühmten Werkes ist übrigens nicht günstig für Oesterreich, indem man daraus sieht, mit welchen Mitteln seine Herrschaft behauptet werden mußte.

**Gustav v. Hoffstetter**, Tagebuch aus Italien. Mit 2 Uebersichtskarten von Rom und den römischen Staaten und 5 Taf. mit Plänen und Croquis. gr. 8. 29 B. Zürich 1851. 1 Thlr. 20 Ngr.

Eine Geschichte des römischen Krieges unter Garibaldi im Jahre 1849. Der Verfasser, ein sehr kenntnißreicher Offizier, einst in hohenzollernschen Diensten, in eidgenössischen beim Sonderbundskrieg, machte den römischen Krieg als Chef des Generalstabes mit.

**W. Rüstow**, Der italienische Krieg 1859 politisch-militärisch beschrieben. Mit 3 Kriegskarten. 3. Aufl. gr. 8. (413 S.) Zürich 1860, Schultheß. 2¼ Thlr.

Gilt als beste Beschreibung und Kritik des für die Lage Europas so wichtigen Krieges.

—— **Erinnerungen aus dem italienischen Feldzuge von 1860.** 2 Thle. Mit 1 lith. Briefe Garibaldi's in Facsim. gr. 8. (VI, u. 313 VI u. 258 S.) Leipzig 1861, Brockhaus. n. 3⅓ Thlr.

Nicht nur Kriegsgeschichte, sondern auch Erzählung der diplomatischen und politischen Entwicklung des Hergangs. Die Kriegsgeschichte ist insofern nicht ganz der Wahrheit gemäß, als die Vertheidigungsmittel Franz II. überschätzt werden, und der Verrath und die Feigheit, die auf Seite der neapolitanischen Truppen um sich gegriffen hatten, nicht genug in Anschlag genommen ist.

—— Annalen des Königreichs Italien. 1860—63.
1. Buch: Das Ministerium Cavour 8. (IV u. 263 S.) Zürich 1863, Meyer u. Zellers Verl. n. 1⅙ Thlr.
2. Buch: Minist. Ricasoli. 8. (III u. 319 S.) Ebend. 1864. n. 1 Thlr. 18 Ngr.
3. Buch: Minist. Ratazzi. 8. (III u. 319 S.) Ebend. 1864. ⎫ n. 2 Thlr.
4. = Vom Tage von Aspromonte bis zum Schluß der ⎬ 12 Ngr.
   ersten Legislaturperiode, 21. Mai 1863. 8. (230 ⎭
   S.) Ebend. 1864.

Keineswegs unparteiische, objective Geschichte, sondern Berichterstattung und Urtheil vom Standpunkt der äußersten Linken aus. Auch in Thatsachen nicht gerade zuverlässig, aber immerhin ein interessanter Beitrag zur neuesten Geschichte Italiens aus der Feder eines Mannes, der die Verhältnisse kennen gelernt und in militärischen Dingen wenigstens ein Urtheil hat.

J. Henry **Dunant**, Eine Erinnerung an Solferino. Deutsche vom Verfasser autorisirte Ausgabe nach der 3. Auflage des Originals bearbeitet. gr. 8. (128 S.) Basel 1863, Georg. n. 16 Ngr.

Nach der 4. franz. Ausgabe neu überf. u. mit einem Bericht über den Genfer internationalen Sanitätscongreß vermehrt von Dr. E. R. Wagner. (VIII u. 160 S.) Stuttgart 1864, Becher. 18 Ngr.

Eine Schrift, die nachhaltige Wirkung gehabt hat. An die Beschreibung der Schlacht bei Solferino und an die Schilderung der Leidensscenen auf dem Schlachtfeld und in den Spitälern hat der Verfasser Vorschläge zu einem wohlthätigen Verein zur Verpflegung der auf den Schlachtfeldern Verwundeten angeknüpft, und damit den Anstoß zu Gründung eines internationalen Sanitätsvereins gegeben, der im deutsch-dänischen Krieg sich zu segensreicher Wirksamkeit entwickelt und auch im Jahre 1866 sich wieder bewährt hat.

Die geographisch-politische Weltlage Italiens mit besonderer Beziehung auf Deutschland. Gegenwart I. S. 154—182.

Italiens nationale und politische Bewegung von 1815—49. Gegenwart III. 149—182. 604—666.

Der Kirchenstaat seit dem Pontificat Pius IX. Gegenwart VII. 45—91.

Das Königreich beider Sicilien in seinen gegenwärtigen Zuständen. 1855. Gegenwart XI. 429—464.

Friedrich **Crüger**, Das Königreich Sardinien seit der Reformbewegung bis 1853. Gegenwart VIII. 524—605.

[Herm. **Reuchlin**,] Die Oesterreicher in Italien und die italienische Politik Rußlands. Preuß. Jahrb. I. 645—685. II. 268—303.

—— Zur Geschichte des italienischen Nationalvereins. Preuß. Jahrb. VI. S. 336—352.

—— Aus Italien. Preuß. Jahrb. Bd. XXIII. S. 399—415. 563—586.

Der Krieg in Italien 1859. Unsere Zeit III. S. 529—545. 593—605.

Die italienische Frage seit 1815. Unsere Zeit III. S. 657—698.

Toscana in den Jahren 1849—60. Unsere Zeit IV. S. 465—492. 593—625.

[Herm. **Reuchlin**,] Toscana und Romagna bis zu ihrer Annexion 1860. Unsere Zeit VIII. 744—799.

Frankreich, Oesterreich und der Krieg in Italien. Preuß. Jahrb. Bd. IV. 179—197. 229—253. 457—494.

Die italienische Frage, Deutschland und die Diplomatie. Preuß. Jahrb. IV. 345—366.

W. **Lang**, La Farina und der italienische Nationalverein. Preuß. Jahrb. XXIII. 467—479. 597—616.

Ferd. **Gregorovius**, Corsika. 2 Bde. gr. 8. (IV u. 537 S.) Stuttgart 1854, Cotta. 2 Thlr.

Nicht bloß Reisebeschreibung in Touristenmanier, sondern Zusammenfassung des Wissenswerthen über Corsika überhaupt, besonders der wichtigsten geschichtlichen Erinnerungen, z. B. die Geschichte Theodor Neuhoffs und Pasquale Paolis; auch eine Reihe trefflicher Landschaftsbilder und Sittenschilderungen. Mit Geist und genauer Kenntniß geschrieben.

Otto **Hartwig**, Aus Sicilien. Cultur- und Geschichtsbilder. 2 Bände. (VII, 334. III, 397 S.) Göttingen 1867 u. 69, G. H. Wigand. 3 Thlr.

Eine Reihe sehr gut geschriebener Aufsätze eines orts- und geschichtskundigen Forschers, der mehrere Jahre als Geistlicher in Messina lebte.

## Griechenland und Türkei.

**Joh. Wilh. Zinkeisen**, Geschichte Griechenlands, vom Anfang geschichtlicher Kunde bis auf unsere Tage. 1., 3. u. 4. Thl. (der 2. Theil ist nicht erschienen.) Leipzig 1832—40, Barth. 11½ Thlr.

Der 3. u. 4. Theil auch u. d. Tit.: Geschichte der griechischen Revolution. Nach dem Engl. des Thomas Gordon bearbeitet und von der Ankunft des Präsidenten Kapodistria bis zur Thronbesteigung König Ottos im Jahr 1835 fortgesetzt.

Der erste Band enthält eine sehr gute Uebersicht der alten und mittleren Geschichte Griechenlands, die beiden letzten Bände bestehen größtentheils aus einer Uebersetzung von Gordons Geschichte der griechischen Revolution, welche eine sorgfältige, aber etwas breite Zusammenstellung der Thatsachen giebt. Die selbstständige Fortsetzung Zinkeisens ist weit besser und erzählt die Ereignisse genau und unparteiisch.

George **Finlay**, Die Geschichte Griechenlands von seiner Eroberung durch die Kreuzfahrer bis zur Besitznahme durch die Türken und des Kaiserthums Trapezunt 1204—1461. Aus dem Englischen übersetzt von E. B. Reiching. gr. 8. (XII u. 474 S.) Tübingen 1853, Laupp. 1⅚ Thlr.

Fallmerayer sagt über dieses Buch: „Hier ist nicht die Frucht mechanischen Sammelfleißes und gedankenloses Anhäufen zerstreuter Thatsachen, hier ist der rasche Blick und die historische Scheidekunst eines Philosophen, der das Völkerleben in seinen Hauptmomenten zu erfassen und in großen Zügen darzustellen weiß."

J. Phil. **Fallmerayer**, Geschichte der Halbinsel Morea während des Mittelalters. 2 Thle. gr. 8. Stuttgart 1830—36, Cotta. 4⅓ Thlr.

   1. Thl. Untergang der peloponnesischen Hellenen und Wiederbevölkerung des leeren Bodens durch slavische Volksstämme. 2½ Thlr.

   2. Thl. Morea, durch innere Kriege zwischen Franken und Byzantinern verwüstet, und von albanesischen Colonisten überschwemmt, wird endlich von den Türken erobert. Von 1250—1500 nach Christus. 1⅚ Thlr.

—— Welchen Einfluß hatte die Besetzung Griechenlands durch die Slaven auf das Schicksal der Stadt Athen und der Landschaft Attika? Oder nähere Begründung der im ersten Theil der „Geschichte von Morea" aufgestellten Lehre über Entstehung der heutigen Griechen. 8. Stuttgart 1835, Cotta. ⅔ Thlr.

Beide Werke auf sorgfältige gelehrte Forschungen gestützt, durch welche der Verfasser nachweisen zu können glaubt, daß die jetzige Bevölkerung Griechenlands größtentheils aus slavischen Abkömmlingen bestehe.

Geo. Ludw. v. **Maurer**, Das griechische Volk in öffentlicher, kirchlicher und privatrechtlicher Beziehung vor und nach dem Freiheitskampf bis zum 31. Juli 1834. 3 Bde. gr. 8. Heidelberg 1835 und 36, J. C. B. Mohr. 6²/₃ Thlr.

    Der Verfasser, Mitglied der griechischen Regentschaft, von der er im Jahre 1834 abberufen wurde, will hier seine Wirksamkeit für Griechenland rechtfertigen und erreicht jedenfalls so viel, daß man seiner wohlwollenden Gesinnung für das griechische Volk und dessen Interesse Gerechtigkeit widerfahren lassen muß. Ueberdies ein wichtiger Beitrag zur neueren Geschichte Griechenlands. Der 3. Band enthält interessante Urkunden, Gesetze und Verordnungen.

A. v. **Prokesch-Osten**, Denkwürdigkeiten und Erinnerungen aus dem Orient. Aus Jul. Schnellers Nachlaß herausgegeben von E. Münch. gr. 12. 3 Bde. Stuttg. 1836 u. 37, Hallbergers Verl. 8¹/₃ Thlr.

    Gehört hierher, indem ein großer Theil dieses Buches von Griechenland handelt, über welches sehr schätzbare Mittheilungen in archäologischer und statistischer Beziehung gemacht werden. Auch findet man manche Aufschlüsse über den griechischen Freiheitskampf im J. 1825. Lebendige, geistvolle Darstellung.

H. W. J. **Thiersch**, Griechenlands Schicksale vom Anfang des Befreiungskriegs bis auf die gegenwärtige Krisis, in kurzer Uebersicht dargestellt. 8. (III u. 108 S.) Frankfurt a/M. 1863, Heyder u. Zimmer. n. ¹/₂ Thlr.

    Eine durch die Vertreibung König Otto's veranlaßte Gelegenheitsschrift, in welcher der Verfasser theils nach Gervinus, theils nach brieflichen Mittheilungen seines Vaters die Geschichte des neuen Griechenlands erzählt.

Anton v. **Prokesch-Osten**, Geschichte des Abfalls der Griechen vom türkischen Reiche im Jahre 1821 und der Gründung des hellenischen Königreiches. Aus diplomatischem Standpunkte. 6 Bde. gr. 8. (I., XI u. 414 S. II., 516 S. III., 454 S. IV., 333 S. V., 374 S. VI., 320 S.) Wien 1867, Gerold's Sohn. n. 12 Thlr.

    Arbeit eines Mannes, der im Dienst der orientalischen Politik ergraut, die Verhältnisse des türkischen und griechischen Reiches so genau kennt, wie nicht leicht ein Anderer. Das Hauptverdienst des Werkes ist die Beleuchtung der gegen Rußland gerichteten Politik Metternichs, wobei jedoch der Verfasser sich enthält, die aus den mitgetheilten Aktenstücken sich ergebenden Folgerungen selbst zu ziehen, um nicht als tendenziös zu erscheinen. Die Arbeit Prokesch's, schon vor 18 Jahren geschrieben, wurde von der österreichischen Regierung aus Rücksicht für Rußland unter Verschluß gehalten, jetzt aber als Demonstration gegen Rußland losgelassen.

Muradgea **D'Ohsson**, Allgemeine Schilderung des otomannischen Reichs. Aus dem Französ. mit dem Zusatz eines Glossars von Ch. Dan. Beck. 2 Thle. Mit Kpfr. gr. 8. Leipzig (Berlin) 1788 u. 93, Weidmann'sche Buchh. 4²/₃ Thlr.

    Ein älteres sehr gründliches Werk, das auch jetzt noch seinen Werth behält. Populäre Darstellung. Der Verfasser war längere Zeit schwedischer Gesandter in Constantinopel.

Jos. v. **Hammer-Purgstall**, Geschichte des osmanischen Reiches ꝛc. 4 Bde. 2. Aufl. gr. 8. Mit 9 Kart. Pesth 1840, Hartleben. n. 4 Thlr.

    Auszug aus desselben Verfassers größerem Werke. Ist auf umfassende Benutzung orientalischer Quellen gestützt, und giebt in Auffassung und Darstellung den Geist des Orients wieder.

Baptist **Poujoulat**, Geschichte des osmanischen Reiches ꝛc. Uebers. u. bis auf die neueste Zeit fortgesetzt von Jul. Seybt. gr. 8. (X u. 320 S.) Leipzig 1853, Lorck. n. 1 Thlr.

    (Bülaus Historische Hausbibliothek Bd. 27.)

    Eine gute lebendig geschriebene populäre Uebersicht.

**Joh. Wilh. Zinkeisen,** Geschichte des osmanischen Reichs in Europa. 7 Bde. gr. 8. (I. XXII, 863. II. XXVIII, 944. III. XXIV, 881. IV. XVI, 1003. V. XXII, 962. VI. XIX, 950. VII. XIV, 759 S.) Hamb. (Gotha) 1840—63, F. A. Perthes. n. 27 Thlr. 14 Ngr.

Nächst Hammers Geschichte der Osmanen das Hauptwerk über das osmanische Reich, und hat vor jenem die Benutzung der abendländischen Quellen voraus. Des Verfassers Hauptstärke ist die Entwicklung der diplomatischen Beziehungen und überhaupt die äußere Politik, während er in Schilderung der Ereignisse, Charakteristik der Persönlichkeiten und Gruppirung manches zu wünschen übrig läßt. Die drei letzten Bände sind besonders durch die reichen handschriftlichen Materialien, welche die preußischen Gesandtschaftsberichte darboten, so ausführlich geworden. Das Werk sollte bis zum Jahre 1856 fortgeführt werden, der Tod des Verf. ließ ihn aber nur bis zum Jahre 1812 gelangen. Gehört der Heeren und Uckert'schen Sammlung an.

**A. D. Mordtmann,** Belagerung u. Eroberung Constantinopels durch die Türken im Jahre 1453. Nach d. Originalquellen bearb. Mit 1 Plan von Constantinopel. gr. 8. (III u. 148 S.) Stuttgart 1858, Cotta. n. 1 Thlr.

Die erste gründliche, nach den Quellen bearbeitete Darstellung.

**F. Eichmann,** Die Reformen des osmanischen Reichs mit besonderer Berücksichtigung des Verhältnisses der Christen des Orients zur türkischen Herrschaft. gr. 8. (X u. 461 S.) Berlin 1858, Nicolai. n. 2½ Thlr.

Bericht eines Deutschen, der 8 Jahre in Constantinopel gelebt und die Reformversuche der Türkei mit wohlwollender Theilnahme beobachtet hat. Nachweisung dessen, was wirklich erreicht worden ist, sowie der Schwierigkeiten, mit welchen die Reformbestrebungen zu kämpfen haben. Als Anhang ist eine Anzahl Documente abgedruckt.

**G. Rosen,** Geschichte der Türkei von dem Siege der Reform im Jahre 1826 bis zum Pariser Tractat vom Jahre 1856. 2 Thle. gr. 8. (I., XII u. 303 S. II., VIII u. 262 S.) Leipzig 1866—67, Hirzel. n. 2 Thlr.
(Staatengeschichte der neuesten Zeit. 11. 12. Bd.)

Der Verfasser, längere Zeit in Konstantinopel und Syrien als preußischer Diplomat thätig und durch Kenntniß der orientalischen Sprachen besonders befähigt, hatte Gelegenheit die Verhältnisse der Türkei genauer kennen zu lernen und giebt das Resultat seiner Anschauungen und der Ausbeutung der Gesandtschaftsarchive in gefälliger Form. Das Werk ist ein treffliches Hilfsmittel zur Orientirung über die orientalische Frage. Die Ansicht, daß die Türkei doch nie ein lebensfähiges Glied des europäischen Staatensystems werden könne und die Auflösung nur eine Frage der Zeit sei, wird durch die Ausführungen des Verfassers sehr unterstützt. Uebrigens läßt sich der Verfasser auf die inneren Zustände des türkischen Reiches nicht näher ein; er beschränkt sich auf die Geschichte der auswärtigen Politik.

## Rußland.

**Nic. Mich. Karamsin** (Uebersetzung.) Geschichte des russischen Reichs. 11 Bde. gr. 8. [1—10. Bd. Nach der 2. Original-Ausg. übersetzt. (1—3. Bd. von F. v. Hauschild. 4—6. Bd. von Chr. A. W. Oldekop. 7—10. Bd. von Oertel. Mit Karamsin's Bildn.) 11. Bd. Nach des Verf. Tode herausgeg. von Bludow.] Riga 1820—33. (Leipzig, Brockhaus.) n. 21⅚ Thlr.

Karamsin war der erste russische Historiker, der es unternahm, die Geschichte seines Vaterlandes ausführlich zu beschreiben, und dessen Werk lange Zeit als ein klassisches galt. Da es ihm aber gänzlich an gelehrten Vorarbeiten fehlte, so konnte er es nur zu einer oberflächlichen

Kenntniß seines Gegenstandes bringen und es fehlt bei ihm namentlich an einem Verständniß der Entwicklung des russischen Reiches. Seine Erzählung geht bis 1611. Jetzt ist Karamsin's Werk weit überholt durch Solowief's Geschichte Rußlands, welche in den Jahren 1851—60 in 9 Bdn. erschien und bis in die Mitte des 17. Jahrhunderts geht. Dieses Werk ist aber nicht ins Deutsche übersetzt.

**N. Ustrialow**, Die Geschichte Rußlands. Aus dem Russischen übers. von E. W. 2 Bde. oder 5 Abthlgn. gr. 8. Stuttgart 1839—43, Cotta. 4½ Thlr.

Fleißige Verarbeitung der neueren Geschichtsforschungen Rußlands. Hinweisung auf die Uebergriffe, welche Polen vor zwei Jahrhunderten in kirchlicher Hinsicht nach Rußland machte, und davon abgeleitete Berechtigung Rußlands, jetzt in politischer Hinsicht die Wiedervergeltung zu üben. Ueberhaupt streng russisch.

**P. Strahl**, Geschichte des russischen Staates.
1. 2. Thl. (XVIII, 480. XVII, 442 S.) gr. 8. Hamb. (Gotha) 1832—46, F. A. Perthes. n. 4 Thlr.
3—6. Thl. (XXIV, 793. XXII, 695. XVIII, 714. XX, 596 S.) gr. 8. 1846—60, von E. Herrmann, ebend. n. 12 Thlr. 12 Ngr.

Die zwei ersten Bände gehören zwar zu den besten Arbeiten über ältere russische Geschichte, aber sie entsprechen den jetzigen Anforderungen der Geschichtswissenschaft nicht ganz. Nach dem Tode des Verf. übernahm E. Herrmann, jetzt Prof. in Marburg, die Fortsetzung mit den Mitteln gründlicher Quellenforschung, und lieferte ein Werk, das entschieden die beste russische Geschichte ist. Der Verf. benutzte außer der einschlägigen russischen Literatur das sächsische, englische und preußische Archiv, und hat aus denselben besonders für die auswärtige Politik reiche Ausbeute gewonnen. Die Erzählung geht bis zum Jahre 1792.
Bildet einen Theil der Heeren und Ukert'schen Sammlung.

**Moritz Posselt**, Der General und Admiral Franz Lefort. Sein Leben und seine Zeit. Ein Beitrag zur Geschichte Peters des Großen. Mit 2 Portr., 4 lith. Abbildgn. u. 2 Facsim. 2 Bde. Lex.-8. (I., XLV u. 573 S. II., 614 S.) Frankfurt a. M. 1866, J. Baer. n. 6⅔ Thlr.

Eine sehr reichhaltige Arbeit, welche über Peters Jugendgeschichte und die Anfänge seiner Reformthätigkeit willkommenen Aufschluß giebt, indem sie die Wirksamkeit des Mannes beleuchtet, welcher der eigentliche Erzieher des Czaren und die Seele seiner Reformbestrebungen war. Es galt dem Verfasser die Frage zu lösen, ob Peters Reformen eine Wohlthat für Rußland, oder wie die Altrussen behaupten, eine die selbständige Entwicklung hemmende und zerstörende Verderbniß gewesen sei, und der Verfasser hat, auf umfassende Forschungen gestützt, die Frage zu Gunsten Peters und seines genialen Erziehers gelöst.

**K. L. Blum**, Franz Lefort. (76 S.) Heidelberg 1867, Groos. 12 Ngr.
Giebt auf Grund von Posselts ausführlichem Werke über den Erzieher Peters des Gr. eine durch biographisches Geschick ausgezeichnete übersichtliche Darstellung.

**Alex. Puschkin**, Geschichte des Pugatschew'schen Aufstandes. Aus dem Russ. von H. Brandeis. 8. Stuttgart (Frankfurt a. M.) 1840, J. Bär. n. 8½ Ngr.
Aus zum Theil trüben, amtlichen Quellen geschöpfte Darstellung; geistreiche Behandlung aus der Feder des berühmten Dichters.

Karl Ludwig **Blum**, Ein russischer Staatsmann. Des Grafen Jakob Johann **Sievers'** Denkwürdigkeiten zur Geschichte Rußlands. 4 Bde. Mit

Bildnissen. gr. 8. (X u. 439. 557. 489. VIII, 667 S.) Leipzig 1857 —58, C. F. Winter. n. 11 Thlr. 6 Ngr.

> Geschichte eines durch Charakter und Talente ausgezeichneten Staatsmannes unter Katharina II., welcher sich um Reformen der Gesetzgebung und der Verkehrsanstalten große Verdienste erwarb, und, durch die Verhältnisse genöthigt, zuletzt auch bei der zweiten Theilung Polens mitwirken mußte. Ueber diese giebt uns der Verf. höchst interessante Aufschlüsse, besonders durch Charakteristik der mithandelnden Personen. Ein sehr wichtiger Beitrag zur Regierungsgeschichte Katharina's. Ausgezeichnete Verarbeitung des Stoffes, mit Umgehung der in andern Memoiren aus dieser Zeit oft vorherrschenden Skandalgeschichten.

**Karl Ludwig Blum**, Graf Jakob Johann v. Sievers u. Rußland zu dessen Zeit. Mit 4 Kupferstichen. gr. 8. (XVI u. 543 S.) Leipzig u. Heidelberg 1864, C. F. Winter. n. 3 Thlr.

> Ein Auszug aus dem größeren Werk über Sievers. Dasselbe ist nicht nur von großem biographischen Interesse, sondern auch ein sehr wichtiger Beitrag zur Geschichte Rußlands in der Zeit Katharina's II. und überdies eine anziehende Lektüre.

**Theodor Mundt**, Der Kampf um das schwarze Meer. Historische Darstellungen aus der Geschichte Rußlands. gr. 8. (XIV u. 333 S.) Braunschweig 1855, Westermann. n. 1 Thlr. 24 Ngr.

> Eine leichte gefällige Darstellung interessanter Episoden aus der russischen Geschichte.

—— Krim=Girai, ein Bundesgenosse Friedrichs d. Großen. Ein Vorspiel der russisch=türkischen Kämpfe. 8. (VIII u. 221 S.) Berlin 1855, Schindler. n. 1 Thlr.

> Krim-Girai, ein Tartar-Khan in Baltschi-Sarai, bot, durch die Kunde von den Thaten Friedrichs des Großen zur Begeisterung hin angeregt, ihm durch eine Gesandtschaft, die im October 1761 im Lager von Streblen erschien, ein Freundschaftsbündniß an, worauf Friedrich auch wirklich einging. Mundt erzählt die Geschichte nach dem Bericht des Lieutenants von der Golz, der als Gesandter nach der Krim geschickt wurde und den Memoiren des Barons von Tott, der den Tartar Khan auf dem Kriegszug begleitete, den derselbe im Dienste des türkischen Sultans nach Neu-Serbien gegen Rußland machte.

**Kaiserin Katharina II**, Memoiren. Von ihr selbst geschrieben. Nebst einer Vorrede von Alex. Herzen. Autoris. deutsche Uebersetzung. gr. 8. (XV, 322 S.) Hannover 1859, Rümpler. n. 1⅔ Thlr.

> Als echt anerkannt, besonders das französische Original mit seinen eigenthümlichen Fehlern bietet Kennzeichen dafür. Gewährt wenig Neues für die politische Geschichte, aber einen tiefen Einblick in die sittliche Entwicklung der großen Herrscherin, der sowohl ihre Größe, als ihre Verirrungen begreiflich macht.
> Eine treffliche Charakteristik der Kaiserin findet sich in Sybel's kleinen historischen Schriften Bd. I. 2. A. S. 147—179.

**Oberst Miljutin**, Geschichte des Krieges Rußlands mit Frankreich, unter der Regierung Kaiser Pauls I. im J. 1799. Verfaßt auf Befehl des Kaiser Nikolaus I. Ins Deutsche übertragen von Chr. Schmitt. 5 Bde. Lex.=8. Mit 49 Plänen u. Charten. I. XXXII u. 605 S. u. 19 Plänen. II. VIII u. 606 S. u. 10 Plänen. III. VI u. 476 S., 9 Plänen u. 1 Blatt Facsim. IV. VI u. 421 S. u. 7 Plänen. V. VI u. 454 S. u. 4 Plänen. München 1856—59, Lindauer. n. 18 Thlr.

> Ein Werk, das viel mehr giebt, als der Titel verspricht, indem es nicht nur eine Geschichte des Feldzugs von 1799, sondern eine Geschichte der russischen Politik gegenüber der französischen Revolution ist. Der Hauptwerth dieses für die neuere Geschichte höchst wichtigen Werkes beruht auf Aktenstücken, die mit einer in Rußland bisher ungewohnten Rückhaltlosigkeit mitgetheilt sind.

Die Ermordung des Kaisers **Paul I.** von Rußland am 23. März 1801. Sybel's hist. Zeitschr. Bd. III. S. 133—168.
<small>Sehr interessante Mittheilungen aus den Papieren eines Augenzeugen.</small>

General-Major M. **Bogdanowitsch**, Geschichte des Feldzugs im Jahre 1812 nach den zuverlässigsten Quellen. Aus dem Russischen von Oberleutn. G. Baumgarten. 3 Bde. Mit Uebersichtskarten u. Plänen. Lex.=8. (1.: XV u. 423, 2.: X u. 534, 3.: XI u. 425 S.) Leipzig 1862 u. 63. Schlicke. n. 15 Thlr.
<small>Ein von Kaiser Alexander II. veranstaltetes Werk, das die Aufgabe hatte, nach gründlicher Durchforschung der russischen Quellen und unparteiischer Benützung der fremden Literatur eine kritisch-gesichtete Darstellung der Ereignisse zu geben, eine Aufgabe, die in sehr befriedigender Weise gelöst ist. Das Ergebniß ist eine genaue Darlegung des russischen Operationsplanes, in welchem der Rückzug als Nothwendigkeit anerkannt, aber der Nation gegenüber geheim gehalten wurde. Ueber den Brand von Moskau und Rostopschin's Thätigkeit dabei giebt das Buch neue, doch nicht völlig aufklärende Aufschlüsse.</small>

—— Geschichte des Krieges 1814 in Frankreich und des Sturzes Napoleon's I., nach den zuverlässigsten Quellen. Aus dem Russischen von G. Baumgarten. 2 Bde. Mit 3 Uebersichtskarten u. 11 Plänen. gr. 8. (I., XXII u. 515 S. II., XII u. 412 S.) Leipzig 1866, Schlicke. n. 12 Thlr.
<small>Eine die bisherigen Darstellungen vielfältig berichtigende Geschichte nach officiellen russischen Quellen, und darum besonders werthvoll für die Leistungen der russischen Truppen. Bringt den Einfluß der politischen Lage auf die militärischen Operationen zu klarer Anschauung.</small>

Frhr. v. **Smitt**, Zur näheren Aufklärung über den Krieg von 1812. Nach archivalischen Quellen. Mit 1 Karte. gr. 8. (VI u. 558 S.) Leipzig 1861, C. F. Winter. n. 3 Thlr.
<small>Giebt über die am russischen Hofe entworfenen und von den Führern befolgten Kriegspläne authentische Aufklärung, mit polemischen Erörterungen über die bisherigen Darstellungen der Geschichte des Krieges. Die wichtigsten Beiträge sind 1) die Denkschriften Phull's. 2) Denkschriften Barklay's und ein Brief Kaiser Alexanders, worin er das von einem Theil der russischen Offiziere so bitter getadelte Verfahren Barklay's als ein früher mit ihm verabredetes vollkommen billigt.</small>

Theod. v. **Bernhardi**, Der Feldzug 1812 in Rußland. Sybels Historische Zeitschrift IX. 1863. S. 23—72.

—— Geschichte Rußlands u. der europäischen Politik in den Jahren 1814 bis 1831. Theil I. Vom Wiener Congreß bis zum zweiten Pariser Frieden. gr. 8. (VIII u. 544 S.) Leipzig 1863, Hirzel. n. 1 Thlr. 12 Ngr.
(Staatengeschichte der neuesten Zeit Bd. 7.)
<small>Keine Geschichte Rußlands, sondern der europäischen Politik, aber für diese ein materiell und formell bedeutendes Werk. Der Verfasser hat den neuen Zuwachs der Literatur für diese Periode mit feinem kritischem Tact gesichtet, denselben aus manchen handschriftlichen Quellen, besonders aus dem Berliner Staatsarchiv, noch vermehrt, diesen Stoff mit durchgebildetem politischem Urtheil und einer sehr vorurtheilsfreien Anschauung verarbeitet, die Hauptinteressen klar und scharf hervorgehoben und die Personen mit psychologischem Scharfblick gezeichnet. Besonders gut sind die kriegerischen Ereignisse, namentlich die Schlachten von Ligny und Waterloo, bearbeitet.</small>

Aug. v. **Harthausen**, Studien über die innern Zustände, das Volksleben u. insbesondere die ländlichen Einrichtungen Rußlands. 3 Thle. gr. 8. 109½ B. Hannover und Berlin 1847. 52. 8 Thlr. 10 Ngr.

<small>Die beiden ersten Bände enthalten die Ergebnisse von Beobachtungen, die der Verf. auf einer im Jahre 1843 ausgeführten Reise durch Rußland machte, und geben vieles werthvolle Material zur Kenntniß landwirthschaftlicher Einrichtungen, des religiösen Sectenwesens, der Rechts- und Sittenzustände. Da aber der Verf., der russischen Sprache unkundig, da, wo die unmittelbare Anschauung nicht ausreichte, auf das angewiesen war, was ihm die russischen Behörden, an die er empfohlen war, mitzutheilen für gut fanden, so konnte es nicht fehlen, daß manches Irrige und Unwahre sich einschlich. Der Verf. sah sich daher durch fortgesetzte Studien veranlaßt, manches Thatsächliche zu berichtigen, manches Urtheil zu modificiren, und giebt nun derartige Nachträge in dem 3. Band. Da er aber indessen zu der Ueberzeugung gelangt ist, daß die europäische Culturwelt einer Züchtigung durch russischen Absolutismus bedürfe, so hat dies wieder seine frühere Unparteilichkeit in Beurtheilung russischer Zustände getrübt. So stellt er offenbar die russische Religiosität und ihre nationale Kraft viel zu hoch, und hat von Rußlands weltgeschichtlichem Beruf, seinen ethischen und physischen Kräften eine gar zu vortheilhafte Meinung. — Ueber Rußlands Heeresmacht und Verwaltung der Krongüter bringt er aus authentischen Quellen schätzbare genaue Angaben bei.</small>

—— Die ländliche Verfassung Rußlands. Ihre Entwicklung und Feststellung in der Gesetzgebung von 1861. gr. 8. (XVI u. 424 S.) Leipzig 1866, Brockhaus. n. 2⅔ Thlr.

<small>Sorgfältig vorbereitete Arbeit eines bewährten Kenners der russischen Verhältnisse, die aber der Verf. zu günstig beurtheilt.</small>

Wilh. **Stricker**, Deutsch-russische Wechselwirkungen oder die Deutschen in Rußland u. die Russen in Deutschland. Ein geschichtlicher Versuch. Nebst einer sorgfältig nach den neuesten Hilfsmitteln ausgeführten (lith. u. color.) Karte (in 4), die westl. Vergrößerungen Rußlands darstellend (von K. F. Muhlert). gr. 8. 19⅜ B. Leipzig 1849. 1 Thlr. 15 Ngr.

<small>Weist in geschichtlicher Reihenfolge nach, wie vieles Rußland deutschen Staatsmännern, Feldherrn, Gelehrten und Handwerkern zu danken habe, und mit welchem Undank Vielen von ihnen gelohnt worden sei.</small>

Aus den Memoiren eines russischen Dekabristen. Beiträge zur Geschichte des Petersburger Militäraufstandes vom 14. (26.) December 1825 und seiner Theilnehmer. (VIII, 343 S.) Leipzig 1869, Hirzel. 1 Thlr. 6 Ngr.

<small>Interessante Aufzeichnungen eines Betheiligten, zunächst für seine Kinder bestimmt, aber von bleibendem geschichtlichem Werth.</small>

**Rußlands** Verdienste um Deutschland. Eine historisch-diplomatische Denkschrift. 8. (160 S.) Hamburg 1854, Hoffmann u. Campe. 1 Thlr.

<small>Geht die Beziehungen Rußlands zu Deutschland von Mitte des 16. Jahrhunderts durch, um lediglich keine Verdienste Rußlands um Deutschland zu finden, sondern vielmehr den schädlichen Einfluß der russischen Politik nachzuweisen. Lebendig und mit guter Kenntniß der neueren Geschichte geschrieben, giebt jedoch keine neuen Aufschlüsse.</small>

Adolf **Bock**, Rußlands Entwickelung bis zum Frieden vom 30. März 1856. gr. 8. (XII u. 211 S.) Leipzig 1856, Brockhaus. n. 1 Thlr.

<small>Ein gutes Resumé der neueren über und gegen Rußland erschienenen Schriften, das mehr auf Thatsachen, als auf Räsonnement ausgeht und schließlich einige gute Räthe für deutsche Politik in Beziehung auf Rußland giebt. Ein zur Orientirung über Rußland und seine Verhältnisse vorzugsweise empfehlenswerthes Buch, das auf kritischer Benützung der sich darbietenden Vorarbeiten beruht und recht gut geschrieben ist.</small>

[Aurel. **Buddeus**], Rußland unter Kaiser Alexander II. Nicolaijewitsch. Zur inneren Geschichte u. äußeren Politik vom Thronwechsel bis auf die Gegenwart. 1855—1860. gr. 8. (X, 424 S.) Leipzig 1860, Brockhaus. n. 1 Thlr. 24 Ngr.
Interessante Beiträge zur Geschichte des Umschwungs der inneren Politik Rußlands von einem mit russischen Dingen vertrauten Publicisten. Dagegen unrichtige und unbillige Voraussetzungen in Betreff der preußischen Politik.

Fr. **Bodenstedt**, Aus Ost und West. Sechs Vorlesungen. 8. (VII u. 204 S.) Berlin 1861, Decker. 1 Thlr.
Vorträge, die der Verfasser im Hörsaale Liebigs für ein gemischtes Publikum hielt. Ihr Inhalt ist: 1) Slavische Volkspoesie. 2) Der Kreml in Moskau, als Träger und Mittelpunkt der russischen Geschichte. 3) Die Stellung der Frauen im Orient und Occident. 4) Shakspeare und die altenglische Bühne. 6) Das russische Theater in seiner socialen Bedeutung.

Russische Fragmente, Beiträge zur Kenntniß des Staats- und Volkslebens in seiner historischen Entwicklung. Eingeleitet und herausgegeben von Friedrich Bodenstedt. 2 Bde. gr. 8. (XXVII, 314 u. VI, 389 S.) Leipzig 1862, Brockhaus. n. 3⅔ Thlr.
Inhalt; 1) Einleitung v. Bodenstedt. 2) K. Aksakow, Das altrussische Gemeinwesen und die Volksberathungen. 3) K. Aksakow, Das Familien- und Volksleben bei den alten Slaven. 4) Jw. Aksakow, Das Volksleben und die Messen in der Ukraine. 5) Die historische Bedeutung der Verhandlungen der Synode im Jahre 1551.

2 Bd: 1) N. Hilarow, Das Individuelle und das Allgemeine. 2) A. Koschelew, Die Bauerngemeinde und der Grundbesitz. 3) Chomjakow. Historische Fragmente, 4) Ueber eine Handschrift u. d. T.: Das russische Reich in der Mitte des 17. Jahrh. 5) Ueber die Arbeiterassociationen im Gouvernement Jaroslov v. J. Alfakow. 6) P. Bartenjew, Graf Markow.

Eine Schilderung Rußlands aus der Feder russischer Gelehrter und Parteiführer, die allen, welchen es um eine klare Einsicht in die politischen und socialen Zustände Rußlands zu thun ist, angelegentlich empfohlen zu werden verdient, und die eine Menge Beiträge zum Verständniß der wichtigsten Zeitfragen liefert.

A. Th. v. **Grimm**, Alexandra Feodorowna, Kaiserin von Rußland. 2 Bde. 2. Aufl. gr. 8. (XXIII u. 625 S. mit Porträt in Holzschnitt.) Leipzig 1866, Weber. n. 5 Thlr.
Leben der Gemahlin Kaisers Nicolaus, einer preußischen Prinzessin, aus der Feder ihres Vorlesers. In der schmeichelnden Manier eines Hofmanns geschrieben, enthält das Buch doch interessante Beiträge zur Geschichte der Kaiser Alexander und Nicolaus und des Lebens an ihrem Hofe.

Die Anfänge der neuen Aera in Rußland 1855—1860. Preußische Jahrb. Bd. XXIII. S. 63—85. 259—283.

Kurd v. **Schlözer**, Livland und die Anfänge deutschen Lebens im baltischen Norden. gr. 8. 12⅜ B. Berlin 1850. 1 Thlr. 10 Ngr.
Selbständige Forschungen des Verfassers in schöner, abgerundeter Darstellung.

Eduard **Osenbrüggen**, Nordische Bilder. 8. (VIII u. 273 S.) Leipzig 1853, Hinrichs. 1½ Thlr.
Der Verfasser war einige Jahre Professor in Dorpat und wurde dort entlassen, weil seine Ansichten nicht mit dem Geist der russischen Regierung übereinzustimmen schienen. Die bedeutendsten Abschnitte sind 1) Eine Wanderung in Finnland. 2) Die Russificirung der Ostseeprovinzen. 5) und 6) Die Esthen und ihre Poesie. 10) Die Universität Dorpat

J. **Eckardt**, Die baltischen Provinzen Rußlands. Politische und culturgeschichtliche Aufsätze. (VIII, 483 S.) Leipzig 1869, Duncker u. Humblot. 2²/₃ Thlr.

Eine Sammlung von Aufsätzen, welche den Zweck haben, auf den nationalen Zusammenhang der russischen Ostseeprovinzen mit Deutschland hinzuweisen und die Sympathie der deutschen Stammes- und Sprachgenossen zu beleben. Ein einleitender Aufsatz schildert die Zustände von Peter d. Gr. bis auf die Gegenwart, hierauf folgen sehr interessante Schilderungen politischer, literarischer und reformatorischer Persönlichkeiten.

—— Baltische und russische Culturstudien aus zwei Jahrhunderten. (XIV, 552 S.) Leipzig 1869, Duncker u. Humblot. 3 Thlr. 6 Ngr.

I. Die deutsch-russischen Ostseeprovinzen. Zur Geschichte der Stadt Dorpat. Baltische Aus- und Einwanderer. Bernoullis Reisen in Liv- und Kurland. Deutsche Schriftstellerbriefe aus dem Nachlasse Merkels. Ernst Gideon v. Loudon. Eine livländische Spukgeschichte von 1814. Albert Hollander.

II. A. P. Wolenski. Ein poln. Parteigänger aus den Zeiten der Republik. Eine russische Kronprätendentin des 18. Jahrh. Die griechisch-orthodoxe Kirche und deren Sekten. Der russische Gemeindebesitz. Iwan Turgenieff.

Mit großem Talent geschriebene Skizzen.

—— Samarins Anklage gegen die Ostseeprovinzen Rußlands. Uebersetzt a. d. Russischen, bevorwortet u. commentirt. Leipzig 1869, Brockhaus. 1 Thlr. 20 Ngr.

Diese Anklagen eines Altrussen haben große Aufregung in den Ostseeprovinzen hervorgebracht und werden hier mit Sachkenntniß und patriotischer Entrüstung widerlegt.

C. **Schirren**, Livländische Antwort an Herrn Juri Samarin. 1—3. Aufl. (195 S.) Leipzig 1869, Duncker u. Humblot. 1 Thlr. 10 Ngr.

Der Verfasser, bisher Professor der russischen Geschichte in Dorpat, vertheidigt hier mit Energie das deutsche Element in den Ostseeprovinzen gegen die Anklagen der russischen Partei, und giebt als Antwort eine vernichtende Kritik des russischen Systems. Formell ausgezeichnet.

A. v. **Harleß**, Geschichtsbilder aus der lutherischen Kirche Livlands vom Jahre 1845 an. (221 S.) Leipzig 1869, Duncker u. Humblot. 1 Thlr. 10 Ngr.

Ein werthvoller Beitrag zur Geschichte der Bedrängniß des deutschen und protestantischen Elements in Livland.

Joach. **Lelewel**, Geschichte Polens. 2. verm. Aufl. Mit einer historischen Einleitung u. Uebersicht der jüngsten Ereignisse in Polen von J. P. Jordan, und einem chronologisch geordneten Inhaltsverzeichnisse. gr. 8. 35⅞ B. und L.'s Bildniß mit Facsim. Leipzig 1847. 3 Thlr. Mit Atlas 4 Thlr.

Eine vom polnischen Standpunkt aus mit feurigem Patriotismus geschriebene Geschichte der Kämpfe Polens um Erhaltung seiner Selbständigkeit.

Friedr. v. **Smitt**, Geschichte des polnischen Aufstandes und Krieges in den Jahren 1830 und 31. Nach authentischen Quellen dargestellt. 2 Thle. 2. Aufl. gr. 8. Mit 7 Schlachtplänen u. Tabellen in 4. Berlin 1848, Duncker u. Humblot. 6 Thlr.

—— 3. Thl. Mit 9 Plänen und Tabellen. gr. 8. ebend. 1848. 6 Thlr.

Die beste Geschichte des polnischen Aufstandes vom russischen Standpunkt aus.

Fr. v. **Smitt**, Suworow u. Polens Untergang. Nach archivalischen Quellen dargestellt. 1. Thl. gr. 8. (XVI, 559 S.) 2. Thl. Polens letzte Wirren. gr. 8. (VIII, 534 S. mit 4 Plänen.) Leipzig 1858, C. F. Winter. n. 5²/₃ Thlr.

Der erste Band giebt das Leben Suworows bis zum Schluße des Türkenkriegs 1791 und viele neue Materialien zur Geschichte dieses letzteren. Die etwas bruchstückartige Erzählung ist durch zahlreiche Briefe Suworows ergänzt, welche der Verfasser leider nicht mit eigenen Erläuterungen begleitet. Der zweite Band erzählt die polnischen Händel von 1775 bis zum Schluße des Jahres 1792 und erweitert die bisherigen Ueberlieferungen mit manchen neuen Mittheilungen aus den russischen und preußischen Archiven. Mit Bestimmtheit wird festgestellt, daß Friedrich II. die erste, Oesterreich und Preußen die zweite Theilung Polens veranlaßt und gegen Katharina's Wünsche, die lieber das Ganze behalten wollte, durchgesetzt haben. Uebrigens ist die Geschichte der zweiten polnischen Theilung ungenügend und nicht ganz richtig dargestellt.

—— Schlüssel zur polnischen Frage, oder warum konnte und kann Polen als selbständiger Staat nicht bestehen. gr. 8. (VIII u. 112 S.) St. Petersburg 1865, Röttger. n. ⅚ Thlr.

Der Verfasser, der sich viele Jahrzehnte lang gründlich mit der polnischen Frage beschäftigt hat, sucht die Ursachen des Untergangs des polnischen Staates in dem Nationalcharakter der Polen, in dem Ueberwiegen der Phantasie, dem Mangel an Urtheilskraft, in der Adelsmacht und in dem verderblichen Eingreifen der Jesuiten in Unterricht und Erziehung und der dadurch entstandenen Entzweiung der Nation.

S. **Ssolowjoff**, Geschichte des Falles von Polen. (Nach russischen Quellen.) Uebersetzt von J. Spörter. gr. 8. (VIII u. 376 S.) Gotha 1865, Thienemann. n. 1²/₃ Thlr.

Auch interessante Nachweisung der Ursachen, welche den Untergang Polens herbeiführten.

**Hüppe**, Verfassung der Republik Polen. (XIII, 400 S.) Berlin 1867. 2 Thlr.

Eine unparteiische Darstellung der alten polnischen Verfassung, deren Schatten und Lichtseiten mit klarem Verständniß dargelegt werden. Besonders gelungen sind die Abschnitte über königl. Gewalt, über die Bedeutung der Religion im polnischen Staate, über die Dissidenten und die Rechtspflege.

## Aegypten, Asien und die Völker des Orients.

Jean Jacques **Champollion-Figeac**, Egypten. Deutsch von C. A. Mebold. (793 S. u. 92 Tafeln.) Stuttgart 1840, C. Schweizerbart.

Bestandtheil der Weltgemäldegallerie, die unter dem Titel Univers pittoresque bei Didot in Paris 1835 u. ff. und auch in deutscher Uebersetzung herausgegeben ist.

Egypten ist hier von einem der ersten Kenner dieses alten Culturlandes populär beschrieben, und auch die Zeichnungen sind von Werth.

A. H. **Layard**, Niniveh und seine Ueberreste. Nebst einem Berichte über einen Besuch bei den chaldäischen Christen in Kurdistan und den Jezidi oder Teufelsanbetern; sowie eine Untersuchung über die Sitten und Künste der alten Assyrier. Deutsch von N. N. W. Meißner. Mit 94 Illustr. (auf 24 Steintaf. in 8, 4 u. Qu.=Fol.), 6 (Lith.) Plänen (in 4 u. Fol.) und 1 (lith.) Karte (in Fol.) gr. 8. 30 B. Leipzig 1850. 6 Thlr.

Ein sehr interessantes, anspruchslos geschriebenes Werk, das die Ergebnisse der höchst bedeutenden Forschungen des Verfassers enthält. Die Uebersetzung ist im Ganzen richtig, nur ungenau in den archäologischen Kunstausdrücken.

**A. H. Layard**, Niniveh und Babylon. Nebst Beschreibung seiner Reisen in Armenien, Kurdistan und der Wüste. Uebersetzt von J. Th. Zenker. (VIII, 526 S. u. 33 lith. Tafeln.) Leipzig 1856, Dyk. 6 Thlr.
<small>Enthält die Ergebnisse einer späteren Reise.</small>

**W. Wattenbach**, Ninive und Babylon. 2 Vorträge. (IV, 65 S.) Heidelberg 1868, Bassermann. 12 Ngr.
<small>Uebersichtliche Zusammenstellung der Ergebnisse der neueren Forschungen.</small>

Geschichte des Volkes Israel, **Ewald** und **Hitzig** s. Alte Geschichte. S. 64 u. 65.

**JS. Marx. Jost**, Geschichte der Israeliten seit der Zeit der Maccabäer bis auf unsere Tage, nach den Quellen bearbeitet. 1—10. Bd. 1—3. Abtheilung. gr. 8. Berlin 1820—47, Schlesingersche Buchh. 21²/₃ Thlr.
  Der 10. Bd. auch u. d. Tit.: Neuere Geschichte der Israeliten von 1815—45. 1 Abthl. 1⅚ Thlr.
<small>Eine auf umfassende Benutzung der in so verschiedenen Literaturen zerstreuten Quellen der israelitischen Geschichte gestützte Arbeit, welche zwar in manchen Partien durch neuere Forschungen nunmehr antiquirt ist, aber immerhin als Ausgangspunkt dienen kann.</small>

—— Allgemeine Geschichte des israelitischen Volks, sowohl seines zweimaligen Staatslebens als auch der zerstreuten Gemeinden und Secten bis in die neueste Zeit ꝛc. 2 Bde. gr. 8. Berlin (Leipzig) 1831 u. 32. Amelangs Verl. 4¾ Thlr.
<small>Ist keineswegs blos ein Auszug des vorigen Werkes, sondern neu durchgearbeitet. Darstellung besser als in dem früheren Werk.</small>

**G. B. Depping**, Die Juden im Mittelalter. Ein von der Akademie der Inschriften und schönen Wissenschaften zu Paris durch Ehrenerwähnung ausgezeichneter historischer Versuch über ihre bürgerlichen, literarischen und Handelsverhältnisse. Aus dem Französ. gr. 8. Stuttgart 1834, Schweizerbart. ¾ Thlr.
<small>Ein gutes, interessantes, nicht blos gelehrtes, sondern auch für die Lectüre geeignetes Werk.</small>

**H. Grätz**, Geschichte der Juden von den ältesten Zeiten bis auf die Gegenwart. Leipzig, Leiner. à Bd. 2 Thlr. 20 Ngr.
<small>Die zwei ersten Bände sind noch nicht erschienen; dagegen Bd. III—X.</small>
  III. Von dem Tode Juda Makkabis bis zum Untergang des jüdischen Staats. 2. verb. u. verm. Aufl. 1863. (VIII, 511 S.)
  IV. Von dem Untergang des jüdischen Staates bis zum Abschluß des Talmud. 1853. (XVI, 565 S.)
  V. Vom Abschluß des Talmud bis zum Aufblühen der jüdisch-spanischen Cultur. 1860. (X, 566 S.)
  VI. Vom Aufblühen der jüdisch-spanischen Cultur bis Maimunis Tod. 1027—1206. 1860. (XII, 471 S.)
  VII. u. VIII. Von Maimunis Tod bis zur Verbannung der Juden aus Spanien und Portugal. 1863 u. 1864. (XII, 524. XV, 498.)

IX. Von der Verbannung der Juden aus Spanien u. Portugal bis zur dauernden Ansiedlung der Marranen in Holland (1618.) 1866. (L u. 527 S.)

X. Von der Ansiedlung in Holland bis zum Beginn der Mendelssohnischen Zeit (1760.) 1868. (XII, 575 S.)

*Bedeutendes Werk eines gelehrten Rabbiners, der zunächst für sein Volk dessen Geschichte schreiben wollte, und hiezu mit großem Fleiß und Spürsinn die christliche und jüdische Wissenschaft ausgebeutet hat. Die ersten Bände eignen sich für ein größeres Publikum, dann aber verliert sich der Verfasser so tief in die jüdische Gelehrsamkeit und in absonderliche Combinationen und Ansichten, daß der gewöhnliche Leser ihm nicht mehr folgen kann. Doch giebt gerade diese mittelalterliche Partie sehr werthvolle Beiträge zur Culturgeschichte. Die beiden letzten Bände sind wieder lesbarer.*

**Gustav Flügel**, Geschichte der Araber bis auf den Sturz des Kalifats von Bagdad. 2. umg. u. verm. Auflage. gr. 8. (X u. 418 S.) Leipzig 1864, Bänsch. 1 Thlr. 24 Ngr.

(Erster Band von: „Aus alter u. neuer Zeit", einer Geschichtsbibliothek für Leser aller Stände.)

*Entspricht dem Zwecke einer populären Bearbeitung des Stoffes sehr gut, indem der Verf. weder zu viel noch zu wenig giebt und die Ergebnisse fremder und eigner Forschung in gefälliger anziehender Form darlegt.*

**G. Weil**, Geschichte der Chalifen, nach handschriftlichen, größtentheils noch unbenutzten Quellen bearbeitet.

I. Bd. Vom Tode Mohammeds bis zum Untergange der Omejjaden, mit Einschluß der Geschichte Spaniens, vom Einfalle der Araber bis zur Trennung vom östlichen Chalifate. gr. 8. 44¾ B. Mannheim 1846. 6 Thlr.

II. Bd. Die Abbasiden bis zur Einnahme von Bagdad durch die Bujiden. 749—945 n. Chr. gr. 8. 44½ B. ebend. 1848. 4 Thlr.

III. Bd. Von der Einnahme Bagdads durch die Bujiden bis zum Untergang des Chalifats von Bagdad. 945—1258 n. Chr. Geb. Mit Register zu sämmtlichen 3 Bdn. gr. 8. 33½ B. ebend. 1851. 6 Thlr.

IV. u. V. Bd. Geschichte des Abbasidenchalifats in Egypten. 1517 n. Chr. (XXIV, 576. XVIII, 512 S.) 1860—62. 8 Thlr. 16 Ngr.

*Die beste, zuverlässigste Behandlung der Geschichte des Chalifats, welche die großentheils unzugänglichen Quellenschriften ersetzt.*

**Joh. Ern. Rud. Käuffer**, Geschichte von Ostasien, für Freunde der Geschichte der Menschheit dargestellt. 2 Bde. gr. 8. (XXIV, 465, VIII, 814 S.) Leipzig 1858. 59, Brockhaus. n. 7 Thlr.

*Eine mit Fleiß und lebendigem Interesse für den Gegenstand ausgeführte Compilation, welche eine Geschichte der Indier, der Chinesen und Japanesen, ihrer Religionssysteme und ihres Culturzustandes giebt. Der Verfasser, Hofprediger in Dresden, war kein Orientalist und schöpfte seine Materialien nur aus zweiter Quelle.*

**Karl Fried. Neumann**, Geschichte des englischen Reiches in Asien. 2 Bde. gr. 8. (XII 653. XII 739 S.) Leipzig 1857, Brockhaus. n. 7 Thlr.

*Eine fleißige Arbeit, welche die vorliegenden Materialien zur neuern Geschichte Indiens gut zusammenstellt und verarbeitet, und wohl das Vollständigste ist, was wir in dieser Art in der deutschen Literatur besitzen. Uebrigens fehlt es dem Verfasser an eigener Anschauung des indischen Lebens und an vertrauter Bekanntschaft mit der alten Geschichte Indiens, die ihn hätte* in den Stand setzen können, die jetzigen Zustände und Einrichtungen geschichtlich zu erklären. Auch zeigt er eine übel angebrachte Abneigung gegen allen christlichen Einfluß.

**Karl Fried. Neumann,** ostasiatische Geschichte vom ersten chinesischen Kriege bis zu den Verträgen in Peking (1840—60.) gr. 8. (XX u. 532 S.) Leipzig 1861, Engelmann. 3½ Thlr.

Eine zusammenhängende, auf Grund authentischer Berichte sich stützende Geschichte des Eindringens der Europäer in Ostasien.

**Leopold von Orlich,** Indien und seine Regierung. Nach den vorzügl. Quellen u. nach Handschriften. 1. Bd. Allgemeine Geschichte von Indien bis 1857. Lex. 8. (XII, 537 S.) Leipzig 1858, G. Mayer. n. 3 Thlr. 2. Bd. 1. Abth. Geschichte u. Colonisation der Länder Sind u. Pengâb, Geschichte des Königreichs Oude u. Schilderung der britisch-indischen Armee. Lex. 8. (VII, 416 S.) Ebend. 1859. n. 2 Thlr. 2. Abthlg. Culturgeschichte Indiens ꝛc. Mit Benutzung des Nachlasses von Leopold Orlich und nach den vorzüglichsten Quellen bearbeitet von K. Böttger. (IX, 394 S.) 1861. 2 Thlr.

Nicht eine Compilation, sondern das Werk eines mit den Verhältnissen der geschilderten Länder durch eigene Anschauung und fleißige Studien in der betreffenden Literatur vertrauten Mannes. Der erste Band enthält die allgemeine Geschichte Indiens bis zum Aufstand von 1857 mit vorzugsweiser Berücksichtigung der neuen Geschichte. Der zweite Band handelt von den genannten besonderen Landschaften, die bei dem Aufstande am meisten betheiligt waren.

Orlich hatte zu der letzten Abtheilung nur die Materialien hinterlassen, die nun B., vom Verleger mit der Redaction beauftragt, nicht nur sorgfältig verarbeitet, sondern auch ergänzt hat. Dieser Band handelt von dem Klassen- und Kastenwesen der Hindus, Religion und religiösem Leben derselben, Schattenseiten des Volkscharakters, Menschenopfer und Mord, Mission, Erziehungswesen und Civilisation, Lebensweise und Charakter nebst Bemerkungen über indische Kunst und Wissenschaft, Regierung und Justizverwaltung, Produkte und Handel, Finanzverwaltung, Landbau, Pachtsystem und Rajats.

**Philipp van Möckern,** Ostindien, seine Geschichte, Kultur und seine Bewohner. Resultate eigener Forschungen und Beobachtungen an Ort und Stelle. 2 Bde. gr. 8. (XVII u. 395. 327 S.) Leipzig 1857, Costenoble. 4¼ Thlr.

Ein Kaufmann, der keine gelehrten Forschungen gemacht hat, giebt hier, was er an Ort und Stelle von den Ueberlieferungen der Eingebornen und älteren Europäer vernommen hatte. Der größte Theil besteht in einer einfachen, in Einzelheiten nicht immer richtigen Geschichte Indiens von den ältesten Zeiten bis zum Anfang des 19. Jahrhunderts. Außerdem erzählt er Manches aus dem gegenwärtigen indischen Leben, Hofgeschichten, Jagdabenteuer, Schicksale eingewanderter Europäer. Das Bestreben, unterhaltend zu sein, verführt ihn mitunter, unglaubliche Dinge aufzutischen.

**J. J. Weitbrecht,** Die protestantischen Missionen in Indien, mit besonderer Rücksicht auf Bengalen. Mit Vorwort von Wilh. Hoffmann. 8. Heidelberg 1844, K. Winter. n. ¾ Thlr.

Schildert das Feld der Missionsthätigkeit in Indien mit allen seinen Schwierigkeiten und Aussichten. Reich an werthvollen Beiträgen zur Kenntniß des indischen Volkes.

## Amerika.

**J. G. Campe,** Die Entdeckung von Amerika. 2. Auflage nach den Anforderungen der Gegenwart umgearbeitet von Adam Pfaff. Mit Illustra-

tionen, einem Planiglob u. 4 Karten. 3 Thle. (IX, 247. 306. 380.)
Braunschweig 1868, Fr. Vieweg. 1 Thlr. 18 Ngr.
<small>Eine gelungene Erneuerung der berühmten Jugendschrift.</small>

**Wash. Irving,** (Uebersetzung.) Christoph Columbus Leben und Reisen. Aus d. Engl. überſ. von P. A. G. v. Meyer. 4 Thle. Mit 2 Karten. 8. Frankf. a. M. 1828, Sauerländers Verl. 3⅔ Thlr.

—— Uebersetzt von Ungewitter. 4 Bde. 8. Frankfurt a. M. 1829, Wesches Verl. 3 Thlr.

—— **Aus dem Englischen.** gr. 8. Stuttg. 1833, Cotta. 1½ Thlr.
<small>Stützt sich auf die Benützung ächter Urkunden in Spanien und zeichnet sich durch eine äußerst belebte, anziehende und geschmackvolle Darstellung aus. Ein sehr unterhaltendes, besonders auch der Jugend zu empfehlendes Lesebuch. Das dritte Werk ist ein vom Verfasser selbst bearbeiteter Auszug.</small>

**J. G. Kohl,** Geschichte der Entdeckung Amerika's von Columbus bis Franklin. 8. (V u. 454 S.) Bremen 1861, Strack. n. 1⅓ Thlr.
<small>Eine Reihe von Vorträgen über die Geschichte unserer geographischen Kenntnisse von Amerika, die der vielgereiste Verfasser vor einem gemischten Publikum in Bremen hielt. Die vielen Entdeckungsreisen und die durch sie gewonnenen Ergebnisse werden hier in lichtvoller Uebersicht zusammengestellt. Ein sehr empfehlenswerthes, nicht nur belehrendes sondern auch angenehm unterhaltendes Lesebuch.!</small>

**George Bancroft,** Geschichte der vereinigten Staaten von Nordamerika, von der Entdeckung des amerikanischen Continents an bis auf die neueste Zeit. Nach der 9. Aufl. des Originals deutsch von A. Kretzschmar. 1—8. Bd. gr. 8. (I. IX, 402. II. 406. III. 403. IV. VIII, 379. V. 387. VI. XII, 403. VII. 372. VIII. 416 S.) Leipzig 1845—64, O. Wigand. 12 Thlr.
<small>Der Verfasser, ein Amerikaner von deutscher Bildung, giebt auf Grund sorgfältiger Quellenforschung eine gründliche Geschichte der Entwicklung der Vereinigten Staaten in blühender Sprache. Große Genauigkeit der Untersuchungen und edle patriotische Wärme machen dieses Werk zu einem ausgezeichneten. Ein Hauptvorzug seiner Arbeit ist die sorgfältige Berücksichtigung der Wechselwirkung zwischen den europäischen Verhältnissen und den Ereignissen in Nordamerika. Bancroft ist gegenwärtig Gesandter bei dem Norddeutschen Bunde. Die Uebersetzung ist gut.</small>

—— History of the United States. Vol. IX. Boston 1866.
<small>Da die deutsche Uebersetzung dieses Bandes noch nicht erschienen ist, so führen wir das Original an. Derselbe enthält die Zeit vom 4. Juli 1776 bis zum 6. Febr. 1778, d. h. von der Unabhängigkeitserklärung bis zum Abschluß des französischen Bündnisses. Die sorgfältige Quellenforschung berichtigt die bisher einseitige Darstellung englischer und amerikanischer Werke.</small>

**Talvj** [Therese **Robinson** geb. Jakob], Geschichte der Colonisation von Neu-England. Von den ersten Niederlassungen daselbst im Jahre 1607 bis zur Einführung der Provinzialverfassung von Massachusetts im J. 1692. Nach den Quellen bearb. Nebst 1 Karte von Neu-England im J. 1674. gr. 8. (XVIII, 709 S.) Leipzig 1847. 3 Thlr. 15 Ngr.
<small>Erzählung von weltgeschichtlichem Interesse. Die Urgeschichte der puritanischen Ansiedlungen in Nordamerika, welche den vereinigten Freistaaten ihr eigenthümliches Gepräge verliehen haben. Sehr ansprechende Darstellung auf dem Grunde sorgfältiger, umfassender Benützung der gleichzeitigen Berichte und Urkunden.</small>

**Karl Friedrich Neumann**, Geschichte der vereinigten Staaten von Amerika.
  I. Bd. Gründung der Kolonien bis zur Präsidentschaft des Thomas Jefferson. gr. 8. (XXVIII u. 607 S.) Berlin 1863, C. Heymann (A. C. Wagner). 3 Thlr.
  II. Bd. Von der ersten Präsidentschaft des Th. Jefferson bis zu Ende d. zweiten Präsidentschaft des Andr. Jackson. (XXIV, 592 S.) 1865. 3 Thlr.
  III. Bd. Von der Präsidentschaft des M. van Buren bis zur Inaug. des Abr. Lincoln. (XXXVI, 559 S.) 1866. 3 Thlr.

> Eine mit großer Vorliebe für die Union und ihre Verfassung mit apologetischer Tendenz gegen die Südstaaten geschriebene Geschichte der Vereinigten Staaten. Die gedruckten Materialien sind mit Fleiß gesammelt und benützt, aber nicht zu einem lebendigen Ganzen verarbeitet, das uns eine klare Anschauung von den Bestrebungen der Parteien und der Persönlichkeit ihrer Führer gäbe. Das einzige deutsche Werk, welches die Geschichte der Union nach Washington bis zum Bürgerkrieg im Zusammenhang behandelt.

**Ed. Reimann**, Die vereinigten Staaten von Nordamerika im Uebergang vom Staatenbund zum Bundesstaat. gr. 8. (VII u. 274 S.) Weimar 1855, Böhlau. n. 1⅓ Thlr. 2. Aufl. 1861. 1⅙ Thlr.

> Giebt in klarer gedrängter Erzählung ein Bild von den Verhandlungen in der gesetzgebenden Versammlung mit Hervorhebung der Knotenpunkte. Allen denen, welche mit einer allgemeinen aber zuverlässigen Kenntniß der betreffenden Hergänge zufrieden sind, sehr zu empfehlen. Zerfällt in 3 Abtheilungen: 1) Geschichte der Vereinigungsbestrebungen vor der Verfassung von 1781. 2) Erfahrungen während der Dauer dieses loseren Bundes. 3) Verhandlungen der verfassunggebenden Versammlung bis zur Einführung des jetzigen Bundesstaates.

**W. Kiesselbach**, Der amerikanische Federalist. Politische Studien für die deutsche Gegenwart. 2 Bde. gr. 8. (IV u. 455, VII u. 441 S.) Bremen 1864, Kühtmann u. Comp. n. 5⅓ Thlr.

> Das Werk knüpft an eine Sammlung von Aufsätzen an, die unter dem Titel „der Federalist" 1788 von amerikanischen Staatsmännern über den Verfassungsentwurf der Union veröffentlicht wurden und viel zur Annahme desselben beitrugen, und der Verf. giebt auf Grundlage dieser Abhandlungen eine Geschichte der Ausbildung der amerikanischen Verfassung, die sehr lehrreich, doch nicht ganz leicht zu lesen ist.

**Heinr. Handelmann**, Geschichte der Vereinigten Staaten. 2. Ausg. (XVI, 688 S.) Berlin 1860, Springer. 2 Thlr.

> Ein empfehlenswerthes Werk, das die Entwicklung der nordamerikanischen Geschichte von den ersten Anfängen Neuenglands bis zum Jahre 1787 ausführt.

**Franz Löher**, Geschichte und Zustände der Deutschen in Amerika. gr. 8. 34¾ B. Cincinnati 1847. 2 Thlr. 20 Ngr.

> Ein sehr reichhaltiges, durch geistige Frische ansprechendes Werk, welches die Geschichte der Deutschen in Nordamerika und ihre Verdienste um die staatliche Entwickelung hervorhebt, zugleich aber mehr, als es unter den bestehenden Verhältnissen wohl möglich ist, fordert, daß das deutsche Element als ein selbständiges erhalten und herrschend bleibe.

**Fried. Kapp**, Geschichte der deutschen Einwanderung in Amerika. 1. Bd. Die Deutschen im Staat Newyork bis zum Anfang des 19. Jahrh. (VIII, 399 S.) Leipzig 1868, Quandt u. Händel. 1⅔ Thlr.

> Ein sehr verdienstliches Werk, das nach sorgfältigen an Ort und Stelle angestellten Forschungen die verschiedenen Einwanderungen der Deutschen erzählt und ihre hervorragenden Männer schildert. Was Löher anregte, hat Kapp hier mit historischer Gründlichkeit ausgeführt. Dieser erste Band geht vom Ende des 17. Jahrh. bis in die Mitte des 18. Anziehende Darstellung.

**Fr. Kapp**, Leben des Generals Fried. Wilh. v. Steuben. Mit Steuben's Portr. gr. 8. (XXXII, 667 S.) Berlin 1858, Duncker u. Humblot. n. 2⅔ Thlr.

Ein deutscher Flüchtling beschreibt hier das Leben eines der bedeutendsten Generale des nordamerikanischen Freiheitskriegs, welcher den Amerikanern ein nach europäischer Art geschultes Heer heranzog und sie dadurch in den Stand setzte, über die Heere der Engländer zu siegen. Die sehr gründliche Arbeit, welche den Charakter einer Quellenschrift trägt, bei welcher Composition und Darstellung zurücktritt, wird allgemein als eine bedeutende Leistung anerkannt. Der Verfasser behandelt seinen Helden mit patriotischer Begeisterung.

—— Leben des amerikanischen Generals Joh. Kalb. Mit Kalbs Portr. in Stahlstich. (XIV, 300 S.) Stuttg. 1862, Cotta. 1 Thlr. 6 Ngr.

Ein Seitenstück zu dem Leben Steubens und ebenfalls ein werthvoller Beitrag zur Geschichte des amerikanischen Befreiungskriegs. Hat vor jenem den Vorzug einer besseren Verarbeitung der Materialien.

—— Geschichte der Sklaverei in den vereinigten Staaten von Amerika. Hamburg 1861, O. Meißner. gr. 12. (XV u. 516 S.) n. 1⅔ Thlr.

Eine anerkannt gute, durchaus objectiv gehaltene Schrift über die Sklavenfrage.

**Franz Kottenkamp**, Die ersten Amerikaner im Westen. Daniel Boone u. seine Gefährten. (Die Gründung Kentuckys). Tecumseh u. dessen Bruder. Für die reifere Jugend u. das Volk bearbeitet. Mit 1 Titelbild. gr. 8. (XII u. 540 S.) Stuttgart 1855, Schmidt u. Spring. 1¾ Thlr.

Der Verfasser erzählt nach amerikanischen Quellen die ersten Ansiedlungen der Angloamerikaner im Westen mit Treue und Lebendigkeit, die das Buch zu einer anziehenden Lektüre für die Jugend macht.

**Alexis v. Tocqueville**, Ueber die Demokratie in Amerika. Aus d. Französischen übers. v. F. A. Rüder. 2 Thle. gr. 8. Leipzig 1836, Kummer. 2⅔ Thlr.

Ein Werk, das einst großes Aufsehen gemacht und bedeutenden Einfluß auf eine günstigere Ansicht von Amerika gehabt hat. Der Verfasser, der es als Naturnothwendigkeit ansieht, daß die socialen Verhältnisse immer mehr zur Demokratie, d. h. zur Gleichheit der Stände hinstreben, glaubt, daß die socialen Einrichtungen in Amerika besonders darauf angelegt seien, dieselbe zu begründen. Darstellung anziehend und durch Erzählung sehr interessanter einzelner Züge belebt.

—— u. A. **Beaumont**. Nordamerikanische Bilder und Zustände. Deutsch von O. Spazier. 2 Bde. 8. Weimar 1836, Voigt. 2½ Thlr.

Die Frage über die Sklaverei in Amerika in Form eines Romans erörtert.

**Heinrich Blankenburg**, Die inneren Kämpfe der Nordamerikanischen Union bis zur Präsidentenwahl von 1868. (XII, 346 S.) Leipzig 1869, Brockhaus. 2 Thlr.

Eine sehr gute, objectiv gehaltene Geschichte des amerikanischen Kriegs, seiner Ursachen und Folgen. Der Verf. betrachtet zwar den Sieg des Nordens als einen entschiedenen Fortschritt, aber hebt hervor, daß auch die südstaatlichen Ansprüche, besonders in volkswirthschaftlicher Beziehung, ihre Berechtigung haben, und tritt daher der extremen republikanischen Auffassung entgegen.

**Ernst Reinhold Schmidt**. Der amerikan. Bürgerkrieg. Geschichte des Volks der Verein. Staaten vor, während u. nach der Rebellion. Mit Porträts,

Karten u. Plänen. (1 Bd. LXXXV, 318 S.) Philadelphia u. Leipzig 1867—69, Schäfer u. Conradi. Auf 2 Bde. in 20 Lief. à 25 Cts. berechnet.

Das Werk eines seit vielen Jahren in Amerika lebenden Deutschen, der seinen Landsleuten eine getreue vollständige Erzählung der Ereignisse des Krieges, sowie seiner Ursachen und Wirkungen bieten und damit dem in diesem Kriege errungenen Sieg der individuellen und politischen Freiheit einen Denkstein setzen wollte. Der Verf. steht auf dem Standpunkt der republikanischen Partei und sieht in der Erhebung der Südstaaten eine unberechtigte Rebellion, bemüht sich aber, der Haltung der südstaatlichen Armee und Bevölkerung während des Kriegs gerecht zu werden, und zeigt überhaupt ein redliches Bemühen, die Wahrheit zu erforschen und darzustellen. Populärer und ausführlicher als das vorige Werk.

**Otto Heusinger**, Amerikanische Kriegsbilder. Aufzeichnungen aus den Jahren 1861—1865. (VIII, 262 S.) Leipzig 1869, Grunow. 1¹/₃ Thlr.

Gut geschriebene Kriegsberichte eines deutschen Offiziers, welcher den amerikanischen Krieg in der Unionsarmee mitgemacht hat. Der Verf. bestrebt sich, unparteiisch zu schildern und auch der südstaatlichen Armee gerecht zu werden.

**W. Herm. Dixon**, Neu-Amerika. Nach der 7 Orig.-Ausg. aus dem Engl. von Rich. Oberländer. (XVI, 463 S.) Jena 1868, Costenoble. 2²/₃ Thlr.

Ergebnisse eines Streifzuges in die Ver. St., den der Verfasser bald nach Beendigung des amerikanischen Bürgerkrieges ausführte. Lebendige humoristische Schilderung der Extreme des amerikanischen Lebens, besonders der Mormonen, Quäker, Methodisten, Bibelcommunisten, Agitatoren für Frauenrecht u. dgl.

**Bernal Diaz del Castillo**, Denkwürdigkeiten oder wahrhafte Geschichte der Entdeckung und Eroberung von Neuspanien, von einem der Entdecker u. Eroberer selbst geschrieben. Aus d. Span. in's Deutsche überf. und mit dem Leben des Verfassers, mit Anmerkungen und Zusätzen versehen von Ph. J. v. Rehfues. 4 Bde. gr. 8. Bonn 1838, Marcus. n. 6 Thlr. 2. Ausg. gr. 8. ebend. n. 4 Thlr.

Das Werk eines spanischen Soldaten aus dem Heere des Ferdinand Cortes. Bei aller Ignoranz und Beschränktheit entwickelt der ungelehrte, im Aberglauben seiner Zeit befangene Verfasser eine Beobachtungs- und Darstellungsgabe, die Staunen erregt, und die detaillirte, lebendige, naive Schilderung macht einen wahrhaft epischen, oft homerischen Eindruck. Ein höchst anziehendes Lesebuch; Mädchen und Kindern jedoch verschlossen. Die Uebersetzung ist classisch, und der Herausgeber hat werthvolle Abhandlungen beigefügt.

**Will. H. Prescott**, Geschichte der Eroberung von Mexico mit einer einleitenden Uebersicht des früheren Bildungszustandes und dem Leben des Eroberers Hernando Cortez. Aus dem Englischen. 2 Bde. Mit 2 lith. Taf. (XXXII, 615. XX, 545 S.) gr. 8. Leipzig 1845, Brockhaus. 6 Thlr.

Ein sehr werthvolles Werk, das auf gründlichen Studien beruht und durch eine lebendige Darstellung anspricht.

—— Geschichte der Eroberung von Peru, mit einer einleitenden Uebersicht des Bildungszustandes unter den Inkas. Aus dem Engl. übers. Mit 1 Karte von Peru. 2 Bde. gr. 8. (XXXII, 416. 400 S.) Leipzig 1848. 5 Thlr.

Ebenfalls ein sehr bedeutendes Werk, das mit dem vorigen dem Verfasser den Ruf eines ausgezeichneten Geschichtschreibers erworben hat. Glänzende Beschreibung der hohen Kultur der Inkas.

**Th. Armin**, Das alte Mexico und die Eroberung Neu-Spaniens durch Ferd. Cortez. Nach W. Prescott und Bernal Diaz, sowie unter Benutzung der Schriften von A. v. Humboldt ꝛc. Mit über 120 in den Text gedruckten Abbildungen, 6 Tonbildern u. 1 Karte. gr. 8. (XVI u. 376 S.) Leipzig 1865, Spamer. n. 1²/₃ Thlr.

—— Das heutige Mexico: Land und Volk unter Spaniens Herrschaft, sowie nach erlangter Selbständigkeit bis zum Tode des Kaisers Maximilian. Unter Benutzung der zuverlässigsten und neuesten Quellen. Mit 150 in den Text gedruckten Abbildungen, nebst 6 Tonbildern. gr. 8. (XII u. 428 S.) 2. Aufl. Ebendas. 1869. n. 1²/₃ Thlr.
   Eine unterhaltende Zusammenstellung des interessanten Stoffes.

**Em. K. Heinr. v. Richthofen**, Die äußeren u. inneren politischen Zustände der Republik Mexico seit deren Unabhängigkeit bis auf die neueste Zeit. gr. 8. (XII, 499 S.) Berlin 1859. Hertz. n. 2²/₃ Thlr.
   Der Verfasser war viele Jahre lang preußischer Ministerresident in Mexico und hatte die beste Gelegenheit über die mericanischen Zustände sich zu unterrichten; sein Werk ist das beste für die Zeit vor 1855. Die Darstellung gar zu sehr mit Fremdwörtern überladen.

**Emil Graf Kératry**, Kaiser Maximilians Erhebung und Fall. Originalcorrespondenzen u. Documente in geschichtl. Zusammenhange dargestellt. (VI u. 328 S.) gr. 8. Leipzig 1867, Duncker u. Humblot. 1 Thlr. 24 Ngr.
   Erster genauerer Bericht über die mericanische Katastrophe von französischer Seite.

**Gräfin Paula Kollonitz**, Eine Reise nach Mexico im Jahr 1864. 2. Aufl. gr. 8. (XI u. 247 S.) Wien 1867, Gerold's Sohn. n. 1¹/₃ Thlr.
   Sehr ansprechende Erzählungen einer gebildeten Dame, welche Ehrendame der Kaiserin Charlotte war, mit treffenden Schilderungen des Kaiserpaars und der mericanischen Parteiführer.

**S. Basch**, Erinnerungen aus Mexico, Geschichte der letzten zehn Monate des Kaiserreichs 1. 2. (196. 261 S.) Leipzig 1868, Duncker u. Humblot. 2 Thlr.
   Aufzeichnungen des kaiserlichen Leibarztes aus der letzten Periode, die uns interessanten Aufschluß darüber geben, wie es gekommen ist, daß der Kaiser Maximilian nach der verunglückten Sendung seiner Gemahlin und dem Rückzug der Franzosen seinen bereits gefaßten Entschluß nach Europa zurückzukehren wieder aufgab, und das verzweifelte Wagestück der Fortführung seiner Regierung unternahm.

**Felix Prinz zu Salm-Salm**, Queretaro, Blätter aus meinem Tagebuch in Mexico. Nebst einem Auszuge aus dem Tagebuch der Prinzessin Agnes zu Salm-Salm. 2 Bde. (XI, 296. 239 S.) Stuttgart 1868, Kröner. 3¹/₃ Thlr.
   Lebendige Erzählung eines kaiserlichen Officiers, der sich bei den kriegerischen Ereignissen auszeichnete und bis zuletzt in treuer Freundschaft bei dem Kaiser ausharrte. Ergänzt Basch's Bericht in willkommener Weise und ist eine ansprechende Lektüre.

**Friedrich von Hellwald**, Maximilian I. Kaiser von Mexico. Sein Leben, Wirken u. Tod, nebst einem Abriß der Geschichte Mexico's. 2 Bde. (XVI, 617 S.) Wien 1868, Braumüller. 2²/₃ Thlr.
   Eine fleißig ausgearbeitete Zusammenstellung der Thatsachen, mit warmer Sympathie für den unglücklichen Fürsten geschrieben. Weit umfassender als die beiden vorgenannten, giebt

dieses Buch eine gewisse Vollständigkeit, aber entbehrt der Frische des Selbsterlebten. Stark österreichisch und zugleich Napoleon entschuldigend.

**Heinr. Handelmann,** Geschichte der Insel Hayti. 2. Ausg. (192 S.) Kiel 1860, Homann. 20 Ngr.

—— Geschichte von Brasilien. Lex. 8. (XXIV, 989 S.) Berlin 1859, Springer's Verl. 4½ Thlr.
    Zwei gute Monographieen, in welchen die Entwicklung der amerikanischen Colonien einfach, aber klar und gründlich dargelegt ist. Beide gehen bis zum J. 1854.

**J. R. Rengger,** und **M. Longchamp.** Historischer Versuch über die Revolution von Paraguay und die Directorialregierung von Dr. Francia. Ein Abschnitt der Reise nach Paraguay. gr. 8. Stuttg. 1827, Cotta. 1⅙ Thlr.
    Erkennt das Gute, welches die Verwaltung des Dr. Francia für Paraguay haben mochte, bereitwillig an, berichtet aber andererseits ohne Schonung die empörenden Gewaltthätigkeiten desselben. Eine Hauptquelle für die Geschichte der Regierung Francia's.

—— Reise nach Paraguay in den Jahren 1818—26. Aus des Verf. handschriftlichen Nachlasse herausgeg. v. A. Rengger. Mit 1 Karte u. 4 Bl. Abbild. gr. 8. Aarau 1835, Sauerländers Verl. 2⅓ Thlr.
    Eine der besten Reisebeschreibungen über Paraguay, welche über naturwissenschaftliche Ergebnisse, politische und Cultur-Zustände interessante Beobachtungen mittheilt und sich angenehm liest. Ein Theil des Werkes ist in französischer Sprache geschrieben.

## Culturgeschichte.

**Gust. Klemm,** Allgemeine Culturgeschichte der Menschheit. Nach den besten Quellen bearbeitet und mit xylographischen Abbildungen der verschiedenen Nationalphysiognomien, Geräthe, Waffen, Trachten, Kunstproducte u. s. w. versehen. 10 Bde. gr. 8. Leipzig 1843—52, Teubner. 27¼ Thlr.

    1. Bd. Einleitung und Urzustände der Menschheit. Mit 8 Taf. Abbildung. 1843. 2 Thlr.
    2. = Die Jäger- und Fischervölker der passiven Menschheit. Mit 31 Taf. Abbildung. 3 Thlr.
    3. = Die Hirtenvölker der passiven Menschheit. Mit 7 Taf. Abbildung. 1844. 2½ Thlr.
    4. = Die Urzustände der Berg- u. Wüstenvölker der activen Menschheit 2c. Mit 7 Taf. Abbildung. 1845. 2½ Thlr.
    5. = Aegypten. Mit 1 Steintafel. 2 Thlr. 22½ Ngr.
    6. = China. Mit 8 Steintafeln. 1847. 3 Thlr.
    7. = Das Morgenland. Mit 6 Taf. in Holzschn. 1849. 3 Thlr
    8. = Das alte vorchristliche Europa. Mit 6 lithogr. Taf. 1850. 3 Thlr.
    9. = Das christliche West-Europa. Mit 6 Taf. in Holzschn. 1851. 3 Thlr.
    10. = Das christliche Ost-Europa. Mit 4 Taf. in Holzschn. 1852. 2½ Thlr.

Die Aufgabe, die sich der Verfasser stellt, geht dahin, die allmälige Entwicklung der Menschheit von den rohesten Uranfängen an bis zu deren Gliederung in organische Volkskörper nach allen ihren Richtungen, also in Bezug auf Sitten, Kenntnisse und Fertigkeiten, häusliches und öffentliches Leben, Religion, Wissen und Kunst unter den von Klima und Lage von der Vorsehung dargebotnen Verhältnissen zu erforschen und nachzuweisen. Der Weg, den er hierbei einschlägt, ist nicht eine culturhistorische Entwicklung der wirklich welthistorischen Völker, sondern er betrachtet die verschiedenen Culturstufen an und für sich und ohne Rücksicht auf ihre chronologische Aufeinanderfolge bei den verschiedenen Völkern, durch welche dieselben repräsentirt sind, mögen sie nun der alten oder der neueren Zeit angehören.

**G. Klemm**, Allgemeine Culturwissenschaft. Die materiellen Grundlagen menschlicher Cultur.
    I. Bd. Einleitung, Lebensgeschichte des Verfassers und Entstehungsgeschichte des Buches. Feuer, Nahrung, Getränke, Narkotika. gr. 8. (VII u. 399 S.) Leipzig 1855, Romberg. n. 2 Thlr.
    II. Bd. Werkzeuge u. Waffen. gr. 8. (VII u. 393 S. mit Holzschn.) Ebend. 1854. n. 1⅙ Thlr.

Bruchstück eines auf 5 Bände berechneten Werkes, in welchem der durch seine ethnographische Culturgeschichte bekannte Verfasser sich die Aufgabe stellt, die zum äußeren Leben gehörige Culturentwicklung nach den Gattungen des menschlichen Lebensbedarfs zu behandeln. Wir finden hier eine sehr reichhaltige Sammlung von einschlägigen Notizen, eine wissenschaftliche Behandlung der Culturgeschichte ist es aber nicht. Die Vorrede, welche eine interessante Selbstbiographie enthält, giebt uns Aufschluß über die Quellen des Werkes und seine culturhistorischen Sammlungen, welche dem Buche zu Grunde liegen. Die Fortsetzung ist nicht erschienen.

—— Vor fünfzig Jahren. Culturgeschichtliche Briefe. 2 Bde. 8. (XI u. 272. 306 S.) Stuttgart 1865, Schweizerbart. 2 Thlr.
Giebt die populäre Bearbeitung seiner culturgeschichtlichen Forschungen.

—— Die Frauen. Culturgeschichtliche Schilderungen des Zustandes u. Einflusses der Frauen in den verschiedenen Zonen u. Zeitaltern. 6 Bde. (I. VI, 411. II. III, 361. III. 264. IV. 344. V. 308. VI. 404 S.) Dresden 1854—58, Arnold. à 2 Thlr.

Ein Werk des in culturgeschichtlichen Mittheilungen unermüdeten Verfassers, auf welches derselbe großen Werth legte, das aber nicht den von ihm erwarteten Erfolg hatte. Der erste Band enthält eine Zusammenstellung von Erzählungen älterer und neuerer Reisenden über das Verhältniß der Frauen bei außereuropäischen Nichtculturvölkern. Die 5 weiteren Bände schildern uns die Zustände der Frauen Europas in folgenden Abschnitten: 1) Die Frau in der Familie und im Privatleben, 2) im Staate, 3) in der Religion, 4) in Literatur und Wissenschaft, 5) in der Kunst.

—— Freundschaftliche Briefe. 8. 23¾ B. Leipzig 1847. 1 Thlr. 15 Ngr.
Die Ergebnisse seiner Culturgeschichte von Bd. 1—6 legt hier der Verfasser in populärer und unterhaltender Weise dar.

**(Ernst) Wilh. (Gottlieb) Wachsmuth**, Europäische Sittengeschichte, vom Ursprunge volksthümlicher Gestaltungen bis auf unsere Zeit. 5 Bde. (od. 7 Thle.) gr. 8. Leipzig 1831—39, W. Vogel. 17 1/12 Thlr.
    1. Bd. — bis zum Verfall des karolingischen Reichs. 1831. 1⅓ Thlr.
    2. „ Vom Verfalle des karolingischen Frankenreichs bis zum Auftreten Gregors VII. 1833. 2¼ Thlr.
    3. „ 1. Das Zeitalter der Kirchenschwärmerei und der Herrschaft des Papstthums im Allgemeinen. 1834. 1½ Thlr.
    3. „ 2. Die europ. Völker und Staaten, besonders im Zeitalter der Kirchenschwärmerei und der Herrschaft des Papstthums im Allgemeinen. 1835. 2⅓ Thlr.
    4. „ Das Zeitalter des Verfalles mittelalterlicher Zustände. 1837. 3¼ Thlr.
    5. „ 1. Das Zeitalter des Kirchenstreits. 1837. 2¾ Thlr.
    5. „ 2. Das Zeitalter der unumschränkten Fürstenmacht und das Revolutionszeitalter. 1839. 3⅔ Thlr.
    Register 1839.

Weniger eigentliche Sittengeschichte, als vielmehr Schilderung der literarischen und rechtlichen Zustände. In dieser Richtung fleißige Benutzung der Rechtsbücher, namentlich der nordischen. Ein bedeutendes, doch keinesweges den Gegenstand erschöpfendes Werk.

**Wilh. Wachsmuth**, Allgemeine Culturgeschichte.
  1. Thl. Alterthum. gr. 8. 38⅞ B. Leipzig 1850. 3 Thlr.
  2. Thl. Mittelalter. gr. 8. 28⅜ B. ebend. 1851. 2 Thlr. 7½ Ngr.
  3. Thl. Die neuere Zeit. gr. 8. 35½ B. ebend. 1852. 2 Thlr. 15 Ngr.

In ähnlicher Weise, nur mit weiteren Grenzen angelegt, wie des Verfassers europäische Sittengeschichte. Ein großer Reichthum von Stoff ist hier zusammengedrängt, den der ganz damit vertraute Verfasser beherrscht, aber doch nicht zu einer angenehm lesbaren Darstellung, in welcher die Resultate gehörig hervortreten, verarbeitet hat.

**E. B. Tylor**, Forschungen über die Urgeschichte der Menschheit und die Entwicklung der Civilisation. Aus dem Englischen v. H. Müller. (Mit 30 Holzschnitten. 8. (III u. 490 S.) Leipzig 1866, Abel. n. 2⅓ Thlr.

Culturgeschichtliche Studien, hauptsächlich über die ersten Anfänge der Menschheit, über Ausbildung der Sprache, Benutzung der Steine und Metalle zu Geräthschaften, Gebrauch des Feuers, Entwicklung der religiösen Vorstellungen. Der Verfasser zeigt große Belesenheit und giebt vielfach Anregung, bewegt sich aber doch auf diesen Gebieten nur als Dilettant.

**John William Draper**, Geschichte der geistigen Entwicklung Europas. Aus dem Englischen von A. Bartels. 2 Bde. gr. 8. (IV u. 395, 365 S.) Leipzig 1865, O. Wigand. n. 3⅓ Thlr.

Geistreiche Untersuchungen in der Art Buckle's. Keine leichte Lektüre, da sie viele Kenntnisse voraussetzt.

**G. Fried. Kolb**, Culturgeschichte der Menschheit mit besonderer Berücksichtigung der Regierungsform, Politik, Religion, Freiheits- u. Wohlstandsentwicklung der Völker. 1. Bd. Einleitung. Alterthum. (XVI, 456 S.) Leipzig 1869, H. Felix. 2 Thlr.

Der erste Versuch einer ganz umfassenden Culturgeschichte. In diesem ersten Band ist das Material mit großem Fleiß gesammelt und zugleich klar und übersichtlich zusammengestellt, und da der Verf. sich als Statistiker schon bewährt hat, so ist zu hoffen, daß er seiner Aufgabe gewachsen ist.

**Alfred v. Kremer**, Geschichte der herrschenden Ideen des Islams. Der Gottesbegriff, die Prophetie u. die Staatsidee. (XXII, 472 S.) Leipzig 1868, Brockhaus. 3 Thlr.

Grundzüge zu einer allgemeinen Culturgeschichte des Islam.

**J. A. Mähly**, Die Frauen des griechischen Alterthums. Eine Vorlesung. gr. 8. (36 S.) Basel 1853, Schweighausers Sort.-B. ¼ Thlr.

Eine geschmackvolle Zusammenstellung dessen, was wir aus den Alten von der Stellung der Frauen wissen.

**Er. Fr. Wüstemann**, Unterhaltungen aus der alten Welt für Blumen- u. Gartenfreunde. 3 Vorträge. gr. 8. (68 S.) Gotha 1854, Gläser. n. 12 Ngr.

Mittheilungen eines anerkannten Philologen über das Veredeln der Bäume, die Rosenkultur und die Fabrikation des Papieres bei den Alten.

**M. v. Reitzschütz**, Studien zur Entwicklungsgeschichte des Schaafes. Ein Beitrag zur alten Culturgeschichte. (XI, 191 S.) Danzig 1869, Kafemann. 1 Thlr.

Geschichte der Schafzucht im römischen Reich und besonders im alten Spanien. Enthält einen großen Reichthum an culturgeschichtlichen Beziehungen.

**F. P. G. Guizot**, Allgemeine Geschichte der europäischen Civilisation. In 14 akademischen Vorlesungen. Nach der 5. Aufl. frei übertragen von K. Sachs. gr. 8. Stuttgart 1844, Schweizerbart. 1½ Thlr.

Die Elemente des socialen Lebens der neuern Zeit, Feudalaristokratie, Kirche, Gemeine und Königthum, werden in ihrer successiven oder parallelen Entwicklung verfolgt, und besonders die innere Reform, welche den Staat des Mittelalters sprengte, wird sehr klar und einleuchtend nachgewiesen. Ueberhaupt ist die Darstellung äußerst durchsichtig, abgerundet und elegant.

**Heinr. Rückert**, Culturgeschichte des deutschen Volkes in der Zeit des Uebergangs aus dem Heidenthum in das Christenthum. 2 Bde. gr. 8. (I. VIII u. 354 S. II. VII u. 527 S.) Leipzig 1853—54, T. O. Weigel. 2 Thlr.

Eine Schrift von reichem Inhalt, in welcher der Verfall des Heidenthums, die Einwirkung römischer Bildung und die Anfänge des Christenthums, die gerade damals hervortretende ungeheure Rohheit und Sittenverderbniß, welche zur strengsten Kirchenzucht nöthigte, der Gegensatz des Arianismus und Katholicismus, die Umbildung des germanischen Volkscharakters gründlich erörtert werden. Uebrigens treten die Zielpunkte der Untersuchung und ihre Resultate nicht klar genug hervor.

**Ad. Wuttke**, Der deutsche Volksaberglauben der Gegenwart. gr. 8. 2. Aufl. völlig neue Bearbeitung. (XII u. 500 S.) Berlin 1869, Wiegandt u. Grieben. 2⅙ Thlr.

Der Verfasser hat die Spuren des Aberglaubens sorgfältig gesammelt und sucht daran das Hereintragen des altheidnischen Volksglaubens in die Gegenwart nachzuweisen. Besonders Predigern und Volkslehrern zu empfehlen.

**Joh. Scherr**, Deutsche Kultur- u. Sittengeschichte. 2. Aufl. (VIII, 576 S.) Leipzig 1868, O. Wigand. 2 Thlr.

Obgleich der Verf. seinen Stoff nicht gerade mit wissenschaftlicher Sorgfalt und Zuverlässigkeit behandelt, so ist seine Arbeit als einzige Zusammenfassung der deutschen Culturgeschichte immerhin verdienstlich. Sie ist pikant geschrieben und liest sich gut, behandelt aber mit Vorliebe manches Anstößige und ist Mädchen nicht in die Hand zu geben.

**Mittelalterliches Hausbuch.** Bilderhandschrift des 15. Jahrhunderts mit vollständigem Text und facsimilirten Abbildungen. Herausgeg. vom germanischen Museum. Fol. (VIII u. 53 S. mit 28 Kupfertfln.) Leipzig 1866, Brockhaus. n. 12 Thlr.

Eine Sammlung von allerhand häuslichen Aufzeichnungen, Recepten zu Speisen und Geheimmitteln, Sprichwörtern, dabei Zeichnungen von künstlerischem Werth, welche Geräthschaften, Waffen und Festzüge darstellen, und ein reiches Bild mittelalterlichen Lebens geben. Das Original in der fürstl. Wolfeggischen Bibliothek befindlich, wurde von dem dermaligen Besitzer dem germanischen Museum zur Veröffentlichung überlassen und ist ein sehr interessanter Beitrag zur Culturgeschichte des deutschen Mittelalters.

**R. v. Retberg**, Kulturgeschichtliche Briefe über ein mittelalterliches Hausbuch des 15. Jahrh., aus der fürstlich Waldberg-Wolfeggischen Sammlung. (Nebst archäologischen Auszügen aus Grünbergs Wappenbuche.) 8. (IV u. 340 S.) Leipzig 1865, Rud. Weigel. n. 1⅚ Thlr.

Die obige Sammlung alter Zeichnungen wird hier von kundiger Hand commentirt. Die Bilder enthalten: 1) Wappen, Gaukler und Mnemonik. 2) Planetenbilder. 3) Sittenbilder. 4) Hausmittel. 5) Berg-, Hütten- und Münzwesen. 6) Pulver und Geschützwesen. 7) Büchsenmeisterei. Giebt sehr interessante Erläuterungen, hält sich aber fast zu genau an das Hausbuch und ist daher ohne dasselbe kaum verständlich.

**Karl Weinhold**, Die deutschen Frauen in dem Mittelalter. Ein Beitrag zu den Hausalterthümern der Germanen. gr. 8. 31⅝ B. Wien 1851. 3 Thlr.

Die Absicht, die der Verfasser mit seinem Werke hatte, spricht er selbst dahin aus, die Zustände darzustellen, welche die Frauen der Germanen und namentlich der Deutschen im Hause, in der Familie, in der Gemeine, in der Gesellschaft umgaben. Sehr reichhaltige Arbeit von wissenschaftlichem Werthe, bei der übrigens der Verf. nicht ohne Erfolg gestrebt hat, die Mühsal der Forschung möglichst zu verhüllen. Eine etwas gekünstelte, zu sehr idealisirende Auffassung.

—— Altnordisches Leben. Mit 1 Schrifttafel. gr. 8. (VII u. 512 S.) Berlin 1856, Weidmann'sche B. 2½ Thlr.

Eine sittengeschichtliche Monographie über die Scandinavier, in ähnlicher Weise behandelt wie des Verfassers Buch über die Frauen des Mittelalters, zunächst für Fachgenossen, dann überhaupt für Freunde altdeutscher Studien. Die Sicherheit der Untersuchung und die durchgearbeitete Form sprechen wohlthuend an. Der Verfasser bekennt übrigens in der Vorrede, daß das Herausarbeiten aus dem Stoffe nicht der einzige Zweck gewesen, sondern daß er durch Wiedererweckung einer starken mannhaften Welt auf die matte und charakterlose Gegenwart habe wirken wollen so gut er könne.

**Wilh. Gottl. Soldan**, Geschichte der Hexenprocesse aus den Quellen dargestellt. gr. 8. Stuttgart 1843, Cotta. 2¼ Thlr.

Eine auf sehr fleißiges und kritisches Quellenstudium gegründete Geschichte des Hexenwesens, dessen Ursprung der Verfasser aus römischem Aberglauben ableitet, für dessen weitere Entwicklung im Mittelalter er aber zu einseitig alle psychologischen Erklärungsversuche ablehnt und die ganze Erscheinung auf gewaltthätige Erpressung der Geständnisse und auf boshaften Betrug von Seiten der Richter zurückführt und nur in einzelnen Ausnahmsfällen geistige Krankheit der Beklagten annimmt.

**K. W. Volz**, Beiträge zur Kulturgeschichte. Der Einfluß des Menschen auf die Verbreitung der Hausthiere und der Kulturpflanzen. Mit 3 Taf. Abbild. gr. 8. 33⅝ B. Leipzig 1852. 3 Thlr.

Sehr interessante Materialien, die besonders für die Geschichte des Wein- und Gartenbaues von Werth sind, und bei einer ansprechenden Darstellung Jedermann zu unterhaltender und belehrender Lektüre empfohlen werden können. Den Ansprüchen der Wissenschaft ist weniger genügt, indem, besonders was das Alterthum betrifft, zu wenig historische Kritik geübt ist.

**P. F. Kirchmann**, Geschichte der Arbeit und Cultur, dargestellt als Lehrgegenstand für Schulen u. als Lesebuch für Jedermann. gr. 8. (X u. 230 S.) Leipzig 1855, G. Mayer. n. ⅔ Thlr.

Eine sehr zweckmäßige ansprechende Auswahl aus der Culturgeschichte, die der Verfasser neben der Staaten- und Kriegsgeschichte zu einem stehenden Theil des öffentlichen Unterrichts machen möchte.

**Clem. Theod. Perthes**, Das Herbergsleben der Handwerksgesellen. 8. (VI u. 86 S.) Gotha 1856, F. A. Perthes. n. 8 Ngr.

Ergebnisse einer mit Liebhaberei betriebenen Forschung.

**Karl Biedermann**, Frauenbrevier. Culturgeschichtliche Vorlesungen. 8. (XIX u. 529 S.) Leipzig 1856, Weber. n. 2 Thlr.

Vorlesungen vor einem Kreise von Damen gehalten, die wie der Verfasser im Eingange sagt, ebensogut als Lebensphilosophie wie als Culturgeschichte bezeichnet werden könnten. Sie bestehen einerseits aus einer Theorie der Bildung und Stellung der Frauen, andererseits aus einer encyclopädischen Darstellung der für Frauen geeigneten Bildungselemente, wie Geschichte,

Religion, Kunst und Literatur. Dem schönen Ideale der Weiblichkeit, das der Verfasser im ersten Theile aufstellt, möchten aber die Ausführungen des zweiten Theils nicht immer entsprechen, da er den Frauen zu wenig ein tieferes Eingehen zumuthet, was besonders bei der Religion fühlbar wird.

**Friedr. Nicolai**, Ueber den Gebrauch der falschen Haare und Perrücken in alter und neuer Zeit. Mit 66 Kupfertaf. gr. 8. Berlin 1801, Nicolai's Verl. 1½ Thlr.
Enthält manche Curiositäten dieses Gebiets bei gelehrter Behandlung der Sache. Der Verf. ist der bekannte Vorkämpfer der Aufklärung im vor. Jahrhundert.

**Herm. Hauff**, Moden und Trachten. Fragmente zur Geschichte des Costüms. gr. 8. Stuttgart 1840, Cotta. 1½ Thlr.
Vergleichende Anatomie der Moden. Das culturhistorische Moment der Kleidung und ihrer verschiedenen Gestaltungen hervorgehoben.

**Hermann Weiß**, Kostümkunde. Handbuch der Geschichte der Tracht, des Baues und Geräthes von den frühesten Zeiten bis auf die Gegenwart. Mit zahlreichen Illustrationen nach Originalzeichnungen des Verfassers. I. Alterthum. (XVI, 1434 S.) II. Mittelalter. (XIX, 932 S.) III. Vom 14. Jahrhundert bis auf d. Gegenwart. (240 S.) Stuttgart 1856—66, Ebner u. Seubert. 4 Thlr. 6 Ngr. 1—11. à Lief. 24 Ngr.
Der Zweck des Werkes ist, in möglichst klarer übersichtlicher Weise die Trachten, Wohnungen und Geräthe zur Darstellung zu bringen und daraus Resultate für die Culturgeschichte zu gewinnen. Sehr fleißige Forschungen und sorgfältige Zeichnungen, die für die Kunstgeschichte Werth haben.

**Deutsches Leben.** Eine Sammlung abgeschlossener Schilderungen aus der deutschen Geschichte mit besonderer Berücksichtigung der deutschen Kulturgeschichte und der Beziehungen zur Gegenwart. Bd. I. II.: Jacob Falke, Die deutsche Trachten- u. Modenwelt. 2 Thle. gr. 8. (IX, 316, VII, 338 S.) Leipzig 1858, G. Mayer. n. 2 Thlr.
Bd. III. IV.: Johannes Falke, Die Geschichte des deutschen Handels. 2 Bde. gr. 8. (VII, 314, 423 S.) Ebend. 1859. 60. n. 2 Thlr.
Beides sehr tüchtige Arbeiten, die auf umfassenden selbständigen Forschungen beruhen und dabei interessante Unterhaltung gewähren. Die Unternehmung wurde nicht weiter ausgeführt.

**Herm. Scherer**, Allgemeine Geschichte des Welthandels.
I. Von den frühesten Zeiten bis zur Entdeckung Amerikas. gr. 8. (XIII u. 484 S.) Leipzig 1852, H. Schultze. n. 2⅔ Thlr.
II. Von der Entdeckung Amerikas bis zum Frieden von Versailles 1492—1783. gr. 8. (XXXII u. 739 S.) Ebend. 1853. n. 3⅓ Thlr.
Im Ganzen eine recht brauchbare Uebersicht, die übrigens oft, namentlich in der älteren Zeit, aus sekundären Quellen schöpft und in der Kritik manches vermissen läßt; auch hin und wieder zu viel Abschweifungen und subjektive, nicht gehörig gerechtfertigte Ansichten vorbringt.

**Rudolf Schultze**, Geschichte des Weins und der Trinkgelage. Ein Beitrag zur allgemeinen Kultur- und Sittengeschichte, nach den besten Quellen bearbeitet und populär dargestellt für das deutsche Volk. 8. (XXVI u. 225 S.) Berlin 1867, Nicolai's Verlag. n. 1⅓ Thlr.
Giebt eine sehr reichhaltige Zusammenstellung der Nachrichten über den genannten Gegenstand, hätte aber wohl durch Anlehnung an die Geschichte des geselligen Lebens überhaupt und durch Einschiebung biographischer Bestandtheile unterhaltender und concreter gemacht werden können.

Rudolf **Schultze**, Die Modenarrheiten. (IX, 238 S.) Berlin 1868, Nicolai. 1⅓ Thlr.

Rudolph **Voß**, Der Tanz u. seine Geschichte. (402 S.) Berlin 1869, Osw. Seeburg. 2 Thlr. 12 Ngr.

J. J. **Honegger**, Grundsteine einer allgemeinen Culturgeschichte der neuesten Zeit.
 1. Bd. Die Zeit des ersten Kaiserreichs. (XII, 416 S.) Leipzig 1868, Weber. 2½ Thlr.
 2. Bd. Die Zeit der Restauration. (X, 542 S.) 1869. 3 Thlr.

Ein reichhaltiges, mit Geist und Wissen ausgeführtes Werk, das aber zu umfassend angelegt ist, um gleichmäßig behandelt zu sein und daher nicht Grundsteine, sondern nur Beiträge giebt. Das Beste sind die literarhistorischen Porträts, namentlich die französischen, während die eigentlich wissenschaftlichen Gebiete, besonders die Naturwissenschaften und Technik nur dürftig dargestellt sind. Das Werk ist auf 5 Bände berechnet.

A. E. **Wagner**, Aus dem österreichischen Klosterleben. 2 Bde. (V, 348. 384 S.) 1. u. 2. Aufl. Berlin 1869, Heymann. 3 Thlr.

Eine Skizze des Lebens in einer der großen österreichischen Benediktinerabteien, in Form von Aufzeichnungen eines Mitgliedes aus der Zeit seiner Candidatur, des Noviziates und des Klerikates. Deutlichkeit, Einrichtungen, Personen, Geist und Stimmung lebensvoll in ansprechender Form gezeichnet; der Katholicismus dieser Kreise in seiner Leerheit und seiner Liebenswürdigkeit dargestellt; zugleich ein Einzelbild aus den Zuständen des österreichischen Staates, das Niemand ohne Spannung und Befriedigung lesen wird, und das den Stempel der Wahrheit an sich trägt, ob die Aufzeichnung nun eine wirkliche oder nur die Form der Einkleidung sein mag.

M. **Lazarus**, Ueber den Ursprung der Sitten. Antrittsvorlesung gehalten am 23. März 1860 zu Bern. 2. Aufl. gr. 8. (42 S.) Berlin 1867, Dümmler's Verlag. n. 8 Ngr.

Ein geistreicher Versuch, die Entstehung der Sitte psychologisch zu erklären.

## Biographieen.
### Biographische Sammelwerke.

Fr. **Schlichtegroll**, Nekrolog. Enthaltend Nachrichten von dem Leben merkwürdiger verstorbener Deutscher in den Jahren 1790—1800. 22 Bde. 8. Gotha, J. Perthes. 22 Thlr.

—— Nekrolog. Supplement-Band zu den ersten 4 Jahrg. 1790—93, rückständige Biographieen, Zusätze und Register enthaltend. Ebend. 1798. 1⅚ Thlr.

—— Nekrolog der Deutschen für das 19. Jahrhundert. 1—5. Bd. 8. Gotha 1802—6, F. Perthes. 5 Thlr.

Herabgesetzter Preis für sämmtliche 28 Bde. n. 14⅓ Thlr.

Neuer Nekrolog der Deutschen ꝛc., welche in den Jahren 1822—52 verstorben sind. 1—30. Jahrg. à Jahrg. 2 Thle. Mit Portr. 8. Weimar 1824—54, Voigt. Herabges. Preis. n. 20 Thlr. Einzeln à Jahrgang 4 Thlr.

Biographieen. Biographische Sammelwerke.

Neuer Nekrolog der Deutschen ꝛc., welche in den Jahren 1822—52 verstorben sind. Alphabetisches Register zum 1—20. Jahrg. 3 Bde. 8. Ebendas. 9½ Thlr.

*Eine ungemein reichhaltige Sammlung von kurzen meist objectiv gehaltenen Biographieen von verschiedenem Werth. Beinahe alle irgendwie, besonders in der gelehrten Welt hervorragende Männer erhielten hier in ihrem Todesjahre ein biographisches Denkmal.*

Zeitgenossen, Biographien und Charakteristiken. 6 Bände oder 24 Hefte. gr. 8. Leipzig 1816 - 21, Brockhaus. 24 Thlr.

—— Neue (2.) Reihe. Heft 1—24 oder der gesammten Folge 25—48. 6 Bde. gr. 8. Leipzig 1821—27, ebend. 24 Thlr.

—— Ein biographisches Magazin für die Geschichte unserer Zeit. 3. Reihe redigirt von F. Chr. A. Hasse. 6 Bde. (48 Hefte.) gr. 8. Leipzig 1834—37, ebend. 24 Thlr.

*Ebenfalls eine sehr reichhaltige biographische Sammlung, bei welcher die öffentlichen Charaktere vorzugsweise berücksichtigt und meistens im Sinne des Liberalismus besprochen worden sind. Die Sammlung wird nicht mehr fortgesetzt.*

Ed. Maria Oettinger, Moniteur des dates. 4 Bde. gr. 4. Dresden 1866—68. 35 Thlr.

*Ein sehr reichhaltiges biographisches Nachschlagebuch, das aber die große Vollständigkeit, welche der Verf. für dasselbe in Anspruch nimmt, keineswegs gewährt, und kein biographisches Detail, sondern nur Oertlichkeit, Geburts- und Todesjahr angiebt. Nur der Titel ist französisch.*

Nouvelle Biographie générale. Publiée par M. M. Firmin Didot frères, sous la direction de M. le Dr. Hoefer. 46 Bde. Paris 1855—1866. à Bd. 1 Thlr.

*Ein alphabetisch geordnetes biographisches Handbuch, welches unter allen ähnlichen Werken weitaus das reichhaltigste ist, zuverlässige Angaben enthält, mitunter sogar ausführliche Biographien und Nachweisungen über Literatur giebt. Da wir in der deutschen Literatur kein so vollständiges Werk besitzen, führen wir ausnahmsweise dieses französische an.*

J. C. Poggendorff, Biographisch-literarisches Handwörterbuch zur Geschichte der exacten Wissenschaften ꝛc. 2 Bde. Lex. 8. (VIII, 1584. 1468 S.) Leipzig 1859—63, Barth. n. 10⅔ Thlr.

*Eine sorgfältige Sammlung biographisch-bibliographischer Notizen über alle Schriftsteller im Gebiete der Mathematik und der auf Mathematik gegründeten Naturwissenschaften.*

Franz Arago, sämmtliche Werke. Mit einer Einleitung von Alex. v. Humboldt. Deutsche Originalausgabe. Herausgegeben von W. G. Hankel. 1—3. Bd. gr. 8. Leipzig 1854/55, O. Wigand. n. 6⅙ Thlr.

*Bd. I—III. enthalten, außer der sehr interessanten Selbstbiographie Aragos, welche die Gesammtausgabe seiner Werke eröffnet, eine Reihe von Biographien und Gedächtnißreden über berühmte Naturforscher:*
  I. Bd. Fresnel, Volta, Young, Fourrier, Watt, Carnot.
  II. „ Ampère, Condorcet, Bailly, Monge, Poisson.
  III. „ Gay-Lussac, Malus, Hipparchus, Copernicus, Kepler, Galilei, Hevelius, Newton, Herschel, Brinkley, Gombart, La Place, Abel, Molière, Cuvier, Hachette, Dulong, Prony, Puissant, Bouvard, Gombey.

Fr. Bülau, Geheime Geschichten u. räthselhafte Menschen. Sammlung verborgener u. vergessener Merkwürdigkeiten. 12 Bde. 8. Leipzig 1850—60, Brockhaus. à Bd. n. 2½ Thlr.

Biographieen. Biographische Sammelwerke.

Ursprünglich auf eine Sammlung von Verbrecher-, Räuber- und Abentergeschichten angelegt, ist dieselbe mehr eine Sammlung von biographischen Fragmenten politisch oder literarisch bedeutender Persönlichkeiten geworden.

**Otto Jahn,** Biographische Aufsätze. gr. 8. (V u. 400 S.) Leipzig 1866, Hirzel. n. 2 Thlr.

Winkelmann. Gottfried Herrmann. Ludwig Roß. Th. W. Danzel. Ludwig Richter. Goethes Jugend in Leipzig.

Eine Sammlung von Gelegenheitsschriften und Reden, die schon früher gedruckt, hier theilweise neu überarbeitet sind. Feine Charakteristiken mit Liebe ausgeführt; besonders anziehend die Mittheilungen über den Künstler Ludwig Richter.

**Ludwig,** (König v. Bayern) Walhalla's Genossen geschildert. gr. 8. München 1842, literar.-artist. Anstalt. n. 1 Thlr. 8 Ngr.

——— 2. Aufl. mit Illustrat. ebend. n. 3 Thlr.

Gedrängte Lebens- und Charakter-Skizzen der berühmten Männer, welche gewürdigt worden sind, in der von König Ludwig gegründeten Walhalla ein Denkmal zu erhalten. Eigenthümliche Darstellung.

**Heinr. Merz,** Christliche Frauenbilder. Aus der Geschichte der Kirche zur inneren Mission gesammelt. 3. viel verm. u. verb. Auflage. 2 Thle. 8. (XII, 1050 S.) Stuttgart 1861, Steinkopf. 2¼ Thlr.

Enthält im Ganzen 53 Biographien.

Ansprechende Lebensgeschichten christlicher Frauen aus verschiedenen Ständen und Zeiten, nicht nach den ersten Quellen, sondern nach guten Bearbeitungen erzählt. Einfach natürliche Sprache.

Eine gut gewählte Sammlung lebendig aber einfach gehaltener Biographien. Die meisten vom Verfasser selbst bearbeitet, ein kleiner Theil von Anderen, meist aus Pipers evangelischem Kalender entnommen. Sehr geeignet zu Geschenken für junge Mädchen.

**F. A. Mignet,** Historische Schriften und Abhandlungen. Uebersetzt von J. J. Stolz. 1. Thl. Auch unter dem Titel: Biographische Bilder von Sieyès, Röderer, Livingston, Talleyrand, Broussais, Merlin, Tracy, Daunou ꝛc. gr. 8. Leipzig 1843, A. Winter. 2 Thlr.

Meistens akademische Reden, die übrigens nicht blos panegyrisch gehalten sind. Sie zeichnen sich weniger durch neue Aufschlüsse über die besprochenen Männer, als durch psychologischen Scharfblick und formelle Vollendung aus.

**Alfred v. Reumont,** Zeitgenossen. Biographien und Charakteristiken. 2 Bde. 8. (I. XVI u. 394. II. II u. 356 S.) Berlin 1862, Decker. 3½ Thlr.

Der ganze erste Band ist mit einer Biographie Cesar Balbos ausgefüllt, welche diesen edlen Patrioten im Zusammenhang mit der politischen und Culturgeschichte des neueren Italiens, aber möglichst conservativ auffaßt und ihn sogar als principiellen Gegner der italienischen Einheitsbestrebungen darzustellen sucht. Die Reihe der Biographien des zweiten Bandes beginnt eine Charakteristik des verstorbenen Königs Friedrich Wilhelm IV. von Preußen, die mit warmer Anhänglichkeit und Anerkennung seiner menschlichen Tugenden geschrieben ist, aber in dem Versuch ihn politisch zu rechtfertigen zur wahren Verhöhnung wird. Es folgen dann die Italiener Pallavicini und Litta, der schottische Freiherr von Brockhausen, die Engländer Fried. Adam und Fried. North, Graf von Guilford, der Däne Thorwaldsen und der jonische Grieche Andrea Mustoscidi. Eine Reihe sehr interessanter Stücke. Der Styl elegant aber schwerfällig.

David Fried. **Strauß**, Kleine Schriften biographischen, literar- und kunstgeschichtlichen Inhalts. 8. (X u. 450 S.) Leipzig 1862, Brockhaus. n. 2 Thlr.

 1) Brockes und H. S. Reimarus. 2) Klopstock und der Markgraf Karl Fried. v. Baden. 3) Ludw. Timoth. Spittler. 4) A. W. Schlegel. 5) K. Immermann. 6) Ludw. Bauer. 7) Freih. v. Uexküll u. s. Gemäldesammlung. 8) Zur Erinnerung an Maler Wächter. 9) Zur Lebensgeschichte des Malers G. Schick. 10) Miscellen. 11) Nachlese zu Frischlin. 12) Nachlese zu Schubart.
 Als besonders gelungen nach Inhalt und Form sind die Charakteristiken von A. W. Schlegel und Spittler hervorzuheben.

— — Kleine Schriften. Neue Folge. 8. (XVI u. 496 S.) Berlin 1866, Frz. Duncker. n. 2 Thlr.

 Inhalt: 1) Klopstocks Jugendgeschichte. 1—232. 2) Zum Andenken an meine Mutter. 3) König Wilhelm v. Würtemberg. 4) Justinus Kerner. 5) Zwei Leichenreden auf Sicherer und Fr. Wilh. Strauß. 6) Erinnerungen an Möhler. 7) Deutsche Gespräche. 8) Unpolitische Gespräche. 9) Schauspieldirector Winter. 10) Barbara Streicherin. 11) Der Papierreisende. 12) Die Göttin im Gefängnisse.
 Besonders interessant sind die Aufsätze über Klopstock, des Verfassers Mutter, König Wilhelm v. Würtemberg, Justinus Kerner, die deutschen und die unpolitischen Gespräche, und der Papierreisende.

Heinrich W. J. **Thiersch**, Luther, Gustav Adolf u. Maximilian I. von Bayern. Biographische Skizzen. (VIII, 192 S.) Nördlingen 1869. 25 Ngr.

 Biographische Versuche, mit dem Bestreben sich von Heroencultus sowie von confessionellem und politischem Parteigeist ferne zu halten. Sorgfältig ausgearbeitete Vorträge, die in München gehalten und nachher erweitert wurden.

K. A. **Varnhagen v. Ense**, Biographische Denkmale. 2. Aufl. 5 Bde. 8. Berlin 1845 u. 46, G. Reimer. 8½ Thlr.

 I. Graf Wilhelm zur Lippe. — Graf Matthias von der Schulenburg. — König Theodor von Corsica. 1½ Thlr.
 II. Freiherr Georg v. Derfflinger. — Fürst Leopold von Anhalt-Dessau. 1½ Thlr.
 III. Blücher. 2¼ Thlr.
 IV. Paul Flemming. — Johann von Besser. — Von Canitz. 1½ Thlr.
 V. Graf von Zinzendorf. 1¾ Thlr.
 Sehr anziehende Biographieen mit künstlerischer Durchführung, worin der Verfasser eine anerkannte Meisterschaft bewährt. Besonders interessant die Biographie Zinzendorfs.

— — Leben des Generals von Seydlitz. Mit Bildn. 8. Berlin 1834, Duncker u. Humblot. 1⅙ Thlr.

— — Leben des Generals von Winterfeldt. 8. Mit Bildn. Berlin 1836, ebend. 1⅓ Thlr.

— — Leben des Feldmarschalls Grafen von Schwerin. 8. Berlin 1841, ebend. 1⅓ Thlr.

— — Leben des Feldmarschalls Keith. 8. Berlin 1844, ebendaselbst. 1½ Thlr.

 Wie desselben Verfassers übrige Biographieen, kunstvolle Proben seiner Biographik.

Briefe von Stägemann, Metternich, Heine und Bettina v. Arnim, nebst Briefen, Anmerkungen und Notizen von Barnhagen v. Ense. gr. 8. (V u. 407 S.) Leipzig 1865, Brockhaus. n. 3 Thlr.

Wiederum eine sehr interessante Sammlung aus dem Nachlaß Varnhagens; die Briefe Stägemanns geben werthvolle Notizen über das Scheitern der preußischen Verfassungspläne. Metternichs Briefe mit Varnhagens Zusätzen sind ebenfalls geschichtlich werthvoll.

Aus dem Nachlaß Varnhagens v. Ense. Briefe von Chamisso, Gneisenau, Haugwitz, W. v. Humboldt, Prinz Louis Ferdinand, Rahel, Rückert, Tieck u. A. 2 Bde. gr. 8. (X u. 667 S.) Leipzig 1867, Brockhaus. n. 5 Thlr.

Eine Briefsammlung, die manches biographische Interesse hat.

Rudolf Wolf, Biographien zur Kulturgeschichte der Schweiz. Erster Cyclus. Mit Conr. Geßner's Portr. gr. 8. (VII u. 475 S.) Zürich 1858, Orell, Füßli u. Comp. n. 2⅔ Thlr.

—— —— II. Cyclus. gr. 8. (V u. 464 S.) mit dem Bildn. Hallers. ebend. 1859. n. 2⅔ Thlr.

—— —— III. gr. 8. (VII u. 444 S.) mit d. Bildn. Daniel Bernoulli's. ebend. 1860. n. 2⅔ Thlr.

—— —— IV. (Schluß.) gr. 8. (VII u. 435 S.) mit dem Bildn. Horace Benedict de Saussure. ebend. 1862. n. 2⅔ Thlr.

Eine Reihe von interessanten Biographien, die nicht nur wegen der Persönlichkeit der besprochenen Männer das Interesse der Lesewelt in Anspruch nehmen, sondern auch reichhaltige Ausbeute für die Geschichte der Naturwissenschaften gewähren, und von der Art der bei den Schweizern am meisten verbreiteten Bildung eine Anschauung geben.
In Band I. sind besonders zu beachten: A. v. Haller u. Seb. Münster, in Bd. II Paracelsus, Dan. Bernoulli, Charl. Bonnet, Sam. Studer, in Bd. IV. Felix Plater, Leonh. Euler, de Saussure, J. C. Escher, Aug. Pyr. de Candolle. Von der biograph. Reichhaltigkeit der ganzen Sammlung giebt das Generalregister Zeugniß, das außer den 80 Schweizern, denen eigene Artikel gewidmet sind, im Ganzen 3000 Personen aufführt, die besprochen sind.

## Einzelne Biographieen, Briefwechsel und Denkwürdigkeiten.

Th. G. Karajan, Abraham a Sancta Clara. 8. (VI u. 374 S. mit Kupferstich u. 1 Tabelle.) Wien 1867, Gerold's Sohn. n. 2⅔ Thlr.

Eine sorgfältig geschriebene Biographie des originellen Wiener Kanzelredners, die aber fast zu glatt für den derben Volksmann ist.

Ludmilla Assing, Gräfin Elisa v. Ahlefeldt. Die Gattin Adolphs v. Lützow, die Freundin Karl Immermann's. Eine Biogr. Nebst Briefen v. Immermann, Möller u. Henriette v. Paalzow. Mit d. Bildniß Elisa's. gr. 8. (VII u. 351 S.) Berlin 1857, Besser's Verl. n. 1⅔ Thlr.

Die Biographie einer durch Anmuth und geistige Bildung ausgezeichneten Frau, die in ihrer Jugend als Gattin des Freischaarenführers Lützow auf die Helden des Freiheitskrieges einen begeisternden Einfluß ausübte, später von ihrem Manne getrennt, einen Kreis von Schriftstellern und Künstlern um sich versammelte, und besonders als die Freundin des Dichters Immermann Bedeutung gewann. Die Verfasserin hat uns in künstlerischer Abrundung und edler Sprache das Bild einer Frau vorgeführt, wie sie, aus der Romantik erwachsen, uns als eigenthümliche Erscheinung jener Zeit begegnen, einer Frau, welche die Anforderungen der Sitte hintansetzt, um die Bedürfnisse ihres Geistes und ihrer idealen Stimmung zu befriedigen.

Alfred v. **Reumont,** Die Gräfin **Albany.** 2 Bde. 8. (XXI u. 867 S. mit lith. Portr. Berlin 1860, Decker. 4½ Thlr.
<blockquote>Die Gräfin Albany, eine geb. Gräfin v. Stolberg-Gedern, war die Gemahlin eines der letzten Stuarts und später die Freundin Alfieri's, durch den sie viel Einfluß auf die Literatur ihrer Zeit gewann, indem er nach seinem eigenen Geständnisse ihren Inspirationen seine besten Schöpfungen zu danken hatte. Die vorliegende Biographie ist an interessantem Stoff sehr reich und für die Geschichte ihrer Zeit und insbesondere Italiens und der italienischen Literatur wichtig. Gräfin Albany starb in ihrem 72. Jahre 1824 zu Florenz.</blockquote>

Jul. **Hartmann,** Matthäus **Alber,** der Reformator der Reichsstadt Reutlingen. Ein Beitr. z. schwäbischen u. deutschen Reformationsgesch. Mit d. Bildniß Albers u. 1 Anhang, die erste Reutl. Kirchenordn. enthaltend. gr. 8. (VII u. 196 S.) Tübingen 1863, Osiander. n. 21 Ngr.
<blockquote>Eine gute auf gründlicher Ausbeutung der Archive zu Stuttgart u. Reutlingen beruhende Monographie, die sich vermöge einer ansprechenden Darstellung auch für weitere Kreise zur Lectüre eignet.</blockquote>

H. C. **Andersen,** Das Märchen meines Lebens, ohne Dichtung. Eine Skizze. 2 Thle. Mit Bildniß. 8. 15 B. Leipzig 1847. 20 Ngr.
<blockquote>Selbstbiographie eines liebenswürdigen Dichters, der sich aus beengenden Verhältnissen zu allgemeiner Anerkennung emporschwang.</blockquote>

Wilh. **Hoßbach,** Joh. Val. **Andreä** und sein Zeitalter. gr. 8. Berlin 1819, G. Reimer. 1⅓ Thlr.
<blockquote>Das Leben und die Schriften des als mystischer Theolog und geistreicher Schriftsteller für seine Zeit höchst bedeutenden Mannes werden hier in kurzer Skizze treffend charakterisirt.</blockquote>

Ernst Moritz **Arndt,** Erinnerungen aus dem äußeren Leben. 3. Aufl. gr. 12. Mit Bildn. Leipzig (Berlin) 1842, Weidmann'sche Buchhandlung. 1¼ Thlr.
<blockquote>Energische Schilderungen eines Herzens, einer Phantasie und eines Geistes von unvergleichlicher Frische. Conterfei der abmarschirenden alten Zeit seit 1780.</blockquote>

—— Nothgedrungener Bericht aus meinem Leben und aus und mit Urkunden der demagogischen und antidemagogischen Umtriebe. 2 Thle. 8. 51¾ B. Leipzig 1847. 3 Thlr.
<blockquote>Briefe und Papiere, welche Arndt nach seiner Wiederanstellung zu seiner Rechtfertigung herausgab. Interessante Belege dafür, was in Zeiten der Reaction gefährlich und hochverrätherisch gefunden wurde. Von bleibendem Werth als Beitrag zur Geschichte der Freiheitskriege und als Briefwechsel Arndts.</blockquote>

—— Meine Wanderungen und Wandelungen mit dem Reichsfreiherrn Heinr. Karl Fried. v. Stein. 8. (IV u. 313 S.) Berlin 1858, Weidmann. n. 2 Thlr.
<blockquote>Ein mit jugendlicher Frische geschriebenes Buch, das uns ein lebendiges Bild von Stein giebt, manche köstliche Anekdote erzählt und über einige politische Verhältnisse interessante Aufschlüsse ertheilt.</blockquote>

E. **Langenberg,** Ernst Moritz **Arndt.** Sein Leben und seine Schriften. Mit 1 Stahlstich: Arndts' Denkmal in Bonn. gr. 8. (VII u. 280 S.) Bonn 1865, Weber. n. 1⅓ Thlr.
<blockquote>Eine brauchbare Zusammenstellung des Thatsächlichen, besonders Nachweisung über das Literarische.</blockquote>

A. P. Stanley, Thomas Arnold. Aus seinen Briefen und aus Nachrichten seiner Freunde geschildert. Frei nach dem Engl. von K. Heinz. gr. 8. 25⅝ B. Potsdam 1846. 1 Thlr. 10 Ngr.

Arnold, der im Jahr 1842 als Professor der neueren Geschichte zu Oxford 47jährig starb, hat als Geschichtsforscher, Kenner des classischen Alterthums, Pädagog und Theolog einen bedeutenden Namen. Heinz giebt eine gute Bearbeitung des von Stanley gesammelten etwas weitschweifigen biographischen Materials.

Adolf Zinzow, Thomas Arnold. (127 S.) Stettin 1869. Von der Nahmer. ⅔ Thlr.

Achaz Ferd. von der Asseburg, Denkwürdigkeiten 2c. Mit einer Vorrede v. Varnhagen v. Ense. gr. 8. Berlin 1842, Nicolai's Verl. 2½ Thlr.

Sammlung denkwürdiger Begebenheiten aus der Periode 1740—95. Für den Geschichtsforscher eine reiche Quelle und für den Diplomaten eine Fundgrube nützlicher Erfahrungen. Von dem Privatleben des Autobiographen erfährt man wenig. Varnhagen bezeichnet das Buch als ein Werk, das durch Maß des Ausdrucks, wie des Urtheils, durch Klarheit und Scharfblick, wie durch Sachkenntniß und Umsicht, die Darbietung eines in Welt und Geschichte tief Eingeweihten zu erkennen giebt.

Theod. Agrippa d'Aubigné, Denkwürdigkeiten. Der Hugenott von altem Schrot u. Korn. Deutsch mit Erläuterungszusätzen u. einer Einleitung über d'Aubigné als Geschichtschreiber von Joh. Wilh. Baum. Mit einem lith. Bild d'Aubigné's nach einem Originalgemälde. 8. (VIII u. 321 S.) Berlin 1854, Weidmann. 1½ Thlr.

d'Aubigné war ein Mann von großem sittlichen Ernst, der auch in den lebenslustigsten Umgebungen Heinrichs IV. seine strenge protestantische Gesinnung und seine etwas finstere Lebensanschauung nie verleugnete. Dies verleiht auch seinen Denkwürdigkeiten ihren Werth. Die Zuthaten des Herausgebers bestehen zum Theil in der Einschiebung ganzer Capitel aus d'Aubigné's Geschichte seiner Zeit, um die in die Denkwürdigkeiten übergangenen Erzählungen seiner Großthaten zu ergänzen. Die Einleitung über d'Aubigné als Geschichtschreiber versäumt es leider, das Verhältniß seines Werkes zu anderen gleichzeitigen Historikern zu erörtern.

Wilh. Dittmar, Aventin. (Von der historischen Commission bei der königl. bayer. Akademie der Wissenschaften gekrönte Preisschrift gr. 8. (VIII u. 303 S.) Nördlingen 1862, Beck. n. 1¾ Thlr.

Biographische und literargeschichtliche Bearbeitung eines berühmten bayrischen Historikers aus der ersten Hälfte des 16. Jahrhunderts. Die Darstellung ist populär, aber etwas zu breit. Die historische Commission hat dem Verf. nicht den vollen Preis, sondern nur ein Accessit zuerkannt.

Massimo d'Azeglio. Meine Erinnerungen. Autoris. Uebersetzung. (XIV, 308 S.) Frankfurt a/M. 1869, Sauerländer. 1 Thlr. 10 Ngr.

Denkwürdigkeiten eines für die Einheit Italiens begeisterten Patrioten, der als Schriftsteller und Staatsmann nach Kräften für sein Ideal wirkte, dem es aber nicht vergönnt war, das nahezu erreichte Ziel zu erleben. Die Memoiren sind ein Werk seines höheren Alters und sollten mahnend auf die italienische Jugend wirken. Sie machen auch trotz der mangelhaften Uebersetzung einen sehr günstigen Eindruck, da sich in denselben eine ungemein liebenswürdige Persönlichkeit abspiegelt.

Franz v. Baader's, Biographie u. Briefwechsel. Herausgeg. von Franz Hoffmann. Mit Portrait u. Facsim. Franz Baader's. gr. 8. (XXI u. 704 S.) Leipzig 1857, Bethmann. n. 3 Thlr.
(Baader's Werke 15. Band.)

Eine wahrheitsgetreue gründliche Biographie des berühmten Theosophen, welche auch dessen antipapistische Ansichten und Lehren unverhüllt darlegt. Sehr gehaltvoll ist auch der beigegebene Briefwechsel, besonders der mit F. H. Jacobi.

C. H. **Bitter**, Joh. Seb. **Bach**. 2 Bde. Mit 1 Porträt Bachs (in Stahlstich) u. 6 lithogr. Facsimiles. gr. 8. (XIV u. 955 S.) Berlin 1865, Schneider. n. 2²/₃ Thlr.

<small>Eine mit großem Fleiß und hingebender Begeisterung für Bach ausgeführte Arbeit, die übrigens, da Bachs äußeres Leben sehr einfach und einförmig war, nur für dessen specielle Verehrer interessant sein wird. Die Kritik der Werke Bachs, welche die Hälfte des Buches füllt, ist der Ausdruck fortwährender Bewunderung.</small>

K. E. v. **Baer**, Nachrichten über Leben und Schriften des Geheimrath Dr. K. E. v. **Baer**, mitgetheilt von ihm selbst ꝛc. gr. 8. (VIII u. 519 S. mit Porträt in Stahlstich.) St. Petersburg 1866, Röttger. 2³/₄ Thlr.

<small>Interessante Mittheilungen eines bejahrten Naturforschers, der in dem Gebiete der vergleichenden Zoologie einer der ersten seines Faches ist.</small>

Karl **Werner**, Christian Gottlob **Barth**, Dr. der Theologie, nach seinem Leben und Wirken gezeichnet. 2 Bde. gr. 8. (VIII u. 416, 396 S.) Calw 1865 u. 66, Stuttgart, J. F. Steinkopf. n. 2 Thlr.

<small>Biographie eines um die Missionssache, die Kunde fremder Länder und die Jugendbildung sehr verdienten Mannes. Zu bedauern ist, daß die Darstellung zu sehr auf pietistische Kreise und deren Erbauung berechnet ist.</small>

Alex. Wheelock **Thayer**, Ludwig v. **Beethovens** Leben. Deutsche Bearbeitung. 1. Bd. gr. 8. (XIV u. 348 S.) Berlin 1866, Schneider. n. 1⅚ Thlr.

<small>Ein auf vieljähriges Sammeln des Materials gestütztes gelehrtes Werk eines für Beethoven begeisterten Amerikaners. Die Einleitung giebt eine allgemeine Geschichte der Musikpflege in Bonn und der Umgegend und eine Schilderung der geselligen Zustände. Außerdem Jugendgeschichte Beethovens bis 1795. 2 Bde. sollen noch nachfolgen.</small>

F. W. **Ghillany**, Geschichte des Seefahrers Ritter Martin **Behaim** nach den ältesten Urkunden bearbeitet. Eingeleitet durch eine Abhandlung: Ueber die ältesten Karten des neuen Continents u. den Namen Amerika von Alex. von Humboldt. Mit Porträt, Karten u. Abbildungen. Fol. (V u. 122 S.) Nürnberg 1853, Bauer u. Raspe. n. 10 Thlr.

<small>Ein für die Geschichte der Geographie sehr interessantes, mit Liebe und Fleiß behandeltes Werk, nur schade, daß es durch die Beigaben unverhältnißmäßig vertheuert ist.</small>

Oscar **Wächter**, Joh. Albrecht **Bengel**. Lebensabriß, Charakter, Briefe und Aussprüche. Nebst einem Anhang aus seinen Predigten u. Erbauungsstunden ꝛc. Mit dem Bildnisse Bengels. gr. 8. (VIII u. 558 S.) Stuttgart 1865, Liesching. n. 2⅓ Thlr.

<small>Hauptsächlich Materialien, die der verstorbene Dichter Albert Knapp gesammelt und zu verarbeiten begonnen hat.</small>

H. **Ratjen**, Joh. Erich v. **Bergers** Leben. Mit Andeutungen u. Erinnerungen von J. R. [Rist]. gr. 8. (82 S.) Altona 1835, Hammerich. ²/₃ Thlr.

<small>Eine für die Geschichte der philosophischen Bestrebungen am Ende des vorigen und Anfang dieses Jahrhunderts sehr wichtige Biographie. Besonders Rists Beilage schildert die Gährung deutschen Geisteslebens sehr eingehend und mit tiefer Auffassung.</small>

Ritterliche Thaten Götz von **Berlichingen's**. Neuerlich aus den verglichenen Handschriften gezogen und lesbar gemacht von M. A. Gessert. gr. 8. Pforzheim (Stuttg.) 1843, (Rieger's Verl.) 1 Thlr.

Ein sehr interessanter Beitrag zur Kenntniß des Ritterlebens und der Geschichte des 16. Jahrhunderts. Selbstbiographie.

**R. Starklof**, Das Leben des Herzogs **Bernhard** von Sachsen=Weimar, kgl. niederländ. General der Infanterie. 2 Bde. gr. 8. (I., 375 S. II., III u. 356 S.) Gotha 1765—66, Thienemann. n. 4²/₃ Thlr.

Behandelt einen reichen Stoff mit Liebe und Geschick. Bernhard, zweiter Sohn des Herzogs Karl August, trat 1806 in die militärische Laufbahn und 1815 in den niederländischen Dienst ein, machte viele Reisen und war von 1849—1852 militärischer Oberbefehlshaber in holländisch Indien; eine kräftige militärische Persönlichkeit, aber ohne politische Bedeutung.

**Willibald Beyschlag**, Aus dem Leben eines Frühvollendeten, des evange= lischen Pfarrers Franz W. T. Beyschlag (geb. zu Frankfurt a. M. 1826, gest. d. 6. Jan. 1856). Ein christl. Lebensbild aus der Gegenwart. 2 Thle. 8. (XV, 326, 285 S.) Berlin 1858. 59, Rauh. 2½ Thlr. 3. Aufl. 1864. 2 Thlr.

Anziehende Biographie eines, durch ernste innere Kämpfe hindurchgegangenen, sehr begab= ten jungen Mannes, von dessen älterem gleichstrebenden Bruder mit Lebendigkeit und künst= lerischer Abrundung geschrieben, so daß das Buch zugleich den Charakter von Denkwürdigkeiten aus seinem eigenen Leben trägt. Zugleich ein werthvoller Beitrag zur Geschichte der theologi= schen und kirchlichen Zustände seit den vierziger Jahren.

**Georg Hesekiel**, Das Buch vom Grafen **Bismarck**. In drei Abtheilungen mit reichen Illustrationen. Abth. 1 u. 2, (264 S.) Bielefeld u. Leipzig 1868, Velhagen u. Clasing. 2 Thlr.

Pikant geschriebene Biographie des großen Staatsmanns. Von großem Werth sind die besonders im zweiten Heft mitgetheilten Briefe Bismarck's. Daß der Verf. seinen Stoff zu sehr belletristisch behandelt möchte man fast bedauern. Das zweite Heft geht bis zu Bismarck's An= tritt des Ministeriums im J. 1862.

**C. Manuel**, Albert **Bitzius** (Jeremias Gotthelf). Sein Leben und seine Schriften. Mit Portr. u. Facsim. 8. (307 S.) Berlin 1857, Springer. n. 1½ Thlr.

Vorherrschend Charakteristik seiner Schriften. Die Biographie ist zwar mit liebevollem Eingehen geschrieben, läßt aber doch in der Ausführung den dem Geschilderten verwandten Geist vermissen.

[**Julie Campe**], Versuch einer Lebensskizze von Johann Nikolas **Böhl** von Faber. Nach seinen eigenen Briefen. (Als Handschrift gedruckt.) (111 S.) Leipzig 1858, Brockhaus.

Interessante Biographie eines Hamburgers, welcher Vorstand eines großen Handlungs= hauses in Cadix war und zugleich mit rastlosem Eifer sich den Wissenschaften widmete. Er er= warb sich durch Forschungen über altspanische Poesie große Verdienste. Das Material dieser Mittheilungen ist größtentheils aus Briefen an den Pädagogen Campe entnommen, zu dessen Zöglingen er gehörte und mit dem er zeitlebens in dem Verhältniß eines Sohnes blieb. Er ist der Johannes in Campe's Robinson.

**Joh. Friedr. Böhmers** Leben, Briefe u. kleinere Schriften. Durch Joh. Janssen. Mit Portr. u. Facsimile. 3 Bde. (LXVI, 1499 S.) Frei= burg i. Br. 1868, Herder. 5²/₃ Thlr.

Inhaltreiches Leben eines durch Charakter und Leistungen bedeutenden Gelehrten, der sich um die Erforschung des deutschen Mittelalters die größten Verdienste erworben hat, und mit ganzer Seele an dem alten deutschen Reich und seiner vermeintlichen Fortsetzung in Oesterreich hing. Der erste Band enthält seine Biographie aus der Feder eines jüngeren Freundes, der, ultramontaner Richtung, seine Sympathie für das Mittelalter vollkommen theilt und diese

Seite seiner Eigenthümlichkeit mit Vorliebe heraufkehrt, übrigens ein getreues Bild Böhmers giebt. Der zweite und dritte Band enthält die Briefe und einige kleinere Schriften; sein Briefwechsel, der sich auf einen großen Theil der deutschen Historiker erstreckt, ist sehr lehrreich und giebt interessante Einblicke in die Entwicklung der geschichtlichen Studien in Deutschland, zeigt auch, mit welch großartiger Uneigennützigkeit Böhmer jüngere Fachgenossen durch Rath, Mittheilung seiner Forschungen und Geldmittel unterstützte.

Eine treffliche Würdigung Böhmers von Ranke, die sich an obiges Werk anschließt, findet sich in Sybels hist. Zeitschrift Bd. XX S. 393 u. ff.

**Sulpiz Boisserée.** 2 Bde. gr. 8. (1.: III, 884, 2.: 595 S.) Stuttgart 1862, Cotta. n. 4 Thlr.

Das Buch beginnt mit dem Bruchstück einer Selbstbiographie, die weiterhin durch Briefe und eingeschaltete Notizen fortgeführt wird. Die Redaction wurde von der Witwe Boisserée's in Verbindung mit Clem. Theod. Perthes u. A. Springer besorgt. Wer irgend Sinn für Kunst hat, dem wird dieser Briefwechsel großen Genuß gewähren. Er führt uns das Bild eines Mannes vor, welcher, mit feinem Geist und frommem Gemüth begabt, sich zur Lebensaufgabe machte, die deutsche mittelalterliche Kunst aus dem Schutt hervorzuziehen und auch Andere zu ihrer ästhetischen Würdigung anzuregen. In welch seltenem Maße ihm die Erfüllung seines Lebensberufes gelungen ist, zeigt einerseits das Zustandekommen seiner berühmten Bildersammlung, andererseits die Fortsetzung des Kölner Dombaues, deren Idee er gefaßt und deren Ausführung er unermüdlich betrieben hat. Einen Hauptbestandtheil der Briefe bilden diejenigen an und von Göthe, und es ist sehr interessant zu sehen, welchen Einfluß Boisserée auf den Dichter hatte, den er aus einem Verächter der mittelalterlichen Kunst in einen warmen Verehrer derselben umwandelte.

**P. J. J. Schädelin,** Julie **Bondeli,** die Freundin Rousseau's u. Wieland's Ein Beitrag zur Kunde bernischer Culturzustände. 8. (120 S.) Bern 1838, Jenni, Sohn. 17½ Ngr.

Schilderung einer sehr gebildeten geistreichen Frau, die namentlich auf Wieland von großem Einfluß war.

**Karl Morell,** Karl von **Bonstetten.** Ein schweizerisches Zeit= und Lebensbild. Nach den Quellen dargestellt. 8. (VII u. 392 S.) Winterthur 1861, Lücke. 1½ Thlr.

Eine sehr anziehende Biographie, deren Verfasser es verstanden hat, den liebenswürdigen Bonstetten, der ein feiner Lebemann von Geist, Humanität und vielseitiger Bildung, aber kein eigentlicher Gelehrter, Staatsmann oder großer Charakter war, zu einem Bild des socialen und politischen Lebens seiner Zeit zu benutzen, ohne daß jedoch die Persönlichkeit Bonstettens dabei zu kurz käme.

**William Gilbert,** Lucrezia **Borgia** Herzogin von Ferrara. Nach seltenen zum Theil unbekannten Quellen. Autoris. deutsche Ausgabe von Fried. Steger. (359 S.) Leipzig 1870, Ambros. Abel. 2 Thlr. 8 Ngr.

Eine gehaltvolle gut geschriebene geschichtliche Monographie.

**Str. v. Schwartzenau,** Der Connetable Karl von **Bourbon.** Bilder aus seinem Leben und seiner Zeit. Mit 5 Plänen. gr. 8. 16 B. Berlin 1852. 1 Thlr. 10 Ngr.

Belebte Skizzen, die uns das politische und sociale Leben im Anfang des 16. Jahrhunderts vorführen und sich mit Genuß lesen lassen.

**Karl Fr. v. Strombeck,** Henning **Brabant** Bürgerhauptmann der Stadt Braunschweig und seine Zeitgenossen. Ein Beitrag zur Geschichte des deutschen Stadt= und Justizwesens im Anfang des 17. Jahrhunderts. 8. Braunschw. (Halberstadt) 1829, Helm. n. 7/12 Thlr.

## Einzelne Biographieen, Briefwechsel u. Denkwürdigk.

Die bekannte grausame Procedur gegen den der Verrätherei beschuldigten Bürgermeister von Braunschweig nach den Quellen ausführlich erzählt.

**Heinr. v. Brandt,** Aus dem Leben des Generals der Infanterie Dr. Heinrich v. **Brandt.** 2 Bde.
  I. Die Feldzüge in Spanien und Rußland 1808—1812. (505 S.)
  II. Leben in Berlin, Aufstand in Polen, Sendung nach Frankreich 1828—33. (XII, 235 S.) Berlin 1868 u. 69, Mittler u. Sohn. 3 Thlr.
  Diese Memoiren sind aus sorgfältig geführten Tagebüchern, welche die Erlebnisse frisch und unmittelbar wiedergeben, von dem Sohne des Generals zusammengestellt, und enthalten viel Interessantes zur Kriegsgeschichte, sowie über die betreffenden Länder und ihre Bewohner.

**Clemens Brentano,** (Bettina von Arnim.) Frühlingskranz aus Jugendbriefen ihm geflochten. 8. Charlottenb. (Berlin) 1844, (Leipzig, Rein'sche Buchh.) n. 1½ Thlr.
  Erinnerungen, die aber mit äußerer und innerer Wahrheit frei schalten.

—— Gesammelte Briefe von 1795—1842. Mit vorangehender Lebensbeschreibung des Dichters. 2 Bde. gr. 8. (XXIII u. 901 S.) Frankfurt a. M. 1855, Sauerländers Verl. n. 3⅓ Thlr.
  (Brentano's gesammelte Schriften Bd. 8 u. 9.)
  Die vorausgeschickte biographische Skizze ist offenbar von kundiger Hand abgefaßt und berichtigt manchen gäng und gäben Irrthum, ist aber einseitig, indem sie uns wie die Briefsammlung und die ganze Sammlung der Werke, die fromme Seite Brentano's als abschließendes Ergebniß seines Lebens erscheinen läßt, während der Gegensatz der frommen und frivolen leichtfertigen Stimmung als unversöhnter Widerspruch durch sein ganzes Leben hindurchging. Die Briefsammlung hat nur die Briefe von den frommen Mitgliedern seines Freundes- und Verwandtenkreises aufgenommen, die humoristischen und leichtfertigen aber, wie z. B. die von Bettina, ausgeschlossen.

**Franz Xav. Bronner,** Eigenes Leben. 3 Bde. 8. Zürich 1795—97. 5 Thlr. Wohlf. Ausg. Ebend. 1810, Orell, Füßli u. Comp. 3 Thlr.
  Eine interessante Persönlichkeit, deren Leben man durch sie selbst geschildert mit Genuß liest. Gervinus hat diesen Idyllendichter gewürdigt.

**Thad. von Bulgarin,** Memoiren. Abrisse von Geschehenem, Gehörtem u. Erlebtem. Aus dem Russischen übers. von Ev. Reinthal u. H. Clemens. 6 Bde. (XII, 172. 180. 204. 196. 175. 160 S.) Jena 1858—61, Mauke. n. ⅓ Thlr.
  Unterhaltende Selbstbiographie eines beliebten russischen Schriftstellers. Besonders interessant sind die Schilderungen aus dem Leben des polnischen Adels und den Zeiten der napoleonischen Kriege.

**K. A. Varnhagen von Ense,** Leben des Generals Grafen **Bülow** von Dennewitz. gr. 8. (462 S. mit Portrait.) Berlin 1853, G. Reimer. n. 2 Thlr.
  Die Vorzüge der Varnhagenschen Biographien, gute Auswahl des Stoffes, künstlerische Gruppirung, stilistische Durcharbeitung vereinigen sich hier in ausgezeichnetem Grade. Nur fragt sich, ob die Ausführung des historischen und politischen Hintergrundes nicht zu kurz gekommen ist.

**Chr. K. Jos. Bunsen.** Aus seinen Briefen und nach eigener Erinnerung geschildert von seiner Wittwe. Deutsche Ausgabe durch neue Mittheilungen vermehrt von Friedr. Nippold. 2 Bde. gr. 8. (XV, 591. XII, 539 S.) Leipzig 1868 u. 69, Brockhaus. à Bd. 3 Thlr.

Eines der gehaltvollsten neueren biographischen Werke, das hauptsächlich aus Briefen Bunsens besteht, welche in eine trefflich ausgearbeitete Erzählung eingeschaltet sind. Bunsens jugendlich frische, für die mannichfaltigsten Interessen empfängliche Persönlichkeit mit ihren vielfachen gelehrten, staatsmännischen und kirchlichen Beziehungen ist besonders günstig für biographische Behandlung. Zugleich hat das Werk bedeutenden geschichtlichen Werth für die Verhältnisse Preußens zum römischen Stuhl, für die Zustände in Berlin und in Rom, in der Schweiz und in England, und endlich für die Jahre 1848 und 49. Ein dritter Band, der die letzten Lebensjahre Bunsens behandelt, wird in Bälde nachfolgen.

**Heinrich Pröhle**, Gottfried August **Bürger**. Sein Leben u. seine Dichtungen. gr. 8. (XV u. 184 S.) Leipzig 1856, G. Mayer. 18 Ngr.

Eine gute Biographie, welche in die dichterische Bedeutung Bürgers mit Liebe eingeht und sie treffend würdigt und mit literaturgeschichtlichen Nachweisungen über seine Dichtungen und ihre stofflichen Beziehungen reichlich ausgestattet ist.

**A. v. Treskow**, Sir Thomas Fowell **Buxton**. Ein Bild des englischen Lebens im Parlament, in der Stadt und auf dem Lande. Entworfen nach „Memoirs of Sir Thom. Fowell Buxton, edited by his son Charles Buxton." gr. 8. (XII u. 410 S.) Berlin 1853, Schneider u. Co. n. 1⅔ Thlr.

Eine Biographie des durch seine Bemühungen um Verbesserung der Gefängnisse und die Emancipation der Sclaven in den britischen Colonien so eifrig thätigen Parlamentsgliedes Buxton (geb. 1786, † 1845).

**Lord Byron**. (Uebersetzung.) Briefe und Tagebücher mit Notizen aus seinem Leben von Thom. Moore. 4 Bde. 8. Braunschw. 1830, G. C. E. Meyer. n. 2 Thlr.

**Th. Medwin**, Gespräche mit Lord **Byron**. Ein Tagebuch, geführt während eines Aufenthalts zu Pisa in den Jahren 1821—22. Aus d. Engl. 8. Stuttg. 1825, Cotta. 1⅔ Thlr.

Beide Werke unschätzbare Beiträge zur Lebens- und Charakterschilderung des seltenen Dichters.

**Felix Eberty**, Lord **Byron**. Eine Biographie. 2 Thle. 8. (1.: VIII u. 300, 2.: VII u. 298 S.) Leipzig 1862, Hirzel. 2¼ Thlr.

Gute kritische Verarbeitung des reichen Materials. Gelungene Charakteristik Byrons sowohl in persönlicher als literarischer Beziehung. Der Verfasser bespricht die Extravaganzen des Dichters mit sittlichem Ernst, aber ohne Pedanterie, und weiß den Leser durch gute Darstellung zu fesseln.

**E. L. T. Henke**, Georg **Calixtus** u. seine Zeit. I. II. Bd. 1. Abth. gr. 8. (I. XIV u. 550. II. 1. IV u. 236. 2. X, 320 S.) Halle 1853—60, Buchh. d. Waisenhauses. 5 Thlr.

Eine sehr reichhaltige und sorgfältig bearbeitete kirchengeschichtliche Monographie aus der Zeit des dreißigjährigen Krieges, welche nicht nur die freisinnigen Bestrebungen des trefflichen Calixtus im Zusammenhang und im Gegensatz mit seinen Zeitgenossen schildert, sondern auch auf den ganzen Culturzustand jener Zeit, besonders auf das Kirchen- und Universitätswesen ein Licht wirft. Die Darstellung, durchgearbeitet und belebt, macht das Werk auch für einen größeren Leserkreis geeignet.

**Oscar Frederik** Prinz v. Schweden, **Carl XII.** als König, Krieger und Mensch. Aus dem Schwedischen von E. J. Jonas. (96 S.) Berlin 1869, Allg. deutsche Verlagsanstalt. S. Wolf. ⅔ Thlr.

Ein Vortrag in der schwedischen Militärgesellschaft zu Stockholm bei der Enthüllung von Karls XII. Standbild, der ein sorgfältig ausgeführtes Lebensbild und neue Aufschlüsse über seine Todesart giebt.

**Carl Gustav Carus**, Lebenserinnerungen und Denkwürdigkeiten. 4 Thle. gr. 8. (XXV u. 1249 S.) Leipzig 1865—66, Brockhaus. n. 6 Thlr.

Der durch seine philosophischen und naturwissenschaftlichen Schriften rühmlich bekannte Verfasser berichtet hier von seinem innerlich und äußerlich reichen Leben in etwas redseliger Weise. Seine Jugendentwicklung, seine philosophische, naturwissenschaftliche, ärztliche und künstlerische Thätigkeit, sowie seine Reisen in Italien und England bieten ein mannichfaltig anregendes Interesse dar. Aus dem Nachlaß des im Sommer 1869 verstorbenen Verf. soll noch ein fünfter Band nachfolgen.

**Karl Hase, Catarina** von Siena. Ein Heiligenbild. 8. (XVII u. 305 S.) Leipzig 1864, Breitkopf u. Härtel. 1⅓ Thlr.

Ein mit Liebe ausgeführtes Lebensbild einer geistvollen, durch ächte Frömmigkeit ausgezeichneten Nonne aus dem vierzehnten Jahrhundert.

**Alfred von Reumont**, Die Jugend **Catarina's** de Medici. Mit einem Titelbilde. 2. verb. Aufl. gr. 16. (XVI u. 300 S.) Berlin 1856, Decker 1½ Thlr.

Gewährt das, was der Titel erwarten läßt, nämlich eine Geschichte des Bildungsganges der Katharina nur mangelhaft; statt dessen aber eine mit Eleganz ausgeführte Schilderung der Persönlichkeiten, die am Hofe von Florenz eine Rolle spielten.

**Kurd von Schlözer, Chasot**. Zur Geschichte Friedrichs des Großen u. seiner Zeit. gr. 8. (VII u. 222 S.) Berlin 1856, Bessers B. n. 1⅓ Thlr.

Geschichte eines abenteuerlichen französischen Ritters, der in die Dienste Friedrich des Großen kam, dessen intimer Freund wurde, später mit ihm brach, dann in Lübeck sich niederließ, dort Bürger und Commandant der Stadt wurde und im Jahre 1797 im hohen Alter starb. Seine Biographie von dem Verfasser, wie wir es von ihm gewohnt sind, nicht nur ansprechend erzählt, sondern auch mit vielen schriftlichen und mündlichen Ueberlieferungen reich ausgestattet.

**Wilhelm Herbst**, Mathias **Claudius** der Wandsbecker Bote. Ein Lebensbild. 2. neu bearb. Aufl. gr. 12. (VIII u. 551 S.) Mit 2 Portraits. Gotha 1857, F. A. Perthes. n. 1 Thlr. 26 Ngr. 3. verm. Aufl. (XI, 632 S.) 1863. 1 Thlr. 22 Ngr.

Eine sehr gelungene Biographie. Der Verfasser, welcher in Hamburg Gelegenheit hatte, die mündlichen Ueberlieferungen der jüngeren Zeitgenossen von Claudius zu sammeln, giebt uns ein ansprechendes Bild des liebenswürdigen und frommen Dichters, den er nach seiner ganzen Eigenthümlichkeit und fortschreitenden inneren Entwickelung schildert. Wenn auch hie und da die Reflexion den spärlich vorhandenen Stoff ersetzen muß, so ist dieselbe doch auf natürliche Weise in die Darstellung verwebt und findet ihre Berechtigung in dem Zusammenhang des Mannes mit seiner Zeit.

**Richard Cobden**. Sein Leben und Wirken. Von einem Freihändler u. Friedensfreunde. (173 S.) Bremen 1869, Kühtmann. 20 Ngr.

Interessante Schilderung eines Originals, dessen vielbewegtes Leben das Ergebniß seines ruhelosen Charakters war. Politische Streitigkeiten waren sein Element, aber verbunden mit einer praktischen Tüchtigkeit, die ihn immer wieder obenauf brachte.

**Fried. Creuzer**, Aus dem Leben eines alten Professors. Mit literarischen Beilagen und dem Porträt des Verfassers. gr. 8. 22¾ B. Darmstadt 1848. 2 Thlr.

Eine anziehende Selbstbiographie des berühmten Archäologen.

Fr. Chr. **Dahlmann.** (19 S.) Berlin 1861, G. Reimer. 3 Ngr.
Aus Bd. 7 der Preußischen Jahrbücher.
Lebensbild des durch seine Persönlichkeit und sein Wirken im Kreise von Schülern und Freunden bedeutenden Historikers.
Eine gute Charakteristik Dahlmanns von Treitschke findet sich auch in dessen historischen und politischen Aufsätzen, und eine ausführliche Biographie von A. Springer in Bonn ist demnächst zu erwarten.

Fr. Humphry **Davy,** Denkwürdigkeiten aus seinem Leben, herausgeg. von John Davy. Deutsch bearbeitet von Carl Neubert u. eingel. von Rud. Wagner. Mit Davy's Bildn. 4 Bde. 8. (87 B.) Leipzig 1840, L. Voß. 5½ Thlr.
Lebensgeschichte und Betrachtungen eines geistreichen und frommen englischen Naturforschers.

Das Leben des württembergischen Pfarrers Johannes **Denner,** ehemaligen Schülers des Falkschen Instituts zu Weimar, von ihm selbst beschrieben. Herausgeg. v. Heinr. Merz. 12. (VIII u. 351 S.) Hamburg 1861, Agentur des rauhen Hauses. n. ½ Thlr.
Selbstbiographie eines württembergischen Dorfpfarrers von kindlichem Gemüthe, der die Erlebnisse einer vielbewegten, an Entbehrungen reichen Jugend nicht zum Druck, sondern zur Erinnerung für seine Kinder niedergeschrieben hat; ist von einem seiner Collegen für das größere Publikum redigirt und herausgegeben worden und hat großen Beifall gefunden.

[H. **Förster,**] Cardinal u. Fürstbischof Melchior v. **Diepenbrock.** Ein Lebensbild. 8. (VIII, 275 S.) Breslau 1859, Hirt's Verl. n. 1 Thlr. (Auch in 16. XII, 294 S. n. 2¾ Thlr.)
Giebt ein treues Bild des achtfrommen Kirchenfürsten in geschmackvoller Ausführung, geht aber weniger als man oft wünschen möchte, auf das Einzelne und Persönliche ein. Der Verfasser ist der Nachfolger Diepenbrocks auf dem Breslauer Bischofsstuhl.

Frederick **Douglaß,** Sclaverei und Freiheit. Autobiographie. Aus dem Englischen übertragen von Ottilie Assing. 8. (XV, 366 S.) Hamburg 1860, Hoffmann u. Campe. 1½ Thlr.
Geschichte eines sehr begabten Mulatten in den Vereinigten Staaten, der sich durch eigene Geisteskraft aus der Sclaverei zur Freiheit emporgearbeitet hat, ein berühmter Mann, ausgezeichneter Redner und ein Haupthebel der Antisclavereiagitation geworden ist.

Levin **Schücking,** Annette von **Droste.** Ein Lebensbild. 8. (161 S.) Hannover 1862, Rümpler. n. ⅔ Thlr.
Der Verfasser, ein näherer Freund der 1848 verstorbenen Dichterin, giebt hier einen Lebensabriß mit einer Charakteristik ihrer menschlichen und dichterischen Persönlichkeit, wobei er mitunter Fragmente aus ungedruckten Dichtungen seiner Freundin in die Erzählung verwebt.

A. v. **Eye,** Leben und Wirken Albrecht **Dürers.** gr. 8. (VI u. 526 S. mit 1 Tab. Nördlingen 1860, Beck. n. 2⅙ Thlr.
Ein sehr tüchtiges, mit fleißiger Forschung, umfassender Kenntniß der damaligen Kunstgeschichte, künstlerischem Sinn und psychologischem Scharfblick ausgeführtes Lebensbild Dürers.

Joh. Chr. **Edelmann,** Selbstbiographie. Geschrieben 1752. Herausgeg. von C. R. Wilh. Klose. gr. 8. (XXVIII u. 460 S.) Berlin 1849, Wiegandt u. Grieben. 2½ Thlr.
Edelmann, ein aufklärungsfanatischer Theologe des vorigen Jahrhunderts, legt hier ausführlich und freimüthig seine Ansichten und Lebenserfahrungen dar und giebt damit einen besonders reichhaltigen Beitrag zur Geschichte der Aufklärungsperiode.

Eine werthvolle Ergänzung gewährt C. Mönckeberg in seiner Schrift:
H. S. Reimarus und J. Ch. Edelmann. Hamburg 1867, G. E. Nolte.
24 Ngr.

Gerd. **Eilers**, Meine Wanderung durchs Leben. Ein Beitrag zur inneren
Geschichte der ersten Hälfte des 19. Jahrhunderts. 6 Bde. 8. (XVI
u. 430 XXII, 314. XI, 370. XV, 304. XIII, 342. XXV, 287 S.)
Leipzig 1856—61, Brockhaus. n. 10 Thlr. 10 Ngr.

Sehr inhaltsreiche Denkwürdigkeiten eines verdienten Schulmannes und höheren Beamten.
Giebt interessante Beiträge zur Charakteristik hervorragender Persönlichkeiten und zur Kenntniß
des Unterrichtswesens, der kirchlichen und politischen Zustände in Preußen. Die zwei ersten
Bände sind die anziehendsten.

Herzogin **Elisabeth Charlotte** von **Orleans**, aus den Jahren 1676—
1706. Herausgeg. von Wilh. Lud. Holland (554 S.) Stuttgart 1867,
auf Kosten des literarischen Vereins.
(Nicht im Buchhandel.)

Anfang einer vollständigen Sammlung der im gräflich Degenfeldischen Familienarchive
verwahrten Briefe der Herzogin, von Prof. Holland sorgfältig redigirt und mit Erläuterungen
versehen. Die früher von Menzel 1843 herausgegebenen Auszüge waren nur ein kleiner Theil
und füllen in dieser Ausgabe nur 8 Bogen. Ein weiterer Band wird folgen.

Julius **Ficker**, **Engelbert** der Heilige, Erzbischof von Köln u. Reichsver-
weser. gr. 12. (IX u. 365 S.) Köln 1853, Heberle. 1 Thlr.

Engelbert war 1216—1225 Erzbischof von Köln und wurde am 7. Nov. d. J. unter
Anführung eines Grafen Friedrich von Isenburg, seines Neffen, von dessen Gefolge ermordet.
Seine Geschichte ist ein wichtiger Beitrag zur Geschichte der Zeit Friedrich des Staufers. Der
Verfasser hat ein durch sorgfältige Forschung gewonnenes, freilich nur fragmentarisches Material,
das ihm zu Gebote stand, zu einem lebensvollen Ganzen verarbeitet.

**Bernhard**, Lebensbilder aus den letzten Jahrzehnten des deutschen Kaiser-
reiches. Erstes Bändchen: Franz Ludwig von **Erthal**. 8. 18⅝ B.
Tübingen 1852. 25 Ngr.

Bild eines der tüchtigen geistlichen Fürsten des vorigen Jahrhunderts, der sich besonders
durch seine thätige Fürsorge für das Armenwesen verdient gemacht und durch Selbständigkeit
gegenüber von dem römischen Stuhl ausgezeichnet hat. Ansprechend und populär erzählt.

J. J. **Hottinger**, Hans Conrad **Escher** von der Linth. Charakterbild
eines Republikaners. gr. 8. 26½ B. mit Portr. u. 2 Karten. Zürich
1852. 2 Thlr. 24 Ngr.

Trefflich geschriebene Biographie eines Schweizers, der durch seine ausgezeichneten Gaben,
seinen würdigen Charakter und seine thätige Hingebung an das Gemeinwohl einer der ersten
Wohlthäter seines Vaterlandes geworden ist.

Alf. **Arneth**, Prinz **Eugen** von Savoyen. Nach den handschriftlichen
Quellen der kaiserl. Archive. Mit Portr. u. Schlachtplänen. 3 Bde.
Lex. 8. (XIII u. 494. VIII, 537. IX, 619 S.) Wien 1858, typogr.-
lit.-artist. Anstalt. n. 6 Thlr. 20 Ngr.

Die erste aus den eigenen Schriften Eugen's und den auf ihn bezüglichen amtlichen Papieren der Wiener Archive geschöpfte Biographie, welche nicht nur die vielen unrichtigen und
gefälschten Erzählungen, die über den Prinzen im Umlauf sind, berichtigt, sondern überhaupt
ihm ein würdiges Denkmal setzt, das zugleich ein sehr bedeutender Beitrag zur Zeitgeschichte ist.
Die sehr werthvollen Materialien dürften übrigens etwas mehr verarbeitet und nach ihren Resultaten in die Zeitgeschichte eingefügt sein.

**Freih. v. Helldorff**, Aus dem Leben des kaif. ruffischen Generals der Infanterie, Prinz **Eugen** von Württemberg, aus deſſen eigenhändigen Aufzeichnungen ꝛc. geſammelt und herausgeg. 4 Thle. (XVIII, 628 S. mit 2 Plänen.) Berlin 1861. 62, Hempel. à Bd. n. 1⅓ Thlr.

Der Prinz Eugen von Württemberg, einſt ein Liebling des ruſſiſchen Kaiſers Paul I. und von dieſem zum Thronfolger beſtimmt, war einer der hervorragenden ruſſiſchen Generale und zeichnete ſich bei mehreren Gelegenheiten, beſonders in der Schlacht bei Kulm rühmlich aus, es wurde ihm aber vom kaiſerlichen Hofe aus alter Eiferſucht die öffentliche Anerkennung vorenthalten. Es iſt nun eine Hauptaufgabe des Herausgebers, ſeines ehemaligen Adjutanten, ſeine Verdienſte ans Licht zu ſtellen. Das was er in den zwei erſten Bändchen vorlegt, ſind Bruchſtücke einer Selbſtbiographie des Prinzen, und deſſen Tagebuch über einzelne militäriſche Ereigniſſe. Die Jugenderinnerungen von ſeinem Aufenthalt am ruſſiſchen Hofe und der Ermordung Kaiſer Pauls ſind ſehr intereſſant und geben von dem frühreifen lebhaften Geiſt des Prinzen Zeugniß. Das dritte und vierte Bändchen enthalten Denkwürdigkeiten aus dem Jahre 1812, dem Feldzug von 1814, der Petersburger Verſchwörung von 1825 und dem ruſſiſch-türkiſchen Feldzug von 1828.

**Herzog Eugen** von Württemberg, Memoiren. 3 Thle. 8. (VIII. 336. 299. 377 S.) Frankfurt a/O. 1862, Harnecker u. Comp. n. 2⅔ Thlr.

Der Verfaſſer der Vorrede, ein Herr v. H., ein früherer Kriegsgefährte des Herzogs, verſichert, er ſei von dem Herzog mit Herausgabe des vorliegenden Theils ſeiner Memoiren beauftragt worden. Auffallend iſt es, daß der Herausgeber ſich nicht nennt, und daß die Ausſtattung dieſer Memoiren der Publikation eines fürſtlichen Nachlaſſes nicht entſpricht. Uebrigens ſtimmen die betreffenden Theile dieſer Memoiren wörtlich mit den von Herrn v. Helldorf veröffentlichten Bruchſtücken überein.

**Anſelm v. Feuerbach's**, Leben und Wirken aus ſeinen ungedruckten Briefen und Tagebüchern, Vorträgen und Denkſchriften veröffentlicht von ſeinem Sohne Ludw. Feuerbach. Mit dem Bildniß Anſelm's von Feuerbach. 2 Bde. gr. 8. 46⅞ B. Leipzig 1852. 5 Thlr.

Keine Biographie, ſondern Materialien zu einer ſolchen, die aber den berühmten Mann gründlich kennen lehren. Der größte Theil beſteht aus Briefen Feuerbachs, in welchen ſich die ſanguiniſche und geniale Natur des Verfaſſers in offenſter Weiſe kundgiebt. Den Schluß bilden Denkſchriften über Geſchwornengerichte, Todesſtrafe, Caspar Hauſer und die Nothwendigkeit eines deutſchen Fürſtenbundes.

**Anſelm v. Feuerbach**, Nachgelaſſene Schriften. Bd. 1: Leben, Briefe u. Gedichte. Herausg. v. Henriette Feuerbach. Mit einem Portr. Feuerbach's. gr. 8. (184 S.) Braunſchweig 1853, Vieweg u. Sohn. n. 1⅙ Thlr.

Dieſe Biographie des jüngeren Feuerbach entfaltet vor uns das reiche innere Leben eines ſehr begabten Philologen u. Archäologen, das aber durch beengende Verhältniſſe niedergedrückt wurde u. ſich in vergeblichem Kampf dagegen aufrieb. Von ſeiner Gattin mit feinem Verſtändniß dargelegt.

**Immanuel Herm. Fichte**, Johann Gottlieb **Fichte's** Leben und literariſcher Briefwechſel. 2 Bde. 1. Aufl. Sulzbach 1830—31. 2. ſehr vermehrte und verbeſſerte Auflage. 1 Bd. gr. 8. (XIV u. 463 S.) Das Leben mit dem Bildniß Fichtes in Stahlſtich. 2. Bd. (VIII u. 582 S.) Aktenſtücke und literariſcher Briefwechſel. Leipzig 1862, Brockhaus. n. 5 Thlr.

Eine ſehr intereſſante Biographie des großen Philoſophen aus der Feder ſeines Sohnes, die viel dazu beigetragen hat, die Perſönlichkeit und das Syſtem J. G. Fichte's unter den jüngeren Zeitgenoſſen bekannter zu machen. Die neue Auflage iſt mit Benutzung der durch Haſe, Varnhagen, Köpke u. A. neugewonnenen Beiträge ſorgfältig umgearbeitet, und auch die äußere Ausſtattung iſt bei der neuen Verlagshandlung ſchöner geworden.

**Fichte's u. Schelling's** philosophischer Briefwechsel, aus dem Nachlasse beider herausgegeben von J. H. Fichte u. K. Fr. A. Schelling. gr. 8. (IV u. 131 S.) Stuttgart 1856, Cotta. n. ²/₃ Thlr.

Ein für die Geschichte der Philosophie sowie für die Charakteristik der beiden philosophischen Heroen höchst wichtiger Beitrag. Dieser Briefwechsel zeigt die tiefgehende Differenz, die in Folge der Ausbildung der Naturphilosophie zwischen dem Idealisten und Realisten entstand.

**K. Hase,** Jenaisches **Fichte-Büchlein.** 8. (XI u. 100 S.) Leipzig 1856, Breitkopf u. Härtel. ½ Thlr.

Abdruck einer Vorlesung in der Rose zu Jena, welche interessante Beiträge zur Geschichte der Wirksamkeit Fichte's in Jena und der gegen ihn erhobenen Anklage des Atheismus giebt. Einige Aktenstücke aus dem Archiv zu Jena, welche mit abgedruckt sind, gaben dem Verfasser Anregung zu dem geistreichen Büchlein.

**K. Fr. Ledderhose,** Leben u. Schriften des Johann Friedrich **Flattich.** In zwei Abtheilungen. Dritte ganz umgearbeit. u. sehr vermehrte Aufl. gr. 8. (VI u. 381 S.) Heidelberg 1856, K. Winter. n. 24 Ngr.

Lebensgeschichte, Charakterzüge und denkwürdige Aeußerungen, kleine populäre theologische und pädagogische Schriften eines sehr originellen württembergischen Geistlichen des 18. Jahrhunderts von pietistischer Richtung, der sich durch eine sehr kräftige Art und Geschick die Menschen zu behandeln auszeichnete. Er hatte seiner Zeit einen großen Ruf als Pädagog.

**Heinrich König,** Georg **Forster's** Leben in Haus und Welt. 2 Thle. 2. sehr verb. Aufl. 8. (XXVI u. 309. 324 S.) Leipzig 1858, Brockhaus. n. 3½ Thlr. (Königs ges. Schriften Bd. 10 u. 11.)

Eine sehr anziehende Biographie G. Forsters, welche in Betreff der Thatsachen ganz an die geschichtliche Wahrheit hält und nur hin und wieder in Darstellungsweise und Motivirung in das Gebiet der Dichtung übergreift. Eine der besten Arbeiten Königs.

Außer einer Vorrede, worin der Verfasser seinen Helden gegen den ihm von Moleschott angedichteten Materialismus vertheidigt, ist die 2. Auflage von Zeitreflexionen gereinigt und das eigentlich Biographische mehr hervorgehoben.

**Friedrich Fouqué,** Baron de la Motte. Lebensgeschichte. Aufgezeichnet durch ihn selbst. gr. 8. Halle (Braunschweig) 1840, Schwetschke u. Sohn. n. ²/₃ Thlr.

Ansprechende Selbstschilderung, aus der wir den liebenswürdigen Mann und seine Poesie näher kennen lernen.

**C. A. Hase,** Sebastian **Frank** v. Wörd. Der Schwarmgeist. Ein Beitrag zur Reformationsgeschichte. Leipzig 1869, Breitkopf u. Härtel. 1²/₃ Thlr.

Eine werthvolle Darstellung des Lebens und der Ansichten des genialen Theologen und Historikers, auf sorgfältigem Studium seiner Werke beruhend.

**H. E. F. Guericke,** August Hermann **Franke.** Eine Denkschrift zur Secularfeier seines Todes. gr. 8. Halle 1827, Buchhdl. d. Waisenhauses. 1½ Thlr.

Der fromme Stifter des hallischen Pädagogiums wird hier von einem geistesverwandten Theologen mit vieler Pietät geschildert. Vorherrschend ist die religiöse und theologische Würdigung des Mannes.

**Aug. Herm. Franke,** Der Armen- u. Waisenfreund. Ein Lebensbild. Von der Verfasserin von „Stillleben u. Weltleben." Volksausgabe, bearbeitet von A. Eckstein. Mit Illustrationen. 8. (140 S.) Breslau 1863, Hirt. n. ⅓ Thlr.

220 Einzelne Biographieen, Briefwechsel u. Denkwürdigk.

Einfache schmucklose Erzählung von Franke's Leben und seiner reichen Wirksamkeit. Ein guter Artikel über Franke und seine Stiftungen aus der Feder Eckstein's findet sich in den preußischen Jahrbüchern 1833, Bd. II. S. 616 ff.

**Benj. Franklin**, Leben und ausgewählte Schriften. 16. Leipzig (Stuttgart) 1838, (Fischhaber.) 1 Thlr.

—— Leben, von ihm selbst beschrieben. 16. Leipzig (Schwäb. Hall) 1839, Haspel. ¹/₁₀ Thlr.

Leben Benjamin Franklin's, beschrieben für das Volk. gr. 8. Ulm (Leipzig) 1845, (Volckmar.) ¹/₆ Thlr.

Eine Fundgrube der Lebensweisheit; als Lesebuch für den Bürger dringend zu empfehlen.

**J. Benedey, Benjamin Franklin.** Ein Lebensbild. 8. (III u. 355 S.) Freiburg im Br. 1862, Wagner. 1³/₄ Thlr.

Eine sehr ansprechende Biographie des bekannten amerikanischen Staatsmannes und Weltweisen. Besonders jungen Männern als ein reicher Schatz von Lebensweisheit zu empfehlen.

**Karl Hase, Franz von Assisi.** Ein Heiligenbild. 8. (XV u. 202 S.) Leipzig 1856, Breitkopf u. Härtel. 1 Thlr.

Eine elegant geschriebene und auch wissenschaftlich werthvolle Monographie. Eigenthümliche Verbindung der Neigung, die Wunder des Heiligen mit gläubigem Gemüth und poetischem Sinn aufzufassen und der nachfolgenden negativen Kritik.

**E. L. Thdr. Henke, Jakob Friedrich Fries.** Aus seinem handschriftlichen Nachlasse dargestellt. gr. 8. (X u. 383 S.) Leipzig 1867, Brockhaus. n. 1 Thlr. 24 Ngr.

Aus Fragmenten einer Selbstbiographie, Reiseaufzeichnungen, Briefen von und an Fries, bearbeitet von seinem Schwiegersohne. Als Beilage sind einige wichtigere Briefe von Fries, ein Aufsatz von de Wette über ihn und seine Selbstvertheidigung vom Jahre 18 9 mit abgedruckt. Eine sehr gute und unbefangene Darstellung.

**David Friedrich Strauß**, Leben u. Schriften des Dichters u. Philologen Nicodemus Frischlin. Ein Beitrag zur deutschen Culturgeschichte in der 2. Hälfte des 16. Jahrhunderts. Mit dem Bildnisse Frischlins. gr. 8. (VIII u. 586 S.) Frankfurt a. M. 1856, Lit. Anstalt. n. 2 Thlr.

Ein mit großer Sorgfalt aus den Schriften Frischlins, den Streitschriften und handschriftlichen Tagebüchern seines Gegners Crusius, den Protokollen des akademischen Senats in Tübingen und anderen handschriftlichen Actenstücken ausgearbeitete Monographie eines genialen humoristischen Philologen aus dem Ende des 16. Jahrhunderts, der bei unverkennbarer poetischer Begabung sein Talent in Nachahmung lateinischer Dichter abnützt und seinen lebendigen, durch reiche Gelehrsamkeit befruchteten Geist in kleinlichen Händeln mit adelichen Trinkern und akademischen Collegen in sittlicher Haltlosigkeit verkommen läßt, und in den Jahren bester Manneskraft ein tragisches Ende durch die mißglückte Flucht aus dem Gefängniß findet.

**F. W. Barthold**, George von Frundsberg, oder das deutsche Kriegshandwerk zur Zeit der Reformation. Mit Bildn. gr. 8. Hamb. (Gotha) 1833, F. A. Perthes. 3 Thlr.

Sehr wichtig für die Geschichte des deutschen Kriegswesens.

**Heinrich von Gagern**, Das Leben des Generals Friedrich von Gagern. 3 Bde. Mit Portr. u. Stahlst. gr. 8. (X u. 611. VI u. 917. IV u. 617 S.) Leipzig 1856—57, C. F. Winter. n. 9¹/₃ Thlr.

Eine sehr inhaltsreiche Biographie, die uns nicht blos ein Bild Friedrichs v. Gagern, sondern des ganzen Gagern'schen Hauses giebt. Die einzelnen Abschnitte des ersten Bandes Aus Jugend und Familienverhältnisse. 2) Der österreichische Dienst. 3) Oranien und die

Gestaltung des Königreichs der Niederlande. 4) Theilnahme an den deutschen Begegnissen in der Politik und der Familie, von 1816—1830. Im Abschnitt 4 entwickelt der Verfasser die politischen Ansichten seines Bruders, die entschieden unitarisch waren und nimmt Veranlassung, an dieselben eine Erörterung über die späteren Versuche zu einer Reform der Bundesverfassung anzuknüpfen. Der 2. Band enthält werthvolle Beiträge zur Geschichte der belgischen Revolution, das Tagebuch einer Reise nach und durch Ostindien und eine Geschichte der Anfänge der deutschen Bewegung des Jahres 1848, welche über Manches authentische Aufschlüsse giebt. Der 3. Band veröffentlicht den literarischen Nachlaß Gagerns, der hauptsächlich aus politischen und kriegswissenschaftlichen Abhandlungen und den Tagebüchern einer Reise nach England und nach Rußland besteht, wovon besonders letztere durch interessante freimüthige Schilderung sich auszeichnet.

**Theob. Katerkamp**, Denkwürdigkeiten aus dem Leben der Fürstin von **Gallitzin** geb. Gräfin von Schmettau ꝛc. Mit 3 Bildn. gr. 8. Münster 1828, Theissing. 1½ Thlr. Fein Pap. 1⅔ Thlr. Velinpap. 2 Thlr.

Sehr interessant, da die Fürstin nicht nur an und für sich eine geistig bedeutende, sondern in Beziehung auf Literatur und kirchliche Bestrebungen der damaligen Zeit sehr einflußreiche Persönlichkeit war.

**Fürstin A. A. v. Gallitzin**, Mittheilungen aus dem Tagebuch und Briefwechsel. Mit d. Bildniß d. Fürstin. (204 S.) Stuttgart 1868, S. G. Liesching. 1 Thlr.

Gewährt einen tieferen Einblick in das Geistesleben einer durch sittliche und intellectuelle Kraft ausgezeichneten Frau. Die Briefe an sie ergänzen das Bild ihres Lebenskreises: besonders hervortretend ist ihr Verhältniß zu Hemsterhuys, Fürstenberg und Hamann. Zu bedauern sind die vielen Druckfehler des sonst schön ausgestatteten Büchleins, namentlich im französischen Theil.

**Karl Gödeke, Emanuel Geibel.** 1. Theil. Mit dem Bildnisse Geibels u. einem Facsimile. (VI, 366 S.) Stuttgart 1869, Cotta. 1 Thlr. 5 Ngr.

Eine schon lang vorbereitete Lieblingsarbeit des verdienten Literarhistorikers, der zwar mit Geibel befreundet ist, aber unabhängig von ihm geschrieben hat.

**Fried. v. Gentz**, Tagebücher. Aus dem Nachlasse Varnhagens v. Ense. Mit einem Vor- und Nachwort Varnhagens van Ense. gr. 8. (XI u. 369 S.) Leipzig 1861, Brockhaus. n. 2⅔ Thlr.

Gentz hat aus seinen täglichen Aufzeichnungen Auszüge gemacht, die er zu späterer Herausgabe bestimmte. Diese Auszüge, welche bis zum Jahr 1814 fortgesetzt wurden, sind es, welche hier vorliegen. Aus den folgenden Jahren sind nur einige durch wichtigen Inhalt bemerkenswerthe Bruchstücke mitgetheilt. In den Mittheilungen über sein eigenes Leben verfährt Gentz mit einer cynischen Aufrichtigkeit. Ueber politische Dinge erfährt man auch manches Interessante, besonders charakteristisch ist die Schilderung der socialen Frivolität, auf deren Grundlage die Ergebnisse des Wiener Congresses erwachsen sind.

**Karl Mendelssohn-Bartholdy, Friedrich v. Gentz.** Ein Beitrag zur Geschichte Oesterreichs im 19. Jahrhundert. gr. 8. (VIII u. 126 S.) Leipzig 1867, Hirzel. 24 Ngr.

Durch Benutzung ungedruckter Materialien, vieler Briefe von und an Gentz und amtlicher Denkschriften wurde der Verfasser in den Stand gesetzt, die Wirksamkeit Gentz' gründlicher zu schildern als es bisher möglich gewesen. Am Schluß giebt er eine zusammenfassende Charakteristik des Mannes. Das Buch ist mit Geist geschrieben und gewährt eine anziehende unterhaltende Lektüre.

**Friedrich v. Gentz, Briefe von Pilat.** Ein Beitrag zur Geschichte Deutschlands im 19. Jahrhundert. Herausg. von Karl Mendelssohn-Bartholdy. 1. Bd. gr. 8. (XV u. 480 S.) Leipzig 1868, Vogel. n. 2½ Thlr.

Gentz, von Metternich in alle Geheimnisse der äußeren und inneren Politik eingeweiht, vermochte nicht die Geheimnisse in seinem Busen zu verschließen und theilte sie unumwunden seinem treuen Freund Pilat, dem Redacteur des österreichischen Beobachters mit, und der Herausgeber fand durch einen glücklichen Zufall Gelegenheit, diese ganze Correspondenz aus dem Nachlaß Pilat's im Original zu erwerben und hat sie nun vollständig und wortgetreu abdrucken lassen.

**Aus dem Nachlaß Friedrich v. Gentz.** 1. Band. Briefe, kleinere Aufsätze, Aufzeichnungen. Lex. 8. (XII u. 303 S.) 2. Bd. Denkschriften. (301 S.) Wien 1867, Gerold's Sohn. n. 5⅓ Thlr.

Werthvolle Beiträge zur Geschichte, die als willkommene Ergänzung zu obigem Werk dienen können. Die Absicht des Herausgebers (Anton von Prokesch) ist zugleich, Materialien zur Apologie des Staatsmanns zu liefern.

Eine werthvolle Charakteristik von Gentz findet sich auch in Perthes, Politische Zustände und Personen in Deutschland Bd. II. S. 247 u. ff. Vergl. S. 109.

**Wilh. Körte, Gleim's** Leben und Schriften. Aus seinen Briefen und Schriften. gr. 8. Halberst. (Leipzig) 1811, (Haynel.) 1¼ Thlr.

Führt in die literarischen Kreise des vorigen Jahrhunderts ein; giebt viel Auszüge aus kleinen Schriften und Briefen, und ist unterhaltend geschrieben.

**G. H. Pertz,** Das Leben des Feldmarschalls Neithard von **Gneisenau.** 3. Bde. I. Bd. 1760—1810. Mit 1 Kupfer u. 1 Karte. II. Bd. 1810—1813. Mit 1 Steindruck. III. Bd. 8. Juni bis 31. Dec. 1813. gr. 8. (I., XX u. 696. II., XXIII u. 725. III., XXIII u. 727 S.) Berlin 1864—69, G. Reimer. à Bd. n. 3⅓ Thlr.

Ein sehr wichtiger Beitrag zur Geschichte der Erhebung Preußens und der Freiheitskriege. Dem Verfasser waren von der Familie reiche Materialien zur Verfügung gestellt, die aber nicht so verarbeitet sind, wie man wünschen möchte, um das Buch mit Genuß lesen zu können.

**Washington Irving, Oliver Goldsmith.** Eine Lebensbeschreibung. Aus dem Engl. 8. (X u. 365 S.) Berlin 1858, Mertens. 1 Thlr.

Eine interessante Schilderung der wechselvollen Schicksale des berühmten englischen Dichters.

**Bogumil Goltz,** Ein Jugendleben. Biographisches Idyll aus Westpreußen. 3 Bde. 8. 83⅞ B. Leipzig 1852. 5 Thlr.

Eine romanartig ausgeführte Selbstbiographie des Verfassers, der mit tiefem Gefühl das Landleben und Landvolk auffaßt; mitunter aber auch in forcirter Geistreichigkeit und schwülstiger Ueberladung sich gefällt.

**J. W. v. Goethe,** Aus meinem Leben, Wahrheit und Dichtung. Neue Ausg. 2 Thle. (VIII, 952 S.) Stuttgart 1861, Cotta. 2 Thlr.

Wahrheit nach Inhalt, und Dichtung nach Gestalt. Die liebenswürdigste, bescheidenste, reinste Schilderung des größten Dichters von seinem Sein im Geiste und seinem Werden in der Zeit.

**Joh. Wilh. Schäfer, Goethe's** Leben. 2 Bde. gr. 8. 46⅜ B. Bremen 1851. 3 Thlr. 2. Aufl. (XVI, 416. 396 S.) 1858. C. Schünemann.

Sucht eine übersichtliche Darstellung der stufenweisen Entwickelung Goethe's als Mensch und Dichter zu geben, entschlägt sich dabei der Masse der Einzelheiten und hebt nur das wirklich Bedeutende hervor. Umsichtige Benützung der Quellen. Giebt ein wahres Bild von Goethe's Charakter und Leben. Die zweite Auflage ist in vielen Einzelheiten verbessert worden. Eine eigentliche Umarbeitung haben nur Goethe's Aufenthalt in Wetzlar und der Beginn der wei=

matischen Periode erfahren. Vor der Darstellung des Engländers Lewes hat die Schäfer'sche Arbeit den Vorzug größerer kritischer Genauigkeit, objectiver Haltung und sachlicher Gedrängtheit voraus, steht ihr aber nach in Lebendigkeit und Frische, und ist von der trefflichen Monographie Göcke's in seiner Literaturgeschichte an Vollständigkeit der Thatsachen, sowie durch kurzes treffendes Urtheil übertroffen. Das Letztere wird um so mehr fühlbar, als es auffallend ist, daß Schäfer sein Urtheil zurückhält in Dingen, welche man entweder billigen oder mißbilligen muß.

**G. H. Lewes, Goethe's** Leben u. Schriften. Uebersetzt von Jul. Frese. 2 Bde. (XII u. 357. XVI u. 384 S.) Berlin 1857, Besser's Verl. n. 4 Thlr.
 (Die Taschenausg. in 2 Bdn. gr. 16. XXIV u. 524. XXIV u. 580 S. Ebend. 1857. n. 2 Thlr.
 Ein bei seinem Erscheinen übermäßig bewundertes, und später ebenso übermäßig getadelte Werk. Der englische Verfasser hat sich mit großer Hingebung in Goethe eingelebt, und schildert mit mehr Unbefangenheit und Frische, als es den deutschen Biographen bisher gelang, seinen Helden als Mensch und Dichter. Wenn er auch im Einzelnen ungenau ist, wenn er sich zu viel in breiter redseliger Kritik ergeht, wenn sein ästhetisches Urtheil nicht schulgerecht und oft zu subjectiv ist, so liest sich das Buch doch sehr angenehm.

**Karl Göcke,** Goethe und Schiller. 16. (VIII, 431 S.) Hannover 1859, Ehlermann. 28 Ngr.
 Ursprünglich ein Abschnitt in seiner Literaturgeschichte. Ausgezeichnet durch die Vollständigkeit des Thatsächlichen und durch das feine Urtheil, mit dem dasselbe besprochen wird.

**Briefwechsel** zwischen **Schiller** u. **Goethe** in den Jahren 1794—1805. 6 Bde. 8. Stuttg. 1828 u. 29, Cotta. n. 5⅔ Thlr.

—— Zweite, nach den Originalhandschriften vermehrte Aufl. gr. 8. 2 Bde. (I. IV 432. II. 470 S.) Stuttgart 1856, Cotta. n. 3 Thlr. 6 Ngr.
 Der Vorzug der zweiten vor der ersten Ausgabe ist, daß sie um 28 Briefe vermehrt, die Namen der im ersten Abdruck maskirten Personen hergestellt, manche weggeschnittene Sätze eingeschoben sind, ein umfangreiches Register beigegeben und der Preis sehr ermäßigt ist. Dieser Briefwechsel giebt den reichsten Einblick in das Schaffen beider Dichter und ist ein überaus schönes Zeugniß ihrer Freundschaft.

**Briefwechsel** zwischen **Goethe** und **Zelter** in den Jahren 1796—1832. Herausgegeb. von Riemer. 6 Bde. gr. 8. Berlin 1833—34, Duncker u. Humblot. n. 6 Thlr.
 Beide Sammlungen sind so unschätzbar für die Zeit unserer klassischen Poesie, wie Cicero's Briefwechsel für seine Zeit und ihre Politik.

**Heinr. Düntzer, Schiller** u. **Goethe.** Uebersichten und Erläuterungen zum Briefwechsel zwischen Schiller u. Goethe. (VII, 319 S.) Stuttgart 1859, Cotta. 1 Thlr. 6 Ngr.
 Ein willkommenes Hülfsmittel zur Benützung des Briefwechsels.

**Briefe** von **Goethe** an Lavater. 1774—1783. Herausg. v. H. Hirzel. 11¼ B. Leipzig 1833, Weidmann. 1 Thlr.

**Briefe** an Joh. Heinr. Merck von **Goethe,** Herder, Wieland und anderen bedeutenden Zeitgenossen. Herausgeg. von K. Wagner. gr. 8. Darmstadt 1835, Diehl. 2⅔ Thlr.

224 Einzelne Biographieen, Briefwechsel u. Denkwürdigk.

Briefe an und von Johann Heinrich **Merck**. Eine selbständige Folge der Briefe an J. H. Merck. Herausgeg. von K. Wagner. Mit Facsimiles auf 4 lith. Bl. gr. 8. Darmstadt 1838, Diehl. 1²/₃ Thlr.

Briefe aus dem Freundeskreise von **Goethe**, Herder, Höpfner u. Merck, herausgeg. von K. Wagner. (XIV, 373 S.) Leipzig 1847, Fleischer. 2 Thlr.

<small>Diese drei aus Mercks Nachlaß entnommenen Sammlungen sind sehr werthvoll für Goethes Entwickelungsgeschichte und geben interessante Aufschlüsse über den Einfluß seines Freundes Merck auf ihn.</small>

**Goethe's** Briefwechsel mit einem Kinde. (Von Bettina v. Arnim.) 3 Thle. 2. Aufl. Mit 4 Kpfrn. Berlin 1837. 5 Thlr. 3. Aufl. 2. Ausgabe. gr. 8. Berlin 1853, (Leipzig, Rein'sche Buchh.) n. 3 Thlr.

<small>Ein Hymnus auf Natur und Poesie auf den Altar des Genius niedergelegt. Trotz alles Anscheins wenig Anspruch auf äußere Wahrheit.</small>

**Goethe's** Briefe an die Gräfin Auguste zu Stolberg. 12¼ B. Leipzig 1839, Brockhaus. 16 Ngr.

Briefwechsel zwischen **Goethe** und Jacobi. Herausgeg. von Max Jacobi. 12. 23½ B. Leipzig 1847. 1 Thlr. 15 Ngr.

<small>Sehr gehaltvolle Briefe von beiden berühmten Männern. Goethe giebt hier in den Jugendbriefen mehr von seinem subjektiven Denken und Empfinden, als man sonst von ihm gewohnt ist.</small>

**Goethe's** Briefe an Frau von Stein in den Jahren 1776—1826. Herausgeg. von A. Schöll. 3 Bde. 8. 77⅝ B. mit d. Bildn. der Frau v. Stein. Weimar 1848. 51. 6 Thlr.

<small>Mit großer Sorgfalt und Liebe redigirt, jeder Abschnitt mit einer historischen Einleitung versehen, die von dem gänzlichen Einleben des Herausgebers in diese Beziehungen zeugt. Die Briefe selbst sind sehr verschieden an Gehalt, von einer Menge der unbedeutendsten Billete ist gewissenhaft kein Wort weggelassen, und der Herausgeber erreicht dadurch seinen Zweck, nicht nur das Verhältniß zu Frau v. Stein in seiner Entwickelung anschaulich darzustellen, sondern auch eine Art Tagebuch von Goethe's äußerem Leben zu geben. Ueber Goethe's Neigung zu Frau v. Stein liegt ein poetischer Duft, der ahnen läßt, wie viel Nahrung für seine Poesie er daraus entnommen haben mag.</small>

J. W. v. **Goethe's** Briefe an Leipziger Freunde. Herausgeg. von Otto Jahn. Mit 3 lithograph. Bildnissen. gr. 12. 32 B. Leipzig 1849. 2 Thlr.

<small>Werthvolle Beiträge zu Goethes Jugendgeschichte, sehr sorgfältig herausgegeben.</small>

Briefwechsel zwischen **Goethe** und (K. F. v.) Reinhard in den Jahren 1807—22. gr. 8. 20¾ B. Stuttg. 1850. 2 Thlr.

<small>Theilweise gehaltvolle Briefe der beiden berühmten Männer, voll gegenseitiger Lobeserhebungen.</small>

Briefwechsel zwischen **Goethe** und Knebel (1774—1832.) 2 Thle. gr. 8. 50¼ B. Leipzig 1851. 4 Thlr. 12 Ngr.

<small>Giebt einen schönen Beitrag zur genaueren Kenntniß und Würdigung der Stellung, welche Goethe als Mensch und Freund in dem weimarischen Kreise eingenommen hat.</small>

**Goethe u. Werther.** Briefe Goethes, meistens aus seiner Jugendzeit mit erläuternden Documenten herausgeg. v. A. Kestner. 2. Aufl. gr. 8.

(VIII u. 307 S. mit Portr. u. 3 Facsim.) Stuttgart 1854, Cotta
n. 1⅓ Thlr.
>Die geschichtliche Grundlage der Werthers-Dichtung, besonders die Briefe Goethes an Lotte Buff, nachherige Kestner, sowie der Briefwechsel Kestners mit Goethe werden hier von dem Enkel mitgetheilt. Ein sehr interessanter Beitrag zum Leben Goethes und zum Verständniß seines Werther.

**Aus Weimars Glanzzeit.** Ungedruckte Briefe von und über **Goethe** und Schiller, nebst einer Auswahl ungedruckter vertraulicher Briefe v. Geh. Rath v. Voigt. Herausgeg. v. August Diezmann. gr. 8. (VIII u. 80 S.) Leipzig 1855, Hartung. ½ Thlr.
>Enthält manches Interessante und Neue, u. A. eine treffliche Charakteristik Schillers von Wilhelm v. Humboldt in einem Briefe an Körner, S. 30—33.

**Briefwechsel des Großherzogs Carl August** von Sachsen-Weimar-Eisenach mit **Goethe** in den Jahren 1775—1828. 2 Bde. gr. 8. (1.: VIII u. 320, 2.: IV u. 335 S.) Weimar 1863, Landes-Industrie-Comtoir. n. 6 Thlr.
>Eine dankenswerthe Veröffentlichung der Zeugnisse des schönen Verhältnisses, in welchem Goethe mit seinem fürstlichen Freunde stand. Wenn auch bei der Redaktion gar zu ängstlich Alles unterdrückt wurde, was störende Zwischenfälle hätte verrathen können, so giebt das Buch doch einen deutlichen Einblick in den Verkehr der beiden bedeutenden Männer, in die vielseitige Thätigkeit Goethes und den ernsten Willen, mit welchem er die ungemeine Regsamkeit des Fürsten auf gute Ziele zu lenken wußte.

**Heinr. Düntzer, Goethe** und **Karl August** von 1790—1805. gr. 8. (VII u. 526 S.) Leipzig 1865, Dyk'sche Buchh. n. 2¾ Thlr.
>Eine Art Commentar zum Briefwechsel Goethe's mit dem Herzog, und zugleich Beitrag zu Goethe's Leben, von dem Verfasser mit längst bewährtem Fleiß und Spürsinn zusammengestellt.

**A. Diezmann, Goethe** und die lustige Zeit in Weimar. Mit 1 Plan. gr. 8. (VII u. 296 S.) Leipzig 1857, Keil. n. 1⅓ Thlr.
>Eine unterhaltende und interessante Zusammenfassung der Ueberlieferungen aus den 10 ersten Jahren Goethe's in Weimar.

[Ad. Schöll,] J. W. **Goethe** als Staatsmann. Preuß. Jahrbücher Bd. X. S. 423—470. 585—616. XI, 135—162. 211—240.
>Das Beste, was wir über die amtliche Thätigkeit Goethe's besitzen.

**Johann Peter Eckermann,** Gespräche mit **Goethe** in den letzten Jahren seines Lebens 1823—32. 1. u. 2. Bd. 2. Ausg. 8. Leipzig 1836, Brockhaus. n. 4 Thlr. 3. Bd. br. 8. Magdeburg 1848, Heinrichshofen. n. 2 Thlr.
>Dasjenige Buch, das uns die edle Seite von Goethe's Charakter, so wie sein urkräftiges Leben im Großen, Guten, Schönen, ein langes Alter hindurch, ungesucht am sichersten vergegenwärtigt.

**Friedr. Wilh. Riemer,** Mittheilungen über **Goethe.** 2 Bde. gr. 8. Berlin (Frankfurt a. M.) 1841, (J. Bär.) n. 1 Thlr. 22 Ngr.
>Reiche Notizen; auch unerwünschte Enthüllungen.

**Briefe von und an Goethe.** Desgleichen Aphorismen und Brocardica. Herausgegeb. von F. W. Riemer. gr. 12. Leipzig (Berlin) 1846, Weidmann'sche Buchh. 2 Thlr.

Neben manchen unbedeutenden Billeten und Gedankenspänen auch größere sehr gehaltvolle Briefe, besonders die an Heinrich Meyer.

Wir machen mit der vorstehenden Goetheliteratur keineswegs den Anspruch auf irgend welche Vollständigkeit, sondern wollten nur eine Auswahl des Bedeutenderen geben.

**Ed. D. Mansfield, Ulysses Grant** u. **Schuyler Colfax.** Populäre und authentische Lebensbeschreibungen. (Grant 1—392. Colfax 393—440.) Cincinnati 1868, Carol u. Comp. 2 Thlr.

S. a. Unsere Zeit N. F. III. S. 600—624 u. 754—777. u. V, 106—129: U. S. Grant von Rud. Döhn.

**Georg Waitz,** Zum Gedächtniß an Jacob **Grimm.** Gelesen in der königl. Gesellschaft der Wissenschaften den 5. Dec. 1863. 4. (33 S.) Göttingen 1863, Dietrich. n. ⅓ Thlr.

Eine ausführliche Würdigung seiner wissenschaftlichen Verdienste.

**Jacob Grimm,** Rede auf Wilhelm **Grimm** und Rede über das Alter gehalten in der königl. Akademie der Wissenschaften zu Berlin. 2 Abdr. Mit 2 Photographieen. gr. 8. (68 S.) Berlin 1864, Dümmler's Verl. n. ⅔ Thlr.

Ein schönes Denkmal beider Brüder. Der Herausgeber Herm. Grimm hat sowohl über seinen Vater Wilhelm als über seinen Oheim Jacob biographische Ergänzungen hinzugefügt.

**Jacob Grimm** von Wilh. **Scherer** s. Preußische Jahrbücher. Bd. XIV, S. 632—680. XV, 1—32. XVI, 1—48. 99—139.

Eine eingehende Würdigung von Grimms wissenschaftlichen Leistungen und seiner Wirksamkeit.

**Bettina v. Arnim.** Die **Günderode.** 2 Thle. gr. 12. Grünberg 1840. 4½ Thlr. Neue Ausg. gr. 8. Berlin 1853, (Leipzig Rein'sche Buchh.) n. 2½ Thlr.

An innerer Ursprünglichkeit dem Briefwechsel Goethe's mit einem Kinde nicht gleichkommend; die historische Wahrscheinlichkeit noch weniger schonend; doch Alles voll Witz, Geist, Leben und Poesie.

**Otto Roquette,** Leben u. Dichten Joh. Christ. **Günthers.** gr. 8. (XIV, 206 S.) Stuttgart 1860, Cotta. 1 Thlr. 6 Ngr.

Eine sorgfältig bearbeitete Monographie. Der Verfasser sucht, an Gervinus' ungerecht geringschätziges Urtheil über Günther anknüpfend, dessen poetische Bedeutung ans Licht zu stellen, und durch Darlegung seiner Lebensumstände zu zeigen, wie viel auch fremde Schuld zu seinem Verkommen beigetragen habe.

**C. Ph. Paulus,** Philipp Matthäus **Hahn.** Ein Pfarrer aus dem vorigen Jahrhundert nach seinem Leben u. Wirken aus seinen Schriften u. hinterlassenen Papieren geschildert. 8. Mit Portr. (399 S.) Stuttgart 1858, Steinkopf. 27 Ngr.

Charakterbild eines ausgezeichneten württembergischen Geistlichen, welcher in der Zeit des neu erwachenden religiösen Lebens großen Einfluß ausübte, indem er nach der Weise Spener's durch Erbauungsstunden und Verkehr mit den Einzelnen auf das Volk wirkte. Zugleich war er ein genialer Mathematiker und Mechaniker, aus dessen Werkstätte berühmte Kunstwerke und nützliche Erfindungen hervorgingen. Der großartige, von lebendigem Christenthum getragene Charakter des Mannes hätte eigentlich eine besser ausgeführte Darstellung verdient. Der Verfasser, Hahn's Enkel, hat sich nicht die Mühe genommen, sein reichliches Material gehörig zu verarbeiten: der äußere Lebensabriß, Tagebuchauszüge, Briefe und der Bericht über Hahn's Wirksamkeit laufen, durch triviale Reflexionen schlecht verbunden, nebeneinander her, und er scheint dabei zu sehr blos pietistische Leser im Auge gehabt zu haben.

**C. H. Gildemeister**, Joh. Georg Hamann's des Magus in Norden, Leben und Schriften. 3 Bde. Mit H.'s Portr. u. 2 Facsim. gr. 8. (XII u. 444. XI u. 461. XXVI u. 435 S.) Gotha 1857, F. A. Perthes. n. 6 Thlr.

Eine höchst verdienstvolle und gründliche Arbeit, die uns eine der bedeutendsten Gestalten aus der Zeit der Wiedergeburt der deutschen Literatur zum erstenmal klar und richtig vor Augen stellt. Hamann's Bild war in der bisherigen Literaturgeschichte theils verhüllt und räthselhaft geblieben, theils ungerecht entstellt worden. Gildemeister hat es sich zur Lebensaufgabe gemacht, sich in die dem heutigen Verständnisse schwer zugänglichen Schriften des originellen Mannes und tiefen Denkers zu versenken, und hat von den Dokumenten seines äußeren und inneren Lebens, namentlich von Briefen, gesammelt, was irgend aufzubringen war. Das Resultat seiner Studien ist nicht nur für die Literaturgeschichte eine sehr werthvolle Bereicherung, sondern wird auch Allen denen eine genußreiche Lektüre bieten, die in die Werkstätte der Geister hinabzusteigen lieben und gern den Offenbarungen eines Genie's lauschen, das seine Schätze weder durch künstlerische Produktion noch durch metaphysische Systematik in gangbare Münze ausgeprägt hat.

—— 4. Bd. Hamann's Autorschaft ihrem Inhalte nach. gr. 8. (XXVI u. 308 S.) Gotha 1863, F. A. Perthes. n. 1 Thlr. 18 Ngr.

Dieser vierte Band bildet den Abschluß des ganzen Werkes und führt die schriftstellerischen Leistungen Hamann's, die in den früheren Bänden nur der Zeitfolge nach in der Biographie behandelt waren, selbständig nach ihrem Inhalt auf. Der Verf. versucht eine Uebersicht über die ganze schriftstellerische Wirksamkeit Hamann's zu geben und betrachtet ihn zu diesem Zweck als Theologen, Philosophen, Philologen, Pädagogen, Politiker und Aesthetiker. Es ist daher gerade dieser Band als Hilfsmittel zum Studium Hamann'scher Schriften von besonderem Werth.

**Fr. Chrysander**, G. F. Händel. I. Band. gr. 8. (IX u. 496 S.) Leipzig 1858, Breitkopf u. Härtel. 2½ Thlr. II. Bd. (V, 482 S.) 1860. 2½ Thlr. III. Bd. 1. Hälfte. (III, 224 S.) 1867. 1 Thlr. 6 Ngr.

Eine sehr gründliche, aus liebevoller Vertiefung in die Werke des Meisters hervorgegangene Biographie. Der Verfasser geht mit vollkommener Sachkenntniß in die musikalische Entwickelung Händels ein und bringt uns den Menschen und Künstler gleich nahe. Das Werk ist auch dadurch ein sehr guter Beitrag zur Kunstgeschichte, daß es andere gleichzeitige Musiker mit in Betrachtung zieht.

**Carl Ludw. Klose**, Leben Karl August's, Fürsten von **Hardenberg**. Nebst einem Bildniß des Fürsten und einem Facsimile der Handschrift desselben. gr. 8. 35⅝ B. Halle 1851. 2 Thlr. 15 Ngr.

Das Leben und die politische Thätigkeit Hardenbergs werden hier mit fleißiger Benützung des vorhandenen Materials in apologetischem Sinne geschildert. Man sieht daraus, daß Hardenberg das Richtige wollte, aber nicht Charakter genug war, um es durchzuführen.

**M. Baumgarten**, Ein Denkmal für **Claus Harms**. gr. 8. (70 S.) Braunschweig 1855, Schwetschke u. Sohn. n. ⅓ Thlr.

Eine mit vieler Wärme geschriebene Charakteristik des berühmten Predigers und Pastors, mit besonderer Rücksicht auf sein politisches Verhalten in der schleswig-holsteinischen Angelegenheit.

**Karl Rosenkranz**, Georg Wilh. Fried. **Hegels** Leben. Mit Hegels Bildniß. (XXXV, 566 S.) Berlin 1844, Duncker u. Humblot. 3 Thlr.

Eine gute Biographie von einem seiner bedeutendsten und eifrigsten Schüler und Anhänger. R. Haym über Hegel vgl. S. 2.

228 Einzelne Biographieen, Briefwechsel u. Denkwürdigk.

**Wilhelm Herbſt**, Karl Guſtav **Heiland**. Ein Lebensbild. Mit einem Bildniß Heilands von Jul. Thäter. (VI, 120 S.) Halle 1869, Buchhandlung des Waiſenhauſes. 24 Ngr.
<small>Leben eines ſehr verdienten Schulmannes, der am 16. Decbr. 1868 als Provinzialſchulrath in Magdeburg geſtorben iſt.</small>

**Cl. Brockhaus**, Gregor von **Heimburg**. Ein Beitrag zur deutſchen Geſchichte des 15. Jahrhunderts. gr. 8. (XVII u. 386 S.) Leipzig 1861, Brockhaus. n. 2 Thlr.
<small>Gregor v. H. war ein Vorkämpfer der kirchlich-politiſchen Reformbeſtrebungen und der politiſchen Selbſtändigkeit Deutſchlands gegenüber von der römiſchen Kurie, und wirkte dafür mit freimüthiger Sprache in Wien und Rom. Die Geſchichte ſeiner Sendung nach Rom iſt ein wichtiges Stück der Reformverſuche des 15. Jahrhunderts.</small>

**Geo. Wilh. Ketzler**, Leben Ernſt Ludw. **Heims**. 2 Thle. Leipzig 1835. 3 Thlr. 2. Aufl. (in 1 Bd.) mit Heim's Portr. gr. 8. 1846, Brockhaus. n. 1 Thlr.
<small>Unterhaltende Lebensbeſchreibung eines zu ſeiner Zeit ſehr berühmten und im hohen Alter geſtorbenen Berliner Arztes aus der Feder ſeines Schwiegerſohns.</small>

**Adolf Strodtmann**, H. **Heines** Leben u. Werke. 2 Bde. (VIII, 393. 612 S.) Berlin 1867—69, Frz. Duncker. 4 Thlr.
<small>Eine ſorgfältige Zuſammenſtellung aller auf die Geſchichte von Heines äußerem Leben und ſeine dichteriſche und menſchliche Entwicklung bezüglichen Thatſachen, von einem alten Jugendfreund und Verehrer des Dichters, deſſen Schattenſeiten übrigens mit faſt cyniſcher Aufrichtigkeit dargelegt werden. Ueber Heines dichteriſche und ſchriftſtelleriſche Thätigkeit und die Aufnahme, die ſeine Leiſtungen bei der Leſewelt und Kritik fanden, wird ausführliche Nachricht gegeben. Ein für die Literaturgeſchichte werthvolles Werk, das auch in formeller Beziehung befriedigt.</small>

**Varnhagen v. Enſe**. Hans von **Held**. Ein preußiſches Charakterbild. Mit Portr. gr. 12. Leipzig (Berlin) 1844, Weidmann'ſche Buchhandlung. 1½ Thlr.
<small>Held war der Verfaſſer des „Schwarzen Buchs" und ſeine Lebensgeſchichte ſtellt uns die politiſche Kriſis Preußens vor Augen. In jenem Buche hatte er nämlich mit beiſpielloſer Freimüthigkeit und Schärfe die Staatsminiſter Hoym und Goldbeck und den ganzen preußiſchen Beamtenmechanismus angegriffen.</small>

**G. H. v. Schubert**, Erinnerungen aus dem Leben J. Kön. Hoh. **Helene** Louiſe Herzogin von Orleans geb. Prinz. von Mecklenburg-Schwerin. Nach ihren eigenen Briefen zuſammengeſtellt. Mit Portr. 4 Abbr. mit e. Anh. Lex. 8. (XIV, 282 S.) München 1859, literar.-art. Anſtalt. n. 1 Thlr. 18 Ngr.
<small>Die Beziehungen der Herzogin zu Schubert datiren ſich aus ihrer frühen Kindheit und ziehen ſich durch ihr ganzes Leben hin. Aus ihren Briefen, die hier mitgetheilt ſind, tritt uns das Bild einer edlen, geiſtig angeregten Perſönlichkeit von ſittlich religiöſem Gepräge entgegen, deren tragiſches Schickſal große Theilnahme in Anſpruch nimmt.</small>

**Madame d'Harcourt**, geb. Gräfin Saint-Aulaire, die Herzogin von Orleans, **Helene** von Mecklenburg-Schwerin. Ein Lebensbild. Aus dem Franz. von Marie v. F. 3. Aufl. mit Porträt. 8. (150 S.) Berlin 1859, F. Schneider. ⅔ Thlr.
<small>In gewiſſer Beziehung eine Ergänzung des vorigen, da es mehr auf die äußeren Ereigniſſe eingeht, und namentlich die politiſche Kataſtrophe genau erzählt, durch welche die Herzogin aus Frankreich vertrieben wurde.</small>

Einzelne Biographieen, Briefwechsel u. Denkwürdigk. 229

Alexander **Wittich**, **Helene** Louise Herzogin von Orleans zu Eisenach, mit Erinnerungen aus ihrem Jugendleben. gr. 8. (IX, 53 S.) Jena 1860, Frommann. ⅓ Thlr.
  Der Lehrer der orleans'schen Prinzen giebt zu den vorhandenen Biographien eine Ergänzung durch interessante Mittheilungen aus dem Eisenacher Leben der Herzogin. Man sieht daraus, mit welcher Sorgfalt sie sich der Erziehung ihrer Söhne widmete.

Balth. **Reber**, Felix **Hemmerlin** von Zürich. Neu nach den Quellen bearb. gr. 8. 31¼ B. u. Holzschn. Zürich 1846. 2 Thlr. 6 Ngr.
  Literargeschichtliche Bearbeitung von reichem Inhalt, besonders in charakteristischen Bildern der Kultur und Sitte des 15. Jahrhunderts. Mangel an gehöriger Verarbeitung zu einem Gesammtbild, aber doch auch für den Nichtgelehrten interessant zu lesen.

W. L. V. **Henckel von Donnersmarck**, Erinnerungen aus meinem Leben. gr. 8. 43 B. Zerbst 1847. 3 Thlr.
  Giebt sehr freimüthige Aufschlüsse über den Zustand der preußischen Armee vor der Katastrophe vom Jahre 1806. „Ein Buch reinen Sinnes, frischer That, kernhaften Wesens, ohne Phrasen und unnöthige Worte."

Marie Carolina v. **Herder**, geb. Flachsland. Erinnerungen aus dem Leben J. G. v. **Herders**. Herausgeg. durch J. G. Müller. 3 Thle. 16. Stuttgart 1830, Cotta. 1⅙ Thlr.
  Herder wird hier von seiner Gattin mit großer Verehrung und Zärtlichkeit geschildert.

J. G. v. **Herders** Lebensbild. Sein Briefwechsel herausgeg. von seinem Sohne E. G. v. **Herder**. 3 Bde. Erlangen 1846, Bläsing. 8½ Thlr.

Aus **Herders** Nachlaß. Ungedruckte Briefe von Herder u. dessen Gattin, Goethe, Schiller, Klopstock u. A. Herausg. von H. Düntzer und Fr. G. v. Herder. 3 Bde. Frankfurt 1857—58, Meidinger. 6 Thlr.

J. **Fürst**, Henriette **Herz**. Ihr Leben u. ihre Erinnerungen. 2. verm. Aufl. Mit Porträt. br. 8. (VII u. 343 S.) Berlin 1858, Hertz. n. 1 Thlr. 26 Ngr.
  Biographie einer durch Geist und Schönheit ausgezeichneten Berlinerin. Enthält eine anziehende Gallerie berühmter Zeitgenossen aus ihrem Nachlaß. Schilderung des erwachenden literarischen Interesses in den Berliner Kreisen am Ende des vorigen Jahrhunderts.

J. A. **Pupikofer**, Johann Jakob **Hess** als Bürger und Staatsmann des Standes Zürich und eidgenössischer Bundespräsident. Ein biographischer Beitrag zur Geschichte der schweizerischen Eidgenossenschaft in der Restaurations= und Regenerationszeit 1791—1853. Nebst Bildniß. Lex. 8. (XII, 331 S.) Zürich (Leipzig 1859, Hirzel.) n. 1⅔ Thlr.
  Wir lernen hier einen der ehrenhaften und einsichtsvollen Staatsmänner kennen, welche der Schweiz zur Ehre gereichen, von einem vertrauten Freunde nicht nur mit Liebe, sondern auch mit Fleiß und Sachkenntniß geschildert. Das Buch ist von wirklichem Werth für die allgemeine Schweizergeschichte, besonders für die Jahre 1833, 1839 und 1847.

Martin **Hertz**, Helius Eoban. **Hesse**. Ein Lehrer= und Dichterleben aus der Reformationszeit. Ein Vortrag. gr. 8. (38 S.) Berlin 1860, Hertz. ¼ Thlr.
  Interessante Charakteristik eines hervorragenden Humanisten des 16. Jahrhunderts, mit philologischer Eleganz ausgeführt.

Karl von **Hessen=Kassel**, Landgraf, Denkwürdigkeiten. Von ihm selbst dictirt. Aus dem französischen, als Manuscript gedruckten Original über=

setzt. Mit einer Einleitung von K. Bernhardi. gr. 8. (XX u. 164 S.) Kassel 1867, Freyschmidt. n. 1 Thlr.
<small>Landgraf Karl, geb. 1744, gest. 1836, war der Sohn des katholisch gewordenen Erbprinzen Friedrich, wurde in Kopenhagen erzogen, heirathete eine Tochter des dänischen Königs Friedrich V., machte eine militärische Laufbahn und wurde Statthalter von Schleswig-Holstein und Norwegen. Seine Aufzeichnungen bieten manchen interessanten Beitrag zur Zeitgeschichte, besonders zur dänischen, und zur Geschichte des Ministers Struensee. Auch der bairische Erbfolgekrieg wird durch das Tagebuch des Landgrafen während seines Aufenthalts im Hauptquartier Friedrichs des Gr. beleuchtet.</small>

**Arn. Herm. Ludw. Heeren**, Biographische und literarische Denkschriften. gr. 8. Göttingen 1823, Vandenhoeck u. Ruprecht. 2 Thlr.
<small>Bildet den 6. Theil von dessen historischen Werken.
Ausführliche Lebensbeschreibung Heyne's, hauptsächlich seine schriftstellerische Wirksamkeit berücksichtigend. Als Anhang ist beigegeben: Andenken an deutsche Historiker aus den letzten 50 Jahren, worin folgende inbegriffen und zum Theil treffend geschildert sind: J. C. Gatterer, J. v. Müller, A. W. v. Schlözer, L. J. v. Spittler, K. L. v. Woltmann.</small>

**Th. G. v. Hippel's** Biographie, zum Theil von ihm selbst verfaßt. 8. Gotha 1800, J. Perthes. 1½ Thlr.
<small>(Separatabdruck aus Schlichtegroll's Nekrolog.)
Pikant und unterhaltend. Uebrigens idealisirt sich Hippel gehörig und führt sein Leben nur bis zum Jahr 1761, das Uebrige, ergänzend und berichtigend, ist von fremder Hand beigefügt.</small>

**Albert Knapp**, Leben von Ludwig **Hofacker**, weil. Pfarrer in Rielingshausen, mit Nachrichten üb. seine Familie u. e. Auswahl aus seinen Briefen ꝛc. 8. (X u. 382 S. u. Hofackers Porträt.) Heidelberg 1855, K. Winter. n. ¾ Thlr.
<small>Hofacker war ein durch tiefe Frömmigkeit und originelle Persönlichkeit ausgezeichneter, weit über die Grenzen seiner Gemeinde verehrter und wirksamer Geistlicher im schwäbischen Unterland. Knapp, sein Jugendfreund und Gesinnungsgenosse, giebt nun eine gute, liebevolle Charakteristik und Lebensgeschichte, deren Darstellung aber leider durch eine specifisch pietistische Färbung für nicht-pietistische Leser etwas abstoßend ist.</small>

**J. A. Voigt**, Skizzen aus dem Leben Fried. David Ferd. **Hoffbauers** weil. Pastors zu Auendorf. Ein Beitrag zur Geschichte des Lützowschen Corps. (XII, 403 S.) Halle 1869, Verlag der Buchhandlung des Waisenhauses.
<small>Weniger Biographie als Memoiren eines Mitgliedes des Lützowschen Corps, nach den Erzählungen Hoffbauers und den Mittheilungen anderer Zeitgenossen von dem Schwiegersohn gut redigirt. Unterhaltend und für die Geschichte der Freiheitskriege werthvoll.</small>

[Jul. Ed. **Hitzig**,] E. T. W. **Hoffmanns** Leben und Nachlaß. 3 Bde. 3. Aufl. gr. 8. (35½ B. 4 Kupf. u. 1 Federzeichn.) Stuttgart 1839, (Frankfurt a. M. Baer). n. 1⅓ Thlr.
<small>Bd. 1 enthält die Biographie von Hitzig, einem genauen Freunde des Dichters, sehr anziehend geschrieben.</small>

**Ulrich Hegner**, Hans **Holbein** der Jüngere. Mit des Meisters Bildnisse. gr. 8. Berlin 1827, G. Reimer. n. ⅔ Thlr.
<small>Anmuthige Darstellung durch einen gründlichen Dilettanten.</small>

**Alfr. Woltmann**, **Holbein** u. seine Zeit. 2 Thle. Mit eingedr. Holzschn. u. Holzschnttfln. (XVI, 376. XX, 396 S.) Leipzig 1866—68, Seemann. 7⅓ Thlr.

Einzelne Biographieen, Briefwechsel u. Denkwürdigk. 231

Eine ausgezeichnete Arbeit, die nicht nur das geschichtliche Material sorgfältig gesammelt hat, sondern auch die künstlerischen Leistungen Holbeins eingehend bespricht und würdigt. Auch die Ausstattung lobenswerth.

**K. v. Holtei**, Vierzig Jahre. Bd. 1—4. 8. Berlin 1843, 44, Adolf u. Comp. 7 Thlr. Bd. 5. 6. Breslau 1846, (Trewendt.) n. 3 Thlr.

Höchst anmuthige Schilderung eines bewegten Dichter- und Schauspielerlebens, auch die leichtfertigen Seiten desselben schildernd.

**Fr. Wilh. van Hoven**, Biographie von ihm selbst geschrieben, herausgeg. von einem seiner Freunde. (Dr. Merkel.) Mit Bildn. u. Facsim. gr. 8. Nürnberg (Leipzig) 1840, Schrag. n. 16 Ngr.

Hoven, ein geborner Ludwigsburger, ehemaliger Zögling der hohen Karlsschule in Stuttgart, Zeitgenosse und Freund Schiller's giebt aus diesem Lebenskreise manche interessante Nachrichten, die von gesunder Beobachtung, vielseitiger Bildung und warmer Theilnahme für alles Menschliche zeugen. Im Anhang finden wir auch 18 Briefe Schiller's an ihn.

**Joh. Ludw. Huber**, Etwas von meinem Lebenslauf und von meiner Muße auf der Festung. 8. Stuttgart 1798, Steinkopf. ⅔ Thlr.

Merkwürdige Selbstbekenntnisse eines aus seinem Knechtssinn bei Zeiten erwachten und zum Patrioten und Märtyrer gewordenen Dieners absoluter Gewalt.

**Herm. Klencke**, Alex. v. **Humboldts** Leben u. Wirken, Reisen u. Wissen. 6. illustrirte Ausgabe, vielfach erweitert u. theilweise umgearbeitet von G. Th. Kühne. Mit 130 Textabbildungen. 2 Karten 8 Tonbildern u. 1 Portr. Humboldts. (426 S.) Leipzig 1870, O. Spamer. 1 Thlr. 20 Ngr.

Eine gute Biographie, die in dieser erweiterten Auflage fast ein neues Werk geworden ist. Ein umfassendes wissenschaftliches Werk über Alex. v. Humboldt ist von Brockhaus in Leipzig in Aussicht gestellt. Dasselbe wird von Karl Bruhns, Director der Sternwarte in Leipzig, in Verbindung mit mehreren Fachgelehrten herausgegeben und soll außer einer Beschreibung seines äußeren Lebens und seines Bildungsgangs im Allgemeinen noch eine ausführliche Würdigung seiner Leistungen in den verschiedenen Gebieten der Naturwissenschaft enthalten und zwei starke Bände füllen.

**Alex. v. Humboldt**, Briefe an Varnhagen von Ense aus den Jahren 1827 bis 1858. Nebst Auszügen aus Varnhagens Tagebüchern und Briefen von Varnhagen u. A. an Humboldt. 1—5. Aufl. gr. 8. (XXIII, 400 S.) Leipzig 1860, Brockhaus. n. 3 Thlr.

Ein Buch, das bekanntlich großes Aufsehen erregt und in wenigen Monaten 5 Auflagen erlebt hat. Es verdankt diesen Erfolg hauptsächlich den darin enthaltenen scharfen und rücksichtslosen Urtheilen über hochstehende Persönlichkeiten, verdient aber durch seinen reichen Inhalt auch wirklich die Beachtung gebildeter Leser. Die Briefe und die Commentare Varnhagens geben tiefe Einblicke in den umfassenden Geist Humboldts, sowie in die Berliner Verhältnisse und seine Stellung zu denselben. Unter den Briefen an Humboldt sind manche nicht blos Curiositäten, sondern von wirklichem Gehalt, wie z. B. die Briefe Metternichs.

—— Briefe an Chr. K. Jos. Freih. v. Bunsen. (210 S.) Leipzig 1869, Brockhaus. 1 Thlr. 10 Ngr.

Gehaltvolle Zeugnisse des gegenseitigen freundschaftlichen Verhältnisses, das zwischen beiden Männern bestand.

**Robert Haym**, Wilh. von **Humboldt**, Lebensbild u. Charakteristik. gr. 8. (XIV u. 641 S.) Berlin 1856, Gärtner. n. 3⅓ Thlr.

Gehaltvolle Monographie, welche die Bedeutung Humboldts als Gelehrter und Staatsmann sehr eingehend würdigt. Ein nach Inhalt und Form ausgezeichnetes Werk, nur macht der Umstand, daß die eigentliche Biographie sehr hinter der Charakteristik zurücktritt, das Buch weniger zur unterhaltenden Lektüre geeignet.

**W. v. Humboldt,** Briefe an eine Freundin. 2 Thle. 4. Aufl. gr. 8. 46¼ B. Mit 1 Facsimile. Leipzig 1850. 4 Thlr. 12 Ngr.

Briefe, die aus dem eigenthümlichen Freundschaftsverhältniß zu einer unglücklichen Frau, die der Verfasser in früher Jugend gekannt hatte, entstanden sind. Sie sind voll großer, tiefer Gedanken, und von dem Bestreben erfüllt, die Freundin geistig zu nähren und über ihre beengenden äußeren Verhältnisse zu erheben. Alles Stoffliche ist möglichst vermieden, und den Hauptinhalt bildet die eigenthümlich idealistische Lebensansicht Humboldts, daß das wahre Glück, unabhängig von allem Aeußeren, nur durch eigene Geisteskraft zu erringen sei.

——— Lichtstrahlen aus seinen Briefen an eine Freundin, Frau von Wolzogen, Schiller, G. Forster und F. A. Wolf. Mit einer Biographie Humboldt's von Elisa Maier. 8. 14⅜ B. Lpzg. 1850. 1 Thlr.

Eine ansprechende Zusammenstellung; besonders die Biographie ist wohl gelungen.

**Fr. Hurter,** Geburt und Wiedergeburt. 3 Bde. (Bd. 1 in 2. Aufl.) Mit H's. Portr. 8. Schaffhausen 1845 u. 46, Hurter. 4¾ Thlr.

Der erste Theil giebt interessante psychologische Aufschlüsse über des Verfassers confessionelle Entwicklung, der zweite enthält etwas breite halb erbauliche Reflexionen über Zeitfragen. Der dritte Theil eine eifrige Apologie der Jesuiten und der ultramontanen Tendenzen.

**David Fried. Strauß,** Ulrich von Hutten. 2 Thle. gr. 8. (XVI u. 373. VI u. 377 S.) Leipzig 1858, Brockhaus. n. 4 Thlr.

Eine mit künstlerischer Feinheit und gründlicher Kenntniß des Materials geschriebene Biographie, die sich aber auf die Persönlichkeit Hutten's und seiner Umgebung beschränkt, und auf allgemeine Schilderung der Zeit weniger eingeht, als mancher Leser vielleicht wünschen möchte.

——— ——— 3. Theil. Gespräche von Ulrich von Hutten, übersetzt u. erläutert. gr. 8. (LVIII, 418 S.) Leipzig 1860, Brockhaus. n. 2 Thlr.

Der Verfasser der Biographie giebt hier eine elegante Uebersetzung der bedeutendsten Gespräche Huttens und begleitet diesen Nachtrag mit einem Vorwort, in welchem er sich über verschiedene Zeitbeziehungen und insbesondere über seine theologischen Ansichten ausspricht, welche dieselben sind, die dem Leben Jesu zu Grunde lagen, dessen 25jähriges Jubiläum er gelegentlich feiert.

**Heinrich Pröhle,** Friedrich Ludwig Jahns Leben. Nebst Mittheilungen aus seinem literarischen Nachlasse. gr. 8. (XVI u. 425 S. mit 1 Facsimile.) Berlin 1855, Beffers Verl. 2 Thlr.

Eine mit tüchtigem Verständniß der nationalen Bestrebungen Jahns und seiner Zeit geschriebene Biographie, welche zugleich zur Geschichte der Freiheitskriege einen werthvollen Beitrag giebt und sich durch frische, belebte Darstellung empfiehlt.

**Franz Löher,** Jakobäa von Bayern und ihre Zeit. Acht Bücher niederländischer Geschichten. 1. Band. gr. 8. (XVIII u. 472 S.) Nördlingen 1862, Beck. n. 2½ Thlr. 2. Bd. 1869. (566 S.) 2½ Thlr.

Jakobäa, die Erbtochter des Grafen Wilhelm von Holland und Enkelin Kaiser Ludwigs IV., geb. 1401, schon im 14. Jahre mit einem Sohne König Karls VI. von Frankreich verheirathet, dadurch Kronprinzessin von Frankreich, frühe Wittwe und als Erbin von Holland und Hennegau in den Kampf zweier mächtiger Parteien gestellt, wurde zu unpassender Heirath gedrängt, von habgierigen Verwandten um ihr Recht und Erbe gebracht, für das sie von tapferen Rittern unterstützt, muthig kämpfte, wobei sie doch zuletzt unterlag und 35jährig von Kummer und Gram verzehrt starb. Eine schöne geistig begabte Frau von männlicher Kraft war sie die Heldin des untergehenden Ritterthums, von holländischen Dichtern in Epos und Drama gefeiert, würdiger Gegenstand einer geschichtlichen Monographie, die der Verfasser zu einem ausgeführten culturgeschichtlichen Zeitbilde benutzt hat.

**K. Immermann**, Memorabilien. 3 Bde. Düsseld. 1830—43. 5½ Thlr. Neue Ausg. 3 Bde. 8. Hamburg 1840—43, Hoffmann u. Campe. 5½ Thlr.

Reliquien des Dichters von verschiedenem Werth; aber kein Stück ohne besonderes Interesse und künstlerische Form.

Eine biograph. novellistische Schilderung Immermanns finden wir auch in **Wolfg. Müllers** von Königswinter, Erzählungen eines rheinischen Chronisten Bd. 1. Karl Immermann u. sein Kreis. (VIII, 417 S.) Leipzig 1861, Brockhaus. 1 Thlr. 24 Ngr.

**Thom. Bab. Macaulay**, Samuel Johnson's biographische Skizze. Deutsch v. Frz. v. Holtzendorff. gr. 16. (III u. 50 S.) Berlin 1857, Springer. 9 Ngr.

Nach dem Vorwort des Uebersetzers „eine künstlerische Arbeit in getriebenem Metall, bei welcher sich jede Einzelnheit deutlich erkennbar von seinem Grunde abhebt."

**Joh. Heinr. Jung**, (genannt Stilling.) Lebensbeschreibung. 5 Thle. 8. Berlin (Leipzig) 1777—1806, Cnobloch. n. 1½ Thlr.

—— Dass. — 6. Thl. herausgeg. von W. Schwarz. Mit 1 Kpfr. 8. Heidelberg (u. Leipzig) 1817, C. F. Winter. n. 26 Ngr.

—— Lebensgeschichte. Mit 3 Kpfrn. 3. Aufl. 8. Stuttgart 1857, (Rieger's Verl.) 1 Thlr.

Der Verfasser hat sich aus niedrigen Lebensverhältnissen emporgeschwungen und sich als Schriftsteller, Arzt und Nationalökonom bekannt gemacht. Seine Biographie ist ein äußerst liebliches Genrebild, das mit Recht zu großer Berühmtheit gelangte. So wunderbar und manches Erzählte klingt, giebt er doch alles vom Größten bis zum Kleinsten für lautere, unverfälschte Wahrheit, und führt den Gang seines Lebens auf die unmittelbarste Leitung der göttlichen Vorsehung zurück.

**G. E. Guhrauer**, Joach. **Jungius** und sein Zeitalter u. s. w. gr. 8. 24¾ B. Stuttgart 1850, Cotta. 3 Thlr.

Jungius, ein deutscher Naturforscher zur Zeit des 30jährigen Krieges, war in der Botanik ein Vorläufer Linné's und nahm durch seine strenge, exacte Methode eine beinahe prophetische Stellung in der deutschen Naturwissenschaft ein. Er war 30 Jahre lang Rector des akademischen Gymnasiums in Hamburg. Goethe hat zuerst seine Bedeutung erkannt und Materialien für seine Lebensbeschreibung gesammelt, die nun hier von Guhrauer gut ausgeführt ist.

Ernst **Köpke**, Charlotte Kalb u. ihre Beziehungen zu Schiller u. Goethe. gr. 12. (IV u. 164 S.) Berlin 1852, Bessers Buchhlg. n. ⅔ Thlr.

Aus den sehr fragmentarischen Mittheilungen, welche Charlotte Kalb in einer handschriftlichen Selbstbiographie niedergelegt, hat der Verfasser mit dem Bestreben, die ursprüngliche Färbung möglichst treu festzuhalten, ein klares Bild zusammenzufügen gewußt, sich aber dabei von einer rücksichtsvollen Pietät abhalten lassen, dasselbe aus anderwärts gedruckten Beiträgen zu ergänzen. Dieß gilt namentlich von der in Spaziers Biographie Jean Pauls gegebenen Erzählung von dem Verhältniß der Kalb zu Jean Paul. Auch die Beziehungen zu Schiller und Goethe sind nicht so berücksichtigt, als man nach dem Beisatz des Titels erwarten durfte. Als Ergänzung dazu kann ein trefflicher Aufsatz von Sauppe dienen in den Weimarischen Jahrbüchern von Hoffmann und Schade. Jahrgang 1854. S. 372 ff. — Das Ganze ist besonders auch deshalb von allgemeiner Bedeutung, weil es interessante Aufschlüsse über Einwirkung der Frauen auf die Entwicklung der Dichter des klassischen Zeitalters giebt, durch den darin dargestellten Kampf der leidenschaftlichen Neigung mit der Sitte und Familienpflicht.

**Aus den Reisetagebüchern des Grafen Georg von Kankrin**, ehemaligen russischen Finanzministers aus den Jahren 1840—45. Herausg. von Alex. Graf Keyserling. Mit einer Lebensskizze Kankrins. 2 Bde. nebst Beilagen u. Kankrins Bildniß (Kupferstich). 8. (VI u. 670 S.) Braunschweig 1865, Leibrock. 3 Thlr.

Sehr interessante Denkwürdigkeiten eines Ministers, welcher sich um die Ordnung der russischen Finanzen und Verwaltung die größten Verdienste erworben hat. Zugleich Bild eines originellen Mannes, der, von Geburt ein Deutscher, ganz die russische Art annahm.

**Ludw. Ernst v. Borowsky**, Darstellung des Lebens und Charakters Immanuel Kant's. 8. Königsb. (Leipzig) 1804, J. Müller. n. 5/6 Thlr. Schreibpap. n. 1 Thlr.

Liefert gute Materialien für die früheren Lebensverhältnisse Kant's, berichtet aber über seine Glanzperiode nur oberflächlich. Der Verfasser war einer der ältesten Schüler Kant's.

**Reinhold Bernh. Jachmann**, Immanuel Kant, geschildert in Briefen an einen Freund. 8. Königsb. (Leipzig) 1804, J. Müller. 3/4 Thlr.

Der Verfasser dieser Biographie war viele Jahre hindurch Kant's Amanuensis und zwar in dessen glänzendster Periode. Giebt am meisten ein Bild von Kant's Persönlichkeit.

**E. A. Ch. Wasianski**, Immanuel Kant in seinen letzten Lebensjahren. 8. Königsb. (Leipzig) 1804, J. Müller. 1/2 Thlr.

Ein treuer Bericht über das allmälige Erlöschen der geistigen und körperlichen Kräfte Kant's.

**Immanuel Kant**, Sämmtliche Werke. Herausgeg. v. K. Rosenkranz und Fr. Wilh. Schubert. 12 Thle. in 14. Abthl. gr. 8. Leipzig 1838—40, L. Voß. n. 10 Thlr. Velinpap. n. 20 Thlr.

Abthl. 1. Immanuel Kant's Briefe, Erklärungen, Fragmente aus seinem Nachlasse herausgegeben von Friedr. Wilh. Schubert.
Enthält beinahe alle Briefe, die von Kant aufzutreiben waren.

Abthl. 2. Immanuel Kant's Biographie. Zum großen Theil nach handschriftlichen Nachrichten dargestellt von Friedr. Wilh. Schubert. Mit Bildn. u. Facsim.
Faßt alle vorhandenen Notizen in einfacher Darstellung zusammen.

**Karl Mendelssohn-Bartholdy**, Graf Johann Kapodistrias. Mit Benutzung handschriftlichen Materials. gr. 8. (XII u. 413 S.) Berlin 1864, Mittler u. Sohn. 2 1/4 Thlr.

Der Verfasser war bemüht, die Wahrheit über diesen höchst einflußreichen und bedeutenden Staatsmann durch gründliches Studium zu Tage zu fördern und die Verdammung der Feinde wie die Verherrlichung der Freunde auf ein billiges Maß zurückzuführen. Die Arbeit ist auf Anregung von Gervinus ausgeführt, zu dessen Geschichte des griechischen Aufstandes sie eine willkommene Ergänzung bildet.

**J. L. C. v. Breitschwert**, Johann Kepler's Leben und Wirken. 8. Stuttgart 1831, (Oetinger.) n. 5/6 Thlr.

Eine mit Fleiß und vieler Liebe bearbeitete Lebensbeschreibung des berühmten Mathematikers, dessen sämmtliche Werke von Professor Frisch in Stuttgart herausgegeben worden sind.

**Johannes Kepler**. Vier Bücher in drei Theilen. Von E. Reitlinger, W. Neumann und dem Herausgeber C. Gruner. Mit vielen Illustr. 1 Thl. (XVI, 224 S.) Stuttgart 1868. In Commiss. bei Grüninger. 1 1/2 Thlr.

Diese Biographie ist das Ergebniß unermüdlicher Forschungen, die hauptsächlich von C. Gruner, dem rührigen Agitator für das Keplersdenkmal, ausgeführt worden sind. Die

Lebensverhältnisse des berühmten Astronomen sind darin so gründlich ermittelt, als es irgend möglich war, und über manches ist ein neues Licht verbreitet. Ueberhaupt giebt das Buch werthvolle Beiträge zur schwäbischen Culturgeschichte. Leider ist die Fortsetzung durch Krankheit des Herausgebers verzögert.

**Justinus Kerner**, Das Bilderbuch aus meiner Knabenzeit. Erinnerungen aus den Jahren 1786 bis 1804. 8. 26³/₄ B. Braunschweig 1849. 2 Thlr.

Ungemein erfrischende Lektüre. Dem Titel entsprechend, keine eigentliche Biographie, sondern Bilder und Anekdoten aus Kerners Jugend, die er mit seiner reichen Phantasie reizend ausgeführt hat.

Eine Biographie Kerners findet sich in dem Album schwäbischer Dichter Nr. II. (32 S.) Tübingen 1861, Osiander. 21 Ngr., und ein Nekrolog v. G. Rümelin in der Beilage der Allgem. Zeitung 1862, Nr 163—166 u. 168—171.

**Leben des königl. preußischen wirkl. Geheimen Raths Georg Wilhelm Keßler**, Biographen Ernst Ludwig Heim's. Aus seinen hinterlassenen Papieren. Mit Keßlers Bildniß. gr. 8. (VI u. 400 S.) Leipzig 1853, Brockhaus. 2 Thlr. 12 Ngr.

Eine sehr anziehende Biographie eines durch Charakter und geistige Begabung hervorragenden Mannes, tüchtigen höheren Staatsdieners und liebenswürdigen feingebildeten Menschen. Besonders interessant für die Jahre 1813 und 1814, in welchen Keßler sehr thätigen Antheil an den Ereignissen nahm.

**Adolf Wilbrandt**, Heinrich von Kleist. gr. 8. (X u. 422 S.) Nördlingen 1862, Beck. n. 2 Thlr.

Eine gute gründliche Arbeit, die über ein vielfach dunkles Leben und einen schwer zu entwirrenden Charakter das möglichste Licht verbreitet. Wer den Dichter aus seinen Werken kennt, der wird dem Biographen für seine Aufschlüsse dankbar sein; ihm erst Freunde zu erwerben, dazu ist die Schilderung eines großen Talents, das fortwährend Anläufe zum Höchsten nimmt, aber durch äußeres Mißgeschick und innere Disharmonie zurückgeworfen und zu einem tragischen Ende getrieben wird, gar zu düster.

**Klopstock** und seine Freunde. Briefwechsel der Familie Klopstock. Herausgegeben von Kl. Schmidt. 2 Bde. 8. Halberst. 1810. Herabges. Pr. 1¹/₄ Thlr., Schreibpap. 1¹/₃ Thlr.

Interessant und gemüthvoll.

**Briefe** von und an **Klopstock**. Herausg. von J. M. Lappenberg mit erläuternden Anmerkungen. Braunschweig 1867, Westermann. 2 Thlr. 15 Ngr.

Ueber Klopstock auch zu vergl. Mörikofer, Die schweiz. Literatur des 18. Jahrh. Leipzig 1861 u. D. F. Strauß Kleine Schriften N. F. Berlin 1866.

**Albert Knapp**, Lebensbild. Eigene Aufzeichnungen, fortgeführt und beendigt von seinem Sohne Jos. Knapp. Mit Bildniß in Stahlstich. 8. (VIII u. 533 S.) Stuttgart 1867, J. F. Steinkopf. n. 1 Thlr. 6 Ngr.

Der als geistlicher Dichter rühmlich bekannte Verfasser giebt hier ein lebendig ausgeführtes Bild seines Jugendlebens und seiner inneren Entwicklung bis über die Mitte seines Lebens hinaus. Der Sohn schöpfte zur Ausführung der späteren Lebenszeit nicht nur aus seiner eigenen Erinnerung, sondern auch aus den Briefen und Dichtungen des Vaters, und giebt über die Entstehung und Aufnahme der letzteren eingehenden Bericht. Wir erhalten aus dem Buche den Eindruck einer reichbegabten, phantasievollen Persönlichkeit, die in christlichen Kreisen eine weitgehende Anziehungskraft und Wirksamkeit übte, sich aber fast gewaltsam in die engere pietistische Gemeinschaft zurückzog.

**K. L. v. Knebel's** Literarischer Nachlaß und Briefwechsel. Herausgeg. von K. A. Varnhagen v. Ense u. Th. Mundt. 3 Bde. Mit K's. Bildniß und Facsim. gr. 8. Leipzig 1835 und 36. 2. Ausg. 1840, Reichenbach'sche Buchh. n. 1⅓ Thlr.

<small>Enthält neben Gedichten und kleinen Aufsätzen Knebel's hauptsächlich dessen Briefwechsel, welcher die Hälfte des ersten Bandes, den ganzen zweiten und theilweise den dritten füllt. Die Sammlung gehört zu den interessantesten Werken aus der Weimarischen Periode, und giebt manche wichtige Aufschlüsse über literarische Notabilitäten jener Zeit. Zur Einleitung ist ein kurzer Lebensabriß Knebel's von Theodor Mundt vorangeschickt.</small>

Karl **Goedeke**, Adolph Freiherr von **Knigge**. gr. 12. Hannover 1844, Hahn'sche Hofbuchh. ⅔ Thlr.

<small>Eine aus genauem Studium der Schriften Knigge's hervorgegangene literarische Charakteristik desselben, welche dessen Einfluß auf die sociale Bildung nachweist und überhaupt seine Eigenthümlichkeit richtiger würdigt, als sonst geschehen ist.</small>

J. G. **Kohl**, Aus meinen Hütten. Oder Geständnisse und Träume eines deutschen Schriftstellers. 3 Bde. 8. 84⅝ B. Leipzig 1850. 4 Thlr. 15 Ngr.

<small>Jugenderinnerungen, Lebensschicksale, Reflerionen u. Phantasieen des berühmten Touristen.</small>

Fr. **Kohlrausch**, Erinnerungen aus meinem Leben. Mit dem Portrait des Verf. gr. 8. (X u. 472 S.) Hannover 1863, Hahn. n. 1⅔ Thlr.

<small>Ansprechende Selbstbiographie des verdienten Schulmannes, welcher als Verfasser einer sehr verbreiteten und beliebten deutschen Geschichte einen bleibenden Namen erworben hat.</small>

Heinrich **König**, Ein Stillleben. Erinnerungen und Bekenntnisse. 2 Thle. 8. (XIV. 360. X. 380 S.) Leipzig 1861, Brockhaus. n. 3⅔ Thlr.

<small>Eine Selbstbiographie, in welcher der Verfasser seine Jugenderlebnisse, seine literarische und politische Thätigkeit und die kirchlichen Kämpfe, die er durchgemacht, in der anmuthigen Weise, die ihm eigen ist, schildert und erzählt.</small>

A. **Lütolf**, Jos. Eutych **Kopp**. (XV, 600 S.) Luzern 1868, Schiffmann. 2 Thlr.

<small>Eine sorgfältig ausgeführte Lebensgeschichte und Charakteristik des schweizerischen Geschichtsforschers, welcher sich durch seine Kritik der Entstehungsgeschichte der schweizerischen Bünde einen bleibenden Namen gemacht und sich auch um die deutsche Geschichte große Verdienste erworben hat.</small>

Karl **Falkenstein**, Thaddäus **Kosciuszko** nach seinem öffentlichen und häuslichen Leben geschildert. 2. umgearb. mit dem Bildn. u. Facsimile Kosciuszko's, sowie mit neuen Actenstücken verm. Aufl. gr. 8. Leipzig 1834, Brockhaus. n. 2⅓ Thlr.

<small>Unterhaltende Lebensbeschreibung des polnischen Freiheitshelden, die mit patriotischer Sympathie geschrieben ist. Diese neuere Auflage zeichnet sich vor der ersten durch manche urkundliche, für die Geschichte wichtige Materialien aus, wobei aber der Mangel an organischer Verarbeitung ebenso fühlbar wird, als bei der früheren Auflage.</small>

General W. J. v. **Krauseneck**. Mit 1 Bildniß, 6 Plänen u. 3 Abdrücken von Handschriften. gr. 8. 17½ B. Berlin 1851. 1 Thlr. 20 Ngr.

<small>„Krauseneck, eine bewegliche fränkische Natur vom feinsten geistigen Gepräge, an Gesinnung edel und vornehm und doch in jedem Zug bürgerlich gebildet und von freier bürgerlicher Denkungsart; ein gelehrter Offizier im besten Sinne des Wortes von jener geistigen Vielseitig-</small>

keit und jenem Ebenmaß, wie es sich in einem rein soldatischen Berufe nur selten zu gestalten vermag, voll Begeisterung für das classische Alterthum, erfüllt von lebendigem Sinne für alles Ideale, aber auch tüchtig und sattelfest in allem Praktischen."

Keine Selbstbiographie, sondern eine etwas pretiös und vorsichtig von einem Anderen geschriebene Lebensskizze mit brieflichen Mittheilungen. Giebt zur Geschichte der Freiheitskriege und der nachherigen preußischen Reaction interessante Beiträge.

**Friedrich Wilh. Krummacher.** Eine Selbstbiographie. (279 S.) Mit dem Bildn. des Verfassers. Berlin 1869, Wiegandt u. Grieben. 1 Thlr. 10 Ngr.

Selbstbiographie eines berühmten Predigers von bedeutendem Einfluß, der nicht nur seine eigene Entwicklung und Wirksamkeit, sondern ganz besonders auch die verschiedenen Formen des religiösen und kirchlichen Lebens, wie er sie in Frankfurt, Ruhrort, Barmen, Elberfeld und Berlin kennen lernte, schildert. Sehr anziehend geschrieben und auch bekannte Persönlichkeiten gelegentlich einführend.

**[Wilh. v. Kügelgen,]** Jugenderinnerungen eines alten Mannes. [Herausgeg. von Phil. Nathusius.] (VIII, 509 S.) Berlin 1870, W. Hertz. 2 Thlr.

Sehr anziehende Selbstbiographie eines aus einer bekannten Künstlerfamilie stammenden Malers, der 1802 in Petersburg geboren, 1867 als fürstl. Anhaltbernburgischer Kammerherr gestorben ist. Die allgemein menschliche Entwicklungsgeschichte, insbesondere das Stillleben der Kindheit wird hier mit unnachahmlicher Frische und psychologischer Feinheit geschildert, und ein anmuthiger Humor belebt das Ganze.

**David Heß,** Salomon Landolt. Ein Charakterbild nach dem Leben ausgemalt. Mit 1 Kupf. gr. 8. Zürich 1821, Orell, Füßli u. Co. 1⅓ Thlr.

Ein schweizerisches Original, dessen Goethe in den Tages- und Jahresheften unter dem Jahr 1820 erwähnt, als des wundersamsten Menschenkindes. Er war schweizerischer Oberst und großer Liebhaber von Seltenheiten.

**Karl Heinr. Ritter von Lang,** Memoiren. Skizzen aus meinem Leben und Wirken, meinen Reisen und meiner Zeit. 2 Thle. gr. 8. Braunschweig 1842, Vieweg u. Sohn. n. 4 Thlr.

Fesselnde und belustigende Geschichten voll Witz, Satire und Uebertreibung in der wohlbekannten Manier des Hammelburgers. Giebt über die Verhältnisse in Baiern unter Max Joseph sehr interessante Nachrichten und Aufschlüsse, die jedoch mit Vorsicht zu benutzen sind.

**E. H. Meyer,** Joh. Martin **Lappenberg.** Eine biographische Schilderung. gr. 8. (184 S.) Hamburg 1867, Mauke Söhne. 1 Thlr.

Interessante Biographie eines verkannten Gelehrten.

**Ludmilla Assing,** Sophie v. La Roche, die Freundin Wielands. 8. (384 S.) Berlin 1859, Janke. 1½ Thlr.

Eine Biographie von literarhistorischem Interesse. Besonders anziehend ist die Jugend der durch Talent, Schönheit und Liebenswürdigkeit ausgezeichneten Schriftstellerin beschrieben.

**W. v. Janko,** Laudon's Leben. (XII, 516 S.) Wien 1869, Gerold's Sohn. 3 Thlr. 10 Ngr.

Laudon war der bedeutendste österreichische General im siebenjährigen Kriege, der im Heer einer großen Popularität genoß. Das Buch ist nicht sowohl Biographie, als Geschichte des 7jährigen Kriegs, vom österreichischen Standpunkt aus, aber nicht unbillig gegen Preußen und in gebildeter Sprache geschrieben. Es hat für die Geschichte um so mehr Werth, als der Verf. viele bisher unzugängliche Materialien benützt hat.

**Fr. Wilh. Bodemann**, Johann Caspar Lavater. Nach seinem Leben, Lehren u. Wirken dargestellt. gr. 12. (XV u. 495 S. mit Portr. u. Facsimile.) Gotha 1856, F. A. Perthes. n. 1 Thlr. 14 Ngr.

Eine vorherrschend theologisch gehaltene Biographie, die den religiös und politisch hin und her schwankenden Zeitgenossen das Lebensbild eines Kern- und Kraftmannes wieder auffrischen will.

**G. E. Guhrauer**, Gottfried Wilhelm v. **Leibnitz**. Eine Biographie. 2 Thle. Mit Bildn. u. Facsim. 8. Breslau 1842, Hirt Verl. 4 Thlr. 2. Ausg. 51 B. 8. Ebendas. 1846. n. 2⅔ Thlr.

Eine gründliche Arbeit, die mit Liebe und tiefem Verständniß auf die Persönlichkeit und die wissenschaftlichen Bestrebungen des großen Philosophen eingeht.

**E. A. Zuchold**, Dr. Ludwig **Leichhardt**. Eine biographische Skizze. Nebst einem Berichte über dessen zweite Reise im Innern des Australcontinents, nach dem Tagebuch seines Begleiters, des Botanikers Daniel Bunce. gr. 8. (120 S. mit 1 Holzschn. u. 1 lith. Tafel.) Leipzig 1856, Selbstverlag des Verf. 1½ Thlr.

Leichhardt war ein kühner Reisender, der durch seine unermüdeten Forschungen im Innern Australiens Bedeutendes für die Kenntniß dieses Welttheils geleistet hat, aber auf seiner letzten Reise im J. 1848 spurlos verschwunden ist.

**Nicolaus Lenau**. Als Einleitung zu dessen gesammelten Werken „Lebensgeschichtliche Umrisse" von Anastasius Grün. Bd. I. (XCVI S.) gr. 8. Stuttg. 1855, Cotta.

Dieß ist die beste Biographie des Dichters, von Freundeshand mit ebenso viel Wahrheitssinn, als künstlerischer Begabung aufgezeichnet. Sie stellt uns sein Bild in frischen Farben vor die Seele, und selbst der traurige Eindruck der letzten Leidensjahre wird gemildert durch die der Erzählung folgende treffliche Charakteristik.

**O. F. Gruppe**, Reinhold Lenz, Leben und Werke. Mit Ergänzungen der Tieckschen Ausgabe. gr. 8. (XVIII u. 388 S.) Berlin 1861, Lüderitz Verl. 1 Thlr. 21 Ngr.

Der Verfasser glaubt Lenz in der Literaturgeschichte nicht nach Gebühr gewürdigt, und sucht ihn nun in vorliegender Biographie und Charakteristik seiner Werke zu Ehren zu bringen, und wie uns scheint, über seine wirkliche Bedeutung zu heben.

**K. C. v. Leonhard**, Aus unserer Zeit in meinem Leben. 2 Bde. gr. 8. (XXII u. 682. VII, 296 S.) Stuttgart 1854—57, Schweizerbart. 4 Thlr.

Mehr Erinnerungen aus den Erlebnissen, als eine eigentliche Selbstbiographie. Die Revolutionszeit in Mainz, die Studienzeit in Marburg, Freiberg und Göttingen, die Kriegszeiten ums Jahr 1806 der Hauptinhalt des vorliegenden Bändchens. Lebendige, etwas forcirte Darstellung. Der Verf. war vieljähriger Professor der Geologie in Heidelberg.

**T. W. Danzel**, G. E. Lessing, sein Leben u. seine Werke. 2 Bde. (546. 765 S.) Leipzig 1850—54, Dyk. 4 Thlr. 24 Ngr.

Eine mit großer Sorgfalt und Gründlichkeit bearbeitete Monographie, aus deren Material Viele geschöpft haben. Da Danzel nur den ersten Band vollenden konnte, wurde das Werk von Guhrauer fortgesetzt und vollendet.

**Adolf Stahr**, G. E. Lessing. Sein Leben und seine Werke. 2 Thle. gr. 8. (X, 357, 358 S.) Berlin 1859, Guttentag. n. 4 Thlr.

Eine populäre, mit Geist geschriebene Biographie. Doch ist Lessings theologische Richtung, in welcher sich der Verfasser heimisch fühlt, zu sehr als die allein berechtigte vorausgesetzt.

Fanny **Lewald**, Meine Lebensgeschichte. 1. Abtheilung. Im Vaterhause. 2 Thle. 8. (610 S.) Berlin 1861, Janke.
Abth. 2. Leidensjahre. 2 Thle. 8. (272. 276. S.) ebend. 1862.
Abth. 3. Befreiung und Wanderleben. 8. (268. 306 S.) ebend. 1862. à Abthlg. 3 Thlr.

> Eine anziehende fesselnde Lektüre. Die Verfasserin erzählt mit großer Aufrichtigkeit ihre äußeren und inneren Erlebnisse und weiß dieselben mit ihrer bekannten Darstellungsgabe dem Leser interessant zu machen. In einer ehrenhaften jüdischen Familie Königsbergs geboren und mit strenger Sorgfalt erzogen, fühlte sie sich bei ihrer kräftigen geistigen Eigenthümlichkeit bald durch die Enge des häuslichen Lebens gedrückt, bis sie sich in reiferen Jahren zu selbständigem Erwerb und ungehindert freiem Schriftstellerleben emancipirte. Auffallend gegenüber den meisten andern deutschen Schriftstellerinnen erscheint es, daß sie nicht durch literarische Anregung, sondern lediglich durch das Bedürfniß nach selbständiger Thätigkeit auf die Schriftstellerlaufbahn geführt wurde. Neben einer entschiedenen sittlichen Energie, die sich in ihrem ganzen Lebensgang offenbart, zeigt die Verfasserin ebenso unverholen den allernüchternsten Unglauben, und obgleich sie in ihrer Jugend mit den Geschwistern zum Christenthum übergetreten war, ist ihr dasselbe immer fremd geblieben, was sich großentheils daraus erklärt, daß sie in einem Hause aufwuchs, wo es zum System gehörte, sich in Religionssachen völlig neutral zu verhalten und jede Hindeutung darauf zu vermeiden. Die Biographie geht bis zum Aufenthalt in Italien, der Veranlassung zu ihrer späteren Heirath wurde.

Carl Gust. **Helbig**, Christian Ludwig **Liscov**. Ein Beitrag zur Literatur- und Kulturgeschichte des 18. Jahrh. rc. gr. 8. Leipzig 1844, Arnold. ½ Thlr.

> Sehr tüchtige Arbeit und willkommener Beitrag zur Geschichte des Wiederauflebens deutscher Literatur. Treffende Charakteristik Liscov's.

G. C. F. **Lisch**, **Liscov's** Leben nach den Acten geschildert. gr. 8. Schwerin 1846, Stiller. n. 7/12 Thlr.

> Werthvolle Ergänzung des obigen Werkes.

Fried. **List**, Gesammelte Schriften. Herausgeg. von Ludw. Häusser. 2 Bde. gr. 8. 55¾ B. Stuttgart 1850. 3 Thlr.

> Der erste Theil enthält eine sehr gute, vielleicht allzu idealisirend gehaltene Biographie List's, der zweite Theil gesammelte Aufsätze, u. A. ein Gutachten über Errichtung einer staatswirthschaftlichen Facultät vom Jahre 1817, Denkschriften in Sachen des Handelsvereins aus den Jahren 1818 bis 1820, schutzzöllnerische Artikel, die einst in der Allgemeinen Zeitung erschienen.

Theodor **Bernhardt**, u. Carl von **Noorden**, Zur Würdigung Joh. Wilhelm **Löbells**. Vier literarisch-historische Untersuchungen nebst vorausgehenden biographischen Notizen. gr. 8. (III u. 104 S.) Braunschweig 1864, Schwetschke u. Sohn. n. 16 Ngr.

> Dem gedrängten, mit Pietät geschriebenen Lebensabriß folgen vier gehaltvolle Aufsätze, welche die literarische Thätigkeit Löbells in ihrem Verhältniß zum gegenwärtigen Stand der Forschung und geschichtlichen Wissenschaft charakterisiren.

Carl Ignatius **Lorinser**, Eine Selbstbiographie. Vollendet und herausgegeben von seinem Sohne Franz Lorinser. 2 Bde. Mit dem Bildniß d. Selbstbiographen. gr. 8. (XII, 290 u. 237 S.) Regensburg 1864, Manz. 2 Thlr. 12 Ngr.

> Leben eines im Jahre 1853 verstorbenen sehr geschätzten Arztes, der sich besonders auch um die Gesundheitspflege in den Schulen verdient gemacht hat. Wir lernen in ihm einen tüchtigen, verständigen, für allgemein menschliche Interessen empfänglichen Mann kennen, um so

mehr fällt es aber auf, daß er, nachdem er einen großen Theil seines Lebens unter Protestanten gewohnt hat, den Protestantismus nicht besser kennt, und sich immer mehr in bigott katholische Anschauungen verrennt.

**Heinr. Luden,** Rückblicke in mein Leben. Aus seinem Nachlasse. gr. 8. 18⅞ B. Jena 1847. 1 Thlr. 21 Ngr.

Enthält 10 verschiedene Aufsätze, worunter besonders interessant sind die über seine Unterredungen mit Goethe, die Schlacht bei Jena, und General v. Grolmann.

**Luise,** Königin von Preußen. Dem deutschen Volke gewidmet. 2. neu bearbeitete Aufl. gr. 8. 28 B. Berlin 1849. 2 Thlr.

Eine von einer Hofdame der Königin, Frau von Berg, verfaßte, möglichst vollständige Biographie der so gefeierten Königin, die wirklich viel Interessantes enthält und sich angenehm lesen läßt, wenn auch hin und wieder der gar zu überschwengliche Ton der begeisterten Pietät und des devoten Royalismus etwas ermüdet.

**[F. Adami,] Luise,** Königin von Preußen, dem deutschen Volke gewidmet. 3. umgearb. Aufl. 16. (XXIII, 421 u. Anh. 14 S.) Berlin 1859, Dümmler's Verl. n. 2 Thlr.

Eine neue Bearbeitung des oben genannten Buches.

**[Löwenstern,] Denkwürdigkeiten eines Livländers.** (Aus den Jahren 1790—1815.) Herausgeg. von Fr. v. Smitt. 2 Bde. Mit 1 Bildn. gr. 8. (VIII u. 320. VI u. 302 S.) Leipzig 1858, C. F. Winter. n. 3 Thlr. 6 Ngr.

Denkwürdigkeiten des russischen Generals Woldemar von Löwenstern, nach dessen Tagebüchern, mündlichen Erzählungen und Briefen verfaßt. Löwenstern, der im Januar 1858 zu Petersburg starb, war ein geistreicher Sonderling und sein Haus in Petersburg der Sammelplatz der gebildet.n Gesellschaft. Seine Memoiren sind unterhaltend zu lesen und geben für die Kenntniß der russischen Gesellschaft und der politischen Verhältnisse, besonders aus der Zeit des russisch-französischen Krieges, manche Ausbeute.

**Karl Grüneisen, Niclaus Manuel.** Leben und Werke eines Malers und Dichters, Kriegers, Staatsmanns und Reformators im 16. Jahrhundert. Mit 1 Zeichnung. gr. 8. Stuttg. 1837, Cotta. 2 Thlr.

Eine erschöpfende, lebendige, den Leser nie ermüdende Schilderung von dem Leben und Wirken des großen Bernerschen Malers und Reformators.

**L. Preller,** Ein fürstliches Leben. Zur Erinnerung an die verewigte Großherzogin zu Sachsen-Weimar-Eisenach, **Maria Paulowna,** Großfürstin von Rußland. 1. u. 2. Aufl. gr. 8. (VII, 147 S.) Weimar 1859, Böhlau. n. ½ Thlr.

Gute Charakteristik einer ausgezeichneten, in ihrer Umgebung sehr beliebten Fürstin.

**Dav. Friedr. Strauß, Christian Märklin.** Ein Lebens- u. Charakterbild aus der Gegenwart. gr. 8. 12¾ B. Mannheim 1851. 1 Thlr. 6 Ngr.

Schilderung eines württembergischen Theologen von liebenswürdiger Persönlichkeit und ernst sittlichem Charakter, der aber durch speculative Philosophie mit der Theologie und Kirche zerfallen war, und sich vergebens abquälte, auf dem sittlichen Gebiet eine befriedigende Vermittlung zu finden. Strauß, der in der Biographie seines Freundes viel von seinen eigenen Lebenserfahrungen einflicht, sucht in ihm das Ideal eines in diesen Kämpfen zum Charakter herangereiften Mannes darzustellen, und zu zeigen, daß es sonst geforderten religiösen Voraussetzungen nicht bedürfe, um sittliche Würde und gemüthliche Befriedigung zu erlangen. Weniger mochte es in der Absicht des Verfassers liegen, dem Leser den Eindruck des Bedauerns zu geben, daß eine Natur wie Märklin zu sehr unter dem dominirenden Einfluß seines Freundes stand, um zu der seiner Individualität entsprechenden Lösung zu gelangen.

C. v. **Martens**, Vor fünfzig Jahren. 2 Bde.
Inhalt: I. Tagebuch meines Feldzugs in Rußland 1812. gr. 8. (III u. 260 S. mit 4 Plänen.) Stuttgart 1862, Schaber. 1 Thlr.
II. Tagebuch meines Feldzugs in Sachsen 1813. (VII u. 208 S. mit 4 Pl.) Ebend. 1863. 1 Thlr.
<small>Erinnerungen eines unterrichteten württembergischen Offiziers, welcher die Feldzüge mitgemacht hat und über einzelne Vorgänge manches Interessante und Neue beizubringen weiß.</small>

Hugo **Schramm**, C. Ph. F. **Martius**. Ein Lebensbild. 2 Bde. (X, 278, 164 S.) Leipzig 1869, Denicke. 2 Thlr. 15 Ngr.
<small>Eine etwas panegyrische Biographie des berühmten Naturforschers.</small>

Aus dem Nachlasse Fried. Aug. Ludw. von der **Marwitz**. 2 Bde. I. Lebensbeschreibung. gr. 8. 31 B. Berlin 1852. 2 Thlr. 15 Ngr.
II. Militärische und politische Aufsätze. 31 B. ebend. 1852. 2 Thlr. 7½ Ngr.
<small>In diesem Marwitz tritt uns die scharf ausgeprägte, aber in ihrer Art sehr tüchtige Persönlichkeit eines märkischen Edelmanns der alten Zeit entgegen, in welchem keine Spur von modernem Liberalismus, dagegen die ächt adelige Geringschätzung des Mittelstandes, des Gelehrten wie des Bauern lebt. Ein vollkommener Gegensatz zu Stein, über den er das absprechendste Urtheil fällt. Die Selbstbiographie ist von dem Herausgeber, Geh. Regierungsrath Niebuhr, wenn nicht bearbeitet, so doch überarbeitet. Unter den Abhandlungen des zweiten Theils sind namentlich von Interesse: der Feldzug vom Jahr 1806; die Charakteristik des Fürsten von Hohenlohe; das Tagebuch aus den Feldzügen 1813, 14 und 15; die Kritik über das politische Testament des Ministers Stein, wobei der Gegensatz der Tendenzen am schroffsten zu Tage kommt.</small>

Sigmund **Schott**, **Max Emanuel**, Prinz von Würtemberg, und sein Freund Karl XII., König von Schweden. Ein biographisch=historischer Versuch. Mit 2 Portr. 8. Stuttgart 1838, Krabbe. 1¼ Thlr.
<small>Unterhaltende Lebensbeschreibung eines württembergischen Prinzen, welcher ein treuer Freund und Begleiter des schwedischen Eroberers war. Die Geschichte von des letztern Kriegszügen, sowie die Thaten des württembergischen Theologen Johann Osiander, werden in die Erzählung verflochten.</small>

Mor. **Meurer**, Philipp **Melanchthon's** Leben, für christliche Leser insgemein aus den Quellen erzählt. Mit Melanchthon's Bildniß nach Luc. Kranach. gr. 8. (XV, 188 S.) Leipzig u. Dresden 1860, Naumann. n. ¾ Thlr.
<small>Die am meisten für weitere Kreise geeignete Biographie Melanchthon's, welche sein Leben und Wirken nach allen Beziehungen frisch und anschaulich schildert.</small>

Ad. **Planck**, **Melanchthon** Praeceptor Germaniae. Eine Denkschrift zur 3. Säcularfeier seines Todes. gr. 8. (VIII, 184 S.) Nördlingen 1860, Beck. 21 Ngr.
<small>Faßt vorzugsweise die humanistische Wirksamkeit Melanchthons ins Auge und behandelt die theologische Seite mit lobenswerther Unbefangenheit. Die frische und lebendige Darstellung würde das Buch einem größeren Leserkreis zugänglich machen, wenn die lateinischen Citate übersetzt wären.</small>

R. **Rothe**, Rede zur 300jährigen Todesfeier Philipp **Melanchthon's**, gehalten am 19. April 1860 in der Aula d. Universität Heidelberg. gr. 4. (19 S.) Heidelberg 1860, J. C. B. Mohr. n. 4 Ngr.

Unter den Festreben an Melanchthon's Todestag unstreitig die ausgezeichnetste, und überhaupt ein Meisterwerk erschöpfender Charakteristik in den engen Raum einer Rede zusammengefaßt.

**M. Kayserling**, Moses **Mendelssohn**. Sein Leben und seine Werke. Nebst einem Anhang ungedruckter Briefe von und an Mendelssohn. gr. 8. (VIII, 569 S.) Leipzig 1862, Mendelssohn. n. 2 Thlr.
Eine vollständige, mit großem Fleiße ausgearbeitete Lebensbeschreibung, in welcher der Verfasser dem jüdischen Weisen ein Ehrendenkmal setzen wollte. Die Darstellung etwas breit. Der Verfasser hat in Manchem auf Mendelssohns Glaubensgenossen besondere Rücksichten genommen.

**Felix Mendelssohn=Bartholdy**, Reisebriefe aus den Jahren 1830—32, herausgeg. v. P. Mendelssohn=Bartholdy. 1—3. Aufl. gr. 8. (VII u. 340 S.) Leipzig 1861, Mendelssohn. n. 2 Thlr. 8. Aufl. 1869. (VIII. 373.)
Materialien zu einer Biographie Mendelssohns, welche der Herausgeber Paul Mendelssohn in Gemeinschaft mit Droysen schreiben wollte, was aber vorläufig wegen verschiedener Hindernisse unterblieb. Die Reisen dieser Jahre haben einen großen Einfluß auf Mendelssohns Entwicklung gehabt und es sind deswegen die Briefe, die er von denselben an seine Eltern, Schwestern, den Herausgeber und an Zelter schrieb, ein sehr wichtiger Beitrag zu seiner Lebensgeschichte und Charakteristik. Es tritt uns darin nicht nur der glücklich begabte, seines Berufes sichere Künstler, sondern auch der feinfühlende, durchgebildete Mensch entgegen, dem jeder Genuß Antrieb zum Schaffen und jede Thätigkeit Quelle des Genusses wird. Die geistvolle Frische, die Empfänglichkeit für Eindrücke der Natur und Kunst machen die Lektüre auch für nicht musikalische Leser anziehend.

—— Briefe aus den Jahren 1833—47. 1—4. Aufl. gr. 8. (XII u. 520 S.) Leipzig 1863—64, Mendelssohn. n. 2½ Thlr.
Was dort in jugendlicher Entfaltung und Verheißung uns vor Augen tritt, zeigt dieser zweite Band in der Erfüllung männlicher Reife. Die Briefe geben einen Einblick in die weit verzweigte Thätigkeit des Meisters: sie zeigen seine unermüdete Sorgfalt für Hebung der Anstalten, an denen er wirkte, wie nicht minder für das persönliche Wohl der Mitwirkenden; seine theilnehmende Aufmunterung junger strebender Talente; seine Gewissenhaftigkeit in Erfüllung der ihm gestellten Aufgaben, wie seinen Takt in der Abwehr ungehöriger Zumuthungen. Wohlthuend ist der gelegentliche, jedoch nur sparsame Einblick in Mendelssohns glückliche Häuslichkeit, und man kann nicht immer das Bedauern unterdrücken, daß die Redaktion in dieser Beziehung nicht freigebiger war. Als eigentlicher Mangel tritt dieß am Schluß hervor, wo man von dem Ende des Meisters, den man als Menschen liebgewonnen, gern etwas erfahren möchte.

**Ed. Devrient**, Meine Erinnerungen an Felix **Mendelssohn=Bartholdy** und seine Briefe an mich. (290 S.) Leipzig 1869, Weber. 2 Thlr.
Führt den berühmten Componisten hauptsächlich als Knaben und Jüngling vor.

**C. G. Gildemeister**, Leben und Wirken des Dr. Gottfried **Menken**. 2 Thle. Mit 2 (lithogr.) Bildnissen Menkens. gr. 8. (VIII. 292. IV. 278 S.) Bremen 1861, Müller. n. 2⅔ Thlr.
Die Biographie eines auch durch seine Schriften bekannten Bremer Geistlichen, der durch Innigkeit und Tiefe seines religiösen Lebens eine bedeutende Persönlichkeit eine wahrhaft reformatorische Wirksamkeit auf seine Umgebung ausübte. Der Verfasser schildert in Menken seinen verehrten Lehrer mit Wärme und anschaulicher Lebendigkeit, und giebt durch einverwobene Briefe manchen werthvollen Beleg zu seiner Charakteristik.

**Joh. Heinr. Merck**, Ausgewählte Schriften zur schönen Literatur u. Kunst. Ein Denkmal. Herausgegeb. von Ad. Stahr. Mit M's. Bildn. gr. 8. Oldenburg 1840, Schulze's Buchh. 1⅞ Thlr.
Mit Geist und Pietät geschrieben, doch ohne die einzelnen Züge des berühmten Freundes und Feindes von Goethe künstlerisch zu einem persönlichen Ganzen zu verbinden.

[**Ch. F. Wurm,**] Zur Erinnerung an F. L. W. **Meyer,** den Biographen
Schröder's ꝛc. 2 Thle. 8. 40³/₄ B. Braunschweig 1847. 2 Thlr.
20 Ngr.
> Interessante Lebensskizze eines geistreichen Gelehrten, der mit vielen bedeutenden Männern seiner Zeit in Verbindung stand, mit dem berühmten Schauspieler Schröder nahe befreundet war, dessen Biographie er schrieb (Hamburg 1819), und sich durch eine ungewöhnliche Bühnenkenntniß auszeichnete. Größtentheils Briefe von ihm und an ihn.

**Kurd von Schlözer,** Die Familie von **Meyern** in Hannover und am
markgräflichen Hofe zu Baireuth. 8. (VIII u. 93 S.) Berlin 1855,
Bessers Buchh. n. ²/₃ Thlr.
> Ein Buch, das, zunächst für die Familie bestimmt, durch belletristische Behandlung und die interessante Schilderung des Treibens am baireuther Hof zu den Zeiten der Schwester Friedrichs des Großen ein allgemeineres Interesse in Anspruch nimmt.

**Herm. Grimm,** Leben **Michelangelo's.** 2 Bde. gr. 8. (VIII u. 471.
VIII, 598 S.) Hannover 1860—63, Rümpler. n. 6 Thlr. 3. Aufl.
3 Bde. (X, 289. VI, 317. VI, 353.) Ebendas. 1868. 5 Thlr. 20 Ngr.
> Nicht nur eine ausgezeichnete kunstgeschichtliche Monographie, sondern auch ein Kulturbild, welches die politischen und socialen Verhältnisse, in welchen der Künstler gelebt und von denen er seine Anregungen empfangen hat, in einem reichen und mannigfaltigen Ganzen vereinigt.

**Wilh. Lang, Michel Angelo** Buonarroti als Dichter. gr. 8. (109 S.)
Stuttgart 1861, Mäcken. n. 24 Ngr.
> Eine lesenswerthe Ergänzungsschrift zu den Biographien des großen Künstlers, welche dessen Entwicklung im Spiegel seiner poetischen Thätigkeit zu verfolgen sucht und sich mit Liebe in die geistreiche Persönlichkeit des denkenden Meisters vertieft.

**Graf Miot de Melito,** Memoiren ꝛc. Deutsch bearbeitet und aus den
hinterlassenen Papieren des Verfassers ergänzt durch den Herausgeber des
französ. Originals (General v. Fleischmann). 2 Bde. gr. 8. (I., XII
u. 530 S. II., XI u. 420 S.) Stuttgart 1867, Schweizerbart. 4 Thlr.
> Interessante Mittheilungen über die Napoleonische Zeit, aus der Feder eines treuen Freundes und Begleiters von Joseph Bonaparte, durch dessen Vermittlung er von Napoleon in mehreren höhern diplomatischen Stellungen verwendet wurde. Besonders werthvoll sind seine Berichte über die italienischen und spanischen Verhältnisse.

**Eucharius Kündig,** Erinnerungen an Joh. Fried. **Miville,** Professor der
Theologie in Basel. Mit Vorwort von K. R. Hagenbach. 12. 12 B.
Basel 1851. 24 Ngr.
> Ein mit vieler Liebe ausgeführtes Bild eines Theologen, dem seine Theologie Herzenssache war, und der ein tiefes, für alles Große empfängliches Gemüth hatte. Eignet sich besonders zur Lektüre für angehende Theologen.

Karl von **Weber, Moritz,** Graf von Sachsen, Marschall von Frankreich.
Nach archivalischen Quellen. Mit Portrait. gr. 8. (VII u. 293 S.)
Leipzig 1863, B. Tauchnitz. 1³/₄ Thlr.
> Eine gut geschriebene Biographie, welche über des Helden persönliche Verhältnisse manche neue Aufschlüsse giebt und außerdem viele charakteristische Züge der Culturentwicklung jener Zeit beibringt.

Georg Thom. **Rudhart,** Thomas **Morus.** Aus den Quellen bearbeitet.
Mit Morus Bildn. gr. 8. Nürnberg 1829. 3 Thlr. 2. Aufl. gr. 8.
Augsburg 1852, Kollmann. 1 Thlr. 9 Ngr.

Eine Monographie, welche einen interessanten Beitrag zur Geschichte Englands unter Heinrich VIII. giebt, und den Prälaten Morus nach seiner politischen, kirchlichen, literarischen und persönlichen Bedeutung schildert.

**Joh. Jak. Moser**, Leben, von ihm selbst beschrieben. 4 Bde. 3. verm. Aufl. 8. Lemgo 1777—83, Meyer. 1⅙ Thlr.

Höchst anziehende Selbstbiographie eines ehrwürdigen und frommen Patrioten, „der für das allgemeine wie das besondere Vaterland gearbeitet, gewirkt, gestritten und gelitten," wie sein Sohn F. K. v. Moser sagt.

**Aug. Schmid**, Das Leben Johann Jakob Mosers. Aus seiner Selbstbiographie, den Archiven und Familienpapieren dargestellt. (598 S.) Stuttgart 1868, S. G. Liesching. 1 Thlr. 18 Ngr.

Eine neue Bearbeitung, welche den werthvollen Stoff für die heutigen Leser genießbar macht und hin und wieder Neues hinzufügt.

**Hermann Schulze**, Joh. Jak. Moser, der Vater des deutschen Staatsrechts. Ein Vortrag. (IV, 35 S.) Leipzig 1869, Breitkopf u. Härtel. 12 Ngr.

Gute politische und wissenschaftliche Würdigung von einem namhaften Staatsrechtslehrer.

**F. Kreyssig**, Justus Möser. Mit 1 Abbildung von Möser's Denkmal in Osnabrück. 8. (V u. 155 S.) Berlin 1857, Nicolai. ⅚ Thlr.

Biographie, Charakteristik und Auszüge aus Mösers Schriften; mit Liebe und Verständniß behandelt.

**Otto Jahn**, W. A. Mozart. 4 Bde. Mit 2 Bildnissen Mozarts u. einem Facsimile. gr. 8. (XL, 716. VIII, 568. VIII, 514. VIII, 828 S.) Leipzig 1856—59, Breitkopf u. Härtel. n. 14 Thlr.

Ein ausgezeichnetes Werk, das alle bisherigen Biographieen weit hinter sich läßt, da der Verfasser nicht nur ein reiches Material für die Kenntniß des äußeren Lebens wie des inneren Entwicklungsganges von Mozart zusammengebracht, sondern auch mit ungemeinem künstlerischen Sinn und gründlichen Kenntnissen der musikalischen Technik seine gewählte Aufgabe unternommen und mit einer Liebe sich seinem Gegenstand zugewandt hat, die sich höchst wohlthuend durchfühlt.

—— —— 2. durchaus umgearbeitete Auflage. 2 Thle. Mit 3 Bildnissen und 4 Facsm. gr. 8. (XXXV u. 750. VI, 835 S.) Leipzig 1867, Breitkopf u. Härtel. n. 10 Thlr.

Bedeutend abgekürzte Bearbeitung des Meisterwerks einer musikalischen Monographie.

**F. C. F. v. Müffling**, [sonst Weiß genannt] Aus meinem Leben. 2 Theile in 1 Bd. gr. 8. 26 B. Berlin 1851. 2 Thlr. 7½ Ngr.

Ein Stück Selbstbiographie, vom Verfasser selbst für den Druck bestimmt und gut erzählt. Interessante Schilderung Gneisenaus und seiner Partei, deren theilweiser Gegner der Verfasser war. Merkwürdige Aufschlüsse über den Feldzug von 1812 und den russischen Kriegsplan.

**Theodor Nöldeke**, Das Leben Muhammed's, nach den Quellen populär dargestellt. 8. (VIII u. 191 S.) Hannover 1863, Rümpler. n. ⅔ Thlr.

Gute Darstellung von einem anerkannten Fachgelehrten.

**Friedr. Lücke**, Erinnerungen an K. O. Müller. gr. 8. Göttingen 1841. Dietrich. n. ⅓ Thlr.

Liebevolle Charakteristik des berühmten Archäologen von der Hand eines vertrauten Freundes.

Heinrich **Ulmann**, Ernst Graf zu **Münster**. Sybels Historische Zeitschrift Bd. XX, S. 338—393.
: Die erste ausführliche Charakteristik Münsters, mit Berücksichtigung der neueren Veröffentlichungen seines Sohnes aus den Depeschen über den Wiener Congreß.

Moritz **Müller**, J. K. Aug. **Musäus**. Ein Lebens= und Schriftstellercharakterbild. Nebst einem Anhang, enthaltend einige Gedichte von Musäus. gr. 8. (128 S.) Jena 1867, Mauke. n. 16 Ngr.
: Mehr Charakteristik des Schriftstellers als Lebensbeschreibung.

Karl Ferd. Fried. v. **Nagler**, Kgl. preuß. Minister, Generalpostmeister und Bundestagsgesandter. Briefe an einen Staatsbeamten. Als ein Beitrag zur Geschichte des neunzehnten Jahrhunderts herausgeg. von E. Kelchner u. Karl Mendelssohn=Bartholdy. 2 Bde. (XXV, 300. 320 S.) Leipzig 1869, Brockhaus. 4 Thlr.
: Interessante Aufzeichnungen eines Staatsmannes, der als Günstling Friedrich Wilhelms III. in die Staatsangelegenheiten tief eingeweiht war, aber als Hauptrepräsentant der reactionären Richtung und des die Liberalen verfolgenden Polizeiregiments galt und deshalb viel geschmäht und gehaßt war. Die Herausgeber sehen diese Aufzeichnungen als einen Beitrag zu seiner Apologie an und hoffen, daß sie geeignet sein werden, die Anschuldigungen gegen den verlästerten Mann auf ihr rechtes Maß zurückzuführen und dem Grundsatz audiatur et altera pars Geltung zu verschaffen. Der Staatsbeamte, an den die Briefe gerichtet sind, ist der Hofrath J. E. Kelchner, welcher der Vertraute Naglers und namentlich in Frankfurt seine rechte Hand war. Die Briefe fallen in die Jahre 1824—1845.

Otto **Krabbe**, August **Neander**. Ein Beitrag zu seiner Charakteristik. gr. 8. 10⅞ B. Hamburg 1852. 18 Ngr.
: Eine gute Charakteristik Neanders als Mensch u. Schriftsteller, von einem seiner Verehrer.

Jos. **Beck**, Carl Friedr. **Nebenius**. Ein Lebensbild eines deutschen Staatsmannes und Gelehrten. Zugleich ein Beitrag zur Geschichte Badens und des deutschen Zollvereins. gr. 8. (IV u. 128 S.) Mannheim 1866, Schneider. n. 18 Ngr.
: Abdruck eines Artikels in „Unsere Zeit." Ungenügende Ausführung des biographischen Theils, aber interessante Mittheilungen über badische und deutsche Angelegenheiten enthaltend.

Joachim **Nettelbeck**, Bürger zu Colberg. Eine Lebensbeschreibung von ihm selbst aufgezeichnet und herausgegeben von J. Ch. L. Haken. Mit Bildn. 3 Bde. Leipzig 1821—23, Brockhaus. 3 Thlr. 3. Aufl. 1863. (XXVI, 468 S.) n. 1 Thlr.
: Aeußerst interessante Selbsterzählung eines vielbewegten Lebens, in welchem sich eine ungemein kräftige gewandte Persönlichkeit und patriotischer Charakter abspiegelt.

David **Brewster**, Isaak **Newton**'s Leben nebst einer Darstellung seiner Entdeckungen. Uebersetzt von B. M. Goldberg mit Anmerkungen von H. W. Brandes. Mit Newton's Portr. und Kupfertaf. gr. 8. Leipzig 1833, Göschen. 2 Thlr.
: Giebt nicht nur eine ausführliche Lebensbeschreibung, sondern auch eine umfassende Würdigung der wissenschaftlichen Leistungen Newton's. Sehr zu empfehlen.

Fr. **Nicolai**, Selbstbiographie. Herausgegeben von M. S. Löwe. gr. 8. Berlin 1806. 1½ Thlr.
: Gescheidt, aber kleinlich. Charakteristisch für den Mann und für die Zeitschilderung wichtig.

**Lebensnachrichten** über Barthold Georg **Niebuhr** aus Briefen desselben und aus Erinnerungen einiger seiner nächsten Freunde. 3 Bde. gr. 8. Mit Niebuhr's Bildniß. Hamburg (Gotha) 1838 und 39, F. A. Perthes. n. 8 Thlr.

Briefe Niebuhr's an seine Eltern, Braut und Gattin, seine Schwägerin Hensler, Graf Moltke und andere befreundete Zeitgenossen mit ergänzendem Lebensabriß. Sowohl wegen Niebuhr's gehaltvoller Persönlichkeit als wegen der Beiträge zur Zeitgeschichte von großem Interesse.

Franz **Lieber**, Erinnerungen aus meinem Zusammenleben mit Barth. Georg **Niebuhr**, dem Geschichtschreiber Rom's. Aus d. Engl. übersetzt von Karl Thibaut. 8. Heidelberg (und Leipzig) 1837, C. F. Winter. n. 1¹/₆ Thlr.

Aufzeichnungen von Gesprächen mit Niebuhr über Zeitereignisse, Geschichten und mitlebende literarisch und politisch hervorragende Persönlichkeiten. Zur Einleitung eine biographische Skizze. Alles von warmer Pietät durchdrungen.

Barth. Geo. **Niebuhr**, Karsten **Niebuhr's** Leben. gr. 8. Kiel (Berlin) 1817, (Schindler.) ½ Thlr.

Leben des berühmten Reisenden in Arabien, vom Sohne mit Geist und Pietät erzählt.

Vincent **Nolte**, Fünfzig Jahre in beiden Hemisphären. Reminiscenzen aus dem Leben eines ehemaligen Kaufmanns. Zweite vom Verf. durchgesehene und mit Zusätzen vermehrte Auflage. 2 Bde. gr. 8. (XXXI u. 683 S. mit 4 Facsimiles.) Hamburg 1854, Perthes, Besser u. Mauke. n. 3¹/₃ Thlr.

Lebenserfahrungen eines Kaufmannes von außerordentlichem kaufmännischen Talent und Instinkt, der es aber gleichwohl, unverkennbar nicht ohne eigene Schuld, doch zu keiner sicheren und angenehmen Stellung brachte. Sehr unterhaltende Lektüre, die zugleich ein Bild von dem Treiben der großen kaufmännischen Welt und den Geldgeschäften und auch Beiträge zur Kenntniß der napoleonischen Zeit giebt.

Adam **Oehlenschläger**, Meine Lebenserinnerungen. Deutsche Originalausgabe. 4 Bde. gr. 8. 59¹/₂ B. und 1 Stahlstich. Leipzig 1850. 6 Thlr. 20 Ngr.

Eine etwas redselige, aber an Unterhaltungsstoff reiche Selbstbiographie des bekannten Dichters.

Fr. Christoph **Oetinger**, Selbstbiographie. Herausgeg. v. Jul. Hamberger. Mit einem Vorwort von G. H. v. Schubert. 8. Stuttgart 1845, Liesching. ½ Thlr.

Körnige Selbstbiographie eines der geistvollsten mystischen Theologen, dessen speculative Bedeutung von dem Herausgeber treffend gewürdigt wird.

K. Chr. Eberh. **Ehmann**, Fried. Christoph **Oetinger's** Leben u. Briefe als urkundlicher Comment. zu dessen Schriften. Mit Oetinger's Bildn. gr. 8. (VIII, 848 S.) Stuttgart 1859, Steinkopf. n. 3 Thlr.

Der geistvolle würtembergische Theosoph Oetinger wird hier nach seiner eigenen Biographie und seinen Briefen geschildert, in der Art, daß der Herausgeber nicht eine vollständige Darstellung, sondern nur Anmerkungen und Ergänzungen dazu giebt.

Georg Friedr. **Eysell**, Johanna b'Arc, genannt die Jungfrau von **Orleans**. Ihre Jugend, ihre Thaten und ihre Leiden, getreu nach den Quellen, unter stetem Hinweis auf dieselben und mit Benutzung der besten Hilfs=

mittel dargestellt. gr. 8. (VIII u. 744 S.) Regensburg 1864, Manz. 3 Thlr. 9 Ngr.

Georg Friedr. **Eysell**, Johanna d'Arc, genannt die Jungfrau von **Orleans**. Kleine Ausgabe. (Vollständiger Text aus des Verf. größerem Werke.) gr. 8. (IV u. 579 S.) Ebend. 1864. 2 Thlr. 9 Ngr.
*Eine ausgezeichnete Monographie, welche nach gründlicher Quellenforschung die historische und psychologische Seite des Gegenstandes erschöpfend behandelt. In der kleinern Ausgabe sind die Aktenstücke und Erläuterungen weggelassen.*

[Jak. Fr. **Abel**,] Lebensbeschreibung Johann **Oslanders**. 8. Tübingen 1795, Oslander. 1/3 Thlr.
*Kurze Lebensbeschreibung eines durch Persönlichkeit und Geschicke merkwürdigen württembergischen Theologen aus dem Ende des 17. und Anfang des 18. Jahrhunderts.*

Joh. Gottfr. v. **Pahl**, Denkwürdigkeiten aus meinem Leben und meiner Zeit ꝛc. Herausgeg. von Wilh. Pahl. gr. 8. Tübingen 1840, Fues. 3¼ Thlr.
*Selbstbiographie eines württembergischen Geistlichen, der seinem angebornen Talent folgend und durch äußere Verhältnisse begünstigt, als Geschäftsmann bei diplomatischen und militärischen Angelegenheiten sich betheiligte, auch als Schriftsteller im Gebiet der Journalistik, Publicistik und Geschichte sich einen Namen erworben hat.*

Jules **Bonnet**, Aonio **Paleario**. Eine Studie über die Reformation in Italien. Ins Deutsche übertragen von Friedr. Merschmann. 12. (XVI u. 285 S.) Hamburg 1863, Agentur des rauhen Hauses. n. 1 Thlr.
*Interessante Geschichte eines protestantischen Märtyrers in Italien.*

Carl Ludwig **Klose**, Leben Paskal **Paoli's**, Oberhauptes der Korsen. Mit dem Bildnisse Paoli's. gr. 8. (XVI u. 339 S.) Braunschweig 1853, Schwetschke u. Sohn. n. 1 Thlr. 26 Ngr.
*Die erste vollständige Biographie Paoli's, aus den vorhandenen gedruckten Quellenschriften, die freilich ziemlich mangelhaft sind, sorgfältig und mit Streben nach künstlerischer Abrundung ausgeführt. Die nationale und politische Seite von Paoli's Bestrebungen etwas zu nüchtern und äußerlich behandelt.*

Alb. **Réville**, Theodor **Parker**. Sein Leben und Wirken. Ein Kapitel aus der Geschichte der Aufhebung der Sklaverei in den Vereinigten Staaten. Uebersetzt von Paul Deussen. 8. (VIII u. 324 S.) Paris 1867, Reinwald. n. 1 Thlr.
*Eine interessante Darstellung des gefeierten Kanzelrebners und Agitators.*

Herm. **Reuchlin**, Pascal's Leben und der Geist seiner Schriften ꝛc. gr. 8. Stuttgart 1840, Cotta. 1⅚ Thlr.
*Neue Quellenforschungen, trefflich benützt; von sichtbarer Liebe zu dem edeln Gegenstand zeugende, gemüthvolle Darstellung. Besonders interessante Beiträge zur Geschichte der Jesuiten. Die Anordnung und der Stil des Buches zeigen zu wenig organische Einschnitte und machen es dadurch unbequem und zuweilen unverständlich.*

Jo. Ge. **Dreydorff**, **Pascal**, sein Leben u. seine Kämpfe. (X, 462 S.) Leipzig 1870, Dunder u. Humblot. 2 Thlr. 20 Ngr.
*Faßt Pascal im Gegensatz zu früheren Biographen als treuen Anhänger seiner Kirche und Apologeten des christlich-katholischen Dogmas auf. Der Standpunkt des Verf. ist der des Protestanten-Vereins.*

248 Einzelne Biographieen, Briefwechsel u. Denkwürdigk.

Karl Alex. v. **Reichlin-Meldegg**, Heinr. Eberh. Gottlob **Paulus** u. seine Zeit, nach dessen literarischem Nachlasse, bisher ungedrucktem Briefwechsel und mündlichen Mittheilungen dargestellt.
  Bd. I. Von Paulus Geburt bis zu seiner Anstellung in Heidelberg. gr. 8. (XVI u. 431 S.) Stuttgart 1853, Berl.-Magazin. n. 1 Thlr. 18 Ngr.
  Bd. II. Von der Anstellung in Heidelberg bis zum Tode 1851. gr. 8. (VIII u. 444 S.) Ebend. 1853. n. 1 Thlr. 18 Ngr.
    Eine stofflich sehr interessante, für die Literatur- und Culturgeschichte werthvolle, aber sehr geschmacklos geschriebene Biographie.

Clem. Th. **Perthes**, Friedr. **Perthes** Leben. Nach dessen schriftl. und mündl. Mittheilungen aufgezeichnet. 3 Bde. gr. 8. Gotha 1848—52. 5. Aufl. (XVI, 1163 S.) 1861. 3 Thlr.
    Eine der interessantesten neueren Biographieen. In Perthes tritt uns ein Mann entgegen, der durch sein rastloses thätiges Streben, seine praktische Tüchtigkeit, seinen ehrenhaften Charakter und die geistige Auffassung seines Berufs sich eine bedeutende Stellung schuf. Auch seine äußeren Schicksale, die ihm reiche Gelegenheit gaben, die Kraft seines Geistes zu entfalten, bieten ein mannigfaches Interesse. Vorwiegend ist, namentlich im zweiten Bande, das Politische. Der Verkehr zwischen Perthes und seinen Freunden zeigt die Stimmung, welche während und nach den Freiheitskriegen in den nationalgesinnten conservativen Kreisen Deutschlands herrschte. Auch das Gemüth findet in diesem Buche seine Befriedigung durch die Darstellung des schönsten Familienlebens, das besonders durch die edle Gestalt der Gattin gehoben wird, deren tief innerliche Natur eine wesentliche Ergänzung zu Perthes' nach außen gerichteter Thätigkeit bildet. Der dritte Band enthält die Uebersiedlung nach Gotha im Jahre 1822, Gründung einer neuen Verlagshandlung, den Plan und die Ausführung der Sammlung europäischer Staatengeschichten, Eingehung einer zweiten Ehe, den brieflichen Verkehr über die religiösen und politischen Fragen der Zeit, Schilderung seines Berufs und Familienlebens.

Theod. **Herberger**, Conrad **Peutinger** in seinem Verhältniß zum Kaiser Maximilian I. gr. 4. 5½ B. u. 1 Portr. Augsb. 1851. 18 Ngr.
    Ein sehr interessanter Beitrag zur Geschichte Maximilian's, sowie zur Gelehrtengeschichte des 16. Jahrh. Größtentheils aus handschriftlichen Quellen des augsburger Archivs geschöpft.

Chr. Heinr. **Pfaff**, (Professor der Chemie an der Kieler Universität). Mit Greg. Guil. Nitzschii memoria Pfaffii u. mit Auszügen aus Briefen von C. F. Kielmeyer, Fr. Brun, dem Grafen Fr. Reventlow u. Chr. H. Pfaff. gr. 8. (XXI u. 330 S.) Kiel 1854, Schwers. n. 2 Thlr.
    Redselige Selbstbiographie eines geistreichen Naturforschers, die derselbe in hohem Alter, erblindet, aus der Erinnerung dictirte. Da der Verfasser nicht bloß Gelehrter, sondern auch heiterer Lebemann war, so giebt seine Biographie manches menschlich Interessante aus den socialen und persönlichen Erlebnissen. Seine Bildungslaufbahn in der Karlsakademie in Stuttgart, sein Aufenthalt in Paris während der Revolutionszeit besonders lesenswerth.

Sammlung von Briefen gewechselt zwischen Joh. Fried. **Pfaff** u. Herzog Karl v. Würtemberg, F. Bouterweck, A. v. Humboldt, A. G. Kästner u. And. Herausgeg. von Karl Pfaff. Mit Pfaffs Porträt u. Facsimile. gr. 8. (XII u. 284 S.) Leipzig 1853, Hinrichs. 1 Thlr. 18 Ngr.
    Joh. Fried. Pfaff war der ältere Bruder des als Chemiker und Physiker bekannten Prof. Pfaff in Kiel, ein ausgezeichnetes mathematisches Talent, aber in der Literatur nur durch einige akademische Gelegenheitsschriften bekannt. Die Briefsammlung enthält manches Interessante, besonders die Briefe des Herzogs Karl, dessen Zögling Pfaff in der Karlsschule war, die Briefe des von den Ideen der Revolution erfüllten jüngeren Bruders aus Paris, die Briefe Bouterwecks, die Beiträge zur Charakteristik Kielmeyers.

Geo. v. **Cuvier's**, Briefe an C. H. **Pfaff** aus den Jahren 1788—92 naturhistorischen, politischen und literarischen Inhalts. Nebst einer biographischen Notiz über G. Cuvier von C. H. Pfaff. Herausgeg. von W. F. G. Behn. Mit Cuvier's Portr. gr. 8. Kiel 1845, (Homann.) 2²⁄₃ Thlr.
Sehr interessante Mittheilungen.

Wilhelm **Lang**, Paul **Pfizer**. Preuß. Jahrbücher Bd. XXI, S. 171—204.
Lebensbild eines süddeutschen Politikers, der zuerst den Gedanken der preußischen Hegemonie Deutschlands ausgesprochen und motivirt hat. Vgl. auch dessen Nekrolog von Fr. Notter im Schwäbischen Merkur vom 7. und 8. Sept. 1867.

Carolina **Pichler**, geb. v. Greiner. Denkwürdigkeiten aus meinem Leben. Herausgeg. von Ferd. Wolf. 4 Bde. 12. Wien 1844 (Leipzig, Liebeskind.) 1 Thlr. 2 Ngr.
Interessante Beiträge zur Geschichte der Sitten und Literatur Oesterreichs. Die Verfasserin stand mit fast allen literarischen Notabilitäten Oesterreichs in vielfacher Berührung. Das Ganze giebt einen wohlthuenden Gesammteindruck einer edlen geistig gesunden Persönlichkeit.

Gottfr. Chr. Fr. **Lücke**, Dr. Gottlieb Jacob **Planck** &c. Nebst einer erneuerten biographischen Mittheilung über Heinr. Ludw. Planck. Mit G. J. Planck's Brustbild u. Facsim. gr. 8. Göttingen 1835, Vandenhöck u. Ruprecht. 1 Thlr.
Ansprechende Biographie des berühmten Göttinger Kirchenhistorikers, dem der Verfasser in seiner späteren Lebenszeit nahe stand.

Aug. Graf v. **Platen-Hallermünde**. **Platen's** Tagebuch 1796—1825. [Herausgeg. v. Prof. K. Pfeufer.] gr. 8. (XIV, 288 S.) Stuttgart 1860, Cotta. 1²⁄₃ Thlr.
Für die Freunde und Verehrer Platens ein interessantes Buch, das tiefe Einblicke in seine eigenthümliche Entwicklung gewährt, aus dem man aber von seiner Umgebung wenig erfährt. Es tritt uns darin eine selbständiger Geist entgegen, der von heißem Drang nach Auszeichnung beseelt ist, aber in geistiger Isolirung aufwächst, und dabei oft zu sonderbaren ästhetischen Urtheilen gelangt.

Graf **Radetzky**, der k. k. österreichische Feldmarschall. Eine biographische Skizze nach den eigenen Diktaten und der Correspondenz des Feldmarschalls, von einem österreichischen Veteranen. Mit 1 Facsim. 2. Abdruck. gr. 8. (XIII u. 441 S.) Stuttg. 1858, Cotta. n. 2¹⁄₃ Thlr.
Eine im Ganzen gut geschriebene, nur etwas zu lobrednerische Biographie des österreichischen Kriegeshelden, von dem wir ein anschauliches Lebensbild erhalten. Das Buch hat zugleich einen offiziösen Charakter, indem es eine ausgeführte Geschichte des Kampfes gegen die italienische Revolution von österreichischem Standpunkt aus giebt. Ein Hauptpunkt ist, daß darin die Betheiligung des Generals Heß an dem Kriegsplan, welche Schönhals in seinen Erinnerungen ungerechter Weise mit keinem Wort erwähnt, nachgewiesen wird. Wesentlich neue Aufschlüsse erhalten wir nicht, denn manche Lücken, die Schönhals absichtlich gelassen hat, werden nicht ausgefüllt; halb Richtiges und nachgewiesen Unwahres wird wiederholt; auch sind die politischen Motive äußerst oberflächlich und gar zu einseitig österreichisch behandelt. Aus der früheren Zeit Radetzky's von 1800 bis 1813 wird manches Interessante mitgetheilt, unter anderem auch eine freimüthige Denkschrift über die Mängel der österreichischen Rüstungen im Jahr 1813.

**Rahel.** Ein Buch des Andenkens für ihre Freunde. (Herausgeg. von K. A. Varnhagen v. Ense.) 3 Bde. Mit Rahel's Bildn. und Facsim. gr. 8. Berlin 1834, Duncker u. Humblot. n. 3 Thlr.
    Der scharf=, tief= und feinsinnigste Gedankenwechsel, in dem Varnhagens Gattin Rahel geb. Robert=Levin, einer der durchdringendsten Geister ihrer Zeit, über Hohes und Tiefes der Welt und Zeit, mit den geistvollsten Männern und Frauen des Jahrhunderts, vierzig Jahre lang (1793—1833) gestanden; der Welt nach ihrem Tode vom Gatten mitgetheilt.

**Friedrich von Raumer,** Lebenserinnerungen und Briefwechsel. 2 Thle. gr. 8. (XVII u. 663 S.) Leipzig 1861, Brockhaus. n. 3¹/₃ Thlr.
    Liebenswürdige Erzählungen eines alten Herrn, der in seinem Leben viel erfahren. Das Anekdotenmäßige herrscht vor, aber wir bekommen doch gelegentlich manchen charakteristischen Zug für die Zeitgeschichte. Am meisten Ausbeute giebt die Zeit des Beamtenlebens von 1803 — 1811, besonders der Amtsthätigkeit in der Staatskanzlei Hardenbergs.

**Karl v. Raumer's,** Leben, von ihm selbst erzählt. 2. Abdruck. (VIII u. 344 S.) Stuttgart 1866, Liesching. n. 1¹/₃ Thlr.
    Anziehende Lebensgeschichte eines Mannes, der durch seine Persönlichkeit einen bedeutenden Einfluß auf seine Umgebung geübt hat. Die ausführliche Erzählung geht bis zum Jahre 1815 und ist durch seine Betheiligung an den Freiheitskriegen von allgemeinem Interesse und geschicht= lichem Werth. Die spätere Zeit ist durch chronologische Uebersichten und Bruchstücke vertreten. Das Manuscript, ursprünglich nur für die Familie und den Freundeskreis bestimmt, wurde auf vielseitige Aufforderung dem Druck übergeben, und eignete sich hierzu um so mehr, als es, ver= schieden von der redseligen Breite der meisten bejahrten Schriftsteller, in gedrängter Kürze das Wesentliche und Interessante mittheilt.

**Pauline Raupach, Raupach.** Eine biographische Skizze. 16. (VI u. 76 S.) Berlin 1853, Verlags=Anstalt. ¹/₂ Thlr.
    Leben des bekannten Dramatikers, von seiner Frau mit liebevoller Pietät erzählt.

**Ludwig von Reiche,** (kgl. preußischer General der Infanterie.) Memoiren. Herausgegeben von seinem Neffen Louis von Weltzien. 1775—1855. 2 Bde. gr. 8. (XIV u. 353. VIII u. 443 S.) Leipzig 1857, Brock= haus. n. 4²/₃ Thlr.
    Selbstbiographie eines sehr tüchtigen preußischen Generals, der sich durch Energie des Geistes und Charakters von unten herauf arbeitete, und obgleich er in seiner Jugend nur man= gelhaften Unterricht genossen hatte, durch Bildung und Humanität auszeichnete. Für die Ge= schichte der napoleonischen Kriege und des preußischen Staates ist das Buch ein werthvoller Beitrag.

**Chr. Er. Gli. Jens Reinhold,** K. L. **Reinhold's** Leben und literarisches Wirken nebst einer Auswahl von Briefen Kant's, Fichte's, Jacobi's und anderer philosophirender Zeitgenossen an ihn. Mit K. L. R's. Bildn. gr. 8. Jena 1826, Frommann. n. ²/₃ Thlr.
    Ein reichhaltiger Beitrag zur Geschichte der philosophischen Bestrebungen am Ende des vorigen und Anfang des gegenwärtigen Jahrhunderts. Aus der Feder des Sohnes.

**Albrecht Rengger,** Leben und Briefwechsel. Herausgeg. von Ferd. Wyhler. In 2 Bdn. gr. 8. 42¹/₃ B. Zürich 1847. 2 Thlr. 15 Ngr.
    Rengger, ursprünglich Arzt, machte sich als einflußreicher Staatsmann geltend und wurde Minister des Innern bei der helvetischen Republik im Jahre 1798 und erwarb sich durch seine verständige Leitung große Verdienste um sein Vaterland. Er war ein gemäßigter Freiheitsfreund, der nach Kräften für politische Einheit der Schweiz wirkte. Sein Briefwechsel mit vielen be= deutenden und berühmten Persönlichkeiten enthält interessante Beiträge zur Geschichte jener Zeit.

### Einzelne Biographieen, Briefwechsel u. Denkwürdigt.

**Lamey**, Johann **Reuchlin**. Eine biographische Skizze. gr. 8. (96 S. u. Porträt.) Pforzheim 1855, Flammer. $^1/_3$ Thlr.

Ein zur 400jährigen Geburtstagsfeier Reuchlins geschriebenes Gymnasialprogramm, welches die Lebensgeschichte und Verdienste Reuchlins um die Wissenschaft kurz schildert und sich angenehm liest.

(Jean Paul) Fr. **Richter**, Ein biographischer Commentar zu dessen Werken v. Rich. Otto Spazier. 5 Bde. 8. Leipzig 1833, O. Wigand. 3 Thlr., Velinpap. 5 Thlr. — Neue unveränd. wohlf. Ausg. in 1 Bde. gr. 8. Ebendas. 1836. n. 2 Thlr.

Jean Paul (Fr.) (**Richter**,) Briefwechsel mit seinem Freunde H. Chr. Otto. 4 Bde. 8. Berlin 1828—33. G. Reimer. n. 2 Thlr.

—— Wahrheit aus meinem Leben. 8 Hfte. Mit Bildn. u. Facsim. 8. Breslau 1826—33, Max u. Comp. 13$^3/_4$ Thlr.

Lauter willkommene Beiträge zur Biographie und Charakteristik Jean Pauls, der wichtigste von ihm selbst, in den zwei letzten Werken.

Die an eine Geschichte seiner Werke sich anschließende Biographie seines Neffen Spazier ist zwar weitschweifig und formlos, giebt aber interessante Aufschlüsse über die Entwicklung der eigenthümlichen Weltansicht des Dichters.

**J. Funck**, Erinnerungen aus meinem Leben. Bd. III. a. u. b. T.: Jean Paul Fr. **Richter**. Schleusingen 1839, Glaser. 1$^1/_4$ Thlr.

**G. Kramer**, Karl **Ritter**. Ein Lebensbild nach seinem handschriftlichen Nachlaß. 1 Thl. Nebst einem Bildniß Karl Ritters. gr. 8. (X u. 482 S.) Halle 1864, Buchhandlung des Waisenhauses. 2$^1/_3$ Thlr.

Der Verfasser, durch Freundschaft und Schwägerschaft Ritter verbunden, hat dessen Leben mit treuem Fleiß, aber nicht eben mit sonderlichem biographischen Talent beschrieben. Uebrigens ist der Inhalt von Ritters Leben so interessant, daß man ohngeachtet der Mängel der Darstellung das Buch mit Genuß lesen wird. Ein zweiter Band soll nachfolgen und das Werk abschließen.

Friedr. **Römer**, Württembergs Märzminister u. vieljähriger Präsident der württemb. Kammer der Abgeordneten.

Ein ausführlicher reichhaltiger Nekrolog über ihn von Fr. Notter findet sich in der Allg. Zeitung vom 8—14. Juni 1864, Beil. Nr. 160—166.

F. **Brockerhoff**, Jean Jacques **Rousseau**. Sein Leben u. seine Werke. 2 Bde. gr. 8. (X u. 496. 496 S.) Leipzig 1863 u. 68, O. Wigand. à Bd. n. 2$^1/_3$ Thlr.

Der Verfasser versucht hier das Leben und die Schriften Rousseau's in ihrem äußeren und inneren Zusammenhang darzustellen und seine Eigenthümlichkeit aus seinem Lebensgang zu erklären, zugleich aber seine Stellung in der ganzen Culturentwicklung zu begreifen. Es ist eine werthvolle Arbeit und jedenfalls das Beste, was man in der deutschen Literatur über Rousseau hat. Ein dritter Band soll das Werk vollenden.

Arnold **Ruge**, Aus früherer Zeit. 3 Bde. 8. (1.: VII u. 394, 2.: IV u. 387, 3.: VI u. 469 S.) Berlin 1862—63, Frz. Duncker. n. 5$^1/_3$ Thlr.

Eine mit liebenswürdiger Frische geschriebene Selbstbiographie, welche den Verfasser in seinen Tugenden und Schwächen charakterisirt und zeigt, in welchen naiven Selbsttäuschungen er noch immer befangen ist. Der erste Band bringt interessante Züge aus des Verf. Jugendleben auf der Insel Rügen, der zweite ist werthvoll für die Geschichte der Burschenschaft, deren Sinnesweise sich in dem Verf. treu und lebendig abspiegelt, der dritte Band berichtet von des

Verf. siebenjährigen Quälereien durch Untersuchungen und Festungshaft und seiner Hochzeitsreise nach Italien. In dem, was er von Anderen erzählt, scheint ihm sein Gedächtniß nicht immer treu gewesen zu sein.

**George Sand**, Geschichte meines Lebens. Deutsch von Claire Glümer. 12 Bdchn. 8. Leipzig 1854—55, O. Wigand. 6 Thlr.
  Den Lesern der Sand'schen Romane wird diese mit Geist geschriebene Selbstbiographie, in welcher sich die Verfasserin sowohl über ihre innere Entwicklung, als auch über die äußeren Lebensbeziehungen mit großer Offenheit ausspricht, sehr interessant sein.

**Frdr. Wilh. Krummacher**, Imman. Fried. **Sander**, Eine Prophetengestalt aus der Gegenwart. Mit 1 Titelbild. gr. 12. (VIII u. 212 S.) Elberfeld (Cöln) 1861, Hassel. n. 28 Ngr.
  Etwas rhetorisch gesteigerte Biographie eines durch lebendige Frömmigkeit ausgezeichneten Geistlichen.

Bartholomäus **Sastrowen**, Herkommen, Geburt und Lauf seines ganzen Lebens, auch was sich in dem Denkwürdiges zugetragen, so er mehrentheils selbst gesehen und gegenwärtig mit angehört hat, von ihm selbst beschrieben. Aus der Handschrift herausgegeben und erläutert von G. Ch. F. Mohnike. 3 Bde. gr. 8. Greifswald 1823—24, Kochs Verl. n. 2 Thlr.
  Der Verfasser nahm als Geschäftsträger der pommerschen Fürsten an manchen politischen Verhandlungen zur Zeit der Reformation selbstthätigen Antheil, war namentlich auf dem Augsburger Reichstag gegenwärtig, und seine Aufzeichnungen, in welchen er eine glückliche Beobachtungsgabe und gesundes Urtheil zeigt, bilden eine der wichtigsten Quellen für die Geschichte dieser Zeit.
  Eine gute populäre Bearbeitung dieser Denkwürdigkeiten ist:

Ludw. **Grote**, Bartholomäus **Sastrow**, ein merkwürdiger Lebenslauf des 16. Jahrhunderts. Für Jung u. Alt bearb. Mit Vorw. v. Phil. Nathusius. gr. 8. (XVI, 411 S.) Halle 1860, Fricke. 1½ Thlr.
  Eine gute Bearbeitung der Selbstbiographie des pommer'schen Staatsmannes; mit Ergänzung aus anderen Schriftstellern.

**P. Villari**, Geschichte **Savonarolas** u. seiner Zeit. Unter Mitwirkung des Verf. aus dem Italienischen v. M. Berduschek. 2 Bde. (XXIII, 308. 370 S.) Leipzig 1868, Brockhaus. 4 Thlr.
  Eine auch formell ausgezeichnete Monographie, welche ein Bild des italienischen Reformpredigers und zugleich der politischen und socialen Verhältnisse giebt, in deren Mitte er stand. Uebertrifft die früheren deutschen Biographien von Rudelbach und Meier entschieden.

R. **Stintzing**, Friedrich Carl von **Savigny**. Ein Beitrag zu seiner Würdigung. gr. 8. (III u. 59 S.) Berlin 1862, G. Reimer. n. ⅓ Thlr. (Bes. abgedruckt aus dem 9. Bande der preußischen Jahrbücher.)
  Veranschaulicht das Lebensbild des großen Juristen mit Geist und Talent.

M. B. v. **Bethmann-Hollweg**, Erinnerung an F. C. v. **Savigny** als Rechtslehrer, Staatsmann und Christ. gr. 8. (35 S.) Weimar 1867, Böhlau. n. ⅓ Thlr.

H. W. J. **Thiersch**, Erinnerungen an Emil August von **Schaden**. Mit Schadens Bildn. gr. 8. (VIII u. 320 S.) Frankf. a. M. 1853, Heyder u. Zimmer. n. 1½ Thlr.

Schadens Lebensgeschichte vom Herausg. Beitrag zu Schadens Charakteristik von Egm. Bäumler. Elegie auf Schadens Tod von H. Puchta. Aus Schadens Nachlaß: Briefe aus Italien vom J. 1845. Aus Paris und London. Vorträge über italienische Malerei. Ueber Musik und ihre Entwicklung im Alterthum.

Biographie von Freundeshand eines durch wissenschaftliches und sittliches Streben ausgezeichneten und in dem engeren Kreise seiner Schüler sehr beliebten und verehrten Mannes, dem aber Unklarheit der Anschauungen und eine eigenthümliche philosophische Ausdrucksweise in wissenschaftlicher Geltung hinderlich wurde. Die der Biographie beigegebenen Mittheilungen aus seinem Nachlaß sind geistvolle und von frischer Auffassung zeugende ästhetische Betrachtungen, die auch solche mit Interesse lesen werden, welche sich von Schadens sonstigen philosophischen Schriften abgestoßen fühlen.

**Carl Schall**, Nachgelassene Reime u. Räthsel, nebst des Dichters Lebenslauf. Herausgeg. von Aug. Kahlert. gr. 12. (XII u. 269 S.) Breslau 1849, Graß, Barth u. Co. n. 1 Thlr.

Die Hauptsache ist die Biographie des Verfassers, eines ebenso originellen als liebenswürdigen humoristischen Gesellschafters und leidenschaftlichen Theaterfreundes. Die Reime und Räthsel, in denen sein ganzes dichterisches Schaffen aufging, ein Stück seiner Persönlichkeit. Diese ist auch anderwärts von Lewald in seinen Aquarellen, von Steffens in seiner Selbstbiographie gelegentlich, ferner von Laube in seinen Charakteristiken und von Holtei in seinen „Vierzig Jahren" mit scharfer Wahrheit geschildert worden. Kahlert verhält sich mehr apologetisch und giebt das Material vollständiger.

**Ge. Heinrich Klippel**, Das Leben des Generals von **Scharnhorst**. Bd. 1. 2. (1755—1801.) (XIV, 245. VIII, 388 S.) Leipzig 1869, Brockhaus. 3½ Thlr.

Eine auf Benutzung vieler handschriftlichen Quellen aus Hannover und Berlin beruhende und den Stoff erschöpfende Biographie, gut bearbeitet. Geht bis 1801, die wichtigste Zeit ist daher noch im Rückstand.

**Joh. Georg Scheffner**, Mein Leben, wie ich es selbst beschrieben. Mit 1 Kupfer. 8. Leipzig 1821—23, Brockhaus. 2½ Thlr.

Selbstbiographie eines originellen um das Volksschulwesen verdienten Mannes, der sich seiner Zeit auch als Volksschriftsteller einen beliebten Namen gemacht, mit vielen in der Literatur berühmten Männern, besonders mit Hamann, Hippel, Kant, in näherer Verbindung gestanden hat und hier manche interessante biographische, kunst- und kulturgeschichtliche Mittheilung giebt.

**Aus Schellings Leben**. In Briefen. 1. Bd. 1775—1803. (XI, 484 S.) Leipzig 1869, S. Hirzel. 2 Thlr. 12 Ngr.

Sammlung von Schellings Briefen an Eltern und Freunde, eingeleitet durch das Bruchstück einer Biographie, welche Schellings Sohn, der 1863 verstorbene Decan Schelling, der Herausgeber von Schellings sämmtlichen Werken, zu schreiben begonnen hatte. Dieselbe geht bis zum Jahre 1796. Eine Uebersicht seines Jenaer Aufenthalts 1798—1803 ist den Briefen aus dieser Periode von dem Herausgeber Prof. G. L. Plitt in Erlangen vorangestellt. Ein zweiter Band soll den Rest der Briefe bringen. Es versteht sich, daß diese Sammlung eine Fülle sehr interessanter Materialien zur Geschichte und Charakteristik Schellings und seines Lebenskreises enthält.

**A. Hagen**, Max v. **Schenkendorf's** Leben, Denken u. Dichten. Unter Mittheilungen aus seinem schriftstellerischen Nachlaß dargestellt. gr. 8. (VII u. 251 S.) Berlin 1863, Decker. 1 Thlr.

Ein anmuthiges Lebensbild nach Mittheilungen des Generals Gröben und anderer Freunde des Dichters, von einem alten Genossen der romantischen Schule mit liebevoller Theilnahme entworfen.

**Thd. Herberger,** Sebastian Schertlin von Burtenbach u. seine an die Stadt Augsburg geschriebenen Briefe. Mit 1 Facsimile u. 3 lith. Beil. gr. 8. (VII u. 375 S.) Augsburg 1852, von Jenisch und Stage. n. 3 Thlr.
<small>Eine Reihe von Briefen, welche für die Geschichte der späteren Reformationszeit, besonders für die Geschichte des schmalkaldischen Krieges von Interesse sind. Der mit jener Zeit sehr vertraute Herausgeber hat mit Benützung der Materialien, welche ihm das Augsburger Archiv darbot, eine ziemlich ausführliche und sorgfältig behandelte Lebensbeschreibung des Helden vorangestellt.</small>

**Karol. v. Wolzogen,** Fr. v. Schillers Leben, verfaßt aus Erinnerungen der Familie, seinen eigenen Briefen und den Nachrichten seines Freundes Körner. 2 Bde. Stuttg. 1830, Cotta. 3 Thlr. 3. Aufl. 12. Ebend. 1850. 18 Ngr. 4. Aufl. gr. 8. Ebendas. 1851. 1 Thlr.
<small>Unschätzbare Mittheilungen über Schiller aus Familienpapieren, einem treuen Gedächtniß und einem zärtlichen Freundesherzen von einem hochgebildeten weiblichen Geiste.</small>

**Karl Hoffmeister,** Schiller's Leben, Geistesentwicklung und Werke im Zusammenhang. — Auch u. b. Tit.: Supplement zu Schiller's Werken. 5 Thle. gr. 8. Stuttgart 1837—42, Becher. n. 1⅓ Thlr.
<small>Die erste größere Biographie Schillers aus den Quellen, der des edlen und warmen Verfassers ganze Aesthetik eingewoben ist.</small>

—— **Schillers** Leben für den weiteren Kreis seiner Leser. Ergänzt und herausgeg. von H. Viehoff. 3 Bdchn. 16. Stuttg. 1846, Becher. 1½ Thlr. 3. Ausg. 3 Thle. 16. Ebend. 1858. 1⅕ Thlr.
<small>Auszug aus dem vorigen.</small>

**Thomas Carlyle,** Leben Schillers, aus dem Engl., eingeleitet v. Goethe. Mit 4 Kupfern. gr. 8. Frankfurt a. M. (Grimma) 1830, Gebhardt. n. 1 Thlr.
<small>Des später berühmt gewordenen Historikers und Schöngeists kritische Auffassung und Zusammenreihung vieler zum Theil an Ort und Stelle gesammelter Notizen von Schiller.</small>

**Gust. Schwab,** Schiller's Leben. gr. 12. Stuttg. 1840, Liesching. Neue Ausg. gr. 12. Ebend. 1859. 24 Ngr.

—— **Dass.** — Octav-Ausg. Stuttg. 1841, ebend. 2 Thlr. Neue Ausg. 1858. n. 1 Thlr.
<small>Gleichfalls aus den Quellen und aus mündlichen Nachrichten, der schwindenden Generation Schillers entlockt; der Verf. suchte als Dichter den Dichter zu begreifen und zu schildern.</small>

**Johs. Scherr,** Schiller u. seine Zeit. 4. (XVIII, 690 S. mit Holzschnitten, 24 Holzschnitttaf. u. Schillers Porträt in Stahlstich. Leipzig 1859, O. Wigand. n. 10 Thlr.
Dasselbe Werk in 16. 3 Bdchn. 2. Aufl. gr. 16. (VIII, 200, 192, IV, 240 S.) Ebend. 1860. n. 1⅓ Thlr.
<small>Faßt das Bild Schillers in den Rahmen einer kulturgeschichtlichen Zeit- und Lokalschilderung und führt die Biographie in frischer populärer Sprache aus, ohne Anspruch auf neue Untersuchungen.</small>

**Emil Palleske,** Schillers Leben u. Werke. 2 Bde. gr. 8. (XII, 399. XVI, 420 S.) Berlin 1859, Besser's Verl. n. 4 Thlr.

**Emil Palleske,** Schillers Leben und Werke. 2 Bde. 2. Aufl. gr. 16. (LXIV, 1210 S.) Ebend. 1859. n. 2 Thlr.

Eine Biographie, welche die neu veröffentlichten und aufgefundenen Materialien zu Schiller's Lebensgeschichte fleißig benutzt und mit großer Liebe zum Gegenstand und schönem Talent der Darstellung verarbeitet. Es ist nicht eine kritische Nachlese, sondern eine neue Schöpfung aus einem Guß. Hie und da etwas zu rhetorisch.

**Fr. v. Schillers,** Beziehungen zu Eltern, Geschwistern u. der Familie v. Wolzogen. Aus den Familienpapieren mitgetheilt. Mit 4 Porträts. gr. 8. (XIII, 488 S.) Stuttgart 1859, Cotta. n. 2 Thlr. 16 Ngr.

Ein sehr interessantes Buch, das uns den häuslichen Boden, auf dem Schiller erwachsen ist, und namentlich seinen Vater näher kennen lehrt.

**Schiller's** Briefwechsel mit Körner. 4 Bde. 8. 97¾ B. Berlin 1847. 4 Thlr. 2. Aufl. (404. 306. 403. 396 S.) Leipzig 1859, Veit u. Comp. 2 Thlr.

Vielleicht der gehaltreichste gedruckte Briefwechsel unserer literarischen Notabilitäten. Man blickt nicht nur tief in die Werkstätte des poetischen Schaffens und literarischen Wirkens, sondern lernt auch das menschlich edle Leben der beiden Freunde näher kennen.

Der Briefwechsel mit Goethe s. S. 223.

**Briefwechsel zwischen Schiller u. W. v. Humboldt.** Mit einer Vorerinnerung über Schiller und den Gang seiner Geistesentwicklung von W. v. Humboldt. (492 S.) Stuttg. u. Tübingen 1830, Cotta. 2 Thlr.

Ein sehr gehaltvoller Briefwechsel vom Jahre 1792—1805, in welchem die beiden Freunde ihre philosophischen und ästhetischen Ansichten austauschen und Schiller sich besonders über seine dramatischen Arbeiten ausspricht. Sehr werthvoll ist auch das Vorwort Humboldts.

**Briefe von Schillers Gattin** an einen vertrauten Freund. Herausgeg. von Heinrich Düntzer. 8. (567 S.) Leipzig 1856, Brockhaus. n. 2⅔ Thlr.

Wir lernen aus diesen Briefen an Ludwig v. Knebel, die bis auf einige wenige aus der Zeit des Wittwenstandes von Schillers Gattin stammen, dieselbe als geistig bedeutender kennen, als man sonst vorauszusetzen pflegte.

**Schiller u. Lotte 1788, 1789.** Mit zwei Portraits u. Facsimile. gr. 8. (IV u. 584 S.) Stuttgart 1856, Cotta. n. 2 Thlr. 12 Ngr.

Herausgegeben von der Tochter Schillers, Emilie von Gleichen-Rußwurm. Ein interessanter Beitrag zur Lebensgeschichte Schillers und seiner Gattin, der wohlthuende Einblicke in ihr häusliches Glück gewährt. Die interessantesten Briefe Schillers waren übrigens schon von Frau v. Wolzogen veröffentlicht.

**Aus Schleiermachers Leben.** In Briefen. 2. Aufl. 4 Bde. (X, 421. 485. X, 438. XVI, 436 S.) Berlin 1858—63, G. Reimer. 8 Thlr. 5 Ngr.

Eine sehr werthvolle, gut redigirte Sammlung der Schleiermacher'schen Briefe. Dieselbe wird eröffnet mit dem Fragment einer Selbstbiographie Schleiermachers, seinen Jugendbriefen an Eltern und Schwester; im zweiten Band sind die Briefe an Henr. v. Willich, seine nachherige Frau vorherrschend; im dritten der Verkehr mit den Brüdern Schlegel; der vierte giebt Briefe an Freunde bis zu seinem Tode, und als Anhang Denkschriften, Recensionen ꝛc.

**Wilhelm Dilthey,** Leben **Schleiermachers.** (I, 1, 160 S.) Berlin 1867, G. Reimer. 20 Ngr.

Der Herausgeber obiger Briefe beginnt hier, das Ergebniß derselben und ausgedehnter Studien in der gleichzeitigen Literatur darzulegen. Das Werk ist auf zwei Bände berechnet und sollte zur hundertjährigen Geburtstagsfeier (Nov. 1868) erscheinen, wurde aber durch Krankheit des Verf. verzögert.

**Fr. Schleiermacher's** Briefwechsel mit J. Chr. Gaß. Mit einer biographischen Vorrede herausgeg. von W. Gaß. gr 8. 20½ B. Berlin 1852. 1 Thlr. 10 Ngr.
*Ein werthvoller Beitrag zur Charakteristik des berühmten Theologen. Die biographische Skizze des Herausgebers ist trefflich.*

**D. Schenkel**, Fried. **Schleiermacher.** Ein Lebens- und Charakterbild. (VIII, 606 S.) Elberfeld 1868, Friederichs. 3 Thlr.
*Eine für das größere Publikum bestimmte Schilderung Schleiermachers, nach seinen Verdiensten um Wissenschaft und Kirche. Die kirchliche Parteistellung des Verfassers hat natürlich auch auf dessen Auffassung Schleiermachers Einfluß, er betrachtet denselben hauptsächlich als Bahnbrecher für eine freiere Richtung in der Theologie, und wird ihm nach andern Seiten nicht gerecht. Ueberhaupt eine etwas oberflächliche Arbeit.*

**R. Barmann,** Friedrich **Schleiermacher,** sein Leben und Wirken für das deutsche Volk dargestellt. (160 S.) Elberfeld 1868, Friederichs. 15 Ngr.
*Ein mit Liebe ausgeführtes Gesammtbild Schleiermachers, mit einer eingehenden theologischen Charakteristik vom Standpunkte der positiven Unionstheologie aus. Wohl die empfehlenswertheste Schrift für das größere Publikum.*

Richard von **Kittlitz, Schleiermacher's** Bildungsgang. Ein biographischer Versuch. 8. (192 S.) Leipzig 1867, Engelmann. $^{11}/_{12}$ Thlr.
*Ein anziehender Versuch über das Leben Schleiermachers bis zum Jahre 1804. Hauptsächlich auf den von der Familie veröffentlichten Briefwechsel gegründet, aber auch mit Berücksichtigung anderer literargeschichtlicher Zeugnisse aus damaliger Zeit. Vorzugsweise für das Bedürfniß der Nichttheologen berechnet.*

Carl **Beck, Schleiermacher** ein deutscher Mann. Neujahrsgabe an das deutsche Volk aus seinen Briefen und Schriften. 3 Abthlgn. (1. 91. 2. 66 S.) 3. Abth. a. u. b. Titel: Schleiermacher als Mann der Kirche. (245 S.) Reutlingen 1869, C. Rupp. 24 Ngr.
*Ein glücklicher Versuch, dem größeren Publikum Schleiermacher durch eine Auswahl aus seinen Briefen und Schriften nahe zu bringen, verbunden durch einen einleitenden Lebensabriß und biographische Erläuterungen.*

Alfred **Nicolovius,** Johann Georg **Schlosser's** Leben und literarisches Wirken. gr. 8. Bonn 1844, Weber. 1½ Thlr.
*Schlosser, Goethe's Schwager, ein praktisch verständiger Mann, der die Humanitätsbestrebungen des vorigen Jahrhunderts aufs Würdigste in amtlicher und literarischer Wirksamkeit repräsentirte, wird hier von der Pietät des Enkels in einer sehr ansprechenden Darstellung geschildert. Heyne zählt ihn unter die viros summos seiner Zeit, weil in ihm der Geist des klassischen Alterthums praktisch und persönlich geworden sei.*

**G. G. Gervinus,** Friedrich **Christoph Schlosser.** Ein Nekrolog. Lex. 8. (86 S.) Leipzig 1861, Engelmann. ½ Thlr.
*Eine warme Apologie Schlossers und Würdigung seiner Eigenthümlichkeit als Historiker, mit Winken über die Aufgabe der Geschichtschreibung.*

Friedrich **Christoph Schlosser.** Preuß. Jahrb. Bd. IX, S. 373—433.

Aug. Ludw. **Schlözer,** Dessen öffentliches und Privatleben von ihm selbst beschrieben. Erstes Fragment, Rußland vom Jahr 1761—65. gr. 8. Göttingen 1802, Vandenhöck u. Ruprecht. ⅚ Thlr.
*Selbstbiographie, die aber mit seiner Rückkehr aus Rußland schließt.*

Einzelne Biographieen, Briefwechsel u. Denkwürdigk. 257

**Christ. v. Schlözer,** A. L. v. **Schlözers** öffentliches und Privatleben ꝛc. 2 Bde. gr. 8. Leipzig 1828, Hinrichs Verl. n. 1½ Thlr.
<small>Ausführliche Lebensbeschreibung, die übrigens mehr Materialien, als eine umfassende Charakteristik Schlözers giebt.</small>

**Ad. Bock, Schlözer.** Ein Beitrag zur Literaturgeschichte des 18. Jahrh. mit S'8. Portr. gr. 8. Hannover (Hamb.) 1844, (Meyer.) ½ Thlr.
<small>Literarische Charakteristik Schl. mit polit. Beziehungen auf die Zeit der Abfassung des Buchs.</small>

**Christoph von Schmid,** Erinnerungen aus meinem Leben. 2 Bbchn. 1) Jugendjahre. (VIII u. 184 S.) 2) Der Bischof v. Sailer. (VIII u. 200 S.) 8. Augsburg 1853. (München, Finsterlin.) 1 Thlr. 3 Ngr.
<small>Unvollendete Selbstbiographie des berühmten Jugendschriftstellers; etwas redselig, aber sehr ansprechend für Jeden, der den Mann aus seinen Erzählungen liebgewonnen hat.</small>

—— Erinnerungen aus meinem Leben. 3. 4. Bbchn. Herausgeg. von Albert Werfer. Mit 2 Stahlst. u. 1 Facsim. 8. (VI u. 162. IV u. 344 S.) Augsburg 1855—57, (München, Finsterlin.) 1 Thlr. 14 Ngr. (1—4. Bd. 2 Thlr. 17 Ngr.)
<small>Die zwei letzten Bändchen sind aus dem Nachlaß des Verfassers herausgegeben.</small>

**Schönborn** und seine Zeitgenossen. Drei Briefe an ihn nebst einigen Zugaben aus seinem Nachlaß und einer biographischen Skizze als Einleitung, herausgeg. von J. R. (Rist.) Mit 5 Bl. Facsim. gr. 8. Hamb. (Gotha) 1836, F. A. Perthes. n. ⅔ Thlr.
<small>Eine ausgezeichnete Persönlichkeit aus dem Kreise Klopstock's und Bernstorff's tritt uns in diesen Mittheilungen entgegen, welche einem geistreichen Privatleben entnommen sind.</small>

**Wilh. Gwinner,** Arthur **Schopenhauer,** aus persönlichem Umgange dargestellt. Mit dem Portrait Schopenhauers. gr. 8. (XI u. 239 S.) Leipzig 1862, Brockhaus. n. 1½ Thlr.
<small>Der wunderliche Philosoph wird uns hier von einem seiner wenigen persönlichen Freunde nach seinen Eigenthümlichkeiten geschildert und wir lernen in ihm einen merkwürdigen, originellen aber keineswegs liebenswürdigen Sonderling kennen.</small>

—— **Schopenhauer** und seine Freunde. (91 S.) Leipzig 1863, Brockhaus. 15 Ngr.
<small>Eine Entgegnung auf die von Frauenstädt und Lindner versuchte Apologie Schopenhauers u. d. T.: A. Sch. Ein Wort der Vertheidigung. Berlin 1863.</small>

**Fr. Ludw. Wilh. Meyer,** Fried. Ludw. **Schröder.** Beitrag zur Kunde des Menschen u. Künstlers. 2 Thle. gr. 8. Neue wohlf. Ausg. (I. 416. II. 688 S.) Hamburg 1823. (Leipzig, Brockhaus.) 2 Thlr.
<small>Lebensbeschreibung eines der bedeutendsten Schauspieler des vorigen Jahrhunderts, die zugleich ein sehr reichhaltiger Beitrag zur Geschichte des Bühnenwesens und eine nicht zu übersehende Ergänzung der in diesem Fach erschienenen Werke von Devrient und Aug. Hagen bildet, auch das geschichtliche Material zu Otto Müllers Theaterroman „Sophie Ackermann" enthält.</small>

**Ludwig Brunier,** Friedrich Ludwig **Schröder.** Ein Künstler- u. Lebensbild. 8. (XI u. 388 S.) Leipzig 1864, Weber. n. 2 Thlr.
<small>Neue Bearbeitung der Lebensgeschichte des genialen Schauspielers u. vieljährigen Theaterdirectors in Hamburg.</small>

**Alfred Freiherr v. Wolzogen,** Wilhelmine **Schröder-Devrient.** Ein Beitrag zur Geschichte des musikalischen Drama's. 8. (XII u. 351 S.) Leipzig 1863, Brockhaus. n. 1½ Thlr.

<small>Klüpfel, Literarischer Wegweiser.</small>  17

Claire von **Glümer**, Erinnerungen an Wilhelmine **Schröder-Devrient**. Mit Portrait u. Facsimile. 8. (VI u. 277 S.) Leipzig 1862, Barth. 1 Thlr.

<small>Ansprechende Biographieen, auf persönlicher Bekanntschaft beruhend. Ersteres Werk giebt zugleich eine sachkundige Würdigung der künstlerischen Leistungen der berühmten Sängerin und Schauspielerin.</small>

Christ. Fr. Dan. **Schubart**, Leben und Gesinnungen. Von ihm im Kerker aufgesetzt. 2 Thle. Mit Kpfr. 8. Stuttgart 1791—93, Metzler. 1²/₃ Thlr.

<small>Confessionen in Rousseau's Manier, aber nicht von einem feinen Genfer, sondern von einem verwilderten Schwabengenie; übrigens voll Leben, Empfindung und den edelsten Regungen. Der merkwürdigsten dieser äußern und innern Erlebnisse hat sich bereits die Poesie mit Glück bemächtigt.</small>

Ludw. **Schubart**, Ch. F. D. **Schubarts** Charakteristik. Erlangen 1798. ½ Thlr.

<small>Ergänzung des Obigen durch die Feder eines liebevollen Sohnes.</small>

**Ch. F. D. Schubart's** Leben in seinen Briefen. Gesammelt, bearb. und herausgeg. von Dav. Fr. Strauß. 2 Bde. Mit Schubart's Portr. u. Facsimile. 8. 58⅝ B. Berlin 1849, 5 Thlr. 24 Ngr.

<small>Die Fragmente sind durch die ausfüllenden Zuthaten des Herausgebers zu einem vollständigen Lebensbild ausgearbeitet. Die derbe und rohe Natur Schubarts ist mit seinen edlen und feineren Seiten treffend in ihrem Zusammenhange dargestellt.</small>

Gotthilf Heinrich v. **Schubert**, Der Erwerb aus einem vergangenen und die Erwartungen von einem zukünftigen Leben. Eine Selbstbiographie. 3 Bde. (I. XII, 406. II. XVI, 518. III. XIV, 750 S.) Erlangen 1854—56, Palm u. Enke. 7 Thlr. 25½ Ngr.

<small>Mit der behaglichen Redseligkeit eines Greisen geschrieben, aber reich an interessantem Inhalt sowohl an inneren Lebenserfahrungen, als äußeren Lebensbeziehungen und Beiträgen zur Charakteristik berühmter Zeitgenossen.</small>

Hermann **Marggraf**, Ernst **Schulze** nach seinen Tagebüchern u. Briefen sowie nach Mittheilungen seiner Freunde geschildert. Mit einem Bildniß E. Schulzes. 8. (XIV u. 363 S.) Leipzig 1855, Brockhaus. n. 1⅓ Thlr.

<small>Sehr interessante Mittheilungen aus dem inneren Leben des Dichters, die aber im Ganzen den betrübenden Eindruck machen, daß das, was man als tragisches Geschick anzusehen pflegte, im Grunde selbstverschuldete Verkehrtheit und Frivolität ist.</small>

Karl **Klüpfel**, Gustav **Schwab**. Sein Leben und Wirken. 8. (VII u. 399 S.) Leipzig 1858, Brockhaus. n. 1 Thlr. 24 Ngr.

<small>Diese Biographie führt in das Leben eines Mannes ein, der als Dichter, Lehrer und Schriftsteller in den Jahren 1818 bis 1850 einen nicht unbedeutenden Einfluß auf engere und weitere Kreise geübt und insbesondere jüngeren Talenten unermüdlich Beistand und Förderung gewährt hat. Er ist auch der erste Gründer dieses im Jahre 1845 ins Leben getretenen Unternehmens gewesen, indem er mit dem Herausgeber den ersten „Wegweiser durch die Literatur der Deutschen" bearbeitete.</small>

[Fürst Friedr. v. **Schwarzenberg**,] Aus dem Wanderbuch eines verabschiedeten Lanzknechts. 4 Bände. 8. Wien 1844. 2. Abdruck 1846, Gerold's Buchh. n. 9⅓ Thlr.

<small>Als Manuscript gedruckt. Erlebnisse auf Reisen und an Höfen in Deutschland, Italien und Frankreich von einem ächt ritterlichen Aristokraten in schlichter, die volle Wahrheit verbürgender, anschaulicher oft hinreißender Weise erzählt.</small>

Ritter Hans v. **Schweinichen**, Lieben, Luft und Leben der Deutschen des 16. Jahrhunderts in den Begebenheiten desselben von ihm selbst aufgesetzt und herausgegeben von J. G. Büsching. 3 Bde. gr. 8. Leipzig 1820—23, Brockhaus. 3 Thlr.

Schildert die Rohheit und den Müßiggang der adeligen Junker im 16. Jahrhundert mit liebenswürdiger Naivetät, oft jedoch dem Namen entsprechend, und ist eine Hauptquelle für die Kenntniß des Treibens an den kleinen deutschen Höfen jener Zeit.

Karl **Elze**, Sir Walter **Scott**. 2 Bde. 8. (VI u. 482 S.) Dresden 1864, Ehlermann. 2½ Thlr.

Ein sehr ansprechendes Buch, das uns Walter Scott sowohl als Dichter wie als Menschen trefflich schildert und bei Besprechung der literarischen Leistungen belehrende Einblicke in die zeitgenössische englische Literatur gewährt. Die Einleitung giebt eine anziehende Beschreibung von dem schottischen Heimathlande des Dichters, sowohl von der Natur als der dortigen gesellschaftlichen Sitte.

J. S. **Semler**, Lebensbeschreibung von ihm selbst abgefaßt. 2 Thle. gr. 8. Halle (Braunschw.) 1781—82, Schwetschke u. Sohn. 1½ Thlr.

Sehr interessant für die Geschichte des Hallischen Pietismus, in dessen Lehranstalt Semler seine Jugendbildung erhielt, sowie für die Kenntniß der theologischen Bestrebungen in der Mitte des vorigen Jahrhunderts.

Heinr. Theod. **Rötscher**, Seydelmanns Leben und Wirken ꝛc. gr. 8. Berlin 1845, A. Duncker. 2 Thlr.

Werthvolle Schilderung eines berühmten dramatischen Künstlers, der jedoch vom Theoretiker zu sehr als Theoretiker aufgefaßt wird.

W. **Schneegans**, Ritter Franz v. **Sickingen**, seine Nachkommen und der Untergang seines Geschlechts. 8. (48 S.) Kreuznach 1867, Voigtländer. n. ⅙ Thlr.

Geschichte der Familie und insbesondere der Stammburg Ebernburg. Unterhaltend und anziehend geschrieben. Eine größere Monographie über Sickingen von Heinr. Ulmann ist nächstens zu erwarten.

Denkwürdigkeiten aus dem Leben von Amalie **Sieveking**, in deren Auftrag von einer Freundin derselben verfaßt. Mit einem Vorwort von Wichern. 2. Aufl. gr. 12. (XVIII, 512 S.) Hamburg 1860, Agentur d. rauhen Hauses. n. 1 Thlr.

Vortreffliche Geschichte der Entwicklung eines nach innen wie nach außen gleich bedeutenden Lebens. Die bekannte, für ihre Vaterstadt Hamburg so ungemein segensreiche, und durch Anregung von dort aus in den weitesten Kreisen wirkende Thätigkeit Amalie Sieveking's wird uns nicht nur von ihren Anfängen an vergegenwärtigt, sondern auch der schönste Einblick in das ihr zu Grunde liegende Geistesleben gewährt, das sich, bei einer vorherrschend verständigen Naturanlage, von etwas öden rationalistischen Anfängen ausgehend, immer schöner entfaltet, und endlich zum wahren christlichen Glaubensleben entwickelt, die reifen Früchte der edelsten Liebeswerke trägt. Hauptmomente sind: ihre kleine Schule, ihr Aufenthalt im Hospital während der Cholera, Stiftung des Vereins für Armen= und Krankenpflege und dessen Ausbreitung. Die Biographie ist von A. S. selbst vorbereitet u. nach ihrem Tode von einer Freundin ausgeführt.

Ludwig **Snell's** Leben u. Wirken. Ein Beitrag zur Gesch. d. regenerirten Schweiz, bearbeitet nach den von dem Verstorbenen hinterlassenen Papieren u. Schriften von einem jüngeren Freunde desselben. gr. 8. (VII u. 336 S.) Zürich 1858, Meyer u. Zeller's Verl. n. 1⅓ Thlr.

Snell, ein geborener Nassauer und früher verdienstvoller Gymnasiallehrer in Idstein un Wetzlar, wurde durch die Demagogenverfolgung im J. 1820 von Amt und Heimath vertriebe und begab sich in die Schweiz und wurde dort einer der einflußreichsten Führer der radikalen Partei. Er starb, zurückgezogen von der politischen Thätigkeit, den 5. Juli 1854. Die vorliegende Biographie ist aus der Feder eines begeisterten Verehrers und politischen Gesinnungsgenossen.

**Rud. Wagner**, Sömmerring's Leben und Verkehr mit seinen Zeitgenossen. 2 Bde. (XIV, 386. XI, 285 S.) Mit S's. Portr. gr. 8. Leipzig 1844, L. Voß. n. 3¹/₃ Thlr.

Besteht hauptsächlich aus einer Sammlung von Briefen Sömmerrings mit gelehrten Zeitgenossen nicht nur seines Faches, sondern auch anderen literarischen Notabilitäten, besonders mit Goethe. Der Herausgeber, der berühmte Physiolog Wagner, hat durch eigene Andeutungen die Lücken glücklich ergänzt. Das Ganze giebt nicht nur ein Bild von Sömmerring's wissenschaftlichem Treiben, sondern auch sehr beachtenswerthe Aufschlüsse über die Verhältnisse der deutschen gelehrten Welt, und gewährt eine ungemein interessante Lektüre.

**Wilh. Hoßbach**, Phil. Jak. Spener und seine Zeit. Eine kirchenhistorische Darstellung. 2 Bde. gr. 8. Berlin 1828, F. Dümmler's Verl. 3¹/₆ Thlr.

Eine durch warme Auffassung ansprechende Biographie Spener's, dessen freie theologische Richtung, gegenüber der starren Orthodorie seines Zeitalters, von einem geistesverwandten Theologen dargelegt wird. Reichliche Auszüge aus Spener's Schriften sind geschickt in die Darstellung verwoben.

**C. J. Cosack**, Paulus Speratus Leben u. Lieder. Ein Beitrag zur Reformationsgeschichte, besonders zur preußischen, wie zur Hymnologie. gr. 8. (XI u. 431 S.) Braunschweig 1861, Schwetschke u. Sohn. n. 1 Thlr. 24 Ngr.

Leben eines bekannten, auch als geistlichen Liederdichter verdienten Kirchenmanns, der, aus Rottweil in Schwaben stammend, nach Preußen kam und dort als Hofprediger in Königsberg und als Bischof von Pomesanien segensreich gewirkt hat.

**C. Stokar**, David Spleiß, weil. Antistes der Schaffhausen'schen Kirche, nach dessen schriftlichem Nachlaß und mündlichen Nachrichten geschildert. gr. 8. (VIII, 272 S. u. Portr.) Basel 1858, Bahnmaier. 27 Ngr.

Biographie eines sehr originellen frommen Geistlichen, der mit belebender Kraft geistliches Leben in seiner Umgebung zu wecken wußte, und mit vielen bedeutenden Männern in Deutschland in Verbindung stand.

**Louis Spohr**, Selbstbiographie. 2 Bde. gr. 8. (XV u. 350 u. 413 S. u. 12 S. Noten.) Göttingen 1860 u. 1861, Wigand. n. 4 Thlr.

Eine sehr unterhaltende, frische und anekdotenreiche Erzählung der Erlebnisse und Triumphe des berühmten Musikers bis zum Jahre 1838 von ihm selbst geschrieben, von da bis zu seinem Tode von den Angehörigen ergänzt.

**Heinrich Stieglitz**, Eine Selbstbiographie. Vollendet und mit Anmerkungen herausgegeben von L. Curtze. 12. (VII u. 524 S.) Gotha 1865, F. A. Perthes. n. 1 Thlr. 18 Ngr.

Offenherzige Selbstbekenntnisse des Dichters, aus denen man sein und seiner Frau unglückliches Schicksal verstehen lernt. Giebt manche Einblicke in die literarischen Kreise Berlins in den 20er und 30er Jahren.

**G. Stier**, und F. Stier, Dr. Ewald Rud. Stier. Versuch einer Darstellung seines Lebens und Wirkens. I. Hälfte, die Zeit von 1800—1825 umfassend. Mit 1 photgr. Brustbilde. 8. (VIII u. 356 S.) Wittenberg 1867, Kölling. II. Hälfte. Die Zeit von 1825 an umfassend. (VI, 472 S.) 1868. Complet. 2¹/₂ Thlr.

Biographie des bekannten theologischen Schriftstellers, von seinen Söhnen verfaßt. Neben der theologischen und religiösen Entwicklung des Mannes spielt die Geschichte der Burschenschaft, deren eifriges Mitglied Stier in Berlin war, eine Hauptrolle im ersten Bande. Der zweite Band giebt werthvolle Mittheilungen aus seiner reichen Erfahrung im geistlichen Amt in den Jahren 1829—62. Die Ausführung geht etwas zu sehr in die Breite.

**Elisabeth v. Stägemann,** Erinnerungen für edle Frauen. 2. Aufl. Mit einer Einleitung v. Gust. Kühne. 8. (349 S.) Leipzig 1858, Hinrich's Verl. 1½ Thlr.

Enthält Erinnerungen und Betrachtungen aus der Zeit der ersten unglücklichen Ehe der Verfasserin; Fragmente in den Stunden der Muße niedergeschrieben und Phantasien; beide letzteren Stücke bilden eine Moralphilosophie für Mädchen und Frauen. Die Einleitung von Kühne giebt Nachricht über die Lebensverhältnisse der Verfasserin.

**Alfred Arneth,** Das Leben des kaiserl. Feldmarschalls Grafen Guido von **Stahrenberg** 1657—1737. gr. 8. (VII u. 784 S.) Mit Porträt. Wien 1853, Gerold. 5 Thlr.

Ein werthvoller Beitrag zur österreich. und europ. Geschichte des angegebenen Zeitraums, besonders der Türkenkriege in den Jahren 1683—1700, des spanischen Erbfolgekrieges und des ungarischen in den J. 1705—1707. Auch über Prinz Eugen manche neue Aufschlüsse. Gute Bearbeitung.

**Henr. Steffens,** Was ich erlebte. Aus der Erinnerung niedergeschrieben. 10 Bde. (Bd. 1. 2. in 2. Aufl.) 8. Breslau 1841—45, Max und Comp. n. 6 Thlr.

Eine überaus reichhaltige Selbstbiographie, deren Verfasser die Erlebnisse seines Geistes mit liebenswürdiger Redseligkeit, geistreicher Darstellung und stark hervortretender Subjektivität vor Augen legt. Sein Antheil an der Entwicklung der Naturphilosophie, an den Bewegungen der Freiheitskämpfe, an der Bildung der altlutherischen Gemeinde sind die hervorragenden Momente seines Lebens.

**Wilh. Baur,** Das Leben des Freiherrn vom **Stein.** Nach Pertz erzählt. Mit Portrait. 8. (IV, 316 S.) Gotha 1860, R. Besser. n. 12 Ngr.

Ursprünglich ein für die protestantischen Monatsblätter bearbeiteter Auszug aus dem Pertzischen Werk, dem es sich mit großer Treue anschließt. Giebt den von Pertz dargebotenen Stoff sehr vollständig und erzählt mit ansprechender Popularität. (Pertz, Leben Steins s. S. 107.)

**J. Benedey,** Heinr. Friedr. Karl von **Stein.** (X, 186 S.) Iserlohn 1868, Bädecker. ⅔ Thlr.
Eine gute populäre Biographie.

**Christ. Friedr. Freiherr von Stockmar,** Von einem Freunde desselben. Preußische Jahrbücher 1863, II. od. Bd. XII, S. 328 - 344, u. Grenzboten 1863 Nr. 31.

Eine sehr interessante Lebensskizze und Charakteristik des wackeren und einflußreichen Freundes des Königs Leopold und des Prinzen Albert, Gemahls der Königin Victoria. Beide Aufsätze ergänzen einander.

**Theod. Menge,** Der Graf Friedrich Leopold von **Stolberg** und seine Zeitgenossen. gr. 8. 2 Bde. (XVI u. 415. VIII, 562 S.) Mit dem Bildn. Stolbergs. Gotha 1862, Fr. And. Perthes. n. 3 Thlr.

Versuch, im Gegensatz gegen das herrschende Verdammungsurtheil der neueren Literaturgeschichte Stolberg in seine verdienten Ehren einzusetzen. Der Verfasser ist Katholik und rechnet dem Grafen Stolberg seinen Uebertritt, der ihm von seinen protestantischen Freunden zum Vorwurf gemacht wurde, vielmehr zum Verdienst an. Der Biograph scheint ein Mann von vorgerückten Jahren zu sein, da er in der Vorrede sagt, Stolbergs Sonne habe den Morgen seines

Lebens erhellt und erwärmt. Seine Materialien kamen zum großen Theil aus dem Nachlaß des Bischofs Kellermann, der einst Hauslehrer im Hause Stolbergs war und nachher dessen intimer Freund wurde. Wichtig für die Geschichte des geistigen Lebens am Ende des vorigen Jahrhunderts.

Karl Friedr. v. **Strombeck**, Darstellungen aus meinem Leben und meiner Zeit. 8 Bde. 8. u. gr. 8. Braunschw. 1833—40, Vieweg u. Sohn. 12⁷/₁₂ Thlr.

Interessante Selbstbiographie in den zwei ersten Bänden, die einen werthvollen Beitrag zur Geschichte des Familienlebens in der Mitte und zu Ende des vorigen Jahrhunderts geben; Bd. 3—8 enthält Reisebeschreibungen, in welchen der greise redselige Verfasser seine Ansichten über Zustände und Fragen des öffentlichen Lebens darlegt.

Graf **Fallour**, Sophie **Swetschin**, Geschichte ihres Lebens. Aus dem Franz. v. F. X. Hahn. 8. (VI, 590 S.) Regensburg 1860, Manz. 1 Thlr. 21 Ngr.

Lebensbeschreibung einer vornehmen Russin, welche unter dem geistig belebenden Einfluß Joseph de Maistre's aufgewachsen, bald ins Ausland versetzt wurde und den größten Theil ihres Lebens in Paris zubrachte, wo ihr Salon einen Mittelpunkt feinerer Geselligkeit für die verschiedenartigsten Menschen bildete. Auszüge aus ihren Tagebüchern zeigen ein tiefes frommes Gemüth, bei dem der Uebertritt zum Katholizismus als der Fortschritt lebendiger Ueberzeugung und Befreiung aus den todten Formeln der griechischen Kirche erscheinen.

Aurel. v. **Kecskeméthy**, Graf Stephan **Széchenyi's** staatsmännische Laufbahn, seine letzten Lebensjahre in der Döblinger Irrenanstalt und sein Tod. gr. 8. (136 S.) Pesth 1866, Gebr. Lauffer. n. 1 Thlr.

Schilderung eines interessanten ungarischen Patrioten und zugleich Beitrag zur Kenntniß ungarischer und österreichischer Zustände. Den aus dem Ungarischen übersetzten Aufzeichnungen hat der deutsche Uebersetzer eine Biographie vorangeschickt.

Rudolf **Köpke**, Ludwig **Tieck**. Erinnerungen aus dem Leben des Dichters nach dessen mündlichen u. schriftlichen Mittheilungen. 2 Thle. gr. 12. (XXXIV u. 699 S.) Leipzig 1855, Brockhaus. n. 3¹/₃ Thlr.

Der Verfasser lernte Tieck erst in dessen letzten Lebensjahren kennen, und ließ sich von demselben in der Absicht, sein Biograph zu werden, seine Lebensgeschichte erzählen, die er dann ganz in der Art der Tieckschen Novellen, die er hin und wieder zur Ergänzung benutzt hat, auf eine sehr anziehende Weise wiedergiebt. Am ergiebigsten ist die Erzählung für die Jugendzeit, oft kann man sich des Verdachtes nicht erwehren, daß der liebenswürdige Greis Dichtung mit der Wahrheit vermischt habe, wenn auch nicht in dem eigentlich Thatsächlichen, doch in Ausführung, Auswahl und Gruppirung. Ueber manche Lebensverhältnisse, über die man besonders authentische Aufklärung wünschte, erfährt man, weil Tieck aus Gründen darüber geschwiegen haben mag, beinahe nichts, da der Verfasser keine anderen Quellen benutzt hat. Eine Beilage von Löbell in Bonn giebt eine eingehende liebevolle Charakteristik Tiecks. Ein Theil des zweiten Bandes enthält eine Sammlung von verschiedenen Aussprüchen des Dichters über Lebensinteressen, Personen und Bücher, nach Art der Eckermannschen Gespräche.

Briefe an Ludwig **Tieck**, ausgewählt und herausgegeben von Karl v. Holtei. 4 Bde. 8. (I., XVI u. 376 S. II., 366 S. III., 384 S. IV., 366 S.) Breslau 1864, Trewendt. 6 Thlr.

Der Herausgeber wollte mit diesem Werke Tieck's Stellung unter seinen Zeitgenossen anschaulich machen, und damit ein Supplement zu Köpke's Biographie des Dichters geben. Er hat zu diesem Behufe die Briefe charakteristisch ausgewählt und mit kleinen Einleitungen versehen, die neben den nöthigsten äußeren Daten treffende und oft sehr fein andeutende Winke über die Eigenthümlichkeit der Briefsteller enthalten. Es war nicht die Absicht Holtei's, lauter bedeutende Persönlichkeiten vorzuführen, vielmehr läßt er, wie er in der Vorrede sagt, Weise und Thoren zum Wort kommen, aber er zeigt wie mächtig Tieck sowohl als Schriftsteller wie als Mensch auf Leute der verschiedensten Art gewirkt hat, und die Mehrzahl der Briefe — wir wollen nur die der beiden Schlegel anführen -- hat denn doch auch literargeschichtlichen Werth. Wer freilich keinen Sinn für das eigenthümliche Leben literarischer Kreise mitbringt, mag das Buch ungelesen lassen, wir aber sind dem Herausgeber von Herzen dankbar, daß er uns eine nun abgeschlossene Periode des geistigen Lebens in Deutschland so sinnig vor Augen führt.

**Ed. Baumstark**, Ant. Fr. Just. **Thibaut**. Blätter der Erinnerung für seine Verehrer und für die Freunde der reinen Tonkunst. gr. 8. Leipzig 1841, W. Engelmann. 1 Thlr.

Eine begeisterte Charakteristik Thibaut's, die vorzugsweise seine musikalische Richtung in's Auge faßt.

**Heinr. W. J. Thiersch**, Friedr. Thiersch's Leben. 1. Bd. 1784—1830. 2. Bd. 1830—1860. gr. 8. (I., VIII u. 383 S. II., XII u. 633 S. mit Porträt in Stahlst.) Leipzig 1866, C. F. Winter. n. 6 Thlr.

Eine der interessantesten neueren Biographieen, welche zugleich für die Geschichte des Königreichs Griechenland und für die Stellung Baierns zu den allgemein deutschen Angelegenheiten, sowie für die Kenntniß des gelehrten Schulwesens in Deutschland, eine sehr wichtige Quelle ist. Der größte Theil des Buches besteht aus Briefen von und an Thiersch, die von dem Herausgeber zweckmäßig verbunden und ergänzt sind, und die thatkräftige Persönlichkeit des Gelehrten zur lebendigen Anschauung bringen. Im zweiten Bande sind die leidenschaftlichen Ausfälle Heinrich Thiersch's über die Ereignisse des Jahres 1866 etwas störend, und seine Ansichten stimmen nicht zu den nationalen Gedanken seines Vaters, der sich den Erfolgen der preußischen Politik schwerlich so bitter grollend gegenüber gestellt haben würde wie der Sohn.

**Just. Matth. Thiele**, **Thorwaldsens** Leben nach den eigenhändigen Aufzeichnungen, nachgelassenen Papieren u. dem Briefwechsel des Künstlers. Deutsch unter Mitwirkung des Verf. von Henr. Helms. 2 Bde. Mit d. Portr. Thorwaldsens. gr. 8. (XVI u. 695 S.) Leipzig 1852 u. 56, Wiedemann. n. 4 Thlr.

Eine gute Arbeit von einem mit Thorwaldsens Werken vertrauten Verfasser.

**J. H. Wilh. Tischbein**, Aus meinem Leben. Herausgeg. von Carl G. W. Schiller. Mit 1 Portrait und einer Stammtafel. 2 Bde. gr. 8. (XL, 249. 252 S.) Braunschweig 1861, Schwetschke u. Sohn. 2 Thlr. 12 Ngr.

Selbstbiographie des mit Goethe befreundeten Tischbein, der als ideenreicher Maler und Director der Malerakademie in Neapel sich einen rühmlichen Namen in der Kunstwelt gemacht hat und in diesem Buche als ein vielseitig gebildeter liebenswürdiger Mann erscheint, welcher Personen und Lebensverhältnisse mit künstlerischem Sinne auffaßt und auch als Schriftsteller die Plastik des Künstlers zeigt. Sehr unterhaltend.

**Theob. v. Bernhardi**, Denkwürdigkeiten aus dem Leben des k. russischen Generals der Infanterie Karl Fried. Grafen v. **Toll**. 4 Bde. mit Karten u. Plänen. gr. 8. Leipzig 1856—58, O. Wigand. 2 Aufl. (XXXIX, 2547 S.) 1865 u. 66. 12 Thlr. 20 Ngr.

Ein für die neuere Geschichte sehr werthvolles und gut geschriebenes Werk, dessen Verf. mit Toll näher vertraut war und reiches handschriftliches Material zur Verfügung hatte. Tolls Name ist von den Feldzügen Suwarows im J. 1799 bis zum polnischen Feldzug des Jahres 1831 mit der russischen Kriegsgeschichte auf rühmliche Weise verknüpft. Eine hervorragende Rolle spielte er als Generalquartiermeister der russischen Hauptarmee im Jahr 1812 und diese Denkwürdigkeiten gewähren besonders für die Geschichte dieses Feldzugs reiches Material und manche neue Aufschlüsse. Der Verfasser hat aus den Aufzeichnungen und Berichten Tolls und anderer russischer Feldherren seinen Stoff so vollständig bearbeitet, daß man nicht sowohl den Eindruck einer Lebensbeschreibung, als den einer historisch-kritischen Darstellung derjenigen

Perioden bekommt, in welchen Toll bedeutsam hervorgetreten ist. Verständige Unparteilichkeit, scharfe Kritik russischer und französischer Entstellungen und ein tüchtiger deutscher Sinn zeichnen das Werk vortheilhaft aus.

Franz Freih. von der **Trenck**, Merkwürdiges Leben und Weben des Freiherrn Franz von der Trenck. (Von ihm selbst bis zum Jahre 1747 geschrieben. Wien 1807.

—— Dargestellt von einem Unparteiischen (E. F. Hübner) mit einer Vorrede von Schubart. 3 Brchn. 8. Stuttg. 1788 u. 89. 1⅓ Thlr.

Friedr. Freih. von der **Trenck**, Merkwürdige Lebensgeschichte. 3 Bde. 8. Wien 1787. Neue Aufl. 3 Bde. 8. Berlin (Braunschweig) 1787, Vieweg u. Sohn. 2 Thlr. (Von ihm selbst geschrieben, und auch von ihm ins Französ. übersetzt.)

Merkwürdige Biographieen der beiden Vettern, des österreichischen oder Panduren Trencks, eines herkulischen Urbildes aus dem Successionskriege, der im Gefängniß auf dem Spielberg, und des preußischen, jüngeren, des anmuthigen und unter fürchterlichen Qualen standhaften Prahlers aus dem zweiten schlesischen Kriege, der unter der Guillotine Robespierre's endete. Beide hat die Poesie von George Sand in ihrer Consuelo verherrlicht und gewissermaßen verklärt.

Jakob **Vogel**, Egidius Tschudi als Staatsmann u. Geschichtschreiber 2c. Mit d. lith. Bildniß Tschudis. gr. 8. (X u. 311 S.) Zürich 1856, Orell, Füßli u. Co. 1⅖ Thlr.

Eine ansprechende Biographie und Charakteristik des Verfassers der berühmten Schweizerchronik, welche eine Hauptquelle der Geschichte der Schweiz im Mittelalter bis 1470 ist.

Frdr. **Notter**, Ludwig **Uhland**. Sein Leben u. seine Dichtungen. Mit zahlreichen ungedr. Poesien aus dess. Nachlaß u. e. Auswahl v. Briefen. Mit Uhland's photogr. Bilde. 8. (VIII u. 452 S.) Stuttgart 1863, Metzler's Verl. 2 Thlr.

Eine mit großer Liebe und unermüdetem Fleiß in Sammlung von Einzelzügen ausgeführte Lebensbeschreibung. Die Würdigung des Dichters ist mit feinem kritischen Sinn vorgenommen, artet aber zuweilen in Haarspaltereien aus. Unter allen Nekrologen Uhland's der reichhaltigste, für jede künftige literarhistorische Behandlung unentbehrlich.

Joh. Ludw. **Uhland**. Unsere Zeit Bd. VII, S. 81—106.

Lebensabriß und Charakteristik des Dichters von K. Klüpfel, auf vieljährigem persönlichen Umgang beruhend.

Ludwig **Uhland**. Eine Gabe für Freunde. Zum 26. April 1865. Als Handschrift gedruckt. (479 S.) (Stuttgart, Cotta.)

Ein von der Wittwe Uhlands mit feinem Sinn und großem Geschick zusammengefügtes Lebensbild Uhlands, hauptsächlich aus Briefen von ihm an Eltern, Freunde und Gattin bestehend, durch ergänzende Mittheilungen verbunden. Leider nur als Manuscript gedruckt und nicht im Buchhandel.

Karl **Mayer**, Ludwig **Uhland**, seine Freunde und Zeitgenossen. Erinnerungen. 2 Bde. gr. 8. (XXII u. 549 S.) Stuttgart 1867, Krabbe. n. 3⅓ Thlr.

Giebt zur Lebensgeschichte Uhlands, aus der Feder seines von der Jugend bis zum Tode vertrauten Freundes, manche willkommene Beiträge, namentlich erfährt man über seine Entwicklung von den Universitätsjahren an Genaueres; in den späteren Jahren tritt der speciell auf Uhland bezügliche Stoff etwas zurück, da der Dichter in brieflichen Mittheilungen immer sparsam war. Aber das Buch enthält auch sonst reiche Züge zum Culturleben seit Anfang unseres Jahrhunderts: des Verfassers eigene Reisen durch ganz Deutschland und seine mannigfaltigen Freundschaftsbeziehungen, die Briefe und das Schicksal seines in Rußland gebliebenen Bruders und die württembergischen Verfassungskämpfe sind Partien, bei denen der Leser mit Interesse verweilen wird. Unter den Briefen aus dem Freundeskreise sind besonders die originellen Zuschriften Justinus Kerners von eigenthümlichem Reiz.

**Ed. Paulus**, Ludwig Uhland und seine Heimat Tübingen. Eine Studie. Mit Illustrationen in eingedruckten Holzschnitten nach Zeichnungen von G. Cloß. (52 S. in 4.) Berlin 1868, Grote. 1 Thlr.
Eine allerliebste Illustration zu Uhlands Leben, mit poetischem Sinn ausgeführt.

**Wilibald Beyschlag**, Carl Ullmann. Blätter der Erinnerung. Lebensbild. Eigenhändige Denkschrift über seinen Antheil an der Regierung der evangelischen Kirche Badens. gr. 8. (III u. 179 S.) Gotha 1867, F. A. Perthes. n. 24 Ngr.
Das Büchlein besteht aus einer kurzen, ansprechend geschriebenen Biographie des durch seine Schriften und eine vieljährige akademische Wirksamkeit bekannten Theologen Ullmann, und aus der Denkschrift, die eine Rechtfertigung seines Verhaltens in der Liturgie- und Kirchenverfassungsfrage Badens enthält. In der Lebensgeschichte ist die frühere Zeit ungetrübten Wirkens als Professor nicht genügend behandelt, und die späteren Kämpfe sind zu sehr vom Parteistandpunkt aus geschildert.

**Varnhagen v. Ense**. Denkwürdigkeiten und vermischte Schriften. 1—9. Band. (Bd. 1—6 in 2. Aufl.) (I, 498. II, 514. III, 450. IV, 660. V, 759. VI, 559. VII, 564. VIII, 820. IX, 629 S.) Leipzig 1843—59, Brockhaus. n. 22 Thlr.
Zunächst Denkwürdigkeiten des eigenen Lebens, aber wie dieses durchflochten mit Erzählungen der Befreiungskriege, Einzelbildern, Schilderungen socialer Zustände und einer Menge bedeutender Persönlichkeiten, zu denen der Verfasser Beziehungen genommen hatte. Künstlerisch an Goethe herangebildeter Stil, manchmal ins Gezierte spielend und in Einförmigkeit sich verlierend.
Unter den größeren Stücken, welche der achte Band enthält, ist besonders beachtenswerth der Bericht von einer Reise nach Wien im J. 1834, bei welcher Gelegenheit Varnhagen eine ausführliche Schilderung von Metternich giebt, der offenbar in der Erwartung, von Varnhagen literarisch besprochen zu werden, Alles aufbot einen günstigen Eindruck auf ihn zu machen. Der ganze neunte Band handelt von Varnhagens Aufenthalt in Karlsruhe, schildert seine Wirksamkeit für die Erhaltung des badischen Landes, und giebt interessante Beiträge zur Geschichte der süddeutschen Verfassungen.

**R. Haym, Varnhagen von Ense**. Preußische Jahrbücher 1863. XI. Bd. S. 445—515.
Eine geistreiche, scharfe, aber treffende Charakteristik.

**Christian Heinrich Sixt**, Petrus Paulus Bergerius, päbstlicher Nuntius, katholischer Bischof u. Vorkämpfer des Evangeliums. Eine reformationsgeschichtliche Monographie. Mit Bs. Portr. gr. 8. (XVI u. 602 S.) Braunschweig 1855, Schwetschke u. Sohn. 2 Thlr. 9 Ngr.
Biographie eines protestantisch gewordenen katholischen Bischofs, der eine große Thätigkeit für die Sache des evangelischen Glaubens entwickelt und bei vielen Verhandlungen über kirchliche Dinge eine nicht unerhebliche Rolle gespielt hat. Der Verfasser hat seine Aufgabe mit großer Liebe und Sorgfalt und historischer Kunst behandelt und es ist ihm gelungen, die im Lichte eines unruhigen Abenteurers erscheinende Gestalt seines Helden zu einem ehrenwerthen Glaubenszeugen zu verklären.

**E. v. Bodelschwingh**, Leben des Oberpräsidenten Freiherrn v. Vincke. Nach seinen Tagebüchern bearbeitet. Erster Theil: Das bewegte Leben

1774—1816. Mit Vincke's Bildniß u. 9 lith. Beilagen. gr. 8. (III u. 618 S.) Berlin 1853, G. Reimer. n 2⅙ Thlr.
*Sehr merthvolle Biographie eines altpreußischen Staatsmannes aus dem Steinschen Kreise. Wichtiger Beitrag zur Geschichte des neuen Aufschwungs in Preußen; schade, daß das Werk durch den Tod des Verfassers Fragment geblieben ist.*

Elise **Polko**, Notizen u. Briefe über u. von Carl **Vogel**, vorm. Director der Bürger- u. Realschule zu Leipzig. Ein Lebensbild. 2. Aufl. Nebst photogr. Titelbild. 8. (V u. 245 S.) Leipzig 1863, Schlicke. n. 1⅓ Thlr.
*Liebevolle Biographie eines allgemein verehrten und beliebten Schulmanns, von dessen Tochter verfaßt.*

—— Erinnerungen an einen Verschollenen. Aufzeichnungen und Briefe von u. über Eduard **Vogel**. 8. (VIII u. 231 S.) Leipzig 1863, Weber. n. 1 Thlr.
*Ein Denkmal, das die Schwester dem vielbeklagten Afrikareisenden gesetzt hat.*

Georg **Horn**, Voltaire und die Markgräfin von Bayreuth. (III u. 197 S.) Berlin 1865, Decker. 1 Thlr.
*Der Verfasser konnte eine Anzahl ungedruckter Briefe Voltaire's benutzen und hat mit diesen und anderen Zuthaten aus der einschlägigen Literatur ein hübsches Culturbild entworfen, das sich um die Markgräfin, ihren königl. Bruder und Voltaire gruppirt. Bewundernswerth und anziehend ist die Feinheit, mit welcher er den eigenthümlichen Reiz, den die französische Bildung damals für die Aristokratie haben mußte, zum Ausdruck bringt.*

Karl **Hagen**, (Prof. in Bern), Der Maler Johann Michael **Voltz** von Nördlingen (1784—1858) u. seine Beziehungen zur Zeit- u. Kunstgeschichte in der ersten Hälfte des neunzehnten Jahrh. Mit Portrait in Kupferstich. Nebst einem Verzeichniß seiner Werke. gr. 8. (VIII u. 103 S.) Stuttgart 1863, Ebner u. Seubert. 18 Ngr.
*Sehr verdienstliche Erinnerung an einen patriotischen Künstler, welcher viele Bilder und Carricaturen zur Zeitgeschichte während der napoleonischen Zeit und der Freiheitskriege entworfen hat. Sie haben in freilich roher Ausführung große Verbreitung gefunden.*

Joh. Heinr. **Voß**, Briefe, nebst erläuternden Beilagen herausgegeben von Abraham Voß. 3 Bde. Halberstadt 1829—33.
*Für die Geschichte des Göttinger Dichterbundes die Hauptquelle.*

Ludw. **Urlichs**, Joh. Mart. v. **Wagner**. Ein Lebensbild. Ein an Winckelmann's Geburtstage (9. December 1865) gehaltener Vortrag. gr. 8. (19 S.) Würzburg 1866, Stahel. 6 Ngr.
*Charakteristik eines bedeutenden Malers, der in der deutschen Künstlergesellschaft in Rom eine große Popularität hatte.*

Ferdinand **Walter**, Aus meinem Leben. gr. 8. (VI u. 329 S.) Bonn 1865, Marcus. n. 1⅔ Thlr.
*Erinnerungen eines verdienten Juristen und rührigen katholischen Parteimannes, der bei scharfem Verstand und gesunder Beobachtung doch in politischen und confessionellen Beziehungen eine merkwürdige Befangenheit zeigt.*

H. von **Treitschke**, Karl August von **Wangenheim**. Ein Kapitel aus der Geschichte des deutschen Bundes. (Preußische Jahrbücher 1863, XI. Bd. S. 15—64.
*Gute Charakteristik eines bedeutenden württembergischen Ministers und Bundestagsgesandten und zugleich ein Beitrag zur Geschichte der deutschen Einheitsbestrebungen.*

## Einzelne Biographieen, Briefwechsel u. Denkwürdigk. 267

**Jared Sparks**, Leben und Briefwechsel Ge. **Washington's**. Nach dem Engl. im Auszuge bearbeitet. Herausgeg. von Fr. v. Raumer. 2 Bde. gr. 8. Leipzig 1839, Brockhaus. n. 5 Thlr.

> Ein gutes Werk über den Begründer der nordamerikanischen Freiheit, in welchem sich Washington's Geisteshoheit und Einfachheit wiederspiegelt. Der zweite Theil besteht aus Briefen, Proclamationen und Denkschriften, welche hier in einer gehaltvollen und zweckmäßigen Auswahl gegeben sind. Nähere Erläuterungen über amerikanische Verhältnisse, die für den deutschen Leser oft wünschenswerth wären, sind nicht beigegeben.

**Washington Irving**, Das Leben George **Washington's** a. d. Engl. von W. E. Drugulin. 5 Bde. (A. u. d. T.: moderne Geschichtschreiber 5. 6. Bd.) gr. 8. (I. XII u. 388. II. XIV u. 410. III. XII, 404. IV. XI, 393. V. XIII, 280 S.) Leipzig 1855—60, Lord. à Bd. 1 Thlr.

—— —— Aus d. Engl. v. d. Uebersetzer der Werke Prescotts. 5 Bde. (XVI, 423. XVI, 484. XVI, 471. XIII, 470. XV, 336 S.) Leipzig 1856—59, Brockhaus. à Bd. n. 1 Thlr.

> Nicht nur Biographie, sondern auch eine ausführliche recht gute Geschichte der nordamerikanischen Freiheitskriege und Gründung der Vereinigten Staaten.

**Jak. Benedey**, Georg **Washington**. Ein Lebensbild. 8. (229 S.) Freiburg im Breisgau 1861, Wagner. 1⅓ Thlr.

> Eine lebendige frische Erzählung der Hauptzüge aus Washingtons Leben. Zu sehr Biographie und zu wenig Geschichte des amerikanischen Freiheitskrieges.

**Max Maria von Weber**, Carl Maria von **Weber**. Ein Lebensbild. 3 Bde. Mit Portr. gr. 8. (XXXIX u. 570. XXII, 741. IX, 304 S.) Leipzig 1864—66, Keil. 7 Thlr. 25 Ngr.

> Der erste Band enthält die Jugendgeschichte des berühmten Componisten, von seinem Sohne erzählt. Der Beginn ist wenig erquicklich, er zeigt Weber als schwächliches Kind von einem geniesüchtigen, unstät sich umtreibenden Vater in die Kunst hineingehetzt, später in allzufrüher Selbständigkeit am Stuttgarter Hofe beinahe zu Grunde gehend, in fortwährendem Kampfe mit seiner halben Bildung und den Anforderungen des Lebens. An interessanten kulturgeschichtlichen Schilderungen fehlt es dem Buche nicht, und dasselbe wird immer anziehender, je entschiedener sich das wahre Talent und der tüchtige Character Webers herausbildet. Bd. II. enthält die Meister- und Dulterjahre Webers und schildert seine Entwickelung zur Höhe der Kunst und seiner Erfolge. Ebenfalls reich an zeitgeschichtlichen Skizzen, wobei der Verfasser von älteren Freunden trefflich unterstützt gewesen sein muß, da er z. B. die Dresdener Zustände vor seinen Lebzeiten eingehend schildert. Die Darstellung ist in diesem zweiten Bande sorgfältiger als in dem ersten, doch auch hier noch zuweilen überladen und gesteigert. Bd. III. enthält eine Sammlung von Webers literarischen Arbeiten, meist in Kunstkritiken bestehend, die er für verschiedene Zeitschriften geliefert hat, und die ihn als feinen geschmackvollen Kritiker zeigen.

**Fried. Wilhelm Ebeling**, Wilhelm Ludwig **Wekhrlin**. Leben und Auswahl seiner Schriften. (XVI, 449 S.) Berlin 1869, Köppen. 2 Thlr.

> Lebensgeschichte eines schwäbischen Literaten des vorigen Jahrhunderts, der besonders durch seine satirischen Schriften Aufmerksamkeit erregte.

**Max Büdinger**, **Wellington**. Ein Versuch. (56 S.) Leipzig 1869, Teubner. 10 Ngr.

> Eine gute Characteristik Wellingtons, die ihn gegenüber von deutschen Anfechtungen zu rechtfertigen versucht.

**Rob. Southey,** John **Wesley's** Leben. Die Entstehung und Verbreitung des Methodismus. Nach d. Engl. bearb. u. herausgeg. v. Friedr. Ad. Krummacher. 2 Thle. 8. Hamburg 1827 u. 28, Nolte und Köhler. 2½ Thlr.

Sehr ansprechende lebendige Behandlung des Gegenstandes von einem freieren religiösen Standpunkte aus. Werthvoller Beitrag zur englischen Kirchengeschichte und unterhaltende Lektüre.

**Jof. Beck,** Freiherr J. Heinrich von **Wessenberg.** Sein Leben und Wirken. Zugleich ein Beitrag zur Geschichte der neueren Zeit. Auf Grundlage handschriftlicher Aufzeichnungen Wessenbergs. gr. 8. (XII u. 528 S.) Freiburg im Breisg. 1862, Wagner. n. 2 Thlr. 16 Ngr.

Der ehrwürdige Vorkämpfer eines freisinnigen Katholicismus und einer deutschen Nationalkirche wird hier von einem gleichgesinnten Schriftsteller mit Pietät gefeiert. Der Beisatz „Beitrag zur Geschichte der neueren Zeit" ist berechtigt, da über mehrere wichtige Vorgänge, z. B. über das Pariser Nationalconcil von 1811, sowie über die durch Bayern vereitelte Verhandlung wegen der Reorganisation der katholischen Kirche Deutschlands auf dem Wiener Congresse, manches Neue mitgetheilt wird.

**Joh. Gf. Gruber,** C. M. **Wieland's** Leben. 4 Thle. Mit W's. Portr. 8. Leipzig 1827 u. 28, Göschen. 1⅕ Thlr. Velinpap. 2 Thlr.

—— —— Dasselbe. 16. Ebendas. 1827 u. 28. ⅗ Thlr.

Gründliche und wahrhafte Schilderung.

**Carl Justi, Winckelmann.** Sein Leben, seine Werke und seine Zeitgenossen. 1. Bd. Winckelmann in Deutschland. Mit Skizzen zur Kunst- und Gelehrtengeschichte des 18. Jahrhunderts nach gedruckten und handschriftlichen Quellen dargestellt. Lex. 8. (XII u. 525 S. u. 1 Stahlst.) Leipzig 1866, Vogel. 3 Thlr.

Ein bedeutendes Werk, dessen Verfasser sich die Aufgabe gestellt hat, alle Materialien zur Bildungsgeschichte Winckelmann's zu sammeln und für die Würdigung desselben zu verwerthen. Es ist hierbei des Guten etwas zu viel geschehen, so daß die biographische Abrundung des Bildes Noth gelitten hat. Man muß sich durch eine Masse von gelehrtem Krame hindurcharbeiten, der mit den späteren Leistungen und Bestrebungen Winckelmann's nur in einem entfernten Zusammenhang zu stehen scheint.

**Wilderich Weick,** Reliquien von Ludw. **Winter,** Großherzoglich badischem Staatsminister und früheren Abgeordneten der zweiten Ständekammer. Biographie und Schriften. Mit Winters Portr. gr. 8. Freiburg (Heidelberg) 1843, (Groos'sche Buchh. 1¼ Thlr.

Die Schrift besteht zum Theil in einer ziemlich ausführlichen Biographie, in welcher Winters Privatleben ansprechend geschildert, seine ständische und ministerielle Wirksamkeit nach Wahrheit und Verdienst gewürdigt wird. Der übrige Theil des Buches enthält Landtagsreden, Berichte und eine staatsrechtliche Abhandlung über den Streit Badens mit Bayern.

**Joh. Geo. Aug. Wirth,** Denkwürdigkeiten aus meinem Leben. 1. Bd. 8. Emmishofen bei Constanz (Leipzig) 1843, (Gebhardt und Reisland.) n. ½ Thlr.

Interessante Erzählung der Jugenderlebnisse des als Demagogen und Historiker bekannten Verfassers.

**Alex. Freih. von der Goltz,** Thomas **Wizenmann,** der Freund Fr. Heinr. Jacobi's ꝛc. 2 Bde. Mit b. Silhouette u. dem Facsim. Wizenmann's.

gr. 8. (XII, 363, 303 S.) Gotha 1859, F. A. Perthes. n. 3 Thlr. 14 Ngr.

Sehr inhaltreiche, mit Briefen und Aufsätzen durchwobene Biographie eines geist- und gemüthvollen, als Jüngling verstorbenen würtembergischen Theologen und Philosophen, der mitten im Rationalismus des vorigen Jahrhunderts nach Versöhnung des Wissens und Glaubens gerungen hat.

Wilh. **Körte**, Leben und Studien Friedr. Aug. **Wolf's**, des Philologen. 2 Thle. gr. 8. Essen 1833, Bädeker. 3 Thlr.

Giebt vor Allem eine Charakteristik der wissenschaftlichen Leistungen des berühmten Philologen, geht jedoch auch auf Persönliches ein und bietet einen wichtigen Beitrag zur Literaturgeschichte.

J. F. J. **Arnoldt**, Fr. Aug. **Wolf** in seinem Verhältnisse zum Schulwesen und der Pädagogik dargestellt. 1. Bd. Biographischer Theil. Lex. 8. (VIII u. 280 S.) Braunschweig 1861, Schwetschke u. Sohn. n. 1½ Thlr.

Ein sehr sorgfältig und mit warmer Liebe bearbeitetes Buch, in welchem die reiche Brief- und Memoirenliteratur benutzt ist, um den Spuren des gewaltigen Isegrimm nachzugehen.

Christian **Wolff**, eigene Lebensbeschreibung. Herausgeg. mit einer Abhandlung über Wolff von Heinr. Wuttke. gr. 8. Leipzig 1841, (Frankfurt a. M. J. Bär.) n. 17 Ngr.

Naive Selbstbiographie, die ausführliche Nachricht giebt über alle dem Verfasser widerfahrenen Ehren und Verfolgungen. Reichhaltig auch die Beilagen des Herausgebers, der alle interessantere Partien in Wolffs Leben näher beleuchtet und am Schluß eine treffende Charakteristik von der Wolffschen Philosophie beifügt.

Caroline v. **Wolzogen**, Literarischer Nachlaß. 2 Bde. 8. 61¼ B. Leipzig 1848. 49. 3 Thlr. 15 Ngr.

Ein anziehendes und gehaltreiches Buch, das namentlich für die Literaturgeschichte des Weimarer Kreises, und besonders Schillers, eine der ersten Quellen bildet. Ein Lebensabriß der Frau v. Wolzogen von B. R. Abeken leitet die Briefe und Tagebücher ein, der uns ein vollständiges Bild dieser edlen, reichbegabten Frau giebt.

Ludw. v. **Wolzogen**, Memoiren. Aus dessen Nachlaß unter Beifügung officieller militär. Denkschriften mitgetheilt von Alfr. v. Wolzogen. Lex.-8. 28⅛ B. Leipzig 1851. 3 Thlr. 10 Ngr.

Wolzogen war einer der preuß. Offiziere, die nach dem Frieden von Tilsit in russische Dienste traten, um von hier aus für Deutschland zu wirken, und hatte an dem Kriegsplan gegen Napoleon als Mitglied des russischen Generalstabes und kaiserlicher Adjutant wesentlichen Antheil. Die gut geschriebenen Memoiren zeigen eine edle feine Persönlichkeit und sind reich an interessanten Begebenheiten, Charakterschilderungen und treffenden Urtheilen.

R. **Stadelmann**, (Oekonomierath), Carl v. **Wulffen**. Ein Cultur- und Charakterbild. (Abdr. aus den preuß. Jahrbüchern.) gr. 8. (43 S.) Berlin 1863, G. Reimer. 6 Ngr.

Anziehende Biographie eines ausgezeichneten Landwirths, der sich durch Einführung der Lupine große Verdienste um die norddeutsche Landwirthschaft und durch einen gediegenen Charakter allgemeine Achtung erworben hat.

[Lud. K. **Aegidi**], Dem Andenken Christian Fried. **Wurm's**, Professors der Geschichte an dem akadem. Gymnasium in Hamburg. gr. 8. (VI, 41 S.) Hamburg 1859, Perthes-Besser u. Mauke. n. 6 Ngr.

**J. G. Droysen**, Das Leben des Feldmarschalls Grafen York von Wartenburg. 3 Bde. gr. 8. 90½ B. Berlin 1851—52. 7 Thlr. 5 Ngr. gebb. 8 Thlr.

Ein sehr wichtiges Werk, sowohl durch die Reichhaltigkeit der geschichtlichen Mittheilungen, die Persönlichkeit des Geschilderten, als auch durch die ausgezeichnete Darstellung des Biographen.

——  —— 2 Bde. 8. (VIII u. 1068 S.) Berlin 1854, Veit u. Co. n. 2 Thlr.

Eine sehr dankenswerthe billige Auflage des als meisterhaft anerkannten Werkes.

**R. Stintzing**, Ulrich Zasius. Ein Beitrag zur Geschichte der Rechtswissenschaft im Zeitalter der Reformation. Mit urkundlichen Beilagen. gr. 8. (XX u. 387 S.) Basel 1857, Schweighauser's Sortiment. 2 Thlr.

Biographie und literargeschichtliche Beleuchtung eines berühmten Rechtslehrers in Freiburg im Breisgau. Das rechtsgeschichtliche Element vorherrschend, übrigens nicht blos für Juristen geschrieben. Die Darstellung ist ansprechend, klar und übersichtlich und läßt neben der juristischen Bedeutung des Helden, auch die kirchliche und kulturgeschichtliche entsprechend hervortreten.

**G. Kemmler**, Heinrich Zeller. Ein schwäbisches Zeit= und Lebensbild. Aus seinem handschriftlichen Nachlaß entworfen. Nebst Bildniß. gr. 8. (IV u. 501 S.) Calw 1867, Stuttgart, J. F. Steinkopf. n. 1 Thlr. 6 Ngr.

Bild eines bescheidenen schwäbischen Apothekers, der für die wissenschaftliche Bildung seiner Collegen, für das christliche Leben seiner Umgebung, für innere Mission und Wohlthätigkeit Bedeutendes gewirkt hat.

**Heinr. Wilh. Rintel**, C. Fried. Zelter. Eine Lebensbeschreibung. Nach autobiographischen Manuscripten bearbeitet. gr. 8. (VIII u. 304 S.) Berlin 1861, Janke. 1½ Thlr.

Zelter, der bekannte Freund Goethes, erzählt seine Laufbahn, die er mit dem Maurerhandwerk beginnt und als Professor der Singakademie in Berlin endigt, in naiver gemüthlicher Sprache. Der Herausgeber, ein Enkel Zelters, schildert uns seine musikalischen Leistungen und besonders, wie er als Führer der Berliner Singakademie dort ein geordnetes Musikstudium begründet habe. Die Einflechtung zahlreicher Briefauszüge verleiht der zweiten Abtheilung besonderes Interesse.

**Peter Ritter von Chlumecki**, Carl von Zierotin u. seine Zeit 1564—1615. Lex. 8. (XXIV u. 865 S.) Brünn 1862, Nitzsch. n. 2⅔ Thlr.

Ein gehaltvolles, auch in formeller Hinsicht gut ausgeführtes Zeitbild, das einen bedeutenden politischen Charakter zur Grundlage hat. Zierotin war nämlich ein hervorragender Kämpfer für die ständischen Rechte in Mähren; er mußte ins Exil wandern, als Kaiser Ferdinand durch Soldaten und Jesuiten den Sieg gewann.

**Heinr. Zschokke**, Eine Selbstschau. 5. Ausgabe. 2 Thle. Mit Bildniß. gr. 16. Aarau 1853, Sauerländer's Verl. 1⅘ Thlr.

Interessante Selbstbiographie eines einst sehr beliebten Schriftstellers; der zweite Band enthält eine Darlegung von Zschokke's philosophischer Weltanschauung.

# Geographie.
## Allgemeines.

**Wilhelm Hoffmann**, Encyklopädie der Erd-, Völker- und Staatskunde. Hoch 4. In 3 Bdn. (2944 S.) Leipzig 1862—69, Arnold. 9 Thlr. 24 Ngr.

Ein äußerst reichhaltiges geographisches Lexikon, welches das Material zuverlässig giebt und den Nachschlagenden nicht leicht im Stiche läßt.

**O. Peschel**, Geschichte der Erdkunde bis auf A. v. Humboldt. gr. 8. (XX u. 706 S. mit eingedr. Holzschn. u. 3 lith. Karten.) (A. u. b. T.: Geschichte der Wissenschaften in Deutschland. Bd. IV.) München 1865, lit. artist. Anstalt. n. 3½ Thlr.

Ein mit großer Sachkunde ausgeführtes Werk, das zugleich durch gute Darstellung, treffliche Bemerkungen im Einzelnen und geistreiche Auffassung den Leser anzieht. Da es zunächst den Antheil der Deutschen an der Erweiterung der Erdkunde zu schildern hatte, so ist dieser unverhältnißmäßig in den Vordergrund getreten.

—— Geschichte des Zeitalters der Entdeckungen. gr. 8. (VIII u. 681 S.) Stuttgart 1858, Cotta. n. 5 Thlr. 6 Ngr.

Die erste kritische Darstellung, aus gleichzeitigen Schriftstellern in geschmackvoller Form verarbeitet.

**Ph. H. Külb**, Länder- und Völkerkunde in Biographien. 4 Bde. 8. Berlin 1845—52, Duncker u. Humblot. n. 5 Thlr.

Zugleich eine Geschichte der Geographie, indem die geographischen Vorstellungen und Entdeckungen berühmter Geographen, Reisenden, Heerführer u. s. w. aller Zeiten in kurzer Zusammenstellung gegeben werden. Empfehlenswerth.

Bd. I enthält die Geschichte der Erdkenntniß der Alten;

Bd. II die Entdeckungen in Amerika von 1492—1550 und die in Oceanien und den Polarmeeren von 1520—1768;

Bd. III u. IV eine Gallerie der wichtigeren Reisen, welche von der Mitte des 16. Jahrhunderts an in Asien, Afrika und Amerika und den Nordpolgegenden, und von Cook an in Oceanien und den Südpolargegenden ausgeführt worden sind. Die neuesten Reisen sind nicht in den Kreis der biographischen Bearbeitung gezogen, dagegen am Schluß die Hauptergebnisse übersichtlich zusammengestellt.

**Carl Ritter.** Die Erdkunde im Verhältniß zur Natur und Geschichte des Menschen. 2 Bde. Berlin 1817—18.

—— Dasselbe. 2. stark verm. und umgearb. Aufl. I—XV. 1. 2. XVI. XVII. 1. 2. XVIII. 1. 2. 3. XIX. 1. 2. 3. gr. 8. Berlin 1822—59, G. Reimer. 83¹/₁₂ Thlr. fein Papier. 112¹/₁₂ Thlr.

I. Thl. Afrika. 1822. 4¼ Thlr. fein Papier 4²/₃ Thlr.

II. „ Asien. 20 Bde. 1832—59. 88⁵/₆ Thlr. fein Papier 107⁵/₁₂ Thlr.

Ein Hauptwerk, in dem der berühmte Schöpfer der wissenschaftlichen Geographie seine umfassenden Untersuchungen niedergelegt hat. Die ältere Ausgabe ist übersichtlicher als die zweite, in welcher die Darstellung von der Masse des stofflichen Details erdrückt wird.

Carl Ritter, Einleitung zur allgemeinen vergleichenden Geographie u. Abhandlungen zur Begründung einer mehr wissenschaftl. Behandlung der Erdkunde. gr. 8. 15⁷/₈ B. Berlin 1852. 1 Thlr.

> Eine Sammlung von Aufsätzen, welche vom Jahr 1818—1850 in den Abhandlungen der Berliner Akademie erschienen sind und die leitenden Ideen zu Ritter's Auffassung der Geographie enthalten.

—— Geschichte der Erdkunde und der Entdeckungen. Vorlesungen an der Universität zu Berlin gehalten. Herausgegeben von H. A. Daniel. Mit C. Ritters Bildniß (in Stahlst.) gr. 8. (VI u. 265 S.) Berlin 1861, G. Reimer. 1½ Thlr.

> Diese Vorlesungen gehörten zu den beliebtesten, die Ritter in Berlin zu halten pflegte, und waren von Ritter selbst schon zum Druck bestimmt und vorbereitet. Sie umfassen übrigens nur das Alterthum und Mittelalter bis zur Entdeckung von Amerika.

—— Europa. Vorlesungen an der Universität zu Berlin gehalten. Herausgeg. von H. A. Daniel. gr. 8. (VIII u. 420 S.) Berlin 1863, G. Reimer. 1⅚ Thlr.

> Giebt zunächst eine Uebersicht über den organischen Zusammenhang Europas, sodann eine Charakteristik der einzelnen großen Theile; Kaukasus und Ural, die Alpen, sowie die südlichen Halbinseln Spanien und Italien sind mit besonderer Vorliebe behandelt.

Chr. G. D. Stein, u. Ferd. Hörschelmann, Handbuch der Geographie und Statistik für die gebildeten Stände. Neu bearb. v. J. E. Wappäus. 7. Aufl. Bd. I. Abth. 1: Allgemeine Geographie u. Statistik. Lex. 8. (VI u. 222 S.) Leipzig 1855, Hinrichs Verl.
Bd. I. Abth. 2: Nordamerika, von J. E. Wappäus. (VII—XIV u. p. 223—1050.) Ebend. 1855.
Bd. I. Abth. 3: Mittel= und Südamerika von J. E. Wappäus. (1264 S.) 1858—1867.
Bd. II. Abth. 1: Afrika, von T. E. Gumprecht. (VIII u. 500 S.) Ebend. 1866.
Bd. II. Abth. 2: Australien, von Meinicke. (pag. 501—672.) 1866.
Bd. II. Abth. 3: Asien, von J. H. Brauer u. J. H. Plath. (XII, 1124 S.) 1864.
Bd. III. Abth. 1: Allgemeine Uebersicht von Europa, und Ost= und Nordeuropa, von Wappäus, Brachelli, Ravenstein, Possart, Frisch, v. Baumhauer. (XII, 875 S.) 1858—64.
Bd. III. Abth. 2: Europa, Spanien von Willkomm, Frankreich von Block. Belgien, Schweiz von Brachelli. (712 S.) 1862—66.
Bd. IV. Abth. 1: Kaiserthum Oesterreich, von Brachelli. (X, 676 S.) 1861.
Bd. IV. Abth. 2: Das Königreich Preußen und die deutschen Mittel= und Kleinstaaten. von Brachelli. (XVIII, 1157 S.) 1864.
Bd. IV. Nachträge, Oesterreich. (32 S.) 1867. Norddeutscher Bund. Süddeutsche Staaten. (62 S.) 1868. 24 Thlr.

> Gänzlich neue Umarbeitung eines früher beliebten Werkes, unter Leitung eines Geographen, der einen anerkannten Ruf hat. Das Streben nach Vollständigkeit verleitete aber den Heraus=

gebet zu einer Ausdehnung, die über seine Kräfte ging. Er mußte die Arbeit mit Andern theilen, wodurch sie sich sehr verzögerte und ungleichmäßig ausfiel. Die besten Partien sind die von Wappäus selbst: der allgemeine Theil und Amerika, das nahezu vollendet, aber in seinem ersten Theil Nordamerika, das den Anfang bildet, veraltet ist. Als gute Arbeiten sind noch hervorzuheben: Asien, Afrika, Australien und Spanien. Am wenigsten gelungen scheinen uns Deutschland und Oesterreich. Immerhin ist das Werk das ausführlichste und im Ganzen das bedeutendste, das wir in der deutschen geographischen Literatur besitzen.

**L. G. Blanc**, Handbuch des Wissenswürdigsten aus der Natur u. Geschichte der Erde u. ihrer Bewohner. 1. Aufl. 1821. 8. Aufl. v. Henr. Lange. 3 Bde. (XV, 755. VIII, 781 S. 3. Bd. Lief. 11—13.) Braunschweig 1867—69, Schwetschke u. Sohn. Compl. 5 Thlr.

War schon in den früheren Auflagen als geographisches Hausbuch, das neben der trefflichen Belehrung auch der Unterhaltung dienen kann, beliebt, und ist jetzt nach dem gegenwärtigen Stand der Wissenschaft erneuert und ergänzt.

**Alb. v. Roon**, Grundzüge der Erd=, Völker= und Staatenkunde. 3 Abthln. (I—III. Abth. 1 Bd. 3. Aufl.) in 4 Bdn. gr. 8. Berlin 1845—55, Duncker u. Humblot. 10½ Thlr.

    Abthl. 1. Topische Geographie. 3. Aufl. 1847. 1⅓ Thlr.
    " 2. Physische Geographie. 3. Aufl. 1849. 2⅙ Thlr.
    " 3. Politische Geographie. 2 Bde.
Bd. 1. Propädeutik der politischen Geographie. 3. Aufl. 1855. 2 Thlr.
Bd. 2. Versuch einer systematischen Darstellung der politischen Geographie. 1845. 5 Thlr.

Eine Bearbeitung der Erdkunde, die auf Ritter'sche Ideen gegründet, aber in einer populären Weise behandelt ist, welche sie dem größeren Kreise der Gebildeten zugänglich macht. Besonders anziehend wird die Behandlung dadurch, daß überall die Beziehungen zum geistigen Leben hervorgekehrt sind. Mit großer Reichhaltigkeit des Stoffes weiß der Verfasser ansprechende Klarheit in Anordnung und Ausdruck zu verbinden.

**G. A. v. Klöden**, Handbuch der Erdkunde. 3 Bde. gr. 8. Berlin 1862—67, Weidmann.

    I. Bd. Physische Geographie. Neue Ausgabe. (XV u. 995 S. mit 274 Holzschnitten.) 1866. n. 4 Thlr.
    II. " Politische Geographie von Europa. 2. verm. u. verb. Aufl. (XX u. 1652 S.) 1865—1867. n. 5 Thlr.
    III. " Asien, Australien, Afrika u. Amerika. 2. Aufl. (XVI, 1411 S.) 1869. 4 Thlr. 20 Ngr. Compl. 13 Thlr. 20 Ngr.

Eines der besten Handbücher der Geographie. Giebt im ersten Bande die wissenschaftlichen Grundlagen in genügender Ausführlichkeit, wobei manches, wie das Leben des Meeres, die Gletscher, die Vulkane, die Verbreitung der Pflanzen und Thiere, so gehalten ist, daß man es mit Genuß lesen kann. Die politische Geographie und Statistik giebt nicht bloß trockene Aufzählungen, sondern ist durch geschichtliches Material und Schilderung von Städten und Landschaften belebt. Die im Jahr 1866 eingetretenen Territorial= und Verfassungsveränderungen sind in einem besondern Hefte nachgetragen. Im 3. Bande ist Nordamerika nach dem neuesten Material umgearbeitet und besonders ausführlich behandelt.

**Herm. Adalb. Daniel**, Handbuch der Geographie. 2. Aufl. 4 Bde. Leipzig 1866—68, Fues (Reisland).

I. Bd. Allgemeine Geographie. Die außereuropäische Welt. (XIV, 944 S.) 1866. 3 Thlr.
II. „ Die europäischen Länder außer Deutschland. (VIII, 1048 S.) 1866. 8 Thlr. 6 Ngr.
III. „ Deutschlands physische Geographie. (VIII, 480 S.) 1867. 1 Thlr. 18 Ngr.
IV. „ Deutschlands politische Geographie. (VIII, 1108 S.) 1868. 3 Thlr. 18 Ngr.

Ein nicht minder tüchtiges Werk, das sich von andern geographischen Handbüchern dadurch unterscheidet, daß es besonders viel Ethnographisches und Geschichtliches hereinzieht, und das Hauptgewicht auf Deutschland legt. Auch kommt die religiöse und nationale Gesinnung des Verfassers mehr zum Ausdruck, als man es sonst in derartigen Werken gewöhnt ist.

Herm. Adalb. **Daniel**, Deutschland nach seinen physischen und politischen Verhältnissen. 3. vielfach verb. Aufl. 1. Theil. Physische Geographie. (VI, 479 S.) Leipzig 1870, Fues. (Reisland.) 1 Thlr. 18 Ngr.

Wesentlich verbesserte Auflage des 3. Bandes von obigem Werke, dem auch der 4. Band folgen wird.

Illustrirter Volks-Atlas. Inhalt. 52 Karten mit 104 B. Text. 52 Lief. à 7½ Ngr. Stuttgart 1869, K. Hoffmann.

Hübsche Karten und außerdem noch zu jeder Lieferung 1 Porträt oder ein landschaftliches Bild.

Der Text, von Prof. Reuschle revidirt, enthält Geographie, Geschichte, Statistik. Das Ganze ist eine geographische Encyklopädie für die Jugend.

Ernst **Kapp**, Vergleichende allgemeine Erdkunde in wissenschaftlicher Darstellung. 2. Aufl. (XII, 704 S.) Braunschweig 1868, Westermann. 4 Thlr.

Eine gute übersichtliche Bearbeitung nach Ritterischen Grundsätzen.

G. Benj. **Mendelssohn**, Das germanische Europa. Zur geschichtlichen Erdkunde. gr. 8. Berlin 1836, Duncker u. Humblot. 2½ Thlr.

Geistreiche Physiognomik Europas, bei der politische und physikalische Verhältnisse sinnreich combinirt sind.

M. F. **Maury**, (Marinelieutenant der Vereinigten Staaten) Die physische Geographie des Meeres. Deutsch bearbeitet von C. Böttger. Mit 6 Karten u. 5 Holzschnitten. gr. 8. (XII u. 268 S.) Leipzig 1856, G. Mayer. n. 2½ Thlr.

Giebt die Resultate der Beobachtungen des hydrographischen Bureaus der Vereinigten Staaten und ist das beste Handbuch über die Geographie des Meeres; nicht blos für den Seemann und Reisenden, sondern für Jeden, der an der Geographie ein tieferes Interesse nimmt, sehr werthvoll.

C. **Böttger**, Das Mittelmeer. Eine Darstellung seiner phys. Geographie nebst andern geograph., historischen u. nautischen Untersuchungen mit Benutzung von Rear-Admiral Smyth's Mediterranean. (XV, 609 S.) Mit 6 Karten und Holzschnitten. Leipzig 1859, G. Mayer. 3 Thlr. 6 Ngr.

Eine sehr tüchtige Monographie.

Georg **Hartwig**, Das Leben des Meeres etc. 4. verm. u. verbesserte Aufl. Gänzte Prachtausgabe, mit eingebr. Holzschnitt., 20 Holzschnttaf. u.

2 Karten. Lex. 8. (XVI, 451 S.) Frankfurt a/M. 1859, Meidinger Sohn u. Co. n. 4 Thlr.
Eine sehr gute Schilderung der landschaftlichen Schönheiten und der physischen Eigenthümlichkeiten des Meeres.

Georg **Hartwig**, Der hohe Norden im Natur- u. Menschenleben dargestellt. gr. 8. (XXII, 484 S. u. 1 Karte.) Wiesbaden 1858, Kreidel u. Niedner. n. 2 Thlr. 12 Ngr.
Der Verfasser giebt ein lebendiges Bild von der Beschaffenheit der nordischen Länder, indem er sie an der Hand ausgezeichneter Reisender durchwandert und den Einfluß des Klimas auf Pflanzen, Thiere und Menschen schildert. Gute Auswahl und Vertheilung des Stoffes und ungemein anziehende Bearbeitung.

—— Die Inseln des großen Oceans in Natur- und Völkerleben. Mit 4 Abbild. (in Holzschnitt) und 3 Karten. gr. 8. (XVI u. 544 S.) Wiesbaden 1861, Kreidel. n. 3 Thlr.
In derselben Art wie der Verfasser den hohen Norden bearbeitet hat, hat er in diesem Buch die Nachrichten über die Südseeinseln in unterhaltender Weise zusammengestellt und dazu die englischen und französischen Reisewerke mit großem Fleiße benützt.

Das große Völker- und Naturleben. Physiognomische Züge aus fernen Welttheilen. Mit 100 Illustrationen. Lex. 8. (VII u. 551 S.) Braunschweig 1862, Westermann. 2¼ Thlr.
Eine Sammlung von Aufsätzen, die in Westermann's illustrirten Monatsheften abgedruckt waren, und als unterhaltende Lektüre bestens zu empfehlen sind. Unter den Verfassern sind Moritz Wagner, Wilh. Heine, Franz Löher, Kriegk.

Jul. **Braun**, Historische Landschaften. Mit 3 lithogr. Tafeln. (IV, 410 S.) Stuttgart 1867, Cotta. 2 Thlr.
Der Verf. sucht hier die wichtigsten Partien der alten Geschichte landschaftlich zu illustriren. Er beginnt mit Moses und seinem Zug durch die Wüste, begleitet dann den Philosophen Pythagoras auf seinen Kreuz- und Querzügen, versetzt uns nach Jerusalem und in dessen Umgebung, beschreibt den Zug Alexanders, schildert uns in Hannibals Zügen Carthagos sinkende und Roms steigende Größe, verweilt in der alten Welthauptstadt Rom und schließt sein Werk mit den Sagen, welche sich an die Geburt, das Leben und den Tod Karls des Großen knüpfen.

K. **Andree**, Handelsgeographie. Mit geschichtlichen Erläuterungen. 2 Bde. 1. Bd. (668 S.) Stuttgart 1867, J. Engelhorn (jetzt Jul. Maier). 2 Thlr. 12 Ngr.
Der Verfasser, ein im Gebiete der Geographie bewährter Schriftsteller, hat in diesem Werk versucht, die Ausbeute seiner umfassenden Lektüre in geographischer, ethnographischer und volkswirthschaftlicher Literatur zu einer Schilderung des Verkehrs zu verwerthen und das Ineinandergreifen des Güteraustausches und Handelsbetriebs in den verschiedenen Ländern der Erde, und die für die Culturgeschichte wichtigen Ursachen und Wirkungen darzustellen. Ein sehr lesenswerthes gutgeschriebenes Buch. Der vorliegende erste Band handelt vom Kaufmanne als dem Vermittler des Verkehrs, vom Handelsbetrieb auf Land-, Fluß- und Seewegen und vom Gang und der Entwicklung des Welthandels bis auf unsere Tage. Die folgenden Hauptstücke erörtern Luft, Land und Wasser und die Geographie der Handelserzeugnisse. Der zweite Theil soll eine Charakteristik der Handelsvölker, eine Beschreibung der einzelnen Länder und die handelsgeschichtlichen Erläuterungen bringen. Zwei Hefte desselben (320 S.) sind bereits erschienen; sie handeln von Afrika und Asien.

J. B. **Henkel**, Die Naturproducte und Industrieproducte im Welthandel. Eine populäre Handelsgeographie. 2 Bde. Erlangen 1868—69, Henke. 5 Thlr. 4 Ngr.

I. Bd. Die Produkte der drei Naturreiche als Handelsartikel. (X, 454 S.)

II. Bd. Spezielle Handelsgeographie mit Berücksichtigung der wichtigsten Industrien einzelner Länder. (XII, 868 S.)

Eine zweckmäßige Zusammenstellung der in Frage kommenden Nachrichten über die im Handel vorkommenden Naturproducte, über die Heimath aus der sie stammen, über ihre Erzeugungsart und über die Handelswege auf denen sie zu uns gelangen, und die industrielle Thätigkeit, durch welche ihre Verwerthung zu Befriedigung der Lebensbedürfnisse und für Luxuszwecke vermittelt wird. Zunächst für den Gebrauch der Kaufleute, Droguisten und Apotheker, aber auch für Jeden, welcher sich für derartige Dinge in naturwissenschaftlicher oder industrieller Richtung interessirt.

Das Ausland. Ueberschau der neuesten Forschungen auf dem Gebiet der Natur-, Erd- u. Völkerkunde. Red. O. F. Peschel. à 52 Nrn. à 3 Bogen. gr. 4. Stuttgart, Cotta. à Jahrg. n. 9½ Thlr.

Ist die älteste unserer geographischen Zeitschriften und besteht seit dem Jahre 1828. Vom Jahre 1836 bis 1855 führte Eduard Wiedemann die Redaktion; seit 1856 ist sie durch Oskar Peschel vertreten. Sie erstreckt sich auf das ganze Gebiet der Erd- und Völkerkunde, und giebt neben einem reichen naturwissenschaftlichen und statistischen Material auch ausführliche Schilderungen sozialer und staatlicher Zustände. Hält sich durch gediegene Arbeiten auf der Höhe des gegenwärtigen Standes der Wissenschaften und dient durch die gefällige Form, in welcher die meisten Beiträge gegeben sind, auch der Unterhaltung. Die Ausstattung ist seit einigen Jahren eleganter geworden und giebt auch, wo es nöthig, Holzschnitte.

Zeitschrift für allgemeine Erdkunde. Mit Unterstützung der Gesellschaft für Erdkunde zu Berlin unter besonderer Mitwirkung von Dove, Ehrenberg, K. Ritter, Andree, Petermann u. Wappäus hrsgeg. v. J. E. Gumprecht. Bd. I—VI. Berlin 1853—56, D. Reimer. à Bd. 2 Thlr. 20 Ngr.

—— Neue Folge. Bd. I—XIX. Bd. I—IX, herausgeg. v. K. Neumann. Bd. X—XIX, herausgeg. von W. Koner. Ebendas. 1856—65. à Bd. 2 Thlr. 20 Ngr.

Zeitschrift der Gesellschaft für Erdkunde. Hrsgeg. v. W. Koner. Bd. I—IV. Ebendas. 1866—69. à Bd. 2 Thlr. 20 Ngr.

Mittheilungen aus Justus Perthes geographischer Anstalt über wichtige Erforschungen auf dem Gesammtgebiete der Geographie von A. **Petermann**. Jahrg. in 12 Heften mit Karten. gr. 4. Gotha, J. Perthes. à Heft n. ⅓ Thlr.

Eine sehr gehaltvolle geographische Zeitschrift, welche seit 1855 besteht und sich die Aufgabe stellt, die Nachrichten über neue Entdeckungsreisen in möglichster Vollständigkeit zu sammeln, und dieselben auf neu entworfenen Karten zu verzeichnen. Sie giebt auch regelmäßige Uebersichten über die geographische Literatur und die kartographischen Arbeiten, und in Ergänzungsheften größere Berichte über wichtige Reiseunternehmungen und deren Ergebnisse.

A. **Petermann**, Mittheilungen.

Ergänzungshefte:
1. A. Bibe, Küsten u. Meer Norwegens. Mit einer Karte u. zwei Originalansichten. (24 S.) Gotha 1860. 10 Ngr.
2. H. Barth, Reise von Trapezunt durch die nördliche Hälfte Kleinasiens nach Scutari im Herbst 1858. Mit Karte. (105 S.) Ebendas. 1 Thlr.

3. J. J. v. Tschudi, Reise durch die Andes von Südamerika im Jahre 1858. (38 S.) Mit Karte. Ebendas. 1860. 10 Ngr.
4. G. Lejean, Ethnographie der europäischen Türkei. (38 S.) 1861. 20 Ngr.
5. Moritz Wagner, Beiträge zu einer physisch-geographischen Skizze des Isthmus von Panama. (25 S.) Mit Karte. 1861. 10 Ngr.
6. Bruno Hassenstein, Ost-Afrika zwischen Chartum u. dem rothen Meere. (15 S.) Mit Karte. 1861. 8 Ngr.
7. 8. 10 u. 11. A. Petermann u. B. Hassenstein, Inner-Afrika nach dem Stande der geographischen Kenntniß in den Jahren 1861—63. (164 u. 50 S.) Mit Karte in 10 Bl. 1862—63. 4 Thlr. 15 Ngr.
9. H. G. F. Halfeld u. J. J. v. Tschudi, Die Brasilianische Provinz Minas Geraes. (42 S.) 1865. 20 Ngr.
12. Koristka, Die hohe Tatra in den Centralkarpathen. (36 S.) Mit Karte. 1864. 1 Thlr.
13. Die deutsche Expedition in Ostafrika 1861 u. 62. (46 S.) 1864. 1 Thlr. 15 Ngr.
14. Ferd. v. Richthofen. Die Metallproduction Californiens. Mittheilungen von den pacifischen Küstenländern Nordamerikas. (58 S.) n. ½ Thlr.
15. Die Tinnesche Expedition im westlichen Nilgebiet 1863 u. 64. Aus dem Tagebuch von Theodor von Heuglin. (VII u. 40 S.) n. ⅔ Thlr.
16. Spitzbergen u. die arktische Centralregion. Von H. Petermann. (X u. 70 S. mit 8 Karten. n. ⅔ Thlr.
17. Die Adamello-Presanelloalpen nach den Zeichnungen und Aufnahmen von Julius Payer. Mit 1 Karte, 1 Ansicht und 6 Profilen. (III u. 36 S.) n. ⅔ Thlr.
18. Die Ortler Alpen nach den Forschungen und Aufnahmen von Jul. Payer mit Karte und Ansicht. (IV u. 15 S.) ⅔ Thlr.
19. E. Behm, Die modernen Verkehrsmittel. Mit 2 Karten. (50 S.) n. ⅚ Thlr.
20. P. v. Tschihatscheffs Reisen in Kleinasien u. Armenien 1847—1863. Mit Karte von Kleinasien v. Kiepert. (68 S.) 1867. 1½ Thlr.
21. Sporer, Nawaja Semlä in geographischer, volkswirthschaftlicher und naturhistorischer Beziehung. Mit Karte. (112 S.) 1867. 1⅙ Thlr.
22. K. v. Fritsch, Reisebilder von den canarischen Inseln. Mit 3 Karten. (44 S.) 1867. 18 Ngr.
23. Jul. Payer, Die westlichen Ortleralpen. (30 S.) 1867. 1⅙ Thlr.
24. Fried. Joppe, Die Transvaalsche oder südafrikanische Republik.

Nebst einem Anhang: Dr. Wangemanns Reise in Südafrika 1866—67. (24 S.) Gotha 1868. 28 Ngr.

25. Gerhard Rohlfs, Reise durch Nordafrika 1865—67. Mit 2 Karten. (80 S.) Ebendas. 1868. 1½ Thlr.

26. Moritz Lindemann, Die arktische Fischerei der deutschen Seestädte 1620—1868. Mit 2 Karten. (118 S.) Ebendas. 1869. 1⅙ Thlr.

27. Payer, Die südlichen Ortler-Alpen. (38 S.) 1 Karte 3 Holzschnitte u. 1 color. Ansicht. 1869. 28 Ngr.

**Globus.** Zeitschrift für Länder- und Völkerkunde, mit bes. Berücksichtigung der Anthropologie. In Verbindung mit Fachmännern und Künstlern herausgeg. von Karl Andree. Jahrgg. à 24 Lieferungen in gr. 4. mit eingebr. Holzschn. Braunschweig, Vieweg u. Sohn. 6 Thlr.

Eine seit 1861 bestehende Zeitschrift, welche neben selbstständigen Mittheilungen auch Auszüge aus neueren Reisebeschreibungen und geographischen Zeitschriften giebt, und in mehr populärer Weise das leistet, was Petermanns Mittheilungen in wissenschaftlicher Form gewähren. Die Holzschnitte sind gut und reichlich, und die für Belehrung und Unterhaltung zweckmäßig eingerichtete Zeitschrift eignet sich zur Lektüre in Familienkreisen.

**Aus allen Welttheilen.** Illustrirtes Familienblatt für Länder- und Völkerkunde. Herausgeg. v. Otto Delitsch, gr. 4. Leipzig 1869, Rud. Loës. 2 Thlr. 12 Ngr. in monatl. Heften à 6 Ngr.

Eine neu begründete Zeitschrift, die mit dem Globus wetteifern zu wollen scheint und sich die Popularisirung der neuen Entdeckungen und Fortschritte der Erdkunde in weitestem Umfang zur Aufgabe macht. Reiche Ausstattung mit guten Illustrationen. Hat mit dem 1. Oct. 1869 begonnen.

## Statistik.

**G. F. Kolb**, Handbuch der vergleichenden Statistik des Völkerzustandes u. der Staatenkunde. Für d. allg. prakt. Gebrauch. gr. 8. 5. Aufl. (XX, 616 S.) Leipzig 1868, Förster. n. 3⅓ Thlr.

Eine brauchbare Zusammenstellung statistischer Notizen über Größe und Bevölkerungszahl, Finanzen, Militair, Gewerbs- und Handelsverhältnisse, und nicht ohne wissenschaftliche Ergebnisse für Nationalökonomie und Culturgeschichte. Angaben über Bodencultur sind gar zu sparsam gegeben, dagegen die Nebeneinanderstellung verschiedener Zeitabschnitte besonders verdienstlich. Der Verfasser hat die neuesten offiziellen Publikationen sorgfältig benützt und ist überhaupt in seinen Angaben zuverlässig, aber verfährt in Auswahl und Nutzanwendungen derselben parteiisch zu Gunsten republikanischer Einrichtungen. Das vollständigste Handbuch der Statistik.

**Wilhelm Kellner**, Handbuch für Staatskunde. Politische Statistik aller Kulturländer der Erde. (XV, 543 S.) Leipzig 1866, Quandt u. Händel. 2⅔ Thlr.

Ein sehr geschickt angelegtes Handbuch, das die wichtigsten Thatsachen in gedrängter, übersichtlicher Zusammenstellung giebt und sich nicht blos auf die Elemente des Staatslebens beschränkt, welche sich genau in Zahlen ausdrücken lassen, sondern auch die Hauptpunkte der Verfassungs-, Verwaltungs- und Gerichtseinrichtungen enthält. Da das Buch im Laufe des Jahres 1866 erschien, so ist es in dem Abschnitt Deutschland antiquirt und bedarf der Ergänzung durch eine neue Auflage, die es nach seiner ganzen Anlage wohl verdient.

Georg v. **Viebahn**, Statistik des zollvereinten u. nördlichen Deutschlands. In Verbindung mit dem Berghauptmann v. Dechen, Dr. Dove, Dr. Klotzsch und Dr. Ratzeburg herausgeg.
1. Thl. Landeskunde. Lex. 8. (XXVII, 1120 S.) Berlin 1858, G. Reimer. n. 4¹/₃ Thlr.
2. Thl. Bevölkerung, Bergbau, Bodenkultur. (XVI, 1038 S.) 1862. 4¹/₃ Thlr.
3. Thl. Thierzucht, Gewerbe, Politische Organisation. (XVI, 1208 S.) 1868. 5¹/₃ Thlr.

Die ausführlichste Beschreibung des deutschen Zollvereinsgebiets, unter Viebahns Leitung von mehreren Beamten und Gelehrten mit Sorgfalt ausgeführt. Wenn auch die zwei ersten Bände schon veraltet sind, geben sie doch eine gute Grundlage.

Ad. **Quetelet**, Ueber den Menschen und die Entwicklung seiner Fähigkeiten, oder Versuch einer Physik der Gesellschaft. Deutsche Ausgabe von V. A. Riecke. (XXIV, 656 S.) Stuttgart 1838, Schweizerbart. 3 Thlr.

Ein Werk, das für die ganze neuere Gestaltung der Statistik die Grundlage geschaffen hat. Das Gesetzmäßige der Bewegung der Bevölkerung, in der Zahl der Geburten und Todesfälle in dem Verhältniß der Geschlechter, der Ehen, den sittlichen Verhältnissen, den Verbrechen, der Entwicklung moralischer und intellectueller Fähigkeiten u. dgl. ist hier zum ersten Male auf Grund genauer Beobachtung der Thatsachen gründlich untersucht.

Eine neue Bearbeitung obigen Werkes ist unter folgendem Titel erschienen:

Ad. **Quetelet**, Physique sociale ou essay sur le développement des facultés de l'homme. 2 vol. (VIII, 503. 485 S.) Bruxelles et Paris 1869, Muquardt. 3 Thlr. 10 Ngr.

J. E. **Wappaeus**, Allgemeine Bevölkerungsstatistik. 2 Bde. (XVI, 352. XII, 583 S.) Leipzig 1859—61, Hinrichs. 5 Thlr. 20 Ngr.

Das gesammte Material der Bevölkerungsstatistik, die Gesetze und Begriffe, um die es sich handelt, die Schlüsse die aus den beobachteten Thatsachen gezogen werden, sind hier zusammengestellt und aufs neue genau untersucht. Die beste Arbeit auf diesem Gebiet, aber freilich nun bereits etwas veraltet und einer Erneuerung bedürftig.

Adolph **Wagner**, Die Gesetzmäßigkeit in den scheinbar willkürlichen menschlichen Handlungen vom Standpunkt der Statistik.
I. Statistisch-anthropologische Untersuchung. (XX, 80 S.)
II. Statistik willkührlicher Handlungen. Selbstmorde und Trauungen. (XVIII, 81—295 S.) Hamburg 1864, Boyes u. Geisler. 2 Thlr. 15 Ngr.

Der Verfasser, ein Schüler Quetelets, weist die regelmäßige Wiederkehr in den vom freien Willen abhängenden Handlungen und Thatsachen nach, und constatirt den Widerspruch, der sich daraus ergiebt als ein Räthsel, auf dessen Lösung er verzichten zu müssen glaubt.

Alexander von **Oettingen**, Die Moralstatistik und die christliche Sittenlehre. Versuch einer Socialethik auf empirischer Grundlage.
I. 1. Die Moralstatistik. Inductiver Nachweis der Gesetzmäßigkeit sittlicher Lebensbewegung im Organismus der Menschheit. (VIII, 313 S.) Erlangen 1868, Deichert. 1 Thlr. 12 Ngr.
I. 2. Analyse der moralstatistischen Daten. (XXV, 315—1188 S.) Ebendas. 1869. 3 Thlr. 18 Ngr.

Ein an statistischen Thatsachen und anregenden Gedanken sehr reiches Werk, welches den Widerstreit zwischen Freiheit und Nothwendigkeit dadurch zu lösen sucht, daß es die sittlichen und socialen Zustände als Ergebniß einer menschlichen Gesammtschuld auffaßt und jeden Einzelnen für die Zahl der Verbrechen in der Gesellschaft verantwortlich macht. Auch die Thatsachen der Bevölkerungsstatistik wie Geburten, Ehen, Krankheiten, Tod zieht er in den Kreis der moralischen Betrachtung als Thaten des freien Willens und Folgen der Sünde. Die ganze statistische Untersuchung soll die Grundlage einer neuen christlichen Ethik abgeben. Die Einleitung giebt eine sehr gute Orientirung über die statistischen Vorarbeiten.

**Ad. Quetelet et Xav. Heuschling,** Statistique internationale. Population. Bruxelles 1865, Hayez. 12 Frcs.

Eine Zusammenstellung der Ergebnisse der sämmtlichen statistischen Arbeiten in Europa und Amerika, zunächst in Beziehung auf die Bevölkerung. Aehnliche Zusammenstellungen für Industrie, Handel, Ackerbau, Moral, Rechtspflege sollen nachfolgen.

**Gustav v. Rümelin,** Zur Theorie der Statistik, s. Zeitschrift für die gesammte Staatswissenschaft. Jahrg. 1863 S. 653—696.

Eine geistreiche Erörterung über den Begriff der Statistik und ihrer möglichen Ziele und Zwecke.

## Reisehandbücher.

**Arthur Michelis,** Reiseschule für Touristen und Curgäste. (VIII, 284 S.) Leipzig 1869, Gumprecht. 20 Ngr.

Sehr praktische Anweisungen für Reiseausrüstung, Fußwanderungen, Bergbesteigungen, Bateaufenthalte, Verkehr mit Reisenden und Wirthen, Alles im Gewande eines liebenswürdigen Humors, der das Büchlein zu einem angenehmen Reisebegleiter macht.

**K. Bädeker,** Mittel- und Norddeutschland. Mit 17 Karten u. 32 Plänen. 14 Aufl. (X, 351 S.) Coblenz 1867. 1²/₃ Thlr.

—— Oesterreich. Süd- u. Westdeutschland mit 14 Karten u. 33 Plänen. 13 Aufl. (XVIII, 491 S.) Coblenz 1868. 2 Thlr.

—— Oesterreich. Mit 9 Karten u. Plänen. 13. Aufl. (XVI, 254 S.) Ebendas. 1868. 1¹/₃ Thlr.

—— Südbaiern, Tirol u. Salzburg u. s. w. Mit 8 Karten u. 6 Plänen. 12. Aufl. (XVIII, 213 S.) Ebendas. 1868. 1 Thlr.

Sehr bewährte Reisehandbücher, die auf Grund eigener Anschauung und wiederholter Bereisung der betreffenden Länder und Routen den Reisenden in jeder Hinsicht trefflich berathen. Bädeker hat hauptsächlich den bürgerlichen Reisenden im Auge, der Zeit und Mittel zusammenhalten muß, um von der Reise möglichst viel Genuß zu haben. Er weiß ihm durch zuverlässige Angaben der Sehenswürdigkeiten, der Taxen und Trinkgelder, der Gasthöfe, den Lohndiener, und durch genaue Beschreibung der Wege öfters auch den Führer zu ersparen.

—— Die Rheinlande von der Schweizer bis zur Holländischen Grenze, Schwarzwald, Vogesen, Haardt, Odenwald ꝛc. Handbuch für Reisende. Mit 16 Ansichten, 13 Charten u. 11 Plänen. 15. Aufl. gr. 8. (XXIV, 355 S.) Coblenz 1858, Bädeker. n. 1¹/₃ Thlr.

Das anerkannt beste Reisehandbuch für diese Gegenden.

—— Belgien und Holland mit zwei Karten und 14 Plänen. 10. Aufl. (VIII, 316 S.) Coblenz 1868. 1¹/₃ Thlr.

—— Paris und Nordfrankreich nebst den Eisenbahnrouten vom Rhein und der Schweiz nach Paris. Handbuch für Reisende. Mit 2 Karten und

23 Plänen. 6. verm. u. verb. Auflage. 8. (XXXVIII u. 356 S.) Coblenz 1867, Bädeker. n. 1 Thlr. 18 Ngr.

**K. Bädeker**, London nebst Ausflügen nach Südengland, Wales u. Schottland, sowie Reiserouten vom Continent nach England. Handbuch für Reisende. Mit 4 Karten u. 7 Plänen. 3. Aufl. 8. (XLIV u. 388 S.) Coblenz 1868, Bädeker. n. 1²/₃ Thlr.

—— Die Schweiz. Nebst den angrenzenden Theilen von Ober=Italien, Savoyen und Tirol. Handbuch für Reisende. 12. Aufl. 8. (XLVIII u. 427 S. mit 21 Karten, 7 Städteplänen u. 7 Panoramen.) Ebendas. 1869, Bädeker. n. 1 Thlr. 22 Ngr.

<sub>Die beiden letzten Auflagen enthalten eine Anzahl nach dem Dufour'schen Atlas neu verbesserter Specialkarten, namentlich des Berner Oberlandes, des Chamounithales, des Appenzellerlandes, des Oberengadin; der Gebirgsstock des St. Gotthard, das untere Rhonethal, die Umgebungen des großen Bernhard, das Glarnerland, der Lucmanier sind ganz neu. Bei der reichlichen Kartenausstattung ist es überflüssig, noch besondere Karten mitzunehmen.</sub>

—— Oberitalien bis Livorno, Florenz, Ancona und die Insel Corsica. 4. Aufl. Mit 6 Karten u. 24 Plänen. (XXVIII 371 S.) Ebendas. 1868. 1²/₃ Thlr..

—— Mittelitalien u. Rom. Mit 3 Karten. 8 Plänen. 2. Aufl. (LXXXI, 320 S.) Ebendas. 1869. 1²/₃ Thlr.

Als Einleitung ist eine von A. Springer verfaßte Kunstgeschichte vorangestellt.

—— Unteritalien u. Sicilien, nebst Ausflügen nach den Liparischen Inseln, Tunis, Malta, Sardinien u. Athen. Mit 6 Karten u. 8 Plänen. 2. Aufl. (XXIV, 372 S.) 1869. 1 Thlr. 20 Ngr.

Auch für Italien haben die Bädeker'schen Handbücher den übrigen den Vorsprung abgewonnen. Sie sind jedoch nicht zu der Vollkommenheit gediehen, wie die über Deutschland und die Schweiz.

**Abraham Roth** u. Edm. v. **Fellenberg**, Dolbenhorn und Weiße Frau. Zum erstenmal erstiegen und geschildert. Mit 11 Farbendruckbildern, 4 Abbildungen in Holzschnitt u. 1 Karte im Maßstab von 1 : 50,000, nach J. R. Stengel. Lex. 8. (87 S.) Koblenz 1863, Bädeker. n. 1²/₃ Thlr.

Zwei geübte Bergsteiger erzählen ihre unter mancherlei Abenteuern und Gefahren ausgeführten Thaten. Sehr elegante auf den Londoner Alpenklubb berechnete Ausstattung.

**Chr. Aeby**, E. v. **Fellenberg** und **Gerwer** (Pfarrer in Grindelwald), Das Hochgebirge von Grindelwald. Naturbilder aus der schweizerischen Alpenwelt. Mit 1 Panorama, 9 Ansichten u. 1 Karte. Lex. 8. Coblenz 1865, Bädeker. n. 2²/₃ Thlr.

Ein Prachtwerk, welches ausführliche Beschreibungen der vom Grindelwalder Thal aufsteigenden Bergcolosse und des Thales selbst enthält. Jedem, der sich in dieser Gebirgswelt gründlicher umsehen will, sehr zu empfehlen.

**H. A. Berlepsch**, Reisehandbuch für die Schweiz. 5. Aufl. mit 8 Karten, 4 Stadtplänen u. 23 Gebirgspanoramen. (XVI, 815 S.) Hildburghausen 1868. 2. Ausg. 1869. Illustr. Ausg. 2⅚ Thlr. Ohne Stahlstich 1½ Thlr.

H. A. **Berlepsch**, Zürich und seine Umgebung. Ein Führer für Einheimische und Fremde. Mit 1 Plan der Stadt. 16. (136 S.) Zürich 1867, Schabelitz. n. ²/₃ Thlr.
> Die Reisehandbücher von Berlepsch wetteifern erfolgreich mit denen Bädekers. Sie theilen die Vorzüge ihrer Vorgänger, und unterscheiden sich von denselben durch eine selbständigere Beschreibung von Land und Leuten, durch elegantere Ausstattung, durch den Anspruch nicht blos Reisebegleiter, sondern auch Unterhaltungslektüre zu sein.

**Heyl** und **Berlepsch**, Neuestes Reisehandbuch für Westdeutschland. Mit 28 Karten, 14 Planen, 8 Panoramen u. 52 Ansichten. gr. 8. (VIII u. 977 S.) Hildburghausen 1867, Bibliograph. Institut. n. 2½ Thlr.
> Ein reichhaltiges, sorgfältig behandeltes und elegant ausgestattetes Handbuch, das die Rheinlande im ausgedehntesten Sinne behandelt. Schwaben und Baiern ist nicht mit aufgenommen, sondern einer besondern Abtheilung Süddeutschland vorbehalten.

H. A. **Berlepsch**, Norddeutschland, das Reisegebiet von der Ostsee bis zum Rhein und Main und von Kopenhagen bis Ober-Schlesien umfassend. Illustr. Ausg. 27 Karten, 30 Pläne, 5 Panoramen, 88 Stahlstiche. (XVI, 904 S.) Hildburghausen Bibl. Institut 1870. 2 Thlr. 15 Ngr.

H. **Schwerdt** u. **Alex. Ziegler**, Neuestes Reisehandbuch für Thüringen. Mit 6 Karten u. 3 Städteplanen, 18 Illustrationen u. 3 Gebirgspanoramen. 8. (XVIII u. 773 S.) Hildburghausen 1864, Bibliograph. Institut. 2 Thlr.
> Ausführliche statistische, topographische und historische Beschreibung, die eigentlich mehr giebt, als der nächste Zweck eines Reisehandbuchs erfordert. Elegante Ausstattung nach dem Muster des in demselben Verlage erschienenen Reisehandbuchs über die Schweiz.

Heinrich **Pröhle**, Wegweiser durch den Harz. Mit 1 Uebersichts= u. 1 Routenkarte. gr. 16. (XII u. 131 S.) Hildburghausen 1864, Bibliogr. Institut. n. ½ Thlr.
> Die Arbeit eines mit Volk und Land sehr vertrauten Verfassers.

H. A. **Berlepsch**, Neuestes Reisehandbuch für Paris. Illustrirte Ausgabe. Mit 4 Karten, 17 Plänen u. 28 Ansichten in Stahlst. 8. (X u. 680 S.) Hildburghausen 1867, Bibliogr. Institut. n. 2 Thlr.
> Ungemein reichhaltig und splendide Ausstattung. Ausgezeichnet die Partien über die Kunstsammlungen, die von Fachmännern bearbeitet, ein treffliches Stück Kunstgeschichte darstellen.

**Gsell-Fels** und **Berlepsch**, Süd-Frankreich und seine Kurorte. 18 Karten, 21 Stadtpläne, 5 Panoramen u. 25 Ansichten. (XXVII, 747 S.) Hildburghausen 1869, Bibliogr. Institut. 3 Thlr.

E. G. **Ravenstein**, London mit den Eintrittsrouten aus Deutschland und Ausflügen durch England und Schottland. Illustrirte Ausg. 9 Karten, 34 Pläne, 36 Stahlstiche, 5 Holzschnitte. (XII, 678 S.) Hildburghausen 1870, Bibliogr. Institut. 2 Thlr.
> Ganz in der Art von Berlepschs Reisehandbüchern gehalten. Reichhaltiger als Bädekers London und durch genaue Lokalkenntniß ausgezeichnet.

Adolph **Schaubach**, Die deutschen Alpen. 8. Jena 1845—67, Frommann.
   Bd. I. Allgemeine Schilderung. (XX, 296 S.)
   Bd. II. Nordtirol, Vorarlberg, Oberbayern ꝛc. 2 Aufl. 8. (VIII u. 488 S.) 1866. n. 1⅔ Thlr.

Bd. III. Salzburg, Ober=Steiermark, das österreichische Gebirge und das Salzkammergut. 2. Aufl. 8. (VIII u. 616 S.) 1865. 1865. n. 1²⁄₃ Thlr.

„ IV. Das mittlere und südliche Tirol. 2. Aufl. (VIII u. 492 S.) 1865. n. 1¹⁄₃ Thlr.

„ V. Das südöstliche Tirol u. Steiermark, 2. Aufl. 1867. Kärnthen u. s. w. (VI, 414 S.) 1¹⁄₂ Thlr.

*Neue Bearbeitung eines 1845—47 erschienenen Werkes; nach des Verf. Tod von mehreren Alpenkennern neu r.digirt, giebt es die gründlichste Belehrung über die deutsche Alpenwelt.*

**Iwan Tschudi**, Schweizerführer. 7. umgearb. Aufl. Mit Reisekarte der Schweiz, 6 Städteplänen und 12 Gebirgspanoramen. 8. St. Gallen 1866, Scheitlin u. Zollikofer. n. 1 Thlr. 18 Ngr.

Auch in 3 Einzelabtheilungen erschienen.

I. Nord= und West=Schweiz. Mit Reisekarte 4 Stadtplänen und 4 Gebirgspanoramen. (XL u. 235 S.) n. 28 Ngr.

II. Ur= und Südschweiz ꝛc. Mit 1 Stadtplan (Mailand), 5 Gebirgs= Panoramen. (XV, 270 S.) 1869. 1¹⁄₂ Thlr. Daraus besonders abgedruckt: Wallis, Tessin, Lago maggiore, Comersee, Mailand. (XV, 168 S.) 1869. 25 Ngr.

III. Ostschweiz ꝛc. Mit 1 Stadtplan u. 4 Gebirgs=Panoramen. (XVI u. 362 S.) 1869. 1 Thlr. 10 Ngr.

—— Praktische Reisenotizen für Touristen in der Schweiz. (36 S.) St. Gallen 1869. Ebendas. 8 Ngr.

*Ein sehr beliebter zuverlässiger Wegweiser, der sich auf thatsächliche Notizen beschränkt und auf ästhetische Beschreibung von Naturschönheiten nicht einläßt. Die Ausstattung steht dem Berlepsch und Bädeker nach; die Karten wollen nicht viel besagen. Besonders für Fußreisende berechnet, die sich nicht blos auf die gewöhnlichen Routen halten wollen.*

**G. Theobald**, Naturbilder aus den rhätischen Alpen. Ein Führer durch Graubündten. 2. verm. u. verb. Aufl. mit 48 Ansichten u. 4 Kärtchen. br. 8. (XII u. 380 S.) Chur 1863, Hitz. n. 1 Thlr. 12 Ngr.

*Mehr als die erste Auflage zum Reisehandbuch eingerichtet und Reisenden, welche größere Wanderungen in Graubündten machen wollen, sehr zu empfehlen.*

**Georg Leonhardi**, Der Comersee und seine Umgebungen. Mit 1 Karte. gr. 8. (VII u. 148 S.) Leipzig 1862, Engelmann. 24 Ngr.

*Ein ausführlicher Wegweiser für die Ufer des Comersees, der mit den nöthigen Notizen für Reisende die Schilderung der landschaftlichen Schönheit, geschichtliche, topographische und statistische Beschreibung verbindet.*

**Ernst Lechner**, Das Thal Bergell (Breganglia) in Graubündten. Natur, Sagen, Geschichte, Volk, Sprache ꝛc. nebst Wanderungen. Mit 1 Titelbild u. 1 Karte. 16. (VIII u. 140 S.) Leipzig 1865, Engelmann. n. 16 Ngr.

—— Piz Languard und die Berninagruppe. Ein Führer durch das Ober= engadin ꝛc. 2. Auflage, erweiterte Bearbeitung. Mit 1 Panorama vom Languard, 3 Ansichten u. 1 Karte. gr. 16. (VIII u. 147 S.) Leipzig 1865, Engelmann. n. 24 Ngr.

*Gute Monographien aus der Feder eines mit der Gegend sehr vertrauten dortigen Geistlichen.*

**Eduard Amthor**, Tirolerführer. 2. Auflage mit 15 Karten, Panoramen u. Stadtplänen. (XVIII, 515 S.) Gera 1869, Amthor. 2 Thlr. 15 Ngr.
<small>Nach Art der Handbücher von Berlepsch sehr reichhaltig und hübsch ausgestattet. Beruht auf 30jähriger Reiseerfahrung und ist sehr gründlich, thut aber darin vielleicht des Guten zu viel, so daß es an Uebersichtlichkeit verliert. Da von Bädeker Tirol weniger eingehend behandelt ist, so bietet dieses Handbuch ein: willkommene Ergänzung.</small>

**Kaf. Hellbach**, Der Führer durch Tirol mit besonderer Berücksichtigung der Brennerbahn, u. der Städte Bozen, Innsbruck u. Trient. (IX, 186 S.) Wien 1868, Gerolds Sohn. ⅔ Thlr.

—— Der Führer durch die österreichische Alpenwelt. Mit 16 Illustrat. u. 1 Karte. (156 S.) 2. Aufl. 16. Ebendas. 1869. 21 Ngr.

**Julius Bernhard**, Reisehandbuch für das Königreich Bayern und die angrenzenden Länderstriche, besonders Thyrol und dessen Salzkammergut. Mit 1 Karte, 20 Städteplänen u. 22 Ansichten. (XI, 410 S.) Nachträge u. Verbesserungen 1—6. Stuttgart 1868, K. Hoffmann. 2 Thlr. 20 Ngr.

    II. oder industrieller Theil. Verzeichniß von Gasthöfen u. Geschäftsfirmen. (266 S.)

**Th. Trautwein**, Wegweiser durch Südbaiern, Nord- u. Mittel-Thyrol und die angrenzenden Theile von Salzburg. 2. umg. Aufl. Mit Uebersichtskarte. (XX, 248 S.) München 1868. 1 Thlr.

Die Allgäuer Alpen, bei Oberstdorf u. Sonthofen. Beiträge zur Charakteristik d. Alpenwelt. Zugleich ein Führer f. Fremde. Mit 6 Ansichten in Stahlstich. gr. 16. (IV u. 224 S.) München 1856, Franz. n. 26 Ngr.
<small>Eine ausführliche Schilderung des an Naturschönheiten reichen oberbayrischen Gebirgs.</small>

**Gust. Schwab**, Die Neckarseite der schwäbischen Alb, mit Andeutungen über die Donauseite, eingestreuten Romanzen und andern Zugaben. Wegweiser und Reisebeschreibung mit einem naturhistorischen Anhang von Prof. Dr. Schübler und 1 Specialkarte der Alb. 8. Stuttg. 1823, Metzler. 1⅔ Thlr.

—— Der Bodensee nebst dem Rheinthale von St. Luziensteig bis Rheinegg. 2. Aufl. Mit Stahlstichen u. Karten. 8. Stuttgart 1840, Cotta. 1 Thlr.

**G. Schwab u. K. Klüpfel**, Wanderungen durch Schwaben. Wegweiser durch Würtemberg und Baden. Mit 30 Stahlst. 3. veränd. u. verm, Aufl. breit 8. 15½ B. Leipzig 1851, Händel. 1 Thlr. 12 Ngr.
<small>Handbücher und Wegweiser, das Wissenswertheste zur Landeskunde in historisch-topographischer und naturhistorischer Beziehung enthaltend. Obgleich veraltet in Beziehung auf Verkehrswege und Reisepläne, sind diese Bücher doch immer noch wegen ihrer Naturschilderungen, geschichtlichen und örtlichen Nachweisungen und poetischen Beigaben gesucht und geschätzt.</small>

[**C. B. A. Fickler**,] Der Schwarzwald, der Odenwald, Bodensee und die Rheinebene. Mit 1 Karte von Baden und Würtemberg. 8 Ansichten und 2 Panoramen. 3. veränd. u. verm. Aufl. 8. (XXVIII u. 322 S.) Heidelberg 1868, Emerling. n. 1¼ Thlr.

Ein nach dem Muster Bädekers gearbeitetes Reisehandbuch, das recht brauchbar ist. Die geschichtlichen Notizen sind etwas gar zu ausführlich.

**E. W. Schnars**, Der Bodensee und seine Umgebungen. In 3 Abthlgn. 8. (XI u. 140. XII u. 202. XII u. 224 S.) Stuttgart 1856—57, n. 2 Thlr. 4 Ngr. 2. mit einem Anhang verm. Ausgabe. 1859. (XXV, 593 S.)

Nicht bloßes Reisehandbuch, sondern angenehm lesbare landschaftliche und geschichtliche Schilderung der Gegend, geschrieben von einem Norddeutschen, der seit Jahren an den Ufern des Bodensees lebt und die Gegend gründlich kennt. Die Schilderung der Umgebung erstreckt sich ziemlich weit, und umfaßt das Allgäu bis Sonthofen, den Bregenzer Wald, Appenzell und das Rheinthal bis Ragaz. Die beigegebene Karte ist ungenügend.

—— Führer durch den badischen u. würtembergischen Schwarzwald. Mit 5 Karten, Panoramen von Feldberg u. Belchen u. Ansichten. 2. verm. Aufl. (V, 359 S.) Freiburg i. Breisgau 1868, Wagner. 1 Thlr. 10 Ngr.

Ein sorgfältig ausgearbeitetes Reisehandbuch, das Land und Leute anziehend schildert und auch das Geschichtliche zweckmäßig einflicht. Die Karten befriedigen das Reisebedürfniß vollständig.

**E. Förster**, Handbuch für Reisende in Italien. 2 Bde. 8. Aufl. 8. München 1866, lit.-artist. Anstalt. à Bd. n. 2 Thlr. 12 Ngr.
  I. Bd. Reisen bis Florenz. Mit 10 Karten u. 19 Plänen. (XII u. 473 S.)
  II. Bd. Reisen in Mittel- und Unteritalien und in Sicilien. Mit 16 Plänen u. 7 Karten. (VI u. 572 S.)

In Beziehung auf Kunstinteressen sehr zweckmäßiger Führer.

**Michael Wittmer**, und Wilh. **Molitor**, Rom. Ein Wegweiser durch die ewige Stadt und die römische Campagna. Mit Karten u. Plänen. 8. (VIII u. 458 S.) Regensburg 1866, Pustet. n. 2¼ Thlr. 2. Aufl. 1870.

Werk eines seit 30 Jahren in Rom lebenden Historienmalers, dessen ästhetisches Urtheil anerkannte Geltung hat. Der Kapitular Molitor hat die historische Seite ergänzt. Das Buch verbindet die Zwecke eines praktischen Reisehandbuches mit denen einer kunstgeschichtlichen Monographie und ist in der neuen Auflage wesentlich verbessert.

**Adalb. Müller**, Venedig. Seine Kunstschätze u. historischen Erinnerungen Ein Wegw. in d. Stadt u. auf d. benachbarten Inseln. 2. Aufl. Mit dem Plane der Stadt und der Lagunen. gr. 16. (XXIV u. 556 S.) Venedig 1862, Münster. n. 1½ Thlr.

**Albert v. Hirsch**, Paris und seine vorzüglichsten Umgebungen (in 2 Bdn.) Bd. I. Die hervorragenden Staatssammlungen als: Louvre, Hôtel de Cluny, Musée d'Artillerie ꝛc. Nebst einem Anhang: Kurze Notizen über die Weltausstellung zu Paris im Jahre 1867 und allgemeiner Wegweiser durch Paris. br. 8. (XVIII u. 524 S. mit 2 Steintafel u. 1 Karte.) Bd. II. Die vorzüglichsten Umgebungen, nebst Plänen. Geschichtliches u. Sociales. (XXI, 480 S.) München 1867, Fleischmann. n. 4 Thlr.

**Mor. Busch**, Reisehandbuch für Aegypten und die angrenzenden Länder. Mit Karten und Plänen. 2. Aufl. (VI, 244 S.) Triest 1870, Liter. artist. Anstalt. 2 Thlr.

# Reisebeschreibungen.
## Sammelwerke.

**M. C. Sprengel**, u. T. F. **Ehrmann**, Bibliothek der neuesten und wichtigsten Reisebeschreibungen und geographischen Nachrichten zur Erweiterung der Erdkunde ꝛc. 50 Bde. gr. 8. Weimar 1800—14, Landes-Ind.-Compt. n. 25 Thlr.
<small>Verständige Auswahl der Beschreibungen solcher Reisen, die besondere wissenschaftliche Resultate geliefert haben; zum Theil aus fremden Originalen übersetzt, zum Theil aus ihnen zusammengestellt oder bearbeitet.</small>

Neue Bibliothek der wichtigsten Reisebeschreibungen ꝛc. In Verbindung mit einigen andern Gelehrten gesammelt und herausgegeben von F. J. Bertuch; nach dessen Tode fortgesetzt von mehreren andern Gelehrten. 1—65. gr. 8. Weimar 1815—35. Ebend. n. 30 Thlr.
<small>Neue Serie, unter der Leitung Bertuchs ausgeführt bis zum 32. Bande; dann von Froriep u. a. Gelehrten in seinem Geiste fortgesetzt. Die Auswahl gleichfalls nach den Grundsätzen des vorigen Werks zweckmäßig veranstaltet.</small>

Neues Magazin von merkwürdigen Reisebeschreibungen. Aus fremden Sprachen übersetzt und mit erläuternden Anmerkungen begleitet. 15 Bde. gr. 8. Mit Kpfrn. u. Landkarten. Berlin 1803—39. 34$^{1}/_{6}$ Thlr.
<small>Gute Auswahl gehaltvoller Reisebeschreibungen, darunter ausgezeichnete.</small>

Reisen- und Länderbeschreibungen der älteren und neuesten Zeit. Mit Karten. Herausgeg. von Eduard **Widemann** und Hermann **Hauff**. gr. 8. Stuttgart 1835—60, Cotta.
- Lief. 1. Darstellung des gegenwärtigen Zustandes in Irland. Von einem mehrjährigen Beobachter. 1835. $^{2}/_{3}$ Thlr.
- " 2. Algier wie es ist. Mit 1 Karte. 1835. $^{13}/_{15}$ Thlr.
- " 3. Alex. Burnes, Reisen in Indien und nach Buchara. 1. Bd. Mit 1 Abbild. 1835. 1$^{1}/_{2}$ Thlr.
- " 4. Washington Irving. Ausflug auf die Prairien zwischen dem Arkansas und Redriver. 1835. $^{2}/_{3}$ Thlr.
- " 5. Alfred Reumont. Reiseschilderungen und Umrisse aus südlichen Gegenden. 1835. $^{3}/_{4}$ Thlr.
- " 6. Briefe in die Heimath, geschrieben zwischen October 1829 und Mai 1830, während einer Reise über Frankreich, England und die Vereinigten Staaten von Nordamerika nach Mexico. 1835. $^{5}/_{6}$ Thlr.
- " 7. Alex. Burnes, Reisen in Indien ꝛc. 2 Bde. Mit 1 Karte. 1836. 1$^{2}/_{3}$ Thlr.
- " 8. John Barrow jun. Ein Besuch auf der Insel Island im Sommer 1836. Mit Holzschnitten. 1836. 1$^{1}/_{6}$ Thlr.
- " 9. Thomas Pringle. Südafrikanische Skizzen. A. d. Engl. 1836. 1$^{1}/_{3}$ Thlr.
- " 10. Mexicanische Zustände aus dem Jahren 1830—32. Vom Verfasser der „Briefe in die Heimath" ꝛc. 1. Band. 1837. 1$^{5}/_{6}$ Thlr.
- " 11. H. Stieglitz, Montenegro und die Montenegriner. 1837. $^{5}/_{6}$ Thlr.
- " 12. Fr. J. Grund, Die Amerikaner in ihren moral., polit. und gesellschaftlichen Verhältnissen. Ins Deutsch übersetzt vom Verfasser. 1837. 2 Thlr.
- " 13. Mexicanische Zustände aus den Jahren 1830—32. Vom Verfasser der „Briefe in die Heimath ꝛc." 2 Bde. 1837. 1$^{1}/_{2}$ Thlr.
- " 14. Washington Irving. Astoria oder Geschichte einer Handels-Expedition jenseit der Rocky Mountains. A. d. Engl. 1838. 1$^{2}/_{3}$ Thlr.

Lief. 15. A. v. Katte, Reise in Abessinien im Jahre 1836. Mit 1 Karte. 1838. $1^1/_2$ Thlr.
- 16. Skizzen aus Irland. 1. Heft. 1838. $^3/_4$ Thlr.
- 17 u. 18. D. Urquhart, Der Geist des Orients. 2 Bde. A. d. Engl. von F. G. Buck. 1839. $3^1/_3$ Thlr.
- 19. K. Fr. Neumann, Rußland und die Tscherkessen. 1840. $^{13}/_{15}$ Thlr.
- 20. Ludw. Roß, Reisen auf den griechischen Inseln des ägäischen Meeres. 1 Bd. Mit 2 Kpfrn. 1840. $1^1/_3$ Thlr.
- 21. H. Stieglitz, Ein Besuch auf Montenegro. 1841. $1^1/_3$ Thlr.
- 22. Acht Wochen in Syrien. Ein Beitrag zur Geschichte des Feldzugs 1840. Mit 1 Karte. 1841. $1^1/_6$ Thlr.
- 23. Karl Koch, Reise durch Rußland nach dem kaukasischen Isthmus in den Jahren 1836—38. 1. Bd. 1842. $2^1/_3$ Thlr.
- 24. Ign. Pallme, Beschreibung von Kordofan und den angrenzenden Ländern. 1842. $1^1/_3$ Thlr.
- 25. Ludw. Roß, Reisen auf den griechischen Inseln rc. 2. Bd. Mit 1 Kupfer, 1 Karte u. Holzschnitten. 1843. $1^1/_2$ Thlr.
- 26. K. Koch, Reisen durch Rußland rc. 2. Bd. 1843. $2^5/_6$ Thlr.
- 27. F. de Xerez, Geschichte der Entdeckung und Eroberung Perus. A. d. Span. von Ph. H. Külb. 1843. $1^1/_2$ Thlr.
- 28. Die heutigen Syrier, oder gesellige und politische Zustände der Eingeborenen in Damaskus, Aleppo und im Drusengebirge. A. d. Engl. 1845. $1^2/_3$ Thlr.
- 29. Heinr. Stieglitz, Istrien und Dalmatien. Briefe und Erinnerungen. 1845. $1^2/_3$ Thlr.
- 30. Harris, Gesandtschaftsreise nach Schoa und Aufenthalt in Südabyssinien 1841—43. Deutsch von K. v. K. 1. Abthl. Mit 1 Karte. 1845. $2^1/_3$ Thlr.
- 31. Ludw. Roß, Reisen auf den griechischen Inseln rc. 3. Bd. Mit 1 Steintaf., 2 Karten und Holzschn. 1845. $1^1/_3$ Thlr.
- 32. Harris, Gesandtschaftsreise nach Schoa. Abth. II. gr. 8. $38^3/_4$ B. Stuttgart 1846. 2 Thlr. 20 Ngr.
- 33 u. 34. Die Entdeckungsexpedition der vereinigten Staaten in den Jahren 1838—1842 unter Charles Wilkes. Von ihm selbst beschrieben und nach der Originalausgabe abgekürzt übersetzt. 2 Bde. gr. 8. $55^5/_8$ B. ebend. 1848. 50. 3 Thlr. 12 Ngr.
- 35. Moritz Wagner, Reise nach dem Ararat und dem Hochland Armenien. gr. 8. $21^3/_8$ B. ebend. 1848. 1 Thlr. 18 Ngr.
- 36—38. Graf Karl v. Görtz, Reise um die Welt in den Jahren 1844—47. 1. Bd. Nordamerika. (XI u. 440 S.) Ebend. 1852. 2 Thlr. 2. Bd. Westindien u. Südamerika. 3. Bd. China, Java u. Indien. (XIV u. 1178 S.) Ebend. 1854. 4 Thlr.
- 39 u. 40. Moritz Busch, Wanderungen zwischen Hudson u. Mississippi 1851 u. 52. 2 Bde. (X u. 771 S.) Ebend. 1854. 3 Thlr.
- 41 u. 42. Ferd. Gregorovius, Corsika. 2 Bde. (IV u. 537 S.) Ebend. 1854. 2 Thlr.
- 43. J. G. Kohl, Reisen in Canada u. durch die Staaten New-York u. Pensylvanien. (IV u. 576 S.) Ebend. 1856. $2^2/_3$ Thlr.
- 44. Ant. v. Etzel, Grönland, geographisch u. statistisch beschrieben. Aus dänischen Quellenschriften. gr. 8. (XV, 665 S.) Stuttgart 1860, Cotta $3^1/_3$ Thlr.

Eine gute Auswahl werthvoller Reisebeschreibungen, namentlich reich an ethnographischem Material. Zur Unterhaltung geeignet.

**Bibliothek geographischer Reisen und Entdeckungen älterer u. neuerer Zeit.** Bd. 1—5. Jena 1868—69, Costenoble.

I. Bd. Das offene Polarmeer. Eine Entdeckungsreise nach dem Nordpol. Aus d. Engl. von J. E. A. Martin. (XXIV, 390 S. nebst 3 Karten u. 6 Illustr.) $1^2/_3$ Thlr.

II. Bd. Fern. Mendez Pintos, Abenteuerliche Reise durch China und andere Länder des östl. Asiens. Neu bearb. von Phil. Hedw. Külp. (XVI, 412 S.) 1⅓ Thlr.

III. „ Sam. Wilh. Baker, Der Albert Nyanza, das große Becken des Nil u. die Erforschung der Nilquellen. Aus d. Engl. von J. E. A. Martin. Mit 33 Illustr. in Holzschn. (XX, 498 S.) 1⅔ Thlr.

IV. „ Alb. S. Bickmore, Reisen im ostindischen Archipel in den Jahren 1865 u. 1866. Aus d. Engl. von Martin. Mit 36 Illustr. in Holzschn. u. 2 Karten. (XV, 433 S.) 2⅔ Thlr.

V. „ Die schwedischen Expeditionen nach Spitzbergen und Bären-Eiland, ausgeführt in den Jahren 1865—68 unter Leitung von O. Torall u. A. E. Nordenskiold. Aus d. Schwed. übersetzt von Ludw. Passarge. Nebst 9 gr. Ansichten in Tondruck u. 27 Illustr. in Holzschn. u. 1 Karte v. Spitzbergen. (XIV, 518 S.) 2 Thlr.

Diese Reisebeschreibungen, zum Theil Compilationen aus verschiedenen Originalen, bieten einen interessanten Inhalt in angenehmer Form zur Lektüre dar. Nr. 2 ist ein Reisebericht aus der Mitte des 16. Jahrhunderts, der in verschiedenen europäischen Sprachen erschien, in Betreff seiner Glaubwürdigkeit vielfach angezweifelt, aber durch neuere Forschungen bestätigt wurde.

## Reisen in Asien.

Hans Ullrich Kraffts Reisen und Gefangenschaft. Aus der Originalhandschrift herausgegeben von K. D. Haßler. gr. 8. (440 S.) Stuttgart 1861. (Bibliothek des literar. Vereins. Bd. 61, dessen Werke nicht in Handel kommen.)

Treuherzige behaglich erzählende Selbstbiographie eines Ulmer Patriciers, der auf seinen Handelsreisen in den Orient in Folge des Bankerotts seines Augsburger Hauses in die Schuld-Gefangenschaft syrischer Juden gerieth, worin er 3 Jahre bleiben mußte. Gewährt manche interessante Einblicke in die Handelsbeziehungen mit dem Orient und in das Leben der Türken.

Eine Bearbeitung dieses Werks erschien unter dem Titel:

Ein deutscher Kaufmann des 16. Jahrh. Hans Ulrich Kraffts Denkwürdigkeiten bearbeitet v. Ad. Cohn. gr. 8. (XVIII u. 520 S.) Göttingen 1862, Vandenhoeck u. Ruprecht. n. 2 Thlr. 8 Ngr.

Karsten Niebuhr, Beschreibung von Arabien. 4. (XLVII, 431 S.) Kopenhagen 1772, Möller. 5 Thlr.

—— Reisebeschreibung nach Arabien und den umliegenden Ländern. 2 Bde. Mit Kpfrn. u. Karten. gr. 4. (XVI, 504. X, 479 S.) Kopenh. 1774—78, (Altona, Hammerich.) n. 16 Thlr. 3. Bd. (XIV, 238, Anh. 168 S.) Hamburg 1837, Perthes. 7½ Thlr.

Ein Reisewerk von anerkanntem bleibenden Ruf, der auch durch neuere Untersuchungen gerechtfertigt wird.

J. R. Wellsted, Reisen in Arabien. Deutsche Bearbeitung herausgegeben mit berichtigenden und erläuternden Anmerkungen. ꝛc. von E. Rödiger. Mit 2 Karten. gr. 8. Halle 1842, Buchhandlung des Waisenhauses. 3½ Thlr.

Der Verf., englischer Marinelieutenant, war ein kühner, ausdauernder und gut beobachtender Reisender. Sehr reichhaltig für die Wissenschaft, und unterhaltend. Die Erläuterungen des gelehrten Herausgebers erhöhen den Werth des Buches sehr.

**Heinr. v. Maltzan, Meine Wallfahrt nach Mekka.** Reise in der Küstengegend und im Innern von Hedschas. 2 Bde. (VI, 750 S.) Leipzig 1865, Dyk. 2½ Thlr.

Bericht von einer an Abenteuern reichen Reise, für welche sich der Verf. unter fremdem Namen als verkleideter Araber bei einer Pilgerreise eingeschmuggelt hatte. Sehr hübsch erzählt.

**Ulrich Jasper Seetzens** Reisen durch Syrien, Palästina, Phönicien, die Transjordan-Länder, Arabia Peträa u. Unter-Aegypten. Herausgeg. u. commentirt von Fr. Kruse in Verbindung mit Hinrichs, Herm. Müller u. mehreren and. Gelehrten. 4 Bde. (CXXI, 1858 S.) Berlin 1854—59, G. Reimer. 10 Thlr. 12 Ngr.

Die Beschreibung dieser Reisen, die schon in den Jahren 1802—1811 unternommen worden, ist doch keineswegs veraltet und nach K. Ritters Urtheil eine für alle Zeiten unentbehrliche classische Arbeit. Die drei ersten Bände enthalten das Tagebuch Seetzens, das durch originelle Frische anspricht. Der vierte Band giebt die wissenschaftlichen Beigaben und den Atlas.

**Joh. Ludw. Burckhardt,** Reisen in Syrien und dem heiligen Land. 2 Bde. gr. 8. Mit Karten u. Anmerkungen v. W. Gesenius. Weimar 1823—24, Landes-Ind.-Compt. 5½ Thlr.

Als orientalischer Reisender nimmt Burckhardt eine der ersten Stellen ein; er zeigt sich zuverlässig, voll Urtheil, umsichtig, beharrlich.

**Eduard Robinson** und **E. Smith.** Palästina und die südlich angrenzenden Länder. Tagebuch einer Reise im Jahr 1838 ꝛc. 3 Bde. gr. 8. Mit Atlas. Halle 1841, Buchhdlg. d. Waisenhauses. n. 10⅔ Thlr.

Ein Werk von anerkanntem Werth für die Kenntniß Palästinas. Doch finden neuere sehr glaubwürdige Reisende manche Ungenauigkeit, besonders in der Beschreibung Jerusalems.

**Ed. Robinson,** Neuere biblische Forschungen in Palästina und den angrenzenden Ländern. Tagebuch einer Reise im Jahr 1852 ꝛc. Mit 1 Karte von Palästina von H. Kiepert. gr. 8. (XXXIV u. 856 S.) Berlin 1857, G. Reimer. 4½ Thlr.

Giebt wieder reiches, mit Gründlichkeit bearbeitetes Material, beschränkt sich aber auf das westlich vom Jordan gelegene Land. Die Karte giebt die Resultate der früheren Forschungen Robinsons.

—— Physische Geographie des heiligen Landes. Aus dem Nachlaß des Verfassers zur Ergänzung seiner früheren Schriften über Palästina. gr. 8. (XIX u. 406 S.) Leipzig 1865, Brockhaus. n. 2⅓ Thlr.

**Karl v. Raumer,** Palästina. 4. verm. u. verb. Aufl. gr. 8. (XVI, 512 S.) Mit 1 Karte von Palästina. Leipzig 1860, Brockhaus. n. 2 Thlr.

Zeitgemäß verbesserte Auflage einer als sehr brauchbar bewährten Uebersicht der Landeskunde von Palästina.

**F. W. Hackländer,** Daguerreotypen. Aufgenommen während einer Reise in den Orient in den Jahren 1840—41. 2 Bde. Stuttgart 1842, Krabbe. 5 Thlr. Die 2. Aufl. führt den Titel:

—— Reise in den Orient. Zweite Aufl. der Daguerreotypen. 2 Bde. Stuttgart 1846, Krabbe. 27 Ngr.

Beschreibung einer Reise, welche der Verfasser mit dem Baron von Taubenheim durch die europäische Türkei nach Syrien über Beirut, Damaskus, Palmyra, Jerusalem, die arabische Wüste nach Aegypten gemacht hat. Giebt weniger wissenschaftliche Ausbeute als lebendige Reisebilder, welche eine angenehme und unterhaltende Lektüre gewähren.

**K. Graul,** Reise nach Ostindien über Palästina u. Egypten vom Juli 1849 bis April 1853.
    1. Thl. Palästina. Mit 1 Ansicht u. 1 Plane von Jerusalem, 1 Karte des heil. Landes. gr. 8. (XVI u. 312 S.) Leipzig 1854, Dörffling u. Franke. n. 1 Thlr. 6 Ngr.
    2. „ Egypten u. der Sinai. Mit 1 Ansicht der Insel Philä u. 2 Landkarten. (XVI u. 264 S.) Ebend. 1854. n. 1 Thlr. 2 Ngr.
    3. „ Die Westküste Ostindiens. Mit 1 Ansicht aus den Felsentempeln auf Elephante u. 1 Karte. (XVIII u. 352 S.) Ebend. 1854. n. 1⅔ Thlr.
    4. „ Der Süden Ostindiens u. Ceylon. Mit 1 Ansicht. (XVI u. 345 S.) Ebend. 1855. n. 1⅔ Thlr.

Der Verfasser, Director der evangelisch-lutherischen Missionsanstalt in Leipzig, war von der Missionsgesellschaft beauftragt, die Missionsposten zu bereisen und genauen Bericht über den Zustand des Missionswesens in Asien abzustatten. Er thut dies in einer sehr unbefangenen wahrheitsliebenden Weise, spricht sich offen über den geringen Erfolg der bisherigen Missionsbestrebungen und ihre Gebrechen aus, schildert überhaupt die Culturzustände des Orients gut, und schreibt einfach und klar. Das Werk ist allen denen, welche den Zustand des Missionswesens näher kennen lernen wollen, angelegentlich zu empfehlen und gewährt zugleich eine sehr interessante Unterhaltung.

**C. W. M. van de Velde,** Reise durch Syrien u. Palästina in den Jahren 1851 u. 1852. Mit Karten u. Bildern. 2 Thle. gr. 8. (I. VIII u. 337 S. II. VIII u. 422 S.) Leipzig 1855—56, T. O. Weigel. n. 4 Thlr.

Der Verfasser, ein ehemal. niederländischer Marinelieutenant und geschickter Landschaftsmaler, hat eine Reise nach Palästina unternommen, um eine Karte des heiligen Landes auf Grund eigener Vermessungen anzufertigen. Die vorliegenden Reisebriefe zeichnen sich dadurch aus, dass sie nicht eine gewöhnliche Pilgerfahrt auf der breitgetretenen Landstrasse beschreiben, sondern die Kreuz- und Querzüge einer Untersuchungsreise in zum Theil noch unbekannte Gegenden des Landes. Neben manchem allerdings Bekannten, aber von dem Reisenden selbst Untersuchten finden wir auch hin und wieder interessante neue Entdeckungen, zu denen der Verfasser, ein Mann von wissenschaftlicher Bildung und lebhaftem Interesse für die heiligen Orte, vorzugsweise befähigt war.

**J. M. Bernatz,** Album des heiligen Landes. 50 ausgewählte Originalansichten biblisch wichtiger Orte, treu nach der Natur gezeichnet. Ausgeführt in Farbendruck. Mit erläuterndem Text v. G. H. v. Schubert u. Joh. Roth. (VI, 126 S.) quer 4. Stuttgart 1855, J. F. Steinkopf. 7 Thlr.

Gut ausgeführte Bilder mit erläuterndem Text.

David **Roberts,** Views in the holy Land. With historical descriptions by the Rev. George Croly. 250 finely tinted plates. 6 vols. 4. London 1856, Day and Son. £ 4, 4 s.

Eine Reihe prachtvoller Bilder. Das Beste, was bis jetzt in lithographischer Kreidemanier geliefert worden.

**Onomander**, Altes u. Neues aus den Ländern des Ostens. 1. Bd. Indien. gr. 8. (VII, 241 S.) 2. Bd.: Aegypten u. Klein-Asien. (V, 313 S.) Hamburg 1859, Perthes, Besser u. Mauke. n. 2½ Thlr.

Der Verfasser dieser Reisebeschreibung ist Prinz Friedrich von Schleswig-Holstein-Augustenburg. Vorherrschend ist die Schilderung der persönlichen Eindrücke und Betrachtungen, die der Verfasser, ein Mann von Geist und feiner Beobachtung, anstellt und die interessant genug sind, um eine anziehende Lektüre zu gewähren. Auch geschichtliche Rückblicke auf denkwürdige Episoden bilden einen Hauptbestandtheil des Buches.

**Jac. Phil. Fallmerayer**, Gesammelte Werke. Herausgegeben von Geo. Mart. Thomas. (In drei Bänden.) Bd. I. gr. 8. (XLVIII u. 408 S.) Neue Fragmente aus dem Orient.
Bd. II. gr. 8. (VI u. 503 S.) Politische und culturhistorische Aufsätze.
Bd. III. gr. 8. (VII u. 559 S.) Kritische Versuche. Leipzig 1861, Engelmann. à Bd. 2½ Thlr.

Der Herausgeber leitet die Werke mit einer Biographie Fallmerayers ein, die zugleich den rechten Gesichtspunkt für die Beurtheilung seiner schriftstellerischen Leistungen giebt. Der erste Band enthält eine Reihe Aufsätze vom Orient: Constantinopel, Syrien und Aegypten, Palästina, orientalische Reisebilder, byzantinische Correspondenzen. Dieser erste Band ist grösstentheils die Frucht seiner dritten Reise in den Orient und möchte wohl das Bedeutendste seines Nachlasses sein. Bd. II. enthält: über Allg. und europäische Politik, die orientalische Politik, Deutschland, Lebensbilder. Zur Culturgeschichte. Bd. III. Kritische Versuche d. h. Recensionen, die einst in der Allg. Zeitung abgedruckt waren.

**H. Petermann**, Reisen im Orient. 2 Bde. Mit 1 Titelbild u. 1 Karte von H. Kiepert. Lex. 8. (VIII u. 409. XIV u. 471 S.) Leipzig 1860, 1861, Veit u. Comp. n. 7 Thlr.

Einer der werthvollsten Berichte über den Orient. Bd. I. handelt von der Reise nach Constantinopel, dem Aufenthalt dort, der Weiterreise nach Damascus, Jerusalem, Libanon, Beirut, der zweite beschreibt die Reise nach Bagdad, Persepolis, Alexandrien, Kairo und Triest. Ausser dem Reisebericht giebt der Verfasser interessante Mittheilungen über die religiösen Secten des Orients.

**Philipp Wolff**, Jerusalem nach eigenen Anschauungen und den neuesten Forschungen geschildert. Mit 46 Abbildungen und Grundriss von Jerusalem. 2. gänzl. umgearb. Auflage. 8. (XII u. 225 S.) Leipzig 1862, J. J. Weber. n. 1 Thlr.

Einfacher und zuverlässiger Bericht eines mit den erforderlichen gelehrten Kenntnissen ausgerüsteten Geistlichen.

—— Sieben Artikel über Jerusalem aus den J. 1859—1869. (V, 109 S.) Stuttgart 1869, Belser. 21 Ngr.

Eine Sammlung von Aufsätzen, die früher in verschiedenen Zeitschriften erschienen sind, und die Verhältnisse des alten und neuen Jerusalems besprechen.

**W. J. Hamilton**, Reisen in Kleinasien, Pontus und Armenien, nebst antiquarischen und geologischen Forschungen. Deutsch von O. Schomburgk. Mit Zusätzen und Berichtigungen von H. Kiepert und einem Vorworte von Karl Ritter. 2 Bde. gr. 8. Mit 4 Ansichten u. 2 Karten. Leipzig 1843, Weidmann'sche Buchh. 6½ Thlr.

Der Verfasser, Secretair der geologischen Gesellschaft in London, hat die beschriebenen Gegenden vier Mal bereist. Das Werk ist sehr werthvoll, nicht allein durch den Reichthum an geographischen, geognostischen und antiquarischen Notizen, sondern auch durch die Unbefangen-

heit und Schärfe, mit welcher der Verfasser seine Beobachtungen angestellt hat. Besonders in=
teressant durch die genauere Charakteristik der Türken, deren gute Eigenschaften nicht verkannt
werden, deren innere Zerrüttung aber durch statistische Nachweisungen über Mißbräuche und
Verkehrtheiten in Sitte und Staatsverwaltung einleuchtend gezeigt wird.

**Moritz Wagner**, Reise nach dem Ararat und dem Hochlande Armenien.
Mit einem Anhange: Beiträge zur Naturgeschichte des Hochlandes Ar=
menien. gr. 8. 21½ B. Stuttgart 1848, Cotta. 1 Thlr. 18 Ngr.
Ein anziehend geschriebener Reisebericht.

—— Reise nach Kolchis und nach den deutschen Colonien jenseits des
Kaukasus. Mit Beiträgen zur Völkerkunde und Naturgeschichte Trans=
kaukasiens. 8. 21⅞ B. Leipzig 1850. 2 Thlr.
Interessante Mittheilungen über die deutschen Kolonieen, deren Loos jedoch nicht so gün=
stig ist, daß der Verfasser zu Auswanderungen dorthin rathen möchte. Reizende Schilderung
der üppigen Pflanzenwelt der kolchischen Küsten.

**Fr. Dubois de Montpéreux**, Reise um den Kaukasus zu den Tscherkessen
und Abchasen, nach Kolchis, Georgien, Armenien und in die Krim.
Eine von der geognostischen Gesellschaft in Paris gekrönte Preisschrift.
Nach dem Französ. von Phil. H. Külb. 3 Bände. Mit Karten, Plänen,
Ansichten ꝛc. gr. 8. Darmstadt 1841—46, Leske. n. 2⅗ Thlr.
Sehr reichhaltig und interessant. Der Verfasser hat nicht nur die gegenwärtigen, sondern
auch die früheren Zustände der von ihm besuchten Völkerschaften im Auge gehabt.

**Fr. Bodenstedt**, Die Völker des Kaukasus u. ihre Freiheitskämpfe gegen
die Russen ꝛc. 2 Bde. Zweite gänzlich umgearb. Aufl. 8. (XVIII u.
848 S.) Berlin 1855, Decker. 3½ Thlr.
Frucht eines siebenjährigen Aufenthaltes in den Ländern des Kaukasus. Schildert das
Land, sowie die Sitten, Gebräuche, den Glauben seiner Bewohner und ihren Kampf mit den
Russen in allgemeinen Umrissen lebendig, aber nicht gerade erschöpfend. Das im Jahre 1847
in erster Auflage erschienene Werk ist hier mit manchen Zusätzen, besonders einer ausführlichen
Einleitung über Rußland und die orientalische Frage vermehrt.

**August von Haxthausen**, Transkaukasia. Andeutungen über das Fami=
lien= u Gemeindeleben u. die socialen Verhältnisse einiger Völker zwischen
dem schwarzen u. kaspischen Meere. Reiseerinnerungen u. gesammelte
Notizen. 2 Thle. Mit Holzschn. u. 1 Karte. gr. 8. (XXV u. 640 S.)
Leipzig 1856, Brockhaus. n. 5⅓ Thlr.
Ein an eigenen Beobachtungen und gelehrten ethnographischen Erörterungen sehr reiches
Werk, das die Völker am Kaukasus nach ihren jetzigen Zuständen schildert und dabei häufig auf
die Traditionen der alten Geschichte zurückgreift. Auf die weltgeschichtliche Bedeutung der Ar=
menier legt der Verfasser großes Gewicht und hält sie für ein wichtiges Werkzeug der Verbreitung
tung des Christenthums und der Civilisation im Orient. Eine Hauptpartie des Werkes bildet
auch die Schilderung der Osseten am Kaukasus, in welchen der Verfasser zurückgebliebene Brü=
der der Germanen erkennt und bei denen er in Sitten und Gebräuchen manche auffallende Aehn=
lichkeit mit den alten Deutschen nachweist.

**Theod. Kotschy**, Reise in den cilicischen Taurus über Tarsus. Mit Vor=
wort von C. Ritter. gr. 8. (X, 445 S. mit 2 Karten u. 1 Steintaf.)
Gotha 1858, J. Perthes. n. 2½ Thlr.
Zeichnet sich durch frische und lebendige Darstellung aus und hat seinen wissenschaftlichen
Werth in der Beschreibung der Pflanzen= und Thierwelt.

Moritz **Wagner**, Reise nach Persien u. dem Lande der Kurden. 2 Bde. gr. 8. 45³/₄ B. Leipzig 1852. 3 Thlr. 10 Ngr.

Außer den gut erzählten Reisebeobachtungen giebt der Verfasser auch beachtenswerthe Erörterungen über die europäische Politik in Beziehung auf den Orient und spricht die Ansicht aus, daß die Russen wohl die meiste Aussicht auf Erfolg haben dürften.

Heinr. **Brugsch**, Reise der königl. preußischen Gesandtschaft nach Persien 1860—61. 2 Bde. Mit 41 (eingedr.) Holzschnitten u. 8 Lithochrom. u. 1 Karte. Lex. 8. (I. XIV u. 418 S. II. X u. 516 S.) Leipzig 1862—63, Hinrichs Verl. n. 6²/₃ Thlr.

Gewährt manchen interessanten Aufschluß über Land und Leute, namentlich über die Kreise der höheren Gesellschaft und bestätigt frühere Nachrichten über den tiefen moralischen und politischen Verfall der Perser.

Jak. Ed. **Polak**, Persien. Das Land und seine Bewohner. 2 Thle. gr. 8. (I., XIV u. 389 S. II., V u. 370 S.) Leipzig 1865, Brockhaus. n. 4 Thlr.

Der Verfasser lebte als Leibarzt des Schachs und Lehrer an der medicinischen Schule mehrere Jahre in Persien und hatte Gelegenheit Land und Leute näher kennen zu lernen. Gründliche und ansprechende Schilderung, aber keine günstige.

Alex. v. **Humboldt**, Centralasien. Untersuchungen über die Gebirgsketten und vergleichende Klimatologie. Aus b. Französ. von W. Mahlmann. 3 Thle. in 2 Bdn. Mit 1 Karte. gr. 8. Berlin 1843 u. 44, Klemann. n. 2²/₃ Thlr.

Ein Werk, das die naturwissenschaftlichen Forschungen des berühmten Verfassers über Asien in einer durchgearbeiteten Darstellung zusammenfaßt, und auch der Lektüre anziehende Partien darbietet.

Herm. **Vámbéry**, (Bamberger), Reise in Mittelasien von Teheran durch die turkmanische Wüste an der Ostküste des Kaspischen Meeres nach Chiwa, Bochara und Samarkand, ausgeführt im Jahre 1863. Mit 12 Abbild. in Holzschnitt u. 1 lith. Karte. Deutsche Orig.-Ausgabe. gr. 8. (XV u. 352 S.) Leipzig 1865, Brockhaus. n. 3 Thlr.

Der Verf. ist ein ungarischer Jude, der sich durch den Besuch mahomedanischer Schulen vollkommen mit dem islamitischen Leben und Wissen vertraut gemacht hat, zum Islam übergetreten und türkischer Beamter geworden ist und hauptsächlich in sprachwissenschaftlichem Interesse die auf dem Titel genannte Reise unternommen hat. Das vorliegende Werk enthält in erster Abtheilung die eigentliche Reisebeschreibung, in der zweiten reichhaltige Notizen über Bevölkerung, Lebensweise, Regierungsformen, Ackerbau, Handel, Industrie, Straßen u. s. w. Mittelasiens, die um so werthvoller sind, da die betreffenden Länder sehr selten von Europäern besucht werden.

—— Skizzen aus Mittel-Asien. Ergänzungen zu meiner Reise in Mittel-Asien. Deutsche Originalausgabe. (358 S.) Leipzig 1868, Brockhaus. 2 Thlr.

Giebt eine Reihe Erzählungen von Reiseabenteuern, Schilderung von Land und Leuten, geschichtlichen, ethnographischen und literarischen Abhandlungen.

—— Wanderungen und Erlebnisse in Persien. (IX, 374 S.) Pest 1867, Hekenast. 2 Thlr.

Schilderungen persischer Zustände, deren genauere Beobachtung dem Verfasser durch seine Kenntniß der persischen Sprache, des Korans und der Landesgebräuche sehr erleichtert wurde. Mit besonderer Sorgfalt beschreibt er das Leben in den Städten. Weniger ausführlich sind die Schilderungen der Gegend und der Reiseerlebnisse.

Erich von **Schönberg**, Patmathanda. Lebens- und Charakterbilder aus Indien und Persien. 2 Bde. 8. (XXIV u. 855 S.) Leipzig 1853, Brockhaus. 3½ Thlr.

 Patmathanda bedeutet einen Ort, wo Lotos in Fülle wächst, mithin eine Fülle von Wohlgeruch und Farbenpracht ausgegossen ist. In diesem Sinne hat der Verfasser seine im Orient gewonnenen Anschauungen gesammelt. Frische Auffassung, unbefangene Beurtheilung fremder Volkseigenthümlichkeiten, Sicherheit der Schilderung, Humor in der Erzählung sind die Vorzüge dieses Buches, das übrigens in Anordnung und Stil etwas fragmentarisch und nachlässig gehalten ist.

Friedr. **Krohn**, Reginald Hebers, Lordbischofs von Calcutta, Leben und Nachrichten über Indien. Nebst einem Abrisse der Geschichte des Christenthums in Indien. 2 Theile. Mit 1 Kupfer. gr. 8. Berlin 1831, F. Dümmlers Verl. 3½ Thlr.

 Aus Hebers Reisebericht, Tagebuch und Briefsammlung ausgezogen und selbständig verarbeitet, mit Weglassung dessen, was für nicht englische Leser weniger interessant ist, und mit Erläuterungen für solche, die mit der Literatur über Indien nicht bekannt sind. Höchst treffende Charakterschilderungen, welche in das Wesen der Landesverwaltung, Volksstimmung und Volksansichten in Indien blicken lassen. Ein sehr interessantes, eben so unterhaltendes als belehrendes Werk.

Carl v. **Hügel**, Kaschmir und das Reich der Siek. 4 Bde. Mit eingedr. Holzschn., Stahlst., Steintaf. u. 1 Karte. gr. 8. Stuttg. 1840—48, Hallbergers Verl. n. 22⅔ Thlr.

 Eine Reisebeschreibung von wohlthuendem Eindruck durch das rein menschliche Wohlwollen und die offene Empfänglichkeit des Verfassers für die ihm entgegentretenden Eindrücke. Bd. IV. 1. enthält Register und Glossarium. IV. 2. naturwissenschaftliche und geschichtliche Supplemente.

Leop. v. **Orlich**, Reise in Ostindien, in Briefen an Alex. v. Humboldt und Carl Ritter. Mit 6 Kpfrn., 14 farb. Lithographien, 2 Plänen und 40 Holzschn. Leipzig 1845, G. Mayer. gr. 4. n. 24 Thlr.
 Dritte Aufl. Mit 40 eingedruckten Holzschn. (Ohne Bilder u. Pläne.) Lex. 8. ebend. 1858. n. 2⅔ Thlr.

 Klare und treue Auffassung der Natur und Menschen in warmer, lebendiger Darstellung. Werthvolle statistische Angaben und historische Skizzen. Was die Beschreibung nicht leisten kann, ergänzt der Verfasser durch Abbildungen theils nach indischen Originalarbeiten von grosser Feinheit der Ausführung und Schönheit des Colorits, theils nach eigenen Handzeichnungen.

W. **Hofmeister**, Briefe aus Indien. Nach dessen nachgelassenen Briefen und Tageblättern herausgeg. von A. Hofmeister. Mit einer Vorrede von C. Ritter, 7 topograph. Karten und 2 Tab. gr. 8. 25⅜ B. Braunschweig 1847. 2 Thlr. 15 Ngr.

 Der Verfasser dieses Tagebuches war ein Arzt, der den Prinzen Waldemar von Preussen auf seiner Reise nach Indien begleitete, an dessen Seite er erschossen wurde. Eine sehr gehaltvolle Reisebeschreibung, die namentlich naturwissenschaftliche Ausbeute giebt, und durch anmuthige Frische der Darstellung anzieht.

F. **Epp**, Schilderungen aus Holländisch-Ostindien. gr. 8. (IX u. 490 S.) Heidelberg u. Leipzig 1852, C. F. Winter. n. 2 Thlr. 24 Ngr.

 Eine freimüthige mitunter im Tone persönlicher Erbitterung ausgeführte Schilderung der Zustände in den holländischen Colonien. Wir lernen daraus die Insel Banka mit ihren Zinnminen, das Fort Baros auf Sumatra, Amboina und einige Residentschaften auf Java näher kennen.

Joseph d'Alton **Hookers**, „Himalayan Journals". Tagebuch auf einer
Reise in Bengalen, dem Himalaya, in Sikkim und Nepal, dem Khasia=
gebirge ꝛc. Aus dem Englischen. Mit 2 Kupfern u. 6 Steintaf. gr. 8.
(VIII u. 376 S.) Leipzig 1857, Dyk. 2 Thlr. 27 Ngr.

<small>Hookers Reisebeschreibung ist eine der gehaltvollsten neueren Reisen nach Indien und einer
Uebersetzung daher wohl werth, nur ist zu bedauern, daß blos ein populärer Auszug übersetzt
wurde, der die sehr werthvollen meteorologischen und physikalischen Beobachtungen nicht enthält.</small>

J. G. **Kutzner**, Die Reise Seiner königl. Hoheit des Prinzen Waldemar
von Preußen nach Indien in den Jahren 1844—46. Aus dem darüber
erschienenen Prachtwerk im Auszuge mitgetheilt. Mit dem Portrait des
Prinzen. 4 Karten und 4 Schlachtplänen. Lex. 8. (XI u. 383 S.)
Berlin 1857, Decker. 3¼ Thlr.

<small>Da das Originalwerk gar nicht in den Buchhandel gekommen ist, so muß die auszügliche
Bearbeitung Jedem, der sich für Indien interessirt, willkommen sein. Der Hauptwerth beruht
auf der eingehenden Schilderung von Landschaften und der Erzählung von dem Kampfe der
Engländer gegen die Sikhs, an welchem der Prinz Antheil nahm.</small>

F. **Jagor**, Singapore=Malacca=Java. Reiseskizzen. Mit 24 Federzeich=
nungen. Lex. 8. (VI u. 252 S.) Berlin 1866, Springers Verlag.
n. 1½ Thlr.

<small>Interessante Schilderungen eines gebildeten Touristen, welcher durch gute Empfehlungen
gefördert, Gelegenheit hatte die socialen und Culturverhältnisse der besuchten Länder näher
kennen zu lernen, und seine Anschauungen gut wieder zu geben versteht. Ein Buch für die
Unterhaltung.</small>

H. **Mögling** und Th. **Weitbrecht**, Das Kurgland und die evangelische
Mission in Kurg. Mit 1 Karte u. 4 (lith.) Bildern in Tondruck. gr. 8.
(VIII u. 335 S.) Basel 1867, Bahnmaier. n. 1 Thlr.

<small>Werk zweier wissenschaftlich gebildeter und um das Missionswesen in Indien sehr verdienter
Männer, die hier ein interessantes Bild von dem Leben und der geschichtlichen Entwicklung eines
kräftigen, in seinen Bergen abgeschlossenen Volksstammes geben.</small>

Herm. v. **Schlagintweit=Sakünlunski**. Reisen in Indien und Hochasien.
Basirt auf die Resultate der wissenschaftlichen Mission von Hermann,
Adolph u. Robert v. Schlagintweit. 1. Bd. Indien. Mit 2 Karten,
7 landschaftl. Ansichten u. 2 Gruppenbildern. (XVIII, 568 S.) Jena
1869, Costenoble. 4 Thlr. 24 Ngr.

<small>Eine Reisebeschreibung in ungewöhnlicher Form, indem nicht die Zeitfolge der Reiseerleb=
nisse, sondern das Reisegebiet den Leitfaden bildet, und die Darlegung der gemachten Beobach=
tungen als Hauptzweck erscheint.</small>

Eug. v. **Ransonnet=Villez**, Ceylon, Skizzen seiner Bewohner, seines Thier=
und Pflanzenlebens in den Ebenen u. Hochgebirgen, u. Untersuchungen
d. Meeresgrundes mit d. Taucherglocke nahe der Küste. Mit 26 Illustr.
in Schwarz= u. Farbendruck. Fol. (XI, 162 S. mit 25 Steintaf. in
Tondr.) Braunschweig 1868, Westermann. 10 Thlr.

<small>Eine glänzende Beschreibung der Insel mit ihrer reichen Vegetation. Besonders zu rüh=
men sind die vom Verf. selbst aufgenommenen Bilder.</small>

S. **Friedemann**, Die Ostasiatische Inselwelt. Land u. Leute von Nieder=
ländisch Indien, den Sunda=Inseln, den Molukken sowie Neu=Guinea.
Reiseerinnerungen u. Schilderungen. 2 Bde. (535 S. mit 240 Illu=

strationen, 10 Tonbildern und 2 Kärtchen.) Leipzig 1869, Spamer. 3 Thlr.

Eine anziehende Beschreibung von Holländisch-Indien, wobei der Verf. eigene Beobachtungen mit dem verbindet, was er aus anderen Reisewerken geschöpft hat. Theilweise ist der Text Erklärung der Illustrationen, öfters stehen aber Text und Bilder gar nicht mit einander im Zusammenhang.

C. **Semper**, Die Philippinen und ihre Bewohner. Sechs Skizzen. Nach einem im Frankfurter geographischen Vereine 1868 gehaltenen Cyklus von Vorträgen. (143 S. 2 Karten.) Würzburg 1869, Stuber. 1 Thlr. 22 Ngr.

Der Verfasser, der durch einen längeren Aufenthalt auf den Inseln Natur und Bewohner näher kennen gelernt und specielle naturwissenschaftliche Studien daselbst gemacht hat, stellt in obigen Skizzen das Ergebniß eigener Anschauung mit fremden Angaben zu einem übersichtlichen Bild zusammen und verfolgt die Wechselbeziehungen der geschichtlichen Entwicklung und der natürlichen Verhältnisse des Bodens. Die Ueberschriften der einzelnen Abschnitte verzeichnen folgenden Inhalt: 1) Die Vulcane der Philippinen. 2) Die Riffe und das Leben im Meere. 3) Das Klima und das organische Leben. 4) Die Negritos und die malaiischen Stämme. 5) Die Muhamedaner und der Anfang der christlichen Periode. 6) Die neueste christliche Zeit.

Alfr. **Russel Wallace**, Der malayische Archipel. Reiseerlebnisse und Studien über Land und Leute. 2 Bde. mit 51 Illustrationen in Holzschnitt 9 Karten. (XX, 435. X, 409 S.) Autoris. deutsche Ausgabe von Ad. Bernh. Meyer. Braunschweig 1870, Westermann. 4 Thlr.

Werk eines Ornithologen, der sich 8 Jahre auf den Inseln aufhielt und neben den Naturverhältnissen des Landes auch die socialen und politischen Zustände erforscht hat und darüber interessanten Bericht erstattet.

Adolf **Bastian**, Die Völker des östlichen Asiens. Studien und Reisen. 5 Bde. gr. 8. (I., XVI u. 576 S. II., XIII u. 521 S. III., XX u. 540. IV., IX 463. V., LIX 552 S.) Leipzig u. Jena 1866—69. (Bd. I. u. II. O. Wigand in Leipzig. n. 5⅔ Thlr. Bd. III, IV u. V, Costenoble in Jena. 10 Thlr.)

Werk eines unermüdeten ethnographischen Forschers, der durch eigene Anschauung auf vieljährigen Reisen, sowie durch fleißige Benutzung der einschlägigen Literatur ein reiches Material des Wissens gewonnen, aber es noch nicht zu einer klaren und wissenschaftlichen Verarbeitung seines Stoffes gebracht hat. Das Interesse für cultur- und religionsgeschichtliche Untersuchungen verführt den Verf. öfters zu weitschweifigen Vergleichungen mit altgermanischer und afrikanischer Mythologie.

Marko **Polo**, Die Reisen des Venetianers Marko Polo im 13. Jahrhundert. Zum ersten Male vollständig und nach den besten Ausgaben deutsch mit Commentar herausgeg. von August Bürck. Nebst Zusätzen von Karl Friedr. Neumann. 2. Aufl. gr. 8. Leipzig 1855, Teubner. 2 Thlr.

Diese Reiseberichte Marko Polo's, welche von Indien, China und Japan die interessantesten Nachrichten und Beobachtungen enthalten, erregten schon bei seinen Zeitgenossen große Aufmerksamkeit. Später hielt man seine Angaben vielfach für irrig und aufschneiderisch, aber die in den neueren Zeiten gewonnenen Aufschlüsse über Indien und besonders über China bestätigen die Wahrheit seiner Angaben und den scharfen Blick seiner Beobachtungen auf überraschende Weise. Das Werk verdiente daher in hohem Grade eine Erneuerung, um so mehr, da es äußerst unterhaltend geschrieben ist.

J. F. Davis, China, oder allgemeine Beschreibung der Sitten und Gebräuche, der Regierungsverfassung, der Gesetze, Religion, Wissenschaften, Literatur, Naturerzeugnisse, Künste, Fabriken und des Handels der Chinesen. Aus d. Engl. von F. Wesenfeld. 2 Thle. gr. 8. Mit 55 Holzschn. Magdeb. 1839, Creutzsche Buchh. n. 6 Thlr.

<small>Der Verfasser, Präsident der englischen ostindischen Compagnie für China, hat sich mehr als 20 Jahre im Lande aufgehalten. Bietet reiche und unterhaltende Belehrung.</small>

Tradescant Lay, China und die Chinesen. Aus d. Engl. v. H. Schirges. 2 Thle. 8. Hamb. 1842, Hoffmann u. Campe. 2 Thlr.

<small>Der Verfasser, ein feiner, scharfer Beobachter, leitet uns zu gründlicher Kenntniß seines Gegenstandes, den er mit Plan behandelt. Er zeichnet zunächst in sprechenden Zügen den physischen und moralischen Charakter der Chinesen, schildert ihre intellectuelle Eigenthümlichkeit und baut auf diesen Grund weiter fort.</small>

Robert Fortune, Dreijährige Wanderungen in den Nordprovinzen von China. Nach der 2. Auflage aus dem Englischen übersetzt von C. A. W. Himly. gr. 8. (IV u. 308 S.) Göttingen 1853, Vandenhoeck u. Ruprecht. n. 1⅓ Thlr.

—— Wanderungen in China während der Jahre 1843—45, nebst dessen Reisen in den Theegegenden Chinas u. Indiens 1848—51. Aus dem Engl. übersetzt von J. Th. Zenker. Mit 13 Kupfern u. Karten. gr. 8. (V u. 413 S.) Leipzig 1854, Dycksche Buchh. 2½ Thlr.

<small>Fortune wurde von der englischen Gartenbaugesellschaft und später von der englisch-ostindischen Compagnie nach China geschickt, um den dortigen Theebau näher kennen zu lernen und dessen Betrieb an dem Himalaya einzuleiten. Er schrieb nun die Ergebnisse seiner Reisebeobachtungen nieder und wir erhalten durch ihn die erste genaue auf Selbstanschauung gegründete Auskunft über die Theeproduction und über die mancherlei in den Handel gebrachten Theesorten, wobei er die Identität des grünen und schwarzen Thees festgestellt hat. Er berichtet aber nicht nur über den Thee, sondern auch über die Baumwolle und überhaupt über den Ackerbau in China, sowie über die Culturzustände der Chinesen, die er als guter, verständiger Beobachter unbefangen und klar schildert. Die Uebersetzungen sind beide gut.</small>

Arbeiten der kaiserlich russischen Gesandtschaft zu Peking über China, sein Volk, seine Religion, seine Institutionen, seine socialen Verhältnisse. Aus dem Russischen nach dem in St. Petersburg 1852—57 veröffentlichten Original von Carl Abel u. F. A. Mecklenburg. 2 Bde. gr. 8. (IV 385. 533 S.) Berlin 1857, Heinicke. n. 6⅔ Thlr.

<small>Einzelne, zum Theil sehr gute Abhandlungen, vorherrschend über Gegenstände des Handels und der Industrie.</small>

Die Nipponfahrer, oder das wiedererschlossene Japan. In Schilderung der bekanntesten älteren und neueren Reisen, insbesondere der amerikanischen Expedition unter Führung von M. C. Perry in den Jahren 1852—54. Bearbeitet von Fr. Steger und Herm. Wagner. Mit 140 in den Text druckten Abbildungen, 7 Tondrucktafeln und 1 Karte von Japan. gr. 8. (XII u. 352 S.) Leipzig 1860, Spamer. n. 1⅔ Thlr.

<small>Hauptbestandtheil die Geschichte von Perrys Expedition, an die sich eine Beschreibung von Land und Leuten mit Rücksicht auf die Natur Japans anschließt.</small>

Die preußische Expedition nach Ost-Asien. (Nach amtlichen Quellen.) 2 Bde. Mit 24 Illustr. u. 2 Karten. Lex. 8. (XXIII u. 352. X u. 375 S.) Berlin 1864—66, Decker. n. 8 Thlr.

Handelt hauptsächlich von Japan, das, so weit die europäische Kenntniß reicht, gründlich und anschaulich geschildert ist, besonders die Hauptstadt Jeddo, aus der interessante Notizen über japanische Industrie mitgetheilt werden. Ist mit diesen zwei Bänden zum Abschluß gebracht. Eine Reihe landschaftlicher Darstellungen, das Heft zu 8 Thlr. schließt sich an; ein wissenschaftlicher Bericht der betreffenden Fachgelehrten wird nachfolgen.

G. **Spieß**, Die preußische Expedition nach Ost-Asien während der Jahre 1860—62. Reiseskizzen aus Japan, China, Siam u. der indischen Inselwelt. Mit 8 Tonbildern, mehrerer Portrait-Tabl., sowie zahlreichen in den Text gedruckt. Illustr. Lex. 8. (X u. 428 S.) Leipzig (Berlin) 1864, Spamer. n. 3 Thlr.

Eine frisch und lebendig geschriebene Reisebeschreibung in eleganter Ausstattung und mit reichlichen Illustrationen.

Reinhold **Werner**, Die preußische Expedition nach China, Japan u. Siam in den Jahren 1860—62. Reisebriefe. Mit 7 Abbildungen in Holzschnitten u. 1 Karte. 2 Thle. gr. 8. (XXVI u. 615 S.) Leipzig 1863, Brockhaus. n. 3⅔ Thlr.

Ein sehr ansprechender unterhaltender Bericht aus der Feder eines erfahrenen, viel gereisten Seemanns, der scharf zu beobachten und gut zu schreiben versteht

Herm. **Maron**, Japan und China. Reiseskizzen, entworfen während der preußischen Expedition nach Ostasien. 2 Bde. 8. (526 S. mit 1 Holzschnitt.) Berlin 1863, Janke. 2¼ Thlr.

Der Verfasser hatte die Aufgabe, über landwirthschaftliche und nationalökonomische Verhältnisse Beobachtungen zu machen. Das, was er hier giebt, ist nicht sein offizieller Bericht, auch keine eigentliche Reisebeschreibung, sondern freie Darlegung der auf der Reise gewonnenen Anschauungen. Es sind zwölf Aufsätze, wovon 6 über Japan und 6 über China handeln. Dieselben sind mit nicht gewöhnlichem Talent und Geist geschrieben und gehören zu den werthvollsten Mittheilungen über die genannten Länder.

J. **Kreyher**, (ehemal. Schiffsprediger), Die preußische Expedition nach Ostasien in den Jahren 1859—62. Reisebilder aus Japan, China und Siam. 8. (XVI u. 428 S.) Hamburg 1863, Agentur des r. Hauses. n. 1 Thlr. 12 Ngr.

Eine Ergänzung der vorigen Werke, mit besonderer Rücksicht auf die religiös-sittlichen Verhältnisse geschrieben. Enthält übrigens nichts wesentlich Neues und steht dem Bericht des Lieut. Werner in Form wie in Gehalt nach.

Max **Wichura**, Aus vier Welttheilen. Ein Reisetagebuch in Briefen. (VII, 456 S.) Breslau 1868, Morgenstern. 2 Thlr. 15 Ngr.

Eine sehr interessante Reisebeschreibung eines Botanikers, welcher der preußischen Expedition nach Ostasien mitgegeben war. Die Briefe sind an die Mutter des Verf. gerichtet. Eine weitere Ausführung der auf der Reise gemachten Aufzeichnungen wurde durch den 1866 durch Kohlenoxydgas herbeigeführten Tod des Verf. verhindert. Die Briefe enthalten neben botanischen Skizzen lebensvolle Darstellungen der Sitten und Gebräuche der bereisten Länder und anziehende Schilderungen der verschiedenen Reiseindrücke.

Eduard **Hildebrandt**, Reise um die Erde. Nach seinen Tagebüchern und mündlichen Berichten erzählt von E. Kossak. 2. mit dem Portrait Hilde

brandts u. einer Reisekarte verm. Aufl. 3 Bdchn. (211. 244. 223 S.)
Landschaften u. Genremaler. Berlin 1870, C. Jante. 1½ Thlr.
   Reise eines rühmlich bekannten Malers, der sich der preußischen Expedition nach Ostasien anschloß und in Ostindien, China und Japan interessante Beobachtungen machte, die er in Tagebüchern und mündlichen Erzählungen niedergelegt, aus denen ein gewandter Schriftsteller seine Reisebeschreibung zusammengestellt hat.

Huc u. Gabet, Wanderungen durch die Mongolei nach Thibet zur Hauptstadt des Tale Lama. In deutscher Bearbeitung herausgegeben von K. Andree. gr. 8. (XXXII u. 360 S.) Leipzig 1855, Lorck. n. 1 Thlr.

—— Wanderungen durch das chinesische Reich. In deutscher Bearbeitung herausgeg. von K. Andree. gr. 8. (XXXII u. 364 S.) Ebend. 1855. n. 1 Thlr.
   (Hausbibliothek ꝛc. für Länder- u. Völkerkunde Bd. 7 u. 8.)

Huc, Das chinesische Reich. Deutsche Ausgabe. 2 Thle. gr. 8. (XVI, 243 u. IV, 276 S.) Mit 1 lith. Karte. Leipzig 1856, Dychsche Buchh. 1 Thlr. 12 Ngr.
   Sehr interessante Beschreibung einer Reise zweier gebildeter Missionäre und ihres mehrjährigen Aufenthalts in der Mongolei und am chinesischen Hofe. Nr. 1 u. 2 abgekürzte deutsche Bearbeitung der franzöſ. Originale, die je aus 2 Bdn. bestehen. Das dritte Werk eine vollständige Uebersetzung von Huc: l'empiro chinois mit der Karte des Originals und einem reichhaltigen Sach- und Namenregister.

Richard Andree, Das Amurgebiet u. seine Bedeutung. Reisen in Theilen der Mongolei, den angrenzenden Gegenden Ost-Sibiriens, am Amur u. seinen Nebenflüssen. Nach den neuesten Berichten, vornehmlich nach Aufzeichnungen von A. Michie, G. Radde, R. Maak u. A. Mit 80 eingedruckten Holzschnitten, 4 Tonbildern und 1 Karte. gr 8. (XII u. 268 S.) Leipzig 1867, O. Spamer. n. 1⅓ Thlr.
   Eine geschickte Zusammenstellung neuerer Reiseberichte.

Anton v. Etzel, u. Herm. Wagner, Reisen in den Steppen und Hochgebirgen Sibiriens und den angrenzenden Ländern. Nach Aufzeichnungen von T. W. Atkinson, A. Th. v. Middendorf, G. Radde u. A. Mit 120 in den Text gedruckten Abbildungen u. 5 Tondruckbildern. gr. 8. (XII u. 352 S.) Leipzig 1864, Spamer. n. 1⅓ Thlr.
   Ein sehr interessantes, an geschichtlichem, geographischem und ethnographischem Stoff reiches und unterhaltend geschriebenes Buch.

---

Auserlesene Photographien aus dem Orient. Berlin Ed. Quaas.
   100 Blatt à 25 Ngr. bei Abnahme von 25 St. 20 Proc. Rabatt, bei 100 Bl. 25 Proc.
   Ausgezeichnete Photographieen.

## Reisen in Afrika.

Karl Oppel, Das alte Wunderland der Pyramiden. Geographische, geschichtliche, u. kulturgeschichtliche Bilder aus der Vorzeit, der Periode der Blüthe, sowie des Verfalls des alten Aegyptens. 2. verm. u. verbesserte

Auflage. (XIV, 342 S.) Mit 120 Textabbildungen u. 10 Tondruck=
bildern. Leipzig 1867, Spamer. 1⅚ Thlr.
   Eine populäre Beschreibung der ägyptischen Alterthümer, in welcher die neueren Ent=
deckungen sorgfältig verwerthet sind, so daß das Buch nicht blos eine Unterhaltungsschrift für
die Jugend ist, sondern auch wissenschaftliche Bedürfnisse befriedigen kann.

Ed. Will. Lane, Sitten und Gebräuche der heutigen Aegypter. Nach der
dritten Originalausgabe aus d. Engl. übersetzt von Jul. Theod. Zenker.
3 Bde. 2. Ausgabe. 16. (XXXII u. 759 S.) mit 64 Kupfertafeln.
Leipzig 1866, Dycksche Buchh. n. 2½ Thlr.
   Ergebnisse sorgfältiger Beobachtungen eines mit Vorkenntnissen trefflich ausgestatteten und
von Eingeborenen vielfach unterstützten Engländers. Lebendig geschrieben und durch viele Zeich=
nungen, die der Verfasser selbst entworfen, erläutert.

Richard Lepsius, Briefe aus Aegypten, Aethiopien und der Halbinsel des
Sinai geschrieben in den Jahren 1842—1845, während der auf Befehl
Sr. Majestät des Königs Friedrich Wilhelm IV. von Preußen ausge=
führten wissenschaftlichen Expedition. Mit 2 Tafeln Abbild. u. 1 Karte.
gr. 8. 29¼ B. Berlin 1852. 2 Thlr. 26 Ngr.
   Ursprünglich Briefe an den König, Minister Eichhorn, Aler. v. Humboldt u. A., die von
dem äußerlichen Verlauf der Expedition, von dem persönlichen Zusammenwirken der Mitglieder,
den Hindernissen und Begünstigungen der Reise und den Zuständen der bereisten Länder ein
Bild geben sollten. Auch sind sehr belehrende Erörterungen über einzelne Denkmälerstätten
eingeflochten. Sehr schöne Ausstattung mit einer Tafel Inschriften und einer Karte von
Aegypten.

Heinrich Brugsch, Reiseberichte aus Aegypten. Geschrieben während einer
in den Jahren 1853 u. 1854 unternommenen wissenschaftlichen Reise
nach dem Nilthale. Mit 1 Karte, 3 Schriftstellern u. 3 Beil. gr. 8.
(XIV u. 352 S.) Leipzig 1855, Brockhaus. n. 2½ Thlr.
   Der Zweck des Verfassers bei seiner Reise war, die altägyptischen Inschriften in den noch
erhaltenen Gräbern und Tempeln des Nilthales zu studiren und zu sammeln. Die wissenschaft=
lichen Ergebnisse dieser Forschungen hat er in zwei größeren Werken niedergelegt, in diesem
Buch wollte er den Nichtgelehrten eine allgemein verständliche Mittheilung machen. Diese
Reiseberichte enthalten also nicht Reiseerlebnisse, sondern Schilderung der merkwürdigen Grab=
denkmäler des Nilthales.

Alfred v. Kremer, Aegypten. Forschungen über Land und Volk während
eines zehnjährigen Aufenthalts. 2 Thle. Nebst einer Karte von Aegyp=
ten. gr. 8. (I. XXX u. 266 S. II. 336 S.) Leipzig 1863, Brock=
haus. n. 3⅓ Thlr.

Reise seiner Hoheit des Herzogs Ernst von Sachsen=Coburg=Gotha nach
Aegypten u. b. Ländern der Habab, Mensa u. Bogos. Mit 20 Zeich=
nungen nach der Natur, 4 Photographien u. zwei Karten. qu. gr. Fol.
(V u. 78 S. Fol.) Leipzig 1864, Arnold. n. 32 Thlr.
   Ein Prachtwerk mit reichen Illustrationen. Der Text mit Reisebericht und glänzenden
Naturschilderungen größtentheils vom Herzog selbst geschrieben, theilweise auch den Tagebüchern
der Frau Herzogin entnommen.

Samuel White Baker, Der Albert Nyanza, das große Becken des Nil und
die Erforschung der Nilquellen. Aus dem Engl. von J. E. A. Martin.
Mit 33 Illustrationen in Holzschnitt, Chromolithographien u. 2 Karten.

2 Bde. gr. 8. (XVI u. 338. VIII u. 303 S.) Jena 1867, Costenoble. 5 Thlr. 15 Ngr.

    Eines der bedeutendsten geographischen Werke der letzten Jahre, das über die Nilquellen wichtige Aufschlüsse giebt. Keine weitschweifigen Untersuchungen, sondern einfache Erzählung des Erlebten und Gesehenen, die sich sehr angenehm liest.

Samuel W. **Baker**, Die Nilzuflüsse. Forschungsreise vom Atbara zum blauen Nil und Jagden in Wüsten und Wildnissen. Autorisirte deutsche Ausgabe von Fr. Steger. 2 Bde. (550 S.) mit 24 Illustr., einem Doppelportrait u. 2 Karten. Braunschweig 1868, Westermann. 4 Thlr.

    Behandelt die 1861 und 62 vor der großen Reise nach den Quellseen des Nils unternommenen Jagdzüge und Forschungsreisen an den Nordwestgrenzen von Abessynien. Steht jener großen Nilreise an wissenschaftlichem Werth nach, ist aber nach Inhalt und Darstellung eine sehr interessante lesenswerthe Reisebeschreibung.

Ed. **Rüppell**, Reisen in Abessynien. 2 Bände. Mit Abbildungen. gr 8. Frankf. a. M. 1838—40, (Leipzig, O. A. Schulz.) n. 6 Thlr.

    Enthält neben der naturwissenschaftlichen Ausbeute auch wichtige Aufschlüsse über Aegyptens administrativen Zustand und die Persönlichkeit Mehmed Ali's.

—— Reisen in Nubien, Kordofan und dem peträischen Arabien, vorzüglich in geographisch-statistischer Hinsicht. Mit 8 Kpfrn. u. 4 Karten. gr. 8. Frankf. a. M. 1829, (Leipzig, Gebhardt u. Reisland.) 5 Thlr.

    Bringt manche Erweiterungen der geographischen Kenntnisse, besonders über das bis dahin noch unerforschte Kordofan. Der Besuch des peträischen Arabiens gewährt eine reichliche geologische Ausbeute.

Alfred Edmund **Brehm**, Reiseskizzen aus Nord-Ost-Afrika oder den unter egyptischer Herrschaft stehenden Ländern Egypten, Nubien, Sennahr, Rosseeres u. Kordofan, gesammelt auf seinen in den Jahren 1847—52 unternommenen Reisen. 3 Bde. gr. 8. (XXIV u. 1004 S.) Jena 1855, Mauke. n. 4 Thlr.

    Eine unterhaltende und lehrreiche Reisebeschreibung, welche werthvolle Beiträge zur Naturgeschichte und gute Schilderungen des Volkslebens giebt. Besonders gelungen ist die Beschreibung der tropischen Wälder und ihrer Thierwelt.

J. L. **Krapf**, Reisen in Ost-Afrika, ausgeführt in den Jahren 1837—1855 rc. 2 Thle. gr. 8. (XIV, 506, 522 S. u. 1 Karte.) Kornthal 1858, (Tübingen, Fues' Sort.) n. 2⅔ Thlr.

    Einfache Erzählung eines unermüdlich reisenden und wirkenden Missionärs, der auch auf die physischen, ethnographischen und sprachlichen Verhältnisse der von ihm bereisten Gegenden, worunter manche sind, in welche noch nie ein Europäer gekommen ist, ein aufmerksames Auge und Ohr hat. Die Darstellung ist zwar nicht besonders belebt, aber immerhin so, daß auch solche, die kein spezielles Interesse für Missionswesen haben, das Buch gern lesen werden.

Gerh. **Rohlfs**, Reise durch Marokko, Uebersteigung des großen Atlas, Exploration der Oasen v. Tafilet, Tuat u. Tidikelt u. Reise durch die große Wüste über Rhadamas nach Tripoli. Mit d. Portr. des Verf. u. 1 Karte von Nord-Afrika. gr. 8. (VII, 200 S.) Bremen 1868, Kühtmann u. Comp. 1⅓ Thlr.

—— [Reise in Abessynien mit d. engl. Expeditionscorps.] Mit Portr. d. General Napier u. 1 Karte v. Abessynien. (VII, 184 S.) Ebend. 1869. 1½ Thlr.

Die erste Schrift enthält einen interessanten Bericht über eine an neuen Entdeckungen reiche Reise. Die Darstellung ist ungeordnet und nachlässig; noch mehr ist dieß der Fall bei der zweiten Schrift, deren bedeutender Inhalt dadurch fast ungenießbar wird.

**Lieut. F. Stumm**, Meine Erlebnisse bei der englischen Expedition in Abessynien 1868. (162 S. mit 2 Karten.) Frankfurt 1868, Jügel. 1⅕ Thlr.

Der Verf. war, wie Rohlfs, Begleiter der englischen Expedition, sein Buch hat ungefähr denselben Inhalt, ist aber formell viel besser, einfach und natürlich, aber lebendig und anschaulich geschrieben.

**J. M. Flad**, Zwölf Jahre in Abessinien oder Geschichte des Königs Theodor II. und der Mission unter seiner Regierung. (IV, 176 S.) Basel 1869, Spittler.

Wahrheitsgetreuer, interessanter Bericht eines verdienten Missionärs, der durch die Expedition der Engländer aus der Gefangenschaft befreit wurde. Geringe Ausstattung.

**Theodor von Heuglin**, Reisen in Nordost-Afrika. Tagebuch einer Reise von Chartum nach Abessinien in dem Jahre 1852—53. Mit 1 Karte, 1 Gebirgsdurchschn. und 3 Bildern. gr. 8. (X u. 136 S.) Gotha 1857, J. Perthes. n. 2⅓ Thlr.

Ein werthvoller Beitrag zur Kenntniß Abessiniens und der oberen Nilländer.

—— Reise nach Abessinien, den Gala-Ländern, Ost-Sudan und Chartum in den Jahren 1861—1862. Mit Vorwort von A. E. Brehm. Nebst 10 Illustr. von J. W. Bernatz. (XII, 456 S.) Jena 1867, Costenoble. 5 Thlr.

Giebt hauptsächlich die Ergebnisse der naturwissenschaftlichen Beobachtungen und ist gerade kein Buch zur Unterhaltung.

—— Reise in das Gebiet des weißen Nil und seiner westlichen Zuflüsse. 1862—64. Mit Karte u. Holzschn. (X, 382 S.) Leipzig u. Heidelberg 1869, Winter. 4 Thlr.

Reisetagebuch mit interessanten naturwissenschaftlichen Beobachtungen und Schilderungen.

**Otto Kersten**, Carl Claus von der Decken's Reisen in Ost-Afrika in den Jahren 1859—1861. Mit einem Vorwort von A. Petermann. (Bd. I.) Erläutert durch 13 Tafeln, 25 eingedr. Holzschnitte u. 3 Karten. (XIX, 335 S.) Leipzig u. Heidelberg 1869, C. F. Winter. 5½ Thlr.

Nach den Tagebüchern des verstorbenen Reisenden anziehend bearbeitet und besonders reich an guten Naturschilderungen. Die Hauptparthie ist die Insel Sansibar. Prachtvoll ausgestattetes Werk, dessen billiger Preis nur durch besondere Unterstützung möglich war.

**M. J. Schleiden**, Die Landenge von Suez. Zur Beurtheilung des Canalprojects und des Auszugs der Israeliten aus Aegypten. Nach den älteren und neueren Quellen dargestellt. Mit 5 Tafeln in 4. u. einer Karte des nordöstlichen Aegyptens. (XVI, 203 S.) Leipzig 1858, W. Engelmann. 1 Thlr. 22½ Ngr.

Die Geschichte des wunderbaren Auszugs der Israeliten aus Aegypten bildet den Ausgangspunkt, dann wird aber auch die physische Beschaffenheit der Landenge, und die Verkehrsfrage und die technische Seite des Canalprojects näher ins Auge gefaßt.

**Wilhelm Zenker**, Der Suez-Canal u. seine commercielle Bedeutung besonders für Deutschland. (77 S.) Separatabdruck aus der Weserzeitung. 1. u. 2. Aufl. Bremen 1869, C. Schünemann. 15 Ngr.

Nachweisung daß die Ausführung des Werkes auch für den deutschen Handel von großer Bedeutung wäre und Mahnung, eine große deutsch-asiatische Handelsgesellschaft zu errichten, welche die Betheiligung Deutschlands an den Früchten des Unternehmens sichern könnte.

**H. Barth**, Wanderungen durch die Küstenländer des Mittelmeeres, ausgeführt in den J. 1845—47. 1. Bd. Das nordafrik. Gestadeland. Mit 1 Karte. gr. 8. 37½ B. Berlin 1849. 4 Thlr.

Reise eines jungen Philologen, (des später berühmt gewordenen Afrika-Reisenden) der mit gründlichen Kenntnissen und materiellen Reisemitteln gut ausgestattet, sehr interessante Beobachtungen für Geschichte, Geographie und Völkerkunde macht, zuletzt aber das Mißgeschick hat, von Beduinen seiner Papiere beraubt zu werden. Dennoch weiß er des Interessanten viel mitzutheilen, nur schade, daß er es in einem gar schwerfälligen Stil thut.

—— Reisen und Entdeckungen in Nord- und Central-Afrika in den Jahren 1849—55. Tagebuch seiner, im Auftrag der britischen Regierung unternommenen Reise. 5 Bde.
    I. Bd. Mit 6 Karten, eingedruckten Holzschnitten u. 12 chromolith. Bildern. 2. unveränderter Abdruck. gr. 8. (XLIII u. 638 S.) Gotha 1857. J. Perthes. n. 6 Thlr. Prachtausg. n. 12 Thlr.
    II. Bd. Mit 3 Karten, eingedruckten Holzschnitten und 8 chromolith. Bildern. gr. 8. (XII u. 762 S.) Ebend. 1857. n. 6 Thlr. Prachtausg. n. 12 Thlr.
    III. Bd. Mit 3 Karten, eingedr. Holzschnitten u. 16 chromolith. Bildern. gr. 8. (XI u. 612 S.) Ebend. 1857. n. 6 Thlr. Prachtausg. n. 12 Thlr.
    IV. Bd. Mit 1 Karte, eingebr. Holzschnitten u. 14 chromolith. Bildern. gr. 8. (XII u. 688 S.) Ebend. 1858. n. 6 Thlr. Prachtausg. n. 12 Thlr.
    V. Bt. Mit 2 Karten u. 10 chromolith. Bildern. (XII u. 804 S.) 1858. 6 Thlr. Prachtausg. 12 Thlr.

Ausführlicher Bericht von der berühmten, an neuen Entdeckungen reichen Reise, meist in Tagebuchsform und nicht gerade zur unterhaltenden Lectüre geeignet.

Für Laien genügt vollkommen der folgende Auszug:

—— Reisen und Entdeckungen in Nord- und Central-Afrika in d. Jahren 1849—55. Im Auszuge bearb. nach dem Tagebuch. 2 Bde. (III, 508. III, 456 S.) Mit Holzschnitt. u. Karten. Gotha 1859—61, J. Perthes. 3 Thlr.

**Rob. Hartmann**, Reise des Freiherrn Adalbert v. Barnim durch Nordost-Afrika in den Jahren 1859—60. Mit Abbildungen u. Karten. Imp. 4. (XVI u. 773 S. Mit 2 Holzschn., 3 Steintaf. n. 3 Karten.) Berlin 1863, G. Reimer. n. 10 Thlr.

(Mit Atlas von 24 Tafeln n. 24 Thlr.)

Eine ansprechende Reisebeschreibung, welche das Ergebniß aufmerksamer Beobachtung enthält. Die Reise erstreckte sich bis an die Südgrenze der ägyptischen Statthalterschaft. Prächtige Ausstattung, daher der hohe Preis des Buches.

**Moritz Wagner**, Reisen in der Regentschaft Algier in den Jahren 1836—38. 3 Bde. Nebst einem naturhistor. Anhang u. 1 Kupferatlas und 1 lith. Karte ꝛc. gr. 8. Leipzig 1841, L. Voß. n. 12 Thlr.

Band 1 beschreibt den Schauplatz der Beobachtungen, Bd. 2 giebt die Geschichte seiner Bewohner, Bd. 3 naturwissenschaftliche Forschungen und geschichtliche Nachrichten über die Regentschaft in Algier. Vorherrschend belehrend, mit Vermeidung aller touristischen Episoden, aber durch ansprechende Darstellung auch für Unterhaltung geeignet.

**L. Bubry**, Algerien u. seine Zukunft unter französischer Herrschaft. Nach eigener Anschauung u. authentischen Quellen namentlich auch in Rücksicht auf deutsche Auswanderung bearbeitet. gr. 8. (XX u. 266 S.) Berlin 1855, Schindler. n. 1½ Thlr.

Der bekannte Geograph Gumprecht rühmt in seinem Vorwort: „den Hauptzügen nach finden wir hier die Gestaltung der Oberfläche, die natürlichen Hilfsquellen, das Klima nebst den Krankheitsverhältnissen, die gegenwärtigen Culturen, den Charakter und die Sitten der verschiedenen Bevölkerungen, endlich die Eigenthümlichkeit der Städte geschildert, und zahlreiche Beobachtungen des Verfassers geben zugleich seinen mit reichem ernstem Detail ausgestatteten Bildern Leben und Anschaulichkeit." Zu rühmen ist, daß der Verfasser trotz seines speciellen Zwecks sich doch zu keiner parteiischen Anpreisung Algeriens als Auswanderungsziel hat verleiten lassen.

**Max Maria v. Weber**, Ein Ausflug nach dem französischen Nordafrika. 8. (VIII u. 131 S.) Leipzig 1855, E. H. Mayer. ⅔ Thlr.

Der Verfasser schildert als Tourist Algier nebst Umgegend, Arbeh, Blidah, Medeah nach ihrer landschaftlichen und nationalen Eigenthümlichkeit in einer Reihe von Skizzen scharf und lebendig, wobei uns die Gegensätze orientalischer Stabilität und neuester europäischer Bildung frappant entgegentreten.

**Friedrich Locher**, Nach den Oasen von Laghuat. Nebst 1 Plane u. 1 Ansicht des Palastes des Chalifen von Laghuat. gr. 8. (VIII u. 208 S.) Bern 1864, Haller. 24 Ngr.

Pikante Reiseberichte eines schweizerischen Juristen, der in Erbschaftsangelegenheiten eine Geschäftsreise nach Algier zu machen hatte.

**Heinr. Frhr. v. Maltzan**, Drei Jahre im Nordwesten von Afrika. Reisen in Algerien u. Marokko. 4 Bde. 8. (XXX u. 1217 S.) Leipzig 1863, Dürr'sche Buchh. 4 Thlr.

Interessanter Reisebericht eines gebildeten Touristen, der die Reise unternahm, um Volk und Alterthümer dieser Gegend kennen zu lernen, und in dieser Reisebeschreibung ein möglichst getreues Charakterbild der Völker des nordwestlichen Afrikas entwerfen, auf die zahlreichen Denkmale vergangener Cultur aufmerksam machen und sie zur Anschauung bringen und zugleich seine Leser gut unterhalten wollte, was ihm Alles ganz gut gelungen ist.

—— Sittenbilder aus Tunis u. Algier. (452 S.) Leipzig 1869, Dyk. 1 Thlr. 20 Ngr.

Unterhaltende Touristenmittheilungen; übrigens nicht für die Jugend.

**Mungo Park**, Reise in das Innere von Afrika in den Jahren 1795—97, nebst einem Wörterbuch der Muadingo-Sprache und einem Anhang geographischer Erläuterungen von Rennel. Aus dem Französischen von H. v. Bülow. Mit 1 Karte u. Kpfrn. gr. 8. Hamburg 1799, (Leipzig, Brockhaus.) 2½ Thlr.

—— Zweite Reise ins Innere von Afrika, nebst einer Nachricht von seinem Leben. Aus dem Englischen von Fr. E. A. Büttner. Mit 1 Karte, 1 Kupfer und 4 Steindr. 8. Sondershausen (Weimar) 1821, Voigt. 1¾ Thlr.

Der Verfasser war der erste Reisende, der ins Innere von Afrika vorgedrungen ist, und seine Beobachtungen geben wichtige Aufschlüsse, namentlich über den Lauf des Niger und die anwohnenden Völker.

—— Reisen in Afrika. Von der Westküste zum Niger. Neu bearb. v. Frdr. Steger. gr. 8. (XVII u. 322 S.) Leipzig 1856, Lorck. n. 1 Thlr.

Erster Band einer „Bibliothek älterer Reisen." Die neue Bearbeitung zeigt eine vollkommene Beherrschung des Gegenstandes und behandelt den bewährten Stoff in anziehender Darstellung.

David **Livingstone**, Missionsreisen und Forschungen in Süd=Afrika während eines 16jähr. Aufenthalts im Innern des Continents. Autorisirte vollständige Ausgabe für Deutschland. Aus dem Englischen von Herm. Lotze. 2 Bde. Lex. (XII, 392, XVIII, 346 S.) Mit 23 Ansichten in Tondruck, 2 Karten u. 1 Portr. Leipzig 1858, Costenoble. n. 5½ Thlr.
> Enthält sehr viel Interessantes in frischer lebendiger Erzählung, die jedoch zu sehr tagebuchartig ist und eine sachliche Anordnung des Stoffes vermissen läßt.

D. u. Ch. **Livingstone**, Neue Missionsreisen in Süd=Afrika, unternommen im Auftrag der englischen Regierung. Forschungen am Zambesi und seinen Nebenflüssen, nebst Entdeckung der Seen Schirwa und Nyassa in den Jahren 1858—1864. Aus dem Engl. von J. E. A. Martin. Mit 40 Illustrationen in Holzschnitt, 1 Karte und 13 Holzschnitttafeln. 2 Bde. gr. 8. (XXIX u. 699 S.) Jena 1866, Costenoble. 5¾ Thlr.
> Reich an interessanten Beobachtungen, die aber nicht verarbeitet, sondern als einzelne Notizen zusammengestellt sind. Die interessanteste Partie sind wohl die Berichte über den Sklavenhandel, den Livingstone an seinem Hauptsitze kennen lernte und von dem er eine grauenhafte Schilderung entwirft.

James **Richardson**, Bericht über eine Sendung nach Central=Afrika in den Jahren 1850 u. 1851 ꝛc. Aus dem Engl. nebst 1 Karte. gr. 8. (XX u. 360 S.) Leipzig 1853, Dyk'sche Buchh. 2 Thlr.
> Die Reise Richardsons ist zwar durch seinen kühnen Nachfolger Barth in Schatten gestellt, aber es ist andererseits zur richtigen Schätzung dessen, was Barth geleistet, wichtig, die Schwierigkeit kennen zu lernen, mit denen sein Vorgänger zu kämpfen hatte. Jedenfalls bietet Richardsons Reisebericht eine Menge interessanter Notizen.

Graf **d'Escayrac de Lauture**, die afrikanische Wüste und das Land der Schwarzen am oberen Nil. Nach dem Franz. gr. 8. (XI u. 307 S.) Leipzig 1855, Lord. n. 1 Thlr.
> (Hausbibliothek f. Länder= u. Völkerkunde 6. Band.)
> Eine lebendige Schilderung des Natur= und Völkerlebens der nördlichen Hälfte von Afrika. Zum Schluß interessante Mittheilungen über das Kameel.

Bayard **Taylor**, Eine Reise nach Centralafrika oder Leben u. Landschaften von Egypten bis zu den Negerstaaten am weißen Nil. Uebers. von Joh. Ziethen. 8. (XIV u. 474 S.) Leipzig 1855, Voigt und Günther. n. 1⅔ Thlr.
> Bericht eines gebildeten amerikanischen Touristen, der alles Interessante, das ihm aufstößt, klar und anschaulich schildert und besonders die geographischen Partien mit großem Geschick zeichnet.

Brodie **Cruickshank**, Ein achtzehnjähriger Aufenthalt auf der Goldküste Afrikas. Aus dem Engl. übers. gr. 8. (VIII u. 312 S.) Leipzig 1855, Dyk'sche Buchh. 1 Thlr. 27 Ngr.
> Beobachtungen eines engl. Beamten auf Cape Coast Castle. Besonders interessant für die Geschichte des Sclavenhandels, dessen alte Uebung auf der Goldküste der Verfasser nachweist, und für das Missionswesen.

Ch. J. **Andersson**, Reisen in Südwestafrika bis zum See Ngami in den Jahren 1850—54. Aus dem Schwedischen von Herm. Lotze. Mit 16 Stahlstichen in Tondruck u. Holzschn. u. 1 Karte. 2 Bde. Lex. 8. (XVI u. 288. X u. 293 S.) Leipzig 1858, Costenoble. 5½ Thlr.

Berichte von bisher unbesuchten Gegenden und Völkerschaften, deren Lebensverhältnisse, Sitten und Religion ausführlich besprochen werden. Daneben eine lebendige reichhaltige Schilderung des afrikanischen Thierlebens mit vielen Jagdabenteuern. Treffliche Stahlstiche mit Jagdscenen.

**A. Bastian**, Afrikanische Reisen. A. u. d. Tit.: Ein Besuch in San Salvador, der Hauptstadt des Königreichs Congo. gr. 8. (XIX, 369 S.) Bremen 1859, Strack. n. 2 Thlr.

Vorherrschend ethnographischen Inhalts; besonders interessant die Abschnitte über Handel und Sclavenwesen.

**Gustav Fritsch**, Drei Jahre in Süd-Afrika. Reiseskizzen nach Notizen des Tagebuchs zusammengestellt. Mit zahlreichen Illustrationen nach Photographien und Originalzeichnungen nebst einer Uebersichtskarte der ausgeführten Routen. (XVI, 416 S.) Breslau 1868, Ferd. Hirt. 6 Thlr.

Der Verfasser, ein junger Anatom, hat zum Zweck anthropologischer Studien die Umgegend von der Capstadt östlich an der Küste, dann nach Norden bis zum 23° südlicher Breite, sodann die Bauernfreistaaten bis Port Natal als Jäger, Arzt und Photograph durchstreift und seine Beobachtungen zu einem lehrreichen, unterhaltenden Buche verwerthet. Die gut gelungenen Illustrationen sind eine schöne Zierde des Buchs.

**Malerische Feierstunden.** Das Buch der Reisen und Entdeckungen. Afrika.
  I. Bd. **Livingstone**, der Missionär. Erforschungsreisen im Innern Afrika's 1840—1856. 3. verm. Aufl. (XII, 282 S.) Mit Abbildgn. Leipzig 1868. Spamer. 1 Thlr. 10 Ngr.
  II. Bd. Neueste Erforschungsreisen im Süden Afrika's u. auf Madagascar, während d. Jahre 1858—66. Bearb. von Rich. Andree. (XII, 334 S.) Mit Abbildgn. Leipzig 1868, Spamer. 1 Thlr. 10 Ngr.

Zweckmäßige populäre Bearbeitungen.

**Herm. Wagner**, Ed. Vogel, der Afrika-Reisende. Schilderung der Reisen und Entdeckungen des Eduard Vogel in Central-Afrika. Nebst einem Lebensabriß des Reisenden. gr. 8. (VI, 321 S.) Mit eingedr. Holzschnitten, 8 Holzschntaf. u. 1 Karte. Leipzig 1860, Spamer. n. 1⅓ Thlr.

Aus Briefen Vogel's an seinen Vater und den in Petermann's Mittheilungen niedergelegten Berichten zusammengestellt und aus Barths Reise ergänzt.

**Ed. Schauenburg**, Die Reisen in Central-Afrika. Von Mungo-Park bis auf Barth und Vogel. 3 Bde. (XVI, 560. VIII, 566. XVI, 533 S.) Lahr 1858—67, Schauenburg u. Comp. 6 Thlr.

Eine ausführlichere Bearbeitung, die mehr von den wissenschaftlichen Resultaten aufnimmt.

## Reisen in Amerika.

**A. v. Humboldt**, Pittoreske Ansichten der Cordilleren und Monumente amerikanischer Völker. 2 Hefte. Mit Atlas gr. Fol. Stuttgart 1810, Cotta. Schreibpap. n. 40 Thlr. Ohne Atlas. Druckpap. 18 Thlr.

—— Versuch über den politischen Zustand des Königreichs Neuspanien ꝛc. 5 Bde. gr. 8. Stuttgart 1810—15. ebend. 11¾ Thlr., Velinpap. 17 Thlr.

**A. v. Humboldt**, Kritische Untersuchungen über die historische Entwicklung der geographischen Kenntnisse von der neuen Welt und die Fortschritte der nautischen Astronomie in dem 15. u. 16. Jahrh. Aus dem Französ. von Jul. Ludw. Ideler. 3 Bde. gr. 8. Berlin 1835—51, Nicolai's Verl. n. 3 Thlr.

*Klassische Werke, welche für die Kenntniß der Naturverhältnisse des neuen Continents Ausgezeichnetes leisten, und mit wissenschaftlicher Präcision im Einzelnen großartige poetische Auffassung verbinden. Humboldt's Forschungen bleiben auch für seine Nachfolger Grundlagen, von denen sie ausgehen müssen.*

—— Reise in die Aequinoctial=Gegenden des neuen Continents. In deutscher Bearbeitung v. Herm. Hauff. 4 Bde. gr. 8. (1. 2. Bd. XIII, 403, 416, 3. 4. Bd. 847 S.) Stuttgart 1859. 60, Cotta. n. 4 Thlr.

*Eine sehr gute, zweckmäßig abkürzende und den deutschen Stil Humboldt's treffend nachbildende Bearbeitung der im Jahre 1814 in 3 Quartbänden französisch erschienenen Beschreibung der Reise in das tropische Amerika.*

**Bernhard**, Herzog zu Sachsen=Weimar=Eisenach. Reise durch Nordamerika in den Jahren 1825—26. Herausgeg. von H. Luden. 2 Bde. Mit vielen Vignetten, Plänen u. Karten. Lex. 8. Weimar 1828, Hoffmann. 6 Thlr., Velinpap. mit illum. Karten. 12 Thlr.

*Aus dem Tagebuch des Herzogs von dem Historiker Heinrich Luden bearbeitet. Enthält Reiseerlebnisse, reichhaltige Beobachtungen über verschiedene Oertlichkeiten und sociale Verhältnisse, namentlich auch eine genaue Beschreibung der Colonie von Rapp und Owen.*

**Prinz Maximilian** v. Wied=Neuwied. Reise durch Nordamerika in den Jahren 1832—34. 2 Bde. gr. 4. Mit Atlas. Koblenz 1838—41, Hölscher. Ausg. Nr. 1. n. 63⅓ Thlr., Nr. 2. n. 80 Thlr., Nr. 3. n. 95 Thlr., Nr. 4. n. 113⅓ Thlr., Nr. 5. n. 200 Thlr.

*Ein sehr werthvolles, an Natur= und Sitten=Schilderungen, sowie an wissenschaftlicher Ausbeute reiches Werk. Der Atlas enthält sehr schöne Ansichten von Gegenden.*

**Karl Dickens**, (Boz.) Amerika. Aus dem Engl. von C. A. Moriarty. 3 Bde. Leipzig 1842—43. Neue Ausg. 8. Leipzig 1852, Wiedemann. n. 1 Thlr.

*Eine Reisebeschreibung, welche sich durch Frische der Erzählung und durch scharfe verständige Schilderung des Beobachteten in hohem Grad auszeichnet und wohl eine der besten Schriften über Nordamerika ist.*

**Friedr. v. Raumer**, Die vereinigten Staaten von Nordamerika. 2 Thle. Mit 1 color. Karte. 12. Leipzig 1845; Brockhaus. n. 5 Thlr.

*Werthvolles Werk, das über politische und kommerzielle Verhältnisse reichlichen Aufschluß giebt und sich angenehm liest. Obgleich schon älter, verdient es vor Vergessenheit bewahrt zu werden, da der Verf. einer der Ersten war, der die Bedeutung des nordamerikanischen Staatswesens erkannte und den Glauben an seine Zukunft entschieden aussprach.*

**Carl Lyell**, Reisen in Nordamerika mit Beobachtungen über die geognostischen Verhältnisse der vereinigten Staaten von Canada und Neu=Schottland. Deutsch von Em. Th. Wolff. Mit 2 geognost. Karten u. vielen Abbild. gr. 8. 25½ B. Halle 1846. 2 Thlr. 20 Ngr.

*Giebt zunächst die Ergebnisse der geognostischen Untersuchungen des als Geologen berühmten Verfassers, aber auch ein lebendiges Bild der Natur überhaupt, sowie der socialen Verhältnisse in den vereinigten Staaten.*

20*

Carl Lyell, Zweite Reise nach den vereinigten Staaten von Nordamerika. Deutsch nach der 2. Ausgabe des englischen Originals von E. Dieffenbach. In 2 Bänden. Mit 14 in den Text eingedr. Holzschnitten. 8. 46 B. Braunschweig 1851. 2 Thlr. 20 Ngr.

Auch hier bildet die Geologie den Rahmen für das Ganze, aber wir finden noch mehr als in dem früheren Werke desselben Verfassers Nachrichten über die politische, sociale und religiöse Entwickelung Nordamerikas, die er mit großer Vorliebe betrachtet.

G. Catlin, Die Indianer Nordamerika's und die unter den wildesten ihrer Stämme erlebten Abenteuer und Schicksale. Nach der 5. engl. Ausg. deutsch herausgeg. v. Heinr. Berghaus. Mit 24 color. Tafeln. Lex.=8. 24⅝ B. Brüssel 1848. 7 Thlr. 10 Ngr., geb. 8 Thlr.

(Eine 2. (Titel=) Ausg. mit schwarzen Abbild. erschien 1851 u. kostet 3 Thlr. 6 Ngr.)

Sehr lebendige, anziehende Schilderungen eines Malers, der sich ganz in die Indianerwelt eingelebt hat, und mit Wehmuth ihr allmäliges Verschwinden betrachtet.

Franz Löher, Land u. Leute in der alten u. neuen Welt. Reiseskizzen.
I. Bd. 8. (III u. 283 S.) Göttingen 1855, Wigand. 1½ Thlr.
II. Bd. 8. (III u. 281 S.) Ebend. 1855. 1½ Thlr.
III. Bd. (III u. 292 S.) 1858. 1½ Thlr.

Der erste Band enthält treffende Charakteristiken der Engländer und Amerikaner. Auch im zweiten Band herrscht Nordamerika vor, der Verfasser schildert besonders den Westen desselben mit seinem landschaftlichen, gesellschaftlichen und staatlichen Charakter. Ein Theil des Buches ist dem südlichen Frankreich gewidmet, und giebt unter Anderem eine malerische Schilderung des Küstenstrichs von Nizza bis Genua. Der dritte Band giebt eine geistreiche Schilderung der Städte Newyork, Boston und Philadelphia, des obern Mississippigebietes und anderer minder häufig bereisten Gegenden Nordamerika's.

J. G. Kohl, Reisen im Nordwesten der Vereinigten Staaten. gr. 8. (VI u. 534 S.) St. Louis 1858, Witter. 3⅔ Thlr.

Die Reise des Verfassers ging bis an die Grenze der Civilisation, jedoch durch schon bekannte Gegenden, welche er nach ihren Merkwürdigkeiten schildert, und wobei er besonders auf die Bodengestaltung und die Eigenthümlichkeit der Ströme Rücksicht nimmt.

Bald. Möllhausen, Wanderungen durch die Prairien u. Wüsten des westlichen Nordamerika vom Mississippi nach den Küsten der Südsee, im Gefolge der von der Regierung der vereinigten Staaten unter Lieutenant Whipple ausgesandten Expedition. Eingeführt von Alex. v. Humboldt. 2. Aufl. Mit 1 lithogr. Karte. gr. 8. (XVI, 492 S.) Leipzig 1860, Mendelssohn. 2 Thlr.

Enthält außer dem eigentlichen Reiseberichte interessante Nachrichten über die physischen und sittlichen Verhältnisse der noch vorhandenen Urbewohner des Landes.

—— Reisen in die Felsengebirge Nordamerika's bis zum Hoch=Plateau von Neu=Mexiko 2c. 2 Bde. mit 12 Bildern in Farbendruck und 1 Karte. Lex. 8. (XXVI u. 861 S.) Leipzig 1860, Costenoble. n. 6 Thlr. 24 Ngr.

Bericht von der im Auftrag der Regierung der vereinigten Staaten 1858 unternommenen Expedition, welche eine Straße nach dem großen Becken von Utah suchen sollte. Möllhausen begleitete diese Expedition als Zeichner und Topograph und sein Bericht über Naturprodukte des Landes und die Indianerstämme ist viel ausführlicher als der offizielle Bericht, reich an interessanten Beobachtungen und Abenteuern, die eine wahre Fundgrube für Verfasser von Jugendschriften darbieten.

Albert **Gloß**, Das Leben in den Vereinigten Staaten, zur Beurtheilung von Amerika's Gegenwart u. Zukunft. Theilweise f. Kapitalisten u. Auswanderungslustige in Deutschland. 2 Bde. Lex. 8. (XXVIII u. 633, XXVI u. 688 S.) Leipzig 1864, Georg Wigand. 4½ Thlr.

 Ein merkwürdiges, sehr lehrreiches Buch, durch dessen schwerfällige Anlage man sich nicht abschrecken lassen darf. Dasselbe enthält das Ergebniß sorgfältiger gewissenhafter Beobachtungen aus der Feder eines Deutschen, der viele Jahre in Amerika l`bte. Der Verfasser erscheint als ein Autodidakt von absonderlicher Art, als ein Mann, der gewohnt ist, über Alles sich seine Theorien und Grundsätze zu machen, der aber auch ein scharfes Auge für die Dinge hat und durch mancherlei Lebenserfahrungen geschult ist. Es ist ihm ernstlich daran gelegen die Wahrheit zu ergründen und sie zum Besten seiner Nebenmenschen auszubeuten. Der Zweck seines Buches ist, solche, die nach Amerika auswandern und sonstwie ihre Berechnungen darauf gründen wollen, vor Täuschungen zu bewahren. Er ist aber keineswegs gemeint, vor Amerika nur warnen zu wollen, er hat vielmehr, ohngeachtet bitterer Tage, Amerika liebgewonnen, er hat bei aller Erkenntniß der großartigen Mißstände und Mängel des amerikanischen Lebens doch einen guten Glauben an Amerika's Zukunft und hofft, daß die Stammtugenden des Volkes, wofern es die nöthige sittliche Pflege erhält, binnen zwei Generationen herrliche Früchte tragen werden. Ein von ihm häufig angewandtes Mittel der Charakteristik ist die Vergleichung mit England, wozu ihm ein längerer Aufenthalt dort Veranlassung gegeben hat. Zur leichteren Uebersicht über das reiche Material hat der Verfasser ausführliche Inhaltsverzeichnisse beigegeben, und das ganze Buch in bezifferte Paragraphen eingetheilt.

J. W. v. **Müller**, Reisen in den Vereinigten Staaten, Canada u. Mexiko. Mit Stahlstichen, Lithographien u. in den Text gedruckten Holzschnitten. 3 Bde. gr. 8. (XII u. 394, IX u. 482, XII u. 643 S.) Leipzig 1864—65, Brockhaus. 10 Thlr.

 Frische lebendige Beschreibung einer Reise, welche der Verfasser, ein wohlhabender Mann von Bildung, der seine reichen Mittel auf größere Reisen und gelegentliche Naturforschung verwendete, in die genannten Länder unternommen hat. Der erste Band ist den Vereinigten Staaten gewidmet, der zweite Band Mexiko; der dritte giebt Beiträge zu einer Geschichte und Statistik Mexiko's. Die zwei ersten Bände enthalten die Erzählung der Reiseerlebnisse, Schilderung der Naturerscheinungen und Mittheilungen über die socialen Zustände. Der Anhang giebt einige naturwissenschaftliche Beobachtungen. Die Ausstattung ist splendid und der Preis im Verhältniß dazu sehr billig.

R. **Döhn**, Die politischen Parteien in den Vereinigten Staaten in Amerika mit Rücksicht auf die gegenwärtige politische Parteistellung in Deutschland (XV, 311 S.) Leipzig 1868, O. Wigand. 1 Thlr.

 Der Verf. der durch 12jährigen Aufenthalt in Amerika von 1853—1865 mit den dortigen Verhältnissen genau bekannt geworden ist, giebt in gedrängter Kürze eine treffliche Uebersicht und begleitet die Thatsachen mit besonnenem und gereiftem Urtheil.

H. **Löhnis**, Die Vereinigten Staaten von Amerika. Deren Vergangenheit und Gegenwart in socialer, politischer u. finanzieller Beziehung. 2. mit einer Einleitung vermehrte Ausgabe. (XXI, 352 S.) Leipzig 1869, E. H. Meyer. 1½ Thlr.

 Raisonnirende Uebersicht von republikanischem Standpunkt aus mit vielen statistischen Angaben.

Fried. **Whymper**, Alaska. Reisen und Erlebnisse im hohen Norden. Autorisirte deutsche Ausgabe von Fr. Steger. Mit 1 Karte u. 38 Originalillustrationen. (XVI 351 S.) Braunschweig 1869, G. Westermann. 2 Thlr. 15 Ngr.

Interessante Mittheilungen eines englischen Touristen über die bisher wenig bekannten Gegenden des ehemals russischen, jetzt an die Vereinigten Staaten überlassenen Theils von Nordamerika, der durch großartige Naturschönheiten und Pelzreichthum wichtig ist.

**Moritz Busch**, Geschichte der Mormonen, nebst einer Darstellung ihres Glaubens und ihrer gegenwärtigen socialen und politischen Verhältnisse. (444 S.) Leipzig 1870, Ambros. Abel. 2 Thlr. 8 Ngr.

**C. A. Pajeken**, Reiseerinnerungen und Abenteuer aus der neuen Welt in ethnographischen Bildern. Mit e. Vorwort von Fr. Ruperti. 8. (VII u. 168 S.) Bremen 1861, Heyse's Verl. n. 1⅓ Thlr.

Der Verfasser vorliegender Reiseskizzen hat ein sehr bewegtes Leben geführt. 1806 in Bremen geboren, widmete er sich dem kaufmännischen Beruf, fand nach seiner Lehrzeit in Havannah und Baltimore Verwendung, kam dann nach Brasilien, wo er als Secretär bei den Bergwerken einer englischen Gesellschaft Beschäftigung fand. In seine Heimath zurückgekehrt, lebte er eine Zeit lang als Sprachlehrer in Bremen, ging dann nach Californien und Meriko. Die letzte Zeit seines Lebens verbrachte er wieder als Sprachlehrer in Bremen. Er mußte von seinen Reiseerlebnissen mündlich Vieles zu erzählen, hat aber nur wenig aufgezeichnet und nur Einiges in Zeitschriften drucken lassen. Sein Freund Ruperti hat in vorliegendem Buch zusammengestellt, was er in seinem Nachlaß gedruckt und geschrieben vorfand. Das Wenige, was er geben konnte, ist so interessant, daß man bedauert nicht mehr zu haben.

**John L. Stephens**, Begebenheiten auf einer Reise in Yucatan. Deutsch von N. N. W. Meißner. Mit 116 Abbildungen, 10 Plänen und 1 Karte. gr. 8. (XVIII u. 438 S.) Leipzig 1853, Dyck'sche B. 12 Thlr.

—— Reiseerlebnisse in Centralamerika, Chiapas u. Yucatan. Nach der 2. Auflage ins Deutsche übertragen von Ed. Höpfner. Mit 1 Karte, Plänen u. zahlreichen Illustrationen. gr. 8. (XIV u. 554 S.) Leipzig 1854, Dyck'sche B. 9 Thlr.

Epochemachende Werke für Archaeologie und Kenntniß der politischen Zustände Mittelamerika's. Die Baudenkmale von 44 altindianischen Städten, welche wesentlich verschieden von denen des europäischen und asiatischen Alterthums, von einer reichen geschichtlichen Entwicklung verschiedener amerikanischer Völkerschaften Zeugniß geben, werden genau beschrieben und die durch Parteitreiben und Tyrannei Einzelner zerrütteten Republiken nach eigener Anschauung in ihren grauenvollen Zuständen treffend geschildert. Hauptwerke über diesen Theil von Centralamerika.

**E. G. Squier**, Der centralamerikanische Staat Nicaragua in Bezug auf sein Volk, seine Natur und seine Denkmäler. Nebst einer ausführlichen Abhandlung über den projectirten interoceanischen Kanal. Ins Deutsche übertragen von Eduard Höpfner und mit einem Vorwort eingeleitet von Carl Ritter. Mit zahlreichen (33) Illustrationen u. mehren (4) Karten gr. 8. (XVIII u. 570 S.) Leipzig 1854, Dyck'sche B. 6¾ Thlr.

Enthält reichhaltige antiquarische Entdeckungen, sammt vielen Beobachtungen aus der Gegenwart, die der Verfasser, Geschäftsführer der Union bei den centralamerikanischen Staaten, zu machen Gelegenheit hatte. Schildert Land und Staat in einem günstigen Lichte.

—— Die Staaten von Central-Amerika, insbesondere Honduras, San Salvador u. die Mosquitoküste. In deutscher Bearbeitung herausgeg. von Karl Andree. 8. (XLVIII u. 275 S.) u. 1 lith. Taf. Leipzig 1856, Lorck. n. 1 Thlr.

(Hausbibliothek für Länder- u. Völkerkunde 9. Bd.)

Beschreibung einer von der Natur sehr begünstigten, auch mit landschaftlichen Reizen reichlich ausgestatteten Länderstrecke, von einem genauen Kenner. Der deutsche Bearbeiter hat eine gute historische Einleitung und zweckmäßige Anmerkungen hinzugefügt.

**Moritz Wagner** u. **Karl v. Scherzer**, Die Republik Costa Rica in Central-Amerika. Mit besonderer Berücksichtigung der Naturverhältnisse u. der Frage der deutschen Auswanderung und Colonisation. Reisestudien aus den Jahren 1853 u. 1854. Mit 1 Karte. gr. 8. (XVI u. 578 S.) Leipzig 1856, Arnold. n. 3 Thlr.

Die erste, umfassende und getreue Schilderung dieses mit dem mildesten Klima gesegneten Fleck Landes, das die Verfasser vorzugsweise für deutsche Ansiedelung empfehlen. Giebt neben sehr beachtenswerthen Rathschlägen für die Colonisation auch treffliche Naturschilderungen. Die Karte sehr ungenügend.

—— Wanderungen durch die mittelamerikanischen Freistaaten, Nicaragua, Honduras u. San Salvador. Mit Hinblick auf deutsche Emigration u. deutschen Handel. Mit 2 Charten. gr. 8. (XIX u. 516 S.) Braunschweig 1857, Westermann. n. 3 Thlr.

Ist der beschreibende Theil von dem Berichte der Reise, die Scherzer mit Moritz Wagner in die mittelamerikanischen Länder unternommen hat, und giebt ein wahrheitsgetreues physisch-geographisches Bild der genannten Staaten. Besonders macht der Verfasser auch auf die Vortheile aufmerksam, welche sich dem deutschen Handel und den deutschen Auswanderern in diesen gesegneten Ländern darbieten. Eine interessante Beschreibung von dem im Jahre 1854 erfolgten Untergang der Stadt San Salvador, den Wagner selbst mit ansah, findet sich auch in diesem Bande. Die beigegebenen Karten sind schlecht.

**Adolph Uhde**, Die Länder am unteren Rio bravo del Norte. Geschichtliches und Erlebtes. Mit 1 Uebersichtskarte. Lex. 8. (VIII u. 432 S.) Heidelberg 1862, J. C. B. Mohr. n. 2 Thlr.

Der Verfasser hat sich längere Zeit am Rio bravo, dem Grenzfluß zwischen Mexiko und Texas, aufgehalten und seine Beobachtungen über das Charakteristische der dortigen Fauna und Flora, über die Bevölkerung der Gegend, besonders über die Indianer und die verschiedenen Mischlingsrassen aufgezeichnet. Dazu hat er aus der reichen Bibliothek seines Vaters Vieles über die Geschichte des Landes zusammengestellt und eine Skizze der Revolutionen Mexikos von 1849—61 hinzugefügt, die um so willkommener ist, da man bisher nichts Zusammenhängendes darüber hatte.

**Eduard Pöppig**, Reise in Chile, Peru und auf dem Amazonenstrome während der Jahre 1827—32. 2 Bde. gr. 4. nebst Atlas, enthält: 16 Landschaften u. 1 Reisekarte. Roy.-4. Leipzig 1835—36, F. Fleischer. n. 13⅓ Thlr., Velinpap. u. Abbr. auf Chines. Pap. n. 23 Thlr. Ohne Kupfer und Karten. 6 Thlr.

Beruht auf Beobachtungen, die der Verfasser während eines fünfjährigen Aufenthalts in genanntem Land gemacht hat; befaßt sich hauptsächlich mit Zoologie und Botanik, erstreckt sich aber auch auf den Menschen und den Boden, den er bewohnt, so daß man ein vollständiges Bild des Landes und Volkes bekommt. Darstellung belebt.

**J. J. v. Tschudi**, Peru. Reiseskizzen aus den Jahren 1838—42. 2 Bde. gr. 8. St. Gallen 1846, Scheitlin u. Zollikofer. 3 Thlr.

Geistvolle Mittheilung ausführlicher Aufzeichnungen aus einem Reisetagebuche. Auch die Beobachtungen, welche nur im Vorbeigehen gemacht sind, werden durch Reflexionen erweitert, die von umfassenden Kenntnissen zeugen.

—— Reisen durch Süd-Amerika. Mit Abbildungen in Holzschnitt und lithographirten Karten. 5 Bde. gr. 8. (I. XII, 308. II. VI, 383.

III. VIII, 429. IV. V, 320. V. IX, 416 S.) Leipzig 1866—69, Brockhaus. à Bd. 3 Thlr.

Der Verfasser, eidgenössischer Gesandter am Hofe des Kaisers von Brasilien, giebt hier die in den Jahren 1857—1861 gemachten Beobachtungen. Er hat ein scharfes Auge, und erzählt gut, daher dieses Werk eine der werthvollsten Beschreibungen der bereisten Gegenden ist.

**Eduard Mühlenpfordt**, Versuch einer getreuen Darstellung der Republik Mexiko ɔc. 2 Bde. gr. 8. Hannov. (Hamb.) 1844, (Engel.) 1½ Thlr.

Eine ältere gründliche, sorgfältige Arbeit. Der Verfasser war bei einem siebenjährigen Aufenthalt in Mexiko bemüht, die vollständigsten Materialien über Geographie, Ethnographie und Statistik des Reiches zu sammeln. Der erste Theil enthält die allgemeine Darstellung des Landes und Staates, der zweite giebt eine Schilderung der einzelnen Gebiete. Besonders interessant ist die Charakteristik der Bevölkerung.

**Richard Schomburgk**, Reisen in britisch Guiana in den Jahren 1840 bis 1844. Nebst einer Fauna und Flora Guianas nach den Vorlagen von Joh. Müller, Ehrenberg, Erichson, Klotzsch, Troschel, Cabanis u. Anderen. Mit Abbildungen u. 1 Karte von britisch Guiana. 3 Thle. gr. 4. 221¼ B. Leipzig 1847. 49. 20 Thlr.

Behandelt das Geschichtliche der Reise, jedoch mit vielen eingewebten wissenschaftlichen Betrachtungen, ethnographischen, statistischen und landschaftlichen Schilderungen, und führt in klarer anschaulicher Darstellung in eine sehr detaillirte Kenntniß des merkwürdigen Landes ein. Eine sehr inhaltreiche, durch ansprechende Form ausgezeichnete Reisebeschreibung, die neben der Belehrung auch eine unterhaltende Lektüre bietet. Sehr schöne Ausstattung.

**Hermann Burmeister**, Reise nach Brasilien durch die Provinzen von Rio de Janeiro und Minas geraës. Mit besonderer Rücksicht auf die Naturgeschichte der Gold= u. Diamantendistricte. Mit 1 Karte. gr. 8. (VIII u. 608 S.) Berlin 1853, G. Reimer. n. 2⅔ Thlr.

Eine ebenso unterhaltende als lehrreiche Reisebeschreibung. Der Verfasser, der sich durch ästhetische Bildung und eine entsprechende Darstellungsgabe auszeichnet, theilt hier das Tagebuch seiner an Erlebnissen sowie an wissenschaftlichen Beobachtungen reichen Reise in frischer lebendiger Darstellung mit. Sehr elegante Ausstattung.

—— Landschaftliche Bilder Brasiliens und Portraits einiger Urvölker; als Atlas zu der Reise von Rio Janeiro u. Minas geraës. Fol. (11 Tafeln in Tondruck u. 7 S. Text.) Berlin 1853, G. Reimer. n. 3⅔ Thlr.

**Rob. Avé=Lallemant**, Reise durch Südbrasilien im Jahr 1858. 2 Thle. gr. 8. (IX, 509 u. VII, 450 S.) Leipzig 1859, Brockhaus. n. 4⅓ Thlr.

Unterhaltende Beschreibung einer von der Fregatte Novara aus gemachten Reise, auf welcher der Verfasser, der früher 17 Jahre lang als Arzt in Brasilien gelebt, manche interessante Beobachtungen über das Land und dessen Bewohner gemacht hat. Lebendig geschrieben.

—— Reise durch Nordbrasilien im Jahre 1859. 2 Thle. (XV, 466 u. VI, 369 S.) Ebend. 1860. n. 3 Thlr. 24 Ngr.

Eine Fortsetzung des vorigen Werkes.

**Fr. Gerstäcker**, Reisen. 5 Bde. 8. Stuttgart 1853—54, Cotta. à Bd. 1½ Thlr.
1. Bd. Südamerika. (VI u. 492 S.) 2. Bd. Californien. (504 S.) 3. Bd. Die Südseeinseln. (486 S.) 4. Bd. Australien. (VI u. 514 S.) 5. Bd. Java. (472 S.)

Beschreibung einer Reise um die Welt, mit großem Talent und gesunder, etwas derber Auffassung geschrieben. Ohne besondere naturwissenschaftliche oder ethnographische Gesichtspunkte.

Frdr. **Gerstäcker**, Achtzehn Monate in Süd-Amerika und dessen deutschen Colonien. 3 Bde. 8. (VI. 456. VI. 466 u. 482 S.) Leipzig 1862, Costenoble. n. 5⅓ Thlr.

Der bekannte Verfasser beschreibt hier eine anderthalbjährige, an Abenteuern und interessanten Anschauungen reiche Reise mit Lebendigkeit und Frische. Er verfolgte bei dieser Reise hauptsächlich den Zweck, die in Amerika zerstreuten deutschen Ansiedlungen zu besuchen, ging zuerst nach Westindien, von dort über die Panamaeisenbahn an den großen Ocean, dann nach Ecuador, Quito, Lima und Peru, dessen Inneres er mit großen Gefahren bereiste. Von Peru ging er nach Valdivia und Valparaiso, machte einen Abstecher nach Patagonien, reiste dann um das Cap Horn nach Montevideo, Buenos Ayres, nach den deutschen Colonien am Rio Grande und zuletzt nach Rio Janeiro, wo er sich wieder nach Europa einschiffte.

—— Neue Reisen durch die Vereinigten Staaten, Mexico, Ecuador, Westindien u. Venezuela. 3 Bde. (X, 415 u. 422 S.) Jena 1868, Costenoble. 5⅓ Thlr. (Bd. 3 steht noch aus.)

Jegor von **Sivers**, Cuba die Perle der Antillen. Reisedenkwürdigkeiten und Forschungen. gr. 8. (VII u. 364 S.) Leipzig 1861, C. F. Fleischer. n. 2 Thlr.

Nicht flüchtige Erzählung eines Touristen, sondern gehaltvolle Darlegung guter Beobachtungen und fleißiger statistischer Studien über die physischen, wirthschaftlichen und socialen Zustände der Insel. Der Verfasser, ein geistreicher belletristischer Schriftsteller, hat sein statistisches Material durch allgemeine Raisonnements, lebensfrische Schilderungen und geschichtliche Rückblicke zu beleben gewußt, und bietet uns hier eine ebenso unterhaltende als lehrreiche Schrift.

—— Ueber Madeira und die Antillen nach Mittelamerika. Reisedenkwürdigkeiten und Forschungen. gr. 8. (XII u. 388 S.) Leipzig 1861, C. F. Fleischer. n. 2⅕ Thlr.

Außer der eigentlichen Reisebeschreibung giebt der Verfasser seine Beobachtungen über Thier- und Pflanzenwelt.

Karl von **Scherzer**, Aus dem Natur- und Völkerleben im tropischen Amerika. Skizzenbuch. gr. 8. (V u. 380 S.) Leipzig 1864, G. Wigand. 2 Thlr.

Central-Amerika. Westindien. Der tropische Urwald. Die Feuerberge. Die Indianerstämme. Die Ruinenstätten. Polit.-sociale Verhältnisse. Handel und Emigration. Der letzte Kazike von Haiti. Ein schwarzer Kaiser und sein Hof. Bunte Bilder aus Havana.

Otto **Wohsch**, Mittheilungen über das sociale und kirchliche Leben in der Republik Uruguay. gr. 8. (IV u. 444 S.) Berlin 1864, Hertz. 2 Thlr.

Der Verfasser, früher Prediger der deutsch-evangelischen Gemeinde in Montevideo, giebt hier als Ergebniß seiner Beobachtungen eine belebte farbenreiche Schilderung des dortigen Lebens. Das Buch empfiehlt sich durch seine Darstellung zur Lektüre und giebt für etwaige Auswanderungspläne manche werthvolle Notiz.

Moriz **Wagner**, Naturwissenschaftliche Reisen im tropischen Amerika, ausgeführt auf Veranlassung und mit Unterstützung weil. Sr. Majestät des Königs Max II. von Bayern. (XXIV, 632 S.) Stuttgart 1870, Cotta. 3 Thlr. 18 Ngr.

Ergebnisse einer Reise, die der Verfasser in den Jahren 1857—59 in die bisher gänzlich unerforschten Gebirgsgegenden der Landenge von Panama, besonders in die Provinz Chiriqui und in die östlichen Landschaften der Anden von Ecuador gemacht hat. Seine Forschungen betrafen die physische und geognostische Beschaffenheit dieser Landschaften, auch richtete er seine Aufmerksamkeit auf die Beantwortung der Frage, in wieweit sich diese Landschaften für die europäische Colonisation eigneten. Die üppige Vegetation dieser Gegenden gab ihm auch Gelegenheit, Beobachtungen über die Pflanzenwelt zu machen, welche ihn in den Stand setzten, Beiträge zur Darwin'schen Theorie zu liefern.

## Reisen in Australien.

Die Entdeckungsreisen in Australien während der letzten zwanzig Jahre. Unsere Zeit. Bd. VII, 529—584. 1863.

Henri **Lutteroth**, Geschichte der Insel Tahiti und ihrer Besitznahme durch die Franzosen. Frei aus dem Französ. mit Anmerkungen und Zusätzen von Theod. Bruns. Mit 1 Karte der Gesellschaftsinseln. gr. 8. Berlin (Leipzig) 1843, H. Schultze. 1 Thlr.

Eine besonders für die Geschichte der christlichen Missionen, sowohl der katholischen als der protestantischen, wichtige Schrift, in welcher die Geschichte der Festsetzung der Franzosen auf der Insel Tahiti in antifranzösischem Geiste beleuchtet wird. Die Einleitung giebt Manches über die frühere Geschichte der Insel.

Charles **Darwin**, Naturwissenschaftliche Reise nach den Inseln des grünen Vorgebirges, Südamerika, dem Feuerlande, Otaheiti, Neuholland zc. Deutsch mit Anmerkungen von E. Dieffenbach. 2 Thle. Mit 1 Karte u. Holzschn. gr. 8. Braunschw. 1844, Vieweg u. Sohn. n. 3⅓ Thlr.

Wissenschaftlich bedeutende und zugleich unterhaltende Reisebeschreibung. Das Erstlingswerk des berühmten Naturforschers.

Ludw. **Leichhardt**, Tagebuch einer Landreise in Australien von Moreton-Bay nach Port Essington während der Jahre 1844 u. 1845. Aus dem Engl. von E. A. Zuchold. gr. 8. 27⁷⁄₈ B. mit eingedr. Holzschnitten. Halle 1851. 2 Thlr.

Eines der besten Werke über Australien, hauptsächlich naturwissenschaftlichen Inhalts. Der unermüdete Verfasser ist auf seiner letzten Reise ins Innere verschwunden, und man hat nun bestimmte Spuren aufgefunden, daß er von den Eingebornen ermordet sein muß.

G. C. **Mundy**, Wanderungen in Australien u. Vandiemensland. Deutsch bearbeitet von Fried. Gerstäcker. (Lord'sche Hausbibliothek der Länder- und Völkerkunde 11. Bd.) 8. (XII u. 271 S.) Leipzig 1856, Lord. n. 1 Thlr.

Deutsche Bearbeitung eines dreibändigen Werks, das schnell eine Reihe von Auflagen erlebte. Der Verfasser, ein englischer Colonel, hat seine Beobachtungen hauptsächlich auf die gesellschaftlichen Verhältnisse in Australien gerichtet, die freilich eigenthümlich genug sind, da die jetzige Bevölkerung großentheils aus einer Verbrecherkolonie hervorgegangen ist. Er giebt sehr unterrichtende Schilderungen von Land und Leuten.

Samuel **Sidney**, Australien. Geschichte und Beschreibung der drei australischen Kolonien: Neu-Süd-Wales, Victoria u. Süd-Australien. Nach der 2. Aufl. des engl. Originals übers. von C. Volckhausen. gr. 8. (VI u. 416 S.) Hamburg 1854, O. Meißner. 1 Thlr. 6 Ngr.

Erzählt die Geschichte der australischen Kolonie von ihrer ersten Entstehung bis auf den heutigen Tag und giebt sodann eine treue Schilderung der englischen Verwaltung, wobei er auch die Blößen derselben aufzudecken sich nicht scheut. Strenge Wahrheitsliebe und Unparteilichkeit werden ihm nachgerühmt. Genaue statistische Angaben über Export und Import, über den Zolltarif, über die Preise der Lebensmittel, über Kirche und Schule, über Agricultur und Schafzucht, den officiellen Acten der Regierung entnommen, sind, obgleich veraltet, immer noch von Werth.

Ferd. v. **Hochstetter**, Neu-Seeland. Mit 2 Karten, 6 Farbenstahlstichen, 9 großen Holzschn. u. 89 in den Text gedruckten Holzschn. Lex. 8. (XX u. 556 S.) Stuttgart 1863, Cotta. n. 7 Thlr.

Der Verfasser, welcher zum Behuf einer geognostischen Untersuchung einige Zeit auf Neu-Seeland lebte und nicht nur von den englischen Ansiedlern, sondern auch von den Eingebornen, Maoris, freundlich aufgenommen wurde, und letztere näher kennen lernte, schildert das Land und seine Bewohner auf anziehende Weise. Ein nicht nur ethnographisch werthvolles, sondern auch unterhaltendes Buch, luxuriös ausgestattet.

**Fr. Christmann**, Australien. Geschichte der Entdeckungsreisen u. der Colonisation. Mit 120 Text-Abbildungen, vier Karten u. fünf Tonbildern. (X, 374 S.) Leipzig 1870, Spamer. 2 Thlr. 20 Ngr.

Von den vier Abschnitten des Werkes geben die drei ersten eine Geschichte der Entdeckung und Colonisation, der vierte eine fingirte Reise durch Australien, bei welcher die wirklichen Reiseberichte verwerthet und combinirt sind. Das Leben und Treiben der so schnell entstandenen Großstädte ist anziehend geschildert.

## Reisen um die Welt und größere Seefahrten.

**Karl Müller**, Cook der Weltumsegler. Leben, Reisen und Ende des Kapitäns James Cook, insbesondere Schilderung seiner drei großen Entdeckungsfahrten. Nebst einem Blick auf die heut. Zustände der Südsee-Inselwelt. Mit 120 Abbildungen u. 5 Tondruckbildern. gr. 8. (XXI u. 286 S.) Leipzig 1863, Spamer. n. 1⅓ Thlr.

Eine willkommene, mit Sachkenntniß und Geschmack ausgeführte Erzählung der Cook'schen Reisen, geeignet an die Stelle der früheren Campe'schen Bearbeitung zu treten.

**James Clark Roß**, Entdeckungsreise nach dem Süd-Polarmeere in den Jahren 1839—43. Deutsch von Jul. Seybt. Mit 1 Abbildung und 1 Karte. gr. 8. 27½ B. Leipzig 1847. 2 Thlr. 15 Ngr.

Besonders reich an physikalischen Beobachtungen, übrigens auch sonst interessant zu lesen.

**Steen Bille**, Bericht über die Reise der Corvette Galathea um die Welt, in den Jahren 1845, 46 u. 47. Aus dem Dänischen übersetzt u. theilweise bearbeitet von W. v. Rosen. Mit 7 Lithographien und einer Karte. 2 Bde. gr. 8. 62¾ B. Kopenhagen 1852. 7 Thlr. 12 Ngr.

Beschreibung einer sehr interessanten, an mancherlei Entdeckungen reichen Weltumsegelung. Einfache, aber belebte Darstellung und gute Uebersetzung, welche die wissenschaftlichen Excurse zweckmäßig abkürzt.

**Ida Pfeiffer**, eine Frauenfahrt um die Welt. Reise von Wien nach Brasilien, Chili, Otahaiti, China, Ostindien, Persien, Kleinasien. 3 Thle. 8. (XIV u. 740 S.) Wien 1850, Gerold. 2 Thlr. 26 Ngr.

—— Meine zweite Weltreise. 4 Bde. (I. X 222. II. 280. III. 207. IV. 192 S.) Ebend. 1856. 4 Thlr.

Cap Singapore, Borneo, Tavo, Sumatra, Celebes, die Molukken, Batavia, Californien, Peru, Panama, Nordamerika. Hauptpartie die ostindischen Inseln und die Erlebnisse unter den wilden Stämmen der Dataker und Battaker.

Unterhaltender Reisebericht der bekannten abenteuerlichen Reisenden, die über manche Dinge des socialen Lebens bei wilden Völkern genauere Beobachtungen machen konnte als Männer, und daher neben den persönlichen Erlebnissen auch manches Neue zur Kunde unbekannter Völker bietet.

N. J. **Andersson,** Eine Weltumseglung mit der schwedischen Kriegsfregatte Eugenie. 1851—1853. Deutsch v. K. L. Kannegießer. gr. 8. (VIII u. 384 S.) Leipzig 1854, Lorck. n. 1 Thlr.

Eine Privatarbeit des Botanikers der Expedition, welcher die Erlebnisse auf der Reise in einer leichten angenehmen Darstellung für das größere Publikum erzählt.

G. **Skogmann,** Erdumseglung der Königl. schwedischen Fregatte Eugenie. In den Jahren 1851 bis 1853 ausgeführt unter dem Befehl des Commandeurcapitäns C. A. Virgin behufs Anknüpfung politischer u. commercieller Beziehungen u. wissenschaftl. Beobachtungen u. Entdeckungen. Deutsche Ausgabe übers. v. Anton v. Etzel. Mit Bildern in Farbendruck, Karten, Plänen u. dgl. 2 Bde. gr. 8. (XIV u. 610 S.) Berlin 1856, Janke. 5 Thlr.

Eine an handelspolitischen und nautischen Ergebnissen reiche Reisebeschreibung, die namentlich über Südamerika und die Südseeinseln viele interessante Einzelnheiten enthält. Die Darstellung ist aus den Berichten verschiedener Officiere der Fregatte redigirt.

Carl **Brandes,** Sir John Franklin, die Unternehmungen für seine Rettung u. die nordwestliche Durchfahrt. Nebst einer Tabelle der arktischen Temperaturen von H. W. Dove u. einer Karte von Henry Lange. gr. 8. (VIII u. 312 S. u. 1 Tab.) Berlin 1854, Nicolai. 1²/₃ Thlr.

Die aus den Acten der englischen Admiralität entnommenen Materialien sind mit Fleiß gesammelt und gut verarbeitet.

**Elisha Kent Kane.** Zwei Nordpolreisen, zur Aufsuchung John Franklins. Deutsch bearbeitet von Jul. Seybt. (Hausbibliothek der Länder- und Völkerkunde, 12. Bd.) 8. (XXIX u. 298 S.) Leipzig 1857, Lorck. n. 1 Thlr.

—— Nordpolfahrten. (Bearbeitet v. Friedr. Kiesewetter.) Mit 120 Illustrationen. 10 Tondrucktaf. und 1 Karte. gr. 8. (XII u. 278 S.) Leipzig 1858, Spamer. n. 1¹/₃ Thlr.

Beides sehr abgekürzte Bearbeitungen des englischen Originals, das in phantasievoller Darstellung über die neuen Entdeckungen im Polarmeer, die Culturzustände der Eskimo's und die Reiseabenteuer dieser Expedition berichtet. Die erstere Ausgabe hat ein ausführliches Vorwort über die Existenz eines offenen Polarmeers und über das Schicksal Franklins.

Die Franklin-Expedition und ihr Ausgang. Entdeckung der nordwestlichen Durchfahrt durch Mac Clure, sowie Auffindung der Ueberreste von Franklins Expedition durch Kapitain Sir F. L. M. Clintock. Mit 110 Holzschnitten, 6 Tondrucktafeln u. 3 Uebersichtskarten. (VIII 274 S.) Bearbeitet von K. Klaunig u. H. Wagner. gr. 8. Leipzig 1861 Spamer. n. 1¹/₃ Thlr.

Die Erzählung beginnt mit einer Darstellung des Lebens und der Reisen Franklins, es folgt dann eine Geschichte der zu seiner Aufsuchung unternommenen Expeditionen und schließlich der Clintockischen, hierauf ein Ueberblick der geographischen und naturgeschichtlichen Ergebnisse der arktischen Fahrten in vier Abschnitten, 1) Rundschau am Nordpol; 2) das Pflanzenkleid der Polarländer; 3) das Thierleben der Polarwelt; 4) der Mensch am Nordpol.

Die nordwestliche Durchfahrt. Unsere Zeit. Bd. VIII, S. 567—591 u. 681—710.

Eine sehr gute Uebersicht dieser nordischen Entdeckungsreisen.

**Ludwig K. Schmarda**, Reise um die Erde in den Jahren 1853—1857. 3 Bde. gr. 8. (XII, 592. X, 501. 518 S.) Braunschweig 1861, Westermann. n. 8 Thlr.

Der Verfasser, Professor der Zoologie in Prag, verließ 1851 seine Stelle, weil sie ihm durch Quälereien verleidet worden war, und machte sich auf in die weite Welt. Er ging zuerst nach Aegypten, Griechenland, die Insel Ceylon, dann in den indischen Ocean, nach dem Vorgebirge der guten Hoffnung in die Capstadt, in die europäischen Colonien von Süd-Afrika, von hier nach Australien, über die Südsee nach Chili, über die Cordilleren nach der Westküste Süd-Amerikas, nach Peru, Lima, Panama, nach Jamaica, von da zurück nach Panama, hierauf nach Quito, Neu-Granada, Nicaragua, die vereinigten Staaten, Cuba, Havanah, von wo er die Rückreise nach Europa antrat. Sein specielles Fach ist die niedere Thierwelt, er dehnt jedoch seine Beobachtungen auf das Gesammtgebiet der Natur aus und beschreibt namentlich die Pflanzenvegetation der bereisten Länder in schönen anschaulichen Bildern, hat für die Menschenwelt und ihre verschiedene Cultur ein reges Interesse, weiß anschaulich und lebendig zu erzählen.

**Reise der österreichischen Fregatte Novara um die Erde in den Jahren 1857, 58, 59** unter den Befehlen des Commodore von Wüllerstorff-Urbair. 3 Bde. Lex. 8. Mit 38 Holzschnittn, 35 Karten, 3 Tabellen u. 8 S. Noten. (1. Bd. XII u. 407 S. 2. Bd. VI u. 454 S. 3 Bd. VII u. 457 S.) Wien 1861—62, Gerold. à Band 3 Thlr.

Diese von K. Scherzer nach Tagebüchern und officiellen Berichten redigirte Reisebeschreibung umfaßt im 1. Bd. die Fahrt von Triest nach Gibraltar, Madeira, Rio Janeiro, dem Vorgebirge der guten Hoffnung, den Inseln St. Paul und Amsterdam, nach Ceylon und Madras; der 2. Bd. berichtet von der Fahrt nach den nikobarischen Inseln, Java, Manila, China, Australien.

Der 3. Bd. beginnt mit dem Aufenthalt in Sidney, begleitet die Reisenden nach Auckland in Nordneuseeland, nach Tahiti, Valparaiso und von da um das Cap Horn nach Europa.

Die Ausstattung ist sowohl in Beziehung auf den Druck des Textes als in Beigabe von Karten und Holzschnitten sehr splendid.

**Dasselbe erschien 1864 u. 65 als Volksausgabe in 2 Bdn. mit eingebr. Holzschn.** (X, 1208 S. mit 24 Holzschntsln., 3 Steindrucktafeln, 4 Karten u. 2 Tabellen.) n. 3 Thlr.

**Karl v. Scherzer**, Statistisch-commerzielle Ergebnisse einer Reise um die Erde, unternommen an Bord der österr. Fregatte Novara in den Jahren 1857—59. 2. verb. und mit den neuesten statist. Daten ergänzte Aufl. Nebst 4 Karten in lith. Farbendr. Lex. 8. (XII, 797 S.) Leipzig 1867, Brockhaus. 5 Thlr.

Enthält das Ergebniß sorgfältiger unbefangener Beobachtungen und fleißiger Benutzung literarischer und officieller Hülfsmittel, und bietet Vieles für die Geschichte des Handelsverkehrs, der Waarenkenntniß und der nationalökonomischen Fragen sehr Interessante.

**Jos. v. Russegger**, Reisen in Europa, Asien und Afrika, mit besonderer Rücksicht auf die naturwissenschaftlichen Verhältnisse der betreffenden Länder, unternommen in den Jahren 1835—41. 4 Bde. und Atlas in 56 Blättern. gr. 8. Stuttg. 1841—49, Schweizerbart. n. 45 Thlr. 18 Ngr.

Bd. 1. Reise in Griechenland, Unterägypten, im nördlichen Syrien und südöstlichen Kleinasien.
 = 2. Reise in Aegypten, Nubien und Ostsuban.
 = 3. Reise in Unterägypten, Halbinsel des Sinai und gelobtes Land.
 = 4. Reise in der Levante und Europa.

Interessante Beobachtungen in lebendiger, Vertrauen erweckender Darstellung. Das Hauptaugenmerk des Verfassers ist Bergwerkskunde und Geognosie, doch erstrecken sich seine Beobachtungen auf das ganze Gebiet der Naturwissenschaften und auf alles, was ihm Merkwürdiges entgegentritt.

**Ed. Mohr**, Reise= u. Jagdbilder aus der Südsee, Californien u. Südost=Afrika. (110 S.) Bremen 1868, Schünemann. ½ Thlr.
Erzählungen eines vielgereisten Bremer Kaufmanns, der mit ungewöhnlichem Darstellungstalent begabt ist.

## Reisen in Europa.

**J. G. Keyßler**, Neueste Reise durch Deutschland, Böhmen, Ungarn, die Schweiz, Italien und Lothringen, worin der Zustand und das Merkwürdigste dieser Länder beschrieben und erläutert wird. 2 Bde. 3. Aufl. 4. Hannover 1776, Helwings. 6 Thlr.
Eine einst berühmte und viel benutzte Reisebeschreibung, die interessante Beiträge zur Sittengeschichte der damaligen Höfe giebt.

Jonas C. v. **Helz**, (geb. 1756, gest. 1823), Durchflüge durch Deutschland, die Niederlande u. Frankreich. 7 Bdchn. 8.
1—4. Bd. 2. Aufl. Dessau 1796, 97, Aue. 2⅛ Thlr.
5—7. Bd. Hamb. 1798 u. 1800, A. Campe. 1¾ Thlr.
Schon ein älteres Werk, das aber wohl im Andenken erhalten zu werden verdient, da es sehr gehaltvoll ist und über die politischen und Kulturzustände Deutschlands am Ende des vorigen Jahrhunderts manche werthvolle Notiz enthält. Der Verfasser war ein geistreicher patriotischer Arzt in Hamburg, in Perthes Leben bei der Geschichte der Franzosenzeit mehrfach genannt.

**J. G. A. Forster**, Ansichten vom Niederrhein, Brabant, Flandern, Holland, England und Frankreich. 3 Bde. 8. Berlin 1792—94. (1. u. 2. Bd. neue Aufl. 1800 u. 1804.) 4½ Thlr.
Immer noch von Werth, namentlich in Beziehung auf Kunstschilderungen. Neu erschienen als 13. u. 14. Bd. von d. Bibl. d. deutsch. Nat. lit. des 18. Jahrh. 1868. 20 Ngr.

**F. H. v. d. Hagen**, Briefe in die Heimath aus Deutschland, der Schweiz und Italien. 4 Bde. 8. Mit 2 Kpfrn. Breslau 1818—21, Max u. Comp. n. ⅚ Thlr.
Voll von warmem Interesse für alle Reste alten deutschen Lebens in Literatur und Kunst.

Johanna **Schopenhauer**. Ausflug an den Niederrhein und nach Belgien im Jahre 1828. 2 Thle. 8. Leipzig 1831, Brockhaus. 3½ Thlr.
Lebendige Naturschilderungen; sinnige Kunstschilderung. Ueberhaupt angenehme Lektüre.

(Fürst **Pückler=Muskau**.) Briefe eines Verstorbenen. Ein fragmentarisches Tagebuch aus England, Wales, Irland und Frankreich in den Jahren 1828 u. 29. 1. und 2. Thl. 3. Aufl. 8. Stuttgart 1836, Hallbergers Verl. 3¾ Thlr.
3. u. 4. Thl. Ein fragmentar. Tagebuch aus Deutschland, Holland und England, geschrieben in den J. 1826, 27 und 28. 2. Aufl. Mit 2 Stahlst. u. 4 Steintaf. ebend. 1837. 5¼ Thlr.
Erstes Reisewerk des geistreichen Touristen, das seinen verdienten Ruhm begründet hat. Erlebnisse und Zustände der englischen Gesellschaft mit Reflexionen aller Art, voll Witz und Geist geschildert. Die aristokratische Lebensübersättigung tritt in diesem Werke noch weniger hervor.

Carl v. **Hailbronner**, Cartons aus der Reisemappe eines deutschen Touristen. 3 Bde. gr. 8. Stuttgart 1837, Cotta. 4 1/6 Thlr.

—— Morgenland und Abendland. Bilder von der Donau, Griechenland, Aegypten, Palästina, Syrien, dem Mittelmeer, Spanien, Portugal und Südfrankreich. Vom Verf. der Cartons. 2 Bde. 2. Aufl. gr. 8. Stuttgart 1845, Cotta. 2 1/4 Thlr.
<small>Aeußerst belebte und daher beliebte Schilderungen eines bayrischen Officiers.</small>

H. **Gelzer**, Protestantische Briefe aus Südfrankreich und Italien. gr. 8. 19 1/2 B. Zürich 1852. 2. Aufl. u. d. T.: Der katholische Süden und Pius IX. nach der Revolution von 1848. Briefe aus Frankreich und Italien. (XLIV, 348 S.) Zürich 1868, Höhr. 1 Thlr. 24 Ngr.
<small>Reisebriefe von mannichfaltigem Inhalt, mit besonderer Berücksichtigung der kirchlichen Verhältnisse.</small>

V. A. **Huber**, Reisebriefe aus Belgien, Frankreich u. England im Sommer 1854. 2 Bde. gr. 12. (LXVIII u. 920 S.) Hamburg 1855, Agent. des rauhen Hauses. 3 Thlr.
<small>Bericht von einer Reise des Verfassers, welche hauptsächlich Untersuchungen über das Associations- und Armenwesen der genannten Länder zum Zweck hatte. Der Verfasser will hier einen Beitrag zur Beantwortung der Frage geben: wie kann der Auflösung des selbständigen kleinen Geschäfts in ein unselbständig arbeitendes und bald arbeitsloses Proletariat eine Grenze gesetzt werden? Der Grundsatz, von dem er ausgeht, ist: Die Association, sofern sie unter dem Einfluß positiv christlicher Elemente steht, ist die einzig wahrhaft konservative Corporation der Gegenwart und Zukunft für die sogenannten arbeitenden Klassen. Das Werk enthält manche interessante Beobachtung und anregende fruchtbare Gedanken, ist aber um die Hälfte! zu breit.</small>

## Reisen in Spanien und Portugal.

Vict. Aimé **Huber**, Skizzen aus Spanien. 3 Thle. (Bd. I. in 2. Aufl.) Göttingen u. Bremen 1828—33. (Bd. 1. 2. Vandenhöck u. Ruprecht: Göttingen. Bd. 3. Schünemann. Bremen.) 8 7/8 Thlr.
<small>Ein für Schilderung spanischen Lebens immer noch klassisches Werk. Der erste und zweite Band lebendig mit novellenartigen Episoden bietet eine sehr anziehende Lektüre. Der dritte Theil mehr trockene historische Darstellung.</small>

A. **Loning**, Das spanische Volk in seinen Ständen, Sitten u. Gebräuchen, mit Episoden aus dem carlistischen Erbfolgekriege etc. gr. 8. Hannover 1844, Hahnsche Buchh. n. 1 2/3 Thlr.
<small>Klare scharfe Auffassung, gefälliger Stil. Unter den Berichten von Officieren, welche den spanischen Krieg mitgemacht haben, einer der besten.</small>

George **Borrow**, Fünf Jahre in Spanien (1835—39.) Nach der 3. Aufl. aus dem Englischen übersetzt. 3 Bde. 8. 70 1/2 B. Breslau 1844. 3 Thlr. 15 Ngr.
<small>Uebersetzung des englischen Werkes: the bible of Spain. Treffliche Schilderung spanischer Zustände, nicht blos in religiöser, sondern auch in politischer und socialer Beziehung.</small>

Aug. Ludw. v. **Rochau**, Reiseleben in Südfrankreich und Spanien. 2 Bde. gr. 8. 38 1/8 B. Stuttgart 1847. 2 Thlr. 15 Ngr.
<small>Erschien früher als Reisebriefe in der Allg. Zeitung und den Monatsblättern. Unterhaltende und lehrreiche Berichte über Kunst, Natur und Volkssitte. Lebendig und geschmackvoll geschrieben.</small>

Eman. v. **Cuendias**, Spanien und die Spanier, ihre Sitten, Trachten, Volkssagen und Legenden, Bau- und Kunstdenkmäler. Mit vielen Holzschnitten u. Aquarellen. Lex.-8. 23⁷/₈ B. Brüssel 1847—49. 8 Thlr. Neue Ausg. 1850. 4 Thlr. 24 Ngr.

    Ein wirklich ausgezeichnetes Werk, das treffliche Natur- und Sittenschilderungen giebt und dem Leser genußreiche, belehrende Unterhaltung gewährt.

Moritz **Willkomm**, Zwei Jahre in Spanien und Portugal. Reiseerinnerungen. 3 Bde. gr. 12. 92²/₃ B. Dresden 1847. 4 Thlr. 15 Ngr.

——— Wanderungen durch die nordöstl. u. centralen Provinzen Spaniens. Reiseerinnerungen aus dem Jahre 1850. 2 Thle. 8. 51⁷/₈ B. Leipzig 1852. 3 Thlr. 15 Ngr.

    Der Verfasser, ein Botaniker, schildert in frischer Auffassung Gebirgsgegenden und Städte Spaniens, nach ihren natürlichen, sittlichen, politischen und wissenschaftlichen Beziehungen, und erzählt sehr gut.

——— Die Halbinsel der Pyrenäen. Eine geographisch-statistische Monographie. Nach den neuesten Quellen und eigener Anschauung bearbeitet. gr. 8. (XIII u. 594 S. u. 2 Tab.) Leipzig 1855, G. Mayer. 3³/₄ Thlr.

    Soll nach der Absicht des als sorgfältigen Beobachters anerkannten Verfassers nicht nur Jedem, der über Punkte der physikalischen und politischen Geographie, der Ethnographie und Statistik Spaniens und Portugals Auskunft begehrt, Belehrung spenden, sondern auch Reisenden als treuer Führer und Rathgeber dienen können. Physikalische Geographie nach eigener Anschauung und Untersuchung des Verfassers vorzugsweise berücksichtigt; Topographie und Statistik aus Mangel an den neueren Quellenwerken dürftiger behandelt. Reichlicher Spanien als Portugal.

    Willkomm hat in dem geograph. Handbuch von Wappäus die Abtheilung Spanien und Portugal bearbeitet (1864) und darin manches nachgeholt, was in vorstehendem Buche vermißt wird.

Wilh. **Wackernagel**, Sevilla. 8. (149 S.) Basel 1854, Schweighausers Verl. 27 Ngr.

    Eine Reihe öffentlicher Vorträge, die der Verfasser vor einem gemischten Publikum gehalten. Landschaftliche Schilderungen mit historischen und ethnographischen Skizzen durchflochten. Sehr ansprechend, doch die Sprache mitunter etwas geziert.

J. v. **Minutoli**, Portugal u. seine Colonien im Jahre 1854. 2 Bde. mit 1 Portr. u. 1 Karte. gr. 8. (XVIII u. 985 S.) Stuttgart 1855, Cotta. n. 4²/₃ Thlr.

    Der statistische Theil, der bei Willkomm wegen mangelnder Quellen etwas ungenügend ausgefallen ist, tritt hier in den Vordergrund; der Verfasser hat mit großem Fleiß die officiellen Materialien benützt und mit gewandter Darstellung ein Bild der Staatsregierung und Verwaltung sowie auch der socialen Zustände gegeben.

Karl Freiherr von **Thienen-Adlerflycht**, In das Land voll Sonnenschein. Bilder aus Spanien. (VIII u. 322 S.) Berlin 1861, A. Duncker. 1 Thlr. 6 Ngr.

    Giebt nicht allein schön entworfene Landschaftsgemälde, interessante Städtebilder, sondern auch gute volkswirthschaftliche Betrachtungen, anziehende Bemerkungen über Sprache, Sitte, Kunst in Spanien und beständige Rückblicke auf Sage und Geschichte des Landes.

A. v. **Goeben**, Reise- und Lagerbriefe aus Spanien und vom spanischen Heere in Marokko. 2 Bde. gr. 8. (IV u. 747 S.) Hannover 1863, Hahn. 3³/₄ Thlr.

Der Verfasser, der früher im karlistischen Heere gedient hatte, machte 1860 in officiellem Auftrag mit 3 andern preußischen Officieren den spanischen Krieg in Marokko mit. Diesen Zug und dessen Erlebnisse beschreibt er in vorliegendem Buch und schildert gelegentlich Land und Leute in Spanien auf's anziehendste. Seit dem Erscheinen des Buchs hat sich General Göben als Führer eines Theils der preußischen Mainarmee weiter berühmt gemacht.

**W. Wattenbach**, Eine Ferienreise nach Spanien und Portugal. (XVI, 332 S.) Berlin 1869, W. Hertz. 1 Thlr. 18 Ngr.

Beschreibung einer an Ostern 1868 ausgeführten Reise, von einem Historiker, der die Zustände des Landes kurz vor dem Ausbruch der Revolution kennen gelernt hat.

## Reisen in Italien.

**Ernst Willkomm**, Italienische Nächte. Reiseskizzen u. Studien. 2 Bde. 8. 55 3/8 B. Leipzig 1847. 3 Thlr.

Eine interessante Reiselektüre, in welcher über Kunst und Naturschönheiten mit verständigem Urtheil, über Reiseabenteuer mit heiterer Laune und über die Eigenthümlichkeiten des Landes und Volkes mit gesunder Auffassung und Wohlwollen berichtet wird. Warum der Verfasser seine Reisebeschreibung italienische Nächte nennt, ist nicht abzusehen, wenn er nicht etwa damit andeuten will, daß er bei Nacht niedergeschrieben, was er den Tag über gesehen und erlebt hat.

**Adolf Stahr**, Ein Jahr in Italien. 3 Bde. gr. 8. 90 1/8 B. Oldenburg 1847. 48. 50. 6 Thlr.

Eine gehaltvolle Reisebeschreibung aus Italien, die über Land, Volk und Kunst viel Treffendes mittheilt und sich sehr angenehm liest. Störend ist nur der fanatische Humanismus, mit dem der Verfasser, anknüpfend an Schilderungen katholischen Aberglaubens, jede Spur von positiv religiösem Leben verfolgt, und die verletzendsten Ausfälle gegen das Christenthum macht.

—— Herbstmonate in Oberitalien. Supplement zu des Verfassers „Ein Jahr in Italien." gr. 8. (VIII, 568 S.) Oldenburg 1860, Schulze. n. 2 1/4 Thlr.

Beschreibung einer im Sommer 1858 gemachten Reise an den Comersee, Mailand, Genua, Verona, Venedig. Kunstinteressen herrschen vor, Politik wird nur gelegentlich berührt. Am Schluß finden wir eine treffliche Charakteristik des venetianischen Diktators Manin. Im Ganzen macht die Darstellung den Eindruck einer fröhlichen Frische.

**Adolf Stahr** u. **Fanny Lewald**. Ein Winter in Rom. (XIII, 433 S.) Berlin 1869, J. Guttentag.

Reisebriefe beider aus Florenz und Rom vom Winter 1866—67, mit interessanten Schilderungen aus dem socialen Leben und Beschreibungen der Stadt und Umgebung.

**George Dennis**, Die Städte und Begräbnißplätze Etruriens. Deutsch von N. N. W. Meißner. Mit 106 Abbild., 3 Landschaften, 9 Plänen, 18 Inschriften und 1 Karte. 2 Abtheilungen. gr. 8. 51 1/2 B. Leipzig 1852. 8 Thlr. 22 1/2 Ngr.

Frucht wiederholter Reisen. Das Land und seine Alterthümer sind mit großer Genauigkeit beschrieben, und die Trockenheit der Archäologie durch liebevolle Schilderung der Naturschönheiten und humoristische Betrachtungen gewürzt.

**Fr. Pecht**, Südfrüchte. Skizzenbuch eines Malers. 2 Bde. 8. (XXII u. 720 S.) Leipzig 1854, Weber. n. 3 1/2 Thlr.

Der Verfasser, ein Maler von allgemeiner Bildung, giebt unter diesem Titel eine geistreiche Beschreibung seiner Reise durch Italien. Den Hauptinhalt bildet natürlich die Beschreibung von Kunstwerken und dem Eindruck, den sie auf den Verfasser gemacht; daneben finden wir aber auch treffliche Naturschilderungen. Etwas störend ist mitunter der lichtfreundliche Rationalismus, der sich hin und wieder vordrängt und die Unbefangenheit der Kunstbetrachtung verwirrt. In politischer Beziehung zeigt sich der Verfasser als ein eifriger Verehrer der österreichischen Herrschaft in Italien.

Alb. Gustav **Carus**, Sicilien und Neapel. Tagebuch einer Reise während des Winters 1853 bis 1854 im Gefolge Sr. Kgl. Hoheit des Prinzen Georg, Herzog zu Sachsen. 8. (IX u. 484 S.) Wurzen 1855, Berl.-Compt. 2 Thlr.

Ein gut geschriebener, mit Kunst- und Naturbeschreibungen, archäologischen Untersuchungen und Schilderungen aus der höheren Gesellschaft durchwobener Reisebericht.

Ludwig **Goldhann**, Aesthetische Wanderungen in Sicilien. gr. 8. (XIX u. 455 S.) Leipzig 1855, Brockhaus. n. 2 Thlr.

Mischung von Reiseschilderung, ästhetischen Reflexionen und Beschreibung der antiken Kunstdenkmale Siciliens.

Otto **Speyer**, Bilder italienischen Landes und Lebens. Beiträge zur Physiognomik Italiens und seiner Bewohner. 2 Bde. gr. 8. (XVI, 431, VIII, 320 S.) Berlin 1859, Mittler u. Sohn. 2¾ Thlr.

Eine der besten Schilderungen Italiens; man lernt daraus die landschaftlichen Schönheiten Italiens, die geschichtlichen Erinnerungen und die Kulturzustände wirklich kennen, und dazu ist das Buch sehr anziehend geschrieben. Der Verfasser lebte von 1847—1853 unter günstigen Verhältnissen in Toscana.

Andreas **Oppermann**, Palermo. Erinnerungen. 8. (359 S.) Breslau 1860, Trewendt. 1½ Thlr.

Beschreibung und Geschichte der Insel Sicilien, insbesondere Schilderung Palermos, dessen Lage und Volksleben anschaulich dargestellt werden.

Ferd. **Gregorovius**, Siciliana. Wanderungen in Neapel und Sicilien. 8. (XIII u. 400 S.) Leipzig 1861, Brockhaus. n. 2 Thlr.

Geistreiche Schilderungen aus Natur, Kunst und Volksleben, schon in den Jahren 1854 und 55 geschrieben, daher ohne Rücksicht auf die seither eingetretene Umgestaltung der Verhältnisse. Der Verfasser hat da seine Hauptstärke, wo es sich darum handelt, an Beschreibung der Gegenwart Rückblicke in die Vergangenheit anzuknüpfen.

—— Wanderjahre in Italien. 3 Thle. 8 Leipzig 1864, Brockhaus. à n. 1 Thlr. 24 Ngr.

Thl. I. Figuren, Geschichte, Leben u. Scenerie aus Italien. 2. Aufl. (IX u. 388 S.)

Die Insel Elba. Der Ghetto und die Juden in Rom. Idyllen vom lat. Ufer. Römische Figuren. San Marco in Florenz. Toscanische Melodieen. Die Insel Capri.

Thl. II. Lateinische Sommer. (IV u. 363 S.)

Subiaco, das älteste Benedictinerkloster des Abendlandes. — Aus der Campagna von Rom. — Aus den Bergen der latin. Campagna. — Aus den Bergen der Volsker. — Von den Ufern des Liris. — Die römischen Poeten der Gegenwart. — Avignon.

Thl. III. Siciliana. Wanderungen in Neapel u. Sicilien. (XIII u. 400 S.)

Sammlung von Stücken, die schon früher theils in der Allgemeinen Zeitung, theils einzeln veröffentlicht worden sind. Der dritte Theil ist die neue Auflage des obengenannten Werkes. Anziehende Mittheilungen in eleganter Form.

K. F. Robert **Schneider**, Italien in geographischen Lebensbildern. Aus dem Munde der Reisenden gesammelt u. zusammengestellt. Lex. 8. (XI u. 755 S.) Glogau 1862, Flemming. 4 Thlr.

> Eine sehr reichhaltige Sammlung von Landschaften= und Städtebeschreibungen aus verschiedenen gedruckten Reisebeschreibungen gesammelt und nach Ländern geordnet.

Franz **Löher**, Sizilien u. Neapel. 2 Thle. 8. (1.: III u. 300, 2.: III u. 249 S.) München 1864, Fleischmann. 2⅓ Thlr.

> Naturschilderungen, geschichtliche Erinnerungen und sociale Betrachtungen in anziehender Form.

G. F. von **Hoffweiler**, Sicilien. Schilderungen aus Gegenwart u. Vergangenheit. Mit 36 Originalzeichnungen von Alfred Metzner. In Holzschnitt ausgeführt durch die xylographische Anstalt von R. Brend'Amour u. Comp. in Düsseldorf. (299 S.) gr. 4. Leipzig 1870, Alphons Dürr. 5 Thlr. 10 Ngr.

> Ein Prachtwerk mit entsprechendem Text, welcher sowohl der Belehrung als der Unterhaltung dient.

Heinrich Freiherr v. **Maltzan**, Reise auf der Insel Sardinien. (586 S.) Leipzig 1869, Dyk. 2½ Thlr.

> Anmuthige Reisebeschreibung, in welcher zugleich das, was Andere über die phönizischen Alterthümer der Insel, sowie über die geologischen und landwirthschaftlichen Verhältnisse derselben gesammelt haben, gut verarbeitet ist. Insbesondere beruht sein Material auf dem trefflichen gelehrten Werke Lamarmora's, und den zahlreichen Abhandlungen Spano's.

H. **Allmers**, Römische Schlendertage. (349 S.) Oldenburg 1869, Schulze. 1 Thlr. 26 Ngr.

> Reiseskizzen, die sich durch frische spannende Darstellung auszeichnen und sich über alle Gebiete des römischen Lebens verbreiten.

Ed. **Paulus**, Bilder aus Italien. 2. starkverm. Aufl. (217 S.) Stuttgart 1869, Kröner. 18 Ngr.

> Schilderungen von Kunst und Natur in Prosa und Poesie, mitunter nachlässig hingeworfen, aber anziehend durch künstlerische Frische und liebenswürdigen Humor.

## Reisen und Forschungen in Griechenland und der Türkei.

H. N. **Ulrichs**, Reisen und Forschungen in Griechenland. 1. Thl. Reise über Delphi durch Phocis und Böotien bis Theben. Mit 2 Plänen. gr. 8. Bremen 1840, Heyse. 1⅔ Thlr.

> Diese Arbeit gehört zu den gediegensten unter denen, die das alte Griechenland durch Forschungen auf dem Boden des neuen aufzuhellen streben. Ist wissenschaftlicher, als ähnliche Arbeiten der Engländer.

Ludw. **Roß**, Reisen und Reiserouten durch Griechenland. 1. Bd. Reisen im Peloponnes. Mit 2 Karten. gr. 8. Berlin 1841, G. Reimer. n. ⅔ Thlr.

—— Reisen auf den griechischen Inseln des aegäischen Meeres. 4 Bde. gr. 8. Mit Kupfern und Kart. Stuttgart 1840—45, Cotta. 5 Thlr. 17 Ngr.

> Vorherrschend archäologische Topographie, worin der Verfasser Treffliches leistete.

**Ludwig Roß**, Wanderungen in Griechenland im Gefolge des Königs Otto und der Königin Amalie. Mit besonderer Rücksicht auf Topographie und Geschichte aufgezeichnet. Neue wohlfeilere (Tit.) Ausg. 2 Bde. Mit 1 Karte. gr. 8. 33³/₄ B. Halle 1851. 1 Thlr.

Ausgezeichnet schön geschriebene, belebte Darstellung verschiedener in Gesellschaft der griechischen Königsfamilie unternommener Reisen, dazwischen archäologische und topographische Bemerkungen, die dem Laien interessant, dem Gelehrten als kurzgefaßte Resultate von der Hand eines der ersten Kenner werthvoll sind.

—— Kleinasien und Deutschland. Reisebriefe und Aufsätze mit Bezugnahme auf die Möglichkeit deutscher Niederlassungen in Kleinasien. Mit Abbildungen und Inschriften. gr. 8. 16³/₄ B. Halle 1850. 1 Thlr. 15 Ngr.

Enthält eine Reihe von Aufsätzen, welche früher in verschiedenen Zeitschriften zerstreut waren und nun, durch weitere archäologische Ausführungen vermehrt, hier zusammengestellt sind. Der Verfasser macht darauf aufmerksam, daß in Kleinasien noch ein weites Feld der Kolonisation der überströmenden Bevölkerung Europa's offen stehe, und faßt die hierauf bezüglichen Vorschläge in dem ziemlich ausführlichen Vorwort zusammen.

—— Erinnerungen und Mittheilungen aus Griechenland. Mit einem Vorwort von Otto Jahn. gr. 8. (XXXI u. 313 S.) Berlin 1863, Gärtner. n. 1½ Thlr.

Eine Sammlung von Aufsätzen und Briefen, welchen Jahn eine Biographie vorangestellt hat, die besonders die Knaben- und Studentenzeit von Roß eingehend bespricht. Unter den Aufsätzen sind hauptsächlich die Erinnerungen aus Griechenland von Werth, da sie auf Grund vieljähriger eigener Anschauung ein Bild von den politischen und gesellschaftlichen Zuständen geben, welche während der Regentschaft und in den ersten Jahren der Regierung König Otto's in Griechenland herrschten. Roß sah die Zukunft Griechenlands damals ziemlich hoffnungsvoll an. Es folgen dann Mittheilungen über allerlei persönliche Erlebnisse, über die ersten Reisen und Entdeckungen in Griechenland u. A.

**Ludolf Stephani**, Reise durch einige Gegenden des nördlichen Griechenlands. Mit 6 Steintaf. gr. 8. Leipzig 1843, Breitkopf u. Härtel. 24 Ngr.

Anziehend und leicht geschrieben und dabei ein werthvoller Beitrag zur Kenntniß des classischen Bodens des alten Griechenlands. Was Ulrichs für den westlichen, Roß für den südlichen Theil leistet, gewährt Stephani für den nördlichen.

**E. Curtius**, Peloponnesos. Eine historisch-geographische Beschreibung der Halbinsel. 2 Bde. (VI, 496 mit 9 Karten. VIII, 639 mit 21 Karten.) Gotha 1851—52, Just Perthes. 8 Thlr.

Vollkommene Beherrschung des topographischen, archäologischen und geschichtlichen Stoffes, Berücksichtigung aller früheren Forschungen. Beruht auf eigener Anschauung und ist von großem Werth für die Kenntniß der Geschichte griechischer Urzeit und deren Ueberbleibsel. Darstellung etwas trocken und zu sehr für den Gelehrten berechnet. Der erste Theil behandelt Arkadien und Achaia, der zweite Theil das merkwürdige Argos und Sparta.

—— Die Akropolis von Athen. Ein Vortrag im wissenschaftl. Vereine zu Berlin am 10. Febr. gehalten. gr. 8. 2 B. und 1 Steintaf. Berlin 1844. 10 Ngr.

—— Olympia. Mit 2 lith. Taf. gr. 8. 2⅛ B. ebend. 1852. 12 Ngr.

Das erstere eine sehr gute archäologische Beschreibung der Akropolis und ihrer Kunstwerke, das zweite ebenfalls eine Schilderung der Oertlichkeit mit ihren Heiligthümern und Kunstschätzen, verbunden mit einer idealen Auffassung griechischer Sitte in Beziehung auf Gymnastik und Volksfeste, als Vorbild für unsere Zeiten aufgestellt.

**C. Th. Schwab**, Arkadien. Seine Natur, seine Geschichte, seine Einwohner, seine Alterthümer. Eine Abhandlung. gr. 8. 4⅛ B. Stuttgart 1852. 12 Ngr.

Ergebniß mehrerer Reisen durch Arkadien, sehr ansprechend für ein größeres Publikum geschrieben. Mit genauen Untersuchungen über die Styxquelle und literarischen Nachweisungen der bisherigen Berichte über dieselbe.

**Hermann Hettner**, Griechische Reiseskizzen. Mit 4 Tafeln Abbildungen. 8. (VII u. 308 S.) Braunschweig 1853, Vieweg u. Sohn. n. 1⅔ Thlr.

Ein sehr ansprechend geschriebener Bericht von einer im Jahr 1852 von dem Verfasser gemachten Reise, bei welcher er seine Aufmerksamkeit hauptsächlich auf Kunstalterthümer richtete. Einen Hauptabschnitt des Buches bilden die Erörterungen über Bemalung der alten Tempel. Die zweite Hälfte des Buches handelt von den Zuständen und Sitten des neueren Griechenlands.

**W. Vischer**, Erinnerungen und Eindrücke aus Griechenland. gr. 8. (X u. 701 S.) Basel 1857, Schweighauser's Verl. n. 2⅔ Thlr.

Beschreibung einer im Jahr 1853 gemachten archäologischen Reise, die sich auf alle wichtigeren und historisch interessanten Punkte Griechenlands erstreckte. Die Darstellung ist etwas nüchtern, aber zuverlässig. Alles, was einen Gebildeten in Bezug auf Natur, Geschichte und gegenwärtige Verhältnisse des Landes interessiren kann, ist besprochen. Insbesondere kann sich der Laie hier, wie nicht leicht in einem andern Werke, über den Stand der wichtigsten archäologischen und topographischen Fragen auf dem Gebiete des alten Griechenlands aufklären.

**Fr. Unger**, Wissenschaftliche Ergebnisse einer Reise in Griechenland und in den jonischen Inseln. Mit 45 Holzschnitten, 27 Abbildungen in Naturselbstdruck und 1 Karte der Insel Corfu. Lex. 8. (XII u. 213 S. mit 3 Holzschnitttaf.) Wien 1862, Braumüller. n. 2½ Thlr.

Der als Botaniker berühmte Verfasser schildert den Frühling in Corfu, giebt Mittheilung zur Geschichte der Thermen, beschreibt die vom Meerwasser in Bewegung gesetzten Mühlen auf der Insel Cephalonia, die Kyklopenmauern der jonischen Inseln, den Monte Nero auf Cephalonia, den Berg Delphi auf Euböa und die Apollotanne, die Flora von Griechenland und den jonischen Inseln, sowie die fossile Flora auf Euböa.

**Frz. Unger u. Th. Kotschy**, Die Insel Cypern ihrer physischen u. organischen Natur nach, mit Rücksicht auf ihre frühere Geschichte geschildert. Mit 1 topogr.-geograph. Karte, 4 Holzschnttn. und 1 Radirung. gr. 8. (XII, 598 S.) Wien 1865, Braumüller. 4 Thlr. 20 Ngr.

Ein schön ausgestattetes Werk, welches die ganze Naturbeschaffenheit der Insel ausführlich beschreibt.

**Conrad Bursian**, Geographie von Griechenland. Bd. 1. Das nördliche Griechenland. gr. 8. (VIII u. 384 S. Mit 7 lith. Taf.) Leipzig 1862, Teubner. n. 2 Thlr. Bd. 2. Peloponnesos und Inseln. 1 Abth. Die Landschaften Argolis, Lakonien, Messenien. Mit 5 lith. Taf. (180 S.) 1868. 1 Thlr. 6 Ngr.

Eine klare, auf umfassender Kenntniß der literarischen Vorarbeiten und eigener Anschauung beruhende Darlegung unserer Kunde von Griechenland und seinen Ueberresten aus dem Alterthum.

**Classische Landschaften u. Denkmäler aus Griechenland in photographischen Originalaufnahmen** von Baron Paul des Granges. Berlin bei Ed. Quaas.

Von diesen ausgezeichneten Photographien existiren etwa 300 Stück, 60 davon in zwei verschiedenen Ausgaben, die eine 18" hoch und 24" breit à 1½ Thlr., die andere 12" hoch und 18" breit à 25 Ngr. Sie werden von Ernst Curtius empfohlen als die erste Sammlung, welche sich die Aufgabe stellt, die wichtigsten Schauplätze griechischer Geschichte in einer gewissen

Vollständigkeit zur Anschauung zu bringen. Auf Grund einer genauen Landeskunde sind mit sicherem Naturverständniß und einem gebildeten Künstlerauge überall die lohnendsten Standpunkte ausfindig gemacht worden.

**Charles White**, Häusliches Leben und Sitten der Türken. Nach d. Engl. bearbeitet von Alf. Reumont. 2 Bde. Mit 1 Karte und 1 Kupfer. 8. Berlin 1844, A. Duncker. 4½ Thlr.

Verbindet die lebendige Auffassung und anziehende Darstellung des Romanschriftstellers mit der Unparteilichkeit und Treue eines gründlichen Beobachters. Es dürfte wohl keine treuere, lebendigere und detaillirtere Schilderung des gewöhnlichen Lebens der osmanischen Nation geben, als dieses Werk.

**J. Ph. Fallmerayer**, Fragmente aus dem Orient. 2 Bde. gr. 8. Stuttgart 1845, Cotta. 4 Thlr.

Gehaltvolle Berichte von des Verfassers Reise in der europäischen Türkei und in Griechenland, gewürzt mit scharfer Satire auf abendländische Zustände. Besonders bemerkenswerth in dieser Beziehung die Vorrede.

**Heinr. Barth**, Reise durch das Innere der europäischen Türkei von Rustschuk über Philippopel, Rilo (Monastir), Bitolia und den thessalischen Olymp nach Saloniki im Herbst 1862. Mit 2 Karten, 4 lithogr. Ansichten u. 8 Holzschn. gr. 8. (IV u. 232 S.) Berlin 1864, D. Reimer. 1½ Thlr.

Eine kleinere Erholungsreise des berühmten Afrika-Reisenden. Einfach geschrieben, ohne speziell wissenschaftlichen Zweck.

**Alex. v. Warsberg**, Ein Sommer im Orient. (III, 428 S.) Wien 1869, Gerolds Sohn. 3⅓ Thlr.

Eine mit sichtlicher Vorliebe und Wärme für den Orient verfaßte Reisebeschreibung, welche hauptsächlich von der europäischen Türkei handelt.

## Untere Donauländer.

**Gabriel von Prónay**, Skizzen aus dem Volksleben in Ungarn. Mit 25 gemalten bildlichen Darstellungen von Barabás, Sterio u. Weber. gr. Fol. (VII u. 106 S.) Pesth 1854, Geibel. n. 18 Thlr.

Eine getreue und liebevolle Schilderung des originellen ungarischen Volkslebens nach seinen verschiedenen charakteristischen Schichten. Die Bilder naturwahr entworfen und sehr geschmackvoll ausgeführt.

**Charles Boner**, Siebenbürgen. Land u. Leute. Deutsche vom Verfasser autoris. Ausgabe. Mit 32 Abbildungen im Text, 11 Tondruckansichten, 5 color. Karten u. Porträts. (XVI, 693 S.) Leipzig 1868, Weber. 5 Thlr.

Eingehende lebendige Schilderung eines der schönsten Länder Europas aus der Feder eines geistvollen Touristen.

**F. Kanitz**, Serbien. Historisch=ethnographische Reisestudien aus den Jahren 1859—1868. Mit 40 Illustr. im Texte, 20 Taf. und 1 Karte. (XXIV, 744 S.) Leipzig 1868, Fries. 7 Thlr. 15 Ngr.

nteressante, auf Selbstanschauung beruhende Schilderungen von Land und Leuten, mit ter Beziehung auf die orientalische Frage, bei der nach Ansicht des Verfassers Serbien htige Rolle zu spielen berufen ist.

**J. Rasklewicz,** Studien über Bosnien u. die Herzegowina. (XIV, 438 S. mit 1 Karte.) Leipzig 1868, Brockhaus. 2⅔ Thlr.

*Eigentlich Commentar zu einer Karte von Bosnien, welche der Verfasser als Frucht einer 15 monatlichen Bereisung des Landes 1865 herausgegeben hat. Das vorliegende Buch beschreibt nun die Routen, welche der Verfasser gemacht hat und giebt die Ausbeute der unterwegs angestellten Beobachtungen. Einfache kunstlos geschriebene Studien, welche willkommene Beiträge zur Kenntniß eines sonst wenig bekannten Landes gewähren.*

**Franz Maurer,** Eine Reise durch Bosnien, die Savdeländer und Ungarn. (431 S.) Berlin 1870, Heymann. 2 Thlr.

## Reisen in Rußland.

**J. H. Blasius,** Reise im europäischen Rußland in den Jahren 1840 und 1841. 2 Thle. gr. 8. Braunschweig 1844, Westermann. n. 3 Thlr.
 Thl. 1. Reise im Norden. Mit 11 Stahlst.
 „ 2. Reise im Süden. Mit 13 Stahlst.

*Sehr gehaltvolles Werk eines Zoologen; verbreitet sich über die politischen Zustände, sittliche und Culturverhältnisse und naturwissenschaftliche Gegenstände. In letzterer Beziehung legt der Verfasser die allgemeineren Resultate seiner Forschungen vor.*

**J. G. Kohl,** Petersburg in Bildern u. Skizzen. 2 Thle. 2. Aufl. gr. 12. Mit 1 Grundriß. Leipzig 1846, Arnold. n. 5 Thlr.

—— Reisen in Südrußland. 2 Thle. gr. 8. Mit 1 Karte. Neurußland — Odessa — Ausflüge in die Steppen — Die Krim — Bessarabien — Zur Charakteristik der pontischen Steppen — Die Karniten. Leipzig 1841, ebend. 3½ Thlr.

—— Die deutsch-russischen Ostseeprovinzen oder Natur- und Völkerleben in Kur-, Liv- und Esthland. 2 Thle. 8. Mit 1 Karte u. 8 Kpfrtaf. Leipzig 1841, ebend. 5½ Thlr.

*Die besten Werke dieses Touristen, und darunter das erste, das seinen Ruf begründet hat, die Reisen in Südrußland. Makelloser Stil, dem er in den späteren Arbeiten bei seiner Fruchtbarkeit nicht ganz treu geblieben ist. Vortreffliche Auffassung der Volkssitte. Im Einzelnen stoßen Eingeborne natürlich auf Mängel und tadeln die oft zu grellen Farben.*

**Aurelio Buddeus,** Zur Kenntniß von St. Petersburg im kranken Leben. 2 Bde. gr. 8. 41 B. Stuttgart 1846, Cotta. 3 Thlr.

*Theilt über die leiblichen und socialen Krankheitszustände Petersburgs viel Interessantes mit. Handelt über die Stadt und ihre Lage, Klima, Gebäude, Speise und Trank, Krankenhäuser, Armuth und Verbrechen.*

—— Halbrussisches. 2 Theile (in 1 Bd.) (338, 378 S.) Lex.-8. Leipzig 1849, O. Wigand. 3. Aufl. 1854. 2 Thlr.

*Handelt von den russischen Ostseeprovinzen und von den Verhältnissen der Deutschen daselbst, und zeigt, in welcher politisch gedrückten Lage sie sich befinden.*

**M. A. Castrén,** Reiseerinnerungen aus den Jahren 1838—1844. Im Auftrag der kaiserl. russischen Akademie der Wissenschaften herausgeg. von A. Schiefner. Mit d. Bildn. d. Verf. u. 4 andern Portr. Lex. 8. (XIV u. 308 S.) St. Petersburg 1853. (Leipz. L. Voß.) n. 2 Thlr.

—— Reisen im Norden. Enthaltend: Reise in Lappland im Jahr 1838, in dem russischen Karelien im Jahr 1839, in Lappland im nördlichen

Rußland u. Sibirien 1841—44. Aus dem Schwedischen übersetzt von H. Helms. Mit 1 Karte. 8. (X u. 357 S. Leipzig 1853, Mendels=
sohn. 1¾ Thlr.

Castrén machte das Studium des finnischen Volkes und der ihm verwandten Stämme zu seiner Lebensaufgabe, zu deren Erfüllung er diese Reise machte. Die Sprache, Religion und Lebensgewohnheiten dieser Völker sind es, worauf er hauptsächlich sein Augenmerk richtet. Gelegentlich schildert er auch das Land.

Anatol v. Demidoff, Reise nach dem südlichen Rußland und der Krim 2c. Mit Illustrationen. Nach der 2. Ausgabe deutsch von J. F. Neigebaur. Lex. 8. 2 Bde. (XXI u. 382 S. mit 1 Stahlst.) Breslau 1854, Kern. n. 4 Thlr. (Mit 2 Karten n. 6 Thlr. 24 Ngr.)

Ein Hauptwerk für Kenntniß des südlichen Rußlands, welches aber durch den Krimkrieg von 1854 vielfach berichtigt wurde.

Christoph Hansteen, Reiseerinnerungen aus Sibirien. Deutsch von H. Sebald. gr. 8. (VIII u. 215 S.) Leipzig 1854, Lord. n. 1 Thlr.

Hansteens Reise hatte vornehmlich die Erforschung der magnetischen Erdströmungen zum Zweck, deren Ergebnisse er in anderen Werken niedergelegt hat, hier giebt er allgemeine Beobachtungen, die er anspruchslos und anziehend darlegt. Die Bewohner Sibiriens schildert er von sehr günstiger Seite, minder günstig die russischen Beamten.

Alexander Petzholdt, Reise im westlichen u. südlichen Rußland im J. 1855. Mit Holzschnitten u. 9 Karten. gr. 8. (XV u. 501 S.) Leipzig 1864, Fries. 4 Thlr.

Der Verfasser, Professor der Nationalökonomie in Dorpat, unternahm die Reise im Auftrag der Regierung, um die landwirthschaftlichen Verhältnisse von Klein=Rußland und Süd= Rußland ins Auge zu fassen. Er beschränkt sich übrigens in seiner Berichterstattung nicht auf das Landwirthschaftliche, sondern giebt allerhand interessante Schilderungen sonstiger Culturverhältnisse

## Reisen in Skandinavien.

Theod. Mügge, Skizzen aus dem Norden. 2 Bde. Auch u. d. Tit.: Reise durch Skandinavien. Mit 1 Karte v. Norwegen. 12. Hannover 1845, (Hamburg Engel.) 1 Thlr. 6 Ngr.

Unterhaltende Beiträge zur Kenntniß Skandinaviens, nicht ohne moderne Blasirtheit, die man bei der sonst richtigen Auffassung der Verhältnisse und der ansprechenden Darstellung hinwegwünschen möchte.

Heinr. Laube, Drei Königsstädte im Norden. 2 Bde. 8. Leipzig 1845, (Meißen, Goedsche.) 2 Thlr.

Erlebnisse auf einer nordischen Reise, mit vorzugsweiser Schilderung der Städte Stockholm, Kopenhagen und Christiania. Die eigentliche Beobachtung von Land und Volk tritt zurück und die Lücke wird durch Einfügung historischer Genrebilder ausgefüllt. Lebendige und pikante Darstellung.

James D. Forbes, Norwegen und seine Gletscher. Nebst Reisen in den Hochalpen der Dauphiné, von Bern u. Savoyen. Aus dem Engl. von E. A. Zuchold. Mit Holzschnitten u. 1 Karte. gr. 8. (XII u. 312 S.) Leipzig 1855, Abel. n. 2⅔ Thlr.

Eine wesentliche Ergänzung der von den Schweizer Gelehrten angestellten Untersuchungen. Lebensfrische anziehende Darstellung, nur gar zu wörtlich übersetzt.

**Theob. Mügge**, Nordisches Bilderbuch, Reisebilder. 2. unver. Auflage. 8. (IV u. 424 S.) Frankfurt a. M. 1857, Meidinger Sohn u. Co. 2 Thlr.

Lebendige Schilderungen aus Schweden, Norwegen und Kopenhagen, die nicht nur gute Unterhaltung, sondern auch in die Verhältnisse einen tieferen Einblick gewähren.

**William Preyer u. Ferd. Zirkel.** Reise nach Island im Sommer 1860. Mit wissenschaftlichen Anhängen. Nebst 6 Abbildungen in Holzschnitt u. 1 lithogr. Karte. gr. 8. (VIII u. 499 S.) Leipzig 1862, Brockhaus. n. 3⅓ Thlr.

Eine gründliche, insbesondere naturwissenschaftliche Beschreibung der merkwürdigen Insel und ihrer Bewohner. Die zweite Hälfte des Buches besteht in Darlegung der wissenschaftlichen Resultate, in 6 Abschnitten: 1) die geologischen Verhältnisse. 2) Verzeichniß der Gefäßpflanzen. 3) Die Rückgratsthiere. 4) Die Ausbrüche der Vulkane. 5) Statistische Mittheilungen. 6) Aussprache der isländischen Buchstaben.

**Carl Vogt**, Nordfahrt entlang der norwegischen Küste nach dem Nordkap, den Inseln Jan Mayen u. Island auf dem Schooner Joachim Heinrich, unternommen während der Monate Mai bis October 1861 von Dr. Georg Berna. Mit einem wissenschaftlichen Anhang, 3 Karten u. 50 Illustrationen nach Originalzeichnungen von Hasselhorst. Lex. 8. (XV u. 429 S.) Frankfurt a. M. 1864, Jügel's Sort. n. 5 Thlr.

Gutgeschriebener Bericht einer auf Privatkosten aus Liebhaberei unternommenen Reise. Die wissenschaftliche Ausbeute ist unbedeutend.

**L. Passarge**, Schweden, Wisby und Kopenhagen. Wanderstudien. Mit 5 Ansichten (in Holzschn.) 8. (VII u. 376 S.) Leipzig 1867, Brandstetter. n. 1½ Thlr.

Geistreiche Beschreibungen der Landschaften, Städte und des Volkes, mit eingeflochtenen Betrachtungen.

**Henr. Helms**, Finnland und die Finnländer. Eine Skizze aus dem Land der 1000 Seen. (IV, 159 S.) Leipzig 1868, Fritsch. ⅓ Thlr.

—— Island u. die Isländer. (VI, 155 S.) Ebendas. 1869. ½ Thlr.

—— Lappland u. die Lappländer. (VIII, 194 S.) ⅓ Thlr.

Ein in diesen Gegenden bewanderter Mann giebt hier ausführliche Kunde über Landesart, Sitten und Verhältnisse der Bewohner.

## Reisen in Großbritannien.

**Karl Gust. Carus**, England und Schottland im Jahre 1844. 2 Bde. Berlin 1845, A. Duncker. 3¾ Thlr.

Beschreibung einer Reise, welche der Verfasser mit dem König Friedrich August II. von Sachsen gemacht hat, und bei welcher er mit vielen interessanten Persönlichkeiten in Berührung gekommen ist. Die Tagebuchsaufzeichnungen sind darin ohne wesentliche Veränderung benützt und geben den frischen Eindruck der Reiseerlebnisse eines ideenreichen Mannes von feiner Geschmacksbildung.

**Theob. Fontane**, Aus England. Studien u. Briefe über Londoner Theater, Kunst u. Posse. (IX, 326 S.) Stuttgart 1860, Ebner u. Seubert. 1 Thlr. 15 Ngr.

Theob. **Fontane**, Jenseit des Tweed. Bilder und Briefe aus Schottland. (VIII, 352 S.) Berlin 1860, Springer. 1 Thlr. 10 Ngr.
  Interessante Touristenberichte.

Jul. **Rodenberg**, Alltagsleben in London. (VI, 186 S.) Berlin 1860, Springer. 24 Ngr.

—— Die Insel der Heiligen. Eine Pilgerfahrt durch Irlands Städte, Dörfer u. Ruinen. 2. Aufl. 2 Bde. (VII, 598 S.) Berlin 1864, Janke. 1 Thlr. 15 Ngr.

—— Tag und Nacht in London. Mit 10 Zeichnungen. 4. Aufl. (IV, 268 S.) Berlin 1863, Seehagen. 1 Thlr.
  Novellistisch gehaltene Reiseschilderungen.

## Deutschland. Geographisches und Touristisches.

Heinr. **Berghaus**, Deutschland seit hundert Jahren. Geschichte der Gebietseintheilung u. der politischen Verfassung. Leipzig 1859. 60, Voigt u. Günther. n. 5¹/₃ Thlr.
  I. Abth. 1. Bd. gr. 8. (XXII, 448 S.)
  „   „   2. „  gr. 8. (V, 440 S.)
  II. Abth. U. u. b. Titel: Deutschland vor 50 Jahren.
      1. Bd. (VI, 406 S.) 1861. 2¹/₃ Thlr.
      2. „  (IV, 412 S.) 1861. 2¹/₃ Thlr.
      3. „  (IV, 426 S.) 1862. 2¹/₃ Thlr.

Ein für geschichtliche Studien sehr nützlicher Auszug aus Büsching's Geographie von Deutschland mit einer Einleitung über die alte Reichsverfassung und den politischen Zustand im vorigen Jahrhundert. Die zweite Abtheilung behandelt Deutschlands Territorialgeschichte seit den letzten 50 Jahren.

**Das malerische und romantische Deutschland**, in 10 Sectionen. 8. Leipzig 1840—42, Händel.
  Sect. 1. Romantische Wanderungen durch die sächsische Schweiz. Von A. v. Tromlitz. Ganz neu bearbeitet von J. Sporschil. Mit 30 Stahlst. 1840. 3¹/₃ Thlr.
  „ 2. Wanderungen durch Schwaben. Von Gust. Schwab. Mit 30 Stahlst. 1837—38. 3¹/₃ Thlr. 3. Aufl. von Klüpfel. 1851. 1 Thlr. 12 Ngr.
  „ 3. Wanderungen durch Thüringen. Von Ludw. Bechstein. Mit 30 Stahlst. 1837—38. 3¹/₃ Thlr. 3. Aufl. 1 Thlr. 6 Ngr.
  „ 4. Wanderungen durch den Harz. Von Wilh. Blumenhagen. Mit 30 Stahlst. 1838. 3¹/₃ Thlr. 3. Aufl. 1¹/₅ Thlr.
  „ 5. Die malerischen und romantischen Donauländer. Von Ed. Duller. 2 Bde. Mit 60 Stahlst. 1838—40. 6²/₃ Thlr.
  „ 6. Das malerische und romantische Rheinland. Von Karl Simrock, 2 Bde. Mit 60 Stahlst. 1838—40. 6²/₃ Thlr. 3. Aufl. 1851. 2¹/₃ Thlr.
  „ 7. Wanderungen durch Franken. Von Gust. v. Heeringen. Mit 31 Stahlst. 1839—40. 3¹/₃ Thlr.
  „ 8. Wanderungen durch Tyrol und Steiermark. Von Joh. Gabr. Seidl. 2 Bde. Mit 60 Stahlst. 1840—41. 6²/₃ Thlr. 3. Aufl. Zu einem Reisehandbuch umgearbeitet von F. E. Weidmann. Leipzig 1858. 1 Thlr. ohne Stahlstich, mit Stahlstich, 2 Thlr.

**Sect. 9.** Wanderungen durch das Riesengebirge und die Graffschaft Glatz. Von Kar Herloßsohn. Mit 30 Stahlst. 1841. 3⅓ Thlr. 4. Aufl. von C. Willkomm. 1 Thlr. 6 Ngr.

» 10. Die Ost= und Nordsee. Von Theob. v. Kobbe und W. Cornelius. Mit 30 Stahlst. 1841. 3⅓ Thlr. 3. Aufl. von C. Willkomm. 1 Thlr. 12 N gr

Die zweite Auflage wurde unter nachstehendem Titel ausgegeben:

**Das malerische und romantische Deutschland** in 10 Sectionen (Bdn.) mit 390 Stahlst. 2. Aufl. 8. Leipzig 1846—47, (Händel.) 13 Thlr.

Die Bilder von tüchtigen Zeichnern und Kupferstechern; der Text, der nicht Nebensach ist, von den verschiedenen Verfassern verschieden bearbeitet; von allen ist Natur, Geschichte und Sage gleichmäßig berücksichtigt. Das Werk hatte sich großer Theilnahme zu erfreuen, auch Ergänzungen und Nachahmungen genug zur Folge. Als Vorbereitungs= und Erinnerungsbuch Reisenden willkommen.

**Dasselbe. Supplement. Das Weserthal.** Von Franz Dingelstedt. Mit 25 Stahlst. Cassel 1839—42. (Quedlinburg, Ernst.) n. 1⅔ Thlr.

**W. H. Riehl**, Naturgeschichte des Volkes. Bd. IV, Wanderbuch. (VII, 378 S.) Stuttgart 1869, Cotta. 1 Thlr. 18 Ngr.

Diese Wanderungen durch verschiedene Theile Deutschlands bilden den vierten, erst während des Drucks erschienenen Band von dem S. 50 aufgeführten Werke. Besonders anziehend sind darin die Beschreibung des Niederrheins, des Tauberthals und des Gerauer Landes.

**A. J. V. Heunisch**, Das Groß=Herzogthum Baden, historisch=geographisch= statistisch=topographisch beschrieben mit Beigaben von J. Baber. Mit 1 Karte. (XII, 816 S.) Heidelberg 1867, Groos. 1 Thlr. 28 Ngr.

Die beste Landesbeschreibung von Baden, die übrigens der ähnlichen von Württemberg nachsteht.

**Das Königreich Württemberg.** Eine Beschreibung von Land, Volk u. Staat. Herausg. vom kgl. topographischen Büreau. Lex. 8. (XVI u. 1004 S. mit 4 Tab. u. 1 Karte.) Stuttgart 1863, Nitzschke. n. 3 Thlr. 16 Ngr.

Eine neue, gänzlich umgearbeitete Auflage des Memminger'schen Werkes (s. Wegw. 3. Aufl. S. 65), redigirt von Staatsrath v. Rümelin, und geschrieben von sechzehn verschiedenen sachkundigen Beamten und Gelehrten. Die geschichtliche Einleitung, aus der dritten Auflage Memmingers 1841 unverändert wieder abgedruckt, erscheint etwas ungenügend; nur das zweite Hauptstück über die Alterthümer ist neu und eine vollständige Zusammenstellung der in alter und neuer Zeit gemachten Funde. Es folgt dann das zweite Buch: Land und Natur, mit den Unterabtheilungen Geographie, Geognosie, Flora und Fauna. Das dritte Buch: das Volk, enthält außer Bevölkerungsstatistik auch eine Beschreibung der Sitten und Mundarten, sowie eine gute Schilderung des schwäbischen Volkscharakters, und eine ausführliche Darlegung der wirthschaftlichen Verhältnisse. Das vierte Buch beschreibt den Staatsorganismus, das fünfte enthält die Topographie der einzelnen Oberämter und Ortschaften. Bei großer Reichhaltigkeit des Stoffes ist das Buch sehr übersichtlich geordnet, und enthält manche Partien, die man mit Genuß lesen kann.

**Bavaria.** Landes= und Volkskunde des Königreichs Bayern. (Mit 1 Uebersichtskarte in 15 Blättern und Trachtenbildern in Holzschn.) Lex. 8. München 1860—67, lit.=artist. Anstalt.

    Bd. I. 1. 2. Ober= und Niederbayern. (XVI u. 1202 S.) 1860. n. 4 Thlr.

    » II. 1. Ober=Pfalz und Regensburg. (VI u. 544 S.) 1863. n. 2 Thlr.

Bd. II. 2. Schwaben und Neuburg. (S. 545—1188.) 1863. n. 2½ Thlr.
= III. 1. 2. Oberfranken. Mittelfranken. (VIII u. 1320 S.) 1864. 65. n. 4⅔ Thlr.
= IV. 1. Unterfranken u. Aschaffenburg. (VIII u. 584 S.) 1866. n. 2½ Thlr.
= IV. 2. Bayerische Rheinpfalz. (XII u. 738 S.) 1867. n: 3 Thlr. 6 Ngr.

Eine gründliche, unter Redaktion Riehls erschienene officielle Beschreibung Bayerns, welche mit reichem naturwissenschaftlichem, statistischem und geschichtlichem Material ausgestattet ist, und auch anziehende Sittenschilderungen der verschiedenen Volksstämme, sowie landschaftliche Beschreibungen enthält.

**W. H. Riehl, Die Pfälzer. Ein rheinisches Volksbild.** 2. unveränderte Aufl. gr. 8. (VI u. 408 S.) Stuttgart 1858, Cotta. 1½ Thlr.

Eine psychologische Charakteristik von Land und Leuten in der Pfalz, die das Ergebniß wiederholter Wanderungen in dieser Gegend ist. Da das Buch aus Vorarbeiten für eine Statistik und Topographie der baierischen Rheinpfalz entstanden ist, so beschränkt sich die Schilderung zunächst auf letztere. Die Ausführung ist in der bekannten geistreichen Weise des Verfassers wahr und treffend, oft überraschend; doch begegnet ihm auch hin und wieder, daß er die einzelne Wahrnehmung zu sehr verallgemeinert.

X **Aug. Becker, Die Pfalz u. die Pfälzer.** Mit 80 in den Text gedr. Abbildungen u. 1 Charte. 8. (XVI u. 836 S.) Leipzig 1858, Weber. n. 2½ Thlr.

Ein Buch, das keineswegs durch das vorige überflüssig wird, vielmehr eine willkommene Ergänzung dazu bildet. Es ist eine genaue Ortsbeschreibung der ganzen Pfalz mit hübschen Holzschnitten, die der Anschauung zu Hülfe kommen. Die Schilderung umfaßt gleichmäßig das Landschaftliche, Geschichtliche und die Sitten der Bewohner. Für den, welcher die Pfalz bereisen und gründlich kennen lernen will, gewährt das Buch willkommene Berathung. Es ist nur hie und da zu breit und nimmt im Lobe der landschaftlichen Schönheiten den Mund etwas zu voll, indem es die mögliche Vergleichung mit großartigen Gebirgsgegenden ganz außer Acht läßt.

**Heinrich Noë. Bairisches Seebuch.** Naturansichten und Lebensbilder aus den bairischen Hochlandseen. 8. (575 S.) München 1865, Lindauer. 1 Thlr. 24 Ngr.

—— **Oesterreichisches Seebuch.** Darstellungen aus dem Leben an den Seeufern des Salzkammergutes. 8. (X u. 452 S.) München 1867, Lindauer. n. 1 Thlr. 18 Ngr.

Freie Schilderungen von Land und Leuten, Naturschönheiten und Eigenthümlichkeiten des Volkslebens mit eingestreuten novellistischen Partien. Von einem gründlichen Kenner dieser Gegenden und erfahrenen Touristen geschrieben, können die beiden Bücher auch ganz gut zur Vorbereitung auf Fußwanderungen dienen.

—— **Brennerbuch.** Naturansichten und Lebensbilder aus Tirol, insbesondere aus der Umgebung der Brennerbahn. (VI, 468 S.) München 1869, Lindauer. 1 Thlr. 15 Ngr.

**Anton von Ruthner, Aus den Tauern.** Berg- und Gletscherreisen in den österreichischen Hochalpen. Mit 6 Abbildungen in Farbendruck und 1 Gebirgskarte. (XVII, 414 S.) Wien 1864, Gerolds Sohn. 4 Thlr.

Berichte von Bergfahrten und erstmaligen Besteigungen mehrerer Gipfel aus der Feder eines begeisterten Bergfreundes.

**Anton von Ruthner,** Aus Tirol. Berg- und Gletscherreisen in den österreichischen Hochalpen. N. Folge. (VIII, 464 S.) Wien 1869, Gerolds Sohn. 4 Thlr.
<small>Inhalt: Zillerthaler Alpen. Kitzbühler Alpen. Oelzthaler Alpen. Rhätische Alpen.</small>

**Joh. Jak. Staffler,** Das teutsche Tirol und Vorarlberg, topographisch mit geschichtlichen Bemerkungen. 2 Bde. (LXII, 974. 1137 S. Register 97 S.) Innsbruck 1847, Rauch. 6 Thlr.
<small>Eine sehr gründliche, reichhaltige Beschreibung des Landes.</small>

**Ludw. Steub,** Drei Sommer in Tirol. gr. 8. (VI, 664 S.) München 1846. 2 Thlr. 16 Ngr.
<small>Geistreiche Natur- und Sittenschilderung. Eine anziehende Lektüre, besonders für solche, die Tirol bereisen wollen, doch nicht eigentliches Reisehandbuch.</small>

—— Aus dem bairischen Hochlande. 8. (V, 204 S.) München 1850. 1 Thlr.
<small>Landschaftliche Bilder mit historischen Notizen, Anekdoten, Sittenschilderungen u. dgl. Einer der 6 Abschnitte enthält eine interessante Schilderung des Passionsspiels im Oberammergau.</small>

—— Das bayerische Hochland. 8. (VIII, 570 S.) München 1860, lit.-artist. Anstalt. n. 1 Thlr. 18 Ngr.
<small>Frische, zum Theil von köstlichem Humor gewürzte Schilderungen der bayerischen Alpenwelt und ihrer Bewohner.</small>

—— Wanderungen im bayrischen Gebirge. (VII, 224 S.) München 1860, Fleischmann. 1 Thlr.

—— Herbsttage in Tirol. 8. (IV u. 263 S.) München 1867, Merhoff. 1 Thlr.
<small>Inhalt: Betrachtungen über Tirol. Hall und Insbruck. Von Insbruck nach Brixen. Fallmerayer. Tschötsch. Ethnographische Betrachtungen. Das Eischland. Das Trentino.</small>

**Jos. v. Bergmann,** Landeskunde von Vorarlberg. (128 S.) Innsbruck 1868, Wagner. 24 Ngr.
<small>Sehr gehaltvolle Monographie eines bekannten Archäologen, welcher hier sein engeres Vaterland mit großer Liebe schildert. Enthält auch interessante Untersuchungen über Abstammung und Sprache der Bewohner.</small>

**Adolf Ficker,** Die Völkerstämme der österreichisch-ungarischen Monarchie, ihre Gebiete, Grenzen und Inseln. Historisch, geographisch, statistisch dargestellt. Mit 4 Karten. (98 S.) Wien 1869, Ueberreuter. 20 Ngr.
<small>Eine gute, auf neuere Untersuchungen gegründete Uebersicht.</small>

**W. O. v. Horn,** Der Rhein. Geschichte und Sagen seiner Burgen, Abteien, Klöster und Städte. Mit 36 Stahlstichen. Lex. 8. (IV u. 552 S.) Wiesbaden 1867, Niedner. n. 4 Thlr.
<small>Werk eines beliebten Volksschriftstellers, der sein Heimathland und die Quellen seiner Ortsgeschichte mit Liebe durchforscht hat. Die Stahlstiche sind hübsch.</small>

**Hermann Guthe,** Die Lande Braunschweig und Hannover. Mit Rücksicht auf die Nachbargebiete geographisch dargestellt. Mit 3 lith. Tafeln. gr. 8. (XVI u. 661 S. u. Anhang 41 S.) Hannover 1867, Klindworth. n. 2 Thlr. 24 Ngr.
<small>Eine ausgezeichnete Arbeit von wissenschaftlicher Grundlage und praktischem Werth für Orientirung über Land und Leute.</small>

**Theob. Fontane**, Wanderungen durch die Mark Brandenburg. 2 Bde. gr. 8. (XI, 475. V, 548 S.) Berlin 1862 u. 63, Hertz. 4 Thlr.
Der Verfasser weiß die verborgenen Reize seiner als so öde und langweilig verrufenen Heimath mit großer Pietät und Kunst zur Geltung zu bringen. Auch belebt er die Schilderung durch geschichtliche Erinnerungen.

**Herm. Allmers**, Marschenbuch. Land- u. Volksbilder aus den Marschen der Weser und Elbe. gr. 8. (VI, 355 S. mit Holzschnitten.) Gotha 1858, Scheube. 2. Aufl. Bremen 1861, Müller. n. 2 Thlr.
Eine treffliche Schilderung von Land und Leuten, einzelne Partien wahre Meisterstücke. Bei der nahe liegenden Vergleichung mit Riehl's Schilderungen bemerkt man eine mehr realistische Auffassung. Der Verfasser ist ein gebildeter Landwirth zu Rechtenfleth in Osterstade, der die von ihm beschriebenen Gegenden aus vieljähriger Anschauung genau kennt.

**C. P. Hansen**, (auf Sylt,) Das schleswig'sche Wattenmeer und die friesischen Inseln. Mit 10 Bildern u. 1 Karte. gr. 8. (VIII u. 277 S.) Glogau 1865, Flemming. 1½ Thlr.
Originelle Schilderungen eines eingebornen Inselfriesen, welche uns die Landesart anschaulich vergegenwärtigen. Interessant sind die beigefügten Sprachproben.

—— Der Badeort Westerland auf der Insel Sylt. Mit einer Karte der Insel Sylt. (IV, 236 S.) Altona 1869, Lehmkuhl. 1 Thlr.

**Chr. Johansen**, Halligenbuch. Eine untergehende Inselwelt. 8. (VI u. 184 S.) Schleswig 1866, Schulbuchhandlung. u. ¾ Thlr.
Eine Schilderung der Inseln und des sie umgebenden Meeres, der Bewohner, nach ihrem häuslichen Leben, ihrer Arbeit und Noth.

**Helgoland und die Helgolander**. Memorabilien des alten helgolandischen Schiffscapitains Franz Heikens. Herausgegeben von Adolph Stahr. 8. Oldenburg 1844, Schulze. ¾ Thlr.
Sehr interessante Nachrichten über die Schicksale der Insel, über den dortigen Schmuggelhandel während der Continentalsperre, mit Erzählungen aus dem Seeleben in der kräftig einfachen Art eines alten Seemanns durchwoben.

**Friedrich Oetker**, Helgoland. Schilderungen u. Erörterungen. Mit einer Ansicht u. zwei Karten. 8. (XIV u. 585 S.) Berlin 1855, Bessers Verl. n. 2⅔ Thlr.
Eine ausführliche Geschichte, Naturgeschichte, Topographie und Literaturkunde Helgolands in ansprechender Weise zusammengestellt.

**L. Passarge**, Aus dem Weichseldelta. Reiseskizzen. Mit 1 Charte. 8. (XII u. 356 S.) Berlin 1857, Decker. 1 Thlr.
Ein geistreich und sehr ansprechend geschriebenes Buch, dessen Hauptinhalt Beschreibungen der Bauwerke und Kunstschätze in und bei Dirschau, Danzig, Elbing und Marienburg bilden; auch über die Weichsel und ihre Wasserbauten findet sich manches Interessante.

### Die Schweiz.

**H. A. Berlepsch**, Schweizerkunde. Land, Volk und Staat, geographisch-statistisch, übersichtlich-vergleichend dargestellt. Unter Mitarbeiterschaft der Herren Redakteur Gengel, Prof. Gustav Vogt, Prof. A. v. Orelli und Herm. v. Marschall in Zürich. gr. 8. (XII u. 907 S.) Braunschweig 1865, Schwetschke u. Sohn. n. 3½ Thlr.
Ein sorgfältig gearbeitetes Werk, das uns gründliche Kenntniß der schweizerischen Zustände gewährt.

Schweiz. Naturwissenschaften. Allgemeines.

H. A. Berlepsch, Die Alpen in Natur- und Lebensbildern. 3. Aufl. Für den Reisegebrauch eingerichtet. Mit 6 Illustr. in Holzschnitt. gr. 16. (286 S.) Jena 1866, Costenoble. 1 Thlr.
Sehr ansprechende Naturschilderungen aus dem Gebirgsleben der Schweiz.

Ed. Osenbrüggen, Culturhistorische Bilder aus der Schweiz. (VIII, 184 S.) Leipzig 1862, Roßberg. ¾ Thlr.
1) Appenzell-Interlaken. 2) Unterwalden. 3) Glarus. 4) Zug. 5) Das Grimsel Hospiz. 6) Das Hochthal Davos. 7) Die Ufenau.

—— Neue culturhistorische Bilder aus der Schweiz. (IV, 210 S.) Leipzig 1864, Roßberg. ¾ Thlr.
1) Das Wäggithal. 2) Schwyz. 3) Gersau. 4) Der Seelisberg und das Isenthal. 5) Uri. 6) Luzern. 7) Solothurn.

—— Wanderstudien aus der Schweiz. 2 Bde. (V, 365. 306 S.) Schaffhausen 1867—69, Hurter. 2⅔ Thlr.
Inhalt: Bd. I. 1) Entwicklungsgeschichte des Schweizerreisens. 2) Die Ortmontsthäler. 3) Aus dem Bündnerlande. 4) Das Maderanerthal. 5) Reichenau und Arenenberg. 6) Das Entlebuch. 7) Die Freyburg. 8) Das Kloster Fischingen. 9) Am Walensee. 10) Die Schweiz das Land der Gegensätze.
Bd. II. 1) Stachelberg. 2) Das Muotathal. 3) Kleine Städte. 4) Das Münsterthal und Bormio. 5) Die Kyburg. 6) Der Gebirgspfarrer. 7) Der schweizerische Alpenklubb. 8) Reisen alter Züricher.
Interessante Beobachtungen und Schilderungen aus der Feder des bekannten Criminalisten, der seit Jahrzehenten als Professor in Zürich lebt und die Schweiz nach allen Seiten durchwandert hat. Mehr Studien über Sittengeschichte und Rechtszustände, als Naturbetrachtung. Besonders interessant ist die Geschichte der Schweizerreisen.

## Naturwissenschaften.

### Allgemeines.

Alex. v. Humboldt, Ansichten der Natur mit wissenschaftlichen Erläuterungen. 2 Bdchn. 1. Aufl. 1808. 2. Aufl. Stuttgart 1849, Cotta. 2⅔ Thlr. Taschenausgabe 1860. 2 Bdchn. (262 u. 294 S.) Cotta. 21 Ngr.
Dieses klassische Werk behandelt in ausgezeichnet geistreicher Darstellung einzelne Theile des Erdlebens: Pflanzengestaltung, Grasfluren und Wüsten. Noch keineswegs veraltet; namentlich ist der Aufsatz über die Physiognomik der Gewächse immer noch das Beste in dieser Art.

—— Kosmos. Entwurf einer physischen Weltbeschreibung. 5 Bde. gr. 8. Stuttgart 1845—62, Cotta. 21 Thlr. 10 Ngr. Taschenausgabe 1845—58. 4 Bde. (507. 535. 643. 690 S.) 2 Thlr. 10 Ngr.
Das Hauptverdienst dieses berühmten Werkes liegt im ersten und zweiten Bande. Der erste Band enthält ein allgemeines Naturgemälde, der zweite die Geschichte der physischen Weltanschauung, der dritte eine populäre Astronomie, der vierte eine physikalische Geographie. Der fünfte Band, welcher in der billigen Ausgabe fehlt, enthält nur wenige Seiten geologischen Inhalts, im übrigen nur ein sehr ausführliches Inhaltsregister, woran schon die früheren Bände keinen Mangel leiden, und kann daher füglich entbehrt werden. Der Gesammtinhalt der Naturwissenschaften ist hier in klassischer Sprache dargelegt, und beide Werke dürfen in keiner Bibliothek, welche die Interessen der allgemeinen Bildung repräsentiren will, fehlen.

**Bernh. Cotta,** Briefe über Alex. v. Humboldt's Kosmos. Ein Commentar zu diesem Werke für gebildete Laien.
1 Thl. 2. Aufl. mit 3 Steintafeln. gr. 8. (X, 356 S.) Leipzig 1850, T. O. Weigel. 2 Thlr. 15 Ngr.
2. Thl. 1. 2. Abth. Bearb. von Jul. Schaller. Mit 10 lithograph. Tafeln. gr. 8. (IV, 482 S.) ebend. 1850. 3 Thlr.
3. Thl. Bearb. von B. Cotta. 1. Abthlg. (VIII, 254 S.) Mit 2 Sternkarten, 3 lith. Taf. u. mehreren Holzschn. 2. Abthlg. (468 S.) mit Mondkarte. 1851 u. 52. 3½ Thlr.
4. Thl. 1. Bearb. von W. C. Wittwer. (XIV, 217 S.) Physikalische Geographie. 1859. 1 Thlr. 15 Ngr.
2. Bearb. von G. Giraud. (VIII, 419 S.) Geologie. 1860. 2½ Thlr.

Der erste Band dieses Commentars, welcher sich an Humboldts Text genau anschließt, giebt dazu ein reiches Material positiven naturhistorischen Wissens. Der zweite von Schaller beschäftigt sich, dem Inhalt des zweiten Bandes von Humboldt entsprechend, mit der religiösen und ästhetischen Naturauffassung, insbesondere in Bezug auf Darstellung der Natur durch Malerei, und wendet sich dann zur Geschichte der allgemeinen physischen und philosophischen Betrachtungsweise der Natur. Die Ausführung ist gehaltvoll, klar und ohne Phrasen. Der dritte Band enthält einen Commentar zur Astronomie, der vierte zur physikalischen Geographie und Geologie.

**Friedr. Schödler,** Das Buch der Natur, die Lehren der Physik, Astronomie, Chemie, Mineralogie, Geologie, Botanik, Physiologie und Zoologie umfassend. 1. Aufl. 1846. 2 Thle. 16. Aufl. gr. 8. (I. XL u. 447 S. II. XIV u. 565 S.) Braunschweig 1867, Vieweg u. Sohn. n. 2⅓ Thlr.
Bd. I. Physik, physikalische Geographie, Astronomie und Chemie. Mit 361 in den Text gedruckten Holzschnitten, 2 Sternkarten und 1 Mondkarte. n. 1 Thlr.
Bd. II. Mineralogie, Geognosie, Geologie, Botanik, Physiologie und Zoologie. Mit 615 in den Text gedruckten Holzschnitten und 1 geognostischen Tafel in Farbendruck. n. 1⅓ Thlr.

Ein Werk, das eine sehr zweckmäßige populäre Uebersicht über das Gesammtgebiet der Naturwissenschaften giebt, und sich namentlich als Leitfaden zum Unterricht für die Jugend bewährt hat. Von seiner Brauchbarkeit zeugen die vielen Auflagen, die es zugleich möglich machten, daß sich das Buch auf der Höhe der Wissenschaft erhalten konnte.

**Die gesammten Naturwissenschaften.** Für das Verständniß weiterer Kreise auf wissenschaftlicher Grundlage bearbeitet von Dippel, Gottlieb, Koppe, Lottner, Mädler, Masius, Moll, Naud, Nöggerath, Quenstedt u. v. Rußdorf. Eingeleitet von Herm. Masius. Mit zahlreichen in den Text eingedruckten Holzschnitten. 2. Aufl. 3 Bde. Essen 1859—62, Bädeker. 10 Thlr. 20 Ngr.
I. Bd. Physik und Meteorologie von K. Koppe. Physikalische Technologie von C. L. Moll. Elektrische Telegraphie, Galvanoplastik und Photographie von E. Naud. Chemie und chemische Technologie von J. Gottlieb. (XVI, 624 S.)
II. Bd. Physiologie von E. v. Rußdorf. Zoologie von H. Masius. Botanik von Dippel. Lex. 8. (670 S.)

III. Bd. Mineralogie von Quenstedt, Geologie von Nöggerath, Berg= u. Hüttenkunde von Lottner, das Meer von Romberg, Astronomie von Mädler. (VIII, 712 S.) mit 3 Charten.

In diesem Sammelwerk sind die einzelnen Disciplinen meist von Fachmännern in guter populärer Darstellung, mit Rücksicht auf wissenschaftliche Streitfragen, behandelt. Physik und Chemie in Band I. sind nicht mehr ganz auf der Höhe der jetzigen Wissenschaft. In Band II. zeichnet sich die Zoologie von Massius durch eine lebendige freie Behandlung des wissenschaftlichen Materials aus, besonders weiß der Verfasser die interessanten Züge des Thierlebens und seine Beziehungen zum Menschen anziehend zu schildern. In Bd. III. empfehlen wir die Mineralogie von Quenstedt, die Berg= und Hüttenkunde von Lottner und die Astronomie von Mädler als besonders gelungen.

Eine neue billige Ausgabe des zweiten und dritten Bandes ist erschienen unter dem Titel:

**Naturgeschichte des Himmels u. der Erde.** 2 Bde. (670. 688 S.) Hamburg 1866, G. W. Niemeyer. 2 Thlr.

**Joh. Leunis**, Synopsis der drei Naturreiche. Ein Handbuch für höhere Lehranstalten und für Alle, welche sich wissenschaftlich mit Naturgeschichte beschäftigen. Zweite gänzlich umgearbeitete und mit mehreren Tausend Holzschnitten vermehrte Auflage. 2 Bände. (I. Bd. Zoologie. LXVI, 1014 S. II. Bd. Botanik. IV, 912 S.) Hannover 1857—68, Hahn. 9 Thlr. 14 Ngr.

Das beste Hülfsmittel für gründlichere Studien in diesen Fächern. Band III. über das Mineralreich ist noch nicht erschienen.

**N. J. Berlin**, Die Natur. Ein Lesebuch für Schule und Haus. Nach dem Schwedischen bearbeitet von Lorenz Tutschek. Mit 175 Holzschnitten. 3. verb. Aufl. 8. (X u. 606 S.) München 1867, Liter.=artist. Anstalt. n. 1 Thlr.

Ein sehr empfehlenswerthes Buch. Der Stoff ist sehr zweckmäßig ausgewählt, neben einer kurzen Naturgeschichte der drei Reiche werden auch die wichtigsten Lehren der Astronomie, Physik, Chemie so behandelt, daß die Beziehung zum praktischen Gebrauch überall hervortritt. Die Darstellung beruht auf solider Sachkenntniß und ist wahrhaft populär, klar, lebendig und dadurch unterhaltend: junge Leute vom 12. Jahre an können das Buch mit Genuß lesen.

**A. Bernstein**, Naturwissenschaftliche Volksbücher. 3. Aufl. 20 Bde. Berlin 1867—69, Frz. Duncker. à Bd. 6 Ngr. Gesammtpr. 4 Thlr.

    I. Geschwindigkeit. Schwere der Erde. Das Licht und die Entfernung. Zur Witterungskunde. Von der Blüthe und der Frucht. Die Nahrungsmittel für das Volk. (160 S.)
    II. Die Ernährung. Vom Instinct der Thiere. (160 S.)
    III.
    IV. } Von den geheimen Naturkräften. (164. 156. 147 S.)
    V.
    VI. Ein wenig Chemie. I. (136 S.)
    VII. Ein wenig Chemie. II. Ueber Bäder und deren Wirkung. (148 S.)
    VIII. Etwas vom Erdleben. Das Alter des Menschengeschlechtes. Geschwindigkeit des Lichts. (159 S.)
    IX. Von der Entwicklung des thierischen Lebens. Nutzen und Bedeutung des Fettes im menschlichen Körper. (143 S.)
    X. Vom Leben der Pflanzen, der Thiere und der Menschen. I. (155 S.)
    XI. do. do. II. (139 S.)

XII. Vom Leben der Pflanzen, der Thiere und der Menschen. III. (164 S.)
XIII. to. do. IV. (147 S.)
XIV. Praktische Heizung. I. (147 S.)
XV. Dasselbe. II. Eine Schiebe-Lampe. Wandelungen und Wanderungen der Natur. (160 S.)
XVI. Die Wunder der Astronomie. Eine Phantasie-Reise im Weltall. I. (154 S.)
XVII. Eine Phantasie-Reise im Weltall. II. Ueber die Größe der Erdbahn. Von den Himmelserscheinungen. (147 S.)
XVIII. Die Sonne und das Leben I. (172 S.)
XIX. Dasselbe. II. (150 S.)
XX. Erweiterte Kenntniß des Weltalls. Die Räthsel der Sternschnuppen und der Kometen. (221 S.)

Eine durch besonders populäre Behandlung ausgezeichnete Encyclopädie der Naturwissenschaften, von Einem Verfasser bearbeitet. Eignet sich besonders für Bibliotheken von Handwerkervereinen und Volksschulen, da es viel weniger Vorkenntnisse voraussetzt, als alle andern derartigen Werke. Da die Bändchen zwar einzeln zu haben, aber nicht durch Separattitel kenntlich gemacht sind, so haben wir deren Inhalt genau angegeben.

[**Bridgewaterbücher.**] Die Natur, ihre Wunder und Geheimnisse, oder die Bridgewaterbücher. Aus dem Engl. von Herm. Hauff u. A. gr. 8. u. gr. 12. Stuttgart 1837, 38. Neff.

Bd. I. A. u. d. T.: Die menschliche Hand und ihre Eigenschaften. Aus dem Engl. des Sir Charles Bell. Mit 10 lithogr. Taf. u. 1 Blatt Figurenregister. 1837. 1 Thlr.

Bd. II. A. u. d. T.: Chemie, Meteorologie u. verwandte Gegenstände, als Zeugnisse für die Herrlichkeit des Schöpfers. Aus d. Engl. des Will. Prout von Gustav Plieninger. 1837. 2 Thlr.

Bd. III. u. IV. A. u. d. T.: Die Erscheinungen und Gesetze des Lebens, oder populäre vergleichende Physiologie der Pflanzen und Thierwelt. A. d. Engl. des P. M. Roget von F. M. Duttenhofer. Mit Steintafeln. 1837—38. $3\frac{1}{2}$ Thlr.

Bd. V. A. u. d. T.: Die Urwelt und ihre Wunder. Aus dem Engl. des W. Buckland von Friedr. Werner. Mit Abbildungen. gr. 12. 1837. $2\frac{1}{2}$ Thlr.

Bd. VI. A. u. d. T.: Die Sternenwelt, als Zeugniß für die Herrlichkeit des Schöpfers. Nach William Whewell von Gustav Plieninger. gr. 12. 1837. $1\frac{1}{2}$ Thlr.

Bd. VII. A. u. d. T.: Die Thierwelt, als Zeugniß für die Herrlichkeit des Schöpfers. Nach William Kirby von Dr. Fr. Oesterlen. (Mit 8 Steintafeln.) gr. 12. 1838. $1\frac{1}{2}$ Thlr.

Bd. VIII. A. u. d. T.: Der menschliche Körper in seinem Verhältnisse zur äußern Natur. Nach dem Engl. des John Kidd von Gust. Plieninger. gr. 12. 1838. 1 Thlr.

Bd. IX. A. u. d. T.: Die innere Welt. Nach dem Engl. des Thom. Chalmers von Gust. Plieninger. gr. 12. 1838. $\frac{3}{4}$ Thlr.

Eine Art von Encyclopädie der Naturwissenschaften, mit dem besondern Zweck, eine religiös-teleologische Weltansicht zu begründen. Die einzelnen Gebiete sind von Fachgelehrten bearbeitet, die ihres Stoffes mächtig, zugleich auch im Stande waren, ihre Wissenschaft dem Laien anziehend zu machen. Obgleich die Entstehung des Werks einer frühern Periode der Naturwissenschaften angehört, so behält es doch noch seinen eigenthümlichen Werth. Besonders gelungen Charles Bell, die menschliche Hand. Muster einer für den Laien verständlichen und interessanten Behandlung eines naturwissenschaftlichen Stoffes, giebt diese Abtheilung eine Art vergleichender Anatomie. Prout und Roget ebenfalls ausgezeichnete Arbeiten.

Hans Chr. **Oersted**, Der Geist in der Natur. Deutsche Original-Ausgabe des Verf. 8. 21⅞ B. München 1850. 1 Thlr.

—— Dasselbe. Deutsch von K. L. Kannegießer. Nebst einer biographischen Skizze von P. L. Möller u. mit d. Portr. des Verf. (in Stahlst.) 3. unveränd. Ausg. gr. 8. 14½ B. Leipzig 1850. 1 Thlr. 10 Ngr.

Versuch eines berühmten Physikers, die Interessen des Naturforschers mit denen des Philosophen zu vermitteln. Verschiedene Abhandlungen über das Gesetz in der Natur, physische und moralische Weltordnung, ästhetische Auffassung von Naturerscheinungen, Aberglauben und Unglauben im Verhältniß zur Naturwissenschaft, Wissenschaft im Verhältniß zur Religion.

Aug. Nath. **Böhner**, Kosmos. Bibel der Natur. Das Anziehendste aus dem Gesammtgebiete der Naturforschung zur Veranschaulichung der Majestät des Ewigen in seinen Werken 2c. 2 Bde. Lex. 8. (I. VIII u. 570, II u. 543 S. mit eingedruckten Holzschnitten u. Steintafeln.) Hannover 1864—67, Rümpler. n. 6 Thlr.

Ein mit Geschick und Sachkenntniß ausgeführter Versuch, das Walten einer höheren Intelligenz in der Natur nachzuweisen, zugleich eine Auswahl des Interessantesten aus den Naturwissenschaften in einer klaren dem Laien verständlichen Darstellung.

G. v. **Cuvier**, Geschichte der Fortschritte der Naturwissenschaften seit 1799 bis auf den heutigen Tag. Aus dem Franz. von A. Wiese. gr. 8. 4 Bände. Leipzig 1827—29, Baumgärtner. n. 4 Thlr.

Eine wissenschaftliche, doch durch treffliche Darstellung auch für ein größeres Publicum geeignete Uebersicht.

Heinr. **Buff**, Ueber den Entwicklungsgang der Naturwissenschaften. Ein Vortrag in populär wissenschaftlicher Form. (39 S.) Gießen 1868, Ricker. 6 Ngr.

Maximilian **Perty**, Die Natur im Lichte philosophischer Anschauung. (VIII, 805 S.) Leipzig und Heidelberg 1869, C. F. Winter. 3 Thlr. 20 Ngr.

Eine Art Naturphilosophie, welche das Gesammtgebiet der Natur im Zusammenhang betrachtet und nach des Verfassers Absicht zunächst für Philosophen und wissenschaftlich gebildete Laien geschrieben ist. Der Verf. geht besonders darauf aus, die Spuren des geistigen Lebens in der Natur und ihre geheimnißvollen Beziehungen zu einer höheren Welt aufzusuchen.

**Aus der Natur.** Die neuesten Entdeckungen auf dem Gebiete der Naturwissenschaften.
 I. Galvanoplastik. Galvanische Vergoldung. Photographie. Mosers Thaubilder. Generationswechsel im Thierreiche. Flachsbaumwolle. gr. 8. (IV u. 286 S.) Leipzig 1852, Abel. n. 1 Thlr.
 II. Entstehung der Mineralquellen. Artesische Brunnen. Thierähnliche Bewegungen im Pflanzenreiche. Runkelrübenzuckerfabrikation. Eingeweidewürmer. Die Electricität als Betriebskraft. Die Umdrehung der Erde. gr. 8. (III u. 245 S.) Leipzig 1852, Abel. n. 1 Thlr.

III. Das Nordlicht. Gasbeleuchtung. Wasser als Brenn- u. Leuchtmaterial. Infusorien. gr. 8. (III u. 237 S.) Ebend. 1853. n. 1 Thlr.
IV. Befruchtung der Pflanzen. Die Atmosphäre. Stereoskop u. Pseudoskop. Diamagnetismus. Das Steinkohlengebirge. gr. 8. (V u. 244 S.) Ebend. 1854. n. 1 Thlr.
V. Das Brod u. seine Stellvertreter. Einwirkung der Atmosphäre auf den Erdkörper. Vom Dampf. Leidenfrosts Versuch. Dampfelectricität. Die Säugethiere der Vorwelt. (III u. 268 S.) Ebend. 1854. n. 1 Thlr.
VI. Die Zunge der Weichthiere. Farbenharmonie. Pflanzenseuchen. Wind u. Sturm. Der Farbenwechsel des Vogelgefieders. gr. 8. (III u. 268 S.) Ebend. 1855. n. 1 Thlr.
VII. Die Riesenthiere der Vorwelt. Erdmagnetismus. Ueber die Sinne: 1) Das Fühlen. Stereochromie. Wachsthum u. Bau des Holzes. gr. 8. (IV u. 269 S.) Ebend. 1856. n. 1 Thlr.
VIII. Grauwackengebirge. Dampfgeschoß u. Sprengen durch electrischen Strom. Gletscher. Kautschuck u. Gutta Percha. Ueber die Sinne: 2) das Riechen. Pflanzengeographie. gr. 8. (VI u. 296 S.) Ebend. 1856. n. 1 Thlr.
IX. Der Phosphor. Waffen des Auges. Aufbewahrung der Lebensmittel. Ueber die Sinne: 3) Schmecken. (III, 278 S.) 1857. n. 1 Thlr.
X. Cement u. hydraulischer Kalk. Ueber die Sinne: 4) Das Hören. Ursachen der Wärme. Der Wein. (IX, 276 S.) 1857. n. 1 Thlr.
XI. Azur u. Purpur. Das Mikroskop. Das Bier. Synthese organischer Körper. Ueber die Sinne: 5) Das Sehen. (VIII, 251 S.) 1858. n. 1 Thlr.
XII. Das Glas. Künstliche Edelsteine. Das Herz. (III, 286 S.) 1859. 1 Thlr.

Ein ganz vortreffliches Werk, das seinen Stoff meisterhaft beherrscht, auch dem Fachmann Belehrung bietet, und doch für jeden wissenschaftlich Gebildeten klar und ansprechend ist.

**Aus der Natur.** Die neuesten Entdeckungen auf dem Gebiete der Naturwissenschaften. N. F. Jahrgg. 1860—1869. 52 Nrn. jährlich. Lex. 8. Leipzig, Abel u. Gebhardt u. Reißland. à Jahrg. n. 4 Thlr.

Diese Zeitschrift ist die Fortsetzung des vorigen Werkes und macht es sich hauptsächlich zur Aufgabe, über die Ergebnisse der neueren Forschung und deren Gewinn für die Technik Bericht zu erstatten. Steht mehr auf dem wissenschaftlichen Boden als auf dem populären, geräth aber nicht in Specialitäten, sondern hält immer darauf, nur Wichtiges auszuwählen und ein abgerundetes Ganze zu geben. Besonders solchen zu empfehlen, die ein specielles Fach berufmäßig treiben und doch in dem Uebrigen auf dem Laufenden bleiben wollen.

**Der Naturforscher.** Wochenblatt zur Verbreitung der Fortschritte in den Naturwissenschaften. Für Gebildete aller Berufsclassen. Herausgeg. von Wilh. Sklarek. Jahrg. 1868 u. 1869. 52 Nr. 4. Berlin, Dümmler. à Jahrg. 4 Thlr.

Eine Zeitschrift, welche sich die Aufgabe stellt, über die neuesten Entdeckungen und Streitfragen der Naturwissenschaft regelmäßigen Bericht zu erstatten und dadurch Jedem mit den

Elementen der Wissenschaft Vertrauten Gelegenheit zu geben, ihre Fortschritte zu verfolgen. Zugleich will sie aber auch dem Fachgelehrten einen Ueberblick über das Gesammtgebiet verschaffen. Die Mitarbeiter sind anerkannte Fachgelehrte, deren Beiträge, klar und übersichtlich gehalten, streng bei der Sache bleiben. Das Unternehmen verdient allgemeine Beachtung und Verbreitung.

Die Natur. Zeitung zur Verbreitung naturwissenschaftlicher Kenntniß und Naturanschauung für Leser aller Stände. Herausgeg. von O. Ule und K. Müller. 52 Nrn. mit Holzschnitten. gr. 4. Halle 1852—69, G. Schwetschke. à Jahrg. n. $3^1/_3$ Thlr.

Eine Zeitschrift, die mit glücklichem Takte das Interessante aus dem Gesammtgebiet der Naturwissenschaften auszuwählen und auf anziehende Weise zu popularisiren weiß, und von allen neuen Entdeckungen und Fortschritten erwünschte Kunde giebt. Unterscheidet sich von der Zeitschrift „Aus der Natur" dadurch, daß sie nur für Laien bestimmt ist.

Hermann Hauff. Skizzen aus dem Leben und der Natur. 2 Bände. 8. Stuttgart 1840, Cotta. 4 Thlr.

Hierher gehören die Aufsätze: Vom Mond, über die natürliche Verschiedenheit und die Urzeit des Menschengeschlechts u. a., und hauptsächlich die vortrefflich referirenden geologischen Briefe. Wo er am Platz ist, tritt ächt Lichtenbergischer Humor hervor. Classischer Stil von angenehmster Lesbarkeit.

P. Harting, Die Macht des Kleinen, sichtbar in der Bildung der Rinde unseres Erdballs. Aus dem Holländischen übers. von A. Schwartzkopf mit einem Vorwort von M. J. Schleiden. Mit 40 Holzschnitten. gr. 8. (XII u. 171 S.) Leipzig 1851, W. Engelmann. 1 Thlr.

—— Skizzen aus der Natur. A. d. Holländ. übers. v. J. E. A. Martin. Mit 18 Holzschnitten u. einer lithogr. Tafel. gr. 8. (XI u. 103 S.) Ebend. 1854. $^3/_4$ Thlr.

Ausgezeichnete populäre Bearbeitung naturwissenschaftlicher Gegenstände. Beide Schriften sind ansprechend und mit Geist ausgeführt; die zweite enthält Abhandlungen über tropischen Pflanzenwuchs, Hagel, Leuchten der Thiere und Fischzucht.

—— —— Mit e. Vorw. v. M. J. Schleiden. II (Thl.) gr. 8. Mit 16 Holzschnitten u. 1 Steintaf. (VII u. 167 S.) Ebend. 1856, Engelmann. 24 Ngr.

Eine sehr empfehlenswerthe Schrift, die sechs verschiedene Aufsätze von wissenschaftlichem Werth enthält.

1) Ueber die Entstehung der Erdkugel aus einer Nebelmasse. 2) Mineralien, Bildung der festen Erdrinde. 3) Winterschlaf der Thiere und Pflanzen. 4) Wassertropfen. 5) Kork und Korkbildung. 6) Der Wunderbaum im Haarlemer Holze.

M. J. Schleiden, Studien. Populäre Vorträge. Mit einer Ansicht der Porta del Popolo in Rom, 1 Karte u. 3 lithogr. Tafeln. gr. 8. (IV u. 318 S.) Leipzig 1855, Engelmann. 2 Thlr.

Vorlesungen 1) über Fremdenpolizei in der Natur oder Wanderungen in der organischen und unorganischen Natur. 2) Ueber Nordpolerpeditionen. 3) Die Natur der Töne und die Töne in der Natur. 4) Die Beseelung der Pflanzen. 5) Swedenborg und der Aberglaube. 6) Wallenstein und die Astrologie. 7) Mondscheinschwärmereien eines Naturforschers.

Sinnige Beobachtung, geistreiche Combination, glänzende Darstellung sind die Vorzüge Schleidens, die sich auch in diesem Buche bewähren. Die philosophische Voraussetzung ist ein von Fries'scher Philosophie ausgehender Rationalismus, der sich bei dem Verf. noch bestimmter zu einem schroffen Dualismus zwischen Geist und Natur ausgebildet hat Er tritt dem modernen Materialismus grundsätzlich entgegen, bildet aber seinem System nach im Grunde doch ten Uebergang dazu. Diese Mittelstellung sowie seine hervorragende schriftstellerische Bedeutung sind wohl die Ursachen, daß sich gerade gegen ihn eine Reihe von Angriffen gerichtet hat, wie z. B. von Michelis, Fechner, Tafel, Fabri.

**Karl Ernst v. Baer,** Reden gehalten in wissenschaftlichen Versammlungen und kleinere Aufsätze vermischten Inhalts. 1. Thl. Reden. Mit dem Bildniß des Verfassers. gr. 8. (VII u. 296 S.) Petersburg 1864, Röttger. 1½ Thlr.
   1) Swammerdam's Leben und Verdienste um die Wissenschaft.
   2) Das allgemeinste Gesetz der Natur in aller Entwicklung.
   3) Blicke auf die Entwicklung der Wissenschaft.
   4) Ueber die Verbreitung des organischen Lebens.
   5) Welche Auffassung der lebenden Natur ist die richtige?
   6) Sam. Thom. v. Sömmering.
   7) Zum Andenken an Aler. v. Humboldt.
   Geistvolle Erörterungen eines alten Meisters der Wissenschaft. Auch formell sorgfältig ausgearbeitet und daher für Jeden, der an wissenschaftliches Denken gewöhnt ist, verständlich.

**Herm. Helmholtz,** Populäre wissenschaftliche Vorträge. Erstes Heft mit 26 Holzschnitten. gr. 8. (V u. 134 S.) Braunschweig 1865, Vieweg u. Sohn. n. ⅚ Thlr.
   1) Ueber das Verhältniß der Naturwissenschaften zur Gesammtheit der Wissenschaften.
   2) Ueber Goethes naturwissenschaftliche Arbeiten.
   3) Ueber die physiologischen Ursachen der musikalischen Harmonie.
   4) Eis und Gletscher
   Klassische Abhandlungen von einem unserer ersten Physiologen. Zwar wissenschaftlich gehalten, aber durch die Herrschaft, die der Verfasser über seinen Stoff ausübt, auch für solche genießbar, die nicht die nöthigen Vorkenntnisse besitzen.

## Astronomie.

**J. F. W. Herschel,** Die Lehren der Astronomie für Gebildete faßlich dargestellt. Aus dem Engl. Mit Abbildungen. gr. 8. Heilbronn 1838, Landherr. 2 Thlr.
   Ist zwar schon ein älteres Werk, aber immer noch eines der besten über populäre Astronomie, und verdient daher hier in erster Reihe genannt zu werden.

**G. B. Airy,** Populäre physische Astronomie. Aus dem Engl. übersetzt von J. J. v. Littrow. 8. Stuttgart 1839, Hoffmann. ¾ Thlr.
   Der Verfasser, einer der bedeutendsten jetztlebenden Astronomen, Vorsteher des Observatoriums zu Greenwich, behandelt die Construction der astronomischen Probleme mit ausgezeichneter Klarheit, aber mathematische Vorkenntnisse voraussetzend.

—— Sechs Vorlesungen über Astronomie. Aus dem Engl. v. H. Sebald. Mit 7 Figurentafeln. 8. 17⅛ B. Berlin 1852. 1 Thlr.
   Der Verfasser stellte sich in diesen Vorträgen die Aufgabe, einfache Methoden nachzuweisen, die Grunterscheinungen der Astronomie in allgemeinster Weise zu beobachten, einige von den auf einer Sternwarte üblichen Methoden der Beobachtung zu beschreiben, den Grad der Beweiskraft und die Arten der Beweise in den verschiedenen Theilen des allgemein angenommenen astronomischen Systems anzugeben, und die Art und Weise zu erklären, wie die vorzüglichsten Größenverhältnisse der Sonnen= und Sternensysteme gemessen werden können.

**F. W. Bessel,** Populäre Vorlesungen über wissenschaftl. Gegenstände. Nach dem Tode des Verf. herausgeg. von H. C. Schumacher. gr. 8. 40 B. Hamburg 1848. 3 Thlr.

Diese Vorlesungen eines der ersten Astronomen unseres Jahrhunderts umfassen die Geschichte und den jetzigen Zustand der Astronomie, die Verbindung der Beobachtungen mit der Astronomie, die Bestimmungen der Oerter der Firsterne, einzelne astronomische Gegenstände, Figur der Erde, Fluth und Ebbe, Magnetismus der Erde, Wahrscheinlichkeitsrechnung, Mechanik. Besonders interessant Nr. I: Ueber den gegenwärtigen Standpunkt der Astronomie; III: die physische Beschaffenheit der Himmelskörper; IX: über die Verbindung der astronomischen Beobachtungen mit der Astronomie. Theilweise meisterhafte Popularität.

**Franz Arago**, Populäre Astronomie. Herausgeg. von W. G. Hankel. 3 Bde. gr. 8. (XVI u. 486. 488 S. u. 2 Taf. 506 S. u. 1 Tafel.) Leipzig 1855—57, O. Wigand. n. 6⅕ Thlr.
(Aragos sämmtliche Werke 11. 12. u. 13. Band.)

Die vorliegende Astronomie, welche aus Vorlesungen für Damen entstanden ist, die Arago auf der Sternwarte zu Paris hielt, soll nach der Erklärung des Verf. nur der Form nach eine populäre sein; was den Inhalt betrifft, so werden alle Zweige dieser Wissenschaft, auch die schwierigsten nicht ausgenommen, hier behandelt. Mathematische Kenntnisse sind nicht vorausgesetzt, überhaupt ist die ausgezeichnet schöne Darstellung der Art, daß sie von jedem Gebildeten verstanden werden kann. Die Uebersetzung ist fließend und getreu, und in den Zahlen correcter als die französische Ausgabe, hat auch eine Anzahl werthvoller Zusätze vor der französischen voraus.

**J. J. v. Littrow**, Die Wunder des Himmels oder gemeinfaßliche Darstellung des Weltsystems. 5. Aufl. Nach den neuesten Fortschritten der Wissenschaft bearbeitet von Karl v. Littrow. Mit 10 lith. Tafeln und 147 Holzschnitten. (XVII, 1033 S.) Stuttgart 1866, G. Weise. 3 Thlr. 10 Ngr.

Ein bewährtes Handbuch zum Unterricht und Selbststudium.

—— Atlas des gestirnten Himmels für Freunde der Astronomie. 3. vielfach verm. u. verb. Aufl. herausgeg. von K. v. Littrow. gr. 8. (VIII u. 64 S. mit 19 Steintaf. in 4.) Stuttgart 1867, G. Weise. 1 Thlr.

Für solche, die sich näher auf das Studium einlassen wollen, ein werthvolles Hülfsmittel.

**J. H. Mädler**, Der Wunderbau des Weltalls oder populäre Astronomie. 6. Aufl. (XVI, 699 S. mit 10 Steintaf. u. 6. Tab.) Berlin 1867, Heymann. 1 Thlr. 18 Ngr.

Werk eines anerkannten Meisters in populärer Darstellung astronomischer Gegenstände. Manches von dem, was Mädler giebt, geht über die Ergebnisse der exacten Wissenschaft hinaus und beruht bloß auf vermutheten Combinationen.

—— Der Fixsternhimmel. Eine gemeinfaßliche Darstellung der neueren auf ihn sich beziehenden Forschungen. gr. 8. (IX, 194 S.) Leipzig 1858, Brockhaus. n. 1 Thlr.

Eine Zusammenfassung der in den letzten 30 Jahren gemachten Beobachtungen in ihren Ergebnissen, ohne die dazu führenden Einzelheiten der Berechnung. Zugleich eine Ausführung der von dem Verfasser aufgestellten Hypothese von der Centralsonne, welche von mehreren populären Schriftstellern über Astronomie angenommen, von den meisten Fachmännern aber verworfen wird. Auch sonst sind hin und wieder Behauptungen aufgestellt, die von der Wissenschaft keineswegs anerkannt sind. Für den eigentlichen Laien wird übrigens die Schrift nicht verständlich sein.

**Otto Ule**, Die Wunder der Sternenwelt. Ein Ausflug in den Himmelsraum. Für die Gebildeten aller Stände. gr. 8. (XIII, 362 S. Mit 150 Abbildungen im Text u. 1 Sternkarte. Leipzig 1860, Spamer. n. 1⅓ Thlr.

Der Verfasser wählte zum Behuf einer unterhaltenden, belebten Popularisirung seines Stoffes die Form von Wanderungen durch den Himmelsraum und es ist ihm gelungen, auch dem Leser, der keine mathematischen Kenntnisse besitzt, ein anschauliches Bild der Sternenwelt zu geben.

**Camille Flammarion**, Die Mehrheit bewohnter Welten. Astronomische, physiologische und naturphilosophische Studien über die Bewohnbarkeit der Himmelskörper. Deutsche vom Verfasser autorisirte Ausgabe von Ad. Drechsler. Mit 6 astronom. Tafeln. gr. 8. (XVI u. 282 S.) Leipzig 1865, J. J. Weber. n. 1⅔ Thlr.

Versuch, das Bewohntsein der sichtbaren Himmelskörper nachzuweisen und dies für den Glauben an Unsterblichkeit zu verwerthen. Da der Verfasser dabei die Gabe zeigt, complicirte astronomische Verhältnisse anschaulich darzustellen, so gewährt die Schrift zugleich angenehme Belehrung. Seine Hypothesen beruhen freilich mehr auf Phantasie als auf wissenschaftlichen Schlüssen und Analogieen.

**William Huggins**, Ergebnisse der Spectral-Analyse in Anwendung auf die Himmelskörper. Deutsch mit Zusätzen von W. Klinkerfues. (82 S.) Leipzig 1868, Quandt u. Händel. 18 Ngr.

Eine gute wissenschaftliche Darstellung des Gegenstandes, die vermöge ihrer Klarheit sich auch für gebildete Laien eignet.

**H. Schellen**, Die Spectralanalyse in ihrer Anwendung auf die Stoffe der Erde und die Natur der Himmelskörper. Gemeinfaßlich dargestellt. Mit 158 erläuternden Figuren in Holzschnitt, zwei farbigen Spectraltafeln u. den Portraits v. Bunsen, Kirchhoff, Secchi u. Huggins. (XI, 452 S.) Braunschweig 1870, Westermann. 3 Thlr. 20 Ngr.

Ein sehr gelungener Versuch, das Wesen der Spectralanalyse und die verschiedenen Erscheinungen derselben leicht faßlich darzustellen. Zugleich giebt der Verfasser auch eine Vorstellung davon, welch wichtigen Einfluß diese glänzende Entdeckung auf die Astronomie, Chemie, Technologie und Physiologie hat. Sehr sorgfältige und hübsche Ausstattung.

**P. Reis**, Die Sonne, zwei physikalische Vorträge geh. in der rhein. naturf. Gesellschaft zu Mainz, nebst einer neuen Sonnenfleckentheorie. (108 S.) Leipzig 1869, Quandt u. Händel. ½ Thlr.

Giebt eine populäre Darstellung der mittelst der Spectralanalyse gewonnenen Erkenntnisse in Betreff der Beschaffenheit der Sonne, und insbesondere der Ergebnisse der bei der letzten totalen Sonnenfinsterniß am 18. August 1868 gemachten Beobachtungen.

**Karl Riel**, Natur und Geschichte. Welt- und Geschichtsbilder.
  Bd. I. Die Sternenwelt in ihrer geschichtlichen Entfaltung. 1. Abth. Der Fixsternhimmel. gr. 8. (XII u. 543 S.) Leipzig 1867, Brockhaus. n. 2 Thlr.

Ein sehr empfehlenswerthes Werk, welches sich die Aufgabe stellt, eine Geschichte der wissenschaftlichen Erkenntniß des Weltalls zu geben, und hier zunächst die Astronomie so behandelt, daß es zugleich die Geschichte der allmäligen Fortschritte dieser Wissenschaft anschaulich macht, und namentlich die mittelst der Spectralanalyse gewonnenen Ergebnisse auseinandersetzt. Geistreiche Darstellung.

Für das Studium der populären Astronomie ist besonders auch der dritte Band von Humboldts Kosmos zu empfehlen.

**Hermann J. Klein**, Handbuch der allgemeinen Himmelsbeschreibung vom Standpunkt der kosmischen Weltanschauung. Das Sonnensystem nach

dem gegenwärtigen Zustande der Wissenschaft. (XII, 357 S.) Braunschweig 1869, Vieweg u. Sohn. 2 Thlr.
<small>Der Verf. stellt sich die Aufgabe, die Astronomie nach dem Vorbild Humboldts im dritten Band seines Kosmos mit Rücksicht auf die seitdem gemachten neuen Entdeckungen zu behandeln, und die Darstellung so zu halten, daß sie für Jeden verständlich wird, der die astronomischen Anschauungen studiert hat. Ein empfehlenswerthes Werk.</small>

Hermann J. **Klein**, Die Sonnen- u. Mondfinsternisse mit vorzugsweiser Berücksichtigung der Ergebnisse vom 18. August 1868 und der sich daran knüpfenden Untersuchungen. Allgemein verständlich dargestellt. (69 S.) Kreuznach 1870, Voigtländer. 12 Ngr.

## Physik.

Leonhard **Euler**, Briefe an eine deutsche Prinzessin über verschiedene Gegenstände der Physik und Philosophie. Aufs Neue nach dem Franz. bearb. Mit einem Supplement, die neuesten Ergebnisse und Bereicherungen der Physik in Briefform behandelnd, von Joh. Müller. In drei Theilen. 8. $42\frac{1}{4}$ B. Stuttgart 1847—48. 1 Thlr. 24 Ngr.
<small>Aus Eulers Briefen, die mit bewundernswürdiger Klarheit die Hauptlehren der Physik popularisiren, ist dasjenige aufgenommen, was auch auf dem gegenwärtigen Standpunkt der Wissenschaft noch gilt, und in nicht unglücklicher Nachahmung das Neue hinzugefügt.</small>

Dominique François **Arago**. Unterhaltungen aus dem Gebiete der Naturkunde. Aus dem Franz. übersetzt von L. v. Remy und Grieb. 8 Bde. gr. 8. Stuttgart 1837—54, Hoffmann. 9 Thlr. 15 Ngr.
<small>Ausgezeichnet gute Abhandlungen über einzelne Theile der Astronomie und Physik, welche mit wissenschaftlichem Werth eine glückliche Popularität verbinden.</small>

—— Sämmtliche Werke. Mit einer Einleitung v. Alex. Humboldt. Deutsche Originalausgabe von W. G. Hankel. 16 Bde. Leipzig 1854—60. à Bd. 2 Thlr.
<small>Inhalt: Bd. 1—3. Gedächtnißreden und Biographieen. Bd. 4—8. 10. 15. Wissenschaftliche Aufsätze und Abhandlungen. Bd. 9. Illustrationen, Berichte und Aufsätze über die auf wissenschaftlichen Reisen zu lösenden Aufgaben. Bd. 11—14. Populäre Astronomie. Bd. 16. Vermischte Aufsätze.</small>

O. **Ule**, Populäre Naturlehre (Physik) oder die Lehre von den Bewegungen in der Natur, und von den Naturkräften im Dienste des Menschen, für Jedermann faßlich dargestellt. Mit Holzschnitten. 8. (VII u. 687 S.) Leipzig 1867, Keil. 2 Thlr.

—— Warum und Weil. Fragen und Antworten aus den wichtigsten Gebieten der Naturlehre. Für Lehrer und Lernende in Schule und Haus methodisch zusammengestellt. Mit 87 Holzschnitten. (148 S.) Berlin 1868, Kleemann. $\frac{1}{2}$ Thlr.
<small>Zweckmäßige Anleitung für den ersten Unterricht in der Physik.</small>

Phil. **Spiller**, Grundriß der Physik nach ihrem gegenwärtigen Standpunkt für Gymnasien, Realschulen, polytechnische u. Militäranstalten, sowie zu Repetitorien u. zum Selbststudium. 4. Aufl. Mit 275 in den Text eingedr. Figuren. (XXIII, 512 S.) Berlin 1869, Heymann. 2 Thlr.

Ein recht gutes Lehrbuch der Physik, das in gedrängter Kürze und doch mit der nöthigen Klarheit eine Uebersicht der wichtigsten Lehren der Physik giebt und dieselben durch eine reiche Fülle von Beispielen und Erläuterungen aus dem praktischen Leben veranschaulicht.

**Alb. Mousson,** Ueber die Grundwahrheiten der Physik. Vortrag gehalten d. 11. Februar 1869 auf dem Rathhaus zu Zürich. (28 S.) Zürich 1869, Schultheß. 8 Ngr.

Der Verf. ein rühmlich bekannter Physiker versucht hier in einem populären Vortrag die allgemeinsten und höchsten Resultate aller bisherigen Forschungen darzulegen, und handelt über den Begriff der Kraft, über den Ursprung unserer Vorstellungen von Naturerscheinungen, über Schall, Wärme, Licht und Elektricität.

**H. Buff,** Zur Physik der Erde. Vorträge für Gebildete über den Einfluß der Schwere und Wärme auf die Natur der Erde. gr. 8. 16 B. Braunschweig 1850. 1 Thlr. 5 Ngr.

Enthält eine Reihe populärer Vorträge über Ebbe und Fluth, über die von der inneren Erdwärme abhängigen Erscheinungen, über die Vertheilung der Wärme an der Oberfläche der Erde und über die meteorologischen Erscheinungen. Für wissenschaftlich Gebildete empfehlenswerth.

**Hermann u. Adolph Schlagintweit,** Untersuchungen über die physikalische Geographie der Alpen in ihren Beziehungen zu den Phänomenen der Gletscher, zur Geologie, Meteorologie u. Pflanzengeographie. Mit 11 Taf. u. 2 Karten. gr. Lex.-8. 48½ B. Leipzig 1850. 12 Thlr.

Das Hauptwerk über Gletscher und Verwandtes, das sämmtliche Ergebnisse der in diesem Gebiete gemachten Forschungen zusammenstellt. Ausgezeichnete Ausstattung. Landschaftliche Bilder der Alpen- und Gletscherwelt in schönem Farbendruck ausgeführt.

**Otto Volger,** Das Buch der Erde. Naturgeschichte des Erdballs und seiner Bewohner. Eine populäre Darstellung der physischen Geographie bearb. für gebildete Leser aller Stände. 2 Bde. gr. 8. (VI, 295 u. X, 376 S.) Mit 10 Tondrucktafeln u. 280 Holzschnitten. Leipzig 1858. 59, Spamer. n. 3 Thlr.

Der Verfasser hat die schulmäßige Form der geographischen Handbücher glücklich überwunden und giebt den Stoff in sehr lebendiger, geistreicher Weise, so daß der Laie nicht nur belehrt, sondern ganz angenehm unterhalten wird, und auch solche, welche die hergetragenen Lehren kennen, doch überrascht werden durch die Verbindung und Anwendung, in welcher sie hier dargestellt sind. In Betreff der herkömmlichen wissenschaftlichen Fremdwörter befleißigt sich der Verfasser eines ängstlichen Purismus, der das Verständniß für manchen Leser oft mehr hintert als fördert.

**J. C. Houzeau,** Klima und Boden. Die Lehre von der Witterung, die Veränderungen des Wetters und die Gestaltung der Erde, sowie die wechselseitigen Beziehungen zwischen dieser und der Atmosphäre. Frei bearb. nach der franz. Ausgabe. Mit 54 Holzschnitten u. 1 Karte. 8. (VIII u. 208 S.) Leipzig 1861, Abel. n. 24 Ngr.

**E. A. Roßmäßler,** Das Wasser. Eine Darstellung für gebildete Leser u. Leserinnen. Mit 8 Lithographien in Tondruck und 47 Illustr. in Holzschnitt. Lex. 8. (VII u. 528 S.) Leipzig 1858, Brandstätter. n. 3⅔ Thlr.

Ein neuer Versuch, der die verschiedenen Beziehungen des Wassers, als Bestandtheil des Luftmeers, Regulator des Klimas, Theil der Erdoberfläche, nach seinem Einfluß aufs organische Leben, als Wohnplatz für Thiere und endlich als vermittelnde Kraft für Verkehr und Gewerbe mit Glück und Geschmack behandelt. Ausstattung sehr schön.

Heinrich **Stahl**, Die Wasserwelt. Das Leben des Wassers in allen seinen Gestalten u. Formen in Quell, Strom, See u. Ozean, als Eis, Regen, Niederschlag ꝛc. Vom Standpunkt der neuesten naturwissenschaftl. Anschauung. 2. Aufl., Mit 130 Illustr., 4 Tondrucken u. 2 Karten. gr. 8. (X u. 276 S.) Leipzig 1864, Spamer. n. 1 1/3 Thlr.
>Giebt eine für Jedermann faßliche Darstellung der in der Wasserwelt waltenden Naturgesetze.

H. W. **Dove**, Das Gesetz der Stürme in seiner Beziehung zu den allgemeinen Bewegungen der Atmosphäre. Mit Holzschnitten u. zwei Karten. 3. sehr vermehrte Auflage. (X, 346 S.) Berlin 1866, D. Reimer. 1 1/2 Thlr.

—— Nicht periodische Veränderungen der Verbreitung der Wärme auf der Erdoberfläche. (186 S.) Ebend. 1869. 1 Thlr. 5 Ngr.
>Wissenschaftliche Beobachtungen über einen allgemein interessanten Gegenstand.

J. R. **Mayer**, Die Mechanik der Wärme in gesammelten Schriften. gr. 8. (VII u. 294 S.) Stuttgart 1867, Cotta. 1 Thlr. 18 Ngr.
>Sammlung einiger kleinen Schriften, die durch neue Gedanken und Entdeckungen in der Wissenschaft Epoche gemacht und dazu beigetragen haben der ganzen Physik eine neue Richtung zu geben. Die neue Lehre, welche der Verf. entwickelt, ist die Aequivalenz der Wärme und der mechanischen Arbeit. Die Darstellung ist so klar und frei, daß sie auch dem wissenschaftlich gebildeten Laien verständlich wird.

H. **Helmholtz**, Ueber die Wechselwirkung der Naturkräfte und der darauf bezüglichen neuen Einrichtungen der Physik. Ein Vortrag am 7. Febr. 1854. 2. Abdr. gr. 8. (47 S.) Königsberg 1854, Gräfe u. Unzer. n. 1/3 Thlr.
>Abdruck einer populären Vorlesung, welche mit Geist und Klarheit einige Grundfragen über die Wirkung der Naturkräfte und der durch sie erzielten Arbeit behandelt. Das Schriftchen, von einem der ersten jetzt lebenden Physiologen geschrieben, kann als Muster dienen, wie wissenschaftlich festgestellte Thatsachen zu philosophischer Betrachtung verwendet werden können.

—— Die Lehre von den Tonempfindungen als physiologische Grundlage für die Theorie der Musik. Mit eingedruckten Holzschnitten. 2. Ausg. gr. 8. (XI u. 605 S.) Braunschweig 1865, Vieweg u. Sohn. n. 3 Thlr. 6 Ngr.
>Ein classisches Werk, das sich auf die sorgfältigsten eigenen Untersuchungen des berühmten Physiologen gründet. Zwar ganz wissenschaftlich gehalten, aber doch so geschrieben, daß Jeder, der sich mit Theorie der Musik schon beschäftigt hat, gewiß reiche Belehrung daraus schöpfen wird.

—— Die neueren Fortschritte in der Theorie des Sehens. Preuß. Jahrb. 1868 I. 149—170. 263—290. 403—435.
>Eine treffliche populäre Abhandlung.

John **Tyndall**, Die Wärme betrachtet als eine Art der Bewegung. Deutsche Ausgabe von H. Helmholtz u. G. Wiedemann. (XIX, 670 S.) Braunschweig 1867, Vieweg. 2 2/3 Thlr.
>Ein Werk, das auch den nicht fachkundigen Leser durch klare folgerichtige Entwicklung zum Begriff des aufgestellten Grundsatzes zu führen geeignet ist. Eine ausgezeichnete Schrift, die in vortrefflich populärer Weise die neuen Entdeckungen in der Wärmetheorie mit dem schon früher Bekannten zusammenfaßt.

**J. Tyndall,** Der Schall. Acht Vorlesungen gehalten in der Royal Institution von Großbritannien. Deutsch herausgeg. v. Helmholtz u. Wiedemann. (XVI, 404 S.) Braunschweig 1869, Vieweg. 2 Thlr.

<small>Eine vortreffliche populäre Darstellung, welche ihren Gegenstand experimentell behandelt und durch charakteristische Beispiele von den verschiedenen Erscheinungen der Akustik einen tieferen Einblick in ihre Beziehungen zu einander ermöglicht. Für diejenigen, welche sich besonders für die musikalische Seite des Gegenstandes interessiren, wird besonders der 3. Theil über die Tonempfindungen von Werth sein.</small>

**Adolph Fick,** Die Naturkräfte in ihrer Wechselbeziehung. Populäre Vorträge. (70 S.) Würzburg 1869, Stahel. 15 Ngr.

<small>Eine bedeutende Schrift, in welcher die neuen Errungenschaften der mechanischen Wärmetheorie zusammengestellt und die Consequenzen nach der kosmischen Seite hin gezogen werden. Das Ganze gipfelt in dem Nachweis, daß nach dem jetzigen Stande der Physik angenommen werden muß, daß die herrschenden Kräfte des Weltalls nicht ewig sind, sondern nothwendiger Weise einen Anfang und ein Ende haben müssen. Die Popularität ist so zu verstehen, daß der Leser nicht gerade Fachmann zu sein braucht, aber er muß an wissenschaftliches Denken gewöhnt und mit den Elementen der Physik vertraut sein.</small>

Die Naturkräfte. Eine naturwissenschaftliche Volksbibliothek herausgeg. von einer Anzahl Gelehrten.
- I. R. Radau, Die Lehre vom Schall. Gemeinfaßliche Darstellung der Akustik. Deutsche Originalausgabe. Mit 114 Holzschnitten. (338 S.) München 1869, Oldenburg. 24 Ngr.
- II. Fr. Jos. Pisco, Licht u. Farbe. Eine gemeinfaßliche Darstellung der Optik. (XVI 439 S.) mit 130 Holzschnitten. Ebendas. 1869. 24 Ngr.

<small>Anfang einer auf 10 Bände berechneten Sammlung, von populären Darstellungen. Die beiden vorliegenden Bände sind sehr gelungene Proben.</small>

**Paul Reis,** Das Wesen der Wärme. Versuch einer neuen Stoffanschauung der Wärme mit vergleichender Betrachtung der übrigen jetzt gebräuchlichen Wärmetheorien. In allgemein faßlicher Darstellung. 2. bedeut. verm. Auflage. (VIII, 163 S.) Leipzig 1865, Quandt u. Händel. 27½ Ngr.

<small>Gute populäre Darstellung.</small>

## Chemie.

**J. v. Liebig,** Chemische Briefe. 1. Aufl. 1844. 4. Aufl. 8. 2 Bde. (VIII, 502. XXX, 442 S.) Leipzig u. Heidelberg 1859, C. F. Winter. n. 3 Thlr. 24 Ngr. 5. wohlf. Ausg. 1865. (XXVIII, 532 S.) Ebend. 1 Thlr. 18 Ngr.

<small>Scharfsinnige neue Beobachtungen, geniale Blicke in den Zusammenhang der chemischen Beziehungen, glückliche Combinationen und Streben nach praktischer Anwendbarkeit bilden die Hauptvorzüge von Liebigs Werken. Die chemischen Briefe sind die beste populäre Chemie, die wir haben, und fassen dieselbe im Zusammenhang mit den übrigen Naturwissenschaften auf.</small>

―――― Die Chemie und deren Anwendung auf Agricultur und Physiologie. 2 Thle. 7. Aufl. gr. 8. Braunschweig 1862, Vieweg u. Sohn.
- I. Thl. Der chemische Proceß der Ernährung der Vegetabilien. (XXXV u. 626 S.) n. 3 Thlr.
- II. Thl. Die Naturgesetze des Feldbaues. (XI u. 469 S) n. 2½ Thlr.

Ein Werk von weitgreifender praktischer Bedeutung, das die Grundlage der scharfen Kritik ist, welche Liebig gegen die herkömmliche Betriebsweise der Landwirthschaft gerichtet hat.

Fried. **Schödler**, Die Chemie der Gegenwart in ihren Grundzügen und Beziehungen zu Wissenschaft und Kunst, Gewerbe und Ackerbau, Schule und Leben ꝛc. Mit Holzschnitten. 3. umgearb. u. sehr verm. Aufl. gr. 8. (XV, 452 S., 1 Holzschnitttaf. u. 1 lith. Grundriß.) Leipzig 1859, Brockhaus. n. 2 Thlr.

Ein sehr gelungener Versuch, den gegenwärtigen Stand der Chemie und ihrer Anwendung auf die Technik für ein größeres Publikum darzustellen, und zwar mit dem besonderen Zweck, solche Leser, die selbst nicht Chemiker vom Fach sind, aber aus technischen und wissenschaftlichen Gründen sich dafür interessiren, über die Wissenschaft zu unterrichten.

Herm. **Kopp**, Sonst und jetzt in der Chemie. Ein populär wissenschaftlicher Vortrag. gr. 8. (34 S.) Braunschweig 1867, Vieweg u. Sohn. n. 8 Ngr.

Der Verfasser gilt als der gründlichste Kenner der Geschichte der Chemie.

Ferd. **Artmann**, Die Lehre von den Nahrungsmitteln, ihrer Verfälschung und Conservirung, vom technischen Gesichtspunkte aus bearb. Mit Holzschnitten u. 3 lith. Tafeln. Lex. 8. (XV, 624 S.) Prag 1859, Bellmann. n. 3 Thlr.

Die Lehren der Chemie und Physiologie werden hier zu den angegebenen praktischen Zwecken verarbeitet; und nur die Untersuchungsmethoden angegeben, die auch von Laien ausgeführt werden können.

Wilhelm **Hamm**, Ordnung und Schönheit am häuslichen Herd. Haushaltungskunst u. Gesundheitspflege auf wissenschaftlicher Unterlage. Den deutschen Frauen gewidmet. Als 2. Auflage der „chemischen Bilder aus dem täglichen Leben." br. 8. (XIV u. 242 S.) Jena 1867, Costenoble. n. 28 Ngr.

Von einem berühmten landwirthschaftlichen Schriftsteller.

Ernst von **Bibra**, Die narkotischen Genußmittel und der Mensch. Mit 6 Abbildungen in Naturselbstdruck. (Diese allein zu n. $\frac{2}{3}$ Thlr.) gr. 8. (V u. 398 S.) Nürnberg 1855, Schmid. n. 2½ Thlr.

Sorgfältige, zum Theil in überseeischen Ländern angestellte Beobachtungen von wissenschaftlichem Werth in einer populären Darstellung.

G. J. **Mulder**, Die Chemie des Weines. Aus dem Holländischen von Karl Arenz. 8. (XII u. 405 S.) Leipzig 1856, Weber. n. 2 Thlr.

Werk eines bewährten Chemikers, der den Gährungsproceß, die Grundsätze der Weinerziehung, Färbestoff, Bouquet u. dgl. wissenschaftlich erörtert und über manche Punkte überraschenden Aufschluß giebt. Nur schade, daß die Versuche, auf denen seine Beobachtungen beruhen, nur im Kleinen angestellt werden konnten und deßhalb nicht immer ein für den Weinerzieher brauchbares Resultat geben.

—— Die Chemie des Bieres. Aus dem Holländ. übers. v. Chr. Grimm. 8. (X, 472 S.) Leipzig 1858, Weber. n. 2½ Thlr.

Ein treffliches Seitenstück zu desselben Verfassers Werk über den Wein.

Ernst v. **Bibra**, Der Kaffee und seine Surrogate. gr. 8. (110 S.) München 1858, lit.=artist. Anstalt. n. 22 Ngr.

Chemische Untersuchung, Nachweisung der physiologischen Wirkung, Waarenkunde und Prüfung der Surrogate.

Ernst v. **Bibra**, Die Getreidearten u. das Brod. Lex. 8. (VIII, 502 S.) Nürnberg 1860, Schmid. 2⅔ Thlr.

*Eine vollständige Uebersicht über Alles, was in Beziehung auf chemisch-physikalische Betrachtung des Brodes geleistet worden ist, mit geschichtlicher Einleitung über den Getreidebau. Die verschiedenen Arten des Getreides und das davon bereitete Brod werden miteinander verglichen und versucht ein Ergebniß daraus zu ziehen.*

Alfr. **Mitscherlich**, Der Cacao u. die Chocolade. Mit 1 lithogr. Karte u. 3 Steintafeln. Lex. 8. (VI, 129 S.) Berlin 1859, A. Hirschwald. n. 1⅓ Thlr.

*Betrachtungen über den Cacao als Genuß- und Nahrungsmittel. Belehrungen über dessen Verbreitung, Cultur, chemischen Gehalt, physiologische Wirkung und die Bereitung der Chocolade.*

Karl **Ruß**, Naturwissenschaftliche Blicke ins tägliche Leben. Mit 27 Holzschnitten. 8. (IV u. 427 S.) Breslau 1865, Trewendt. 1 Thlr.

*I. Chemie in der Küche. II. Physik in der Häuslichkeit. III. Frauenbotanik. IV. Gesundheitslehre, worunter auch nähere Notizen über cursirende Geheimmittel und beziehungsweise Warnungen davor.*

—— Waarenkunde für die Frauenwelt.
  I. Nahrungs- u. Genußmittel. (VIII, 572 S.) Breslau 1868, Trewendt. 1 Thlr.
  II. Hauswirthschaftsgegenstände. (X, 458 S.) Ebend. 1868. 1 Thlr.
  III. Arznei u. Farbewaaren. Toilettengegenstände. 1869. 1 Thlr.

J. A. **Brillat-Savarin**, Physiologie des Geschmacks oder physiologische Anleitung zum Studium der Tafelgenüsse. Den Pariser Gastronomen gewidmet von einem Professor. Uebersetzt u. mit Anmerkungen versehen von Carl Vogt. 3. Aufl. (XL u. 423 S.) Braunschweig 1867, Vieweg u. Sohn. 1 Thlr.

*Eine geistreiche Behandlung des Gegenstandes. Das französische Original erschien schon 1825; der Verf. selbst starb 1826. Das Buch kann als Codex gastronomicus gelten.*

## Technologie.

Das neue Buch der Erfindungen, Gewerbe und Industrien. Rundschau auf allen Gebieten der gewerblichen Arbeit. Herausgeg. in Verbindung mit E. Bobrik, C. Böttger u. s. w. Mit vielen Ton-, zahlreichen Titelbildern, nebst mehren Tausend Text-Illustrationen. Lex. 8. Leipzig, O. Spamer.
  I. Bd. Kulturgeschichtliche Entwicklung des Menschengeschlechts. Die Baukunst. Die vervielfältigenden Künste. Von J. Zöllner, O. Mothes und Fr. Luckenbacher. (VIII u. 460 S.) 1864. n. 1½ Thlr.
  II. = Die Kräfte der Natur und ihre Benutzung. Eine physikalische Technologie. Von Jul. Zöllner. (458 S.) Ebend. 1865. n. 1½ Thlr.
  III. = Die Gewinnung der Rohstoffe aus dem Innern der Erde, von der Erdoberfläche, sowie aus dem Wasser. Von R. Ludwig, R. Glaß, H. Wagner, E. Böttger. (362 S.) Ebend. 1864. n. 1⅓ Thlr.

IV. Bd. Die chemische Behandlung der Rohstoffe. Eine chemische Tech=
nologie. Von Fr. Luckenbacher, C. v. H., R. de Roth. (548 S.)
Ebend. 1866. n. 2 Thlr.
V. = Die Chemie des täglichen Lebens. Von G. E. Habich, W.
Hamm, Fr. Luckenbacher, H. Wagner. (376 S.) Ebenb. 1867.
n. 1⅓ Thlr.
VI. = Die mechanische Behandlung der Rohstoffe. Von Friedr. Kohl,
Fr. Luckenbacher, Herm. Rentzsch. (346 S.) Ebend. 1867.
n. 1⅓ Thlr.

*Ungemein ansprechende und faßliche Darstellung der Naturwissenschaften in ihrer tech=
nischen Anwendung. Ebensowohl ein interessantes Lesebuch für Laien, als Handbuch für Tech=
niker. Reich mit Holzschnitten ausgestattet.*

Das neue Buch der Erfindungen. Supplbd. a. u. b. T.: Der Weltver=
kehr u. seine Mittel. Schifffahrt u. Welthandel. (624 S.) mit 7 Holz=
schnitttafeln in Bunt= u. Tondruck u. 1 Karte, Leipzig 1868, Spamer.
2 Thlr.

*Sehr reich an interessantem Stoff. Enthält Beschreibungen der Haupthandelsplätze und
Seehäfen wie London, Newyork u. s. w., berichtet von der Pariser Industrieausstellung im
Jahre 1867 u. dgl. Hingegen ist das Eisenbahn= und Telegraphenwesen nur kurz behandelt,
weil es schon im Hauptwerke Bd. II. vorweg genommen ist.*

R. Werner, Das Buch von der norddeutschen Flotte. Illustrirt von Wilh.
Diez. Mit techn. Abbldgn. v. Max Bischoff u. Schiffsportr. v. H. Pen=
ner. Lex. 8. (VIII, 462 S. mit eingedr. Holzschn. u. 11 Holzschntaf.)
Bielefeld 1868, Velhagen u. Clasing. 3 Thlr.

*Entstehungsgeschichte und ausführliche technische Beschreibung, von einem bei der Flotte
angestellten Seemann mit Geschick ausgeführt und ganz geeignet, das Interesse für dieses natio=
nale Institut zu beleben.*

—— Die Schule des Seewesens. Handbuch der praktischen Seemanns=
schaft und Steuermannskunst. Mit 70 Abbildungen. Leipzig 1869, J.
J. Weber. 3 Thlr.

E. Lefrançois, Mechanik. Beschreibung und leichtfaßliche Darstellung der
einfachen Maschinen nebst Erörterungen der mechanischen Principien, auf
denen sie beruhen. Zur Verbreitung eines allgemeinen Verständnisses der
Maschinenkunde. Frei bearb. nach der franz. Ausgabe. Mit 65 in den
Text gedr. Abbild. (in Holzschnitt.) 8. (VIII u. 176 S.) Leipzig 1861,
Abel. n. 24 Ngr.

*Eine klare populäre Darstellung für das Bedürfniß der allgemeinen Bildung.*

J. Bauschinger, Die Schule der Mechanik. Für den Selbstunterricht be=
sonders des praktischen Mechanikers und Handwerkers, sowie für den
Gebrauch an technischen Lehranstalten gemeinfaßlich dargestellt und mit
Zugrundelegung von Delaunay's Elementarbuch der theoretischen und
angewandten Mechanik bearbeitet. Mit über 600 Holzschnitten. 8.
(XII, 996 S.) München 1867, Oldenburg. n. 1½ Thlr.

*Unter den populären Büchern dieses Faches eines der besten. Für spezielle praktische Zwecke
berechnet.*

## Mineralogie und Geologie.

**Frz v. Kobell**, Skizzen aus dem Steinreiche. Geschrieben für die gebildete Gesellschaft. gr. 12. 11¹¹/₁₂ B. München 1850. 1 Thlr.
Geschmackvoller Ueberblick der Mineralogie und Geologie von einem berühmten Sachkenner.

—— Die Mineralogie. Populäre Vorträge. Mit 67 (eingebr.) Holzschn. gr. 8. (IV u. 258 S.) Frankfurt a/M. 1862, Verlag für Kunst und Wissenschaft. n. 1 Thlr.
Der allgemeine Theil erörtert die für Mineralogie nöthigen Vorbegriffe in möglichst populärer Weise, der zweite Theil handelt von den Edelsteinen, den gewöhnlichen Steinen, den edlen Metallen und den gewöhnlichen Metallen und Erzen.

—— Geschichte der Mineralogie von 1630—1860. Mit 50 Holzschnitten u. 1 lithogr. Tafel. gr. 8. (XVI u. 704 S.) München 1864, Lit.=artist. Anstalt. n. 3¹/₃ Thlr.
Ein Theil der Münchener Geschichte der Wissenschaften in Deutschland, welche die Aufgabe hat, Ergebnisse wissenschaftlicher Forschung in gemeinverständlicher Form darzulegen.

**Otto Buchner**, Die Feuermeteore, insbesondere die Meteoriten historisch u. naturwissenschaftlich betrachtet. (IV, 192 S.) Gießen 1859, Ricker. 20 Ngr.
Eine interessante und allgemein verständliche Schrift.

**Karl Lyell**, Geologie oder Entwicklungsgeschichte der Erde und ihrer Bewohner. Nach der 5. Aufl. des Originals vom Verfasser umgearbeitet. Die Uebersetzung durchgesehen u. eingeführt von Bernhard Cotta. 2 Bde. I mit 332 Abbildgn. (XIV, 412 S.) II mit 388 Abbildgn. (XIII, 536 S.) Berlin 1857 u. 58, Duncker u. Humblot. 6 Thlr.
Bei weitem das beste Lehrbuch der Geologie. Frei von lokaler oder persönlicher Tendenz giebt es dem Leser in edler Sprache ein gutes Bild von dem jetzigen Zustand der Wissenschaft. Der Verfasser kann als Begründer der jetzt allgemein angenommenen Auffassungsweise der Geologie gelten, und dieses sein Hauptwerk wird von ihm in den stets neu erscheinenden Auflagen jedesmal mit Sorgfalt dem neuesten Standpunkt der Wissenschaft angepaßt. Die neueste sehr vermehrte sechste Auflage des Originals ist 1865 erschienen; aber die vorliegende deutsche Ausgabe enthält schon das meiste von den Vorarbeiten zu dieser, da der Verfasser dem Uebersetzer umfassende Mittheilungen machte. Das Original führt den Titel: Manuel of elements of geology. London 1865.

—— Lehrbuch der Geologie. Ein Versuch die früheren Veränderungen der Erdoberfläche durch noch jetzt wirksame Ursachen zu erklären. Nach der zweiten Auflage des Originals aus dem Engl. übersetzt. 3 Bde. (I. XIII, 415. II. IV, 269. III. 163. 140 S. Anhang 60 S.) Quedlinburg u. Leipzig, 1833—34, Basse. 8¹/₃ Thlr.
Uebersetzung des unter dem Titel Principles of geology erschienenen Werkes, welches kein Handbuch der Geologie ist, sondern eine Darlegung der Grundsätze nach denen Lyell die Geologie behandelt zu wissen wünscht. Es hat vorzugsweise historisches Interesse, ähnlich dem älteren deutschen Werk von H. v. Hoff: „Die Veränderungen der Erdoberfläche in historischer Zeit." Sehr interessant durch die zahlreichen Beispiele, die Lyell als viel gereister und viel belesener Mann beibringt. Die neueste zehnte englische Ausgabe in 2 starken Bänden ist vom ˙7 und wesentlich umgearbeitet, daher die vorliegende Uebersetzung antiquirt. Das

**Mineralogie und Geologie.**

Werk ist lange vor den Elements erschienen, aber gewährt denen, welche sich näher auf das Studium einlassen wollen, eine unentbehrliche Ergänzung.

Georg **Cuvier**, Die Erdumwälzungen. Deutsch bearb. u. mit erläuternden Bemerkungen über die neuesten Entdeckungen in der Geologie u. Paläontologie versehen von C. G. Giebel. Mit dem Portr. Cuvier's u. 2 Tabellen. gr. 8. (XII, 276 S.) Leipzig 1851. 1 Thlr. 10 Ngr.

Ein für die Geschichte der Erdentwicklung sehr bedeutendes Werk, in welchem zugleich die eigenthümlichen Ansichten Cuviers am meisten hervortreten. Der einfachen und klaren Uebersicht Cuviers hat der Herausgeber kleine historisch-zoologische und geologische Abhandlungen und eine Lebensskizze Cuviers beigefügt, die den Werth der Uebersetzung erhöhen und das Buch sehr instructiv machen. Die letzten vier Capitel des Originals hat der Herausgeber völlig umgearbeitet, um deren Inhalt dem gegenwärtigen Zustand der Wissenschaft anzupassen.

Fr. Aug. **Quenstedt**, Epochen der Natur. Mit zahlreichen (eingedruckten) Holzschnitten. Lex. 8. (VI u. 853 S.) Tübingen 1861, Laupp. n. 5²⁄₃ Thlr.

Ein gutes Lehrbuch der Geologie, welches auch viele wichtige Einzelforschungen, namentlich über die geologischen Verhältnisse Schwabens enthält.

—— Handbuch der Petrefactenkunde. 2. Aufl. Lex. 8. (VIII, 982 S. u. 70 Steintafeln und 36 Blatterklärungen.) Tübingen 1866, Laupp. n. 8 Thlr.

Ein wissenschaftliches Werk, das aber auch einem naturwissenschaftlichen Dilettanten und Sammler manche willkommene Belehrung bieten kann.

—— Sonst und Jetzt. Populäre Vorträge über Geologie. Mit 46 Holzschnitten u. 1 Karte. gr. 8. (VIII u. 288 S.) Ebend. 1856, Laupp. n. 1½ Thlr.

Diese Vorträge fanden durch ihre glückliche Popularität bei einem zahlreichen Publikum grossen Beifall und verdienen wohl in weiteren Kreisen bekannt zu werden. Sie orientiren über die wichtigsten Punkte der Geologie und Schöpfungsgeschichte. Ein erläuternder Anhang ergänzt sie nach wissenschaftlicher Seite hin. Der Inhalt im Einzelnen ist: 1) Geologie im Allgemeinen. 2) Ein geologisches Bild Schwabens. 3) Die Krystalle 4) Entwicklungsgeschichte der Erde. 5) Kohlen. 6) Sündfluth und Paradies. 7) Der Mensch. 8) Meteorsteine.

—— Geologische Ausflüge in Schwaben. Mit eingedr. Holzschnitten und 5 lithogr. u. color. Profiltafeln. gr. 8. (IV u. 377 S.) Ebend. 1864. n. 2 Thlr.

Eine Frucht der Ausflüge, welche Professor Quenstedt in Tübingen mit seinen Zuhörern nach geologisch interessanten Gegenden Schwabens zu machen pflegt; kann für solche, welche mit ihren Vergnügungsreisen auch wissenschaftliche Zwecke verbinden wollen, als sehr belehrendes Reisehandbuch dienen und enthält überhaupt werthvolle Beiträge zur Topographie und Geschichte der schwäbischen Alb und des Schwarzwaldes. Lebendig und anregend geschrieben.

Oscar **Fraas**, Vor der Sündfluth. Eine Geschichte der Urwelt. Mit vielen Abbildungen ausgestorbener Thiergeschlechter und urweltlicher Landschaftsbilder. Lex. 8. (XIV u. 512 S., 25 Holzschnitttafeln und 2 Karten.) Stuttgart 1866, Hoffmann. 3²⁄₃ Thlr.

Eine ausführliche Geologie, welche zwischen wissenschaftlicher und populärer Behandlung die Mitte hält. Zugleich bemüht sich der Verf., die Ergebnisse der Wissenschaft mit der biblischen Schöpfungsgeschichte in Uebereinstimmung zu setzen. Besondere Berücksichtigung der geologischen Verhältnisse Süddeutschlands.

Alexander v. **Humboldt**, Kleinere Schriften.
    I. Bd. Geognostische und physikalische Erinnerungen. gr. 8. (VIII u. 475 S. u. 5 Tab.) Stuttg. 1853, Cotta. 2½ Thlr.

Mit einem Atlas, enthaltend: Umrisse von Vulkanen aus den Cordilleren von Quito u. Mexiko. qu. gr. 4. (12 Taf. u. 1 Blatt Text.) Ebend. 1½ Thlr.

Enthält geognostische und physikalische Beobachtungen über die Vulkane des Hochlandes von Quito. Berichte über Ersteigungen des Chimborazo. Ueber die isothermen Linien. Untersuchungen über die eudiometrischen Mittel und das Verhältniß der wesentlichen Bestandtheile der Atmosphäre. Ueber die nächtliche Verstärkung des Schalles. Ueber die mittlere Höhe der Continente. Vertheilung der Wärme auf der Erdoberfläche.

**Rud. Falb,** Grundzüge zu einer Theorie der Erdbeben u. Vulcanausbrüche. In gemeinfaßlicher Darstellung. 1. Lief. Mit 5 Figurentafeln. (XIII, 62 S.) Graz 1869, Pod. 15 Ngr.

Anfang einer populären Darstellung der hauptsächlich von Alex. Perrey in Dijon begründeten Theorie, wonach sowohl die Erdbeben als die Hochfluthen des Meeres durch Mondconstellationen hervorgerufen werden und durch die Ebbe und Fluth eines feuerflüssigen inneren Erdkerns entstehen.

**Herm. Burmeister,** Geologische Bilder zur Geschichte der Erde und ihrer Bewohner. 2 Bde. (VIII, 312. IV, 328 S.) Leipzig 1851—53, O. Wigand. 2⅔ Thlr.

Bd. 1 enthält: 1) Die Entstehung der Erdoberfläche, 2) der menschliche Fuß als Charakter der Menschheit, 3) Vergangenheit und Gegenwart des Thierreichs, 4) die Seele und ihr Behälter, 5) die gegenwärtige Paläontologie. Bd. 2: 1) Der Ocean. 2) Der schwarze Mensch. 3) Der tropische Urwald. 4) Die Obstsorten Brasiliens. 5) Antikritisches. Populäre Darstellungen von wissenschaftlichem Werthe.

**Bernh. Cotta,** Geologische Bilder. Mit Titelbild u. 130 in den Text gedr. Abbild. gr. 8. 16⅛ B. Leipzig 1852. 1 Thlr. 15 Ngr.

Aufsätze, die ursprünglich in der illustrirten Zeitung standen und hier in erweiterter Gestalt abgedruckt sind. Sie geben, ohne den Gegenstand gerade zu erschöpfen, eine interessante und allgemein verständliche Belehrung über Bildung der Erdoberfläche und der noch gegenwärtig in Veränderung derselben thätigen Kräfte.

—— Deutschlands Boden, sein geologischer Bau u. dessen Einwirkung auf das Leben der Menschen. In 2 Abthlgn. gr. 8. (XIV u. 978 S.) u. 4 Tafeln. Leipzig 1853—54, Brockhaus. n. 5 Thlr.

Die Mannigfaltigkeit der Bodenbildung in Deutschland mit dem dadurch bedingten landschaftlichen Charakter wird in der ersten Abtheilung geschildert. Die zweite Abthlg. enthält Beilagen, welche in Citaten, speciellen Ausführungen und Belegen bestehen. Eröffnet einen tieferen Blick in den Zusammenhang von Land und Leuten. Besonders wichtig für den Geographen und Nationalökonomen. Der Stoff ist übrigens noch nicht gehörig abgeklärt und geordnet.

—— Die Geologie der Gegenwart dargestellt u. beleuchtet. Lex. 8. (XLVI u. 424 S.) Leipzig 1866, Weber. n. 2½ Thlr.

Ein Rechenschaftsbericht über die Entwicklung der Geologie und Paläontologie, veranlaßt durch das Jubiläum der Bergakademie zu Freiberg. Die gute Uebersicht wird auch manchem Laien willkommen sein.

**Rudolph Ludwig,** Das Buch der Geologie. Naturgesch. der Erde in allg. verständl. Darstell. ꝛc. 2. neu bearb. Auflage. 2 Thle. Mit 11 Tondrucktaf. u. 270 Holzschnitten. gr. 8.. (VIII u. 212, 230 S.) Leipzig 1861, Spamer. n. 2 Thlr.

Ein gemeinfaßlich und anziehend geschriebenes, durchaus nicht oberflächliches Lehrbuch der Geologie, auf dem neuesten Standpunkt der Wissenschaft stehend. Anderen derartigen nur wenig älteren Werken gegenüber ist namentlich hervorzuheben, daß der Theil der Geologie, welcher durch Einwirkung der Chemie und Physik auf diese Wissenschaft neuerdings entstanden ist, seine gehörige Würdigung gefunden hat. Die zahlreichen Holzschnitte sind oft wenig zur Sache gehörig.

**E. A. Roßmäßler,** Die Geschichte der Erde. Eine Darstellung für gebildete Leser u. Leserinnen. 2. verb. u. verm. Auflage. Mit 100 in den Text gedr. Illustr. in Holzschn. u. 1 landschaftl. Ansicht in Holzschnitt. Lex. 8. (VIII u. 408 S.) Breslau 1863, Leuckart. n. 1²/₃ Thlr.
  Eine gute populäre Geologie.

**P. Harting,** Die vorweltlichen Schöpfungen verglichen mit den gegenwärtigen. In Gemälden skizzirt. Aus dem Holländischen übers. von J. E. A. Martin. Mit einem Vorworte von M. J. Schleiden. Mit 19 Holzschnitten u. 4 lithogr. Tafeln. gr. 8. (XV, 358 S.) Leipzig 1859, W. Engelmann. 2¼ Thlr.
  Die vorliegende Schrift, welche aus einer Reihe von 12 Vorlesungen, die vor einem gebildeten Kreise von Zuhörern beiderlei Geschlechts gehalten wurden, entstand, ist in hohem Grade empfehlenswerth.

Oswald **Heer,** Die Urwelt der Schweiz. — Mit 7 landschaftlichen Bildern, 11 Steindrucktafeln, 1 geologischen Uebersichtskarte der Schweiz u. zahlreichen Holzschnitten. Lex. 8. (XXIX u. 622 S.) Zürich 1865, Schultheß. 4½ Thlr.
  Populäre Bearbeitung der geologischen Forschungen über die Schweiz, von einem Gelehrten, der als Botaniker und Paläontolog eine anerkannte Autorität ist, und hier in dem Spiegel der Schweiz ein Bild der Erdentwicklung und der vorweltlichen Flora und Fauna darlegen will. Darstellung zwar nicht elegant, aber allgemein verständlich.

**E. Desor,** Der Gebirgsbau der Alpen. Mit 1 Karte in Farbendruck und 12 Holzschnitten. gr. 8. (VIII u. 151 S.) Wiesbaden 1865, Kreidel. n. 1 Thlr.
  Ergebnisse eigener Beobachtungen eines anerkannten Forschers.

**L. Rütimeyer,** Ueber Thal- u. Seebildung. Beiträge zum Verständniß der Oberfläche der Schweiz. (144 S.) Basel 1869, Schweighauser. 1 Thlr. 10 Ngr.
  Eine sehr tüchtige geologische Arbeit, die auch für den Botaniker und Zoologen vieles Interessante darbietet. Der Verfasser geht vom Gotthard aus und sucht die Wirkung seiner Gewässer im Verlauf der letzten Erdalter bis nach Basel nachzuweisen. Die beigegebene Karte dient dazu, die Geschichte der Flüsse und Seen in der Schweiz zu veranschaulichen.

## Allgemeines über die organische Welt.

Charles **Darwin,** Ueber die Entstehung der Arten im Thier- und Pflanzenreich durch natürliche Züchtung oder Erhaltung der vervollkommneten Rassen im Kampf ums Dasein. Uebersetzt und mit Anmerkungen versehen von H. G. Bronn. gr. 8. (VIII u. 520 S.) Stuttgart 1860, Schweizerbart. n. 2 Thlr. 12 Ngr. 3. Aufl. Nach der 4. englischen sehr verm. Originalausgabe durchgesehen u. berichtigt von J. V. Carus. (II, 571 S.) Ebend. 1867. 3 Thlr.

Nachdem die Darwin'sche Lehre so große Veränderungen in den Naturwissenschaften herbeigeführt hat, ist es für jeden Gebildeten nothwendig, etwas davon zu wissen. Wer in der Naturwissenschaft einigermaßen bewandert ist, wird am besten thun, Darwins Werke selbst zu lesen. Man wird sich in denselben nirgends von gelehrtem Ballast belästigt fühlen, und andererseits hält sich der berühmte Verfasser viel strenger an die Sache selbst, als seine deutschen Bewunderer oder Anfechter. Er sucht nach 20jährigen einschlägigen Studien nachzuweisen, daß die bisher in der Regel angenommene Constanz der Arten im Thier- und Pflanzenreich nicht vorhanden, daß vielmehr eine jede Art durch die verschiedensten äußeren Einwirkungen einer unendlich mannigfaltigen Veränderung unterworfen sei, daß eine solche Veränderung jedoch nur in dem Falle dauerhaft sei, wenn sie vollkommener sei als die frühere Form. Hieraus zieht Darwin den Rückschluß, daß alle jetzigen Arten von wenigen Grundformen abstammen (eine einzige Grundform anzunehmen wagt er nicht), daß von diesen aus in einem undenkbar großen Zeitraum, den anzunehmen uns ohnedieß schon die Geologie zwingt, sich nach und nach die jetzige Menge von Arten entwickelt habe. Die Darstellung ist hinreißend, ohne jedoch die entgegenstehenden Schwierigkeiten vertuschen zu wollen.

**Charles Darwin**, Das Variiren der Thiere u. Pflanzen im Zustande der Domestication. Aus dem Engl. übersetzt von J. Vict. Carus. 2 Bde. (VIII, 530 S. mit eingedruckten Holzschnitten. VIII, 639 S.) Stuttgart 1868, Schweizerbart. 6½ Thlr.

Anfang einer weiteren Ausführung des Vorigen. Einigen besonders wichtigen Partien des ersten Werkes wesentlich zur Ergänzung und Verdeutlichung dienend. Giebt eine Menge Belege nach Beobachtungen und Experimenten welche der Verf. gemacht.

**J. Dub**, Kurze Darstellung der Lehre Darwins über die Entstehung der Arten der Organismen. Mit erläuternden Bemerkungen und 3 Holzschnitten. (VIII, 299 S.) Stuttgart 1870, Schweizerbart. 2 Thlr.

Von allen populären Darstellungen der Darwin'schen Lehre wohl diejenige, welche sich am besten zur Einleitung des Laien in das Studium des Originalwerks eignet. Der Verfasser beschränkte sich darauf eine möglichst gemeinverständliche Darstellung zu geben, ohne sich wie andere Bearbeiter auf Erweiterung, Ergänzung und Consequenzen der Darwinschen Lehrsätze einzulassen.

**Ernst Haeckel**, Natürliche Schöpfungsgeschichte. Gemeinverständliche wissenschaftliche Vorträge über die Entwicklungslehre im Allgemeinen und diejenige von Darwin, Goethe u. Lamarck im Besonderen, über die Anwendung derselben auf den Ursprung des Menschen u. andere damit zusammenhängende Grundfragen der Naturwissenschaft. Mit eingedruckten Holzschnitten u. 9 Steintafeln. (XVI, 568 S.) Berlin 1869, Reimer. 2½ Thlr.

Der Verf. ist ein stricter Anhänger Darwins und hat dessen Lehren mit einer Kühnheit und Consequenz ausgeführt, die schwerlich in Darwin's Sinn ist. In diesen 20 Vorträgen behandelt er die Entwicklungstheorie im Gegensatz zur Schöpfungslehre, verbreitet sich dann über Darwins Selectionstheorie, über Vererbung und deren Gesetze, natürliche Züchtung, über individuelle und Stammesentwicklung, über Entstehung des Lebens aus unorganischen Stoffen, und giebt dann schließlich einen förmlichen Stammbaum des Menschen von wirbellosen Ahnen an.

**Fritz Rätzel**, Sein und Werden der organischen Welt. Eine populäre Schöpfungsgeschichte. Mit Holzschnitten und einer Lithographie. (XI, 514 S.) Leipzig 1869, Gebhardt u. Reisland. 2 Thlr. 25 Ngr.

Eine gute Popularisirung der Entwicklungstheorie und insbesondere des Darwinschen Systems.

**W. Preyer**, Der Kampf um das Dasein. Ein populärer Vortrag (48 S.) Bonn 1869, Ed. Weber. 10 Ngr.

Eine gemeinverständliche Ausführung der bekannten Darwinischen Lehre vom Kampf um's Dasein, mit Anmerkungen, welche eine wissenschaftliche Begründung geben.

**Fr. Pfaff**, Schöpfungsgeschichte mit besonderer Berücksichtigung des biblischen Schöpfungsberichtes. Mit zahlr. Holzschn. u. 1 Karte. gr. 8. (VIII u. 666 S.) Frankfurt a/M. 1855. Heyder u. Zimmer. 2½ Thlr.

Legt die wichtigsten Lehren und Ergebnisse der Astronomie und Geologie, welche die Grundlage zur Ermittlung der Entstehung und Entwicklung der sichtbaren Schöpfung bilden, in zweckmäßiger Auswahl und einer einfachen klaren Sprache dar, hält dieselben mit den Ueberlieferungen der Genesis zusammen, und erörtert dabei die Streitpunkte möglichst objectiv, ohne jedoch deren Lösung zu erzwingen. Dabei zeigt er, daß kein absoluter Widerspruch bestehe und eine annähernde Lösung von der weiter fortgeschrittenen Wissenschaft zu hoffen sei. Zuletzt erörtert er mit Beziehung auf Vogt die Möglichkeit der Abstammung des Menschengeschlechts von einem Paare. Der Verfasser verwahrt sich entschieden gegen alles Dareinreden der Theologie in die Naturwissenschaften, eben so aber gegen alle Eingriffe der letzteren in das Gebiet des philosophischen und theologischen Erkennens. Ein reichhaltiges und gründliches Werk, das dem gebildeten Leser empfohlen zu werden verdient.

—— Die neuesten Forschungen u. Theorien auf dem Gebiete der Schöpfungsgeschichte. (VI, 115 S.) Ebendas. 1868. ⅔ Thlr.

Giebt in klarer, jedem Gebildeten faßlicher Darstellung Rechenschaft von dem, was wir nach dem heutigen Stande der Wissenschaft über die Schöpfung der Welt und des Menschen wissen oder zu wissen glauben. Die Schrift hat noch den besonderen Zweck, der antireligiösen Verwerthung naturwissenschaftlicher Ergebnisse entgegenzutreten. Sie enthält 3 Abschnitte unter folgenden Titeln: Ueber die Spectralanalyse des Sonnenlichts und der Firsterne. Ueber die Pfahlbauten und das Alter des Menschengeschlechts. Ueber die Darwinische Hypothese.

**Hermann Masius**, Naturstudien. Skizzen aus der Pflanzen- und Thierwelt. 3. verbesserte Auflage mit 13 Illustrationen u. Holzschnitttaf. u. Titelb. in Farbendr. gr. 8. (XIII u. 414 S.) Leipzig 1857, Brandstetter. 2 Thlr. 24 Ngr. 5. Aufl. mit Illustr. von W. Georgy. 4. (VIII, 317 S.) Ebend. 1863. 4 Thlr.

Sinnreiche Charakteristik der bekanntesten Pflanzen- und Thierarten, mehr vom ästhetischen als vom naturhistorischen Gesichtspunkt aus. Mit unläugbar großem Talente für sinnige Auffassung der Naturformen geschrieben. Dem Freund der Naturwissenschaften wie dem Landschaftsmaler förderlich durch überraschend originelle und gleichwohl nicht gesuchte Auffassungen. Vorzüglich passendes Geschenk für junge Mädchen oder Knaben.

—— Naturstudien. 2. Band. Mit Illustrat. (298 S.) Leipzig 1868, Brandstetter. 1 Thlr. 15 Ngr.

Inhalt: Der Bergkrystall. Der Bambus. Die Seide und die Seidenraupe. Der Elephant. Die Robben. Eine Düneninsel. Unter dem Polarkreise. Der Nil. Die Wolken. Die Hand.

**Georg Hartwig**, Die Tropenwelt im Thier- und Pflanzenleben dargestellt. Mit 6 Abbildungen (Holzschnitttaf. in Buntdruck.) gr. 8. (XII u. 483 S.) Wiesbaden 1860, Kreidel. n. 3 Thlr.

Nicht ein Gesammtbild der Tropenwelt, sondern nur eine Schilderung der charakteristischen für den Menschen wichtigen Thiere und Pflanzen. Uebrigens auch in dieser Beschränkung ein anziehendes unterhaltendes Buch. Die 6 Tonbilder sind sehr gelungen.

**Moritz Willkomm**, Die Wunder des Mikroskops. Für Freunde der Natur und mit Berücksichtigung der studierenden Jugend bearbeitet. 2. sehr ver-

mehrte Auflage. Mit 190 in den Text gedruckten Abbildungen. 1 Titel=
bild 2c. gr. 8. (VIII u. 287 S.) Leipzig 1861, Spamer. n. 1⅓ Thlr.

    Eine gründliche populäre Beschreibung des Mikroskops und der Resultate seiner Anwen=
dung auf die Untersuchung von Pflanzen, Thieren, die Zusammensetzung des Erdbodens, Prü=
fung der Nahrungsmittel, Waaren, Kleidungsstoffe u. f. w. Alles in ganz zweckmäßiger Aus=
führlichkeit und erforderlicher Klarheit. Verdient sowohl für belehrende Unterhaltung, als zur
wissenschaftlichen Anleitung empfohlen zu werden.

**Julius Vogel**, Das Mikroskop ein Mittel der Belehrung und Unterhal=
tung sowie des Gewinns für Viele. Mit 119 Original=Holzschnitten.
(X, 278 S.) Leipzig 1867, Lud. Denicke. 1 Thlr.

    Der Verfasser ist seit 30 Jahren mit dem Gebrauch des Mikroskops vertraut und giebt
hier eine populäre Anleitung zur Handhabung desselben. Wohl die beste populäre Schrift über
den Gegenstand.

**Gustav Jäger**, Die Wunder der unsichtbaren Welt enthüllt durch das Mi=
kroskop. Eine populäre Darstellung der durch das Mikroskop erlangten
Aufschlüsse über die Geheimnisse der Natur. Mit Holzschnitten. 2. Aufl.
(VIII, 832 S.) Berlin 1868, Hempel. 4 Thlr. 8 Ngr.

    Gute populäre Darstellung eines tüchtigen Naturforschers.

—— Das Leben im Wasser und das Aquarium. Mit 7 Farbentafeln u.
72 Holzschnitten. (884 S.) gr. 8. Hamburg 1868, Vereinsbuchhand=
lung. 3 Thlr.

    Eine anziehende Schilderung des Thier= und Pflanzenlebens, soweit dasselbe durch Wasser
bedingt ist.

**J. Michelet**, Das Meer. Deutsch von F. Spielhagen. 8. (X u. 314 S.)
Leipzig 1861, J. J. Weber. n. 1⅓ Thlr.

    Ein geistreiches Buch, in welchem zwar manchmal Hypothesen statt Thatsachen, und Phan=
tasien statt Beobachtungen gegeben sind, das aber eine Fülle interessanter Naturbetrachtungen ent=
hält. Buch I handelt vom Strande und Felsenufer, Seestürmen u. dgl. II von der Thierwelt
des Meeres, Korallen, Muscheln, Perlen, Polypen, Krustaceen, Fischen. III „Eroberung des
Meeres" handelt von der Entdeckung der drei Oceane und dem Kriege gegen die Bewohner der=
selben. IV „Wiedergeburt durch das Meer" bespricht die Seebäder und ihre Wirkungen.

**M. J. Schleiden**, Das Meer. Mit 23 Stahlstichen in Farbendruck, 216
Holzschnitten und 1 Karte. Lex. 8. (XII u. 711 S.) Berlin 1865—
1866, Sacco, Nachfolger. 8 Thlr. 24 Ngr.

    Eine nach Inhalt und Ausstattung ausgezeichnete populäre Schrift, welche das pflanzliche
und thierische Leben des Meeres anziehend schildert.

**Karl Ruß**, In der freien Natur. Schilderungen aus der Thier= und Pflan=
zenwelt. gr. 8. (VI u. 431 S.) Berlin 1865, Böttcher. 1¾ Thlr.

    Eine Sammlung populärer Naturbetrachtungen, die schon früher in Zeitschriften, wie
Roßmäßlers „Aus der Heimath, Gartenlaube" u. A. abgedruckt waren. Mit Sachkenntniß
und Phantasie, aber nicht ohne Spielerei.

—— Natur= u. Kulturbilder. (VIII, 530 S.) Breslau 1868, Trewendt.
2 Thlr.

    Ansprechende Schilderungen aus dem Pflanzen= u. Thierleben, sowie aus dem Menschenleben.

—— Durch Feld und Wald. Bilder aus dem Naturleben. Mit Illustra=
tionen von Rob. Kretschmer. (262 S.) gr. 8. Leipzig 1868, Brod=
haus. 3 Thlr.

    Naturbilder aus den vier Jahreszeiten, mit Geist und Geschmack ausgeführt.

## Botanik.

**Moritz Seubert,** Lehrbuch der gesammten Pflanzenkunde. 5. verbeff. Aufl. mit vielen in den Text gedruckten Holzschnitten. gr. 8. (VI u. 488 S.) Leipzig u. Heidelberg 1869, C. F. Winter. n. 2 Thlr.

Eine wissenschaftliche Uebersicht der jetzigen Pflanzenkunde, deren erster Abschnitt die Physiologie der Pflanzen, der zweite das System der Familien enthält, mit beispielsweiser Aufführung der wichtigsten Gattungen und ausnahmsweiser Erwähnung der Arten. Ein gutes Buch, ganz geeignet für wissenschaftlich gebildete Dilettanten und Lehrer. Leider können wir dem Leser kein Buch anführen, welches in größerer Ausführlichkeit und mit den neuesten Hilfsmitteln der Holzschneidekunst versehen, das mannichfaltige Reich der Pflanzenwelt in ähnlicher Fülle darböte, wie dieß in der Zoologie durch Brehms illustrirtes Thierleben geschieht.

—— Die Pflanzenkunde in populärer Darstellung mit besonderer Berücksichtigung der forstlich-ökonomisch-technisch und medicinisch-wichtigen Pflanzen. Ein Lehrbuch. 5. umgearbeitete, sehr vermehrte und verb. Auflage mit Holzschnitten. gr. 8. (IV u. 596 S.) Leipzig 1867, C. F. Winter. 2 Thlr.

Ein brauchbares Hilfsmittel zum Studium der Botanik für Solche, die dieselbe für besondere praktische Zwecke betreiben wollen.

**Moritz Willkomm,** Führer ins Reich der deutschen Pflanzen. Mit 7 lithogr. Tafeln u. 645 Holzschnitten nach Zeichnungen des Verf. (X, 678 S.) Leipzig 1863, Herm. Mendelssohn. 3 Thlr.

Eine populäre Flora mit sorgfältigen Beschreibungen aus der Feder eines namhaften Botanikers.

**M. J. Schleiden,** Die Pflanze u. ihr Leben. Populäre Vorträge. 6. Aufl. Mit 5 farbigen Taf. u. 15 Holzschn. gr. 8. (XXIV, 396 S.) Leipzig 1864, W. Engelmann. 3 Thlr. 7½ Ngr.

Zwölf vor einem gemischten Publikum gehaltene Vorträge, in welchen die wichtigsten Momente des Pflanzenlebens, der Zusammenhang desselben mit den Menschen, und die Aufgabe der botanischen Wissenschaft klar und in schöner, eleganter Form von einem der berühmtesten jetztlebenden Botaniker dargestellt sind. Popularisirt am besten die Anatomie und Physiologie der Pflanzen.

**Fr. Unger,** Botanische Briefe. gr. 8. 10⅜ B. Mit 2 Holzschnitttaf. u. eingedr. Holzschn. Wien 1852. 2 Thlr. 10 Ngr.

Ein ähnliches Buch wie Schleiden's Leben der Pflanze, ebenfalls von einem anerkannten Meister in seiner Wissenschaft. Macht sich zur Aufgabe, den Bau und das Leben des pflanzlichen Organismus, sowie die Entwicklung und Verbreitung der Pflanzenwelt auf der Oberfläche der Erde in halb populärer, halb wissenschaftlicher Weise von dem Standpunkt der neuesten Forschungen aus dem gebildeten Publikum zu veranschaulichen. Elegante Darstellung und noch elegantere Ausstattung mit 40 guten Holzschnitten.

—— Versuche einer Geschichte der Pflanzenwelt. gr. 8. 23¾ B. Wien 1852. 2 Thlr. 28 Ngr.

Eine wissenschaftlich gehaltene, aber in geistreicher Darstellung ausgeführte Entwicklungsgeschichte, die für jeden Gebildeten verständlich ist. Die erste Abtheilung handelt über Pflanzenreste, besonders Steinkohlen und Bernstein, die zweite sucht die vorweltlichen Pflanzen wissenschaftlich einzutheilen, die dritte handelt über den Umfang der Flora der Vorwelt, die vierte schildert ihren Charakter nach den verschiedenen geologischen Perioden.

**F. Unger**, Die Urwelt in ihren verschiedenen Bildungsperioden. 16 landschaftliche Darstellungen von Kuwasseg, mit erläuterndem Text. 3. Aufl. qu. gr. fol. (4 Blatt, 16 lith. Tafeln u. 16 Blatt Erklärung.) Leipzig 1864, T. O. Weigel. 18 Thlr. 20 Ngr.

    Ein geniales, das vorige ergänzende Werk Unger's, dem ein ebenbürtiger Künstler, in seine Ideen eindringend, den Pinsel geliehen hat. Die Bilder sind in gelblichen und bräunlichen Tönen ausgeführt und geben die merkwürdigsten Anschauungen einer untergegangenen Welt. Das Beste, was über die botanische Seite der Geologie existirt.

—— Botanische Streifzüge auf dem Gebiete der Culturgeschichte.
    I. Nahrungspflanzen des Menschen, mit 1 Karte. Lex. 8. (98 S.) Wien 1857, Gerold's Sohn. n. ⅔ Thlr.
    II. Die Pflanze als Erregungs- u. Betäubungsmittel. Lex. 8. (74 S.) Ebend. 1857. n. 14 Ngr.
    III. Die Pflanze als Zaubermittel. Lex. 8. (56 S. mit Holzschnitten.) Ebend. 1859. n. 12 Ngr.
    IV. Die Pflanzen des alten Aegyptens. Lex. 8. (74 S. mit 9 lith. Taf.) Ebend. 1860. n. 18 Ngr.

**Wilh. Kabsch**, Das Pflanzenleben der Erde. Eine Pflanzengeographie für Laien und Naturforscher. Nach dem Tode des Verfassers mit einem Vorwort versehen von H. A. Berlepsch. Mit 59 Holzschnitten im Text. gr. 8. (XVI u. 642 S. mit 1 Holzschnitttafel.) Hannover 1865, Rümpler. n. 4 Thlr.

    Faßt die Ergebnisse der bisherigen Forschungen in einer geschmackvollen, ansprechenden Form und allgemein verständlichen Darstellungsweise zusammen und ist sehr hübsch ausgestattet.

**Karl Müller**, Das Buch der Pflanzenwelt. 2. verm. u. verb. Aufl. Mit 380 Textabbildungen. 2 Abthlgen. (XIV, 284 u. 368 S.) Leipzig 1869, Spamer. 3⅚ Thlr.

    Ein gut geschriebenes, reichhaltiges und schön ausgestattetes Buch, welches die Pflanzenwelt im weitesten Sinne behandelt. Der erste Band bespricht die allgemeinen Verhältnisse der Pflanzen zu einander, Standort, Klima u. s. w., die Geschichte der Pflanzenwelt, Physiognomie der Gewächse. Der zweite Band enthält eine vollständige Pflanzengeographie. Das Ganze ist reich mit erläuternden Holzschnitten und Landschaftsbildern versehen. Zu wünschen wäre, daß das Capitel von der Pflanzenphysiognomik etwas ausführlicher behandelt wäre.

**Heinrich Zollinger**, Ueber Pflanzenphysiognomie im Allgemeinen und diejenige der Insel Java insbesondere. (Abdruck aus desselb. Verf. systemat. Verzeichniß der im indischen Archipel gesammelten Pflanzen.) (48 S.) Zürich 1855, Kiesling. 12 Ngr.

    Eine treffliche Schilderung der Pflanzenphysiognomie.

**Adalbert Schnizlein**, Botanik als Gegenstand der allgemeinen Bildung. Eine kurze Anleitung zur verständlichen Betrachtung der Pflanzenwelt im Ganzen und zur Kenntniß der wichtigsten Familien- u. Einzelformen. Mit Abbildungen in Holzschnitten. (134 S.) Erlangen 1868, Besold. ⅔ Thlr.

    Zur Anleitung für angehende Botaniker und für Lehrer, von einem gründlichen Kenner der Wissenschaft geschrieben.

**Herm. Wagner**, Malerische Botanik. Schilderungen aus dem Leben der Gewächse ꝛc. 2 Bde. Mit 410 eingedr. Holzschnitten u. 7 Tonbild. gr. 8. (I. VIII u. 238. II. IV, 258 S.) Leipzig 1861, Spamer. n. 2 Thlr. geb. n. 2½ Thlr.

Eine populäre Botanik, welche ästhetische Betrachtung der Pflanzenwelt mit der naturwissenschaftlichen verbindet und auch über den ökonomischen und technischen Gebrauch der Pflanzenprodukte Nachweisungen giebt. Der Verfasser, mit seinem Stoff gründlich vertraut, behandelt seine Aufgabe mit vieler Liebe.

**Ed. Schmidlin**, Populäre Botanik oder gemeinfaßliche Anleitung zum Studium der Pflanzen und des Pflanzenreichs. Zugleich ein Handbuch zum Bestimmen der Pflanzen auf Excursionen. 2. Aufl. Mit 1600 color. Abbildungen. (VI, 715 S.) Stuttgart 1867, G. Weise. 5 Thlr.

Ein zweckmäßiges Handbuch zum Botanisiren.

**E. H. F. Meyer**, Geschichte der Botanik. Studien. 4 Bde. gr. 8. Königsberg 1854—57, Gebr. Bornträger. n. 9⅔ Thlr.
I. (X u. 406 S.) II. (X u. 431 S.) III. (XVI u. 554 S.) IV. (VIII u. 451 S.)

Ein durch Gründlichkeit der Forschung ausgezeichnetes Werk, welches in der Geschichte der Naturwissenschaften Epoche macht, und nicht nur für den Botaniker interessant ist, sondern auch dem Philosophen, Philologen und Kulturhistoriker reiche Ausbeute gewährt. Der letzte Band geht nur bis zur Reformationszeit und das Werk ist unvollendet geblieben.

**Carl F. W. Jessen**, Botanik der Gegenwart u. Vorzeit in culturhistorischer Entwicklung. Ein Beitrag zur Geschichte der abendl. Völker. gr. 8. (XXII u. 495 S.) Leipzig 1864, Brockhaus. n. 2½ Thlr.

Eine populäre Geschichte der Botanik, welche in den älteren Partien auf E. Meyers Werk, in den neueren theilweise auf eigenen Forschungen beruht. Das culturhistorische Element ist nicht gerade so vertreten, wie der Titel erwarten läßt.

**E. A. Roßmäßler**, Der Wald, den Freunden und Pflegern des Waldes geschildert. (XV, 628 S.) 17 Kupferst., 82 Holzschnitte u. 2 Karten. Leipzig u. Heidelberg 1861—62, C. F. Winter. 7 Thlr. 20 Ngr.

Aesthetische, botanische und forstwirthschaftliche Betrachtung des Waldes, mit schönen Bildern, Baumgruppen darstellend. Das Buch ist mit vieler Liebe zum Gegenstand geschrieben.

**Harald Othmar Lenz**, Die nützlichen, schädlichen u. verdächtigen Schwämme. Mit 174 illum. Abbildungen. 4. Aufl. Gotha 1868, Thienemann. 2 Thlr.

Eine bewährte Anleitung zum Sammeln eßbarer Schwämme.

**J. B. P. Riebel**, Die Graspflanze. Mit 45 Holzschnitten. gr. 8. (190 S.) Augsburg 1866, Lampert u. Comp. n. 1 Thlr.

Keineswegs eine bloß botanische oder landwirthschaftliche Schrift, sondern eine Sammlung der mannigfaltigsten, nationalökonomischen, ethischen und politischen Betrachtungen. Der Verfasser knüpft an die Analyse der Graspflanze Vergleichungen zwischen dem Menschen- und Pflanzenkörper, Erörterungen über verschiedene Gebiete des Staats- und Privatlebens an und giebt manche interessante Belehrung, ermüdet aber auch zugleich durch Ueberladung.

**Berthold Seemann**, Die Palmen. Populäre Naturgeschichte derselben u. ihrer Verwandten ꝛc. Unter Mitwirkung des Verfassers deutsch bearbeitet von Carl Bolle. Mit 7 Illustr. Lex. 8. (XIII u. 258 S.) Leipzig 1857, W. Engelmann. 2¼ Thlr.

Ein ursprünglich englisch geschriebenes Werk, das als zweckmäßiger Commentar für die Betrachtung des Palmenhauses in Kew bei London dienen konnte, und nun für deutsche Leser, denen diese Beschauung nicht zur Hand ist, eigentlich zu viel giebt. Uebrigens eine gute Popularisirung der wissenschaftlichen Kenntniß von den Palmen.

**J. Dornfeld**, Der rationelle Weinbau u. die Weinbereitungslehre, mit einem Anhang über den Einfluß der klimatischen Verhältnisse auf den Weinbau ꝛc. Lex. 8. (XVI u. 472 S.) Heilbronn 1864, Scheuerlen. n. 1½ Thlr.
Für Weinbergbesitzer und Alle, die einen guten Wein im eigenen Keller haben wollen, ein zuverlässiger Berather. Der Verf. war einer der ersten Weinzüchter in Süddeutschland.

**Wilh. Hamm**, Das Weinbuch. Wesen, Cultur und Wirkung des Weins. Statistik und Charakteristik sämmtlicher Weine der Welt und Behandlung der Weine im Keller ꝛc. Mit 13 in den Text gedruckten Holzschnitten. gr. 8. (XX u. 435 S.) Leipzig 1865, Weber. n. 2 Thlr.
Eine für Weinerzeuger und Weintrinker sehr interessante Schrift, die den Gegenstand ansprechend behandelt. Der Verfasser ist ein anerkannter Landwirth und nationalökonomischer Schriftsteller.

## Zoologie.

**A. E. Brehm**, Illustrirtes Thierleben. Eine allgemeine Kunde des Thierreichs. Mit Abbildgn. v. R. Kretzschmer u. C. Zimmermann. 6 Bde. (I. XL, 696. II. VIII, 901. III. 970. IV. 1035. V. 784. VI. 1110 S.) Hildburghausen 1863—69, Bibliogr. Institut. 27 Thlr. 7½ Ngr.
Ein ausgezeichnetes Werk, welches wir vor Allen der Aufmerksamkeit der Gebildeten und nach Bildung Strebenden empfehlen. Dasselbe ist nach einem einheitlichen Plan bearbeitet und vereinigt die genauesten Nachrichten über die einheimischen Thiere mit der Beschreibung der ausländischen, nach Mittheilung älterer und neuerer Reisenden, und ergänzt durch umfassende eigene Anschauung. Der Schwerpunkt ist in die eigenthümlichen Lebensäußerungen jeder Gattung und Art gelegt. Die Systematik tritt zurück, ohne daß jedoch versäumt wäre, die Verwandtschaftsverhältnisse und die unterscheidenden Merkmale gehörig hervorzuheben, wie auch neben der populären immer auch die wissenschaftliche Nomenclatur angegeben ist. Die Abbildungen beziehen sich immer auf das ganze und lebendige Thier in charakteristischer Stellung und Umgebung; sie sind zum Theil von wirklich künstlerischem Werth.
Die beiden ersten Bände behandeln die Säugethiere, deren Koryphäen, wie Pferd, Elephant, Löwe, Hund, höhere Affen, mit großer Ausführlichkeit behandelt sind. Ebenso findet man über die Hausthiere und ihre wahrscheinliche Abstammung, sowie über die Jagd der wilden Thiere eingehende Belehrung. Der dritte und vierte Band enthält das Leben der Vögel, welches des Verfassers spezielles Lieblingsfach ist. Der fünfte Band enthält die Amphibien und Fische, der sechste die wirbellosen Thiere, deren erste Abtheilung: Insekten, Spinnen und Tausendfüßler von E. B. Taschenberg beschrieben ist, während die zweite: Krebse, Würmer, Weichthiere und die niederen Classen von O. Schmidt behandelt sind. In diesem letztern Theil tritt das Thierleben zurück, und dagegen gewährt die Anatomie und Entwicklungsgeschichte um so interessantere Ausbeute. Die Abbildungen sind in diesem Theil meist Copieen von guten speziellen Werken. Jeder Band ist mit ausführlichem sachlichem und alphabetischem Register versehen.

—— Illustrirtes Thierleben. Wohlfeile Schulausgabe, herausgeg. v. Fr. Schödler. Mit Abbildungen in eingedr. Holzschnitten. 1. Bd. (XXIV, 816 S.) 2. Bd. (806 S.) mit Abbildungen. Hildburghausen 1868—69, Bibliogr. Institut. 84 Liefgn. à ⅙ Thlr.

A. E. **Brehm**, Das Leben der Vögel. Dargestellt für Haus und Familie. Lex. 8. 2. Aufl. (XVI, 650 S.) mit 10 Holzschnitttafeln in Buntdruck und 3 Chromolith. Glogau 1868, Flemming. 4 Thlr.
<small>Das beste neuere Werk über Vögel in populärer Darstellung. Vor dem Illustrirten Thierleben geschrieben.</small>

Die drei Reiche der Natur. 1. Abtheilung. Die Naturgeschichte des Thierreiches von C. G. Giebel. 5 Bde. in 4. mit 926 Abbildgn. Leipzig 1859—64, O. Wigand. 12 Thlr.
   1. Säugethiere. (VIII, 522 S.)
   2. Vögel. (XVI, 447 S.)
   3. Amphibien und Fische. (XXI, 408 S.)
   4. Gliederthiere. (XX, 550 S.)
   5. Weichthiere. (XIV, 339 S.)
<small>Werk eines anerkannten Zoologen. Das populär angelegte Unternehmen ist nicht weiter ausgeführt worden.</small>

F. v. **Tschudi**, Das Thierleben in der Alpenwelt. Naturansichten u. Thierzeichnungen aus dem schweizerischen Gebirge. Mit 24 Illustrationen von E. Rittmeyer u. W. Georghy. 8. Auflage. gr. 8. (XVI, 590 S.) Mit 24 Holzschnitttfln. Leipzig 1867, Weber. n. 4 Thlr.
<small>Ein anerkanntes Meisterwerk, das wir allen denen empfehlen, welchen das Brehm'sche Werk zu theuer ist. Die höheren Thiere der Alpen, welche ja nahezu mit unsern einheimischen Thieren überhaupt zusammenfallen, werden hier mit ebenso viel künstlerischem Geschmack als wissenschaftlicher Gründlichkeit behandelt, und es läßt die artistische Ausführung des Buches nichts zu wünschen übrig.</small>

Karl **Vogt**, Zoologische Briefe. Naturgeschichte der lebenden und untergegangenen Thiere, für Lehrer, höhere Schulen u. Gebildete aller Stände. Mit Abbildungen. 2 Bde. (719. 640 S.) Frankfurt a. M. 1851—52. 6 Thlr. 9 Ngr.
<small>Gute klare Darstellung auf wissenschaftlicher Grundlage. Durchaus materialistischer Standpunkt, der jedoch hier weniger krass zu Tage tritt, als in desselben Verfassers physiologischen Briefen.</small>

—— Vorlesungen über nützliche und schädliche, verkannte und verläumdete Thiere. Mit 64 Abbildungen in Holzschnitt. 8. (IV u. 239 S.) Leipzig 1864, Keil. n. 1 Thlr.
<small>Eine mit Humor geschriebene Ehrenrettung verschiedenen Ungeziefers.</small>

Oscar **Schmidt**, Naturgeschichtliche Darstellungen. gr. 8. (IV u. 147 S.) Wien 1858, Carl Gerold. 1 Thlr. 6 Ngr.
<small>Geistreiche sehr anziehende Vorträge, welche in Graz vor einem großen Zuhörerkreise gehalten und mit allgemeinem Beifall gehört wurden. Sie haben folgende Ueberschriften: I. über den Umgang mit der Natur. II. Gesetzmäßigkeit in der Formenmenge des Thierreichs. III. Vorweltliche Thiere. IV. Die geographische Verbreitung der Thiere. V. Infusorien. VI. Die Fliegen.</small>

Otto **Köstlin**, Studien zur Naturgeschichte der Menschen und der Thiere. (VIII, 164 S.) Stuttgart 1869, J. B. Metzler. 24 Ngr.
<small>Eine Sammlung von Vorträgen, welche in den Abendversammlungen des Vereins für Naturkunde in Stuttgart gehalten wurden und den Zweck hatten, wichtige Fragen aus der Naturgeschichte auf populäre Weise dem Verständniß der Gebildeten näher zu bringen. Der Ver-</small>

faffer, ein beliebter Arzt und Professor der Naturgeschichte am Stuttgarter Gymnasium, hat die Ergebnisse der Wissenschaft in sehr ansprechender sachkundiger Weise popularisirt.

**C. G. Calwer**, Die Thierwelt Deutschlands u. der Schweiz mit 12 Tafeln in Farbendruck. gr. 8. (596 S.) Stuttgart 1856, Belser. 8 Thlr. 12 Ngr.
 Eine populäre Naturgeschichte, welche auf wissenschaftlichen Autoritäten gestützt, die einzelnen Thiere nach ihren Arten beschreibt. Die Bilder sind keine Originalzeichnungen, sondern Copien aus anderen Werken.

**Hermann Pösche**, Das Leben der Natur im Kreislaufe des Jahres. Seine heimischen Erfahrungen in harmonischem Zusammenhange dargestellt. 8. (VIII, 388 S. u. 1 Holzschnitttaf.) Braunschweig 1860, Westermann. 1 Thlr.
 Das Leben der Thier- und Pflanzenwelt in den verschiedenen Jahreszeiten mit Geist geschildert.

—— Das Leben der Hausthiere u. ihre Stellung zu Familie, Staat und Landwirthschaft. Ein Familienbuch. gr. 8. (VIII, 591 S.) Mit eingedr. Holzschn. u. 19 Holzschnitttfln. in Tondruck. Glogau 1859—64, Flemming. 4½ Thlr.
 Ein auf wissenschaftlicher Grundlage beruhendes populäres Werk, gut geschrieben.

**Frz. Kobell**, Skizzen aus dem Gebiete der Jagd u. ihrer Geschichte. Mit Bildern von Ernst Fröhlich. (VIII, 491 S.) Stuttgart 1859, Cotta. 6 Thlr.
 Geschichte der Jagd, Jagdabenteuer, Hegung und Naturgeschichte des Wildes. Mit Sachkenntniß und gelegentlich mit köstlichem Humor behandelt.

**Charles Boner**, Thiere des Waldes. Mit 18 Illustr. von G. Hammer in eingedruckten Holzschn. u. 7 Holzschnitttaf. Deutsche Ausgabe. gr. 8. (VI u. 225 S.) Leipzig 1862, J. J. Weber. n. 1⅔ Thlr.
 Höchst gelungene Schilderungen aus der Feder eines Jagdvirtuosen, namentlich die Beschreibung des Hirsches und der Adlerjagd wahre Kabinetsstücke.

**A. E. Brehm und E. A. Roßmäßler**. Die Thiere des Waldes. 2 Bde. Mit eingedruckten Holzschnitten. Lex. 8. (I. XIV u. 658 S. mit 20 Kupferstichen. II. XII u. 482 S. mit 3 Kupferstichen.) Leipzig 1863—1867, C. F. Winter. n. 12⅔ Thlr.
 In derselben Weise behandelt wie Brehms Thierleben. Ein Supplement zu Roßmäßlers Wald, mit Sachkunde und Geschmack ausgeführt.

**Adolph und Karl Müller**, Wohnungen, Leben und Eigenthümlichkeiten in der höhern Thierwelt. Mit 125 Textabbildungen, 8 Tonbildern. (XV, 556 S.) Leipzig 1869, Spamer. 3⅔ Thlr.
 Hauptsächlich Schilderung des Kunsttriebes der Thiere, gestützt auf eigene Beobachtung und fleißige Sammlung dessen, was naturwissenschaftliche Reisebeschreiber aus fremden Welttheilen berichten. Die Illustrationen sind größtentheils dem englischen Werk von Wood entnommen, dessen mangelhaften Text die Herausgeber aber durch eine bessere Arbeit ersetzen.

**Wilh. Peters**, Ueber Wohnen und Wandern der Thiere. Vortrag gehalten im wissenschaftlichen Verein zu Berlin. 8. (68 S.) Berlin 1867, Schröders Verlag. n. ⅓ Thlr.
 Ein interessanter Vortrag von einem vielgereisten Naturforscher.

**Ludwig Glaſer** und **Carl Klotz**, Leben und Eigenthümlichkeiten aus der mittleren und niederen Thierwelt. Leipzig 1868—69, Spamer.
Abthl. 1. Heft 1—3. à ¼ Thlr. Lurche, Amphibien, Fiſche, In=ſekten. (144 S.) mit Holzſchnitten.
Abthl. 2. Heft 1—4. à ¼ Thlr. Wirbelloſe Thiere: Mollusken. Würmer. Strahlthiere. (192 S.) mit Holzſchnitten.
Ein ähnliches Werk wie das von A. und K. Müller, das zur Ueberraſchung des Leſers nicht minder intereſſante Beobachtungen aus der niederen Thierwelt mitzutheilen weiß.

**Joh. Andreas Naumann**, Naturgeſchichte der Vögel Deutſchlands, nach eigenen Erfahrungen entworfen. Durchaus umgearbeitet u. ſ. w. von ſeinem Sohne Joh. Friedr. Naumann. 12 Bände mit color. u. ſchwar=zen Kupfern. 8. Leipzig 1822—44, Ernſt Fleiſcher.
Bd. 13. Nachträge, Zuſätze und Verbeſſerungen von J. G. Blaſius, Ed. Baldamus und Fr. Sturm. Stuttgart 1860, K. Hoffmann. 7 Thlr.
Bd. 1—12 mit Kupfer 193⅔ Thlr., ohne Kupfer 49 Thlr.
Zwar ein wiſſenſchaftliches Werk, das aber für jeden Vogelliebhaber das vollſtändigſte Hilfsmittel iſt, in welchem er in gegebenem Falle Auskunft erhalten kann.

**C. G. Friderich**, Vollſtändige Naturgeſchichte der deutſchen Zimmer= Haus= u. Jagdvögel, ſammt allen übrigen in Deutſchland vorkommenden Vögeln. 2. ſehr verm. und verb. Auflage. Mit mehr als 200 colorirten Abbil=dungen auf 17 Tafeln u. 3 ſchwarzen Tafeln. (XII, 920 S.) Stutt=gart 1863, K. Thienemann. (Jul. Hoffmann.) 3 Thlr. 5 Ngr.
Eine ſehr brauchbare Arbeit von einem fleißigen Dilettanten, der die Vogelkunde ſeit Jahr=zehnten mit Liebhaberei betreibt.

**Adolf** und **Karl Müller**, Charakterzeichnungen der vorzüglichſten deutſchen Singvögel. Mit 11 Illuſtrationen u. 8 in den Text gedruckten Figuren. gr 8. (VII u. 112 S.) Leipzig 1865, C. F. Winter. n. 1½ Thlr.
Ergebniſſe fleißiger und liebevoller Beobachtungen zweier Brüder, eines Forſtmannes und eines Geiſtlichen. Die Sucht gegen die Wiſſenſchaft Oppoſition zu machen fällt hin und wieder unangenehm auf.

**Jul. Michelet**, Aus den Lüften. Das Leben der Vögel. Aus dem Fran=zöſiſchen. 2. Aufl. gr. 16. (III u. 281 S.) Berlin 1858, Allg. Ver=lagsanſtalt. n. 1⅔ Thlr.
Ein geiſtreiches Buch des bekannten franzöſiſchen Hiſtorikers, der die Beobachtung der Vögel als beſondere Liebhaberei betreibt. Leider hat der deutſche Bearbeiter die Einleitung, in welcher er die Entſtehungsgeſchichte des Buches erzählt und über die Eigenthümlichkeit ſeiner Arbeit Aufſchluß giebt, weggelaſſen.

**J. G. Fiſcher**, Aus dem Leben der Vögel. Eine naturpſychologiſche Skizze. 8. (61 S.) Leipzig 1863, Brandſtetter. ⅓ Thlr.
Feine Beobachtungen aus der Feder eines beliebten Dichters, der das Studium der Vogel=kunde mit Liebhaberei betreibt.

**C. G. Giebel**, Die nützlichen Vögel unſerer Aecker, Wieſen, Gärten und Wälder, Nothwendigkeit ihrer Pflege und Schonung. (162 S.) Berlin 1868. ½ Thlr.

C. G. **Giebel**, Landwirthschaftliche Zoologie. Naturgeschichte aller der Landwirthschaft nützlichen und schädlichen Thiere, für die praktischen Landwirthe. Mit 230 Holzschnitten. 1 Lief. 80 S. Glogau 1868, Flemming. 12⅓ Ngr.
<small>Wird als sehr zweckmäßig gerühmt.</small>

G. H. **Lewes**, Naturstudien am Seestrande, Küstenbilder aus Devonshire, den Scilly-Inseln u. Jersey, übers. von Jul. Frese. gr. 8. (VIII, 396 S.) Mit 7 Holzschnitttafeln. Berlin 1859, Bessers Verl. n. 2 Thlr.
<small>Der Verfasser von Goethes Leben tritt uns hier als geistreicher Naturforscher entgegen. Er will den Besucher der Seeküste in das Studium und den Genuß der Wunder des organischen Thierlebens einführen.</small>

J. **Kübler** und Heinr. **Zwingli**, Mikroskopische Mittheilungen. Zürich 1866, Höhr.
Inhalt: Heft I. Mikroskopische Bilder aus dem Leben unserer einheimischen Gewässer. gr. 4. (VII u. 19 S. mit 3 Steintafeln in gr. 4. u. Fol.) n. 18 Ngr.
Heft II. Mikroskopische Bilder aus der Urwelt der Schweiz. Nach eigenen Entdeckungen geschildert. (IX u. 28 S. mit 3 Steintafeln.) n. 27 Ngr.
<small>Wissenschaftliche Untersuchungen, die aber auch für Laien interessant sind.</small>

E. L. **Taschenberg**, Was da kriecht u. fliegt. Bilder aus dem Insectenleben mit besonderer Berücksichtigung ihrer Verwandlungsgeschichte. gr. 8. (VII, 632 S. mit eingedr. Holzschn.) Berlin 1861, Bosselmann. n. 1⅔ Thlr.
<small>Eine populäre Beschreibung von einigen hundert Insecten. Für die reifere Jugend, besonders auch für Schmetterlingssammler zu empfehlen.</small>

—— Naturgeschichte der wirbellosen Thiere, die in Deutschland den Feld-, Wiesen- u. Weideculturpflanzen schädlich werden. Gekrönte Preisschrift. Mit 7 color. Tafeln. (XII, 288 S.) Leipzig 1865, Kummer. 3 Thlr.

Joh. Wilh. **Meigen**, Systematische Beschreibung der bekannten europäischen zweiflügeligen Insekten. 6 Bde. mit 66 Steintafeln. Aachen u. Hamm 1818—1830, Schulz. 21 Thlr. Mit illum. Steintafeln. 36 Thlr.
<small>Ein wissenschaftliches Werk, das aber viele dilettantische Sammler gern zu Rathe ziehen.</small>

F. **Berge**, Schmetterlingsbuch oder allgemeine Naturgeschichte der Schmetterlinge u. insbes. der europäischen Gattungen. Nebst einer vollständigen Anweisung zum Fang, zur Erziehung, Zubereitung und Aufbewahrung und allen dem Sammler nothwendigen Dingen. 3. Aufl. Mit 50 Taf. (194 S. 4.) Stuttgart 1863, Thienemann. 4 Thlr. 10 Ngr.
<small>Ein sehr beliebtes Schmetterlingsbuch.</small>

A. **Speyer**, Deutsche Schmetterlingskunde für Anfänger. Nebst einer Anleitung zum Sammeln. Mit 251 Abbildungen auf 32 color. und 2 schwarzen Tafeln, gez. v. Phil. Klier. (XVI, 271 S.) Mainz 1868, Kunzes Nachf. 2 Thlr.

H. **Rockstroh**, Buch der Schmetterlinge u. Raupen, nebst Mittheilungen über die Eier, Raupen und Puppen der Schmetterlinge, über Fang und Zucht der Schmetterlinge und Raupen, sowie Anleitung zur Anlage von

Sammlungen und deren Behandlung. 4. Auflage nach dem neuesten System (Straubingers) völlig umgearb. von Ernst Heyne. Mit 12 color. Kupfertafeln. (VIII, 159 S.) Leipzig 1869, Cnobloch. 1 Thlr. 24 Ngr.
    Unter den Schmetterlingsbüchern das billigste, und in dieser neuen Auflage sehr zweckmäßig verbessert. Zum Geschenk für die Jugend geeignet.

Valentin **Gutfleisch**, Die Käfer Deutschlands. Nach des Verf. Tode vervollständigt u. herausgeg. von Fr. Chr. Bose. (XVI, 664 S.) Darmstadt 1859, Diehl. 2 Thlr. 20 Ngr.
    Unter den deutschen Käferbüchern das vollständigste und zuverlässigste.

C. G. **Calwer** und Gustav **Jäger**, Käferbuch. Naturgeschichte der Käfer Europas. Zum Handgebrauch für Sammler. 2. verm. u. verb. Auflage. Mit 1 schwarzen u. 8 color. Tafeln. (XVI, 626 S.) Stuttgart 1869, 4 Thlr. 10 Ngr.
    Eines der besseren populären Käferbücher. Diese zweite Auflage ist von G. Jäger in Beziehung auf Fundort, Lebensweise und Verwandlungszustände sehr vervollständigt.

Franz **Huber**, Neue Beobachtungen an Bienen. Nach der 2 Ausg. deutsch mit Anmerk. herausgeg. v. G. Kleine. 4 Hefte mit Stahlstichen. gr. 8. Einbeck 1856—1859, Ehlers. n. 4 Thlr.
    Das alte berühmte Bienenwerk Huber's erscheint hier in neuer Bearbeitung mit zweckmäßigen, die großen Fortschritte der neueren Bienenkunde einschaltenden Zusätzen eines der ersten Bienenzüchter. Auch für den Nichtpraktiker ist das Buch, welches die merkwürdigen Probleme und Erscheinungen des Bienenlebens anziehend schildert, zu empfehlen.

Aug. v. **Berlepsch**, Die Biene u. die Bienenzucht in honigarmen Gegenden. Nach d. gegenwärt. Standp. d. Theorie u. Praxis. Lex. 8. (XV, 475 S.) mit vielen Holzschnitten. Mühlhausen 1860, Heinrichshofen. n. 3⅓ Thlr.
    Werk eines berühmten Bienenzüchters. Ein Coder der Bienenwissenschaft, die neuerdings einen so bedeutenden Umfang gewonnen hat.

Friedr. **Stein**, Ueber die Hauptergebnisse der neueren Infusorienforschungen. Ein Vortrag, gehalten in der feierlichen Sitzung der kaiserl. Akademie der Wissenschaften am 30. Mai 1863 zu Wien. 8. (29 S.) Wien 1863, Gerold's Sohn. n. ⅙ Thlr.
    Populärer Vortrag eines auf diesem Gebiete sehr verdienten Forschers.

H. E. **Linck**, Die Schlangen Deutschlands. 8. (IV, 165 S.) Stuttgart 1855, J. B. Müller.
    Beschreibung und Vertheidigung der Schlangen, von einem warmen Schlangenfreunde.

## Anthropologie und Physiologie.

A. **Bastian**, Das Beständige in den Menschenrassen und die Spielweite ihrer Veränderlichkeit. Mit einer Karte von Prof. Kiepert. (XVI, 287 S.) Berlin 1868, D. Reimer. 1 Thlr. 20 Ngr.
    Eine vergleichende Darstellung der verschiedenen Menschenrassen, von einem vielgereisten Ethnographen.

Charles **Lyell**, Das Alter des Menschengeschlechts auf der Erde u. der Ursprung der Arten durch Abänderung, nebst einer Beschreibung der Eiszeit in Europa u. Amerika. Nach dem Engl., mit eigenen Zusätzen u. Bemerkungen in allgemein verständlicher Darstellung von Louis Büchner.

Autoris. deutsche Uebersetzung nach der dritten Aufl. des Originals. Mit zahlr. Holzschnitten. gr. 8. (IX, 472 S.) Leipzig 1864, Thomas. n. 2 Thlr. 15 Ngr.

*Das ausführlichste und zuverlässigste Buch über diesen Gegenstand, welches alle bisherigen Forschungen über die neueste Periode der Geologie und die daraus hervorgehenden Vermuthungen in Betreff des ersten Erscheinens der Menschen darlegt. Zunächst für Fachmänner, aber zugleich mit Rücksicht auf Dilettanten geschrieben.*

**M. J. Schleiden**, Das Alter des Menschengeschlechts, die Entstehung der Arten u. die Stellung des Menschen in der Natur. 3 Vorträge für gebildete Laien. gr. 8. (62 S. mit eingedr. Holzschnitten.) Leipzig 1863, Engelmann. 12 Ngr.

**Karl Vogt**, Vorlesungen über den Menschen, seine Stellung in der Schöpfung u. in der Geschichte der Erde. 2 Bde. (VIII, 298. XV, 328 S.) Gießen 1863, Ricker. 3 Thlr. 6 Ngr.

*Eine klare Zusammenfassung der neuesten Forschungen, in materialistischer Richtung ausgebeutet. Frivole Witze gelegentlich der Affentheorie.*

**Th. Schwann**, Anatomie des menschlichen Körpers. Populäre Darstellung für gebildete Leser. Aus dem Franz. übers. von Alex. Breiter. Mit 55 in den Text gedruckten Abbildungen. 8. (VII u. 152 S.) Leipzig 1861, Abel. n. 24 Ngr.

*Eine gute übersichtliche Darstellung für Laien mit zweckmäßigen Abbildungen.*

**K. Vogt**, Physiologische Briefe für Gebildete aller Stände. 1. Aufl. 1846. 3. Aufl. gr. 8. (XXII, 705 S.) Gießen 1861, Ricker. n. 3 1/3 Thlr.

*Soweit es die Resultate der Wissenschaft giebt, ein treffliches Werk, das klar und anschaulich darstellt. Für viele Laien aber dadurch abstoßend und widerlich, daß es mit aufbringlichem Fanatismus und frivolem Witz den Materialismus predigt. Daher für die Jugend unbrauchbar.*

**Carl Reclam**, Der Leib des Menschen, dessen Bau und Leben. Vorträge für Gebildete. Mit 8 Taf. in Farbendruck u. zahlreichen Holzschnitten. 1. Hälfte (388 S.) Stuttgart 1869, (Jul. Hoffmann), Karl Thienemann. 2 Thlr.

*Dieses Werk giebt in anziehender und verständlicher Weise das Wichtigste aus der Anatomie und Physiologie des Menschen, nach dem neuesten Standpunkte dieser Wissenschaften. Sehr belehrend sind namentlich die häufigen treffenden Gleichnisse, sowie die vielen anerkannt guten (zumeist aus Luschka's Anatomie entlehnten) Abbildungen.*

**Joh. Nicol. Czermak**, Populäre Vorträge gehalten im akademischen Rosensaale zu Jena in den Jahren 1867, 1868, 1869. Mit 3 Steindrucktafeln und 34 Holzschnitten. (X, 124 S.) Wien 1869, K. Czermak. 1 Thlr. 20 Ngr.

*Inhalt: I. Das Herz und der Einfluß des Nervensystems auf dasselbe. II. Das Ohr und das Hören. III. Stimme und Sprache. 1) Anatomie und Physiologie der Stimm- und Sprachwerkzeuge. 2) Wesen und Bildung der Stimm- und Sprachlaute.*

*Sehr sorgfältig ausgearbeitete klare Vorträge eines Naturforschers, welcher sich als Erfinder des Kehlkopfspiegels einen berühmten Namen gemacht hat.*

**Thom. Henry Huxley**, Zeugnisse für die Stellung des Menschen in der Natur. 3 Abhandlungen: Ueber die Naturgeschichte der menschenähnlichen Affen. Ueber die Beziehungen des Menschen zu den nächst-niederen

## Anthropologie und Physiologie.

Thieren. Ueber einige fossile menschliche Ueberreste. Aus dem Englischen überf. von J. Vict. Carus. Mit Holzschnitten. gr. 8. (VII u. 178 S.) Braunschweig 1863, Bieweg u. Sohn. n. 1 Thlr.
> Eine auch für ein weiteres Publikum verständliche, sehr angenehm zu lesende anthropologische Skizze, mit besonderer Rücksicht auf die leiblichen Unterschiede von Mensch und höherem Affen.

Thomas Henry **Huxley**, Ueber unsere Kenntniß von den Ursachen der Erscheinungen in der organischen Natur. Sechs Vorlesungen für Laien gehalten in dem Museum für praktische Geologie. Uebersetzt von K. Vogt. gr. 8. (XV u. 137 S.) Braunschweig 1866, Bieweg u. Sohn. n. ²/₃ Thlr.
> Ein ausgezeichneter Versuch, schwierige naturwissenschaftliche Aufgaben und Erörterungen einem Publicum, das mancher Vorkenntnisse entbehrt, anschaulich und begreiflich zu machen. Uebersetzung gut.

Friedr. **Rolle**, Der Mensch, seine Abstammung und Gesittung, im Lichte der Darwinschen Lehre von der Art=Entstehung und auf Grundlage der neueren geologischen Entdeckungen dargestellt. Mit 36 Holzschnitten. gr. 8. (IX u. 361 S.) Frankfurt a. M. 1865, Hermanns Verlag. 1½ Thlr.
> Ein Anhänger Darwins sucht hier dessen System in populärer Weise für die Anthropologie zu verwerthen. Zur Orientirung geeignet.

Jacob **Moleschott**, Der Kreislauf des Lebens. Physiolog. Antworten auf Liebig's chemische Briefe. gr. 8. 4. Aufl. (XVIII, 556 S.) Mainz 1863, v. Zabern. 2½ Thlr.
> Eine populäre Bearbeitung der Physiologie des Stoffwechsels, mit philosophischer Einleitung, die, auf Feuerbach sich berufend, den vermeintlichen Widerspruch erörtert, in welchem die Allmacht eines Weltenschöpfers mit Naturgesetzen stehe. Ueberhaupt ist die ganze Darstellung durch häufige Einmischung philosophischer Reflexion minder populär, als desselben Verfassers Schrift über die Nahrungsmittel.

E. **Harleß**, Lehrbuch der plastischen Anatomie, enthaltend die Gesetze für organische Bildung und künstlerische Darstellung der menschlichen Gestalt im Allgemeinen und in den einzelnen Situationen. Mit Illustr. nach Originalzeichnungen. 3 Abtheilungen. gr. 8. (XII, 170. XII, 180. X, 218 S.) Stuttgart 1856—58, Ebner u. Seubert. 4 Thlr.
> Das beste Werk dieser Art, von einem rühmlich bekannten Anatomen für Künstler bearbeitet.

Johannes **Roth**, Plastisch=anatomischer Atlas zum Studium der Natur u. der Antike. 24 Taf. Holzschnitt, 10 Erklärungstafeln. Stuttgart 1870, Ebner u. Seubert. 5 Thlr. 15 Ngr.
> Ein von Künstlern und Anatomen empfohlenes Werk.

G. M. **Humphry**, Fuß und Hand des Menschen. Nach der engl. Originalausgabe von E. Hennig. Mit 84 Holzschnitten. 8. (VIII u. 184 S.) Leipzig 1862, Abel n. 24 Ngr.
> Eine anatomisch-ästhetische Darlegung etwa in der Art wie Charles Bell's Buch über die Hand.

Th. **Piderit**, Gehirn u. Geist. Entwurf einer physiologischen Psychologie. Für denkende Leser aller Stände. Mit 8 in den Text gedr. Holzschnitten. 8. (X u. 86 S.) Leipzig 1863, C. F. Winter. n. ½ Thlr.

W. **Wundt**, Vorlesungen über die Menschen= u. Thierseele. 2 Bde. gr. 8. (I. XIV u. 492 S. II. VIII u. 464 S.) Leipzig 1863, Voß. n. 5 Thlr. 12 Ngr.

Eine sorgfältige und reichhaltige Darlegung der physiologischen Bedingungen, welche die Empfindung vermitteln. Minder gelungen in Verwerthung der Thatsachen und Gesetze für die Gesammtauffassung der Natur und des Wesens des geistigen Lebens.

C. G. Th. **Ruete**, Ueber die Existenz der Seele vom naturwissenschaftlichen Standpunkte. gr. 8. (XI u. 102 S.) Leipzig 1864, Teubner. ¾ Thlr.

In wissenschaftlicher, doch auch den Laien ganz verständlicher Behandlung begründet der Verfasser die Behauptung, daß viele Erscheinungen des Sinnenlebens sich ohne die Annahme eines geistigen Prinzips nicht erklären lassen.

Theodor **Piderit**, Wissenschaftliches System der Mimik und Physiognomik. Mit 94 photolithogr. Abbildungen. gr. 8. (XVI u. 204 S.) Detmold 1867, Klingenberg. n. 2⅓ Thlr.

Versuch den Ausdruck der menschlichen Gesichtszüge zu deuten und seine physiologischen Ursachen zu ermitteln. Beruht auf sorgfältigen Beobachtungen, und ist für den Psychologen wie für den Künstler von Werth.

## Medicin.

Carl Ernst **Bock**, (Professor der patholog. Anatomie in Leipzig.) Das Buch vom gesunden und kranken Menschen. Mit 25 feinen Abbildungen. 7. Aufl. gr. 8. (XII, 689 S.) Mit 73 Abbildgn. Leipzig 1866, Keil. n. 1 Thlr. 22½ Ngr.

Ist wohl geeignet, bei den Verständigen vernünftige Ansichten über die naturgemäße Pflege des gesunden und kranken Menschen zu verbreiten. Leider hat aber die Lectüre dieses Buchs auch schon manchen zum Hypochonder gemacht, und Andere zu allzugroßer Sicherheit verleitet.

—— Das Buch vom gesunden u. kranken Menschen. Supplbb. 2. Aufl. (VIII, 276 S.) Ebend. 1866. 24 Ngr.

—— Bau, Leben u. Pflege des menschl. Körpers in Wort u. Bild. Unter Mitwirkung von Schulmännern für Schüler dargestellt. (III, 175 S.) Ebend. 1868. 5 Ngr.

Fried. **Oesterlen**, Der Mensch und seine physische Erhaltung. Hygieinische Briefe für weitere Leserkreise. gr. 8. (XII, 483 S.) Leipzig 1859, Brockhaus. n. 2½ Thlr.

Eine populäre Ausführung und Anwendung dessen, was der Verfasser in wissenschaftlicher Form in seinem Handbuch der Hygieine niedergelegt hat. Auch formell wohlgelungen.

Jac. **Moleschott**, Physiologie der Nahrungsmittel. Ein Handbuch der Diätetik. 2. Aufl. (XXIV, 572 S. u. Zahlenbelege 254 S.) Gießen 1859, Ferber. 6 Thlr.

Karl **Reclam**, Das Buch der vernünftigen Lebensweise. Für das Volk zur Erhaltung der Gesundheit u. Arbeitsfähigkeit. (VIII, 319 S.) Leipzig 1863, C. F. Winter. 1 Thlr. 15 Ngr.

**Karl Reclam**, Des Weibes Gesundheit und Schönheit. Aerztliche Rathschläge für Frauen u. Mädchen. (VIII, 372 S.) Ebend. 1864. 1 Thlr. 20 Ngr.

**J. Wallach**, Das Leben des Menschen in seinen körperlichen Beziehungen für Gebildete dargestellt. 2. Aufl. Mit zahlreichen Holzschnitten. (IX, 533 S.) Erlangen 1869, Ferd. Enke. 1 Thlr. 15 Ngr.

Physiologie mit Rücksicht auf Diätetik von einem praktischen Arzt nach dem jetzigen Stande der Wissenschaft klar und anziehend behandelt. Diese neue Auflage ist nach Form und Inhalt wesentlich verbessert.

**Sovet** (Leibarzt des Königs von Belgien.) Die physische Erziehung der Kinder von der Geburt bis zur Pubertät. Aus d. Franz. 8. (VIII u. 214 S.) Leipzig 1862, Abel. n. 24 Ngr.

Bd. 5 der „universellen Studien." Eine sehr zweckmäßige klare Anleitung.

**Florence Nightingale**, Die Pflege bei Kranken und Gesunden. Kurze Winke den Frauen aller Stände gewidmet. Von der Verfasserin autorisirte deutsche Ausgabe nach der 2. Auflage ihrer Notes on nursing bearbeitet. Mit einem Vorwort von Geh. Sanitätsrath H. Wolff in Bonn. 8. (XVI u. 224 S.) Leipzig 1861, Brockhaus. n. $^2/_3$ Thlr.

Schrift einer berühmten Krankenpflegerin in England, die besonders durch ihre Leistungen im Krimkriege europäischen Ruf erlangte und hier einen Schatz werthvoller Erfahrungen und Beobachtungen niederlegt.

**Rudolf Virchow**, Vier Reden über Leben u. Kranksein. 8. (VII u. 136 S.) Berlin 1862, G. Reimer. ½ Thlr.

Bei verschiedenen Gelegenheiten, bei der Versammlung der Naturforscher in Karlsruhe, in der Singakademie und in dem Verein junger Kaufleute zu Berlin gehaltene Vorträge. 1) Ueber die mechanische Auffassung des Lebens. 2) Atome und Individuen. 3) Das Leben des Blutes. 4) Das Fieber.

—— Gedächtnißrede auf Joh. Lucas Schönlein, gehalten am 23. Januar 1865 in der Aula der Berliner Universität. Mit zahlreichen erläuternden Anmerkungen. gr. 8. (112 S.) Berlin 1865, A. Hirschwald. n. 24 Ngr.

Eine geistreiche Charakteristik Schönleins mit werthvollen Excursen in die Geschichte der Medicin.

**C. A. Wunderlich**, Geschichte der Medicin. Vorlesungen, gehalten zu Leipzig im Sommer 1858. Lex. 8. (XVI, 366 S. Belege, Excurse u. Notizen 98 S.) Stuttgart 1859, Ebner u. Seubert. n. 2 Thlr. 12 Ngr.

Ist zwar zunächst nur für den Arzt geschrieben, aber der ganzen Darstellungsweise nach sehr wohl geeignet, auch einem weiteren Kreise gebildeter Leser verständlich und nützlich zu werden. Die alte Geschichte ist nur kurz, vielleicht zu kurz, die neuere Entwicklung dagegen ausführlich geschildert. Die Hauptfragen und wichtigsten Uebergänge sind besonders berücksichtigt. Darstellung fließend und schön.

## Literaturgeschichte.

### Allgemeines.

**Max Müller**, (Prof. in Oxford), Vorlesungen über die Wissenschaft der Sprache. Neun im Royal-Institute in London 1861 gehaltene Vorlesungen, von Prof. C. Böttger für das deutsche Publikum bearbeitete, autorisirte Ausgabe. (VII, 400 S.) Leipzig 1863, Gustav Mayer. 1²/₃ Thlr.

*Der bekannte Sanskritforscher hat in den, bereits in 3. Auflage erschienenen Vorlesungen den glücklichen Versuch gemacht, die Resultate der neueren Sprachforschung dem gesammten gebildeten Publikum in anziehenden Umrissen vorzuführen, die der deutsche Bearbeiter, unter Weglassung der lediglich für England berechneten Stellen, in gewandter Weise zu übertragen und durch eigne Zusätze zu bereichern bemüht gewesen ist.*

**Max. Müller**, Vorlesungen über die Wissenschaft der Sprache. Für das deutsche Publikum bearbeitet von Carl Böttger. Zweite Serie von 12 Vorlesungen. gr. 8. (VIII u. 606 S. mit eingedruckten Holzschnitten.) Leipzig 1866, G. Mayer. n. 2 Thlr. 12 Ngr.

*Dieser zweite Band hat mehr als der erste einen gelehrten Charakter. Der Verfasser geht hier auf die neueren physiologischen, historischen und mythologischen Untersuchungen ein und giebt ein kritisches Résumé derselben.*

**Joh. Geo. Theod. Grässe**, Lehrbuch einer allgemeinen Literärgeschichte aller bekannten Völker der Welt. 4 Bde. in 13 Abtheil. mit Register. gr. 8. Leipzig 1837—60, Arnold'sche Buchh. 50 Thlr.

*Kein darstellendes Werk, sondern mehr eine durch einen leitenden Text unterbrochene und verbundene Bibliographie, nicht überall verlässlich, aber doch im Ganzen genau und immerhin ein Denkmal erstaunlichen Fleißes und seltener Geduld. Das reichhaltige Register erleichtert den Gebrauch sehr.*

—— Handbuch der allgemeinen Literärgeschichte zum Selbststudium und für Vorlesungen. 4 Bde. gr. 8. Leipzig 1845—50, Arnold'sche Buchh. 12 Thlr.

*Ein zweckmäßiger Auszug aus dem ersten mit übersichtlicher Darstellung und berichtigender Umarbeitung.*

**Karl Rosenkranz**, Handbuch einer allgemeinen Geschichte der Poesie. 3 Bde. gr. 8. Halle 1832 u. 33, Anton. 4½ Thlr.

*In neuer Umarbeitung erschienen unter dem Titel:*

—— Die Poesie und ihre Geschichte. Eine Entwicklung der poetischen Ideale der Völker. gr. 8. Königsberg 1855, Gebrüder Bornträger. n. 3 Thlr. 6 Ngr.

*Eine anziehende Uebersicht, aber nicht allenthalben genau. Mehr eine Philosophie der Literaturgeschichte, als ein literargeschichtliches Handbuch, in ersterer Beziehung von unstreitigem Werdienst.*

**Theod. Mundt**, Geschichte der Literatur der Gegenwart. Vorlesungen über deutsche, französische, englische, spanische, italienische, schwedische, dänische, holländische, vlämische, russische, polnische, böhmische und ungarische Literatur. Vom Jahre 1789 bis zur neuesten Zeit. Zweite neu bearbeitete Auflage. 8. (XIV u. 896 S.) Leipzig 1853, Voigt und Günther. n. 2½ Thlr.

*Eine gute Uebersicht, die auch Einzelnes treffend charakterisirt.*

**Friedr. v. Raumer**, Handbuch zur Geschichte der Literatur. 4 Bde. gr. 8. (I u. II. XIII u. 640 S. III u. IV. XIV, 685 S.) Leipzig 1864—66, Brockhaus. n. 5²/₃ Thlr.

Zwar kein Werk von wissenschaftlichem Werth, aber eine gute populäre Ueberficht der Weltliteratur, wobei auch die alte classische Literatur, die der Spanier, Franzosen, Italiener und Engländer in ihren Hauptvertretern gewürdigt wird. Das Buch ist aus Vorträgen entstanden, welche Raumer, seitdem er sich von der akademischen Wirksamkeit zurückgezogen, für Damen zu halten pflegte und verdient solchen auch zur Lektüre empfohlen zu werden.

**Hermann Hettner**, Literaturgeschichte des achtzehnten Jahrhunderts. (In 3 Theilen.) Braunschweig 1856, 2. Aufl. 1865, Vieweg u. Sohn.
  I. Bd. Die englische Literatur von 1660—1770. (X u. 561 S.) 2. Aufl. 2⅔ Thlr.
  II. „ Die französische Literatur des achtzehnten Jahrhunderts. (IX u. 593 S.) 2. Aufl. 2⅔ Thlr.
  III. „ Die deutsche Literatur im achtzehnten Jahrhundert. Vom westfälischen Frieden bis zur Thronbesteigung Friedrichs des Großen. 1648—1740. (VIII, 430 S.) 1862. 2 Thlr. 4 Ngr.

Ein Werk, das sich durch eine gefällige, einfache und klare Darstellung und objective Haltung vortheilhaft empfiehlt, aber die Ansprüche, die es macht, mehr als eine Literaturgeschichte, eine Geschichte der Ideen zu sein, keineswegs erfüllt. Das Werk nimmt, wie eine andere Literaturgeschichte, die einzelnen Schriftsteller vor, schildert ihre Persönlichkeit, erzählt ihre Lebensgeschichte und berichtet über ihre Hauptwerke mit verständiger Beurtheilung.

**Carl Schmidt**, Vergleichende Tabellen über die Literatur- und Staatengeschichte der wichtigsten Culturvölker der neueren Welt. qu. Fol. (VI u. 174 S.) Leipzig 1865, Friedr. Fleischer. n. 4 Thlr.
Vom dritten Jahrh. n. Chr. Geb. bis zur Mitte des 19. Jahrh.
Sehr reichhaltig, aber nicht übersichtlich genug. Die Verbindung der politischen und literarischen Geschichte, worauf der Verfasser besonderen Werth legt, tritt nicht gehörig hervor, da das Gleichzeitige nicht neben einander steht, vielmehr die Politik der Literatur gewöhnlich um einige Jahrzehnte voraus ist. Leistet übrigens zum Nachschlagen gute Dienste.

**Wolfgang Menzel**, Die Gesänge der Völker. Lyrische Mustersammlung in nationalen Parallelen. 8. 46 B. Leipzig 1851. 1 Thlr. 15 Ngr.
Eine neue Ausführung der Idee, welche Herders Stimmen der Völker zu Grund gelegen hat. Die Auswahl ist wirklich charakteristisch und die Uebersetzungen der nichtdeutschen Lieder gut.

**Oskar Ludw. Bernh. Wolff**, Geschichte des Romans. 8. Jena 1841, Mauke. 2. Aufl. (XIV, 728 S.) 1850. 2 Thlr.
Fand von Seiten der Kritik wegen oberflächlicher Behandlung der Sache viele Anfechtung, giebt übrigens eine treffliche Uebersicht der Romanliteratur und jedesmal den Hauptinhalt der wichtigeren Romane. Ist unterhaltend zu lesen.

**John Dunlop**, Geschichte der Prosadichtungen oder Geschichte der Romane, Novellen, Märchen u. s. w. Aus dem Engl. übertragen u. vielfach vermehrt und berichtigt, sowie mit einleitender Vorrede, ausführlichen Anmerkungen u. einem vollst. Register versehen, von Fel. Liebrecht. Lex.-8. 37 B. Berlin 1851. 4 Thlr. 15 Ngr.
Nicht blos Uebersetzung, sondern eigentlich ein ganz neues Werk, welches den Stoff nach dem Standpunkt der wissenschaftlichen Forschung erschöpft hat. Auch für einen größeren Leserkreis geeignet, indem das Werk ebenso unterhaltend als belehrend ist.

**Georg Büchmann**, Geflügelte Worte. Der Citatenschatz des deutschen Volkes. 8. 5. umgearb. u. verm. Aufl. (III, 278 S.) Berlin 1868, Haude u. Spener. 1 Thlr.

Enthält 1) eine Sammlung von Citaten aus deutschen Schriftstellern, 2) aus fremden Schriftstellern, 3) biblische Citate und 4) historische Citate, d. h. die bei geschichtlich merkwürdigen Begebenheiten gebrauchten Citate, 5) zum Schluß ein Register. Ein sehr brauchbares geschickt bearbeitetes Buch, das großen Anklang gefunden und in vier Jahren fünf Auflagen erlebt hat.

**Buch der Sinnsprüche.** Eine Concordanz poetischer Sinnsprüche des Morgen- und Abendlandes gesammelt von W. K.[oner]. Mit einem Vorwort von W. Wackernagel. 8. (VIII u. 344 S.) Leipzig 1853, G. Mayer. n. 1⅓ Thlr.
Eine mit umfassender Belesenheit und feinem Geschmack getroffene Auswahl von Sinnsprüchen, die schon als solche vorlagen, alphabetisch geordnet nach den Hauptworten, welche die sittlichen Bezüge des inneren und äußeren Menschen bezeichnen. Eine reiche Fundgrube für Stammbuchs- und Albumblätter.

**J. J. Honegger,** Literatur und Cultur des neunzehnten Jahrhunderts. In ihrer Entwicklung dargestellt. gr. 8. (VIII u. 206 S.) Leipzig 1865, Weber. n. 1½ Thlr.
Ein Versuch die Ideen, den geistigen Gehalt der neueren Literatur, abgesehen von der formalen Seite, festzustellen. Geistreich, anregend, aber auch vielfach zum Widerspruch reizend, und nicht gerade nachhaltig belehrend.

**Adolf Laun,** Dichtercharaktere. A. Chenier, Beranger, Burns, Gray, Loars de Leon, Bryant, Günther, Chamisso. (VIII, 197 S.) Bremen 1869, Kühtmann. 24 Ngr.
Gute Charakteristiken, auf gründlichem Studium beruhend.

**J. J. Döllinger,** Die Universitäten sonst und jetzt. 1. 2. Aufl. gr. 8. (58 S.) München 1867, Manz. n. ¼ Thlr.
Ein geistreicher Ueberblick der Geschichte der Universitäten mit gelegentlichen kühnen Seitenhieben auf die katholischen Unterrichtsanstalten und Bildungsweisen.

**Bibliothek ausländischer Klassiker.** Hildburghausen 1865—70, Bibliogr. Institut. In folgenden Abtheilungen:

### Englische Literatur.

**Rob. Burns,** Lieder und Balladen. Deutsch v. Karl Bartsch. 14 Ngr.
**Byron,** Dichtungen, v. W. Schäffer. 6 Ngr.
—— Don Juan, v. W. Schäffer. 13½ Ngr.
—— Haralds Pilgerfahrt, v. A. H. Janert. 9 Ngr.
**Chaucer,** Canterbury Geschichten, v. W. Hertzberg. 3 Thle. 1 Thlr. 2 Ngr.
**Defoe,** Robinson Crusoe, v. K. Altmüller. 2 Thle. 15½ Ngr.
**Milton,** Das verlorene Paradies, v. K. Eitner. 16½ Ngr.
**W. Scott,** Das Fräulein vom See, v. H. Viehoff. 8 Ngr.
**W. Shakespeare,** Dramen, s. Englische Literatur S. 391. 392.
—— Sonette, v. F. A. Gelbke. 8 Ngr.
**Shelley,** Ausgewählte Dichtungen, v. A. Strodtmann. 2 Thle. 17 Ngr.
**Sterne,** Empfindsame Reise, v. K. Eitner. 9 Ngr.
—— Tristram Shandy, v. F. A. Gelbke. 2 Thle. 29 Ngr.
**Tennyson,** Gedichte, v. A. Strodtmann. 9 Ngr.

### Französische Literatur.

**Beaumarchais,** Figaros Hochzeit, v. Fr. Dingelstedt. 6 Ngr.
**Chateaubriand,** Erzählungen, von M. v. Andechs. 9 Ngr.
**Le Sage,** Der hinkende Teufel, von L. Schücking. 2 Thle. 14 Ngr.

Molière, Charakterkomödien von Ad. Laun. 25 Ngr. Der Misanthrop. 6 Ngr. Tartuffe. 7 Ngr. Die gelehrten Frauen. 6 Ngr.
Racine, Ausgewählte Tragödien, v. A. Laun. 2 Thle. 15 Ngr.
St. Pierre, Paul und Virginie, v. K. Eitner. 8 Ngr.
G. Sand, Ländliche Erzählungen, v. Aug. Cornelius. 18 Ngr.
Staël, Corinna, v. M. Bock. 3 Thle. 10 Ngr.
Töpfer, Rosa u. Gertrud, v. K. Eitner. 10 Ngr.

### Italienische Literatur.
Dante, Göttliche Comödie, v. K. Eitner. 3 Thle. 25 Ngr.
Leopardi, Gedichte, v. R. Hamerling. 7 Ngr.
Manzoni, Die Verlobten, v. E. Schröder. 2 Bde. 1 Thlr. 5 Ngr.

### Spanische Literatur.
Cervantes, Don Quijote, von Edm. Zoller. 4 Bde. 2 Thlr.
Spanisches Theater.
  1. Gil Vicente, Lope de Rueda, v. Moriz Rapp. 15½ Ngr.
  2. Cervantes, Neun Zwischenspiele, v. Herm. Kurz. 9 Ngr.
  3. u. 4. Lope de Vega, v. Mor. Rapp. 1 Thlr. 11 Ngr.
  5. Tirso de Molina, v. Mor. Rapp. 13 Ngr.
Camoens, Die Lusiaden, v. K. Eitner. 13 Ngr.

### Skandinavische Literatur.
Björnson, Bauernnovellen, von E. Lobedanz. 18 Ngr.
— Dramatische Werke, v. E. Lobedanz. 3 Thle. 24½ Ngr.
Tegnér, Frithjofs-Sage, v. H. Viehoff. 6 Ngr.
Holberg, Komödien v. Rob. Prutz. 4 Thle. 1 Thlr. 13 Ngr.

### Russische Literatur.
Puschkin, Ausgewählte Werke, v. F. Löwe. 7 Ngr.

### Griechische Literatur.
Aeschylos, Dramen, v. A. Oldenberg. 11 Ngr.
Homer, Odyssee, v. F. Ehrenthal. 2 Thle. 19 Ngr.
Sophokles, Dramen, v. H. Viehoff. 2 Thle. 23 Ngr.

### Indische Literatur.
Kalidasa, Sakuntala, v. E. Meier. 7½ Ngr.
Morgenländische Anthologie, v. E. Meier. 12 Ngr.
    Ein Sammelwerk, das noch im Erscheinen begriffen ist; die Uebersetzungen sind zum Theil recht gut, aber natürlich von verschiedener Qualität.

### Altclassische Literatur.
**G. Bernhardy**, Grundriß der griechischen Literatur. 3. Bearbeitung. 2 Bde. (XXVI, 758 S.) Halle 1861—67, Anton. 6 Thlr. 27 Ngr.
    Zwar zunächst für den eigentlichen Philologen bestimmt, aber auch dem Laien, der sich genauer unterrichten will, als das beste Handbuch zu empfehlen.

**W. S. Teuffel**, Geschichte der römischen Literatur. Lief. 1 u. 2. (416 S.) Leipzig 1868, Teubner. à 24 Ngr.
    Für den Gebrauch des Laien unstreitig das beste Hülfsmittel. Sorgfältige Benützung der vorhandenen Vorarbeiten, eine gedrängte, allen überflüssigen Ballast abwerfende Darstellung und ein richtiges geschmackvolles Urtheil sind die anerkannten Vorzüge dieses Werkes.

Classiker des Alterthums. Eine Auswahl der bedeutendsten Schriftsteller der Griechen und Römer in neu bearbeiteten Uebersetzungen. 53 Bde. Stuttgart 1853—61, Metzler. 27 Thlr. 18 Ngr.

### Griechen:

**Aeschines,** Rede gegen Ktesiphon, von J. H. Bremi u. R. Rauchenstein. 6 Ngr.
**Aeschylos'** Tragödien, von J. Minckwitz. 20 Ngr.
**Aristophanes,** ausgewählte Schriften, von C. F. Schnitzer u. W. E. Teuffel. 25 Ngr.
**Aristoteles,** ausgew. Schriften, von Schnitzer, Walz u. Zell. 25 Ngr.
**Demosthenes,** ausgew. Reden, von Rauchenstein und Döderlein. 12 Ngr.
**Euripides,** ausgew. Tragödien, von Ludwig. 7½ Ngr.
**Herodotos,** Geschichte, von Schöll u. Köhler. 3 Bde. 1½ Thlr.
**Hesiod's** Werke, von H. Gebhardt. 5 Ngr.
**Homer's** Ilias, von C. Wiedasch. 18 Ngr.
—— Odyssee, von C. Wiedasch. 18 Ngr.
**Isokrates,** ausgew. Schriften, von Christian. 7½ Ngr.
**Lucian,** ausgew. Schriften, von Teuffel. 25 Ngr.
**Lysias** Reden, von Baur. 18 Ngr.
**Platon's** ausgew. Schriften. 1. Bd. v. Georgii u. Eusemihl. 18 Ngr. 2. Bd. v. Georgii, Eusemihl u. Deuschle. 18 Ngr. 3. Bd. von Teuffel u. Wiegand. 18 Ngr.
**Plutarch,** ausgew. Biographien, von Klaiber u. Campe. 15 Ngr.
**Sophokles,** Tragödien, von Minckwitz. 25 Ngr.
**Theokritos,** Idyllen, von Zimmermann. 10 Ngr.
**Thukydides,** Geschichte, von Campe. 2 Bde. 1 Thlr.
**Xenophon's** ausgew. Schriften: 1. Bd. von Walz. 12 Ngr. 2. Bd. von Campe. 12 Ngr. 3. Bd. von Hertlein. 12 Ngr. 4. Bd. von Finckh. 6 Ngr.
Die griechischen Lyriker oder Elegiker, von Thudichum. 25 Ngr.

### Römer:

**Cäsar,** Denkwürdigkeiten, von Baumstark. 20 Ngr.
**Cicero,** ausgew. Schriften. 5 Bde. 1 Bd. v. Moser u. Dörner. 25 Ngr. 2. Bd. v. Wendt. 25 Ngr. 3. Bd. v. Dilthey, Baur, Miedold u. Teuffel. 25 Ngr. 4. Bd. v. Kern und Baur. 20 Ngr. 5 Bd. v. Baur, Moser, Pahl u, Uebelen. 20 Ngr.
**Cornelius Nepos,** von Dehlinger u. Stern. 7½ Ngr.
Ausgewählte Gedichte der römischen Elegiker, von Hertzberg und Teuffel. 15 Ngr.
**Horatius Flaccus,** Gedichte, von Ludwig, Teuffel u. Weber. 2 Bde. 20 Ngr.
**Titus Livius,** römische Geschichte, von Klaiber u. Teuffel. 6 Bde. à Bd. 16 Ngr.
**Persius,** Satiren, von Teuffel. 7½ Ngr.
**Plautus,** Komödien, von Hertzberg. 25 Ngr.
**Sallustius,** von Rud. Dietsch. 10 Ngr.
**Tacitus,** 3 Bde. I. von Teuffel. 7 Ngr. II. von Strodtbeck. 20 Ngr. III. von Gutmann u. Baur. 12 Ngr.
**Terentius,** ausgew. Lustspiele, von Benfey. 12 Ngr.
**Virgilius Maro,** Gedichte. 2 Bde. I. von Osiander u. Hertzberg. 10 Ngr. II. Aeneis, von Hertzberg. 18 Ngr.

Eine neue Auswahl der von Osiander, Schwab und Tafel geleiteten Metzler'schen Uebersetzungsbibliothek. Es sind bei dieser Auswahl nur diejenigen Werke aufgenommen, die sich zur Lektüre für den Laien eignen. Die Uebersetzungen und Einleitungen sind theils von den ursprünglichen Bearbeitern, theils von andern erprobten Gelehrten neu revidirt oder umgearbeitet.

Neueste Sammlung ausgewählter griechischer und römischer Classiker, verdeutscht von den berufensten Uebersetzern. Lieferg. 1—183. Stuttgart 1854—1864, Hoffmann u. Krais.

### Griechen:

**Anacreon,** von Ed. Mörike. 10 Ngr.
**Aeschylus,** Deutsch von J. J. C. Donner. 1 Thlr. 3 Bde. à 10 Ngr.
**Aesop** von W. Binder. 6 Ngr.

## Literaturgeschichte. Allgemeines.

**Aristophanes** ausgewählte Komödien, verdeutscht von Joh. Minckwitz. 5 Bde. 1 Thlr. 15 Ngr.
**Aristoteles**, über die Theile der Thiere. Deutsch v. A. Karsch. 10 Ngr.
—— Poetik v. A. Stahr. 12 Ngr.
—— Politik von Ad. u. E. Stahr. 4 Bdchn. 1 Thlr. 10 Ngr.
—— Rhetorik von Ad. Stahr. 24 Ngr.
—— Ethik von Ad. Stahr. 1 Thlr.
—— Nahrungsgeschichte der Thiere, von A. Karsch. 10 Ngr.
**Arrians** Werke, übers. u. erläutert v. E. Cleß. 1 Thlr. 10 Ngr.
**Demosthenes**, Ausgew. Reden, v. A. Westermann. 3 Bdchn. 24 Ngr.
**Diodor v. Sicilien**, v. A. Wahrmund. 27 Ngr.
**Epigramme** der griechischen Anthologie verd. v. J. G. Regis. 15 Ngr.
**Epiktet**, Handbüchlein der stoischen Moral, v. E. Conz. 7½ Ngr.
**Euripides**, Dramen. Deutsch v. Joh. Minckwitz. 2 Thlr. 24 Ngr.
**Herodian**, Geschichte des römischen Kaiserthums. Deutsch von Ad. Stahr. 15 Ngr.
**Herodot**, Die 9 Musen. Deutsch von J. C. F. Bähr. 9 Bdchn. 2 Thlr. 26 Ngr.
**Hesiod's** Werke. Deutsch v. Ed. Eyth. 5 Ngr.
**Homers** Werke. Deutsch von J. J. C. Donner. 2 Thle. 24 Ngr.
**Isokrates**, Panathenaicus v. Theod. Flathe. 5 Ngr.
**Lucianus** Werke, v. Th. Fischer. 2 Thlr. 3 Ngr.
**Lysias** Reden, übers. v. Westermann. 6 Ngr.
**Pausanias**, Beschreibung von Griechenland. Ueberf. von J. H. C. Schubart. 6 Bdchn. 1 Thlr. 25 Ngr.
**Pindar**, Siegesgesänge, von E. F. Schnitzer. 27 Ngr.
**Plato**, Ausgewählte Werke. Deutsch von K. Prantl, Eyth und Conz. 6 Bdchn. 2 Thlr. 9 Ngr.
**Plutarch**, Ausgewählte Biographien, von E. Eyth. 4 Thlr. 12 Ngr.
**Polybius**, Gedichte. Deutsch v. A. Hack. 1 Thlr. 3 Ngr.
**Sophokles** Werke, verdeutscht u. erklärt von Ad. Schöll. 8 Bdchn. 2 Thlr.
**Strabo**, Erdbeschreibung. Uebersetzt und erklärt von A. Forbiger. 8 Bändchen. 3 Thlr. 6 Ngr.
**Theognis**, Elegien. Phokylides Mahngedicht u. Pythagoras goldene Sprüche. Deutsch von W. Binder. 5 Ngr.
**Theokrit**, Bion u. Moschus. Deutsch v. Ed. Mörike u. Fr. Notter. 18 Ngr.
**Theophrast**, Charaktere, v. W. Binder. 6 Ngr.
**Thucydides**, Geschichte des peloponnesischen Krieges. Uebers. v. Ad. Wahrmund. 8 Bdchn. 1 Thlr. 24 Ngr.
**Xenophon**, Memorabilien, übers. von A. Zeising. 7½ Ngr.
—— Hellenische Geschichte. Uebers. v. J. Rieckher. 15 Ngr.
—— Anabasis, übers. u. erläutert von A. Forbiger. 2 Bdchn. 17½ Ngr.
—— Cyropädie. Uebers. v. J. J. C. Donner. 7½ Ngr.

### Römer:

**Jul. Cäsar**, Memoiren über den gallischen und Bürgerkrieg. Deutsch v. Köchly u. Rüstow. 1 Thlr. 3 Ngr.
**Catullus**, Ausgewählte Gedichte. Verdeutscht v. Fr. Pressel. 10 Ngr.
**Cicero**, Tusculanen v. R. Kühner. 15 Ngr.
—— Drei Bücher vom Redner, v. R. Kühner. 24 Ngr.
—— Briefe, von L. Mezger. 5 Bdchn. 2 Thlr.
—— Drei Bücher von den Pflichten. Uebers. v. R. Kühner. 15 Ngr.
—— Vom höchsten Gute und Uebel, v. R. Kühner. 2 Bdchn. 20 Ngr.
—— Vom Wesen der Götter, v. R. Kühner. 2 Bdchn. 22 Ngr.
—— Ausgewählte Reden, v. R. Kühner. 1 Thlr. 15 Ngr.
—— Cato oder von dem Greisenalter. Uebers. v. R. Kühner. 5 Ngr.
—— Lälius oder von der Freundschaft, v. R. Kühner. 5 Ngr.
—— Paradoxen der Stoiker, v. Kühner. 3 Ngr.

**Cornelius Nepos**, verb. v. Joh. Siebelis. 7½ Ngr.
**Q. Curtius Rufus**, von den Thaten Alexanders d. Großen. Verdeutscht von Joh. Siebelis. 27½ Ngr.
**Eutropius**, Römische Geschichte von A. Forbiger. 9 Ngr.
**Horatius** Werke, übers. v. W. Binder. 21 Ngr.
**Justinus**, v. A. Forbiger. 1 Thlr. 6 Ngr.
**Juvenal**, v. Aler. Berg. 1 Thlr.
**Livius**, römische Geschichte, von Fr. Doroth. Gerlach. 11 Bdchn. 3 Thlr. 25 Ngr.
**Lucanus**, Pharsalia, v. Jul. Krais. 20 Ngr.
**Lucretius**, Von der Natur der Dinge, von Wilh. Binder. 6 Ngr.
**Martialis**, Epigramme, von Aler. Berg. 1 Thlr. 9 Ngr.
**Ovid** Werke, von Reinh. Suchier v. C. Clußmann. u. A. Berg. 2 Thlr. 9 Ngr.
**Persius**, Satiren, v. W. Binder. 9 Ngr.
**Phädrus**, Fabeln, von Joh. Siebelis. 6 Ngr.
**Plautus**, Lustspiele, von Wilh. Binder. 3 Thlr. 18 Ngr.
**Propertius**, Elegien, von Fr. Jacob u. W. Binder. 18 Ngr.
**Quintus** v. Smyrna, Die Fortsetzung der Ilias von J. J. C. Donner. 27 Ngr.
**Sallustius**, Jugurtha u. Catilina, v. C. Cloß. 1 Thlr.
**Luc. Annaeus Seneca**, der Philosoph, von A. Forbiger. 1 Thlr. 24 Ngr.
**Statius** Werke, v. K. W. Bindewald. 9 Ngr.
**Suetonius**, Kaiserbiographien v. Ad. Stahr. 1 Thlr. 6 Ngr.
**Tacitus** Werke mit Erläuterungen u. geschichtlichen Supplem. von K. Lud. Roth. 2 Thlr. 15 Ngr.
**Terentius**, Lustspiele, von Joh. Herbst. 1 Thlr. 6 Ngr.
**Tibullus**, v. W. Binder. 9 Ngr.
**Vellejus Paterculus**, Römische Geschichte v. F. Eyssenhardt. 9 Ngr.
**Sert. Aurel. Victor**, von A. Forbiger. 15 Ngr.
**Virgilius** Werke, v. W. Binder. 1 Thlr.
**Vitruvius**, Architektur, mit Holzschnitten v. Frz. Reber. 1 Thlr.

Eine vollständige Sammlung von größtentheils guten Uebersetzungen, die vor der Metzlerischen den Vorzug schönerer Ausstattung hat.

**Sophokles**, Deutsch in dem Versmaß der Urschrift von J. J. C. Donner. 6. verbesserte Auflage. (VIII, 585 S.) Leipzig 1868, C. F. Winter. 2 Thlr.

**Euripides**, Deutsch in den Versmaßen der Urschrift von J. J. C. Donner. 2. verb. Auflage. 2 Bde. Leipzig u. Heidelberg 1859, C. F. Winter. 3 Thlr.

Beides ausgezeichnete Uebersetzungen, die nicht in den genannten Sammlungen aufgenommen und auch hübscher ausgestattet sind.

## Deutsche Literatur.

**Karl Gödeke**, Grundriß zur Geschichte der deutschen Dichtung. gr. 8. 2 Bde. (XVI, 1203 S.) 3. Bd. 2 Hefte (480 S.) bis Heine. Hannover 1857—69, Ehlermann. n. 6 Thlr. 4 Ngr.

Ein sehr gründliches gelehrtes Werk, das neben einem kurzen übersichtlichen Text in Paragraphen ein so vollständiges bibliographisches und biographisches Material giebt, wie man es wohl in keinem andern Handbuch so gedrängt beisammen findet. Besonders reichhaltig ist die Zeit vom 15. bis zum 17. Jahrhundert ausgestattet. Im 18. Jahrhundert weicht der Verfasser von der Anlage seines Werkes ab, indem er Goethe und Schiller eine sehr vollständige Biographie widmet. Das ganze Buch zeugt von Geist und feinem, gesundem Urtheil, dessen besonnener Ausdruck Vertrauen erweckt.

**Aug. Koberstein**, Grundriß der Geschichte der deutschen Nationalliteratur. 1. Aufl. gr. 8. Leipzig 1827, W. Vogel. $^{11}/_{12}$ Thlr.

—— 4. Aufl. 3 Bde. gr. 8. (VI, 3391 S.) 1845—67, ebendas. 11 Thlr. 12 Ngr.

Ursprünglich ein Leitfaden für Vorlesungen hat dieses Werk in seiner 4. Auflage einen großen Reichthum von Quellenforschungen aufgenommen und ist für die nachmittelalterliche Geschichte der Poesie wohl die ausführlichste gelehrteste Darstellung, die wir haben. Etwas trocken und schwerfällig, aber nach Urtheil und geschichtlichem Material vorzüglich.

**Geo. Gottfr. Gervinus**, Geschichte der poetischen Nationalliteratur der Deutschen. 1. Aufl. 5 Bde. gr. 8. Leipzig 1835—42, Engelmann. $16^{1}/_{4}$ Thlr.

4. Aufl. u. d. Tit.: Geschichte deutscher Dichtungen. 5 Bde. gr. 8. Leipzig 1853, ebend. n. 9 Thlr.

Das Werk war bei seinem ersten Erscheinen die erste ausführliche Geschichte unserer Nationalliteratur, welche entschieden national gehalten ist und in allen Perioden auf selbständigen Quellenstudien beruht. Es ist das Werk eines überschauenden Geistes und umfassender Weltansicht in Darstellung der Literatur, die in Zusammenhang mit Geschichte und Leben, Kunst und Wissenschaft betrachtet ist; auf Erforschung und Beleuchtung der in dieser Literatur sich verwirklichenden Ideen und ihrer gesetzmäßigen Entwicklung gerichtet; ein Werk voll Energie und Patriotismus, von großer, oft unermeßlich scheinender Detailbelesenheit und Herrschergewalt des Geistes über dieses Detail; ein sprudelnder Quell geistreicher Gedanken und Vergleichungen, ein Werk edler und ungeheuchelter Indignation über Unwahrheit und Niederträchtigkeit. Aber das Buch hat auch seine Schattenseiten: es athmet eine Ueberordnung der Kritik über die Production, des Verstandes über die Phantasie, eine nicht verhehlte Geringschätzung aller nicht antiken Poesie, ja aller nicht antiken Weltanschauung, Widerwillen gegen alle positive Religion; es ist voll von einer Tendenzprozeßsucht, die bald von Seiten des Nationalgefühls und Patriotismus, bald von Seiten des widerchristlichen Zweifels gegen die Poesie agirt, sobald ihm diese von Kosmopolitismus, von ausschließlicher Naturliebe, oder von Frömmigkeit angesteckt erscheint. Dieselbe Prozeßsucht macht den Stil hastig, mißmuthig, stolz und unzufrieden. Das Buch hat übrigens sein Glück gemacht ebensowohl durch diese Unarten, als durch jene großen Eigenschaften.

Die neueste Ausgabe ist in stilistischer Hinsicht durchaus umgearbeitet, die Darstellung ruhiger und manche Schroffheiten gemildert. In sachlicher Beziehung hat insbesondere die Darstellung der Periode vom 15. bis 17. Jahrh. große Veränderungen und Verbesserungen erfahren. Eine neue Auflage ist in Arbeit.

**A. F. C. Vilmar**, Geschichte der deutschen Nationalliteratur. 2 Bände. 1. Aufl. 1845. 12. Aufl. gr. 8. (XII, 626 S.) Marburg 1868, Elwert. $2^{1}/_{2}$ Thlr.

Keine andere Literaturgeschichte hat eine so weite Verbreitung und so dauernden Beifall gefunden wie diese. Die poetische Seite unserer Nationalliteratur wird darin mit treffender Kürze charakterisirt, auf genaue Kenntniß der Quellen und der besten vorhandenen Hülfsmittel gestützt. Vorzugsweise gelungen ist die mittelalterliche Blüthezeit unserer Dichtung, in deren Darstellung sich die gründliche philologische Bildung des Verfassers bewährt. Auch die romantische Periode und Goethe sind trefflich ausgeführt, die neuere Dichtung nur angedeutet. Gefällige Darstellung mit entschieden sittlich religiöser Färbung.

—— Lebensbilder deutscher Dichter. Nach dessen Tod herausg. von K. W. Piderit. (IV, 174 S.) Frankfurt a. M. 1869, Völcker. 20 Ngr.

Inhalt: Literaturgeschichtliche Uebersicht. Hierauf 14 Biographien, worunter die von Tieck, Uhland und den beiden Grimm besonders beachtenswerth.

**Heinrich Kurz**, Geschichte der deutschen Literatur mit Proben aus den vorzüglichsten Schriftstellern; illustr. durch Porträts, Facsimiles, Denkmäler, Wohnungen der Schriftsteller. 3 Bde. 4. Aufl. Lex.=8. (I. XVI, 867. II. XII, 764. III. XII, 841 S.) Bd. 4. Lief. 1—10. Leipzig 1863—69. Teubner. 15 Thlr.

Ein Handbuch der Literaturgeschichte, das Theorie und Beispiel glücklich verbindet. Jedem größeren Abschnitt ist eine allgemeine Uebersicht, jedem einzelnen Dichter seine Biographie und eine Charakteristik mit klarem besonnenem Urtheil vorausgeschickt; die Proben mit Takt ausgewählt. Anlehnung an Gervinus. Ein sehr brauchbares Nachschlagebuch, ganz geeignet einem die Persönlichkeit und Darstellungsweise eines Dichters zu vergegenwärtigen. Von der fünften Auflage ist das erste Heft erschienen; und der vierte Band, welcher der Literatur von Goethes Tod bis auf die neueste Zeit gewidmet ist, hat bis jetzt 10 Lieferungen und geht bis zu Paul Heyse.

—— Deutsche Dichter und Prosaisten. Von der Mitte des 15. Jahrhunderts bis auf unsere Zeit nach ihrem Leben u. Wirken geschildert. 1. Abthlng. Mit 14 Portr. (in Holzschn.) gr. 16. (IV u. 699 S.) Leipzig 1863, Teubner. 1¹⁄₃ Thlr. 2. Abtheilung. Von Klopstock bis Schiller. 2. Bd. von Frdr. Paldamus. Mit 12 Portr. u. Facsim. (655 S.) 1861. 1 Thlr. 10 Ngr. 3. Bd. Von Gellert bis Jean Paul. (III, 645 S.) Mit 16 Portr. 1865. 1½ Thlr.

Ist die Fortsetzung eines Unternehmens, welches Fr. Paldamus schon 1856 begonnen, dessen zweite Abtheilung von Klopstock bis Schiller, er unter Mitwirkung Wilh. Strickers in zweckmäßiger Weise bearbeitet hat. Da Paldamus an der Fortsetzung verhindert war, hat der Verleger den Herausgeber für die Ergänzung und Vollendung des Werkes gewonnen. Dieser hat nun die Zeit vom 15. bis 18. Jahrh. hinzugefügt und die Biographien einer Auswahl der hervorragenden Dichter und Prosaiker beschrieben und theilweise das Ergebniß specieller Fachstudien, wie z. B. über Niclas von Wyle, Murner, Waldis, Tschudi, Grimmelshausen hier niedergelegt und das literarhistorische Material mit gewohnter Sachkenntniß und Sorgfalt zusammengestellt. Der Schluß der zweiten Abtheilung ist ebenfalls von Kurz bearbeitet, aber etwas kürzer gefaßt.

—— Leitfaden zur Geschichte der deutschen Literatur. gr. 8. 2. verb. Aufl. (XVI, 307 S.) Leipzig 1855, Teubner. 1 Thlr.

Ist nach denselben Grundsätzen behandelt, wie des Verfassers größere „Geschichte der deutschen Literatur" und bildet insofern zugleich auch eine Ergänzung dieses Werkes, als hier die Quellen und Hilfsmittel sowohl für die längeren Perioden als für kleinere Abschnitte der Literaturgeschichte, wie auch für die einzelnen Schriftsteller in möglichst vollständiger Weise mitgetheilt werden. Meist gedrängte, oft ausführliche Inhaltsangaben bedeutenderer Werke werden vielen Lesern besonders erwünscht sein.

**Wolfg. Menzel**, Die deutsche Literatur. 4 Bde. 2. Aufl. Stuttg. 1836, Hallberger's Verl. 7½ Thlr.

Reichhaltige, geistvolle Behandlung der literarischen Zustände, besonders werthvoll für die Zeit der deutschen modernen Romantik bis in die dreißiger Jahre unseres Jahrhunderts. Jetzt freilich auch veraltet, aber bei der Stellung, welche der Verfasser zur deutschen Literatur eingenommen hat, von geschichtlichem Interesse.

—— Deutsche Dichtung von der ältesten bis auf die neueste Zeit. 3 Bde. gr. 8. (XII, 452. VIII, 575. VII, 567 S.) Stuttgart 1858—59, Krabbe. 5 Thlr.

Diese neue Literaturgeschichte ist wohl zu unterscheiden von Menzel's früherem Werk. Sie behandelt die deutsche Dichtung fast ausschließlich nach ihrem Stoff und giebt von jedem Stück einen gedrängten Bericht über den Inhalt. Die subjective Auffassung ist dabei freilich nicht ausgeschlossen, indem es ein Hauptzweck des Verfassers zu sein scheint, die sittliche, oder unsittliche, die religiöse oder irreligiöse Tendenz der besprochenen Werke aufzudecken. Häufig ungenau.

**Jos. v. Eichendorff**, Geschichte der poetischen Literatur Deutschlands. 2 Thle. 8. (VI u. 303, 228 S.) Paderborn 1857, Schöningh. 2 Thlr.

    Eine geistreiche Auffassung vom Standpunkt der Romantik aus, mit liebevoller Hervorhebung der katholischen Elemente, in welchen der Verfasser bekanntlich das Salz der deutschen Bildung sieht. Weniger Geschichte der Literatur, als Eichendorff's Gedanken über dieselbe.

**Christ. Oeser**, ps. f. **Schröer**, Geschichte der deutschen Poesie in Umrissen u. Schilderungen. In 2. Aufl. größtentheils neu bearbeitet von J. W. Schäfer. Mit dem Bildnisse Goethe's nach Rietschel's Denkmal. gr. 8. (VIII, 420, IV, 347 S.) Leipzig 1859, Brandstetter. 3 Thlr.

    Ist in der neuen Bearbeitung durch Schäfer beinahe ein ganz neues Buch geworden, welches das Bedürfniß einer literarischen Uebersicht für die heranwachsende Jugend, namentlich für die weibliche, sehr gut befriedigt. Die ältere Literatur ist sehr kurz behandelt, die neuere von Goethe an aber um so ausführlicher.

**Otto Roquette**, Geschichte der deutschen Literatur von den ältesten Denkmälern bis auf die neueste Zeit. 2 Bde. Lex. 8. (V, 408. VIII, 515 S.) Stuttgart 1862 u. 63, Ebner u. Seubert. n. 3 Thlr. 18 Ngr.

    Eine klare lebendige Darstellung der großen Dichtwerke nach Form und Inhalt, nicht bloß Urtheile und Uebersichten; besondere Rücksichtnahme auf Culturverhältnisse, weniger auf die gleichzeitigen politischen Zustände und Ereignisse. Das bibliographische Element tritt zurück und ist vielfach mangelhaft, überhaupt scheint der Verfasser keine eigene Studien in der älteren Geschichte unserer Literatur gemacht zu haben. Dagegen ist die neuere Literatur sehr befriedigend behandelt, und wer eine Uebersicht über dieselbe gewinnen will, kann keinen besseren Führer wählen. Vilmar und Roquette ergänzen einander passend.

**Wilh. Wackernagel**, Deutsches Lesebuch. I. Thl. altdeutsch. Leseb. Poesie und Prosa vom 4—15. Jahrhundert. 4. Aufl. Lex. 8. (1348 Sp.) Basel 1859, Schweighauser's Verl. n. 3 Thlr.

    II. Thl. Proben deutscher Poesie seit dem Jahre 1500. 2. Aufl. 1840. n. 2½ Thlr.

    III. Thl. 1. 2. Abthl. Proben deutscher Prosa vom Jahre 1500—1840, 1842. 43. n. 4 Thlr.

    IV. Thl. Handb. d. Literaturgesch. 1—3. Abthl. (496 S.) 1851—58. n. 2 Thlr.

    Unter allen Beispielsammlungen zur altdeutschen Literaturgeschichte ist diese nach Auswahl der aufgenommenen Stücke, sowie nach kritischer Behandlung des Textes bei Weitem die beste und vollständigste. Für die neuere Zeit gab es kürzere und billigere Bearbeitungen, weshalb der dritte Theil weniger Anklang fand. Der 4. Theil, der eine Geschichte der Literatur enthält, ist soweit er vorliegt trefflich, geht aber nur bis zum Anfang des 17. Jahrhunderts.

    Aus der großen Menge von Beispielsammlungen, nennen wir zur Ergänzung nur noch folgende:

—— Kleineres altdeutsches Lesebuch nebst Wörterbuch. (V, 616 S. Wörterbuch 402 S.) Basel 1861, Schweighauser. 2 Thlr. 20 Ngr.

    Eine Sammlung, welche aus dem ersten Bande des größeren Werkes die wichtigsten Stücke entnommen hat, und genügt um in die Kenntniß des Altdeutschen einzuführen, daher auf Gymnasien häufig gebraucht wird. Auch das Wörterbuch ist sehr zu empfehlen.

**Karl Gödeke**, Deutsche Dichtung im Mittelalter. Darstellung der deutschen Literatur des Mittelalters in literaturgeschichtl. Uebersichten, Einleitungen,

Inhaltsangaben und ausgewählten Probestücken ꝛc. Lex. 8. Hannover 1854, Rümpler. n. 4 Thlr.

Karl **Gödeke**, Elf Bücher deutscher Dichtung. Von Sebastian Brandt bis auf die Gegenwart. Mit bibliographischen literar. Einleitungen. gr. 8. Leipzig 1849, Hahn'sche Buchh. n. 2⅔ Thlr.

—— Deutschlands Dichter von 1813—43. Eine Auswahl von 872 charakterist. Gedichten aus 131 Dichtern. Mit biographisch-literar. Bemerkungen ꝛc. Lex. 8. Hannover 1844, Hahn'sche Hofb. 2⅔ Thlr.

<small>Lauter sehr tüchtige Arbeiten, mit Sachkenntniß, Geschmack und Sorgfalt ausgeführt. Besonders Gymnasiallehrern und solchen, denen keine größere Bibliothek des betreffenden Faches zu Gebot steht, zu empfehlen.</small>

Gust. **Schwab**, Fünf Bücher deutscher Lieder und Gedichte. Von A. v. Haller bis auf die neueste Zeit. 1. Aufl. 8. Leipzig 1835, Hirzel. 1½ Thlr.

—— 4. Aufl. 8. (XV, 820 S.) Leipzig 1857, ebend. 1½ Thlr.

<small>Diese Sammlung hat den Zweck, einheimischen und fremden Freunden unserer Nationalpoesie den Ueberblick über den Schatz der deutschen Lieder durch zweckmäßig gewählte Proben zu erleichtern. Die 4. Auflage ist von Jul. Fr. Klee in Dresden besorgt und mit Proben von 22 neueren Dichtern vermehrt, wogegen manche ältere Stücke ausgeschieden sind.</small>

—— Die deutsche Prosa von Mosheim bis auf unsere Tage. 2 Bde. 8. Stuttgart 1843, Liesching. 2. Aufl. Besorgt von K. Klüpfel. 3 Bde. 8. (XVI, 500. VII, 512. VII, 516 S.) Ebendas. 1860. 3 Thlr.

<small>Auch diese Sammlung will in ganzen Aufsätzen oder möglichst selbständigen Bruchstücken Proben des Edelsten und Besten geben, was die deutsche Prosa seit Festsetzung der neueren Sprachformen geleistet hat. In der neuen Auflage sind 32 Schriftsteller ausgeschieden, dagegen 34 neu aufgenommen, der größte Theil des 3. Bandes ist neu hinzugekommen.</small>

Ignaz **Hub**, Deutschlands Balladen- und Romanzendichter. Von G. A. Bürger bis auf die neueste Zeit. Eine Auswahl des Schönsten und charakteristisch Werthvollsten, nebst Biographien und Charakteristiken der Dichter, unter Berücksichtigung der namhaftesten kritischen Stimmen. In 2 Abth. 3. gänzl. umgearb. Auflage. (VIII, 940 S.) Karlsruhe 1853, Kreuzbauer. 3 Thlr. 25 Ngr.

<small>Eine recht gute Auswahl mit fleißig gesammelten Notizen.</small>

—— Die deutsche komische und humoristische Dichtung seit Beginn des 16. Jahrhunderts bis auf unsere Zeit. Auswahl aus den Quellen. In 5 Büchern. Mit biographisch-literarischen Notizen, Worterklärung und einer geschichtlichen Einleitung. 3 Bde. (IV, 548. 754. 448 S.) Nürnberg 1854—56, v. Ebner. n. 4 Thlr. 28 Ngr.

<small>Eine fleißige mit Sachkenntniß ausgeführte Sammlung. Die ältere Periode etwas dürftig behandelt.</small>

Deutsche Classiker des Mittelalters. Herausgeg. von Frz Pfeiffer. Mit Wort- und Sacherklärungen. 1—7. Bd. 8. Leipzig 1864—70, Brockhaus. à Bd. n. 1 Thlr.

    Bd. I. Walther von der Vogelweide von Pfeiffer. 2. Aufl. (LII u. 338 S.)

    „ II. Kudrun von Karl Bartsch. (XXVI u. 384 S.)

Bd. III. Das Nibelungenlied von Karl Bartsch. (XXVI u. 456 S.)
„ IV. Hartmann von der Aue von Fedor Bech. 1. Thl. Erec der Wunderäre. (XX, 352 S.)
„ V. Dasselbe. 2. Thl. Lieder. Gregorius. Der arme Heinrich. (XVII, 352 S.)
„ VI. u. VII. Gottfried von Straßburg von Reinhold Bechstein. 1. Thl (XLVII, 328 S.) 2 Thl. (366 S.)

Die beigegebenen Wort- u. Sacherklärungen sind für solche Leser bestimmt, welche keine gelehrten philologischen Studien gemacht haben und machen wollen, aber doch im Interesse allgemeiner Bildung sich an dem poetischen Genusse betheiligen wollen, welche unsere mittelalterlichen Dichter gewähren. Für diesen Leserkreis sind die Ausgaben sehr zweckmäßig bearbeitet und haben darum auch verdienten Beifall gefunden. Dagegen ist das Unternehmen von den zünftigen Philologen sehr angefochten und getadelt worden.

Germanistische Handbibliothek. Herausgeg. von Jul. Zacher. I. Walther von der Vogelweide. Hrsg. u. erklärt von W. Wilmanns. (X, 402 S.) Halle 1869, Buchhandl. d. Waisenh. 1 Thlr. 15 Ngr.

Diese Ausgabe unserer mittelalterlichen Dichter ist im Gegensatz zu der Pfeiffer'schen Sammlung für Solche bestimmt, welche auf den höhern Schulen einen Grund in der deutschen Philologie gelegt haben und im spätern Leben bei anderen Berufswissenschaften sich die Bekanntschaft damit erhalten wollen. Die Ausgaben sollen außer berichtigtem Texte, gedrängten literarischen Anmerkungen auch technische und kritische Anmerkungen und einen kritischen Apparat geben in einer Weise, die zwar zunächst dem Bedürfniß des Lernenden dienen aber auch dem Laien noch zugänglich und verständlich sein soll.

Karl Simrock, Altdeutsches Lesebuch in neudeutscher Sprache. Mit einer Uebersicht der Literaturgeschichte. gr. 8. (XII u. 631 S.) Stuttgart 1854, Cotta. n. 2 Thlr. 12 Ngr.

Versuch, Laien in den Kreis der altdeutschen Dichtung einzuführen. Treffliche Uebersetzungen. Besonders für Frauen berechnet.

Deutsche Bibliothek. Sammlung seltener Schriften der älteren deutschen Nationalliteratur. Herausgeg. u. mit Erläuterungen versehen von Heinrich Kurz. 1—10. Bd. 8. Leipzig 1862—68, Weber. à Bd. n. 2 Thlr.
Bd. 1—2. Burkhard Waldis, Esopus. 2 Thle. (XLVIII u. 972 S.)
„ 3—6. Hans Jacob Christoph v. Grimmelshausen. Simplicianische Schriften. 4 Thle. (CXXVII u. 1872 S.)
„ 7. Jörg Wickram's Rollwagenbüchlein. (L u. 252 S.)
„ 8—9. Johann Fischart's sämmtliche Dichtungen. 1. 2. Bd. (CVIII u. 746 S.)
„ 10. Dasselbe. 3. Bd. (LXXX, 544 S.) 1868. 2½ Thlr.
Compl. 20 Thlr.

Deutsche Dichter des sechszehnten Jahrhunderts. Mit Einleitungen und Worterklärungen herausgeg. von Karl Goedeke und Jul. Tittmann.
1. Bd. Liederbuch aus dem sechszehnten Jahrhundert. 8. (XXVI u. 400 S.) Leipzig 1867, Brockhaus. n. 1 Thlr.
2. u. 3. Bd. Schauspiele aus dem 16. Jahrh. (XLIV, 291. XXVIII, 319 S.) 1869. 1 Thlr.

Deutsche Dichter des siebzehnten Jahrhunderts. Mit Einleitungen u. Anmerkungen herausg. von K. Gödeke und Jul. Tittmann. Leipzig 1869, Brockhaus. à Bd. 1 Thlr.
   1. Bd. Martin Opitz ausgewählte Dichtungen. (LXXXI, 276 S.)
   2. Bd. Paul Flemmings Gedichte. Auswahl.
   3. Bd. Fried. v. Logaus Sinngedichte. Auswahl.

Bibliothek der deutschen Nationalliteratur des achtzehnten u. neunzehnten Jahrhunderts. Mit Einleitungen u. Anmerkungen. Leipzig 1868 u. ff. Brockhaus. à Bd. 10 Ngr.
   1. Fr. Schleiermacher, Reden über die Religion. Hrsgeg. von K. Schwarz. (XXI, 254 S.)
   2. Fr. G. Klopstock, Oden. Auswahl. Hrsgeg. von H. Düntzer. (XVI, 221 S.)
   3. 4. J. K. A. Musäus, Volksmärchen der Deutschen. Hrsgeg. von Mor. Müller. (XVI, 537 S.)
   5. 6. Kortüm, Die Jobsiade. 13. Aufl. Hrsgeg. v. Fr. W. Ebeling. (XXII, 372 S.)
   7. E. Schulze, Die bezauberte Rose. Hrsgeg. von Jul. Tittmann. (XXXVI, 190 S.)
   8. E. G. Lessing, Minna v. Barnhelm. Emilia Galotti. Nathan d. Weise. Hrsgeg. v. H. Hettner. (XXII, 319 S.)
   9. Ch. M. Wieland, Oberon. Hrsgeg. v. Reinh. Köhler. (XXII, 257 S.)
 10. 11. Maler Müller. Dichtungen. Hrsgeg. von H. Hettner. (XVI, 242. 220 S.)
  12. Theod. Körner, Leier u. Schwert. Zriny, Rosamunde. Hrsgeg. v. R. Gottschall. (XXX, 237 S.)
 13. 14. G. Forster, Ansichten v. Niederrhein 1790. Hrsgeg. von W. Buchner. (XXXVI, 430 S.)
  15. Joh. Gottfr. Herder, Der Cid. Nach spanischen Romanzen. Hrsgeg. v. Jul. Schmidt. (XXXIII, 152 S.)
  16. J. G. Seume, Der Spaziergang nach Syrakus. Hrsgeg. von Herm. Oesterley. (XIII, 299 S.)
 17. 18. Wilh. Müller, Gedichte. Hrsgeg. von Max Müller. (XXXVI, 174 u. VII, 191 S.)
 19. 20. J. W. Goethe, Faust. Hrsgeg. von Moritz Carriere. (XIX, 226 u. V, 295 S.)
 21. 22. G. A. Bürger, Gedichte. Hrsgeg. v. Jul. Tittmann. (LX, 330 S.)
 23—25. J. G. Herder, Ideen zur Geschichte der Menschheit. Hrsgeg. v. Jul. Schmidt. (LXXXVIII, 148. VIII, 284. VII, 256 S.)

K. Ed. Ph. **Wackernagel**, Das deutsche Kirchenlied von Luther bis auf Nicolaus Hermann und Ambrosius Blaurer. 2 Thle. Roy. 8. Stuttg. 1841, Liesching. 5½ Thlr.
    Eine gelehrte und gründliche Geschichte des Kirchenliedes in der bezeichneten Periode mit dem neu berichtigten Texte der betreffenden Dichtungen und den nöthigen Erläuterungen.

**Ph. Wackernagel**, Das deutsche Kirchenlied von den ältesten Zeiten bis zu Anfang des 17. Jahrhunderts. 3 Bde. (XXV, 897. 1056. 976 S.) Leipzig 1862—69, Teubner. Lief. 1—29. à 20 Ngr.
Eine neue, bedeutend erweiterte Auflage des vorigen Werkes, welche wohl die vollständigste und correcteste Sammlung der älteren Kirchenlieder enthält. Dieselbe wird demnächst mit Abschluß des dritten Bandes vollendet sein.

**Talvj**, Versuch einer geschichtlichen Charakteristik der Volkslieder germanischer Nationen mit einer Ueberscht der Lieder außereuropäischer Völkerschaften. gr. 8. (39½ B.) Leipzig 1840, Brockhaus. 3½ Thlr.
Eine sehr gute, auf gründlicher Kenntniß des Stoffes beruhende Arbeit.

**Heinr. Hoffmann**, Unsere volksthümlichen Lieder. 3. Aufl. (XL, 213 S.) Leipzig 1869, W. Engelmann. 1 Thlr. 10 Ngr.
Ein vollständiges Verzeichniß der Volkslieder, mit Angabe ihrer Verfasser soweit sie bekannt sind, und der Compositeure, sowie der Quellen, in welchen Text und Composition sich findet.

**K. Fr. Wilh. Wander**, Deutsches Sprichwörterlexikon. Ein Hausschatz f. das deutsche Volk. Lief. 1—27. Hoch 4. (S. 1—1536. A—Kopfwunde.) Leipzig 1836—69, Brockhaus. à Lief. n. ⅔ Thlr.
Eine mit Fleiß und Sorgfalt angelegte Sammlung.

**Ludw. Uhland**, Walther von der Vogelweide, ein altdeutscher Dichter. 8. Stuttgart 1822, Cotta. ⅔ Thlr.
Eine klassische Monographie, der wir die erste gründliche Kenntniß des berühmten Minnesängers verdanken.

—— Alte hoch- und niederdeutsche Volkslieder. Bd. 1. Liedersammlung in 5 Büchern. 1. 2. Abthlg. gr. 8. Stuttgart 1844 u. 45, Cotta. 3⁵/₁₂ Thlr.
Eine mit feinstem Sinn für wahrhaft poetischen Gehalt ausgewählte und durch unermüdliche Forschung zusammengebrachte Sammlung von Volksliedern, in welcher der Herausgeber, wie er ausdrücklich bemerkt, weder eine moralische noch eine ästhetische Mustersammlung, sondern einen Beitrag zur Geschichte des deutschen Volkslebens liefern wollte.

—— Schriften zur Geschichte der Dichtung u. Sage. 1—4. u. 6—7. Bd. gr. 8. (I. XVIII, 509. II. XII, 592. III. XII, 549. IV. VI, 406. VI. IV, 428. VII. IV, 680 S.) Stuttgart 1865—1869, Cotta. n. 18 Thlr. 24 Ngr.
Der erste und zweite Band enthalten die Vorlesungen über Geschichte der altdeutschen Poesie, welche Uhland in den Jahren 1830 und 1831 mit ungewöhnlich großem Beifall gehalten hat. Die Ergebnisse sorgfältiger Quellenforschung sind hier in edler Sprache dargestellt, mit besonderer Vorliebe werden die Heldensage und der Meistergesang behandelt. Der erste Band ist von Prof. Keller, der zweite von Prof. Holland nach den ungleichmäßig ausgeführten Manuscripten des Verfassers herausgegeben. Der dritte Band von Prof. Frz Pfeiffer in Wien herausgegeben, enthält Uhlands Arbeiten über die Geschichte des Volksliedes und ein Bruchstück des Commentars, welchen er seiner Sammlung Volkslieder beigeben wollte. Der Herausgeber sagt darüber: „Noch niemals ist die Volkspoesie mit solcher Gründlichkeit und Tiefe, mit so viel Innigkeit und Wärme erfaßt und in so vollendeter Form dargestellt worden." Der vierte Band, von W. Holland herausgegeben, enthält die Fortsetzung des Commentars zu den Volksliedern und die Abhandlung über das altfranzösische Epos. Band 6, von A. v. Keller herausgegeben, giebt die im Jahre 1836 erschienene Abhandlung über den Mythus vom Thor, und die neue über Odin; Band 7, ebenfalls von Keller herausgegeben, die Sagengeschichte der germanischen und romanischen Völker.

Franz **Pfeiffer**, Freie Forschungen. Kleine Schriften zur Geschichte der deutschen Literatur u. Sprache. (XIV u. 463 S.) Wien 1867, Tendler u. Comp. n. 2 Thlr.

Eine Sammlung von Aufsätzen über das Nibelungenlied, Wolfram von Eschenbach, Gottfried von Straßburg, die mittelhochdeutsche Hofsprache, sowie zwei Nachrufe an Wilhelm Grimm und Ludwig Uhland, und Anderes. Die literaturgeschichtlichen Stoffe sind hier auf allgemein ansprechende Weise behandelt, und es ist dieß das letzte Werk des um die deutsche Philologie so verdienten, kurz darauf verstorbenen Verfassers.

L. **Ettmüller**, Herbstabende und Winternächte. Gespräche über deutsche Dichtungen und Dichter. 3 Bde. gr. 8. (I, 400. II, 584. III, 428 S.) Stuttgart 1865—1867, Cotta. 7 Thlr.

Ein etwas wunderlicher Versuch einer Literaturgeschichte in Gesprächsform, mit dem Faden eines Romans durchwoben. Das beste daran ist, daß eine Reihe der anziehendsten Stücke der älteren deutschen Dichtungen in lesbaren, mitunter sehr guten Uebersetzungen mitgetheilt werden. Die Erläuterungen theils zweckmäßig, theils geschmacklos, der Roman etwas dürftig.

O. F. **Gruppe**, Leben und Werke deutscher Dichter. Geschichte der Poesie in den drei letzten Jahrhunderten. 4 Bde. Lex. 8. (XIV, 744. IV, 598. IV, 652. IV, 606 S.) Mit 22 Portr. in Stahlstich. München 1863—68, Bruckmann. n. 13³⁄₄ Thlr.

Biographien und Charakteristiken, welche mit Verständniß und Geist ausgeführt sind.

Henriette **Feuerbach**, Uz und Cronegk. Zwei fränkische Dichter aus dem vorigen Jahrhundert. Ein biographischer Versuch. gr. 8. (V u. 196 S.) Leipzig 1866, Engelmann. 1¹⁄₁₂ Thlr.

Eine ausgezeichnete Monographie, die durch Darstellung, Beziehung auf den Zusammenhang mit den sonstigen Bildungselementen jener Zeit, geschickte Hinweisung auf die kleinen Züge des täglichen Lebens, sich den besten Arbeiten dieser Art anreiht.

J. W. **Appell**, Die Ritter-, Räuber- und Schauerromantik. Zur Geschichte der deutschen Unterhaltungsliteratur. gr. 8. (V u. 92 S.) Leipzig 1859, Engelmann. ½ Thlr.

Eine anziehende kleine Schrift über ein Gebiet der deutschen Literatur, das einst eifrig gepflegt, vom heutigen Leser kaum mehr aufgesucht wird, aber um so mehr culturgeschichtliches Interesse hat.

Joh. Wilh. **Löbell**, Die Entwicklung der deutschen Poesie von Klopstocks erstem Auftreten bis zu Goethes Tode. Vorlesungen gehalten im Winter 1854. Mit ergänzenden Anmerkungen u. Erörterungen zur einheimischen u. ausländischen Literaturgeschichte. 3 Bde. 1. Bd. 8. (XX, 347 S.) Braunschweig 1856, Schwetschke u. Sohn. n. 1½ Thlr.

    2. Bd. A. u. d. T.: C. M. Wieland. (XII, 379 S.) 1858. 1½ Thlr.

    3. Bd. Lessing. Mit angehängten Annalen der literar. Thätigkeit Lessings. Nach des Verf. Tod herausgeg. von A. Koberstein. (XI, 311 S.) 1865. 1½ Thlr.

Geistvolle künstlerisch abgerundete Vorträge, die dem oft behandelten Stoff doch wieder neue Gesichtspunkte abzugewinnen wissen.

Wilh. **Wachsmuth**, Weimars Musenhof in den Jahren 1772—1807. Historische Skizze. gr. 8. Berlin 1844, Duncker u. Humblot. n. 1 Thlr.

Ein mit umfassender Benutzung der vorhandenen Quellen entworfenes geschichtliches Bild der literarischen Glanzperiode Weimars, das aus den Briefwechseln, Nachlässen und Biographien jener Zeit einen Gesammtüberblick gewährt und durch lebendige Darstellung anzieht.

**Rob. Springer**, Weimars classische Stätten. Ein Beitrag zum Studium Goethes und unserer classischen Literaturepoche. (III, 161 S.) Berlin 1867, Jul. Springer. 1 Thlr.

—— Die classischen Stätten von Jena und Ilmenau. (202 S.) Berlin 1869, Springer. 1 Thlr.

<small>Ansprechende, auf sorgfältige Nachforschungen gegründete Beschreibung der Oertlichkeiten, und Schilderungen aus der Zeit des Verkehrs der beiden Dichterheroen.</small>

**Eduard Boas**, Schiller und Goethe im Xenienkampf. 2 Bde. gr. 8. 38³⁄₄ B. Stuttgart 1851. 2 Thlr. 12 Ngr.

<small>Erläuterungen der literaturgeschichtlichen u. socialen Beziehungen jener berühmten Xenien. Wichtig für die Literaturgeschichte und zugleich unterhaltende Lektüre.</small>

**Schiller's** u. **Goethe's** Xenien=Manuscript. Zum ersten Male bekannt gemacht von Eduard Boas und herausgeg. von Wendelin v. Maltzahn. gr. 8. (V u. 263 S.) Berlin 1856, Hirsch. n. 1½ Thlr.

<small>Dieses für die Literaturgeschichte interessante Büchlein enthält: 1) Das Originalmanuscript der Xenien, das Boas von Eckermann erhielt. Dasselbe ist wichtig, weil es ihre Frage über die Autorschaft beider Dichter vollständig erledigt, durch die ursprünglichen Ueberschriften manche Bedeutungen aufklärt, die bisher nicht errathen waren, und endlich weil es 40 nicht veröffentlichte Xenien enthält. Außerdem enthält das Buch eine Zusammenstellung der kritischen Stimmen über Boas Xenienkampf, Ergänzungen zu genanntem Werk von dem Herausgeber, neue Erklärungen und Notizen über das Verhalten der Getroffenen u. dgl., Beiträge und Berichtigungen zu den Gegenschriften.</small>

**Julian Schmidt**, Geschichte des geistigen Lebens in Deutschland von Leibnitz bis auf Lessings Tod 1681—1781. 2 Bde. 1. Bd. 1681—1750. gr. 8. (VI u. 652 S.) 2. Bd. (782 S.) Leipzig 1862—64, Grunow. n. 7 Thlr. 28 Ngr.

<small>Literaturgeschichte einer bisher ziemlich vernachlässigten Periode, die aber eine genauere Betrachtung wohl verdient, da in ihr schon die Anfänge des später so reichen Geisteslebens des 18. Jahrhunderts liegen. Die Arbeit Schmidts giebt neben guten allgemeinen Charakteristiken zu viel unverarbeitete Auszüge aus den Schriftstellern jener Zeit. Der Titel verspricht mehr als die Ausführung leistet, indem doch nichts weiteres als eine Literaturgeschichte gegeben wird.</small>

—— Geschichte der deutschen Literatur. 1. Aufl. 1853. 5. umgearbeitete und vermehrte Auflage. 3 Bde. gr. 8. (I. VIII, 574. II. VIII, 654. III. VIII, 564 S.) Leipzig 1865—67, Grunow. n. 8½ Thlr.

I. Bd. Das classische Zeitalter. (1781—1797.)
II. Bd. Die Romantik. (1797—1813.)
III. Bd. Die Gegenwart. (1814—1867.)

<small>Dieses Werk ist für die neuere Literaturgeschichte wohl das beste und ausführlichste, das wir haben. Es hat das unbestreitbare Verdienst, den häufig zu viel bei Seite gelegten ethischen Maßstab in der Beurtheilung der schönen Literatur mit Nachdruck und unerbittlicher Strenge geltend gemacht zu haben, und zeigt einen richtigen Blick in Auffassung und Schilderung geistiger Richtungen. Dagegen geht ihm die rechte Sicherheit in Erkenntniß und Hervorhebung der poetischen Schönheiten ab, so daß bei ihm Lob und Tadel häufig subjectiv willkürlich erscheint. Auch wendet er den Recensenten, den man sich bei Besprechung neuester Erzeugnisse wohl gefallen lassen kann, zu sehr auch auf historisch gewordene Größen an. Uebrigens hat gerade in dieser Beziehung die neueste Auflage vieles verbessert, und es sind manche zu polemische und räsonnirende Partieen weggeblieben. Ein Vorzug des Werkes ist es, daß es neben der poetischen Literatur auch die philosophische, historische und politische ausführlich behandelt und sie als wesentlichen Bestandtheil der nationalen Bildung zu würdigen weiß.</small>

**Rudolph Gottschall**, Die deutsche Nationalliteratur in der ersten Hälfte des neunzehnten Jahrhunderts. Literarhistorisch und kritisch dargestellt. 1. Aufl. 1855. 2. verm. u. verb. Aufl. 3 Bde. gr. 8. (XXXII, 496. IV, 360. IV, 714 S.) Breslau 1861, Trewendt. 4½ Thlr.

Im Gegensatz zu Julian Schmidts etwas schärfer, oft ungerechter Kritik entstanden. Der Verfasser wollte der schriftstellerischen Gegenwart mehr Anerkennung und Ermuthigung entgegenbringen, und that in überschwenglicher Bewunderung etwas zu viel, so daß oft zwischen klassischen Meisterwerken und mittelgutem Erzeugniß der Unterschied verwischt erscheint. Gesunder Sinn für Poesie und freudige Anerkennung des Guten, wo er es findet, sind entschiedene Vorzüge des Verfassers. Die zweite Auflage ist abgeklärter und im Einzelnen verbessert; auch sind außer der Fortsetzung bis auf die Gegenwart allgemein culturhistorische Ueberblicke hinzugekommen, so im 2. Bande: Die Literatur und das Publikum; die Bühne und die dramatische Dichtkunst; zur Geschichtschreibung und Politik, die Naturwissenschaften und der Materialismus.

**Moriz Rapp**, Das goldene Alter der deutschen Poesie. 2 Bde. gr. 8. (XII u. 702 S.) Tübingen 1861, Laupp. 2¾ Thlr.

Eine auf vertraute Bekanntschaft mit den Werken unserer classischen Dichter gestützte Charakteristik derselben, mit eigenthümlicher, geistreicher, oft barocker Auffassung. Bd. I. giebt als Einleitung zunächst vergleichende Betrachtungen über nationale Unterschiede und Eigenthümlichkeiten der neueren Poesie, hierauf Analysen der Hauptwerke Klopstocks, Lessings, Wielands und Goethes; Bd. II. bespricht Schiller, Hebel, Jean Paul und im Schlußcapitel die Schlegel, Tieck, Uhland, Rückert, Platen, Lenau, Heine. Der Standpunkt der Betrachtung ist theils der ästhetische, theils der philologische, bei Klopstock und Hebel wird hauptsächlich das Sprachliche hervorgehoben; mit besonderer Vorliebe werden Schiller und Jean Paul behandelt. Die philosophischen Voraussetzungen gehören der Hegelschen Philosophie an.

**Berthold Auerbach**, Deutsche Abende. Neue Folge. 8. (IX u. 353 S.) Stuttgart 1867, Cotta. n. 1 Thlr.

Abhandlungen, Vorträge und Festreden. Ueber Goethe, Schiller, Fichte, Uhland, Jean Paul, Jac. Grimm, Lenau, das deutsche Volkslied, Molière, Goldsmith, Bernardin de St. Pierre. Das Buch enthält viele beachtenswerthe ästhetische Gedanken und Urtheile und beschäftigt sich eingehend mit manchen technischen Fragen der Dichtkunst. Besonders hervorheben möchten wir in dieser Beziehung: Goethe und die Erzählungskunst; Goldsmiths Pfarrer von Wakefield; und Bernardin de St. Pierre's Paul und Virginie.

**Karl Barthel**, Die deutsche Nationalliteratur der Neuzeit (seit 1813.) In einer Reihe von Vorlesungen dargestellt. 7. Aufl. gr. 8. (XVIII, 647 S.) Braunschweig 1866, Leibrock. n. 2 Thlr.

Diese zuerst im Jahre 1850 erschienene, aus Vorlesungen für Damen entstandene Literaturgeschichte, machte besonders in ihren allgemeinen Parthieen den Eindruck jugendlicher Unreife. Trotzdem fand sie großen Beifall und verdankte denselben wohl hauptsächlich ihrem christlichen Standpunkt und warmen religiösen Sinn einerseits, andererseits dem Talent, ein klares und lebendiges Bild sowohl der Persönlichkeiten als der einzelnen Dichtungen zu entwerfen. In den späteren Ausgaben, nach des Verfassers Tode von seinem Bruder besorgt, sind auch viele Mängel verbessert und in Anmerkungen Irrthümer berichtigt und Lücken ausgefüllt. Wünschenswerth für die nächste Auflage ist eine in Aussicht gestellte Umarbeitung des Ganzen.

**Robert Weber**, Die poetische Nationalliteratur der deutschen Schweiz von Haller bis auf die Gegenwart. 3 Bde. (XIV I, 430. II, 429. III, 798 S.) Glarus 1867, J. Vogel. n. 6 Thlr.

Eine Geschichte der poetischen Literatur der deutschen Schweiz in Musterstücken mit Erläuterungen und kritischen Erörterungen, die von feinem Verständniß und Geschmack zeugen.

J. C. **Mörikofer**, Die schweizerische Literatur des 18. Jahrhunderts. gr. 8. (XIV u. 537 S.) Leipzig 1861, Hirzel. n. 2²/₃ Thlr.

Eine sehr tüchtige ansprechende Arbeit, welche mehr giebt, als der Titel verspricht, nämlich ein gutes Stück allgemein deutscher Literaturgeschichte; unter den einzelnen Biographien und Charakteristiken sind besonders die von Lavater, Pestalozzi und Joh. Müller sehr lesenswerth.

Jegór v. **Sivers**, Deutsche Dichter in Rußland. Studien zur Literaturgeschichte. 16. (LXXX u. 680 S.) Berlin 1855, Schröder. 2½ Thlr.

Eine Sammlung von Biographien und charakteristischen Gedichtproben einer großen Zahl von deutschen Dichtern, die entweder in Rußland geboren und aufgewachsen sind oder sich längere Zeit in Rußland aufgehalten haben. Die Reihe wird eröffnet durch Paul Flemming. Von bekannteren Namen finden wir ferner: Jac. Mich. Reinhold Lenz, Fr. M. v. Klinger, Kotzebue, Raupach, Wilh. Smets, Richard Wagner, Bodenstedt und Sternberg, welch letzterem eine ausführliche Biographie gewidmet ist. Als Einleitung ist dem Ganzen eine Geschichte der deutschen Literatur und Bildung in Rußland vorangeschickt.

[Melchior **Meyr**,] Gespräche mit einem Grobian. Herausgeg. von einem seiner Freunde. 8. (XII u. 383 S.) Leipzig 1866, Brockhaus. n. 1½ Thlr.

—— 2. Aufl. vermehrt mit einem Gespräch über die Aufgaben u. Aussichten Deutschlands nach dem Krieg. 8. (XVI u. 502 S.) Ebend. 1867, n. 2 Thlr.

Neuestes Gespräch mit dem Grobian ꝛc. (Abdr. a. d. 2 Aufl. der Gespräche ꝛc.) 8. (VIII u. 126 S.) Ebend. 1867. n. ½ Thlr.

Unter der Firma eines Grobians sagt der Verf. allerlei treffende Wahrheiten im Gebiet der Wissenschaft, Literatur, Kunst und Gesellschaft. Der politische Nachtrag bespricht die nationale Einheitsfrage und stellt sich auf den Standpunkt eines zur preußischen Politik bekehrten, früher bundesstaatlich gesinnten Schwaben.

## Deutsche Sprache.

Rudolph v. **Raumer**, Die Einwirkung des Christenthums auf die althochdeutsche Sprache ꝛc. gr. 8. Stuttg. 1845, Liesching. n. 2⅙ Thlr.

Eine sehr tüchtige Arbeit, welche nicht nur mit ernsten Studien, sondern auch mit warmer Liebe zur Sache ausgeführt ist. Enthält eine Geschichte der althochdeutschen Literatur, in welcher hauptsächlich nachgewiesen wird, wie das Christenthum befruchtend auf die deutsche Sprache eingewirkt und einen völligen Umschwung in der Entwicklung derselben hervorgebracht habe.

August **Schleicher**, Die deutsche Sprache. gr. 8. (VII u. 340 S.) Stuttgart 1860, Cotta. n. 2 Thlr. 2. verb. u. verm. Aufl. 1869. (X, 348 S.) 2 Thlr.

Der Verfasser will in dieser Schrift das Verfahren und die Ergebnisse der Sprachwissenschaft jedem Gebildeten zugänglich machen und zugleich das Wesen unserer deutschen Muttersprache in seinen Hauptzügen darlegen. Die zweite Auflage ist aus dem Nachlasse des Verf. nach den Zusätzen seines Handexemplars von einem Freunde herausgegeben.

Joh. Christ. **Heyse**, Allgemeines verdeutschendes und erklärendes Fremdwörterbuch mit Bezeichnung der Aussprache und Betonung der Wörter nebst genauer Angabe ihrer Abstammung und Bildung. 13. Ausg. Verbessert und sehr bereichert, herausgegeben von C. A. F. Mahn. gr. 8. (XVI u. 972 S.) Hannover 1865, Hahn. 3 Thlr.

Ein sehr gediegenes Werk, das durch die Bearbeitung von Mahn, einem gründlichen Kenner der verschiedenen europäischen Sprachen auf die Höhe der neuesten Forschung gestellt worden ist.

**Fried. Lub. Karl Weigand,** Deutsches Wörterbuch. 3. völlig umgearbeitete Auflage von Friederich Schmitthenners kurzem deutschen Wörterbuche. I. Bd. A—K. gr. 8. (XVI u. 656 S.) II. Bd. L—Z. (608 S.) Gießen 1853—62, Ricker. n. 6 Thlr.

Für den Handgebrauch bei literarischen Arbeiten sehr zweckmäßig und empfehlenswerth. Ist auf die Forschungen der Grimm'schen Schule und eigene umfassende Untersuchungen des Verfassers gegründet.

Zur Ergänzung dient:

—— Wörterbuch der deutschen Synonymen. 2 Ausg. 3 Bde. gr. 8. (XXVIII, 576. XII, 594. 595. 125 S.) Mainz 1852, Kupferberg. 6 Thlr.

**Jakob und Wilhelm Grimm,** Deutsches Wörterbuch. Fortgesetzt von Rud. Hildebrand u. K. Weigand. Bd. I—III. vollständig (XCII, 1824. 1776. 1904 S.) Bd. IV, Abth. 1. 3 Lfgn. (720 S.) bis Fürders. Bd. IV, Abth. 2. 2 Lfgn. (480 S.) von H. bis Harm. Bd. V. Liefg. 1—9. (2160 S.) von K. bis Kreistag. Leipzig 1852—69, S. Hirzel. 25 Thlr. à Lief. 20 Ngr.

Ein nationales Werk, in welchem die Gebrüder Grimm die Ergebnisse ihrer ausgedehnten Forschungen niederlegten, und das nun von den Fortsetzern und Mitarbeitern zu einem absehbaren Ende geführt wird. Giebt eine Geschichte der einzelnen Wörter und ihres schriftstellerischen Gebrauchs, von den ältesten Zeiten an. Ursprünglich war Goethe als Grenzpunkt festgesetzt, aber schon nach den ersten Lieferungen dehnten sich die Belege auch auf die neueren Schriftsteller aus.

**Dan. Sanders,** Wörterbuch der deutschen Sprache. Mit Belegen von Luther bis auf die Gegenwart. 2 Bde. gr. 4. (1065. VIII, 1828 S.) Leipzig 1859—65, O. Wigand. 24 Thlr.

Ein sehr gutes Handbuch zum Nachschlagen, das besonders den modernen Sprachgebrauch berücksichtigt.

—— Handwörterbuch der deutschen Sprache. (VI, 1067 S.) Leipzig 1869, O. Wigand. 2⅔ Thlr.

Ein Auszug aus dem größeren Werke, mit Weglassung der literarischen Belege und der minder gelungenen etymologischen Partien.

## Englische Literatur.

**Henri Taine,** Histoire de la littérature anglaise. 5 vol. Paris 1863 —69, Hachette. à vol. 3 frcs. 50 cs.

Da es weder in deutscher noch in englischer Sprache eine zusammenfassende vollständige Geschichte der englischen Literatur giebt, so führen wir ein französisches Werk an, welches als das beste über den Gegenstand gilt. Dasselbe beruht auf gründlichen Studien, ist mit Geist geschrieben, aber geht mehr vom philosophischen als vom geschichtlichen Standpunkt aus und beurtheilt die englischen Schriftsteller zu sehr nach dem Maßstab des französischen Geschmacks; auch ist die Auswahl unter den neueren Schriftstellern willkürlich.

**L. Herrig,** Handbuch der englischen Nationalliteratur von G. Chaucer bis auf die jetzige Zeit. Mit biographischen und kritischen Skizzen. Dichter

u. Prosaiker. 9. Aufl. Lex. 8. (XII u. 707 S.) Braunschweig 1860, Westermann. n. 1 1/3 Thlr.

Zunächst eine Beispielsammlung für den Schulunterricht, aber auch für Jeden geeignet, der sich mit der Geschichte der englischen Literatur bekannt machen und die charakteristischen Beispiele im Original lesen will. Die biographischen Skizzen und Urtheile zeugen von Sorgfalt und Geschmack.

**William Shakespeares Werke.** Herausgeg. u. erklärt von Nicol. Delius. N. Ausg. Mit dem Portrait des Dichters. 7 Bde. u. Nachtrag. Lex. 8. (1.: 782. 2.: 785. 3.: 566 4.: 624. 5.: 641. 6.: 685. 7.: 677 S.) Elberfeld 1864—65, Friederichs. à Bd. 2 Thlr. Compl. 15 Thlr.

Weitaus die beste deutsche Ausgabe Shakspeare's im Original, mit sorgfältiger Textkritik und reichhaltigem Commentar. Die Stücke sind auch einzeln zu haben.

—— **Dramatische Werke** nach der Uebersetzung von Aug. Wilh. Schlegel und Ludwig Tieck, sorgfältig revidirt und theilweise neu bearbeitet, mit Einleitungen u. Noten versehen, unter Redaction von H. Ulrici herausg. von der Shakespeare-Gesellschaft. In 12 Bdn. à 2/3 Thlr. Bis jetzt 8 Bde. (VIII, 527. 445. 499. 428. 372. 462. 391. 405 S.) Berlin 1867—70, Reimer.

Eine gute Revision der Schlegel'schen Uebersetzung. Die Einleitungen sind theils von Ulrici, theils von Aler. Schmidt und K. Elze, welche Letzteren in Verbindung mit G. Herwegh und W. A. Hertzberg auch die Uebersetzung der nicht von Schlegel und Tieck übersetzten Stücke übernommen haben.

—— **Dramatische Werke**, übersetzt und erläutert von Ad. Keller u. Mor. Rapp. 8 Bde. Stuttgart 1843—46, Metzler. 2. Aufl. 1854. 2 Thlr. 14 Ngr.

Eine Uebersetzung, die neben den andern immer noch Beachtung verdient. Die Behandlung ist sehr verschiedenartig, indem die von Keller übersetzten Stücke sich durch gewissenhafte Worttreue auszeichnen, die von Rapp dagegen eine deutsche Nachbildung des Originals anstreben, wobei der Uebersetzer sich nicht scheut, anstatt eines englischen Witzes oder Wortspiels ein deutsches zu setzen, Namen und Scenen zu verändern. Interessant sind auch seine Einleitungen, mit geistreichen Hypothesen über Entstehung und Anlage der Stücke.

—— **Dramatische Dichtungen.** (Bibliothek ausländischer Classiker.) 8. Hildburghausen 1864—67, Bibliogr. Institut.

Bd. 1. Macbeth, übers. von W. Jordan. (122 S.) 1865. 1/6 Thlr.
„ 3. Hamlet, übers. v. Ludwig Seeger. (200 S.) 1865. 9 Ngr.
„ 5. Romeo u. Julie. Deutsch von W. Jordan. (135 S.) 6 Ngr.
„ 20. König Lear. Deutsch von W. Jordan. (166 S.) 8 Ngr.
„ 23. Wintermährchen. Deutsch von K. Simrock. (132 S.) 1866. 7 Ngr.
„ 24. Timon v. Athen. Deutsch v. Lud. Seeger. (131 S.) 7 Ngr.
„ 27. König Johann. Deutsch von Lud. Seeger. (119 S.) 6 Ngr.
„ 28. Viel Lärmen um Nichts. Deutsch von K. Simrock. (124 S.) 6 Ngr.
„ 40. Der Sturm. Deutsch v. Dingelstedt. (93 S.) 1867. 1/6 Thlr.
„ 44. Der Liebe Lohn und die beiden Edelleute von Verona. Deutsch von K. Simrock. 1867. (214 S.) 14 Ngr.
„ 51. Cymbelin. Deutsch von Jordan. (151 S.) 1/4 Thlr.

Bd. 55. Gleiches mit Gleichem von Simrock. (118 S.) 6 Ngr.
„ 61. König Richard II. von H. Viehoff. (114 S.) 6 Ngr.
„ 92. Was Ihr wollt von Frz. Dingelstedt. (110 S.) 6 Ngr.
„ 93. Wie es Euch gefällt v. Frz. Dingelstedt. (114 S.) 6 Ngr.
Eine vollständige Uebersetzung Shakespeare's. Meist recht gute Arbeiten.

**Shakespeare** dramatische Werke. Uebersetzt von Fried. Bodenstedt, Ferd. Freiligrath, Otto Gildemeister, Herm. Kurz. Nach der Textrevision und unter Mitwirkung von Nicol. Delius. Mit Einleitung u. Anmerkungen herausgeg. von Fried. Bodenstedt. 1—19. Bd. 8. Leipzig 1867—70, Brockhaus. à Bd. ⅙ Thlr.

Bd. 1. Othello der Mohr von Venedig, übersetzt von Fr. Bodenstedt. (XVI u. 140 S.)
„ 2. König Johann, übersetzt von O. Gildemeister. (XII u. 98 S.)
„ 3. Antonius und Kleopatra, übersetzt von Paul Heyse. (VIII u. 148 S.)
„ 4. Die lustigen Weiber von Windsor, übersetzt von Herm. Kurz. (XXIV u. 127 S.)
„ 5. Viel Lärmen um Nichts, übersetzt von Ad. Wilbrandt. (VIII u. 112 S.)
„ 6. Richard II., übers. von Gildemeister. (X, 105 S.)
„ 7. Macbeth übers. von Bodenstedt. (XVI, 103 S.)
„ 8. u. 9. König Heinrich IV., übers. von Gildemeister. (XXII, 252 S.)
„ 10. Romeo und Julie übers. v. Bodenstedt (XIV, 120 S.)
„ 11. Coriolanus übers. von Wilbrandt. (VIII, 144 S.)
„ 12. Timon v. Athen, übers. von P. Heyse. (VIII, 109 S.)
„ 13. König Heinrich V., übers. von Gildemeister. (XIV, 120 S.)
„ 14. Kaufmann von Venedig, übers. von Bodenstedt. (X, 98 S.)
„ 15—17. König Heinrich VI., übers. von Gildemeister. (XLII, 349 S.)
„ 18. Ein Sommernachtstraum, übers. v. Bodenstedt. (VIII, 83 S.)
„ 19. König Richard III, übers. von Gildemeister. (XXXVI, 152 S.)
Sehr gute Uebersetzungen, besonders die der historischen Stücke von Gildemeister.

**H. Ulrici,** Ueber Shakspeare's dramatische Kunst und sein Verhältniß zu Calderon und Goethe. 2. Aufl. in 2 Abth. gr. 8. (XIV, 890 S.) Leipzig 1846. 47. 3 Thlr. 22 Ngr.
Giebt einen Ueberblick über die Geschichte des englischen Drama's mit Charakteristik der Vorgänger Shakspeare's, hierauf eine Darstellung von Shakspeare's Leben und Zeitalter, welche uns vorzüglich das Verhältniß des Dichters zu seiner Zeit klar macht. Ein besonderer Abschnitt über Shakspeare's poetische Weltanschauung sucht auf eine gezwungene Weise den Dichter zu einem christlichen zu stempeln.

**G. G. Gervinus,** Shakspeare (sein Leben und seine Werke). 4 Bde. Leipzig 1850. 3. Aufl. in 2 Bdn. 1862. (XII, 1190 S.) 3 Thlr.
Ein bedeutendes Werk, das Shakspeares persönliche Verhältnisse, literargeschichtliche Bedeutung und ästhetische Würdigung ausführlich erörtert, und die einzelnen Stücke nach ihrer stofflichen Entstehung, ihrer poetischen Organisation und ihrer moralischen Tendenz betrachtet. Bei

F. **Kreyßig**, Vorlesungen über Shakespeare, seine Zeit und seine Werke. 3 Bde. 8. (XIV, 492. VII, 451. VI, 512 S.) Berlin 1858—60, Nicolai. 6 Thlr.

Populäre Vorlesungen über Shakspeare, besonders für solche Leser berechnet, die, an moderne Geistesnahrung gewöhnt und darin befangen, Schwierigkeiten zu überwinden haben, um zum Genuß shakspearischer Poesie zu gelangen. Der Verfasser tritt seit vielen Jahren manche Schüler und Schülerinnen in das Verständniß Shakspeare's eingeführt und will nun auch weiteren Kreisen als Führer dienen.

Gustav **Rümelin**, Shakspearestudien. gr. 8. (VII, 252 S.) Stuttgart 1866, Cotta. 27 Ngr.

Eine Sammlung von Aufsätzen, welche Epoche gemacht haben und in der Shakespear-Kritik eine neue Richtung vertreten. Der Verfasser tritt der einseitigen Verehrung Shakspeare's entgegen und sucht im Gegensatz zu Gervinus und Ulrici zu zeigen, daß Shakspeare kein absolutes Ideal eines dramatischen Dichters, sondern durch Zeit und Bildungsgang vielfach bedingt sei; daß er nicht in unerreichbarer Höhe einzig dastehe, sondern die Heroen unserer deutschen Literatur, Goethe und Schiller, sich sehr wohl neben ihn stellen dürfen; daß er dieselben zwar an Genie überrage, als Künstler aber hinter ihnen zurückstehe. Wenn auch der Verfasser für manchen Leser zu sehr nach Goethe'schem Maßstab mißt und durch seine hie und da schroffen Behauptungen zum Widerspruch reizt, so muß doch seine feine Kritik und sein tiefes Verständniß der Poesie jeden Unbefangenen erfreuen.

Jahrbuch der deutschen Shakespeare-Gesellschaft. Im Auftrag des Vorstandes herausgegeben von Friedr. Bodenstedt. Jahrg. 1—4. Lex. 8. (I. XX, 457. II. X, 406. III. 435. IV. 396 S.) Berlin 1865—1869, G. Reimer. à Jahrg. n. 3 Thlr.

Herm. **Kurz**, Zu Shakspeare's Leben und Schaffen. Altes und Neues. (155 S.) München 1868, Merhoff. 20 Ngr.

Enthält eine interessante Nachweisung, daß die Erwähnung eines deutschen Grafen in den „Lustigen Weibern von Windsor" sich auf die Reise des Grafen Friedrich von Würtemberg beziehe, der im Jahre 1592 sich zur Erlangung des Hosenbandordens nach London begab, woraus sich verschiedene Thatsachen zur Aufhellung dieses Stücks und dieser Zeit ergeben.

**Shakespeare**, Ein Sommernachtstraum, deutsch v. A. W. Schlegel. Mit 24 Schattenbildern (in Holzschnitten auf chines. Pap.) v. Paul Konewka, geschn. von A. Vogel. gr. 4. (V, 87 S.) Heidelberg, Bassermann. 5⅓ Thlr.

Geniale Illustrirung, die durch Anmuth und Zierlichkeit überrascht.

W. M. **Thackeray**, Englands Humoristen. Uebersetzt von A. v. Müller. gr. 12. (V, 319 S.) Hamburg 1854, Nestler u. Melle. n. 24 Ngr.

Vorlesungen für ein englisches Publikum, in welchen eine sehr lebendige Charakteristik der Hauptrepräsentanten des englischen Humors, wie Swifts, Addisons, Steeles, Smolletts, Fieldings, Sternes, Goldsmiths und Hogarths, überdieß reiches Material zur Kenntniß der literarischen und sittlichen Zustände Englands gegeben wird. Eine Fülle von Noten ergänzt den ursprünglichen Text.

**Byron**, Sämmtliche Werke. Uebersetzt von O. Gildemeister. 6 Bde. 2. Aufl. (XXVI, 1777 S.) Berlin 1866, Reimer. 4 Thlr.

Eine anerkannt treffliche Uebersetzung.

L. **Herrig**, Handbuch der nordamerikanischen Nationalliteratur. Sammlung von Musterstücken nebst einer literar=historischen Abhandlung über 'ben Entwicklungsgang der englischen Sprache u. Literatur in Nordamerika ꝛc. Lex. 8. (XI u. 434 S.) Braunschweig 1854, Westermann. n. 2½ Thlr.
<small>Gute Auswahl und eingehende Charakteristik, zur Orientirung über den Stand der nord= amerikanischen Literatur sehr dienlich. Das einzige Buch dieser Art. Natürlich mehr im literar= geschichtlichen Interesse bearbeitet, als für Unterrichtszwecke.</small>

## Französische Literatur.

Karl W. E. **Mager**, Versuch einer Geschichte und Charakteristik der fran= zösischen Nationalliteratur, nebst zahlreichen Schriftproben. 5 Bde. (oder 6 Thle.) gr. 8. Wismar u. Berlin. 12 Thlr.

    Bd. 1. Die französische Literatur vom Anfange des 12. Jahrh. bis gegen Ende des 18. Jahrh. Wismar (Hamburg) 1834, (Per= thes, Besser u. Mauke.) 2 Thlr.

   „  2. 3. (ob. 3 Abthlgn.) Auch u. b. Tit.: Geschichte der französi= schen Nationalliteratur neuerer und neuester Zeit 1789— 1837. 2 Bde. (4 Abthlgn.) Berlin 1837—38, Heymann. 6 Thlr.

   „  4. 5. (ob. 3 Abthlgn.) Auch u. b. Tit.: Tableau anthologique de la litérature française contemporaine. II. Tom. gr. 8. Berlin 1837—38, ebendas. 4 Thlr.

<small>Der erste Band (der ohne Angabe des Verf. erschien) giebt neben gut gewählten Schrift= proben objective Notizen über Persönlichkeit, Werke und Richtung der behandelten Schriftsteller. Die folgenden Bände enthalten mehr allgemeine Schilderung der literarischen Zustände, ver= bunden mit Charakterbildern, in geistreicher Manier ausgeführt. Anziehende lebendige Darstel= lung, oft im Einzelnen sehr treffend, zuweilen aber auch Reflexion an die Stelle objectiver Be= lehrung setzend. Für die neuere französische Literatur nun durch Jul. Schmidt übertroffen und ersetzt. Die zwei letzten Bände enthalten eine gut ausgewählte Anthologie.</small>

L. **Herrig** u. G. F. **Burguy**, La France litéraire. Morceaux choisis de litérature française. (Handbuch der französischen Nationalliteratur.) gr. 8. (XI u. 697 S.) Braunschweig 1856, 4. Aufl. 1860. Wester= mann. n. 1½ Thlr.
<small>Beispielsammlung mit Anmerkungen und biographischen Notizen, in ähnlicher Weise be= handelt wie desselben Verfassers Handbuch der englischen Literatur.</small>

Julian **Schmidt**, Geschichte der französischen Literatur seit der Revolution 1789. 2 Bde. gr. 8. (IV, 476 u. 630 S.) Leipzig 1858, Herbig. n. 5 Thlr. 18 Ngr.
<small>Eine mit Geist und umfassender Kenntniß des Gegenstandes ausgeführte Arbeit, welche ihre Aufgabe namentlich auch dadurch glücklich löst, daß sie die Literatur in ihrem Zusammen= hang mit den politischen Ereignissen und Bestrebungen auffaßt.</small>

Fr. **Kreyßig**, Geschichte der französischen Nationalliteratur von ihren An= fängen bis auf die neueste Zeit. Dritte verb. Aufl. gr. 8. (XII, 530 S.) Berlin 1867, Nicolai's Verlag. 1½ Thlr.
<small>Zunächst ein Buch für die Schule, aber auch Jedem, der sich für die französische Literatur interessirt, zur Orientirung zu empfehlen.</small>

**Fr. Kreyßig**, Studien zur französischen Cultur- und Literaturgeschichte. br. 8. (III u. 528 S.) Berlin 1865, Nicolai's Verlag. 2½ Thlr.
Inhalt: Béranger. Scribe. Joseph de Maistre und Lammenais. Chauteaubriand. Frau v. Staël. Guizot. Lamartine. George Sand. Victor Hugo. Louis Napoleon.
Gewährt einen Einblick in die Wechselwirkungen zwischen der literarischen und nationalen Entwicklung. Besonders eingehende Charakteristik Napoleons III. als Schriftsteller.

**Herm. Semmig**, Geschichte der französischen Literatur im Mittelalter nebst ihren Beziehungen auf die Gegenwart. gr. 8. (XVI u. 376 S.) Leipzig 1862, O. Wigand. n. 2 Thlr.
Wenn diese Schrift auch keineswegs den wissenschaftlichen Anforderungen genügt, so verdient sie in literarischen Kreisen Beachtung, da sie mit Geist geschrieben ist und manche interessante Beziehung bespricht. Die erste Abtheilung handelt von der keltischen Sprache und Literatur und von den Einflüssen, welche römische und germanische Eroberung und das Christenthum auf Ausbildung der französischen Nationalität hatten. Die zweite Abtheilung handelt von dem französischen Epos in dem karol. Sagenkreis, der Artussage, dem Roman von der Rose, den Troubadours und ihrer Poesie.

**Adolf Ebert**, Entwicklungsgeschichte der französischen Tragödie, vornehmlich im 16. Jahrhundert. gr. 8. (XII u. 234 S.) Gotha 1856, F. u. A. Perthes. n. 1⅓ Thlr.
Eine sehr tüchtige Arbeit, mehr im historischen als im ästhetischen Interesse unternommen. Beginnt mit den Anfängen der französischen Tragödie im Mittelalter und verfolgt sie bis zu ihrer festeren Gestaltung durch Corneille.

**Karl Rosenkranz**, Diderot's Leben und Werke. 2 Bde. gr. 8. (I. XXVI, 371. II. VII, 431 S.) Leipzig 1866, Brockhaus. n. 5 Thlr.
Ein Stück französischer Literatur- und Gesellschaftsgeschichte, sammt einer eingehenden Besprechung sämmtlicher Werke Diderots. Mit Geist aber nachlässig geschrieben.

**Molières** Lustspiele, übersetzt von Wolf, Graf v. Baudissin. 3 Bde. gr. 8. (I. LVI, 500. II. XLIII, 496. III. XXIX, 528 S.) Leipzig 1865—66, Hirzel. à Bd. 1½ Thlr.
Eine sehr gute Uebersetzung mit kritisch-ästhetischen Einleitungen.

## Italienische Literatur.

**E. Ruth**, Geschichte der italienischen Poesie. 2 Thle. gr. 8. Leipzig 1844 und 1847, Brockhaus. 6 Thlr.
Ist mit Mitteln gründlicher Studien und mit vieler Liebe zur Sache behandelt, besonders der Abschnitt über Dante von eigenthümlichem Werth. Da das Werk ursprünglich auf 4 Bände berechnet war und nachher in 2 zusammengezogen werden mußte, so ist die Einleitung und die Geschichte der älteren Periode unverhältnißmäßig ausführlich ausgefallen und schon mit dem 16. Jahrh. geschlossen. Die Auffassung des Gegenstandes ist eine psychologische, indem die Entwicklung der italienischen Poesie auf eine Charakteristik des italienischen Volkes gegründet wird. Die besonders in der Einleitung gegebenen Erörterungen über mittelalterliche Zustände in Italien lassen die etwas oberflächlich rationalistischen Ansichten der benützten italienischen und französischen Historiker des vorigen Jahrhunderts durchblicken.

**Adolf Ebert**, Handbuch der italienischen Nationalliteratur rc. gr. 8. (XVI u. 575 S.) Marburg 1854, Elwert. 2⅔ Thlr.
Eine Chrestomathie mit Einleitungen und Uebersichten; ein italienischer Wackernagel; gute Auswahl.

**Dante Alighieri**, Göttliche Komödie. Uebers. u. erläut. von K. Streckfuß. 8. Aufl. (487 S.) Braunschweig 1867, Schwetschke u. Sohn. 2 Thlr.

—— Göttliche Komödie. Uebersetzt von Karl Witte. 16. (728 S. mit photogr. Porträt.) Berlin 1865, Decker. 1¼ Thlr.

—— —— Ausgabe in gr. 8. (728 S. mit photogr. Porträt.) Ebendas. 3 Thlr.

—— Göttliche Komödie. Metrisch übertragen und mit kritischen und historischen Erläuterungen versehen von Philalethes (König Johann von Sachsen). Neue Ausgabe in 3 Theilen, nebst Porträt Dante's. 2 Kupfer, 3 Karten und 4 Grundrissen der Hölle. Lex. 8. (I. X, 274. II. VIII, 312. III. XIII, 398 S.) Leipzig 1865—66, Teubner. n. 8⅓ Thlr.

—— Dasselbe. 3 Bde. (VIII, 301. VIII, 344. XI, 447 S.) Ebendas. 1868. 3 Thlr.

—— Die göttliche Komödie. Uebersetzt und erläutert von L. G. Blanc. Mit dem Bildniß Dantes von Jul. Thäter. (VIII, 502 S.) Halle 1864, Buchhandlung d. Waisenh. 1 Thlr. 20 Ngr.

<sub>Diese Uebersetzungen gelten für ausgezeichnete Arbeiten und sind das Ergebniß von den Studien eines ganzen Menschenalters. Die am angenehmsten zu lesende ist die von König Johann, welche auch am reichsten mit Erklärungen ausgestattet ist.</sub>

**Friedrich Notter**, Dante Alighieri. Sechs Vorträge über Dante. — Dante. Ein Romanzenkranz. Lex. 8. (XVI u. 223. 104 S.) Stuttgart 1861, Schweizerbart. n. 1⅔ Thlr.

<sub>Ein vollständiger populärer Commentar der göttlichen Komödie, theilweise mit eigenen Deutungsversuchen und besonderer Berücksichtigung der geschichtlichen und nationalen Beziehungen des Gedichtes und Dichters. Der beigegebene poetische Darstellung der Hauptmomente aus Dantes Leben und nicht nur ein gelegentliches Anhängsel, sondern eine Dichtung von selbstständigem Werth.</sub>

—— Die zwei ersten Gesänge von Dantes Hölle. Uebersetzt u. besprochen. (151 S.) Stuttgart 1869, Schober.

<sub>Proben einer sehr guten Uebersetzung mit Aufhellung schwieriger Stellen. Notter befaßt sich hauptsächlich mit den Ausgangs- und Angelpunkten der Allegorie, giebt fremde und eigene Ansichten über die Scenerie, die drei Thiere, die Antrittszeit der Wanderung u. s. w. und erörtert den Grundgedanken der Dichtung und ihre Beziehung zu Beatrice.</sub>

**Reinhold Köhler**, Dante Alighieri's göttliche Komödie und ihre deutschen Uebersetzungen. Der fünfte Gesang der Hölle in 22 Uebersetzungen seit 1763—1865. (VIII, 176 S.) Weimar 1865, Böhlau. ⅚ Thlr.

**Karl Witte**, Danteforschungen. (XVI, 509 S.) Halle 1869, E. Barthel. 4⅔ Thlr.

<sub>Eine Sammlung der verschiedenen Arbeiten, welche der berühmteste deutsche Dante-Erklärer seit etwa 50 Jahren ausgeführt und in verschiedenen Zeitschriften veröffentlicht hat.</sub>

**F. Chr. Schlosser**, Dante. Studien. 8. (VIII u. 333 S.) Leipzig 1855, C. F. Winter. n. 1⅓ Thlr.

<sub>Gehört zu dem besten, was wir über Dante besitzen. Durchaus mit jugendlicher Begeisterung geschrieben. Edler Stil, voll sittlichen Ernstes.</sub>

Hartw. **Floto**, Dante Alighieri, sein Leben u. seine Werke. 8. (VIII u. 200 S.) Stuttgart 1858, Besser. 27 Ngr.
> Zwei Vorträge vor einem gemischten Zuhörerkreis, von denen der eine die Lebensgeschichte Dantes, der andere seine Werke behandelt. Ist unter den vielen Schriften über Dante am meisten geeignet, auch solche, die noch wenig von ihm wissen, über ihn zu unterrichten, und liest sich sehr angenehm.

Franz X. **Wegele, Dante's Leben und Werke. Culturgeschichtlich dargestellt.** gr. 8. 29½ B. Jena 1852. 2 Thlr. 8 Ngr.
> Hat sich die Aufgabe gestellt, die Dichtungen Dantes als eine rein historische Erscheinung zu begreifen, etwa in der Art, wie Schlosser sie auffaßt. Die mit vielfachen Reflexionen unterbrochene Darstellung des geschichtlichen Stoffes liest sich gut.

Joh. Andr. **Scartazzini**, Dante Alighieri. Seine Zeit, sein Leben und seine Werke. (XIV, 542 S.) Biel 1869, K. F. Steinheil. 2 Thlr. 10 Ngr.
> Ein Führer zum Studium Dantes, nicht für Specialisten, sondern für solche, die aus allgemeinem Bildungsinteresse Dante näher kennen lernen wollen.

Torquato **Tasso**, Befreites Jerusalem. Uebers. von J. D. Gries. 2 Thle. 12. Aufl. Berlin 1865, Weidmann. ⅔ Thlr.
> Anerkannt die beste Uebersetzung Tasso's.

**Jahrbuch der deutschen Dantegesellschaft.** Jahrg. 1. 2. (V, 410 S. VIII, 446 S.) Leipzig 1867—1869, Brockhaus. à 3 Thlr.
> Eine ähnliche Sammlung zur Danteerklärung wie das Shakspeare-Jahrbuch zur Shakspeareerklärung.

**Ariosto**, Rasender Roland. Uebers. von J. D. Gries. 3. Aufl. 5 Bde. Leipzig 1844—45, Weidmann. 2½ Thlr.

**Bibliothek der italien. Classiker.** Stuttgart 1855, Rieger à Bd. 12 Ngr.

**Boccaccio's Romane u. Novellen.** Ins Deutsche übersetzt von G. Diezel. 2. Aufl. 4 Thle. 2 Thlr.

**Ariosts rasender Roland**, übers. von Herm. Kurz. 3 Thle.

**Dante göttl. Komödie.** Uebers. von Bernh. v. Guseck.

**Torqu. Tasso, befreites Jerusalem.** übers. von F. M. Duttenhofer.
> Gute Uebersetzungen.

## Spanische Literatur.

George **Ticknor**, Geschichte der schönen Literatur in Spanien. Deutsch mit Zusätzen von N. H. Julius. 2 Bde. gr. 8. (XLII, 1557 S.) Leipzig 1852. 9 Thlr.
> Eine sehr gute Geschichte der spanischen Literatur, die an Vollständigkeit und Gründlichkeit alle bisherigen Darstellungen übertrifft und den Stoff mit poetischem Verständniß behandelt. Die deutsche Ausgabe des ursprünglich von einem Amerikaner englisch geschriebenen Werkes ist nicht bloß Uebersetzung, sondern eine wesentlich vervollständigte Bearbeitung, zu welcher außer dem Herausgeber auch Ferd. Wolf, der bewährte Kenner der spanischen Literatur, Beiträge geliefert hat.

—— Supplementband, enthaltend die Berichtigungen u. Zusätze der 3. Aufl. des Originals vom Jahre 1864. Ausgezogen u. übersetzt von Ad. Wolf. (VIII, 264 S.) Leipzig 1867, Brockhaus. 1½ Thlr.

Ludwig **Lemcke**, Handbuch der spanischen Literatur. Auswahl von Musterstücken aus den Werken der klassischen spanischen Prosaisten und Dichter, von den ältesten Zeiten bis auf die Gegenwart. Mit biographisch-literarischen Einleitungen. 3 Bde. gr. 8. Leipzig 1855—56, F. Fleischer.
1. Prosa. gr. 8. (XVI u. 720 S.) 2½ Thlr.
2. Poesie. gr. 8. (XII u. 788 S.) 3 Thlr.
3. Drama. gr. 8. (VIII u. 760 S.) 1856. 3 Thlr.

*Eine reiche und mit Geschmack getroffene Auswahl aus den Schätzen der span. Literatur.*

Ad. Fr. v. **Schack**, Geschichte der dramatischen Literatur u. Kunst in Spanien. 3 Bde. Berlin 1846. 8½ Thlr. 2. Ausg. 3 Bde. gr. 8. (Frankfurt a. M., J. Bär.) n. 4⅔ Thlr.

*Die erste vollständige Geschichte der so reichen dramatischen Literatur Spaniens. Aesthetische und literar-historische Würdigung der Dichter und ihrer einzelnen Werke.*

Fr. Wilh. Val. **Schmidt**, Die Schauspiele Calderon's dargestellt u. erläutert. Aus gedruckten u. ungedruckten Papieren des Verfassers zusammengesetzt, ergänzt und herausgeg. von Leop. Schmidt. gr. 8. (XXXV u. 543 S.) Elberfeld 1857, Friderichs. n. 3 Thlr.

*Werk eines gründlichen Kenners der spanischen Literatur. Der Hauptwerth dieser Arbeit beruht darauf, daß sie eine sorgfältige Analyse sämmtlicher dramatischer Stücke Calderon's giebt und dem Leser dadurch möglich macht, den Dichter gründlich zu lernen.*

Leop. **Schmidt**, Ueber die vier bedeutendsten Dramatiker der Spanier, Lope de Vega, Tirso de Molina, Alarcon u. Calderon. Ein Vortrag. 8. (24 S.) Bonn 1858, Marcus. n. 4 Ngr.

*Eine willkommene Zugabe zu dem Vorigen.*

Pedro **Calderon de la Barca**, Schauspiele. Uebers. von J. D. Gries. 9 Bde. 3. Aufl. Berlin 1862, Nicolai. 6 Thlr.

Miguel de **Cervantes Saavedra**, Leben und Thaten des Edlen Don Quixote de la Mancha. Uebersetzt von Ludwig Tieck. Mit 376 Illustrationen von G. Doré. 2 Bde. (VIII, 359 u. VIII, 431 S.) Berlin 1866—68, Sacco, Nachfolger. 15 Thlr. 10 Ngr.

*Die Illustrationen sind das erste Hauptwerk des genialen Künstlers, für welches er in Spanien selbst besondere Studien gemacht, deren Nachklang sich auch durch seine späteren Schöpfungen durchzieht. Die Hauptstärke Dorés liegt wohl in der Darstellung des Pittoresk-bizarren, deßhalb brachte auch hier die Anlehnung an das Phantastische des Cervantes seine Natur zur wahrsten Entfaltung.*

—— Tiecks Uebers. 3. Aufl. 2 Thle. Berlin 1852, Hofmann. 20 Ngr.

Miguel de **Cervantes**, Sämmtliche Romane u. Novellen. Aus dem Spanischen übersetzt von Adelb. v. Keller u. Fried. Notter. 12 Bde. Stuttgart 1839—42, Metzler. 4½ Thlr. 2. Aufl. 1851. 2 Thlr.

*Die Uebersetzung von Tieck ist sehr angenehm zu lesen und giebt den Geist des Originals mit poetischem Verständniß wieder, die von Keller und Notter dagegen ist sprachlich richtiger und treuer, und umfaßt außer dem Don Quixote auch die andern Novellen von Cervantes. Letztere Mädchen nicht in die Hand zu geben.*

Luis de **Camoens**, Die Lusiaden. Deutsch in der Versart der Urschrift von J. J. C. Donner. 3. verb. Aufl. (XV, 410 S.) Leipzig 1869, Reisland. 1 Thlr. 10 Ngr.

## Skandinavische Literatur.

Die ältere und jüngere Edda nebst den mythischen Erzählungen der Skalda, übersetzt u. mit Erläuterungen begleitet von K. Simrock. 3. verm. und erb. Auflage. (VIII, 514 S.) Stuttgart 1864, Cotta. 2 Thlr.
<small>Eine gute Uebersetzung der wichtigsten skandinavischen Heldengedichte, die zugleich die Hauptquellen für die germanische Mythologie sind. Da der Uebersetzer viele sachliche Erläuterungen beigefügt hat, so kann dieses Werk zugleich als ein populäres Handbuch der deutschen Mythologie gelten.</small>

Schwedische Volkslieder der Vorzeit. Aus der Sammlung von E. G. Geijer u. A. A. Afzelius. Im Versmaß des Originals übertragen von R. Warrens. Mit einem Vorwort von Ferd. Wolf. Nebst 49 Melodien. 8. (XLII u. 349 S.) Leipzig 1857, Brockhaus. n. 2 Thlr.

Dänische Volkslieder der Vorzeit. Aus der Sammlung von Svend Grundtvig. Im Versmaß des Originals übertragen von Rosa Warrens. Mit einer Einleitung vom Herausgeber des Originals, und Erläuterungen. 8. (XXXVIII u. 298 S.) Hamburg 1858, Hoffmann und Campe. 1½ Thlr.
<small>Beides geschmackvolle Auswahl und gute Uebersetzung, mit sachkundigen Erläuterungen.</small>

O. P. Sturzenbecher, Die neuere schwedische Literatur. Aus dem Dänischen übersetzt. 8. (179 S.) Leipzig 1850, Weber. n. ⅚ Thlr.
<small>Der Verfasser, ein schwedischer Dichter, hat im Winter 1845—46 in Kopenhagen Vorlesungen über schwedische Literatur des 19. Jahrhunderts gehalten. Diese, später im Druck erschienen, sind das Original des genannten Büchleins, das sich auf die schöne Literatur beschränkt und die bedeutendsten Dichter, wie Atterboom, Tegnér, Almquist, eingehend bespricht. Leichte geistreiche Skizzen, übersichtlich und geschickt angelegt, um sich über das Gebiet der schwedischen Literatur zu orientiren.</small>

Esaias Tegnér, Die Frithjofssage. Mit den Abendmahlskindern. Uebers. v. K. Simrock. (204 S.) Stuttgart 1863, Cotta. 1 Thlr. 12 Ngr.

—— Kleinere Gedichte in einer Auswahl. Aus dem Schwed. von Gustav Zeller. (VIII, 358 S.) Stuttgart 1862, Schweizerbart. 28 Ngr.

R. Prutz, Ludwig Holberg, sein Leben u. seine Schriften. Nebst einer Auswahl seiner Komödien. gr. 8. (XI u. 613 S.) Stuttgart 1857, Cotta. 3 Thlr.
<small>Die erste Hälfte des Buchs enthält eine Lebensbeschreibung und Darstellung der schriftstellerischen Thätigkeit Holberg's mit Rückblicken auf die dänische Literaturgeschichte. Hierauf folgt die gelungene Uebersetzung von sechs Komödien Holberg's.</small>

## Slavische Literatur.

Adam Mickiewicz, Vorlesungen über slavische Literatur und Zustände. Gehalten im Collége de France 1840—44. Deutsch von Siegfried. 4 Bde. (XXX, 652. XIV, 448. XXVIII, 358. XXII, 612 S.) Leipzig 1842—47, Neue Titelausgabe 1849, Brockhaus. 4 Thlr.
<small>Eine geistreiche Improvisation, welche durch Originalität und Rhetorik Eindruck macht, aber das wissenschaftliche Bedürfniß nur ungenügend befriedigt. Jedoch zur Uebersicht dienlich, als das einzige Werk, das die ganze politische und literarische Vergangenheit der Slaven bis zu</small>

Ende des vorigen Jahrhunderts umfaßt. Die vorherrschende Tendenz ist, den Slaven ein weltgeschichtliche Mission zu vindiciren, von welcher eine geistige Erhebung der Menschheit und eine neue christliche Weltordnung ausgehen soll.

**Talvj**, Uebersichtliches Handbuch einer Geschichte der slavischen Sprachen und Literatur. Nebst einer Skizze ihrer Volkspoesie. Mit Vorrede von Edw. Robinson. Deutsche Ausgabe, übertragen und bevorwortet von B. K. Brühl. gr. 8. 22⅝ B. Leipzig 1852. 1 Thlr. 20 Ngr.
    Eine treffliche Uebersicht der slavischen Nationalliteratur, die nicht nur literar-historischen Werth hat, sondern auch eine genußreiche Lektüre bietet. Die Uebersetzung ist im Ganzen richtig, nur ist es ein großer Uebelstand, daß die slavischen Namen und Büchertitel mit der nur für Engländer berechneten Orthographie aufgenommen sind.

**Alexander Puschkin**, Poetische Werke. Aus dem Russischen übersetzt von Fried. Bodenstedt. 3 Bde. Berlin 1854—55, Decker. 4 Thlr. 15 Ngr.
    1. Gedichte. (XII, 318 S.) 2. Eugen Onägin. Roman in Versen. (312 S.) 3. Dramatische Werke. (328 S.)
    Gute Uebersetzung des bedeutendsten russischen Dichters.

## Indische Literatur.

**Kalidasa**, Sakuntala oder der Erkennungsring. Ein indisches Drama. Aus dem Sanskrit übersetzt von Bernh. Hirzel. Zürich 1833. 2. Ausgabe. (XXIV, 155 S.) Zürich 1849, Orell u. Füßli. 1⅓ Thlr.

—— Sakuntala. Uebersetzt u. erläutert von E. Meier. (XXII, 244 S.) Stuttgart 1852, Metzler. 1 Thlr.

—— Sakuntala. Metrisch bearbeitet von Ed. Lobedanz. (XIV, 115 S.) Leipzig 1861. 2. Aufl. 1867, Brockhaus. 20 Ngr.
    Das berühmteste indische Gedicht.

—— Urwasi oder der Preis der Tapferkeit. Ein indisches Schauspiel. Aus dem Sanskrit übers. von K. G. A. Höfer. Berlin 1837, Ende. ⅚ Thlr.

—— Dasselbe von Bernh. Hirzel metrisch übersetzt. Frauenfeld 1838, Beyel. ¾ Thlr.

—— Herausgeg., übers. u. erläutert von F. Bollensen. St. Petersburg 1846. Leipzig Voß. 5 Thlr.

—— Deutsch von Ed. Lobedanz. Leipzig 1861, Brockhaus. 20 Ngr.

—— Meghadûta oder der Wolkenbote, eine altindische Elegie, dem Kalidasa nachgedichtet und mit Anmerkungen begleitet von Max Müller. (XXII, 79 S.) Königsberg 1847, Samter. ¾ Thlr.

**Nal u. Damajanti.** Ein indisches Epos ins Deutsche übers. von E. Meier. (XVI, 223 S.) Stuttgart 1847, Metzler. 1 Thlr.

—— Eine indische Geschichte, deutsch von Fried. Rückert. (295 S.) 4. Aufl. Frankfurt 1862, Sauerländer. 1 Thlr. 15 Ngr.

**Pantschatantra:** Fünf Bücher indischer Fabeln, Märchen u. Erzählungen. Aus dem Sanskrit übersetzt mit Einleitung u. Anmerkungen von Theod.

Benfey. 2 Bde. gr. 8, (XLIII, 611, VIII, 556 S.) Leipzig 1859, Brockhaus. n. 8 Thlr.
: Das älteste und wichtigste Fabelwerk der Inder, und die Grundlage der meisten Fabeln und Märchen des Orients sowie Europas.

Otto **Böhtlingk**, Indische Sprüche. Sanskrit u. Deutsch. 2 Thle. Lex. 8. (1.: X u. 344, 2.: VI u. 371 S.) St. Petersburg. (Leipzig 1864, L. Voß.) n. 3 Thlr.
: Eine reiche sorgfältig redigirte Sammlung und wörtlich getreue Uebersetzung von Sprüchen indischer Lebensweisheit.

## Arabische Literatur.

**Theodor Nöldeke**, Geschichte des Korans. Ein von der Pariser Académie des inscriptions gekrönte Preisschrift. (XXXII, 358 S.) Göttingen 1860, Dietrich. 2 Thlr.
: Eine gute Darlegung der Entstehungsgeschichte, der Quellen und des Inhalts der muhamedanischen Religionsurkunde.

Tausend und Eine Nacht. Arabische Erzählung. Zum erstenmale aus dem Urtext vollständig und treu übersetzt von Gustav Weil. 3. vollständig umgearbeitete, mit Anmerkungen u. einer Einleitung versehene Auflage. Mit Illustr. in Holzschnitt. 4 Bde. (411. 432. 448. 370 S.) Stuttgart 1866—67, Rieger. 4 Thlr.
: Ebenso getreue als angenehme Uebersetzung dieses Volksbuchs, empfiehlt sich besonders auch durch große Wohlfeilheit. Die Auswahl der Illustrationen gegenüber von den früheren Ausgaben zeugt von Geschmack.

**Hariri**, Die Verwandlungen des Abu Seid von Serug oder die Makamen des Hariri in deutscher Sprache von Friedrich Rückert. 4. Auflage. (XIV, 332 S.) Stuttgart 1864, Cotta. 1 Thlr. 24 Ngr.

S. J. **Kämpf**, Nichtandalusische Poesie andalusischer Dichter aus dem 11., 12. u. 13. Jahrhundert. 2 Bde. Prag 1858, Bellmann. 2 Thlr. 10 Ngr.
: Eine Sammlung von Text und Uebersetzungen hebräischer Dichtungen andalusischer Juden, worunter besonders ein rivalisirendes Gegenstück zu Hariri's Makamen in Bd. 2: Zehn Makamen aus dem Tachkemoni oder Diwan des Charisi, Proben aus Jehuda Hallewi u. s. w.

Adolf Friedr. v. **Schack**, Poesie und Kunst der Araber in Spanien und Sicilien. 2 Bde. 8. (I. XIII u. 348. II. III u. 385 S.) Berlin 1865, Hertz. 3 Thlr.
: Ein mit gründlicher Sachkenntniß und Geschmack geschriebenes Buch, das einen weiten Leserkreis verdient.

## Persische Literatur.

**Firdusi** Heldensagen. Zum erstenmale metrisch aus dem Persischen übers. nebst einer Einleitung in das iranische Epos von Ad. Fr. Schack. (VIII, 537 S.) Berlin 1851. 2. Aufl. 1865. (VII, 439 S.) Hertz. 2½ Thlr.

—— Eine persische Liebesgeschichte, v. A. F. Schack. (IV, 130 S.) Berlin 1851. 21 Ngr.

—— Epische Dichtungen aus dem Persischen von A. F. Schack. 2 Bde. (XXV, 363. 448 S.) Berlin 1853, Hertz. 3 Thlr. 20 Ngr.

Klüpfel, Literarischer Wegweiser. 26

# Kunst.

## Kunstgeschichte und Allgemeines.

Mor. **Carrière**, Die Kunst im Zusammenhang der Culturentwicklung u. die Ideale der Menschheit. 3 Bde. Leipzig 1863—68, Brockhaus. 10 Thlr. 10 Ngr.
   1. Bd. Die Anfänge der Cultur und das orientalische Alterthum in Religion, Dichtung u. Kunst. Ein Beitrag zur Geschichte des menschl. Geistes. gr. 8. (XXI u. 569 S.) 1863. n. 3 Thlr.
   2. Bd. Hellas und Rom in Religion u. Weisheit, Dichtung u. Kunst. (XVI, 612 S.) 1866. 3 Thlr.
   3. Bd. 1. Mittelalter. Das christliche Alterthum und der Islam. (XIII, 302 S.) 1866. 1 Thlr. 20 Ngr.
      2. Das europäische Mittelalter in Dichtung, Kunst u. Wissenschaft. (XV, 533 S.) 1868. 2 Thlr. 20 Ngr.

    Der Verfasser wollte ursprünglich als Ergänzung zu seiner Aesthetik eine Philosophie der Kunstgeschichte schreiben. Seine Studien darüber führten ihn aber zu einer mehr ins Einzelne gehenden Bearbeitung des geschichtlichen Stoffes, und so entstand das vorliegende Werk, welches eine ausführliche Culturgeschichte mit Berücksichtigung der Kunst und Religion geworden ist. Dasselbe enthält einen ungemeinen Reichthum von kunstgeschichtlichen Materialien, Schilderung der verschiedenen Richtungen des geistigen Lebens der Menschheit und philosophische Betrachtungen darüber, wobei oft auch eigenthümliche Gesichtspunkte und Ideen aufgestellt werden. Das Vielerlei des Inhalts macht das Werk geeignet für weitere Kreise, giebt aber den Eindruck eines unruhigen Herumschweifens, das den Leser ermüdet. Der Verfasser hat unstreitig das grosse Verdienst, die umfassendste Culturgeschichte damit gegeben zu haben, und es ist zu wünschen, dass er seine Darstellung bis auf die Neuzeit ausdehnt.

Franz **Kugler**, Handb. der Kunstgeschichte. 1. Aufl. 1842. 4. Aufl. bearb. von W. Lübke. (XVI, 580. XXIII, 604 S.) Stuttgart 1861, Ebner u. Seubert. n. 7 Thlr. 10 Ngr.

    Das erste grössere Werk, welches das Ganze der Kunstgeschichte nach reichen Forschungen und eigener Anschauung in geschmackvoller Form darbietet. Gute Hervorhebung der einzelnen Richtungen und Wendepunkte der Kunst, mit genauer Beschreibung des Einzelnen.

**Denkmäler der Kunst**, zur Uebersicht ihres Entwicklungsganges von den ersten künstlerischen Versuchen bis zu den Standpunkten der Gegenwart. Begonnen v. Voit. Fortgeführt u. vollendet von E. Guhl, Jos. Casper, u. Wilh. Lübke. 2 Bde. 152 Kpfrt., 4 Chromolithogr. u. 538 S. Text in gr. 8. u. 8 S. in Fol. Stuttgart 1857—58, Ebner u. Seubert. 38 Thlr. 12 Ngr.

    Atlas zu Kuglers Kunstgeschichte, welche beständig auf diese Tafeln verweist, die ein reiches Material in möglichst gedrängter Form geben.

**Denkmäler der Kunst**. Zur Uebersicht ihres Entwicklungsganges der bildenden Künste von den frühesten Werken bis auf die neueste Zeit. Volksausgabe auf Grund des grösseren Werkes bearbeitet v. W. Lübke. (IV, 56 S. Fol. Text. 66 Kupfertafeln.) Stuttgart 1863—64, Ebner u. Seubert. 7 Thlr. 6 Ngr.

Supplem. dazu: Kunst der Neuzeit. (III, 26 S. Text u. 23 Tafeln.) Ebendas. 1868. 3 Thlr. 6 Ngr.
*Ein Auszug, der das Wichtigste auswählt.*

**Franz Kugler**, Kleine Schriften und Studien zur Kunstgeschichte. Mit Illustrationen und anderen artistischen Beilagen. 3 Bde. (I. XII u. 385 S. u. 1 lithogr. Taf. II. 740 S. III. 816 S. mit 3 Steintaf.) Stuttgart 1853—54, Ebner u. Seubert. n. 18 Thlr.
*Bildet eine Ergänzung zu Kuglers Kunstgeschichte, indem es einzelne Punkte, die wissenschaftlicher Untersuchung bedürfen, ausführlicher erörtert, und über die Persönlichkeiten der Meister Nachrichten giebt. Journalaufsätze und andere bisher ungedruckte Arbeiten. Ein gründliches Register erleichtert den Gebrauch.*

**K. Schnaase**, Geschichte der bildenden Künste. 1. Bd: Orient. 2. Bd.: Griechen u. Römer. 3. Bd.: Geschichte der bildenden Künste im Mittelalter. Altchristliche und muhamedanische Kunst. 4. u. 5. Bd.: I. Abth. 1. 2. Hälfte Mittelalter. 6. Bd.: Die Spätzeit des Mittelalters bis zur Blüthe der Eyckischen Schule. 1861. 7. Bd.: Das Mittelalter Italiens 13. Jahrh. 1864. gr. 8. Düsseldorf 1843—64. Buddeus Verl. n. 35 Thlr.

—— Niederländische Briefe. gr. 8. (XII, 539 S.) Stuttg. 1833, Cotta. 2½ Thlr.
*Eine geschichtsphilosophische Auffassung der Kunst, die es sich zur Aufgabe macht, die jedesmalige künstlerische Richtung als Ausdruck der physischen und geistigen, sittlichen und intellectuellen Eigenthümlichkeit der Völker u. Zeiten zu begreifen. Bewundernswerthe Klarheit in Beschreibung einzelner Kunstwerke u. classische Schönheit des Stils. Besonders die Niederländischen Briefe, durch welche der Verf. seinen Ruf als Kunsthistoriker begründete, äußerst anziehend.*

—— Geschichte der bildenden Künste. 2. verb. Aufl. 1. Bd. gr. 8. (XIV u. 492 S.) 2. Bd. (XII u. 428 S.) Bearb. unter Mitwirkung des Verf. und Carl von Lützow und Karl Friederichs. Düsseldorf 1866, u. 67. 3. Bd. (XXI, 688 S.) Altchristliche, byzantinische, mahomedanische u. karolingische Kunst. Bearbeitet vom Verf. unter Mitwirkung von J. Rud. Rahn. Düsseldorf 1869, Buddeus. n. 7 Thlr.
*Eine mit neuem Material bereicherte Bearbeitung des ursprünglichen Werkes. Die Herausgeber haben sich in Auffassung und Ausdrucksweise ganz dem Verfasser angeschlossen. Ganz neu hinzugefügt ist im ersten Bande der Abschnitt über assyrische Kunst.*

**Wilh. Lübke**, Grundriß der Kunstgeschichte. 4. Aufl. Mit 400 Holzschnittillustr. (XX, 775 S.) Stuttgart 1868, Ebner u. Seubert. 3⅔ Thlr.
*Eine sehr gute übersichtliche Darstellung der Kunstgeschichte. Da die Hauptwerke beschrieben werden, eignet sich das Buch besonders auch für solche, die zur Vorbereitung der Besichtigung von Gallerieen und Museen eine Anleitung brauchen.*

—— Kunsthistorische Studien. (VIII, 526 S.) Ebend. 1869. 2 Thlr.
*Michelangelo. 1862. Titian. 1861. Die Frauen in der Kunstgeschichte. 1862. Der gothische Stil und die Nationalitäten. 1861. Eine Reise in Mecklenburg. 1852. Die alten Öfen in der Schweiz. 1865. Paolo Veronese. 1862. Die alten Glasgemälde der Schweiz. 1866. Die moderne Berliner Plastik. 1858. Cornelius. 1867.*

**Hermann Riegel**, Grundriß der bildenden Künste. Eine allgemeine Kunstlehre. Mit 34 Holzschnitten. 2. Aufl. (XX, 320 S.) Hannover 1869, Rümpler. 2 Thlr. 7½ Ngr.
*Zum Studium der Kunstschüler sehr empfehlenswerth.*

Giorgio **Vasari**, (Uebersetzung.) Leben der ausgezeichnetsten Maler, Bildhauer und Baumeister, von Cimabue bis zum Jahr 1567. Aus dem Italienischen. Mit einer Bearbeitung sämmtlicher Anmerkungen der früheren Herausgeber, sowie mit eigenen Berichtigungen und Nachweisungen begleitet von Ludwig Schorn, nach dessen Tode von Ernst Förster. 6 Bde. gr. 8. Stuttgart 1832—49, Cotta. 17²/₃ Thlr.
<sub>Hauptwerk voll reichen Materials für die Kunstgeschichte.</sub>

**A. W. Becker**, Charakterbilder der Kunstgeschichte. 3. von C. Clauß besorgte stark vermehrte Aufl. Mit Illustrationen. 3 Abthlgn. I. Alterthum (156 S.) II. Kunst des Mittelalters (131 S.) III. Kunst der neueren Zeit. (VII, 159 S.) Leipzig 1869, Seemann. 2 Thlr. 12 Ngr.
<sub>Der Herausgeber stellte sich die Aufgabe, durch eine Zusammenstellung kunsthistorischer Schilderungen der besten deutschen Schriftsteller das Wissenswürdigste auf diesem Gebiete hervorzuheben und gebildeten Lesern in möglichst anziehender Form zugänglich zu machen.</sub>

—— Kunst und Künstler des sechszehnten Jahrhunderts. Biographien u. Charakteristiken. Mit eingedr. Holzschnitten. Lex. 8. (VII u. 423 S.) Leipzig 1862 u. 63, Seemann. n. 3²/₃ Thlr.

—— Kunst und Künstler des siebenzehnten Jahrhunderts. Lex. 8. (520 S.) Leipzig 1863 u. 64, Seemann. n. 3 Thlr.

**A. W. Becker** und **Adolph Görling**, Kunst und Künstler des achtzehnten Jahrhunderts. (VIII, 462 S.) Ebend. 1865. 3¹/₃ Thlr.
<sub>Eine ansprechende Kunstgeschichte, auf fleißiger Benützung der vorhandenen Vorarbeiten beruhend, mit besonderer Hervorhebung des biographischen Elements.</sub>

**G. K. Nagler**, Neues allgemeines Künstlerlexicon. 22 Bde. gr. 8. München 1835—52. 48³/₄ Thlr.
<sub>Ein sehr reichhaltiges und sorgfältig gearbeitetes Werk, in welchem die Materialien zu einer Kunstgeschichte in großer Vollständigkeit niedergelegt sind.</sub>

Allgemeines Künstlerlexicon. Unter Mitwirkung namhafter Fachgelehrten des In- und Auslandes herausgeg. von Jul. Meyer. 2. gänzlich neu bearbeitete Auflage von Naglers Künstlerlexicon. ca. 15 Bde. in Lief. von 4—5 Bogen à 12 Ngr. Leipzig 1870, W. Engelmann. Lief. 1 u. 2. (XII, 144 S.)
<sub>Von diesem Werke verspricht man sich Bedeutendes, da es auf der Mitarbeit der Kunstkritiker aller Länder und auf Untersuchungen beruht, die an Ort und Stelle in den Gemäldesammlungen angestellt werden.</sub>

Deutsches Kunstblatt, Zeitschrift für bildende Kunst, Baukunst und Kunsthandwerk. Organ der deutschen Kunstvereine ꝛc. redigirt von F. Eggers, und Literaturblatt rebig. von P. Heyse. Jährlich in 12 Heften à 5—6 Bgn. Mit artistischen Beilagen u. Holzschnitten im Text. Imp. 4. Stuttgart 1849—58, Ebner u. Seubert. à Jahrg. n. 6 Thlr. 20 Ngr.
<sub>Diese Zeitschrift, welche an die Stelle des einstigen Cotta'schen Kunstblattes trat, war ein tüchtiges Centralorgan für die Kunstliteratur, und enthält größere Beiträge zur Kunstgeschichte, besonders auch Biographieen von Künstlern, Kritiken von neueren Kunstwerken, und einzelne Nachrichten und Bemerkungen.</sub>

Christliches Kunstblatt, für Kirche, Schule und Haus. Herausgeg. von K. Grüneisen, K. Schnaase und J. Schnorr v. Karolsfeld. Jahrg. 1858. 6 Nrn. Lex. 8. n. ¼ Thlr. Jahrg. 1859 u. 1860 à 24 Nrn. Lex. 8. à Jahrg. n. 1 Thlr. Von Jahrg. 1861 an 1 Thlr. 6 Ngr. Stuttgart, Ebner u. Seubert.
<small>Ein mehr populäres, auf Kunstbildung in weiteren Kreisen hinwirkendes Blatt, welches über neuere Kunsterscheinungen und Bücher berichtet.</small>

Zeitschrift für bildende Kunst. Unter Mitwirkung von Eitelberger, Jak. Falke, G. Heider u. f. w. herausgeg. von Carl v. Lützow. I—IV. Bd. 12 Hefte (à 4 B.) Mit Textillustrationen u. Kunstbeilagen, hoch 4. Leipzig 1866—1869, Seemann. à Jahrg. n. 5⅓ Thlr.
<small>Gegenwärtig das Hauptorgan für Kunstkritik und Kunstgeschichte.</small>

Jahrbücher für Kunstwissenschaft, herausgeg. von Dr. A. v. Zahn. 1. u. 2. Jahrgang 1868 u. 1869. Mit Holzschnitten und Lithographieen. gr. Lex.=8. Leipzig. Seemann. à 3 Thlr. 6 Ngr.

Heinrich Brunn, Geschichte der griechischen Künstler. I. Thl. gr. 8. (VIII u. 621 S.) II. Thl. (X, 783 S.) Stuttgart 1853—59, Ebner u. Seubert. 9 Thlr. 4 Ngr.
<small>Ein sehr tüchtiges Werk, das die Frucht vieljährigen Sammlerfleißes und gründlichen Studiums ist, und nicht nur reichlichen biographischen Stoff zusammenstellt, sondern auch gute Ausblicke auf den Entwicklungsgang der Kunst gewährt. Der erste Band enthält außer einer allgemeinen orientirenden Einleitung die Geschichte der Bildhauer, die erste Abth. des zweiten die Geschichte der Maler, der Architekten und der Toreuten.</small>

Ludw. Weisser, Lebensbilder aus dem classischen Alterthum. Nach antiken Kunstwerken. Mit erläut. Text von Heinr. Merz u. Herm. Kurz. 6 Lieferungen gr. Fol. (Mit 44 Steintaf. u. 392 S. Text in gr. 8.) Stuttgart 1863—64, Nitzschke. n. 5 Thlr. 12 Ngr.
<small>Besonderer Abdruck aus dem Bilderatlas der Weltgeschichte. Gute Auswahl der Bilder mit sachgemäßer lebendig geschriebener Erklärung.</small>

Anselm Feuerbach, Der vaticanische Apollo. Eine Reihe archäologisch=ästhetischer Betrachtungen. 2. Aufl. gr. 8. (373 S. u. 1 Kupfertaf.) Stuttgart 1855, Cotta. n. 2 Thlr. 4 Ngr.
<small>Aesthetische Forschungen voll Geist und Scharfsinn, die aus der bildenden Kunst in die dramatische Literatur der Alten hinüber leiten.</small>

Heinrich Motz, Ueber die Empfindung der Naturschönheit bei den Alten. gr. 8. (131 S.) Leipzig 1865, Hirzel. n. ⅔ Thlr.
<small>Eine geistreiche Schrift, die mit eingehender Benutzung der classischen Literatur nachweist, daß die Alten wirklich Sinn und Verständniß für Naturschönheit gehabt haben.</small>

Kunst und Leben der Vorzeit von Beginn des Mittelalters bis zu Anfang des 19. Jahrhunderts, in Skizzen nach Originaldenkmälern für Künstler und Kunstfreunde zusammengestellt, und herausgeg. von A. v. Eye und Jac. Falke, gezeichnet und rad. von Wilh. Maurer. 3 Bde. à 6 Hefte. (Das Heft 16 Kpfrtfln. u. 16 Blatt Text.) gr. 4. 3. Aufl. Nürnberg 1868—69, Bauer u. Raspe. à Heft n. 1 Thlr.
<small>Ein gutes Hülfsmittel für Künstler, die das Zeitcostüme kennen lernen wollen, und für Freunde der Culturgeschichte. Die Herausgeber haben die Materialien sehr sorgfältig gesam-</small>

**Ferd. Piper,** Mythologie und Symbolik der christlichen Kunst von der ältesten Zeit bis ins 16. Jahrhundert. 2 Bde. gr. 8. (XLIV, 510. XXVIII, 732 S.) Weimar 1847—51, Landesindustrie-Comptoir. 6 Thlr. 15 Ngr.

Ein mit großem Fleiß ausgearbeitetes Werk, das den Stoff möglichst vollständig vereinigt und im Ganzen übersichtlich und zweckmäßig ordnet. Der Gang, den der Verfasser nimmt, ist der, daß er zuerst die Auffassung in der Sage und Kunst des Alterthums bespricht, dann die Elemente zur mythologischen Auffassung bei den Christen, namentlich in den biblischen Vorstellungen nachweist, und die Darstellungen der christlichen Kunst in ihrem Verhältniß zur heidnischen, in der Zeit des christlichen Alterthums und des Mittelalters bis zur Wiedererweckung der Künste verfolgt. Ein Buch zum Nachschlagen, nicht zum Lesen. Der Verfasser gilt als Autorität in diesem Fach.

**Wolfgang Menzel,** Christliche Symbolik. 2 Bde. (I. IX u. 540 S. II. XII u. 586 S.) Regensburg 1854, Manz. n. 5¼ Thlr.

Eine in alphabetischer Ordnung ausgeführte Deutung und Erklärung der Symbole in der mittelalterlichen Kunst. Bequem eingerichtet, lebendig und klar dargestellt. Hin und wieder polemische Excurse zu Gunsten der mittelalterlichen und katholischen Anschauung und Geistesrichtung.

**Heinr. Otte,** Handbuch der kirchl. Kunstarchäologie des deutschen Mittelalters. 4. Aufl. (XIV, 1010 S. mit eingedruckten Holzschnitten, 13 Kupfer- u. 2 Steintafeln) Leipzig 1863—68, T. O. Weigel. 8 Thlr.

—— Geschichte der kirchlichen Kunst des deutschen Mittelalters in ausgewählten Beispielen. Mit einer archäologischen Einleitung. 2. berichtigte Ausgabe der Grundzüge der kirchl. Kunstarchäologie. Mit 118 Holzschnitten. (XII, 213 S.) Leipzig 1862, T. O. Weigel. 1 Thlr. 10 Ngr.

Ein sehr sorgfältig mit Fleiß und Sachkenntniß bearbeitetes Werk, das einen Ueberblick über den ganzen Reichthum der mittelalterlichen Kunstwerke in Deutschland gewährt, und auch über technische Dinge gute Auskunft giebt.

Das Zweite ein sehr brauchbarer Auszug aus diesem Werke von dem Verfasser.

**A. Springer,** Bilder aus der neueren Kunstgeschichte gr. 8. (VII u. 380 S.) Bonn 1867, Marcus. n. 2 Thlr.

Eine Reihe sehr gehaltvoller Abhandlungen. Wir heben unter den 10 Stücken besonders hervor: Die Anfänge der Renaissance in Italien; Rafaels Disputa und die Schule von Athen; Rembrandt und seine Genossen; der Rococcostil; die Kunst während der franz. Revolution.

**Ernst Guhl,** Künstlerbriefe. Ueberseßt u. erläutert. gr. 8. 2 Bde. (XLII u. 478. XLVIII, 391 S.) Berlin 1853—56, Trautweinsche Buchh. 4 Thlr. 27½ Ngr.

Briefe italienischer Künstler aus dem 15. und 16. Jahrhundert, u. A. von Leonardo da Vinci, Rafael, Correggio, Michel Angelo, Tizian, Benvenuto Cellini. Der Zweck des sehr gehaltvollen Buches ist, eine Ergänzung für den biographischen Theil der Kunstgeschichte zu liefern und in die Kenntniß der Persönlichkeit der großen Künstler einzuführen. Charakteristische Auswahl.

—— Vorträge u. Reden kunsthistorischen Inhalts. Aus seinem Nachlaß gr. 8. (V u. 144 S.) Berlin 1863, Guttentag. 1 Thlr.

Die einzelnen Vorträge sind folgende: Das Wesen und die Bestimmung der Kunstakademie. Die Baukunst und ihr Zusammenhang mit staatlicher Entwicklung. Der große Kurfürst als Begründer und Friedrich I. als Pfleger der vaterländischen Kunst. Friedrich Wilhelm und die Kunst. Das Berliner Schauspielhaus. Die heil. Familie im Verlaufe der italien. Malerei. Palermo.

**Ernst Guhl**, Die Frauen in der Kunstgeschichte. gr. 16. (XXI, 288 S.) Berlin 1858, Guttentag. 1½ Thlr.

Eine Nachweisung des Antheils der Frauen an der Entwickelung der bildenden Künste, mit eingestreuten Biographieen hervorragender Künstlerinnen, wobei sich freilich zeigt, daß auch die bedeutendsten künstlerischen Leistungen der Frauen nicht über das Mittelmaß hinausgehen, welches der Dilettantismus erreichen kann. Die ausführlichsten Biographieen sind die der Maria Sybilla Merian, der Angelika Kaufmann, und der französischen Elisabeth Lebrun.

Hermann **Grimm**, Neue Essays über Kunst und Literatur. gr. 8. (III u. 371 S.) Berlin 1865, Dümmler's Verl. n. 2 Thlr.

Enthält u. A.: Dante und die letzten Kämpfe in Italien. Rafaels Disputa und Schule von Athen, seine Sonette und seine Geliebte. Der Verfall der Kunst in Italien. Die Cartons von Peter Cornelius.

Bietet nicht blos ästhetische Betrachtung, sondern zum Theil wirklich werthvolle kunstgeschichtliche Belehrung.

Ueber Künstler u. Kunstwerke. (Monatsschrift für Kunst) von Herm. Grimm. Mit Kunstbeilagen. Lex. 8. Berlin 1863—66, Ferd. Dümmler. à Jahrg. 12 Nrn. n. 2 Thlr.

Eine kunstgeschichtliche Zeitschrift mit Photographien, deren Aufsätze in ähnlicher Weise behandelt sind wie bei den neuen Essays, die aber leider mit dem Jahrgg. 1866 aufgehört hat. Außer dem Herausgeber betheiligten sich daran H. Brunn, F. Eggers, v. d. Golz.

**Ernst Förster**, Geschichte der italienischen Kunst. I. (XVI, 351 S.) Leipzig 1869, T. O. Weigel. 1 Thlr. 25 Ngr.

Geht vom Eintritt des Christenthums bis ins 15. Jahrhundert. Gute Uebersicht aus der Feder eines bewährten Kunsthistorikers.

Jacob **Burckhardt**, Der Cicerone. Eine Anleitung zum Genuß der Kunstwerke Italiens. 8. 3 Abthlgn. 2. Aufl. unter Mitwirkung mehrerer Fachgenossen bearbeitet von A. v. Zahn. I. Architectur. (S. 1—405.) II. Sculptur. (S. 406—712.) III. Malerei nebst Register über alle Theile. (S. 713—1154) Leipzig 1869, Seemann. 3⅗ Thlr.

Die Absicht des Verfassers, eines bewährten Kunstkenners, ging laut der Vorrede dahin, eine Uebersicht der wichtigeren Kunstwerke Italiens zu geben, welche dem flüchtigen Reisenden rasche und bequeme Auskunft, dem länger Verweilenden die nothwendigen Stilparallelen und die Grundlagen zur jedesmaligen Lokal-Kunstgeschichte, dem in Italien Gewesenen aber eine angenehme Erinnerung gewähren soll. Alles blos Archäologische blieb ausgeschlossen. Beschreibung nur insoweit, als auf wesentliches Detail aufmerksam zu machen oder die Auffindung des Einzelnen zu erleichtern war. Das Buch enthält eine vollständige Aufzählung der wichtigeren Kunstwerke Italiens aus älterer und neuerer Zeit, in einer übersichtlichen Gliederung zusammengestellt, wobei auch der Charakter der verschiedenen Epochen und Richtungen, die Eigenthümlichkeit bedeutender Künstler, ihr Zusammenhang mit dem Volksleben u. dgl. angedeutet ist. Ein sorgfältig gearbeitetes Register, nach Lokalitäten geordnet, erhöht die Brauchbarkeit des Buches. Die neue Auflage ist von dem Herausgeber mit möglichster Schonung der Eigenthümlichkeiten des Verf. bearbeitet, aber doch durch die neuen Forschungen bereichert, und das Buch ist unstreitig der beste Führer durch die Kunstwerke Italiens.

Johann **Overbeck**, Pompeji in seinen Gebäuden, Alterthümern und Kunstwerken für Kunst- und Alterthumsfreunde dargestellt. Mit einer Ansicht u. einem Plane von Pompeji, 2 chromolithographischen Blättern, 12 Holzschnitttaf. u. gegen 300 Holzschnitten. Lex. 8. 2. verb. u. verm. Aufl.

2 Bde. (XVIII, 346. IX, 261 S.) Leipzig 1866, W. Engelmann. n. 6 Thlr.
*Eine kunstverständige und übersichtliche Beschreibung der in Pompeji gemachten Funde, mit guten Abbildungen, welche dem Privatmann die kostbaren Werke von Barré, Giles, Zahn, Raoul Rochette und Ternite ersetzen können. Die Ausstattung glänzend und der Preis im Verhältniß zu dem Gegebenen billig.*

**G. F. Waagen**, Kunstwerke und Künstler in England und Paris. 3 Bde. gr. 12. Berlin 1837—39, Nicolaische Verl.-Buchh. n. 5 Thlr.
*Der Verfasser bespricht in diesem Werke mit großer Anschaulichkeit und Sachkenntniß den ganzen Reichthum der Kunstschätze Englands. Auch über die Leistungen der Engländer in der Musik wird ausführlich berichtet. Der dritte Band über Paris giebt auch viel Interessantes, ist jedoch weniger erschöpfend.*

—— Kunstwerke und Künstler in Deutschland. 1. Band. Kunstwerke und Künstler in Franken. 2. Band. Kunstwerke und Künstler in Bayern, Schwaben, Basel, dem Elsaß u. der Rheinpfalz. gr. 12. Leipzig 1843. 45, Brockhaus. 3 Thlr.
*In derselben Weise wie über die englischen Kunstwerke spricht sich der Verfasser über deutsche Kunstgegenstände aus und macht dabei auf Manches aufmerksam, wovon die Kunstgeschichte sonst wenig Notiz genommen hatte.*

**August Hagen**, Norika, das sind Nürnbergische Novellen aus alter Zeit. Nach e. Handschr. des 16. Jahrh. Zweite durchges. Auflage. 8. (XVI u. 278 S.) Leipzig 1855, Weber. n. 1½ Thlr.
*Unter der Fiction der alten Handschrift eines Frankfurter Kaufmanns giebt der Verfasser eine sehr anziehende und belehrende Schilderung der bedeutendsten Meister und Kunstwerke aus der Blüthezeit des Nürnberger Kunstlebens.*

**E. Förster**, Denkmale deutscher Baukunst, Bildnerei und Malerei von Einführung des Christenthums bis auf die neueste Zeit. 12 Bde. Je in 3 Abthlgn.: Baukunst, Bildnerei u. Malerei. Imp. 4. Leipzig 1853—1869, T. O. Weigel. à Bd. 16⅔ Thlr.
*Eine sehr reiche Sammlung der deutschen Kunstwerke in Stahlstichen mit kurzem beschreibenden Text. Die Bilder sind sehr schön und sorgfältig ausgeführt.*

**J. Sighart**, Geschichte der bildenden Künste im Königreich Bayern, von den Anfängen bis zur Gegenwart. Mit vielen Illustrationen in Holzschnitten. Lex. 8. (XII u. 798 S.) München 1862 u. 63, Liter. art. Anstalt. n. 5 Thlr. 6 Ngr.
*Eine gute Beschreibung der bayerischen Kunstschätze und ihrer Entstehung, zugleich, wie sich denken läßt, Verherrlichung der Verdienste König Ludwigs I. um die Entwicklung der Kunst.*

**J. D. Passavant**, Die christliche Kunst in Spanien. gr. 8. (VII, 184 S.) Leipzig 1853, R. Weigel. 1 Thlr.
*Ausbeute einer im Jahre 1852 gemachten Reise des Verfassers, der uns eine Uebersicht der Entwicklung der christlichen Architectur, Sculptur und Malerei Spaniens und dann einen trefflichen Bericht über die fremden, italienischen, niederländischen und deutschen Werke der Malerei giebt, die sich in Spanien befinden. Eine sehr lehrreiche Schrift mit feinem Urtheil in knapp gehaltener Darstellung.*

**Aus Schinkels Nachlaß**. Reisetagebücher, Briefe und Aphorismen. Mitgetheilt und mit einem Verzeichniß sämmtlicher Werke Schinkels versehen von Alfred von Wolzogen. 3 Bde. gr. 8. (Mit 3 Portraits, 1 Skizze

u. einem Facsimile, eingedr. Holzschnttn. u. 2 Steintafeln. (XXII, 302. VIII, 369. XIX, 441 S.) Berlin 1862, Decker. n. 8⅓ Thlr.

    Schinkel starb 1841 als preußischer Oberlandesbaudirector und hinterließ einen großen Kreis von Schülern, welche alljährlich in Berlin seinen Geburtstag feiern. Derselbe enthält hauptsächlich die Tagebücher und Briefe von den drei großen Kunstreisen, die Schinkel gemacht hat, der ersten Ausbildungsreise nach Italien und Frankreich in den Jahren 1803—1805, einer zweiten im Jahre 1824 nach der Schweiz und Italien, und einer dritten im Jahre 1826 mit Geheimrath Beuth nach Frankreich, England und Schottland unternommen. In den Berichten von der ersten Reise schildert er mit der ganzen Frische und Begeisterung der Jugend in wohlllingendster malerischer Sprache den Eindruck der italischen Natur; in der zweiten tritt uns ein gereiftes klares Kunsturtheil entgegen, von der dritten sind nur wenige Briefe vorhanden, die aber im dritten Band durch ein vollständiges Tagebuch ergänzt werden. Von anderen Mittheilungen ist hauptsächlich ein Gutachten wichtig, das Schinkel über den beabsichtigten Ankauf der Boisseréeschen Sammlung ausgearbeitet hat. Das Ganze sehr reichhaltig und lesenswerth.

Franz **Trautmann**, Kunst u. Kunstgewerbe vom frühesten Mittelalter bis Ende des 18. Jahrhunderts. Ein Hand= u. Nachschlagebuch zur leichten Orientirung in Fächern u. Schulen, Meistern, Nachahmungen, Mustern, Technik, Zeichen u. Literatur. (XIV, 420 S.) Nördlingen 1869, Beck. 2 Thlr. 5 Ngr.
    Ein sehr schätzbares Hilfsmittel für Kunstsammler und Schriftsteller.

Jacob **Falke**, Die Kunstindustrie der Gegenwart. Studien auf der Pariser Weltausstellung im Jahre 1867. (VII, 297 S.) Leipzig 1868, Quandt u. Händel. 1 Thlr.

Friedrich **Pecht**, Kunst u. Kunstindustrie auf der Weltausstellung v. 1867. Pariser Briefe. 8. (XI, 331 S.) Leipzig 1867, Brockhaus. n. 1⅓ Thlr.
    Ursprünglich Berichte für die deutsche allgemeine Zeitung und zur Orientirung für Besucher der Weltausstellung geschrieben, aber als Charakteristik der gegenwärtigen Kunst von nicht bloß ephemerem Werth.

**Gewerbehalle**, Organ für Kunstindustrie, redigirt von W. Bäumer und J. Schnorr. Stuttgart 1863—67, Engelhorn. Imp. 4. à Jahrg. 3 Thlr. seit 1867: 3 Thlr. 18 Ngr.
    Sehr verbreitetes Journal für praktische Kunst, das in guten Holzschnitten nicht nur das Neueste auf den einzelnen Kunst= und Gewerbegebieten mittheilt, sondern auch aus dem Schatz der Kunstgeschichte Muster von bleibendem Werth vorführt.

## Baukunst.

Franz **Kugler**, Geschichte der Baukunst. Mit Illustrationen, Holzschnitt im Text u. anderen artist. Beilagen. 3 Bde. Stuttgart 1856—60, Ebner u. Seubert.

    I. Geschichte der orientalischen und antiken Baukunst. (X, 574 S.) 1856. 3 Thlr. 24 Ngr.

    II. Geschichte der romanischen Baukunst. (592 S.) 1859. 4 Thlr.

    III. Geschichte der gothischen Baukunst. (CXXIV, 583 S.) 1860. 4 Thlr. 6 Ngr.

    Ausführlichste Geschichte der Baukunst, vom Verfasser unvollendet hinterlassen. Die Fortsetzung bildet:

Franz **Kugler**, Geschichte d. Baukunst. Beendigt von Jakob Burckhardt u. W. Lübke. IV. Bd. Geschichte der neueren Baukunst. (1. Abth. VI, 332. 2. Abth. VII, 335 S.) Stuttgart 1867—68, Ebner und Seubert. n. 6⅓ Thlr.

Ein ausgezeichnetes Werk, das sich der Arbeit Kuglers ebenbürtig anschließt. Die erste Abtheilung enthält die Geschichte der Renaissance in Italien von Burckhardt, die zweite die Geschichte der Renaissance in Frankreich von Lübke. Giebt viele sorgfältige Einzelbeschreibungen mit trefflichen Holzschnitten. Die Geschichte der Renaissance im übrigen Europa wird einer weiteren Abtheilung vorbehalten.

W. **Lübke**, Geschichte der Architectur. 2. stark verm. Aufl. Mit 448 Holzschnittillustr. (XVI, 568 S.) Essen 1858, Seemann. 5 Thlr.

Für das Bedürfniß der allgemeinen Bildung geeigneter, als das große Werk von Kugler.

—— Abriß der Geschichte der Baustyle. Als Leitfaden für den Unterricht und zum Selbststudium bearbeitet. 3 Abthlgn. 3. Aufl. (130. 124. VIII, 66 S.) Leipzig 1868, Seemann. 2¼ Thlr.

Eine sehr zweckmäßige Anleitung für angehende Künstler und Dilettanten.

Jul. **Gailhabaud**, Denkmäler der Baukunst. Unter Mitwirkung von Franz Kugler und Jac. Burckhardt herausgeg. von Ludw. Lohde. 4 Bde. gr. 4. 400 Tafeln u. circa 90 B. Text. Hamburg 1842—52. 100 Thlr. I. Bd. Denkmäler aus alter Zeit. II. Bd. Denkmäler des Mittelalters. III. Bd. Denkmäler des Mittelalters. IV. Bd. Denkmäler der neueren Zeit.

Eine Geschichte der Architectur in Beispielen. Enthält Abbildungen und Beschreibungen von celtischen, pelasgischen, ägyptischen, griechischen, indischen, persischen, etruskischen und römischen Denkmälern des Alterthums. Das Mittelalter altchristliche, merowingische, carolingische, arabische und byzantinische Baudenkmale die romanischen und gothischen Stils. Aus der neueren Zeit Gebäude des Renaissancestils und wenige spätere aus dem 17. bis 19. Jahrhundert und im Anhang mexicanische Bauwerke. Die bildlichen Darstellungen, die nicht blos Ansichten von ganzen Gebäuden, sondern auch einzelne Theile in Umrissen geben, können ziemlich strengen Anforderungen genügen. Der Text giebt in der Regel Uebersetzungen des französischen Originals, wo dieses nicht genügte, wurde er durch Beschreibungen des Herausgebers oder anderer deutscher Kunstschriftsteller ergänzt; in der alten Kunst schloß sich derselbe hauptsächlich an Bötticher Baukunst der Hellenen an.

—— Die Baukunst des 5—16. Jahrhunderts und die davon abhängigen Künste: Bildhauerei, Wandmalerei, Glasmalerei, Mosaik, Arbeit in Eisen. Unter Mitwirkung der bedeutendsten Architecten Frankreichs und anderer Länder. 150 Lief. Imp. 4. mit 1 color. Taf. oder 2 Kupfertaf. u. 1½—1 Bogen Text. à 16 Ngr. Leipzig 1856—66, T. O. Weigel. 80 Thlr.

Ernst **Wagner** und G. **Kachel**, Die Grundformen der antiken classischen Baukunst. Für höhere Lehranstalten u. zum Selbststudium. (VII, 28 S.) Mit 4 lithogr. Tafeln. Heidelberg 1869, Bassermann. 1 Thlr. 2 Ngr.

Eine sehr empfehlenswerthe Darstellung der Elemente der architektonischen Aesthetik, welche sich in Wort und Bild auf das Nothwendige beschränkt, und dieß in schöner Ausführung giebt.

Franz **Reber**, Die Ruinen Roms u. der Campagna. Mit 55 lithogr. Abbildungen in Tondruck, 4 Plänen, 1 chromolith. Plan Roms u. 72 ein-

zelnen Holzschnitten. gr. 4. (XV, 634 S.) Leipzig 1863, T. O. Weigel. 24 Thlr.
    Sehr schöne Abbildungen nach Originalzeichnungen, welche der Herausgeber an Ort und Stelle gemacht hat, und welche die alten Baudenkmale so darstellen, wie sie jetzt sind. Der Text giebt eine Geschichte der römischen Bauten im Allgemeinen und eine Beschreibung des Einzelnen, welche zwischen trockener wissenschaftlicher Bestimmung und ästhetischer Betrachtung die Mitte hält. Ein Prachtwerk, welches besonders Solchen, die in Rom gewesen sind, und ihre Erinnerungen durch Bild und Wort auffrischen wollen, sehr zu empfehlen ist.

W. Lübke, Vorschule zum Studium der kirchlichen Kunst des deutschen Mittelalters. 3. umgearb. Aufl. Mit 170 Illustr. gr. 8. (X u. 212 S.) Leipzig 1866, Seemann. 1 Thlr. 18 Ngr.
    Giebt eine kurze Geschichte der Kirchenbaukunst, eine Beschreibung der Ausstattung der Kirchen und eine Darstellung der Klosteranlagen. Geschmackvolle Ausführung und hübsche Illustrationen.

G. G. Kallenbach und Jac. Schmitt, Die christliche Kirchenbaukunst des Abendlandes von ihren Anfängen bis zur vollendeten Durchbildung des Spitzbogenstyls. Mit Abbildung. auf 48 Steindrucktafeln. Heft 1—6. Imp.=4. 72 S. Text u. 12 Taf. Halle 1850—52. à 15 Ngr.
    Eine reiche Beispielsammlung der mittelalterlichen Baukunst.

Ferd. v. Quast, Ueber Form, Einrichtung und Ausschmückung der ältesten christlichen Kirchen. Ein Vortrag. Mit einer Kupfertaf. gr. 8. (40 S.) Berlin 1853—54, Ernst u. Korn. n. ½ Thlr.

—— Die romanischen Dome des Mittelrheins zu Mainz, Speier, Worms. Kritisch untersucht u. festgestellt. Mit 6 lithogr. Taf. Lex. 8. (III u. 56 S.) Ebend. 1853. n. 24 Ngr.
    Gründliche Arbeiten eines bewährten Kenners der mittelalterlichen Baukunst.

Heinr. Hübsch, Die altchristlichen Kirchen nach den Baudenkmalen und älteren Beschreibungen und dem Einfluß des altchristlichen Baustyls auf d. Kirchenbau aller späteren Perioden. In 10 Liefgn. (Text XIV, 118 S.) gr. Fol. mit 63 lith. Taf. Karlsruhe 1858—63, Veith. 38 Thlr.
    Schöne architectonische Zeichnungen mit Text, der nebst Erklärung auch Vorschläge zu Restauration und Nachahmung des alten Stils enthält.

Carl Fr. R. v. Lützow, Die Meisterwerke der Kirchenbaukunst von den ältesten Zeiten der christlichen Kirche bis zur Renaissance. Mit Abbildungen. 2 Abthlgn. Lex. 8. (VIII, 423 S.) Leipzig 1862, Seemann. n. 3⅓ Thlr.
    Eine Sammlung der schönsten Kirchenbauten in 26 Tondruckbildern und vielen Holzschnitten, mit geschichtlichem und ästhetischem Text, der in allgemein verständlichem Ausdruck die nöthigen Erläuterungen beifügt, von einem bewährten Kunstkenner.

Gottfried Semper, Der Stil in den technischen und tektonischen Künsten, oder praktische Aesthetik. Ein Handbuch f. Techniker, Künstler u. Kunstfreunde. Bd. I. Die textile Kunst für sich betrachtet und in Beziehung zur Baukunst. Mit 125 in den Text gedr. Holzschn. u. 15 farb. Tondrucktaf. (XLIV, 527 S.) Bd. II. Keramik. Tektonik. Stereotomie. Metallotechnik. Lex. 8. (VI u. 591 S. mit eingedr. Holzschnitten u. 5 Chromolithogr.) München 1861—1863, Bruckmann. n. 6 Thlr.

Eine sehr tüchtige Arbeit, welche die Eigenthümlichkeit des Stils an den einzelnen Kunstwerken mit Sachkenntniß nachweist und sowohl praktischen Künstlern als Kunstkritikern die besten Dienste leistet.

G. H. **Krieg von Hochfelden**, Geschichte der Militärarchitectur in Deutschland mit Berücksicht. der Nachbarländer und des früheren Mittelalters. Mit 137 Abbildungen im Text. gr. 8. (XII, 380 S.) Stuttgart 1859, Ebner u. Seubert. n. 2⅔ Thlr.

Eine interessante Ergänzung zur Geschichte der Baukunst. Der Verfasser, ein bewährter Forscher des germanischen Alterthums, hat eine große Zahl alter Burgen genau untersucht und mit Beiziehung von Urkunden und Kriegsgeschichten ihre Einrichtung und ihren Gebrauch ermittelt.

Alwin **Schultz**, Ueber Bau und Einrichtung der Hofburgen des 12. und 13. Jahrhunderts. Ein kunstgeschichtl. Versuch. 4. (IX u. 53 S.) Berlin 1862, Nicolai's Sort. n. 1 Thlr.

Eine aus den mittelhochdeutschen u. französischen Dichtern geschöpfte Beschreibung größerer Hofburgen. Zu bedauern ist, daß der Verfasser die Reimchroniken, sowie die monumentalen Quellen bei Seite läßt. Zur Erklärung mittelalterlicher Dichter ein willkommenes Hilfsmittel.

L. **Puttrich**, Denkmale der Baukunst in Sachsen. Unter besonderer Mitwirkung von G. W. Geyser dem Jüngeren. Mit Einleitung von C. L. Stieglitz. I. Abth. 2 Bde. II. Abth. 2 Bde. Mit 319 Steintafeln u. 654 S. Text. Leipzig 1836—52, Frieblein u. Hirsch. Compl. 125⅓ Thlr.

Reich ausgeführte Darstellung der Kunstbauwerke nicht nur des Königr. Sachsens, sondern auch der Herzogthümer und des preußischen. Schöne Lithographieen, doch nicht technisch genau.

W. **Corssen**, Alterthümer und Kunstdenkmale des Cistercienserklosters St. Marien u. der Landesschule zu Pforta. (XIV, 844 S. 4. mit eingedr. Holzschnitten u. 12 Steintafeln.) Halle 1868, Verl. des Waisenhauses. 5⅓ Thlr.

Eine gründlich und sorgfältig ausgearbeitete Beschreibung und Geschichte der Baudenkmale des genannten Klosters, verbunden mit einer Geschichte der darin befindlichen Unterrichtsanstalt.

Wilh. **Lübke**, Die mittelalterliche Kunst in Westfalen. Nach den vorhandenen Denkmälern dargestellt. Nebst einem Atlas in Folio mit 29 lithographirten Tafeln. gr. 8. (XIII u. 442 S.) Leipzig 1854, T. O. Weigel. n. 10 Thlr.

Der Text, der sowohl allgemeine Uebersichten und Charakteristiken als eingehende Beschreibungen des Einzelnen giebt, ist gut angeordnet und technisch klar. Minderes Lob verdienen die Abbildungen, die meist etwas trocken und matt gearbeitet sind.

C. **Heideloff**, Die Kunst des Mittelalters in Schwaben. Denkmäler der Baukunst, Bildnerei u. Malerei. Herausgeg. unter Mitwirkung von C. Beisbarth. Mit erläuterndem Text von Fr. Müller. Fol. Lief. 1—8. 121 S. Text von Friedr. Müller. 29 Tafeln. Stuttgart 1855—56, Ebner u. Seubert. à Lief. n. 1⅓ Thlr.

Herrenberg, Sindelfingen, Ehningen, Böblingen, Stuttgart, Mühlhausen, Eßlingen, Bebenhausen, Ulm.

Beschreibung und Abbildung der mittelalterlichen Kunstdenkmäler in Schwaben. Der ziemlich ausführliche Text giebt mit Anlehnung an Stälins Geschichte von Wirtemberg, neben der Beschreibung der einzelnen Kunstwerke eine allgemeine Kunstgeschichte von Schwaben. Die

Abbildungen sind unter Leitung von Heideloff von verschiedenen Künstlern an Ort und Stelle aufgenommen, treu wiedergegeben und gut lithographirt. Leider nicht fortgesetzt.

Als Supplement hierzu ist erschienen:

Mittelalterliche Baudenkmale in Schwaben. Herausgeg. von J. Egle. Heft 1—7. Die Reichsstadt Ulm, Details aus dem Münster. Aufgenommen u. gezeichnet von A. Beyer u. C. Ries. Stuttgart 1862—64, Ebner u. Seubert. à Heft 2 Thlr. 12 Ngr.
  Enthält schöne Zeichnungen des Ulmer Chorgestühls, und andere Zeichnungen.

A. **Lorent**, Denkmale des Mittelalters in dem Königreich Württemberg. Photographisch mit erl. Text dargestellt. Mannheim 1869, Bensheimer. 5 Hefte. 2 Thlr. 17½ Ngr.

C. F. **Leins**, Beitrag zur Kenntniß der vaterländischen Kirchenbauten mit 7 Tafeln u. 15 Holzschnitten in Text. (16 S. 4.) Stuttgart 1864, Fues. Sort. Tübingen. 1 Thlr. 12 Ngr.
  Beschreibung einiger hervorragenden gothischen Kirchen in Württemberg von einem durch künstlerische Bildung ausgezeichneten Architecten.

Wilh. **Bäumer**, Das bürgerliche Wohnhaus bei den Griechen u. Römern, im deutschen Mittelalter u. im 16—19. Jahrhundert. Mit 6 Taf. u. 3 Holzschn. (IV, 19 S. 4.) Stuttgart 1862, Fues. Sort. 22½ Ngr.
  Eine kurze Beschreibung der Wohnungen des Mittelstandes mit einigen Abbildungen, worunter auch die einiger vom Verfasser erbauter eleganter Privathäuser in Stuttgart.

G. **Heider**, Rud. v. **Eitelberger** u. J. **Hieser**, Mittelalterliche Kunstdenkmale des österreichischen Kaiserstaates. 2 Bde. ob. Lief. 1—18. (I. 202 S. 27 Kupfert. 4 lith. u. 2 Holzschnitttaf. II. VIII, 200 S. 31 Kpfrt. 4 Lithogr. u. 2 Holzschnitttaf.) Stuttgart 1856—60, Ebner u. Seubert. à Lief. 1 Thlr. 10 Ngr.

Mittheilungen der k. k. Centralcommission zur Erforschung und Erhaltung der Baudenkmale.
  Jahrgg. 1—5 oder 1856—60. Red. K. Weiß. 12 Nrn. à 3—4 Bogen mit Holzschnitt und lithogr. Tafeln. Wien, Braumüller in Commission. à Jahrg. 2 Thlr. 20 Ngr.
  Jahrg. 6—13. Red. Ant. v. Perger u. K. Lind. 2 Thlr. 24 Ngr. Ewald u. Prantel.
  Jahrg. 14—15. K. Gerolds Sohn. 4 Thlr.
  Ausführliche Beschreibungen größerer Bauwerke mit lithogr. Abbildungen und kleinere Beiträge.

Die mittelalterlichen Baudenkmäler Niedersachsens. Herausgeg. vom Architecten- und Ingenieurverein des Königreichs Hannover. Bd. I. u. II. (302 S.) Bd. III, 1 (7 S.) 100 Kupfertafeln. Oder Heft 1—13 à 1 Thlr. 10 Ngr. Hannover 1861—67, Rümpler.

Mittelalterliche Baudenkmäler in Kurhessen. Hrsgeg. von dem Verein für hessische Geschichte u. Landeskunde. Kassel 1862, Freyschmidt. à Liefg. 2 Thlr. 15 Ngr.
  Lief. 1. Die Schloßkapelle und der Rittersaal des Schlosses zu Marburg. (IV, 11 S. 6 Tafeln.)
  Lief. 2. u. 3. Die Stiftskirche St. Petri zu Fritzlar. (34 S. 14 Tafeln.)
  Lief. 4. Die Michaeliskirche zu Fulda. (IV, 10 S. 4 Steintafeln.)

Heinr. **Hübsch**, Die Architectur und ihr Verhältniß zur heutigen Malerei u. Sculptur. gr. 8. 12¾ B. Stuttg. 1847. 1 Thlr.
<small>Eine sehr gehaltvolle Schrift, in welcher ein durch seine geschmackvollen Bauten berühmter Baumeister nicht nur die Grundsätze, die er bei seiner eigenen Praxis in Anwendung gebracht hat, theoretisch erörtert, sondern auch eine kritische Geschichte der bisherigen Baustile giebt.</small>

Alfred v. **Wolzogen**, Schinkel als Architekt, Maler und Kunstphilosoph. Ein Vortrag gehalten im Verein für Geschichte der bild. Künste zu Breslau. Mit Schinkels Portr. gr. 8. (109 S.) Berlin 1864, Ernst u. Korn. n. ⅔ Thlr.
<small>Eine gute Charakteristik Schinkels.</small>

## Plastik.

Ad. **Stahr**, Torso. Kunst, Künstler und Kunstwerke der Alten. 1. Thl. gr. 8. (XX u. 566 S.) 2. Thl. (XX u. 500 S.) Braunschweig 1854—55, Vieweg u. Sohn. n. 6 Thlr.
<small>Stellt sich die Aufgabe, die bedeutendsten der uns erhaltenen Werke antiker Sculptur zu erläutern und zugleich den Zusammenhang der bildenden Kunst mit den Kulturzuständen überhaupt darzulegen. Ein Nebenzweck ist, beim Besuche von Kunstsammlungen als Führer zu dienen. Des Verfassers Enthusiasmus für die Kunst, ihn ins Höchste zu kommt diesem Stoffe zu gut. Die Kritik der Fachmänner hatte manches an dem Buch auszusetzen und machte demselben Ungenauigkeit und gewagte Deutungen zum Vorwurf, aber es ist doch aus Einem Gusse und mit eingehendem Verständniß geschrieben, und deswegen eine recht brauchbare populäre Geschichte der Plastik.</small>

Wilh. **Lübke**, Geschichte d. Plastik von d. ältesten Zeiten bis auf d. Gegenwart. Mit 231 Holzschnitten. Lex. 8. (VIII, 775 S.) Leipzig 1863, Seemann. n. 5⅔ Thlr.
<small>Eine sehr gute Uebersicht der verschiedenen Formen und Entwicklungsstufen der Plastik, welche nicht nur über das Ganze und Allgemeine zweckmäßig belehrt, sondern auch die charakteristischen Eigenthümlichkeiten einzelner Kunstwerke richtig hervorhebt. Treffliche Ausstattung.</small>

J. M. **Thiele**, Thorwaldsen's Arbeiten und Lebensverhältnisse im Zeitraume 1828—1844. Nach dem dänischen Originale mit Genehmigung des Verfassers bearbeitet und verkürzt von F. C. Hillerup. 34 Hefte. 205 Tafeln u. 124 S. Text. Imp.-4. Kopenhagen 1852—57. 15 Thlr. 9 Ngr.
<small>Die Werke Thorwaldsens in Umrissen mit kurzem beschreibenden Text. Der biographische Bestandtheil ist sehr unbedeutend.</small>

## Malerei.

Joh. Wilh. **Völker**, Die Kunst der Malerei. Enthaltend das Landschafts-, Porträt-, Genre- und Historienfach nach rein künstlerischer reinfaßlicher Methode. 8. (XII u. 435 S.) Leipzig 1852, R. Weigel. 2 Thlr.
<small>Eine klare, gründliche und wirklich praktische Anleitung; ausübenden Künstlern und Dilettanten angelegentlich zu empfehlen.</small>

Carl Gustav **Carus**, Briefe über Landschaftsmalerei geschrieben in den Jahren 1815—35. 2. Ausg. 8. (256 S.) Leipzig 1835, F. Fleischer. 1 Thlr.
<small>Geistreiche Erörterungen des bekannten Naturforschers, die im Andenken erhalten zu werden verdienen und, obgleich einer früheren Zeit angehörig, hier angeführt werden.</small>

**Frz. Kugler**, Handbuch der Geschichte der Malerei seit Constantin d. Gr. 3. Aufl. neu bearb. u. verm. von Hugo v. Blomberg. 3 Bde. gr. 8. (413. 610. 372 S.) Leipzig 1866. 67, Duncker u. Humblot. n. 6 Thlr. 24 Ngr.

*Eine weitere Ausführung des 1837 zum erstenmal erschienenen Werkes, das für das Ganze der Geschichte der Malerei das Beste ist.*

**Adolph Görling**, Geschichte der Malerei in ihren Hauptepochen. Mit zahlreichen eingedruckten Holzschnitten. 2 Thle. gr. 8. (I, XII u. 452 S., II. VIII u. 335 S.) Leipzig 1865—67, Seemann. n. 3 Thlr.

*Eine gute geschichtliche Uebersicht der Malerei, für das größere Publikum bearbeitet.*

**H. G. Hotho**, Die Meisterwerke der Malerei vom Ende des 3. bis Anfang des 18. Jahrh. in photograph. u. photolithogr. Nachbildungen dargestellt. Lief. 1. gr. 4. 41 S. Text mit 5 Photogr. und 2 Lithograph. Berlin 1865, Schauer. 3 Thlr. 20 Ngr.

*Schöne Photographien, hauptsächlich aus der Berliner Gallerie.*

**J. A. Crowe u. G. B. Cavalcaselle**, Geschichte der italienischen Malerei. Deutsche Originalausgabe. Besorgt von Max Jordan. (I. Mit 13 Holzschnitttafeln. XII, 360 S. II. Mit 11 Tafeln. IX, 452 S.) Leipzig 1869, S. Hirzel. 6 Thlr.

*Ausgezeichnete gemeinschaftliche Arbeit eines Malers und eines Kunsthistorikers. Cavalcaselle hat auf vieljährigen Reisen den größten Theil der europäischen Gemäldesammlungen gesehen, und Crowe das gewonnene Material zu einem gut geschriebenen Texte verarbeitet. Das Werk schließt sich an Vasari's Biographieen der Künstler an und giebt eine Geschichte ihrer Werke von den Wandgemälden der Katakomben an bis zur Blüthezeit der italienischen Kunst im 16. Jahrhundert. Vom englischen Original sind 3 Bände erschienen, von der deutschen Uebersetzung die obigen zwei, welche bis zum 14. Jahrhundert gehen. Für Jeden, der die italienische Malerei genauer studiren will, eine treffliche Anleitung. Die Uebersetzung ist eine durch deutsche Literatur bereicherte Bearbeitung.*

**Julius Meyer**, Geschichte der modernen französischen Malerei seit 1789, zugleich in ihrem Verhältniß zum politischen Leben, zur Gesittung und Literatur. Mit 18 Holzschnitt. gr. 8. (VIII, 794 S.) Leipzig 1867, Seemann. n. 5$\frac{1}{3}$ Thlr.

*Gut im Einzelnen, aber mangelhaft in der allgemeinen geschichtlichen Grundlegung.*

**J. D. Passavant**, Rafael von Urbino und sein Vater Giovanni Santi. Mit 19 Abbild. 3 Bde. gr. 8. Leipzig 1839 u. 1858, Brockhaus. n. 21 Thlr.

*Ein Werk deutscher Liebe und Gewissenhaftigkeit, voll gründlicher Forschung und feinen Kunstverständnisses. Die Werke Rafaels sind beinahe sämmtlich besprochen. Auch über seine Lebensumstände findet man ausführliche Nachricht. Sehr gute Darstellung; überhaupt ein sehr gediegenes Werk.*

**Alfred v. Wolzogen**, Rafael Santi. Sein Leben u. seine Werke. gr. 16. (IX u. 206 S.) Leipzig 1865, Brockhaus. n. $\frac{5}{6}$ Thlr.

*Eine gut geschriebene populäre Charakteristik des berühmten Künstlers und seiner Werke, durch getreue Hinweisung auf die benützten Quellen und Hilfsmittel auch für den Fachmann nützlich.*

**Ernst Förster**, Raphael. I. Bd. Mit einem Bildniß Raphaels. gr. 8. (XXIX u. 345 S.) Leipzig 1867, T. O. Weigel. 2$\frac{3}{4}$ Thlr.

Ein Werk, welches die bisherigen Leistungen auf diesem Gebiet, sowie die eigenen Beobachtungen und Forschungen des Verf. in gesichteter Auswahl und in allgemein zugänglicher einheitlicher Form zusammenstellt. Giebt ein befriedigendes Lebensbild des Künstlers und eine Anschauung von der ihm zur Basis dienenden Kunst- u. Culturperiode. Es werden wohl mehrere Bände noch nachfolgen.

Die vatikanischen Gemälde Rafaels sind neuestens durch Photographieen in Kohlendruck von Braun in Dornach vervielfältigt worden, und werden von Herrn. Grimm in den Preuß. Jahrbüchern Decemberheft 1869 S. 763 sehr gerühmt. Ueber Größe der Blätter und Preis ist jedoch dort keine Nachricht gegeben. Durch eigene Erkundigung haben wir ermittelt, daß die Blätter durch Amsler und Ruthardt in Berlin verkauft werden und zusammen ca. 120 Thlr. kosten.

**Venedigs Kunstschätze.** Gallerie der Meisterwerke venetianischer Malerei in Stahlstich. Mit erläuterndem Text von Friedr. Pecht. 12 Lieff. gr. 4. 36 Stahlstiche u. 173 S. Text. Triest 1858—59, Direction des österreich. Lloyd. n. 8 Thlr.

Schöne Stahlstiche mit beurtheilendem Text. Die Mittheilung der Copien ist um so willkommener, da man diese Bilder, welche meistens in Kirchen aufgestellt sind, in sonstigen Galleriewerken nicht findet.

**H. G. Hotho,** Die Malerschule Huberts van Eyck nebst deutschen Vorgängern und Zeitgenossen.
 I. Thl. Geschichte der deutschen Malerei bis 1450. gr. 8. (XVII u. 490 S.) Berlin 1855, Veit u. Co. n. 2 Thlr.
 II. Thl. 1 Lief. Die Flandrische Malerschule des 15. Jahrh. (XI u. 244 S.) Leipzig 1858, Veit u. Co. 1 Thlr.

Werk eines anerkannten geistreichen Kunstphilosophen, dem ein umfassendes Material der Anschauung zu Gebot stand. Die Darstellung zeugt von warmer lebendiger Erfassung des Gegenstandes und ist frei von der, dem Verfasser früher von der Hegelschen Schule her geläufigen Terminologie und Constructionsweise.

**W. Wackernagel,** Die deutsche Glasmalerei. Geschichtlicher Entwurf mit Belegen. br. 8. (III u. 180 S.) Leipzig 1855, Hirzel. 1 Thlr.

Oeffentliche Vorträge vor einem gemischten Publikum. Mit Geist und Sachkenntniß ansprechend behandelt.

**Alfred v. Woltmann,** Holbein und seine Zeit. 2 Bde. Mit Holzschnitt. u. 1 Photolithographie. gr. 8. (XVI, 376. 496 S.) Leipzig 1866—68, Seemann. n. 8 Thlr. 4 Ngr.

Eine sorgfältige Arbeit, welche die Leistungen Holbeins eingehend und mit sachkundigem Urtheil, doch nicht ohne Ueberschätzung bespricht.

**Ab. Haakh,** Beiträge aus Württemberg zur neueren deutschen Kunstgeschichte. Mit einem Portrait Gottlieb Schick u. 5 Radirungen. Lex. 8. (XVIII u. 386 S.) München 1863, Bruckmann. n. 2⅖ Thlr.

Die erste Abtheilung enthält kunstgeschichtliche Skizzen des Herausgebers 1) über die Kunstakademie Herzog Karl Eugens. 2) Historienmaler Ferd. Hartmann und Gottlieb Schick. 3) Joh. Gotth. Müller der Kupferstecher. 4) Die königl. Kunstschule zu Stuttgart und die Staatskunstsammlungen. Die zweite Abtheilung: 1) Briefe Gottlieb Schick's, eines sehr hoffnungsvollen frühverstorbenen Malers, aus Rom. 2) Briefe Eberhard Wächters.
Die Briefe von Schick füllen den größten Theil des Bandes von S. 59—310 und sind reich an interessantem Inhalt.

Hermann **Riegel**, Cornelius, der Meister der deutschen Malerei. Lex. 8. (XII u. 436 S. mit 1 photogr. Portr.) Hannover 1866, Rümpler. n. 3 Thlr.
> Biographie und eingehende Besprechung der Werke des Künstlers von einem begeisterten Verehrer, der gegenüber der Unterschätzung der Zeitgenossen die Bedeutung des Meisters eindringlich darzulegen sucht. Das Buch ist übrigens vor Cornelius Tod geschrieben.

A. v. **Wolzogen**, Peter v. Cornelius. gr. 8. (VII u. 160 S.) Berlin 1867, C. Duncker. n. 1¼ Thlr.
> Ein guter Ueberblick der Kunstthätigkeit des Meisters in anziehender Darstellung, im Wesentlichen auf Riegels Werk beruhend.

R. **Wiegmann**, Die königliche Kunstakademie zu Düsseldorf, ihre Geschichte, Einrichtung und Wirksamkeit und die Düsseldorfer Künstler. 8. (VIII u. 432 S.) Düsseldorf 1856, Buddeus'sche Buchh. n. 1²/₃ Thlr.
> Während die früheren Schriften über die Düsseldorfer Künstler mehr oder weniger Parteischriften sind, ist die vorliegende eine objective auf vollständiger Sachkenntniß beruhende Schilderung und Geschichte der Düsseldorfer Schule von ihrem Entstehen bis auf den heutigen Tag.

Die vorzüglichsten Gemälde der königlichen Gallerie in Dresden, nach Originalen auf Stein gezeichnet. Herausgeg. von Hofrath Franz Hanfstängl. Nebst histor. und artist. Erklärungen von J. G. A. Frenzel. 39 Hefte. Dresden 1836—44, Hanfstängl (Leipzig R. Weigel) à Heft n. 6 Thlr.

Die Pinakothek zu München, lithographirt von Piloty, Flachenecker, Strixner u. A. Complet in 40 Lieferungen. Jede Lieferung enthält 4 Blatt auf chines. Papier und 1 Blatt aus der altdeutschen Sammlung. München. Piloty und Löhle. Preis jeder Lief. n. 4¾ Thlr.
> Ohne Text.

Die Sammlung alt-, nieder- und oberdeutscher Gemälde der Brüder Boisserée und J. Bertram. Lithogr. von J. N. Strixner. 38 Liefer. 114 lithogr. Bl. und 3 in Kpf. gest. München 1825—34, liter.-artist. Anstalt. à Lief. 5¾ Thlr.

Gemäldesammlung des Herzogs von Leuchtenberg. In Umrissen auf Kupfer mit Text von J. N. Muxel. 27 Liefer. 263 Blatt gr. 4. u. 13½ Bog. Text. München 1836—42, Finsterlin. à Lief. n. 1⅙ Thlr.

(Wilh. **Schäfer**,) Die königliche Gemäldegallerie im Neuen Museum zu Dresden. Beschreibung und Erläuterung sämmtlicher Gemälde nach der Ordnung der Räume, begleitet von kunstgeschichtlichen und kritischen Erinnerungen. 1. 2. Bd. gr. 8. (XXIX, 773 S.) Dresden 1860, Klemm. n. 3 Thlr.
> Die Erläuterungen gehen auf Composition, Materie, Stil und Ausführung ein und geben manche interessante Notiz über das Leben und die Eigenthümlichkeit der Künstler. Nicht nur als Anleitung zum Besuch der Dresdener Gallerie, sondern auch als Hilfsmittel zu kunstgeschichtlichen Studien zu empfehlen.

Die vorzüglichsten Meisterwerke der Dresdener Gemäldegallerie in photogr. Nachbildung.
> Diese Sammlung sehr gelungener Photographieen, welche bis jetzt 26 Stück oder Lieferungen zählt, ist in dreierlei Formaten erschienen:

Format I. (65/47 Centimeter.) à Lief. 3 Thlr.
Format II. (50/37 C.) 1 Thlr. 15 Ngr.
Format III. (14/10 C.) 10 Ngr.

**Perlen mittelalterlicher Kunst.** Eine Auswahl von Photographien nach den schönsten und seltensten Kupferstichen und Radirungen aus dem 15., 16. und 17. Jahrh. Lief. 1—12. gr. Fol. Stuttgart 1867, Gutekunst. à Lief. 12 Thlr.

<small>Gute Photographien, die auch nach beliebiger Auswahl einzeln verkauft werden.</small>

**Album Sr. Maj. d. Königs Ludwig I. von Bayern,** von deutschen Künstlern gewidmet am Tage d. feierlichen Enthüllung des ehernen Standbildes der Bavaria zu München am 9. October 1850. Mit specieller k. Genehmigung in d. Original=Größe theils auf Kupfer oder Stahl, theils auf Stein abgebildet und in Jahrgängen von 4—6 Lief. herausgeg. von Piloty u. Löhle. gr. Fol. München, Piloty u. Löhle.

   I. Jahrg. (1851/52) 6 Lieff. (37 Blatt) à Lief. n. 5 Thlr.
  II.  „  (1852/53) 4 Lieff. (25 Blatt) à Lief. n. 5 Thlr.
 III.  „  (1853/54) 4 Lieff. (25 Blatt) à Lief. n. 5 Thlr.
 IV.  „  (1855/56) 4 Lieff. (25 Blatt) à Lief. n. 5 Thlr.
  V.  „  (1855/56) 1 Lieff. (6 Blatt) à Lief. n. 5 Thlr.

<small>Lithographirte Nachbildungen von verschiedenartigen Compositionen, welche eine Reihe neuerer Künstler dem König Ludwig von Baiern als Album gestiftet haben. Die bedeutendsten Maler sind darin nach ihrer Eigenthümlichkeit repräsentirt und manche von den Blättern haben nicht unbedeutenden Kunstwerth.</small>

**A. v. Zahn, Musterbuch für häusliche Kunstarbeiten.** N. F. 1. u. 2. Lief; mit je 12 Steintafeln und bei Lief. 2, 16 S. Text. Leipzig 1866. 1½ Thlr., 1868, 2½ Thlr. G. Wigand.

<small>Geschmackvolle Muster, besonders für Holzmalerei an Tischen, Schränken, Kästchen und kleinen Geräthschaften. Reiche und originelle Erfindung.</small>

## Dramatische Kunst.

**J. L. Klein, Geschichte des Dramas.** 7 Bde. Leipzig 1865—69, T. O. Weigel. 31 Thlr. 24 Ngr.

   I. Griechische Tragödie. (IX, 560 S.)
  II. Griechische Komödie u. das Drama der Römer. (III, 706 S.)
 III. Das außereuropäische Drama und die lateinischen Schauspiele bis Ende des 10. Jahrh. (IX, 765 S.)
IV—VII. Das italienische Drama bis Mitte des 19. Jahrh. (IV, 926. V, 761. XXI, 778. 747 S. u. Reg. aller 7 Bde.)

<small>Ergebniß sehr umfassender fleißiger Studien. Von wissenschaftlichem Werth, läßt aber in Betreff des ästhetischen Urtheils manches zu wünschen übrig.</small>

**Ed. Devrient, Geschichte der deutschen Schauspielkunst.** 4 Bde. 8. (XIX, 462. XII, 423. XII, 457. XII, 295 S.) Leipzig 1848—61, Weber. 7 Thlr. 15 Ngr.

<small>Eine ansprechende, mit fleißigen Studien und guter Kenntniß des Bühnenwesens ausgeführte Geschichte der deutschen Bühne, aus der Feder eines berühmten Künstlers in diesem Fach.</small>

Ed. **Devrient**, Das Passionsschauspiel im Dorfe Ober-Ammergau in Oberbaiern und seine Bedeutung für die neue Zeit. Mit Illustrationen von F. Pecht. hoch 4. 5¾ B. Leipzig 1851. 20 Ngr.
Eine lebendige Schilderung der Darstellung des Passionsschauspiels mit interessanten Beiträgen zur Charakteristik der Bevölkerung in Oberammergau.

Heinr. **Laube**, Das Burgtheater. Ein Beitrag zur deutschen Theater-Geschichte. gr. 8. (III, 496 S.) Mit Portr. in Stahlstich. Leipzig 1868, Weber. 3 Thlr.
Geschichte des Wiener Burgtheaters, mit besonderer Rücksicht auf des Verfassers eigene Leitung desselben. Ein bedeutender Beitrag zur dramaturgischen Literatur.

Karl Theod. v. **Küstner**, Vierunddreißig Jahre meiner Theaterleitung in Leipzig, Darmstadt, München u. Berlin. Zur Geschichte u. Statistik des Theaters. (XV, 369 S.) Leipzig 1853, Brockhaus. 2 Thlr. 15 Ngr.
Theils Apologie und Geschichte seiner Theaterverwaltung, theils feine Charakteristiken bedeutender Schauspieler. Ein Hauptverdienst sind die vielen genauen und wohlgeordneten statistischen Angaben.

Emil **Kneschke**, Das deutsche Lustspiel in Vergangenheit und Gegenwart. Kritische Beiträge zur Literaturgeschichte unseres Volkes. (VI, 469 S.) Leipzig 1861, Veit u. Comp. 2 Thlr.

—— Zur Geschichte des Theaters u. der Musik in Leipzig. (VI, 330 S.) Leipzig 1864, Fleischer. 1 Thlr. 15 Ngr.
Eine geschichtliche Uebersicht des deutschen Lustspiels von Hans Sachs bis auf die Gegenwart. Das zweite enthält interessante Beiträge zur Geschichte des Leipziger Theaters.

Johann Valentin **Teichmann**, (weil. kgl. preuß. Hofraths), Literarischer Nachlaß, herausgegeben von Franz Dingelstedt. gr. 8. (XII u. 466 S.) Stuttgart 1863, J. G. Cotta. 2½ Thlr.
Teichmann, von früher Jugend auf ein begeisterter Theaterfreund, war von 1815 bis 1856 im Bureau der Generalintendantur des Berliner Hoftheaters beschäftigt. Aus seinen Aufzeichnungen und den Briefen berühmter Dramatiker, die mit dem Berliner Hoftheater in Verbindung kamen, entstand eine Geschichte des königl. Theaters in Berlin von 1740—1840, die sehr viel Interessantes bietet, namentlich aus der Zeit, wo Iffland die Verwaltung leitete. In der Beilage finden wir ein vollständiges Verzeichniß der von 1771 bis 1843 auf dem Berliner Theater aufgeführten Stücke, des Personals von 1790—1827, und der von 1790—1810 angekauften Manuscripte.

Karl **Immermann**, Theaterbriefe. Herausgegeben von Gustav zu Putlitz. 8. 7¾ B. Berlin 1851. 20 Ngr.
Ein sehr interessanter Beitrag zur Geschichte des deutschen Theaters. Die Briefe beziehen sich vorzugsweise auf die Jahre 1833—1837, die Zeit, in welcher es Immermann versuchte, in Düsseldorf ein ideelles Theater heranzuziehen.

Gustav **Freytag**, Die Technik des Dramas. gr. 8. (VIII u. 310 S.) Leipzig 1863, Hirzel. 1½ Thlr.
Ist zunächst für jüngere Kunstgenossen bestimmt, welchen der Verfasser einige Kunstregeln in anspruchsloser Form überliefern und die hauptsächlichsten technischen Vorschriften durch Beispiele erläutern will. Zugleich kann aber Jeder, der für dramatische Poesie Sinn und Verständniß hat, vielfache Anregung und Belehrung aus diesem Buche schöpfen und die Werke der großen dramatischen Dichter von einem Gesichtspunkt aus betrachten lernen, auf den man sonst bei der Lektüre weniger zu achten pflegt. Klar und mit Geist geschrieben.

**Alb. Kretschmer** u. **K. Rohrbach**, Die Trachten der Völker vom Beginn der Geschichte bis zum 19. Jahrhundert. Imp. 4. mit Chromolithogr. u. Text. Lieferung 1—20. (XII, 343 S.) Leipzig 1861—64, Bach. à Lief. n. 2⅔ Thlr.

Sehr mannigfaltige Trachtenbilder, zunächst für die Zwecke des Theaters von dem Intendanten der Berliner Theatergarderobe gesammelt und mit einem erklärenden Text herausgegeben. Für die Richtigkeit der Bilder und deren Beschreibung haben wir keine Bürgschaft, übrigens entsprechen sie dem Zwecke und g ben eine Vorstellung davon, wie die verschiedenen Stände und Personen vergangener Zeit gekleidet gewesen sein mögen, und sind ein willkommenes Hilfsmittel zur Geschichte der Moden und für Herstellung eines richtigen Theatercostüms.

## Musik.

**Aug. Wilh. Ambros**, Geschichte der Musik. 3 Bde. gr. 8. (XX, 548. XXVIII, 539. XV, 591 S.) Breslau 1862—68, Leuckart. n. 11 Thlr.

Werk eines gelehrten Musikkenners, der für diese Arbeit gründliche Studien gemacht hat. Der erste Band handelt nicht von der Musik, er ist mehr Culturgeschichte der orientalischen Völker und der Griechen, als Geschichte der Musik, von der in diesen Zeiten noch nicht viel zu erzählen ist. Der zweite Band behandelt die ersten Zeiten christlicher Kunst, den Gregorianischen Kirchengesang, die Sängerschule in St. Gallen, Guido v. Arezzo und dessen Tonsyst.m, die Bestrebungen der Niederländer und überhaupt das Mittelalter gegen Ende des 13. Jahrhunderts. Der dritte Band enthält: Die Niederländer; die Musik in Deutschland und England; und die italienische Musik bis zu Palestrina. Die Urtheile des Verfassers sind verständig und mit Beispielen belegt, der Stil etwas gesucht geistreich und mit Bildern überladen.

**Frz. Brendel**, Geschichte der Musik in Italien, Deutschland u. Frankreich. 25 Vorlesungen, gehalten zu Leipzig. 4. umgearb. u. verm. Aufl. Lex. 8. (XXVI, 687 S.) Leipzig 1867, Matthes. n. 3 Thlr. 10 Ngr.

Eine gute Geschichte der Musik, welche dieselbe dem größeren musikalisch gebildeten Publikum zugänglich macht. Die ältesten Zeiten sind kurz behandelt, aber von der Reformationszeit an wird die Darstellung ausführlicher. In der neueren Zeit wird Wagner und seine Richtung mit Vorliebe behandelt.

**Arrey v. Dommer**, Handbuch der Musikgeschichte von den ersten Anfängen bis zum Tode Beethovens in gemeinfaßlicher Darstellung. (VII, 607 S.) Leipzig 1868, Fr. W. Grunow. 3 Thlr.

Der Zweck des Verf. ist, eine Ue.ersicht der musikgeschichtlichen Thatsachen bis auf die Zeit Beethovens, soweit sie untersucht sind, nicht nur dem Fachmusiker, sondern auch dem kunstgebildeten und diesem Gegenstande überhaupt mit Interesse entgegenkommenden Leser zu vermitteln.

**Jos. Schlüter**, Allgemeine Geschichte der Musik in übersichtlicher Darstellung. Lex. 8. (VIII u. 208 S.) Leipzig 1863, Engelmann. 1 Thlr. 12 Ngr.

Beruht auf genauer Bekanntschaft mit der neuen musikalischen Literatur, ist allgemein verständlich gehalten, gut geordnet und geschrieben und giebt treffende Charakteristiken der neueren Componisten und ihrer Leistungen.

**Friedr. Zamminer**, Die Musik u. die musikalischen Instrumente in ihrer Beziehung zu den Gesetzen der Akustik. Mit Holzschnitten. gr. 8. (XII u. 437 S.) Gießen 1855, Ricker. n. 2 Thlr.

Der Verf. stellt sich die Aufgabe, die mathematische Grundlage der Musik und die Anwendung der akustischen Gesetze in dem Bau der musikalischen Instrumente einem größeren

Leserkreise verständlich zu machen, namentlich aber den Musikern von Fach ein neues Hülfsmittel zu bieten.

Die Ausführung ist in der wissenschaftlich tüchtigen Weise gehalten, wie man sie von Zamminer erwarten kann, aber eigentlich populär denn doch nicht, da sie mehr mathematische und technische Kenntnisse voraussetzt, als man in der Regel bei Musikern und Dilettanten findet. Doch werden auch die, welche den eigentlich wissenschaftlichen Theil nicht recht verstehen, vieles Interessante und Belehrende darin finden, um so mehr, da der Verfasser eine Menge von charakteristischen Notizen aus der Geschichte der Musik gelegentlich beibringt.

**Ad. Bernh. Marx**, Die Musik des neunzehnten Jahrhunderts und ihre Pflege. Methode der Musik. gr. 8. (VIII u. 572 S.) Leipzig 1855, Breitkopf u. Härtel. $2^2/_3$ Thlr.

Stellt sich die Aufgabe, die Gesammtergebnisse der musikalischen Bildung hauptsächlich für die Lehrer der Musik zusammenzufassen. Hat als Arbeit eines anerkannten Musiklehrers und Theoretikers Autorität, ist übrigens etwas breit und mit luxuriöser Phraseologie ausgestattet.

**Aug. Wilh. Ambros**, Culturhistorische Bilder aus dem Musikleben der Gegenwart. Lex. 8. (IV, 260 S.) Leipzig 1860, Matthes. n. $1^1/_3$ Thlr.

Die Widmung der Schrift an Franz Liszt bezeichnet schon die Richtung ihres Verfassers, der sich als ein begeisterter Freund der Zukunftsmusik kund giebt. Beethoven, Rossini, Weber, Schumann und Löwe werden eingehend besprochen, schließlich auch die Tanzmusik seit hundert Jahren.

**W. H. Riehl**, Musikalische Charakterköpfe. Ein kunstgeschichtliches Skizzenbuch. 8. 3. Aufl. (X, 306 S.) Stuttg. 1861, Cotta. 1 Thlr. 15 Ngr.

Geistreiche Charakteristiken v. Wenzel Müller, Astorga, Mattheson, Seb. Bach, Mendelssohn, Hasse, Rossini, Meyerbeer, Spohr, Rosetti, Wranitzky, Pleyel, Hofmeister, Neukomm, Kreutzer und Lortzing.

—— Musikalische Charakterköpfe. Ein kunstgeschichtliches Skizzenbuch. 2. Folge. 8. 2. Aufl. (VII, 376 S.) Ebend. 1862. $1^1/_2$ Thlr.

Die erste Hälfte dieses Buches ist eine Geschichte der romantischen Oper von 1815—1835, gebaut auf eine ausgeführte Charakteristik der bedeutendsten Meister, und ist besonders in dem, was der Verfasser über die italienische Oper sagt, vortrefflich. Rossini, sein Talent wie sein künstlerischer Leichtsinn trefflich gezeichnet. Dann auch die jämmerliche Abnahme gehörig ins Licht gesetzt, die sich in den Namen Bellini, Donizetti und Mercadante repräsentirt. Die zweite Hälfte des Buches schildert die vier Meister des Claviersatzes, Clementi, Weber, Haydn, Sebastian Bach und enthält viel Lehrreiches und Anziehendes. Im Ganzen aber steht dieses zweite Bändchen der musikalischen Charakterköpfe an Frische und interessanten Combinationen von Kunst und Leben dem ersten nach.

**Otto Jahn**, Gesammelte Aufsätze über Musik. gr. 8. (V u. 337 S.) Leipzig 1866, Breitkopf u. Härtel. 1 Thlr. 24 Ngr.

Inhalt: Musikaufführungen in Leipzig und Düsseldorf, Mendelssohns Oratorien, Berlioz, Richard Wagner; Beethoven und die Ausgabe seiner Werke.

Eine Reihe geistreicher musikalischer Charakteristiken.

**A. Ulibicheff**, Mozarts Leben und Werke 2c. 2. Aufl. neu bearbeitet von L. Gantter. 4 Bdchn. gr. 16. (Bd. I. XX, 331 S. Bd. II. 328 S. Bd. III. 392 S. Bd. IV. 351 S. u. 10 Musikbeilagen.) Stuttgart 1859, Becher. 3 Thlr. 6 Ngr.

Da nach Jahns Werk (s. S. 244) Ulibicheff nicht mehr genügen konnte und doch dieser den Dilettanten und selbst Musikern von Profession mehr zusagte, als die gründliche Arbeit des deutschen Gelehrten, und fortwährend Nachfrage fand, so war Verbesserung u. Bereicherung geboten. Dieser hat sich Prof. Gantter in Stuttgart unterzogen und wirklich viele Partien vervollständigt, durch Musikbeilagen belebt, Frivoles und Ueberflüssiges entfernt. Dies ist aber nicht so vollständig geschehen, als zu wünschen war, da der vierte Band Jahns dem neuen Bearbeiter noch nicht vorgelegen hat. Man vermißt Genaueres über die letzten Lebensjahre und großen Werke Mozarts, eine Analyse von seinen Quartetten und Sonaten, während man über die Requiemstreitfrage und den Unterschied von Quartett und Symphonie überflüssig viel zu lesen bekommt. Auch das persönliche Lebensbild Mozarts wünscht man genauer und vollständiger gezeichnet.

A. **Ulibicheff**, Beethoven, seine Kritiker u. Ausleger. Aus d. Franz. überf. von L. Bischoff. gr. 8. (XXI, 373 S.) Leipzig 1859, Brockhaus. n. 1 Thlr. 24 Ngr.

Eine Tendenzschrift gegen diejenigen, welche in Beethoven den Culminationspunkt aller Musik sehen, Mozart deshalb geringer achten und in Beethoven gerade das als das Höchste preisen, worin andere nüchterne Leute vielmehr einen Verfall erkennen. Ulibicheff nun ist Mozartianer und deshalb ist ihm die Musik, die nichts sein will, als eben Musik, mindestens ebensoviel werth, als die sog. Programm=Musik, noch mehr ist ihm aber der reine Wohlklang, als dessen Typus Mozart dasteht, Grundgesetz aller Musik, daher er an Beethoven alle die Stellen, wo eine musikalisch=unmögliche Zusammenstellung von Tönen vorkommt, unnachsichtlich rügt. Dies hindert ihn aber nicht, die Meisterwerke Beethovens als solche darin vollkommen anzuerkennen, worin sie in colossaler Größe und dämonischer Kraft über Mozart hinausgehen; seine Analysen über Beethovens Symphonien, Quartette, Sonaten liest man mit hohem Genuß, und wünscht nur, daß er auch Anderes, namentlich den Fidelio, in den Kreis seiner Besprechung gezogen hätte.

Josef W. v. **Wasielewski**, Robert Schumann. Eine Biographie. Mit den Medaillons v. Clara u. Rob. Schumann u. 2 Facsimil. gr. 8. (XIX u. 436 S.) Dresden 1858, Kuntze. n. 2 Thlr.

Eine gut geschriebene Biographie, die auf die Compositionen Schumanns beurtheilend eingeht, doch so, daß auch ein Musikfreund, der nicht Theoretiker ist, das Buch mit Genuß lesen kann.

Richard **Wagner**, Das Kunstwerk der Zukunft. 8. (X u. 233 S.) Leipzig. 1850, O. Wigand. 1 Thlr.

—— Oper u. Drama. 3 Thle. 8. Leipzig 1852, Weber. n. 3 Thlr.
1. Die Oper und das Wesen der Musik. (194 S.)
2. Das Schauspiel u. das Wesen der dramatischen Dichtkunst (90 S.)
3. Dichtkunst u. Tonkunst im Drama der Zukunft (247 S.)

—— Drei Operndichtungen nebst einigen Mittheilungen an seine Freunde als Vorwort. gr. 8. (III, 352 S.) Leipzig 1852, Breitkopf u. Härtel. 2 Thlr.

Das Kunstwerk der Zukunft, das Richard Wagner in seinen Schriften verkündet und dem er durch seine eigenen Schöpfungen Bahn zu brechen sucht, ist eine Umgestaltung der Oper durch eine engere Verbindung mit dem Schauspiel, überhaupt eine Vereinigung mehrer verwandter Künste, um dadurch eine gesteigerte Wirkung hervorzubringen. In der erstgenannten Schrift entwickelt er sein Ideal einer Verbindung des Dramas mit der Musik und ergeht sich in einer etwas phrasenhaften Ausführung, in der zweiten sucht er zunächst den Verfall der Oper als eine nothwendige Folge der Entwicklung ihres Princips nachzuweisen, in 2. Bande will er das Drama in seiner Scheidung von der Musik aus dem Gebiet der Poesie verbannen, im 3. Bande geht er auf das Einzelne wie z. B. das Verhältniß der Sprachlaute zum musikalischen Tone näher ein. Unter den als Probe vorgelegten Operntexten zeichnet sich der Tannhäuser durch poetischen Gehalt aus. Die Vorrede giebt einige biographische Mittheilungen und eine Menge von Phrasen über die künstlerische Tendenz des Verfassers.

[F. **Hinrichs**,] Richard Wagner u. die neuere Musik. Eine kritische Skizze
a. d. Gegenwart. (IV u. 108 S.) Halle 1854, Knapps Sort. ½ Thlr.
   Empfehlenswerth zur Orientirung über die Wagner'schen Bestrebungen, ihre Berechtigung
und ihre Schattenseiten.

**Musikalische Briefe.** Wahrheit über Tonkunst und Tonkünstler. Von einem
Wohlbekannten. 2 Thle. (I. VIII 224 S. II. 167 S.) Leipzig 1852,
Baumgärtners Buchh. 2 Thlr.

**Fliegende Blätter für Musik.** Wahrheit über Tonkunst und Tonkünstler.
Von dem Verfasser der „Musikalischen Briefe."
    I. Bd. (1—8. Heft.) Lex. 8. (IV u. 492 S.) Ebend. 1853—54,
       3 Thlr. 24 Ngr.
    II. Bd. (1—5. Heft.) Lex. 8. (320 S.) Ebd. 1855—56. 2½ Thlr.
    III. Bd. (1. u. 2. Heft. (III, 112 S.) 1857—58. 1 Thlr.
   Beide Werke repräsentiren bei dem Streite der Meinungen auf dem Gebiete der musikali=
schen Aesthetik eine vermittelnde Richtung. Der Verfasser zeigt sich von unverkennbarer Vor=
liebe für die Traditionen der klassischen Periode geleitet, läßt aber auch den neuern Gerechtigkeit
widerfahren, und hat bei aufrichtiger Durchkämpfung seiner eigenen bestimmten Ansichten den
Vorzug eines würdigen gehaltenen Tones. Das Ganze macht den Eindruck eines alten Praktikers,
so daß die Vermuthung, Lobe, Professor am Conservatorium in Leipzig, sei der Verfasser, große
Wahrscheinlichkeit für sich hat.
   Die musikalischen Briefe enthalten eine Reihe von Charakteristiken neuerer Tonsetzer; die
fliegenden Blätter eine große Mannigfaltigkeit von werthvollen Mittheilungen zur Geschichte
der Musik, belehrende Winke zur Theorie und Praxis, auch Erinnerungen aus dem Umgang
mit berühmten Musikern, wie Weber, Zelter, Mendelssohn u. A.

**Rob. Schumann**, Gesammelte Schriften über Musik u. Musiker. 4 Bde.
8. (I. XXII, 328 S. II. 286 S. III. 293 S. IV. 304 S.) Leipzig
1854, G. Wigand. n. 4⅔ Thlr.
   Eine Sammlung von ästhetischen Kritiken eines anerkannten Meisters. Streng in allge=
meinen Grundsätzen gegen die Ausartung der Tonkunst, aber im Einzelnen zu Concessionen ge=
neigt, gegenüber von Beethoven und Berlioz.
   Enthält den Gesammtertrag seiner kritischen Thätigkeit bei der von ihm gegründeten
musik. Gesellschaft der sogenannten Davidsbündler. Die Urtheile in Form von Dialogen, in
welchen sich die schroff gegenüberstehenden Ansichten ausgleichen. Köstlicher Humor. Vernich=
tende Kritik über Meyerbeers Hugenotten.

# Romane.

[Willib. **Alexis** (Geo. Wilh. Heinr. Häring)], W. **Scott**, Walladmor. Frei
nach d. Engl. von W. Alexis. 3 Bde. 8. Berlin 1823, (Peiser.)
3¾ Thlr.
—— 2. Aufl. gr. 16. Ebend. 1824. n. 2¾ Thlr.
Willib. **Alexis**, Schloß Avalon. 3 Bde. 8. Leipzig 1827, Brockhaus.
5½ Thlr.
—— Cabanis. 6 Bde. Berlin 1832. 8 Thlr. Neue Ausg. 8. Berlin
1856, (Janke.) 1½ Thlr.
—— Der Roland von Berlin. 3 Bde. 8. Leipzig 1840, Brockhaus.
6 Thlr.

Wil. **Alexis**, Die Hosen des Herrn v. Bredow. 1. Abth.: Hans Jürgen und Hans Jochem. Vaterländischer Roman. 2 Bde. 8. 48 B. Berlin 1847. 3 Thlr. 10 Ngr.
—— 2. Abth.: Der Wärwolf. 3 Bände. 8. 52⅞ B. Ebend. 1848. 4 Thlr. 15 Ngr.
—— Ruhe ist die erste Bürgerpflicht, oder vor 50 Jahren. Vaterländ. Roman. 5 Bde. 8. 109 B. Berlin 1852. 7 Thlr. 15 Ngr.
—— Isegrimm. Vaterländischer Roman. 3 Bde. 8. (I. V, 324. II. 346. III. 360 S.) Berlin 1854, Barthol. 5 Thlr.

<small>Erster Nachahmer Walter Scotts in Deutschland und Begründer des neuen historischen Romans. Führt seine Gestalten mit großem Fleiß, feinem Beobachtungsgeiste und mit Mitteln reicher Bildung aus. Die Darstellung zeigt künstlerische Gewandtheit, ist aber breit und durch Reflexion unterbrochen. Mit Walladmor führte sich der Verfasser unter Walter Scotts Namen als dessen vorgeblicher Uebersetzer ein. „Die Hosen des Herrn v. Bredow" und „Cabanis" haben besonders als gute Schilderungen aus der brandenburgischen Vorzeit Anklang gefunden, und das Gelungenste unter dieser Gattung ist „Der Roland von Berlin". „Ruhe ist die erste Bürgerpflicht" und „Isegrimm" sind der preußischen Geschichte aus den Jahren 1806—1813 entnommen. Das erste giebt eine anschauliche Schilderung der Sittenverderbniß der höheren Stände und der Fäulniß des ganzen Staatslebens, im zweiten wird das Erwachen der nationalen Opposition und die Thätigkeit der patriotischen Vereine durch interessante lernhafte Gestalten repräsentirt.</small>

Ludw. Achim v. **Arnim**, Armuth, Reichthum, Schuld u. Buße der Gräfin Dolores. 2 Bde. 8. Berlin 1810, G. Reimer. n. 1⅓ Thlr.
—— Der Wintergarten. 8. Berlin 1809, ebend. 2⅙ Thlr.
—— Die Kronenwächter. 2 Bde. 2. Aufl. gr. 8. Berlin (Leipzig) 1853, (Rein'sche Buchh.) n. 2 Thlr.
—— Isabella von Aegypten ꝛc. 8. Berlin 1812. Neue Ausgabe. (Leipzig, Rein'sche Buchh.) n. 1 Thlr.

<small>Einer der ersten Namen in der romantischen Schule, deren poetische Errungenschaft er zuerst auf das Gebiet des Romans verpflanzt. Reichthum der Phantasie in Phantasterei sich verlierend. Hang zum Grausigen. Einzelheiten von der tiefsten poetischen Schönheit, naive Charakterzeichnung und großer Zauber der Darstellung. Seine bedeutendste Production ist die Gräfin Dolores, in welcher die Wirklichkeit überraschend mit dem Phantastischen vermählt wird. In den Kronenwächtern behandelt er das Mittelalter mit dem ganzen Reichthum der modernen Bildung und zieht schon durch das Stoffliche an, indem er die sagenhaften Nachklänge der Hohenstaufenzeit poetisch verarbeitet. In der Novelle Isabella von Aegypten durchwebte er die historische Grundlage, die Geschichte einer Jugendliebe Kaiser Karls V., mit Gestalten des Volksaberglaubens.</small>

Berthold **Auerbach**, Spinoza. Ein historischer Roman. Stuttg. (Leipzig) 1837. 3 Thlr. Neue durchgearb. Auflage. 8. Stuttgart 1854, Cotta. 1½ Thlr.
—— Dichter u. Kaufmann. Ein Lebensgemälde. 2 Bde. Stuttg. 1840. 3 Thlr. Neue Ausg. 8. Ebend. 1858. 1½ Thlr.
—— Schwarzwälder Dorfgeschichten. 4 Bde. 8. (Bd. 1, 5. Auflage. Bd. 2, 4. Aufl., Bd. 3, 2. Aufl., Bd. 4, 2. Aufl.) Ebendas. 1855, à Bd. n. 1 Thlr.

<small>Hat sich hauptsächlich durch seine Dorfgeschichten, in welchen er das Volksleben mit großer Naturwahrheit, doch nicht ohne dasselbe poetisch zu verklären, auf eine sehr anmuthige Weise</small>

zeichnet, berühmt gemacht. Dieselben sind fast in alle europäischen Sprachen übersetzt. In „Spinoza," in dem „Dichter und Kaufmann" versucht er, ehrenwerthe Gestalten des neuern Judenthums in ihrem Kampf mit den beengenden Fesseln socialer Verhältnisse zu zeichnen. Der erstere Roman giebt eine ziemlich historisch gehaltene Biographie Spinoza's, der zweite eine Lebensgeschichte des israelitischen Dichters Ephraim Kuh.

**Berthold Auerbach**, Barfüßele. 3. Aufl. 8. (III u. 254 S.) Stuttgart u. Augsburg 1858, Cotta. n. 28 Ngr. Neue Ausgabe mit Illustrat. von Vautier. Leipzig 1869, Keil. 2 Thlr.

Sehr anziehende Geschichte eines verwaisten Bauermädchens, das arm und verlassen unter Fremden aufwächst, aber durch ein reiches inneres Leben über diese Verhältnisse hinausgehoben wird. Besonders reizend sind die Schilderungen des ländlichen Naturlebens, unter dessen Einfluß sich ein tiefes und maßvolles Gemüth entwickelt. Als Mangel fühlt sich jedoch die Abwesenheit einer religiösen Einwirkung, ohne welche sich eine so harmonische Ausbildung in niederer Sphäre kaum denken läßt.

—— Joseph im Schnee. Eine Erzählung. 8. (III u. 239 S.) Stuttgart 1860, Cotta. 28 Ngr.

—— Edelweiß. Eine Erzählung. 8. (409 S.) Ebend. 1861. n. 1 Thlr.

Anziehende Erzählungen mit sittlichem Doctrinarismus ausgeführt. Die Geschichten bewegen sich wie die früheren Dorfgeschichten des Verfassers in einfachen ländlichen Kreisen.

—— Auf der Höhe. Roman in 8 Büchern. 3 Bde. 3. Aufl. 8. (1181 S.) Ebend. 1866. n. 3 Thlr. Billige 5. Ausg. 2 Bde. 1 Thlr.

Einer der bedeutendsten neueren Romane. Hofgeschichte, Dorfgeschichte und spinozistische Philosophie vereinigen sich zu einem inhaltreichen Ganzen, das gut organisirt und mit vieler Feinheit im Einzelnen ausgeführt ist.

—— Das Landhaus am Rhein. 5 Bde. (286. 324. 223. 350. 246 S.) Ebend. 1869, 5 Thlr. Billige Ausg. in 2 Bdn. 2 Thlr.

Den Boden, auf dem sich die Geschichte bewegt, bildet ein fingirtes Landhaus, welches ein steinreich gewordener Amerikaner erbaut und fürstlich eingerichtet hat. Der Held ist der Hofmeister seines einzigen Sohnes und liebt dessen Schwester, aber über dem Vater schwebt fortwährend das drohende Gespenst der Entdeckung seiner schlimmen Vergangenheit als Sklavenhändler. Als endlich die Katastrophe, herbeigeführt durch die Manie sich adeln zu lassen, losbricht, führt der amerikanische Krieg zur Lösung, indem der Vater in demselben untergeht, der Sohn und Schwiegersohn Lorbeeren darin ernten. An Inhalt ist das Buch ungemein reich, aber seine Organisation möchten wir dem vorigen nicht ganz gleich stellen. Hingegen hat es den Vorzug, daß es durchaus nichts Anstößiges enthält und der Jugend unbedenklich zu lesen gegeben werden kann. Als Glanzpartie können wir den Charakter und die Entwicklung Rolands, sowie die Gestalt seines Erziehers bezeichnen; namentlich der Erstere bleibt bis zum Ende eine Erscheinung von liebenswürdigster Frische und Kraft. Der Grundgedanke ist der Sieg der humanitären Ideen, die in der Aufhebung der Sklaverei gipfeln.

**Clemens Brentano**, Godwi oder das steinerne Bild der Mutter. 2 Bde. Frankfurt a. M. 1801. 3⅙ Thlr.

Ein geistreiches Buch, in welchem die Elemente der Romantik mit den Verwicklungen des Familienromans verschmolzen sind. Anziehende Auffassung der Natur, frische, doch contemplative Sinnlichkeit. Feinsinnige Bemerkungen über die Menschen in ihren individuellen Erscheinungen.

—— Geschichte vom braven Casperl und der schönen Annerl. 2. Aufl. 16. Berlin 1855, Vereinsbuchhandlung. ⅓ Thlr.

„Die tiefste Poesie des Lebens im reinsten Volkstone."

—— Gockel, Hinkel, Gackeleia. Mit 15 lithogr. Tafeln. gr. 8. Frankf. a. M. (Leipzig) 1838, (O. A. Schulz.) n. 3 Thlr.

In diesem Buch herrscht das Mährchenhafte und Spielende vor, wird aber so reizend verwendet, und ist mit tief poetischen Parthien vermischt, so daß man es trotz dem Durcheinander des Stoffes mit Genuß lesen kann.

Karl Heinr. **Caspari**, Christ u. Jude. Eine Erzählung aus dem 16. Jahrhundert für das deutsche Volk in Stadt und Land. 2. Aufl. mit Beigaben von Graf Pecci, Schütz, A. v. Harleß u. Fr. Delitzsch. 8. (X u. 260 S. mit 1 Holzschnitttaf. und 1 Musikbeil.) Erlangen 1862, Bläsing. 27 Ngr.
    Eine Erzählung von tieferem Gehalt, christlicher Tendenz und glücklicher Popularität.

Adelb. v. **Chamisso**, Peter Schlemihls wunderbare Geschichte. 1814. 7. Aufl. Leipzig 1860, Schrag. ½ Thlr.
    Illustrirte Prachtausgabe 1860. 2 Thlr. 10 Ngr.
    Neue Ausg. Leipzig 1869, Dyk. 2 Ngr.
    Origineller Einfall, voll Geist, mit Gemüth und Laune behandelt. Das Märchen altert nicht. In alle Sprachen übersetzt.

Aug. **Corrodi**, Ernste Absichten. Ein Frühlingsbuch. 8. (V u. 185 S.) Winterthur 1861, Lücke. ¾ Thlr.

—— de Herr Doctor. Herbstidyll usem Züripiet. 16. (311 S.) Winterthur 1861, Steiner. n. 1 Thlr. 2 Ngr.
    Das erste eine anmuthige mit Humor gewürzte Novelle, das zweite eine witzige Dialectdichtung.

Carl Gottlob **Cramer**, Hasper a Spada. 2 Bde. Leipzig 1792 u. 93. Neue Ausg. 8. Leipzig 1794, F. Fleischer. 2 Thlr.
    Prototyp der Ritterromane von der derbsten Art; hat zwar keinen ästhetischen Werth, aber wenigstens einen literargeschichtlichen. Cramer hat eine Menge Aehnliches geschrieben, und die Zahl seiner Nachfolger ist Legion.

Fr. **Dingelstedt**, Licht und Schatten in der Liebe. Novellen. 8. Kassel 1838, Fischer. 1⅓ Thlr.
    Sehr ansprechende Erzählungen von großer formeller Durchbildung, poetischer Färbung und lebendiger Anschaulichkeit.

—— Sieben friedliche Erzählungen. 2 Bde. Stuttgart 1844, Krabbe. 2 Thlr.
    Bd. 1. Deutsche Nächte in Paris. Molken-Curen. Der Schmid von Antwerpen. Der letzte Walzer.
    Bd. 2. Das Mädchen von Helgoland. Ein reicher Poet. Ein armer Poet.

—— Die Amazone. 2 Bde. 2. Aufl. (203. 182 S.) Stuttgart 1868, Hallberger. 2 Thlr.
    Dieser Roman aus Künstlerkreisen zeichnet sich durch eine liebenswürdige Frische der Erfindung und Erzählung aus.

Georg **Ebers**, Eine ägyptische Königstochter. Historischer Roman. 3 Bde. 8. (1.: XVI u. 207, 2.: 253, 3.: 293 S.) Stuttgart 1864, Ed. Hallberger. 3 Thlr. 2. Aufl. 1869. 3 Thlr.
    Ein junger Gelehrter hat hier den Versuch gemacht, seine Studien über ägyptisches, persisches und babylonisches Alterthum zu einem Culturbild zu verwerthen, was ihm in ausgezeichnetem Grade gelungen ist.

(J. H. A. **Ebrard**,) Sigmund Sturm. Einer ist euer Meister. Ein historischer Roman aus dem 16. Jahrh. 4 Thle. 8. (XVII u. 869 S.) Frankf. a. M. 1856, Brönner. n. 2 Thlr. 24 Ngr.

> Ein sehr interessanter theologischer Roman, welcher um die Mitte des 16. Jahrhunderts in Heidelberg spielt, und die confessionellen Streitigkeiten in der Pfalz unter den Kurfürsten Ottheinrich und Friedrich III. mit geschichtlicher Wahrheit und tiefem religiösem Verständniß schildert. Der pseudonyme Verfasser, ein gelehrter Theologe von unionistischer, aber positiv gläubiger Richtung, sucht den schädlichen Einfluß der dogmatischen Zänkereien auf das christliche Leben nachzuweisen, und gestaltet seinen aus gründlicher Kenntniß der pfälzischen Kunstgeschichte geschöpften Stoff so lebendig, daß Jeder, der einiges theologische Interesse hat, den Roman mit Genuß lesen wird. Derselbe ist gegen den krankhaften Ultra-Lutheranismus, wie er auch heutzutage vorkommt, gerichtet, zeigt aber eine gewisse Einseitigkeit darin, daß die edlen Gestalten alle auf reformirter Seite stehen, die fanatischen und bornirten auf lutherischer.

—— Gottfried Flammberg. Kurt Werner. Eine Erzählung aus dem Frankenland. 3 Bändchen. Neue (Titel-) Ausg. 8. (XXI u. 708 S.) Frankfurt a. M. 1866, Christ. Winter. n. 2 Thlr.

> Die Geschichte spielt in den Fehden, welche zu Ende des 15. und Anfang des 16. Jahrhunderts zwischen den Baireuther Markgrafen geführt wurden, und empfiehlt sich durch ein reiches geschichtliches Material, Einhaltung der dem historischen Roman gezogenen Grenzen, und sittlich religiösen Geist. Hat im Einzelnen sehr gelungene Partieen, ist aber nicht gleichmäßig ausgearbeitet. Besonders auch zur Lectüre für die Jugend geeignet.

—— Die Rose von Urach. Eine Erzählung. (607 S.) Stuttgart 1869, Steinkopf. 2 Thlr. 6 Ngr.

> Spielt im dreißigjährigen Krieg.

Jos. v. **Eichendorff**, Aus dem Leben eines Taugenichts und das Marmorbild. Berlin 1826. 1⅔ Thlr. 4. Aufl. 16. Leipzig 1856, Voigt u. Günther. 1 Thlr.

—— Dichter und ihre Gesellen. 8. Berlin 1834, Duncker u. Humblot. 1⅔ Thlr.

> Das Leben eines Taugenichts, eine Novelle, über welche der eigenthümliche Duft des romantischen Humors in reicher Fülle ausgegossen ist. Inniges Naturgefühl, toller poetischer Uebermuth und Sorglosigkeit, absonderlich schöne Frauen, sind die Hauptelemente. In dem Roman „Dichter und ihre Gesellen" wird geschildert, wie die Poesie bald Fluch, bald Segen werde, je nach der Beschaffenheit der Gemüther. Auch hier großer Reichthum der Poesie, aber auch viele Verworrenheit der Romantik, die zu keinen klaren, festen Gestalten und Anschauungen kommen läßt. Für gewöhnliche Romanleser keine Lectüre, aber für Freunde ächter Poesie eine Quelle eigenthümlichen Genusses.

Max **Eifert**, Das Wahrzeichen von Tübingen. Erzählung aus dem 15. Jahrhundert. 3. Aufl. Mit 1 Ansicht der Stiftskirche zu Tüb. 8. (300 S.) Tübingen 1863, Osiander. ⅔ Thlr.

> Ein Steinbild an der Stiftskirche zu Tübingen, welches nach der Volksdeutung einen unschuldig Geräderten vorstellen soll, hat dem Verfasser Veranlassung zu einer Erzählung gegeben, in welcher er seine Kenntniß der Vergangenheit Tübingens auf interessante Weise verwerthet.

Heinrich v. Einsiedel und seine Brüder. Ein historisches Familiengemälde aus d. Zeit d. Reformation von G. v. R. T. Mit einem Vorwort von G. v. Zezschwitz. 8. (VII u. 240 S.) Basel 1866, Schneider. 24 Ngr.

> Nicht ein eigenthümlicher Roman, sondern eine Geschichtserzählung in belletristischer Form, die uns im Bild einer sächsischen Adelsfamilie die Frühlingszeit der Reformation vorführt.

Luther, Spalatin und andere evangelische Theologen jener Zeit treten auf und sprechen, was sie wirklich einst gesprochen oder geschrieben haben. Die Darstellung gewandt und einfach, doch nicht gleichmäßig ausgeführt, da die Verfasserin vom Stoff abhing und sich gewissenhaft an denselben anschloß.

**J. J. Engel**, Herr Lorenz Stark. Berlin 1801. 3. Aufl. gr. 16. 1845. ¾ Thlr. Neue Ausgabe. gr. 16. Berlin 1852, Hofmann u. Comp. n. ¹/₁₀ Thlr.

Charaktergemälde von feinster Zeichnung, in liebenswürdig natürlichem Stil, voll ansprechender Situation. Classisch; ein deutscher Vicar of Wakefield; das ewig Menschliche in seinen Größen und Schwächen, in engem Rahmen erscheinend.

**Luise Esche**, Margareth. 16. (91 S.) Barmen 1859, Langewiesche. 16 Ngr.

Ein zartes Idyll vom reizendsten Duft. Geeignet zum Geschenk für junge Mädchen.

—— Aus der Frauen- und Märchenwelt. 12. (VIII, 165 S.) Ebend. 1859. n. 18 Ngr.

Zarte, sinnvolle Dichtungen.

**Frz. Mich. Felder**, Sonderlinge. Bregenzerwälder Lebens- und Charakterbilder aus neuester Zeit. 2 Bde. gr. 8. (I. VIII u. 272. II. 314 S.) Leipzig 1867, Hirzel. 2¼ Thlr.

Sittenschilderungen aus der Feder eines jungen Bauern im Bregenzerwald, der seine Bildung sich selbst verdankt.

**Friedr. de la Motte Fouqué**, Undine. Erzählung mit 20 Kpfrn. 2. Aufl. Berlin 1814, F. Dümmler's Verl. 1 Thlr. 10. Aufl. ebendas. 1857. 1 Thlr. 11. Aufl. gr. 16. ebend. 1859. n. ⅓ Thlr.

—— Der Zauberring. 3 Thle. 2. Aufl. gr. 8. Nürnberg (Leipzig) 1816, Schrag. 2½ Thlr. Schreibpap. 3 Thlr.

—— —— Ausgabe letzter Hand. 3 Thle. gr. 16. Halle (Braunschweig) 1841, Schwetschke u. Sohn. n. 1½ Thlr.

—— Kleine Romane. 6 Bde. 2. Aufl. 8. Berlin 1818 u. 19, F. Dümmler's Verl. 8⅓ Thlr.

Bd. 1. Der Todesbund.
Bd. 2. Erzählungen.
Bd. 3—6. Neue Erzählungen.

Die besten ungebundenen Dichtungen dieses reichbegabten, aber später in Manier ausgearteten Romantikers. Die Undine das reizendste und tiefste Märchen, reinster Ausdruck romantischer Poesie, durchdrungen von dem Zauber einer vergeistigten Natur. Der Zauberring wirkt mehr stofflich, durch Mannigfaltigkeit der Erfindung, so wie durch die anschauliche Darstellung ächter Ritterlichkeit. Unter den Erzählungen sind einige classisch.

**Gustav Freytag**, Soll u. Haben. Roman in 6 Büchern. 1855. 13. Aufl. (IV, 969 S.) 8. Leipzig 1867, Hirzel. 1 Thlr. 10 Ngr.

Einer der besten neueren Romane, der die Vorzüge des soliden höheren Kaufmannsstandes im Gegensatz zu herabkommendem Adel und unehrenhafter Speculation in trefflich ausgeführten Persönlichkeiten vor Augen stellt, und sich durch strenge Oekonomie und schönes Maß sowohl im Stoff, als in den Mitteln der Ausführung auszeichnet. Daß der Verfasser Dramatiker ist, läßt sich an vielen Vorzügen, aber auch an einigen Mängeln des Buches erkennen. Er giebt uns eine einheitliche poetische Schöpfung, nicht blos Aneinanderreihung interessanter Verwicklungen. So fein und psychologisch wahr aber die Charaktere geschildert sind, so bleibt doch dem Leser zuweilen ein unbefriedigtes Gefühl, wenn ihm bei wichtigen Vorgängen die innere Ent-

Gustav **Freytag**, Die verlorene Handschrift. 3 Bde. 1—4. Aufl. 8. (I. 406. II. 449. III. 357 S.) Leipzig 1864—65, Hirzel. 4½ Thlr. 5. Aufl. in 2 Bdn. (378. 505 S.) 1869. 2 Thlr.

Der Verfasser zeigt uns in diesem Werke ein Bild aus dem deutschen Gelehrtenleben. Ein junger Professor der Philologie sucht mit leidenschaftlicher Beharrlichkeit eine alte Handschrift des Tacitus, deren Spur er zu haben glaubt. Wie er auf der Entdeckungsfahrt ein vortreffliches Weib findet, später durch das Interesse eines benachbarten Fürsten für seine schöne Gattin an den Hof gezogen, durch List auf eine falsche Spur geführt und mit seiner Gattin in höchst peinliche Lagen verwickelt wird, Alles das ist mit Meisterschaft ausgeführt und spannend erzählt. Neben dieser, vorzüglich durch die innere Entwicklung der Heldin, ernst gehaltenen Partie läuft die heiter anmuthige Geschichte eines jungen Paares her, das durch nachbarliche Fehde der Häuser getrennt, endlich zum glücklichen Ziele geführt wird. Vieles Einzelne ist in dem Buche ganz unübertrefflich ausgeführt, aber in der Oekonomie des Ganzen nimmt doch die gelehrte Marotte mit dem Suchen nach der verlorenen Handschrift eine über Gebühr wichtige Stelle ein.

Phil. v. **Galen**, [Karl Phil. Lange,] Gesammelte Schriften. 20 Bde. Leipzig 1857—58, Kollmann. 10 Thlr.

1—5. Der Inselkönig. 6—9. Der Irre von St. James. 10—13. Fritz Stilling. 14—16. Walter Lund. 17—20. Andras Burns und seine Familie.

—— —— 2. Reihe. Ebendas. 1865—66. 16 Bde. in 23 Lief. à 10 Ngr.

1—4. Baron Brandau und seine Junker. 5—8. Emery Glandon. 9—12. Der Strandvogt von Jasmund. Geschichtliches Lebensbild aus der Zeit der Occupation der Insel Rügen durch die Franzosen 1807—1813. 13—16. Der Sohn des Gärtners.

Louise von **Gall**, Frauenleben. Novellen u. Erzählungen. Herausgeg. u. eingeleitet von Levin Schücking. 2 Thle. 8. (XV u. 797 S.) Leipzig 1856, Brockhaus. n. 3½ Thlr.

Wohl das Beste, was die Verfasserin geschrieben. Seelengemälde, in denen die verschiedenen Seiten der weiblichen Natur mit großem Scharfblick und natürlicher Anmuth dargelegt werden. Von dem Gatten der verstorbenen Verfasserin herausgegeben und mit einer Biographie eingeleitet.

Adolf **Glaser**, Niederländische Novellen den Originalen nacherzählt. 8. (235 S.) Braunschweig 1867, Vieweg u. Sohn. n. 24 Ngr.

Holländische Genremalereien von großer Lebenswahrheit und Treue. Die holländischen Erzähler, deren Novellen der Herausgeber mit großem Geschick ins Deutsche übertragen hat, heißen Cremer und Hildebrand.

Jerem. **Gotthelf**, (Bizius.) Gesammelte Schriften. 24 Bde. Bern 1856 —58. 15 Thlr. 10 Ngr.

Treffliche Schilderungen schweizerischer Zustände. Keineswegs idealisirend und seinem Volke nicht schmeichelnd; vielmehr mit der Tendenz, zur Reformirung der Mißstände durch Spott und Ernst anzuregen. Gotthelfs Hauptstärke liegt in der Charakterschilderung, worin sich eine große poetische Kraft bewährt; seine Schwäche liegt in den predigtartigen Längen, die ihm als Pfarrer ankleben. Uebrigens spricht neben der derben Realistik seiner Auffassung die positiv christliche Grundlage wohlthuend an. Von den einzelnen Schriften nennen wir als besonders hervorragend folgende:

—— Leiden u. Freuden eines Schulmeisters. 2 Thle. Ebend. 1838. 2 Thlr. Neue Ausg. 4 Bde. 8. Berlin 1848, Springer. n. 1 Thlr. 2 Ngr. Illustr. Ausg. 1858. 2 Thlr. 7½ Ngr.

Jerem. **Gotthelf,** (Bizius.) Käthi die Großmutter. Berlin 1848, Springer. 18 Ngr. 2. Aufl. mit Zeichngn. 1856. 1 Thlr. 12 Ngr.

—— Wie Anne Bäbi Jowäger haushaltet u. wie es ihm mit dem Doktern geht. Solothurn 1844. 1¼ Thlr. 2. Aufl. 2 Bde. 8. Berlin 1854, Springer. 2½ Thlr.

—— Uli der Knecht. 1841. 2. Aufl. Ebend. 1850. ½ Thlr.

—— Uli der Pächter. 2. Aufl. Ebend. 1850. ⅔ Thlr. Mit Zeichngn. 1 Thlr.

—— Geld und Geist. 2. Aufl. 1852. Ebend. 1½ Thlr.

Joh. Wolfg. v. **Goethe,** Die Leiden des jungen Werther. 2 Thle. (224 S.) Leipzig 1774, Weygand.

—— Wilhelm Meisters Lehrjahre. 4 Thle. Berlin 1795—96, Unger.

—— Die Wahlverwandtschaften. 2 Thle. Tübingen 1809, Cotta.

—— Wilhelm Meisters Wanderjahre. 1. Thl. 8. Stuttgart 1821, Cotta.

[Christophel v. **Grimmelshausen,**] Die Abentheuer des Simplicissimus. Mömpelgart 1669.

—— Die Abentheuer des Simplicissimus. Ein Roman aus der Zeit des 30jährigen Kriegs. Herausgeg. von Ed. v. Bülow. 12. Leipzig 1836, Brockhaus. 1½ Thlr.

Die beste Ausgabe des Simplicissimus ist:

Hans Jakob Christoph v. **Grimmelshausen,** Der abentheuerliche Simplicissimus. Herausgegeben von Adalbert Keller. 2 Thle. 8. Stuttgart gedruckt auf Kosten des literarischen Vereins. 1854.

(Ist übrigens bloß für die Mitglieder des Vereins gedruckt und nicht im Buchhandel.)

Einer der ersten deutschen Romane, in welchem die deutschen Zustände während des 30jährigen Krieges mit treffender Wahrheit und großer Anschaulichkeit geschildert sind. Rohe Natürlichkeit und derber Humor, in Bülows Bearbeitung letztere Eigenschaften zwar mit Schonung behandelt, aber doch vielfach beschnitten.

**Gustav vom See,** [G. v. Struensee,] Gesammelte Schriften. 18 Bde. Breslau 1867—68, Trewendt. 12 Thlr.

1—3. Bd. Vor fünfzig Jahren.
4—7. „ Die Egoisten.
8—10. „ Herz und Welt.
11—13. „ Rancé.
14—16. „ Zwei gnädige Frauen.
17—18. „ Die Belagerung von Rheinfels.

Karl **Gutzkow,** Die Ritter vom Geist. Roman in neun Büchern. 9 Bde. 2. Aufl. 8. 270 B. Leipzig 1852. 11 Thlr. 4. Aufl. 16. (LV, 2701 S.) Leipzig 1865, Brockhaus. 4 Thlr. 15 Ngr.

Von diesem einst viel besprochenen Roman haben wir hier nur zu sagen, daß derselbe seine Anerkennung verdient. Er giebt ein so treues Bild der verschiedenen Elemente der Gesellschaft unserer Zeit, daß spätere Geschichtsschreiber ihn wohl als Quelle benutzen dürften. Die einzelnen Persönlichkeiten, besonders der Berliner Welt, leben vor unsern Augen, und wenn auch manche Scenen zu sehr auf den Effect berechnet erscheinen, so sind doch im Allgemeinen die Richtungen der Zeit ohne Uebertreibung in ihrer objectiven Wirklichkeit dargestellt.

**Karl Gutzkow**, Der Zauberer von Rom. Roman in 9 Büchern. 2. Aufl. in 18 Bdchn. (XIV, 2978 S.) Leipzig 1863, Brockhaus. 6 Thlr.

Dieser Roman giebt in ähnlicher Weise wie die Ritter vom Geist ein Zeitgemälde; nur legt er es mehr darauf an, Süddeutschland und das katholische Wesen zu schildern. Glänzende Detailmalerei und Darstellung zahlreicher Verwicklungen des socialen Lebens sind die Hauptstärke des Buchs.

Die Grundlage des Ganzen ist der Lebensgang eines katholischen Priesters Bonaventura, der sich mit Unbefangenheit und Hingebung seinem Berufe widmet, aber allmählig unter der glänzenden Außenseite des Cultus bald die Inhaltlosigkeit, bald die Unterdrückung eines geistigen Inhalts erkennt, und endlich auf der höchsten Stufe der geistlichen Würden angelangt, von der Nothwendigkeit einer allgemeinen Kirchenreform sich überzeugt, mit den hierarchischen Traditionen bricht und die Reform der Kirche durch Berufung eines allgemeinen Concils einleitet. Die Fabel des Romans dreht sich um einen Erbschaftsproceß zwischen der ältern katholischen und der jüngeren protestantischen Linie eines reichbegüterten gräflichen Hauses in Westfalen; die Geschichte spielt in Köln, Wien und Italien.

—— Hohenschwangau. Roman und Geschichte. 1536—1567. 5 Bde. (III, 330. 392. 362. 373. 463 S.) Leipzig 1867—68, Brockhaus. 8 Thlr.

Ein kulturhistorisches Bild aus der Reformationszeit, das aber mehr durch das interessante, auf genauen Einzelstudien beruhende historische Material, als durch poetische Composition wirkt. Wer eine leichte Unterhaltungslektüre sucht, wird sich nicht befriedigt finden.

**F. W. Hackländer**, Namenlose Geschichten. 3 Theile. gr. 8. 60 B. Stuttgart 1851. 2 Thlr. 12 Ngr.

Ein Roman, in welchem der Verfasser ein ausgezeichnetes Geschick in Schilderung des Lebens reicher Cavaliere entwickelt. Viel Detailmacherei, in welche anziehende Localerinnerungen verwoben sind, wie z. B. aus Stuttgart. Der Verf. hat mit diesem Buch seinen Ruf begründet und eine Reihe von weiteren vielgelesenen Romanen herausgegeben, die sich aber nicht über das Niveau desselben erheben.

—— Werke. Gesammtausgabe. 48 Bde. Stuttgart 1863—66, Krabbe. 19 Thlr. 6 Ngr.

**Moritz Hartmann**, Erzählungen meiner Freunde und Novellen. 8. (III, 386 S.) Frankfurt a/M. 1860, Meidinger Sohn u. Comp. 2 Thlr.

Einen Theil der Erzählungen hat der Verfasser seinen Freunden in den Mund gelegt. Anmuthiges Erzählungstalent von frischer Natürlichkeit, mit einiger Koketterie versetzt.

—— Von Frühling zu Frühling. 8. (304 S.) Berlin 1861, Bessers Verl. 1⅓ Thlr.

Hübsche Erzählung mit guter Charakterschilderung. Zwei Damen, eine Französin und eine Deutsche in nationaler Eigenthümlichkeit, sind die Hauptpersonen der Geschichte.

—— Novellen. 3 Bde. 8. (XII u. 1098 S.) Hamburg 1863, Hoffmann u. Campe. 4½ Thlr.

—— Nach der Natur. Novellen. 3 Bde. 8. (759 S.) Stuttg. 1866, E. Ebner. 3 Thlr.

—— —— Die letzten Tage eines Königs. Historische Novelle. 2. Aufl. 8. (V u. 287 S.) Stuttgart 1866, E. Hallberger. 1⅓ Thlr.

Anmuthige und spannende Erzählungen. Die letztere Novelle handelt von den letzten Tagen König Murat's; mehr ein poetisch ausgemaltes Lebensbild als eine Dichtung.

Wilh. **Hauff**, Lichtenstein. Romantische Sage aus der würtembergischen Geschichte. 3 Thle. Stuttgart 1826. 3¾ Thlr. Neue Ausg. 8. mit 41 Illustr. 1868, Riegers Verl. 16 Ngr. Pracht-Ausg. mit vielen Illustr. (Holzschn. im Text) gez. v. Jul. Nisle u. Jul. Schnorr. 2. Thle. Ebd. 1855. 4. (156. 148.) 4 Thlr. 8 Ngr.

—— Sämmtliche Werke, mit des Dichters Leben von G. Schwab. 5 Bde. Stuttgart 1840. 3 Thlr. Neue Ausgabe. 5 Bde. 8. Ebend. 1857. 2⅔ Thlr.

<small>Höchst glückliche, anmuthige Schilderungen, besonders der Geschichte, wie der ältern und neuern Volkszustände seines nächsten Vaterlandes. In seinem Lichtenstein der schwäbische Walter Scott. Die Märchen am reichsten mit Phantasie und Erfindungsgabe ausgestattet. Leichtester und glänzend glatter Stil trotz einiger Provinzialismen; am besten in den Memoiren des Satans.</small>

Ulr. **Hegner**, Die Molkenkur. 1. Thl. 1—3. Ausg. 12. Zürich 1812 —20, Orell, Füßli u. Comp. ⅔ Thlr.

—— Suschens Hochzeit, oder die Folgen der Molkenkur. (Auch unter dem Titel: Die Molkenkur. 2. 3. Bd.) 2 Thle. Ebend. 1819. 1⅓ Thlr.

—— Salys Revolutionstage. 8. Winterth. (Berlin) 1814, (G. Reimer.) u. 1½ Thlr.

<small>Die Molkenkur ist ein kleines Kunstwerk, das mit Recht bei seinem ersten Erscheinen allgemeines Aufsehen in der Literatur machte: das Uebrige etwas abgeschwächt.</small>

Paul **Heyse**, Novellen. 1. Sammlung 1855. 4. Aufl. (223 S.) Berlin 1864, Hertz. 1 Thlr. 8 Ngr.

—— Neue Novellen. 2. Sammlung 1858. 4. Aufl. (V, 302 S.) Ebend. 1864. 1 Thlr. 18 Ngr.

—— Vier neue Novellen. 3. Sammlung 1859. (VII, 349 S.) Ebend. 1 Thlr. 21 Ngr.

—— Neue Novellen. 4. Sammlung 1862. 3. Aufl. (VII, 392 S.) Ebend. 1866. 2 Thlr.

—— Meraner Novellen. 5. Sammlung 1864. 2. Aufl. (III, 483 S.) Ebend. 1864. 2 Thlr.

—— Fünf neue Novellen. 6. Sammlung. 2. Aufl. (427 S.) Ebendas. 1866. 2 Thlr.

—— Novellen u. Terzinen. 7. Sammlung 1867. 2. Aufl. (III, 355 S.) Ebendas. 1868. 2 Thlr.

—— Moralische Novellen. 8. Sammlung. (XXVIII, 411 S.) Ebend. 1869. 2 Thlr.

—— Gesammelte Novellen in Versen. 2. verm. Aufl. 1870. 2 Thlr.

<small>Künstlerisch ausgeführte Erzählungen von poetischem Gehalt; ein großer Theil und zwar die besten bewegen sich auf italienischem Boden, unter diesen ist die ausgezeichnetste „La rabbiata" in der ersten Sammlung. Unter den Novellen in Versen heben wir hervor „die Braut von Cypern".</small>

Theod. Gottl. v. **Hippel**, Lebensläufe nach aufsteigender Linie. Mit 1 Kpfr. 3 Thle. 8. Berlin 1778—81, (Barthol.) 6⅓ Thlr.

<small>Hippels Werke sind weniger Produkte der schönen Kunst als Commentare zu seinem eigenen Leben, Charakter und Ideenkreise; das Außerordentliche, was der Verfasser an</small>

fich hat, bildet das Originale daran. Wunderlich zusammengewürfelter Stil. Steter innerer Streit zwischen Frömmigkeit und Weltsinn. Apostolat des großen Naturevangeliums seiner Zeit. (Gervinus.)

**Edmund Höfer**, Schwanwiek. (253 S.) Stuttgart 1856, Krabbe. 1 Thlr.

—— Auf deutscher Erde. Erzählungen. 2 Bde. (XIV, 564 S.) Ebend. 1860. 2 Thlr.

—— Die Alten von Ruhneck. Eine Erzählung aus älterer Zeit. 8. (VII u. 259 S.) Ebend. 1862. 24 Ngr.

—— Lorelei. Eine Schloß= und Waldgeschichte. 8. (243 S.) Ebendas. 1862. 24 Ngr.

Die Eigenthümlichkeit des Verfassers besteht einestheils in der poetischen Schilderung norddeutscher Landschaften und Charaktere, anderntheils in dem Aufgeben und Lösen psychologischer Räthsel. Geheimnißvolle Familiengeschichten sind meistens die Grundlagen seiner Erzählung; aber er versteht auch trefflich, die politische Geschichte, besonders des 7jährigen Krieges und der Freiheitskriege, in seine Erfindung zu verweben.

—— Unter der Fremdherrschaft. Eine Geschichte von 1812 und 1813. 3 Bde. gr. 8. (1.: VII, 316, 2.: VII, 310, 3.: V, 326 S.) Ebend. 1863. 2 Thlr. 12 Ngr.

Eine der besten Arbeiten Höfers. Die frisch und spannend erzählte Geschichte spielt auf einem Gute in der Nähe der Nordsee im Schooße einer adeligen Familie, deren Glieder und sociale Beziehungen zwischen den Franzosen und der patriotischen Partei und ihren geheimen Vereinen zur Befreiung des Vaterlandes getheilt sind; die Stimmungen und Zustände werden anschaulich geschildert, während die politischen Ereignisse und die Führer der Bewegung im Hintergrund bleiben.

—— Erzählende Schriften. 12 Bde. 16. (XXXVII, 2847 S.) Ebend. 1865. 5 Thlr. 12 Ngr.

Diese Auswahl ist vom Verf. selbst besorgt.

**E. T. A. Hoffmann**, Lebensansichten des Katers Murr, nebst fragmentarischer Biographie des Kapellmeisters Johannes Kreyßler. 2 Bde. Berlin 1822. 4 Thlr. Neue wohlf. Ausg. 1828. 2 Thlr. 3. Aufl. 2. Abdr. 2 Bde. gr. 16. Berlin 1856, F. Dümmler's Verl. n. ⅓ Thlr.

—— Ausgewählte Schriften. 12 Bde. 8. Berlin 1827 u. 28, G. Reimer. 8 Thlr.

  Bd. 1—4. Die Serapions=Brüder, gesammelte Erzählungen und Märchen.
  = 5. 6. Die Elixire des Teufels. Nachgelassene Briefe des Bruders Medardus, eines Capuciners.
  = 7. Phantasiestücke in Callots Manier.
  = 8. Lebensansichten des Katers Murr nebst fragmentarischer Biographie des Kapellmeisters Johannes Kreyßler.
  = 9. 10. Klein=Zaches, genannt Zinnober. Prinzessin Brambilla. Seltsame Leiden eines Theaterdirectors. Meister Floh.
  = 11. 12. Gesammelte Erzählungen aus Hoffmann's letzten Lebensjahren.

Die neue Ausgabe unter dem Titel:

—— Gesammelte Schriften mit Federzeichnungen v. Th. Hosemann. 12 Bde. gr. 16. Berlin 1844 u. 45, ebend. n. 8 Thlr.

Grotesk phantastischer Humor, mit nicht immer tief poetischem Gehalt. Große Kenntniß des musikalischen Lebens, der verschiedenen Tonschöpfer und Instrumente. Sein Kreyßler wird von George Sand, ohne Zweifel der competentesten Richterin, für den anziehendsten und wundervollsten seiner Romane gehalten. Er ist Fragment geblieben.

K. v. **Holtei**, Erzählende Schriften. 39 Bde. Ebendaf. 1862—66. 15 Thlr. 12 Ngr.
    Holtei ist ein sehr angenehmer Erzähler; wir heben aus seinen Romanen die beiden folgenden aus, wovon der erste hauptsächlich durch anmuthige Schilderung schlesischen Lebens anzieht, der zweite Erlebnisse aus dem Künstler- und Schauspielerleben mit unzerstörbarer Laune schildert.

—— Christian Lammfell. Roman in 5 Bdn. 2. Aufl. 16. (IV u. 1275 S.) Breslau 1858, Trewendt. 1¼ Thlr.

—— Die Vagabunden. 3 Bde. 3. Aufl. mit 12 illustr. Holzschnitten nach Zeichnungen von L. Löffler. gr. 8. (VIII, 581 S.) Ebendaf. 1860. 1½ Thlr.

Friedr. Heinr. **Jacobi**, Woldemar. Flensburg 1779. 3. Ausg. gr. 8. Leipzig 1826, E. Fleischer. 1⅓ Thlr.

—— Ed., Allwills Briefsammlung. Königsberg 1792. 2. Ausg. gr. 8. Leipzig 1826, E. Fleischer. ⅔ Thlr.
    Die bekannte Gefühlsphilosophie des Verfassers in Romanform auf die Poesie und das Leben geistvoll angewandt. Bei außerordentlicher Tiefe und Schönheit der Empfindung viel Verschrobenes in den Verhältnissen.

Fr. **Jacobs**, Erzählungen. 6 Bdchn. 8. Leipzig 1824—28, Dyk'sche Buchhandlung. 12⅓ Thlr.

—— Erinnerungen aus dem Leben der Pfarrerin von Mainau. 2. Aufl. 8. Leipzig 1827, Cnobloch. ½ Thlr.

—— Rosaliens Nachlaß, nebst einem Anhang. 2 Thle. 5. Aufl. 8. Ebend. 1842. 1 Thlr.
    Herablassung eines verdienstvollen Philologen zur sentimentalen Darstellung im Romane; Rosaliens Nachlaß sehr anziehend für heranwachsende Mädchen.

**Jean Paul**, (Friedr. Richter.) Sämmtliche Werke. 3. verm. Aufl. 34 Bde. gr. 16. Berlin 1860—63, G. Reimer. 12 Thlr.

—— Grönländische Processe. 1783—84. 2 Thle. 2. verb. Aufl. 8. Berlin 1821, (Barthol.) n. ⅓ Thlr.

—— Die unsichtbare Loge; eine Biographie. 1793. 2 Thle. 2. verb. Aufl. 8. Berlin 1821, G. Reimer. n. 1⅓ Thlr.

—— Hesperus, oder 45 Hundsposttage; eine Biographie. 1795. 4 Thle. 3. verb. Aufl. Berlin 1819. 6 Thlr. 4. Aufl. 8. Ebendaf. 1841. n. 3⅔ Thlr.

—— Blumen-, Frucht- und Dornenstücke, oder Ehestand, Leben und Tod des armen Advokaten Siebenkäs. 1796—97. 2. verb. Aufl. 4 Bdchn. Berlin 1818, G. Reimer. 4⅔ Thlr. 3. Aufl. 2 Bde. 8. Ebendaf. 1846. 3 Thlr.

—— Leben Quintus Fixleins, aus funfzehn Zettelkästen gezogen ꝛc. 2. Aufl. 8. Berlin 1801, G. Reimer. 2⅚ Thlr.

—— Das Campaner-Thal, oder die Unsterblichkeit der Seele. 1798. 8. Erfurt (Leipzig, A. Lehmann.) 1½ Thlr.

Jean Paul, (Fr. Richter.) Titan. 4 Bände. Komischer Anhang dazu.
2 Bdchn. Berlin 1800—3. 4²/₃ Thlr., fein Pap. 9²/₃ Thlr. 2. Ausg.
3 Bde. 8. Berlin 1846, G. Reimer. 4½ Thlr.

—— Flegeljahre; eine Biographie. 4 Bde. Tübingen 1804 u. 5. 5⅓ Thlr.
2. Aufl. 2 Bde. Berlin 1849, G. Reimer. n. 2 Thlr.

—— Des Feldpredigers Schmelzle Reise nach Flätz. Nebst der Beichte des
Teufels bei einem Staatsmanne. 8. Tübingen (Stuttgart) 1809, Cotta.
¼ Thlr. Velinpap. 1 Thlr.

—— Dr. Katzenbergers Badereise; nebst einer Auswahl verbesserter Werk=
chen. 1809. 2 Bde. 2. verb. Aufl. Breslau 1823, Max und Comp.
3½ Thlr. 3. Aufl. in 1 Bd. Mit dem Bildniß des Verf. 16. Ebend.
1849. 1 Thlr.

—— Leben Fibels, des Verf. der Bienrodischen Fibel. 8. Berlin 1812,
G. Reimer. n. ⅔ Thlr.

Die satirischen Erstlingswerke des großen Humoristen sind die genialsten. In ihnen bildet sich die englische Seite des deutschen Charakters aus. Er ist tiefsinnig im Scherz wie im Ernst; später vom Gefühl oft überwältigt; in Naturschilderungen die Wahrheit oft überbietend; als Genrebildmaler unendlich wahrer in den gemeinen und naiven Charakteren, denn als Schilderer der idealen und sentimentalen Gestalten, deren Krankhaftigkeit er mit Vorliebe pflegte. Vortrefflich ist er in der Darstellung der chaotischen Welt des innern Menschen, insbesondere der Jugend, so lange Welt und Ideal sich in ihr streiten. Der Stil wie mit Brillanten belastet.

Karl Immermann, Die Epigonen. Familienmemoiren in 9 Büchern.
3 Thle. Düsseldorf 1836. 6 Thlr. 2. Aufl. 3 Thle. 8. Berlin 1854,
Ehle. 3¾ Thlr.

—— Münchhausen. Eine Geschichte in Arabesken. 4 Thle. 2. Ausgabe.
Düsseld. 1841. 4½ Thlr. Neue Ausg. 4 Thle. gr. 16. Berlin 1858,
Hofmann u. Comp. 1 Thlr. 6 Ngr.

Diese beiden Romane sind eine Zierde der modernen schönen Literatur Deutschlands. Sie sind von einer kräftigen, männlichen Gesinnung getragen, welche in Gedanken und Sprache ihren klaren Ausdruck findet. Die Epigonen schildern das zersplitterte, in Gegensätze zerfallende Treiben der neueren Zeit, wie es zu keinem Resultate kommt, um so anschaulicher, als auch die Dichtung keine rechte organische Gestalt gewinnt. Münchhausen zerfällt in zwei, ziemlich locker verbundene Theile, wovon der eine mit etwas forcirtem Humor all die kleinen literarischen Interessen der Zeit mit steter persönlicher Beziehung, die bald unverständlich wird, durchnimmt, während der andere uns eine Welt voll Poesie und Naturwahrheit erschließt. In dem westphälischen Bauernstande werden uns die noch lebensvollen Reste einer frühern Zeit in dem zähen Festhalten an altem Recht und alter Sitte vorgeführt, was sich in der Gestalt des Hofschulzen concentrirt, einer der kernhaftesten Persönlichkeiten, die je ein Dichter geschaffen. In dieser Umgebung entwickelt sich eine Liebesgeschichte, wie sie schöner und tiefer wohl noch in keinem Romane dargestellt worden ist. Die Erscheinung Lisbeths als Ausdruck der liebenswürdigsten Jungfräulichkeit bezaubert von Anfang an bis zum befriedigend abschließenden Ende.

—— Der Oberhof aus dem Münchhausen. Mit Illustrationen von
B. Vautier. gr. 4. (VI u. 246 S.) Ebend. 1863. n. 4½ Thlr. Ohne
Illustrationen 356. gr. 8. 1 Thlr.

Die Illustrationen sind mit ausgezeichnetem Verständniß des Dichters entworfen und mit Feinheit ausgeführt, und die idyllische Geschichte ist hier mit Geschick von dem Uebrigen losgeschält.

Heinr. v. Kleist, Erzählungen. 2 Bde. 8. Berlin 1810 u. 11, G. Rei=
mer. 3 Thlr. (Gesammelte Schriften Bd. 3.) Neue Ausg.: Kleist aus=

gewählte Schriften. Herausgeg. von L. Tieck. 3. 4. Bd. (Erzählungen.) gr. 16. Berlin 1846, ebend. à Bd. ½ Thlr.
Genialer Erzähler, meisterhaft in Zeichnung der Gestalten. Das beste in diesem Gebiet „Michael Kohlhaas," die Geschichte eines Pferdehändlers aus dem 16. Jahrhundert, welcher um ein ihm durch schlechte Justizverwaltung angethanes Unrecht zu rächen, eine Fehde gegen die bürgerliche Ordnung beginnt.

Gottfried **Keller**, Die Leute von Seldwyla. Erzählungen. 8. (V, 523 S.) Braunschweig 1856, Vieweg u. Sohn. n. 2 Thlr.
Geschichten aus einer fingirten abgelegenen Schweizer Stadt, voll ursprünglicher Erfindung, in einfachem, frischem Stile gehalten. Der Grundton ist Satire, die bald im leichten Gewand eines harmlosen Humors, bald in tragischen Wirkungen verschiedene Gebrechen unserer Zeit rügt. Wenn man auch eine leitende Idee vermißt, so findet man dagegen gesunde, praktische Lebensweisheit und trefflich gezeichnete Gestalten.

Leopold **Kompert**, Böhmische Juden. Geschichten. 8. (V u. 422 S.) Wien 1851, Manz. 1 Thlr. 21 Ngr.

—— Aus dem Ghetto. Geschichten. 2. Aufl. 8. (XV, 370 S.) Leipzig 1850, Herbig. 1⅔ Thlr.
Treffliche Genrebilder aus dem jüdischen Leben, dessen specifische, mehr und mehr im Verschwinden begriffene Eigenthümlichkeit in gesetzlicher Sitte und Ausdrucksweise von dem Verfasser nach eigenem Erlebniß geschildert wird. Ein tragischer Zug geht durch das Ganze, der von ergreifender Wirkung ist. Uebrigens gehört einige Ueberwindung dazu, um nicht von diesem specifisch jüdischen Wesen sich abgestoßen zu fühlen. Unter den beiden angeführten Schriften verdient die erste den Vorzug, als besonders gelungen möchten wir „die Verlorenen" bezeichnen. In dem Ghetto verdienen „die Kinder des Randars" hervorgehoben zu werden.

—— Neue Geschichten aus dem Ghetto. 2 Bde. 8. (VIII, 567 S.) Prag 1860, Kober u. Markgraf. n. 2⅓ Thlr.

—— Geschichten einer Gasse. Novellen. 2 Bde. 8. (XII u. 639 S.) Berlin 1865, Gerschel. 3 Thlr.
Interessante Schilderungen aus den Kreisen altjüdischen Lebens.

Heinr. **König**, Die Clubbisten in Mainz. Ein Roman. 3 Theile. 8. 72⅛ B. Leipzig 1847. 5 Thlr.
Das anerkannt beste Werk des Verfassers. Behandelt die Zeit vom Herbst 1791—93, die Grenze zwischen Wahrheit und Dichtung vermischend, aber Persönlichkeiten, Sitten und Lokalität mit großer Anschaulichkeit und geschichtlicher Treue schildernd. Eine Hauptperson des Romans ist G. Forster.

—— König Jerômes Carneval. Geschichtl. Roman. 3 Thle. 8. (XVIII u. 1227 S.) Leipzig 1855, Brockhaus. n. 5 Thlr.
Ein Roman, der durch seine lebendige und im Wesentlichen treue, auf Ueberlieferung von Augenzeugen beruhende Schilderung des Lebens am Hofe König Jerômes und die Charakteristik hervorragender Persönlichkeiten nicht unbedeutenden geschichtlichen Werth hat und sich jedenfalls sehr unterhaltend liest. Was die Auffassung jener Zustände betrifft, so scheint der Verfasser zwar mit feinem Urtheil über der sittlichen Atmosphäre zu stehen, die er so trefflich zu schildern weiß, aber genauer betrachtet, erscheint er doch vielleicht, ohne es zu wissen, von einer Anschauungsweise angesteckt, die es mit den Anforderungen einer strengeren bürgerlichen Moral leicht zu nehmen geneigt ist. Gerade da, wo er die Reinheit althessischer Sitten repräsentiren will, befleckt er sie mit einer gewissen Lüsternheit und verräth eine Vorliebe für verfängliche Beziehungen. Die Form entbehrt überhaupt der künstlerischen Strenge und Sorgfalt.

—— Von Saalfeld bis Aspern. Historischer Familienroman. 3 Thle. (934 S.) Wiesbaden 1864, Kreidel. 4 Thlr. 15 Ngr.

**Hermann Kurtz**, Genzianen. Ein Novellenstrauß. 8. Stuttgart 1837, Erhard. 9 Ngr.

—— Schillers Heimathsjahre. 3 Thle. Stuttgart 1843. 6 Thlr. Neue Ausgabe. 2 Thle. gr. 16. Stuttgart 1857, Franckh'sche Buchhandl. 1 Thlr. 18 Ngr.

Höchst liebliche Dichtungen voll ursprünglicher Poesie und schwäbischen Humors, der bei ihm und manchen verwandten Dichtern unter seinen Landsleuten an den Vicar of Wakefield erinnert. Der Simplicissimus ist in dieser Beziehung ein kleines Meisterwerk. Der Roman „Schiller's Heimathsjahre" enthält mitten unter den poetischen Ingredienzien und glücklich mit ihnen vermählt köstbare Anecdoten aus dem Leben Schillers und seines fürstlichen Erziehers. Was er über Schiller enthält, ist aus zuverlässigen mündlichen Ueberlieferungen geschöpft, und ist häufig als Quelle benutzt worden. Die frische lebendige Darstellung dieser Zeit ist dem Verfasser trefflich gelungen, und darf sich neben den mancherlei neueren biographischen und romanhaften Bearbeitungen von Schillers Leben gar wohl sehen lassen.

—— Erzählungen. 3 Bde. gr. 16. (VII, 359. VIII, 293. III, 307 S.) Stuttgart 1858—61, Franckh. à 1 Thlr.

Im ersten Bande sind drei der besten Erzählungen aus den Genzianen neu umgearbeitet; im zweiten und dritten werden in Form von Memoiren eines Bürgersohns einer alten Reichsstadt humoristische Schilderungen aus dem reichsstädtischen und Universitäts-Leben gegeben, wobei der Verfasser häufig von alten Zeiten in die neue überspringt.

**Heinrich Laube**, Gräfin Chateaubriant. 3 Bde. Leipzig 1843, Teubner. 5 Thlr. 2. Aufl. 3 Thle. 16. Ebend. 1846. ⅚ Thlr.

Wohl die gelungenste Arbeit Laube's auf diesem Gebiet, und überhaupt einer der besseren modernen Romane. Gute geschichtliche Studien auf anziehende Weise verarbeitet. Treffende Charakteristik Franz I. und der Intriguen seines Hofes. Lebendig anschauliche Beschreibung der Schlacht bei Pavia.

—— Der deutsche Krieg. Historischer Roman in 3 Büchern. 8. Leipzig, Hässel. 9 Thlr.

1. Buch. Junker Hans. 4 Bde. (1249 S.) 1863.
2. „ Waldstein. 3 Bde. 2. Aufl. (969 S.) 1865.
3. „ Herzog Bernhard. 2 Bde. (744 S.) 1866.

Wurde in der Allg. Zeitung 1866, Beil. No. 210 wegen seiner künstlerischen Haltung, seines Stiles von echt epischem Gleichmaß und seiner soliden tüchtigen Charakteristik gerühmt, aber beigefügt, daß die Vorzüge des Romans durch allzugroße Breite und durch den Mangel an spannender Erfindung beeinträchtigt werden.

**Otto Ludwig**, Zwischen Himmel u. Erde. Erzählung. 2. Aufl. 8. (III, 324 S.) Frankfurt a. M. 1858, Meidinger Sohn u. Co. 1½ Thlr.

Der Verfasser macht hier den Versuch, mit möglichst einfachem äußerem Apparat durch Schilderung ergreifender Seelenzustände in kunstreich psychologischer Entwicklung eine große Wirkung hervorzubringen. Aber der Eindruck ist nur ein peinlicher, denn es fehlt der Erzählung an jedem wohlthuenden Gegensatz, und der Leser wird bis zu Ende in dem Schweben zwischen Himmel und Erde erhalten.

**E. Marlitt**, Goldelse. Roman. 8. (564 S.) Leipzig 1867, Keil. 1 Thlr. 21 Ngr. 4. Aufl. 1869. 1 Thlr.

Ein anziehender Roman von socialer Tendenz. Polemik gegen den Geburtsadel und Resultat, daß persönliche Tüchtigkeit die Stellung in der Gesellschaft bedinge. Die talentvolle Verfasserin hat in der Gartenlaube eine Reihe von ähnlichen Erzählungen veröffentlicht: „Das Geheimniß der alten Mamsell", „Reichsgräfin Gisela" u. A. Ihr hervortretendes Bestreben ist, die Ungerechtigkeiten der Welt grell zu schildern, und vorzüglich die Heuchelei der Orthodoxen, der Conservativen und der Aristokraten zu züchtigen. Gläubigkeit ohne Heuchelei scheint ihr undenkbar zu sein.

Melchior **Mehr**, Erzählungen aus dem Ries. br. 8. (XII u. 396 S.) Berlin 1856, Springer. 2 Thlr.
Ludwig u. Anne Marie. Die Lehrersbraut. Ende gut, Alles gut.

Ansprechende Dorfgeschichten, die sich hauptsächlich im Kreise des wohlhabenden Bauernstandes bewegen. Feine Beobachtung, sittlicher Gehalt. Gute Entwicklung der Charaktere, nur hie und da etwas zu gedehnt.

—— Neue Erzählungen aus dem Ries. gr. 8. (344 S.) Berlin 1860, Springer's Verl. 1 Thlr. 6 Ngr.

—— Vier Deutsche. Roman aus den letzten Jahrzehnten. 3 Bde. 8. (293, 413, 512 S.) Stuttgart 1861, Gebrüder Mäntler. 3⅓ Thlr.

Der Verfasser der beliebten Erzählungen aus dem Ries versucht sich hier mit Glück in einem größeren Zeitroman, worin er die Bestrebungen und Ereignisse der letzten Jahrzehnde, besonders der Jahre 1848 und 49 in den Geschicken und Gesprächen von vier Universitätsfreunden sich abspiegeln läßt. Die Hauptrolle spielen zwei Juristen, von denen der eine, wegen seiner liberalen Gesinnung vom Staatsdienste ausgeschlossen, die akademische Laufbahn mit Erfolg betritt, aber auch hier auf politische Hindernisse stößt und Schriftsteller wird, während der andere, den Verhältnissen sich fügend, eine glänzende Laufbahn im Staatsdienste macht, bis zur Schwelle des Ministeriums gelangt, hier seinen Freund nachzuziehen und zu protegiren sucht, aber endlich an dessen unverbesserlichem Idealismus verzweifelt. Ein dritter Freund, der Poet, repräsentirt die literarische Seite der Zeitbestrebungen, ein vierter wird Journalist. In Folge der nationalen Bewegung siegt der Idealist und wird Minister. Der Roman ist nicht nur durch seine Zeitbeziehungen interessant, sondern verdient auch wegen der guten frischen Erzählung und des Gedankengehalts die Beachtung der Lesewelt.

—— Novellen. 8. (III u. 504 S.) Stuttgart 1863, Cotta. 1 Thlr. 24 Ngr.

—— Ewige Liebe. Roman. 2 Thle. 8. (591 S.) Braunschweig 1864, Westermann. n. 2⅔ Thlr.

Der Verfasser schildert in diesem Buche die treue Liebe eines Idealisten von aristokratischer Herkunft und Bildung zu einem geistig empfänglichen Mädchen, das er als Lehrer zu sich emporzieht, das aber nach dem Wunsch der Familie einen andern Bewerber vorzieht, der sich später als Schwindler enthüllt. Nach unglücklich verlebten Jahren kommt der erste Geliebte zurück, findet das Mädchen sterbend und reumüthig, und nun entwickelt sich auch bei ihr die geistige Liebe in ihrer Verklärung und sie stirbt befriedigt.

—— Erzählungen. 8. (XII u. 310 S.) Hannover 1867, Rümpler. 1¼ Thlr.

Enthält eine größere Erzählung: „Schicksale eines Idealisten," die sich in der höheren Gesellschaft bewegt und ein liebenswürdiges Mädchen und eine ideale Frau um das Herz eines tüchtigen Mannes streiten läßt. Die beiden anderen kleineren Erzählungen gehören zur Gattung der Dorfgeschichten.

—— Erzählungen aus dem Ries. Neue Folge. (409 S.) Ebend. 1870. 1½ Thlr.

Ed. **Mörike**, Maler Nolten. Novelle. 2 Thle. Mit 1 Musikbeilage. 8. Stuttgart 1832, Schweizerbart. 2¾ Thlr.

In der Erfindung mangelhaft, aber von wahrhaft poetischem Geiste durchhaucht. Die einzelnen Züge wahrer als die Charaktere; einige Gestalten höchst anziehend. Schilderung und Stil von seltener Vollkommenheit. Unverkennbares Jugendproduct eines reichen, mit der äußern Welt weniger als mit seinem innern Leben bekannten Gemüthes.

—— Das Stuttgarter Hutzelmännlein. Märchen. 2. Aufl. 16. (V u. Ebend. 1855. ¾ Thlr.

Eduard **Mörike**, Mozart auf der Reise nach Prag. Novelle. 8. (III u. 115 S.) Stuttgart 1856, Cotta. ½ Thlr.
Das erste ist ein anziehendes launiges Märchen, in welchem sich die Phantasie in heiterem poetischen Spiel ergeht und sich mit lokalen Bildern verwebt.
Das zweite ebenfalls ein freies Erzeugniß der Phantasie, nicht eine Episode aus dem wirklichen Leben Mozarts. Der Verfasser will darin den Eindruck wiedergeben, den er aus den Kunstschöpfungen Mozarts von seinem Charakter erhalten hat, und thut dieß auf eine sehr liebenswürdige Weise, indem er uns seinen Helden durch die Erlebnisse eines inhaltvollen Tages in verschiedenen Situationen vorführt.

**Deutsche Liebe.** Aus den Papieren eines Fremdlings. Herauszeg. und mit einem Vorwort begleitet von Max Müller. 2. Aufl. gr. 8. (VI u. 149 S.) Leipzig 1867, Brockhaus. n. 24 Ngr.
Enthält die platonische Liebe zwischen einer geistreichen kränklichen Fürstin und einem aufstrebenden Jüngling, der dadurch eine Weihe für sein künftiges Leben erhält. Der Hauptwerth des Büchleins liegt in den geführten Unterhaltungen.

Otto **Müller**, Der Stadtschultheiß von Frankfurt. Ein Familienroman aus dem vorigen Jahrhundert. 8. 2. Aufl. (258 S.) Stuttgart 1859, Cotta. 1 Thlr.
Eine allerliebste Familiengeschichte, in welcher die Großeltern Goethes von mütterlicher Seite, der Stadtschultheiß Textor und dessen Frau, sowie die nachherige Frau Rath Goethe als junges Mädchen die Hauptrolle spielen.

—— Charlotte Ackermann. Ein Hamburger Theaterroman aus dem vorigen Jahrh. (453 S.) Frankf. a. M. 1854, Meidinger. 1 Thlr. 6 Ngr.

—— Roderich. Eine Hof- und Räubergeschichte aus d. J. 1812. 2 Bde. 1860. 2. Aufl. (588 S.) Stuttg. 1862, Hallberger. 3 Thlr.

—— Eckhof u. seine Schüler. Roman. 2 Bde. (412 S.) Leipzig 1863, Keil. 1 Thlr. 20 Ngr.

—— Bürger. Ein deutsches Dichterleben. 3. Aufl. 2 Bde. (288. 272 S.) Stuttg. 1870, Kröner. 2 Thlr.

—— Der Professor von Heidelberg (Lotichius). Ein deutsches Dichterleben aus dem 16. Jahrh. 3 Bde. (189. 206. 207 S.) Ebendas. 1870. 4 Thlr.
Der Verfasser ist ein beliebter Erzähler, der hauptsächlich kulturgeschichtliche Zustände gut zu verwerthen weiß.

Wolfg. **Müller** von Königswinter. Von drei Mühlen. Ländliche Geschichten. 8. (V u. 387 S.) Leipzig 1865, Brockhaus. 2 Thlr.
Einfache gesunde Geschichten, aus denen sich die Gestalten dreier resoluter Jungfrauen hervorheben.

Maria **Nathusius**, Tagebuch eines armen Fräuleins. 4. Aufl. 8. (168 S.) Halle 1855, Mühlmann. 11¼ Ngr.
Die erste Erzählung, durch welche die Verfasserin mit Recht Aufsehen gemacht hat.

—— Elisabeth. Eine Geschichte, die nicht mit der Heirath schließt. 2 Bde. 2. Aufl. 8. (III u. 324. IV u. 444 S.) Halle 1858, Fricke. 1 Thlr. 21 Ngr. 7. Aufl. 1863.
Die letzte und vielleicht auch die beste Arbeit der frühverstorbenen als christlichen Erzählerin so beliebten Frau. Feine Detailzeichnungen aus dem Familienleben, in denen anschaulich gemacht wird, wie nur ein wahres Christenthum das irdische Glück befestigen kann.

Maria **Rathusius**, Gesammelte Schriften. 11 Bde. Halle 1859—63.
2. Aufl. Bd. 1—7. 1868—69. Mühlmann. à 27 Ngr.

Benedicte **Naubert**, Geschichte der Thekla von Thurn ꝛc. 2 Theile. 8.
Leipzig 1788, (Gebhardt u. Reisland.) 2 Thlr.
<small>Deutsche Vorläuferin Walter Scotts, der ihr viel zu verdanken bekennt.
Vortreffliche Verbindung der Geschichte mit dem Roman. Reiche Phantasie und Erfindungsgabe, Feinheit der Charakterzeichnung und Correctheit der Darstellung zeichnet sie in hohem Grade vor ähnlichen Arbeiten ihrer Zeitgenossen aus. Zugleich empfohlen durch lautere Sittlichkeit. Die anspruchslose, anonyme Schriftstellerin erhielt vom Bräutigam ihre eigenen Werke zum Geschenk.</small>

[Aug. **Peters**,] **Elfried von Taura**, Die stille Mühle. Eine Geschichte aus Deutsch=Böhmen. Mit dem ersten Preise gekrönte Concurrenznovelle des hannoverschen Couriers. 8. (III, 155 S.) Hannover 1856, Rümpler. ³/₄ Thlr.

—— —— Die Tochter des Wilddiebes. Eine Erzählung nach Thatsachen. 16. (240 S.) Prag 1857, Kober u. Markgraf. ²/₃ Thlr.

—— —— Erzgebirgische Geschichten. 2 Bde. 8. (VI, 259, 235 S.) Hannover 1858, Rümpler. n. 2 Thlr.

—— Die Malerin v. Dresden. Erzählung. 16. (276 S.) Prag 1859, Kober u. Markgraf. ²/₃ Thlr.

—— —— Aus Heimath u. Fremde. Novellen u. Erzählungen. 2 Bde. 8. (VI, 497 S.) Leipzig 1860, Hübner. 1¹/₃ Thlr.
<small>Elfried von Taura ist der angenommene Name eines talentvollen lyrischen Dichters und Novellisten, welcher sich zuerst durch eine Sammlung feuriger Liebesgedichte 1844 bekannt gemacht hat. Die Betheiligung an den Aufständen Sachsens und Badens im Frühjahr 1849 zog ihm mehrjährige Gefangenschaft in Rastatt und Waldheim zu, aus welcher er 1855 befreit zuerst durch die Preisnovelle „Die stille Mühle" die Aufmerksamkeit der Lesewelt erregte. Seine novellistischen Arbeiten zeugen von ungewöhnlichem Talent in Erfindung und Ausführung und haben das Gepräge einer warmen Religiosität und sittlichen Ernstes.</small>

Gust. **Pfarrius**, Schein u. Sein. Erzählung aus dem 16. Jahrhundert. 8. (340 S.) Braunschweig 1863, Westermann. n. 1⅚ Thlr.
<small>Die Faustsage zu einem geschichtlichen Culturbild verwendet.</small>

Louise **Pichler**, Friedrich von Hohenstaufen der Einäugige. Historischer Roman. 3 Thle. 8. (807 S.) Leipzig 1853, Herbig. 2¹/₂ Thlr.
<small>Die Verfasserin hat mit geschicktem Griff ein Stück aus der Glanzperiode der deutschen Kaiser gewählt, um es im Roman anschaulich darzustellen. Sie hat sich im Wesentlichen treu an die Geschichte gehalten, wie sie uns in Raumers Hohenstaufen vorliegt, aber das Bild durch eigene Erfindung belebt und das Colorit der Zeit richtig getroffen. Die einfache, edle Darstellung, mit religiösem und nationalem Hintergrund, macht das Buch besonders für jüngere Leser empfehlenswerth.</small>

—— Der letzte Hohenstaufe. Historischer Roman. 3 Bde. 8. (IV 1519 S.) Ebend. 1855—56. 3¹/₂ Thlr.
<small>Die Geschichte Konradins wird hier mit entschiedenem Talent sehr ansprechend behandelt.</small>

—— Heinrichs IV. Vermählung mit Bertha von Susa. Historischer Roman. 2 Bde. 8. (VIII u. 222. 280 S.) Ebend. 1856. 2¹/₂ Thlr.
<small>Eine sehr gelungene Verwendung des Stoffes, den die Jugendgeschichte Heinrichs IV darbietet. Personen und Zustände mit geschichtlicher Treue u. poetischer Lebendigkeit aufgefaßt.</small>

O. v. **Redwitz,** Hermann Start. Deutsches Leben. 3 Bde. (VIII, 224. VI, 372. VI, 497 S.) Stuttgart 1869, Cotta. 5 Thlr.

 Ein Roman in Form einer Lebensgeschichte, die mit mehr als gemüthlicher Breite ausgesponnen ist, aber manche gelungene poetische Einzelheiten enthält. In der Sprache hin und wieder beharrlich festgehaltene Provinzialismen.

[**Ph. J. v. Rehfues,**] Scipio Cicala. 4 Bde. 2. ganz umgearb. Aufl. 8. Leipzig 1840, Brockhaus. 6½ Thlr.

—— Belagerung des Castells von Gozzo oder der letzte Assasine. 2 Bde. 8. Leipzig 1834, ebend. 4 Thlr.

—— Die neue Medea. 3 Bde. 2. Ausg. gr. 12. Stuttg. 1841, (Riegers Verl.) 3 Thlr.

 Diese Romane zeichnen sich durch den Reichthum einer oft nur zu stoffartigen Erfindung, durch sehr viel Verstand und Seelenkunde, durch treffliche Naturschilderungen und einen höchst durchgebildeten Stil aus, und haben gerechtes Aufsehen gemacht.

Rub. **Reichenau,** Aus unsern vier Wänden. Bilder aus dem Kinderleben. 1—5. Aufl. 16. (VIII, 175 S.) Leipzig 1859—60, Grunow. n. ⅔ Thlr. Illustr. 10. Aufl. in 4. (118 S.) Mit 66 Originalzeichngn. von O. Pletsch. Leipzig 1865. 3 Thl. 10 Ngr. 11. A. 16. (342 S.) 1868. 1 Thlr.

 Nichts für Kinder, aber Allerliebstes über Kinder enthaltend. Mit feiner Beobachtung und Humor geschrieben.

Ludwig **Rellstab,** 1812. Ein historischer Roman. In 4 Bdn. 5. Aufl. (XVI, 1367 S.) Leipzig 1860, Brockhaus. 2 Thlr.

—— Drei Jahre von dreißigen. 5 Bde. 2. Aufl. (XXVIII, 2066 S.) Leipzig 1860, Brockhaus. 10 Thlr.

—— Gesammelte Schriften. 12 Bde. 12. Leipzig 1843 und 44, Brockhaus. 12 Thlr. Neue Ausg. 24 Bde. 1860—61 à 15 Ngr.

 Die beiden Romane sind die bedeutendsten Leistungen Rellstabs; der erste füllt die ersten 4 Bände der gesammelten Werke, deren übrige Bände theils Reiseschilderungen, theils Novellen, theils Kunst= und besonders Musikgeschichtliches enthalten. Das Historische in dem Roman 1812 ist, wie Augenzeugen versichern, durchaus treu. Anziehende, gerundete Darstellung; die Verwicklungen meisterlich gelöst.

F. **Reuter,** Sämmtl. Werke. 13 Bde. 8. Wismar, Hinstorff. à Bd. n. 1 Thlr.
 Bd.  I. Läuschen und Rimels. Plattdeutsche Gedichte heiteren Inhalts. (1853.) 9. Aufl. 1866.
  „ II. Läuschen und Rimels. Neue Folge. (1858.) 6. Aufl. 1866.
  „ III. De Reis' nach Belligen. (1855.) N. Ausg. 1866.
  „ IV. Woann ik tau 'ne Fru komm, und Ut de Franzosentib. 1860. 6. Aufl. 1866.
  „ V. Ut mine Festungstib. 4. Aufl. 1866.
  „ VI. Schurr Murr. 4. Aufl. 1866.
  „ VII. Hanne Nüte un de lütte Pudel. 'Ne Vagel und Minschengeschicht. 4. Aufl. 1865.
  „ VIII—X. Ut mine Stromtib. Ein humoristischer Roman. 5. Aufl.
  „ XI. Kein Hüsung. 3. Aufl.
  „ XII. Dörchläuchting.
  „ XIII. De medlenburgische Montecchi u. Capuletti oder de Reis' nach Constantinopel. (V, 354 S.) 1868.

**Fritz Reuter**, Hanne Nüte un de lütte Pudel. Ne Bagel und Minschen=
geschichte. Illustrirte Ausgabe mit 40 Holzschnitten nach Zeichnungen
von O. Spekter. gr. 8. (III u. 329 S.) Wismar 1865, Hinstorff.
n. 2 Thlr.

Die Holzschnitte sind dem Geiste des Gedichtes durchaus entsprechend und geben die
Menschen= und Bogelgeschichte mit köstlichem Humor wieder.

—— Ut mine Stromtid. Mit eingedruckten Holzschnitten nach Zeichnungen
von Ludw. Pietsch. 3 Thle. Lex. 8. (XIX u. 797 S.) Wismar 1865,
n. 6 Thlr.

Auch gute Zeichnungen, aber nicht so treffend wie die Spekters. Wohl der bedeutendste
jetzt lebende Dialektdichter. In der Ausprägung seiner derben lebensvollen Gestalten, sowie
in der glücklichen Mischung von Humor u. Ernst erinnert er lebhaft an Jeremias Gotthelf, da
er aber nicht wie dieser bestimmte Tendenzen verfolgt, so waltet der poetische Geist ungestörter.

**Joh. Vict. Scheffel, Ekkehard.** Eine Geschichte aus dem 10. Jahrhundert.
3 Bde. 2. Aufl. gr. 16. (XVI u. 587 S.) Berlin 1862, Janke.
1½ Thlr. Wohlfeile Ausg. (XVI, 408 S.) 1869. 1 Thlr.

Ein sehr gelungener Versuch, eine sonst dunkle Zeit mit Hilfe des Romans zu lebendiger
Anschaulichkeit zu bringen. Einer der besten historischen Romane, dem es wirklich gelungen
ist, die dürftigen trockenen Nachrichten der Mönchschroniken zu einem lebensvollen anschaulichen Gemälde auszuführen und den Charakter der Zeit richtig wiederzugeben. Der Schauplatz ist das Kloster St. Gallen im 10. Jahrhundert u. die Burg Hohentwiel, auf welcher die
thatkräftige u. bildungsstrebende Herzogin Hedwig waltet.

**Herm. Schmid,** Der Kanzler von Tyrol. Geschichtlicher Roman. 3 Bde. 8.
(IX u. 926 S.) München 1863, Fleischmann. Sep.=Cto. 5 Thlr.

Der Stoff ist der Geschichte Tirols im 19. Jahrhundert entnommen. Der Bearbeiter hält
sich im Wesentlichen an die Thatsachen u. giebt uns ein getreues culturgeschichtliches Zeitbild
mit liberalen Tendenzen.

—— Gesammelte Schriften. 19 Bde. Leipzig 1867—69, Keil. à ⅓ Thlr.

Theils geschichtliche Romane, theils Dorfgeschichten, welche sich meist im bairischen Gebirge bewegen, dessen Sitten und Leben der Verf. aufs Genaueste kennt.

**Levin Schücking,** Ein Schloß am Meere. 2 Thle. 12. Leipzig 1843,
Brockhaus. 3 Thlr.

Eine romantische Erzählung, in welcher mit vieler Kunst die vereinzelt und willkürlich
angesponnenen Fäden zu einem Ganzen vereinigt werden. Großer Reichthum an Gruppen,
vielfältiger Wechsel der Scenerie, die bald eine alterthümliche Stadt des nördlichen Deutschlands, bald das Gestade der Nordsee, bald die herrlichen Gebirgsgegenden Salzburgs, bald die
Ufer des Rheins mit ihren Erinnerungsspuren der Vorzeit vor Augen führt. Noch größer ist
der Wechsel der Ansichten und Meinungen, welche die handelnden Personen, durch zeitliche und
örtliche Verhältnisse motivirt, aussprechen.

—— Eine dunkle That. 2 Bde. gr. 12. Leipzig 1846, Brockhaus. 2 Thlr.

Spielt in Westfalen im vorigen Jahrhundert und zeigt eine Seite aus dem Familienleben
der höhern Stände.

—— Der Bauernfürst. 2 Theile. 8. 51 B. Leipzig 1851. 4 Thlr.

Ein nationaler Roman, in welchem die Leiden und Freuden der Kleinstaaterei treffend
verzeichnet und überhaupt gute Studien für die Sittengeschichte des vorigen Jahrhunderts
niedergelegt sind. Die Geschichte ist gut erfunden und sehr anziehend ausgeführt.

—— **Ausgewählte Romane.** 12 Bde. Leipzig 1864, Brockhaus. 6 Thlr.
1—3. Die Marketenderin von Köln. (XV, 519 S.)
4—6. Paul Bronchorst. (IX, 641 S.)

7—8. Die Rheider Burg. (VI, 279 S.)
9—11. Die Ritterbürtigen. (XI, 519 S.)
12. Die Sphinx. (III, 233 S.)

Eine vom Verfasser veranstaltete Sammlung derjenigen seiner Romane, deren Schauplatz seine westfälische Heimat ist, und die als Schilderung des westfälischen Volkslebens und Landes ein Ganzes bilden. Schückings Romane zeichnen sich überhaupt durch geschickte Verwerthung des geschichtlichen Hintergrundes aus, ohne darum historische Romane zu sein. Er ist in Anmuth der Erzählung einer unsrer ersten Schriftsteller.

Levin **Schücking**, Schloß Dornegge, oder der Weg zum Glück. Roman in 4 Büchern. (III. 281, 258, 254, 327 S.) Leipzig 1868, Brockhaus. 5½ Thlr.

Die Heldin dieses Romans ist eine ungemein begabte und bezaubernde junge Dame, die sich von ihrer Stellung als Tochter eines fabelhaft reichen Bankiers so gelangweilt fühlt, daß sie beschließt, als Gouvernante unter angenommenem Namen die Welt und Menschen von einer andern Seite kennen zu lernen. In die vielen Verwicklungen, welche sich daraus ergeben, folgt man ihr mit Vergnügen, und erfreut sich auch der mannigfaltigen lebendigen Gestalten u. Charaktere, die dabei auftreten.

Robert **Schweichel**, In Gebirg u. Thal. Novellen. 8. (III u. 420 S.) Berlin 1864, Lüderitz' Verlag. 1 Thlr. 21 Ngr.

Schilderungen aus dem Natur- u. Menschenleben, mit Geschichten, die im Waadtland, Wallis u. Savoyen spielen.

—— Jura und Genfersee. Novellen. 8. (III u. 384 S.). Berlin 1865, Lüderitz Verlag. 1½ Thlr.

Der Verfasser weiß mit liebevollem Blick die Natur des Landes und Volkes zu schildern, und auf dieser Grundlage anziehende Charaktere und Begebenheiten zu gestalten.

—— Aus den Alpen. 2 Bde. (302, 384 S.) Berlin 1870, Janke. 3 Thlr.

[Charles **Sealsfield**], Neue Land- und Seebilder, oder die deutsch-amerikanischen Wahlverwandtschaften. 4 Bde. 8. Zürich 1839, 40, Schultheß. 7⅘ Thlr.

—— Gesammelte Werke. Oktav-Ausgabe. 18 Bde. Stuttgart 1843—46, Metzler. 31½ Thlr.

  Bd. 1—3. Der Legitime und die Republikaner. Eine Geschichte aus dem letzten amerikanisch-englischen Kriege. 3 Bde. 2., durchges. Ausg. 1844. 4 Thlr.
  „ 4—6. Der Virey und die Aristokraten, oder Mexiko im Jahre 1813. 3 Bde. 2., durchges. Ausg. 1844. 5 Thlr.
  „ 7—8. Morton oder die große Tour. 2 Bde. 2., durchges. Ausg. 1844. 2⅓ Thlr.
  „ 9—13. Lebensbilder aus der westlichen Hemisphäre. 5 Bde. 2., durchges. Ausg. 1643. 9⅔ Thlr.
      Bd. 1. George Howard's Esq. Brautfahrt.
      „ 2. Ralph Doughby's Esq. Brautfahrt.
      „ 3, 4. Pflanzenleben. Die Farbigen.
      „ 5. Nathan der Squatter-Regulator, oder der erste Amerikaner in Texas.
  Bd. 14., 15. Das Cajütenbuch, oder nationale Charakteristiken. 2 Bde. 2., durchges. Ausg. 1846. 4 Thlr.
  „ 16—18. Süden und Norden. 3 Bde. 1842—43. 6½ Thlr.

In der Oktav-Ausgabe ist jede der vorstehenden Schriften einzeln zu haben. Die Taschen-Ausgabe (Stuttgart 1845—46 ebend.), 15 Bde., welche nicht getrennt abgegeben werden, kostet zusammen n. 10⅛ Thlr.

Gute Schilderung der damaligen socialen Zustände in Nordamerika. Gestaltende Phantasie, welche die treffendsten Lebensbilder malt, unerschöpflicher frischer Humor, eine starke Dosis Mesmerion sind die Elemente, die den Werken Sealsfield's einen großen Reiz verleihen. Mit seiner lebendigen, frischen, an die objective Wirklichkeit sich haltenden Schilderung weiß er das Leben Nordamerika's auf allen Punkten uns zu öffnen. Der Verfasser hat sein Incognito bis zu seinem Tode bewahrt. Er hieß Karl Postel, war 1793 zu Poppitz bei Znaim in Böhmen geboren und verließ im J. 1822 die geistliche Laufbahn, für welche er bestimmt war. † 1864.

**Friedr. Spielhagen**, Problematische Naturen. Roman. 4 Bde. 2. Aufl. (609 S.) Berlin 1863, Janke. 1 Thlr. 15 Ngr.

—— Durch Nacht zum Licht. 4 Bde. (771 S.) 1863. 1 Thlr. 15 Ngr.

Durch den erstgenannten Roman, in welchem sich der Verfasser als ein glänzender Erzähler zeigte, hat er seinen Ruf begründet. Die Geschichte bewegt sich in den Kreisen des pommer'schen Adels.

—— In Reih und Glied. Ein Roman in neun Büchern 5 Bde. 8. (1513 S.) Berlin 1867, Janke. 6¾ Thlr.

Der Verfasser schildert in diesem Roman die verschiedenen socialen und politischen Bestrebungen der Gegenwart, worunter die Arbeiterfrage in den Vordergrund tritt. Sein Held ist ein Agitator für die Befreiung der Arbeiter von der Herrschaft des Kapitals, und erinnert in seiner Gestalt und seinem Charakter lebhaft an Lasalle. Ueberhaupt weiß der Verfasser geschickt Personen und Züge aus der Gegenwart einzuflechten und seinen Geschöpfen Leben und Interesse zu verleihen. Im Einzelnen ist Vieles meisterhaft gelungen, das Ganze aber befriedigt deshalb nicht, weil der Verfasser, nachdem er seinen Helden trotz aller hochfliegenden Ideale an herzlosem Ehrgeiz mit Recht zu Grunde gehen läßt, es versäumt, den menschlich fühlenden Vertretern des Liberalismus, die sich in Reih und Glied stellen, irgend einen greifbaren Erfolg zuzutheilen und so den Titel zur Wahrheit machen.

**A. R. Karl Spindler**, Der Jude. Deutsches Sittengemälde aus der ersten Hälfte des 15. Jahrhunderts. 3 Bde. 3. Aufl. 8. Stuttgart 1834, Hallberg's Verl. 7 Thlr.

—— Der Jesuit. Charaktergemälde aus dem ersten Viertel des 18. Jahrh. 3 Bde. 2. Aufl. Stuttg. 1832. 3. Aufl. 3 Bde. 8. Ebend. 1845. 5¼ Thlr.

—— Der Vogelhändler von Imst. Tirol vor 100 Jahren. 4. Bde. 8. Stuttgart 1841 u. 42, ebend. 7 Thlr.

—— Fridolin Schwertberger. Bürgerleben und Familienchronik aus einer süddeutschen Stadt. 4 Bde. 8. Stuttg. 1844, ebend. 7 Thlr.

Große Erfindungsgabe; plastisch energische Darstellung; weniger innere Wahrheit und Tiefe. Einst beliebte Unterhaltungslectüre. Die beiden Romane „der Vogelhändler" und „Fridolin Schwertberger" werden besonders gerühmt wegen ihrer naturgetreuen Auffassung des volksthümlichen Lebens und treffender Schilderung localer Sitte.

**Heinrich Steffens**, Novellen. Gesammtausgabe. 16 Bdchn. 8. Breslau 1837 u. 38, May u. Comp. n. 4 Thlr.

Auch unter den Titeln:
Bdchn. 1. Gebirgs-Sagen. Als Anhang: Die Trauung, eine Sage des Nordens.
„ 2—6. Die Familien Walseth und Leith. Ein Cyclus von Novellen. 5 Bändchen. 3. verbeff. Aufl.
„ 7—12. Die vier Norweger. Ein Cyclus von Novellen. 6 Bdchn. 2. verb. Aufl.
„ 13—16. Malkolm. Eine norwegische Novelle. 4 Bdchn. 2. verb. Aufl.

Der berühmte Naturphilosoph hat hier die Resultate seiner Lebenserfahrung, seines Denkens über Religion, Staat, Kunst und Zeitgeschichte in populärer Weise darzulegen gesucht, und dabei eine Fülle der geistreichsten Ansichten mit großer Beredtsamkeit entwickelt. Aber um dem reichen Ideengehalt ein stoffliches Gegengewicht zu geben, häufet er eine Masse von ineinander geschachtelten Geschichten und Persönlichkeiten, die er vor- und rückwärts ausspinnt, so daß uns kein organisirtes Ganze entgegentritt. Man darf an diese Romane nicht den Maßstab eines Kunstwerkes legen, da ihnen, wie sich der Verfasser wohl bewußt war, das erste Erforderniß eines solchen abgeht, die über dem Ganzen schwebende Ruhe und Einheit. Eine eigenthümliche poetische Kraft entwickelt sich in den häufig eingewobenen ergreifenden Naturschilderungen, womit er besonders seine nordische Heimath verherrlicht. In Walseth und Leith bilden die geistigen und literarischen Bewegungen des 18. Jahrhunderts die Grundlage. Die vier Norweger stellen die eigene Entwickelungsgeschichte des Verfassers in verschiedenen Persönlichkeiten dar, hauptsächlich sein Miterleben in den Sphären der Naturphilosophie und Romantik. Malkolm, in dem das nordische Heldenthum mit moderner Bildung versetzt erscheint, ist mehr als die übrigen Phantasieschöpfung und hat daher auch am meisten Einheit.

A. Frh. v. **Sternberg**, Die Zerrissenen. 8. Eine Novelle. Stuttgart 1832, Cotta. 1 1/3 Thlr.

—— Eine Novelle. Fortsetzung der Zerrissenen. 8. Stuttgart 1833, Cotta. 1 1/2 Thlr.

—— Lessing eine Novelle. 8. Stuttgart 1834, ebend. 1 3/4 Thlr.

Glänzende, oft rein poetische Darstellung; weniger glückliche Erfindungsausgabe, am glücklichsten im märchenhaft Phantastischen. Charaktere nicht sehr wesenhaft. In den früheren Novellen von Tieck abhängig.

Adelb., **Stifter**, Studien. 2 Bde. Pesth 1844, Heckenast. Berl. 4 Thlr. 6. Aufl. mit Zeichngn. von Geiger. 2 Bde. (XVI, 1027 S.) Pesth 1864, Heckenast. 4 Thlr.

Großes Talent für Stil; lebendige Naturanschauung; doch nicht ganz ursprünglich.

Theod. **Storm**, Immensee. 9. Aufl. 16. (61 S.) Berlin 1863. Frz. Duncker. 1/2 Thlr.

—— Im Schloß. 16. (97 S.) Münster, Brunn. 1/2 Thlr.

—— Auf der Universität. 16. (128 S.) Ebend. 1863. 3/4 Thlr.

Ein beliebter Dichter, der mit feiner Auffassung Zustände und Vorgänge des inneren Lebens schildert.

G. F. Wilh. **Suckow**, (pseud. Posgaru.) Novellen. 3 Bdchn. 2. verb. Aufl. Mit 3 Stahlst. 8. Breslau 1833, Max u. Comp. 2 3/4 Thlr.
Auch unter dem Titel:
  Bd. 1., 2. Die Liebesgeschichten. 2 Bde.
  „ 3.  Germanos.

Feinsinnige Arbeiten von psychologischer Tiefe und warmen Gemüthsleben. Musterhafter Stil. Rein sittliche Tendenz.

Ludw. **Tieck**, William Lovell. 2 Thle. Neue Ausg. 8. Berlin 1813, G. Reimer. n. 1 Thlr. (Auch gesammelte Schriften Bd. 6, 7, die ältere Auflage.)

Ein gattungsverwandter Nachfolger von Schiller's Geisterseher. Theilweise Nachbildung von Rétif de la Bretonne's paysan perverti, aus dem ganze Briefe aufgenommen sind.

—— **Phantasus.** Sammlung von Märchen, Erzählungen, S.hauspielen, Novellen. 3 Bde. Berlin 1812—17. 2. Ausg. 3 Bde. 8. Berlin 1844 u. 45, G. Reimer. à Bd. 1 1/2 Thlr.

Eine Gesellschaft von Freunden, die sich auf einem Schlosse zum Landaufenthalt zusammengefunden, unterhält sich vermittelst einer Reihe von acht poetischen Produkten aus Tieck's romantischer Periode: "getreuer Eckart," "Magelone," "Blaubart," "gestiefelter Kater," verkehrte Welt."

—— Der Aufruhr in den Cevennen. Eine Novelle in 4 Abschnitten. 1. u. 2. Abschn. 8. Berlin 1826, G. Reimer. n. ⅔ Thlr.
Eine der ersten und besten Novellen Tieck's, die leider nur Fragment geblieben ist. Die wunderbaren Erscheinungen eines gesteigerten religiösen Lebens werden mit überraschendem Verständniß aufgefaßt und zum Gegenstande geistreicher Reflexionen gemacht.

—— Die Gemälde. 8. Dresden (Berlin) 1823, (G. Reimer.) 1 Thlr.
—— Die Verlobung. 8. Dresden 1823, (ebend.) ¾ Thlr.
—— Die Reisenden. 8. Dresden 1824, (ebend.) 1 Thlr.
—— Musikalische Leiden und Freuden. 8. Dresden 1824, (ebend.) ¾ Thlr.
—— Der Alte vom Berge und die Gesellschaft auf dem Lande. 2 Novellen. 8. Breslau 1828, Max u. Comp. 2 Thlr.
—— Das Fest zu Kenilworth. Prolog zum Dichterleben. Dichterleben (Shakespeare's.) 8. Berlin 1828, G. Reimer. 1⅓ Thlr.
—— Glück gibt Verstand. Der 15. November. 8. Berlin 1828, ebend. 1⅙ Thlr.
—— Novellenkranz. Ein Almanach auf das Jahr 1831, 32, 34 und 35. 16. Berlin, G. Reimer. n. 5½ Thlr.
    Jahrg. 1. Dichterleben. Thl. 2. Die Wundersüchtigen. Mit 6 Kpfr. n. 1½ Thlr.
    " 2. Der Jahrmarkt. Der Hexensabbath. Mit 7 Kpfr. n. 1⅓ Thlr.
    " 3. Tod des Dichters (Camoëns.) Mit 7 Kpfr. n. 1¼ Thlr.
    " 1. Die Vogelscheuche. Märchen-Novelle in 5 Aufz. Mit 7 Kpfr. n. 1½ Thlr.
—— Gesammelte Novellen. 14 Bdchn. 2 Aufl. Breslau 1838—42. 12 7/12 Thlr. Neue Ausg. 12 Bde. 8. Berlin 1852—54, G. Reimer. n. 8 Thlr.

Inhalt:

Bd. 1. Die Gemälde. — Die Verlobung. — Die Reisenden. — Musikalische Leiden und Freuden. — Der Geheimnißvolle.
" 2. Kenilworth. — Dichterleben, erster Theil. — Dichterleben, zweiter Theil (der Dichter und sein Freund.)
" 3. Glück gibt Verstand. — Der funfzehnte November. — Tod des Dichters.
" 4. Der Jahrmarkt. — Der Hexensabbath.
" 5. Der Wassermensch. — Der Mondsüchtige. — Weihnachtabend. — Das Zauberschloß. — Uebereilung.
" 6. Der Gelehrte. — Die Ahnenprobe. — Der wiederkehrende griechische Kaiser.
" 7. Eine Sommerreise. — Die Wundersüchtigen. — Pietro von Albano.
" 8. Das alte Buch und die Reise ins Blaue. — Der Alte vom Berge. — Eigensinn und Laune. — Die Gesellschaft auf dem Lande.
" 9. Der Schutzgeist. — Die Klausenburg. — Abendgespräche. — Wunderlichkeiten. — Die Glocke von Arragon.
" 10. Des Lebens Ueberfluß. — Der Aufruhr in den Cevennen. — Liebeswerben. — Waldeinsamkeit.
" 11. Die Vogelscheuche.
" 12. Der junge Tischlermeister.

In diesen Novellen ist der Quell romantischer Poesie von dem großen Dichter uner=
wartet zur Befruchtung anderer Lebens= und Kunstgebiete hinübergeleitet worden, und hat auch
hier herrliche Blüthen und Früchte hervorgebracht. Besonders hervorstechend sind: die Gemälde,
durch geistvolle Betrachtungen über Kunst und Weine; die Reisenden durch humoristische Dar=
stellung eines Irrenhauses; der Alte vom Berge, durch gastronomische Gespräche und durch
Schilderungen des Bergmannslebens; das Fest zu Kenilworth und die beiden Novellen Dich=
terleben, worin Tieck die Resultate seiner Studien über Shakespeare niedergelegt hat, durch eine
geistreiche, wenn auch vielleicht zu subjective Auffassung dieses Dichters; der Tod des Dichters,
poetisch verklärte Leidensgeschichte von Camoëns.

**Ludw. Tieck**, Der junge Tischlermeister. Novelle in 6 Abschnitt. 2 Thle. 8.
Berlin 1836, G. Reimer. n. 1¹/₃ Thlr.

In der Person des Tischlermeisters wird das Ideal eines gebildeten Handwerkers aufge=
stellt, der das Künstliche dem Künstlerischen anzunähern weiß. Herrliche Gespräche über höhere
und niedere Sphären der Kunst. Reich an Gestalten und Situationen, aber der Schluß sitt=
lich schief.

—— Vittoria Accorombona. Ein Roman in fünf Büchern. 2 Thle. 2.
Aufl. 8. Breslau 1841, Max u. Comp. 3 Thlr.

Die letzte Novelle Tiecks, in welcher der Dichter die Ideen über Emancipation der Frauen
auf seine Weise adoptirt und mit vielem Geist in seiner Heldin verkörpert.

**Friedrich von Uechtritz**, Albrecht Holm, eine Geschichte aus der Reforma=
tion. I. Abth. 1. 2. Bd. II. Abth. Bd. 1—3. III. Abth. Bd. 1. 2.
gr. 8. (I. VIII u. 625. II. IX u. 1018. III. VI u. 722 S.) Berlin
1851—53, A. Duncker. 9 Thlr. 24 Ngr.

Der Hauptinhalt dieses geschichtlichen Romans dreht sich um die religiösen Kämpfe
der Reformationszeit und insbesondere um die Frage von der Rechtfertigung durch den Glauben.
Eine alte deutsche Reichsstadt und Italien sind der Hauptschauplatz der Geschichte. Löbell gibt
in den Blätt. für literar. Unterhaltung 1854 Nr. 3 u. 6 eine ausführliche sehr günstige Kritik,
an deren Schluß er sagt: „Das ganze Werk ist von einer großen und echten Begeisterung ein=
gegeben, durch die der Dichter in seinem Gegenstand aufgeht. Nicht minder ausgezeichnet ist
die Sprache zu nennen. Sie ist klar und fließend, ohne in geputzte und abgeschliffene Glätte
zu verfallen; volltönend und markig, ohne an das Gesuchte und Schwülstige auch nur von
fern zu streifen."

—— Der Bruder der Braut oder sittliche Lösung ohne rechtliche Sühne.
3 Bde. 8. (IX u. 1060 S.) Stuttgart 1860, Cotta. 5¹/₂ Thlr.

Ein geistreicher Roman dessen geschichtlicher Hintergrund die Zeit der Freiheitskriege ist.
Gespräche patriotischen, ästhetischen und socialen Inhalts. Entwicklung der Charaktere verleihen
der Erzählung das Hauptinteresse. Die Schuld des Helden, die einer Sühne bedarf, ist der
Mord eines rohen Gatten, der sich später als Bruder der Geliebten des Helden herausstellt und
die Verbindung unmöglich machen zu müssen scheint. Die sittliche Lösung ist Läuterung durch
schmerzliche Erfahrung und in Folge davon gründliche Bekehrung.

**Th. Mt. Usteri**, Dichtungen in Versen und Prosa. Nebst einer Lebens=
beschreibung des Verfassers. Herausg. v. Dav. Heß. 3 Bde. Mit U's.
Portr. gr. 12. Berlin 1831, G. Reimer. n. 3²/₃ Thlr., Velinpap.
n. 5 Thlr.

„Der Erggel im Steinhaus" ist classisch, auch die übrigen Dialektspoesien dürfen sich kühn
neben Hebel's alemannischen Gedichten sehen lassen. Das Hochdeutsche ganz unbedeutend.

**Gisbert v. Vincke**, Im Bann der Jungfrau. Novellenbuch. 3 Bde. 8.
(V. u. 814 S.) Hannover 1864, Rümpler. 3¹/₂ Thlr.

Eine durch schlechtes Wetter auf den Alpen zurückgehaltene, zusammengewürfelte Gesell=

schaft vertreibt sich die Zeit durch Geschichtenerzählen, welche nachher ihren Abschluß innerhalb dieser Gesellschaft, oder durch sie vermittelt, finden. Angenehme Lektüre.

[**Christn. Aug. Vulpius,**] Rinaldo Rinaldini, der Räuberhauptmann. 4 Thle. Mit 18 Kupfr. 5 Aufl. 8. Leipzig 1824. 8. Aufl. 4 Thle. 8. Osterburg 1858, Döger. n. 2½ Thlr.
Der Urahn aller Räuberromane, und als solcher eine literar=historische Unsterblichkeit.

Ottilie **Wildermuth**, Werke. Gesammtausgabe mit b. Port. der Verfasserin. 8 Bde. à ca. 20 B. Stuttg. 1862, Krabbe. 3 Thlr. 6 Ngr.

—— Bilder u. Geschichten aus dem schwäbischen Leben. 8. (VI u. 410 S.) Stuttgart 1852. 1 Thlr. 22½ Sgr.
Treffliche Lebensbilder voll Naturwahrheit und Humor aus dem Kreise des schwäbischen Mittelstandes, auf tieferem sittlich=religiösen Grunde ruhend. Besonders ansprechende Schilderung verschiedener Pfarrhäuser.

—— Neue Bilder u. Geschichten aus Schwaben. 8. (VIII u. 406 S.) Stuttgart 1854, Krabbe. 1¾ Thlr.

—— Aus dem Frauenleben. 8. (VII u. 352 S.) Stuttgart 1855, Krabbe. 1¾ Thlr.

—— Aus dem Frauenleben. 2. Bd. br. 8. (V u. 386 S.) Stuttgart 1857, Krabbe. 1 Thlr.

—— Die Heimath der Frau. 8. (VII, 347 S.) Stuttgart 1859, Krabbe. 1 Thlr.

—— Im Tageslicht. Bilder aus der Wirklichkeit. 8. (VIII u. 371 S.) Stuttgart 1861, Krabbe. 1 Thlr.

—— Lebensräthsel, gelöste u. ungelöste. Erzählungen. 8. (VII u. 368 S.) Stuttgart 1863, Krabbe. 1 Thlr.

—— Perlen aus dem Sande. Erzählungen. gr. 16. (VII u. 348 S.) Stuttgart 1867, Krabbe. 1 Thlr.
Alle Erzählungen der Verfasserin bewegen sich auf dem Boden des Familienlebens im gebildeten Mittelstand. Ihre reiche Phantasie überschreitet nie die Grenzen des natürlich geordneten Lebens, und stellt sich hauptsächlich psychologische und pädagogische Aufgaben, die sie in religiösem Sinn zu lösen sucht. Sie versteht es vortrefflich, auch in unscheinbaren Zuständen die Lichtpunkte hervorzuheben und reizt nicht zu romanhaften Gelüsten an, sondern weckt Zufriedenheit und höhere Auffassung des Lebens. Daher eine ebenso gesunde als anziehende Lektüre für die Jugend.

# Englische Romane.

Daniel de **Foë**, Robinson Crusoe, der echte englische, seine ersten Seefahrten, sein Schiffbruch und 28jähriger Aufenthalt auf einer unbewohnten Insel, sowie seine späteren merkwürdigen Reisen und Abenteuer bis zum Ende seines Lebens. Nach der ursprünglichen Erzählung Dan. de Foës vollständig übertragen. Nebst Nachrichten über des Verfassers Leben. gr. 12. Stuttgart 1836, (Riegers Verl.) 27 Ngr. (Erstmals erschienen 1719.)

Daniel de **Foë**, Ausg. in 2 Bdn. Mit 250 Holzschn. Lex.-8. Stuttg. 1836—40. (Ebend.) 4½ Thlr.

—— Ausg. mit 206 Holzschn. Leipzig 1841, Baumgärtner's Buchh. 3⅔ Thlr.

—— 2. Aufl. Neu übersetzt v. L. v. Alvensleben.. gr. 8. Ebend. 1850. 2 Thlr.

<small>Eine mit großer Kunst und Wahrheit ausgeführte Zusammenreihung abenteuerlicher aber zugleich möglicher Ereignisse, mit dem Zwecke zu zeigen, daß der Mensch durch den richtigen Gebrauch der natürlichen Fähigkeiten und Hülfsmittel sich selbst in der verzweifeltsten Lage helfen könne. Einfache aber zugleich ungemein fesselnde Darstellung. In alle europäischen Sprachen übersetzt und unzähligemal bearbeitet und nachgeahmt. Bekanntlich auch die Grundlage zu Campe's Robinson.</small>

Jonathan **Swift**, Gulliver's Reisen. 2 Thle. 1726. (Classe. Bibl. d. älteren Romandichter Englands Bd. 5., 6.) 12. Braunschweig 1839. (Hamburg, J. S. Meyer.) n. ⅔ Thlr.

<small>Die bekannten classischen Geschichten von Lilliput.</small>

Heinr. **Fielding**, Geschichte und Abenteuer von Joseph Andrews und seinem Freunde Herrn Abraham Adams. Geschrieben in Nachahmung der Manier von Cervantes, Verf. des Don Quixote. 1750. Aus d. Engl. v. O. v. Czarnowski. 3 Thle. (Classische Bibliothek der älteren Romandichter Englands Bd. 20—22.) 12. Braunschw. 1840. (Hamb., J. S. Meyer.) n. 1 Thlr.

—— Geschichte des Tom Jones. 1750. Aus b. Engl. von A. Diezmann. 6 Bde. (Class. Bibl. d. ält. Romandichter Englands Bd. 25—30.) 12. Braunschw. 1840. (Ebend.) n. 2 Thlr.

<small>Gesunde Naturwahrheit, treffliche oft etwas verwickelte Anlegung der Fabel, feine Charakterzeichnung, humoristische und antiidealistische Auffassung des Lebens. Das beste Werk Fielding's unstreitig Tom Jones.</small>

Tob. **Smollett**, Abenteuer Roderic Random's. 4 Thle. 1748. (Classische Bibliothek der älteren Romandichter Englands Bd. 7—10.) 12. Braunschweig 1839. (Hamburg, J. S. Meyer.) n. 1½ Thlr.

—— Humphrey Clinkers' Reisen. 1771. Aus dem Engl. übers. v. Heinr. Döring. 3 Thle. (Classe. Bibl. d. ält. Romandichter Englands Bd. 11—13) 12. Braunschw. 1839. (Ebend.) n. 1 Thlr.

—— Peregrin Pickle's Abenteuer, Fahrten und Schwänke. Ein kom. Roman. Nach d. Engl. v. G. N. Bärmann. 6 Thle. (Class. Bibl. d. ält. Romandichter Engl. Bd. 14—19.) 12. Braunschw. 1840. (Ebend.) n. 2 Thlr.

<small>Smollett ist in gewissem Sinne ein Nachfolger Fielding's, indem auch er sich im Gebiete des Familienromans bewegt, hat aber vor seinem Vorgänger größere Originalität, lebendigere Zeichnung des Eigenthümlichen und ein rascheres Wesen voraus. Durch gute Schilderung der Sitten seiner Zeit hat er auch einen bleibenden historischen Werth. Der beste seiner Romane ist „Humphrey Clinker."</small>

Lorenz **Sterne**, Tristram Shandy's Leben und Meinungen. Aus b. Engl. von G. N. Bärmann. 4 Thle. 1759—66. (Class. Bibl. d. älteren Romandichter Engl. Bd. 1—4.) 12. Braunschw. 1839. (Hamburg, J. S. Meyer.) n. 1¼ Thlr.

**Lorenz Sterne,** Yorick's empfindsame Reise durch Frankreich und Italien. Aus dem Engl. übersetzt v. G. N. Bärmann. 12. (Class. Bibl. d. ält. Roman=dichter Engl. Bd. 24.) Braunschweig 1840. (Ebend.) n. 1⅓ Thlr.

Sterne hat seinen Ruf erlangt durch Einführung des humoristischen Elementes in den Roman. Der Humor ist bei ihm gutmüthiger Art, aber er bringt es nicht zu einer entschiedenen Wirkung, um so mehr, da zu viel Sentimentalität dabei mitunterläuft. In „Tristram Shandy" namentlich ist der Witz dem Gefühl untergeordnet, während in der „empfindsamen Reise" das umgekehrte Verhältniß Statt findet.

**Oliver Goldsmith,** Der Landprediger von Wakefield. 1776. Deutsch v. E. Susemihl. Illustr. von L. Richter. Mit 62 Holzschnitten. Lex. 8. Leipzig (Berl.) 1840. (Klemann.) 1 Thlr. (Außerdem bearbeitet von A. Diezmann 1840. u. A.)

Dieser unsterbliche Roman bietet uns die schöne, reife Frucht von der Geistesarbeit des vorigen Jahrhunderts vor der Revolution. Der Erzähler der Geschichte, Pfarrer Primrose, ist zugleich deren hervortretendste Figur; er umfaßt mit seiner milden, besonnenen Weltweisheit das Ganze, und verliert unter den härtesten Schicksalsschlägen seine heitere Ruhe nicht. Die Scenen schönen Familienlebens bleiben dem Leser unzerstörbar in der Erinnerung, und die anziehende Erfindung ist mit feinem Humor und trefflichen Charakterschilderungen ausgeführt und von poetischem Duft verklärt.

**Walter Scott,** Ausgewählte Romane. Uebers. und herausgeg. von Karl Immer u. Henry Clifford. 10 Bde. 8. Hamburg 1840, 41, Heubel. n. 4 Thlr. Waverley. Kenilworth. Ivanhoe. Der Alterthümler. Quentin Durward. Der Kerker von Edinburgh. Guy Mannering. Der Pirat. Die Schwärmer. Der Talisman.

—— Sämmtliche Werke, neu übersetzt. 25 Bde. 2. Aufl. Stuttgart 1851—52, C. Hoffmann. 10 Thlr. 15 Ngr.

1) Waverley. 2) Robin der Rothe. 3) Der Pirat. 4) Das Kloster. 5) Der Abt. 6) Quentin Durward. 7) Guy Mannering. 8) Kenilworth. 9) Der Alterthümler. 10) Der Kerker. 11) Die Schwärmer. 12) Nigels Schicksale. 13) Der Talisman. 14) Ivanhoe. 15) Das Mädchen von Perth. 16) Braut von Lammermoor. 17) Graf Robert von Paris. 18) Anna von Geierstein. 19) Woodstock. 20) Montrose und der schwarze Zwerg. 21) Peveril vom Gipfel. 22) Redgauntlet. 23) St. Ronans=Brunnen. 24) Die Verlobte. 25) Das gefährliche Schloß und Chronik von Canongate.

Walter Scott ist der Begründer des historischen Romans und hat nicht nur auf diesem Gebiet, sondern auch auf dem der Geschichtschreibung großen Einfluß geübt. Seine Hauptstärke hat er in der sorgfältigen Schilderung der Sitten, Personen, des Kostüms der Zeit, besonders seiner schottischen Heimat im Mittelalter. Schwächer ist er in der Darstellung innerer Seelenzustände und in Ausführung politischer Begebenheiten. Sein erster und vielleicht auch bester Roman ist „Waverley", der im J. 1814 erschienen ist. In Deutschland einst Modeartikel, jetzt vielleicht zu sehr vergessen.

**J. F. Cooper,** Amerikanische Romane. Aus d. Engl. v. C. Kolb. 2. Aufl. 30 Bde. gr. 16. Stuttg. 1852—54, C. Hoffmann. 15 Thlr.

Cooper wurde zuerst berühmt durch seinen Roman: der Spion 1821, darauf folgten: Die Ansiedler an den Quellen des Susquehanna; der Lootse und andere. Sein anerkannt bestes Werk ist: der letzte Mohikaner. Naturschilderungen, zumal Seeschilderungen, namentlich auch die Verwicklungen gut; interessante Darstellungen nationaler Eigenthümlichkeiten und Gegensätze.

**Washington Irving,** Sämmtliche Werke. Uebersetzt von Mehreren. 74 Bdchn. 12. Frankf. a. M. 1826—37, Sauerländer's Verl. 9 Thlr.; Velinp. 13¼ Thlr.

## Englische Romane.

Bd. 1— 6. Gottfr. Crayon's Skizzenbuch. 6 Bdchn.
„ 7—12. Erzählungen eines Reisenden. 6 Bdchn.
„ 13—18. Bracebridge=Hall, oder die Charaktere. 6 Bdchn.
„ 19. Eingemachtes.
„ 20—31. Die Geschichte des Lebens und der Reisen Christoph Columbus'. 12 Bdchn.
„ 32—37. Die Eroberung Granada's, aus den Papieren Bruders Antonio Agapida. Uebers. von K. Maurer. 6 Bdchn.
„ 38—40. Humoristische Geschichte von Neu=York, von Anbeginn der Welt bis zur Endschaft der holländischen Dynastie. Von Dietr. Knickerbocker. 3 Bdchn.
„ 41—43. Reisen der Gefährten des Columbus. Uebers. von Ph. A. G. v. Mayer. 3 Bdchn.
„ 44—47. Die Alhambra, oder das neue Skizzenbuch. 4 Bdchn.
„ 48—50. Eine Reise auf den Prärien. 3 Bdchn.
„ 51—53. Abbotsford und Newstead=Abtei. 3 Bdchn.
„ 54—56. Erzählungen von der Eroberung Spaniens. Aus dem Engl. 3 Bdchn.
„ 57—65. Astoria. 9 Bdchn.
„ 66—74. Abenteuer des Capit. Bonneville, oder Scenen jenseits der Felsgebirge des fernen Westens. Aus d. Engl. von F. L. Rhode. 9 Bdchn.

Die Wirklichkeit mit einer Treue und Feinheit behandelt, die ans Ideal grenzt. Köstlicher Humor. Meistens keine Romane, sondern freie Geschichts=, Landschafts= und Lebensbilder.

**Marryat**, (Kapitain,) sämmtl. Werke, in sorgfältiger u. vollständ. Uebertragungen. 20 Bde. gr. 16. Stuttgart 1856—59. Hoffmann. 13⅗ Thlr.

Lebendige Darstellung, besonders des Seelebens; übrigens entschiedene Tendenzromane, da der Verf. selbst angibt, daß er durch seine Werke hauptsächlich auf Mängel der englischen Marine aufmerksam habe machen wollen. Der Flottenofficier, Peter Simpel, der Pirat, die Ansiedler in Canada, Midshipman Easy sind wohl die beliebtesten seiner Romane.

**Edw. Lytton Bulwer**, Sämmtliche Romane. 96 Thle. 16. Mit dem Portr. d. Verf. in Stahlst. Stuttg. 1840—53, Metzler. à ⅙ Thlr. 16 Thlr.

Auch unter den Titeln:

Thl. 1— 3. Godolphin. Aus. d. Engl. von G. N. Bärmann. 3 Thle. Mit Bildn.
„ 4— 7. Eugen Aram. Aus d. Engl. v. Fr. Notter. 4 Thle.
„ 8—12. Pelham oder Abenteuer eines Gentleman. A. d. Engl. v. G. Pfizer. 5 Thle.
„ 13—17. Devereur. Aus d. Engl. von Fr. Notter. 5 Thle.
„ 18—22. Paul Clifford. Aus d. Engl. von G. Pfizer. 5 Thle.
„ 23—27. Nacht und Morgen. Aus d. Engl. von G. Pfizer. 5 Thle.
„ 28—32. Der Verstoßene. Aus d. Engl. von Fr. Notter. 5 Thle.
„ 33—36. Die letzten Tage Pompeji's. Aus d. Engl. von Fr. Notter. 4 Thle.
„ 37—41. Rienzi, der letzte Tribun. Aus d. Engl. von G. Pfizer. 5 Thle.
„ 42—45. Ernst Maltravers. Aus. d. Engl. v. G. Pfizer. 4 Thle.
„ 46—49. Alice, oder die Geheimnisse. Fortsetzung von E. Maltravers. A. d. Engl. von G. Pfizer. 4 Thle.
„ 50, 51. Die Pilger des Rheins. Aus. d. Engl. von Fr. Notter. 2 Thle.
„ 52. Leila, oder die Belagerung Granada's. Aus d. Engl. von Fr. Notter.
„ 53. Asmodeus aller Orten. Aus d. Engl. v. G. N. Bärmann.
„ 54. Calderon der Höfling. — Arasmanes. Aus d. Engl. v. G. Pfizer.
„ 55. Falkland. Aus d Engl. v. G. Pfizer.
„ 56—59. Zanoni. Aus d. Engl. v. G. Pfizer. 4 Thle.
„ 60—67. Der letzte der Barone. Aus d. Engl. von G. Pfizer. 8 Thle.
„ 68—72. Lucretia, oder die Kinder der Nacht übers. v. Th. Oelkers. 5 Thle.
„ 73—77. Harold, der letzte Sachsenkönig übers. v. E. Mauch. 5 Thle.
„ 78—83. Die Cartone. Ein Familiengemälde übers. v. K. Kolb. 6 Thle.
„ 84—96. Meine Novelle, oder Wechselformen im engl. Leben von Pisistratus Carton, übers. v. K. Kolb. 13 Thle.

Geistreich in der Darstellung; spannend in der Erfindung, am glücklichsten in Schilderungen aus der conventionellen Welt; dabei aber keineswegs der innern Tiefe entbehrend; mehr reflektirend als ursprünglich.

**Charles Dickens**, Sämmtliche Werke. Neu aus d. Engl. von Carl Kolb. Mit Federzeichn. nach Cruikshank, Phiz und Seymour. 1—85. Bdchn. 16. Stuttgart 1841—48. à $1/_6$ Thlr.

—— Neue Ausgabe in 115 Lief. (17 Bde.) gr. 16. Stuttgart 1855. C. Hoffmann. $11^1/_2$ Thlr.

Unter allen neuern englischen Romanschreibern hat Dickens wohl am meisten Geist. Wahre Liebe zum Volk, scharfer Blick für seine Eigenthümlichkeiten befähigt ihn, das englische Volk in seinem Kleinleben nach seinen schlimmen wie nach seinen guten Seiten aufs Concreteste zu schildern. Meisterhafte Charakterzeichnung, wirkliche Naturwahrheit und köstlicher Humor sind die Vorzüge, welche ihm in England und Deutschland die größte Popularität verschafft haben. Durch die „Skizzen aus London" und die „Pickwickier" 1836—38 hat er seinen Ruhm begründet. Von den folgenden Romanen sind besonders hervorzuheben: Dombey und Sohn, David Copperfield und Bleak Haus, 1848—53.

**W. M., Thackeray**, Der Jahrmarkt des Lebens. Deutsch von W. E. Drugulin. 6 Thle. (Als Theil der europ. Bibliothek.) 8. (1417 S.) Wurzen (Grimma) Verl.=Compt. 1849. 3 Thlr.

—— Geschichte von Arthur Pendennis. Deutsch von Drugulin. 8 Thle. (Als Theil der europ. Bibl.) Ebend. 1849—51. 4 Thlr.

—— Henry Esmond (ehemal. Oberst im Dienste der Königin Anna.) Eine Erzähl. A. d. Engl. v. Chr. Fr. Grieb. 13 Bdchn. 16. (809 S.) (Als Theil des „Auslandes.") Stuttgart 1853, Franckh. 26 Ngr.

Wir führen nur diese drei von den Werken dieses nach Dickens wohl bedeutendsten modernen englischen Romanschriftstellers an, wenngleich noch mehrere, aber weniger werthvolle von ihm vorhanden sind. Den Vorzug vor allen verdient „der Jahrmarkt des Lebens", worin mit äußerst feiner Ironie und Beobachtung des Welt Lauf dargestellt und gezeigt wird, in welchem Preise die sittlichen Eigenschaften der Menschen im Weltgetriebe stehen. Der Verf. gibt mit haarscharfer Correctheit der Charakteristik, in welcher nichts übertrieben ist, und ohne allen poetischen Apparat, ein Bild der englischen Mittelklassen, der Gentlemen durch Geld, der Parvenüs des Besitzes, welche er in ihrem täglichen Thun und Treiben belauscht, und versteht es trefflich, den vielen Schatten, die er aufträgt, einzelne Lichteffecte von moralischer Schönheit gegenüberzustellen, die dem Ganzen einen eigenthümlichen Reiz geben. Von Arthur Pendennis läßt sich dasselbe rühmen; in Henry Esmond dagegen, wo der Verf. seine Weltanschauung auf das Geschichtliche überträgt, vermißt man zuweilen eine großartigere Auffassung der Charaktere und Verhältnisse.

**Currer Bell**, Jane Eyre. Memoiren einer Gouvernante. A. d. Engl. v. L. Fort. 2 Thle. 8. (372 S.) (Bibl. Europ.) Wurzen 1850, Verl=Compt. 1 Thlr.

—— Shirley. Eine Erzähl. A. d. Engl. v. W. E. Drugulin. 5 Thle. Ebend. 1850. $2^1/_2$ Thlr.

Der erste Roman besonders hat großen Beifall gefunden und ist auch bedeutender und mehr abgerundet als der zweite, der eigentlich von einer früh verstorbenen Schwester der Verfasserin herrühren soll, wenngleich beide dieselbe Richtung verfolgen. In Jane Eyre wird die vom Schicksal verfolgte Gouvernante dargestellt, deren Lebensgang aber durch eine alle Hindernisse besiegende Liebe zu einem befriedigenden Abschluß gelangt. Die Gestalten zeichnen sich durch feine psychologische Motivirung aus. Ein Hauptzug ist die Polemik gegen die englische weibliche Erziehung und Sitte, die Heldinnen sind selbstbewußte suchende Gestalten, die von der fashionablen Männerwelt nicht befriedigt werden.

Harriet Beecher **Stowe**, Onkel Tom's Hütte oder Negerleben in den Sclavenstaaten von Nordamerika. Aus dem Englischen. Mit 50 Illustrat. 4. Aufl. 8. (XII u. 430 S.) Leipzig 1854, Weber. n. 1 Thlr.

    Ein amerikanisches Product, das sich mit fast beispielloser Schnelligkeit die Theilnahme der gebildeten Welt in Europa erworben hat. Es verdankt dieselbe zunächst seiner Tendenz, der mit glühender Begeisterung durchgeführten Idee der Sklavenemancipation. Der Zusammenhang des Romans ist lose und die Composition lückenhaft, aber einzelne Schilderungen und Charaktere sind meisterhaft ausgeführt und von ergreifender Wahrheit. Die in den mannigfaltigsten Schattirungen geschilderten Verhältnisse der Neger, ihre Herabwürdigung, ihre Leiden und die edleren Züge ihrer Natur, ja der in Einzelnen erscheinende Heroismus üben eine hinreißende Gewalt auf den Leser aus, die es glaublich macht, daß all diese einzelnen Züge auf wirklich erlebten Thatsachen beruhen.

Charles **Kingsley**, Hypatia oder neue Feinde mit altem Gesicht. Ins Deutsche übertragen von Sophie von Gilsa. Mit einem Vorwort von Chr. C. Jos. Bunsen. 2 Thle. 8. (LXIII, 422, 493 S.) Leipzig 1858, Brockhaus. n. 4 Thlr.

    Ein sehr interessanter geschichtlicher Roman, in welchem umfassende Studien über die erste Hälfte des fünften Jahrhunderts niedergelegt sind. Sehr anschaulich wird darin der Kampf der untergehenden griechischen Bildung und Gelehrsamkeit mit dem bereits entarteten Christenthum, dem Judenthum und der rohen Naturkraft der eindringenden Gothen geschildert. Der Schauplatz ist Alexandrien. Vielleicht sind hie und da die Farben etwas zu stark aufgetragen. Die Uebersetzung ist gut.

Nathaniel **Hawthorne**, Miriam, oder Graf u. Künstlerin. Nach dem Englischen deutsch von Clara Marggraff. 3 Bde. 8. (620 S.) Leipzig 1862, Voigt u. Günther. n. 2 Thlr.

    Hawthorne ist ein unter dem Einfluß deutschen Geistes entwickelter nordamerikanischer Schriftsteller, der in vorliegendem Roman die psychologische Frage zu beantworten sucht, ob die Sünde u. das Unglück ein Hülfsmittel für die Erziehung des Menschen sei, vermöge dessen er sich zu einer höheren Stufe sittlicher Stärke emporzuarbeiten vermöge, als es ohne dieses Mittel möglich wäre.

Die Familie **Schönberg-Cotta**. Ein Charakter- und Sittengemälde aus der Reformationszeit. Aus dem Englischen übertragen von Charlotte Philippi. 2 Bde. 2. Aufl. 8. (I 373. II. 410 S.) Basel 1867, Schneider. 2 Thlr.

    Einer von den historischen Romanen, die mit ihrem Material etwas zu leck umgehen. Die Familiengeschichte liest sich ganz hübsch, ist nur etwas zu lang hinausgezogen, aber die Art, wie die Person Luthers in den Vordergrund tritt und auf die geistlichen Kämpfe der auftretenden Personen einwirkt, scheint uns zu sehr ins Detail ausgeführt.

## Französische, italienische und spanische Romane

Le **Sage**, Gil Blas von Santillana. 1715. Aus dem Französ. 4 Thle Leipzig 1826, Brockhaus. n. 2 Thlr. 2. Aufl. 4 Thle. 12. 1850, ebendas. n. 2½ Thlr. (Bibliothek class. Romane und Novellen des Auslandes. Bd. 6—9.)

    Gehört in die Klasse der sogenannten Schelmenromane, und ist in Anlage, Ausführung und Stoff ähnlichen Werken der spanischen Literatur nachgebildet. Der gutmüthige Leichtsinn, welcher zwar einst selig werden, aber doch die irdischen Güter und Genüsse auch mitnehmen möchte, ist in der Person des Helden mit vieler Laune und Naturwahrheit gezeichnet. Obgleich nicht gerade auf Verspottung der Sittlichkeit ausgehend, macht die Darstellung doch einen ähnlichen Eindruck, indem ein gewisser Mangel an nobler Gesinnung überall hindurchblickt. Die Geschichte ist sehr fesselnd, und namentlich die einzelnen Abenteuer mit psychologischem Scharfblick ausgeführt. Der Stil elegant und den Stoff belebend.

**Joh. Jac. Rousseau, Die neue Heloise.** Deutsch von G. Julius. 12 Thle. (Rousseau's Werke Th. 11—12.) Leipzig 1844, O. Wigand. 1⅗ Thlr. 2. Aufl. 4 Bde. 16. Ebend. 1859. n. 1 Thlr. 2 Ngr.

—— **Emil oder über Erziehung.** 12 Thle. (Rousseau's Werke. Theil 23—34.) Deutsch von K. Große. Leipzig 1844, ebend. 1⅗ Thlr. 3. Aufl. 3 Bde. 16. Ebend. 1854. n. 24 Ngr.

Classisch plastischer Stil. Die innern Erlebnisse mit unendlicher Wahrheit und tiefer Glut geschildert. Durch die neue Heloise geht ein unermeßlicher Schmerz, gegen den alle moderne Zerrissenheit nichts ist.

**Bernardin de Saint-Pierre, Paul und Virginie.** Aus d. Franz. übers. von A. Kaiser. Mit 20 Holzschn. nach Originalzeichn. v. G. Bürkner. Leipzig 1843, G. Mayer. n. ⅓ Thlr. Neben zahlreichen andern Uebersetzungen bearbeitet von G. Fink. Mit 400 Vignetten und 30 Holzstichen. Pforzheim (Stuttg.) 1840, (Rieger's Verl.) 1¾ Thlr. Neue Ausg. Lex.-8. Ebend. 1843. 2¼ Thlr.

Unter dem Einfluß Rousseauischer Ideen entstanden und nicht ohne Sentimentalität, aber der Ausdruck eines zarten reinen Gefühls. Wird mit Recht unter die klassischen Werke der französischen Romandichtungen gezählt.

**Ann. L. Germ. v. Staël,** geb. Necker. **Delphine.** Aus d. Französ. übers. durch Fr. Gleich. 3 Thle. Leipzig 1829. Bibliothek class. Romane und Novellen des Auslandes Bd. 17—19.) Brockhaus. 1½ Thlr. Neue Ausg. 3 Thle. 12. Ebend. 1847. n. 2 Thl.

—— **Corinna, oder Italien;** aus d. Französ. (v. Dorothea Schlegel;) herausgegeb. von Fr. v. Schlegel. 4 Bde. 8. Berlin 1807, Herbig. 4 Thlr., Velinp. 6 Thlr. Min. A. 2 Thle. 16. Ebend. 1852. 3 Thlr.

In dem ersten Romane behandelt die berühmte Verfasserin die sociale Stellung des Weibes, vorzüglich in Beziehung auf Convenienz und öffentliche Meinung, wobei das unbefriedigte Bedürfniß einer glücklichen Ehe durchblickt. Die Leidenschaft ist mit einer hinreißenden Gewalt, voll Geist und Feuer geschildert, und die Sprache oft meisterhaft.

Corinna stellt noch entschiedener die fesselloses Genialität der Heldin dar, im Gegensatz zu der auf den engen Kreis häuslichen Glücks sich beschränkenden Jungfrau, die am Ende den Sieg über sie davon trägt. Das ganze Buch ist im Tone einer poetischen Steigerung gehalten, und als Kunstwerk meisterhaft durchgeführt. Ein wesentliches Element bilden dabei die geistreichen Schilderungen römischer Kunstwerke, welche übrigens für den Leser, der in die erhöhte Stimmung des Romans einzugehen vermochte, fast störend dazwischen treten.

**George Sand,** (Aurora Dudevant), **Gesammelte Werke.** 35 Bdchn. Leipzig 1847—56, Otto Wigand. à 15 Ngr.

Unter allen neuern französischen Schriftstellern, welche die socialen Fragen der Zeit in Romanen behandelt haben, ist George Sand wohl die begabteste. Reichthum der Phantasie, Tiefe der Auffassung, klare Verständigkeit, unnennbarer Zauber der Sprache, stellen ihre Werke auf die Höhe der literarischen Production. Aber sie kranken alle an einem Irrthum. Die Verfasserin schildert mit der ganzen Gewalt ihres Geistes und mit dem Gefühl eigener Erfahrung die sittliche Verkehrtheit ihrer Zeit und ihres Volkes, und den Conflict der Subjectivität mit den bestehenden socialen Einrichtungen. Statt nun in der sittlichen Verkehrtheit der Individuen Fehler zu suchen, macht sie die geheiligten Institute der Ehe, der Kirche, des Staates für Inheil verantwortlich, das dem Einzelnen aus der Unfähigkeit entspringt, innerhalb dieser te seine Befriedigung zu finden.

## Französische, italienische und spanische Romane.

Valentine, eines der älteren ihrer Werke, ist als Kunstwerk das vollendetste, denn es hat mehr Einheit und Entwicklung als die übrigen. Consuelo mit der Fortsetzung „die Gräfin von Rudolstadt" entbehrt zwar aller organischen Einheit, giebt aber in dem Charakter der Heldin eine so vollendet schöne Persönlichkeit, daß man ihr mit Entzücken bis gegen das matte, in Geheimnißkrämerei sich verlierende Ende folgt.

Die letzten 12 Bdchn. enthalten die Selbstbiographie der Verfasserin.

**R. Töpffer**, Genfer Novellen. Nach d. Franz. herausgeg. v. H. Zschokke. 2 Bdchn. gr. 12. Aarau 1839, Sauerländers Verl. 2 Thlr.

—— Vollständige deutsche Ausg. in 3 Bdn. gr. 16. Berlin 1858, Hofmann u. Comp. 12 Ngr.

—— Gesammelte Schriften. Vollständige deutsche Ausgabe. 3 Bde. 8. 34 3/8 B. Leipzig 1847. 1 Thlr. 15 Ngr.

Einer der liebenswürdigsten Novellisten, der französische Leichtigkeit mit deutscher Gemüthlichkeit verbindet und bei einer einfachen Erzählung nach künstlerischer Vollendung strebt. Ausgezeichnet durch feine psychologische Composition.

**Claude Tillier**, Mein Onkel Benjamin. Ins Deutsche übertragen und mit einem biogr. Vorwort versehen von Ludw. Pfau. 16. (LIV u. 334. S. mit Porträt in Holzschnitt.) Stuttgart 1866, E. Ebner. 1 1/3 Thlr.

Humoristische Erzählung des Lebens eines französischen Arztes in der Provinz, der alle möglichen lustigen Streiche ausführt, dabei aber als begeisterter Vertheidiger der Menschenrechte scharf gegen politische und sociale Gebrechen zu Felde zieht. Das Vorwort von Pfau giebt dem Leser ein Bild des Charakters und Lebensgangs dieses französischen Humoristen und Eiferers für Freiheit.

**Erckmann-Chatrian**, Madame Therese. Aus dem Französischen von Friedr. Mayer. gr. 16. (316 S.) Stuttgart 1865. E. Ebner. 21 Ngr.

—— Erlebnisse eines Conscribirten des Jahres 1813. Aus dem Französischen von C. v. C. 2 Bde. 8. (379 S.) Berlin 1865, Janke. u. 1 Thlr.

—— Waterloo. Aus dem Franz. von Ludovike Hesekiel. 2 Bde. (422S.) Berlin 1867, Janke. 1 Thlr. 10 Ngr.

Originelle Erzählungen, die viel Anklang gefunden haben. Mit großer Naturwahrheit werden die Zeitereignisse und ihre Wirkung auf das Volk geschildert, und sehr glücklich das locale Detail der lothringischen Heimath verwendet. Die beiden Verfasser sollen sich in der Art in die Arbeit theilen, daß der Eine die Composition, der Andere das locale und historische Material beisteuert. Madame Therese repräsentirt die Revolutionszeit, der Conscribirte und Waterloo die Kriege des Jahrs 1813 bis 1815.

**Ed. Laboulaye**, Paris in Amerika, von Dr. René Lefébure aus Paris Nach der 19. Aufl. des franz. Originals übers. von Dr. Herm. Pemsel. 2. Aufl. mit 1 Vorwort v. E. Laboulaye. gr. 8. (VIII, 416 S.) Erlangen 1868, Besold. 1 Thlr.

Ein Pariser Philister wird mit seiner ganzen Umgebung nach Amerika gezaubert und lernt unter stetem Widerstreben die Vorzüge der amerikanischen Cultur kennen. Köstliche Satire auf den Hochmuth der großen Nation, die in Allem den Vorrang zu haben glaubt.

**Urban Olivier**, Der Verwaiste. Eine Dorfgeschichte. 3. Aufl. d. Originals. Aus d. Franz. übers. (IV, 312 S.) Halle, Waisenhausbuchhandlung 1868. 1 Thlr.

Eine sehr anmuthige Dorfgeschichte nach Art von Bitzius mit social-pädagogischer Tendenz.

Alessandro **Manzoni**, Die Verlobten. Eine mailänder Geschichte aus dem 17. Jahrhunderte. Aufgefunden und erneut 1827. Aus dem Italien. übers. von Ed. von Bülow. 2., umgearb. Aufl. 2 Thle. Leipzig 1837. Brockhaus. 2 Thlr. 3. Aufl. gr. 12. (Bibliothek class. Romane und Novellen des Auslandes Bd. 25. 26.) Ebend. 1858. n. 2 Thlr.

Manzoni hat nach W. Scott's Vorgang mit diesem Werke den historischen Roman in Italien eingeführt. Ist seinem englischen Vorbild ähnlich in Detailmalerei, übertrifft es aber an Geist und eigenthümlich plastischer Darstellung. Der Stil des Originals unnachahmlich, populär und zugleich edel. Auf historischem Hintergrunde treten die handelnden Personen im Charakter ihrer Zeit lebendig hervor. Große sittliche Reinheit und Tiefe und kräftige Religiosität in der Form eines echt christlichen Katholicismus. Verwicklung spannend, Lösung vollkommen befriedigend. Nach Goethe's Ausspruch stets von der Bewunderung zur Rührung und von der Rührung zur Bewunderung hinreißend.

Fernan **Caballero** (Cäcilie de Arrom, geb. Böhl v. Faber) Ausgewählte Werke. 17 Bde. Paderborn 1859—64, Schöningh. Volksausgabe 8 Bdchn. à 12 Ngr. Ebendas. 1865—67. à 24 Ngr.

Diese Romane werden als treffliche Schilderungen des spanischen Volkscharakters und phantasiereicher Ausdruck des spanischen Katholicismus gerühmt, übrigens dürfen wir nicht verschweigen, daß sie ihren Ruf mehr dem Interesse für den Stoff, als ihrer künstlerischen Bedeutung verdanken. Die Darstellung geht gar zu sehr ins Breite und ist trivial. Die Uebersetzer sind bewährte Kenner der spanischen Literatur und Sprache.

## Dänische und schwedische Romane.

H. C. **Andersen**, Gesammelte Werke. Vom Verf. selbst besorgte Ausgabe. 44 Bde. Leipzig 1847—62, Wiedemann. 14 Thlr. 20 Ngr. Wohlfeile Volksausg. 24 Bde. à Bd. 10 Ngr. Leipzig 1864. Wiedemann. 4 Thlr.

—— Sämmtliche Märchen. 9. Aufl. Leipzig 1862. Wiedemann. (VIII, 1616 S.) 1 Thlr. 10 Ngr.

Ein Dichter von reicher Phantasie, mit der sich ein tiefes kindliches Gemüth und anspruchsloser Humor verbindet, daher hauptsächlich in den Märchen ausgezeichnet. Unter diesen kleine Meisterstücke voll tiefen Gehalts, wie z. B. „die häßliche Ente". Er machte zuerst 1835 durch den Roman, „Improvisatoren" Aufsehen, dem noch mehrere andere folgten.

Frederike **Bremer**, Gesammelte Schriften. Aus dem Schwed. 50 Bde. gr. 12. Leipz. 1857. Brockhaus. à Bd. 10 Ngr.

Emilie **Flygare-Carlén**, Sämmtliche Werke. Aus dem Schwed. 2. Aufl. (In 100 Bdn.) 1—32. Bd. gr. 16. Stuttg. 1868. Frankh'sche Verlagshandl. à Bd. 8 Ngr.

## Russische Romane.

S. T. **Aksakoff**, Russische Familienchronik. Aus dem Russischen übersetzt von Sergius Raczynski. 2 Thle. 8. (XI. u. 187. V. u. 199 S.) Leipzig 1858, Engelmann. 1¾ Thlr.

Ein Roman, der in anmuthiger Form interessante Aufschlüsse über die Entwickelung der russischen Gesellschaft im Verlauf des letzten Jahrhunderts gibt. Zugleich ist der Gegenstand wirkliche Familiengeschichte dreier Generationen, die der Verfasser mit künstlerischer Gestaltung verarbeitet hat.

Rußlands Novellendichter. Uebertragen u. mit biographischen u. kritischen Einleitungen von Wilhelm Wolfsohn. 3 Thle. gr. 12. (I. 418. II. 278. III. XIX. u. 270 S.) Leipzig 1848—51, Brockhaus. 4½ Thlr.

Pikante Novellen, nicht ohne ein eigenthümliches poetisches Element, aber mit dem Ausdruck einer blasirten Weltanschauung, die das Leben und seine Genüsse bereits hinter sich hat. Der Herausgeber, ein geborener Russe, bespricht die allgemeinen und besonderen Verhältnisse, unter denen die Verfasser gelebt und gedichtet haben, mit gründlicher Sachkenntniß und feinem Urtheil über ihre ästhetische und literarhistorische Bedeutung, übrigens mit sichtlicher Vorliebe. Die Dichter, deren Werke die Beiträge entnommen worden sind: Helene Hahn, Alexander Puschkin, Nikolaus Pawlow und Alexander Herzen. Die erste eine Südrussin, die, 1842 jung gestorben, eine schöne weibliche Seele zeigt. Von Puschkin wird nur eine Novelle, „die Capitänstochter" mitgetheilt, die der Herausgeber für Puschkins beste prosaische Erzählung erklärt, und die auch durch den Stoff, die Geschichte der Pugatscheffischen Verschwörung interessirt. Nikol. Pawlow ist durch 4 Novellen repräsentirt, welche in einer sehr düsteren Anschauung des Lebens und der russischen Zustände wurzeln, übrigens in dieser Gattung zu den ausgezeichnetsten Producten gehören. Der dritte Band enthält eine sehr gehaltvolle Novelle von Alexander Herzen, die wohl das beste Stück der Sammlung ist und sich namentlich durch einen großen Reiz der Darstellung auszeichnet.

Iwan Turgénjew, Aus dem Tagebuch eines Jägers. Deutsch von A. Viebert u. A. Boltz. 2 Bde. gr. 16. (I. III u. 299. II. III u. 279 S.) Berlin 1854 u. 55, Schindler. n. 2 Thlr.

Scharfe und lebendige Schilderung des specifisch Russischen, besonders aus der Sphäre der kleinen Gutsbesitzer und Beamten.

—— Erzählungen. Deutsch von Friedr. Bodenstedt. 1. Bd. 8. (XI u. 322 S.) München 1864, Rieger. n. 1½ Thlr.

—— Ausgewählte Werke. Autoris. Ausgabe. 1. Bd. Väter u. Söhne. Mit einem Vorwort des Verf. (VIII, 371 S.) Mitau 1869, Behre. 1½ Thlr.

2. Bd. Eine Unglückliche Das Abenteuer des Lieutenants Jergunow. Ein Briefwechsel. Assja. Vier Novellen. (III, 357 S.) 1½ Thlr.

Der gelesenste russische Novellist, der seine Laufbahn im J. 1846 mit dem Tagebuch eines Jägers begann. Sein Ausgangspunkt ist die Polemik gegen die Leibeigenschaft, deren sittenverderbende Wirkungen bei Herren u. Dienern er in ergreifender Weise schildert. Die Einsicht in diese Verderbniß seines Volkes führt ihn zu einem verzweifelnden Pessimismus, der seinen Darstellungen etwas Schwermüthiges gibt. Neben dieser Tendenz fehlt es aber nicht an lieblichen poetischen Zügen, welche namentlich in zarten Schilderungen der entstehenden Liebe hervortreten.

## Sagen und Märchen.

Gustav Schwab, Die schönsten Sagen des klassischen Alterthums. Nach seinen Dichtern und Erzählern. 1. Aufl. Stuttgart 1838—40. S. G. Liesching. 6. Aufl. 3 Theile mit Kpfrn. 8. (XII, 307. XII, 320. XII, 322 S.) Bd. II u. III in 7. Aufl. 1868. Gütersloh 1866, Bertelsmann. 3 Thlr.

Eine sehr ansprechende Erzählung des in den klassischen Dichtern und Geschichtschreibern enthaltenen Sagenstoffs. Der erste Band enthält vermischte Sagen, darunter die Argonauten- und Herkulessage; Theseus; Oedipus; die Sieben gegen Theben, die Epigonen, die Herakliden. Der zweite Band die Sage von Troja von seiner Gründung bis zu seinem Untergang. Der dritte Band die letzten Tantaliden, Odysseus, Aeneas. Die Erzählung schließt sich mit möglichster Treue an die Worte der Dichter an und gibt den Geist derselben treffend wieder.

H. W. Stoll, Die Sagen des classischen Alterthums. Erzählungen aus der alten Welt. 2 Bde. 2. Aufl. (XVI, 416. XII, 456 S.) Mit Holzschnitten. Leipzig 1868, Teubner. 2 Thlr. 12 Ngr.

*Eine ähnliche Bearbeitung wie die vorige, die nur in der Sprache etwas moderner gehalten ist. Die 90 von antiken Kunstwerken genommenen Abbildungen nehmen eine selbständige Stellung in Anspruch und sind von einer besondern Erklärung begleitet.*

Jac. u. Wilh. **Grimm**, Kinder- u. Hausmärchen. 2 Bde. 1. Aufl. Berlin 1812—14.

Große Ausgabe [mit Commentar] Bd. I u. II. 8. Aufl. (XXX, 914 S.) Göttingen 1864, Dieterich. 2 Thlr.

3. Bd. 3 A. (V, 418 S.) Ebendas. 1856, 1 Thlr.

Kleine Ausgabe [ohne Commentar.] 13. A. (VI, 311 S. mit 7 Holzschnitten.) Berlin 1868, Dümmler. 13 Ngr.

—— Deutsche Sagen. 2 Bde. Berlin 1816. 2. Aufl. (XXIII, 424 u. XII, 340 S.) Berlin 1865—66, Nicolai. 2 Thlr. 20 Ngr.

*Die Kinder- und Hausmärchen sind die erste mit vollem Bewußtsein von der religions- und sittengeschichtlichen Bedeutung dieser Dichtungsform unternommenen Sammlung, die ein köstlicher Unterhaltungsstoff für die Kinder geworden ist. Die sogenannte große Ausgabe enthält in ihrem dritten Bande den wissenschaftlichen Commentar.*

*Das zweite Werk, die Sagen, sind ähnliche Producte der Volksdichtung, die aber alle eine ortsgeschichtliche Grundlage haben.*

Die deutschen Volksbücher. Gesammelt und in deren ursprünglicher Echtheit vorgestellt von Karl Simrock. 13 Bde. Frankfurt 1846—67, Brönner. 17 Thlr. 18 Ngr.

*Eine vollständige Sammlung des mittelalterlichen Sagenstoffes, wie er sich im 16. u. 17. Jahrhundert in den Volksbüchern gestaltet hat.*

Gustav **Schwab**, Die deutschen Volksbücher für Jung und Alt wiedererzählt. Neue Auflage mit 180 Illustrationen nach Originalzeichnungen in Holzschnitt ausgeführt durch Hugo Bürkner in Dresden. Lex. 8. (XI, 755 S.) Stuttgart 1858, Liesching. n. 3 Thlr. 10 Ngr. 6 Aufl. Wohlfeile Ausg. mit 8 Holzschn. (584 S.) Gütersloh 1870, Bertelsmann 1 Thlr. 10 Ngr.

*Die erste Auflage dieses Buches erschien 1836 unter dem Titel: Buch der schönsten Geschichten und Sagen. Es gibt den Inhalt der Volksbücher getreu wieder, nur mit Ausscheidung des Geschmacklosen und des Anstößigen, sodaß es für die Jugend eine gesunde und anziehende Lectüre bietet.*

Joh. Karl Aug. **Musäus**, Volksmärchen der Deutschen. 1. Ausgabe. 5 Bdchn. Gotha 1782—86. 5. Ausg. 8. Leipzig 1854, G. Mayer. n. 2/3 Thlr.

—— Prachtausgabe in 1 Bd. Herausgegeben von Jul. Ludw. Klee. Mit Holzschnitten nach Originalzeichn. von R. Jordan in Düsseldorf, G. Osterwald in Hannover, L. Richter in Dresden, A. Schrödter in Düsseldorf. Leipzig 1842—43, G. Mayer. 2. Aufl. mit 12 größeren Titelbildern von L. Richter. 1845. 6 Thlr. 3. Prachtausgabe. gr. 8. Ebendas. 3 Thlr. (Neueste Aufl. 1868. siehe Bibl. d. d. Nat. lit. Bd. 3. u. 4. S. 384 des Wegweisers.)

*Die Motive dieser Volksmärchen sind wahrhaft volksthümlich; in der Ausführung sind sie zur Zeitsatire mit bitterreichem, zu absichtlichem Humor und gekünstelter Naivetät, jedoch immer durchschimmernder Behaglichkeit und Bonhommie geworden.*

## Gesammtausgaben.

**E. M. Arndt**, Schriften für und an seine lieben Deutschen. Zum ersten Mal gesammelt und durch Neues vermehrt. 4 Thle. Leipz. 1845—55, Weidmann. 5 Thlr.
 Der erste und zweite Band enthält eine Auswahl der historisch=politischen Flugschriften aus den Jahren 1810—1815, durch welche Arndt bekanntlich so mächtig gewirkt hat. Der dritte Band enthält kleinere biographische und historische Aufsätze aus den Jahren 1828—1844, deren Mehrzahl hier zum erstenmal gedruckt erscheint; der vierte Band ebenfalls neuere Stücke, worunter eine Abhandlung über das Wesen des Volkscharakters, über die Holländer, die Dänen und Skandinavier überhaupt.

**Ludwig Bauer**, Ausgewählte Schriften. Ein Denkmal für seine Freunde. (IV, 480 S.) Stuttg. 1847.
 Enthält zwei größere dramatische Arbeiten, Alexander und der heimliche Maluff, kleinere Gedichte, und Abhandlungen, worunter besonders die über das Nibelungenlied, über classische Bildung und die deutsche Musik sehr beachtenswerth.

**Ludwig Börne**, Gesammelte Schriften. Neue vollst. Ausgabe. 21 Bde. Hamburg u. Frankfurt 1862, Verlag der Börneschen Schriften. 5 Thlr.
 Inhalt: Vermischte Aufsätze, Erzählungen. Reisen. Brandenburgische Blätter. Aphorismen. Briefe aus Frankfurt. Kritiken. Fragmente. Schilderungen aus Paris 1822—23. Aus meinem Tagebuch.

**Clemens Brentano**, Gesammelte Schriften. Herausgeg. von Christian Brentano. 9. Bde. gr. 12. Frankf. a. M. 1851—55, Sauerländer. n. $12^{2}/_{3}$ Thlr.
 I. Bd. Geistliche Lieder. (XXIII und 551 S.) II. Weltliche Gedichte. (XVI und 604 S.) III. Romanzen vom Rosenkranz. (VIII u. 473 S.) IV. u. V. Kleine Schriften. (VIII 518. VI u. 481 S.) VI. Die Gründung Prags. Drama. (VII u. 450 S.) VII. Comödien. (VIII u. 501 S. VIII. u. IX. Gesammelte Briefe mit Lebensbeschreibung. (XIV 466. VIII u. 455 S.)

**G. A. Bürger**, Neue Original=Ausgabe. 4 Bde. Mit B's. Portr. Göttingen 1844. $2^{2}/_{3}$ Thlr.

**Adelbert v. Chamisso**, Werke. 5. Aufl. 6 Bde. mit Portr. 16. Leipzig (Berlin) 1864, Weidmann'sche B. n. 3 Thlr.
 I. II. Bd. Reise um die Welt. (VIII, 338. VIII, 119 S.) III. Gedichte. (VIII u. 363 S.) IV. Peter Schlemihl. (VI u. 323 S.) V. VI. Lebensbeschreibung u. Briefwechsel. (XVI, 395. VIII, 358 S.)
 Die Biographie, ursprünglich von Hitzig verfaßt, wurde für die 3. Auflage mit Benutzung vieler neuen brieflichen Materialien von Fr. Palm überarbeitet, aber entbehrt der einheitlichen Anordnung und Abrundung. Gewährt einen äußerst genußreichen Einblick in das innere und äußere Leben des Menschen, Dichters und Gelehrten.

**Matth. Claudius**, Sämmtliche Werke des Wandsbecker Boten. 7. wohlf. Ausgabe. 8 Thle. Mit vielen Holzschn. u. Kupferst. Hamburg 1844. Perthes. $2^{2}/_{3}$ Thlr.

**Jos. v. Eichendorff**, Sämmtliche Werke. 2. Aufl. Mit d. Verf. Portr. u. Facsim. 6 Bde. gr. 16. Leipzig 1863—64, Voigt u. Günther. Neuer Abdruck 1869—70. 5 Thlr. 2 Ngr.

Bd. 1. Biographie u. Gedichte. Bd. 2. Romane. 3. Novellen und erzählende Gedichte. 4. Dramen. 5. u. 6. Geistliche Schauspiele von Calderon übersetzt.

Joseph v. **Eichendorff**, Vermischte Schriften. 5 Bde. Paderborn 1866—67, Schöningh. 2 Thlr.
    Bd. 1 u. 2. Geschichte der schönen Literatur Deutschlands. 3. A.
    „    3. Der deutsche Roman des 18. Jahrh. in seinem Verhältniß zum Christenthum. 2. A.
    „    4. Zur Geschichte des Dramas. 2. A.
    „    5. Aus dem literarischen Nachlaß.

J. G. **Fichte**, Sämmtliche Werke. 8 Bde. Hg. von H. J. Fichte. Berlin 1845—46. Veit u. Comp. 16 Thlr.
In 3 Abtheilungen:
  I. Zur theoretischen Philosophie. 2 Bde.
  II. A. Zur Rechts- u. Sittenlehre. 2 Bde.
     B. Zur Religionsphilosophie.
  III. Populär philosophische Schriften.
     A. Zur Politik, Moral u. Philosophie der Geschichte. 2 Bde.
     B. Vermischte Schriften. 1 Bd.

Georg **Forster**, Sämmtliche Schriften. Herausgeg. v. dessen Tochter und begleit. mit einer Charakteristik Forster's v. G. G. Gervinus. 9 Bde. Leipz. 1843, Brockhaus. 9 Thlr.
    Bd. 1 u. 2. Reise um die Welt in den Jahren 1772—75.
    „    3. Ansichten vom Niederrhein, von Brabant, Flandern, Holland, England und Frankreich 1790.
    „    4—6. Kleine Schriften.
    „    7—9. Forsters Charakteristik v. Gervinus, Briefwechsel und Salontala.

Fr. **Gentz**, Schriften. 5 Bde. Ein Denkmal von Gust. Schlesier. Mannheim 1838—40, Hoff. 10 Thlr.

—— Ausgewählte Schriften. Hg. von Wilderich Weick. Stuttgart, Rieger 1836—38. 6⅔ Thlr.

—— Aus dem Nachlaß von — 2 Bde. [Herausgegeben von A. v. Prokesch.] Wien, 1867—68. Gerold Sohn. 5 Thlr. 10 Ngr.
    Bd. 1. Briefe, kleine Aufsätze u. Aufzeichnungen. (XII, 303 S.)
    „  2. Denkschriften. (301 S.)

Jos. v. **Görres**, Gesammelte Schriften. I. Abthlg. Politische Schriften. 6 Bde. München 1854—60. Literar. art. Anstalt. 10 Thlr.
II. Abthlg. Briefe. 1. Familienbriefe. Ebendas. 1858. 1 Thlr. 18 Ngr.
Ist leider nicht fortgesetzt worden.

J. W. v. **Göthe**, Sämmtliche Werke. (Mit Einleitung v. Göbeke.) 36 Bde. gr. 8. à 15 Ngr. Stuttgart 1866—68. Cotta. 18 Thlr.
Bde. 1—12 auch als Göthes Werke Auswahl erschienen. 6 Thlr.

—— Sämmtliche Werke Taschenausgabe. (Mit Einleitung v. K. Göbeke.) 36 Bde. 16. à 5 Ngr. Stuttgart. 4 Thlr.
Bd. 1—12 ebenfalls Göthes Werke in Auswahl erschienen. 2 Thlr.

J. W. v. **Göthe**, Sämmtliche Werke. 36 Bde. Miniaturausgabe. Stuttg. 1867—68. Cotta. 3 Thlr.

—— Sämmtliche Werke in 6 Bdn. Lex. 8. Mit 10 Stahlstichen. Stuttgart. 1866—69. Cotta. 4 Thlr.

—— Sämmtliche Werke in drei Bdn. Lex. 8. Stuttgart 1868—69. Cotta. 3 Thlr. 15 Ngr.

Die schönste Ausgabe ist die zuerst genannte. Die Miniaturausgabe hat einen sehr kleinen, aber deutlichen Druck. Die beiden großen Ausgaben sind nicht viel von einander verschieden.

—— Sämmtliche Werke. Hg. von Heinrich Kurz. 12 Bde. Hildburghausen 1868—70. Bibliogr. Institut. 7 Thlr. 10 Ngr.

Eine schön gedruckte Ausgabe mit revidirtem Text und biographischen und kritischen Einleitungen.

—— Gesammelte Werke. 20 Bde. fl. 8. Berl. 1870, Grote. 5 Thlr. 25 Ngr.

Eine sehr elegant gedruckte illustrirte Ausgabe, welche aber nur die Gedichte, die Dramen, die Romane und die biographischen Mittheilungen enthält.

Jacob **Grimm**, Kleinere Schriften. 4 Bde. Berlin 1864—69. Ferd. Dümmler.

I. Reden u. Abhandlungen. (412 S.) 2 Thlr. 15 Ngr.

Inhalt: Selbstbiographie. Ueber meine Entlassung. Italienische und skandinavische Eindrücke. Frau Aventiure klopft an Beneckes Thüre. Das Wort des Besitzes. Rede auf Lachmann. Rede auf Wilhelm Grimm. Rede über das Alter. Rede über Schule, Universität, Akademie. Ueber den Ursprung der Sprache. Ueber Etymologie und Sprachvergleichung. Ueber das Pedantische in der deutschen Sprache. Rede auf Schiller.

II. Abhandlungen zur Mythologie u. Sittenkunde. (462 S.) 3 Thlr.
III. Abhandlungen zur Literatur und Grammatik. (428 S.) 3 Thlr.
IV. Recensionen und vermischte Aufsätze. (467 S.) 3 Thlr.

K. **Gutzkow**, Gesammelte Werke. Vollständig umgearbeitete Auflage. 13 Bde. Frankf. a. M. 1845—52. Literar. art. Anstalt. 11 Thlr. 13 Ngr.

—— Dramatische Werke. Vollständig neu ausgearb. Aufl. 20 Bdchn. 16. Leipzig 1862—63, Brockhaus 6 Thlr. 20 Ngr.

Die neueren Romane sind nicht in obiger Sammlung enthalten.

Joh. Georg **Hamann**, Schriften. Herausgeg. v. F. Roth. 8 Bde. Leipz. u. Berl. 1821—43. Reimer. 19 Thlr.

Ludwig **Häusser**, Gesammelte Schriften. 1. Bd. Zur Geschichtsliteratur. (VIII, 792 S.) Berlin 1869. Weidmann. 4¹/₃ Thlr.

Literaturberichte und Recensionen historischer Werke, meist einst in der Allgem. Zeitung abgedruckt. Von Wenck, Gervinus und Knies ausgewählt. Ein weiterer Band politische Aufsätze wird nachfolgen.

Frdr. **Hebbel**, Sämmtliche Werke. 12 Bde. 8. Hamburg 1865—68 Hoffmann u. Campe. 12 Thlr.

Bd. 1—6. Dramat. Werke. 7. Gedichte. 9. Novellen. 10—12. Zur Theorie der Kunst. Charakteristiken u. Kritiken.

J. P. **Hebel**, Sämmtliche Werke. Neue Aufl. 8 Bde. Mit Bildn. Karlsruhe 1838, Ar. Fr. Müller. 4 Thlr. Wohlf. Ausg. in 5 Bdn. Ebendas. 1843. 1⁷/₈ Thlr.

Inhalt: Allemannische Gedichte. Rheinländischer Hausfreund. Biblische Erzählungen. Predigten. Vermischte Schriften.

G. Wilh. Friedr. **Hegel**, Werke. Vollständige Ausgabe. Durch einen Verein von Freunden des Verewigten: Marheinecke, Schulze, Gans, v. Henning, Hotho, Michelet, Förster. 18 Bde. Berlin 1832—45. Duncker u. Humblot. $39^{1}/_{2}$ Thlr.
   I. Philosophische Abhandlungen. 2. Aufl. 1845.
   II. Phänomenologie des Geistes. 2. Aufl. 1841.
   III—V. Logik. 1833—34.
   VI—VII. Encyclopädie der philosophischen Wissenschaften. 2 Aufl. 1843—45.
   VIII. Philosophie des Rechts.
   IX. Philosophie der Geschichte.
   X. 1—3. Aesthetik. 2. Aufl. 1843—45.
   XI—XII. Philosophie der Religion. 2. Aufl. 1841.
   XIII—XV. Geschichte der Philosophie. 2. Aufl. 1841.
   XVI—XVII. Vermischte Schriften.
   XVIII. Philosophische Propädeutik.

H. **Heine**, Sämmtliche Werke. Rechtmäßige Orig.=Ausgabe in 21 Bdn. in 8. Hamburg 1861—66. Hoffmann und Campe. à Bd. $^{5}/_{6}$ Thlr.
   Bd. 1—3. Reisebilder. (LXXX. 320. 429. 392 S.)
   „ 4. Novellistisches. (292 S.)
   „ 5—7. Deutschland. Fragmente. Die romant. Schule. (XIV. 270. X. 294. XII. 320 S.)
   „ 8—11. Französ. Zustände. (XIV. 380. XII. 280. XII. 436 S.)
   „ 12. Ueber Ludw. Börne. (VII. 264 S.)
   „ 13—14. Vermischte Schriften. (XII u. 301 S.)
   „ 15—18. Dichtungen. (XVI, 355. XVI, 308. VIII, 208. XII, 361 S.)
   „ 19—21. Briefe. (XIV, 412. XIII, 367. 432 S.)

—— Sämmtliche Werke. N. Ausgabe. 18 Bde. Hamburg 1867—68. Hoffmann u. Campe. 9 Thlr.

—— Supplementband. Letzte Gedichte und Gedanken. (XX, 407 S.) Hamburg 1869, Hoffmann u. Campe 1 Thlr.

Joh. Gottfr. **Herder**, Sämmtliche Werke. Taschenausg. 60 Thle. Stuttg. Cotta 1827—30. 14 Thlr. Velinp. 18 Thlr.
   In 3 Abtheilungen:
   Zur schönen Literatur und Kunst. 20 Thle. $4^{3}/_{4}$ Thlr., Velinp. $6^{1}/_{3}$ Thlr.
   Zur Philosophie und Geschichte. 22 Thle. $5^{1}/_{4}$ Thlr., Velinp. 7 Thlr.
   Zur Religion und Theologie. 18 Thle. $4^{1}/_{4}$ Thlr., Velinp. $5^{1}/_{2}$ Thlr.

—— Ausgewählte Werke in 1 Bd. Mit Bildn. u. Facsim. Stuttg. 1844. Cotta, 6 Thlr.
   Herder's Leben. Gedichte. Der Cid. Legenden. Dramatische Stücke und Dichtungen. Stimmen der Völker in Liedern. Geist der ebräischen Poesie. Aelteste Urkunde des Menschengeschlechts. Ideen zur Philosophie der Geschichte der Menschheit. Adrastea. Briefe zur Beförderung der Humanität. Sophron. Christliche Reden und Homilien. Homilien über das Leben Jesu.

J. Ch. Fr. **Hölderlin**, Gesammelte Werke. Herausgeg. von Christoph Schwab. 2 Bde. (XIV, 360, VI, 352 S.) Stuttg. 1846, Cotta. 3 Thlr.

Gesammtausgaben.

Der erste Bd. enthält die Gedichte und den Roman Hyperion; der zweite Briefwechsel, Nachlaß und Biographie.

**Wilh., v. Humboldt,** Gesammelte Werke. 7 Bde. gr. 8. Berlin 1841—52, G. Reimer. n. 15. Thlr.

**Ulrich Hutten.** Opera quae reperiri potuerunt omnia. Ed. Eduardus Boecking. Ulrichs von Hutten Schriften, herausgegeben von Eduard Böcking. 5 Bde. Leipzig 1859—62. Teubner. 28 Thlr. 20 Ngr.
    1. Bd.: Briefe von 1506—1520. Mit Hutten's Porträit. Lex. 8. (CXX, 462 S.)
    2. „ Briefe von 1521—1525. (515. S. mit 1 lith. Facs. in Fol.)
    3. „ Poetische Schriften. XXX, 578 S.)
    4. „ Gespräche. (X, 692 S.)
    5. „ Reden und Lehrschriften. (VIII, 515 S.)

—— Supplement. Epistolae obscurorum virorum. Coll. rec. Ed. Böcking. Bd I. Text. (XXXIII, 551 S.) Ebend. 1864. 5⅓ Thlr. Bd II. Abtheilung 1. (III, 288 S.) 1869. 3⅔ Thlr.
Der Rest wird den Commentar enthalten.

**Friedrich Heinrich Jacobi,** Werke. Hg. von J. F. Köppen u. K. J. Roth. 6 Bde. Leipzig Gerh. Fleischer, 1812—1825. 10 Thlr.
    Bd. 1. Allwills Briefsammlung. Briefe an Verschiedene.
    „ 2. Kleine philosophische Schriften.
    „ 3. Dasselbe u. Briefe an Verschiedene.
    „ 4. Ueber die Lehre Spinozas in Briefen an Mendelssohn. Wider Mendelssohn's Beschuldigungen.
    „ 5. Briefwechsel mit Hamann. Woldemar.
    „ 6. Kleine vermischte Schriften.

**Imanuel Kant,** Sämmtliche Werke. 12 Bde. Herausgeg. von K. Rosenkranz und F. W. Schubert. Leipzig 1838—40, Voß. 23 Thlr.

—— Sämmtliche Werke in chronolog. Reihenfolge, hg. von G. Hartenstein. 8 Bde. Leipzig 1867—68, Voß. 12 Thlr.

**Heinrich v. Kleist,** Gesammelte Schriften. Herausgeg. von Ludwig Tieck, revidirt, ergänzt u. mit einer biographischen Einleitung versehen von Julian Schmidt. 3 Bde. 3. Ausg. gr. 16. (CXLIV u. 1373 S.) Berlin 1863. G. Reimer. n. 1⅓ Thlr.

—— Politische Schriften und andere Nachträge zu seinen Werken. Mit einer Einleitung zum erstenmal herausgeg. von Rud. Köpke. (XIII, 168 S.) Berlin 1862, Lüderitz. 1 Thlr.

**G. W. v. Leibniz** Gesammelte Werke aus den Handschriften der königl. Bibliothek zu Hannover, hrg. von G. H. Pertz.
    I. Folge. Geschichte.
        Annales imperii occidentis. 768—1005. 3 Bde. Hannover 1843—46, Hahn. 12 Thlr.
        4. Bd. Geschichtliche Aufsätze. Ebendas. 1847. Hahn. 2 Thlr.

II. Folge. Philosophie.
Briefwechsel zwischen Leibniz, Arnauld und dem Landgrafen Ernst v. Hessen-Rheinfels. Hg. v. Grotefend. Hannover 1846. 1 Thlr.
III. Folge. Mathematische Schriften.
Briefwechsel. Berlin 1848 u. 1849. Bd. 1. 2. Ascher. 4²⁄₃ Thlr.
Bd. 3., 5., 6. u. 7. Halle, Schmidt 1856—62. 19 Thlr.

G. W. v. **Leibniz**, Werke gemäß seinem handschriftlichen Nachlasse in der Bibliothek zu Hannover. Durch die Munificenz S. M. des Königs von Hannover ermöglichte Ausgabe von Onno Klopp. Erste Reihe. Historisch-politische und staatswissenschaftliche Schriften. Bd. 1—5. gr. 8. (Vorw. LII. Einleitung XXXVIII u. 403. LXXXVI, 402. LXVI, 384. LII, 564. L, 652 S.) Mit Portrait Leibniz' in Stahlst. Hannover 1864—66, Klindworth. n. 15¹⁄₃ Thlr.

<small>Nachdem die Pertz'sche Ausgabe wegen anderweitiger Geschäfte des Herausgebers in Stocken gerathen war, begann O. Klopp diese neue. Aber auch diese konnte nicht mehr fortgesetzt werden, weil die preußische Regierung dem Herausgeber wegen seiner feindseligen Agitation gegen Preußen die Leibniz'schen Manuscripte verweigerte.</small>

Nicol. **Lenau**, Sämmtliche Werke. Herausg. von Anast. Grün. 4 Bde. gr. 8. (CXIV u. 1636 S. u. Lenau's Portr.) Stuttg. 1855, Cotta. 6 Thlr.
<small>Der erste Band enthält eine gedrängte Biographie von dem Herausgeber.</small>

Gotthold Ephraim **Lessing**, Sämmtliche Schriften, herausgegeben von Karl Lachmann. Aufs neue durchgesehen und vermehrt von Wendelin und Maltzahn. gr. 8. 12 Bde. Leipzig 1853—56, Göschen. à Bd. n. 1 Thlr. 6 Ngr.
<small>Eine j... ische Ausgabe.</small>

—— Gesammelte Werke. In 2 Bdn. Lex 8. Leipzig, Göschen 1864. 2 Thlr. 24 Ngr.

—— Ausgewählte Werke. 10 Bde. Ebendas. 1866. 5 Thlr.

—— Dasselbe 6 Bde. gr. 16. Ebendas. 1867. 1 Thlr.

Georg Christoph **Lichtenberg**, Vermischte Schriften. 14 Bde. (Bd. 9—14. auch u. b. Tit.: Ausführliche Erklärung der Hogarthischen Kupferstiche mit verkleinerten aber vollständigen Kopien versehen von E. Riepenhausen.) gr. 16. Göttingen 1844—1853. Dietrich. n. 7 Thlr.

—— Neue vermehrte von dessen Söhnen veranstaltete Orig. Ausg. Mit dem Portr., Facsimile und eine Ansicht des Geburtshauses des Verfassers. 8 Bde. gr. 16. (LXV u. 2744 S. mit 8 Kupf.) Ebend. 1853. n. 2 Thlr.

Martin **Luther**, Werke. Nach den ältesten Ausgaben kritisch und historisch bearbeitet v. Irmischer u. A. 67 Bände. Erlangen u. Frankf. a. M. 1826—1857. Heyder u. Zimmer. à Bd. 15 Ngr.

## Gesammtausgaben.

Abth. I. Homiletische u. katechetische Schriften. Bd. 1—23. 1826—38.
 „ II. Reformationshistorische und polemische deutsche Schriften. Bd. 24—32. 1830—42.
 „ III. Exegetische deutsche Schriften. Bd. 33—52.
 „ IV. Vermischte deutsche Schriften und Tischreden. Bd. 53—65. 1853—1855. Register Bd. 66 u. 67. 1857.

—— Opera latina. Curavit H. Schmid. 5 Bde. Frankfurt a. M., Heyder u. Zimmer. 1865—68. à Bd. 1 Thlr.

—— Werke. In einer das Bedürfniß der Zeit berücksichtigenden Auswahl. 3. Aufl. 10 Thle. Hamburg 1844, Perthes. 5 Thlr.

—— Werke. Vollständige Auswahl seiner Hauptschriften. Mit historischen Einleitungen, Anmerkungen u. Registern herausgeg. v. Otto v. Gerlach. 24 Bde. in 16. Berlin 1848, Wiegandt u. Grieben. 8 Thlr.
Inhalt: Reformatorische Schriften. Bd. 1—10. Predigten 11—16. Erklärungen der heil. Schrift. 17—22. Vermischte Schriften 23. 24.

—— In einer dem Bedürfniß der Gegenwart entsprechenden Auswahl. 4 Bde. 16. Leipzig 1850, Kittler. 1 Thlr.

**Jul. Mosen**, Sämmtliche Werke. 8 Bde. gr. 16. Oldenburg 1863, Schmidt. n. 5⅓ Thlr.

**Justus Möser.** Sämmtliche Werke. Neu geordnet und aus dem Nachlasse desselben gemehrt durch B. R. Abeken. 10 Bde. Mit 1 Stahlst. u. 1 lith. Taf. Berl. 1842—43, Nicolai. 8⅓ Thlr.
  1—4. Patriotische Phantasien.
   5. Kleinere Schriften über Religion, Kirche u. A.
  6—8. Osnabrückische Geschichten.
   9. Kleine Schriften. Vermischtes.
  10. Leben Justus Mösers v. Nicolai.

**Joh. v. Müller**, Sämmtliche Werke. Herausgeg. v. Joh. ... Müller. 40 Thle. Stuttg. 1831—35, Cotta. 7 Thlr., Velinp. 10½ Thlr.
Thl. 1—6. 24 Bücher allgemeiner Geschichten.
 „ 7—22. Geschichten schweizerischer Eidgenossenschaft.
 „ 23. Zur Literatur und Geschichte der Schweiz.
 „ 24. Schriften zur Geschichte des deutschen Fürstenthums.
 „ 25—28. Kleine historische Schriften.
 „ 29—33. Biographische Denkwürdigkeiten.
 „ 34—36. Briefe an Karl Victor von Bonstetten.
 „ 37., 38. Briefe an Herrn Charles Bonnet; Studien, Briefe an Freunde.
 „ 39., 40. Briefe an Freunde.

**Novalis.** (Fr. Ludw. v. Hardenberg.) Schriften. Herausgeg. v. F. v. Schlegel, Ludw. Tieck u. Ed. v. Bülow. 3 Bde. (1. u. 2. Bd. 5. Aufl.) Reimer, Berl. 1837—46. 3 Thlr.

**Adam Oehlenschläger**, Werke. Zum zweiten Male gesammelt, verm. u. verb. 21 Bdchn. Bresl. 1839. Max u. Comp. 8¾ Thlr.
Bd. 1., 2. Selbstbiographie.
 „ 3—14. Dramatische Dichtungen. (Correggio Bd. 4.)
 „ 15—21. Erzählende Dichtungen.

Klüpfel, Literarischer Wegweiser.

Aug. Graf v. **Platen**, Gesammelte Werke. 5 Bde. 16. Stuttgart 1853, Cotta. 2 Thlr. 20 Ngr.

—— Gesammelte Werke. [Volksausg.] 2 Bde. Mit 9 Stahlst. gr. 16. (V, 435. 527 S.) Stuttgart 1869, Göpel. 1⅓ Thlr.

Jos. v. **Radowitz**, Gesammelte Schriften. 5 Bde. 8. Berlin, G. Reimer.
I. 1. Iconographie der Heiligen. 2. Die Devisen u. Motto des späteren Mittelalters. 3. Die Autographensammlung. (VIII u. 440 S.) 1852. 1⅝ Thlr.
II. A. u. d. Tit.: Reden u. Betrachtungen. Inhalt: Die Nationalversammlung zu Frankf. a. M. mit geschichtlicher Einleitung. Berlin u. Erfurt. 1852. 1⅝ Thlr.
III. Die spanische Thronrevolution im Jahre 1830. Wer erbt in Schleswig? Reden, welche im Ständesaal zu Berlin nicht gehalten worden. Deutschland u. Friedrich Wilhelm IV. Berichte aus der Nationalversammlung zu Frankf. a. M. I—XII. (VIII u. 496 S.) 1853. 2 Thlr.
IV. V. A. u. d. Tit.: Fragmente. 1. 2. Thl. Zur Politik u. Rechtslehre. 1826—52. Zur Religion u. Philosophie. 1826—52. Zur Literatur u. Kunst. 1827—52. (XXVIII u. 698 S.) 1853. 3⅛ Thlr.

Friedrich v. **Raumer**, Literarischer Nachlaß. 2 Bde. (VII, 364, IX, 321.) Mit dem photogr. Bildniß des Verfassers. Berlin 1869, Mittler und Sohn. 2 Thlr.
Biographische Mittheilungen, geschichtliche Aufsätze, Randglossen zu naturhistorischen Studien. Zu den schönen Wissenschaften. Briefwechsel. Gedankenspäne.

Karl v. **Rotteck**, Gesammelte und nachgelassene Schriften mit Biographie und Briefwechsel. Geordnet u. herausgeg. von seinem Sohne Herm. v. Rotteck. 5 Bde. Pforzheim 1841—43, Denig u. Fink. 4½ Thlr.
Bd. 1. Historische Aufsätze.
„ 2. Kritische Aufsätze. Reden u. patriot. Phantasien.
„ 3. Landständische Vorträge.
„ 4. Biographie. 5. Briefwechsel.

Fr. **Rückert**, Gesammelte poetische Werke. 12 Bde. Frankfurt a. M. 1868—69, Sauerländer. 12 Thlr.

Friedr. Wilh. Jos. v. **Schelling**, Sämmtliche Werke. Stuttgart 1856—61, Cotta, 41 Thlr. 10 Ngr.
Abth. I. 10 Bde. Abth. II. 4 Bde.
Die erste Abtheilung enthält die bei Lebzeiten des Verfassers gedruckten Werke, in chronologischer Reihenfolge von 1792 an bis 1850, mit deren neuen Bearbeitungen und handschriftlichen Ergänzungen aus dem Nachlaß herausgegeben. Die zweite Abtheilung gibt die noch gar nicht gedruckten Werke, und zwar Bd. 1 u. 2 die Philosophie der Mythologie, Bd. 3 u. 4 die Philosophie der Offenbarung.

Frdr. v. **Schiller**, Werke. 12 Bde. 8. Stuttg. 1865—67, Cotta. n. 6 Thlr.
Eine sehr hübsche Ausgabe in 8. Die ersten 6 Bände enthalten die poetischen Schriften sammt einer einleitenden Biographie von Göbele und werden unter dem Titel: Ausgewählte Werke à 3 Thlr. besonders abgegeben; die andern 6 Bände die prosaischen Schriften. Jeder Band wird auch einzeln verkauft à 15 Ngr.

—— Werke. Taschenausgabe. Mit Einleitung von K. Göbele. 12 Bde. 16. Stuttgart 1867, Cotta. n. 2 Thlr.
Eine auch sehr anständige kleinere Ausgabe, Bd. 1—6 werden ebenfalls unter dem Titel: Ausgewählte Werke besonders verkauft à 1 Thlr.

—— Sämmtliche Werke. Miniaturausgabe. 12 Bde. Stuttgart 1867, Cotta. 1 Thlr.

Ein guter, aber sehr kleiner Druck. Enthält dasselbe wie die vorgenannten, nur keine Einleitung.

**Friedr. v. Schiller**, Sämmtliche Werke. Vollständige, neue durchgesehene Ausgabe in Einem Band. Stuttgart 1868, Cotta. 27 Ngr.

Mit größerem Druck als die Miniaturausgabe. Alle diese Ausgaben sind nach dem von Göbeke u. Andern neu revidirten Terte gedruckt.

—— Sämmtliche Schriften. Historisch-kritische Ausgabe. In 16 Bdn. Im Verein mit A. Ellissen, R. Köhler, W. Müldener, H. Oesterley, H. Sauppe und W. Vollmer herausgeg. von Karl Göbeke. Stuttgart 1868—70, Cotta. Compl.: 19 Thlr.

Eine Ausgabe, welche nicht nur den revidirten Tert, sondern die verschiedenen Lesarten und Redactionen einzelner Werke, sowie bisher ungedruckte Jugendarbeiten und Entwürfe enthält. Bis jetzt sind erschienen: I. Jugendversuche. II. Die Räuber und Württembergisches Repertorium. III. Fiesko. Kabale und Liebe. Rheinische Thalia. IV. Arbeiten der Leipzig-Dresdener Zeit. V. 1. Don Carlos, erster Entwurf. Wort- und Namenverzeichniß. 2. Don Carlos, zweite u. dritte Bearbeitung. VI. Vermischte poetische und prosaische Schriften, 1787—1792. VII. Noch nicht erschienen. VIII. Geschichte des 30jährigen Kriegs.

—— Sämmtliche Werke. Kritische Ausgabe in 9 Bdn. Herausg. v. Heinrich Kurz. Hildburghausen 1868—70. Bibl. Institut. 6 Thlr. 22½ Ngr.

Auch eine hübsche Ausgabe in kl. Oktav, mit revidirtem Tert, Lesarten u. Einleitungen über die Geschichte der einzelnen Stücke.

—— Dasselbe ohne die kritischen Beigaben u. ohne die Uebersetzungen. In 4 Bdn. 1868—70. 2 Thlr. 25 Ngr.

**Friedr. v. Schlegel**, Sämmtliche Werke. 2. Originalausgabe. 15 Bde. Wien 1846, Ignaz Klang. 15 Thlr.

Bd. 1 u. 2. Geschichte der alten u. neuen Literatur.
„ 3 u. 4. Studien des deutschen Alterthums.
„ 5. Kritik u. Theorie der alten und neuen Poesie.
„ 6. Ansichten u. Ideen von der christl. Kunst
„ 7. Romantische Sagen.
„ 8. Vermischte kleine Schriften.
„ 9 u. 10. Gedichte.
„ 11. Vorlesungen über neuere Geschichte.
„ 12 u. 13. Vorlesungen über Philosophie der Geschichte.
„ 14. Philosophie des Lebens.
„ 15. Philosophie der Sprache u. des Wortes.

**A. W. v. Schlegel**, Sämmtliche Werke. Herausgeg. v. Ed. Böcking. Leipz. 1845—1847, Weidmann. 12 Bde. à 1 Thlr.

Bd. 1., 2. Poetische Werke.
„ 3. Poetische Uebersetzungen.
„ 4., 5. Vorlesungen über dramatische Kunst.
„ 6—9. Kritiken, Aufsätze über Kunst und Litteratur, politische Schriften und A. d. Art.
„ 10—12. Recensionen.

—— Oeuvres écrites en français et publ. par Ed. Böcking. 3 Bde. Leipzig 1846, Weidmann. 3 Thlr.

—— Opuscula quae latine scripta reliquit. Collegit et edidit Ed. Böcking. Leipzig 1848, Weidmann. 1 Thlr.

**Dan. Friedr. Schleiermacher**, Sämmtliche Werke. Berlin 1834—1864, Reimer.

I. Abthlg.: **Zur Theologie.**
Bd. 1. Ueber die Religion. Reden an die Gebildeten unter ihren Verächtern. Weihnachtsfeier. 1843. 2¹/₆ Thlr.
" 2. Ueber die Schriften des Lucas. Ueber seine Glaubenslehre u. A. 1836. 2 Thlr. 18 Ngr.
" 3. u. 4. Der christliche Glaube. 1835. 5. Aufl. 1861. (XVII, 1022 S.) 2 Thlr. 20 Ngr.
" 5. Vermischte Schriften. 1846. 3 Thlr.
" 6. Das Leben Jesu. Vorlesungen v. J. 1832. (X, 512 S.) 1864. 2 Thlr.
" 7. Hermeneutik u. Kritik. 1838. 1 Thlr. 20 Ngr.
" 8. Einleitung in das N. Test. 1845. 2 Thlr.
" 9. u. 10. Nicht erschienen.
" 11. Geschichte der christlichen Kirche. 1840. 2 Thlr. 16 Ngr.
" 12. Die christliche Sitte. 1843. 3 Thlr. 20 Ngr.
" 13. Die praktische Theologie. 1850. 3 Thlr. 15 Ngr.

II. Abthlg.: **Predigten.**
Bd. 1. Predigten 1—4. Sammlung. Letztere enthält die Hausstandspredigten.
" 2. 5—7. Sammlung. 1834.
" 3. Predigten aus d. Jahren 1831 u. 1832. 1836.
" 4. Predigten aus verschiedenen Jahren.
Diese 4 Bde. enthalten die Sammlung der bei Schleierm. Lebzeiten gedruckten Predigten. 8 Thlr.
" 5. u. 6. Predigten über das Evangelium Marci und den Brief Pauli an die Korinther. 1835. 3 Thlr. 20 Ngr.
" 7. Predigten aus den Jahren 1789—1810. 1836. 2 Thlr. 12 Ngr.
" 8. Homilien über das Evang. Johannis, 1. 1823—24. 1837. 2 Thlr.
" 9. Homilien über d. Evang. Johannis, 2. 1825—26. 1847. 2¹/₆ Thlr.

III. Abthlg.: **Zur Philosophie.**
Bd. 1. Philosophische und vermischte Schriften. Grundlinien einer Kritik der bisherigen Sittenlehre. Monologen. Briefe über Schlegels Lucinde. Gedanken über Universitäten in deutschem Sinne. An Geh. Rath Schmalz. 1846. 2 Thlr. 15 Ngr.
" 2. Geschichte der Philosophie. 1839. 1 Thlr. 6 Ngr.
" 3. Reden u. Abhandlungen d. kgl. Akademie d. Wissenschaften. 1835. 1³/₄ Thlr.
" 4. Dialektik. 1839. 2 Thlr. 12 Ngr.
" 5. Entwurf eines Systems der Sittenlehre. 1835. 2 Thlr.
" 6. Psychologie. 1862. 2 Thlr.
" 7. Aesthetik. 1842. 3 Thlr.
" 8. Die Lehre vom Staat. 1845. 1 Thlr. 2¹/₂ Ngr.
" 9. Erziehungslehre. 1849. 3 Thlr. 15 Ngr.

Gustav **Schwetschke**, Ausgewählte Schriften. Deutsch u. lateinisch. 8. (XI u. 533 S.) Halle 1864. G. Schwetschke. n. 1²/₃ Thlr.

Eine Sammlung trefflicher kleiner Schriften in Poesie u. Prosa, welche durch den Ausdruck feiner Bildung u. köstlichen Humors jeden Mann von Geschmack ansprechen u. ihm Genuß gewähren werden.

K. W. F. **Solger**, Nachgelassene Schriften und Briefwechsel. Herausgeg. von Ludw. Tieck und Friedr. v. Raumer. 2 Bde. Leipzig 1826, Brockhaus. 6 Thlr.

Der erste Band enthält einen sehr gehaltvollen Briefwechsel, hauptsächlich mit seiner Gattin, Tieck, Raumer u. Anderen; der zweite philosophische u. literar-historische Aufsätze.

Ludw. Timoth. v. **Spittler**, Sämmtliche Werke. Herausgegeben von Karl Wächter. 15 Bde. Stuttg. 1827—37, Cotta. 12 Thlr.

## Gesammtausgaben.

Bd. 1. Geschichte des kanonischen Rechts.
„ 2. Geschichte der christlichen Kirche.
„ 3., 4. Geschichte der europäischen Staaten.
„ 5. Geschichte d. dänischen Revolution und Geschichte Württembergs.
„ 6., 7. Geschichte Hannovers.
„ 8—14. Vermischte Schriften über Kirchengeschichten, deutsche und würtemb. Geschichte und öffentl. Recht.
„ 15. Vorlesungen über Politik.

**Theod. Storm**, Sämmtliche Schriften. Gesammtausgabe. 6 Bde. Braunschweig 1868. (VII, 224. 204. 226. 236. 256. 209.) Westermann. 3²/₃ Thlr.

Dichtungen in gebundener u. ungebundener Rede.

**Ludwig Tieck**, Schriften. 20 Bände. Berlin 1828—44, G. Reimer. 24 Thlr.

I. Kaiser Octavian.
II. Leben und Tod d. h. Genoveva. Abschied. Das kleine Rothkäppchen.
III. Der Fortunat. IV. und V. Der Phantasus, darin Blaubart und der gestiefelte Kater.
VI. VII. W. Lovell. VIII. Abdallah und 3 andere kleine Erzählungen.
IX. Geschichtschronik der Schildbürger. Die 7 Weiber des Blaubart. Abrah. Tonelli. Das jüngste Gericht.
X. Prinz Zerbino. XI. Schauspiele. XII. Lustspiele. XIII. Märchen. Dramatische Gedichte. XIV. Erzählungen und Novellen. XV. Erzählungen. XVI. Frz. Sternbalds Wanderungen. XVII—XX. Novellen.

Keine Gesammtausgabe, sondern hauptsächlich Sammlung seiner älteren Schriften. Tiecks Novellen s. Seite 446.

—— Kritische Schriften. Zum ersten Male gesammelt und mit einer Vorrede herausgegeben. 1. 2. Bd. gr. 12. (XVI, 388. VI, 424 S.) Leipzig 1848, Brockhaus. n. 3 Thlr.

3. u. 4. Bd. A. u. d. T.: Dramaturgische Blätter zum ersten Male vollständig gesammelt. (XXII, 298. VIII u. 389 S.) Ebend. 1852. n. 3 Thlr.

—— Nachgelassene Schriften. Auswahl u. Nachlese. Herausgeg. v. Rudolf Köpke. 2 Bde. gr. 12. (XXVIII 211 u. 158 S.) Ebend. 1855. n. 2½ Thlr.

Ein Supplement zu Köpkes Biographie. In der reichhaltigen dramatischen Abtheilung zeichnet sich besonders die Sommernacht, eine dramatische Phantasie aus dem Jahr 1789 aus. Ferner das Fragment „Antifaust" aus dem Jahr 1801, eine kühne humoristische Abwehr gegen literarische Verunglimpfungen.

In der kritischen Abtheilung, welche den größten Theil des zweiten Bandes füllt, ist besonders bemerkenswerth eine Antikritik unter dem Titel: „Bemerkungen über Parteilichkeit, Dummheit und Bosheit", und die Entwürfe zu dem großen Werke über Shakespeare, mit dessen Gedanken und Plan sich Tieck sein Lebenlang trug.

**Ludwig Uhland**, Gedichte und Dramen. Volksausgabe. 3 Bde. gr. 16. (XXII u. 939 S.) Stuttgart 1863, Cotta. n. 1½ Thlr.

Dessen Ges. Schriften zur Gesch. d. Dichtung und Sage s. S. 385.

**Chstph. Mart. Wieland**, Sämmtliche Werke 36 Bde. 16. Leipzig 1839 u. 40, Göschen. 16 Thlr.

**Heinrich Zschokke,** Gesammelte Schriften.
- I. Abthlg. Sämmtliche Novellen. 10. Ausgabe. 17 Bde. Aarau, Sauerländer 1856—58. 6 Thlr. 8 Ngr.
- II. „ Lebensweisheit und Religion. 10 Bde. Aarau 1858—59, Sauerländer. 4 Thlr.
- III. „ Vermischte Schriften. 8 Thle. Aarau 1854, Sauerländer. 4 Thlr. 8 Ngr.

# Zeitschriften und Encyclopädieen.

## Zeitschriften.

**Deutsche Vierteljahrschrift.** Begründet 1838. Jährlich 4 Hefte in gr. 8. à 20—25 Bg. Stuttgart, Cotta. Preis pr. Jahrgang. n. 7½ Thlr.

Eine Zeitschrift, die für Wissenschaft, Literatur und Staatsleben früher viel Verdienst und große Geltung hatte, in neuerer Zeit aber bedeutend abgenommen hat.

**Historisch-politische Blätter für das katholische Deutschland.** Begründet 1838 von G. Philipps und G. Görres, jährl. 2 Bde. in 24 Heften à 4—6 Bogen. Seit 1853 redig. v. Jos. Edm. Jörg. München, Literar. artist. Anstalt in Commission. 7⅙ Thlr.

Ein bekanntes Organ der streng katholischen Richtung, die hier in der Regel mit Geist u. Sachkenntniß vertreten ist.

**Die Grenzboten.** Zeitschrift für Politik und Literatur. 1842 begründet v. J. Kuranda. Seit 1849 abwechselnd von Gustav Freytag, Jul. Schmidt u. M. Busch redig. Seit 1867 von G. Freytag u. Jul. Eckardt. Jährlich 52 Hefte à 2½ Bogen. Leipzig, Herbig. (Fr. Wilh. Grunow.) à Jahrg. 10 Thlr.

Eine der besten allgemeinen Zeitschriften, welche vermöge ihres wöchentlichen Erscheinens den Vortheil hat, daß sie den Zeitereignissen auf dem Fuße folgen kann. Sie giebt eine große Mannigfaltigkeit von Aufsätzen, die nicht leicht das Maß eines halben Bogens überschreiten, und durch leichte gefällige Darstellung anziehen. Politik, Geschichte und Literatur ist das Vorherrschende. Blos Unterhaltendes ist ausgeschlossen. Die politische Richtung ist eine entschieden nationale u. wirbt für weitere Ausbildung des Norddeutschen Bundes.

**Monatsblätter für innere Zeitgeschichte.** Studien der deutschen Gegenwart für den socialen und religiösen Frieden der Zukunft. Unter Mitwirkung deutscher Historiker, Theologen, Juristen und Pädagogen herausgeg. von Heinrich Gelzer. 1853—1869. Je zwei Bde. oder 12 Hefte à 4—5 Bogen. Lex. 8. Gotha, J. Perthes. à Jahrg. n. 4 Thlr.

Ursprünglich eine vorwiegend theologische Zeitschrift, welche das religiöse Leben des Protestantismus gegen den Katholicismus, den Confessionalismus und den Unglauben vertrat, u. darin sehr Anerkennenswerthes leistete. Allmählig aber wandte sie sich mehr den allgemeinen Culturinteressen zu, verlor ihre eigentlich theologischen Mitarbeiter und legte seit 1865 den Beisatz „Protestantische" ab. Ob der Verlust, den die Zeitschrift dadurch erlitten, durch anderweitige Kräfte ersetzt werden wird, scheint uns noch zweifelhaft, aber immerhin bietet sie interessante culturgeschichtliche Aufsätze. Namentlich hat der Herausgeber selbst eine Reihe gehaltvoller und geistreicher Artikel beigetragen.

**Preußische Jahrbücher.** Begründet 1859 v. R. Haym. u. von dems. redig. bis 1864, seit 1866 von H. v. Treitschke u. W. Wehrenpfennig. Jährl. 12 Hefte à 6—8 Bog. Berlin, Reimer. à Jahrg. 6 Thlr.

Eine der bedeutendsten Zeitschriften, welche größere Aufsätze historischen, politischen, literaturgeschichtlichen u. mitunter auch naturwissenschaftlichen Inhalts giebt. Der politische Standpunkt ist der nationale mit Hinneigung zum preußisch-deutschen Einheitsstaat. Regelmäßige politische Correspondenzen geben einen fortlaufenden Bericht über die Ereignisse jedes Monats. Die Aufsätze werden in der Regel von den Verfassern unterzeichnet.

Außer den genannten Revüen geben auch die Beiblätter zweier politischen Zeitungen regelmäßige Berichte über Wissenschaft und Literatur, nämlich die Beilage zur Augsburger Allg. Zeitung und die Beilage zur Leipziger Zeitung. Leider sind sie aber nicht besonders zu kaufen. Die Allgem. Zeitung hat dadurch eine Bedeutung gewonnen, die in ihrer Art einzig ist, sie ist das internationale Band für die gebildete Welt bis in den Orient geworden.

**Illustrirte Zeitung.** Besteht seit 1842. à 52 Nummern, (à Nummer 4 Bogen mit eingedruckten Holzschnitten.) Fol. Leipzig, Weber. à Jahrg. n. 8 Thlr.

Giebt ausführliche Berichte über die Tagesereignisse, literarische Erscheinungen, Erfindungen; ferner politische Uebersichten, Charakteristiken und Bilder berühmter Männer, und einen fast zu großen Reichthum von Holzschnitten. Erzählungen sind nicht in den Plan aufgenommen.

**Ueber Land und Meer.** Allgemeine illustrirte Zeitung, herausgeg. von F. W. Hackländer. Red. Ed. Hallberger. Besteht seit 1859. à 52 Nrn. à 4 Bogn. mit Holzschnitten. gr. Fol. Stuttgart, E. Hallberger. à Jahrg. n. 4 Thlr.

Giebt Aehnliches wie die Illustrirte Zeitung, nur herrschen Romane und Novellen vor.

**Die Gartenlaube.** Illustrirtes Familienblatt. Besteht seit 1852. 52 Nummern à 2 Bogen (mit Holzschnitten). gr. 4. Leipzig, Keil. n. 2 Thlr.

Wohl die verbreitetste Unterhaltungszeitschrift. Sie ist durch die große Zahl der Abonnenten in den Stand gesetzt, bedeutende Mittel auf Inhalt u. Ausstattung zu verwenden, und thut dies mit vielem Geschick. Das Streben, in allen Gebieten des Fortschritt zu repräsentiren, verleitet die Redaction öfters, Ausfällen gegen den positiven Glauben Platz zu gewähren, und Aeußerungen der Intoleranz gegen alle diejenigen zu begünstigen, welchen das Minimum von Glauben, das der moderne Rationalismus gestattet, nicht genügt.

**Daheim.** Ein deutsches Familienblatt mit Illustrationen. Herausgeg. von Rob. König. (Seit October 1864.) 52 Nummern jährlich mit eingedruckten Holzschnitten in 4. Leipzig. Exped. des Daheim. à Jahrg. n. 2 Thlr. Vom October 1866 an à Jahrg. n. 2 Thlr. 12 Ngr.

Eine Zeitschrift, welche ganz ähnliche populäre Zwecke verfolgt wie die Gartenlaube, aber im Gegensatz zu deren eben gerügter Richtung entstanden ist, und gebildeten Familien eine ebenso anziehende Erholungslectüre gewähren will, nur frei von jeder negativen Beimischung. Sie hat sich in der Gunst des Publicums befestigt und ist ein in vielen Häusern beliebtes Blatt.

**Westermann's illustrirte deutsche Monatsschrift** für das gesammte geistige Leben der Gegenwart. Besteht seit 1856. Redacteur Ad. Glaser. 12 Hefte in Lex. 8. Jedes Monatsheft zu 7 Bogen. Braunschweig, Westermann. n. 4 Thlr.

Ist unter den Unterhaltungszeitschriften vielleicht die beste, da die belehrenden Aufsätze meist von soliderem Gehalt sind. Jedes Heft hat 5 Abtheilungen: 1) allgemeine Unterhaltung, 2) Naturkunde, 3) Kunstberichte, 4) literarische Mittheilungen, 5) Correspondenzen. Ausstattung elegant, nur etwas kleiner Druck. Die Holzschnitte sauber, aber nicht besonders reichlich.

Der Salon für Literatur, Kunst und Gesellschaft. Herausgeg. v. E. Dohm u. J. Rodenberg. Besteht seit 1868. 1. Jahrg. 12 Hefte à 8 Bogen mit Illustrationen à ½ Thlr. Leipzig 1868, Payne. 4 Thlr. jährl.

Eine hauptsächlich auf Unterhaltung berechnete Zeitschrift, die aber auch belehrende Uebersichten und Literaturberichte giebt. Sucht den Westermann'schen Monatsblättern Concurrenz zu machen.

Blätter für literarische Unterhaltung. gr. 4. Leipzig, Brockhaus. Bestehen seit 1826. Seit 1865 redigirt von Rud. Gottschall. 52 Num. à 2 Bogen. à Jahrg. 10 Thlr.

Diese Zeitschrift bespricht hauptsächlich die belletristische Literatur in Ueberfichten und ausführlichen Einzelrecensionen und erhält den Leser in diesem Gebiet vollständig auf dem Laufenden. Daneben giebt sie auch über philosophische, historische u. naturwissenschaftliche Literatur, soweit diese in den Kreis der allgemeinen Bildung gehört, regelmäßige Berichte.

Magazin für die Literatur des Auslandes. Herausgeg. von Joseph Lehman. Wöchentlich 1 Nr. (in 3 Bogen) in Fol. Leipzig, Veit u. Comp. à Jahrg. n. 4 Thlr.
Besteht seit 1831.

Beschränkt sich nicht auf das Ausland, sondern berichtet auch über interessante Erscheinungen der deutschen Literatur.

Literarisches Centralblatt für Deutschland. Herausgeg. v. Friedr. Zarncke. Besteht seit 1850. Jährl. 52 Nrn. in 4. à 1—2 Bogen. Leipzig, Avenarius. 5½ Thlr., seit 1863 hoch 4. 8 Thlr.

Wohl das vollständigste Organ der wissenschaftlichen Kritik. Die Artikel von Fachmännern geschrieben, zeichnen sich durch Gedrängtheit und ein entschiedenes Urtheil aus, das oft mit rückhaltloser Schärfe auftritt.

Literarischer Handweiser zunächst für das katholische Deutschland. Hg. v. Fr. Hülskamp u. Herm. Rump. Münster 1862, Theißing.
   1. Jahrg. 1862. 10 Num. à 2 Bogen 4. 15 Ngr.
   2.—5. Jahrg. 1863—66, der Jahrg. 10 Nrn. hoch 4. à 2½ B. 20 Ngr.
   6.—8. Jahrg. 1867—69. Der Jahrg. 12 Nrn. à 2½ Bg. 25 Ngr.

Ein ausgezeichnet praktisch angelegter Literaturbericht, welcher bibliographische Ueberfichten, leitende Artikel über einzelne Gebiete der Literatur u. Einzelrecensionen gibt. Alles in gedrängter übersichtlicher Form. Der Standpunkt ist ein streng katholischer, doch mit Maß und Vernunft angewendet. Das Hauptgewicht wird auf die kathol. theolog. Literatur gelegt, aber auch die übrigen Fächer werden berücksichtigt, soweit sie nicht in strengstem Sinn der Gelehrsamkeit u. Technik angehören.

Allgemeiner literarischer Anzeiger für das evangelische Deutschland. Kritische Rundschau u. Besprechung der bedeutenderen Erscheinungen auf dem Gesammtgebiet der in= u. ausländischen Literatur, Kunst u. Musik. Hg. v. O. Andreä u. O. Zöckler. Je 12 Hefte von 4 Bogen in Lex. 8. Gütersloh 1867—70, Bertelsmann. 6 Thlr. jährl.

Ein neues Unternehmen, das sich die Aufgabe stellt, die literarische Kritik vom Standpunkt einer positiv christlichen Weltansicht aus zu üben. Dies geschieht durch orientirende Aufsätze allgemein wissenschaftlichen, cultur= und literar=historischen Inhalts, durch Recensionen einzelner Werke, durch Referate über u. aus anderen Zeitschriften, durch kurze Beurtheilungen

u. Charakteristiken in der Art unseres Wegweisers. Die Theologie herrscht natürlich vor, wie denn auch die meisten Mitarbeiter Theologen u. evangelische Geistliche sind. Dagegen scheint es noch an genügenden Kräften für die Fachwissenschaften zu fehlen. Die Leitung hat übrigens seit dem Eintritt Prof. Zöcklers in die Redaction bedeutend gewonnen, und das Unternehmen verdient lebendigere Anerkennung u. Unterstützung.

## Encyclopädieen.

**Conversationslexicon. Allgemein deutsche Real-Encyclopädie für die gebildeten Stände.** 11. umgearb. verbeſſ. u. verm. Auflage. 15 Bde. Leipzig 1864—68. Brockhaus. 25 Thlr.

Das älteste deutsche Conversationslexicon, das sich durch immer neue Bearbeitungen auf der Höhe der Zeit erhält und an Zuverlässigkeit des Einzelnen gewinnt. Die Artikel sind nicht blos trocken referirend, sondern auch vielfach reflectirend, raisonnirend und kritisirend gehalten, und diejenigen von wissenschaftlicher Bedeutung durch Gelehrte verfaßt, die in ihrem Fach anerkannte Autoritäten sind.

**Unsere Zeit. Deutsche Revue der Gegenwart. Monatsschrift zum Conversationslexicon.** Besteht seit 1857. Neue Folge. Hg. von R. Gottschall seit 1865 24 Hefte à 5 B. Leipzig, Brockhaus. 4 Thlr. 24 Ngr.

Hatte ursprünglich den Zweck der Ergänzung des Conversationslexicons, ist aber dieser Nebenrolle entwachsen und eine selbstständige Zeitschrift geworden, welche besonders die politische Geschichte der Gegenwart durch größere Artikel vertritt, aber auch andere Gebiete des Lebens wie die Naturwissenschaften, Technik, Literatur und Kunst in orientirenden Aufsätzen bespricht.

**Conversationslexicon, kleineres Brockhausisches, für den Handgebrauch in vier Bänden.** Lex. 8. (I. 796. II. 796. III. 796. IV. VII u. 812 S.) Leipz. 1853—56, Brockhaus. 6⅔ Thlr. 2. Aufl. 1862—64. 4 Thlr. 10 Ngr.

Enthält alle Artikel der 10. Auflage des größeren Werkes in zweckmäßiger Abkürzung, außerdem noch eine Menge Fremdwörter und sachliche Notizen. Die zweite Auflage ist der Zeit gemäß verbessert.

**Pierers Universallexicon der Vergangenheit und Gegenwart, oder neuestes encyclopädisches Wörterbuch der Wissenschaften, Künste und Gewerbe.** 19 Bde. 4. Aufl. Altenburg, Pierer, 1859—65. 31 Thlr. 20 Ngr. 5. Aufl. Bd. 1—6. oder Lief. 1—24. à ⅓ Thlr.

Ist wohl das reichhaltigste Conversationslexicon, welches die Thatsachen mit einer Vollständigkeit, wie sie sich nur irgend erwarten läßt, gibt, und deswegen für jeden ein äußerst brauchbares Handbuch zum Nachschlagen.

**Pierer, Jahrbücher der Wissenschaften, Künste und Gewerbe. Ergänzungswerk zu sämmtlichen Auflagen des Universallexicons.** 2 Bde. Altenb. Pierer 1865—69. (1. Bd. 858 S. 11 Lief. à 6 Ngr.) 2 Thlr. 6 Ngr. (2 Bd. Heft 1—9. 703 S.)

Eine sehr zweckmäßige Ergänzung, die fortdauert u. dazu bestimmt ist, das Hauptwerk auf dem Laufenden zu erhalten. Sie behält die Wörterbuchform bei.

**Neues Conversationslexicon, ein Wörterbuch des allgemeinen Wissens.** Unter Redaction von H. Krause hrsg. von Herrn. J. Meyer. 2. gänzlich umgearbeitete Auflage. 16 Bde. Hildburghausen, Bibliogr. Institut 1862—1869. 32 Thlr. 18 Ngr.

Auch ein recht gutes Lexicon, das zwischen Brockhaus und Pierer mitten inne steht, und mit Reichhaltigkeit des Stoffes auch beurtheilende Referate zu verbinden sucht, die von anerkannten Fachmännern geschrieben sind. Zur Erläuterung sind ca. 200 in den Text eingedruckte Illustrationen und 202 in Stahlstich, Farbendruck u. Holzschnitt ausgeführte Separatblätter, worunter 52 Karten, beigegeben.

**Ergänzungsblätter zur Kenntniß der Gegenwart. Encyclopädisches Jahrbuch zu Meyers Conversationslexicon.** Redacteur O. Dammer. 4 Bde. 12 Hefte à 64 S. Hildburghausen, Bibliograph. Institut 1865—69. 10 Thlr.

Diese Ergänzungsblätter haben einen andern Charakter, als die Brockhaus'schen und Pierer'schen. Sie geben eine nach Fächern u. Stoffen geordnete Berichterstattung über das Neueste in der Literatur, wie in den Erfindungen, Entdeckungen u. politischen Ereignissen.

**Das Hauslexicon. Encyclopädie practischer Lebenskenntnisse für alle Stände.** Herausgegeben unter Mitwirkung namhafter Gelehrter und Techniker von Heinr. Hirzel. 3. Aufl. 6 Bde. Mit eingedr. Holzschnitten. Leipzig 1858—1862, Breitkopf und Härtel. à Bd. 2 Thlr.

**Illustrirtes Haus- und Familienlexicon.** Ein Handbuch für das praktische Leben. Redig. von Rud. Arendt. 7 Bde. Mit 2382 Abbildgn. in Holzschnitt. Leipzig 1860—66, Brockhaus. 17 Thlr. 15 Ngr. Neue wohlfeile Ausgabe 1869. 11²/₃ Thlr.

Beide Werke sind sehr nützliche, gewissenhaft ausgeführte Unternehmungen. Die Artikel sind von Fachmännern geschrieben und wahrhaft populär gehalten. Die Aufgabe ist, einen Rathgeber für die verschiedenen Lebensbeziehungen eines größeren Haushaltes an die Hand zu geben. Die Artikel umfassen von Künsten und Gewerben soviel als nöthig ist, um uns von Herstellung, Natur, Güte und Verwendung der mannigfaltigen Industrieproducte eine richtige Vorstellung zu geben, nicht aber um irgend einen Geschäftszweig darnach anzulegen und zu betreiben. Ueber das geschäftliche und sociale Leben wird in Beziehung auf Handel und Werkehr soweit Auskunft ertheilt, als zur Betreibung eines selbstständigen Geschäftsbetriebes nöthig ist, doch mit Ausschluß derjenigen Dinge, die nur für den Großhandel Interesse haben; von der Volkswirthschaftslehre werden die für den Gebildeten wichtigsten Lehren abgehandelt, von der Rechtswissenschaft ist soviel aufgenommen als derjenige braucht, der mit Sicherheit im Leben verkehren und vorkommenden Falls seine Rechte wahren will. Von den Naturwissenschaften ist das in den Kreis der Belehrung gezogen, was in Technik und Gesundheitspflege zunächst zur Anwendung kommt, von der Medicin ist über die physiologische Grundlage des gesunden und kranken Lebens ein Ueberblick gegeben, mit Rathschlägen für die Diätetik und Erkenntniß der wichtigsten Krankheiten, während für Anwendung der Heilmittel auf den ärztlichen Rath verwiesen wird. In Betreff der Nahrungsmittel wird über ihre Zusammensetzung, Ernährungsfähigkeit, Verfälschung und deren Erkenntniß, sowie über die Zubereitung das Nöthige angegeben, auch über Kleidung und Wohnung, über die Arbeiten der Hausfrauen, über Erziehung und Unterricht wird ebenfalls eingehender Rath ertheilt.

Die beiden hier angeführten Werke scheinen in Anlage und Ausführung nicht wesentlich verschieden zu sein, das Breitkopf'sche ist von beschränkterer Ausdehnung, hat engeren Druck u. weniger Holzschnitte.

**Oeffentliche Vorträge, gehalten von einem Verein akademischer Lehrer zu Marburg.** 2 Bde. gr. 8. Stuttgart 1862, Franckh'sche Buchh. à Bd. 1¹/₃ Thlr.

Inhalt des ersten Bandes: I. E. Zeller, die Entwicklung des Monotheismus bei den Griechen (31 S.) II. W. Mangold, Julian der Abtrünnige (27 S.) III. K. Justi, Dante und die göttliche Comödie (40 S.) IV. Th. Waitz, Hernando Cortes (22 S.) V. E. Herrmann, Wilhelm von Oranien (26 S.) VI. E. L. Th. Henke, Papst Pius VII. (29 S.) VIII. J. Cäsar, das finnische Volksepos Kalewala (31 S.)

Inhalt des zweiten Bandes: I. W. Schell, Ueber Wahrscheinlichkeit (24 S.) II. Müllner, Wind und Wetter (24 S.) III. Bromeis, Ueber die Entdeckung des Sauerstoffs. (27 S.)

IV. Claudius, das Gehörorgan. (20 S.) V. F. W. Henle, die Quelle der Kräfte des Lebens im Körper der Menschen und Thiere. (32 S.) VI. Heusinger, Ueber die Getränke. (27 S.) (Jede dieser Nr. ist auch einzeln zu dem Preis von 8 Ngr. zu erhalten.)

Besonders lesenswerth sind Zellers Monotheismus, Waitz Cortes, C. Herrmanns Wilhelm von Oranien, Henles Pius VII., Schells Wahrscheinlichkeit.

Sammlung gemeinverständlicher wissenschaftlicher Vorträge, herausgeg. von Rud. Virchow und Fr. v. Holtzendorf. 1—24. Heft. gr. 8. Berlin 1866—67, Lüderitz' Verlag.

1. R. **Virchow**, Ueber Hünengräber und Pfahlbauten. (36 S.) n. 1/4 Thlr.
2. J. C. **Bluntschli**, Die Bedeutung und Fortschritte des modernen Völkerrechts. (64 S.) n. 1/3 Thlr.
3. H. W. **Dove**, Der Kreislauf des Wassers auf der Oberfläche der Erde. (39 S.) n. 1/4 Thlr.
4. **Lette**, Die Wohnungsfrage. (31 S.) n. 6. Ngr.
5. **Förster**, Ueber Zeitmaße. (32 S. n. 1/4 Thlr.
6. C. **Osenbrüggen**, Land und Leute der Urschweiz. (36 S.) n. 1/4 Thlr.
7. G. H. **Meyer**, Ueber Sinnestäuschungen. (36 S.) n. 1/4 Thlr.
8. **Schulze-Delitzsch**, Sociale Rechte und Pflichten. (32 S.) n. 1/4 Thlr.
9. J. **Rosenthal**, Von elektrischen Erscheinungen. (32 S.) n. 1/4 Thlr.
10. F. J. **Kühns**, Die Bedeutung des Wechsels für den Geschäftsverkehr. (36 S.) n. 1/4 Thlr.
11. E. **Rosenstein**, Ueber Aberglauben und Mysticismus in der Medicin. (32 S.) n. 1/4 Thlr.
12. Emil **Zschokke**, Heinr. Zschokke, ein biograph. Umriß. (47 S.) n. 1/3 Thlr.
13. Aug. **Müller**, Ueber die Entstehung organischer Wesen und deren Spaltung in Arten. (46 S.) n. 1/3 Thlr.
14. Jürgen B. **Mayer**, Volksbildung und Wissenschaft in Deutschland während der letzten Jahrhunderte. (56 S.) n. 1/3 Thlr.
15. Ad. **Baeyer**, Ueber den Kreislauf des Kohlenstoffs in der organischen Natur. (32 S.) n. 1/4 Thlr.
16. Herm. **Grimm**, Albrecht Dürer. (46 S.) n. 1/3 Thlr.
17. Frz. v. **Holtzendorf**, Richard Cobden. (38 S.) n. 1/4 Thlr.
18. K J. **Mittermaier**, Das Volksgericht in Gestalt der Schwur- u. Schöffengerichte. (40 S.) n. 1/4 Thlr.
19. J. **Roth**, Ueber die Steinkohlen. (32 S.) n. 1/4 Thlr.
20. und 21. **Engel**, Der Preis der Arbeit. (70 S.) n. 1/2 Thlr.
22. W. **Siemens**, Die elektrische Telegraphie. (40 S.) n. 1/4 Thlr.
23. F. **Rammelsberg**, Ueber die Mittel Licht und Wärme zu erzeugen. (31 S.) n. 1/4 Thlr.
24. C. **Zeller**, Religion und Philosophie bei den Römern. (48 S.) n. 1/3 Thlr.

Sammlung gemeinverständlicher wissenschaftlicher Vorträge. 2.—4. Serie. Ebend. 1867—70.

1. Rud. **Gneist**, Die Stadtverwaltung der City von London. (52 S.) n. 1/3 Thlr.
2. Trautwein v. **Belle**, Wilhelm von Oranien, der Befreier der Niederlande. (32 S.)
3. A. v. **Gräfe**, Sehen und Sehorgan. Mit 5 Holzschn. (48 S.) n. 1/3 Thlr.
4. C. **Perels**, Ueber die Bedeutung des Maschinenwesens für die Landwirthschaft. (36 S.) n. 1/4 Thlr.
5. N. **Belle**, Waisenpflege und Waisenkinder in Berlin. (36 S.) n. 1/4 Thlr.
6. J. **Oppenheimer**, Ueber den Einfluß des Klimas auf den Menschen. (36 S.) n. 1/4 Thr.
7. Alfr. **Woltmann**, Die deutsche Kunst und die Reformation. Mit 2 Holzschntaf. (40 S.) n. 1/3 Thlr.
8. Otto **Weber**, Ueber die Anwendung der schmerzstillenden Mittel im Allgemeinen u.

Encyclopädieen.

des Chloroforms im Besonderen. [Vortrag gehalten im Museum zu Heidelberg.] (32 S.) n. 1/4 Thlr.
9. W. **Endemann**, Die Entwicklung d. Handelsgesellschaften. (48 S.) n. 1/3 Thlr.
10. Heinr. **Bohn**, Bedeutung u. Werth der Schutzpockenimpfung. Vortrag im Königsberger kaufmänn. Verein, gehalten im Jan. 1867. (31 S.) n. 1/4 Thlr.
11. W. **Wattenbach**, Algier. Ein Vortrag gehalten zu Baden-Baden am 26. Jan. 1867. (44. S.) n. 1/3 Thlr.
12. Rich. Ed. **John**, Ueber die Todesstrafe. (43 S.) n. 1/3 Thlr.
13. H. **Nissen**, Pompeji. (40 S.) n. 1/4 Thlr.
14. Karl v. **Seebach**, der Vulcan von Santorin nach einem Besuche im März u. April 1866 geschildert. Mit 1 Holzschn. (32 S.) n. 8 Ngr.
15. W. **Preyer**, Ueber Empfindungen. (36 S.) n. 1/4 Thlr.
16. Fr. v. **Holtzendorff**, Ueber die Verbesserungen in der gesellschaftlichen u. wirthschaftlichen Stellung der Frauen. (46 S.) n. 1/3 Thlr.
17. H. **Möller**, Ueber den Alkohol. Vortrag, gehalten im Königsberger Handwerker-Verein am 4. Nov. 1867. (35 S.) n. 1/4 Thlr.
18. K. Bernh. **Stock**, Joh. Joach. Winckelmann, sein Bildungsgang u. seine bleibende Bed.utung. (48 S.) n. 1/3 Thlr.
19. H. A. **Schumacher**, das Rettungswesen zur See. (48 S.) n. 1/3 Thlr.
20. T. **Hebler**, die Philosophie gegenüber dem Leben und den Einzelwissenschaften. (46 S.) n. 1/3 Thlr.
21. P. A. **Bolley**, Altes und Neues aus Farbenchemie und Färberei. Ueberblick der Geschichte und Rolle der s. g. Anilinfarben. (35 S.) n. 6 Ngr.
22. Wilh. v. **Waldbrühl**, Naturforschung u. Herenglaube. (39 S.) n. 6 Ngr.
23. Rob. **Volz**, das rothe Kreuz im weißen Felde. In der Reihe der Vorträge d. bad. Frauenvereins gehalten in Karlsruhe am 18. Jan. 1868. (40 S.) n. 6 Ngr.

3. Serie. 24. Der ganzen Reihe.
48. Rud. **Virchow**, Ueber Nahrungs- u. Genußmittel. (55 S.) n. 8 Ngr.
49. E. **Twesten**, Machiavelli. (36 S.) n. 6 Ngr.
50. W. v. **Wittich**, Ueber die Schnelligkeit unseres Empfindens u. Wollens. (31 S.) n. 6 Ngr.
51. F. **Adler**, Die Weltstädte in der Baukunst. (40 S.) n. 6 Ngr.
52. 53. Ernst **Häckel**, Ueber die Entstehung u. d. Stammbaum des Menschengeschlechts. (80 S.) n. 1/2 Thlr.
54. J. C. **Bluntschli**, Die Gründung der amerikanischen Union von 1787. (32 S.) n. 6 Ngr.
55. 56. Wilh. **Runge**, Der Bernstein in Ostpreußen. Mit 1 Titelbilde (in Holzschn.) und 10 eingedr. Holzschn. (70 S.) n. 1/2 Thlr.
57. Gust. **Cohn**, Die Börse u. die Speculation. (32 S.) n. 6 Ngr.
58. Wilh. **Angerstein**, Volkstänze im deutschen Mittelalter. (32 S.) n. 6 Ngr.
59. G. Herm. **Meyer**, Die Entstehung unserer Bewegungen. (32. S.) n. 6 Ngr.
60. Rud. v. **Groß**, Eine Wanderung durch die irländischen Gefängnisse. (36 S.) n. 6 Ngr.
61. Wilh. **Stricker**, Die Amazonen in Sage u. Geschichte. (40 S.) n. 6 Ngr.
62. A. **Bastian**, Mexico. Vortrag gehalten am 18. Jan. 1868. (39 S.) n. 6 Ngr.
63. E. **Leyden**, Ueber die Sinneswahrnehmungen. Populäre Vorlesg. gehalten den 7. Jan. 1868. (40 S.) n. 6 Ngr.
64. Heinr. **Brugsch**, Ueber Bildung und Entwicklung der Schrift. Mit 1. Taf. in Steindr. (30 S.) n. 1/4 Thlr.
65. H. **Jordan**, Die Kaiserpaläste in Rom. (31 S.) n. 6 Ngr.
66. F. **Hoppe-Seyler**, Ueber Spectralanalyse. Nebst 1 (lith.) Taf. in Farbendr. 36 S. n. 12 Ngr.
67. R. O. **Meibauer**, Die Sternwarte zu Greenwich. (32 S.) n. 6 Ngr.
68. H. R. **Göppert**, Ueber die Riesen des Pflanzenreiches. (32 S.) n. 6 Ngr.
69. 70. W. **Kone**, Ueber die neuesten Entdeckungen in Afrika. 2 Vorträge. (70 S.) n. 12 Ngr.

71. Fr. Jul. **Kühns**, Ueber den Ursprung u. das Wesen des Feudalismus. (43 S.) n. ¼ Thlr.
72. Rud. **Virchow**, Ueber Hospitäler und Lazarethe. Vortrag, gehalten im Dec. 1866 im Saale des Berliner Handwerker-Vereins. (32 S.) n. 6 Ngr.
[4. Serie.] 73. Albr. **Nagel**, Der Farbensinn. Mit 1 (eingedr.) Holzschn. (39 S.) n. 6 Ngr.
74. Ed. **Dobbert**, Die monumentale Darstellung der Reformation durch Rietschel u. Kaulbach. (40 S.) n. 6 Ngr.
75. H. **Töpfer**, Das mechanische Wärmeäquivalent, seine Resultate und Consequenzen. n. 6 Ngr.
76. A. v. **Lasaulx**, Der Streit über die Entstehung des Basaltes. (38 S.) n. 6 Ngr.
77. Karl **Braun**, Der Weinbau im Rheingau. (35 S.) n. 6 Ngr.
78. Ernst **Häckel**, Ueber Arbeitstheilung in Natur- u. Menschenleben. Vortrag, gehalten am 17. Dec. 1868. Mit 1 Titelkpfr. u. 18 in den Text eingedr. Holzschn. (40. S.) n. ⅓ Thlr.
79. E. E. R. **Alberti**, Heinrich Pestalozzi. Ein Lebensbild. (38 S.) n. ¼ Thlr.
80. Ferd. **Cohn**, Licht u. Leben. (32 S.) n. 6 Ngr.
81. E. L. Th. **Henke**, Johann Huß u. die Synode von Constanz. (44 S.) n. ¼ Thlr.
82. Fr. **Nippold**, Aegyptens Stellung in der Religions- u. Culturgeschichte. (32 S.) n. 6 Ngr.
83. Otto **Ribbeck**, Sophokles u. seine Tragödien. Vortrag, gehalten im Saale der Kieler Harmonie am 16. Apr. 1868. (31 S.) n. 6 Ngr.
84. A. **Emminghaus**, Hauswirthschaftliche Zeitfragen. (44 S.) n. ¼ Thlr.
85. A. **Lammers**, Die geschichtliche Entwicklung des Freihandels. (55 S.) n. 8 Ngr.
86. G. **Zaddach**, Die ältere Tertiärzeit. Ein Bild aus der Entwicklungsgeschichte der Erde. Oeffentlicher Vortrag, gehalten in Königsberg am 9. Febr. 1869. (35 S.) n. 6 Ngr.
87. 88. A. de **Bary**, Ueber Schimmel und Hefe. Mit 7 (eingedr.) Holzschn. (78 S.) n. ½ Thlr.
89. A. **Bernstein**, Alexander v. Humboldt u. der Geist zweier Jahrhunderte. (48 S.) n. ¼ Thlr.
90. Wilh. **Maurenbrecher**, Don Carlos. (32 S.) n. 6 Ngr.
91. M. **Perty**, Ueber den Parasitismus in der organischen Natur. n. ¼ Thlr.
92. F. **Römer**, Ueber die ältesten Formen des organischen Lebens auf der Erde. n. 6 Ngr.
93. H. **Wedding**, Das Eisenhüttenwesen. (43 S.) ¼ Thlr.
94. Aler. **Braun**, Die Eiszeit der Erde. (43 S.)
95. Franz v. **Holtzendorf**, Englands Presse. (32 S.)

Diese nun auf 4 Octavbände angewachsene Sammlung gibt größtentheils eine sehr gelungene Popularisirung wissenschaftlicher Stoffe. Manche Stücke sind das Ergebniß besonders hiezu angestellter Forschungen und haben einen selbstständigen Werth.

# Atlanten und Karten.

## Allgemeines.

Das beste Hilfsmittel zur Orientirung über neuere Karten sind Petermanns Mittheilungen, in welchen über jede neue Erscheinung auf diesem Gebiet berichtet wird, auch von Emil Sydow jährliche Uebersichten über den kartographischen Stand gegeben werden. Auch wird hier jedes Ergebniß neuer geographischer Forschung durch Kartenentwürfe constatirt.

H. **Kiepert**, Neuer Erdglobus von 30 Zoll rheinld. Durchmesser, Maaßst. 1 : 16,500,000; mit vollständigem mathematischen Netz, Horizont, Meridian, Stundenring, Höhenquadrat und Compaß. Berlin 1864—

68. D. Reimer. Mit elegantem schwarz polirtem Holzgestell 80 Thlr., mit bronzirtem Gestell 65 Thlr. Verpackung 7 Thlr.

„In jeder Beziehung ausgezeichnet, dem neuesten Standpunkte der Wissenschaft entsprechend und bei dem großen Maaßstabe im Stande, eine vortreffliche zusammenhängende Erdübersicht zu liefern." (E. v. Sydow.)

Außer diesem Globus in größtem Format hat die Verlagshandlung auch kleinere Globen unter Kieperts Redaction herstellen lassen, von 13 und 8 Zoll Durchmesser, deren Preise je nach Beschaffenheit des Gestells und der Ausrüstung bei dem ersten von 6 Thlr. bis zu 22 Thlr. 20 Ngr. und bei dem zweiten von 4 Thlr. bis zu 12 Thlr. aufsteigen.

**H. Berghaus und Fr. v. Stülpnagel**, Chart of the World on Mercators Projection; Maaßst. am Aequator 1 : 28,000,000 in 8 Blatt. 2. Aufl. Gotha 1864, Perthes. 4 Thlr. (In engl. Sprache.)

Die Erdzone zwischen 80° nördlicher und 60° südlicher Breite ist hier der Länge nach statt in Rundung dargestellt, und gibt hauptsächlich die physikalischen Verhältnisse des Erdballs, sowie die Verkehrswege in zusammenhängender Orientirung und meisterhafter Technik.

**Ad. Stieler**, Handatlas über alle Theile der Erde und über das Weltgebäude. 84 color. Karten in Kupferstich. Qu. gr. Fol. Gotha 1866—70, J. Perthes. 14 Thlr.

Dieser Atlas, der sich durch wissenschaftliche Bearbeitung, praktische Behandlung, gediegene technische Herstellung u. billigen Preis auszeichnet, ist unter allen Kartensammlungen die verbreitetste, und wird durch fortgesetzte Neubearbeitung der einzelnen Stücke auf dem Laufenden erhalten. Da auch jedes einzelne Blatt um 5 Ngr. zu haben ist, so können veraltete Blätter stets durch neue ersetzt werden, und es kann sich Jeder nach seinem Bedürfniß einen werthvollen Atlas zusammenstellen.

— — Hand-Atlas. Neue Bearbeitungen aus dem Jahre 1867. 8 Bl. Kpfrst. Gotha, Justus Perthes, 1868. 1 Thlr. 18 Sgr.

Nr. 8: Weltkarte zur Uebersicht der Luftströmungen und der Seewege (1 : 111.000.000), mit 2 Cartons: Linien gleicher mittlerer Jahreswärme der Luft, Regen-Karte der Erde;
„ 9: Weltkarte zur Uebersicht der Meeresströmungen und des Schnellverkehrs (1 : 111.000.000), mit 2 Cartons: Linien gleicher Temperatur der Meeresfläche im kältesten Monat, Linien gleicher Gezeiten oder Fluthstunden;
„ 12: Europa (1 : 15.000.000), mit 2 Cartons: der Mont Blanc und Umgebung, der Kasbek und Umgebung (Beide in 1 : 500.000);
„ 20: Deutschland und benachbarte Länder zur Uebersicht der Eisenbahnen und Dampfschifffahrten (1 : 3.700.000);
„ 30/31: Südwestliches Deutschland (1 : 925 000), mit Cartons: Landau, Germersheim, Saarlouis, Mainz, Ulm, Rastatt (sämmtlich 1 : 150.000);
„ 32: Schweiz (1 : 925.000);
„ 41c: Nordatlantischer Ocean (1 : 28.000.000), mit 2 Cartons: Westende des ersten atlantischen Telegraphen (1 : 500.000), Ostende des ersten atlantischen Telegraphen (1 : 500.000);
„ 43c: China (östlicher Theil), Korea und Japan (1 : 7.500.000), mit 3 Cartons: Schanghai und Umgebung, Jeddo und Umgebung, der Canton-Strom und seine Umgebung (alle in 1 : 1.500.000).

**Ad. Stieler**, Handatlas. Neue Bearbeitungen aus dem Jahre 1868. 6 color. Karten in Kupferst. Gotha 1869, J. Perthes. 1⅕ Thlr.

1. Europäische Türkei. 2. Palästina. 3. Kleinasien und Syrien. 4. Süd-Afrika und Madagascar. 5. u. 6. Polynesien u. der große Ocean.

— — Schulatlas über alle Theile der Erde und das Weltgebäude. 32 illum.

Karten in Kupferst. 48. Aufl. Verb. u. verm. von Herm. Berghaus. Gotha 1868, J. Perthes. 1⅓ Thlr.
: Unter dem Namen „kleiner Stieler" bekannt u. auf das größere Werk gegründet.

**H. Kiepert,** Neuer Handatlas über alle Theile der Erde. 2. Aufl. 45 Blatt. Imp. Fol. Berlin 1866—69. D. Reimer. 12 Thlr. 25 Ngr.
: Einer der besten neueren Atlanten für die Bedürfnisse des gebildeten Mittelstandes und die in der Bildung begriffene Jugend berechnet. Die Anlage ist zweckmäßig, das was gegeben wird, beruht auf wissenschaftlicher Durcharbeitung, ist sorgfältig und umsichtig behandelt, die technische Ausführung ist correct und eleganter als im Stieler'schen Atlas, auch das Format größer; die Anwendung des blauen Tondrucks für die Meere trägt viel zur Deutlichkeit bei und giebt dem Ganzen ein gefälliges Ansehen.

—— Ergänzungsblätter zu H. Kiepert's neuem Hand-Atlas, für die Besitzer der ersten Auflage. In 5 Lief. à 4 Karten. Berlin, D. Reimer, 1868. à Lief. 1⅙ Thlr.
: Enthalten die für die neuere Ausgabe umgearbeiteten und theils neu gestochenen Blätter, nämlich: Deutschland, West-Deutschland, Mittel-Deutschland, Mittel-Italien, Spanien und Portugal, Nordöstliches Frankreich, Mittleres und südliches England, Dänemark und Süd-Schweden, Skandinavien, Rußland, Griechenland, Asiatische Türkei, Vorder-Asien, Afrika, die Nil-Länder, Nordwestliches Afrika, Nord-Amerika, Westliches Nord-Amerika, Süd-Amerika, Mittleres Süd-Amerika. — Diese Karten sind auch einzeln zu ⅓ Thaler zu haben.

—— Kleiner Atlas der neueren Geographie für Schule und Haus. In 16 Karten. 2 Aufl. Berlin 1868, D. Reimer. 2 Thlr.
: Eleganter ausgeführt als der kleine Stieler, u. nur aus allgemeinen Karten bestehend, ohne Specialkarten.

**J. M. Ziegler,** Atlas über alle Theile der Erde, bearb. nach der Ritter'schen Lehre. 2. Aufl. in 27 Blättern, theils revidirt. Imp. Fol. Mit Text. Winterthur 1864, Wurster u. Comp. n. 6⅔ Thlr.
: Einer der besten Atlanten, sowohl was Zeichnung als Sorgfalt der zu Grunde liegenden wissenschaftlichen Angaben betrifft. Giebt auch geschichtliche Notizen: Ort und Datum wichtiger Schlachten, Geburtsorte berühmter Männer u. dgl.

**Mayer's** Handatlas der neuesten Erdbeschreibung in 100 Karten. gr. Fol. Von L. Ravenstein neu bearb. Ausgabe. Hildburghausen 1867, XII S. Text. Bibliogr. Institut. 12½ Thlr.
: Eine Sammlung von Reductionen der neuesten Materialien in gefälliger, deutlicher Zeichnung u. entsprechendem Druck zu einem überaus billigen Preis. Von diesem Atlas werden auch kleinere Ausgaben von 60 und 80 Karten zu 8 und 4 Thlr. ausgegeben, in verschiedener Auswahl nach dem Bedürfniß von Norddeutschland, Süddeutschland und Oesterreich.

**Sohr-Berghaus,** Handatlas der neueren Erdbeschreibung über alle Theile der Erde in 100 lith. und color. Blättern. Ausgeführt unter Leitung von F. Handtke. 6. A. vollständig neue u. verb. Ausgabe. Glogau 1868. Flemming. Bis jetzt Lief. 1—16 je 2 K. enthalten. à ¼ Thlr.
: Auch ein sehr reichhaltiger guter Atlas, der zwar dem Stieler'schen u. Kiepert'schen an Gehalt u. Ausstattung nachsteht, aber das gewöhnliche Bedürfniß befriedigt und sich durch sehr billigen Preis auszeichnet.

**Theodor v. Liechtenstern** und **Henry Lange.** Neuester und vollständiger Schulatlas zum Unterricht in der Erdkunde. Für den Gebrauch der oberen Klassen der Lehranstalten ꝛc. 37 Karten in Stahlstich u. color. 14. Aufl. qu. Fol. Braunschweig 1868, Westermann. n. 2 Thlr. 9 Ngr.
: Einer der besten Schulatlanten.

**Henry Lange**, Geographischer Handatlas über alle Theile der Erde. 30 lith. Blätter in Farbendruck. 2 A. Leipzig 1867, Brockhaus. 6 Thlr.
Sehr elegant gezeichnete Uebersichtskarten.

**Brockhaus** Reise-Atlas. Entworfen und gezeichnet von Heinr. Lange. Leipzig 1857—69. H. 1—23. à 5 Ngr.
Hübsch gezeichnete Reisekärtchen von verschiedenen Ländern Europas.

## Historische Karten.

**K. v. Spruner**, Historisch-geographischer Handatlas in 3 Abtheilungen. Gotha, Just. Perthes. 1853—64.
   I. Abtheil. Atlas antiquus. 3. Aufl. Herausgeg. von Theob. Menke. 31 Karten in Kupferstich mit 25 Nebenkarten. gr. Fol. 1862—64. 7 Thlr.
   II. Abtheil. Zur Geschichte der Staaten Europas vom Anfang des Mittelalters bis auf die neueste Zeit. 73 in Kupfer gest. u. color. Karten mit 100 Nebenkarten u. 58 S. Text. gr. Fol. 2. Aufl. 1853—55. n. 22 Thlr.
   III. Abtheil. Zur Geschichte Asiens, Afrikas, Amerikas u. Australiens. 18 K. u. 11. S. Vorbemerk. gr. Fol. 2. Aufl. 1855. n. 6 Thlr.
Ein ungemein wichtiges Hülfsmittel für geschichtliche Studien, in welchem gründliche Forschungen über alte und mittelalterliche Geographie niedergelegt sind. Manche Parthie bedarf freilich noch weiterer Aufklärung und Berichtigung, allein das Werk gibt das Beste und Vollständigste, was man auf diesem Gebiet hat. Der werthvollste Theil ist die zweite Abtheilung; sie enthält 13 Uebersichtskarten von Europa, ebensoviel zur Geschichte Deutschlands und der angrenzenden Länder, 6 Karten zur Geschichte Italiens, 7 zur Geschichte Frankreichs, 5 zur Geschichte der britischen Inseln, 7 zur Geschichte Spaniens und Portugals, 9 zur Geschichte der nordischen Reiche, 8 zur Geschichte Südosteuropas, 5 zur Geschichte Ungarns.

—— Hist. geogr. Schulatlas. 22 ill. Kart. in Kupferst. qu. Fol. mit 8 S. Text. Gotha 1856, J. Perthes. 5. Aufl. 1869. n. 2½ Thlr.
Ein Auszug aus dem Vorigen, die allgemeineren Karten enthaltend.

—— u. C. A. Bretschneider, Historisch-geographischer Wand-Atlas. 10 Karten zur Geschichte Europa's im Mittelalter bis auf die neue Zeit. Gotha 1856, Perthes. 18⅔ Thlr.

—— Atlas zur Geschichte von Bayern. 7 illum. Karten in Kupferstich. Gotha 1838, J. Perthes. 3 Thlr.

**Heinrich Kiepert**, Atlas antiquus. 12 Karten zur alten Geschichte 5. neu bearb. u. verm. Aufl. Steindruck. Berlin, D. Reimer 1869. 1½ Thlr.
Ein sehr guter Atlas für die alte Geschichte, der das Wesentliche enthält und deswegen sehr verbreitet ist.

—— Neuer Atlas von Hellas und den hellenischen Kolonien in 5 Blättern. Berlin, Nicolai 1868. 8 Thlr.

**E. Curtius**, Sieben lithogr. Karten zur Topographie von Athen (wovon 5 in Buntdruck.) Mit erläut. Text 62 S. in Lex. 8. Gotha 1868, J. Perthes. 6 Thlr.

H. **Kiepert**, Wandkarte von Alt = Griechenland in 9 Blättern. Mßst. 1:500,000. 2. verb. Aufl. Berlin 1869, D. Reimer. Auf Leinwand und in Mappe. 6⅔ Thlr.
— mit Stäben. 7⅓ Thlr.

—— Wandkarte des römischen Reiches in 9 Bl. Mßst. 1:3,000,000. Berlin 1869, D. Reimer. 4 Thlr. Leinwand u. Mappe. 6⅔ Thlr. Mit Leinwand u. Stäben 7⅓ Thlr.

Th. **Menke**, Bibelatlas in acht Blättern. Gotha 1868, J. Perthes. 3⅓ Thlr.
>Ein kartographisches Bild der gesammten biblischen Geographie. Blatt 1 u. 2. stellt die geographische Ansicht der alttestamentlichen Bücher und die alttestamentl. Ethnographie dar. Bl. 3—8 das heil. Land und zwar Nr. 3 das Land vor dem Exil, Nr. 4 die Zeit von Esra u. Nehemia bis 37 J v. Christus, Nr. 5 die Zeit Christi, Nr. 6 die Schicksale Palästinas als römische Provinz von der Zeit des Plinius bis zur Eroberung durch die Araber; Nr. 7 die Zeit des Mittelalters, besonders der Kreuzzüge, Nr. 8 Palästina der Gegenwart.

**Josenhans**, J., Atlas der evangelischen Missions = Gesellschaft zu Basel. Nach der Angabe der Missionäre Locher, Plessing, Ries, Albrecht etc. unter Mitwirkung des Ingenieur = Topographen Rub. Groß bearb. 2. Aufl. qu. Fol. (11 chromolith. Karten in qu. Fol., gr. Fol. u. qu. gr. Fol. m. 12 S. Text u. Titel in Stahlst.) Basel 1859, (Bahnmaier.) n. 2⅙ Thlr.

R. **Grundemann**, Allgemeiner Missionsatlas nach Originalquellen bearbeitet. 8. 1 Abth. Afrika 1. 2. u. 3. Lief. 20 Karten u. 47 S. Text. 2⅓ Thlr. 2. Abth. Asien. Lief. 1, 2, 3 oder des ganzen Werkes Lief. 4, 5, 6. Je 6—7 chromolithogr. Karten mit Text. Gotha 1868—70. J. Perthes. 5 Thlr.
>Eine gute Arbeit, gestützt auf viele neue, von den Missionären angestellte geographische Untersuchungen. Die dritte Abtheilung soll 20 Blätter über Australien u. Polynesien geben, die vierte ebenfalls 20 Blätter über Amerika. Jede Abtheilung und Lieferung ist auch einzeln zu haben. Zunächst mit dem Zwecke, die merkwürdigeren Schauplätze der christlichen Mission zu verdeutlichen, giebt das Werk doch Specialkarten über sonst gänzlich unbekannte Länderstriche, wie sie in keinem noch so bedeutenden allgemeinen Kartenwerk zu finden sind.

## Europa.

A. **Petermann**, Karte von Europa und dem Mittelländischen Meere in 4 Blättern, mit 4 Nebenkarten: die Dichtigkeit der Bevölkerung, Ethnographie, die kirchlichen Verhältnisse, die Telegraphenlinien Europa's. 6. Aufl. Gotha 1867, Perthes. 2 Thlr.

Th. **König**, Geschäfts= und Reisekarte von Europa, mit Angabe aller Eisenbahnen, Dampfschifffslinien und Haupt=Poststraßen. 10. Aufl. 4 Blatt. Lith. und color. Imp. Fol. Berlin 1869, Mitscher und Röstell. 1⅙ Thl.

August **Papen**, Höhenschichten=Karte von Central=Europa. Maaßstab 1:1,000,000. Imp. Fol. 7 chromolith. Bl. Frankfurt 1857—59, geograph. Institut. n. 7 Thlr.
>Eine sehr sorgfältige genaue Arbeit, in Buntdruck trefflich ausgeführt.

G. D. **Reymann**, und C. W. v. **Oesfeld**, Topographische Specialkarte von Deutschland und Mitteleuropa in 411 Blatt Fol. Mßst. 1:200,000. Glogau 1838—69, Flemming. Bis jetzt 309 Bl. à Lief. von 2 Bl. n. ⅔ Thlr., einzelne Blätter à n. ½ Thlr.

Die vollständigste Sammlung von Specialkarten Mitteleuropa's, in Reductionen nach den besten Vorarbeiten. Meistens gute Zeichnung, natürlich keineswegs gleichmäßig, wie es bei dieser Ausdehnung und der langen Zeit der Erscheinung nicht anders sein kann. Die veralteten Karten werden stets durch neue Bearbeitungen ergänzt; das kleine Format macht dieselben zur Handhabung bequem.

J. Gg. **Mayr**, Atlas der Alpenländer, Schweiz, Savoyen, Piemont, Südbayern, Tyrol, Salzburg, Oesterreich, Steyermark, Illyrien, Oberitalien. 11 Blätter, jedes 22¾ Zoll rh. hoch, 31 Zoll rh. breit. Mst. $\frac{1}{450000}$. Gotha 1857—65, J. Perthes. Cartonnirt 17 ½ Thlr. Jede einzelne Karte auf Leinwand. gez. 2 Thlr.

Eine ausgezeichnete Karte von sehr schöner Ausführung. Guter Kupferstich und treue Darstellung des Terrains und der Wege, auch Fußwege.

## Deutschland.

Ad. **Stieler**, Karte von Deutschland, dem Königreich der Niederlande, dem Königreich Belgien, der Schweiz und den angrenzenden Ländern bis Paris, Lyon, Turin ic. in 25 color. Karten in Kupferst. Maßstab 1:740,000. Imp. Fol. Gotha 1867, J. Perthes. n. 5 Thlr. Jedes einzelne Blatt 7½ Ngr.

Sehr reichhaltig, deutlich und leserlich.

J. G. **Mayr**, Reise- u. Uebersichtskarte v. Deutschland nebst den angrenzenden Ländern ausgedehnt bis Paris, London ic. in besond. Rücksicht auf Eisenbahn-, Dampfschiff-, Post- u. Telegraphen-Verbindgn. m. statistischen Distanz-Tabellen u. Zeitgebrauchs-Angaben nach den neuesten Ergebnissen bearb. Maaßverhältniß 1:200,000. Neue, vielfach verb. Ausg. Kpfrst. u. illum. Imp. Fol. München 1868, Rieger. n. ½ Thlr.

Hat vor andern Reisekarten den Vorzug, daß auch die Gebirge angegeben sind.

Ludwig **Ravenstein**, Specialkarte von Deutschland, der Schweiz und den angrenzenden Ländern. 12 Bl. in Kupferst. (Stichgröße 45 und 35 Centimeter.) Mst. 1:850,000. Hildburghausen, Bibliogr. Institut 1868. 4 Thlr.

Eine sehr sorgfältig und hübsch gezeichnete Karte, in welcher die Verkehrslinien, die Sitze der Verwaltungsbehörden, die geschichtlich und militärisch wichtigen Namen, die physikalischen Verhältnisse eingetragen sind. Stich, Druck, Colorit und Papier sind gut.

A. **Petermann**, Wandkarte von Deutschland. 9 Sectionen Chromolith. Gotha, Perthes 1866. 1⅔ Thlr.

Ed. **Winkelmann**, Wandkarte von Deutschland, dem preußischen und österreichischen Staate, Polen, Schweiz, Niederlande u. Belgien. Mßst. 1:1,000,000. 9 Bl. Lithogr. u. color. Eßlingen 1868, Weychardt. 2 Thlr.

H. **Kiepert**, Wandkarte von Deutschland in seiner Neugestaltung, zum Schul- und Comptoir-Gebrauch. 3. Aufl. mit neuem Colorit. Maßstab 1 : 750,000. 9 Blätter. Lithogr. u. color. Imp. Fol. Berlin 1869, D. Reimer. n. 4 Thlr.

—— Specialkarte von West-Deutschland in 2 Blättern. 3. Aufl. Maaßstab 1 : 666,666. Lithogr. u. color. gr. Fol. Berlin 1867, D. Reimer. n. 24 Ngr.

—— Völker- und Sprachenkarte von Deutschland und den Nachbarländern im Jahre 1866. Maßst. 1 : 3,000,000. Chromolith. gr. Fol. Berl. 1867, D. Reimer. n. 12 Ngr.

Karte des norddeutschen Bundes und der süddeutschen Staaten mit Angabe aller Eisenbahnen, Hauptkunststraßen, schiffbaren Flüssen und Kanälen, Dampfschiffrouten, Speditionsorten u. Zoll- u. Steuerämtern. Imp. Fol. Dresden 1867, Kuntze. n. $^2/_3$ Thlr.
<small>Eine für das Verkehrsleben sehr reich ausgestattete und deutliche Karte; aber gar nicht elegant und ohne alle Terrainzeichnung. Der Umfang erschwert die Handhabung.</small>

Karte vom Preußischen Staate. Mit besonderer Berücksichtigung der Kommunicationen. Nach amtl. Quellen bearb. u. herausg. vom technischen Eisenbahnbureau des kgl. Handelsministeriums. 12 Blatt. Maßstab 1 : 600,000. 4. Aufl. Chromolith. qu. gr. Fol. Berlin 1866, D. Reimer. n. 8 Thlr., color. n. 9$^1/_3$ Thlr.
<small>Eine gute sorgfältig gezeichnete Karte, die beinahe ganz Deutschland umfaßt.</small>

Post- und Eisenbahnkarte des preußischen Staats und der angrenzenden Länder. 9. Blatt. Herausg. vom Coursbureau des Generalpostamts. Maaßst. 1 : 800,000. Kupferstich u. color. Imp. Fol. Berlin 1868, Neumann. n. 6 Thlr.
<small>Eine sehr zweckmäßige Reisekarte.</small>

H. **Kiepert**, Historische Karte des brandenburg-preußischen Staates nach seiner Territorialentwicklung unter den Hohenzollern. Mit Angabe der Grenzen des norddeutschen Bundes. 4. Aufl. Chromolith. gr. Fol. Berlin 1866, Stilke u. van Muyden. 6 Ngr.

—— Karte von Deutschland nach den Friedensschlüssen zu Berlin u. Prag (August 1866.) Mit Bezeichnung der früheren Grenzen, sowie der neuen Erwerbungen des preußischen Staates. qu. Fol. Berlin 1866, Stilke u. van Muyden. n. $^1/_6$ Thlr.

Pläne der Schlacht- und Gefechtsfelder von 1866. Aufgenommen u. bearbeitet von der topograph. Abtheilung des kgl. preuß. Generalstabes. 3 Lfgn. (Lith. und Kupferst.) Imp. Fol. Berlin 1867, Neumann. n. 7 Thlr.

H. **Guthe**, Karte von Hannover, Oldenburg, Braunschweig, Lippe, Hamburg, Lübeck u. Bremen. Mst. 1 : 1,000,000. Chromolith. Hannover 1868, Klindworth. 12 Ngr.

A. **Papen**, General- und Postkarte des Königreichs Hannover, des Herzogthums Braunschweig und der angrenzend. Länder. Maßst. $\frac{1}{200000}$. 4 Bl. Fol. Hannover 1856, Hahn'sche B. n $^2/_3$ Thlr.

Reduction der trefflichen größeren Karte von 67 Blättern; nur leider mit Ueberladung von Schrift und Signaturen, die übrigens sehr fein ausgeführt sind.

A. P. v. **Schrenck**, Karte von dem Herzogthum Oldenburg. Nach der allg. Landesvermessung entworfen, gezeichnet von F. Hennings, gestochen von F. W. Kliewer in Berlin. Maaßst. $\frac{1}{200000}$. 21 Dec.-Zoll Höhe und 18$^1/_2$ Zoll Breite. 2. Aufl. Oldenburg 1869, Schulze. n. 1 Thlr. 10 Ngr.

Ein naturgetreues Bild des Landes und Bodens, ausgeführt in trefflichem Kupferstich, den Anforderungen der Wissenschaft und Technik entsprechend.

F. **Geerz**, (Hauptm.) Generalkarte v. den Herzogth. Schleswig, Holstein u. Lauenburg, den Fürstenth. Lübeck u. Ratzeburg u. den Freien u. Hansestädten Hamburg u. Lübeck. Mßst. 1 : 450,000. Kpfrst. Imp. Fol. (Mit: Geschichte der geographischen Vermessungen und der Landkarten Nordalbingiens vom Ende des 15. Jahrh. bis zum Jahre 1859. Mit einer krit. Uebersicht aller bezügl. geograph., geognost., ethnograph. und histor. Karten u. Pläne, nebst Beiträgen zur phys. Geographie und geschichtlichen Topographie. XV, 277 S. in gr. 8.) Berlin 1859. (Kiel, Schwers.) Ausg. Nr. 1. Physisch-topographisch color. n. 2$^1/_2$ Thlr.; Ausg. Nr. 2 nach der administrativen Eintheilung color. n. 2$^1/_2$ Thlr.; Ausg. Nr. 3 nach den Landesgrenzen color. n. 1$^1/_2$ Thlr.

Eine sehr gute Karte von schöner Zeichnung und sorgfältiger Durcharbeitung des Materials. Von den Dänen wegen Nachweisung der Ortsnamen deutschen Ursprungs übel angesehen.

A. **Petermann**, Karte von Südschleswig, Holstein, Lauenburg u. den umliegenden Gebieten. Maßst. 1 : 750,000. Nebst Uebersichtskarte der dänischen Monarchie. qu. Fol. Gotha 1864, J. Perthes. $^1/_3$ Thlr.

—— Karte von Nordschleswig im Maaßst. 1 : 150,000. Imp. Fol. Ebend. 1864. $^1/_3$ Thlr.

—— Specialkarte von Jütland im Maaßst. 1 : 400,000. Imp. Fol. Ebendas. 1864. $^1/_3$ Thlr.

H. v. **Dechen**, Geognostische Karte der Rheinprovinz u. der Provinz Westphalen Mßst. 1 : 80,000. In 35 Bl. Imp. Fol. Berlin 1856—65, 16 Thlr.

Eine vortreffliche Karte in Chromolithographie; elegant ausgeführt.

R. v. **Carnall**, Geognostische Karte von Oberschlesien. 2. Aufl. Mßst. 1 : 200,000. 2 Blatt. Imp. Fol. Berlin 1857, Schropp. n. 2$^2/_3$ Thlr.

E. **Beyrich**, G. **Rose**, J. **Roth** u. W. **Runge**, Geologische Karte von dem niederschlesischen Gebirge u. den angrenzenden Gegenden; im Auftrage Sr. Exc. des Ministers für Handel, Gewerbe u. öffentl. Arbeiten, Hrn. v. der Heydt, m. Benutzg. der Beobachtgn d. Berghauptm. Dr. v. Carnall u. anderer Bergbeamten bearb. Mßst. 1 : 100,000. In 9 Blättern à 1$^1/_3$ Thlr. Chromolith. Imp. Fol. Berlin 1860—63, Schropp.

**Aug. Ravenstein,** Karte vom Regierungsbezirk Wiesbaden mit Umgebung. Mßst. 1 : 240,000. Berichtigte Ausgabe von Lud. Ravenstein 1867. 3 Bl. Frankfurt a. M., Ravenstein 1868. 1 Thlr.

**Ludw. Ravenstein** Frankfurt a. M. u. Umgebung. Mit 8 Taf. Abbildungen und Stadtplan. 92 S. Text. Frankf. 1868, Ravenstein. ½ Thlr.

**M. v. Süßmilch-Hörnig,** Hist.-geogr. Atlas v. Sachsen u. Thüringen.
1. Abth.: Geotektonik, Geologie, Hydrographie. Imp. Fol. (10 lith. u. ill. Karten mit Text.) Dresden 1860, v. Bötticher. 3½ Thlr.
2. „  Zur Geschichte von Sachsen u. Thüringen. Imp. Fol. (8 lith. u. ill. Karten.) Ebend. 1861. 2 Thlr.
    Text dazu. 4. (VI u. 51 S.) Ebend. 1862. ½ Thlr.
3. „  a. Zur Geographie und Statistik v. Sachsen u. Thüringen. Hoch 4. (IV u. 86 S.) Ebend. 1862. 1 Thlr.
3. „  b. Industriekarteu v. Sachsen u. Thüringen. Imp. Fol. (6 lith. u. ill. Karten.) Ebend. 1862. 2 Thlr.
    Enthält trotz mancher Mängel in der Ausführung sehr viel Lehrreiches u. Interessantes.

**Henry Lange,** Atlas von Sachsen. Ein geographisch-physikalisch-statistisches Gemälde des Königr. Sachsen in 12 Karten mit erläuterndem Text. gr. Fol. Leipzig 1860—62, Brockhaus. n. 5 Thlr.
Eine nach den besten Vorarbeiten entworfene, sehr sauber und elegant gezeichnete Karte. Besonders schön ist die Waldkarte Nr. 7.

**Topographische Karte des Königreichs Sachsen,** herausgeg. vom topogr. Bureau des sächs. Generalstabs. Maßst. 1 : 100,000. In 28 Bl. Fol. Dresden 1866—69, Höckner, Leipzig Hinrichs. Ortskarte ohne Terrainzeichnung n. 6 Thlr. Terrainkarte n. 9 Thlr.
Eine sehr elegant gezeichnete Karte auf Grund des großen topographischen Atlasses von Sachsen. Durch Vollständigkeit und Correctheit ausgezeichnet.

**C. Vogel,** Topographische Karte vom Thüringer Wald u. seinen Vorlanden, in 4 Blatt. Maaßstab 1 : 150,000. Fol. Gotha 1864—67, J. Perthes. 2 Thlr. Ausgabe in 1 Blatt 1 Thlr.
Sehr reichhaltig, aber etwas überladen, was der Deutlichkeit des Wegenetzes einigen Eintrag thut.

**Topographische Karte von dem Kurfürstenthum Hessen** Mßst. $\frac{1}{50000}$, in 40 Blatt in Imp. Fol., à 25 Ngr. — 2 Thlr. Kassel 1840—59.
Topographisches Detail mit gewissenhafter Genauigkeit behandelt, charakteristische Auffassung des Terrains, und ebenso zweckmäßige als elegante Ausführung.

**Generalkarte von dem Kurfürstenthum Hessen** nach Originalzeichnung von J. A. Kaupert. Mßst. 1 : 200,000. 2 Bl. Kassel 1859, Topogr. Bureau. Bei directem Bezug 2 Thlr. (außerdem 4 Thlr.)

**Dieselbe Karte** auf ein Blatt reducirt im Mßst. 1 : 350,000. Kassel 1860. Ebend. 2 Thlr.
Meisterhafte Zeichnung in sehr elegantem Druck.

**Karte von dem Großherzogthum Hessen** und den angrenzenden Ländern in dem Maßst. von $\frac{1}{150000}$, bearb. im großherzogl. Generalstab. 2 Bl. lith. u. illum. qu. Imp. Fol. Darmst. 1857, Jonghaus. n. 1½ Thlr.
Sehr correctes Material in trefflicher Ausführung.

Karte der Umgegend von Darmstadt. Mßst. 1:25,000 in 4 Bl. Darmstadt 1860. n. 3½ Thlr.
<small>Von dem großherzogl. hessischen Generalstab bearbeitet in sorgfältiger und schöner Ausführung.</small>

Karten und Mittheilungen des mittelrheinischen geologischen Vereins. Auch unter dem Titel: Geologische Specialkarte des Großherzogthums Hessen und angrenzender Landesgebiete. Mßst. 1:50,000. 10 Hefte in Lex. 8. mit 10 Karten im Imp. Fol. Darmstadt 1855—66, Jonghaus. à Heft. n. 2⅔ Thlr.
<small>Sehr gute Zeichnung und Ausführung, mit ausführlichem Text, der werthvolle geologische und geographische Erläuterungen enthält.</small>

Karte der Umgegend von Mainz, in das trigonometr. Netz der allgem. Landesvermessung aufgenommen von dem großherzogl. hessischen Generalstab. 4 Bl. à ¾ Thlr. Mßst. 1:25,000. Frankfurt 1868, Jäger.

**H. Kiepert**, Specialkarte von West-Deutschland in 2 Blättern. 3. revid. Aufl. Maßst. 1:666,666. Berlin 1867, D. Reimer. 24 Ngr.

**A. Petermann**, Specialkarte der deutsch-französischen Grenzländer bis Wesel, Basel, Bodensee etc. Maßst. 1:740,000. Kupferstich u. color. Imp. Fol. Gotha 1867, J. Perthes. n. ½ Thlr.

Topographische Karte über das Großherzogthum Baden. Mßst. $\frac{1}{50000}$. 56 Bl. Karlsruhe 1838—56, Topograph. Bureau. n. 38⅔ Thlr.
<small>Naturwahre schöne Terrainzeichnung. Die Grundlagen aller neuen Karten des badischen Landes.</small>

Uebersichtskarte von dem Großherzogthum Baden nebst Theilen der angrenzenden Länder. Bearb. in 6 Blättern von der topographischen Abtheil. des Generalstabes. Maßst. 1:200,000. Blatt 1—6. Imp. Fol. Karlsruhe 1862—64, Braun. à Blatt n. 1 Thlr.
1) Mannheim. — 2) Heidelberg. — 3) Carlsruhe. — 4) Pforzheim. — 5) Freiburg. 6) Konstanz.
<small>Eine sehr gute, schön gezeichnete Karte. Die Angrenzungen sind weit ausgedehnt, so daß z. B. das Blatt Pforzheim einen großen Theil von Württemberg, namentlich die Umgebungen der Städte Stuttgart u. Tübingen enthält.</small>

Karte von dem Großherzogthum Baden, bearb. von der topograph. Abtheilung des großherzogl. Generalstabes. Mßst. 1:400,000. Karlsruhe 1868, Braun. 28 Ngr.

**J. Fritschi**, Topographische Karte der Umgeb. von Baden mit Höhenschichtencurven von 80 bad. Fuß verticalem Abstand. Mßst. 1:37,500 in 1 Bl. Imp. Fol. Stuttgart 1860, Schweizerbart. 1 Thlr.
<small>Sehr gute Karte.</small>

**L. Ravenstein**, Specialkarte vom Odenwalde mit Cartons: Bergstraße v. Heidelberg. Mßst. 1:300,000. Lith. und color. Frankf. a. M. 1868. 10 Ngr.

Karte vom Königreich Würtemberg. Mßst. $\frac{1}{50000}$. Herausgeg. vom statistisch-topographischen Bureau. 55 Bl. Stuttgart 1821—51. à Blatt n. ⅚ Thlr.

Eine sehr gute Karte, mit fortschreitender Vervollkommnung ausgeführt. Seit 1864 sind mehrere Blätter erneuert, womit auch fortgefahren werden wird.

v. **Mittnacht**, Königreich Würtemberg. Mßst. $\frac{1}{100000}$. 4 Blatt. Stuttgart 1842—53, Topogr. Bureau. n. 5$\frac{1}{3}$ Thlr.
Gute Terrainzeichnung, reichliche Ortsangaben, weit in die Nachbarländer eingreifend, viele Höhenangaben.

H. **Bach**, Karte von Würtemberg, Baden u. Hohenzollern 2c. Mßst. $\frac{1}{150000}$. Imp. Fol. Stuttgart 1869, Metzler. n. 1 Thle. 4 Ngr.
Eine sorgfältig gezeichnete Karte, mit charakteristischer Behandlung des Terrains, reichlichen Höhenangaben, in bunter Lithographie elegant ausgeführt, nur mit Ortsnamen etwas überladen.

Ed. **Winckelmann**, Wandkarte von Würtemberg, Baden u. Hohenzollern im Maßstab von 1:800,000. N. Ausg. 4 col. Blätter. Imp. Fol. Revid. 1868. Eßlingen 1869, Weychardt. n. 2 Thlr. 4 Ngr.
Eine gute Wandkarte in dreifachem Druck und lebhaftem Colorit mit Angabe der Eisenbahnen und anderer Verkehrsnotizen.

Topographische Karte von Tübingen, Reutlingen, Urach u. den Umgebungen. 1:50,000. Hg. vom statistisch-topographischen Bureau. Tübingen 1868, Lauppe. $\frac{5}{6}$ Thlr.
Drei Blätter der großen topogr. Karte sind hier zusammengefaßt und reducirt, und gewähren eine Reisekarte, die den schönsten Theil der Schwäbischen Alb umfaßt.

Ed. **Paulus**, Generalkarte von Würtemberg. 4 Bl. im Maßst. von 1:200,000. Mit archäol. Darstellung der römischen u. altgermanischen Ueberreste. Stuttgart 1859, statist.-topogr. Bureau. 3 Thlr. 10 Ngr.
Es sind in dieser Karte, zu welcher die von Mittnacht benutzt ist, vieljährige genaue Forschungen niedergelegt. Die römischen Ueberreste, die sich in großer Menge auf dem dargestellten Terrain finden, sind roth bezeichnet.

Geognostische Specialkarte von Würtemberg in 55 Bl. Mßst. 1:50,000. Hg. vom. statist.-topogr. Bureau. Lief. 1—4 à 4 Bl. chromolith. 103 S. Text. Stuttgart 1865—69, Aue. 7 Thlr.
Eine nach sorgfältigen Detailforschungen entworfene, wissenschaftlich werthvolle Karte, die sich auch durch klare Zeichnung empfiehlt.

Karte der hohenzollernschen Lande. Aufgenommen u. herausgegeben von der topographischen Abtheilung des königl. preußischen großen Generalstabs. Maßst. 1:50,000. 9 Blätter Imp. Fol. Berlin 1863, Schropp. n. 4$\frac{1}{2}$ Thlr.
Eine sehr schöne, sorgfältig u. elegant gezeichnete Karte mit Niveaulinien.

Topographischer Atlas vom Königreich Bayern. Mßst. $\frac{1}{50000}$. 113 Bl. München 1812—56. à Section n. 1$\frac{5}{12}$ Thlr.
Ungleichmäßige Ausführung, doch seit 1830 sehr lobenswerth.

Uebersichtskarte des Königreichs Bayern diesseits des Rheins in 15 Blättern. Mßst. $\frac{1}{250000}$. München 1853. 13 Thlr.
Elegante Zeichnung des Bodens, aber Nomenclatur und Signatur sparsam, daß der Gebrauch der Karte sehr dadurch beeinträchtigt ist.

Die bayrische Pfalz. Mßst. $\frac{1}{150000}$. Vom Generalstab herausgeg. München 1845. n. 2$\frac{1}{3}$ Thlr.
Eine sehr gute und elegante Uebersichtskarte.

Karte der bayerischen Pfalz. Mſt. 1 : 250,000. Stahlſt. München, Lit. art. Anſtalt, 1868. 15 Ngr.

J. **Heyberger**, Topographiſch-ſtatiſtiſche Staatskirchenkarte des Königreichs Bayern, zugleich Poſt- und Terrainüberſichtskarte vom ſüdweſtlichen Deutſchland. Mßſt. 1 : 400,000, in 6 Bl. Regensburg 1861, Puſtet. n. 6 Thlr.

Techniſch zwar minder ſchön und nicht ſcharf genug ausgeführt, aber ſehr reichhaltig an Einzelangaben.

—— Neueſte Poſt-, Eiſenbahn-, Gebirgs- und Reiſekarte von Bayern; Mittelfranken, Niederbayern, Oberbayern, Oberfranken, Oberpfalz und Regensburg, Rheinpfalz, Schwaben und Neuburg, Unterfranken. 8 Blätter in Imp. Fol. Regensburg 1862, Puſtet. à Blattn. 14 Ngr. in Carton à n. 16 Ngr.

Die beſte neuere Karte Bayerns zum Handgebrauch. Jedes Blatt hat auch Pläne der größeren Städte der betreffenden Provinz.

—— Topogr. Specialkarte der Alpen Bayerns und Nord-Thrrols. Mßſt. 1 : 146,000. Imp. Fol. München 1862, May und Widmayer. n. 1 Thlr. 6 Ngr., aufgezogen n. 1 Thlr. 24 Ngr.

Sorgfältig gezeichnet und rein im Stich. Die Gebirge ſind in Tondruck ausgeführt und geben ein deutliches Bild von Lage und Ausdehnung des Gebirgsſtockes, ohne daß die Nomenclatur dadurch geſtört wird.

Geo. **Mahr**, Specielle Reiſe- und Gebirgskarte vom bayeriſchen Hochlande, Nordthyrol, Salzburg u. Salzkammergut. Maßſt. 1 : 500,000. N. A. 2 Blatt. Kupferſtich u. color. Imp. Fol. München 1867, Grubert. n. 1½ Thlr.

—— Specielle Reiſe- und Gebirgskarte vom Lande Thyrol. Mit den angrenzenden Theilen von Südbayern, Salzburg, der Schweiz ꝛc. N. A. 2 Blatt. Kupferſtich u. color. Imp. Fol. München 1867, Grubert. n. 2⅚ Thlr.

Sehr empfehlenswerthe Reiſekarten.

C. W. **Gümbel**, Geognoſtiſche Karte des Königreichs Bayern und der angrenzenden Länder. Mßſt. 1 : 500,000. 4 Blatt. Chromolith. Imp. Fol. München 1858, literar.-artiſt. Anſtalt. In Mappe. n. 6⅓ Thlr.

## Schweiz.

G. H. **Dufour**, Topographiſche Karte der Schweiz. Mſt. 1 : 100,000. Rev. v. J. 1866. 25 Bl. Kupferſtich. Bern, Dalp. 18 Thlr.

Ein Meiſterwerk der Kartographie, die hin und wieder faſt in Landſchaftszeichnung übergeht. Wer einzelne Gegenden gründlich bereiſen will, iſt am beſten berathen, wenn er das betreffende Blatt kauft. Die Karten ſind verſchieden im Preis, die folgenden koſten 3 Frs: Nr. 8. Luzern. 9. Zürich. 12. Bern. 13. Interlaken. 14. Glarus. 17. Leuk. 18. Simplon. 2 Frs. koſten: Nr. 3. Schaffhauſen. 4. Bodenſee. 7. Solothurn. 11. Yverdon. 15. Chur. 16. Genf. 19. Bellinzona. 20. St. Moritz. 22. Chamouny. 23. Bains d'Oſſola. 24. Lugano.

Nach der Dufour'ſchen Karte ſind folgende Ueberſichtskarten neu bearbeitet:

1. **Reymann**, auf 19 Blättern. Maßst. 1 : 200,000. Glogau 1867. Flemming. à Blatt n. ⅓ Thlr.
2. Officielle Generalkarte in 4 Blättern. Mßst. 1:250,000. Bern 1867—69, Dalp. n. 3 Thlr. 10 Ngr.
3. R. **Leuzinger**, Karte der Schweiz in 2 Blättern. Mßst. 1 : 400,000. 2. Aufl. Bern 1868, Dalp. n. 2⅔ Thlr.
    Eine beliebte Reisekarte.
4. C. **Vogel**, Karte der Schweiz. Maßst. 1 : 925,000. gr. Fol. Kupferst. u. color. Gotha 1867, J. Perthes. n. ⅙ Thlr.
    (Stielers Handatlas Lief. 21.)
    Eine sehr hübsche Karte mit ausgezeichnetem Terrainbild.

—— u. B. **Studer**, Die schweizerischen Alpen und ihre geographische Gruppirung. Mßst. 1 : 925,000. Petermann, Mittheilungen 1869. Heft VII.

**Leuthold**, Post-, Eisenbahn- u. Dampfschifffkarte der Schweiz u. der Nachbarstaaten bis London etc. mit genauer Angabe aller Landungsplätze von Dampfschiffen, Extraposten und Telegraphenlinien, zum Theil aus dem Schweizer Atlas und den Kantonal-Karten gezogen, geordnet u. gest. v. J. Müllhaupt. Mit 6 Stadtplänen begleitet. Neue Ausg. Kpfrst. und illum. Imp. Fol. Zürich 1869 (Leipzig, Hinrichs' Sort.) Auf Leinw. u. in Etui n. 2⅔ Thlr.
    Gilt für eine der besten neueren Reisekarten der Schweiz.

J. M. **Ziegler**, Neue Karte der Schweiz. Mßst. $\frac{1}{380,000}$. Kupferstich und color. Imp. Fol. (in 4 Blättern.) Mit Erläuterungen sammt Register u. Hypsometrie d. Schweiz hoch 4. (XXIV u. 131 S.) Winterthur 1866, Wurster u. Co. n. 3⅓ Thlr.
    Die sehr sorgfältige und lebendige Terrainzeichnung ist durch braune Färbung noch mehr gehoben und die Correctheit durch mancherlei Berichtigungen und Nachträge zur Karte v. 1852 vervollkommt. Auch für den Reisegebrauch sehr empfehlenswerth.

—— Wandkarte der Schweiz in 8 Blättern. Imp. Fol. Mßst. 1:200,000. Winterthur 1858, Wurster und Comp. n. 3⅓ Thlr.; aufgezogen und lackirt. n. 4 Thlr. 12 Ngr.
    Meisterhafte plastische Terrainzeichnung und dabei reiche Signatur.

—— Karte des Kantons Zürich. Reduction 1 : 125,000. Chromolith. Imp. Fol. Winterthur 1858, Wurster und Comp. n. 1⅓ Thlr.; auf Leinw. n. 1 Thlr. 14 Ngr.

R. **Groß**, Karte des Züricher See's mit seinen Umgebungen. 1 Blatt qu. gr. Fol. Mßst. 1: 80,000. Zürich 1858, Schabelitz. n. 24 Ngr.
    Giebt ein schönes Landschaftsbild in sauberer geschmackvoller Ausführung. Besonders Reisenden zu empfehlen.

J. M. **Ziegler**, Karte des Cantons Glarus. Mßst. 1:50,000. 2 Bl. Imp. Fol. Winterthur 2. Aufl. 1869. Wurster u. Comp. n. 1 Thlr. 18 Ngr.
    Sehr schöne Gebirgszeichnung.

J. M. **Ziegler**, Karte des Unterengadins mit den nördlich, östlich und südlich angrenzenden Theilen von Vorarlberg, Tyrol und Veltlin. Reduct. 1 : 50,000. 2 Bl. chromolithogr. Winterthur 1867, Wurster. 3½ Thlr.

## Oesterreich.

**Joseph Scheda**, Generalkarte des österreichischen Kaiserstaates in 20 Bl. Mßst. $\frac{1}{576000}$. Wien 1856. à Bl. 1½ Fl.
 Meisterhafte Einzelzeichnung und Schriftfülle mit charakteristischer Generalisirung verbunden.

**Fr. v. Stülpnagel, H. Berghaus** u. **A. Petermann**, Karte des Oesterreichischen Kaiserstaats mit einem Plan von Wien und 9 Cartons: Hybrographie — Orographie — Geologie — Climatologie — Hyetographie — Volksdichtigkeit — Ethnographie — Religion — Cultur u. Industrie des Oesterreichischen Kaiserstaats. Gotha 1864, Perthes. 1⅔ Thlr.

**A. Mayer**, Postkarte der österreichischen Monarchie, Mßst. 1 : 864,000 in 6 Bl. Bearbeitung des Postcoursbureaus des k. k. Ministeriums für Handel. Wien 1868. Beck, Universitäts-Buchhandlung, A. Hölder. 3½ Thlr.
 Eine zweckmäßige Zusammenfassung aller Kronländer mit fleißiger Durcharbeitung und deutlicher Zeichnung.

**J. M. Ziegler**, Karte der Alpen= und Donauländer. Reduction: 1:190,000. 2 Blatt, Kupferstich u. color. Imp. Fol. Leipzig 1862, Hinrichs Verl. n. ⅔ Thlr.

Ethnographische Karte der österreich. Monarchie mit erläuterndem Texte. Ueber die Vertheilung der Völkerstämme und deren Gruppen in der österreich. Monarchie. 4 Bl. Mßst. $\frac{1}{576000}$. Wien 1857, Braumüller. 8 Thlr. Ausg. Nr. 2 mit 1 Karte auf 1 Blatt mit Text. 2⅔ Thlr.
 Eine nach ethnographischen Gruppen illum. Karte mit übersichtl. Terrainzeichnung in Kreidemanier. Sehr genau, deutlich und geschmackvoll ausgeführt.

**H. Kiepert**, Völker= u. Sprachenkarte von Oesterreich u. den unteren Donauländern. Mßst. 1 : 3,000,000. 2. A. chromol. Berlin 1869, D. Reimer. 12 Ngr.

**A. Steinhauser**, Karte des Herzogthums Salzburg und des österreichisch=steyrischen Salzkammergutes. Als Touristen= u. Reisekarte mit ausführlichem Terrain, Angabe der Waldcultur und farbigen Gletschern. Mßst. 1 : 200,000 in 4 Blatt. Wien 1868, Artaria. 3 fl.

**Schulz**, Karte von Steiermark. Mßst. 1 : 400,000. in 1 Bl. Wien 1868, Artaria 2 fl.

**Schmidt**, Specialkarte Böhmens. Mßst. 1 : 220,000 in 13 Bl. à ⅓ fl. Prag 1869. Silber u. Schenk.

**Fried**, General=Post= u. Straßenkarte von Böhmen. Mßst. 1 : 650,000. Wien 1868, Artaria. 1 fl.

**A. Steinhauser**, Grafschaft Tyrol. Mßst. 1 : 432,000. 1 Bl. Wien 1869. Artaria. 2 fl.

**Schulz**, General=Post= u. Straßenkarte von Galizien ꝛc. Mßst. 1 : 880,000. 1 B. Wien 1868, Artaria. 1 fl.

—— General=Post u. Straßenkarte von Illyrien. Mßst. 1 : 500,000. Wien 1869, Artaria. 1¹⁄₃ fl.

## Niederlande.

P. **Gérard** et van der **Maelen**, Carte topographique de la Belgique. $\frac{1}{80000}$. Brüssel 1854. 25 Bl. à 7 frs.
Durchgängig vortreffliche Terraindarstellung. Bequem für den Gebrauch durch die Aufnahme der benachbarten Striche Frankreichs und der preußischen Rheinprovinz.

André **Dumont**, Carte géologique de la Belgique et des contrées voisines. $\frac{1}{800000}$. 1 Bl. Brüssel 1856. 5½ Thlr.
Meisterhafte Ausführung.

Carte de Belgique indiquant toutes les voies de communication. Msst. 1 : 160,000 in 4 Blatt. Dépôt de la guerre, Brüssel 1867, Muquardt. 15 frs.

J. **Kuyper**, Natur= u. Staatshuishundige Atlas van Nederland; in 5 Afbelingen jeder van 3 Kaarten met ophelterenden Texst. Mßt. 1 : 800,000. Leiden 1863, Noothoven van Goos. 8 Thlr.
15 deutlich und geschmackvoll ausgeführte Karten, die in Verbindung mit dem reichhaltigen erläuternden Text ein vortreffliches Uebersichtsbild der natürlichen und statistischen Verhältnisse des Landes zur Anschauung bringen.

W. C. **Staring**, Geologische Karte van Nederland im Mßst. von 1 : 200,000 zu 28 Blatt à 1 fl. Haarlem 1858—1869, Krusemann.
Eine ausgezeichnet sorgfältige u. schöne Arbeit.

## Großbritannien.

A. **Petermann**, Großbritannien. Südlicher und nördlicher Theil. 2 Bl. Mßst. 1 : 1,500,000. Gotha 1870, Perthes. à 6 Ngr.
Eine sehr gute Uebersichtskarte, welche auf den neuesten Materialien und zweckmäßiger Auswahl beruht und sich durch gute Technik empfiehlt.

—— Die britischen Inseln und das umliegende Meer. Mßst. 1 : 3,700,000. Gotha 1870. ⅙ Thlr.
Glückliche Vereinigung der Land= u. Seekarte.

Neue Karte von Irland im Mßst. 1 : 150,000. qu. gr. Fol. Gotha 1862, J. Perthes. n. 6 Ngr.
Unter allen neueren Karten von Irland die einzige, welche das jetzt vorliegende Material für Terrainzeichnung sorgfältig verarbeitet vorführt.

R. **Creighton**, A Map of England and Wales. $\frac{1}{316000}$. 9 Sheets, London, published by S. Lewis and Comp.

F. A. and G. W. **Carrington**, A Map of Scotland. $\frac{1}{316000}$. 6 Sheets. London, publ. by S. Lewis and Co.

Die besten neueren Karten von England und Schottland, die reiches topographisches Detail mit übersichtlicher Darstellung des Gesammtbildes vereinigen. Die Terrainzeichnung ist zwar genau, erreicht aber nicht die Eleganz der neueren deutschen Karten.

**A general Map of Ireland.** $\frac{1}{253420}$. 6 Sheets. Dublin, Hodges and Smith. (1851.) 20 sh.

Beruht auf zuverlässigen orographischen Angaben, leidet aber in Darstellung der Bodenverhältnisse an bedeutenden Verzeichnungen.

**K. Johnston,** Map of England and Wales. Massst. 1:887,000. In 2 Blatt. London and Edinburgh, 1862. 8 sh.

Eine sehr reichhaltige Karte, die mit großer Sorgfalt bearbeitet und technisch gut ausgeführt ist. Der orographische Theil ungenügend. Ein beigegebener Index erleichtert die Auffindung einzelner Orte.

**Stanford,** Railway- and road-Map of England and Wales. Massst. 1:703,000. 1 Blatt. London 1862, Stanford. 7 sh.

Vollständiges Eisenbahn- und Straßennetz mit reichlicher Nomenclatur, dabei für den Reisenden sehr brauchbar, aber ungenügende Terrainandeutung.

**K. Johnston,** Map of Scotland. Massst. 1:633,000. 2 Blatt mit Index. Edinburgh 1862, Black. 6 sh.

Klare und elegante Darstellung. Eine der besten neueren Karten v. Schottland.

**Ordnance survey department.** Map of Edinburgh city and environs. Massst. 1:10,560. Southampton and London 1864. 5 sh.

Klare Specialisirung.

**Philips,** Atlas of the british empire by J. Bartholomew. London 1867. 5 sh.

## Skandinavien.

Reisekarte von Schweden und Norwegen. Lithogr. u. color. Fol. Berlin 1852. Grieben. Auf Leinwand. n. ½ Thlr.

**P. A. Munch,** Kart over Kongeriget Norge. $\frac{1}{700000}$. Mit 2 Cartons. Kupferstich u. color. Christiania 1855, J. Dybwad. 1 Thlr. 3 Ngr.

Sehr empfehlenswerthe Uebersichtskarte.

**C. E. Dahlmann,** Sveriges Kommunikationer uptagende jernvägar och angbatsliner landsvägar och gastgifoare gardar; alla postemstalter och telengrafstationer iriket. Mßst. 1:750,000. In 1 Bl. Stockholm 1868, Bonnie. 3 Rigsbaler.

Eine gute Uebersichtskarte nach den neuesten Vermessungen.

Reisekart over Norges 5 sydige Stifter. Mßst. 1:800,000. 2. Bl. 1869.

Blaues Wassernetz, rotheOrtsnamen, 3fach classificirte Ortsschrift, grüne Farbe der angebauten Landstriche und grauer Ton des uncultivirten Gebirgsterrains geben ein klares Bild des Landes. Dazu zahlreiche Notizen für Reisende.

## Dänemark.

**O. N. Olsen,** Das Königreich Dänemark mit dem Herzogthum Schleswig. Herausgegeben vom Generalstab. Mßst. $\frac{1}{480000}$. 2 Bl. 1846. 2½ Thlr.

Dänemark. Rußland.

Für die allgemeinen Zwecke ausreichend, zeichnet sich diese Karte durch Schärfe und Klarheit aus.

**J. v. Manza,** Generalkart over Norrejylland. Mßst. 1 : 320,000. 2 Bl. Kopenhagen 1866. 2 Thlr.

—— Generalkart over Fyen. Mßst. 1 : 240,000. 1 Bl. Kopenhagen 1867. ⅚ Thlr.

—— Generalkart of Sjaelland samt Laaland, och Falster. Mßst. 1 : 240,000. 2 Bl. Kopenhagen 1869. 1⅔ Thlr.
Die besten Uebersichtskarten nach den neueren Vermessungen.

**H. Kiepert,** Karte von Dänemark mit den angrenzenden Theilen Norddeutschlands. Mßst. 1 : 1,000,000. Berlin 1864. D. Reimer. 20 Ngr.

## Rußland.

**A. Petermann,** Karte von Ost-Europa, enthaltend: Norwegen, Schweden, Rußland, Kaukasien und die Türkei. Mßst. 1 : 3,700,000. 6 Blätter und 1 Uebersichtstabelle. Gotha 1866—67, Perthes. 1 Thlr. 12 Ngr.
Die Ergebnisse der neueren kartographischen Arbeiten über die betreffenden Länder sind hier mit Kritik benutzt und sorgfältig verwendet.

—— Karte von Rußland und Skandinavien. Mßst. 1 : 10,000,000. In 1 Blatt. (Nr. 36 von Stielers Handatlus.) gr. Fol. Gotha 1867, J. Perthes. n. ⅙ Thlr.
Eine gute Darstellung der neuesten russischen Kartenarbeiten.

**A. v. Buschen,** Bevölkerung des russischen Kaiserreichs, in den wichtigsten statistischen Verhältnissen dargestellt. 8. (VII u. 87 S. mit 16 Karten.) Gotha 1862, J. Perthes. n. 1⅙ Thlr.
Eine sorgfältige Arbeit, welche interessante Resultate giebt. Auch die Kärtchen sind sehr belehrend.

**H., Kiepert,** Karte des russischen Reiches in Europa, in 6 Blättern, vorzüglich nach der 1862 von der kaiserl. russischen geograph. Gesellschaft in St. Petersburg in 12 Blättern herausgegebenen Karte bearbeitet. Mßst. 1 : 3,000,000. Lithogr. u. color. Imp. Fol. 2. Aufl. 8. Berlin 1868, D. Reimer. n. 3 ⅓ Thlr., auf Leinwand u. in Mappe n. 5 Thlr.

**C. G. Rücker,** Generalkarte der russischen Ostsee-Provinzen Liv-, Esth- u. Kurland. Maßst. 1 : 600,000. 3. Aufl. 4 Blatt. gr. Fol. Reval 1867, Kluge. n. 4 Thlr.
Auf Grundlage der nach den vollständigsten astronomisch-trigonometrischen Ortsbestimmungen und Landesvermessungen gezeichneten Specialkarten. Die Namen deutsch, nicht russisch.

**Poltorazky** u. **Ijin,** Karte des Königreichs Polen mit Theilen der angrenzenden Gouvernements. Mßst. 1:1,050,000 in 1 Bl. St. Petersburg 1863. (Russisch.)
Ein gutes Uebersichtsblatt mit dreifach klassificirtem Wegenetz, Entfernungsangaben, reichhaltigem Ortsverzeichniß und kräftiger Hydrographie, überdies die erste Karte, welche eine richtige Reduction des orographischen Theils der großen Karte von Polen in 57 Bl. giebt. Gute Zeichnung, aber schlechte Lithographie.

**Schewelew,** Karte des europäischen Rußlands. Mßſt. 1 : 5,040,000. In 4 Bl. Petersburg 1867. 3 Rbl.

**Neue Specialkarte** des europäischen Rußlands. Redig. von Oberſtlieutenant Streblitzki. Mßſt. 1 : 420,000. In 144 Bl. wovon bis jetzt 44 erſchienen ſind à ¾ reſp. ½ Rbl. Petersburg 1867.
  *Eine sehr reichhaltige sorgfältig und hübsch gezeichnete Karte, welche die Schubert'sche vielfach ergänzt u. berichtigt.*

**J. M. Ziegler,** Karte des europäischen Rußlands. 2 Blatt. Kupfrſt. und color. Imp. Fol. Leipzig 1870, Hinrichs. 1 Thlr.

### Türkei und Griechenland.

**A. Petermann,** Die europäiſche Türkei. Mßſt. 1 : 2,500,000. Gotha 1868. Perthes. ⅙ Thlr.

**J. Scheda,** Karte von der europäischen Türkei und Griechenland. Mßſt. 1 : 864,000. 13 Blatt. Wien 1869. 10 Thlr.

**E. Stolpe,** Plan von Constantinopel mit den Vorſtädten, dem Hafen und einem Theile des Bosporus. Berichtigt bis zum J. 1866. Chromolith. 1 : 15,000. Mit 40 S. Text. Berlin 1867, Neumann. 3 Thlr.
  *Ein ausgezeichnet schöner u. reichhaltiger Plan.*

**A. Petermann,** Griechenland. Mßſt. 1 : 1,850,000. Gotha 1869, Perthes. 6 Ngr.

**H. Kiepert,** Das Königreich Hellas oder Griechenland und die 7 joniſchen Inseln. Mßſt. 1 : 800,000. Weimar 1859, Landesindustrie-Compt. ½ Thlr.

—— Generalkarte des osmaniſchen Reiches in Aſien, neu bearbeitet. Mſt. 1 : 2,500,000. 2 Bl. Lith. u. color. Berlin 1868, S. Schropp. 1⅓ Thlr.
  *Eine gute Uebersichtskarte mit reichhaltigen Ortsangaben und Terrainzeichnung.*

### Frankreich.

**F. v. Stülpnagel,** Frankreich. Im Maßſt. 1 : 1,850,000. 4 Bl. Gotha 1863, Perthes. ⅔ Thlr.
  (N. 14b bis 14e aus Stielers Handatlas.)
  *Die beste deutsche Uebersichtskarte von Frankreich, mit Eisenbahnen, Poststraßen und Terraindarstellung.*

**A. M. Hammer,** Poſt- und Eiſenbahnkarte von Frankreich. Mßſt. 1:2,000,000. Stahlſt. u. color. Nürnberg 1868, Sers u. Comp. 18 Ngr.

**E. v. Sydow,** Karte vom nordweſtlichen Frankreich. Mßſt. 1 : 500,000. 4 Bl. Lith. u. color. Berlin 1868, S. Schropp. 1 Thlr.

**H. Kiepert,** Vom Rhein bis Paris. Karte vom nordöſtl. Frankreich, Belgien, Luxemburg und der preußiſchen Rheinprovinz. 2. Aufl. Maßſtab 1 : 1,000,000. Berlin 1867, D. Reimer. 12 Ngr.

**Du Frénoy et Elie de Beaumont.** Carte géologique et minéralogique de la France. $\frac{1}{500000}$. 6 flls. 2 éd. 1855. Avec les deux volumes do texte 200 frs.
<small>Ein klassisches Werk von detaillirter Ausführung.</small>

**A. Vuillemin,** Carte orographique, hydrographique et routière de l'Empire français. Mßst. 1 : 1,068,375. In 4 Bl. Paris 1861, Andriveau-Goujon. 21 frcs.
<small>Von E. v. Sydow als die beste Generalkarte Frankreichs bezeichnet. Charakteristische Terraindarstellung, scharfer Stich und elegante Ausstattung.</small>

Atlas géographique, statistique et historique des départements de la France, contenant 90 cartes avec 200 vignettes et 90 notices ou tableaux de statistique géogr.-topographique adminstrative e. c. 188 pages. Paris 1867, bureau du magasin du foyer.
<small>Ohne Preisangabe in der Bibliographie de la France.</small>

## Spanien und Portugal.

**F. v. Stülpnagel,** Karte von Spanien und Portugal. Mßst. 1 : 1,850,000. In 4 Blatt. Gotha 1863, J. Perthes. ⅔ Thlr. (Nr. 13b bis 13e aus Stielers Handatlas.)
<small>Eine der besten Uebersichtskarten.</small>

**H. Kiepert,** Spanien und Portugal. Maßst. 1 : 2,500,000. In 1 Bl. Berlin 1864, D. Reimer. ½ Thlr.
<small>Nach der 4blätterigen Karte Coello's gearbeitet, in guter klarer technischer Ausführung.</small>

**Fr. Coello,** Peninsula española. Mßst. 1 : 1,000,000. In 4 Blatt. Madrid 1861, 5⅓ Thlr.

—— España y Portugal. Mßst. 1 : 2,000,000. 1 Bl. Madrid 1863. 2 Thlr.
<small>Die erste dieser Karten ist zwar etwas grob gearbeitet und hat geringe Terrainzeichnung, gibt aber den neuesten Standpunkt und ist durch große Vollständigkeit u. Deutlichkeit von Werth. Die zweite empfiehlt sich durch gute technische Ausführung und gilt nach Sydow als die beste neuere Uebersichtskarte.</small>

## Italien.

**A. Petermann,** Italien im Maßstab von 1 : 3,700,000. qu. gr. Fol. Gotha 1863, J. Perthes. n. ⅙ Thlr.

—— Oberitalien im Mßst. von 1 : 1,850,000. qu. gr. Fol. Ebend. 1863. n. ⅙ Thlr.

—— Süditalien in Mßst. von 1 : 1,850,000. Ebend. qu. gr. Fol. n. ⅙ Thlr. (Stielerscher Atlas Nr. 33. 34a. 34b.)
<small>Gute Karten, welche der Gegenwart entsprechen. Sie geben eine klare Uebersicht und beruhen auf reichhaltigen Originalmittheilungen.</small>

**Joh. B. Roost,** Post- und Reisekarte von Italien und den angrenzenden Alpenländern ꝛc. Mßst. 1 : 800,000. 2 Bl. Imp. Fol. München 1862, literar.-artist. Anstalt. Aufgezogen n. 2⅓ Thlr.
<small>Eine der besten Reisekarten des neuen Italiens. Etwas schwache Terrainzeichnung.</small>

Geo. **Mayr**, Hand- und Reisekarte von Italien nebst den Alpenländern, ausgedehnt bis Straßburg, Regensburg, München ꝛc. Neue Ausgabe. Mßst. 1 : 2,600,000. Kupferstich u. color. Imp. Fol. München 1867, Grubert. n. 22 Ngr.

G. B. **Maggi**, Carta dello strade ferrate del regno d' Italia conforme a quella publicata dal Ministero dei lavori publici 1862. Maassstab 1 : 382,000 in 2 Bl. Torino 1862. 2 Thlr.
<small>Eine gute Eisenbahnkarte mit Bezeichnung der Haupt-Landstraßen u. übersichtlicher Terraindarstellung.</small>

Enrico **Tirene**, Carta corografica politico-amministrativa del regno d'Italia. Massst. 1 : 576,000. 12 Bl. Torino 1863. 8 Thlr.
<small>Sehr mangelhaft in der Form, aber dem Stoff nach reichhaltig. Giebt ein vollständiges Straßennetz, erschöpfende Topographie und die neuste specielle Administrativ-Eintheilung.</small>

A. M. **Hammer**, Carta postale dell' Italia dissegnata secondo le più moderne opere geografiche Stahlst. u. color. Nürnberg Sers und Comp. 1868. 18 Ngr.

H. **Kiepert**, Specialkarte von Ober- und Mittel-Italien nach den Aufnahmen des österreichischen und piemontesischen Generalstabes. Neue verb. Aufl. Maßst. 1 : 800,000. Lith. und color. Imp. Fol. Berlin 1866, D. Reimer. n. ⅔ Thlr.

Reisekarte von Oberitalien 1 : 1,400,000. Lith. Zürich 1866, Keller. 18 Ngr.

A. **Petermann**, Das Festungs-Viereck Verona, Peschiera, Mantua Legnago. Mßst. 1 : 150,000. 1 Bl. Gotha 1862, Perthes. ¼ Thlr.
<small>Sorgfältige Arbeit von gefälligem Aussehen.</small>

H. **Kiepert**, Das Festungsviereck am Mincio und der Etsch. Maßstab 1 : 340,000. 1 Blatt. Berlin 1864, D. Reimer. ⅙ Thlr.
<small>Klare Darstellung mit reichlicher Nomenclatur.</small>

Angelo **Sismonda**, Carta geologica di Savoia, Piemonte e Liguria. Mßst. 1 : 540,000 in 1 Bl. Turin 1862, 5⅔ Thlr.
<small>Giebt ein übersichtliches orohydrographisches Bild mit topographischer Bezeichnung. Die geologische Classification ist einfach und von einem kundigen Fachmanne.</small>

Carte de la partie Sud-Ouest des états de l'église. D'après la triangulation exécutée par les officiers du corps d'état-major. $\frac{1}{50000}$. 4 Bl. Paris 1865. 10 Thlr.
<small>Eine sehr elegante und genaue Karte. Besonders werthvoll ist der beigegebene Plan von Rom.</small>

v. **Moltke**, Carta topografica di Roma e dei suoi contorni. Maßstab 1 : 25,000. 2 Bl. Berlin 1852, Schropp. 4 Thlr.
<small>Eine an topographischem Detail reiche Karte von ausgezeichneter Terraindarstellung.</small>

—— Var. di, Carta topografica dei contorni di Roma. Maßstab 1 : 50,000. Farbendruck. Berlin 1859, Schropp. n. 1 Thlr.
<small>Eine gute von Steffens unter Kieperts Leitung gemachte Reduction der obigen Karte. Geschmackvoller Buntdruck.</small>

W. **Sartorius** v. **Waltershausen**, Atlas des Aetna. Mit Beihülfe von

S. Cavallari, C F. Peters, C. Roos u. J. Hey. qu. Imp. Fol. 7 in Kpfr. gest. Karten, wovon 2 color. mit 6 S. Text. Weimar 1859, Landes-Industrie-Comtoir. n. 10 Thlr.
  Ein Prachtwerk von wissenschaftlicher Bedeutung.

## Asien.

**H. Kiepert,** Karte von Arabien. (Aus dem Atlas von Asien.) Neue berichtigte Ausg. Mßst. 1 : 6,000,000. Berlin 1864, D. Reimer. n. 20 Ngr.

—— Karte von Klein-Asien. Mßst. $\frac{1}{1500000}$. 2 lithogr. und color. Blätter. Roy. Fol. Berlin 1854, D. Reimer. n. 1⅓ Thlr.

—— Bibelatlas, nach d. neuest. u. besten Hülfsquellen gezeichnet. Mit Erläuter., die sich an d. Lisco'sche Bibelwerk anschließen u. e. bibl.-geogr. Register. 3. Abdruck. 9 lith. u. color. Karten in 4. u. Fol. u. 3 lith. Taf. Abbild. n. 22 S. Text. Berlin 1858, G. W. F. Müller. n. 1 Thlr.

—— Uebersichtskarte von Palästina u. Phönicien, vorzüglich nach den Messungen u. Beobachtungen v. Ed. Robinson u. E. Smith. Mßst. $\frac{1}{500000}$. Mit einem Carton: Umgebungen von Jerusalem. Mßst. $\frac{1}{100000}$. Lith. u. color. Imp. Fol. Berlin 1857, D. Reimer. n. ½ Thlr.

—— Karte der Kaukasus-Länder u. d. angrenzenden türkischen u. persischen Provinzen rc. Mßst. $\frac{1}{1500000}$. 4 lithogr. u. color. Blätter. Fol. Berlin 1854, D. Reimer. n. 2 Thlr.

—— Karte des türkischen Reiches in Asien. Mßst. $\frac{1}{1500000}$. 2 lith. und col. Bl. Berlin 1844, Schropp u. Co. 1½ Thlr.

—— Karte von Armenien, Kurdistan u. Azerbeidschan in 4 Blatt. Mßst. $\frac{1}{1000000}$. 4 lithogr. u. illum. Bl. Imp. Fol. Berlin 1858, Schropp u. Co. n. 4 Thlr.

**A. Petermann,** Klein Asien und Syrien. Mßst. 1 : 3,700,000. Gotha 1868, Perthes. ⅕ Thlr.

**C. W. M. van de Belde,** Map of the Holy Land rc. Mßst. 1 : 315,000. 8 Blatt qu. gr. Fol. Kupferstich und col. Gotha 1858, J. Perthes. n. 7 Thlr. Dazu: Memoir of the holy land. London Williams and Norgate 1859. 8 shill.

Auszug daraus:

The Lebanon. Syrien. Imp. Fol. Ebend. 1860. n. 1 Thlr.
  Die beste neuere Karte von Palästina und Syrien.

—— Karte von Palästina. Deutsche Ausgabe. Mßst. 1 : 315,000. 8 Blatt in Farbendruck. Imp. Fol. Gotha 1866, J. Perthes. n. 2½ Thlr.

—— Plan of the town and environs of Jerusalem, constructed from the English Ordnance survey and measurements of Tit. Tobler. With memoir of Dr. T. Tobler. 1 Bl. in Kupferst. Mßst. 1 : 4843. (2 Fuß 5 Zoll rhein. hoch, 2 Fuß 11 Zoll rh. breit.) Gotha 1866, Perthes. 2⅔ Thlr.

H. W. **Altmüller**, Reliefplan v. Jerusalem. Thonrelief. hoch 4. Mit Text: Jerusalem nach seiner örtlichen Lage u. bedeutungsvollen Geschichte. 12. (71 S.) Cassel 1859, Fischer. n. 1 Thlr.; color. n. 1½ Thlr.
Dieses Relief ist so genau, als es bei den mangelhaften Höhenmessungen in der Umgegend von Jerusalem ausgeführt werden konnte.

H. **Kiepert**, Wandkarte von Palästina. 8 Blatt. gr. Fol. 3 Aufl. Mßst. 1 : 200,000. Berlin 1866, D. Reimer. n. 2⅔ Thlr.

A. **Petermann**, Palästina. Mßst. 1 : 1,200,000. Gotha 1868, Perthes. ⅛ Thlr.

Ed. **Winckelmann**, Wandkarte von Palästina. Herausgeg. von Dan. Völter. 2 Blatt. Eßlingen, Weychardt. ¾ Thlr.
Mit Benutzung der neueren Forschungen besonders für Schulen bearbeitet.

## Afrika.

Carte générale de l'Algérie à l'échelle de $\frac{1}{1500000}$. Publ. par. le dépôt de la guerre. Paris 1856.
Enthält das Ergebniß aller neueren Messungen und ist sehr schön gezeichnet u. gestochen.

J. M. **Ziegler**, Physical map of the island of Madeira etc. Mit 1 Bl. Panoramic views. Mßst. $\frac{1}{500000}$. Imp. Fol. Winterthur 1856. Wurster u. Comp. n. 3½ Thlr.
Eine Karte von ausgezeichnet schöner Terrainzeichnung in drei Farben mit Angabe der Bodencultur: Wein, Wald, Haide u. dgl. Ein Meisterwerk kartographischer Darstellung.

A. **Petermann**, Atlas d. neuesten Entdeckungen in Afrika. Eine Sammlg. v. 12 Kartenblättern, welche die Resultate der in dem Decennium 1850—1860 ausgeführten hauptsächlichsten Reisen graphisch veranschaulichen. Fol. (12 lith. u. color. Blatt in Fol., qu. gr. Fol. u. Imp. Fol.) Gotha 1860, J. Perthes. n. 3⅓ Thlr.
Karten von Aegypten siehe in Lepsius, Denkmäler Band I.

## Amerika.

**Black's** Atlas of North-America. A Series of twenty maps constructed and engraved by John Bartholomew. Edinburgh 1856, Black. 16 sh.
Eine ausgezeichnete Karte von eleganter und deutlicher Ausführung, nur fehlt bei den einzelnen Staaten die Terrainzeichnung.

H. **Kiepert**, Karte des Staates California, nach der officiellen Karte des State Surveyor W. M. Ebby u. A. gezeichnet. Mßst. $\frac{1}{3000000}$. 1 Bl. lith. u. color. gr. Fol. Berlin 1856, D. Reimer. n. ⅓ Thlr.

—— Karte des nördlichen tropischen Amerika (Westindien, Central-Amerika, Mexiko, Neu-Granada, Venezuela.) 6 Bl. Imp. Fol. Berlin 1858. D. Reimer. n. 4 Thlr.
Zusammenfassung der neueren kartographischen Leistungen für diese Länder. Ueber die benutzten Materialien gibt Kiepert auf einem der Blätter Nachweisung.

—— Neue Karte von Mittel-Amerika. 4 Blatt. Imp. Fol. Mßst. 1 : 2,000,000. Berlin 1858, D. Reimer. n. 2⅔ Thlr.

—— Map of Mexico constructed from all available materials and corrected to 1862. Mßst. 1 : 4,000,000. Imp. Fol. Berlin 1862, D. Reimer. n. ⁵⁄₆ Thlr.

**H. Kiepert**, Umgebungen v. Mexiko bis Veracruz ꝛc. Maßst. 1 : 100,000. 2. Aufl. qu. Fol. Berlin 1862, D. Reimer. n. ⅓ Thlr.

**E. G. Ravenstein**, Neueste Karte von Nord-Amerika, in 4 Blättern, nach den neuesten officiellen Quellen bearb. Mßst. 1 : 8,000,000. Kupferst und color. gr. Fol. Hildburghausen 1869, Bibl. Institut. n. 1 Thlr.
<small>Die beste neuere Uebersichtskarte.</small>

**R. Rosa**, Der amerikanische Continent. Neueste topographische Karte der Vereinigten Staaten. Chromolith. Stuttgart 1868, Lubrecht. 1 Thlr.

—— Neuester Plan von Newyork, Brooklyn, Jersey, City, Hoboken ꝛc. color. Stuttgart 1867, Lubrecht 1¼ Thlr.

**W. J. Keeler**, National map of the territory of the United States from the Mississippi River to the Pacific Ocean. Made in the office of the indian bureau under the direction of N. G. Taylor and Chasby E. Mix. 1 : 2,281,000. Lith. Washington 1867.
<small>Eine große Karte; auf der die Fundorte von Gold, Silber, Kupfer, Quecksilber, Eisen u. Kohlen, die fertigen und im Bau begriffenen u. projectirten Eisenbahnen, sowie die für die Indianer reservirten Landstriche angegeben sind.</small>

## Australien.

**A. Petermann**, Entdeckungen im Inneren von Süd-Australien von 1840—60. In Petermann geograph. Mittheilungen 1860.
<small>Hat vor den bisherigen Karten den Vorzug einer Zeichnung der australischen Alpen und der Höhenmessungen voraus.</small>

**Ferd. v. Hochstetter** u. **A. Petermann**, Geologisch = topographischer Atlas von Neuseeland. 6 Karten. Hauptsächl. Gebiete der Provinzen Auckland u. Nelson umfassend, mit kurzen Erläuterungen. Aus den wissenschaft. Publicationen der Novara = Expedition. gr. 4. Gotha 1863. Perthes. carton. 2⅔ Thlr.

## Polarländer.

**H. Kiepert**, Karte der Nordpolar-Länder, nebst Darstellung der Wärmeverbreitung von H. W. Dove. Chromolith. qu. Fol. Berlin 1868, D. Reimer. 10 Ngr.
<small>Eine große schöne Karte, auf welcher man sämmtliche Nordpolexpeditionen verfolgen kann.</small>

**A. Petermann**, Neue Karte der Südpolarregionen. qu. gr. Fol. (Aus Stieler's Handatlas.) Gotha 1863, J. Perthes. n. ⅙ Thlr.

Der dazu gehörige Text befindet sich in Petermann's Mittheilungen 1863, Heft 11. Gotha, J. Perthes. n. ⅓ Thlr.
<small>Eine sehr lehrreiche Darstellung aller neuen Entdeckungen.</small>

# Nachtrag.

## Philosophie.

**K. Rosenkranz**, Hegel als deutscher Nationalphilosoph. (XXIV, 347 S.) Leipzig 1870, Duncker u. Humblot. 2 Thlr.

    Eine Festschrift zu Hegels hundertjährigem Geburtstag (27. Aug. 1870). Versuch nachzuweisen, welchen Einfluß die Hegelsche Philosophie auf die deutsche Wissenschaft und Bildung gehabt hat, und zu zeigen, wie viel bleibende Ergebnisse wir Hegel zu danken haben. Eine Ergänzung zu der S. 2 des Wegweisers angeführten Schrift von Haym über Hegel, welche vorzugsweise die Schattenseiten seiner Philosophie hervorhebt.

**E. v. Hartmann**, Philosophie des Unbewußten. Versuch einer Weltanschauung. (IV, 678 S.) Berlin 1869, C. Duncker. 3 Thlr.

    Eine geistvolle Untersuchung des nicht zum vollen Bewußtseyn gekommenen geistigen Lebens, des Instinkts, der Triebe, des Willens, der Vorstellungen und Gefühle. Ein umfassender speculativer Blick, Vertrautheit mit den Naturwissenschaften, Scharfsinn und gebildete, anregende Darstellung machen dieses originelle Werk zu einer hervorragenden Erscheinung in der philosophischen Literatur der letzten Jahre.

**Wolfgang Menzel**, Die vorchristliche Unsterblichkeitslehre. 2 Bde. (VIII, 287. V, 394 S.) Leipzig 1870, Fues (Reisland). 4 Thlr.

    Eine sehr reichhaltige Schrift, an welcher der Verfasser seit 30 Jahren mit besonderer Vorliebe gearbeitet hat. Der Grundgedanke seiner Untersuchung ist, daß der in unabänderlicher Gesetzmäßigkeit sich vollziehende Auf- und Niedergang der Gestirne, vor allem der Sonne, den Gedanken an Unsterblichkeit bei den vorchristlichen Völkern geweckt und genährt habe, und daß eine große Zahl mythologischer Vorstellungen und Glaubenssätze auf dieser Grundlage beruhe.

## Theologie.

Die Bibel oder die heilige Schrift des Alten und Neuen Testaments nach der deutschen Uebersetzung von Martin Luther. Prachtausgabe mit 230 großen Bildern, illustrirt von G. Doré. 2 Aufl. Stuttgart 1869. Hallberger. 24 Thlr.

    In einem geflissentlichen Gegensatz zu der traditionellen Darstellungsweise biblischer oder überhaupt heiliger Gegenstände, Personen und Situationen, überträgt Doré auch auf dies Gebiet die Herrschaft des Realismus. Sein Hang zum Phantastischen und Bizarren läßt ihn auch hier überraschend Großartiges schaffen; nicht selten jedoch gemahnt uns das eine oder andere Bild an die nur im Fluge und für den momentanen Zweck gemachten, im übrigen dem Künstler fernliegenden Specialstudien; ja die letzteren drängen sich mitunter unverdaut widerwärtig in den Vordergrund. Man sieht daher wohl richtige oriental. Costüme, correcte ägypt. Architectur, Carawanen und Schlachtenknäuel, die religiöse Idee kommt aber häufig zu kurz, oder auch gar nicht zum Ausdruck.

Der Schnitt der Bilder sowie die Ausstattung, hervorgegangen aus bewährten Kunstanstalten, stehen in nichts der französ. Originalausgabe nach.

**Karl Aug. Hase**, Gnosis oder protestantische evangelische Glaubenslehre für die Gebildeten in der Gemeinde. 2. verb. Aufl. in 2 Bdn. (VII, 493. 481 S.) Leipzig 1870, Breitkopf und Härtel. 5 Thlr.

Neue Auflage eines im J. 1827 erschienenen Jugendwerkes des Verfassers, in welchem er den christlichen Lehrgehalt vom Standpunkt eines mit Elementen der Schelling'schen Philosophie gewürzten Rationalismus in ästhetischer Weise entwickelt. Das Wesen der Religion wird in die Liebe und in ein persönliches Verhältniß zu Gott gesetzt. Die neue Auflage ist insoweit verändert, als es die gereiftere wissenschaftliche Auffassung und Lebenserfahrung des Verfassers mit sich bringt. Das Buch ist anziehend und mit Geist geschrieben und wird auch von denen mit großem Interesse gelesen werden, welche den Standpunkt des Verfassers nicht theilen.

**Gustav Roskoff**, Geschichte des Teufels. 2 Bde. (X, 405. IV, 614 S.) Leipzig 1869, Brockhaus. 5 Thlr.

Eine Geschichte des Glaubens an den Teufel, die vom Dualismus der alten orientalischen Religionssysteme ausgeht, hierauf die Vorstellungen des alten und neuen Testaments vom Teufel, sowie die Weiterbildung derselben in der Kirchenlehre und im späteren Judenthum entwickelt, und dann den Teufelsglauben in der Dichtung, in den Rechtsanschauungen, in der Arzneikunst und in den verschiedenen Gestalten des Volksaberglaubens, insbesondere in der Periode der gerichtlichen Hexenverfolgung untersucht. Der Verfasser behandelt seine Aufgabe zunächst als eine religionsgeschichtliche, berücksichtigt aber auch die allgemein kulturgeschichtliche Seite der Sache, und seine Darstellung eignet sich für einen größeren gebildeten Leserkreis.

**H. Venn und W. Hoffmann**, Franz Xavier. Ein weltgeschichtliches Missionsbild. (418 S.) Wiesbaden 1869, Jul. Niedner. 1 Thlr. 20 Ngr.

In diesem Buche, dessen Mittelpunkt der Jesuitenmissionär Franz Xavier bildet, welcher in den Jahren 1541—1552 in Ostindien wirkte, wird uns die erste vollständige Geschichte des Missionswesens, von den apostolischen Zeiten an bis auf unsere Tage, in charakteristischen Grundzügen übersichtlich dargeboten. Jene Biographie ist von dem Secretär der kirchlichen Missionsgesellschaft in England H. Venn verfaßt, 1862 erschienen, und hier in abgekürzter Form übersetzt. Dazu hat Generalsuperintendent W. Hoffmann in Berlin die ältere und neuere Missionsgeschichte in einer Einleitung und Fortsetzung beigefügt, und das Ganze empfiehlt sich durch eine schöne, ansprechende Darstellung.

**Janus**, Der Papst und das Concil. Eine weiter ausgeführte und mit dem Quellen-Nachweis versehene Neubearbeitung der in der Augsburger Allgemeinen Zeitung erschienenen Artikel: Das Concil und die Civiltà. (XIV, 451 S.) Leipzig 1869, Steinacker. 1 Thlr.

Ein Werk, das mit großer kirchenhistorischer Gelehrsamkeit die Anmaßungen und Fälschungen der römischen Curie nachweist, und den Anspruch des Papstes auf Unfehlbarkeit widerlegt, aber für die Kirche und ihre gesetzlichen Organe die Concilien die göttliche Autorität festhält. Das Buch zerfällt in drei Abschnitte: 1) Die Dogmatisirung des Syllabus. 2) Das neue Mariendogma. 3) Die päpstliche Unfehlbarkeit. Es machte bei Katholiken und Protestanten das größte Aufsehen, und wenn der Verf. nicht Döllinger selbst ist, so muß es wenigstens unter seinem Einfluß und seiner Beihülfe geschrieben sein.

Joseph **Hergenröther**, Anti-Janus. (188 S.) Freiburg 1870, Herder. 24 Ngr.

> Versuch einer wissenschaftlichen Widerlegung des Janus von katholischer Seite, die zwar von den Infallibilisten ganz schlagend gefunden wird, aber die Gegner der Unfehlbarkeitslehre keineswegs überzeugt hat.

J. **Frohschammer**, Zur Würdigung der Unfehlbarkeit des Papstes und der Kirche. Zugleich zur Beurtheiluug der Schrift: Der Papst und das Concil, von Janus. (32 S.) München 1870, Ackermann. 4 Ngr.

> Eine interessante Kritik aus der Feder eines freisinnigen Katholiken, welcher im Wesentlichen dem Janus beistimmt, aber behauptet, daß der Verf. nicht alle Consequenzen seiner Kritik gezogen habe, und auf halbem Wege stehen bleibe.

—— Beleuchtung der päpstlichen Encyclica vom 8. Dec. 1864 und des Verzeichnisses der modernen Irrthümer. Nebst einem Anhang: Kritik der Broschüre des Bischofs von Orleans. 2. Aufl. (XVI, 103 S.) Leipzig 1870, Brockhaus. 12 Ngr.

> Eine gründliche Darlegung der päpstlichen Tendenzen und ihres Widerspruchs gegen die ganze wissenschaftliche Weltanschauung und gegen die Grundsätze des modernen Staats.

A. **Pichler**, Die wahren Hindernisse und die Grundbedingungen einer durchgreifenden Reform der katholischen Kirche, zunächst in Deutschland. (XVI, 544 S.) Leipzig, Fues (Reisland). 1 Thlr. 20 Ngr.

> Eine Schrift, welche mit großer Detailkenntniß, Schärfe und Freimüthigkeit die Mängel, Schäden und Gebrechen der katholischen Kirche aufdeckt, und das Papstthum in seiner ganzen Verwerflichkeit schildert. Der Verf. erklärt das System des tridentinischen Conciliums für Menschenwerk und stellt der Verknöcherung der katholischen Kirche das lebendige Reformbestreben des Protestantismus gegenüber und hält eine gründliche Reform derselben für bedingt durch einen vollständigen Bruch mit Rom.

Friedr. **Nippold**, Welche Wege führen nach Rom? Geschichtliche Beleuchtung der römischen Illusionen über die Erfolge der Propaganda. (XVIII, 456 S.) Heidelberg 1870, Bassermann. 2 Thlr. 24 Ngr.

> Geschichte der in neuerer Zeit unter Gebildeten vorgekommenen Uebertritte zum Katholicismus, und Nachweisung der verschiedenartigen Motive zu denselben. Ebensowohl eine Warnung für Protestanten, als Polemik gegen den Katholicismus.

Römische Briefe vom Concil von Quirinus. Lief. 1. 160 S. München 1870, Oldenbourg. 15 Ngr.

> Ein Abdruck der römischen Briefe über das Concil, welche die Augsb. Allgem. Zeitung veröffentlicht hat; vermehrt mit anderen Artikeln dieser Zeitung über die Vorgeschichte des Concils. Die ganze Reihe wird in etwa drei Lieferungen beendet sein.

Joh. **Huber**, Das Papstthum und der Staat. Wider den Anti-Janus. (86 S.) München 1870, Oldenbourg. 8 Ngr.

## Nationalökonomie.

Friedr. Beneb. Wilh. v. **Hermann**, Staatswirthschaftliche Untersuchungen. Zweite nach dem Tode des Verf. vermehrte und verbesserte Auflage. [Hg. von Joh. Helferich und G. Mayer.] (XVIII, 637 S.) München 1870. 3 Thlr. 18 Ngr.

Neue aus des Verfassers Nachlaß bereicherte und von ihm selbst theilweise druckfertig umgearbeitete Auflage eines 1832 erschienenen und als bedeutende Leistung anerkannten Werkes. Die Hauptabschnitte sind: I. Grundlegung. II. Die Bedürfnisse. III. Die Güter. IV. Die Wirthschaft. V. Die Production. VI. Der Preis. VII. Der Lohn. VIII. Der Gewinn. IX. Das Einkommen. X. Der Verbrauch der Güter.

**Alb. E. Fr. Schäffle**, Kapitalismus und Socialismus, mit besond. Rücksicht auf Geschäfts- und Vermögensformen. Vorträge zur Versöhnung der Gegensätze von Lohnarbeit und Kapital. Tübingen 1870, Laupp. 4 Thlr.

An der Universität in Wien gehaltene Vorträge, in welchen eine Hauptfrage der heutigen Nationalökonomie lichtvoll erörtert wird.

**Volkswirthschaft für Jedermann.** Nach dem preisgekrönten franz. Werke: **J. J. Rapet**, Populäres Handbuch der Moral- und Volkswirthschaft, auf Veranlassung der K. württemb. Centralstelle für Handel und Gewerbe, frei bearbeitet von Fr. Mayer. 2 Aufl. (IV, 236 S.) Stuttgart 1869, G. Weise. 15 Ngr.

Eine sehr empfehlenswerthe populäre Darstellung der Erscheinungen, welche im Gebiete der Arbeits- und Erwerbsthätigkeit auftreten.

## Geschichte.

**Leop. Ranke**, Sämmtliche Werke. Bd. 14—17 ob. Englische Geschichte 2. Aufl. Bd 1—4. Leipzig 1870, Duncker und Humblot.
Anfang s. Wegweiser S. 80.

**Heinrich v. Treitschke**, Historische und politische Aufsätze. Neue Folge. 2 Bde. Leipzig 1870, Hirzel. 2 Thlr. 20 Ngr.
I. Frankreichs Staatsleben u. der Bonapartismus. Cavour. (494 S.)
II. Die Republik der Vereinigten Niederlande. Zur Geschichte des deutschen Dramas, Lessing, H. v. Kleist, O. Ludwig, Fr. Hebbel. Das constitutionelle Königthum in Deutschland. (VIII, S. 495—858.)
Geistreich geschriebene Abhandlungen, deren Mehrzahl schon früher in den Preußischen Jahrbüchern abgedruckt ist. Neu hinzugekommen sind die Aufsätze: Cavour, Lessing, und Das constitutionelle Königthum in Deutschland. In dem ersten schildert der Verf. die durch Cavour zu Stande gebrachte Wiedergeburt und Einigung Italiens, vielleicht zu sehr nach der Lichtseite. Das bedeutendste Stück ist wohl das über Deutschland, in welchem er einen Rückblick auf das Verfassungsleben der letzten 50 Jahre gibt und nachzuweisen sucht, daß das eigentlich parlamentarische System nicht für Deutschland tauge, indem die nationale Einigung noch für lange Zeit der Stütze eines starken Königthums bedürfe.

**Moritz Busch**, Abriß der Urgeschichte des Orients. 3. Bd. Araber. Inder. Leipzig 1870, Abel. 1⅓ Thlr.
Fortsetzung des S. 64 aufgeführten Werkes.

**Ferdinand Hitzig**, Geschichte des Volkes Israel. 2. Bd. (VIII, S. 321—629.) Leipzig 1869, S. Hirzel. 1²/₃ Thlr.
Schluß des S. 65 aufgeführten Werkes.

**Herrmann Göll**, Das gelehrte Alterthum. Die hervorragendsten Forscher und Entdecker auf dem Gebiete der Wissenschaft bei den Griechen und Römern. (VIII, 391 S.) Leipzig 1870, Spamer. 2 Thlr.

Eine interessante Schilderung der griechischen und römischen Gelehrten, des Zustands der Wissenschaften und der Art, wie die Schriftstellerei betrieben und die Bücher verbreitet wurden.

**Wilh. Ihne**, Römische Geschichte. 2 Bd. Vom ersten punischen Kriege bis zum Ende des zweiten. (406 S.) Leipzig 1870, Engelmann. 1 Thlr. 20 Ngr.

Erster Band s. Wegweiser S. 72.

**Karl von Noorden**, Europäische Geschichte im achtzehnten Jahrhundert. 1. Abth. Der spanische Erbfolgekrieg. I. (XX, 587 S.) Düsseldorf 1870, Jul. Buddeus. 3 Thlr. 10 Ngr.

Ein auf umfassender Einzelforschung beruhendes Werk, welches uns die tief eingreifende Umgestaltung der europäischen Verhältnisse schildert, die sich durch den spanischen Erbfolgekrieg, sowie den nordischen Krieg vollzog. Giebt auch ausführliche Belehrungen über die damaligen Zustände Oesterreichs und der Niederlande, sowie über die innere Entwicklung Englands. Die Darstellung im Ganzen dem bedeutenden Inhalte angemessen und sorgfältig ausgearbeitet, hin und wieder aber etwas manirirt.

**Th. Fontane**, Der deutsche Krieg von 1866. I. Der Feldzug in Böhmen und Mähren. Erste Hälfte bis Königgrätz. Mit 7 Portraits, 164 in den Text gedruckten Abbildungen und Plänen in Holzschnitt. (466 S. in 4.) Berlin 1870, 7 Thaler.

Eine gute populäre Beschreibung, auf Grund der officiellen und anderer Berichte von Augenzeugen. Mit schönen Holzschnitten reich ausgestattet.

**H. A. Oppermann**, Der Weg zum Jahre 1866 und seine Nothwendigkeit für das Heil Deutschlands. Studie zur Belehrung, Verständigung und Versöhnung. (64 S.) Berlin 1869, Kortkampf. 10 Ngr.

Eine sehr gute populäre Schrift, in welcher der Verfasser einige Grundbegriffe des Staatsrechts und der Politik entwickelt, und dann eine Uebersicht der deutschen Geschichte vom Untergang des deutschen Reiches bis 1866 giebt. Schlagende Beleuchtung der Hauptwendepunkte.

**Johannes Falke**, Die Geschichte des deutschen Zollwesens. Von seiner Entstehung bis zum Abschluß des deutschen Zollvereins. (XX, 426 S. Leipzig 1869, Veit und Comp. 2⅔ Thlr.

Eine auf sorgfältige Forschungen begründete Darstellung des Gegenstandes, von der Karolinger Zeit an. Werthvoller Beitrag zur deutschen Culturgeschichte, der auch in formeller Beziehung Lob verdient.

**W. Weber**, Der deutsche Zollverein. Geschichte seiner Entstehung und Entwickelung. (VIII, 475 S.) Leipzig 1869, Veit u. Comp. 3 Thlr.

Werk eines bairischen höheren Beamten, welcher seit der Entstehung des Zollvereins mit dessen Angelegenheiten beschäftigt war. Uebersichtliche lichtvolle Darstellung in nationalem Sinne, nur zu sehr auf die officiellen Actenstücke sich beschränkend.

**Bernhard Graser**, Norddeutschlands Seemacht. Ihre Organisation, ihre Schiffe, ihre Häfen und ihre Benannung. (VIII, 514 S.) Leipzig 1870, Grunow. 3 Thlr.

Gibt eine anschauliche, für Laien berechnete Beschreibung der Schiffe und ihrer Construction nach ihren verschiedenen Classen; sodann eine Schilderung der Häfen und Küsten des Norddeutschen Bundes und der Verwaltung der Marine. Dabei werden die Einrichtungen der Norddeutschen Flotte mit denen anderer Seemächte verglichen. Gewiß für Viele ein sehr willkommenes, lehrreiches Buch.

Karl **Braun**, Bilder aus der deutschen Kleinstaaterei. 2 Bde. (403, 419 S.) Leipzig 1870, O. Wigand. 4 Thlr.

In dem größeren Theile der hier gesammelten Aufsätze schildert Braun die Zustände seines nassauischen Heimathlandes, untermischt mit reichen Culturbildern des rheinländischen Lebens. Eine große Rolle spielt dabei der Spott über den kleinstaatlichen Particularismus, wobei er von der Gabe des Humors, die ihm beschieden ist, ausgiebigen Gebrauch macht. In einigen wird besonders der demokratische Particularismus der Schwaben zur Zielscheibe seines Witzes gemacht, was namentlich in den Unpolitischen Briefen an eine Dame und in dem Berliner Tagebuch eines süddeutschen Zollparlamentmitgliedes in gelungener Weise geschieht. Unter den culturgeschichtlichen Bildern sind hervorzuheben: Der Rhein, Bad Schwalbach, Schloß Johannisberg.

**Deutschland.** Eine periodische Schrift zur Beleuchtung deutschen Lebens in Staat, Gesellschaft, Kirche, Kunst und Wissenschaft, Weltgeschichte und Zukunft. Im Vereine mit Mehreren herausgeg. von W. **Hoffmann**, Dr. d. Theol., Generalsup. und Hofprediger. Erster Jahrg. Bd. I. (429 S.) Berlin 1870. Stille und van Muyden. 2 Thlr.

Eine Art Fortsetzung des Werkes, welches wir S. 117 aufgeführt haben. Der vorliegende Band enthält: Deutschland, ein einleitendes Wort vom Herausgeber, der hier die deutschen Staaten und Stämme in ihrer Eigenthümlichkeit schildert; deutsche Briefe von **Germanus Sincerus**: I. An die deutschen Fürsten; Idealismus und Realismus in Staat und Kirche, von **Bethmann-Hollweg**; die Anfänge des Zollvereins, von **Roscher**; die Ursachen der gegenwärtigen Mißstimmung wider die Kirche, vom Herausgeber; Göthe und die deutschen Frauen, von einer deutschen Frau; Naturwissenschaft und heilige Schrift, von A. F. Fürer.

Joh. Gustav **Droysen**, Geschichte der preußischen Politik Bd IV., Abth. 2 Friedrich Wilhelm I. König von Preußen. 2 Bde. (VIII, 453. VI, 428 S.) Leipzig 1869, Veit und Comp. 4 Thlr. 24 Ngr.

Die erste gründliche nach den Urkunden gearbeitete Geschichte der Regierung dieses Königs, dessen innere Politik der Verfasser in einem günstigeren Lichte erscheinen läßt, als man in der bisherigen Geschichtschreibung gewohnt war. Gibt über die damalige europäische Politik sehr belehrende Mittheilungen.

Bernhard **Erdmannsdörfer**, Graf Georg Friederich v. Waldeck. Ein preußischer Staatsmann im siebzehnten Jahrhundert. (X, 116 S.) Berlin 1869, G. Reimer. 2 Thlr.

Eine sehr interessante Ergänzung von Droysens Geschichte des großen Kurfürsten. Waldeck, dessen Persönlichkeit und Verdienste Erdmannsdörfer gleichsam neu entdeckt hat, war einer der Staatsmänner, deren sich der Kurfürst für seine deutsche Politik bedient hat. Sein Verdienst war der Versuch der Gründung eines neuen Fürstenbundes unter preußischer Leitung.

E. v. **Kosel**, Geschichte des preußischen Staates und Volkes unter den hohenzollernschen Fürsten. 2. u. 3. Bd. (VIII, 397. VI, 541 S.) Leipzig 1869. Duncker u. Humblot à 1 Thlr. 24 Ngr.

Fortsetzung des S. 119 aufgeführten Werkes, das sich durch eine warme lebendige Darstellung auszeichnet.

W **Menzel**, Was hat Preußen für Deutschland geleistet? (V, 264 S.) Stuttgart 1870, Kröner. 1 Thlr.

Karl Wilhelm **Böttiger**, Geschichte von Sachsen 2. Aufl. bearb. von Th. Flathe. 2. Br. (X, 699 S.) Gotha 1870, Perthes. 2 Thlr. 20 Ngr.

Giebt mehr neues als der Titel vermuthen läßt und kann in dieser neuen Gestalt als das beste Handbuch der sächsischen Geschichte gelten. Ein dritter ganz neuer Band, der die Erzählung bis zum Jahre 1867 fortführen soll, ist in Aussicht.

**Reinhold Pauli,** Aufsätze zur englischen Geschichte. (505 S.) Leipzig 1869, Hirzel. 2 Thlr.

Eduard der schwarze Prinz. König Richard III. Heinrich VIII. als Bundesgenosse Maximilians I. und als Bewerber um die Kaiserkrone. Charakter Heinrichs VIII. und seiner Regierung. Sir Peter Carew. Irland. Cavaliere und Rundköpfe: 1) Blick auf die beiden ersten Stuarts. 2) Robert Blake. 3) Oliver Cromwell. 4) John Milton. G. Canning. Prinz Albert.

Sehr anziehend geschriebene Einzelbilder aus der englischen Geschichte, die früher theilweise in den preußischen Jahrbüchern und in Sybels Historischer Zeitschrift abgedruckt waren, und hier nur in erweiterter und umgearbeiteter Gestalt erscheinen.

**Friedr. Althaus,** Englische Charakterbilder. 2 Bde. (IX, 632. 495 S.) Berlin 1870, Decker. 5 Thlr.

I. Palmerston. Cobden. Disraeli. J. St. Mill. Carlyle. Thackeray. J. W. M. Turner. Irland und die Fenier. II. Villeggiatur auf der Insel Wight. Englische Gelbhälse. Memoiren der Prinzessin Charlotte von England. Zur Geschichte der englischen Volksspiele.

Der Verfasser hat sich durch jahrelange Beobachtung eine gründliche Kenntniß Englands erworben und besitzt eine glänzende Darstellungsgabe, die ihn aber mitunter zu allzu großem Aufwand von Rhetorik verführt. Hervorragend sind die Aufsätze über Irland, Thackeray, Mill, die englischen Volksspiele und die Memoiren der Prinzessin Charlotte.

**W. H. Dixon,** Der Tower in London. Aus dem Engl. übersetzt. 1. Bd. (VIII, 413 S.) Berlin 1870, Duncker. 2 Thlr.

Eine Reihe historischer Skizzen, die uns in farbenreichen Bildern die Geschichte des Towers und seiner Bewohner bis in die Zeiten Jacobs I. und damit eine Reihe bedeutungsvoller Momente aus der altenglischen Geschichte vorführen. Besonders interessant ist die Geschichte Sir Walter Raleighs, der dreimal im Tower gefangen lag. Die Uebersetzung ist sorgfältig und liest sich gut, und ein schöner Plan des Towers in Holzschnitt erleichtert die Orientirung.

**Friedr. Bienemann,** Aus baltischer Vorzeit. Sechs Vorträge über die Geschichte der Ostseeprovinzen. (VIII, 181 S.) Leipzig 1870, Duncker u. Humblot. 1 Thlr.

Trefflich abgerundete geschichtliche Charakterbilder, welche von der ganzen baltischen Geschichte seit Begründung der Herrschaft deutschen Wesens in jenen Landen bis zur Unterwerfung der alten deutschen Colonie unter das russische Scepter einen Gesammtüberblick geben.

**Julius Eckardt,** Rußlands ländliche Zustände seit Aufhebung der Leibeigenschaft. Drei russische Urtheile übersetzt und commentirt. (XII, 264 S.) Leipzig 1870, Duncker und Humblot. 1 Thlr. 24 Ngr.

Der Herausgeber giebt in der Einleitung eine kurze Geschichte der Aufhebung der Leibeigenschaft, entwickelt die Principien, welche der Auseinandersetzung zwischen Gutsherren und Bauern zu Grunde gelegt sind, und schildert hierauf das Treiben der ultranationalen russischen Partei, welche in dem gemeinsamen Grundbesitz der Bauern eine Schutzwehr gegen die europäische Civilisation sieht. Die drei russischen Schriften enthüllen die großartige Enttäuschung, welche man in Rußland in Betreff der Bauernemancipation und der sich daran knüpfenden Agrarreform erlebt hat, und zeigen, wie wenig der russische Bauernstand fähig ist die Freiheit zu nützen, und wie er sich gleich dem emancipirten Neger der Faulheit und Völlerei ergiebt.

## Culturgeschichte.

Victor **Hehn**, Culturpflanzen und Hausthiere in ihrem Uebergang aus Asien nach Griechenland und Italien, sowie in das übrige Europa. Historisch-linguistische Skizzen. (IV, 456 S.) Berlin 1870, Bornträger. 3 Thlr.

Ein sehr interessantes, auf gründlichen Studien und großem Sammlerfleiß beruhendes Werk. Der Verfasser verwendet Natur- und Sprachkunde zur Aufhellung der Geschichte der Cultur Europa's, und giebt Lesern vom verschiedenartigsten wissenschaftlichen Interesse reiche Ausbeute.

## Biographien.

Adolf **Laun**, Washington **Irving**. Ein Charakter- und Lebensbild. 2 Bde. (XIV, 240. 291.) Berlin 1870, Oppenheim. 2 Thlr. 10 Ngr.

Charakteristik eines beliebten Schriftstellers und liebenswürdigen Menschen, dessen bewegtes Wanderleben in der neuen und alten Welt vielen interessanten Stoff darbietet.

Karl **Elze**, Lord **Byron**. Berlin 1870, Oppenheim. 2 Thlr.

Der Herausgeber des Shakespeare Jahrbuches giebt in diesem Buch die Früchte vieljähriger Forschung und versucht als begeisterter Verehrer des Dichters dessen Bild von dunklen Flecken zu reinigen.

Edmund **Pleiderer**, Gottfried Wilhelm **Leibniz** als Patriot, Staatsmann und Bildungsträger. Ein Lichtpunkt aus Deutschlands trübster Zeit. Für die Gegenwart dargestellt. (XV; 787 S.) Leipzig 1870, Fues (R. Reisland.) 3 Thlr. 15 Ngr.

Eine gute, mit Liebe ausgeführte Monographie, welche von dem Wirken Leibniz' in Staat, Kirche und Wissenschaft ein ausführliches Bild entwirft, und die vielseitigen Bestrebungen des berühmten Mannes unter den Gesichtspunkt seiner nationalen Bedeutung zusammenzufassen sucht. Zugleich ist das Werk eine Abwehr gegen verschiedene Angriffe, die auf Leibniz' persönlichen Charakter gemacht worden sind.

Anton **Springer**, Friederich Christoph **Dahlmann**. 1. Th. (VIII, 493. Mit Dahlmanns Bildniß.) Leipzig 1870, Hirzel. 2 Thlr. 12 Ngr.

Treffliche Arbeit eines mit Dahlmann näher befreundeten jüngeren Collegen, dem von der Familie der ganze literarische Nachlaß Dahlmann's und dessen ausgedehnte Correspondenz zur freien Benutzung übergeben wurde. Dieser erste Band geht bis zu Dahlmanns Vertreibung aus Göttingen. Ein zweiter Band wird das Werk abschließen.

Gustav **Freytag**, Karl **Mathy**. Leipzig 1870. (IV, 420 S.) S. Hirzel. 2 Thlr.

Eine ausgezeichnete Biographie, welche den nationalen badischen Staatsmann mit der Liebe und genauen Kenntniß eines Freundes schildert. Sowohl das wechselvolle Leben Mathys, als die Kunst, mit welcher sein Biograph die politischen Verhältnisse Deutschlands in die Erzählung verflicht, machen das Buch zu einer höchst anziehenden Lectüre.

Wilhelm **Dilthey**, Leben **Schleiermachers**. 1. Bd. (XIV, 542 S. Denkmale der inneren Entwicklung Schleiermachers. 145 S.) Berlin 1870, G. Reimer. 3 Thlr.

Abschluß des S. 255 aufgeführten Bandes. Der Verfasser löst seine Aufgabe in ausgezeichneter Weise, indem er nicht nur die innere Entwicklung Schleiermachers, sondern auch die ganze geistige Arbeit seiner Zeit, welche dieselbe bedingte, darlegt. Er geht nämlich von der Ansicht aus, daß „die Biographie eines Denkers die große geschichtliche Frage zu lösen habe, wie ganz zerstreute Elemente der Cultur, welche durch allgemeine Zustände, gesellschaftliche und sittliche Voraussetzungen, Einwirkungen von Vorgängern und Zeitgenossen gegeben sind, in der Werkstatt des einzelnen Geistes verarbeitet und zu einem originalen Ganzen gebildet werden, das wiederum schöpferisch in das Leben der Gemeinschaft eingreift." Dieser erste Band umfaßt die Jugendzeit Schleiermachers bis zum Jahr 1802. Die beigefügten Denkmale sind Fragmente von meistens ungedruckten Arbeiten Schleiermachers aus älterer Zeit.

Georg Ludwig **Kriegk**, Die Brüder **Senckenberg**. Eine biographische Darstellung. Nebst einem Anhang über Göthes Jugendzeit in Frankfurt a. M. (XVI, 380 S.) Frankfurt 1869, Sauerländer. 2 Thlr.

Von den drei Brüdern Senckenberg, welche die Schrift behandelt, waren zwei geachtete, um ihre Vaterstadt verdiente Männer, deren Andenken in einer bedeutenden Stiftung fortlebt. Der dritte war berüchtigt durch ein skandalöses Leben und fortgesetzte Fälschungen, die ihn ins Gefängniß führten, worin er 20 Jahre lang bis zu seinem Tode blieb. Zugleich ein interessanter Beitrag zur Kenntniß Frankfurts vor 100 Jahren, und zu Göthes Familiengeschichte.

Joseph Freiherr v. **Laßberg** und Ludw. **Uhland**. Briefwechsel. Herausgeg. v. Frz. Pfeiffer. Mit einer Biographie Frz. Pfeiffers von Karl Bartsch u. den Bildnissen von Pfeiffer, von Laßberg und Uhland. (Vorrede und Biographie CVII, Briefe 372 S.) Wien 1870, Braumüller. 4 Thlr.

Ein schönes Denkmal der Freundschaft, welche beide Männer verband, und zugleich interessant durch die Mittheilungen über die altdeutschen Studien, in denen sie sich gegenseitig förderten. Die Briefe waren von Prof. Pfeiffer zum Druck vorbereitet und mit Anmerkungen begleitet, aber während des Drucks starb derselbe. Bartsch vollendete die Herausgabe und fügte eine ausführliche Biographie seines Freundes Pfeiffer bei.

## Geographie.

Neues aus der Geographie, Kartographie und Statistik Europas und seiner Colonien. Quellennachweise, Auszüge und Besprechungen zur laufenden Orientirung bearbeitet vom großen Generalstabe. Geographisch-statistische Abtheilung. Berlin 1870, E. S. Mittler. 1 Thlr. 20 Ngr.

Ein treffliches Hülfsmittel für geographische und statistische Studien.

Richard **Böck**, Der Deutschen Volkszahl und Sprachgebiet in den europäischen Staaten. (308 S.) Berlin 1870, J. Guttentag. 2 Thlr. 20 Ngr.

Beschreibung der Nationalitätsverhältnisse und der Stellung der Deutschen gegenüber den europäischen Nationen und Stämmen, an welche sie grenzen oder mit denen sie vermischt sind, und Gesammtüberblick über die deutschen Sprachgebiete. Zum Schluß sind sorgfältig angelegte Tabellen über die Nationalitätsverhältnisse in den einzelnen Staaten beigegeben.

Emil J. **Jonas**, Illustrirtes Reise- und Skizzenbuch für Schweden. Mit Reisekarte und Specialkarte von Stockholm. (261 S.) Berlin 1869, Allgemeine deutsche Verlagsanstalt. 1½ Thlr.

—— Reise- und Skizzenbuch für Italien. Mit Karte und Plänen. Leipz. 1870, Rob. Schäfer. 2 Thlr. Reisehandbuch (176 S.) Skizzenbuch (VI, 246 S.)

Gute praktisch eingerichtete Reisehandbücher, die sich auch durch Kürze und billigen Preis empfehlen. Die erste Abtheilung des zweiten, das eigentliche Reisehandbuch enthält tabellarisch angelegte Reiserouten von Wien und Berlin bis nach Italien, italienische Eisenbahnfahrpläne, ein Verzeichniß der Rundreisen zu ermäßigten Preisen, der Dampfschifffahrtscourse, einen geschichtlichen Ueberblick statistischer Notizen, dann zuletzt Reiserouten in Italien. Das Skizzenbuch, das zur unterhaltenden Lectüre während der Reise dienen soll, enthält eine förmliche Beschreibung mit Schilderung der Gegenden, Städte, Kunstwerke, Bevölkerung.

C. A. X. G. F. **Scherer**, Lorelei. Plaudereien über Holland und seine Bewohner. 2 Bde. (VIII, 274. X, 368 S.) Leiden 1870. A. W. Sijthoff.

Unterhaltungen eines Deutschen mit einer aus Holland kommenden Dame, über Sprache, Sitte und Landesart Hollands, mit der Tendenz, deutsche Vorurtheile über die Holländer zurückzuweisen. Vorwiegend Sprach- und Dialectvergleichende Bemerkungen.

Heinrich **Börnstein**, Italien in den Jahren 1868 u. 1869. 2 Bde. (320. 324 S.) Berlin 1870, Janke. 2 Thlr. 10 Ngr.

Unterhaltende Beschreibung einer italienischen Reise vom Bodensee bis Neapel.

Heinrich **Noe**, Dalmatien und seine Inselwelt nebst Wanderungen durch die schwarzen Berge. (468 S.) Wien, Pest, Leipzig 1870, Hartleben. 1 Thlr. 20 Ngr.

Heinrich Freih. von **Maltzan**, Reise in den Regentschaften Tunis u. Tripolis. 3 Bde. nebst einem Anhang über die neu entdeckten phönizischen Inschriften von Karthago. Mit Titelkupfer, Plan von Tunis und 59 lithogr. Inschriften. (XVI, 409. VIII, 436. V, 386 S.) Leipzig 1870. 4 Thlr.

Sehr lebendige frische Schilderung der Zustände jener Länder mit schonungsloser Aufdeckung der heillosen Wirthschaft des tunesischen Premierministers, der Eitelkeit, Habgier und Bestechlichkeit vieler, selbst hochgestellter, ansässiger Europäer. Der Anhang über die phönit. Inschriften ist zwar dankenswerth vermöge der Mittheilung bisher unveröffentlichter Sprachdenkmale, verräth aber immerhin noch einige dilettantische Unsicherheit auf diesem Gebiet.

Aimé **Humbert**, (ancien envoyé extraordinaire et ministre plénipotentiaire de la confédération suisse). Le Japon illustré. 476 vues, scènes, types, monuments et paysages, une carte et 5 plans. 2 Tomes 4. (III, 424. 432 S.) Paris 1870, Hachette & Comp. 50 frs.

Wir erlauben uns auf diese ausgezeichnete französische Novität aufmerksam zu machen. Das Werk ist nicht nur mit wirklich schönen Holzschnitten nach Originalzeichnungen, sondern auch mit einem sehr gehaltvollen Text ausgestattet, in welchem ein vollständiges Bild der Natur, des Volkslebens, der Staatseinrichtungen und der Culturzustände, sowie der Geschichte Japans niedergelegt ist. Der Verfasser hat hiezu nicht nur die Ergebnisse eigener Anschauung, sondern auch umfassender Studien verwendet.

## Literaturgeschichte.

Julian **Schmidt**, Bilder aus dem geistigen Leben unserer Zeit. (VI, 528 S.) Duncker und Humblot. 2 Thlr. 15 Ngr.

Literaturgeschichtliche Abhandlungen, die in verschiedenen Zeitschriften veröffentlicht hier gesammelt erscheinen. Inhalt: Die europäische Literatur in ihrem gegenwärtigen Standpunkt. Die Wendung des Jahres 1848. Der Einfluß des preußischen Staates auf die deutsche Literatur. Studien über die romantische Schule. Walter Scott, Sainte Beuve, Ed. Bulwer, George Eliot, Paul Heyse, Iwan Turgenjew, Erckmann-Chatrian.

W. J. A. **Jonckbloet**, Geschichte der niederländischen Literatur. Autori sirte deutsche Ausgabe von Wilh. Berg. Mit einem Vorwort und Verzeichniß der niederländischen Schriftsteller und ihrer Werke von Ernst Martin. 1. Bd. (XVI, 467 S.) Leipzig 1870, F. C. W. Vogel. 2 Thlr. 15 Ngr.

<small>Werk eines der gründlichsten Kenner des Gegenstandes, der für die Geschichte unserer deutschen Literatur von großem Interesse ist. Die Darstellung des Originals und die gute Uebersetzung macht das Werk auch zur Lectüre geeignet. Dieser erste Band geht bis zur Reformationszeit.</small>

**Briefwechsel zwischen Schiller und Göthe** in den Jahren 1794 bis 1805. 2 Bde. 3 Aufl. (418. 461 S.) Stuttgart 1870, Cotta. 8 Thlr.

<small>Vermehrt durch drei Briefe und berichtigt in der Zeitfolge.</small>

## Romane.

**Dante**, Göttliche Komödie. Uebersetzt von Wilhelm Krigar, illustrirt von Gustav Doré. Mit Vorwort von Karl Witte. Groß Folio in 3 Theilen oder 40 Lieferungen. Lieferung à 20 Sgr. Berlin 1870, W. Möser.

<small>Die Illustrationen sind wohl die edelsten Schöpfungen Dorés, stehen an Großartigkeit der Conception und Adel der Ausführung weit höher als seine Bilderbibel und zeugen von tiefer Auffassung und Durchdringung seines Objects. Das Zusammenwirken der riesenhaften Phantasie d.s Dichters mit dem unbändigen Griffel des Zeichners ist geeignet, das wahre Verständniß der dichterischen Zauberkraft zu eröffnen oder zu beleben, und auch die magerste Phantasie unwiderstehlich aus ihrer Nüchternheit mit sich fortzureißen.</small>

**Heinrich Albert Oppermann**, Hundert Jahre, 1770—1870. Zeit- und Lebensbilder aus drei Generationen. 4 Bde. Leipzig 1870, Brockhaus. 4 Thlr.

<small>Ein interessanter Roman aus der Feder eines sehr gebildeten Juristen und Politikers, welcher hier culturgeschichtliche Studien und eigene Erlebnisse zu einem lebensfrischen Bilde des letzten Jahrhunderts verwerthet hat. Namentlich für die Kenntniß hannoverscher Zustände von Werth. Weitere Bände folgen nach.</small>

## Autoren- und Titel-Register.

Die eingeklammerten Zahlen zeigen an, wie vielmal ein Name auf ein und derselben Seite vorkommt.

Die Namen der Kunstwerke und Künstler (Zeichner, Photographen, Lithographen, Kupferstecher ꝛc.) sind mit * bezeichnet.

### A.

Abeken, B. R. 269. 465.
Abeken, Hrm. 81.
Abel, C. 297.
—— Jak. F. 247.
—— O. 91. 100. (2) 145.
Abentheuer, die, des Simplicissimus. 430.
Acht Wochen in Syrien. 287.
Adair, Rob. 108.
Adamello-Presanellvalpen, die 277.
Adami, F. 240.
Adler, Dr. C. 49. (2)
—— F. 476.
Aeby, Chr. 281.
Aegidi, Ldw. K. 87. 112. (2) 116. 269.
Aeschines 376.
Aeschylos 375. 376. (2)
Aesop 376.
Afzelius, A. A. 399.
Airy, G. B. 342. (2)
Aksakoff, S. T. 456.
Atsalow, J. 186. (2)
—— K. 186. (12)
Alberti, C. E. R. 476.
Albrecht 481.
*Album Ludwigs I. von Bayern 418.
Alexander, Kaiser 184.
Alexis, W. s. W. Häring.
Algier wie es ist. 286.
Alison, Archib. 82. 156.
Allen, C. F. 160.
Allgäuer-Alpen, die 284.
Allmers, Hrm. 323. 334.
Altarbibel, die, 12.

Althaus, F. 120. 506.
Altmüller, H. W. 498.
—— K. 874.
Alvensleben, L. .v 449.
Ambros, Aug. Wlh. 420. 421.
Amthor, Eb. 284.
Anacreon 376.
Andechs, M. v. 374.
Andenken, dem, Chr. F. Wurm's 269.
Andersen, H. C. 208. 456 (2)
Andersson, Ch. J. 305.
—— N. J. 316.
Andreä, J. Val. 35.
—— O. 472.
Andree, K. 275. 276. 278. 310.
—— Rich. 299. 306.
Anfänge, d. d. neuen Aera in Rußland 186.
Angerstein, Wlh. 476.
Anthologie, morgenländische 375.
Anzeiger, allg. liter., s. b. evangel. Deutschland 472.
Appell, J. W. 386.
Arago, Domin. Frz. 204. 343. 345. (2)
Arbeiten d. k. russ. Gesandtschaft 297.
Archenholz, J. W. v. 106.
Archiv d. hist. Vereins f. Niederseh. 109.
Archiv d. polit. Oekonomie 48.
Arendt, Rud. 474.
Arenz, K. 349.
Ariosto 397. (2)
Aristophanes 376. 377.

Aristoteles 376. 377. (6)
Armin, Th. 196. (2)
Arnauld 464.
Arnd, Eb. 59. 86.
—— J. 22. 35.
Arndt, E. Mr. 62. (2) 91. 111. (2) 159. (2) 208. (3) 459.
—— F. 111.
Arneth, Alfr. v. 143. (3) 165. (2) 166. 217. 261.
Arnim, Bettina v. 207. 224. 226.
—— Ldw. Ach. v. 424. (4)
Arnold 23.
—— Wilh. 42. 75. 95. (2) 96.
Arnoldt, J. F. J. 269.
Arrian 377.
Arrom, Cäcilie de, s. Caballero.
Artmann, Fb. 349.
Asher, C. W. 47.
Asseburg, Achatz Fb. v. d. 209.
Assing, Ludmilla 121. 207. 237.
—— Ottilie 216.
Aßmann, R. 47.
Aßmann, W. 60.
Atkinson, T. W. 291.
*Atlas de la France 495.
Auberlen, C. A. 14.
d'Aubigné, Th. Agrippa. 209.
Auerbach, Berth. 388. 424. (3) 425. (5)
Aufzeichnungen, Kaiser Karls V., 104.
Augustinus 21.

Aus den Memoiren eines russ. Dekabristen 185.
Aus dem Nachlaß Varnhagens v. Ense 207.
Aus d. Nachlaß F. v. Gentz 222.
Aus d. Nachlasse F. v. d. Marwitz 241.
Aus der Natur 339. 340.
Aus den Reisetagebüchern des Grafen v. Kankrin 234.
Aus Herders Nachlaß 229.
—— Schellings Leben 251.
Aus Schinkels Nachlaß 403.
Aus Schleiermachers Leben 255.
Aus dem Wanderbuch e. Landsknechts 258.
Aus Weimars Glanzzeit 225.
Aus allen Welttheilen 278.
Ausland, das, 276.
Ausschuß, der Fünfziger, 117.
Avé-Lallemant, Rob. 312. (2)
d'Azeglio, Maff. 204.

B.

Baader, Frz. v. 209.
Bach, H. 487.
—— K. 54.
Bacourt, Ad. v. 166.
Bädeker, K. 280. (7) 281. (5)
Baber, Jos. 135. (2) 331.
Baeyer, Adf. 475.
Bagehot, Walter 47.
Bahnsen, Jul. 11.
Bähr, Chr. W. Fr. 13.
—— J. C. F. 377.
Baker, Sam. W. 288. 300. 301.
Balhamus, Eb. 365.
Balmer-Rind, J. J. 151.
Bamberger s. Bámbéry.
Bancroft, Geo. 192. (2)
Bandermann. 22.
Baer, K. E. v. 210. 342.
Barabás 326.
Barclay, 184.
Bärmann, G. N. 449. (2) 450. 451 (2)
Barrow, John 286.
Bärsch, Geo. 111.
Bartels, A. 199.

Bartels, Pt 34.
Bartenjew, P 186.
Barth, Hnr. 276. 303. (3) 326.
Barthel, K. 388.
Berthold, F. W. 62. 91. 92. (2) 105. (2) 220.
*Bartholomew, John 497.
Bartsch, K. 374. 382. 383. 508.
Bary, A. de 477.
Basch, S. 196.
Bastian, Ad. 296. 306. 367. 476.
Baudenkmale, mittelalt, in Schwaben 413.
Baudenkmäler mittelalt., in Kurhessen 413.
—— Niederschlesiens 413.
Baudissin, Wf. Graf v. 395.
Bauer, Ldw. 138. 459.
Baum, J. W. 33. 34.
Baumeister, A. 70.
Bäumer, Wlh. 409. 413.
Baumgarten, G. 164. (2)
—— Hrm. 116. 171. 172. (4)
—— M. 227.
Baumgärtner, Jak. 148.
Bäumler, Sgm. 253.
Baumstark, Eb. 263. 376.
Baur, 376 (4).
—— Fd. Chr. 28 (4) 29. (2) 170.
—— Fd. F. 28. 29. 71.
—— Wlh. 261.
Bauschinger, J. 351.
Bavaria 331.
Baxmann, R. 256.
Bayern, Königreich, 140.
Bazancourt, J. B. A. M. Baron de 85.
Beauchesne, A. de 166.
Beaumarchais 374.
Beaumont, A. 194.
Beaumont, Elie de 495
Bech, Fed. 383.
Bechstein, Ldw. 92. 330.
—— Rhlb. 383.
Beck, Aug. 126 (2)
—— Carl 256.
—— Chr. Dan. 180.
—— J. Tob. 24.
—— Jos. 245. 268.
Becker, Aug. 332.
—— A. W. 404 (4)

Becker, K. F. 59. 58.
—— M. A. 140.
—— W. A. 69. 74.
Behm, E. 277.
Behn, W. F. G. 249.
*Beisbarth, C. 412.
Beitzke, Her. 110.
Belgien, das Königreich 152.
Belgien, s. 1848. 152.
Bell, Charles 338.
—— Currer 452 (2)
Belle, Trautwein v. 475.
Bender, Fd. 32.
Beneke, F. Eb. 4.
Bensey, Th. 376. 401.
Bengel, J. Albr. 35.
Bensen, Hnr. Wlf. 104.
Berduschek, C. 252.
Berg, Frau v. 240.
—— Alex. 378 (3)
—— Wlh. 510.
Berge, F. 366.
Bergenroth, G. 104.
Berghaus, Hnr. 308. 330. 478. 490.
Bergius, C. J. 157. 169.
Bergmann, Jos. 333.
Berlepsch, H. Aug. 281. 282 (5) 334. 335. 360. 367.
Berlichingens, G. v., Thaten 210.
Berlin von 1848. 122.
Berlin, N. F. 337.
Berna, Geo. 329.
*Bernatz, J. M. 290. 302.
Bernhard, Herzog zu S. Weimar-Eisenach 307.
Bernhard 217.
—— Jul. 284.
Bernhardi, G. 230.
—— Th. v. 110. 184. (2) 263.
Bernhardt, Th. 74. 85. 239.
Bernhardy, G. 375.
Bernstein, A. 337. 477.
Bertuch, F. J. 286.
Beseler, W. 153.
Bessel, F. W. 342.
Bethmann-Hollweg, M. B. 252.
*Beyer, A. 413.
Beyrich, E. 484.
Beyschlag, Willib. 211. 265.
Bibel 12. (5) 500.
Bibellexicon 15.

Biblia 12.
Bibliothek auslänb. Classiker 374.
—— b. italien. Classiker 397.
—— deutsche, 383.
—— b. deutsch.Nationallit. d. 18. u. 19. Jahrh. 384.
—— geograph. Reisen ꝛc. 287.
—— neue, b. wicht. Reisebeschreibungen 286.
Bibra, E. v. 349. (2) 350.
Bickmore, Alb. S. 288.
Biedermann, K. 91. (2) 93. 97. 113. 120. 201. (3)
Bienemann, F. 506.
*Bilderwerk 90 (2).
*Bildnisse b. deutschen Könige u. Kaiser 90.
Bille, Steen 315.
Billroth, Alb. 39.
Binder, W. 376. 377. (2) 378. (7)
Binderwald, K. W. 378.
Biographie générale, nouvelle 204.
Bion 377.
Björnson 375 (2).
Birch, L. 170.
Bischoff, L. 422.
—— Wlg. 351.
Bismarf 211.
Bitter, C. H. 210.
Bizius f. Gotthelf.
Black's Atlas of N.-America 498.
Blanc, Louis 168.
—— L. G. 273. 396.
Blankenburg, Hnr. 115. 123. 194.
Blaser, C. 54.
Blasius, J. G. 365.
—— J. H. 327.
Blätter, fliegende, für Musik 423.
—— hist.-polit., f. b. kathol. Deutschl. 470.
—— f. literar. Unterhaltung 472.
Bleek, F. 15.
—— J. F. 15.
Blick, ein, auf b. anonym. Rückblick 146.
Blod, 272.
Blomberg, Hugo v. 415.

Blubow 181.
Blum, K. Lbw. 182. (2) 183.
Blumenhagen, Wlh. 330.
Bluntschli, J. C. 40. 42. (2) 43. 44. (2) 54. 475. 476.
Bluntschli's Staatswörterbuch 40.
Boas, Eb. 387. (2)
Bobrik, E. 350.
Boccaccio 397.
Bock, Alf. 185. 257.
—— K. E. 370. (3)
—— M. 375.
Böckh, Aug. 62. 70.
Böcking, Eb. 463. (2) 467. (3)
Bodelschwingh, E. v. 265.
Bodemann, F. Wlh. 238.
Bodenstedt, F. 186.(2) 292. 392. (6) 393. 400. 457.
Bogdanowitsch, M. 184. (2)
Böhmer, Eb. 170.
—— J. F. 211.
—— J. H. 131.
Böhmert 47.
Bohn, Hnr. 476.
Böhner, Aug. Nath. 339.
Böhringer, F. 30.
Böhtlingf, O. 401.
Boisseree, Sulpiz 212.
Böth, Rich. 508.
Bolle, K. 361.
Bollensen, F. 400.
Bollen, P. A. 476.
Bolz, A. 457.
Boner, Charles 326. 364.
Bonnet, Jules 447.
Börne, Lbw. 459.
Börnstein, Hnr. 509.
Borowsky Lbw. E. v. 234.
Borrow, Geo. 319.
Boscowit, Arn. 163.
Bose, F. Chr. 367.
Böttiger, C.Wlh. 125. 505.
Böttger, E.274.(2) 372.(2)
—— E. 350.
—— K. 191.
Bouterwek, F. 248.
Boz f. Dickens.
Bracchelli 272 (4).
Brandeis, H. 182.
Brandes, C. 316.
—— Fr. 34.
—— H. W. 245.
Brand, Hnr. v. 213.

Brater, K. 40.
Brauer, J. H. 272.
*Braun 416.
—— Alex. 477.
—— Jul. 275.
—— K. 135. 477. 505.
Braun, u. Consorten 135.
Braune, K. 14. (2).
Braeuner, K. 121.
Braunschweig, das Herzogthum 132.
Brehm, Alfr. Ebm. 301. 302. 362. (2) 363. 364.
Breiter, Alex. 368.
Breitschwert, J.C.L.v.234.
Bremen, bie freie Stadt, 128.
Bremer, Frble. 456.
Bremi, J. H. 376.
Brendel, Frz. 420.
Brentano, Chr. 459.
—— Clem. 213 (2). 425. (3) 459.
Brenz, J. 35.
Bretschneiber, C. A. 480.
Brewster, Dav. 245.
Bridgewaterbücher 338.
Brie, S. 151.
Briefe an K. Karl V. 104.
—— an J. H. Merk 223.
—— an u. von J. H. Merk 224.
—— an L. Tieck 262.
—— aus b. Freundeskreise von Göthe ꝛc. 224.
—— eines Verstorbenen 318.
—— in die Heimath 286.
—— von Göthe an Lavater 223.
—— von und an Göthe 225.
—— von und an Klopstock 235.
—— v. Schillers Gattin 255.
—— von Stägemann ꝛc. 207.
—— historische, 37.
—— militärische, einesVerstorb. 55.
—— musikalische, 423.
—— römische, vom Concil 502.

Briefwechsel d. Großherzogs Carl August mit Göthe 225.
—— Napoleons mit s. Br. Joseph 167.
—— zwischen Göthe und Jacobi 224.
—— zwischen Göthe und Knebel 224.
—— zwischen Göthe und Reinhard 224.
—— zwischen Göthe und Zelter 223.
—— zwischen Mirabeau u. Arenberg 166.
—— zwischen Schiller u. Göthe 223 (2) 510.
—— zwischen Schiller und W. v. Humboldt 255.
Brillat-Savarin, J. A. 350.
Brockerhoff, F. 251.
Brockhaus Reiseatlas 480.
Brockhaus, Cl. 228.
—— F. 44.
Bromeis 474.
Bronn, H. G. 355.
Bronner, Frz. Xav. 213.
Bruck, K. Ldw. v. 145.
Brugsch, Hnr. 293. 300. 476.
Brühl, B. K. 400.
Brühl, J. A. Mor. 60.
Brun, Fr. 248.
Brunier, Ldw. v. 257.
Brunn, Hnr. 405. 407.
Bruns, Th. 314.
Buch d. Erfindungen ꝛc. 350. 351.
—— der Sinnsprüche 274.
Buchenau, Frz. 128.
Bucher, L. 158.
Buchmann, Geo. 373.
Buchner, K. 134. (2)
—— O. 352.
—— W. 384.
Büchner, Louis 367.
Buckland, W. 338.
Buckle, Hnr. Thm. 154.
Buddeus, Aurel. 186. 327. (2).
Büdinger, Mx. 141. 267.
Buff, Hnr. 339. 346.
Bülau, F. 88. 125. 153. 155. 164. 204.
Bulgarin, Thad. v. 213.

Bülow, Ed. v. 430. 456. 465.
—— H. v. 304.
Bulwer, E. L. 451.
Bunce, Dan. 238.
Bund, b. deutsche, 117. (2)
—— der norddeutsche, 123.
Bunsen, Chr. C. Jos. 13. 14. 23. 25. 26. 213. 453.
—— Ernst 156.
—— Geo. 14.
—— Hnr. 14.
Bürd, Aug. 296.
Burckhardt, Ed. 76. 163. 167.
—— Jac. 74. 173. 407. 410. (2)
—— J. Ldw. 289.
*Burger, Ldw. 118.
Bürger, Gfr. Aug. 384. 459.
Burguy, G. F. 394.
Bürk 35.
*Bürkner, Hugo, 458.
Burmeister, Herm. 312. (2) 354.
Burnes, Alex. 286. (2)
Burns, Rob. 374.
Burstan, Conr. 325.
Busch, Mr. 64. 131. 285. 287. 310. 470. 503.
Buschen, A. v. 493.
Büsching, J. G. 259.
Büttner, C. A. 304.
Buvry, L. 303.
Buxton, Charles 214.
—— Thom. F. 214.
Byron, Lord 214. 374. (3) 392.

C.

C. C. v. 453.
Caballero, Fernan 456.
Cabanis 312.
Cäsar 376. 377.
—— J. 474.
Caird, John 25.
Calderon de la Barca, Pedro 398.
Calwer, C. G. 364. 367.
Camoens 375. 398.
Campe 376 (3).
—— J. F. C. 57.
—— J. G. 191.
—— Julie 211.

Cantù, Cäsar 59.
Caraja, Carl 142.
Carey, H. C. 49. (2)
Carl August a. S. Weimar 225.
Carlson, J. 159.
Carlyle, Thom. 120. 164. 254.
Carnall, R. v. 484.
Carné, Graf Louis be 161.
Carriere, Mr. 10. 384. 402.
Carrington. F. A. u. G. W. 491.
*Carte de Belgique 491.
*—— des états de l'église 496.
*—— générale de l'Algérie 498.
Carus, Alb. Gst. 322.
—— K. Gst. 4. (3) 215. 329. 414.
—— J. Vict. 355. 356. 369.
Caselmann, H. W. 33.
Caspari, K. Hnr. 426.
Casper, Jos. 402.
Cassel, P. 13. 30.
del Castillo, Bernal Diaz 195.
Castlereagh, Lord 156.
Castrén, M. A. 327. (2)
Castro, Ab. be 170.
Catlin, G. 308.
Catullus 377.
Cauer, Ed. 120.
Cavalcaselle, G. B. 415.
Cavallari, S. 497.
Centralblatt, literarisches 172.
Cervantes Saavedra, Mig. de 375. (2) 398. (3)
Chalmers, Thom. 338.
Chamisso 207. 426. 459.
Champollion-Figeac, J. J. 188.
Channing, W. Ellery 17.
Charist 401.
Charlotte Elis. v. Orleans, Herzogin 162.
Chateaubriand 374.
Chaucer 374.
Chevalier, Mich. 52.
Chlumedi, Pt. Ritter v. 270.
Chomjakow 186.

Christian 376.
Christmann, F. 315.
Christoffel, R. 33.
Chrysander, F. 227.
Cicero 376. 377. (10)
Classiker des Alterthums 375.
—— deutsche, d. Mittelalters 382.
Claudius, Matth. 459.
Clausewitz, C. v. 54.
Clauß, C. 404.
Clemens, Churfürst 81.
—— H. 213.
Clifford, Henry 450.
Cloß, C. 377. 378.
Clußmann, C. 378.
Cobben, Rich. 215.
*Coello, T. 495. (2)
Cohn, Ad. 106. 288.
—— Fd. 477.
—— Ost. 476.
Coletta, Pietro 175.
Colfax, Schuyler 226.
Conferenzen, d. Dresdener, 114.
Conscience, H. 151.
Conversationslexicon 473. (2).
—— neues 473.
Conz, C. 377.
Cornelius, Aug. 375.
—— W. 331.
Cornelius Nepos, 376. 378.
Corrobi, Aug. 426. (2).
Corssen, W. 412.
Cosack, C. J. 260.
Cosel, C. v., 119.
Cosmann, F. 166.
Cotta, Bernh. 336. 352. 354. (3).
Cox, H. 47.
Cramer, C. Glo. 426.
*Creighton, R. 491.
Creuzer, F. 215.
Criminalgesch., die interessantesten, 12.
Croly, Geo. 290.
Crowe, J. A. 415.
Crüger, F. 178
Cruickshank, Brodie 305.
*—— 452.
Cuendias, Eman. v. 320.
Curne de Sainte Palaye, de la, 79.

Curtius, Ernst 66. 67. 324. (3) 480.
Curtius Rufus 378.
Cuvier, Geo. v. 249. 339. 353.
Czarnowski, O. v. 449.
Czernak, J. Nicol. 368.

D.

Daheim 471.
Dahlmann, C. E. 492.
Dahlmann, F. C. 155. 160. 165.
Dalen C. van 168.
Dammer, O. 472.
Daniel, Hrm, A. 272. 273. 274.
Dante 375. 396. (6) 397. 510.
Daniel, T. W. 238.
Darstellung der Zustände in Irland 286.
Darwin, Charles 355. 356.
Davibis, Henriette 52.
Davis, J. F. 297.
Davy, F. Humphry 216.
—— John 216.
Dechen, H. v. 279. 484.
Defoe 374.
Deblinger 376.
Delius, Nicol. 391. 392.
Delitzsch, Frz. 426.
Dem Andenken Wurm's 269.
Demidoff, Anat. v. 328.
Demmler, F. R. F. 153.
Demosthenes 376. 377.
Denkmäler der Kunst 402. (2).
Denkwürdigkeiten eines Livländers 240.
—— v. A. Sieveling 259.
Denner, Johannes 216.
Dennis, Geo. 321.
Depping, G. B. 189.
Descartes 2.
Desor, C. 355.
Deutsche 376.
Deutinger, Mt. 2.
Deutsche Liebe 439.
Deutschland 118.
—— b. maler. u. romant. 330. 331. (2)
—— Eine period. Schrift. 505.

Devrient, Ed. 418. 419.
Dichter, deutsche, des 16. Jahrh. 383.
—— deutsche d. 17. Jahrh. 384.
Didens, Charles 153. 452.
Dieffenbach, C. 308. 314.
Diepenbrod, Carb. v. 216.
Dieterich, U. W. 159.
Diether, Mth. 42.
Dietsch, Rud. 376.
Dietz, Wilh. 351.
Diezel, G. 397.
Diezmann, Aug. 225. (2) 449.
Dilthey 376.
Diltsch, Wlh. 255. 507.
Dingelstedt, Frz. 331. 374. 391. 392. (2). 426. (3)
Diodor v. Sicilien 377.
Dippel 336.
Dittmar, Hnr. 59.
—— Wilh. 209.
Dixon, Hepworth 156.
—— W. Hrm. 195. 506.
Dobbert, Ed. 477.
Döbelein 376.
Döhn, Rub. 226. 309.
D'Ohsson, Muradgea 180.
Döllinger, J. Jos. Ign. v. 26. 76. 140. 374.
Dommer, Arrey v. 420.
Donner, J. J. C. 376. 377. (2) 378. (3) 398.
*Doré, G. 398. 510.
Döring, H. 449.
Dorner, Isaac Aug. 37.
Dörner 376.
Dornfeld, J. 362.
Douglaß, F. 216.
Dove, H. W. 276. 279. 316. 499. 347. (2) 475.
—— R. W. 45.
Draper, J. Will. 199.
Drechsler, Ad. 344.
Dreßler, J. G. 4.
Dreydorff, J. G. 247.
Driesch, N. 161.
Drobisch, Mr. W. 9.
Droysen, J. Gst. 56. 69. 82. 106. 113. 118. 121. 122. 270. 505.
Droz, Jos. 165.
Drugulin, W. C. 452. (3)
Drumann, W. 66.
Dub, J. 356.

33*

Dubois de Montpéreux 292.
Duduvant, Aurora, f. Sand.
Dufour, G. H. 488. 489.
Du Frénoy 495.
Duller, Ed. 88. 151. 330.
Dumont, André 491.
Dunant, J. Henry 178.
Duncker, Mx. 64. 106. 113. 114. (2)
Dunlop, John 373.
Düntzer, Hnr. 223. 225.
—— H. 255. 384.
Durchfahrt, d. nordwestl. 316.
Duttenhofer, F. M. 338. 397.

### E.

Ebeling, F. W. 267. 384.
Eberle 35.
Ebers, Geo. 426.
Ebert, Ad. 395. (2).
Eberty, F. 119. 214.
Ebrard, J. H. A. 427. (3) (3).
Eckardt, Jul. 187. (3) 470.
Eckermann, J. Pt. 225.
Edstein, A. 69. 219. 220.
Edda, d. ältere u. jüngere, 399.
Edelmann, J. Chr. 216.
Eggers, F. 404. 407.
* Egle, J. 413.
Ehmann, K. C. E. 246.
Ehrenberg, 276. 312.
Ehrenthal, F. 375.
Ehrmann, J. F. 286.
Eichendorff, Jos. v. 381. 427. (2) 459. 460.
Eichmann, F. 181.
Eifert, Mx. 138. 427.
Eilers, Gerd 217.
Einsiedel, Heinr. v., u. f. Brüder 427.
Eitelberger, Rud. v. 405. 413.
Eitner, K. 374. (2) 375. (4)
Elfried von Taura 440. (3)
Elisabeth Charlotte v. Orleans 217.
Elissen, A. 467.

Elsaß u. Lothringen deutsch 150.
Elze, K. 259. 391. 507.
Emerson, Ralph Waldo, 9.
Emminghaus, A. 47. 50. 477.
Encyklopädie d. Erziehungs- und Unterrichtswesens v. K. A. Schmid 11.
Endemann, W. 476.
Engel 475.
—— J. J. 428.
Engelhardt, Chr. 79.
—— C. 33.
—— L. H. 150.
Ennen, Leon. 81. 132. 133.
Entdeckungsexpedition, die b. V. St. 287.
Entdeckungsreisen in Australien 314.
Eötvös, Jos. 144.
Epigramme d. griech. Anthologie 377.
Epittet 377.
Epp, F. 294.
Erdmann-Chatrian 455. (3)
Erdmann, J. Ed. 2. 4.
Erdmannsdörfer, Bh. 505.
Erforschungsreisen im S. Afr. 306.
Ergänzungen 35.
Ergänzungsblät. z. Kenntn. d. Gegenw. 474.
Ericsson 312.
Erinnerungen 177.
Ermordung K. Pauls I., die, 184.
Ernst v. Hess. Rheinfels 464.
Erziehung, d. wirthschaftliche, 52.
d'Escayrac de Lauture, Gr. 305.
Esche, Louise, 428. (2)
Escher, Hnr. 148.
Eschwege, W. L. v. 172.
Eßmüller, Ldw. 386.
Etzel, Ant. v. 287 299. 316.
Eugen von Württemberg, 218.
Euler, Leonh. 345.
Euripides 376. 377. 378.
Eutropius 378.
Ewald, H. 64.

Expedition, d. deutsche, in O. Afr. 277.
—— d. preuß., u. O. Af. 298.
—— d. Tinnesche, 277.
Expeditionen, d. schwed. 288.
Eye, A. v. 216. 405.
Eylert, Rulem. F. 221.
Eysell, G. Fr. 246. 247.
Eyssenhardt, F. 378.
Eyth, Ed. 62. 377. (3)

### F.

Fabarius, Ed. 30.
Fabri, F. 7. 27.
Falb, Rud. 354.
Fald, R. 160.
Falke, Jac. 93. 202. 405. (2) 409.
—— Johannes 93. 126. 202. 504.
Falkenstein, K. 236.
Fallmerayer, J. Ph. 179. (2) 291. 326.
Falloux, Graf 262.
Faucher, J. 49.
Faye, J. R. 14.
Fechner, Gst. Th. 7.
Feddersen, P. 148. 164.
Feierstunden, maler. 306.
Felber, Frz. Mich. 428.
Feldzug, der, von 1866. 115.
Felice, G. de 162.
Fellenberg, Edm. v. 281.
Fénélon, Erzbischof 81.
Ferdinand, Kaiser, 141.
Feßler, Jgn. Aur. 146.
Festenberg-Packisch, Hrm. v. 112.
Feuerbach, A. v. 218. (2) 405.
—— Henriette 218. 386.
—— Ldw. 218.
Feuerlein, Emil. 8.
Fichte, J. G. 6. (2) 57. 108. 213. 219. 460.
—— Jm. Hrm. 4. 5. 6. 8. 108. 213. 219. 250. 460.
Fick, Ado. 348.
Ficker, Ad. 333.
Ficker, Jul. 101. 102. 217.
Fickler, C. B. A. 284.

Autoren- und Titel-Register.     517

Fielbing, Hnr. 449. (2)
Findh 376.
Fink, G. 166. 167. 168. 454.
Finlay, Geo. 179.
Firbusi 401. (3)
Fischart, J. 383.
Fischer, E. F. v. 149. (2)
—— J. G. 365.
—— Kuno 1. 2. (2)
—— Th. 377.
*Flachenecker 417.
Flad, J. M. 302.
Flamand, J. A. 160.
Flammberg, Gfr. 427.
Flammarion, Camille 344.
Flathe, Th. 377.
Fleischmann, General v. 243.
Flemming, P. 384.
Floto, Hart. 99. 397.
Flotte, die deutsche, 117.
Flügel, G. 190.
Flygare-Carlén, Emilie 456.
Fod, D. 126. 127.
Foë, Daniel de 448. 449.
Fontane, Th. 128. 329. 330. 334. 504.
Forbes, James D. 328.
Forbiger, A. 377. (2) 378 (4)
Förster, G. 318. 384. 460.
—— 462. 475.
—— E. 92. (2) 285. 408. 408. 415. 40
—— H. 216.
Fort, L. 452.
Fortune, Rob. 297. (2)
Foß, R. 122.
Fouqué F. de la Motte. 219. 428 (3)
Fraas, Osc. 353.
Frage, die italienische 178. (2)
Fragmente, Russische, 186.
Francke, Aug. Hrm. 35. 219.
Frankenberg, Siegm. 157.
Frankfurt, Staat u Stadt 135.
Franklin, Benj. 220. (2)
—— D. 139.
Franklin-Expedition, die 316.
Frankreich 169 (2)
Frankreich, Oesterreich und der Krieg in Italien 178.
Frankreich und Paris 169.

Frankreichs Politik 169.
Frauenstädt, Jul. 3. (2) 8.
Frauer, Ldw. 114.
Freese, A. G. F. 159.
Freiligrath, Fd. 392.
Frenzel, J. G. A. 417.
Frese, Jul. 158. 223. 366.
Frey, K. 54.
Freytag, Gst. 94. 419. 428. 429. 470. 507.
Fricke, K. 15.
Friderich, C. G. 365.
*Frieb 490.
Friedberg, Emil 27.
Friedemann, S. 295.
Friedrichs, K. 403.
Friedländer, Ldw. 75.
Friedrich, G. 175.
Fries, Jal. F. 220.
Frisch 272.
—— K. v. 277.
Frischlin, Nicod. 220.
Fritsch, Gst. 306.
*Fritschi, J. 486.
*Fröhlich, E. 364.
Frohschammer, J. 7. 45. 502. (2)
Fronmüller 14.
Froyell, A. 159.
Fund, B. 251.
Fürer, A. F. 505.
Fürst, J. 229.

**G.**

Gabet 299. (2)
Gachard, Archivar 170.
Gagern, Hnr. v. 220.
—— H. E. v. 111. (2)
Gailhabaud, Jul. 410. (2)
Galen, Phil. v. 429.
Galibert, Léon 176.
Gall, Louise v. 429.
Gallitzin, Fürstin A. A v. 221.
Gallois, J. G. 129. (3)
Gans 462.
Gantter, L. 421.
Garibaldi 177.
Gartenlaube, die 471.
Gasparin, Gräfin v. 21.
Gaß, J. Th. 256.
—— W., 256.
Gebauer, G. C. 131.
Gebhardt 376.

Gedichte, ausgewählte, b. röm. Elegiker 376.
Geerz, F. 484.
Geffcken, Johannes, 36.
Gegenwart, die, 86.
Gehring, J. 56.
*Geiger, 445.
Geijer, Erik Gst. 159. (2) 399.
Gelbke, F. A. 371. (2)
Gelzer, Hnr. 162. 319. 470.
Gemälde, d. vorzüglichsten, d. k. Gallerie in Dresden 417.
*Gemäldegallerie, d. königl., in Dresden 417.
*Gemäldesammlung des Herz. v. Leuchtenberg 417.
*Generalkarte von Kur-Hessen 485. (2)
*—— officielle, (d. Schweiz) 489.
Gengel 334.
Genz, F. v. 108. (2) 112. 221. (2) 222. 460. (3)
George, L. 4.
Georgii 376. (2)
Georgy*, W. 363.
Gérard, P. 491.
Gerber, K. F. v. 43.
Gerhard 23.
Gerlach, F. Doroth. 378.
—— O. v. 13. 465.
Germania 91.
Germanus Sincerus 505.
Gerod, K. 14. 23. 25.
Gerstäcker, F. 312. 313. (2) 314.
Gervais, Ed. 99.
Gervinus, Geo. Gfr. 56. 84. (2) 256. 379. 392. 460.
Gerwer, 281.
Gesang- und Gebetbuch 23.
Geschichte Julius Cäsars. 73.
—— des Volkes Israel 189.
Geschichten, deutsche, 91. (2)
Geschichtsbilder aus dem deutsch. Vaterlande 93.
Gesenius, W. 289.
Gespräch, neuestes, mit d. Grobian 389.
Gespräche mit einem Grobian 389.
Gessert, M. A. 210.

Gewerbehalle 409.
*Geyser d. J., G. W. 412.
Gfrörer, A. F. 77. 81. 105.
Ghillany, F. W. 87. (3) 210.
Gibbon, Ed. 73.
Giebel, C. G. 353. 363. 365. 366.
Giehne, F. 97.
Giesebrecht, Ldw. 126.
—— Wlh. 98.
Gilbert, Will. 212.
Gildemeister, C. H. 227. (2)
—— O. 392. (6) 393.
Gilsa, Sophie v. 453.
Gil Vicente 375.
Gindely, Ant. 105. 142.
Giraud, G. 336.
Glaser, Ado. 429. 471.
—— A. F. G. 175.
—— J. C. 41.
—— Ldw. 365.
Glaß, R. 350.
Gleich, Fr. 454.
Gleichen-Rußwurm, Em. v. 255.
Globus. Zeitschr. f. L. u. Völkerk. 278.
Gloß, Alb. 309.
Glück, Chr. W. 149.
Glümer, C. v. 167. 252. 258.
Gluth-Blotzheim, Rob. 146.
Gneisenau 207.
Gneist, Rud. 46. (2) 157. 475.
Goeben, A. v. 320.
Göbele, K. 109. 221. 223. 236. 378. 381. 382. (2) 383. 384. 460. 466. 467.
Goldberg, B. M.. 245.
Goldhamm, Ldw. 233.
Goldschmidt, L. 102.
Goldsmith, Oliv. 450.
Göll, Hrm. 66. 503.
Goltz, Alex. Freih. v. d. 268.
Goltz, Bogumil 222.
—— Hrm. Fhr. v. d. 36. 122.
—— Robert Graf v. d. 122.
—— v. d. 407.
Göppert, H. R. 476.
Görling, Ad. 404. 415.
Görres, Jos. v. 460.
Görz, Graf K. v. 287.

Goethe, J. W. v. 222—225. 229. 384. 387. 430. (4) 460. (2) 461. (5) 510.
Goethe als Staatsmann 225.
—— und Werther 224.
Goethe's Briefwechsel mit e. Kinde 224.
—— Briefe an Leipziger Freunde 224.
—— Briefe an Frau v. Stein 224.
—— Briefe an die Gräfin A v. Stollberg 224.
Gottfried v. Straßburg 383.
Gotthelf, Jerem. 129. (2) 430. (5)
Gottlieb, J. 336.
Gottschall, Rud. 86. 384. 388. 472. 473.
Gourgaud, General 167.
Graf, Ed. 42.
Gräfe, A. v. 475.
—— H. 134.
*Granges, Bar. P. des 325.
Graser, Bh. 504.
Grässe, J. Geo. Th. 372. (2)
Grätz, H. 189.
Graul, K. 290.
Gregor von Tours 161.
Gregorovius, Fd. 73. 173. 179. 287. 322. (2)
Greiff, B. 139.
Grenzboten, die 470.
Gretschel, C. 125.
Grey, Charles 158.
Grieb 345.
—— Chr. F. 452.
Gries, J. D. 397. (2) 398.
Grimm, A. Th. v. 186.
—— Chr. 349.
—— Hrm. 226. 407. (2) 475.
—— Jak. 62. 226. (2) 390. 458. (2) 461.
—— Wlh. 62. 390. 458. (2)
Grimmelshausen, Hans Jac. Chph. v. 383. 430. (3)
*Groß, R. 489.
—— Wlh. v. 476.
Großbritannien. 158. (2)
Groß-Hoffinger, J. A. 143.

Große, K. 451.
Grote, Geo. 67.
—— H. 54.
—— Ldw. 252.
Grotefend 464.
Gruber, J. Gfr. 268. (2)
Grund, F. J. 286.
Grundemann, R. 481.
Grundtvig, Svend 399.
Grundzüge conservativer Politik 46.
Grün, Anastasius 238. 464.
Grüneisen, K. 23. 26. 240. 405.
Gruner, C. 234.
Gruppe, O. F. 94. 238. 386.
Geschwender 54.
Gsell-Fels 282.
Guericke, H. E. F. 219.
Guhl, Ernst 66. 402. 406. (2) 407.
Guhrauer, G. E. 233. 238.
Guizot, F. 155. (5) 158. 168. 200.
Gümbel, C. W. 488.
Gumprecht, J. E. 272. 276.
Gused, Bernh. v. 397.
Gustav vom See 430.
Gutfleisch, Valent. 367.
Guthe, Hrm. 333. 483.
Gutmann 376.
Gutzkow, K. 3. 430. 431. (2) 461. (2)
Gwinner, Wlh. 257 (2)

H.

H., C. v. 351.
Haath, Ad. 416.
Habich, G. E. 351.
Haeckel, Ernst 356. 476. 477.
Hach, A. 377.
Hackländer, F. W. 289. (2) 431. (2) 471.
Hagen, Aug. 253. 408.
—— F. H. v. d. 318.
—— K. 62. 83. 88. 90. 103. (2) 266
Hagenbach, K. 33.
—— K. R. 29. (3) 33. 34.
Hahn, F. I. 262.
—— Helene 457.
—— Ldw. 123.

Heilbronner, C. v. 319 (2)
Haken, J. Ch. L. 245.
Halfeld, H. G. F. 277.
Hall 159.
Haller, Alb. v. 138.
Hallewi, Jehuda 401.
Hamann, J. Geo. 461.
Hamburg 129.
Hamburger Verfassungs-
 kämpfe 129.
Hamerling, R. 375.
Hamilton, A. Graf 156 (2)
—— W. J. 291.
Hamm, Wlh. 349. 351. 362.
Hammer, A. M. 494. 496.
"—— G. 364.
Hammer-Purgstall, Jos. v.
 180.
Handbibliothek, germa-
 nistische. 383.
Handbuch, politisches, 40.
Handelmann, Hnr. 193.
 197. (2)
Handtke, F. 479.
Handweiser, literar., 472.
Handwörterbuch d. Volks-
 wirthschaftslehre 47.
*Hanfstängl, Frz. 417.
Hantel, W. G. 204. 343.
 345.
Hannover 131.
Hannovers letzte Tage 131.
Hansen, C. P. 334. (2)
Hanslick, Ed. 10.
Hansteen, Chph. 328.
Madame d'Harcourt, 228.
Harbegg, Jul. v. 55. (3)
Hardenberg, F. L. v., s.
 Novalis.
Häring, G. W. H. 42.
 423. (4) 424. (3)
Hariri 401.
Harleß, Ad. v. 21. 187.
—— E. 369.
Harris 287.
Hartenstein, G. 463.
Hartig, Graf v. 144.
Harting, P. 341. (3) 355.
Hartmann v. d. Aue 383.
 (2)
—— Decan, 35.
—— E. v. 500.
—— Jul. 34. (2) 35.
 208.
—— Mr. 431. (5)
—— Rob. 303.

Hartwig, Geo. 274. 275.
 (2) 357.
—— O. 179.
Hase, C. Alfr. 33. (2) 219.
—— K. (Aug.) 18. 27.
 (2) 215. 219. 220. 501.
Hasse, F. C. A. 204.
Hasse, F. Rub. 28.
—— Hrm. H. 33.
*Hasselhorst 329.
Hassencamp, W. 34.
Hassenstein, Bruno 277. (2)
Häßler, K. D. 288.
Hauber, Alb. 24. 25.
Hauff, Hrm. 202. 286.
 307. 338. 341.
—— Wlh. 432. (2)
Haugwitz 207.
Hauschild, F. v. 181.
Hausbibel 12.
Hausbuch, mittelalterliches,
 200.
Hauslexicon, das, 474.
Haus- und Familien-
 lexicon, illustr. 474.
Hausrath, A. 20.
Haustraditionen, Welfische,
 131.
Häusser, Ldw. 81. 107.
 136. (6) 144. 165. 461.
Havemann, Wlh. 129.
Hawthorne, Nath. 453.
Harthausen, Aug. v. 185.
 (2) 292.
Haym, R. 2. 113. 231.
 265.
Hebbel, F. 461.
Hebel, J. P. 461.
Hebler, C. 476.
Heer, Osw. 355.
Heeren, A. H. L. 65. 79.
 230.
Heeresorganismus, d. preu-
 ßische, 122.
Heeringen, Gst. v. 330.
Hefele, K. J. 170.
Hefner, J. v. 79.
Hegel, C. 173.
—— G. Wlh. F. 462.
Hegner, Ulr. 230. 432. (2)
Hehn, Vict. 507.
*Heideloff, C. 412.
Heiber, G. 405. 413.
Heifens, Frz. 334.
Heine 507.
—— G. 101.

Heine, H. 462 (8)
—— Wlh. 275.
Heintz, K. 209.
Helbig, K. Gst. 126. 142.
 (2) 239.
Helene, H. v. Orleans
 228.
Helferich, J. 502.
Helgoland u. d. Helgolän-
 der 334.
Hell, Th. 171.
Hellbach, Raf. 284. (2)
Helldorf, Freih. v. 218.
Hellwald, F. v. 196.
Helmholtz, Hrm. 342. 347.
 (4) 348.
Helms, Hnr. 263. 328. 329.
 (3)
Hendel von Donnersmarck
 W. L. B. 229.
Hengstenberg, E. W. 16.
Henke, E. L. Th. 36. 214.
 220. 477.
—— F. W. 475.
—— H. P. K. 175.
Henkel, J. B. 275.
Henne, A. 149.
Henne am Rhyn, O. 147.
Hennig, C. 360.
Henning, v. 462.
*Hennings, F. 484.
Heppe, H. 34.
Herberger, Thd. 248. 254.
—— Valer. 35.
Herbst, J. 378.
—— Wilh. 75. 215. 228.
Herber, E. G. v. 229.
—— F. G. v. 229.
—— J. Gfr. v. 56. 223.
 224. 229. (2) 384. (2)
 462. (2)
—— M. Carol. v. 229.
 (2)
Herbers, J. G. v., Lebens-
 bild 229.
Herzenröther, Jos. 502.
Herloßsohn, K. 331.
Hermann, F. B. Wilh. v.
 502.
—— K. F. 66. 69.
Herobian, 377.
Herobotos 376. 377.
Herrig, L. 390. 394. (2)
Herrmann, E. 474.
Herschel, J. F. W. 342.

Hertlein 376.
Hertz, Hnr. 170.
—— Wlt. 229.
Hertzberg, Gst. F. 59. 69. (3)
—— W. A. B. 374. 376. (4) 391.
Herwegh, G. 391.
Herzen, Aler. 457.
Herzog, J. J. 15. 32.
Hesekiel, Geo. 211.
—— Ludovike 455.
Hesiod 376. 377.
Heß, Dav. 237. 447.
—— J. Eb. 92.
—— Jonas C. v. 318.
Hessendarmstadt 134 (2)
Hessen-Kassel, K. v. 229.
Hettner, Hrm. 325. 373. 384. (2)
Heuglin, Th. v. 277. 302. (3)
Heunisch, A. J. B. 331.
Heuschling, Xav. 280.
Heusinger 475.
—— O. 195.
*Hey, J. 497.
Heyberger, J. 488. (3)
Heyd, Ldw. F. 137.
Heyl 282.
Heyne, E. 367.
Hense, J. Chr. 389.
—— Paul 392. (2) 404. 432. (9)
Hieser, J. 413.
Hilarow, J. 186.
Hildebrand, Bruno 50
—— Rud. 390.
Hildebrandt, Eb. 298.
Hillerup, F. C. 414.
Hiltl, Geo. 115.
Himly, C. A. W. 297.
Hinrichs, F. 289. 423.
Hippel, Th. G. v. 330. 432.
Hirsch, Alb. v. 285.
Hirzel, Bernh. 400. (2)
—— Hnr. 223. 474.
Hitzig, Fd. 65. 503.
—— Jul. Eb. 42. 230.
Hocheisen 138.
Hochstetter, Frd. A. 315. 499.
Hod, C. Ritter v. 53. (2)
Hoed, K. 73.
Hofacker, L. 24.
Hoefer Dr. 204.

Höfer, Ebm. 433. (6)
—— K. G. A. 400.
Hoff, H. v. 352.
Hoffmann, E. T. A. 433. (3)
Hoffmann's, E. T. W., Leben u. Nachlaß 230.
Hoffmann, Frz. 9. 35. 209.
—— Hnr. 385.
—— Wlh. 271.
—— W. 15. 16. 24. 117. (2) 501. 505.
Hofmeister, K. 254. (2)
Hofweiler, G. F. v. 323.
Höfler, C. 141.
Hofmeier, A. 294.
—— W. 294.
Holstetter, Gst. v. 177.
Holberg 375.
—— Hnr. 399.
Hölderlin, J. Ch. F. 462.
Holland, W. Ldw. 217. (2) 385. (2)
Holtei, K. v. 231. 262. 234. (3)
Holtzmann, H. Jul. 13. 14. (4) 31.
Holtzendorff, Frz. v. 46. 47. 475. 476. 477.
—— Jul. v. 52.
Homer 375. 376 (2) 377.
Hommel, F. 12.
Honegger, J. J. 203. 374.
Hoolers, Jos. d'Alton 295.
Höpfner, Eb. v. 108.
—— 224.
—— Eb. 176. 310. (2)
Hoppe-Seyler, F. 476.
Horatius Flaccus 376. 378. 139.
Hormayr, Jos. v. 107. 112.
Horn, Geo. 266.
—— J. E. 52.
—— W. O. v. 333.
Hörschelmann, Fb. 272.
Horváth, Mich. 146. (2)
*Hosemann, Th. 433.
Hoßbach, Wlh. 208. 260. 462.
Hotho, H. G. 415. 416. 462.
Hottinger, J. J. 146. 149. 217.
Houzeau, J. E. 346.
Hoven, F. Wlh. van 231.
Hub, Ign. 382. (2)
Huber, Alf. 141. 145. 147.
—— Frz. 367.

Huber, J. 6. 502.
—— J. Ldw. 231.
—— B. A. 51. (2) 159. 319. (2)
Huberwald, Dr. 49.
Hübner, C. F. 264.
Hübsch, Hnr. 411. 414.
Huc 299. (3)
Hüffer, Hrm. 83 (2)
Hügel, Carl v. 294.
Huggins, Will. 344.
Hüllmann, K. D. 78.
Hülskamp, F. 472.
Hambert, Aimé 509.
Humboldt, Aler. v. 204. 210. 231 (2) 248. 293. 306. (2) 307. (2) 308. 335. (2) 345. 353.
—— W. v. 207. 232. (2) 255. 463.
Humphry, G. M. 369.
Hundeshagen, K. B. 38.
Hüppe, 188.
Hurter, F. 77. 141. 142. (2) 232.
Hutten, Ulr. v. 232. 463. (2)
Hurley, Thom. Hnr. 368. 369.

## J.

Jachmann, Rhlb. Bernh. 234.
Jacob, C. G. 165.
—— F 378.
Jacobi, F. H. 209. 224. 250. 434 (2) 463.
—— Mr. 224.
Jacobs, F. 68. 434 (3)
Jäger, Gst. 358. (2) 367.
—— Ost. 68. 73. (2)
Jagor, F. 295.
Jahn, Otto, 66. 205. 224. 244. (2) 324. 421.
Jahrbuch b. deutsch. Dantegesellsch. 397.
—— b. deutsch. Shakespeare-Gesellsch. 393.
Jahrbücher für Gesellschafts- u. Staatswissenschaft 41.
—— f. Kunstwissenschaft. 405.
—— f. Nationalökonomie 2c. 50.

Jahrbücher, Preußische, 471.
Jahre, zwei, Hietzinger Politik 131.
Jahrzehent, ein, württemb. Politik 138.
Janert, A. H. 374.
Janko, W. v 237.
Jenssen, J. 97. 211.
Janus 501.
Jdeler, Jul. Ldw. 307.
Jean Paul s. J. P. F. Richter.
Janssen-Tusch, G. F. v. 159. 110.
Jessen, K. F. W. 361.
Jhering, Rud. 42.
Jhne, Wlh. 72. 504.
Jirecek, Hermenegild 140.
—— Jos. 140.
Jljin 493.
Illustrirte Bibel 12.
Illustrirte Zeitung 471.
Jlwof, Frz. 141.
Jmmer, K. 450.
Jmmermann, K. 233. 419. 435. (3)
Johann, K. v. Sachsen s Philalethes.
Johansen, Chr 334.
John, Rich. Eb. 476.
Johnston, K. 492. (2)
Joinville 78. 161.
Jonas, Em. J. 214. 508. (2)
Jonckbloet, W. J. A. 509.
Jones, Lloyd 52.
Joppe, F. 277.
Jordan, H. 476.
—— J. P. 187.
—— Mr. 415.
*—— R. 458.
—— W. 391. (4)
Jörg, Jos. Edm. 470.
Josenhans, J. 481.
Joseph (Bonaparte) 167.
Joseph II., Kaiser 143. 165.
Jost, Js. Marc. 159. (2)
Jrmischer 464.
Jrving, Wash. 192. (3) 222. 267. (2) 286. (2) 450.
Jsler, M. 71.
Jsokrates 376. 377.
Italiens nation. u. polit. Bewegung 178.

Jugendbibliothek, von Eckstein, 69.
Jugenderinnerungen eines alt. Mannes 237.
Julius, G. 454.
—— N. H. 397.
Jung gen. Stilling, J. Hnr. 232 (2)
Juste, Th. 151. (2)
Justi, K. 268.
Justinus 378.
Juvenal 378.

**K.**

K., F., 146.
K., K. v. 287.
Kabsch, Wlh. 360.
Kachel, G. 410.
Kahlert, Aug. 253.
Kahnis, K. F. Aug. 25. 38.
Kaiser, A. 104. 454.
Kaiser, die deutschen 90.
Kalender, evangel., 30.
Kalibasa 375. 400. (8)
Kallenbach, G. G. 411.
Kaltenborn, C. v. 112.
Kampen, A. G. v. 150.
Kämpf, S. J 401.
Kämpfe, Oesterreichs, 1866. 115.
Kamphausen, A. 14.
Kampschulte, F. W. 35. 76.
Kane, Elisha Kent 316 (2)
Kanitz, F. 326.
Kantrin, Graf Geo. v. 234.
Kannegießer, K. L. 316. 339.
Kant, Imman. 234. 250. 463. (2)
Kapp, Ernst 274.
—— F. 107. 193. 194. (3)
Karajan, Th. M. 207.
Karamsin, Nic. Mich. 181.
Karg, Kanzler Freih. v. 81.
Karl v. Württemberg 248.
Karls V. K. Aufzeichnungen 104
Karsch, A. 377. (2)
*Karte der bayrischen Pfalz 488.
*—— b. hohenzollerschen Lande 487.
*—— des norddeutschen Bundes 488.
*—— der Umgegend von Darmstadt 486.

*Karte der Umgegend von Mainz 486.
*Karte v. Großherzogth. Baden 486.
*—— vom Großherzogth. Hessen 485.
*—— v. Preuß. Staate 483.
*—— v. Königreich Württemberg 486.
*——ethnograph., d. österreich. Monarchie 490.
*—— neue, von Irland 491.
*—— topograph., über b Großh. Baden 486.
*—— topograph. v. Kurfürstenth. Hessen 485.
*—— topograph v. Königreich Sachsen 485.
*—— topogr. v. Tübingen 2c. 481.
Karten u. Mittheilungen des mittelrhein. geolog. Vereins 406.
Käsiner, A. G. 248.
Katerkamp, Th. 221.
Katharina v. Rußland 143.
Katharine II. 183.
Katte, A. v. 287.
Kaufmann, ein deutscher, des 16. Jahrh. 288.
Kausler, C. u. R. 78.
Keesmethy, Aurel. v. 262.
Keeler, W. J. 499.
Keightley, Thom. 153.
Keim, K. Th. 19. (3) 20. 31. 137.
Keller, Adalb. v. 385. (3) 391. 398. 430
Keller, E. F 134. (2)
—— Gfr. 436.
Kellner, Wlh. 278.
Kemmler, G. 270.
Kerlen, Dr. 35.
Kepler, Joh. 234.
Kératry, Em. Graf 196.
Kern 376.
Kerner, Just. 235.
Kersten, D. 302.
Kerstner, Lor. 2.
Kervyn v. Lettenhove 104.
Keßler, Geo. Wlf. 228. 235.
Kestner, A. 224.
Ketteler, W. E. v 51.
Keyserling, Graf Alex. 234.

Keyßler, J. G. 318.
Khevenhüller, Jof. 142
Kibb, John 338.
Kielmeyer, C. F. 248.
Kiepert, H. 298. 291. (2) 477. 479. (8) 480 (2) 481. (2) 483. (5) 490. 493. (2) 494. (3) 495. 496. (2) 497. (7) 498. (5) 499. (2).
Kiesewetter, F. 316.
Kiesselbach, W. 193.
Kingsley, Charles 453.
Kirby, Will. 338.
Kirchenstaat, der, s. Pius IX. 178.
Kirchenzeitung, allgem., 15.
—— allgem. ev. Luther. 16.
—— evangel., 16.
—— neue evangel. 16.
—— protestant. 16.
Kirchmann, J. H. v. 6.
—— P. F. 201.
Kirchner, A. 135.
Kittermann, J. G. 54.
Kittlitz, Rich. v. 256.
Klaiber 35. 376. (2)
Klauhold, Alfr. 87.
Klaunig, K. 316.
Klee, Jul. Ldw. 382. 458.
Klein, C. 146.
—— Hrm. J. 344. 345.
—— J. L. 418.
Kleine, G. 367.
Kleinert 13.
Kleist, Hnr. v. 435. 463. (2)
Klemm, Gst. 197. 188. (4)
Klencke, Hrm. 231.
*Kliewer, F. W. 484.
Kling, Chr. Fr. 14.
Klinkerfueß, W. 344.
Klippel, G. Hnr. 253.
Klöden, G. A. v. 273.
—— K. F. 124.
Klopp, Onno 130. 464.
Klopstock, F. G. 35. 229. 235. 384.
Klopstock u. s. Freunde 235.
Klose, K. Ldw. 227. 247.
Klotz, K. 365.
Klotzsch, 312.
—— Dr. 279,
Klüber, 79.
Kluckhohn, Aug. 76. 139.

Klüpfel, K. 93. 97. 138. (2) 149. 258. 264. 330. 382.
Knapp, Alb. 210. 230. 235.
—— Jos. 235.
*Kneller 156.
Knebel, K. L. v. 224. 236.
Knechtle, Em. 126. 419. (2)
Knickerbocker, Dietr. 451.
Knorr, Em. 116.
Kobbe, Th. v. 331.
Kobell, Frz. v. 352. (2) 364.
Koberstein, Aug. 379. (2) 386.
Koch, Ed. Em. 39.
—— K. 287.
—— P. 287.
Köchly 377.
Kohl, F. 351.
—— J. G. 3. 128. (2) 192. 236. 287. 308. 327. (3)
Köhler 376.
—— A. 28.
—— Reinh. 384. 396. 467.
Kohlrausch, F. 87. 90. 236.
Kolb, C. 450 451. (2) 452.
—— G. F. 199. 278.
Kollonitz, Gräfin Paula 196.
Kompert, Leop. 436. (4)
Kone, W. 426.
Koner, Wilh. 66. 276. (6) 874.
*Konewka, Paul 393.
König, Hnr. 219. 236. 436. (3)
—— Rob. 471.
—— Th. 481.
Königer, Jul. 112.
Königreich Bayern 140. (3)
—— Belgien, das 152.
—— Sachsen, das 126.
—— beider Sicilien, das 178.
—— Württemberg, das 138.
Konz 377.
Köpke, E. 233.
—— Rud. 116. 121. 262. 463. 469.
Kopp, Hrm. 349.
Koppe, K. 336
Köppen, J. F. 463.
Koristka 277.
Körner 254.

Körner, Th. 384.
Körte, Wlh. 222. 269.
Kortüm 384.
Koschelew, A. 186.
Kosel, C. v. 505.
Kossak, C. 298.
Köstlin, K. R. 9. 10.
—— Otto 363.
Kotsch, Th. 292. 325.
Kottenkamp, Frz. 194.
Krabbe, O. 127. 245.
Krafft, Hans Ullr. 288. (2)
Krais, Jul. 378.
Kramer, G. 251.
Krapf, J. L. 301.
Kraule, H. 16. 473.
Krausened, W. J. v. 236.
Kremer, Alfr. v. 199. 300.
Kretschmer, Alb. 420.
*Kretschmar, Rob. 358. 362.
Kretzschmar A. 192.
Kreyher, J. 298.
Kruyffig, F. 244. 393. 394. 395.
Krieg, der, gegen Dänemark 128.
—— der, in Italien, 1859. 178.
—— v. Hochfelden, G. H. 412.
Kriegk, Geo. Ldw. 58. 135. 275. 508.
Kriegsflotte, die deutsche, 117.
Krigar, Wlh. 510.
Krohn, F. 294.
—— Wlh. 163.
Krones, Frz. 141.
Krummacher, F. Ab. 268.
—— F. W. 24. 35. 237. 252.
Krummel, L. 32.
Kruse, F. 289.
Kübler, J. 366.
—— M. Susanne 53.
Kügelgen, Wlh. v. 237.
Kugler, Bernh. 125. 137.
—— Frz. Th. 119. (2) 402. 403. 409. 410. (2) 415.
Kühne, Gst. 261.
—— G. Th. 231.
—— H. A. 47.
Kühner, R. 377. (4)
Kühns, F. Jul. 475. 477.

Kulb, Ph. H. 271. 292.
Kundig, Euchar. 243.
Kunst der Neuzeit 408.
Kunst und Leben der Vorzeit 405.
Kunstblatt, christliches, 405.
—— deutsches, 404.
Künstlerlexicon, allgem., 404.
Künzel, H. 158.
Kuranda, J. 470.
Kurhessen s. Mrz. 1848. 134.
Kurz, Hnr. 380. (3) 383. 461. 467.
—— Hrm. 375. 392. 393. 397. 437. (3)
Küstner, K. Th. v. 419.
Kutzen, Jos. 93. 120.
Kutzner, J. G. 295.
*Kuwassey, 360.
Kuyper, J. 491.

L.

Laboulaye, Ed. 450.
Lachmann, K. 464.
Lamartine, Alph. 164. (4)
Lamey 251.
Lammers, A. 477.
Land- und Seebilder, neue, 443.
*Landschaften und Denkmäler, classische, aus Griechenland 335.
Lane, Ed Will. 300.
Lanfrey, P. 163. 167.
Lang, Hnr. Ritter v. 237.
—— W. 178. 243. 249.
Lange, F. Alb. 3.
—— Henry 479. 480. 485.
—— J. Pl. 13. (4) 14. (2)
—— K. Phil. 429.
—— Ldw. 75.
Langenberg, E. 208.
Langenn, F. Alb. v. 125.
Lappenberg, J. M. 152. 153.
Lasalle, Fd. 41.
Lasaulx, A. v. 477.
—— E. v. 69. 70.
Laßberg, Jos. Frhr. v. 508.
Lasson, Adf. 5.
Laube, Hnr. 113. 328. 419. 437. (2)

Laun, Ad. 374. 375. (2) 507.
Lay, Tradescant, 297.
Layard, A. H. 188. 189.
Lazarus, M. 203.
*Lebanon, the, 497.
Leben der Altväter d. luther. Kirche 33.
Leben, das, des Pf. J. Denner 206.
—— Benj. Franklins 220.
—— des Geh. Raths Keßler 235.
—— und Schriften der Väter u. Begründer d. luther. K. 34.
—— und Schriften der Väter und Begründer d. reform. Kirche. 33.
—— deutsches, 202.
Lebensbeschreibung J. Osianders 247.
Lebensbilder aus dem Befreiungskriege 112.
—— — aus d. christl. Kirchengeschichte 30.
Lebensnachrichten üb. B. G. Niebuhr 246.
Leber, A. 175.
Lechler, G. 14.
—— G. B. 15.
Lechner, E. 283 (2)
Ledderhose, K. F. 35. (3) 219.
Ledebur, v. 122.
Lefebure, Reué 455.
Leffler, Swen P. 159.
Lefrançois, E. 351.
*Leger, J. 32.
Lehmann, Jos. 472.
Lehnerdt 34.
Lehrs, K. 70
Leibniz, G. W. v. 463. 464.
Leichhardt, Ldw. 314.
Leidenfrost 340.
Leiean, G. 277.
*Leins, E. F. 413.
Lelewel, Joach. 187.
Lemcke, Fr. W. 169.
Lemcke, C. 10.
—— Ldw. 298.
Lenau, Nik. 238. 464.
Lenormant 64.
Lenz, Harald Othm. 361.
Leo, Hnr. 57. 62. 75. 89. 151. 172.

Leonhard, K. C. v. 238.
Leonhardi, Geo. 283.
Leopardi 375.
Leopold II. 165.
Lepsius, Rich. 300.
Lerchenfeld, Gst. v. 139.
Le Roux, Alfr. 52.
Le Sage 374. 453.
Lessing, G. E. 46. 384. 464. (4)
Lette 47. 475.
Leunis, J. 337.
Leutholb 489.
Leuzinger, R. 489.
Lewald, Fanny 239. 321.
Lewes, G. H. 366.
Lewis, Geo. Cornewall 72.
Leyden, E. 476.
Lichtenberg, G. Chph. 464.
Liebe, deutsche, 439.
Lieber, Frz. 46. 246.
Liebig, J. v. 348. (2)
Liebrecht, Fel. 72. 373.
Liechtenstern, Th. v. 479.
Lind, H. E. 367.
Lindt, R. 413.
Lindau, B. M. 104.
Lindemann, Mor. 278.
Lingard, J. 152.
Lionnet, A. 65.
Lisch, G. C. F. 239.
Lisco, Fr. G. 13. (2)
List, F. 48. 239.
Littrow, J. J. v. 342. 343. (2)
—— K. v. 343. (2)
Livingstone, Ch. 305.
—— D. 305. (2) 306.
Livius, Titius 376. 378.
Loaysa, Cardinal Garcia de 104.
Lobebanz, E. 375. (2) 400. (2)
Löbell, J. Wlh. 38. 142. 161. 262. 386.
Lobstein, J. F. 23.
Locher, F. 304.
*Löffler, L. 434.
Logau, F. v. 384.
Lohde Ldw. 410.
Löber, Frz. 193. 332. 275. 308. 323.
Löhnis, H. 309.
Longchamp, M. 197.
Loning, A. 319.
Löning, Dr. 40.
Lope de Bega 375.
*Lorent, A. 413.

Lorentz, F. 85. 99.
Lorenz, Ottok. 101. (2) 141. (2)
Lorinser, C. Ignat. 239.
—— Frz. 239.
Lottner 336. 337.
Letze, Hrm. 10. 305. (2)
LouisFerdinand, Prinz 207.
Löwe, F. 375.
—— M. S. 245.
Löwenstern, Woltem. von 240.
Lübeck in s. n. Zuständen 129.
Lübke, 402. (3) 403. (2) 410. (3) 411. 412. 414.
Lübter, F. 63.
Lucanus 378.
Lucian 376. 377
Lücke, F. 244. 249.
Ludenbacher, F. 350. 351. (3)
Lucretius 378.
Luden, Hnr. 56. 250. 307.
Lübers, Th. 128.
Ludlow, J. M. 52.
Ludwig, K. v. Baiern, 205. (2)
Ludwig 376. (2)
—— Otto 437.
—— Rud. 350. 354.
Luise, Königin von Preußen 240. (2)
Lutharbt, Thr. E. 16. 17. (2) 18.
Luther, M. 12. 13. 35. (2) 464. 465. (4)
Luther-Briefe. 33.
Lütolf, A. 236.
Lutteroth, Henri, 314.
Lützow, Carl v. 403.
—— K. F. R. v. 411.
Lyell, Carl 307. 308, 352. (2) 367.
Lynker, K. 133.
Lyriker, die griechischen, 376.
Lysias 376. 377.

M.

Maak, R. 299.
Macaulay, Th. B. 153. (4) 154. 233.
Macchiavelli, Nicol. 174 (2)
Mädler, J. H. 336. 337. 343. (2)

Maelen, van der 491,
Magazin f. d. Literat. des Auslandes 472.
—— neues, von Reisebeschreibungen 286.
Maggi, G. B. 496.
Mahlmann, W. 293.
Mählh, J. A. 199.
Mahon, Lord, 154. (2)
Maier, Elisa 232.
Mailáth, J. Graf v. 140.
Mainzer Vorgänge, die, v. Mai 1848. 134.
Malortie, C. E. v. 52. 130.
Maltzan, Hnr. Frhr. v. 289. 304. (2) 323. 509.
Maltzahn, Wendel v. 387. 464.
Mangold, Wlh. 162. 474.
Mansfeld, Eb. D. 226.
Manuel, E. 211.
*Manja, J. v. 493. (3)
Manzoni, Aless. 375. 456.
*Map of Edinburgh 492.
*—— a general, of Ireland. 492.
Marggraf, Hrm. 258.
Marggraff, Clara 453.
Marheinete, Ph. (32) (2) 462.
Maria, Erzherzogin 141.
Maria Antoinette 165 (2)
Maria Theresia 143. 165.
Marlitt, E. 437.
Marmont, Marschall. 167.
Maron, Hrm. 298.
Marschall, Hrm. v. 334.
Martens, C v. 241.
Martialis 378.
Martin, R. 510.
—— J. E. A. 287. 288. (2) 300. 305. 341. 355.
Martineau, Harriet 157.
Martiy, Fd. v. 44.
Marwitz, F. Aug. Ldw. v. d. 241.
Marr, Ad. Ph. 421.
Märzministerium, das, in Württemb. 138.
Märzrevolution, die, in Preußen 122.
Masius, Hrm. 336. 357. 2)
Matthesius, J. 35.

Mauch, E. 451.
Maurenbrecher, Wlh. 104. 105. 125. 153. 170. 180. 477.
Maurer, Frz. 327.
—— Geo. Ldw. v. 96. (3)
—— K. 42. 451.
—— Knr. 160.
*—— Wlh. 405.
Maury, M. F. 274.
Maximilian von Wied-Neuwied, Prinz 307.
May, Thom. Erskine 157.
*Mayer, A. 490.
—— F. 455. 503.
—— G. 502.
—— J. R. 347.
—— K. 264.
—— K. Aug. 89. 93.
—— Ph. A. G. v. 451.
Mayer's Handatlas 479.
Mayr, J. Gg. 382. (2) 488. (2) 496.
Mazzini, A. L. 176.
M'Crie, Thom. 170. 175.
Mebold, C. A. 188. 376.
Mecklenburg 1848—1851. 127.
Mecklenburg, F. A. 297.
Medwin, Th. 214.
Meibauer, N. O. 476.
Meier, E., 375. (2) 400. (2)
—— E. Jul. 3
Meigen, J. Wlh. 366.
Melnecke 272.
Meißner, N. N. W. 67. 188. 310. 321.
*Meisterwerke d. Dresdener Gemäldegallerie 417.
Melanchthon, Pf. 25.
Mellin, Gst. Hnr. 159.
Mels, A. 115.
Memminger 331.
Mendelssohn, G. Benj. 274.
—— Bartholdy, Fel. 242. (2)
—— Bartholdy, K. 221. (2) 234. 245.
—— Paul 242.
Menge, Th. 261.
Menke, Th. 480. 481.
Menken, Gfr. 22.
Menzel, K. Ad. 103. 119.

—— Wfg. 61. 83. (4) 87. (2) 98. 116. 373. 380. (2) 406. 500. 505.
Mert, J. Hnr. 224. (2) 242.
Merivale, Charles 73.
Merkel, Dr. 231.
Merle b'Aubigné, J. H. 32 (2) 156. (2)
Merschmann, F. 156. 247.
Merz, Dekan, 35.
—— Hnr. 205, 216. 405.
Meßner 16.
Metzner, Alfr. 323.
Meurer, Mor. 33. (4) 241.
Metternich, 207. 231.
Meyer, Ad. Bb. 296.
—— C. H. 237.
—— C. H. F. 361.
—— F. L. W. 243. 257.
—— G. H. 475. 476.
—— Hrm. J. 473.
—— J. F. v. 12.
—— Jul. 404. 415.
—— Jürg. B. 475.
—— L. 82.
—— P. A. G. v. 192.
Meynert, G. 164.
—— Hrm. 143. 144.
Meyr, Melch. 3. (2) 7. 389. (2) 438. (7)
Mexicanische Zustände 286. (2)
Metzger, L. 377.
Michaelis, D. 49.
Michelet, Jul. 56. 358. 365. 462.
Michelis, Arth. 280.
Michie, A. 299.
Mickiewicz, Adam 399.
Mibbendorf, A. Th. v. 299.
Mignet, F. A. 163. 170. 205.
Miliutin 183.
Mill, J. St. 1. 46. (2) 48.
Millauer, G. 54.
Milton 374.
Minckwitz, J. 376. (2) 377 (2)
Minutoli, Jul. v. 171. 320.
Miot be Melito, Graf 243.
Mirabeau, Graf v. 166.
Mitscherlich, Alfr. 350.

Mittermaier, Frz. 46.
—— K. J. 475.
Mittheilungen a. J. Perthes geograph. Anstalt. 276.
Mittheilungen z. Erforsch. u. Erhalt. b. Baudenkmale 413.
Mittnacht, v. 487.
Mix, Chas. E. 499.
Mödern, Phil. van 191.
Mögling, H. 295.
Mohl, Mor. 138.
—— Rob. v. 39. 40. 43. 45.
Mohnicke, G. Ch. F. 252.
Mohr, Ed. 318.
Moleschott, Jac. 369. 370.
Molière 375. 395.
Molina, Tirso be 375.
Molitor, Wlb. 285.
Moll, C. B. 14.
—— C. L. 336.
Möller, H. 476.
—— P. L. 339.
Möllhausen, Balb. 308. (2)
Moltke, v. 496. (2)
Mommsen, Th. 71.
Monarchie, b. österreichische, 145.
Monate, vier, auswärt. Politik. 114.
Monatsblätter für innere Zeitgeschichte 470.
Monatsschrift, altpreußische 122.
—— für Wissenschaft und Lit. 109.
Möncheberg, C. 217.
Monnard, K. 147. (2)
Monod, Ab. 23.
Mool, F. 5.
Moor, Conrabin v. 149.
Moore, Thom. 214.
Mordtmann, A. D. 181.
Morell, K. 212.
Moriarty, C. A. 307.
Mörike, Ed. 376. 377. 438. (2) 439.
Mörikofer, J. C. 35. 36. 235. 389.
Moschus 377.
Mosen, Jul 465.

Moser 339.
—— 376. (2)
—— J. Jak. 244.
Möser, Just. 130. 244. 465.
Mosheim, J. L. 131.
Mothes, O. 350.
Motley, J. Lothrop 151.
Motz, Hnr. 405.
Moussou, Alb. 346.
Müffling, F. C. F. v. 244.
Mügge, Th. 328. 329.
Mühlberg, G. S. v. 9.
Mühlenpfordt, Ed. 312.
Mülbener, W. 467.
Mulder, G. J. 349. (2)
Müller, A. v. 393.
—— Abalb. 285.
—— Ar. 364. 365.
—— Aug. 475.
—— F. 412.
—— H. 199.
—— Hrm. 289.
—— Johannes 312. 345.
—— J. v. 57. 146. 465.
—— J. Geo. 57. 229. 465.
—— J. W. v. 309.
—— K. 315. 341. 360. 364. 365.
—— Max 371. 372. 384. 400. 439.
—— Mr. 245. 384.
—— Otto 257. 439. (6)
—— Wlb. 384.
—— Wlb. 85. 87.
—— v. Königswinter, Wfg. 233. 439.
—— Maler 384.
* Müllhaupt, J. 489.
Munch, P. A. 492.
Minch, C. 180.
Münchhausen, G. A. v. 131.
Mundt, Th. 95. 183. (2) 236. 372.
Munby, G. C. 314.
Münster, Geo. Herb. Graf zu 116. 131.
Mürbter, J. F. 90.
Musäus, J. K. Aug. 245. 334. 458. (2)
Musikalische Briefe 423.
Muzel, J. N. 417.

## N.

Nacht 1001. 401.
Nagel, Albr. 477.
Nägelsbach, C. W. E. 13.
Nagler, G. K. 404. (2)
—— K. Fd. F. v. 245.
Nal und Damajanti 400. (2)
Napoleon 110. 167.
—— III. 73.
Nasemann, Dr. 59.
Nassau's polit. und sociale Zustände 135.
Nathusius, Maria 439. (2) 440.
—— Ph. 237. 252.
Nationalbibliothek, deutsche 93.
Nationalversammlung, die deutsche 117.
Natur, die 341.
Naturforscher, der 340.
Naturgeschichte des Himmels u. d. Erde 337.
Naturkräfte, die 348.
Naturwissenschaften, d. gesammten 336.
Naubert, Benedicte 440.
Nauck, C. 336.
Naumann, J. Anbr. 365.
—— J. F. 365.
—— M. E. A. 8.
—— Rob. 110.
Naville, C. 7.
Neander, Aug. 27. (2)
Nebenius, C. F. 50. 53. 136.
Necrolog, neuer, d. Teutschen 203. 204.
Neigebaur, J. F. 328.
Neithschütz, M. v. 200.
Nettelbeck, Joach. 245.
Neuberg, J. 120.
Neues aus d. Geographie ꝛc. 508.
Neumann, K. 276.
—— K. F. 190. 191. 193. 287. 296.
—— W. 234.
Nicolai, F. 202. 245.
Nicolovius, Alfr. 256.
Niebuhr, Bth. Geo. 67. 70. 71. (2) 163. 241. 246. (2)

Niebuhr, Karsten 288. (2)
—— M. 67.
Nightingale, Flor. 371.
Nippold, F. 38. 477. 502.
Nipponfahrer, die, 297.
Nissen, H. 476.
Nitzsch, Greg. Wlh. 248.
—— K. W. 72. 95.
Noë, Hnr. 332. (3) 509.
Röggerath 336. 337.
Nölbeke, Th. 20. 244. 401.
Nolte, Vinc. 246.
Norden, Carl v. 156. 157. 158. 239. 504.
Norwegen 160.
Notter, F. 138. 251. 264. 377. 396. (2) 398. 451.
Novalis 465.
Novelli, Jos. 146.

## O.

Oberländer, Rich. 195.
Oehlenschläger, Adam 246. 465.
Oibelop, Chr. A. W. 181.
Oldenberg, A. 375.
Oldenburg, d. Großherzogthum 132.
Olivier, Urban 455.
Oelters, Th. 451.
Olsen, O. N. 492.
Olsner Monmerqué, G. 114.
Oncken, Wilh. 68. 81. 165.
Onomander 291.
Oosterzee, J. J. van 13. 14. (2) 20.
Opel, Jul. 106.
Opitz, Mt. 584.
Oppel, K. 299.
Oppenheim, D. G. 157.
Oppenheimer, J. 475.
Oppermann, Anbr. 322.
—— H. Alb. 131. 504. 510.
Oppert, Gst. 31.
Opzoomer, Corn. W. 5.
Orelli, A. v. 334.
Orlich, Leop. v. 191. 294.
Oerstedt, Hans Chr. 339. (2)
Oertel 181.
Oscar Frederik, Prinz v. Schweden 214.

Osenbrüggen, Ed. 42. 186. 335. (3) 475.
Oser, Ch. 53. 381.
Oeßfeld, C. W. v. 482.
Osiander 376.
Oesterlen, F. 338. 370.
Oesterley, Hrm. 384. 467.
Oesterreich 145 (5)
Oesterreicher, die, in Italien 178.
Oesterreichische Geschichte 140.
Oesterreichs Kämpfe im J. 1866. 115.
Ostertag, Alb. 39. (2)
*Osterwald, G. 458.
Ostseeprovinzen, die 122.
Oetinger, F. Chph. 246.
Oetker, F. 334.
Ott, Knr. 166.
Otte, Hur. 406. (2)
Oettinger, Alx. v. 279.
—— Ed. Maria 204.
Otto, Frz. 91.
—— J. Chr. 251.
Overbeck, J. 407.
Ovid 378.

## P.

Paalzow, Henriette v. 207.
Pabst, K. Th. 156. 162.
Paganel, Camille, 78.
Pahl 376.
—— J. Gfr. v. 247.
—— Wlh. 247.
Pajeken, C. A. 310.
Palady, Frz. 145.
Palleste, Emil 254. 255.
Pallmann, Rhlb. 76. (2)
Palme, Jgn. 287.
Palmer, Chr. 11. 21. 35.
Pantschatantra 400.
Papen, Aug. 481. 484.
Papencorbt, Fel. 174.
Paret, B. 153.
Park, Mungo 304. (3)
Parker, Th. 16.
Passarge, Lwr. 288. 329. 334.
Passavant, J. D. 408. 415.
—— J. K. 9.
Pauli, C. W. 129.
—— Reinh. 122. 152. (4) 157. 158. (9) 159. 506.

Paulus, Ed. 265. 323. 487.
—— E. Th. 226.
Pauly, A. 63.
Pausanias 377.
Pawlow, Nikol. 457.
Payer, Jul. 277. (3) 278.
Pearce, Rob. Rouiere 156.
Becht, F. 321. 409. 416.
Bemsel, Hrm. 455.
Benn, William 156.
Benner, H. 351.
Bepe, Wlh. 175.
Berels, E. 475.
Berger, Ant. v. 413.
*Perlen mittelalterl. Kunst 418.
Berly, C. B. 152.
Persius 376. 378.
Berthes, Clem. Th. 107. 109. (2) 143. 201. 222. 248.
Berthes, F. 116.
Berty, Mx. 5. (2) 339. 477.
Pertz, G. H. 62. 107. 108. 222. 463.
Peschel, O. F. 271. (2) 276.
Pestalozzi, K. 33. 34. (3)
Peter, K. 72.
Petermann, A 276. (2) 277. (2) 302. 482. 484. (3) 486. 490. 491. (2) 493. (2) 494. (2) 495. (3) 496. 497. 498. 499. (3)
Petermann, Hnr. 291.
Peters, Aug. s. Elfried v. Taura.
—— C. F. 497.
—— Wlh. 364.
Petzholdt, Alex. 328.
Pfaff, Adam 89. 134. 191.
—— Chr. Hnr. 248.
—— F. 357. (2)
—— J. F. 248.
—— K. 137. 248.
*Pfalz, die bayrische 487.
Pfarrius, Gust. 440.
Pfau, Ldw. 455.
Pfeiffer, Eb. 51. 53. (2) 386. 508.
—— Frz. 22. 382. 385.
—— Jda 315. (2)

Pfister, J Chr. 88. 136. 137. (2)
Pfizer, G. 33. 451. (10)
—— P. Achaz 91. 97. 114.
Pfleiderer, O. 5.
—— Ebm. 507.
Phädrus 378.
Philalethes 396. (2)
Philippi, Charlotte 453.
Philippi, Fd. 164.
Philippson, Mt. 100.
Philips 492.
*Phiz 452.
Pholplides 377.
*Photographien aus dem Orient 299.
Phull 184.
Pichler, A. 31. 502.
—— Caroline 249.
—— Louise 440. (3)
Pickford, E. 46.
Piderit, Th. 369. 370.
Pierer Jahrbücher 473.
Pierers Universallexicon 473.
*Pietsch, Ldw. 442.
Pillersdorf, F. v. 144. (2)
*Piloty 417.
*Pinakothek, die, zu München 417.
Pindar 377.
Pintos, Fern. Mendez 288.
Piper 30.
Piper, Fd. 406.
Pipitz, F. E. 166.
Pisco, F. Jos. 348.
Pitaval, der neue, 42.
Pland, Ad. 241.
*Pläne der Schlachtselber von 1866. 483.
Platen-Hallermünde, Aug., Graf v. 249. 466.
Plath, 272.
Platon 376. 378.
Plautus 376. 378.
Plieninger, Gst. 338. (4)
—— K. 170
Plitt, G. L. 253.
Plutarch 376. 377.
Poel 129.
Poggendorff, J. C. 204.
Polak, Jak. Eb. 293.
Polarmeer, d. offene 287.
Polenz, Glo. v. 162.

Politik, die deutsche, s. Wiederherstellung des Bundestags b. 1862. 117.
Politik, Frankreichs, gegenüber d. deutsch. u. ital. Frage 169.
Politik, die, des Hauses Oesterreich 142.
Pollo, Elise 266. (2)
Polo, Marko 296.
Poltorazky 493.
Polybius 377.
Pönitz, C. Eb. 55.
Poppig, Eb. 311.
Pösche, Herm. 364. (2)
Posgaru s. Sudow.
Possart 272.
Posselt, Mor. 182.
*Post- und Eisenbahnkarte d. preuß. Staats 483.
Postel, K., s. Sealsfield.
Bottger, Aug. 106.
Poujoulat, Bapt. 180.
Prachtbibel 12.
Prantl, K. 377.
Preller, L. 70. 240.
Prescott, W. H. 169. 170. 195 (2)
Pressel, F. 377.
—— Frde. 7.
—— Paul, 35.
—— Th. 34. (2)
Pressensé, Ebm. v. 30.
Preuß, J. D. E. 119. (3) 122.
Preußen 122. (6)
Preußen und das Meer 122.
Preußische Jahrbücher 471.
Preyer, Will. 329. 357. 476.
Pringle, Thom. 286.
Prince-Smith 47.
Programm, ein preußisch., 122.
Pröhle, Hnr. 133. 214. 232. 262.
Prokesch-Osten, Ant. v.180. (2) 222. 460.
Prónay, Gabr. 326.
Propertius 378.
Prout, Will. 338.
Prutz, Hans 100.
—— Rob. 375. 399.
Psalter 12. (2)
Puchta, H. 253.
Pückler-Muskau, Fürst 318.

Pufendorf, Ef. 142.
Pupikofer, J. A. 229.
Puchklin, Alex. 182. 375. 400. 457.
Puttrich, Ldw. 412.
Pütz, W. 61.
Pythagoras 377.
Pz. f. Pönitz.

## Q.

Quast, Fd. v. 411. (2)
Quenstedt, F. Aug. 138. 336. 337. 353. (4)
Quetelet, Ad. 279. (2) 280.
Quintus 878.

## R.

R. T., G. v. 427.
Racine 375.
Rabau, R. 348.
Rabbe, G. 299.
Ratzky, Graf 249.
Radowitz, Jof. v. 43. 113. 114 (2) 466.
Rahten, Wlh. v. 171.
Rabel 207. 250.
Rahn, J. Rud. 403.
Rammelsberg, F. 475.
Ranke, Leop. 62. 79. (2) 80. 103. (2) 106. 119. 122. 155. 162. 503.
Ransonnet-Villez, Eug. v. 295.
Rapet, J. J. 503.
*Raphael 12.
Rapp, Geo. 21.
—— Mr. 375. (3) 388. 391.
Raskiewicz, J. 327.
Ratjen, H. 210.
Ratzeburg, Dr. 279.
Räbel, Fritz 356.
Rauchenstein, R. 376. (2)
Raubot, M. 168. 169.
Raumer, F. L. G. v. 62. 80. (3) 99. 250. 267. 307. 372. 466. 468.
—— K. v. 10. 110. 250. 289.
—— Rud. v. 97. 389
Raupach, Pauline 250.
Ravenstein, Aug. 485.

Ravenstein, E. G. 272. 499.
—— Lrw. 482. 485. (2) 486.
Realencyclopädie d. class. Alterthumswiss. 63.
—— f. xxtetest. Theologie u. K. 15.
Realleriton d. class. Alterthums 63.
Reber, Balth. 229.
—— Frz. 378. 410.
Rechtssprichwörter, deutsche 42.
Reclam, K. 368. 370. 371.
Redwitz, Otto v. 441.
Reform, gesetzgeb. im K. Sachsen 126.
Regis, J. G. 377.
Refues, Pf. J. v. 195. 441. (3)
Reiche d. Natur, die drei 363.
Reiche, Ldw. v. 250.
Reichenau, Rud. 441.
Reiching, C. B. 179.
Reichlin-Meldegg, K. Alex. v. 248.
Reichstage, die, des nordbeutsch. Bundes 123.
Reide, Rud. 122.
Reimann, Ed. 105. 106. 143. 193.
Rein, Wlh. 74.
Reinbold, C. E. G. Jens. 250.
Reinthal, Ed. 213.
Reis, P. 344. 348.
Reise des Herzogs Ernst v. S. Cob.-Gotha 300.
Reise d. österr. Freg. Novara 317. (2)
*Reisekart over Norges s syd Stifter 492.
*Reisekarte von Oberitalien 496.
*—— von Schweden und Norwegen 492.
Reitsinger, E. 234.
Rellstab, Ldw. 441. (3)
Rem, Lucas 139.
Remy, L. v. 345.
Renan, E. 19. (2)
Rengger, Albr. 197. 250.
—— J. R. 197.

Rennel, 304.
Rentsch, Hrm. 47. 351.
Retberg, R. v. 200.
Retif de la Bretonne 445.
Reuchlin, Hrm. 138. 163. 176. (2) 178. (4)
Reumont, Alfr. v. 173. 174. (2) 175. 205 208. 215. 286. 326.
Raufske 274.
Reuß, Ed. 15.
Reuter, F. 441. 442. (2)
—— Hrm. 77.
Reventlov, Graf F. 248.
Réville, Alb. 247.
Revolution, die ungar. 146.
Reymann, G. D. 482. 489.
Repscher, A. L. 116.
Rhode, F. L. 451.
Ribbed, D. 477.
Richard, Aug. Vict. 74.
Richardson, Jam. 305
Richter, Aem. Ldw. 44.
—— Eug. 52.
—— J. P. F. 251. (3) 434. (7) 435. (5)
*—— L. 450. 458.
Richthofen, Em. K. Hrr. v. 196.
—— Fd. v. 277.
Riebel, J. B. P. 361.
Riede, B. A. 279.
Riecher, J. 377.
Riedel 122.
Riegel, Hrm. 403. 417.
Rieger, Geo. Cr. 22. (2) 35.
—— K. Hrr. 22.
Riehl, W. H. 50. (2) 331. 332. (2) 421. (2)
Riel, K. 344.
Riemer, F. Wlh. 225. (2)
*Ries, C. 413.
*Rietschel 381.
Riggenbach, Chph. J. 14. 20.
Rinaldo Rinaldini 448.
Rintell, Hrr. Wlh. 270.
Rist, J. 129. 257.
Ritter, Carl 271. (2) 272. (3) 310.
—— Hrr. 7.
*Rittmeyer, E. 363.
Roberts, Dav. 290.

Robinson, Ed. 289. (3) 400. 497.
Rochau, A. L. v. 44. 91. 114. 168. 171. 319.
Rockstroh, H. 366.
Rodenberg, Jul. 330. (3) 472.
Rörer, K. Dav. Aug. 41.
Röriger, D. E. 288.
Roget, P. M. 338.
Rogge, W. 155.
Rohfs, Gerh. 278. 301 (2)
Rohrbach, K. 420.
Rohrdanz, L. 159.
Röhrich, Tim. Wlh. 150.
Roland, Madame 166.
Rolle, F. 369.
Romberg, 337.
Römer, F 251. 477.
—— Rob. 138.
Ronnig, L. F. 62.
Rommel, Chr. v. 133.
Roon, Alb. v. 273.
Roos, C. 497.
Roost, J. B. 495.
Röpell, Rich. 85.
Roquette, O. 226. 381.
Rosa, R. 499. (2)
Roscher, Wilh. 47. 48. (3) 62. 505.
Roscoe, W. 175.
Rose, G. 484.
Rosen, G. 181.
Rosenkranz, K. 3. 227. 234. 372. (2) 395. 463. 500.
Rosenstein, S. 475.
Rosenthal, J. 475.
Rosloff, Gst. 501.
Rösler Hrm. 49.
Roß, Jam. Cl. 315.
Roßs, Ldw. 287. 323. (2) 324. (3)
Rößler, C. F. 131.
Roßmäßler, E. A. 346. 355. 361. 364.
Roth, Abr. 281.
—— F. 461.
—— Johannes 369. 475.
—— K. J. 463
—— K. Ldw. 11. (2) 378.
—— P. 76. (2)
—— R. de 351.
—— Th. 164. (3)
Rothe, Rich. 18. 38. 241.
Rötscher, Hnr. Th. 259.

Rotteck, H. v. 466.
—— K. v. 40. 57. 466.
Rousseau, J. J. 454 (2)
Rückblick auf d. Krieg 1866. 116.
Rücker, C. G. 493.
Rüdert, F. 207. 400. 401. 466.
—— Hnr. 60. 89. 91. 200.
Rüder, F. A. 194.
Rudhart, Geo. Thom. 243.
Ruge, Arnold 154. 169. 251.
Rümelin, Gst. v. 280. 331. 393.
Rumohr, K. F. Baron v. 11.
Rump, Hrm. 472.
Runge, Wlh. 476. 484.
Ruperti, F. 310.
Rüppell, Ed. 301. (2)
Ruß, K. 350. (2) 858. (3)
Rußdorf, C. v. 336.
Ruthegger, Jos. v. 317.
Russel, W. 85.
—— Wallace, Alfr. 296.
Russische Fragmente 186.
Rußland unter K. Alexander II. 186.
Rußlands Novellendichter 457.
Rußlands Verdienste um Deutschland 185.
Rüstow, W. 55. (4) 177. (3) 377.
Ruete, C. G. Th. 370.
Rütenit, K. A. 18.
Ruth, E. 176. 177. 395.
Ruthner, Ant. v. 332. 333.
Rütimeyer, L. 355.

S.

Saavedra, Don Ang. de 175.
Sachs, K. 200.
Sachsen 126. (2)
Saint-Pierre, B. de 375. 454.
Salis, C. A. v. 152.
Sallustius 376. 378.
Salm-Salm, Agnes Prinzessin zu 196.
—— Fel. Prinz zu 196.

Salon, der, f. Literatur rc. 472.
Salviati, C. b. 114.
Samarin 187.
Sammlung von Briefen 248.
—— neueste, griech. und röm. Classiker 376.
—— die, alt- rc. deutscher Gemälde 417.
—— wissensch. Vorträge 475.
Sand, George 252. 375. 454.
Sanders, Dan. 390 (2)
Sartorius, G. 79.
—— von Waltershausen, W. 496.
Sastrow, Barth 252.
Sauppe 233.
Scarrazzini, J. Anbr. 397.
Schack, Ad. F. v. 398. 401. (4)
Schäbelin, P. J. J. 212.
Schaben, Em. Aug. v. 253.
Schäfer, Arn. 69. 102. 106.
—— Hnr. 169. 172.
—— J. Wlh. 92. 222. 381.
—— Wlh. 417.
Schäffer, W. 374. (2)
Schäffle, Alb. Eberh. F. 49. 503.
Schäffner, W. 160.
Schall, Carl 253.
Schaller, Jul. 336.
Schaubach, Ad. 282.
Schauenburg, Ed. 306.
Scheba, Jos. 490. 494.
Scheffel, J. Vict. 442.
Scheffner, J. Geo. 253.
Schelhorn, Emil v. 172.
Schell, W. 474.
Schellen, H. 344.
Schelling, F. W. Jos. v. 2. 6. 9. 219. 253. 466.
—— K. F. A. 219.
Schenkel, D. 14. 15. 16. 19. 26. 256.
Scherer, Hrm. 202.
—— Wlh. 226.
Scherr, Frau, s. M. Sus. Kübler.

Scherr, Johannes 170. 200. 254.
Schertlin v. Burtenbach, Seb. 254.
Scherzer, K. v. 311. (2) 313. 317. (2)
Schewelew 494
Schick, Gli. 416.
Schiefner, A. 327.
Schiel, J. 1.
Schiller, F. v. 151. 223. (2) 225. 229. 255. 387. 466 (3) 467. (4)
Schillers Beziehungen rc. 255.
—— Briefwechsel m. Körner 255.
Schiller und Lotte 255.
Schinkel 408.
Schirges, H. 297.
Schirren, C. 187.
Schirrmacher, F. Wlh. 100.
Schlacht von Königgrätz, die, 116.
Schlagintweit, Ad. v. 295. 346.
—— Hrm. 346.
Schlagintweit, Rob. von 295.
Schlagintweit-Sakünlunski, Hrm. v. 295.
Schlegel, Aug. Wlh. 391. 393. 467. (3)
—— Dorothea 454.
—— F. v. 454. 465. 467.
Schleicher, Aug. 389.
Schleiden, M. J. 7. 302. 341. (3) 355. 358. 359. 368.
Schleiermacher, F. 4. 6. (2) 8 18. 24. 255. 256. 384. 467.
Schleiermachers Briefwechsel mit J. Chr. Gaß. 256.
Schlesier, Gst. 460.
Schlesinger, Ltw. 145.
Schleswig-Holstein 128. (4)
Schlichtegroll, F. 208 (3)
Schliephake, F. W. Th. 134.
Schlosser, F. Chph. 58. 65. 82. 175. 256. 396.
Schlözer, Aug. Ldw. 256.
—— Chr. v. 257.
Kurd v. 102. (2) 163. 186. 215. 243.

Schlüter, Jos. 420.
Schmarda, Ldw. K. 317.
Schmid, Aug. 244.
—— Chph. v. 257. (2)
—— H. 465.
—— Hrm. 442. (2)
—— J. 147.
—— K. A. 11.
Schmidlin, Ed. 361.
Schmidt 490.
—— Ad. 84. 150.
—— Alex. 153. 391.
—— C. 33. 34. (4) 74. 372.
—— E. Aler. 160.
—— E. Rhlb. 194.
—— Fd. 93. (3) 94. 99. 110. 118.
—— F. Wlh. Val. 398.
—— Julian 384. (2) 387. (2) 394. 509.
—— Klamm 235.
—— K. G. 66.
—— Leop. 398. (2)
—— Osc. G. 33.
—— Osc. 362. 363.
—— W. A. 59. 62. 74. (2) 109. (2)
Schmitt, Chr. 183.
—— Jal. 411.
Schmitthenner, F. 390.
Schmitz, Lh. 71.
—— Wlh. 133.
Schmoller, O. 14.
Schnaase, K. 403. (3) 405
Schnars, C. W. 285.
Schneegans, W. 259.
*Schneider, Hnr. 90.
—— K. F. Rob. 323.
—— K. F. Th. 34.
Schnitzer, C. F. 376. (2) 377.
Schnitzlein, Adalb. 360.
Schnorr v. Karolsfeld, Jul. 405. 409.
Schübler, F. 336. 349. 362.
Schöll, Ad. 224. 225. 376. 377.
Schömann, G. F. 70.
Schomburgk, O. 291.
—— Rich. 312.
Schönberg, Erich v. 294.

Schönberg-Cotta, die Familie 453.
Schönborn u. s. Zeitgenossen 257.
Schönhals, Feldzeugmstr. v. 177.
Schopenhauer, Arth. 3.
—— Johanna 318.
Schorn, Ldw. 404.
Schott, Alb. 90.
—— Sigm. 241.
Schöttlen, Wlh. 156.
Schottmüller, Ad. 93.
Schrader, F. W. J. 13.
Schramm, Hugo 241.
Schreiber, F. Ant. Wlh. 139.
Schrenk, A. P. v. 484.
Schrift, die heilige, 13. Vgl. Bibel.
Schröder, E. 375.
*Schröbter, A. 458.
Schröer s. Oeser, Th.
Schubart, Chr. F. D. 258. 264.
—— J. H. C. 377.
—— Ldw. 258.
Schubert, F. Wlh. 234. 463.
—— Ghl. Hnr. v. 228. 258.
Schübler, Dr. 284
Schücking, Lev. 216. 374. 429. 442. (4) 443.
Schulthess, G. 86.
Schulz, Alw. 412.
Schulze, Rud. 202. 203.
Schulz 490. 491. (2)
Schulze 462.
—— C. 384.
—— F. A. 17.
—— Hrm. 44. 244.
Schulze-Delitzsch, H. 51. (4) 475.
Schumacher, H. A. 132. 476.
—— H. C. 342.
Schumann, Rob. 423.
Schwab, C. Th. 325.
—— Chph. 462.
—— Gst. 149. 254. (2) 284. (3) 330. 382. (3) 457. 458.
Schwann, Th. 368.
Schwarzenau, Str. v. 212.
Schwartzkopf, A. 341.

Schwarz, K. 38. 384.
Schwarzenberg, Fürst F. v. 258.
Schwarzwald, der ꝛc. 284.
Schwegler, Alb. 1. 71.
Schweichel, Rob. 443. (3)
Schweinichen, Ritter H. v. 259.
Schwerdt, H. 282.
Schwetschke, Gst. 468.
Scipio Cicala 441.
Scott, Walt. 374. 450. (2)
Scriver, Chr. 22. (2) 35.
Sealsfield, Charles 443. (3)
Sebald, H. 328. 342.
Seebach, K. v. 476.
Seeger, Ldw. 391. (3)
Seemann, Berth. 361.
Seetzens, U. J., Reisen ꝛc. 289.
Ségur, Graf v. 167.
Seidl, J. Gabr. 330.
Semisch, K. 31.
Semler, J. S. 259.
Semming, Hrm. 395.
Semper, C. 296.
— Gfr. 411.
Seneca, L. Ann. 378.
Senft, Graf 110.
Sepp, J. Nepom. 140.
Serviteur, loyal, 78.
Seubert, Mr. 359. (2)
Seume, J. Gfr. 384.
Seybt, Jul. 85. 161. 180. 315. 316.
*Seymour 352.
Shakespeare, Will. 374. (2) 391. (4) 392. 393.
Shelley, 374.
Sicherer, A. X. G. F. C. 509.
Sidney, Sam. 314.
Siebelis, J. 378 (3)
Siegfried 399.
Siemens. W. 475.
Sieveking, Amal. W. 23.
— K. 175.
Sievers, Jak. J. Graf 182.
Sighart, J. 408.
Sigwart 85.
Simrock, K. 330. 383. 391. (3) 392. 399. (2)
Sismonda, Angelo 496.
Sivers, Jegór v. 313. (2) 389.

Sirt, Chr. Hnr. 265.
Skizze e. Vortrages über Generalstabswissenschaft 55.
Skizzen aus Irland 159. 287.
Sklarek, Wilh. 340.
Slogmann, G. 316.
Smith, Adam 47.
— C. 289. 497.
Smollett, Tob. 449. (3)
Smitt, F. v. 184. 187. 188. (2) 240.
Snell, L. 149.
Snell's, Ldw., Leben und Wirken 259.
Soetbeer, Ad. 48.
Sohr-Berghaus 479.
Soldan, Wlh. Gli. 162. 201.
Solger, K. W. F. 468.
Söltl, J. 142.
— J. M. 140.
Sophokles 375. 376. 377. 378.
Souchay, E. F. 89.
Southey, Rob. 268.
Sovet 371.
Spanien, s. d. Sturze Espartero's 171.
Sparks, Jared 267.
Späth, Charlotte 53.
Spazier, Rich. O. 194. 251.
Spener, Phil. Jak. 35.
Speyer, A. 366.
— O. 322.
*Specialkarte, geogr., v. Württemberg 487.
*— neue, d. europäischen Rußlands 494.
*Spelter, O. 442.
Spiegel, F. 64.
Spielhagen, F. 358. 444. (3)
Spieß, G. 298.
Spiller, Phil. 345.
Spindler, A. R. K. 444. (4)
Spittler, Ldw. Tim. v. 79. 129. 468.
Spitzbergen 277.
Spohr, L., Selbstbiographie 260.
Sporer 277.
Sporschil, J. 73. 330.

Spörter, J. 188.
Sprengel, M. C. 286.
Springer, Ant. 109. 144. 161. 406. 507.
— — Rob. 387. (2)
Spruner, K. v. 480. (4)
Squier, E. G. 810.
Ssolowjoff, S. 188.
Staatengeschichte der neuesten Zeit 86.
Staatsarchiv, das, 87.
Staats- Gesellschaftslexikon 40.
Staatslexikon, das 40.
Staatswörterbuch, deutsches 40.
Stabelmann, R. 269.
Städter, J. Ph. 166.
Staël, A. L. G. v. 375. 454. (2)
Staffler, J. Jak. 333.
Stägemann 207.
— Elis. v. 261.
Stähelin, E. 83. 84.
Stahl, Hnr. 347.
— — Jul. F. 26. 41. 43.
Stahr, Ad. 74. 167. 238. 242. 321. (3) 334. 377 (3) 378. 414.
— C. 377.
Stälin, Chph. F. v. 137.
Stanford 492.
Stanley, A. P. 209.
Staring, W. C. 491.
Stark 23.
Starklof, R. 211.
Statius 378.
*Steffens 496.
— Hnr. 57. 261. 444.
Steger, F. 153. 154. 297. 301. 304. 309.
Stein, Freihr. v. 111.
— Chr. G. D. 272.
— F. 367.
— Lor. (Ldw.) 45.
— Ldw. 167.
Steinbeis, Fr. v. 52.
Steinhauser, A. 490. (2)
*Stengel, J. R. 281.
Stenzel, Gst. Ad. Herald 99. 118.
Stephani, Ludolf 324.
Stephens, John L. 310.
*Sterio 326.

Stern 376.
— Sigism. 108.
Sternberg, A. Frhr. v. 445. (3)
Sterne, Lor. 374. (2) 449. 450.
Steub, Ludw. 140. 333. (5)
Stieglitz, Chr. Ldw. 62. 412.
—— Hnr. 260. 286. 287. (3)
Stieler, Ad. 478. (4) 482.
Stier, G. und F. 260.
—— Rud. 13.
Stifter, Adelb. 445.
Stintzing, R. 252. 270.
Stirling, Will. 104. (2)
Stock, K. Wh. 476.
Stockmar, Chr. F. Frhr. v. 261.
Stokar, C. 260.
Stoll, H. W. 68. 458.
Stolpe, C. 494.
Stolz, J. J. 205.
Storm, Th. 445. (3) 469.
Stowe, Harriet Beecher 453.
Strabo 377.
Strahl, P. 182.
Stramberg, Chr. v. 132.
Straßenkampf, d. Pariser 169.
Strauß, Dav. F. 19. 37. 138. 206, (2) 220. 232. 235. 240.
—— Divisionsprediger 35.
Streblitzki 494.
Stredfuß, K. 396.
Stricker, Wlh. 185.
*Strizner, J. R. 417.
Strobel, Adam Wlth. 150.
Strobtbed 376.
Strodtmann, Ad. 228. 374. (2)
Strombed, K. F. v. 212. 262.
Stromberg, Th. 153.
Struensee, G. v., f. Ost. vom See.
Stülcker, Wlh. 476.
Stuber, P. 489.
Stülpnagel, F. v. 478. 490 494. 495.
Stumm, F. 302.

Sturm, F. 365.
—— Sigmund 427.
Sturzenbecher, O. P. 399.
Stüve, K. 81. 130 (2)
Sudow, G. F. Wlh. 445.
—— H. W. Lud. A. v. 117.
Subhoff, K. 33. 34.
Suetonius 378.
Sugenheim, S. 90. 174.
Susemihl 376. (2)
—— E. 450.
Süßmilch-Hörnig, M. v. 485.
Swift, Jonath. 449.
Sybel, Hur. v. 56. 62. (2) 63. 78. 81. 82. 101. 102. 161.
Sydow, Ad. 17.
—— E. v. 494.
Syrier, die heutigen 287.
Szechenyi, Graf 146.

T.

Tacitus 376. 378.
Tagebuch des Lucas Rem 189.
Taine Hnr. 390.
Talvj 192. 385. 400.
Taschenberg, E. B. (L.) 362. 366. (2)
Taschenbuch, historisches, 62.
Tasso, Torquato 397. (2)
Taufcher 16.
Taylor Bayard 305.
Tegnér, Es. 375. 399. (2)
Teichmann, J. Balt. 419.
Tennyson 374.
Ténot, Eugen 169.
Terentius 376. 378.
Tersteegen, Gerh. 35.
Testament, das neue 12. (3) 13 (2).
Teuffel, W. S. 63. 375. 376. (9)
Thackeray, W. M. 393. 452. (3)
*Thäter, Jul. 396.
Thayer, A. Wheelock 210.
Theater, Spanisches 375.
Theobald, G. 283.
—— J. v. 167.
Theognis 377.
Theokritos 376.

Theologia, die deutsche 21. 22.
Theophrast 377.
Thielau, F. v. 123.
Thiele, Just. M. 263. 414.
Thienen = Adlerflycht, K. Frhr. v. 320.
Thierry, Amedée 76. (2)
—— Augustin 161. (2)
Thiers, A. 164 (3)
Thiersch, H. W. J. 18. 21. 180. 206. 252. 263.
Tholuck, A. 36. 37.
Thomas, Geo. M. 291.
Thudichum 376.
Thukydides 376. 377.
Tibullus 378.
Ticknor, George 397. (2)
Tieck, Ldw. 207. 391. 398. (2) 445. (2) 446. (10) 447. (2) 465. 468. 469. (3)
Tillier, A. v. 148. (3)
—— Claude, 455.
Tirene, Enrico 496.
Tirso de Molina 375.
Tischbein, J. H. Wlh. 263.
Tischendorf, Const. 15.
Tittmann, F. Wlh. 125.
Tittmann, Jul. 383. 384. (2)
Tobler, T. 497.
Toeche, Th. 100.
Todd, Alph. 47.
Töpfer 375.
—— H. 477.
Töpffer, R. 455. (3)
Tocqueville, Alexis de 163. 194 (2)
Toscana in d. J. 1849—60. 178.
—— und Romagna bis 1860. 178.
Trachten d christl. Mittelalters 79.
Trautmann, Frz 409.
Trautwein, Th. 284.
Treitschke, Hnr. v. 50. 98. 107. 115. 124 138. 151. 169. 266. 503.
Treskow, A. v. 214.
Treue, Frz. Frhr. v. d. 264.
—— F. Freih. v. d. 264.
Trendelenburg, Ad. 120.
Tromlitz, A. v. 330.

Troschel 312.
Trogler 22.
Tschihatscheffs, P. v., Reisen 277.
Tschudi, F. v. 363.
—— J. J. v. 277. (2) 311. (2)
—— Jwan 283. (2)
Turgénjew, Jwan 457 (3)
Tutschek, Lor. 337.
Twesten, A. 8.
—— C. 476.
Tyler, E. B. 199.
Tyndall, John 347. 348.

## U.

Uebelen 376.
Ueber Künstler und Kunstwerke 407.
Ueber Land und Meer 471.
Uebergang, der, z. Goldwährung 54.
*Uebersichtskarte des Königr. Bayern 487.
Uechtritz, F. v. 447. (2)
Uhde, Ad. 311.
Uhland, Ldw. 385. (2) 469. 508.
Uhlhorn, Gerh. 84 (2)
Ule, O. 341. 343 345. (2)
Ulibicheff, A. 421. 422.
Ullmann, C. 17. (3) 32.
Ullmann, Hur. 137. 245.
Ulrich, J. B. 149.
Ulrici, Hrm. 5. 7. 391. 392.
Ulrichs, H. N. 323.
Ungarn vor der Märzrevolution 146.
Unger, Frz. 325 (2) 359. (2) 360. (2)
Univers pittoresque 188.
Urlichs, Ldw 266.
Urquhart, D. 287.
Usedom, G. v. 113.
Usinger, Rud. 110 (2) 127.
Usteri, Th. Mr. 447.
Ustrialow, N. 182.

## V.

Bámbéry, Hrm. 293. (3)
Bane, Ch. W. 156.

Barnhagen v. Ense, K. A. 62. 121. 122. 206. (5) 207. (2) 209. 213. 221. 228. 231. 236. 265.
Basari, Giorgio 404.
*Bautier, B. 435.
Bebse, Ed. 96.
Belde, C. W. M. van be 290. 497.
Bellejus Paterculus 378.
Benedey, Jak. 120. 220. 261. 267.
Benedigs Kunstschätze 416.
Benn, H. 501.
Versuch e. Lebensskizze v. J. N. Böhl v. Faber 211.
Biardot, Panl 171.
Bibe, A. 276.
Bictor, S. Aur. 378.
Bierahn, Geo. v. 279.
Biebert, A. 457.
Biehoff, H. 254. 374. 375. (2) 392.
Bierordt, K. F. 135. (2) 136.
Bierteljahrschrift, deutsche 470.
—— f. Volkswirthschaft rc. 49.
Billari, P. 252.
Bilmar, A. F. C. 379. (2)
Binde, Gisbert v. 447.
Birchow, Rud. 371. (2) 475. 476. 477.
Birgilius Maro 376. 378.
Bischer, F. Th. 9.
—— Wlh. 147. 325.
Bitruvius 378.
Bitzthum v. Eckstädt, Graf 106.
Bode, W. 53.
*Bogel, A. 393.
—— Carl 91.
—— C. 489. (2)
—— Jak. 264.
—— Jul. 358.
Bogt, Carl 329. 350. 363. (2) 368. (2) 369.
—— Gst. 434.
—— K. A. T. 34 (2)
Boigt, F. 118.
—— Geo. 62. 77. (2) 124.
—— J. 78. 93. 111. 123. 124. (2)

Voigt, J. A. 230.
Boit 402.
Boldhausen, C. 314.
Bolger, D. 346.
Volk, das deutsche 91.
Bölker, J. Wlh. 414.
Völker- und Naturleben, das große 275.
*Volks-Atlas, illustr. 274.
Volksbibliothek, evangelische 35.
Volksbücher, die deutschen 458.
Volkslieder, dänische 399.
—— schwedische 399.
Volkswirthschaft f. Jedermann 503.
Vollert, Ant. 42. (2)
Vollmer, W. 467.
Volz, K. W. 201.
—— Rob. 476.
Von der Elbe bis zur Tauber 105.
Vorgänge, die Mainzer 134.
Vorparlament, b. deutsche 117.
Vorträge, öffentliche 474.
Voß, Abr. 266.
—— J. Hur. 266.
—— Rud. 203.
Vuillemin, A. 495.
Bullicuin, L. 147.
Vulpius, Chr. A. 448.

## W.

W., C. 182.
Waagen, G. F. 408. (2)
Wachsmuth, W. 61. 62. 80. (2) 93. 94. 130. 163. 198. 199. 386.
Wächter, Eberh. 416.
—— K. 468.
—— Osc. 210.
Wackernagel, K. Ed. Ph. 384. 385.
—— Wlh. 320. 381. (2) 416.
Wagener, Hrm. 40.
Wagner, Ad. 47. 54. 98. 279.
—— A. E. 203.
—— C. 410.
—— Hrm. 297. 299. 306. 316. 350. 351. 361.

Wagner, Mr. 275. 277. 287. 292. (2) 293. 303. 311. (2) 313.
—— Rich. 422. (2)
—— R., u. die neuere Musik 423.
—— Rud. 260.
Wägner, W. 68. 72.
Wahrmund, A. 377. (2)
Waitz, Geo. 46. 62. 93. 95. 102. 109. 127. (2) 226.
—— Th. 474.
Walbrühl, Wlh. v. 476.
Waldis, Burkh. 883.
Wallach, J. 371.
Walter, Fd. 133. 266.
Walther v. d. Vogelweide 382. 383.
Walz, Chr. 68. 376. (2)
Wander, K. F. Wlh. 385.
Wappäus, J. E. 272. (3) 276. 279.
Warnkönig, L. A. 104. 170.
Warrens, Rosa 399 (2)
Warsberg, Alex. v. 326.
Wasianski, C. A. Ch. 234.
Wasielewski, Jos. W. v. 422.
Wattenbach, W. 98. 189. 321. 476.
*Weber 326.
—— 376.
—— Geo. 31. 58. (2) 93.
—— K. v. 125. (2) 243.
—— Mx. M. v. 267. 304.
—— Otto 475.
—— Rob. 388.
—— W. 504.
Wedding, H. 477.
Wech, F. v. 136. (3)
Wegele, Frz. X. 397
Wehrenpfennig 14.
Weibezahn, H. 54.
Weid, Wilderich 268. 460.
Weidmann, F. C. 330.
Weigand, F. Lud. K. 390. (3)
Weil, Gst. 190. 401.
Weingarten, Hrm. 36. (2)
Weinhold, K. 201. (2)
Weiß, Hrm. 202
—— J. B. 60. 81. 141.
—— K. 413.

*Weisser Ldw. 405.
Weitbrecht, J. J. 191. 295.
Weizsäcker, C. 20.
Welcker, K. 40.
Welfenthum, das, u. s. Vorkämpfer 132.
Wellesley, Rich. 156.
Wellsted, J. R. 288.
Wendt 376.
Werfer, Alb. 257.
Werner, F. 338.
—— K. 141. 210.
—— R. 56. 298. 351. (2)
Wernicke, C. 60.
Wesenfeld, F. 297.
Westermann, A. 377. (2)
Westermanns illustrirte deutsche Monatsschrift 471.
Wette, W. M. L. de 13.
Whewell, Will. 338.
White, Charles 326.
Whymper, F. 309.
Wichert, E. 122.
Wichura, Mx. 298.
Wickede, Jul. v 166.
Widram, Jörg 883.
Widemann, Er. 286.
Wiebach, E. 376.
Wiedemann, G. 347. 848.
Wiegand 876.
Wiegmann, R. 417.
Wieland, Chph. Mt 223. 469.
Wiese, A. 339.
Wietersheim, Ed. v. 75.
Wiggers, Jul. 88.
—— Mor. 127.
Wilbrandt, Ad. 335. 392. (2)
Wilde, Fd. 78.
Wild 35.
Wildermuth 11.
—— Ottilie 448. (9)
Wilhelm, Erzbisch. v. Tyrus 78.
—— König v. Württemberg 128.
Willen, F. 78.
Will, Corn. 60.
Wille, F. A. 46.
Willkomm, F. 321. 331. (2)
—— Mr. 320. (3) 357. 359.
Wilmanns, W. 383.

Windelmann, Ed. 482. 487. 498.
Winkelmann, Ed. 101.
Winter, Frz. 31.
Wintzingerode, Graf Willo 138.
Wippermann, C. W. 133.
Wirth, J. G. A. 88. (2) 208.
—— Max 49.
Witte, K. 396. (3) 510.
Wittich, Alex. 229.
—— W. v. 476.
Wittmer, Mich. 285.
Wittwer, W. C. 336.
Wo Süddeutschland Schutz für sein Dasein findet. 117.
Wohlthat, Hnr. 93.
Wolf, Ad. 141. 142. (2) 143. 397.
—— Fd. 399.
—— Rud. 207.
Wolff, Chr. 269.
—— Em. Th. 307.
—— H. 371.
—— O. L. B. 151. 373.
—— Phil. 291. (2)
Wolffers, F. v. 151.
Wolfsohn, Wlh. 457.
Wolterstorff, A. 75.
Woltmann, Alfr. v. 230. 416.
Wolzogen, Alfr. Frh. v. 257. 269. 408. 414. 415. 417.
—— Karol. v. 254. 269.
—— Ldw. v. 269.
Wood 364.
Wörterbuch, biblisches 15.
Woysch, Otto 313.
Wüllner 474.
Wunderlich, C. A. 371.
Wundt, W. 370.
Wurm, Chr. F. 62. 85. 113.
Württemberg, das Königreich 831.
Wüstemann, C. F. 68. 199.
Wuttle, Ad. 200.
—— Hnr. 93. 124. 269.
Wydler, Fd. 250.

## X.

Xeller, F. 54.
Xenophon 376. 377. (4)
Xerez, F. de 287.

## Z.

Zacher, Jul. 383.
Zabbach, G. 477.
Zahn, A. v. 405. 407. 418.
Zallinger, Hnr. 360.
Zamminer, F. 420.
Zarncke, F. 472.
Zeising, A. 377.
Zeiß, G. 71.
Zeißberg, Hnr. 141.
Zeit, unsere, 86. (2)
Zeit- und Charakterbilder a. d. Mittelalter 78.
Zeitgenossen, Biographien 2c. 204. (3)
Zeitschrift f. allgem. Erdkunde 276 (2)
—— d. Gesellsch. f. Erdkunde 276.
Zeitschrift f. preuß. Geschichte 121.
—— d. Ver. f. Hamburg. Gesch. 129.
—— historische 62.
—— allgemein kirchliche 16.
—— f. bildliche Kunst 405.
—— f. Staatswissenschaft 41.
Zeitung, illustrirte 471.
Zell 876.
Zelle, Rud. 475.
Zeller, Ed. 1. 2. 29. 38. 71. 474. 475.
—— Gst. 899.
—— Hrm. 15.
Zelter 223.
Zenker, Jul. Th. 297. 300
—— Wilh. 302.
Zezschwitz, G. v. 427.
Ziegler, Alex. 282.
—— J. M. 479. 489. (5) 490. 494. 498.
Ziethen, J. 16. 305.
Zimmermann 376.
—— C. 362.
—— Ernst 15.
—— K. 15.
—— W. 88. (2) 99. 104.
Zinkeisen, J. W. 165. 179. 181.
Zinzendorf, Nic. Ldw. Graf v. 35.
Zinzow, Ab. 209.
Zirkel, Fd. 329.
Böckler, O. 13. (2) 472.
Zoller, Edm. 375. 471.
Zollmann, Th. 20.
Zöllner, Jul. 350. (2)
Zschokke, Emil 475.
—— Hnr. 139. 147. 270. 455. 470.
Zucholb, E. A. 238. 314. 328.
Zur Erinnerung an F. L. W. Meyer 243.
Zur allgemeinen Münzeinheit 54.
Zur Orientirung im neuen Deutschland 117.
Zustände, staatl. u. kirchl., im Großh. Hessen 134.
Zwei Jahre Hietzinger Politik 131.
Zwingli, Hnr. 35. 366.

---

Druck von Julius Klinkhardt in Leipzig.

www.ingramcontent.com/pod-product-compliance
Lightning Source LLC
Chambersburg PA
CBHW031944290426